SECOND EDITION

Greek–English English–Greek
Ελληνοαγγλικό Αγγλοελληνικό

Niki Watts

OXFORD
UNIVERSITY PRESS

OXFORD

UNIVERSITY PRESS

Great Clarendon Street, Oxford OX2 6DP

Oxford University Press is a department of the University of Oxford.
It furthers the University's objective of excellence in research, scholarship,
and education by publishing worldwide in

Oxford New York

Auckland Cape Town Dares Salaam Hong Kong Karachi Kuala Lumpur
Madrid Melbourne Mexico City Nairobi New Delhi Shanghai Taipei
Toronto

With offices in
Argentina Austria Brazil Chile Czech Republic France Greece
Guatemala Hungary Italy Japan Poland Portugal Singapore
South Korea Switzerland Thailand Turkey Ukraine Vietnam

Published in the United States
by Oxford University Press Inc., New York

First published 1997

British Library Cataloguing in Publication Data

Data available

Library of Congress Cataloging in Publication Data
Data available

Typeset by Alliance Interactive Technology
Printed in Italy by
L.E.G.O. S.p.A., Lavis (TN)

ISBN 978-0-19-923424-0

10 9 8 7 6 5 4

Contents

Περιεχόμενα

Abbreviations

abbreviation	*abbr.*	noun(s)	*n(s).*
adjective(s)	*a. adjs.*	nautical	*naut.*
adverb(s)	*adv(s).*	proprietary term	*P.*
administration	*admin.*	pejorative	*pej.*
aeronautics	*aeron.*	philosophy	*phil.*
American	*Amer.*	photography	*photo.*
anatomy	*anat.*	plural	*pl.*
archaeology	*archaeol.*	politics	*pol.*
architecture	*archit.*	possessive	*poss.*
astrology	*astr.*	past participle	*p.p.*
definite article	*art. def.*	prefix	*pref.*
indefinite article	*art.indef.*	preposition(s)	*prep(s).*
motor car	*auto.*	present participle	*pres.p.*
auxiliary	*aux.*	pronoun	*pron.*
biology	*biol.*	relative pronoun	*pron. rel.*
botany	*bot.*	psychology	*psych.*
commerce	*comm.*	past tense	*p.t.*
conjunction(s)	*conj(s).*	railway	*rail.*
cookery	*culin.*	religion	*relig.*
Cyprus	*Cy.*	singular	*s.*
electricity	*electr.*	school	*schol.*
et cetera	*etc.*	slang	*sl.*
feminine	*f.*	someone	*s.o.*
familiar	*fam.*	something	*sthg.*
figurative	*fig.*	technical	*techn.*
geography	*geog.*	theatrical	*theatr.*
geology	*geol.*	television	*TV*
grammar	*gram.*	typography	*typ.*
humorous	*hum.*	university	*univ.*
interjection(s)	*int(s).*	auxiliary verb	*v.aux.*
invariable	*invar.*	intransitive verb	*v.i.*
legal, law	*jurid.*	transitive verb	*v.t.*
language	*lang.*		
masculine	*m.*		
medicine	*med.*		
military	*mil.*		
music	*mus.*		

Συντομογραφίες

αεροπορία	*αεροπ.*	κάποιος, κάποια	*κπ*
αθλητικά	*αθλ.*	κάτι	*κτ*
άκλιτο	*άκλ.*	λαϊκός	*λαϊκ.*
αμερικανικός	*αμερ.*	λόγιος	*λόγ.*
ανατομία,	*ανατ.*	μαγειρική	*μαγ.*
ανατομικός		μαθηματικά	*μαθημ.*
αντωνυμία	*αντων.*	μεταφορικά,	*μεταφ.*
απρόσωπος	*απρόσ.*	μεταφορικός	
αρκτικόλεξο	*αρκτ.*	μηχανική	*μηχ.*
αρχαιολογία	*αρχαιολ.*	μουσική	*μους.*
αρχαίος	*αρχ.*	ναυτικός	*ναυτ.*
αρχιτεκτονική	*αρχιτ.*	νομικά	*νομ.*
αστρολογία	*αστρολ.*	οικονομία	*οικον.*
αυτοκίνητο	*αυτοκ.*	πανεπιστήμιο	*πανεπ.*
βλέπε	*βλ.*	πληθυντικός	*πληθ.*
βιολογία	*βιολ.*	πολιτικά	*πολιτ.*
βοτανική,	*βοτ.*	πρόθεμα	*πρόθεμ.*
βοτανικός		πρόθεση	*πρόθ.*
γεωλογία	*γεωλ.*	ρήμα, αμετάβατο	*ρ.αμτβ.*
γεωγραφία	*γεωγρ.*	ρήμα, μεταβατικό	*ρ.μτβ.*
γραμματική	*γραμμ.*	ρήμα, μεταβατικό	*ρ.μτβ./*
δεικτικό μόριο	*δεικτ.*	και αμετάβατο	*αμτβ.*
	μόρ.		
διοίκηση	*διοίκ.*	σιδηρόδρομος	*σιδηρ.*
εκκλησιαστικός	*εκκλ.*	στρατιωτικός	*στρ.*
εμπόριο,	*εμπ.*	σύνδεσμος	*σύνδ.*
εμπορικός		συντομογραφία	*συντ.*
επίθετο	*επίθ.*	σχολείο	*σχολ.*
επίρρημα	*επίρρ.*	τεχνικός	*τεχν.*
επιφώνημα	*επιφώμ.*	τεχνολογία	
ηλεκτρισμός	*ηλεκτρ.*	τυπογραφία,	*τυπογρ.*
ηλεκτρονικοί	*Η/Υ*	τυπογραφικός	
υπολογιστές		υβριστικά	*υβρ.*
θέατρο	*θέατρ.*	φυσική	*φυσ.*
θρησκεία	*θρησκ.*	χημεία	*χημ.*
ιατρική	*ιατρ.*	χρηματιστήριο	*χρημ.*
καθομιλουμένη	*καθομ.*	ψυχολογία	*ψυχ.*

Αγγλική προφορά

Φωνήεντα

æ	bad				
ɑ	ah				
e	wet				

ɪ	sit	ɜ:	work	ɪə	here
i:	see	eɪ	made	eə	hair
ɒ	got	əʊ	home	ʊə	poor
ɔ:	door	aɪ	five		
ʌ	cup	aɪɔ	fire		
ʊ	put	aʊ	now		
u:	too	aʊə	flour		
ə	ago	əɪ	coin		

Σύμφωνα

b	boy	l	leg	t	ten
d	day	m	man	tʃ	chip
dʒ	page	n	new	θ	three
f	foot	ŋ	sing	ð	this
g	go	p	pen	v	verb
h	he	r	run	w	wet
j	yes	s	speak	z	his
k	coat	ʃ	ship	ʒ	pleasure

Pronunciation of Greek

Phonetic symbols

Letter	Name of letter	Sound	Examples
Αα	άλφα	a as in	another
Ββ	βήτα	v	various
Γγ	γάμα	g if followed by α, ο, ου	gather
		y if followed by ε, ι	yes
Δδ	δέλτα	th	there
Εε	έψιλον	e	Helen
Ζζ	ζήτα	z	zealous
Ηη	ήτα	i, e	these
Θθ	θήτα	TH	thin
Ιι	γιώτα	i, e	these
Κκ	κάπα	c, k	cake
Λλ	λάμδα	l	law
Μμ	μι	m	mummy
Νν	νι	n	notice
Ξξ	ξι	x	xenophobia
Οο	όμικρον	o	opportunity
Ππ	πι	p	pastor
Ρρ	ρο	r	run
Σσς	σίγμα	s	stare
Ττ	ταυ	t	tomorrow
Υυ	ύψιλον	i, e	these
Φφ	φι	f	first
Χχ	χι	h	Bach
Ψψ	ψι	ps	corpse
Ωω	ωμέγα	o	opportunity

There is one stress-accent in Modern Greek which falls on the vowel of the syllable that needs to be accentuated in speech, eg όχι, εγώ.

The diaeresis is used over two vowels, **ï, ü** when either of the two follows another vowel with which it ordinarily forms a diphthong to indicate that it is to be treated as a separate vowel.

Diphthongs

When the following vowels appear next to each other, they form a diphthong, ie they are pronounced as one letter unless the stress-accent falls on the first of the two vowels or the second vowel is **ι**, or **υ** and it has a diaeresis, eg **αϊ** or **εϋ** in which case the two vowels are treated as separate sounds.

ει, οι	i,e	*as in*	th**ese**
αι	e		H**e**len
ου	oo		s**oo**n
αυ	av		h**av**e
	or	af	**af**ternoon
ευ	ev		**ev**ery
	or	ef	**ef**figy

Acknowledgements

I am very grateful to Tina Lendari for reading the English to Greek section of the dictionary and for her many helpful comments; to Quentin Watts for his invaluable help with the Greek to English section; to Roger Green for agreeing to allow material previously prepared by himself to be made available to me, and to Frances Illingworth for her reading and editing of the final text.

I am greatly indebted to Richard Watts whose computing wizardry has made many of the more dreary and repetitive tasks involved in the compilation of a dictionary more tolerable.

For specific advice on particular areas of knowledge I wish to thank particularly Yannakis Drousiotis, Maria Gavouneli, Aglaia Kasdagli, Tina Lendari, Anastasia Markomihelaki-Mintza and Quentin Watts.

Α, α
Β, β
Γ, γ
Δ, δ
Ε, ε
Ζ, ζ
Η, η
Θ, θ
Ι, ι
Κ, κ
Λ, λ
Μ, μ
Ν, ν
Ξ, ξ
Ο, ο
Π, π
Ρ, ρ
Σ, σ, ς
Τ, τ
Υ, υ
Φ, φ
Χ, χ
Ψ, ψ
Ω, ω

Αα

αβαείο *(το)* abbey

άβακας *(ο)* abacus

άβαθος *επίθ* shallow

αβαρής *επίθ* weightless

αβάς *(ο)* abbot

αβάσιμος *επίθ* baseless. *(αθεμελίωτος)* unfounded. *(αστήρικτος)* groundless

αβάπτιστος *επίθ* not christened

άβγαλτος *επίθ* inexperienced

αβγό *(το)* egg. **~ά** *(ψαριών και αμφιβίων)* (τα) spawn

αβγοθήκη *(η)* egg-cup

αβγολέμονο *(το)* egg and lemon sauce

αβγοτάραχο *(το)* roe

αβέβαιος *επίθ* uncertain. *(αμφίβολος)* doubtful

αβεβαιότητα *(η)* uncertainty. *(αμφιβολία)* suspense. *(αοριστία)* ambiguity

αβίαστ|ος *επίθ* unhurried, leisurely. *(αυθόρμητος)* unaffected. **~α** *επίρρ* leisurely

αβλαβής *επίθ* harmless. *(αθώος)* innocuous. *(σώος)* unhurt

αβοήθητος *επίθ* unaided

άβολος *επίθ* inconvenient. *(άνθρωπος)* difficult to get on with. *(δύσκολος στη χρήση)* unwieldy. *(χωρίς άνεση)* uncomfortable

άβουλος *επίθ* undecided. *(χωρίς βούληση)* weak-willed

άβυσσος *(η)* abyss

αγαθά *(τα)* goods

αγαθός *επίθ* good. *(αφελής)* simple-minded

αγαλλιάζω *ρ αμτβ* exult

άγαλμα *(το)* statue

αγαλματένιος *επίθ* statuesque

άγαμος *επίθ* unmarried

αγανάκτηση *(η)* indignation

αγανακτώ *ρ αμτβ* be indignant

αγάπη *(η)* love. *(στοργή)* fondness

αγαπημένος *επίθ* darling. *(προτιμώμενος)* favourite. **~** *(ο)* sweetheart

αγαπητός *επίθ* dear

αγαπ|ώ *ρ μτβ* love. *(ερωτεύομαι)* be in love with. *(μ' αρέσει)* be fond of. **όπως ~άς** suit yourself

αγγαρεία *(η)* drudgery. *(άχαρη απασχόληση)* chore

αγγείο *(το)* pot. *(ανατ)* vessel

αγγειοπλάστης *(ο)* potter

αγγειοπλαστική *(η)* pottery

αγγελία *(η)* announcement. *(σε εφημερίδα)* advert

αγγελικός *επίθ* angelic

αγγελιοφόρος *(ο)* messenger

άγγελος *(ο)* angel

άγγιγμα *(το)* touch

αγγίζω *ρ μτβ* touch. *(ασχολούμαι)* touch upon. *(θίγω)* hurt

Αγγλία (η) England

Αγγλίδα (η) Englishwoman

αγγλικά (τα) English. **~ή** (η) English. **~ος** επίθ English

αγγλο- πρόθεμ Anglo-

Άγγλος (ο) Englishman

Αγγλοσάξονας (ο) Anglo-Saxon

αγγουράκι (το) gherkin

αγγούρι (το) cucumber

αγγουροντομάτα (η) cucumber and tomato salad

αγελάδα (η) cow

αγελαίος επίθ gregarious

αγέλη (η) (βόδια, ελέφαντες) herd. (σκυλιά, λύκοι) pack

αγένεια (η) rudeness

αγενής επίθ rude, discourteous. (χωρίς ευγενικούς τρόπους) bad-mannered

αγέραστος επίθ not aged. (πάντα ακμαίος) ageless

αγέρωχος επίθ gallant. (αλαζόνας) haughty

άγευστος επίθ tasteless

Αγία Γραφή (η) Scriptures

αγιάζω ρ μτβ bless. • ρ αμτβ become a saint

αγιασμός (ο) holy water

αγιόκλημα (το) honeysuckle

άγιο|ς (ο) saint. **~ (ιερός)** holy. **ο Α~ς Βασίλης** St Basil, Father Christmas

αγιότητα (η) holiness

αγκαζέ επίθ taken. • επίρρ arm in arm

αγκάθι (το) thorn. (κάκτου, σκαντζόχοιρου) spine

αγκαθωτός επίθ prickly, thorny

αγκαλιά (η) arms. (χαρτιά, λουλούδια) armful

αγκαλιάζω ρ μτβ embrace. (μεταφ) encompass

αγκάλιασμα (το) embrace

αγκίδα (η) splinter

αγκινάρα (η) globe artichoke

αγκίστρι (το) fish-hook

αγκομαχητό (το) panting. (δύσκολη αναπνοή) gasping

αγκομαχώ ρ αμτβ pant. (αναπνέω με δυσκολία) gasp

αγκύλη (η) (γόνατο, αγκώνας) joint. (γραμμ) square bracket

αγκυλωτός επίθ hooked

άγκυρα (η) anchor

αγκυροβολία (η) moorings

αγκυροβολώ ρ αμτβ anchor, drop anchor

αγκώνας (ο) elbow

άγνοια (η) ignorance

αγνοούμενος επίθ (στρ) missing.

αγνός επίθ pure. (παρθένος) chaste

αγνότητα (η) purity. (παρθενία) chastity

αγνοώ ρ μτβ ignore. (αδιαφορώ) disregard

αγνωμοσύνη (η) ingratitude

αγνώριστος επίθ unrecognizable

αγνωστικι|σμός (ο) agnosticism. **~τής** (ο) agnostic

αγνωστικιστικός επίθ agnostic

άγνωστος επίθ unknown

αγονία (η) infertility. (ακαρπία) barrenness

άγονος επίθ infertile. (έδαφος) barren (earth)

αγορά (η) purchase. (τόπος) market. **λαϊκή ~** open air market

αγοράζω ρ μτβ buy, purchase. (δωροδοκώ) buy over

αγοραπωλησία (η) transaction

αγορ|αστής (ο), **~άστρια** (η) buyer, purchaser

αγορεύω ρ αμτβ make a public speech

αγόρι (το) boy

αγοροκόριτσο (το) tomboy

αγράμματος επίθ illiterate. (χωρίς μόρφωση) uneducated

αγραμματοσύνη (η) illiteracy

άγραφος επίθ unwritten

αγριοκαστανιά (η) horse-chestnut

αγριοκάστανο (το) conker

αγριοκοίταγμα (το) glare

αγριοκοιτάζω ρ μτβ glare at, glower at

αγριολούλουδο (το) wild flower

αγριόμηλο (το) crab apple

άγριος επίθ wild. (ακαλλιέργητος) uncultivated. (πρωτόγονος) savage. (σκληρός) fierce. **~** ο savage

αγριόχορτο (το) weed

αγροικία (η) farmhouse

αγροίκος επίθ (άξεστος) boorish. (αγενής) crude

αγρόκτημα (το) farm

αγρός (ο) (λόγ) field

αγρότης (ο) countryman. (γεωργός) farmer

αγροτικός επίθ rural

αγρυπνία (η) sleeplessness

αγρυπνία (η) (εκκλ) vigil

άγρυπνος επίθ sleepless. (ξύπνιος) wakeful. (που επαγρυπνεί) watchful

αγρυπνώ ρ αμτβ stay awake. (επαγρυπνώ) be watchful

άγχος (το) stress

αγωγή (η) (ανατροφή) upbringing. (νομ) action. (ιατρ) treatment

αγωγός (ο) (σωλήνας) pipe. (αέρα) duct. (ανελκυστήρα) shaft. (απορριμμάτων) chute. (ηλεκτρ) conductor. **κεντρικός ~** mains (water, gas)

αγώνας (ο) struggle. (αθλητισμός) event. (διαγωνισμός) contest. (πάλης) bout. (ποδόσφαιρο) match. (πόλεμος) fight

αγωνία (η) agony. (αδημονία) anxiety. (έντονη ανησυχία) anguish. (σε βιβλίο κλπ) suspense

αγωνίζομαι ρ αμτβ (αγώνες) compete. (μάχομαι) struggle. (προσπαθώ) strive

αγωνιώ ρ αμτβ be anxious

αδάμαστος επίθ indomitable

αδασμολόγητος επίθ duty-free

άδεια (η) (συγκατάθεση) permission. (αποχή από εργασία) leave. (παροχή δικαιώματος) licence. (πιστοποιητικό) permit

αδειάζω ρ empty. (βαλίτσα) unpack. (ποτήρι, ρεζερβουάρ) drain

άδειος επίθ empty. (συσσωρευτής) flat

αδελφή (η) sister. (καλόγρια) nun. (νοσοκόμα) nurse. (θηλυπρεπής άντρας) sissy

αδέλφια (τα) brothers and sisters

αδελφικός *επιθ* fraternal. (*αδελφού*) brotherly. (*αδελφής*) sisterly

αδελφοσύνη (*η*) brotherhood

αδελφότητα (*η*) fraternity. (*σωματείο*) guild

αδένας (*ο*) gland

αδέξιος *επιθ* (*ανεπιτήδειος*) awkward. (*χωρίς επιδεξιότητα*) clumsy

αδεξιότητα (*η*) awkwardness, clumsiness

αδερφή (*η*) *βλ* **αδελφή**

αδέρφι (*το*) brother

αδερφός (*ο*) *βλ* **αδελφός**

αδέσμευτος *επιθ* unattached. (*απαλλαγμένος από υποχρεώσεις*) under no obligation

αδέσποτος *επιθ* stray (*animal*)

αδήλωτος *επιθ* unregistered. (*εμπορεύματα, εισόδημα*) undeclared

Άδης (*ο*) Hades

αδηφάγος *επιθ* voracious

αδιάβαστος *επιθ* (*αμελέτητος*) unprepared (*student*). (*αμόρφωτος*) unread. (*δυσνόητο κείμενο*) κείμενο. (*κακογραμμένο κείμενο*) illegible

αδιάβατος *επιθ* impassable

αδιάβροχος *επιθ* waterproof. **~** (*το*) raincoat, (*καθομ*) mac.

αδιάθετος *επιθ* (*άκεφος*) off colour. (*ελαφρά άρρωστος*) unwell. (*εμπορεύματα*) undisposed of. (*χωρίς διαθήκη*) intestate

αδιαίρετος *επιθ* undivided. (*δεν μπορεί να διαιρεθεί*) indivisible

αδιάκοπος *επιθ* uninterrupted

αδιακρισία (*η*) indiscretion

αδιάκριτος *επιθ* indiscreet. (*ανάγωγος*) tactless. (*χωρίς διάκριση*) indiscriminate

αδιάλειπτος *επιθ* unremitting

αδιάλλακτος *επιθ* (*που δεν επιδέχεται συμβιβασμό*) uncompromising. (*ανένδοτος*) intransigent. **~** (*ο*) die-hard

αδιαλλαξία (*η*) intransigence

αδιάλυτος *επιθ* insoluble

αδιανόητος *επιθ* inconceivable, unthinkable

αδιάντροπος *επιθ* shameless. (*θρασύς*) impudent

αδιαπαιδαγώγητος *επιθ* uneducated

αδιαπέραστος *επιθ* impenetrable. (*μεταφ*) impervious

αδιάρρηκτος *επιθ* not broken into. (*μεταφ*) indissoluble

αδιάσειστος *επιθ* incontrovertible

αδιατάρακτος *επιθ* undisturbed

αδιαφανής *επιθ* opaque. (*γυαλί*) frosted

αδιάφθορος *επιθ* incorruptible

αδιαφορία (*η*) indifference. (*αμεριμνησία*) unconcern

αδιάφορος *επιθ* indifferent. (*γεύση*) bland. (*στάση*) casual

αδιαφορώ *ρ αμτβ* be indifferent

αδιέξοδο (*το*) blind alley, cul-de-sac. (*κατάσταση χωρίς διαφυγή*) deadlock, impasse.

αδίκημα (*το*) offence

αδικία (*η*) wrong. (*παράβαση ηθικής*) unfairness. (*παράβαση νόμου*) injustice

άδικ|ος *επιθ* unjust. (*ηθικά*) unfair. **~ο** (*το*) wrong. **έχω**

~ο be in the wrong. **~α** επίρρ unfairly, wrongly

αδικώ ρ μτβ wrong

αδιόρθωτος επίθ unrepaired. (γραπτά) unmarked. (δεν επιδέχεται βελτίωση) hopeless. (δεν επιδέχεται διόρθωση) irreparable

αδίστακτος επίθ unhesitating. (χωρίς ηθικούς ενδοιασμούς) unscrupulous. (ανελέητος) ruthless

αδοκίμαστος επίθ untried. (φαγητό) untasted

άδολος επίθ ingenuous

άδοξος επίθ inglorious

αδούλευτος επίθ (υλικό) unprocessed. (γη) uncultivated

αδράνεια (η) inertia. (μεταφ) inactivity

αδρανής επίθ inert. (μεταφ) inactive. **~ώ** ρ αμτβ be inactive

αδράχτι (το) spindle

αδρεναλίνη (η) adrenalin

Αδριατική (Θάλασσα) (η) Adriatic (Sea)

αδρός επίθ (χαρακτηριστικά) rough. (άφθονος) handsome

αδυναμία (η) (έλλειψη δύναμης) weakness. (έλλειψη ικανότητας) inability. (χαρακτήρα) failing. (των γηρατειών) infirmity

αδύναμος επίθ feeble

αδυνατίζω ρ αμτβ (χάνω βάρος) slim. (χάνω δύναμη) weaken. (μνήμη) fail

αδύνατος επίθ (ισχνός) thin. (δικαιολογία) flimsy. (χωρίς δύναμη) weak. (φωνή, θόρυβος) faint. (φως) dim. (ακατόρθωτος) impossible.

κάνω τ´ ~α δυνατά do one's utmost

αδυνατώ ρ αμτβ **~ να** be unable to, cannot

αδυσώπητος επίθ inexorable

άδωρος επίθ **δώρον ~ν** useless gift

Α.Ε. συντ S.A. βλ **ανώνυμος**

αειθαλής επίθ (φυτό) evergreen

αείμνηστος επίθ (για νεκρό) dear departed

αεραγωγός (ο) air duct

αεράκι (το) breeze

αεράμυνα (η) air defence

αέρας (ο) air. (άνεμος) wind. (στη συμπεριφορά) panache. **κάνω ~** fan oneself. **της πήρα τον ~** I cut her down to size

αεργία (η) inactivity

αερίζω ρ μτβ (δωμάτιο κλπ) air. (με βεντάλια) fan

αερικό (το) pixie

αέριο (το) gas

αεριούχος επίθ fizzy

αεριωθούμενος επίθ jet-propelled

αεροβασία (η) daydreaming. **~ες** (οι) aerobatics

αεροβατώ ρ αμτβ have one's head in the clouds

αερόβολο (το) air gun

αερογέφυρα (η) airlift

αερογραμμή (η) airline

αεροδρόμιο (το) airfield. (αεροπ) aerodrome. (καθομ) airport

αεροδυναμικός επίθ aerodynamic. (μεταφ) streamlined

αεροζόλ (το) άκλ aerosol

αερόθερμο (το) fan heater

αερολιμένας (ο) airport

αεροπειρατεία (η) hijacking

αεροπλάνο (το) aeroplane

αεροπορία (η) aviation. **A~** (η) Air Force

αεροπορικ|ός επίθ air. **~ή βάση** (η) air base. **~ό ταχυδρομείο** (το) air mail

αεροσκάφος (το) aircraft (άκλ)

αερόστατο (το) hot-air balloon

αεροστεγής επίθ airtight

αεροσυνοδός (ο) air steward. **~** (η) air hostess

αετίσι|ος επίθ aquiline. **~ο βλέμμα** (το) keen eyesight

αετός (ο) eagle

αέτωμα (το) gable

αζήτητος επίθ unclaimed

αζύμωτος επίθ (κρασί) unfermented. (ψωμί) not kneaded

άζωτο (το) nitrogen

αηδί|α (η) disgust, loathing. (αποστροφή) revulsion. **~ες** rubbish. **φέρνω ~α** nauseate

αηδιάζω ρ μτβ disgust. • ρ αμτβ be disgusted

αηδιασμένος επίθ disgusted

αηδιαστικός επίθ disgusting. (αναγουλιαστικός) nauseating

αηδόνι (το) nightingale

αθανασία (η) immortality

αθάνατος επίθ immortal. (αιώνιος) undying

αθέατος επίθ unseen

αθεϊσμός (ο) atheism

αθεϊστής (ο) atheist

αθεΐστρια (η) atheist

άθελ|ος επίθ unwitting. **~α** επίρρ unwittingly

άθλητος επίθ involuntary

αθέμιτ|ος επίθ illicit. **~α** επίρρ illicitly

άθεος επίθ atheistic. **~** (ο) atheist

αθεόφοβος επίθ ungodly. **~** (ο) (μεταφ) rascal

αθεράπευτος επίθ incurable

αθέτηση (η) breach (of contract)

αθετώ ρ μτβ (λόγο) break. (συμφωνία) breach

Αθήνα (η) Athens

αθηναϊκός επίθ Athenian

Αθηναί|ος (ο), **~α** (η) Athenian

άθικτος επίθ untouched. (αβλαβής) unharmed. (ανέπαφος) intact

άθλημα (το) sport

αθλητικός επίθ (για σπορ) sporting. (για αθλητή) athletic

αθλ|ητής (ο), **~ήτρια** (η) athlete

αθλητισμός (ο) athletics

άθλιος επίθ miserable, wretched. **~** (ο) wretch

αθλιότητα (η) misery

άθλος (ο) feat

αθόρυβος επίθ noiseless

άθραυστος επίθ unbreakable

άθρησκος επίθ irreligious

αθροίζω ρ μτβ add up

άθροισμα (το) sum. (προσθέσεως) total

αθώος επίθ innocent

αθωότητα (η) innocence

αθωώνω ρ μτβ acquit

αθώωση (η) acquittal

Αίαντας (ο) Ajax

Αιγαίο (το) Aegean (Sea)

αιγίδα (η) auspices

Αίγινα (η) Aegina

αίγλη (η) glamour

Αιγόκερος (ο) Capricorn

αιγοπρόβατα (τα) (flock of) sheep and goats

Αιγύπτιος (ο) Egyptian

αιγυπτιακός επίθ Egyptian

Αίγυπτος (η) Egypt

αιθέρας (ο) (αναισθητικό) ether. (ουρανός) sky

αιθέριος επίθ ethereal

αίθουσα (η) room. **~ χορού** ballroom

αίθριος επίθ (καιρός) fair. (ουρανός) clear.

αιλουροειδής επίθ feline

αίμα (το) blood

αιματηρός επίθ bloody

αιματοβαμμένος επίθ bloodstained

αιματοχυσία (η) bloodshed

αιμοβόρος επίθ bloodthirsty

αιμοδιάγραμμα (το) blood count

αιμομιξία (η) incest

αιμορραγία (η) haemorrhage. **~ώ** ρ αμτβ bleed

αιμορροΐδες (οι) haemorrhoids, (καθομ) piles

αιμοσφαίριο (το) corpuscle

αίνιγμα (το) riddle. (μεταφ) enigma

αινιγματικός επίθ enigmatic

άιντε (επιφών) βλ **άντε**

αιολικό πάρκο (το) wind farm

αίρεση (η) heresy

αισθάνομαι ρ αμτβ feel

αίσθημα (το) feeling. (έρωτας) love

αισθηματικός επίθ sentimental

αίσθηση (η) sense. (αντίληψη) feeling. (ζωηρή εντύπωση) sensation. **αισθήσεις** (οι) consciousness

αισθησιακός επίθ sensuous, sensual

αισθητική (η) aesthetics. **ινστιτούτο ~ς** beauty salon

αισθητικ|ός επίθ aesthetic. **~ός** (ο, η) beautician

αισθητός επίθ noticeable. (εντυπωσιακός) remarkable

αισιοδοξία (η) optimism

αισιόδοξος επίθ optimistic. **αισιόδοξος** (ο) optimist

αισιοδοξώ ρ αμτβ be optimistic

αίσχος (το) outrage

αισχροκέρδεια (η) profiteering

αισχρολογία (η) obscenity

αισχρός επίθ (λόγια) obscene. (αχρείος) disgraceful

αισχρότητα (η) obscenity

αίτημα (το) request

αίτηση (η) (γραπτή) application. (παράκληση) petition

αιτία (η) cause, reason

αιτιατική (η) accusative

αιτιολογία (η) rationale

αιτιολογώ ρ μτβ rationalize

αιτούμαι ρ αμτβ request

αιφνιδιάζω ρ μτβ take by surprise

αιφνιδιασμός (ο) surprise

αιχμαλωτίζω ρ μτβ capture. (μεταφ) captivate

αιχμάλωτος επίθ captive. (μεταφ) slave

αιχμή (η) spearhead.
(κυκλοφορίας) rush-hour.
(μυτερή άκρη) point. (ψηλότερο
σημείο) peak

αιχμηρός επίθ pointed

αιώνας (ο) century. (μεταφ) age

αιώνιος επίθ perennial, eternal.
(ανθεκτικός) long-lasting

αιωνιότητα (η) eternity

αιώρα (η) hammock

αιωρούμαι ρ αμτβ hover.
(κρέμομαι και κινούμαι) swing

ακαδημαϊκός επίθ academic

ακαδημία (η) academy

ακαθάριστος επίθ not cleaned.
(κέρδος, εισόδημα) gross.
(φρούτα) not peeled

ακαθαρσία (η) dirt. (λέρα) filth.
~ες excrement, (καθομ) mess

ακάθαρτος επίθ unclean, dirty.
(ανάμεικτος με άλλες ουσίες)
impure

ακαθόριστος επίθ (ηλικία,
αριθμός) indeterminate.
(σχέδιο, ιδέα) hazy, vague

άκαιρος επίθ inopportune,
untimely

ακακία (η) acacia

άκακος επίθ (χωρίς κακία)
harmless. (αθώος) innocent

ακαλλιέργητος επίθ (χωράφι)
uncultivated. (άνθρωπος)
uncultured

ακάλυπτ|ος επίθ uncovered.
(απροστάτευτος) unprotected.
(επιταγή) dud

ακαμάτης (ο) loafer

άκαμπτος επίθ stiff.
(αδιάλλακτος) inflexible.
(αλύγιστος) rigid

ακανόνιστος επίθ
(αδιευθέτητος) unsettled. (μη

συμμετρικός) uneven. (σχήμα,
διάστημα) irregular

άκαρδος επίθ heartless

άκαρι (το) mite

ακαριαίος επίθ instantaneous

άκαρπος επίθ fruitless.
(ανώφελος) vain

ακατάδεκτος επίθ stand-offish

ακατάληπτος επίθ
unintelligible

ακατάλληλος επίθ unsuitable.
(τόπος, χρόνος) inconvenient

ακατανίκητος επίθ unbeatable

ακατανοησία (η)
incomprehension

ακατανόητος επίθ
incomprehensible

ακατάπαυστος επίθ ceaseless.
(αδιάκοπος) incessant

ακατάστατος επίθ untidy.
(καιρός) unstable

ακατέργαστος επίθ
unprocessed. (διαμάντι) uncut.
(ζάχαρη) unrefined. (μεταφ)
uncouth

ακατοίκητ|ος επίθ uninhabited.
(μη κατοικήσιμος)
uninhabitable

ακατόρθωτος επίθ
unattainable. (ανέφικτος)
unfeasible

άκατος (η) launch

ακέραιος επίθ (άνθρωπος)
upright. (αριθμός) whole

ακεραιότητα (η) integrity

ακέφαλος επίθ headless.
(μεταφ) leaderless

ακεφιά (η) low spirits

άκεφος επίθ low-spirited

ακηλίδωτος επίθ stainless.
(άμεμπτος) unblemished

ακιδωτός *επίθ* barbed

ακίνδυνος *επίθ* not dangerous. *(ζώο, άνθρωπος)* harmless

ακινησία *(η)* immobility

ακινητοποίηση *(η)* immobilization. **σε ~** at a standstill

ακινητοποιώ *ρ μτβ* immobilize

ακίνητ|ος *επίθ* immobile. *(δεν επιδέχεται μετακίνηση)* immovable. *(μη κινούμενος)* motionless. *(στάσιμος)* stationary. **~ο** *(το)* real estate

ακλόνητος *επίθ* unshakeable. *(σταθερός)* steadfast. *(πίστη)* unswerving

ακμάζω *ρ αμτβ* flourish. *(επιχείρηση)* boom

ακμαίος *επίθ* flourishing

ακμή[1] *(η)* *(ξυραφιού)* edge. *(σπυράκια)* acne

ακμή[2] *(η)* prosperity. *(ανθρώπου)* prime. *(ανώτατο σημείο)* peak. *(εμπορίου)* boom

ακοή *(η)* hearing

ακοινώνητος *επίθ* unsociable

ακολασία *(η)* debauchery

ακολουθία *(η)* escort. *(βασιλική)* retinue. *(εκκλ)* service in church

ακόλουθος *επίθ* following. **~** *(ο)* attendant. **εμπορικός ~** commercial attaché

ακολουθώ *ρ μτβ* follow

ακολούθως *επίρρ* subsequently. **ως ~** as follows

ακόμη, ακόμα *επίρρ* yet, still. **~ καλύτερος** even better. **~ κι αν** even if. **~ κι έτσι** even so. **~ λίγο** some more. **~ μια φορά** once more

άκομψος *επίθ* inelegant

ακονίζω *ρ μτβ* sharpen. *(όρεξη)* whet

ακονιστήρι *(το)* *(μηχ)* sharpener

ακόντιο *(το)* javelin

άκοπος *επίθ* uncut. *(εύκολος)* effortless

ακόρεστος *επίθ* insatiable

ακουμπώ *ρ μτβ* lean. *(αγγίζω)* touch. **.** *ρ αμτβ* rest. *(στηρίζομαι)* lean against

ακούραστος *επίθ* tireless, indefatigable

ακούρδιστος *επίθ* *(μουσ)* not tuned. *(ρολόι)* unwound

ακούσιος *επίθ* unintentional

ακουστική *(η)* acoustics

ακουστικ|ό *(το)* headphone. *(τηλεφώνου)* receiver. **~ό βαρηκοΐας** *(το)* hearing-aid. **~ά** *(τα)* earphones

ακουστικός *επίθ* acoustic

ακουστός *επίθ* audible. *(ξακουσμένος)* renowned

ακού|ω *ρ μτβ/ρ αμτβ* hear. *(υπακούω)* listen. **άκου!** listen! **άκουσέ με** listen to me

άκρα *(τα)* extremities. *(κατάσταση)* extremes

ακραίος *επίθ* extreme

ακράτεια *(η)* intemperance. *(ιατρ)* incontinence

ακρατής *επίθ* incontinent

άκρη *(η)* end. *(δρόμου)* roadside. *(μολυβιού, μαχαιριού)* tip. *(τελευταίο σημείο)* end. *(χείλος)* edge

ακρίβεια[1] *(η)* dearness

ακρίβεια[2] *(η)* accuracy. *(τελειότητα)* precision. *(ώρα)* punctuality

ακριβής *επίθ* precise. *(σωστός)* accurate. *(στην ώρα)* punctual

ακριβοπληρώνω *ρ μτβ* overpay. • *ρ αμτβ* pay dearly

ακριβός *επίθ* expensive, costly. *(καθομ)* pricey. *(αγαπητός)* dearest

ακριβώς *επίρρ* exactly, precisely. *(στην ώρα)* punctually. **~!** quite (so)!

ακρίδα *(η)* grasshopper. *(σε σμήνος)* locust

ακριτομύθια *(η)* indiscretion

άκρο *(το)* *(άκρη)* end. *(του σώματος)* extremity. *(μεταφ)* extreme

ακρόαση *(η)* listening. *(θέατρο)* audition

ακροατήριο *(το)* audience

ακροατής *(ο)*, **~άτρια** *(η)* listener

ακροβασία *(η)* acrobatics

ακροβά|της *(ο)*, **~τισσα** *(η)* acrobat

ακροβολισμός *(ο)* skirmish

ακρογιάλι *(το)* *βλ* **ακρογιαλιά**

ακρογιαλιά *(η)* seashore

ακρόπολη *(η)* citadel. **η Α~** the Acropolis

ακρότητα *(η)* extremity. *(υπερβολή)* excess

ακρωτηριάζω *ρ μτβ* mutilate. *(ιατρ)* amputate

ακρωτήριο *(το)* cape, promontory

ακτή *(η)* coastline. *(παραλία)* shore, beach

ακτίν|α *(η)* beam. *(δράσεως)* range. *(μαθημ)* radius. *(μεταφ)* ray. *(τροχού)* spoke. **~ες Χ** *(οι)* X-rays

ακτινοβολία *(η)* radiance. *(φυσ)* radiation

ακτινοβόλος *επίθ* radiant

ακτινογραφία *(η)* X-ray

ακτινολογία *(η)* radiography

ακτοφυλακή *(η)* coastguard

ακυβέρνητος *επίθ* ungovernable. *(πλοίο)* adrift. *(χώρα)* without government

άκυρος *επίθ* invalid. *(γάμος)* null. *(συμφωνία)* void

ακυρώνω *ρ μτβ* nullify. *(ανακαλώ)* rescind. *(γάμο)* annul. *(καταργώ)* repeal. *(νομ)* void. *(παραγγελία)* cancel

αλάβαστρο *(το)* alabaster

αλαζόνας *επίθ* arrogant

αλαζονεία *(η)* arrogance

αλάθητος *επίθ* unerring. *(αναμάρτητος)* infallible

αλάνθαστος *επίθ* unmistakable. *(ιδέα)* foolproof

αλάτι *(το)* salt

αλατιέρα *(η)* saltcellar

αλατίζω *ρ μτβ* salt

αλατούχος *επίθ* saline

αλαφρόμυαλος *επίθ* scatterbrain

άλγεβρα *(η)* algebra

Αλγερία *(η)* Algeria

Αλγεριν|ός *(ο)*, **~ή** *(η)* *επίθ* Algerian

αλγόριθμος *(ο)* algorithm

αλέα *(η)* alley

αλέθω *ρ μτβ* grind, mill

αλείφω *ρ μτβ/ρ αμτβ* spread *(jam etc.)*. *(με γάλα ή αυγό)* glaze. *(με λίπος)* baste

αλεξήλιο *(το)* sun visor

αλεξίπτωτο *(το)* parachute

αλεξίσφαιρος επίθ bullet-proof
αλεπού (η) fox
άλεσμα (το) grinding
αλεσμένος επίθ ground
αλέτρι (το) plough
αλεύρι (το) flour. (από βρώμη) oatmeal
αλευρόμυλος (ο) flour mill
αλευρώνω ρ μτβ flour
αλήθεια (η) truth. • επίρρ incidentally, by the way
αληθής επίθ βλ **αληθινός**. **~ώς** επίρρ **~ώς ανέστη** He has truly risen (Easter greeting)
αληθινός επίθ true. (πραγματικός) real. **~ά** επίρρ truthfully. (πραγματικά) truly
αλησμόνητος επίθ unforgettable. (αξέχαστος) memorable
αλητεία (η) vagrancy
αλήτης (ο), **~ισσα** (η) tramp. (περιπλανώμενος) vagrant
αλιγάτορας (ο) alligator
αλιεία (η) fishing
αλίμονο επιφών alas
αλιτήριος (ο) scamp
αλκαλικός επίθ alkaline
αλκάλιο (το) alkali
άλκη (η ευρωπαϊκή) (η) moose
αλκοόλ (το) άκλ βλ **αλκοόλη**
αλκοόλη (η) alcohol
αλκοολι|κός (ο) alcoholic. **~σμός** (ο) alcoholism
αλκοτέστ (το) άκλ breathalyser
αλκυονίδα (η) kingfisher
αλλά σύνδ but. (όμως) yet
αλλαγή (η) change. (αντικατάσταση) change-over. (τροποποίηση) alteration

αλλάζω ρ μτβ/αμτβ change. (αντικαθιστώ) switch. (τροποποιώ) alter
αλλαντικά (τα) cooked and smoked meats
αλλαντοπωλείο (το) delicatessen
αλλαξοπιστώ ρ αμτβ change faith
αλλεπάλληλος επίθ repeated
αλλεργία (η) allergy
αλλεργικός επίθ allergic
αλληθωρίζω ρ αμτβ squint
αλλήθωρος επίθ cross-eyed
αλληλεγγύη (η) solidarity
αλληλένδετος επίθ interrelated
αλληλεπιδρώ ρ αμτβ interact
αλληλο- πρόθεμ inter-
αλληλογραφ|ία (η) correspondence. **~ώ** ρ αμτβ correspond
αλληλούια επιφών hallelujah
αλλήλους αντων each other
αλλιώς επίρρ otherwise. **~τικος** επίθ different
αλλοδαπή (η) abroad. **~ός** επίθ foreign. **~ός** (ο) alien
άλλοθι (το) alibi
αλλοιώνω ρ μτβ (νοθεύω) adulterate. (παραποιώ) falsify. (πρόσωπο) distort. (χαλώ) spoil
αλλοίωση (η) change. (εγγράφων) falsification. (τροφίμων) adulteration
αλλόκοτος επίθ weird. (άνθρωπος) odd. (εμφάνιση) grotesque. (συνθήκες) bizarre. (τόπος) eerie
άλλος επίθ other. (διαφορετικός) different. (μέρα, μήνας) next. αντων another,

more. **δίχως ~ο** without fail.
κάθε ~ο not at all
άλλοτε *επίρρ* formerly
αλλού *επίρρ* elsewhere
αλλόφρονας *επίθ* distraught
άλλωστε *επίρρ* besides
άλμα (το) leap
αλματ|ώδης *επίθ* very rapid.
~ωδώς *επίρρ* by leaps and
bounds
άλμη (η) brine
αλμύρα (η) salinity
αλμυρ|ός *επίθ* salty. *(μπισκότα
κλπ)* savoury. *(τιμή)* high. **~ά**
(τα) savouries
αλογάκι (το) young horse.
(είδος) pony
αλογάριαστος *επίθ* not settled.
(αμέτρητος) incalculable.
(ασυλλόγιστος) rash. **~α** *επίρρ*
rashly
αλογατάκι (το) *(έντομο)* daddy-
long-legs
αλογίσιος *επίθ* horsy
άλογο (το) horse. *(σκάκι)*
knight
αλογόμυγα (η) horsefly
αλογοουρά (η) ponytail
άλογος *επίθ* devoid of reason
αλογότριχα (η) horsehair
αλοιφή (η) ointment. *(για χείλη)*
lip salve. *(ιατρ)* cream
αλουμίνιο (το) aluminium
αλουμινόχαρτο (το) silver foil
άλπειος *επίθ* Alpine
Άλπεις *(οι)* Alps
αλπικός *επίθ* alpine
άλσος (το) grove
αλτ *επιφών* halt, stop
αλτρουϊσμός *(ο)* altruism

αλύγιστος *επίθ* unbending
αλύπητος *επίθ* merciless
αλυσίδα (η) chain
αλυσιδωτός *επίθ* chain
αλυσοδένω *ρ μτβ* chain
άλυτος *επίθ* insoluble. *(μεταφ)*
unresolved
άλφα (το) *άκλ* alpha
αλφαβητάριο (το) primer
αλφαβητικός *επίθ* alphabetical
αλφάβητο (το) alphabet
αλφαβήτα (η) ABC
αλχημεία (η) alchemy
αλώνι (το) threshing floor
αλωνίζω *ρ μτβ* thresh
άλωση (η) capture, fall
άμα *σύνδ* when
αμαζόνα (η) amazon
αμάθεια (η) ignorance
αμαθής *επίθ* ignorant
αμακαδόρος *(ο)* sponger
αμαμηλίς (η) witch hazel
αμάν *επιφών* for goodness sake
άμαξα (η) stage-coach
αμάξι (το) *(λαϊκ)* car
αμαξοστοιχία (η) train
αμάξωμα (το) body *(of car)*
αμαρτάνω *ρ αμτβ* sin
αμαρτία (η) sin
άμαχος *επίθ* non-combatant
αμβλύνω *ρ μτβ* *(όργανο)* blunt.
(πόνο) dull
αμβλύς *επίθ* blunt. *(γωνία)*
obtuse. *(πόνο)* dull
άμβωνας *(ο)* pulpit
άμε *επιφών* go
αμέ *επιφών* sure
αμέθυστος *(ο)* amethyst
αμείβω *ρ μτβ* remunerate

αμείλικτος *επίθ* relentless

αμέλεια (η) negligence

αμελής *επίθ* (στο καθήκον) negligent. (άνθρωπος) slack

αμελώ *ρ μτβ* neglect. • *ρ αμτβ* forget.

άμεμπτος *επίθ* unimpeachable. (διαγωγή) irreproachable. (συμπεριφορά) impeccable

αμερικάνικος *επίθ* American

Αμερικαν|ός (ο), **~ίδα** (η) American

Αμερική (η) America

αμέριμνος *επίθ* happy-go-lucky

αμερόληπτος *επίθ* unprejudiced. (γνώμη) impartial. (στάση) detached

άμεσος *επίθ* direct. (απευθείας) immediate. (από πρώτο χέρι) first-hand

αμέσως *επίρρ* immediately. (ευθύς) directly. (χωρίς καθυστέρηση) at once, straight away

αμεταβίβαστος *επίθ* not transferable

αμετάβλητος *επίθ* (δεν έχει μεταβληθεί) unchanged. (δεν μπορεί να μεταβληθεί) unchangeable. (τιμή) constant

αμετάκλητος *επίθ* irreversible

αμετανόητος *επίθ* unrepentant

αμετάφραστος *επίθ* (δεν έχει μεταφραστεί) untranslated. (δεν μπορεί να μεταφραστεί) untranslatable

αμέτοχος *επίθ* not taking part

αμέτρητος *επίθ* not counted. (αλογάριαστος) immeasurable. (αναρίθμητος) innumerable

άμετρος *επίθ* incalculable

αμήν *επιφών* amen

αμηχανία (η) embarrassment. (απορία) bewilderment

αμήχανος *επίθ* embarrassed. (δύσκολος) awkward. (μετά από λάθος) sheepish

αμίαντος (ο) asbestos

αμιγής *επίθ* unalloyed. (μεταφ) pure

αμίλητος *επίθ* quiet (not speaking)

άμιλλα (η) rivalry

αμιλλώμαι *ρ αμτβ* rival. (αγωνίζομαι για) vie for

αμίμητος *επίθ* inimitable

αμμοθύελλα (η) sandstorm

αμμόλοφος (ο) dune

άμμος (η) sand

αμμουδιά (η) sands

αμμοχάλικο (το) grit

αμμώδης *επίθ* sandy

αμμωνία (η) ammonia

αμνημόνευτος *επίθ* (δε μνημονεύεται) immemorial. (δεν αναφέρεται) unmentioned

αμνησία (η) amnesia

αμνηστία (η) amnesty

αμοιβαίος *επίθ* mutual. (ανταποδοτικός) reciprocal

αμοιβή (η) remuneration. (γιατρού, δικηγόρου) fee. (μεταφ) reward

άμοιρος *επίθ* hapless

αμόκ (το) *άκλ* amok

αμολάω *ρ μτβ* loosen. (αφήνω) let go

αμόλυντος *επίθ* unpolluted. (μεταφ) untainted

αμόνι (το) anvil

αμορτισέρ (το) *άκλ* shock absorber

άμορφος *επίθ* shapeless. (*χημ*) amorphous

αμόρφωτος *επίθ* uneducated. (*άξεστος*) uncultured

αμούστακος *επίθ* without a moustache

αμπαζούρ (*το*) *άκλ* lampshade

αμπάρι (*το*) hold (*of ship*)

αμπέλι (*το*) vine

αμπελουργός (*ο*) vine grower

αμπελώνας (*ο*) vineyard

αμπέρ (*το*) *άκλ* amp(ere)

άμπωτη (*η*) ebb, low tide

άμυαλος *επίθ* brainless. (*μεταφ*) foolish

αμυγδαλή (*η*) tonsil

αμυγδαλίτιδα (*η*) tonsillitis

αμύγδαλο (*το*) almond

αμυδρός *επίθ* (*φως*) dim. (*χαμόγελο, ελπίδα*) faint

άμυλο (*το*) starch (*in food*)

άμυνα (*η*) defense

αμύνομαι *ρ μτβ* fight in defence of. • *ρ αμτβ* defend oneself

αμυντικός *επίθ* defensive

άμφια (*τα*) vestments

αμφιβάλλω *ρ μτβ* doubt

αμφίβιος *επίθ* amphibious. ~ (*το*) amphibian

αμφιβολία (*η*) doubt

αμφίβολος *επίθ* doubtful. (*αβέβαιος*) dubious

αμφιδέξιος *επίθ* ambidextrous

αμφίεση (*η*) attire

αμφιθαλής *επίθ* sibling

αμφιθέατρο (*το*) amphitheatre

αμφιλογία (*η*) ambiguity

αμφίλογος *επίθ* ambiguous

αμφίρροπος *επίθ* (*αβέβαιος*) in the balance. (*ταλαντευόμενος*) wavering

αμφισβήτηση (*η*) dispute

αμφισβητώ *ρ μτβ* dispute. (*αμφιβάλλω*) query. (*διατυπώνω αντιρρήσεις*) contest. (*την αλήθεια*) challenge

αμφιταλαντεύομαι *ρ αμτβ* dither. (*διστάζω*) waver

αμφορέας (*ο*) amphora

αν *σύνδ* if. (*είτε*) whether. ~ **και** although. **εκτός** ~ unless

ανά *πρόθ* per

ανα- *σε σύνθεση* (*επανάληψη*) re-

αναβάλλω *ρ μτβ* postpone. (*απόφαση*) defer. (*συνεδρίαση*) adjourn

ανάβαση (*η*) ascent. (*σε άλογο*) mounting

αναβάτης (*ο*), **~ρια** (*η*) rider. (*άλογο*) stallion

αναβιώνω *ρ μτβ/ρ αμτβ* revive

αναβίωση (*η*) revival

αναβλύζω *ρ μτβ/ρ αμτβ* spurt. (*με βία*) gush (*δάκρυα*) well up.

αναβολέας (*ο*) stirrup

αναβολή (*η*) postponement. (*νομ*) stay

αναβοσβήνω *ρ μτβ/ρ αμτβ* flash (on and off)

αναβράζω *ρ αμτβ* boil. (*μεταφ*) seethe. ~**ν** *επίθ* effervescent

αναβρασμός (*ο*) boiling. (*μεταφ*) ferment

ανάβω *ρ μτβ* light. (*σπίρτο*) strike. (*φως, κινητήρα*) switch on. (*φως*) turn on. • *ρ αμτβ* kindle. (*γλέντι*) get lively. (*οργίζομαι*) get worked up. (*φως*) be on

αναγγελία (*η*) announcement

αναγγέλλω *ρ μτβ* announce. (*νέα*) break

αναγέννηση (η) resurgence. **η Α~** the Renaissance

αναγεννώ ρ μτβ regenerate

αναγκάζω ρ μτβ compel

αναγκαίος επίθ necessary

αναγκαστικός επίθ compulsory

ανάγκη (η) necessity. (έλλειψη) want. (χρεία) need

ανάγλυφοις επίθ embossed. **~** (το) (αρχιτ) relief.

αναγνωρίζω ρ μτβ recognize. (δέχομαι) acknowledge. (επιβεβαιώνω) identify. (καθομ) pick out. (παραδέχομαι) admit

αναγνώριση (η) recognition. (επιβεβαίωση) identification. (παραδοχή) acknowledgement. (στρ) reconnaissance

ανάγνωση (η) reading

αναγνώστ|ης (ο), **~ρια** (η) reader

αναγούλα (η) nausea

ανάγωγος επίθ ill-mannered

αναδάσωση (η) reforestation

αναδίνω ρ μτβ emit. (καθομ) give off

αναδιοργανώνω ρ μτβ reorganize

αναδιοργάνωση (η) reorganization

ανάδοχος (ο) (έργου) contractor. (εκδόσεως μετοχών) underwriter. (νονός) godfather

ανάδραση (η) feedback

αναδρομή (η) going back. (κινηματογράφου) flashback. **~ικός** επίθ retrospective

αναδύομαι ρ αμτβ surface

αναζητώ ρ μτβ look for. (αποζητώ) seek

αναζωογονώ ρ μτβ invigorate

αναζωπυρώνω ρ μτβ rekindle

ανάθεμ|α (το) anathema. **~ά το!** επιφών damn!

αναθέτω ρ μτβ allocate. (έργο) assign. (καθήκοντα) delegate

αναθεώρηση (η) revision

αναθεωρώ ρ μτβ revise

αναθυμίαση (η) stench. **~ιάσεις** (οι) fumes

αναίδεια (η) impertinence. (θράσος) cheek

αναιδής επίθ impertinent, cheeky

αναιμία (η) anaemia

αναισθησία (η) anaesthesia. (για αισθήματα) callousness

αναισθητικό (το) anaesthetic

αναίσθητος επίθ unconscious. (αδιάφορος) callous. (ασυγκίνητος) insensitive

ανακαινίζω ρ μτβ renovate

ανακαλύπτω ρ μτβ discover, find out. (χρυσό) strike (gold)

ανακάλυψη (η) discovery

ανακαλώ ρ μτβ call back. (στη μνήμη) recall

ανάκατα επίρρ higgledy-piggledy

ανακατάληψη (η) recapture

ανακατασκευάζω ρ μτβ reconstruct

ανακάτεμα (το) (ανάμιξη) blending. (μπέρδεμα) muddle. (στομαχιού) nausea

ανακατεύ|ω ρ μτβ mix. (μαλλιά) ruffle. (μπερδεύω) confuse. (μπλέκω) tangle. (υγρό) stir. (χαρτιά) shuffle. **~ομαι** (με) ρ αμτβ mix (with). (μπερδεύομαι) meddle (in). (με τον κόσμο) mingle (with). (στομάχι) turn

ανάκατος επίθ muddled. (ακατάστατος) messy

ανακατώνω *ρ μτβ βλ*
ανακατεύω

ανακατοσούρα *(η)* disarray.
(θόρυβος) commotion

ανακάτωτος *επίθ* unmixed,
unblended

ανακατωτ|ός *επίθ* mixed-up.
(κλωστή) tangled. **~ά** *επίρρ* in
a tangle

ανακεφαλαιώνω *ρ μτβ/ρ αμτβ*
recapitulate

ανακεφαλαίωση *(η) (καθομ)*
recap

ανακηρύσσω *ρ μτβ* proclaim

ανακίνηση *(η)* agitating

ανακινώ *ρ μτβ* agitate

ανάκληση *(η)* recall

ανακοινωθέν *(το)* communiqué

ανακοινώνω *ρ μτβ* announce

ανακοίνωση *(η)* announcement

ανακόλουθος *επίθ* inconsistent

ανακουφίζω *ρ μτβ* relieve.
(πόνο) alleviate. *(πραΰνω)*
soothe

ανακούφιση *(η)* relief. *(πόνου)*
alleviation

ανακρίβεια *(η)* inaccuracy.
(μηχ) imprecision

ανακριβ|ής *επίθ* inaccurate.
(μηχ) imprecise. **~ώς** *επίρρ*
inaccurately

ανακρίνω *ρ μτβ* interrogate.
(νομ) examine

ανάκριση *(η) (αστυνομίας)*
interrogation. *(νομ)* inquiry

ανακρ|ιτής *(ο)*, **~ίτρια** *(η)*
interrogator

ανάκτηση *(η)* recovery

ανάκτορο *(το)* palace

ανακτώ *ρ μτβ* regain. *(μεταφ)*
recapture

ανακυκλώνω *ρ μτβ* recycle

ανακωχή *(η)* armistice.
(προσωρινή) truce

αναλαμβάνω *ρ μτβ* undertake.
(διαδέχομαι) take over. *(ευθύνη)*
assume. • *ρ αμτβ* recover

αναλαμπή *(η)* glimmer

ανάλατος *επίθ* unsalted. *(μεταφ)*
insipid

ανάλαφρος *επίθ* light

αναληθής *επίθ* untrue

ανάληψη *(η) (χρημάτων)*
withdrawal. *(καθηκόντων)*
assumption. **Α~** *(εκκλ)*
Ascension

αναλογ|ία *(η)* proportion.
(αριθμός) quota. *(μαθημ)* ratio.
(σχέση) analogy. **~ικός** *επίθ*
proportional

αναλογίζομαι *ρ μτβ* reflect
(on). *(κίνδυνο)* weigh

ανάλογ|ος *επίθ* proportional.
(προς την αξία) commensurate.
~α *επίρρ* accordingly

αναλόγως *επίρρ* accordingly

ανάλυση *(η)* analysis. *(αριθμών)*
breakdown

αναλυτικός *επίθ* analytical.
(λογαριασμός) itemized

αναλύω *ρ μτβ* analyze.
(αριθμούς) break down.
(λογαριασμό) itemize

αναλφάβητος *επίθ* illiterate

αναμασώ *ρ μτβ (ζώα)* chew
over. *(μεταφ)* rehash

αναμ(ε)ιγνύω *ρ μτβ* mix.
(εμπλέκω) implicate. *(ποτό)*
blend. • *ρ αμτβ* blend

ανάμ(ε)ικτος *επίθ* mixed

ανάμ(ε)ιξη *(η)* mixing.
(εμπλοκή) implication. *(μεταφ)*
meddling

ανάμεσα *επίρρ* among(st)

αναμέτρηση *(η)* recounting. *(άμιλλα)* show-down. *(στρ)* confrontation

αναμμένο|ς *επίθ* alight. **το φως είναι ~** the light is on

ανάμνηση *(η)* recollection. *(ενθύμιο)* memento. *(θύμηση)* memory

αναμονή *(η)* wait(ing). *(προσδοκία)* expectation

αναμορφωτήριο *(το)* Borstal

αναμφίβολος *επίθ* undoubted

αναμφισβήτητος *επίθ* indisputable. *(νικητής)* outright

ανανάς *(ο)* pineapple

άνανδρος *επίθ* unmanly

ανανεώνω *ρ μτβ* renew. *(ανακαινίζω)* refurbish. **~τον χρόνο ομιλίας** top up

ανανέωση *(η)* renewal

αναντατπόδοτος *επίθ* unrequited

αναντικατάστατος *επίθ* irreplaceable

αναξιόπιστος *επίθ* unreliable. *(ανάξις εμπιστοσύνης)* untrustworthy

αναξιοποίητος *επίθ (γη)* undeveloped

ανάξιος *επίθ* unworthy

αναπαραγωγή *(η)* reproduction. *(ζωντανών οργανισμών)* propagation

αναπαράσταση *(η)* reconstruction

ανάπαυλα *(η)* respite

ανάπαυση *(η)* rest

αναπαυτικός *επίθ* comfortable

αναπηδώ *ρ αμτβ* leap. *(άλογο)* buck. *(από φόβο)* start. *(μπάλα)* bounce. *(προς τα πίσω)* recoil

ανάπηρος *επίθ* handicapped. **~** *(ο)* invalid

αναπλάθω *ρ μτβ* reshape. *(αναδημιουργώ)* recreate

αναπληρώνω *ρ αμτβ* refill. *(αντικαθιστώ)* deputize for

αναπληρωτής *(ο)* deputy

αναπήδημα *(το)* bounce

αναπηδώ *ρ αμτβ* jump up. *(από φόβο)* start. *(καρδιά)* leap. *(μπάλα)* bounce. *(προς τα πίσω)* recoil

αναπνευστήρας *(ο)* *(ιατρ)* respirator. *(κατάδυσης)* snorkel

αναπνευστικός *επίθ* breathing

αναπνέω *ρ αμτβ* breathe

αναπνοή *(η)* breathing. *(ανάσα)* breath

ανάποδα *επίρρ* upside-down. *(ρούχα)* inside out

ανάποδη *(η)* *(νομίσματος, υφάσματος)* reverse. *(χτύπημα)* backhanded blow. *(κολύμπι)* backstroke. *(βελονιά στο πλέξιμο)* purl

αναποδιά *(η)* mishap. *(κακοτυχία)* setback. *(δυστροπία)* contrariness

αναποδογυρίζω *ρ μτβ* turn upside-down

αναπολώ *ρ αμτβ* reminisce

αναπόσπαστος *επίθ* integral

αναποφασιστικότητα *(η)* indecision

αναποφάσιστος *επίθ* *(διστακτικός)* indecisive. *(δεν έχει αποφασίσει ακόμη)* undecided

αναπόφευκτος *επίθ* inevitable, unavoidable

αναπτήρας *(ο)* lighter

ανάπτυξη (η) development. (αύξηση) growth. (ερμηνεία) exposition

αναπτύσσω ρ μτβ develop. (θέμα) expand. (θεωρία) elaborate. (ταχύτητα) gather. **~ομαι** ρ αμτβ evolve. (παιδί) develop

άναρθρος επίθ inarticulate

αναρίθμητος επίθ innumerable. (αμέτρητος) countless

αναρμόδιος επίθ incompetent

αναρπάζω ρ μτβ snap up

αναρριχητικό (το) creeper

αναρριχιέμαι ρ μτβ/ρ αμτβ climb. (φυτά) creep, climb

αναρρώνω ρ αμτβ recuperate. (από αρρώστια) convalesce

ανάρρωση (η) recuperation. (από αρρώστια) convalescence

αναρρωτήριο (το) convalescent home

ανάρτηση (η) suspension

αναρχία (η) anarchy

αναρχικός επίθ anarchic

αναρωτιέμαι ρ αμτβ ask oneself. (απορώ) wonder

ανάσα (η) breath. (ανακούφιση) breather

ανασαίνω ρ αμτβ breathe. (ανακουφίζομαι) have a breather

ανασηκώνω ρ μτβ lift. (μανίκια) roll up

ανασκαλεύω ρ μτβ (φωτιά) poke. (μεταφ) poke into

ανασκαφή (η) digging. (αρχαιολ) excavation, dig

ανάσκελα επίρρ on one's back

ανασκευάζω ρ μτβ refute

ανασκόπηση (η) review

ανασκουμπώνομαι ρ αμτβ roll up one's sleeves. (για δράση) prepare (for action)

αναστcaίνω ρ μτβ resurrect. (μεταφ) revive. **~ομαι** ρ αμτβ rise (from the dead)

ανάσταση (η) resurrection

ανάστατος επίθ (ακατάστατος) in disorder. (ταραγμένος) distressed

αναστατώνω ρ μτβ disconcert. (προκαλώ αναταραχή) disrupt. **~ομαι** ρ αμτβ be distressed

αναστάτωση (η) (δραστηριότητας) flurry. (λαϊκ) flap. (σχεδίων) disruption. (ταραχή) turmoil

αναστέλλω ρ μτβ (ακυρώνω) suspend. (σταματώ) inhibit

αναστεναγμός (ο) sigh

αναστενάζω ρ αμτβ sigh

αναστηλώνω ρ μτβ (κτίριο) restore. (μεταφ) revitalize

ανάστημα (το) height. (μεταφ) stature

αναστολή (η) suspension. (νομ) reprieve. (σταμάτημα) inhibition. (στρ) deferment

αναστροφή (η) reversal. (στροφή κατά 180°) U-turn

ανασυγκρότηση (η) (οικονομίας) reconstruction. (στρ) regrouping

ανασφάλεια (η) insecurity

ανασφαλής επίθ unsafe. (πρόσωπο) insecure

ανασχηματίζω ρ μτβ re-form. (με νέο σχήμα) reshuffle

αναταραχή (η) disturbance. (αναστάτωση) unrest. (συγκίνηση) agitation

ανάταση (η) (των χεριών) raising. (ηθική) uplift

ανατέλλω ρ αμτβ (ήλιος) rise

ανατίμηση (η) revaluation

ανατίναγμα (το) (σε δρόμο) bumping, jerking

ανατινάζω ρ μτβ blow up, blast

ανατίναξη (η) blowing up

ανατολή (η) east. (του ήλιου) sunrise. **η Α~** the Orient. **η Άπω Α~** the Far East

ανατολικός επίθ east. (άνεμος) easterly. (της Ανατολής) Eastern

ανατομή (η) dissection

ανατομία (η) anatomy

ανατρέπω ρ μτβ (αναποδογυρίζω) overturn. (απόφαση) quash. (κυβέρνηση) overthrow. (σχέδια) thwart. (υπολογισμούς) upset

ανατρέφω ρ μτβ (παιδιά) bring up

ανατρέχω ρ μτβ retrace. (σε πηγές γνώσης) refer (σε to)

ανατριχιάζω ρ αμτβ shudder

ανατριχίλα (η) shudder. (από κρύο) goose-flesh, goose-pimples

ανατροπή (η) overturning. (αποφάσεως) quashing. (κυβερνήσεως) overthrow. (σχεδίου) thwarting

ανατροφή (η) upbringing. (τρόποι) breeding

ανατυπώνω ρ μτβ reprint

άναυδος επίθ speechless

αναφέρω ρ μτβ mention. (παραδείγματα) cite. (παραπέμπω) refer to. (δίνω αναφορά) report

αναφιλητό (το) sobbing

αναφλέγω/ομαι ρ μτβ/ρ αμτβ ignite

ανάφλεξη (η) ignition

αναφορά (η) (έκθεση) report. (μνεία) mention. (παραπομπή) reference. (στρ) dispatch

αναφυλλητό (το) βλ **αναφιλητό**

αναφώνηση (η) exclamation

αναφωνώ ρ αμτβ exclaim

αναχαιτίζω ρ μτβ check, curb. (αεροπλάνο) intercept

αναχρονισμός (ο) anachronism

ανάχωμα (το) (μεταξύ ξηράς και θάλασσας) dike. (σε σιδηρ γραμμή ή ποτάμι) embankment

αναχώρηση (η) departure

αναχωρώ ρ αμτβ depart

αναψυκτήριο (το) refreshments. **~ικό** (το) soft drink

αναψυχή (η) recreation

άνδρας (ο) βλ **άντρας**

ανδρεία (η) valour. **~ος** επίθ valiant. **~κελο** (το) puppet

ανδρικός επίθ male. (για άντρες) for men

ανδρισμός (ο) manhood

ανδρόγυνο (το) husband and wife

ανδροπρεπής επίθ manly. (για γυναίκα) mannish

ανεβάζω ρ μτβ move up. (ανυψώνω) raise. (κινημ έργο) present. (στη θεατρική σκηνή) stage. (τιμή) put up

ανεβαίνω ρ μτβ/αμτβ climb. (σε θρόνο) accede. (κοινωνικά, τιμές) rise. (ποδήλατο, άλογο)

mount. (σε λεωφορείο) get on.
(σε πλοίο) board

ανεβοκατεβαίνω ρ αμτβ go up
and down. (βάρκα) bob up and
down

ανέγγιχτος επίθ untouched.
(απείραχτος) intact

ανεγείρω ρ μτβ erect

ανειλικρίνεια (η) insincerity.
~ινής επίθ insincere

ανέκαθεν επίρρ all along

ανέκδοτο (το) anecdote

ανεκμετάλλευτος επίθ
unexploited

ανεκτικός επίθ tolerant

ανεκτικότητα (η) tolerance.
(κοινωνίας) permissiveness

ανεκτίμητος επίθ invaluable.
(θησαυρός) priceless

ανεκτός επίθ tolerable

ανέκφραστος επίθ unutterable.
(έκφραση) blank. (μάτια) glassy

ανελέητος επίθ merciless.
(σκληρός) ruthless

ανελκυστήρας (ο) lift, (αμερ)
elevator

ανέλπιστος επίθ unexpected

ανέμελος επίθ debonair.
(καθομ) slap-happy

ανέμη (η) spinning-wheel

ανεμίζω ρ μτβ air. (κουνώ)
wave. • ρ αμτβ flutter

ανεμιστήρας (ο) fan

ανεμοβλογιά (η) chicken-pox

ανεμοδείκτης (ο) weathercock,
weather vane

ανεμοζάλη (η) whirlwind.
(μεταφ) turmoil

ανεμοθύελλα (η) windstorm

ανεμόμυλος (ο) windmill

ανεμοπορία (η) hang-gliding

ανεμόπτερο (το) glider

άνεμος (ο) wind

ανεμόσκαλα (η) rope ladder

ανεμοστρόβιλος (ο) whirlwind

ανεμώνα (η) anemone

ανένδοτος επίθ adamant

ανεμπόδιστος επίθ unimpeded

ανενόχλητος επίθ unhindered

ανέντιμος επίθ ignoble

ανεξαιρέτως επίρρ without
exception

ανεξακρίβωτος επίθ unverified

ανεξάντλητος επίθ
inexhaustible

ανεξαρτησία (η) independence

ανεξάρτητος επίθ independent

ανεξέλεγκτος επίθ
uncontrolled. (λογαριασμός)
unchecked. (πληροφορία)
unconfirmed

ανεξερεύνητος επίθ
unexplored

ανεξήγητος επίθ inexplicable.
(ακατανόητος)
incomprehensible

ανεξίτηλος επίθ indelible.
(χρώμα) fast

ανεξιχνίαστος επίθ
untraceable. (άνθρωπος)
inscrutable. (έγκλημα) unsolved

ανέξοδος επίθ inexpensive

ανεξόφλητος επίθ unsettled,
unpaid

ανεπαίσθητος επίθ
imperceptible

ανεπανόρθωτ|ος επίθ
irretrievable. (αθεράπευτος)
irreparable

ανεπάρκεια (η) inadequacy.
(επαγγελματική) inefficiency.
(ιατρ) insufficiency

ανεπαρκής *επίθ* inadequate. *(ελλιπής)* insufficient. *(στη δουλειά)* inefficient

ανέπαφος *επίθ* untouched. *(άθικτος)* unscathed. *(άρτιος)* intact

ανεπηρέαστος *επίθ* unaffected

ανεπίδεκτος *επίθ* not admitting. *(μεταφ)* incapable of

ανεπιθύμητος *επίθ* undesirable. *(ξένος)* unwelcome

ανεπίληπτος *επίθ* unimpeachable. *(διαγωγή)* impeccable

ανεπίσημος *επίθ* unofficial. *(κοινό)* informal

ανεπίτευκτος *επίθ* unobtainable. *(στόχος)* unattainable

ανεπίτρεπτος *επίθ* inadmissible

ανεπιτυχής *επίθ* unsuccessful

ανεπιφύλακτος *επίθ* unqualified. *(υποστήριξη)* wholehearted

ανεπτυγμένος *επίθ* developed

ανεργία *(η)* unemployment

άνεργος *επίθ* unemployed

ανέρχομαι *ρ αμτβ* rise. *(εισόδημα)* total. *(σε θρόνο)* accede. **~ σε** add up to

άνεση *(η)* comfort. *(ευχέρεια)* ease

ανέτοιμος *επίθ* unprepared

άνετος *επίθ* comfortable. *(καθομ)* comfy. *(βολικός)* easy

ανεύθυνος *επίθ* irresponsible

ανευλαβής *επίθ* impious, irreverent

ανεφάρμοστος *επίθ* inapplicable. *(δεν μπορεί να εφαρμοστεί)* impracticable

ανέφικτος *επίθ* unfeasible. *(στόχος)* unattainable

ανεφοδιάζ|ω *ρ μτβ* resupply. *(αποθήκη)* restock. **~ομαι** *ρ αμτβ* refuel

ανέχομαι *ρ μτβ* tolerate, *(καθομ)* put up with. *(υπομένω)* endure. *(παραβλέπω)* condone

ανεψιά *(η)* niece

ανεψιός *(ο)* nephew

ανήθικος *επίθ* immoral. *(χειρονομία)* obscene

άνηθο *(το)* dill

ανήκουστος *επίθ* unheard of

ανήκω *ρ αμτβ* belong

ανήλεος *επίθ* ruthless. *(ανελέητος)* inexorable

ανήλικος *επίθ* minor, under age

ανήμπορος *επίθ* helpless

ανήξερος *επίθ* *(άμαθος)* ignorant. *(απληροφόρητος)* uninformed. *(αθώος)* innocent

ανησυχητικός *επίθ* disturbing

ανησυχία *(η)* anxiety. *(έλλειψη ησυχίας)* disquiet. *(ταραχή)* restlessness. *(φόβος)* apprehension

ανήσυχος *επίθ* anxious. *(ανικανοποίητος)* restless. *(ταραγμένος)* uneasy. *(φοβισμένος)* apprehensive

ανησυχώ *ρ μτβ* trouble. *(ταράζω)* disturb. • *ρ αμτβ* *(φοβούμαι)* be anxious. *(για κάποιον)* be concerned *(for so)*

ανηφορι|ά *(η)* upward slope. **~κός** *επίθ* uphill

ανθεκτικός *επίθ* tough. *(που αντέχει)* durable. *(στη φωτιά)* resistant. *(άνθρωπος)* resilient

ανθεστήρια *(τα)* flower festival

άνθηση (η) flowering. (μεταφ) flourishing

ανθίζω ρ αμτβ come into flower. (δέντρο) blossom. (μεταφ) flourish

ανθισμένος επίθ blooming. (δέντρο) in blossom

ανθόγαλα (το) cream (of the milk)

ανθοδέσμη (η) bouquet

ανθοδοχείο (το) vase

ανθόκηπος (ο) flower garden

ανθολογία (η) anthology

ανθοπωλείο (το) florist's

ανθοπώλης (ο), **~ις** (η) florist

ανθός (ο) blossom. (μεταφ) pick

άνθος (το) flower

ανθότυρο (το) cream cheese

άνθρακας (ο) (λόγ) coal. (χημεία) carbon. (ιατρ) anthrax

ανθρακωρυχείο (το) colliery

ανθρακωρύχος (ο) coal miner

ανθρωπάκι (το) βλ **ανθρωπάκος**

ανθρωπιά (η) (human) decency

ανθρώπινος επίθ human

ανθρωπισμός (ο) humanism

ανθρωπιστικός επίθ humane. (σχετικός με τον ανθρωπισμό) humanitarian

ανθρωποθυρίδα (η) manhole

ανθρωποκτονία (η) homicide

ανθρωποκυνηγητό (το) man-hunt

ανθρωπολ|ογία (η) anthropology. **~όγος** (ο, η) anthropologist

άνθρωπος[1] (ο) human

άνθρωπ|ος[2] (ο) man, mankind. (προικισμένος ψυχικά) decent

human being. (θνητός) mortal. **~ι** (οι) people

ανθρωπότητα (η) mankind

ανθρωποφ|αγία (η) cannibalism. **~άγος** (ο) cannibal

ανθρωπώρα (η) man-hour

ανθυγιεινός επίθ unhealthy. (συνθήκες) insanitary

ανθυπασπιστής (ο) warrant-officer

ανθυπολοχαγός (ο) second lieutenant

ανθυποπλοίαρχος (ο) second officer

ανία (η) dreariness, tedium

ανιαρός επίθ boring, dreary. (άνθρωπος) tedious. (συζήτηση) dull

ανίατος επίθ incurable. **άσυλο ανιάτων** (το) hospice

ανίδεος (ο) ignoramus

ανιδιοτελής επίθ selfless. (αφιλοκερδής) unselfish

ανίκανος επίθ incapable. (χωρίς δύναμη) helpless. (στη δουλειά) incompetent. (σεξουαλική) impotent

ανικανότητα (η) incapacity. (αναπηρία) disability. (στη δουλειά) incompetence. (σεξουαλικά) impotence

ανίκητος επίθ unbeaten. (αντίπαλος) invincible. (εμπόδιο) insurmountable

ανισόρροπος επίθ unbalanced. (μεταφ) unsound (of mind)

άνισος επίθ unequal

ανισότητα (η) inequality

ανίσχυρος επίθ powerless

ανίχνευση (η) detection

ανιχνευτής (*ο*) (*συσκευή*) detector. (*στρατιώτης*) scout

ανιχνεύω *ρ μτβ* detect

ανίψι (*το*) (*ανεψιός*) nephew. (*ανεψιά*) niece

ανοδικός *επίθ* upward

άνοδος (*η*) (*αύξηση*) rise. (*ανέβασμα*) ascent. (*στο θρόνο*) accession

ανοησία (*η*) foolishness. (*ανθρώπινη*) folly. **~ες** (*οι*) nonsense, (*καθομ*) claptrap

ανόητος *επίθ* foolish. (*κουτός*) silly. (*παράλογος*) senseless. (*παρατηρήσεις*) inane

ανόθευτος *επίθ* unadulterated

άνοια (*η*) senility

άνοιγμα (*το*) opening. (*κενό*) gap. (*παντελονιού*) flies. (*πόρτας*) doorway. (*φούστας*) slit. (*φτερών, αψίδας*) span

ανοιγοκλείνω *ρ αμτβ* open and close. (*τα μάτια*) blink

ανοίγω *ρ μτβ/ρ αμτβ* open. (*βρύση*) turn on. (*διακόπτη*) switch on. (*εμπόδιο*) clear. (*εφημερίδα, χέρια*) spread. (*ιατρ*) lance. (*πηγάδι*) sink. (*καιρός*) brighten. (*όρεξη*) whet

ανοικοδομώ *ρ μτβ* reconstruct

ανοικτός *επίθ* βλ **ανοιχτός**

άνοιξη (*η*) spring

ανοιξιάτικος *επίθ* spring

ανοιχτήρι (*το*) opener

ανοιχτόκαρδος *επίθ* open-hearted

ανοιχτός *επίθ* open. (*πληγή*) raw. (*χρώμα*) pale

ανοιχτοχέρης *επίθ* generous

ανοιχτόχρωμος *επίθ* light-coloured

ανομβρία (*η*) drought

ανομοιόμορφος *επίθ* patchy

ανόμοιος *επίθ* dissimilar

άνομος *επίθ* lawless

ανοξείδωτος *επίθ* stainless. **~ χάλυβας** stainless steel

άνορακ (*το*) *άκλ* anorak

ανόργανος *επίθ* inorganic

ανοργάνωτος *επίθ* disorganised

ανορεξία (*η*) lack of appetite. (*ιατρ*) anorexia

ανορθόγραφος *επίθ* (*άνθρωπος*) bad at spelling. (*κείμενο*) full of spelling mistakes

ανορθόδοξος *επίθ* unorthodox. (*καθομ*) off-beat

ανορθώνω *ρ μτβ* raise up. (*μεταφ*) restore. **~ομαι** *ρ αμτβ* straighten up

ανοσία (*η*) (*ιατρ*) immunity

ανόσιος *επίθ* unholy

ανοσοποίηση (*η*) immunization

ανοσοποιώ *ρ μτβ* immunize

άνοστος *επίθ* insipid. (*άνθρωπος*) ungainly. (*στη γεύση*) unsavoury

ανούσιος *επίθ* tasteless. (*μεταφ*) wishy-washy

ανοχή (*η*) sufferance

ανταγωνίζομαι *ρ μτβ* antagonize

ανταγωνισμός (*ο*) antagonism. (*εμπ*) competition

ανταγωνι|στής (*ο*), **~ίστρια** (*η*) contender. (*σε διαγωνισμό*) competitor

ανταγωνιστικός *επίθ* antagonistic. (*εμπ*) competitive

ανταλλαγή (η) exchange. (εμπ) barter. (καθομ) swap

ανταλλαγμα (το) exchange

ανταλλακτήριο (το) bureau de change

ανταλλακτικό (το) spare (part). (στυλό) refill

ανταλλάσσω ρ μτβ exchange, swap. (εμπ) barter

ανταμείβω ρ μτβ recompense. (μεταφ) reward

ανταμοιβή (η) recompense. (μεταφ) reward

αντανάκλαση (η) reflection

αντανακλώ ρ μτβ reflect

αντάξιος επίθ worthy

ανταπεργία (η) lock-out

ανταποδίδω ρ μτβ reciprocate. (αμοιβή) repay. (επίσκεψη) return

ανταποκρίνομαι ρ αμτβ respond

ανταπόκριση (η) response. (σε εφημερίδα) report. (σιδηρόδρομος) connection

ανταποκριτ|ής (ο), **~ίτρια** (η) reporter. (σε εφημερίδα) correspondent

ανταρκτικός επίθ Antarctic. **η Ανταρκτική** the Antarctic

ανταρσία (η) mutiny

αντάρτ|ης (ο), **~ισσα** (η) partisan, guerrilla. (μεταφ) rebel

ανταρτοπόλεμος (ο) guerrilla warfare

άντε επιφών **~ πήγαινε** go on then. **~ να πηγαίνουμε** let's go

αντέγκληση (η) recrimination

αντεξετάζω ρ μτβ cross-examine

αντεπιτίθεμαι ρ αμτβ counter-attack

αντέχω ρ μτβ endure. (δεν υποχωρώ) withstand. (υπομένω) bear. • ρ αμτβ (διατηρούμαι) last

αντηλιακό (το) sun cream

αντηχώ ρ αμτβ echo. (βουίζω από φωνές) reverberate

αντι- πρόθ anti-, vice-, counter-

αντί επίρρ instead. **~ για** instead of

αντιαεροπορικός επίθ anti-aircraft

αντιαισθητικός επίθ unsightly

αντιβιοτικό|ς επίθ antibiotic. **~** (το) antibiotic

αντιγραφή (η) transcription, copying. (απομίμηση) reproduction. (σχολ) cheating

αντίγραφο (το) transcript. (απομίμηση) replica. (τυπογ) copy

αντιγράφω ρ μτβ transcribe, copy. (σχολ) cheat

αντίδι (το) endive

αντιδιαβρωτικός επίθ rustproof

αντίδικος (ο) (νομ) party

αντίδοτο (το) antidote

αντίδραση (η) reaction

αντιδραστικός επίθ reactionary. **~** (ο) reactionary

αντιδρώ ρ αμτβ react

αντίδωρο (το) holy bread

αντιεπαγγελματικός επίθ unprofessional

αντίζηλος (ο) rival

αντίθεση (η) opposition. (διαφορά) contrast. (σχέσης) antithesis. **σε ~** at variance

αντίθετο (*το*) opposite
αντίθετ|ος *επίθ* opposite. (*ανάποδος*) contrasting. (*αντίστροφος*) contrary. **~ος προς** opposed to. **~α** *επίρρ* on the contrary
αντίκα (*η*) antique
αντικαθιστώ *ρ μτβ* substitute. (*αναπληρώνω*) replace. (*βάρδια*) relieve. (*εκτοπίζω*) supersede
αντικαθρεφτίζω *ρ μτβ* mirror
αντικανονικός *επίθ* irregular
αντικατάσταση (*η*) replacement. (*βάρδια*) relief
αντικαταστάτ|ης (*ο*), **~ρια** (*η*) replacement. (*δασκάλου, καθηγητή*) supply teacher. (*ηθοποιού*) understudy
αντικειμενικ|ότητα (*η*) objectivity. **~ός** *επίθ* objective
αντικείμενο (*το*) object
αντικλείδι (*το*) master key
αντικοινωνικός *επίθ* antisocial
αντικρίζω *ρ μτβ* face
αντικρινός *επίθ* opposite (*facing*)
αντίκρουση (*η*) rebuttal
αντικρούω *ρ μτβ* (*επιχείρημα*) refute. (*κατηγορία*) rebut. (*χτύπημα*) counter
αντίκτυπος (*ο*) repercussion
αντικυκλώνας (*ο*) anticyclone
αντιλαμβάνομαι *ρ μτβ/αμτβ* understand, realize. (*εκτιμώ*) appreciate
αντιλέγω *ρ αμτβ* object
αντιλεξικό (*το*) thesaurus
αντιληπτός *επίθ* perceptible
αντίληψη (*η*) perception. (*άποψη*) view. (*ικανότητα να εννοεί*) quickness of mind
αντιλόπη (*η*) antelope

αντιμετωπίζω *ρ μτβ* encounter. (*αντεπεξέρχομαι*) cope with. (*παίρνω θέση*) confront
αντιμέτωπος *επίθ* facing
αντιμιλώ *ρ αμτβ* answer back
αντίο (*το*) goodbye, bye-bye
αντιπάθεια (*η*) antipathy. (*αποστροφή*) aversion
αντιπαθητικός *επίθ* distasteful
αντιπαθώ *ρ μτβ* dislike
αντίπαλος *επίθ* rival. **~** (*ο*) (*αντίζηλος*) rival. (*αντίμαχος*) opponent. (*σε διαγωνισμό*) contestant
αντιπαραθέτω *ρ μτβ* juxtapose
αντιπαροχή (*η*) exchange
αντιπηκτικό (*το*) antifreeze
αντιπληθωρισμός (*ο*) (*εμπ*) deflation
αντίποινο (*το*) reprisal
αντιπολίτευση (*η*) (*πολιτ*) opposition.
αντιπρόεδρος (*ο, η*) deputy chairman, vice president
αντιπροσώπευση (*η*) representation
αντιπροσωπευτικός *επίθ* representative
αντιπροσωπεύω *ρ μτβ* represent. (*μεταφ*) portray
αντιπρόσωπος (*ο, η*) representative
αντιπροσωπ(ε)ία (*η*) deputation. (*εμπ*) agency. (*σύνολο αντιπροσώπων*) delegation
αντίρρηση (*η*) objection
αντισηπτικός *επίθ* antiseptic
αντισταθμίζω *ρ μτβ* counterbalance. (*αποζημιώνω*) compensate for. (*ισοσταθμίζω*) offset

αντίσταση (η) resistance
αντιστέκομαι ρ μτβ/ρ αμτβ resist
αντίστοιχος επίθ equivalent. (συμμετρικός) respective
αντιστοίχως επίρρ respectively
αντιστρέφω ρ μτβ reverse. (αναποδογυρίζω) invert
αντιστροφή (η) reversal. (μεταβολή) inversion
αντίστροφος επίθ reverse. (ανάποδος) inverse
αντιστρόφως επίρρ vice versa
αντισυλληπτικός επίθ contraceptive
αντισύλληψη (η) contraception
αντισυνταγματικός επίθ unconstitutional
αντισφαίριση (η) tennis
αντίσωμα (το) antibody
αντιτίθεμαι ρ μτβ oppose
αντιτορπιλικό (το) (ναυτ) destroyer
αντίτυπο (το) copy. (έργου τέχνης) replica, reproduction
αντίφαση (η) contradiction
αντιφάσκω ρ αμτβ contradict
αντιφατικός επίθ conflicting. (ασυμφωνία) contradictory
αντίχειρας (ο) thumb
αντλία (η) pump
αντλώ ρ μτβ pump. (εισόδημα) derive. (πόρους) tap
αντοχή (η) resistance. (υπομονή) endurance. (δύναμη αντίστασης) stamina
άντρας (ο) man. (σύζυγος) husband
αντρεία (η) βλ ανδρεία
αντρίκειος επίθ manly
άντρο (το) lair. (ληστών) den

αντρόγυνο (το) βλ ανδρόγυνο
αντσούγια (η) anchovy
άντυτος επίθ undressed. (ντυμένος ακατάλληλα) not dressed up
αντωνυμία (η) pronoun
άνυδρος επίθ dry. (χωρίς βροχή) arid
ανυπακοή (η) disobedience
ανυπάκουος επίθ disobedient
ανύπαντρος επίθ unmarried
ανύπαρκτος επίθ non-existent
ανυποληψία (η) disrepute
ανυπολόγιστος επίθ incalculable
ανυπομονησία (η) impatience. (ανησυχία) anxiety. (βιασύνη) eagerness
ανυπόμονος επίθ impatient. (ανήσυχος) anxious. (βιαστικός) eager
ανυπομονώ ρ αμτβ be impatient. (αδημονώ) be anxious
ανύποπτος επίθ unsuspecting
ανυπόστατος επίθ unfounded
ανυπότακτος επίθ intractable. (παιδιά) unruly
ανυπόφορος επίθ unbearable. (φέρσιμο) intolerable
ανυποψίαστος επίθ unsuspecting
ανυψώνω ρ μτβ raise. (όχημα) jack up. (μεταφ) elevate
ανυψωτήρας (ο) (μηχ) hoist
άνω επίρρ above, over. ~ κάτω topsy-turvy. ~ τελεία (η) semicolon. ήταν ~ κάτω (δωμάτιο) it was a shambles. (άνθρωπος) he was very upset. προς τα ~ upwards

ανώγι (*το*) top floor (*of house*)

ανώδυνος *επίθ* painless

ανωμαλία (*η*) anomaly. (*εδάφους*) unevenness. (*εκτροπή από τους κανόνες*) irregularity. (*εκτροπή από το φυσιολογικό*) abnormality. (*μηχ*) malfunction

ανώμαλος *επίθ* anomalous. (*γραμμ*) irregular. (*έδαφος*) rough. (*μη ισόπεδος*) uneven. (*μη φυσιολογικός*) abnormal

ανωνυμία (*η*) anonymity

ανώνυμος *επίθ* anonymous, nameless. **~η εταιρεία** Société Anonyme (appr. equivalent to a plc in the UK)

ανώριμος *επίθ* immature

άνωση (*η*) buoyancy

ανώτατος *επίθ* supreme. (*βαθμός*) top

ανώτερος *επίθ* upper. (*άνθρωπος*) noble. (*βαθμός*) senior. (*καλύτερος*) superior. (*παιδεία*) higher. ~ (*ο*) superior

ανωτέρω *επίρρ* above

ανώφελος *επίθ* useless. (*μάταιος*) vain

αξεδιάλυτος *επίθ* unsolved

αξεδίαστος *επίθ* unquenchable

αξεκαθάριστος *επίθ* not sorted out. (*που δε ρυθμίστηκε*) unsettled

αξεπέραστος *επίθ* insurmountable

αξερίζωτος *επίθ* ineradicable

αξεπλήρωτος *επίθ* (*χρέος*) unsettled. (*χάρη*) beyond return

άξεστος *επίθ* uncouth, coarse

αξέχαστος *επίθ* unforgettable

αξία (*η*) (*σε χρήμα*) value. (*ουσία*) merit. (*χρησιμότητα*) worth. **~ες** (*οι*) (*χρημ*) stock

αξιαγάπητος *επίθ* amiable

αξιέπαινος *επίθ* praiseworthy. (*συμπεριφορά*) commendable

αξίζ|ω *ρ αμτβ* (*έχω χρηματική αξία*) be worth. (*μου πρέπει*) deserve. **~ει τον κόπο** it's worth it

αξίνα (*η*) pickaxe

αξιοθαύμαστος *επίθ* admirable

αξιοθέατ|ος *επίθ* worth seeing. **τα ~α** the sights

αξιοθρήνητος *επίθ* lamentable

αξιοκαταφρόνητος *επίθ* contemptible. (*συμπεριφορά*) despicable

αξιολάτρευτος *επίθ* adorable

αξιόλογος *επίθ* remarkable. (*σημαντικός*) significant

αξιολύπητος *επίθ* wretched, pathetic. (*ελεεινός*) piteous

αξιομνημόνευτος *επίθ* memorable

αξιοπαρατήρητος *επίθ* noteworthy

αξιόπιστος *επίθ* reliable. (*που εμπνέει εμπιστοσύνη*) dependable

αξιοποιώ *ρ μτβ* (*γη*) develop. (*ευκαιρίες*) utilize

αξιοπρέπεια (*η*) dignity

αξιοπρεπής *επίθ* dignified

άξιος *επίθ* (*ικανός*) capable. (*που αξίζει*) worthy. (*που του αρμόζει*) deserving

αξιοσέβαστος *επίθ* respectable

αξιοσημείωτος *επίθ* noteworthy. (*σημαντικός*) notable

αξιότιμ|ος επίθ honourable. **Α~ε κύριε/κυρία** Dear Sir/Madam

αξίωμα (το) (αρχή) axiom. (θέση) office

αξιωματικός επίθ authoritative. **~ο** (ο) officer

αξιωματούχος (ο) dignitary

αξιώ|νω ρ μτβ claim, demand. **~νομαι** ρ αμτβ manage to

αξίωση (η) claim, demand

άξονας (ο) (μηχ) shaft. (νοητή ευθεία) axis. (τροχού) axle

αξύριστος επίθ unshaven

άοπλος επίθ unarmed

αόρατος επίθ invisible

αοριστία (η) vagueness

αοριστολογία (η) generality

αόριστ|ος επίθ indefinite. (ασαφής) vague. **~ος** (ο) (γραμμ) past tense. **επ' αόριστο** indefinitely. **~α** επίρρ indefinitely, vaguely

αορτή (η) aorta

άοσμος επίθ odourless

απαγγελία (η) (λέξεων) elocution. (ποιημάτων) recitation

απαγγέλλω ρ μτβ/αμτβ (ποίημα) recite. (κατηγορία) pronounce

απαγόρευση (η) prohibition. (νομ) ban

απαγορεύω ρ μτβ prohibit. (νομ) ban. (σε κάποιον) forbid. **~εται η στάθμευση** no parking. **~εται το κάπνισμα** no smoking

απάγω ρ μτβ abduct. (για λύτρα) kidnap

απαγωγή (η) abduction. (για λύτρα) kidnapping. (εκούσια) elopement

απάθεια (η) apathy

απαθής επίθ (αδιάφορος) apathetic. (ασυγκίνητος) impassive. (ψύχραιμος) dispassionate

απαισιοδοξία (η) pessimism

απαισιόδοξος επίθ pessimistic. **~** (ο) pessimist

απαίσιος επίθ atrocious. (αποκρουστικός) obnoxious. (φρικτά κακός) abominable

απαίτηση (η) demand. (δικαιώματος) claim. (προϋπόθεση) requirement

απαιτητικός επίθ demanding. (φασαρίας) fussy. (για ρούχα) particular

απαιτώ ρ μτβ demand. (δικαίωμα) claim. (υπακοή) exact. (χρειάζομαι) call for

απαλλαγή (η) exemption. (εκκλ) dispensation

απαλλάσσ|ω ρ μτβ exempt. (από δυσκολίες) free. (από κατηγορία) clear. (απολύω) discharge. (λυτρώνω) absolve. **~ομαι** ρ αμτβ shake off. **~ομαι από** get rid of

απαλός επίθ (αεράκι) gentle. (φωνή) smooth. (φως, ήχος) soft. (χρώμα) pastel. **~ά** επίρρ gently, softly

απαλύνω ρ μτβ/ρ αμτβ soften. (πόνο) soothe

απάνθρωπος επίθ inhuman. (σκληρός) inhumane

άπαντα (τα) collected works

απάντηση (η) answer, reply. (αποφασιστική) retort. (χιουμοριστική) rejoinder

απαντώ ρ μτβ/ρ αμτβ reply, answer. (γρήγορα και

αποφασιστικά retort. (*συναντώ*) meet

απαραβίαστο|ς *επίθ* inviolate. **~** (*το*) inviolability. (*εκκλ*) sanctity

απαράδεκτος *επίθ* unacceptable. (*μαρτυρία*) inadmissible. (*συμπεριφορά*) objectionable

απαραίτητ|ος *επίθ* essential, indispensable. **~ο προσωπικό** (*το*) skeleton staff. **~α** (*τα*) necessities. **~α** *επίρρ* essentially

απαράλλαχτος *επίθ* identical

απαράμιλλος *επίθ* unparalleled. (*άφθαστος*) unrivalled

απαρατήρητος *επίρρ* unnoticed. (*χωρίς επίπληξη*) unrebuked

απαρέμφατο (*το*) infinitive

απαρηγόρητος *επίθ* disconsolate

απαριθμώ *ρ μτβ* enumerate. (*αφηγούμαι*) recite

απαρνιέμαι *ρ μτβ* renounce. (*πεποίθηση*) discard. (*παιδιά*) disown

απαρνούμαι *ρ μτβ βλ* **απαρνιέμαι**

απαρτίζω *ρ αμτβ/μτβ* constitute. **~ομαι από** consist of

απαρτχάιντ (*το*) *ακλ* apartheid

απαρχαιωμένος *επίθ* antiquated. (*ξεπερασμένος*) obsolete

απαρχή (*η*) outset

απασχολημένος *επίθ* busy

απασχόληση (*η*) employment. (*σε ορισμένο έργο*) occupation. (*φροντίδα*) preoccupation

απασχολ|ώ *ρ μτβ* take up one's time. (*παρέχω εργασία*) employ. **~ούμαι με** *ρ μτβ* busy o.s. with

απατεώνας (*ο*) swindler, crook, cheat

απάτη (*η*) deception, deceit. (*καθομ*) con

απατηλός *επίθ* deceptive. (*λαθεμένος*) false

απατώ *ρ μτβ* deceive

απαυδώ *ρ αμτβ* be fed up

άπαχος *επίθ* thin. (*κρέας*) lean

απεγνωσμένος *επίθ* desperate

απειθαρχία (*η*) insubordination

απείθαρχος *επίθ* insubordinate. (*παιδί*) unruly

απεικονίζω *ρ μτβ* depict, portray

απεικόνιση (*η*) portrayal

απειλή (*η*) threat. (*κίνδυνος*) menace

απειλητικός *επίθ* threatening. (*που περιέχει κίνδυνο*) sinister

απειλώ *ρ μτβ/ρ αμτβ* threaten. (*ενέχω απειλή*) menace

απείραχτος *επίθ* intact. (*που δεν περιπαίχθηκε*) not teased

απειρία¹ (*η*) inexperience

απειρία² (*η*) infinity

άπειρος¹ *επίθ* (*χωρίς πείρα*) inexperienced

άπειρος² *επίθ* (*χωρίς τέλος*) infinite. **~ο** (*το*) infinity

απέλαση (*η*) deportation

απελευθερώνω *ρ μτβ* liberate. (*από βάρος*) release

απελευθέρωση (*η*) release. (*της γυναίκας*) liberation

απελπίζομαι *ρ αμτβ* despair

απελπισία (*η*) despair, desperation

απελπισμένος *επίθ* in despair

απελπιστικ|ός *επίθ* desperate, hopeless. **~ά** *επίρρ* desperately

απέναντι *επίρρ* opposite. (προς) towards

απεναντίας *επίρρ* on the contrary

απένταρος *επίθ* penniless

απέραντος *επίθ* immense, vast. (ατέλειωτος) infinite

απέραστος *επίθ* (δρόμος) impassable. (πρόβλημα) insurmountable

απεργία *(η)* strike

απεργός *(o, η)* striker

απεργώ *ρ αμτβ* strike, be/go on strike

απερίγραπτος *επίθ* indescribable

απεριόριστος *επίθ* boundless. (χωρίς όρια) unlimited

απεριποίητος *επίθ* (δωμάτιο) untidy. (χωρίς περιποίηση) neglected

απερίσκεπτος *επίθ* inconsiderate, thoughtless. (ασύνετος) imprudent, rash

απερίσπαστος *επίθ* undistracted

απέριττος *επίθ* unaffected

απερίφραστος *επίθ* unequivocal

απεσταλμένος *(o)* (αγγελιοφόρος) emissary. (αντιπρόσωπος) delegate. (δημοσιογράφος) correspondent. (διπλωματικός) envoy

απευθείας *επίρρ* directly

απευθύν|ω *ρ μτβ* direct. (αποτείνω) address. **~ομαι** *ρ*

αμτβ apply to. **~ομαι σε** appeal to

απεχθάνομαι *ρ μτβ* detest, abhor

απεχθής *επίθ* repugnant, abhorrent. (μισητός) detestable

απέχω *ρ αμτβ* be at a distance. (δε μετέχω) abstain

απήχηση *(η)* (αντίλαλος) echo. (αντίκτυπος) effect. (εντύπωση) impression

απηχώ *ρ αμτβ* echo. (μεταφ) reflect

απίδι *(το)* κυπ pear

απιδιά *(η)* κυπ pear

απίθανος *επίθ* unlikely. (δικαιολογία) improbable. (εκπληκτικός) fantastic. (εξήγηση) implausible

απίστευτος *επίθ* incredible, unbelievable

απιστία *(η)* (ανειλικρίνεια) falseness. (οπαδού) disloyalty. (συζυγική) infidelity. (στο Θεό) unbelief

άπιστος *επίθ* unfaithful. (δύσπιστος) doubting. (φίλος) disloyal. **~** *(o)* infidel, non-believer

απλανής *επίθ* fixed. (βλέμμα) vacant

άπλετος *επίθ* abundant

απλήρωτος *επίθ* unpaid

απλησίαστος *επίθ* unapproachable. (άνθρωπος) standoffish. (τιμές) prohibitive

άπληστος *επίθ* greedy. (ακόρεστος) insatiable. (πλεονέκτης) avaricious

απλοϊκ|ός *επίθ* unsophisticated. (άνθρωπος) simple. **~ά** *επίρρ* simply

απλοποιώ *ρ μτβ* simplify.

απλός *επίθ* simple. (*απέριττος*) plain. (*εισιτήριο*) one-way. (*εύκολος*) straightforward. **~ά** *επίρρ* straightforwardly, simply. **~ώς** *επίρρ* only, merely

απλότητα (*η*) simplicity

απλούστατ|ος *επίθ* quite simple. **~τα** *επίρρ* quite simply

άπλυτος *επίθ* unwashed

άπλωμα (*το*) spreading. (*ξεδίπλωμα*) unfolding. (*ρούχων για στέγνωμα*) hanging out

απλών|ω *ρ μτβ* (*εκτείνω*) reach (out). (*χέρι*) put out. **~** *ρ αμτβ* spread. (*χρώμα*) run. **~ομαι** *ρ αμτβ* extend. (*εξαπλώνομαι*) fan out. (*πόλη*) sprawl

άπνοια (*η*) lack of wind

από *πρόθ* 1. by. **ζει ~ τη δουλειά της** she lives by her work. 2. from. **~ δω και πέρα** from now on. **~ τον Ιανουάριο έως το Απρίλιο** from January to April. **είναι ~ την Αθήνα** she is from Athens. 3. of. **είναι καμωμένο ~ γυαλί** it's made of glass. 4. since. **δεν τον έχω δει ~ τότε** I have not seen him since. 5. than. **είναι καλύτερη ~ τις άλλες** she is better than the others. 6. with. **τρέμει ~ το φόβο του** he is shaking with fear. 7. **ήταν ~ το Θεό σταλμένο** it was God's will. **έξω ~** outside. **κάτω ~** under. **πάνω ~ όλα** above all. **πριν ~** before. **μετά ~ το** after

αποβάθρα (*η*) wharf, pier. (*σιδηρ*) platform

αποβάλλω *ρ μτβ* shed. (*ιατρ*) eliminate. (*μαθητή*) expel. (*μαθητή, προσωρινά*) suspend. (*φοιτητή*) send down. • *ρ αμτβ* (*για γυναίκες*) miscarry

απόβαση (*η*) (*στρ*) landing

αποβιβάζ|ω *ρ μτβ* land. **~ομαι** *ρ αμτβ* disembark

αποβίβαση (*η*) landing

αποβιώνω *ρ αμτβ* pass away

αποβλέπω *ρ μτβ* aim

αποβολή (*η*) (*από σχολείο*) expulsion. (*ιατρ*) elimination. (*πρόωρος τοκετός*) miscarriage

αποβουτυρωμένος *επίθ* skimmed

αποβραδίς *επίρρ* overnight. (*κατά το βράδυ*) last night

απόβρασμα (*το*) scum

απογειώνομαι *ρ αμτβ* (*αεροπ*) take off

απογείωση (*η*) take-off. (*διαστημοπλοίου*) lift-off

απόγευμα (*το*) afternoon

απογευματινός *επίθ* afternoon

απόγνωση (*η*) exasperation

απογοητευμένος *επίθ* disappointed

απογοήτευση (*η*) disappointment

απογοητευτικός *επίθ* disappointing

απογοητεύω *ρ μτβ* disappoint

απόγονος (*ο*) descendant

απογραφή (*η*) inventory. (*πληθυσμού*) census

απογυμνώνω *ρ μτβ* strip. (*μεταφ*) unmask

αποδεικνύω *ρ μτβ* prove. (*απαίτηση*) establish

απόδειξη (*η*) proof. (*αγοράς*) receipt

αποδεκατίζω *ρ μτβ* decimate

αποδεκτός *επίθ* acceptable.
(*μαρτυρία*) admissible

αποδέχομαι *ρ μτβ* accept.
(*παράκληση*) accede to

αποδημία (*η*) emigration

απόδημος *επίθ* emigrant

αποδίδω *ρ μτβ* attribute.
(*ανταποδίδω*) return. (*αποφέρω κέρδος*) yield. (*ιδέα*) convey.
(*μουσ*) render. (*σημασία*) attach

αποδιοργανώνω *ρ μτβ*
disorganize

αποδιώχνω *ρ μτβ* turn away

αποδοκιμάζω *ρ μτβ*
disapprove of. (*αποκηρύσσω*)
deprecate

αποδοκιμασία (*η*) disapproval

απόδοση (*η*) attribution. (*εμπ*)
return. (*κέρδος*) yield. (*μηχ*)
performance. (*μουσ, ρόλου, λέξεως*) rendering. (*ποσό παραγωγής*) output

αποδοχή (*η*) acceptance

απόδραση (*η*) escape

αποδυτήριο (*το*) changing
room

αποζημιώνω *ρ μτβ*
compensate. (*ανταμείβω*)
reimburse

αποζημίωση (*η*)
compensation. (*ανταμοιβή*)
reimbursement

αποζητώ *ρ μτβ* yearn for

αποζώ *ρ αμτβ* subsist

αποθαρρημένος *επίθ*
dispirited, dejected

αποθαρρύνω *ρ μτβ* discourage

αποθαυμάζω *ρ μτβ* marvel at

απόθεμα (*το*) reserve. (*γεωλ*)
deposit. (*εμπορευμάτων*) stock

αποθεματικό|ς *επίθ* in reserve.
~ (*το*) reserve

αποθέωση (*η*) acclamation

αποθηκάριος (*ο*) storekeeper

αποθήκευση (*η*) storage. (*H/Y*)
saving in memory

αποθηκεύω *ρ μτβ* store.
(*συγκεντρώνω*) stock up. (*H/Y*)
save (in memory)

αποθήκη (*η*) warehouse.
(*γενική*) depot. (*δωμάτιο*)
storeroom. (*πυρομαχικών*)
magazine (*arms store*)

αποθηλάζω *ρ μτβ* wean

αποθρασύνομαι *ρ αμτβ*
become insolent

αποικία (*η*) colony

αποικιακός *επίθ* colonial

αποικίζω *ρ μτβ* colonize

άποικος (*ο*) settler

αποκαθηλώνω *ρ μτβ* unnail

αποκαθιστώ *ρ μτβ* restore.
(*οικονομικά*) provide for.
(*παντρεύω*) settle down. (*στο θρόνο*) reinstate

αποκαλυπτικός *επίθ* revealing

αποκαλύπτω *ρ μτβ* reveal.
(*μνημείο*) unveil. (*μυστικό*) give
away. (*ξεσκεπάζω*) uncover.
(*πληροφορίες*) divulge. (*φέρνω στη δημοσιότητα*) expose, leak

αποκάλυψη (*η*) revelation.
(*ανακοίνωση*) disclosure.
(*καθομ*) eye-opener. (*στη δημοσιότητα*) exposure

αποκαλώ *ρ μτβ* call (*describe*)

αποκαμωμένος *επίθ* weary

αποκαρδιώνω *ρ μτβ*
dishearten

αποκαρδιωτικός *επίθ*
disheartening

αποκατάσταση (η) restoration. (οικονομική) reparation. (δικαιωμάτων) restitution. (γάμου) settling down

αποκάτω επίρρ underneath

αποκεντρώνω ρ μτβ decentralize

αποκεφαλίζω ρ μτβ behead, decapitate

αποκήρυξη (η) renunciation. (εκκλ) recantation. (παιδιού) disownment

αποκηρύσσω ρ μτβ renounce. (αποδοκιμάζω) repudiate. (θεωρία) recant. (παιδί) disown

αποκλεισμός (ο) blockade. (εμπ) boycott. (εξαίρεση) exclusion. (σε διαγωνισμό) disqualification

αποκλειστικός επίθ exclusive. (μόνος) sole

αποκλείω ρ μτβ exclude. (από διαγωνισμό) disqualify. (εμπ) boycott. (περιοχή) cordon off. (πιθανότητα) rule out. (στρ) blockade. **~εται** it's out of the question

απόκληρος (ο) down-and-out

αποκληρώνω ρ μτβ disinherit

αποκλίνω ρ αμτβ diverge

αποκόβω ρ μτβ cut off. (βρέφος από θηλασμό) wean

αποκοιμάμαι βλ **αποκοιμιέμαι**

αποκοιμιέμαι ρ αμτβ fall asleep, (καθομ) nod off

αποκοιμίζω ρ μτβ send to sleep. (ξεγελώ) lull

αποκομίζω ρ μτβ carry off. (παίρνω) obtain. (κερδίζω) profit

απόκομμα (το) clipping. (εφημερίδας) cutting

απόκρημνος επίθ precipitous

αποκριά (η) carnival

απόκριες (οι) the three weeks before Lent. (καρναβάλι) carnival

απόκριση (η) reply

απόκρουση (η) repulse

αποκρουστικός επίθ repulsive, repugnant

αποκρούω ρ μτβ repel. (αναιρώ) refute. (δε δέχομαι) reject

αποκρύβω ρ μτβ conceal. (μεταφ) mask

αποκρύπτω βλ **αποκρύβω**

απόκρυφος επίθ occult. (μυστικός) mysterious. (του σώματος) intimate

απόκτημα (το) (κτήμα) acquisition

απόκτηση (η) acquisition

αποκτώ ρ μτβ acquire. (κερδίζω) gain. (προσόντα) qualify. (συνήθεια) pick up

απολαβή (η) gain. **~ές** (οι) earnings

απολαμβάνω ρ μτβ relish. (ποτό, στιγμές) savour. (φαγητό) enjoy

απόλαυση (η) relish. (ευχαρίστηση) enjoyment

απολίθωμα (το) fossil

απολογητικός επίθ apologetic

απολυμαίνω ρ μτβ disinfect. (με κάπνισμα) fumigate

απολυμαντικό (το) disinfectant

απολυταρχία (η) autocracy

απόλυση (η) (από δουλειά) dismissal, (καθομ) sacking.

(*από το στρατό*) discharge. (*από φυλακή*) release

απολυτήρι|ος *επίθ* **~ες εξετάσεις** final examinations. **~ο** (*το*) (*στρατού*) discharge papers. (*σχολείου*) leaving certificate

απόλυτ|ος *επίθ* absolute. (*μεταφ*) unqualified. (*απεριόριστος*) complete. **~α** *επίρρ* absolutely, implicitly

απολύω *ρ μτβ* (*από δουλειά*) dismiss. (*προσωρινά*) lay off. (*στρ*) discharge. **~ομαι** *ρ αμτβ* be made redundant, (*καθομ*) get the sack.

απομακρύν|ω *ρ μτβ* take away. (*μεταφ*) alienate. **~ομαι** move away.

απομειναρι (*το*) remnant. **~α** (*τα*) leftovers

απόμερος *επίθ* out of the way

απομένω *ρ αμτβ* remain

απομεσήμερο (*το*) early afternoon

απομίμηση (*η*) imitation. (*κατασκεύασμα για εξαπάτηση*) fake

απομιμούμαι *ρ μτβ* simulate. (*παραποιώ*) fake

απομνημονεύματα (*τα*) memoirs

απομονώνω *ρ μτβ* isolate. (*επικοινωνία*) cut off

απομόνωση (*η*) isolation. (*σε νοσοκομείο*) quarantine. (*σε φυλακή*) solitary confinement

απονέμω *ρ μτβ* bestow. (*βραβείο*) award. (*δικαιοσύνη*) dispense. (*τιμές*) confer

απόνερα (*τα*) wash. (*πλοίου*) wake

απονιά (*η*) heartlessness

απονομή (*η*) award. (*αξιώματος ή παρασήμου*) investiture. (*βραβείων*) prize-giving

άπονος *επίθ* heartless

αποξενώνω *ρ μτβ* alienate

αποξεραίνω *ρ μτβ* dry out. (*ξύλο*) season

αποξεχνιέμαι *ρ αμτβ* forget o.s.

αποξηραίνω *ρ μτβ* dry. (*έλος*) drain

αποπαίρνω *ρ μτβ* snub

αποπάνω *επίρρ* above. **το ~ πάτωμα** the floor above. **κι ~ ήθελε και λεφτά** on top of that he wanted money

απόπατος (*ο*) latrine

αποπατώ *ρ αμτβ* defecate

αποπείρα (*η*) attempt. **~ φόνου** attempted murder

αποπεράτωση (*η*) completion

αποπλάνηση (*η*) seduction

αποπλανώ *ρ μτβ* seduce

αποπλέω *ρ αμτβ* sail, set sail

αποπληξία (*η*) apoplexy

αποπληρώνω *ρ μτβ* pay off

αποπνέω *ρ μτβ* exude

απορημένος *επίθ* puzzled

απορία¹ (*η*) query. (*αμηχανία*) bewilderment. (*αμφιβολία*) puzzlement

απορία² (*η*) penury

άπορος *επίθ* needy. **~** (*ο*) pauper

απορρέ *ρ αμτβ* derive. **~ από** arise from

απόρρητ|ος *επίθ* confidential. (**~ το**) confidentiality. **άκρως ~ς** top secret

απόρριγμα (*το*) reject

απορρίμματα (τα) refuse
απορρίπτω ρ μτβ dismiss.
(άχρηστα). discard. (δεν
υποδέχομαι) reject.
(περιφρονητικά) spurn.
(πρόταση) turn down.
(υποψήφιο) fail
απορροφημένος επίθ
engrossed. **~ σε** (σκέψεις)
buried in. (δουλειά) engrossed
in
απορροφώ ρ μτβ absorb.
(στυπόχαρτο) soak up
απορρυπαντικός επίθ
detergent. **~** (το) detergent
απορώ ρ αμτβ wonder
αποσαφηνίζω ρ μτβ clarify
αποσιώπηση (η) suppression
αποσιωπητήρας (ο) (αυτοκ)
silencer.
αποσιωπητικά (τα) dots
αποσιωπώ ρ μτβ suppress
αποσκελετωμένος επίθ
emaciated
αποσκεπάζω ρ μτβ cover up
αποσκευές (οι) luggage,
baggage
αποσκοπώ ρ αμτβ be aiming at
αποσμητικός επίθ deodorant.
~ (το) deodorant
απόσπασμα (το) (βιβλίου)
extract. (στρ) detachment.
(τμήμα έργου) excerpt
αποσπώ ρ μτβ elicit.
(αποκόβω) extract. (βίαια)
wrest. (με δυσκολία) wring.
(μεταθέτω) second.
(πληροφορίες) pump. (προσοχή)
attract
απόσταξη (η) distillation
απόσταση (η) distance. (μεταφ)
gulf. **κρατώ ~ (από)** keep

one's distance (from). **σε ~
ακοής** within earshot
αποστατώ ρ αμτβ rebel.
(αλλάζω φρόνημα) defect
αποστειρωμένος επίθ sterile
αποστειρώνω ρ μτβ sterilize
αποστέλλω ρ μτβ dispatch.
(στέλλω) consign
αποστερώ ρ μτβ deprive
αποστηθίζω ρ μτβ memorize
απόστημα (το) abscess
αποστολέας (ο) sender. (εμπ)
shipper
αποστολή (η) dispatch.
(αντιπροσωπία) delegation.
(εκστρατεία) expedition. (εμπ)
consignment. (έργο) mission.
(σκοπός) calling
απόστολος (ο) apostle
αποστομώνω ρ μτβ silence
(with a good argument)
αποστρακ|ίζομαι ρ αμτβ
ricochet. **~ισμός** (ο) ricochet
αποστρατεύω ρ μτβ
demobilize
αποστράτευση (η)
demobilization. (αξιωματικού)
retirement
αποστρέφ|ω ρ μτβ avert.
~ομαι ρ αμτβ detest
αποστροφή (η) repulsion,
aversion
απόστροφος (η) apostrophe
αποσυνδέω ρ μτβ disconnect.
(πρίζα) unplug. (μεταφ)
dissociate
αποσύνθεση (η)
decomposition
αποσυνθέτω ρ μτβ decompose.
(διαλύω) disintegrate
αποσύρω ρ μτβ withdraw.
(απόφαση) revoke. (δήλωση)

retract. (χρήματα) draw.
~ομαι ρ αμτβ withdraw. (από
θέαη) stand down. (από ενεργού
υπηρεσία) retire

απαταμίευση (η) saving

απαταμι|εύω ρ μτβ save
(money). **~εύτης** (ο) saver

αποτείν|ω ρ μτβ address, speak
to. **~ομαι** ρ αμτβ apply

αποτελειώνω ρ μτβ finish.
(δίνω θανάσιμο χτύπημα) finish
off

αποτέλεσμα (το) result.
(συνέπεια) effect

αποτελεσματικός επίθ
effective. **~ότητα** (η)
effectiveness

αποτελ|ώ ρ μτβ comprise.
~ούμαι ρ αμτβ comprise.
~ούμαι από consist of

αποτεφρώνω ρ μτβ incinerate.
(νεκρό) cremate

αποτέφρωση (η) incineration.
(των νεκρών) cremation

αποτιμώ ρ μτβ appraise

απότομος επίθ (απάντηση)
sharp. (απόκρημνος) steep.
(κίνηση) jerky. (ξαφνικός)
abrupt. (προσβλητικός)
rude. (στη συμπεριφορά)
offhand

αποτραβηγμένος επίθ
withdrawn (person)

αποτραβιέμαι ρ αμτβ
withdraw. (μεταφ) shy off

αποτρέπω ρ μτβ deter.
(κίνδυνο) avert

αποτρόπαιος επίθ atrocious

αποτσίγαρο (το) (cigarette)
butt. (πούρου) stump (of cigar)

αποτυγχάνω ρ μτβ fail. • ρ
αμτβ (σχέδιο) fall through

αποτύπωμα (το) imprint.
δακτυλικό ~ (το) finger print

αποτυπώνω ρ μτβ imprint

αποτυχαίνω ρ αμτβ βλ
αποτυγχάνω

αποτυχημένος επίθ failed. **~**
(ο) failure

αποτυχία (η) failure

απούλητος επίθ unsold

απουσία (η) absence. **~ιάζω** ρ
αμτβ be absent

αποφάγια (τα) scraps (of food)

απόφανση (η) verdict (opinion)

απόφαση (η) decision. (νομ)
decree

αποφασίζω ρ μτβ determine.
(νομ) decree. • ρ μτβ decide

αποφασισμένος επίθ
determined, resolute

αποφασιστικός επίθ decisive.
(παράγοντας) instrumental

αποφασιστικότητα (η)
determination. (σκοπού)
firmness

αποφατικός επίθ negative

αποφέρω ρ μτβ (εμπ) yield

αποφεύγω ρ μτβ avoid.
(δημοσιότητα) shun. (ευθύνη ή
δουλειά) skive. (κάπνισμα)
refrain from. (ξεφεύγω από)
evade, shirk. (χτύπημα, θέμα)
dodge

απόφοιτος (ο, η)
(πανεπιστημίου ή κολεγίου)
graduate. (σχολείου) school
leaver

αποφυγή (η) avoidance

αποφυλακίζω ρ μτβ release
from prison

απόφυση (η) protuberance.
σκωληκοειδής ~ appendix

αποχαιρετισμός (ο) farewell

αποχαιρετώ ρ μτβ say goodbye to, take one's leave of

αποχέτευση (η) drainage

αποχή (η) abstinence. (από εκλογές) abstention

απόχρωση (η) tint. (έννοιας) nuance. (χρώματος) shade

αποχώρηση (η) withdrawal. (απομάκρυνση) departure. (από ενεργό υπηρεσία) retirement

αποχωρητήριο (το) lavatory. **~α** (τα) conveniences

αποχωρίζ|ω ρ μτβ part. **~ομαι** ρ αμτβ part with

αποχωρισμός (ο) parting

αποχωρώ ρ αμτβ depart. (από ενεργό υπηρεσία) retire

απόψε επιρρ tonight

άποψη (η) (θέα) view. (μεταφ) angle. (τρόπος αντιμετωπίσεως) standpoint, viewpoint

αποψινός επίθ of this evening

αποψύχω ρ μτβ freeze. (ξεπαγώνω) defrost

άπραγος επίθ inexperienced

άπρακτος επίθ empty-handed

απρέπεια (η) impropriety

απραξία (η) inaction

απρεπής επίθ improper. (αγενής) rude. (άκοσμος) indecorous. (ανάρμοστος) unseemly

Απρίλης (ο) βλ **Απρίλιος**

απριλιάτικος επίθ April

Απρίλιος (ο) April

απρόβλεπτος επίθ unforeseen. (απροσδόκητος) unexpected

απροειδοποίητος επίθ unannounced

απροετοίμαστος επίθ unprepared

απροθυμία (η) reluctance

απρόθυμος επίθ unwilling. (διστακτικός) reluctant

απροίκιστος επίθ without a dowry. (χωρίς ταλέντο) untalented

απρόοπτος επίθ unexpected

απρόσβλητος επίθ (από αρρώστια) immune. (επιχείρημα) irrefutable. (κάστρο) unassailable

απροσδόκητος επίθ unexpected

απρόσεκτος επίθ careless. (αφηρημένος) inattentive. (απερίσκεπτος) rash

απροσεξία (η) inattention. (αβλεψία) carelessness

απρόσεχτος επίθ βλ **απρόσεκτος**

απρόσιτος επίθ inaccessible

απρόσκλητος επίθ uninvited

απροσποίητος επίθ unaffected

απροστάτευτος επίθ unprotected

απρόσωπος επίθ impersonal. (χωρίς πρόσωπο) faceless

απτικός επίθ tactile

άπτόητος επίθ undaunted

απτός επίθ palpable. (απόδειξη) tangible

απύθμενος επίθ bottomless

άπω επιρρ far. **η Ά~ Ανατολή** the Far East

απωθητικός επίθ repulsive, (καθομ) off-putting

απωθώ ρ μτβ push back. (εχθρό) repulse

απώλεια (η) loss. **~ες** (οι) (στρ) casualties

απών *επίθ* absent. **~** *(ο)* absentee

απώτερος *επίθ* farther. *(σκοπός)* ulterior. **στο ~ μέλλον** in the distant future

άρα *σύνδ* hence

Άραβας *(ο)* Arab

αραβικός *επίθ* Arabian, Arabic

αραβόσιτος *(ο)* maize

άραγε *ερωτ μόρ* I wonder

αράδα *(η)* *(γραμμή)* line. *(στίχος)* verse

αραδιάζω *ρ μτβ* reel off

αράζω *ρ αμτβ* anchor

αραιός *επίθ* sparse. *(νερουλός)* thin. *(σπάνιος)* infrequent

αραιωμένος *επίθ* rarefied

αραιώνω *ρ μτβ/ρ αμτβ* thin. *(μαλλιά)* thin out. *(τάξη)* space out. *(υγρό)* dilute

αρακάς *(ο)* fresh peas

αράπης *(ο)*, **~ισσα** *(η)* Arab

αράχνη *(η)* spider

αραχνιά *(η)* cobweb

αρβύλα *(η)* army boot

αργά *επίρρ* *(σιγά)* slowly. *(ώρα)* late. **~ ή γρήγορα** sooner or later

Αργεντινή *(η)* Argentina

αργία *(η)* *(γιορτή)* holiday. *(αποχή από εργασία)* idleness. *(τιμωρία)* suspension

άργιλος *(ο)* clay

αργκό *(η)* άκλ slang

αργοκίνητος *επίθ* slow moving. *(νωθρός)* sluggish

αργοπορία *(η)* delay

αργός *επίθ* slow. *(άεργος)* idle. **~ πετρέλαιο** *(το)* crude oil

αργόσχολος *επίθ* idle

αργότερα *επίρρ* later on

αργύριο *(το)* silver coin

άργυρος *(ο)* silver

αργυρός *επίθ* silver

αργώ *ρ αμτβ* *(χρονικά)* be late. *(καθυστερώ)* be slow. *(δε λειτουργώ)* be on holiday. *(χασομερώ)* take a long time

άρδευση *(η)* irrigation

Αρειανός *(ο)*, **~ή** *(η)* Martian

Άρειος Πάγος *(ο)* the Supreme Court of Justice

αρένα *(η)* arena. *(για ταυρομαχίες)* bullring

αρέσκεια *(η)* liking

αρέσω *ρ αμτβ* like. **μου ~ει** I like it/him/her. **σ' ~ει δε σ' ~ει** whether you like it or not

αρετή *(η)* virtue

Άρης *(ο)* Mars

αρθρίτιδα *(η)* arthritis

άρθρο *(το)* article

αρθρογράφος *(ο)* columnist

αρθρώνω *ρ μτβ/ρ αμτβ* articulate

άρθρωση *(η)* *(ανατ)* joint. *(λέξεων)* articulation

αρίθμηση *(η)* counting. *(καταγραφή)* numbering

αριθμητική *(η)* arithmetic

αριθμός *(ο)* number. *(σε κατάλογο)* item. *(ψηφίο)* figures

αριθμώ *ρ μτβ* number

αριστερά *(η)* (the) left

αριστερός *επίθ* left. *(πολιτ)* left wing. *(ναυτ)* port. **~ός** *(ο)* leftist. **~ά** *επίρρ* left. **προς τα ~ά** to the left, anticlockwise

αριστερόχειρας *επίθ* left-handed

αριστοκράτ|ης (ο), **~ισσα** (η) aristocrat

αριστοκρατία (η) aristocracy

άριστος επίθ excellent. **παν μέτρον ~ον** everything in moderation

αριστούργημα (το) masterpiece

αρκετ|ός επίθ enough. (ικανοποιητικός) sufficient. **~ά** επίρρ amply, sufficiently

αρκούδα (η) bear

αρκουδάκι (το) bear cub. (παιχνίδι για παιδιά) teddy bear

Αρκτική (η) (the) Arctic

αρκτικός επίθ Arctic

αρκτικόλεξο (το) acronym

αρκ|ώ ρ αμτβ be enough. **~ούμαι** ρ αμτβ make do

αρλούμπα (η) nonsense

άρμα¹ (το) chariot. (γιορταστικό) float. (στρ) tank

άρμα² (το) (οπλισμός) weapon

αρμέγω ρ μτβ βλ milk. (μεταφ) milk, fleece

αρμενίζω ρ αμτβ sail

Αρμενία (η) Armenia

Αρμένι|ος (ο), **~σσα** (η) Armenian

άρμη (η) βλ **άλμη**

αρμόδιος επίθ competent. **~** (ο) the official in charge

αρμοδιότητα (η) (ειδικότητα) competence. (καταλληλότητα) suitability. (νομ) jurisdiction

αρμόζω ρ μτβ befit

αρμονία (η) harmony. (μεταφ) unity

αρμύρα (η) βλ **αλμύρα**

αρμυρός επίθ βλ **αλμυρός**

αρνάκι (το) small lamb

άρνηση (η) refusal. (απόρριψη) denial

αρνητικ|ός επίθ negative. **~ό** (το) (φωτογραφίας) negative

αρνί (το) lamb

αρνιέμαι ρ μτβ βλ **αρνούμαι**

αρνούμαι ρ μτβ refuse. (αποκρούω) reject. (απορρίπτω) deny. (δε δέχομαι) decline

άρον επίρρ **έφυγε ~ ~** he left in a hurry

άροτρο (το) plough

αρουραίος (ο) rat

άρπα (η) harp

αρπαγή (η) snatching. (απαγωγή) abduction. (σφετερισμός) looting

αρπάζ|ω ρ μτβ (αδράχνω) grab. (αρρώστια) catch. (ευκαιρία) seize on. (με τη βία) snatch. **~ομαι** ρ αμτβ (οργίζομαι) lose one's temper. (συμπλέκομαι) come to blows. **~ομαι από** grasp, grab hold of

αρπακτικ|ός επίθ grasping. **~ ζώο** (το) predator

αρραβώνα (η) wedding ring. **~ς** (ο) engagement

αρραβωνιάζομαι ρ αμτβ get engaged

αρραβωνιαστικ|ιά (η) fiancée. **~ός** (ο) fiancé

αρρενωπός επίθ virile

αρρωσταίνω ρ αμτβ sicken

αρρωστημένος επίθ diseased

αρρώστια (η) illness, sickness. (ελαφρά) ailment

άρρωστ|ος επίθ ill. **~ς** (ο) patient

αρρωστώ ρ αμτβ βλ **αρρωσταίνω**

αρσενικό (*το*) arsenic

αρσενικός *επίθ* masculine

άρση (*η*) lifting. (*απομάκρυνση*) removal. **~ βαρών** (*η*) weight-lifting

αρτηρία (*η*) artery. (*δρόμος*) (*η*) thoroughfare. (*οδική*) trunk-road. (*συγκοινωνιακή*) arterial road

αρτοποι|είο (*το*) bakery (*where bread is made*). **~ός** (*ο*) baker

αρτοπωλείο (*το*) bakery (*where bread is sold*)

άρτος (*ο*) (*εκκλ*) host

αρχάγγελος (*ο*) archangel

αρχαϊκός *επίθ* archaic

αρχαιολογία (*η*) archaeology

αρχαιολόγος (*ο, η*) archaeologist

αρχαιοπώλης (*ο*), **~ις** (*η*) antiques dealer

αρχαί|ος *επίθ* antique. (*ελληνικής κλασικής εποχής*) ancient. (*μεταφ*) out-of-date. **~α** (*τα*) ancient monuments

αρχαιότητα (*η*) antiquity. (*στην ιεραρχία*) seniority

αρχάριος (*ο*) beginner

αρχείο (*το*) file. (*συλλογή*) archive

αρχειοθετώ *ρ μτβ* file (*papers*)

αρχειοθήκη (*η*) filing cabinet

αρχέτυπο (*το*) archetype

αρχή¹ (*η*) beginning. (*αρρώστιας*) onset. (*έναρξη*) start

αρχή² (*η*) (*ηθικός κανόνας*) principle. (*εξουσία*) authority. (*γνώμη*) tenet

αρχηγείο (*το*) (*στρ*) headquarters

αρχηγός (*ο*) leader. (*αστυνομίας, ενόπλων δυνάμεων*) commander. (*κράτους*) head of state. (*στασιαστών*) ringleader. (*φυλής*) chief

αρχιεπίσκοπος (*ο*) archbishop

αρχιεργάτης (*ο*) foreman

αρχίζω *ρ μτβ/ρ αμτβ* begin, start. (*επιχείρηση*) set up. (*καταπιάνομαι*) set about. (*ξεκινώ*) set off. (*συζήτηση*) embark on

αρχικό (*το*) initial

αρχικός *επίθ* initial. (*πρώτος*) original

αρχιπέλαγος (*το*) archipelago

αρχιτέκτονας (*ο*) architect

αρχιτεκτονική (*η*) architecture

άρχοντας (*ο*) (*ευγενής*) nobleman, lord. (*κυβερνήτης*) ruler. (*πλούσιος*) rich man

αρχοντιά (*η*) nobility

αρχόντισσα (*η*) noblewoman

αρχοντικ|ός *επίθ* lordly, distinguished. **~** (*το*) mansion

αρωγή (*η*) succour

άρωμα (*το*) perfume. (*τρόφιμα*) flavouring. (*λουλουδιών*) aroma

αρωματίζω *ρ μτβ* scent. (*τρόφιμα*) flavour

αρωματικ|ός *επίθ* aromatic. **~ σακουλάκι** (*το*) pomander

ας *μόριο* let. **~ πάμε** let's go. (*ευχή*) I wish. **~ είχα αυτοκίνητο** I wish I had a car. **~ μπορούσα** if only I could

ασανσέρ (*το*) *ἀκλ* lift, (*αμερ*) elevator

ασαφής *επίθ* unclear. (*απροσδιόριστος*) vague

ασβέστης (ο) lime

ασβέστιο (το) calcium

ασβεστώνω ρ μτβ whitewash

ασβός (ο) badger

ασεβής επίθ irreverent

ασελγής επίθ lewd

άσεμνος επίθ immodest. (απρεπής) indecent. (αισχρός) bawdy

ασήμαντος επίθ trivial

ασημένιος επίθ silver

ασήμι (το) silver. (κράμα με τουλάχιστον 92,5%) sterling silver

ασημικά (τα) silverware

άσημος επίθ (άγνωστος) obscure. (αφανής) unknown

ασθένεια (η) (έλλειψη δυνάμεως) weakness. (νόσος) disease

ασθενικός επίθ frail

ασθενής (ο, η) patient. (σε εξωτερικαία ιατρεία) out-patient

ασθενοφόρο (το) ambulance

άσθμα (το) asthma

ασθμαίνω ρ αμτβ wheeze

Ασία (η) Asia

Ασιάτης (ο), **~ισσα** (η) Asian

ασιατικός επίθ Asian

ασκήμια (η) ugliness

άσκηση (η) (γραπτή, προφορική) exercise. (επιβολή) exertion. (θεωρίας) practice. (στρ) drill

ασκητής (ο), **ασκήτρια** (η) hermit

ασκητικός επίθ ascetic

άσκοπος επίθ pointless

ασκ|ώ ρ μτβ exercise. (δύναμη) wield. (επάγγελμα) practise.

(επιβάλλω) exert. **~ούμαι** ρ αμτβ exercise. (στρ) drill

άσμα (το) (αρχ) song. (εκκλ) chant

άσος (ο) ace

ασπασμός (ο) (αρχ) kiss

ασπίδα (η) shield

άσπιλος επίθ spotless

ασπιρίνη (η) aspirin

ασπλαχνία (η) ruthlessness

άσπλαχνος επίθ pitiless

άσπονδος επίθ sworn (enemy)

ασπόνδυλος επίθ invertebrate. (μεταφ) spineless

ασπράδ|α (η) whiteness. **~ι** (το) egg-white

ασπρίζω ρ μτβ blanch. (ρούχα) bleach. (τοίχους) whitewash. **~** ρ αμτβ turn white. (ξεθωριάζω) fade. (μεταφ) grow old and grey

ασπρομάλλης επίθ with white hair

ασπροπρόσωπο|ς επίθ **βγαίνω ~ς** be a credit to

ασπρόρουχα (τα) underwear

άσπρ|ος επίθ white. **~ο** (το) (χρώμα) white

αστάθεια (η) instability

ασταθής επίθ unstable. (άνθρωπος) erratic. (βήματα) unsteady. (εραστής, γυναίκα) fickle. (καιρός) unsettled

αστακός (ο) lobster

ασταμάτητος επίθ non-stop. (δεν μπορεί να σταματήσει) unstoppable

άστατος επίθ fickle. (άνθρωπος) volatile

άστεγος επίθ homeless

αστειεύομαι ρ αμτβ joke. (δε μιλώ σοβαρά) jest. (πειράζω) kid

αστειολογώ ρ αμτβ βλ
  αστειεύομαι

αστεί|ος επιθ funny.
  (ασήμαντος) laughable.
  (κωμικός) comical. **~ο** (το)
  joke

αστείρευτος επιθ inexhaustible

αστέρας (ο) star. (θέατρου,
  κινηματ) film star

αστέρι (το) star

αστερίας (ο) starfish

αστερίσκος (ο) asterisk

αστερισμός (ο) constellation

αστεροσκοπείο (το)
  observatory

αστήρικτος επιθ unsupported.
  (αβάσιμος) unfounded

αστιγματισμός (ο) astigmatism

αστικ|ός επιθ urban. **~ός
  κώδικας** Civil Code. **~ή τάξη**
  (η) middle-class

αστοιχείωτος επιθ ignorant.
  (αγράμματος) illiterate

αστ|ός (ο), **~ή** (η) **οι ~οί**
  townspeople

άστοχος επιθ unsuccessful (in
  its aim). (μεταφ) rash

αστοχώ ρ αμτβ miss. (λησμονώ)
  forget. (σφάλλω) be wrong

αστράγαλος (ο) ankle

αστραπή (η) lightning

αστραπιαίος επιθ like lightning

αστραποβολώ ρ αμτβ sparkle

αστρά|φτω ρ μτβ give
  suddenly. • ρ αμτβ
  (λαμποκοπώ) sparkle. **~φτει
  και βροντά** there's thunder
  and lightning

άστρο (το) star

αστρολογία (η) astrology

αστρολόγος (ο, η) astrologer

αστροναύτ|ης (η), **~ις** (ο)
  astronaut

αστρονομία (η) astronomy

αστρονόμος (ο, η) astronomer

αστροπελέκι (το) thunderbolt

άστρωτος επιθ (κρεββάτι) not
  made. (δρόμος) unmetalled.
  (τραπέζι) not laid

αστυνομία (η) police

αστυνομικίνα (η) policewoman

αστυνομικός (ο) policeman

αστυνομικός επιθ police

ασυγκίνητος επιθ unmoved

ασυγκράτητος επιθ
  unrestrained. (ακράτητος)
  irrepressible

ασύγκριτος επιθ incomparable.
  (μοναδικός) unrivalled

ασυγύριστος επιθ untidy

ασυγχώρητος επιθ
  unforgivable. (ανεπίτρεπτος)
  inexcusable

ασυλία (η) immunity

ασύλληπτος επιθ not arrested.
  (ιδέα) elusive

ασυλλόγιστος επιθ thoughtless

άσυλο (το) asylum. (καταφύγιο)
  sanctuary

ασυμβίβαστος επιθ (δε
  συμβιβάζεται) incompatible.
  (δεν ταιριάζει) irreconcilable

ασυμμετρία (η) asymmetry

ασυμπάθιστος επιθ unlikeable

ασυμπλήρωτος επιθ
  incomplete. (έντυπο) blank

ασύμφορος επιθ inexpedient.
  (επιζήμιος) uneconomic

ασυμφωνία (η) disagreement.
  (διαφορά) discrepancy.
  (χαρακτήρων) incompatibility

ασυναγώνιστος επίθ
unrivalled. (τιμές) competitive

ασυναίσθητος επίθ unwitting

ασυναρτησία (η) incoherence

ασυνάρτητος επίθ rambling.
(ομιλία) incoherent

ασύνδετος επίθ disjointed.
(χωρίς ειρμό) desultory

ασυνείδητος επίθ unscrupulous

ασυνέπεια (η) (έλλειψη
συνέπειας) unreliability.
(ασυμφωνία) inconsistency

ασυνεπής επίθ unreliable.
(ανακόλουθος) inconsistent

ασύνετος επίθ imprudent.
(απερίσκεπτος) unwise

ασυνήθιστος επίθ
unaccustomed. (ασύνηθης)
unusual

ασυνόδευτος επίθ
unaccompanied

ασυντόνιστος επίθ
uncoordinated

ασύρματος (ο) wireless

ασύστολος επίθ impudent

άσφαιρος επίθ (όπλο) blank

ασφάλεια (η) (έλλειψη κινδύνου)
safety. (ηλεκτρ) fuse. (σύμβαση)
insurance. (τάξη) security

ασφαλειοθήκη (η) fuse-box

ασφαλ|ής επίθ safe. (βάσιμος)
reliable. (χωρίς κίνδυνο) secure.
~ώς επίρρ surely

ασφαλίζω ρ μτβ (προφυλάγω)
secure. (συνάπτω σύμβαση)
insure

ασφαλιστή|ριο (το) insurance
policy. **~ς** (ο) insurer

ασφάλιστρο (το) insurance
premium

άσφαλτος (η) asphalt

ασφυκτικός επίθ suffocating.
(ατμόσφαιρα) oppressive.
(θερμοκρασία) stifling

ασφυξία (η) asphyxiation.
(δυσφορία) suffocation

άσχετ|ος επίθ irrelevant. **~α**
επίρρ regardless of

ασχημία (η) βλ **ασκήμια**.
(απρέπεια) indecency. (άσχημη
θέα) eyesore

άσχημ|ος επίθ ugly. (αρρώστια)
serious. (λάθος) grave.
(μυρωδιά) foul. (ντύσιμο) plain.
(συμπεριφορά) unseemly. **~α**
επίρρ badly. **αισθάνομαι ~α**
feel bad

ασχολία (η) pursuit

ασχολούμαι ρ αμτβ **~ με**
pursue. (επαγγέλλομαι) be
engaged in. (καταπιάνομαι) deal
with

άσωτος επίθ (ακόλαστος)
dissolute. (σπάταλος)
inexhaustible

αταίριαστος επίθ incompatible.
(ανάρμοστος) inappropriate

ατακτοποίητος επίθ untidy.
(λογαριασμός) unsettled.
(πρόσωπο) who has not found
employment

άτακτος επίθ (απείθαρχος)
naughty. (χωρίς τάξη)
disorderly. (στρ) irregular

αταξία (η) (ακαταστασία)
irregularity. (απειθαρχία)
naughtiness. (έλλειψη τάξης)
disarray

αταραξία (η) equanimity.
(ψυχραιμία) composure

ατάραχος επίθ imperturbable.
(ψύχραιμος) cool

άτεκνος επίθ childless

ατέλεια (η) imperfection. (από δασμό) exception

ατέλειωτος επίθ endless. (ανεξάντλητος) unending. (ασυμπλήρωτος) unfinished

ατελής επίθ imperfect

ατενίζω ρ μτβ gaze. (αποβλέπω) aim at

ατζαμής (ο) beginner. (αδέξιος) clumsy oaf

ατίθασος επίθ untamed. (άνθρωπος) intractable

ατιμάζω ρ μτβ dishonour. (βιάζω) ravish

ατιμία (η) (ντροπή) dishonour. (πράξη) infamy

άτιμος επίθ dishonourable

ατίμωση (η) dishonour. (ντρόπιασμα) ignominy

ατλάζι (το) satin

άτλαντας (ο) atlas

Ατλαντίδα (η) Atlantis

ατλαντικός επίθ Atlantic. **ο Α~ Ωκεανός** the Atlantic (Ocean)

ατμάκατος (η) motor launch

ατμοκίνητος επίθ steam-powered

ατμομηχανή (η) steam-engine

ατμόπλοιο (το) steamship, steamboat, steamer

ατμός (ο) steam. (από εξαέρωση υγρού) vapour

ατμόσφαιρα (η) atmosphere. (περιβάλλων) air

ατμοσφαιρικός επίθ atmospheric

άτοκος επίθ interest-free

άτολμος επίθ timid. (δειλός) faint-hearted

ατομικός επίθ individual. (φυσ) atomic

ατομικότητα (η) individuality

άτομο (το) individual. (πρόσωπο) person. (φυσ) atom

ατονία (η) languor

άτονος επίθ (λέξη) unaccented, unstressed. (χωρίς ένταση) languid. (χωρίς ζωντάνια) flat

ατονώ ρ αμτβ slacken (off)

άτοπος επίθ out of place

ατού (το) άκλ trump. (πλεονέκτημα) asset

ατόφιος επίθ (ολόιδιος) spitting image (of). (χρυσάφι) solid

ατρόμητος επίθ intrepid

ατροφία (η) atrophy

άτρωτος επίθ invulnerable

ατσαλένιος επίθ steel

ατσάλι (το) steel

ατσίδας (ο) shrewd person

ατύχημα (το) (δυστύχημα) accident. (πάθημα) mishap

ατυχής επίθ unfortunate. (περίπτωση) regrettable. **~ία** (η) bad luck, misfortune. (ατύχημα) adversity

άτυχος επίθ unfortunate, unlucky. (δύστυχος) hapless. (ενέργεια) ill-fated

αυγερινός (ο) morning star

αυγή (η) dawn

αυγό (το) βλ **αβγό**

Αύγουστος (ο) August

αυθάδ|εια (η) impudence. **~ης** επίθ impudent

αυθαίρετος επίθ arbitrary

αυθεντικός επίθ authentic

αυθημερόν επίρρ on the same day

αυθόρμητος επίθ spontaneous, impulsive. (που προσφέρεται) unsolicited

αυθυποβολή (η) autosuggestion

αυλαία (η) (θέατρ) curtain.

αυλάκι (το) (για σπορά) furrow. (ρυάκι) ditch

αυλακωτός επίθ grooved, fluted

αυλή (η) courtyard. (αγροικίας) farmyard. (βασιλική) court. (σπιτιού) yard. (σχολείου) playground. (τετράγωνη) quadrangle

αυλικός (ο) courtier

αυλόγυρος (ο) churchyard

αυλός (ο) (μηχ) tube. (μουσ) pipe

άυλος επίθ immaterial. (μεταφ) ethereal

αυνανισμός (ο) masturbation

αυξάν|ω ρ μτβ increase. (εισόδημα) augment. (έλεγχο) tighten. (μισθό) raise. (σταδιακά) step up. (τιμή) put up. (ταχύτητα) put on, increase. **~ομαι** ρ αμτβ increase. (με γοργό ρυθμό) mushroom. (σε μέγεθος) grow. (τιμές) rise

αύξηση (η) increase. (μισθού) rise. (αμερ) raise. (ανάπτυξη) growth

αυξομείωση (η) rise and fall, fluctuation

αύξων επίθ increasing

αϋπνία (η) insomnia

άυπνος επίθ sleepless

αυριανός επίθ tomorrow's

αύριο επίρρ tomorrow. **~** (το) tomorrow. (μέλλον) future

αυστηρός επίθ severe. (άκαμπτος) rigorous. (έλεγχος) tight. (ηθικός) strict. (λιτός)

austere. (σκληρός) stern. (σταθερός) firm

αυστηρότητα (η) severity. (ηθική) strictness. (λιτότητα) austerity. (σταθερότητα) firmness

Αυστραλία (η) Australia

αυστραλ|ιανός επίθ Australian. **Α~ός** (ο), **Α~έζα** (η) Australian

Αυστρία (η) Austria

αυστριακός επίθ Austrian

αυταπάρνηση (η) self-denial

αυταπάτη (η) delusion. (πραγματικότητας) illusion

αυταρέσκεια (η) smugness

αυτάρεσκος επίθ smug, self-satisfied

αυτάρκης επίθ self-sufficient

αυταρχικός επίθ authoritarian

αυτή αντων she. βλ **αυτός**

αυτί (το) βλ **αφτί**

αυτιστικός επίθ autistic

αυτό αντων it. βλ **αυτός**

αυτο- self-

αυτοβιογραφία (η) autobiography

αυτόγραφ|ος επίθ handwritten. **~ο** (το) autograph

αυτοδημιούργητος επίθ self-made

αυτοδιάθεση (η) self-determination

αυτοδιοίκηση (η) home rule

αυτοέλεγχος (ο) self-control

αυτοθυσία (η) self-sacrifice

αυτοί αντων βλ **αυτός**

αυτοκινητιστής (ο) motorist

αυτοκίνητο (το) car, (αμερ) automobile

αυτοκινητόδρομος (*ο*) motorway, (*αμερ*) freeway

αυτοκόλλητο|ς *επίθ* self-adhesive. **~** (*το*) sticker

αυτοκράτειρα (*η*) empress

αυτοκράτορας (*ο*) emperor

αυτοκρατορία (*η*) empire

αυτοκριτική (*η*) self-criticism

αυτοκτονία (*η*) suicide

αυτοκτονώ *ρ αμτβ* commit suicide

αυτοκυριαρχία (*η*) self-control

αυτολεξεί *επίρρ* verbatim, word for word

αυτοματοπ|οίηση (*η*) automation. **~οιώ** *ρ μτβ* automate

αυτόματ|ος *επίθ* automatic. **~ο** (*το*) automaton

αυτονόητος *επίθ* self-evident

αυτονομία (*η*) autonomy

αυτόνομος *επίθ* autonomous

αυτοπαθής *επίθ* (*γραμμ*) reflexive

αυτοπειθαρχία (*η*) self discipline

αυτοπεποίθηση (*η*) self-assurance, self-confidence

αυτοπροσώπως *επίρρ* in person

αυτόπτης *επίθ* **~ μάρτυς** (*ο, η*) eyewitness

αυτός *προσ αντων* he. *δεικτ αντων* this. **~ς και ο φίλος του** he and his friend. **μ´ ~ το αυτοκίνητο θα πάμε** we are going in this car. **~ ήταν!** that's it! **~ που σου λέω** listen to me

αυτοσυγκέντρωση (*η*) meditation

αυτοσυνείδηση (*η*) self-consciousness

αυτοσυντήρηση (*η*) self-preservation

αυτοσχεδι|άζω *ρ μτβ/ρ αμτβ* improvise. **~ασμός** (*ο*) improvisation

αυτοσχέδιος *επίθ* improvised, impromptu

αυτοτελής *επίθ* self-sufficient. (*πλήρης*) self-contained

αυτουργός *επίθ* perpetrator

αυτούσιος *επίθ* intact

αυτόφωρος *επίθ* **τον έπιασαν επ´ αυτοφώρω** he was caught in the act

αυτόχειρας (*ο*) suicide (*person*)

αυτοψία (*η*) postmortem (examination)

αυχένας (*ο*) nape

αφάγωτος *επίθ* untouched (*food*). **είμαι ~** I haven't eaten anything

αφαίμαξη (*η*) blood letting. (*μεταφ*) drain

αφαίρεση (*η*) deduction. (*μαθημ*) subtraction

αφαιρ|ώ *ρ μτβ* deduct. (*αποσπώ*) extract. (*βγάζω*) remove. (*μαθημ*) subtract. **~ούμαι** *ρ αμτβ* be absent-minded

αφαλός (*ο*) navel

αφάνεια (*η*) obscurity

αφανής *επίθ* obscure

αφανίζ|ω *ρ μτβ* cause to vanish. (*εξοντώνω*) exterminate. (*καταστρέφω*) ruin. **~ομαι** *ρ αμτβ* disappear

αφάνταστος *επίθ* unimaginable. (*μεγάλος*) tremendous

άφαντος επίθ **έγινε ~** he vanished

αφασία (η) aphasia

αφέλεια (η) naivety

αφελής επίθ naive. (εύπιστος) gullible

αφενός επίρρ on the one hand

αφέντης (ο) lord. (κύριος) master. **~ισσα** (η) mistress

αφεντικό (το) master. (στη δουλειά) boss

αφερέγγυος επίθ insolvent

άφεση (η) (από το στρατό) discharge. **~ αμαρτιών** absolution

αφετέρου επίρρ on the other hand

αφετηρία (η) starting-point. (μεταφ) beginning

αφή (η) touch

αφήγημα (το) narrative. **~ση** (η) narration

αφηγητής (ο), **~ήτρια** (η) narrator. (ιστοριούλας) story-teller

αφηγούμαι ρ μτβ relate. (διηγούμαι) narrate

αφηνιάζω ρ αμτβ (άλογο) bolt. (από θυμό) fly into a rage

αφήνω ρ μτβ let, leave. (δουλειά) quit. (εγκαταλείπω) abandon. (επιτρέπω) allow. (χαρίζω) leave

αφηρημάδα (η) absent-mindedness

αφηρημένος επίθ absent-minded. (τέχνη) abstract

αφθονία (η) abundance. (απροσδόκητη) bonanza. (πληροφοριών) wealth

άφθονος επίθ abundant. (πολύς) plentiful

αφιέρωμα (το) offering. (σε περιοδικό) special issue. (τιμή) tribute

αφιερώνω ρ μτβ dedicate. (σε προσπάθεια) devote

αφιέρωση (η) dedication

αφιλοκερδής επίθ disinterested in personal gain

αφιλότιμος επίθ not diligent. **~** (ο) scoundrel

άφιξη (η) arrival. **αφίξεις** (οι) (αεροπ) arrivals

αφίσα (η) poster

άφοβος επίθ fearless

αφομοιώνω ρ μτβ assimilate

αφομοίωση (η) assimilation

αφοπλίζω ρ μτβ disarm. (βόμβα) defuse. (μεταφ) disarm

αφοπλισμός (ο) disarmament

αφορίζω ρ μτβ excommunicate

αφορισμός (ο) aphorism. (εκκλ) excommunication

αφορμή (η) excuse

αφορολόγητος επίθ tax-free. **~α** (τα) duty-free goods

αφορ|ώ ρ μτβ/ρ αμτβ concern. **όσον ~ά** (σε) concerning. **δε με ~ά** it is no concern of mine

αφοσιωμένος επίθ devoted. (οπαδός) staunch. (πιστός) loyal

αφοσιώνομαι ρ μτβ devote o.s.

αφοσίωση (η) devotion. (πίστη) loyalty. (προσήλωση) dedication. (σε έργο) commitment

αφότου σύνδ since

αφού σύνδ (μετά) after. (επειδή) since

αφράτος επίθ soft and white

αφρίζω ρ αμτβ foam. (ποτό) fizz. (στο στόμα) froth

αφρικανικός επίθ African

Αφρικαν|ός (ο), **Α~ή** (η) African

αφρόγαλα (το) cream (on the surface of milk)

αφροδισιακός επίθ aphrodisiac

αφροδίσιος επίθ venereal

Αφροδίτη (η) Aphrodite, Venus

αφρόλουτρο (το) bubble bath

αφρόντιστος επίθ not cared for

αφρός (ο) foam. (για τα μαλλιά) (styling) mousse. (θάλασσας) spume. (κυμάτων) surf. (μετάλλου) dross. (στόμα, υγρό) froth

αφρώδης επίθ bubbly. (κρασί) sparkling

αφτί (το) ear

αφυδάτωση (η) dehydration

αφυπνίζω ρ μτβ awaken

αφύπνιση (η) awakening

αφύσικος επίθ unnatural. (τρόπος) affected. (τερατώδης) freakish

άφωνος επίθ speechless

αφώτιστος επίθ not illuminated. (μεταφ) unenlightened

αχ επιφών oh. (επιθυμία) if only. **με το ~ και το βαχ** τίποτα **δε γίνεται** it's no good just sighing

αχαμνά (τα) groin

αχανής επίθ immense

αχαρακτήριστος επίθ outrageous

αχαριστία (η) ingratitude

αχάριστος επίθ ungrateful. (ανιαρός) thankless

άχαρος επίθ ungainly. (ρούχα) drab

αχθοφόρος (ο) porter (for luggage)

αχιβάδα (η) clam

αχίλλειος επίθ of Achilles

αχινός (ο) sea-urchin

αχλάδι (το) pear

αχλαδιά (η) pear tree

άχνα (η) (ατμός) vapour. (ήχος) sound

αχνάρι (το) footprint

άχνη (η) fine powder. **ζάχαρη ~** (η) icing sugar

αχνιστός επίθ steaming

αχόρταγος επίθ insatiable

αχούρι (το) stable. (μεταφ) hole

αχρείος επίθ wretched. **~** (ο) rascal

αχρηστεύω ρ μτβ render useless

άχρηστος επίθ useless. (άνθρωπος) good-for-nothing

άχρονος επίθ timeless

άχρωμος επίθ colourless

αχτένιστος επίθ dishevelled

άχτι (το) άκλ grudge

αχτίδα (η) (φωτός) shaft (of light). (μεταφ) gleam (of hope)

άχυρο (το) straw

αχυρώνας (ο) hayloft

αχώνευτος επίθ indigestible

αχώριστος επίθ inseparable

άψε σβήσε επίρρ **στο ~** in the twinkle of an eye

αψηφώ ρ μτβ (κανονισμούς) flout. (πρόσωπο) defy

αψίδα (η) arch

αψιμαχία (η) skirmish

άψογος επίθ immaculate

αψύς επίθ (στη γεύση) sharp

άψυχος *επίθ* lifeless. *(πράγμα)* inanimate

άωτον *(το)* **το άκρον ~ της ευγένειας** the height of good manners

Ββ

βαβουίνος *(ο)* baboon

βαβυλωνία *(η)* bedlam

βάγια¹ *(η)* (wet) nurse

βάγια² *(τα)* palm branches

βαγόνι *(το) (σιδηρ)* carriage

βαδίζω *ρ αμτβ* step. *(με μεγάλες δρασκελιές)* stride. *(περήφανα)* strut. *(σε γραμμή)* file. *(στρ)* march

βάδισμα *(το)* step *(walk)*. *(στρ)* march

βαζελίνη *(η)* vaseline

βάζο *(το)* jar. *(ανθοδοχείο)* vase

βάζω *ρ μτβ* put. *(ρολόι)* set *(clock etc.)*. *(ρούχα)* put on. **~ κπ να κάνει** get s.o. to do. **~ τα δυνατά μου** try my best. **~ τις φωνές σε** shout at

βαθαίνω *ρ μτβ/ρ αμτβ* deepen

βαθηδόν *επίρρ* by stages

βαθμιαίος *επίθ* gradual

βαθμίδα *(η) (σκάλα)* step. *(σε κλίμακα αξιών)* rung

βαθμολογία *(η)* marking. *(βαθμός)* marks

βαθμολόγιο *(το)* register, mark book

βαθμολογώ *ρ μτβ (σχολ)* mark. *(κατατάσσω)* grade

βαθμός *(ο)* mark. *(γραμμ)* degree. *(σε ιεραρχία)* grade. *(στρ)* rank

βάθος *(το)* depth. *(φόντο)* background

βαθούλωμα *(το)* hollow. *(σε έλασμα)* dent. *(στο έδαφος)* depression

βαθουλώνω *ρ μτβ* hollow. *(μετά από χτύπημα)* dent. • *ρ αμτβ* sag

βάθρο *(το)* pedestal

βαθύς *επίθ* deep. *(βαθυστόχαστος)* profound. *(ντεκολτέ)* plunging. *(ύπνος)* heavy. **~ιά** *επίρρ* deeply, profoundly

βακτηρίδια *(τα)* bacteria

Βάκχος *(ο)* Bacchus

βαλανίδι *(το)* acorn

βαλανιδιά *(η)* oak (tree)

βαλβίδα *(η)* valve

βαλές *(ο) (χαρτιά)* jack

βαλίτσα *(η)* suitcase

Βαλκάνια *(τα)* Balkans

βαλλιστική *(η)* ballistics

βάλλω *ρ μτβ (ρίχνω)* throw. *(εκτοξεύω)* hurl. *(πυροβολώ)* shoot

βαλς *(το) άκλ* waltz

βάλσαμο *(το)* balm. *(μεταφ)* balsam

βαλσαμώνω *ρ μτβ* embalm

βάλτος *(ο)* marsh

βαλτός *επίθ* planted *(to incriminate)*

βαμβάκι *(το)* cotton. *(φαρμακείου)* cotton wool

βαμμένος *επίθ* dyed. *(τοίχος)* painted

βάναυσος *επίθ* rough (person)

βανδαλισμός (*o*) vandalism

βάνδαλος (*o, η*) vandal

βανίλια (*η*) vanilla

βαπόρι (*το*) steam boat.
  γίνομαι ~ hit the roof

βάραθρο (*το*) chasm

βαραίνω *ρ αμτβ* gain weight.
  (*γνώμη*) carry weight (*ενοχλώ*)
  weigh down. • *ρ μτβ* (*στομάχι*)
  lie heavy on

βάρβαρος *επίθ* barbarous. **~**
  (*o*) barbarian

βαρβαρότητα (*η*) barbarity

βαρβάτος *επίθ* virile

βαρβιτουρικό (*το*) barbiturate

βάρδια (*η*) (*εργάτες*) shift.
  (*περίοδος καθήκοντος*) watch.
  (*φρουρά*) guard

βαρεία (*η*) grave accent

βαρελάκι (*το*) keg. **~α** (*τα*)
  leap-frog

βαρέλι (*το*) barrel. (*ανοιχτό*)
  tub. (*μπίρας*) cask. (*πετρελαίου*)
  drum. **σαν το ~** tubby

βαρετός *επίθ* heavy, boring

βαρήκοος *επίθ* hard of hearing

βαριά¹ (*η*) sledge-hammer

βαριά² *επίθ βλ* **βαρύς**

βαρίδι (*το*) (*ζυγαριάς*) weight.
  (*πετονιάς*) sinker

βαριέ|μαι *ρ μτβ* be tired of. • *ρ*
  αμτβ be fed up. (*πλήττω*) be
  bored. **δε ~σαι** never mind

βάριο (*το*) barium

βάρκα (*η*) boat. (*κωπηλασίας*)
  rowing-boat. (*με πανιά*) sailing-
  boat

βαρκά|δα (*η*) boat trip. **~ρης**
  (*o*) boatman

βαρκούλα (*η*) small boat

βαρόμετρο (*το*) barometer

βαρόνος (*o*) baron

βάρος (*το*) weight. (*μεταφ*)
  burden. (*φορτίο*) load

βαρούλκο (*το*) winch

βαρύθυμος *επίθ* sullen

βαρύς *επίθ* heavy. (*ατμόσφαιρα*)
  close. (*ποινή*) harsh. (*σφάλμα*)
  serious. (*φαγητό*) stodgy.
  (*χειμώνας*) hard

βαρυσήμαντος *επίθ*
  momentous

βαρυστομαχιά (*η*) indigestion

βαρύτονος (*o*) baritone

βαρώ *ρ μτβ* (*δέρνω*) beat. (*ηχώ*)
  sound. (*πληγώνω*) hit

βασανίζω *ρ μτβ* torture.
  (*εξετάζω*) scrutinize. (*σκέψη*)
  haunt. (*μεταφ*) torment. **~ομαι**
  ρ αμτβ agonize

βασανιστήριο (*το*) torture

βάσανο (*το*) torment

βάση (*η*) (*αρχή*) basis. (*έδρα*)
  plinth. (*στήριγμα*) base

βασίζω *ρ μτβ* base. **~ομαι**
  (*σε*) *ρ αμτβ* rely (on)

βασικ|ός *επίθ* basic. (*τροφή*)
  staple. **~ά** *επίρρ* basically

βασιλεία (*η*) (*περίοδος*) reign.
  (*πολίτευμα*) monarchy

βασίλειο (*το*) realm. (*χώρα*)
  kingdom

βασιλεύω *ρ αμτβ* (*βασιλιάς*)
  reign. (*ήλιος*) set

βασιλέας (*o*), **~ιάς** (*o*) king

βασιλική (*η*) (*κτίριο*) basilica

βασιλικός¹ (*o*) basil

βασιλικός² *επίθ* regal

βασίλισσα (*η*) queen

βασιλομήτωρ (*η*) queen mother

βασιλόπιτα (*η*) special cake for
  1st January

βασιλόφρων (*o, η*) royalist

βάσιμος *επιθ* (*λόγος*) sound. (*πληροφορίες*) reliable. (*υποψίες*) well-founded

βαστώ *ρ μτβ* hold. (*ανέχομαι*) bear. (*στηρίζω*) support *ρ αμτβ* (*αντέχω*) bear up. (*διαρκώ*) last

βατ (*το*) *άκλ* watt

βάτα (*η*) wadding. (*στους ώμους*) pad

βατόμουρο (*το*) blackberry

βάτος (*o*) bramble

βατραχάνθρωπος (*o*) frogman

βατραχοπέδιλο (*το*) flipper (*for swimming*)

βάτραχος (*o*) frog. (*φρύνος*) toad

βαφή (*η*) dye. (*για παπούτσια*) polish

βαφτίζω *ρ μτβ* baptize. (*δίνω όνομα*) christen

βάφτισμα (*το*) christening. (*βύθισμα στο νερό*) baptism

βαφτιστήρι (*το*) godchild

βάφω *ρ αμτβ* paint. (*μέταλλο*) temper

βάψιμο (*το*) painting (*applying paint*)

βγάζω *ρ μτβ* (*αναστεναγμό*) heave. (*δόντι*) take out. (*λεκέ*) remove. (*δίνω όνομα*) dub. (*ρούχα*) take off. (*το καπέλο*) raise. (*φρύδια*) pluck. (*φωνή*) give. (*φωτογραφία*) take. (*χέρι, πόδι*) dislocate. • *ρ αμτβ* (*δρόμος*) lead. **~ λόγο** make a speech. **δεν τα ~ πέρα** I can't cope

βγαίνω *ρ μτβ* go out. (*εξέρχομαι*) come off. (*για λίγο*) pop out. (*κρυφά*) sneak out. (*λεκές*) come out. (*σε εκλογές*) be elected

βδέλλα (*η*) leech

βδομάδα (*η*) *βλ* **εβδομάδα**

βέβαι|ος *επιθ* certain. (*βάσιμος*) sure. (*πεπεισμένος*) confident. **~α** *επίρρ* of course, certainly. **~α!** sure!

βεβαίως *επίρρ* certainly

βεβαιότητα (*η*) certainty

βεβαιών|ω *ρ μτβ* confirm. (*διαβεβαιώ*) assure. (*έγγραφο*) certify. (*επιβεβαιώνω*) affirm. (*τη λήψη επιστολής*) acknowledge. **~ομαι** *ρ αμτβ* make certain

βεβαίωση (*η*) confirmation. (*διαβεβαίωση*) assurance. (*πιστοποίηση*) certification

βεβήλωση (*η*) desecration

βεβιασμένος *επιθ* rash. (*χαμόγελο*) forced

βεδουΐνος (*o*) Bedouin

βελάζω *ρ αμτβ* bleat

Βέλγιο (*το*) Belgium

Βέλγιος (*o*), **Βελγίδα** (*η*) Belgian

βελγικός *επιθ* Belgian

βέλο (*το*) veil

βελόνα (*η*) needle. (*γραμμοφώνου*) (*η*) stylus

βελονάκι (*το*) (crochet) hook

βελόνι (*το*) *βλ* **βελόνα**

βελονιά (*η*) stitch

βελονισμός (*o*) acupuncture

βέλος (*το*) dart. (*σαΐτα*) arrow

βελούδο (*το*) velvet. **~ κοτλέ** corduroy

βελτιώνω *ρ μτβ* improve. **~ομαι** *ρ αμτβ* get better, improve

βελτίωση (*η*) improvement

βενζινάδικο (*το*) (*καθομ*) petrol station

βενζινάκατος (η) motor boat

βενζίνη (η) petrol, (αμερ) gasoline

βεντάλια (η) fan (hand held)

βεντέτα (η) vendetta

βέρα (η) wedding-ring

βεράντα (η) veranda

βέργα (η) rod

βερεσές (ο) sale or purchase on credit. ~ επίρρ on credit, όν tick

βερικοκιά (η) apricot tree

βερίκοκο (το) apricot

Βερμούδες (οι) Bermuda

βερμούτ (το) ἀκλ vermouth

βερνίκι (το) varnish. (για τα νύχια) nail polish

βέρος επίθ true

βεστιάριο (το) cloakroom

βέτο (το) veto

βήμα (το) step. (βάδισμα) gait. (βάθρο) podium

βηματίζω ρ αμτβ pace. (στρ) march

βήχ|ας (ο) cough. ~ω ρ αμτβ cough

βία (η) force. (βιαιότητα) violence. (βιασύνη) rush

βιάζ|ω ρ μτβ (ασελγώ) rape. (εξαναγκάζω) force. (επισπεύδω) rush. ~ομαι ρ αμτβ hurry (up)

βίαι|ος επίθ violent. ~α επίρρ violently. (με βία) forcibly

βιασμός (ο) rape

βιαστής (ο) rapist

βιαστικός επίθ hurried. (απόφαση) hasty. (ματιά) cursory

βιασύνη (η) haste, rush

βιβλιάριο (το) booklet

βιβλικός επίθ biblical

βιβλίο (το) book

βιβλιογραφία (η) bibliography

βιβλιοθηκάριος (ο) librarian

βιβλιοθήκη (η) (αίθουσα, κτίριο) library. (έπιπλο) bookcase

βιβλιοπωλείο (το) bookshop

βιβλιοπώλης (ο), ~ις (η) bookseller

Βίβλος (η) Bible

βίδα (η) screw

βιδώνω ρ μτβ screw

βίζα (η) visa

βιζόν (το) ἀκλ mink

βικτοριανός επίθ Victorian

βίλα (η) villa

βίντεο (το) ἀκλ video (-recorder)

βιντεοκασέτα (η) videotape

βιντεοταινία (η) video film

βινύλιο (το) vinyl

βιογραφία (η) biography

βιογραφικός επίθ biographical. ~ό σημείωμα (το) curriculum vitae

βιογράφος (ο, η) biographer

βιόλα (η) (λουλούδι) viola. (μουσ) viola

βιολέτα (η) violet (flower)

βιολετής επίθ violet (colour)

βιολί (το) violin

βιολ|ιστής (ο), ~ίστρια (η) violinist

βιολιτζής (ο) (καθομ) fiddler

βιολογία (η) biology

βιολόγος (ο, η) biologist

βιολοντσέλο (το) cello

βιομηχαν|ία (η) industry. ~ικός επίθ industrial

βιομήχανος (ο) industrialist

βιοπάλη (η) struggle for survival

βίος (το) (καθομ) fortune

βίος (ο) (λόγ) life

βιοτεχνία (η) handicraft

βιοχημεία (η) biochemistry

βιοψία (η) biopsy

βιράρω ρ μτβ hoist (anchor)

βιταμίνη (η) vitamin

βιτρίνα (η) shop-window. (μεταφ) showcase

βιτρό (το) άκλ stained-glass window

βιώσιμος επίθ viable

βλαβερός επίθ harmful

βλάβη (η) (ζημιά) damage. (ηλεκτρ) failure. (μηχ) breakdown. (προσωπική) injury

βλάκας (ο, η) idiot

βλακεία (η) stupidity. ~ες (οι) nonsense

βλακώδης επίθ stupid

βλάπτω ρ μτβ βλ **βλάφτω**

βλασταίνω ρ αμτβ βλ **βλαστάνω**

βλαστάνω ρ αμτβ sprout. (σπόρος) germinate

βλαστάρι (το) shoot. (μεταφ) scion

βλαστήμια (η) swear-word. (κατάρα) curse

βλαστημώ ρ μτβ curse. • ρ αμτβ swear. (τα θεία) blaspheme

βλάστηση (η) vegetation

βλαστός (ο) shoot. (μεταφ) scion

βλασφημία (η) blasphemy

βλάφτω ρ μτβ damage. (αδικώ) harm

βλαχόπουλο (το) young shepherd

βλέμμα (το) look. (επίμονο) stare

βλέπω ρ μτβ/ρ αμτβ see. (κοιτάζω) watch. ~ προς overlook. • ρ αμτβ (σπίτι) face

βλεφαρίδα (η) eyelash

βλέφαρο (το) eyelid

βλέψη (η) aspiration

βλήμα (το) missile, projectile

βλοσυρός επίθ fierce

βογκητό (το) moan, groan

βογκώ ρ αμτβ moan, groan

βόδι (το) ox

βοδινός επίθ ox, beef. ~ κρέας (το) beef

βοή (η) boom. hum (of bees)

βοήθεια (η) help, assistance. (υλική) aid. πρώτες ~ες (οι) first aid

βοήθημα (το) relief. (σύγγραμα) reference book

βοηθητικός επίθ auxiliary. (δευτερεύων) ancillary

βοηθός (ο, η) assistant, (αμερ) aide

βοηθώ ρ μτβ help. (μνήμη) jog. (συντρέχω) assist. (υποστηρίζω) aid

βόθρος (ο) cesspit, cesspool

βολάν (το) άκλ steering wheel. (γύρω από κρεβάτι) valance. (σε φόρεμα) frill

βολβός (ο) bulb. (του ματιού) eyeball

βολετός επίθ practicable

βολεύω ρ μτβ manage to fit in. ~ομαι ρ αμτβ settle down. με ~ει it suits me. τα ~ω get by, manage

βολή¹ (η) comfort

βολή² (η) shot

βόλι (το) (καθομ) bullet

Βολιβία (η) Bolivia

βολίδα (η) bullet

βολικός επίθ convenient. (άνθρωπος) easy-going

βόλος (ο) (χώμα) lump. (από βούτυρο) pat. (από μέταλλο) nugget. (γυάλινος) marble

βολτ (το) άκλ volt

βόλτα (η) stroll. (με αυτοκίνητο) ride

βόμβα (η) bomb. (μεταφ) bombshell

βομβαρδίζω ρ μτβ shell. (στρ) (από αεροπλάνα) bomb. (μεταφ) bombard

βομβαρδισμός (ο) shelling. (με αεροπλάνα) bombing. (μεταφ) bombardment

βομβαρδιστικό (το) (αεροπλάνο) bomber

βομβητής (ο) buzzer

βόμβος (ο) buzz. (μηχ) whir

βομβώ ρ μτβ (αυτιά) ring. (έντομο) buzz. (μηχ) whir

βοοειδή (τα) cattle

βορειοανατολικός επίθ north-east

βορειοδυτικός επίθ north-west

βόρειος επίθ northern. ~ (ο) Northerner

βοριάς (ο) north wind

βορινός επίθ northerly

βορράς (ο) north

βοσκή (η) pasture

βοσκοπούλα (η) shepherdess

βοσκός (ο) shepherd

βοσκότοπος (ο) pasture

βόσκω ρ μτβ/ρ αμτβ graze

βοτάνι (το) magic potion. (βότανο) herb

βοτανική (η) botany

βότανο (το) herb

βοτανολόγος (ο, η) botanist. (συλλέκτης βοτάνων) herbalist

βότσαλο (το) pebble

βουβάλι (το) buffalo

βουβός επίθ mute, dumb

βουδιστής (ο), ~ίστρια (η) Buddhist

βουή (η) boom

βουητό (το) hum

βουίζω ρ αμτβ (έντομο) buzz. (αεροπλάνο) hum. (άνεμος) howl. (αυτιά) ring

βούισμα (το) (εντόμου) buzz. (αεροπλάνου) hum. (στ' αυτιά) ringing

βούκινο (το) horn

βούλα (η) (κηλίδα) spot. (στο μάγουλο) dimple. (σφραγίδα) seal

Βουλγαρία (η) Bulgaria

βουλευτής (ο, η) Member of Parliament

βουλή (η) will

Βουλή (η) Parliament

βούληση (η) volition

βουλιάζω ρ μτβ scuttle ρ αμτβ (πλοίο) sink. (οροφή) sag. (μεταφ) founder

βουλιμία (η) greed. (ιατρ) bulimia

βουλοκέρι (το) sealing-wax

βούλωμα (το) block. (κάπάκι) stopper

βουλώνω ρ μτβ plug. (διαρροή) stop. • ρ αμτβ block

βουνίσιος επίθ mountain

βουνό (το) mountain

βουνοκορφή (η) mountain top

βουνοσειρά (η) mountain range

βούρδουλας (ο) lash

βούρκος (ο) mire. (μεταφ) gutter

βουρκώνω ρ αμτβ become muddy. (μάτια) fill with tears. (ουρανός) cloud over

βούρλο (το) rush (plant)

βούρτσα (η) brush. (των μαλλιών) hairbrush

βουρτσίζω ρ μτβ brush

βουστάσιο (το) cowshed

βούτηγμα (το) (βουτιά) plunge. (μεταφ) snatch

βουτιά (η) (κατάδυση) dive. (κλοπή) snatch. (μεταφ) plunge

βούτυρο (το) butter

βουτώ ρ μτβ immerse. (αρπάζω) snatch. (βυθίζω σε υγρό) dip. • ρ αμτβ dive

βραβείο (το) prize

βραβεύω ρ μτβ give a prize. (ανταμείβω) reward

βράγχια (τα) gills

βραδάκι (το) early evening

βραδιά (η) evening

βραδιάζω ρ αμτβ **~ει** it is getting dark

βράδυ (το) evening

βραδύς επίθ slow. (με αργό ρυθμό) slack

βραδύτητα (η) slowness

Βραζιλία (η) Brazil

βράζω ρ μτβ/ρ αμτβ boil. (τσάι) brew. • ρ αμτβ ferment

βρακί (το) pants

βρασμός (ο) boiling. (ζύμωση) fermentation

βραστήρας (ο) kettle

βραστός επίθ boiled. (καυτός) hot

βράχια (τα) rocks

βραχιόλι (το) bracelet. (χωρίς αγκράφα) bangle

βραχίονας (ο) arm. (του πικ απ) stylus holder

βραχνάς (ο) nightmare

βραχνιάζω ρ αμτβ become hoarse

βραχνός επίθ hoarse

βραχόκηπος (ο) rockery

βράχος (ο) rock

βραχύβιος επίθ short-lived

βραχυγραφία (η) abbreviation

βραχυκύκλωμα (το) short circuit

βραχυπρόθεσμ|ος επίθ short-term. **~α** επίρρ in the short term

βραχύς επίθ short

βραχώδης επίθ rocky. (τοπίο) rugged

βρε μόριο you there

βρεγμένος επίθ wet

βρέξιμο (το) wetting

Βρετανία (η) Britain

βρετανικός επίθ British

βρεφικός επίθ infantile

βρεφοκομείο (το) institution for foundlings

βρέφος (το) infant

βρέ|χω ρ μτβ wet, moisten. **~χει** ρ αμτβ it's raining. **~χομαι** ρ αμτβ get wet

βρίζω ρ μτβ insult. • ρ αμτβ swear

βρίθω ρ αμτβ be teeming with

βρικόλακας (ο) vampire

βρισιά (η) insult

βρίσκω ρ μτβ find. (ανακαλύπτω) discover.

(συναντώ) come across. (τυχαία) hit on. **~ομαι** ρ αμτβ lie, be

βρογχίτιδα (η) bronchitis

βρόμα (η) (ακαθαρσία) grime. (κακοσμία) stench

βρομερός επίθ (ακάθαρτος) filthy. (ανήθικος) obscene

βρομιά (η) (ακαθαρσία) filth. **~ρης**, **~ρικος** επίθ filthy. **~ρης** (ο) scoundrel. **~ρα** (η) slut

βρομίζω ρ μτβ dirty

βρόμικος επίθ grubby. (δωματίου) squalid. (επιλήψιμος) obscene

βρομοδουλειά (η) dirty trick

βρομώ ρ αμτβ stink

βροντερός επίθ thunderous

βροντή (η) thunder

βρόντημα (το) clap of thunder. bang (of door)

βρόντος (ο) bang

βροντώ ρ μτβ slam ρ αμτβ thunder

βροχερός επίθ rainy

βροχή (η) rain. (μεταφ) volley (of blows)

Βρυξέλλες (οι) Brussels

βρύο (το) moss

βρύση (η) tap. (φυσική πηγή) spring

βρυχιέμαι ρ αμτβ roar

βρώμα (η) βλ **βρόμα**

βρώμη (η) oats

βυζαίνω ρ μτβ nurse. (δάχτυλο) suck. (μεταφ) suck dry. • ρ αμτβ suckle

Βυζάντιο (το) Byzantium

βυζαντινός επίθ Byzantine

βυζί (το) λαϊκ breast

βυθίζ|ω ρ μτβ immerse. (βουτώ σε νερό) dip. (μπήγω) plunge. **~ομαι** ρ αμτβ sink

βύθισμα (το) immersion. (πλοίου) draught marks

βυθισμένος επίθ sunk. (μάτια, μάγουλα) sunken

βυθοκόρος (ο) dredge

βυθός (ο) bottom (of sea)

βυσσινάδα (η) (morello) cherry cordial

βυσσινής επίθ crimson. **~ί** (το) crimson

βυτιοφόρο (το) tanker (truck)

βωμός (ο) altar

....

Γγ

....

γαβάθα (η) bowl (wooden, clay)

γαβγίζω ρ αμτβ bark

γάγγραινα (η) gangrene

γάδος (ο) haddock

γάζα (η) gauze

γαζία (η) acacia

γαζώνω ρ μτβ stitch. (με σφαίρες) riddle

γάιδαρος (ο) donkey. (μεταφ) ass

γαϊδουράγκαθο (το) thistle

γαϊδούρι (το) donkey

γαϊδουροκαλόκαιρο (το) Indian summer

γαιοκτήμονας (ο) squire

γαϊτανάκι (το) maypole

γαϊτάνι (το) silk ribbon

γάλα (το) milk

γαλάζιο|ς επίθ sky blue. **~** (το) sky blue.

γαλακτοκομία (η) dairy farming

γαλακτοπωλείο (το) dairy shop

γαλακτώδης επίθ milky

γαλάκτωμα (το) emulsion

γάλανθος (ο) snowdrop

γαλανόλευκ|ος επίθ blue and white. **~η** (η) the Greek flag

γαλανός επίθ light blue

γαλαξίας (ο) galaxy

γαλαρία (η) (ορυχείου, θεάτρου) gallery

γαλατάς (ο) milkman

γαλβανίζω ρ μτβ galvanize

γαλέρα (η) galley

γαληνεύω ρ μτβ/αμτβ calm down

γαλήνη (η) calm. (ψυχική) serenity

γαλήνιος επίθ calm. (ψυχικά) serene. (θάλασσα) smooth

γαλιόνι (το) galleon

Γαλλί|α (η) France. **Γ~δα** (η) Frenchwoman

γαλλικά (τα) French

γαλλικός επίθ French

Γάλλος (ο) Frenchman

γαλόνι (το) (μονάδα μετρήσεως) gallon. (στρ) stripe

γαλοπούλα (η) turkey

γαμήλι|ος επίθ nuptial, bridal. **~α τελετή** (η) wedding ceremony

γάμος (ο) marriage. (μυστήριο) wedding

γάμπα (η) leg. (κνήμη) calf

γαμπρός (ο) bridegroom. (σύζυγος της κόρης) son-in-law. (σύζυγος της αδερφής) brother-in-law

γαμψός επίθ (μύτη) hooked

γαμώ ρ μτβ fuck

γάντζος (ο) hook

γαντζώνω ρ μτβ hook

γάντι (το) glove. (σιδερόπλεχτο) gauntlet. (χωρίς δάχτυλα) mitten

γαργαλίζω ρ μτβ tickle. (μεταφ) titillate

γαργαλώ ρ μτβ tickle

γαργάρα (η) gargle

γαργαρίζω ρ αμτβ gurgle

γαρδένια (η) gardenia

γαρίδα (η) shrimp, prawn

γαριφαλιά (η) carnation

γαρίφαλο (το) carnation. (μοσχοκάρφι) clove

γαρνίρισμα (το) trimming

γαρνίρω ρ μτβ garnish

γαρνιτούρα (η) garnish. (σε ρούχα) trimmings

γάστρα (η) flower pot

γαστρικός επίθ gastric

γαστρονομία (η) gastronomy

γάτα (η) cat

γατάκι (το) kitten

γάτος (ο) tom-cat

γαυγίζω ρ αμτβ βλ **γαβγίζω**

γδάρσιμο (το) abrasion. (αφαίρεση δέρματος) skinning. (σε έπιπλο) scratch. (στο γόνατο) graze

γδέρνω ρ μτβ (αφαιρώ δέρμα) skin. (γόνατο) graze. (επιφάνεια) scratch. (μεταφ) fleece

γδύν|ω ρ μτβ undress. (απογυμνώνω) strip. **~ομαι** ρ αμτβ undress

γεγονός (το) event. (δεδομένο) fact

γεια (η) hallo. **~ σου/σας** bye. (μετά το φτάρνισμα) bless you

γείσο (το) (στέγης) eaves. (τζακιού) mantelpiece

γείτονας (ο), **γειτόνισσα** (η) neighbour

γειτονεύω ρ μτβ adjoin

γειτονιά (η) neighbourhood

γελάδα (η) βλ **αγελάδα**

γελαστός επίθ cheerful

γέλιο (το) laughter. (αθόρυβο) chuckle. (κρυφό) snigger. (νευρικό) giggle

γελοιογραφία (η) cartoon

γελοιογράφος ρ μτβ caricature

γελοιοποί|ηση (η) ridicule. **~ιώ** ρ μτβ ridicule

γελοίος επίθ laughable. (άξιος περιφρονήσεως) ridiculous. (παράλογος) ludicrous

γελ|ώ ρ μτβ (απατώ) deceive. (ξεγελώ) let down. (χλευάζω) laugh at. • ρ αμτβ laugh. (νευρικά) giggle. **~ιέμαι** ρ αμτβ (κάνω λάθος) be mistaken. (απατώμαι) be deceived

γελωτοποιός (ο) jester

γεμάτος επίθ full (of). (εύσαρκος) plump. (όπλο) loaded. (χώρος) crowded (with)

γεμίζω ρ μτβ fill. (με καύσιμα) fill up. (όπλο) load. (φαγητό, μαξιλάρι) stuff. • ρ αμτβ fill. (αποκτώ πάχος) fill out. (φεγγάρι) wax

γέμισμα (το) filling

γεμιστήρας (ο) magazine (of gun)

Γενάρης (ο) βλ **Ιανουάριος**

γενεά (η) βλ **γενιά**

γενεαλογία (η) genealogy

γενέθλια (τα) birthday

γενειοφόρος επίθ bearded

γένεσ|η (η) origin. **Γ~ις** (εκκλ) Genesis

γενέτειρα (η) birth place. (πόλη) home town

γενετή (η) **εκ ~ς** by birth

γενετικός επίθ genetic

γενετικά μεταλλαγμένος επίθ genetically modified, GM

γένι (το) beard

γενιά (η) generation

γενίκευση (η) generalization

γενικεύω ρ μτβ generalize

γενική (η) (πτώση) genitive

γενικ|ός επίθ general. (καθολικός) universal. (χωρίς διάκριση) indiscriminate. **~ά, ~ώς** επίρρ in general, on the whole

γενικότητα (η) generality

γέννα (η) (τοκετός) childbirth. (γέννημα ζώων) litter

γενναιοδωρία (η) generosity

γενναιόδωρ|ος επίθ generous. (σε δώρα, φιλοφρονήσεις) lavish. **~α** επίρρ generously

γενναίος (ο) brave. (πλουσιοπάροχος) liberal. (προς τις γυναίκες) gallant

γενναιότητα (η) bravery. (προς τις γυναίκες) gallantry

γενναιοφροσύνη (η) magnanimity

γενναιοψυχία (η) (γενναιότητα) bravery. (μεγαλοψυχία) magnanimity

γέννημα (το) (παιδί) offspring. (της φαντασίας) creation

γέννηση (η) birth

γεννητικός επίθ genital

γεννήτρια (η) (ηλεκτρ) generator

γενν|ώ ρ μτβ give birth to.

(αβγά) lay. (για ψάρια) spawn.
(μεταφ) generate. **~ίεμαι** ρ
αμτβ be born

γένος (το) (καταγωγή)
parentage. (γραμμ) gender.
(ζώων) species. (φυλή) race.
(φύλο) sex

γεράκι (το) falcon. (μεταφ)
hawk

γεράματα (τα) old age

γεράνι (το) geranium

γερανός (ο) (πουλί/μηχ) crane

γερασμένος επίθ aged

γερατειά (τα) βλ **γηρατειά**

Γερμανία (η) Germany

γερμανικός επίθ German

Γερμαν|ός (ο), **~ίδα** (η)
German

γέρνω ρ μτβ (λυγίζω) bend.
(κεφάλι) lower. • ρ αμτβ lean.
(ήλιος) go down, set. (πλοίο) list

γερνώ ρ αμτβ age

γεροδεμένος επίθ of strong
build

γεροντάκι (το) little old man

γέροντας (ο) βλ **γέρος**

γερόντισσα (η) old woman

γεροντοκόρη (η) old maid,
spinster

γέρος (ο) old man

γερ|ός επίθ (υγιής) sound.
(ανθεκτικός) tough.
(ολόκληρος) whole. (ρωμαλέος)
sturdy. **~ά** επίρρ strongly, fast

γερουσία (η) senate. **~ιαστής**
(ο) senator

γεύμα (το) meal

γευματίζω ρ αμτβ have lunch,
lunch

γεύση (η) (αίσθηση) taste.
(υπερώα) palate. (νοστιμάδα)
flavour

γευστικός επίθ tasty

γέφυρα (η) bridge. (για πεζούς)
foot-bridge

γεφύρι (το) βλ **γέφυρα**

γεφυρώνω ρ μτβ bridge

γεωγραφία (η) geography

γεωγράφος (ο, η) geographer

γεωλογία (η) geology

γεωμετρία (η) geometry

γεωργ|ία (η) agriculture.
~ικός επίθ agricultural

γεωργός (ο, η) farmer

γη (η) (έδαφος) land. (πλανήτης)
earth

γηγενής επίθ indigenous

γήινος επίθ (κάτοικος της γης)
terrestrial. (της γης) earthly

γήπεδο (το) ground.
(αθλοπαιδιών) playing-field.
(γκολφ) course, links.
(ποδοσφαίρου) pitch. (τένις)
court

γηρατειά (τα) old age

γηριατρική (η) geriatrics

γηροκομείο (το) old people's
home

για πρόθ for. **~ καλά** for good.
~ πάντα for ever. **μια
~ πάντα** once and for all. μόριο
~ πρόσεξε καλά watch out.
~ το Θεό for god's sake. **~ τ᾽
όνομα του Θεού** in God's
name. **~ να** σύνδ το. **ήλθαν
~ να τα πούμε** they came to
have a chat

γιαγιά (η) grandmother

γιακάς (ο) collar

γιαλός (ο) seashore

γιάντες (το) άκλ wishbone

γιαούρτι (το) yoghurt

γιασεμί (το) jasmine

γιασμάκι *(το)* yashmak

γιαταγάνι *(το)* scimitar

γιατί *μόριο* why. • *σύνδ* because

γιατρειά *(η)* (*θεραπεία*) remedy

γιατρεύω *ρ μτβ* remedy

γιατρικό *(το)* (*φάρμακο*) remedy

γιατρός *(ο, η)* doctor

γίγαντας *(ο)* giant

γιγαντιαίος *επίθ* gigantic

γιγάντιος *επίθ* giant

γιγαντόσωμος *επίθ* giant

γίγνεσθαι *(το)* εν τω ~ in the making

γίδα *(η)* goat

γιδοπρόβατα *(τα)* sheep and goats

γιλέκο *(το)* waistcoat

γίνομαι *ρ αμτβ* become. (*πραγματοποιούμαι*) happen. (*ωριμάζω*) ripen. (*εξελίσσομαι*) be made into. **τι έγινε ο πατέρας του**; what became of his father? **ό,τι έγινε έγινε** what's done is done. **τι να γίνει**; it can't be helped. **ω μη γένοιτο** God forbid

γιόγκα *(το)* άκλ yoga

γιόκας *(ο)* darling son

γιορτάζω *ρ μτβ* celebrate *ρ αμτβ* have a nameday

γιορταστικός *επίθ* festive

γιορτή *(η)* festivity. (*δημόσια*) holiday. (*θρήσκ*) feast. (*ονομαστική*) nameday

γιορτιν|ός *επίθ* festive. ~ά *(τα)* Sunday best

γιος *(ο)* son

γιοτ *(το)* άκλ yacht

γιουβέτσι *(το)* a dish of pasta and meat cooked in the oven in a shallow dish

Γιουγκοσλαβία *(η)* Yugoslavia

γιουσουρούμ *(το)* άκλ flea market

γιούχα *επιφών* boo

γιουχαΐζω *ρ μτβ/ρ αμτβ* boo

γιουχάρω *ρ μτβ/αμτβ* boo

γιοφύρι *(το)* βλ **γεφύρι**

γιρλάντα *(η)* garland

γιώτα *(το)* iota

γκαζέλα *(η)* gazelle

γκάζι *(το)* gas. (*αυτοκίνητο*) accelerator

γκαζόζα *(η)* fizzy lemonade

γκαζόν *(το)* άκλ turf

γκάιντα *(η)* bagpipes

γκαλά *(το)* άκλ gala

γκαλερί *(η)* άκλ (*art*) gallery

γκάμα *(η)* (wide) range

γκαράζ *(το)* άκλ garage

γκάρισμα *(το)* bray

γκαρνταρόμπα *(η)* cloakroom. (*ρούχα*) wardrobe

γκαρσόνι *(το)* waiter

γκαρσονιέρα *(η)* bachelor flat

γκάφα *(η)* blunder. (*λάθος*) gaffe

γκέμι *(το)* rein

γκέτα *(η)* legging

γκέτο *(το)* ghetto

γκι *(το)* άκλ mistletoe

γκιαούρης *(ο)* giaour

γκιλοτίνα *(η)* guillotine

γκίνια *(η)* bad luck

γκλασάρισμα *(το)* icing

γκλασάρω *ρ μτβ* ice (*cake*)

γκλομπ *(το)* άκλ truncheon

γκονγκ *(το)* άκλ gong

γκολφ *(το)* άκλ golf

γκολ *(το)* άκλ goal

γκουβερνάντα *(η)* governess

γκοφρέτα (η) wafer

γκράφιτι (το) άκλ graffiti

γκρέιπφρουτ (το) άκλ grapefruit

γκρεμίζω ρ μτβ throw down. (κτίριο) knock down. (κυβέρνηση) topple. **~ζομαι** ρ αμτβ crumble, collapse. **~σου** get lost

γκρεμός (ο) precipice. (απότομος βράχος) cliff. (βάραθρο) chasm

γκρι (το) άκλ grey

γκρίζο|ς επίθ grey. **~** (το) grey

γκριμάτσα (η) grimace

γκρίνια (η) (παιδιού) whining. (μουρμούρα) nagging

γκρινιάζω ρ μτβ nag. • ρ αμτβ (κλαψουρίζω) whine. (μουρμουρίζω) grumble, moan

γκρινιάρης επίθ grumpy

γλαδιόλα (η) gladiolus

γλάρος (ο) seagull

γλαρώνω ρ αμτβ doze

γλαύκωμα (το) glaucoma

γλαυκός επίθ (λαμπρός) bright. (γαλάζιος) azure

γλάστρα (η) flower-pot

γλαφυρός επίθ smooth. (κομψός) elegant

γλειφιτζούρι (το) lollipop

γλείφω ρ μτβ lick. (δάκτυλο) suck. (κολακεύω) suck up to

γλεντζ|ές (ο), **~ού** (η) person fond of the good life

γλέντι (το) merry-making

γλεντοκόπ|ι (το) revelry. **~οι** (οι) revellers

γλεντώ ρ αμτβ ρ μτβ enjoy (διασκεδάζω) have fun. (με φαγοπότι) make merry

γλιστερός επίθ slippery

γλιστρώ ρ αμτβ (παραπατώ) slip. (με ευκολία) glide. (σε λεία επιφάνεια) slide. (σε πάγο) skid. (μεταφ) slip away

γλίτσα (η) scum

γλιτώνω ρ μτβ rescue. • ρ αμτβ escape

γλοι|ός (ο) slime. **~ώδης** επίθ slimy

γλουτός (ο) buttock

γλύκα (η) sweetness

γλυκάδια (τα) sweetbread

γλυκαίνω ρ μτβ sweeten. (πόνο) relieve. • ρ αμτβ become sweeter. (καιρός) get milder. (ωριμάζω) mellow

γλυκάνισο (το) aniseed

γλυκερίνη (η) glycerine

γλύκισμα (το) pastry, cake

γλυκό (το) sweet. (φρούτα) fruit in syrup

γλυκόζη (η) glucose

γλυκοκελαηδώ ρ αμτβ (πουλί) sing sweetly

γλυκοκοιμάμαι ρ αμτβ sleep sweetly

γλυκοκοιτάζω ρ μτβ look lovingly

γλυκολεμονιά (η) lime (tree)

γλυκολέμονο (το) lime (fruit)

γλυκόλογα (τα) sweet nothings

γλυκομίλητος επίθ soft spoken

γλυκόριζα (η) liquorice

γλυκός επίθ sweet

γλυκύ|ς επίθ βλ **γλυκός**. **~τητα** (η) sweetness. (τρόπων) gentleness

γλύπτης (ο) sculptor

γλυπτική (η) sculpture

γλυσίνα (η) wisteria

γλυφός *επίθ* (*νερό*) brackish

γλώσσα¹ (*η*) sole (*fish*)

γλώσσα² (*η*) tongue. (*λόγος*) language. (*προεξοχή*) tab

γλωσσάριο (*το*) glossary

γλωσσικός *επίθ* linguistic

γλωσσοδέτης (*ο*) tongue twister

γλωσσολογία (*η*) linguistics

γλωσσομαθής (*ο, η*) linguist

γνέθω *ρ μτβ* spin

γνέφω *ρ αμτβ* wave

γνήσιος *επίθ* genuine

γνώμη (*η*) opinion

γνωμικό (*το*) maxim

γνώμονας (*ο*) set square

γνωρίζω *ρ μτβ/αμτβ* (*ξέρω*) know. (*αναγνωρίζω*) recognize. (*γνωστοποιώ*) let know. (*συστήνω*) introduce. **~ομαι με** *ρ αμτβ* be acquainted with

γνωριμία (*η*) acquaintance

γνώριμος *επίθ* familiar

γνώσ|η (*η*) knowledge. **~εις** (*οι*) learning

γνωστοποιώ *ρ μτβ* notify

γνωστός *επίθ* known. **~** (*ο*) acquaintance

γόβα (*η*) pump (*shoe*)

γογγύζω *ρ αμτβ* groan. (*παραπονιέμαι*) grumble

γοερός *επίθ* heart rending

γόη|ς (*ο*), **~σσα** (*η*) charmer

γοητεία (*η*) fascination. (*χάρη*) charm

γοητευτικός *επίθ* charming

γοητεύω *ρ μτβ* charm. (*σαγηνεύω*) beguile

γόητρο (*το*) prestige

γόμα (*η*) gum. (*γομολάστιχα*) rubber

γομάρι (*το*) (*φορτίο*) load. (*άνθρωπος*) lout

γομολάστιχα (*η*) eraser. (*γράψιμο*) rubber

γονατίζω *ρ αμτβ* kneel. • *ρ μτβ* (*μεταφ*) bring to one's knees

γόνατ|ο (*το*) knee. **~α** (*τα*) lap

γονέας (*ο*) *βλ* **γονιός**. **γονείς** (*οι*) parents

γονίδιο (*το*) gene

γονιδίωμα (*το*) genome

γονικός *επίθ* parental

γονιμοποιώ *ρ μτβ* fertilize

γόνιμος *επίθ* fertile. (*δημιουργικός*) prolific

γονιμότητα (*η*) fertility

γονιός (*ο*) parent

γόνος (*ο*) offspring

γοργόνα (*η*) mermaid

γοργός *επίθ* swift

γορίλας (*ο*) gorilla

γοτθικός *επίθ* Gothic

γουδί (*το*) mortar

γουδοχέρι (*το*) pestle

γουέστερν (*το*) *άκλ* western (*film*)

γούλα (*η*) gullet

γουλιά (*η*) mouthful, sip

γούνα (*η*) fur

γουναρ|άς (*ο*) furrier. **~ικό** (*το*) fur

γουργουρητό (*το*) rumble

γουργουρίζω *ρ αμτβ* (*περιστέρια*) coo. (*στομάχι*) rumble

γούρι (*το*) luck

γουρλώνω *ρ μτβ* **~ τα μάτια** stare with eyes wide open

γούρνα (*η*) trough (*animals*)

γουρούνα (*η*) sow

γουρούνι (το) pig. (*για άνθρωπο*) swine

γουρσούζικος *επίθ* unlucky

γουστάρω *ρ μτβ* fancy

γούστο (το) (good) taste. **για ~** for the hell of it. **έχει ~ ο φίλος σου** your friend is fun

γοφός (ο) hip

γραβάτα (η) tie (*necktie*)

γραικός (ο) (*αρχ*) Greek

γράμμα (το) (*αλφάβητου*) letter. (*ταχυδρομικό*) letter. **~τα** (τα) (*νομίσματος*) tails. (*μόρφωση*) education

γραμμάριο (το) gram

γραμματέας (ο, η) secretary

γραμματεία (η) secretariat. (*πανεπιστημίου*) registrar

γραμματική (η) grammar

γραμματικός *επίθ* grammatical. **~** (ο) clerk

γραμμάτιο (το) IOU

γραμματοθυρίδα (η) pigeon-hole

γραμματοκιβώτιο (το) letter-box

γραμματόσημο (το) (postage) stamp. (*τέλος*) stamp duty

γραμμή (η) line. **~** *επίρρ* straight. (*στη σειρά*) in line

γραμμικός *επίθ* linear

γραμμόφωνο (το) gramophone

γρανάζι (το) (*μηχ*) gear

γρανίτα (η) water-ice

γρανίτης (ο) granite

γραπτό|ς *επίθ* written. **• ~ μήνυμα** (το) text message

γρασάρω *ρ μτβ* grease

γρασίδι (το) lawn

γράσο (το) grease

γρατσουνίζω *ρ μτβ* (*με τα νύχια*) scratch. (*μετά από πέσιμο*) graze

γρατσούνισμα (το) scratch. (*από πέσιμο*) graze

γραφέας (ο) *βλ* **γραφιάς**

γραφείο (το) (*δωμάτιο*) office. (*έπιπλο*) desk

γραφειοκράτ|ης (ο), **~ις** (η) bureaucrat

γραφειοκρατία (η) bureaucracy, (*καθομ*) red tape

γραφή (η) writing

γραφιάς (ο) scribe

γραφικός *επίθ* (*γραφείου*) clerical. (*θέαμα*) picturesque. (*περιγραφικός*) graphic

γραφομηχανή (η) typewriter

γράφω *ρ μτβ/ρ αμτβ* write. (*καταχωρίζω*) record. (*κληροδοτώ*) make over. (*με υπαγόρευση*) take down. (*σε σχολείο*) enrol

γράψιμο (το) writing. (*γραφικός χαρακτήρας*) handwriting

γρηγοράδα (η) speed

γρήγορ|ος *επίθ* quick. **~α** *επίρρ* quickly

γρηγορώ *ρ αμτβ* be vigilant

γριά (η) old woman

γρίλια (η) louvre

γρίπη (η) influenza, (*καθομ*) flu

γρίφος (ο) puzzle

γροθιά (η) fist. (*χτύπημα*) punch

γρονθοκόπημα (το) punch-up

γρονθοκοπώ *ρ μτβ* thump

γρουσούζης (ο) jinx

γρουσουζιά (η) bad luck

γρυλίζω *ρ αμτβ* growl. (*γουρούνι*) grunt. (*απειλητικά*) snarl

γρυλισμός (*o*) grunt. (*απειλητικός*) snarl

γρύλος (*o*) (*έντομο*) cricket. (*μηχ*) jack

γυάλα (*η*) glass bowl

γυαλάδα (*η*) shine

γυαλί (*το*) glass. **~ιά** (*τα*) glasses. (*του ήλιου*) sunglasses

γυαλίζω *ρ μτβ* polish. • *ρ αμτβ* shine

γυάλινος *επίθ* (made of) glass

γυάλισμα (*το*) polish

γυαλιστ|ερός *επίθ* shiny. **~ικό** (*το*) polish

γυαλόχαρτο (*το*) sandpaper

γυις (*o*) son

γυμνάζ|ω *ρ μτβ* exercise. (*ζώο*) train. (*στρ*) drill. **~ομαι** *ρ αμτβ* exercise. (*άθλημα*) practise

γυμνασιάρχ|ης (*o*) headmaster (*of a junior school*). **~ις** (*η*) headmistress (*of a junior secondary school*)

γυμνάσιο (*το*) junior secondary school. **~α** (*τα*) (*στρ*) exercise

γυμναστήριο (*το*) gym

γυμν|αστής (*o*), **~άστρια** (*η*) (*αθλητής*) gymnast. (*σχολείο*) PE teacher

γυμναστική (*η*) gymnastics. (*στο σχολείο*) PE

γύμνια (*η*) nudity

γυμν|ιστής (*o*), **~ίστρια** (*η*) nudist

γυμνός *επίθ* (*άνθρωπος*) naked. (*ακάλυπτος*) bare

γυμνοσάλιαγκας (*o*) slug

γυμνόστηθος *επίθ* topless

γυμνώνω *ρ μτβ* undress. (*μεταφ*) strip

γυναίκα (*η*) woman. (*σύζυγος*) wife

γυναικάς (*o*) womanizer

γυναικείος *επίθ* feminine. (*που ταιριάζει σε γυναίκα*) woman's

γυναικολ|ογία (*η*) gynaecology. **~όγος** (*o, η*) gynaecologist

γυναικόπαιδα (*τα*) women and children

γύπας (*o*) vulture

γυρεύ|ω *ρ μτβ* seek. (*ζητώ*) ask for. **πάω ~οντας** be looking for trouble

γύρη (*η*) pollen

γυρίζω *ρ μτβ* turn. (*οφειλόμενα*) return. (*περιστρέφω*) rotate. (*ταινία*) shoot. • *ρ αμτβ* (*επιστρέφω*) return. (*αλλάζω στάση*) shift. (*περιφέρω*) go round. (*περιφέρομαι*) wander

γυρίνος (*o*) tadpole

γύρισμα (*το*) turn. (*ταινίας*) shooting

γυρισμός (*o*) return

γυρνώ *ρ μτβ βλ* **γυρίζω**. **~ στο μυαλό μου** mull over

γυρολόγος (*o*) pedlar

γύρος (*o*) circle. (*αγώνα*) round. (*αθλήματος*) lap. (*καπέλου*) brim. (*περίπατος*) stroll. (*ταξίδι*) tour. (*φορέματος*) hem

γυροσκόπιο (*το*) gyroscope

γύρω *επίρρ* round. (*περίπου*) around. **~ ~** all around. **η ~ περιοχή** the surrounding area

γύφτ|ος (*o*), **~ισσα** (*η*) gipsy

γύψος (*o*) plaster of Paris

γωνιά (*η*) *βλ* **γωνία**

γωνία (*η*) corner. (*γεωμετρικό σχήμα*) angle. (*εργαλείο*) T-square

γωνιακός *επίθ* angular. (*θέση*) corner

Δδ

δα μόριο **όχι ~!** no way!, (me εκρlhch) you don't say! **είναι τόσο ~** it's just this small. **τώρα ~** just now

δαγκάνα (η) (κάβουρα) claw. (αστακού) pincers

δάγκωμα (το) bite

δαγκώνω ρ μτβ bite

δάδα (η) torch

δαίμονας (ο) demon. (ανθρωπος) fiend

δαιμονίζω ρ μτβ infuriate

δαιμονικό|ς επίθ fiendish. **~** (το) evil spirit

δαιμόνιο|ς επίθ resourceful. **~** (το) demon. (ευφνϊα) genius

δάκρυ (το) tear

δακρύζω ρ αμτβ shed tears

δακτυλίδι (το) βλ **δαχτυλίδι**

δακτυλικό|ς επίθ finger. **~ αποτύπωμα** (το) finger-print

δακτύλιος (ο) ring. (δρόμος) ring road

δακτυλογράφος (ο, η) typist

δακτυλογραφώ ρ μτβ/ρ αμτβ type

δάκτυλος (ο) finger. (ποίηση) dactyl

δαλτωνισμός (ο) colour blindness

δαμάζω ρ μτβ tame. (μεταφ) harness

δαμαλίδα (η) heifer

δαμασκηνιά (η) plum tree

δαμάσκηνο (το) plum

δαμάσκο (το) (ύφασμα) damask

δανδής (ο) dandy

δανέζικ|ος επίθ Danish. **~α** (τα) Danish

δανείζ|ω ρ μτβ lend. **~ομαι** ρ μτβ borrow

δανεικ|ός επίθ borrowed, on loan. **~ά** (τα) loan

δάνειο (το) loan

δανειστής (ο), **δανείστρια** (η) lender

Δανία (η) Denmark

Δανό|ς (ο), **~έζα** (η) Dane

δαντέλα (η) lace

δαπάνη (η) expenditure

δαπανώ ρ μτβ spend

δάπεδο (το) floor

δαρμός (ο) beating

δασάρχης (ο) forester

δασεία (η) rough breathing

δασκάλα (η) schoolmistress (in a primary school)

δασκαλεύω ρ μτβ instruct

δάσκαλος (ο) schoolmaster (in a primary school)

δασμολόγιο (το) tariff

δασμός (ο) duty (tax)

δασοκομία (η) forestry

δάσος (το) forest, wood

δασοφύλακας (ο) ranger

δαυλός (ο) (ξύλο) torch

δάφνη (η) laurel. (βότανο) bay

δαχτυλήθρα (η) thimble

δαχτυλιά (η) finger-mark

δαχτυλίδι (το) ring (on finger). (με σφραγίδα) signet-ring

δάχτυλο (το) finger. (του ποδιού) toe

δε(ν) μόριο not

δε *σύνδ* but

δεδομένα (*τα*) facts. (*στοιχεία*) data

δέηση (*η*) supplication

δείγμα (*το*) sample. (*ιατρ*) specimen. (*φιλίας, κλπ*) token

δείκτης (*ο*) index. (*δάχτυλο*) index finger. (*ρολογιού*) hand. **~ ευφυΐας** IQ

δειλία (*η*) cowardice

δειλιάζω *ρ αμτβ* lose one's nerve. (*και αλλάζω γνώμη*) balk (**μπροστά**, at)

δειλινό (*το*) afternoon

δειλός *επίθ* cowardly. (*στη συμπεριφορά*) timid. **~** (*ο*) coward

δεινόσαυρος (*ο*) dinosaur

δείπνο (*το*) supper

δειπνώ *ρ αμτβ* have supper, dine

δεισιδαιμονία (*η*) superstition

δεισιδαίμων *επίθ* superstitious

δείχνω *ρ μτβ* (*δηλώνω*) indicate. (*με το δάχτυλο*) point. (*σημαίνω*) denote. (*φανερώνω*) show. • *ρ αμτβ* appear

δείχτης (*ο*) (*δάχτυλο*) forefinger

δέκα *επίθ άκλ* ten

δεκάδα (*η*) ten

δεκαδικός *επίθ* decimal

δεκαεννέα *επίθ άκλ* nineteen

δεκαεννιά *επίθ άκλ βλ* **δεκαεννέα**

δεκαέξι *επίθ άκλ* sixteen

δεκαεπτά *επίθ άκλ* seventeen

δεκαετηρίδα (*η*) tenth anniversary

δεκαετής *επίθ* ten-year

δεκαετία (*η*) decade

δεκαήμερο (*το*) ten-day period

δεκανέας (*ο*) corporal

δεκανίκι (*το*) crutch

δεκαοκτώ *επίθ άκλ* eighteen

δεκαπενθήμερο|ς *επίθ* fortnightly. **~** (*το*) fortnight

δεκαπέντε *επίθ άκλ* fifteen

δεκαπλάσιος *επίθ* tenfold

δεκάρα (*η*) coin worth ten lepta. **δε δίνω ~** I couldn't care less

δεκατέσσερα (*το*) *άκλ* fourteen

δέκατος *επίθ* tenth

δεκατρία (*το*) thirteen

δεκάχρονος *επίθ* ten-year. (*άνθρωπος*) ten-year-old

Δεκέμβρης (*ο*) *βλ* **Δεκέμβριος**

Δεκέμβριος (*ο*) December

δέκτης (*ο*) receiver (*for TV*)

δεκτός *επίθ* received. (*αποδεκτός*) accepted

δελεάζω *ρ μτβ* entice, lure

δελεαστικός *επίθ* tempting

δέλτα (*το*) delta

δελτάριο (*το*) card (*postcard*)

δελτίο (*το*) voucher. (*δώρου*) coupon. (*ειδήσεων*) bulletin. (*μέλους*) card. (*πληροφοριακό*) newsletter

δελφίνι (*το*) dolphin

δέμα (*το*) parcel. (*διαφόρων πραγμάτων*) bundle

δεμάτι (*το*) sheaf

δένδρο (*το*) *βλ* **δέντρο**

δέντρο (*το*) tree

δένω *ρ μτβ* tie. (*βιβλίο*) bind. (*ζώο με σκοινί*) tether. (*στερεά*) fasten. • *ρ αμτβ* (*πήζω*) set. (*ωρμάζω*) form

δεξαμενή (*η*) reservoir. (*σε ναυπηγείο*) dock

δεξι|ός *επίθ* right (*opposite of left*). (πολιτ) right wing. **~ά** *επίρρ* right. (ευνοϊκά) favourably

δεξιοτεχνία (η) skill

δεξιόχειρας (ο, η) right-handed person

δεξίωση (η) reception (*party*)

δέον (το) what is necessary

δεοντολογία (η) ethics

δεόντως *επίρρ* duly

δέος (το) awe

δέρας (το) fleece

δέρμα (το) skin. (πετσί) leather. (της κεφαλής) scalp. (τομάρι) hide

δερμάτινος *επίθ* leather. (ανθρώπου) skin

δερματολόγος (ο, η) dermatologist

δέρνω *ρ μτβ* beat. (με βέργα) cane. (με την παλάμη του χεριού) spank. (βασανίζω) torment

δέσιμο (το) tying. (βιβλίων) binding. (κοσμήματος) setting. (σύνδεση) fastening

δέσμευση (η) engagement (*meeting*). (υποχρέωση) obligation

δεσμεύ|ω *ρ μτβ* bind. (εμπ) tie up. **~ομαι** *ρ αμτβ* be bound

δέσμη (η) bundle. (ακτίνων) beam

δεσμίδα (η) bundle. (χαρτιού) ream

δεσμός (ο) tie. (ηθικός) bond. **ερωτικός ~** love affair. **~ά** (τα) fetters

δεσμοφύλακας (ο) gaoler

δεσπόζω *ρ αμτβ* tower above. (μεταφ) dominate

δέσποινα (η) (κυρά) mistress

δεσποινίς (η) Miss

δεσπότης (ο) despot. (εκκλ) bishop

δέστρα (η) bollard

Δευτέρα (η) Monday

δευτερεύων *επίθ* secondary

δευτερόλεπτο (το) second

δεύτερος *επίθ* second. (κατώτερος) second-best

δέχομαι *ρ μτβ* accept. (ανέχομαι) stand for. (όρους) settle for. (παραδέχομαι) consent to. (υποδέχομαι) receive

δήθεν *επίρρ* ostensibly. **~ φίλος** so-called friend

δηκτικ|ός *επίθ* biting. (μεταφ) scathing. **~τητα** (η) pungency

δηλαδή *επίρρ* namely

δηλητηριάζω *ρ μτβ* poison

δηλητήριο (το) poison

δηλητηριώδης *επίθ* poisonous

δηλώνω *ρ μτβ* state. (ανακοινώνω) declare. (γέννηση, θάνατο) register

δήλωση (η) statement

δημαγωγός (ο) demagogue

δημαρχείο (το) town hall

δήμαρχος (ο) mayor

δημηγορία (η) harangue

δημητριακά (τα) cereals

δήμιος (ο) executioner

δημιούργημα (το) brain-child

δημιουργία (η) creation

δημιουργικός *επίθ* creative. (νους) inventive

δημιουργός (ο, η) creator

δημιουργώ *ρ μτβ* create. (προξενώ) give rise to

δημοκράτης (ο) democrat

δημοκρατία (η) (*πολίτευμα*) democracy. (*χώρα*) republic

δημοκρατικός *επίθ* democratic

δημοπρασία (η) auction

δήμος (ο) (*λαός*) public. (*περιφέρεια*) municipality

δημοσί|α *επίρρ* in public. **~ως** *επίρρ* publicly

δημοσίευ|ση (η) publication (*in newspaper, magazine*). **~μα** (το) (*ό, τι δημοσιεύτηκε*) publication

δημοσιεύω *ρ μτβ* publish

δημοσιογράφος (ο, η) journalist

δημόσι|ος *επίθ* public. **~ος υπάλληλος** (ο) civil servant. **~α γνώμη** (η) public opinion. **~ο** (το) the state. **~α** *επίρρ* publicly

δημοσιότητα (η) publicity

δημοσκόπηση (η) opinion poll

δημότης (ο) citizen

δημοτική (η) demotic Greek

δημοτικ|ός *επίθ* municipal. **~ό συμβούλιο** (το) town council. **~ό τραγούδι** (το) folk song. **~ό** (το) (*σχολείο*) primary school

δημοτικότητα (η) popularity

δημοφιλής *επίθ* popular

δημοψήφισμα (το) referendum

διά[1] *πρόθ* by. (*διάρκεια*) for

διά[2] *αριθμ* (*στη διαίρεση*) divided by

διάβα (το) (*πέρασμα*) passage

διαβάζω *ρ μτβ/ρ αμτβ* read. (*δυνατά*) read out. (*ιερέας*) bless. (*μελετώ*) study. (*στα πεταχτά*) skim through

διαβάθμιση (η) grading

διαβαίνω *ρ αμτβ* pass

διάβαση (η) passage. **~ πεζών** pedestrian crossing

διάβασμα (το) reading

διαβασμένος *επίθ* well-read

διαβάτ|ης (ο), **~ισσα** (η) passer-by

διαβατήριο (το) passport

διαβατός *επίθ* passable (*of road*)

διαβεβαίωση (η) assurance

διάβημα (το) step, measure

διαβήτης[1] (ο) diabetes

διαβήτης[2] (ο) compass

διαβιβάζω *ρ μτβ* convey. (*επιστολή*) forward

διαβόητος *επίθ* notorious

διαβολάκι (το) imp

διαβολεμένος *επίθ* infernal. (*έξυπνος*) cunning

διαβολικός *επίθ* diabolical

διάβολος (ο) devil

διαβρέχω *ρ μτβ* soak

διαβρώνω *ρ μτβ* erode. (*μέταλλο*) corrode

διάβρωση (η) (*εδάφους*) erosion. (*μετάλλου*) corrosion

διάγγελμα (το) proclamation

διάγνωση (η) diagnosis

διάγραμμα (το) diagram

διαγραφή (η) deletion

διαγράφ|ω *ρ μτβ* outline. (*ακυρώνω*) strike out. (*σβήνω*) delete. (*περιγράφω*) delineate. **~ομαι** *ρ αμτβ* look

διαγωγή (η) conduct

διαγωνίζομαι *ρ αμτβ* compete

διαγώνιος *επίθ* diagonal

διαγωνισμός (ο) competition

διαδεδομένος *επίθ* widespread

διαδέχομαι *ρ μτβ* succeed

διαδηλώνω ρ αμτβ
demonstrate

διαδήλωση (η) demonstration

διάδημα (το) diadem

διαδίδ|ω ρ μτβ spread
(*distribute*). **~εται** it is
rumoured

διαδικασία (η) process. (*τρόπος
διεξαγωγής*) procedure

Διαδίκτυο (το) the Internet

διάδοση (η) (*μετάδοση*)
dissemination. (*φήμη*) rumour

διαδοχή (η) succession

διάδοχος (ο, η) successor. (*του
θρόνου*) (ο) Crown prince

διαδρομή (η) course.
(*απόσταση*) journey. (*με
αυτοκίνητο*) drive. (*πορεία*)
route

διάδρομος (ο) corridor. (*σε
εκκλησία*) aisle. (*σε θέατρο*)
gangway. (*πέρασμα*) passage.
(*προσγειώσεως*) runway

διαζύγιο (το) divorce

διάζωμα (το) frieze

διάθεση (η) mood. (*κατανομή*)
distribution. (*περιουσίας,
σκουπιδιών*) disposal. (*ψυχική*)
frame of mind

διαθέσιμος επίθ available

διαθέτω ρ μτβ make available.
(*ξοδεύω*) spend (*time etc.*).
(*παραχωρώ*) spare. (*χρήματα*)
afford

διαθήκη (η) testament.
(*έγγραφο*) will

διαίρεση (η) division

διαιρώ ρ μτβ divide

διαισθάνομαι ρ μτβ sense

διαίσθηση (η) intuition

διαισθητικός επίθ intuitive

δίαιτα (η) diet

διαιτησία (η) arbitration

διαιτητεύω ρ αμτβ arbitrate.
(*αγώνα*) referee

διαιτητής (ο) arbiter. (*σε αγώνα*)
referee. (*σε διαφορά*) arbitrator.
(*σε παιχνίδι τένις, κρίκετ*)
umpire

διαιωνίζω ρ μτβ perpetuate

διακανονισμός (ο) settlement

διακεκομμένος επίθ
intermittent. (*ύπνος*) fitful

διακεκριμένος επίθ eminent.
(*έξοχος*) prominent.
(*ξεχωριστός*) distinguished

διάκενο (το) clearance

διακηρύσσω ρ μτβ proclaim

διακήρυξη (η) proclamation

διακινδυνεύω ρ μτβ risk. (*μια
παρατήρηση*) hazard. (*επιτυχία*)
jeopardize

διακίνηση (η) traffic (*trading*).
(*εμπορευμάτων*) transportation

διακλάδωση (η) (*πλάγια
γραμμή*) branch. (*δρόμου*) fork

διακομιστής (ο) server

διάκονος (ο) βλ **διάκος**

διακοπές (οι) (*για αναψυχή*)
holidays. (*σχολικές*) vacation

διακοπή (η) interruption.
(*δικαστηρίου, Βουλής*) recess.
(*εργασίας*) stoppage. (*ταξιδιού*)
stopover

διακόπτης (ο) (*ηλεκτρ*) switch

διακόπτω ρ μτβ interrupt.
(*συνομιλία*) butt in. (*ταξίδι*)
break. (*διπλωματικές σχέσεις*)
break off

διάκος (ο) deacon

διακόσιοι (οι), **~οι** επίθ two
hundred

διακόσμηση (η) decoration. (βιτρίνας) window-dressing

διακοσμη|τής (ο), **~ήτρια** (η) interior decorator

διάκοσμος (ο) decor

διακοσμώ ρ μτβ decorate

διακρίν|ω ρ μτβ perceive. (ξεχωρίζω) spot. (κάνω διακρίσεις) discriminate. **~ομαι** ρ αμτβ excel

διάκριση (η) (διακριτικότητα) discretion. (τιμητική αναγνώριση) distinction. (χωρισμός) discrimination

διακριτικός επίθ discreet. (που διακρίνει) discriminating. (χαρακτηριστικός) distinctive

διακύμανση (η) fluctuation. (θερμοκρασίας) range. (της φωνής) inflection

διακωμώδηση (η) travesty

διαλαλώ ρ μτβ proclaim loudly

διαλέγω ρ μτβ/ρ αμτβ choose. (επιλέγω) select. (λόγια) pick. (μαζεύω) pick

διάλειμμα (το) interval. (προσωρινή παύση) interlude. (σε παράσταση) intermission. (σε σχολείο) break. (για τσάι) tea-break

διάλεκτος (η) dialect

διάλεξη (η) lecture

διαλευκαίνω ρ μτβ unravel

διαλλακτικός επίθ conciliatory

διαλογίζομαι ρ μτβ/αμτβ ponder

διάλογος (ο) dialogue

διάλυμα (το) solution (liquid)

διάλυση (η) dissolution. (εκκαθάριση) closing down

διαλυτός επίθ soluble

διαλύ|ω ρ μτβ dissolve. (καταργώ) disband. (φιλία) break up. (υγρό) dilute. **~ομαι** ρ αμτβ dissolve. (ομίχλη) lift. (πλήθος) disperse. (χωρίζομαι) disintegrate

διαμάντι (το) diamond

διαμαντικά (τα) jewellery

διαμαρτυρία (η) protest

διαμαρτύρομαι ρ αμτβ/ρ μτβ protest, remonstrate

διαμαρτυρόμενος (ο) protester. (εκκλ) protestant

διαμάχη (η) strife. (ανταγωνισμός) conflict. (συζήτηση) controversy

διαμελισμός (ο) partition

διαμένω ρ αμτβ reside

διαμερίζω ρ μτβ partition

διαμέρισμα (το) flat, apartment (αμερ) apartment

διάμεσο|ς επίθ intermediate. **~** (το) gap

διαμέσου επίρρ through

διάμετρος (η) diameter

διαμιάς επίρρ all at once

διαμοιράζω ρ μτβ share out

διαμονή (η) residence

διαμορφώνω ρ μτβ mould. (γνώμη) form

διάνα (η) bulls-eye

διανέμω ρ μτβ distribute. (επιστολές) deliver

διανοητικό|ς επίθ mental. **~τητα** (η) intelligence

διανοητό επίθ conceivable

διάνοια (η) intellect

διανομέας (ο) distributor

διανομ|ή (η) distribution. (ταχυδρομείου) delivery

διανοούμαι ρ αμτβ contemplate

διανοούμενος (*o*) intellectual

διανυκτερεύω *ρ αμτβ* stay all night. (*μαγαζά*) stay open all night

διανύω *ρ μτβ* cover

διαξιφισμός (*o*) skirmish. (*μεταφ*) sharp exchange

διαπασών (*η, το*) *άκλ* tuning-fork. (*μουσ κλίμακα*) octave. (*θόρυβος*) full blast

διαπεραστικός *επίθ* penetrating. (*θόρυβος*) sharp. (*κρύο*) bitter. (*μάτια*) searching. (*μυρωδιά*) acrid. (*φωνή*) piercing

διαπερνώ *ρ μτβ* penetrate. (*διεισδύω*) permeate. (*τρυπώ*) pierce

διαπιστευμένος *επίθ* accredited

διαπιστευτήρια (*τα*) credentials

διαπίστωση (*η*) discovery

διαπιστώνω *ρ αμτβ* ascertain

διάπλαση (*η*) formation

διάπλατος *επίθ* wide open

διαπλέω *ρ μτβ* sail through *or* along

διαπληκτισμός (*o*) bickering

διαποτίζω *ρ μτβ* impregnate

διαποτισμένος *επίθ* saturated

διαπραγματεύομαι *ρ μτβ/ρ αμτβ* negotiate

διαπραγμάτευση (*η*) negotiation

διαπραγματευτής (*o*) negotiator

διαπράττω *ρ μτβ* perpetrate. (*έγκλημα*) commit

διαπρεπής *επίθ* eminent

διαπρέπω *ρ αμτβ* excel

διάρκεια (*η*) duration. **κατά τη ~ during**

διαρκής *επίθ* enduring. (*μόνιμος*) lasting. **~ως** *επίρρ* continuously

διαρκώ *ρ αμτβ* last

διαρρέω *ρ αμτβ* escape (*gas*). (*διαφεύγω*) leak. (*χρόνος*) pass

διαρρηγνύω *ρ μτβ* rupture. (*σκίζω*) tear. (*κλέβω*) burgle

διαρρήκτης (*o*) burglar

διάρρηξη (*η*) burglary

διαρροή (*η*) leak. (*δισκορπισμός*) drain

διάρροια (*η*) diarrhoea

διαρρύθμιση (*η*) arrangement

διασάλευση (*η*) disturbance

διασαφηνίζω *ρ μτβ* clarify

διάσειση (*η*) concussion

διάσημα (*τα*) insignia

διάσημος *επίθ* renowned, celebrated

διασκεδάζω *ρ μτβ* amuse. • *ρ αμτβ* have fun, enjoy o.s.

διασκέδαση (*η*) amusement. (*γλέντι*) fun, enjoyment

διασκεδαστικός *επίθ* amusing

διασκευάζω *ρ μτβ* (*κείμενο*) adapt. (*μουσική*) arrange. **~ή** (*η*) adaptation. (*μουσ*) arrangement

διάσκεψη (*η*) conference

διασκορπίζω *ρ μτβ* disperse. (*αμφιβολίες*) dispel. (*κατασπαταλώ*) squander

διασκορπισμένος *επίθ* scattered

διάσπαρτος *επίθ* dotted

διάσπαση (*η*) split. (*του ατόμου*) fission

διασπορά (*η*) dissemination. (*διάδοση*) spreading. **η**

Ελληνική Δ~ the Greek Diaspora

διασπῶ ρ μτβ disrupt. (διαλύω) split

διάσταση (η) dimension. (διχόνοια) dissent. (έγγαμης ζωής) estrangement

διασταυρώνω ρ μτβ cross

διασταύρωση (η) crossing. (ζώων) cross. (σε δρόμο) junction

διαστέλλω ρ μτβ (μέταλλο) expand. (διανοίγω) dilate

διάστημα (το) gap. (κενό) gap. (κοσμικό) space. (χρόνου) interval

διαστημόπλοιο (το) spacecraft, spaceship

διάστικτος επίθ spotted

διαστολή (η) dilation

διαστρεβλώνω ρ μτβ distort. (γεγονότα, απόψεις) misrepresent. (λόγια) twist

διαστρέφω ρ μτβ (αλλοιώνω) warp. (διαφθείρω) pervert

διαστροφή (η) (διαφθορά) perversion. (παραμόρφωση) twist

διασύρω ρ μτβ vilify

διασφαλίζω ρ μτβ safeguard

διασχίζω ρ μτβ pass through. (δρόμο) walk across. (νερό ή ποτάμι) wade across

διασώζω ρ μτβ salvage. (διατηρώ) preserve

διάσωση (η) salvage. (διατήρηση) preservation

διαταγή (η) order. (προσταγή) command

διάταγμα (το) decree

διατάζω ρ μτβ order. (προστάζω) command. (τακτοποιώ) arrange

διάταξη (η) layout. (νόμου) provision

διατάραξη (η) disturbance

διαταράσσω ρ μτβ disturb

διαταραχή (η) disturbance. (ιατρ) disorder

διατηρ|ώ ρ μτβ retain. (συντηρώ) preserve. (διασώζω) conserve. **~ούμαι** ρ αμτβ (άνθρωπος) be preserved. (τροφές) keep

διατήρηση (η) preservation

διατομή (η) cross-section

διατρέχω ρ μτβ (περνώ) run through/across

διάτρηση (η) perforation. (άνοιγμα οπής) drilling

διατριβή (η) thesis

διατροφή (η) diet. (σε διαζύγιο) alimony

διατρυπώ ρ μτβ perforate

διατυμπανίζω ρ μτβ trumpet

διατυπώνω ρ μτβ formulate. (γνώμη) couch. (εκφράζω) express

διατύπωση (η) wording

διαύγεια (η) clarity. (σκέψης) lucidity

διαυγής επίθ lucid

διαφάνεια¹ (η) openness (in government affairs)

διαφάνεια² (η) slide, transparency

διαφανής επίθ transparent. (ύφασμα) sheer. (φόρεμα) see-through. (χαρτί για ξεσήκωμα) tracing (paper)

διάφανος επίθ clear

διαφέρω ρ αμτβ differ

διαφεύγω ρ μτβ elude

διαφημίζω ρ μτβ advertise

διαφημιστής (ο), **~ίστρια** (η)
advertiser

διαφήμιση (η) (καθομ)
advertisement, ad

διαφθείρω ρ μτβ corrupt.
(διακορεύω) seduce. (ηθικά)
debauch

διαφθορά (η) corruption.
(ανηθικότητα) depravity

διαφορά (η) difference.
(διαφωνία) dispute. (ποσά)
disparity

διάφορα (τα) sundries

διαφορετικός επίθ different.
~ά επίρρ differently. **~ά** σύνδ
otherwise

διαφορικός επίθ differential

διάφορος επίθ sundry.
(ποικίλος) various. (μερικοί)
several

διάφραγμα (το) diaphragm.
(φωτογρ μηχανή) shutter. (ιατρ)
midriff

διαφυγή (η) evasion. (αερίου)
leak

διαφύλαξη (η) safekeeping

διαφωνία (η) disagreement.
(διάσταση γνώμης) dissent

διαφωνώ ρ αμτβ disagree

διαφωτίζω ρ μτβ enlighten.
(διευκρινίζω) shed light on

διαφώτιση (η) enlightenment

Διαφωτισμός (ο) the
Enlightenment

διαχειρίζομαι ρ μτβ administer.
(υποθέσεις) manage

διαχείριση (η) management

διαχειρι|στής (ο), **~ίστρια** (η)
administrator

διάχυση (η) diffusion

διαχυτικός επίθ effusive

διάχυτος επίθ widespread.
(φως) diffuse

διαχωρίζω ρ μτβ segregate

διαχωρισμός (ο) segregation.
(χωρισμός στη μέση)
demarcation

διαψεύδω ρ μτβ deny (rumour)

διάψευση (η) denial (statement)

διγαμία (η) bigamy

δίγαμος επίθ bigamous

δίγλωσσος επίθ bilingual

διδακτικός επίθ instructive

διδάκτορας (ο) Doctor of
Philosophy

διδακτορία (η) doctorate

δίδακτρα (τα) tuition fees.
(σχολείου) school fees

διδασκαλία (η) teaching. (εκτός
σχολείου) tuition

διδάσκω ρ μτβ/ρ αμτβ teach

δίδυμ|ος επίθ twin. **Δ~οι** (οι)
(αστρ) Gemini

διεγείρω ρ μτβ stimulate.
(εξάπτω) arouse

διέγερση (η) stimulation

διεθνής επίθ international

διεθνοποιώ ρ μτβ
internationalize

διείσδυση (η) penetration.
(μεταφ) infiltration

διεισδυτικός επίθ penetrating.
(μεταφ) pervasive

διεκδικώ ρ μτβ (αγωνίζομαι για)
contest. (αξιώνω δικαίωμα)
assert

διεκπεραιώνω ρ μτβ carry out.
(φέρνω σε πέρας) bring to
completion

διέλευση (η) passing through

διένεξη (η) dispute

διεξάγω *ρ μτβ* conduct. (*έρευνα*) carry out

διέξοδος (*η*) way out. (*για αισθήματα*) outlet

διέπω *ρ μτβ* govern (*rule*)

διερευνώ *ρ μτβ* enquire into. (*μεταφ*) explore

διερμην|έας (*ο, η*) interpreter. **~εία** (*η*) interpretation

διερμηνεύω *ρ αμτβ* interpret

διέρχομαι *ρ αμτβ* pass through

δίεση (*η*) (*μουσ*) sharp

διεστραμμένος *επίθ* perverse

διετής *επίθ* biennial. **~ία** (*η*) two year period

διευθέτηση (*η*) arrangement

διευθετώ *ρ μτβ* arrange. (*πρόβλημα*) sort out

διεύθυνση (*η*) address. (*επιχείρησης*) management

διευθυντής (*ο*) (*αστυνομίας*) commissioner (of police). (*επιχείρησης*) manager, director. (*ορχήστρας*) conductor. (*σκηνής*) stage-manager. (*σχολείου*) headmaster. (*σχολής*) principal. (*ταχυδρομείου*) postmaster

διευθύντρια (*η*) manageress. (*σχολής*) principal. (*σχολείου*) headmistress. (*ταχυδρομείου*) postmistress

διευθύνω *ρ μτβ* manage. (*ελέγχω*) run. (*ορχήστρα*) conduct

διευκολύνω *ρ μτβ* facilitate

διευκρινίζω *ρ μτβ* clarify

διευρύνω *ρ μτβ* broaden

διεφθαρμένος *επίθ* corrupt

διήγη|μα (*το*) short story. **~ση** (*η*) narration

διηγούμαι *ρ μτβ* tell (*story*). (*αφηγούμαι*) relate

διήθηση (*η*) filtration

διημερεύω *ρ αμτβ* spend all the day. (*για νοσοκομεία, φαρμακεία*) be open all day

διιστάμενος *επίθ* divergent

δικάζω *ρ μτβ*/*ρ αμτβ* try. (*νομ*) (*σε στρατοδικείο*) court-martial. **~ομαι** *ρ αμτβ* be on trial

δίκαιο (*το*) right (*not wrong*). (*νόμος*) law. **αστικό/ποινικό ~** civil/criminal law

δικαιοδοσία (*η*) jurisdiction

δικαιολογητικ|ός *επίθ* justifying. **~ά** (*τα*) supporting documentation

δικαιολογία (*η*) justification. (*πρόφαση*) excuse

δικαιολογώ *ρ αμτβ* justify. (*βρίσκω πρόφαση*) excuse

δίκαιος *επίθ* just. (*σύμφωνος με το σωστό*) right, fair. (*αμερόληπτος*) fair, just

δικαιοσύνη (*η*) justice

δικαιούμαι *ρ αμτβ* be entitled to

δικαιούχος *επίθ* beneficiary

δικαίωμα (*το*) (*αξίωση*) claim, right. (*νομ*) right. (*τέλος*) charge. **πνευματικά δικαιώματα** (*τα*) copyright

δικαιώνω *ρ μτβ* vindicate

δικαίωση (*η*) vindication

δικαστήρι|ο (*το*) court of justice. **~α** (*τα*) Law Courts

δικαστής (*ο*) judge

δικαστικός *επίθ* judicial

δικέφαλος *επίθ* with two heads

δίκη (*η*) (*νομ*) trial. (*τιμωρία*) punishment

δικηγόρος (*ο*) lawyer, (*αμερ*) attorney

δίκιο (το) right. **έχω ~** be in the right

δικογραφία (η) (νομ) brief

δικόγραφο (το) writ

δικονομία (η) procedure

δικ|ός αντων own. **δικός μου** mine. **δικός σου** yours. **δικός του/της/του** his/hers/its. **δικός μας** ours. **δικός σας** yours. **δικός τους** theirs. **~οί** (οι) close relatives

δικράνι (το) pitchfork

δικτάτορας (ο) dictator

δικτατορία (η) dictatorship

δίκτυο (το) net. (οργάνωση) network

δικτυωτό|ς επίθ like a net. **~** (το) wire netting

δίλημμα (το) dilemma

διμοιρία (η) platoon

δίνη (η) (νερού) eddy. (πολέμου) maelstrom

δίνω ρ μτβ give. (αποφέρω) yield. (εξετάσεις) sit. (πληρώνω) pay. (προσοχή) pay

διόγκωση (η) swelling

διόδια (τα) toll

δίοδος (η) pass

διοίκηση (η) administration

διοικητής¹ (ο) (στρ) commander

διοικ|ητής² επίθ, **~ήτρια** (η) administrator

διοικητικός επίθ administrative

διοικώ ρ μτβ administrate

διόλου επίρρ not at all

διοξείδιο (το) dioxide

διορατικός επίθ far-sighted. **~τητα** (η) insight

διοργανώνω ρ μτβ organize

διοργάνωση (η) organization (setting up)

διοργαν|ωτής (ο), **~ώτρια** (η) organizer

διορθών|ω ρ μτβ correct. **~ομαι** ρ αμτβ reform

διόρθωση (η) correction. (τυπογρ) proof. (δοκιμίου) proof-reading

διορία (η) deadline

διορίζω ρ μτβ appoint. (προτείνω) nominate. (ορίζω) designate

διορισμός (ο) appointment (job)

διόρυξη (η) tunnelling

διότι σύνδ because

διοχετεύω ρ μτβ channel

δίπλα¹ (η) (ζαρωματιά) wrinkle. (πτυχή) fold

δίπλα² επίρρ beside. (ναυτ) alongside. **~ ~** side by side

διπλαν|ός επίθ next. (σπίτι) neighbouring. **~οί** (οι) next door neighbours

διπλαρώνω ρ μτβ sidle up to. (πλευρίζω) come alongside

διπλασιάζω ρ μτβ double

διπλάσιος επίθ double

διπλός επίθ dual. (διπλάσιος) double

διπλότυπος επίθ duplicate. **διπλότυπο** (το) duplicate

δίπλωμα (το) diploma

διπλωμάτης (ο) diplomat

διπλωματ|ία (η) diplomacy. **~ικός** επίθ diplomatic

διπλωματούχος επίθ qualified

διπλώνω ρ μτβ fold. (περιτυλίγω) wrap up

δίποδος επίθ two-legged

διπρόσωπος επίθ double-faced

δισάκι (το) saddle bag

διείγγονος (ο) great grandson. **~η** (η) great granddaughter

δισεκατομμ|ύριο (το) (αμερ) billion. **~υριούχος** επίθ multimillionaire

δίσεκτος χρόνος (ο) leap year

δισκέτα (η) disk (computer)

δισκοβολία (η) discus throwing

δισκοθήκη (η) (θήκη) record sleeve. (συλλογή) record collection. (για χορό) discothèque

δίσκος (ο) (αγώνες) discus. (ασημένιος) salver. (για έρανο) plate. (για σερβίρισμα) tray. (ζυγαριάς) pan. (κυκλικού σχήματος) disc. (μους) record

δισταγμός (ο) hesitation

διστάζω ρ αμτβ hesitate

διστακτικό|ς επίθ hesitant. (τρόπος) diffident. (φωνή) halting. **~τητα** (η) hesitation

δίτροχος επίθ two-wheel

διυλίζω ρ μτβ refine

διύλιση (η) refinement

διυλιστήριο (το) refinery

διφθερίτιδα (η) diphtheria

δίφθογγος (η) diphthong

διφορούμενος επίθ equivocal, ambivalent

διχάζω ρ μτβ (πολιτ) split

διχασμός (ο) disunity

διχαλωτός επίθ forked

διχόνοια (η) discord

διχοτόμηση (ο) (πολιτ) partition

διχοτομώ ρ μτβ partition

δίχρονος επίθ two-year

δίχτυ (το) net

δίχως πρόθ without

δίψα (η) thirst. (μεταφ) longing

διψασμένος επίθ thirsty

διψήφιος επίθ two-digit

διψώ ρ αμτβ be thirsty. **~ για** hanker after, long for

διωγμός (ο) persecution

διώκτης (η), **~ρια** (ο) pursuer

διώκω ρ μτβ persecute. (νομ) prosecute

δίωξη (η) prosecution

διώροφος επίθ two-storey

διώρυγα (η) canal

διώχνω ρ μτβ send away. (απολύω) sack. (σκέψη) dismiss

δόγμα (το) doctrine. (εκκλ) dogma

δογματικός επίθ dogmatic

δοκάρι (το) girder. (οροφής) rafter. (του τέρματος) goal-post

δοκιμάζω ρ μτβ try. (εξετάζω) test. (εμπειρία) experience. (επιχειρώ) try out. (ρούχα) try on. (φαγητό) taste

δοκιμασία (η) ordeal. (εξέταση) test. **επί ~** on approval

δοκιμαστικός επίθ experimental. **~ σωλήνας** (ο) test tube

δοκιμή (η) try. (έλεγχος) test. (θέατρο) rehearsal. (ρούχων) fitting

δοκίμιο (το) essay

δόκιμος (ο) cadet

δοκός (η) beam. (στη γυμναστική) trapeze

δόκτορας (ο) doctor

δολάριο (το) dollar

δολερός επίθ wily. (μάτια) shifty

δόλιος[1] επίθ crafty

δόλιος² *επίθ* poor, wretched

δολιότητα (*η*) deceit

δολοπλοκ|ία (*η*) intrigue. **~ώ**
ρ αμτβ scheme

δόλος (*o*) deceit

δολοφονία (*η*) murder. **~ικός**
επίθ murderous

δολοφόνος (*o, η*) assassin,
murderer

δολοφονώ *ρ μτβ* murder,
assassinate

δόλωμα (*το*) bait. (*μεταφ*) decoy

δομή (*η*) structure

δόνηση (*η*) vibration. (*εδάφους*)
tremor

δόντι (*το*) tooth. (*διχάλας*)
prong. (*τροχού*) cog. (*φιδιού*)
fang

δονώ *ρ μτβ* vibrate

δόξα (*η*) glory

δοξάζω *ρ μτβ* glorify. (*λατρεύω*)
worship

δοξάρι (*το*) bow

δοξολογία (*η*) thanksgiving
service

δόρυ (*το*) spear

δορυφόρος (*o*) satellite

δόση (*η*) (*ίχνος*) streak. (*ιατρ*)
dose. (*χρημάτων*) instalment

δοσοληψί|α (*η*) transaction.
~ες (*οι*) dealings

δοσολογία (*η*) dosage

δοτική (*η*) dative

δούκ|ας (*o*) duke. **~ισσα** (*η*)
duchess

δούλα (*η*) (woman) servant

δουλεία (*η*) slavery

δουλειά (*η*) work. (*επάγγελμα*)
job. (*επιχείρηση*) business.
(*σκοπός*) task. **κοίτα τη ~
σου** mind your own business

δούλεμα (*το*) (*επεξεργασία*)
elaboration. (*πείραγμα*)
teasing

δουλεύω *ρ μτβ|αμτβ* work.
(*κατεργάζομαι*) elaborate.
(*λειτουργώ*) operate. (*μοχθώ*)
labour. (*πειράζω*) tease

δουλικός *επίθ* servile

δουλοπρεπής *επίθ* subservient

δούλος (*o*) servant

δούρειος *επίθ* wooden

δοχείο (*το*) receptacle

Δρ *συντ* (*δόκτορας*) Dr

δράκοντας (*o*) dragon

δρακόντειος *επίθ* draconian

δρακόντιο (*το*) tarragon

δράκος (*o*) ogre. (*ζώο*) dragon

δράμα (*το*) drama. (*γεγονός*)
tragedy

δραματικός *επίθ* dramatic

δραματουργός (*o, η*) dramatist

δράμι (*το*) dram

δραπέτευση (*η*) escape (*of
prisoner*)

δραπετεύω *ρ αμτβ* escape

δραπέτης (*o*), **~ις** (*η*)
runaway. (*από φυλακή*) escaped
prisoner

δράση (*η*) action

δρασκελιά (*η*) stride

δρασκελώ *ρ μτβ* stride over

δραστήριος *επίθ* active and
energetic

δραστηριότητα (*η*) activity.
(*ενεργητικότητα*) push, drive

δράστης (*o*) perpetrator

δραστικός *επίθ* drastic.
(*φάρμακο*) potent

δραχμή (*η*) drachma

δρεπάνι (*το*) scythe

δρέπω *ρ μτβ* reap

δριμύς επίθ pungent. (παρατηρήσεις) sharp. (χειμώνας) severe

δρομάδα (η) dromedary

δρομάκι (το) alley. (στην εξοχή) lane

δρομέας (ο) runner

δρομολόγιο (το) itinerary. (πορεία) route

δρόμος (ο) road, street. (απόσταση) way. (μεταφ) path. **ανοίγω ~** make way

δροσερός επίθ cool

δροσιά (η) dew. (κρύο) coolness

δροσίζω ρ μτβ refresh. (ψύχω) freshen. • ρ αμτβ cool

δροσιστικός επίθ refreshing

δρυοκολάπτης (ο) (πουλί) woodpecker

δυαδικός επίθ (αριθμός) binary

δύναμη (η) (ικανότητα) power. (ισχύς) force. (σθένος) strength

δυναμική (η) dynamics

δυναμικός επίθ dynamic

δυναμικό (το) potential

δυναμισμός (ο) dynamism

δυναμίτης (ο) dynamite

δυναμό (το) dynamo

δυνάμωμα (το) strengthening

δυναμώνω ρ μτβ strengthen. (ενισχύω) reinforce. (μυς) tone up. (τονώνω) intensify. (ραδιόφωνο, γκάζι) turn up. • ρ αμτβ get stronger

δυναμωτικό|ς επίθ strengthening. **~** (το) tonic

δυναστεία (η) dynasty

δυνάστης (ο) despot

δυνατ|ός επίθ (άνεμος) strong, high. (βροχή) heavy. (ήχος) loud. (ισχυρός) strong. (ποτό) stiff. (που μπορεί να υπάρξει) possible. (φως) harsh. (χτύπημα) hard. **~ά** επίρρ strongly, loudly

δυνατότητα (η) ability. (πιθανότητα) possibility

δυνητικός επίθ potential

δύο, δυο επίθ άκλ two. **~** (το) άκλ two. **δυο φορές** twice. **και οι ~** both. **κάνα δυο** one or two

δυόσμος (ο) spearmint. (βότανο) mint

δυσανάγνωστος επίθ illegible

δυσανάλογος επίθ disproportionate

δυσανασχετώ ρ αμτβ (στενοχωριέμαι) fret. (αγανακτώ) resent

δυσαρέσκεια (η) discontent. (μομφή) displeasure

δυσαρεστημένος επίθ disgruntled. (μη ικανοποιημένος) discontented

δυσάρεστος επίθ unpleasant. (άνθρωπος) disagreeable. (επεισόδειο) regrettable. (μυρωδιά) offensive. (στη γεύση) unpalatable

δυσαρεστώ ρ μτβ displease

δυσαρμονία (η) discord. (ήχων) dissonance. (χρωμάτων) clash

δυσβάστακτος επίθ hard to bear

δύσβατος επίθ impassable

δυσεξήγητος επίθ difficult to explain

δυσεπίλυτος *επίθ* difficult to solve

δυσεύρετος *επίθ* hard to come by

δύση (*η*) west. (*του ήλιου*) setting

δύσθυμος *επίθ* dejected

δύσκαμπτος *επίθ* stiff

δυσκίνητος *επίθ* sluggish

δυσκοιλιότητα (*η*) constipation

δυσκολεύω *ρ μτβ* make difficult. (*εμποδίζω*) impede. ~**ομαι** *ρ αμτβ* have difficulty

δυσκολία (*η*) difficulty. (*προσωρινή*) snag

δυσκολονόητος *επίθ* difficult to understand

δύσκολος *επίθ* difficult. (*επίπονος*) laboured. (*ιδιότροπος*) fussy. (*πρόβλημα*) hard. (*στη συμπεριφορά*) obstreperous. (*ταξίδι*) arduous

δυσλεξία (*η*) dyslexia

δύσλυτος *επίθ* puzzling

δυσμένεια (*η*) disgrace

δυσμενής *επίθ* unfavourable. (*ανεπιθύμητος*) adverse

δύσμορφος *επίθ* malformed

δυσνόητος *επίθ* abstruse

δυσοίωνος *επίθ* inauspicious

δυσοσμία (*η*) bad smell

δύσοσμος *επίθ* foul smelling

δυσπεψία (*η*) indigestion

δυσπιστία (*η*) mistrust

δύσπιστος *επίθ* incredulous

δυσπιστώ *ρ μτβ* mistrust, distrust

δύστροπος *επίθ* fractious

δυστύχημα (*το*) accident

δυστυχία (*η*) unhappiness. ~**ισμένος** *επίθ* unhappy

δύστυχος *επίθ* (*κακότυχος*) poor

δυστυχώς *επίρρ* unfortunately, regrettably

δυσφημώ *ρ μτβ* denigrate

δυσφήμηση (*η*) defamation

δυσφορία (*η*) malaise

δυσχεραίνω *ρ μτβ* make difficult. (*εμποδίζω*) impede

δυσχέρεια (*η*) difficulty. (*στην ομιλία*) impediment

δυσωδία (*η*) stink

δύτης (*ο*) diver (*underwater*)

δυτικ|ός *επίθ* west. (*άνεμος*) westerly. (*αντιλήψεις*) western. ~**ές χώρες** (*οι*) the West. ~**ά** *επίρρ* westward(s)

δύω *ρ αμτβ* set (*of sun*)

δώδεκα *επίθ άκλ* twelve

δωδεκάδα (*η*) dozen

δωδεκαδάκτυλος (*ο*) duodenum

Δωδεκάνησα (*τα*) Dodecanese

δώθε *επίρρ* this way. **πέρα ~** to and fro

δώμα (*το*) roof

δωμάτιο (*το*) room

δωρεά (*η*) donation

δωρεάν *επίρρ* free, gratis

δωρητής (*ο*) donor

δωρίζω *ρ μτβ* donate

δώρο (*το*) present. (*φιλανθρωπικό*) donation. (*χάρισμα*) gift

δωροδόκημα (*το*) bribe

δωροδοκία (*η*) bribery. ~**ώ** *ρ μτβ* bribe

Εε

ε! επιφών hey!
εάν σύνδ if
εαυτ|ός (ο) αντων self. **ο ~ός μου** myself. **ο ~ός σου** yourself
έβγα (το) άκλ point of exit
εβδομάδα (η) week
εβδομαδιαίος επίθ weekly
εβδομήντα επίθ άκλ seventy
έβδομος επίθ seventh
έβενος (ο) ebony
εβραϊκά (τα) Hebrew
εβραϊκός επίθ Jewish, Hebrew
Εβραίος (ο) Jew
έγγαμος επίθ married
εγγίζω ρ μτβ touch
εγγλέζικος επίθ βλ **αγγλικός**
εγγονή (η) granddaughter
εγγόνι (το) grandchild
εγγονός (ο) grandson
εγγραφή (η) registration. (σε πανεπιστήμιο) matriculation. (σε σχολείο) enrolment
έγγραφο (το) document
εγγράφω ρ μτβ register. (σε σχολείο) enrol
εγγύηση (η) warranty, guarantee. (για δάνειο) security. (για προστασία) safeguard. (δικαστική) bail
εγγυητής (ο), **~ήτρια** (η) guarantor
εγγύς επίθ close. **Ε~ Ανατολή** (η) Near East

εγγυ|ώμαι (**~ώμαι**) ρ μτβ/αμτβ vouch for, guarantee. (νομ) stand bail
εγείρω ρ μτβ raise (question). (νομ) institute (legal action)
έγερση (η) awakening. (σήκωμα) raising
εγκαθίσταμαι ρ αμτβ settle (live). • ρ μτβ take up (occupy)
εγκαθιστώ ρ μτβ establish. (τοποθετώ) install
εγκαίνια (τα) inauguration
εγκαινιάζω ρ μτβ inaugurate
εγκαινίαση (η) formatting (a disc)
έγκαιρος επίθ timely
εγκάρδιος επίθ (άνθρωπος) warm. (σχέσεις) cordial
εγκάρσιος επίθ transverse
εγκαρτέρηση (η) resignation
έγκατα (τα) depths
εγκαταλειμμένος επίθ deserted. (παρατημένος) abandoned
εγκαταλείπω ρ μτβ desert. (αφήνω) leave. (έλεγχο) relinquish. (παρατούμαι) abandon. (σύζυγο) walk out on
εγκατάσταση (η) installation. (μηχ) fitting. (μόνιμη κατοικία) residence
έγκαυμα (το) burn
έγκειται ρ αμτβ απρόσ lies, rests
εγκέφαλος (ο) brain. (μεταφ) mastermind
εγκλείω ρ μτβ encase. (σε φυλακή) incarcerate
έγκλημα (το) crime
εγκληματίας (ο, η) criminal
εγκληματικός επίθ criminal
εγκλιματίζω ρ μτβ acclimatize

εγκοπή (η) groove. (για *νόμισμα*) slot. (σε σχήμα V) notch

εγκόσμιος επίθ worldly

εγκράτεια (η) temperance. (συγκράτηση) self-restraint

εγκρατής επίθ temperate. (που *απέχει από απολαύσεις*) abstemious

εγκρίνω ρ μτβ/ρ αμτβ approve. (επίσημα) sanction. (τυπικά) rubber-stamp

έγκριση (η) approval. (επικύρωση) endorsement. (επίσημη) sanction

εγκύκλιος (η) circular

εγκυκλοπαίδεια (η) encyclopedia

εγκυμοσύνη (η) pregnancy

έγκυος επίθ pregnant

έγκυρος επίθ authoritative. (με *νομική ισχύ*) valid

εγκώμιο (το) eulogy

έγνοια (η) preoccupation. (σκοτούρα) concern

εγχείρημα (το) venture. (απόπειρα) attempt

εγχείρηση (η) (ιατρ) operation

εγχειρίδιο (το) manual

εγχειρίζω ρ μτβ operate on

έγχρωμος επίθ coloured. **~η τηλεόραση** (η) colour TV

έγχυση (η) infusion. (ιατρ) drip

εγχώριος επίθ home. (αγορά) home. (ιθαγενής) native. (προϊόντα) domestic

εγώ¹ αντων I

εγώ² (το) ego

εγωισμός (ο) ego(t)ism, selfishness. (περηφάνια) vanity. (φιλοτιμία) self respect

εγω|ιστής (ο), **~ίστρια** (η) ego(t)ist

εγωιστικός επίθ selfish

εδάφιο (το) verse (of Bible). (νομ) section, clause

έδαφος (το) (γεωγρ) terrain. (γη) ground. (χώμα) soil. (χώρας) territory

έδρα (η) (επιχείρησης) headquarters. (ιατρ) anus. (κάθισμα) seat. (σε πανεπιστήμιο) chair

εδραιώνω ρ μρβ consolidate

εδρεύω ρ αμτβ have headquarters

εδώ επίρρ here. **~ κι εκεί** here and there. **~ κοντά** close by. **από ~ και πέρα** from now on

εδώλιο (το) (νομ) dock

εθελοντικός επίθ voluntary

εθελ|οντής (ο), **~όντρια** (η) volunteer

έθιμο (το) custom

εθιμοτυπία (η) etiquette

εθισμός (ο) (ιατρ) addiction

εθνάρχης (ο) ethnarch

εθνικισμός (ο) nationalism

εθνικ|ιστής (ο), **~ίστρια** (η) nationalist

εθνικοπ|οίηση (η) nationalization. **~οιώ** ρ μτβ nationalize

εθνικός επίθ national. (φυλετικός) ethnic

εθνικότητα (η) nationality

εθνικόφρων επίθ nationalist

εθνοκάθαρση (η) ethnic cleansing

έθνος (το) nation

είδα βλ **βλέπω**

ειδάλλως επίρρ otherwise

ειδεμή σύνδ or else, otherwise

ειδήμων (ο) connoisseur

είδηση (η) news. **ειδήσεις** (οι) news

ειδικεύομαι (σε) ρ μτβ specialize (in)

ειδίκευση (η) specialization

ειδικ|ός επίθ special. (έμπειρος) expert. (για περίσταση) purpose-built. **~ός** (ο, η) specialist. **~ά** επίρρ specially

ειδοποίηση (η) notification. (προειδοποίηση) warning

ειδοποιώ ρ μτβ notify. (πληροφορώ) advise

είδος (το) sort. (αντικειμένου) item. (ζώα και φυτά) species. (ποιότητα) manner, kind. **εις ~** in kind

ειδυλλιακός επίθ idyllic

ειδύλλιο (το) romance, love affair

είδωλο (το) idol

ειδωλολάτρ|ης (ο), **~ισσα** (η) idolater

είθε μόριο may, wish. **~ να επιτύχεις** I wish you success

εικάζω ρ μτβ/ρ αμτβ surmise, conjecture

εικασία (η) conjecture. (υπόθεση) speculation

εικόνα (η) picture. (εκκλ) icon. (στον καθρέφτη) reflection. (μεταφ) image

εικονικός επίθ pictorial. (πλαστός) fictitious. (εταιρία) bogus

εικόνισμα (το) icon

εικονογραφημένος επίθ illustrated

εικονογράφηση (η) illustration

εικονογραφώ ρ μτβ illustrate (with pictures)

εικονοκλάστης (ο) iconoclast

εικονολήπτης (ο) (TV) camera

εικονοστάσι (το) (εκκλ) screen of icons

είκοσι επίθ άκλ twenty

εικοσιτετράωρο|ις επίθ twenty-four-hour. **~** (το) twenty-four hours

εικοστός επίθ twentieth

ειλικρίνεια (η) sincerity. (ευθύτητα) frankness, candour

ειλικρινής επίθ sincere. (ευθύς) frank, candid. (τίμιος) honest

είλωτας (ο) drudge

είμαι ρ αμτβ be. **~ ικανός** be able. **~ χωρίς** be out of. **~ από την Κρήτη** I come from Crete

ειμαρμένη (η) destiny

είναι βλ **είμαι** (το) being

είπα βλ **λέω**

ειρηνεύω ρ μτβ pacify

ειρήνη (η) peace

ειρηνικός επίθ peaceful. **ο Ε~** (Ωκεανός) the Pacific (Ocean)

ειρηνιστής (ο) pacifist

ειρηνοδικείο (το) magistrate's court

ειρηνοδίκης (ο, η) Justice of the Peace, magistrate

ειρηνοποιός (ο) peacemaker

ειρωνεύομαι ρ μτβ mock

ειρωνία (η) irony

ειρωνικός επίθ ironic(al). (κοροϊδευτικός) derisive

εις πρόθ βλ **σε**. **~ μάτην** in vain

εισαγγελέας (ο) public prosecutor

εισάγω ρ μτβ (εμπορεύματα) import. (καθιερώνω) introduce. (καινοτομώ) pioneer (τοποθετώ) insert. (σταδιακά) phase in

εισαγωγέας (ο, η) importer

εισαγωγή (η) (βιβλίου) introduction. (εμπορευμάτων) import. (μηχ) intake. (μουσικού έργου) overture. (προσθήκη) insertion

εισαγωγικά (τα) quotation marks

εισαγωγικός επίθ introductory

είσαι βλ **είμαι. πώς ~;** how are you?

εισακούω ρ μτβ (παράκληση) grant. (προσευχή) answer

εισβάλλω ρ μτβ invade. (μπαίνω ορμητικά) burst into. (ποτάμι) flow into

εισβολέας (ο) invader

εισβολή (η) invasion. (ξαφνική εμφάνιση) inrush

εισδοχή (η) entry, admittance

είσδυση (η) penetration

εισέρχομαι ρ αμτβ enter. (γίνομαι δεκτός) be admitted

εισήγηση (η) suggestion

εισηγούμαι ρ μτβ suggest

εισιτήριο (το) ticket. (ναύλος) fare. **~ με επιστροφή** return ticket

εισόδημα (το) income. (έσοδο) revenue. **φόρος εισοδήματος** (ο) income tax

είσοδος (η) (εισδοχή) entry. (κτιρίου) entrance. (σε θέατρο) admittance. (μηχ) inlet. (πόρτα) way in

εισορμώ ρ αμτβ rush in

εισπνέω ρ μτβ inhale

εισπράκτορας (ο) (εισιτηρίων) ticket-collector. (λεωφορείου) conductor. (φόρων) collector

είσπραξη (η) collection (of money). **εισπράξεις** (οι) proceeds, takings

εισπράττω ρ μτβ collect. (φόρους) levy

εισφορά (η) contribution

εισχωρώ ρ αμτβ penetrate. (μπαίνω βίαια) infiltrate

είτε σύνδ **~ ... ~** either ... or

έκαστος αντων βλ **κάθε. καθ΄ εκάστην** every day

εκάστοτε επίρρ each time

εκατό επίθ άκλ hundred. **τοις ~** per cent

εκατομμύριο (το) million

εκατομμυριούχος (ο, η) millionaire

εκατοντάδα (η) hundred

εκατονταετηρίδα (η) century. (επέτειος) centenary

εκατοστόλιτρο (το) centilitre

εκατοστός επίθ hundredth. **~** (του μέτρου) (το) centimetre

έκβαση (η) outcome

εκβιάζω ρ μτβ blackmail

εκβιασμός (ο) blackmail

εκβι|αστής (ο), **~άστρια** (η) blackmailer

εκβολή (η) estuary

εκβράζω ρ μτβ wash up

έκδηλος επίθ manifest

εκδηλών|ω ρ μτβ manifest. (αισθήματα) express. **~ομαι** ρ αμτβ reveal one's feelings

εκδήλωση (η) (αισθημάτων) display. (εορταστική) gala. (νόσου) outbreak

εκδηλωτικός επίθ demonstrative

εκδίδω ρ μτβ (βιβλίο) publish. (επιταγή) write. (οδηγίες) issue.

(τιμολόγιο) invoice. (φυγόδικο) extradite

εκδικάζω ρ μτβ hear (*a case*)

εκδίκηση (η) revenge, vengeance

εκδικητικός επίθ revengeful. (άνθρωπος) vindictive

εκδικούμαι ρ μτβ avenge

εκδιώκω ρ μτβ drive away. (απωθώ) expel. (κυβέρνηση) oust

εκδίωξη (η) expulsion

έκδοση (η) (βιβλίου) publication. (διατύπωση) edition. (εγκληματία) extradition. (περιοδικού) issue

εκδότ|ης (η), **~ρια** (ο) publisher

εκδοτήριο εισιτηρίων (το) ticket dispenser

εκδοτικός επίθ editorial. **~ οίκος** (ο) publishing house

εκδοχή (η) version

εκδρομέας (ο, η) tripper

εκδρομή (η) outing. (ταξίδι) excursion

εκεί επίρρ there. **~ πέρα** over there. **~ που** as, while

εκείν|ος αντων that. **~ος ο άνθρωπος** that man. **~ες τις ημέρες** in those days

εκεχειρία (η) truce. (στρ) armistice

εκζήτηση (η) affectation

έκθαμβος επίθ dazzled

εκθειάζω ρ μτβ exalt

έκθεμα (το) exhibit

έκθεση (η) (αίθουσα) showroom. (αφήγηση) composition. (γραπτή) report. (εμπορευμάτων) display.

(εμπορική) fair. (ιδεών) essay. (στον ήλιο) exposure. (τέχνης) exhibition

εκθέτ|ης (ο), **~ρια** (η) exhibitor

έκθετο (το) foundling

εκθέτω ρ μτβ (απόψεις) air. (εμπορεύματα) display. (έργα τέχνης) exhibit. (παρουσιάζω) show. (στο ύπαιθρο) expose

εκθρονίζω ρ μτβ depose

εκκαθαρίζω ρ μτβ (επιχείρηση) liquidate. (πολιτ) purge

εκκαθάριση μειονοτήτων (η) ethnic cleansing

εκκεντρικός επίθ eccentric

εκκενώνω ρ μτβ (αδειάζω) vacate. (στρ) evacuate

εκκένωση (η) evacuation

εκκίνηση (η) setting off

έκκληση (η) appeal. (νομ) plea

εκκλησία (η) church

εκκολάπτ|ω ρ μτβ incubate. **~ομαι** ρ αμτβ hatch

εκκρεμές (το) pendulum. (ρολόι) grandfather clock

εκκρεμής επίθ pending. (που δεν επιλύθηκε) outstanding

εκκρίνω ρ μτβ secrete

έκκριση (η) secretion

εκκωφαντικός επίθ deafening

εκλαΐκεύω ρ μτβ popularize

εκλέγω ρ μτβ elect

έκλειψη (η) eclipse

εκλεκτικός επίθ eclectic, (καθομ) choosey. (άνθρωπος) discriminating

εκλεκτός επίθ (διαλεχτός) prime, choice. (ξεχωριστός) select

εκλιπαρώ ρ μτβ implore

εκλιπών επίθ deceased

εκλογέας (ο) elector

εκλογή *(η)* *(ανάδειξη)* election. *(επιλογή)* choice. **~ές** *(οι)* general election

εκλογικός *επίθ* electoral. **~ή περιφέρεια** *(η)* constituency. **~ό παραβάν** *(το)* polling-booth

έκλυση *(η)* promiscuity

έκλυτος *επίθ* promiscuous. *(ήθος)* loose

εκμάθηση *(η)* learning

εκμεταλλεύομαι *ρ μτβ (αξιοποιώ)* operate. *(άνθρωπο)* take advantage of. *(αντλώ κέρδη)* exploit. *(εποφελούμαι από αισθήματα)* play on

εκμετάλλευση *(η)* exploitation. *(ανθρώπου)* taking advantage of

εκμηδενίζω *ρ μτβ* annihilate

εκμηδένιση *(η)* annihilation

εκμισθώνω *ρ μτβ (αυτοκίνητο)* hire out. *(σπίτι)* let, rent out

εκμυστηρεύομαι *ρ μτβ* confide

εκμυστήρευση *(η)* confidence *(secret)*

εκνευρίζ|ω *ρ μτβ* irritate. *(ερεθίζω)* get on one's nerves. *(ταράζω την ηρεμία)* vex, annoy. **~ομαι** *ρ αμτβ* get irritated

εκνευρισμένος *επίθ* irritated, on edge

εκνευριστικός *επίρρ* irritating. *(πόνος)* niggling

εκούσιος *επίθ* voluntary

εκπαιδευόμενος *(ο)* trainee

εκπαίδευση *(η)* *(παιδεία)* education. *(στο σχολείο)* schooling. *(τεχν)* training

εκπαιδευτικός *επίθ* educational. **~** *(ο, η)* educator, teacher

εκπαιδ|ευτής *(ο)*, **~εύτρια** *(η)* instructor. *(ζώων)* trainer

εκπαιδεύω *ρ μτβ* educate. *(στρ)* drill. *(τεχν)* train

εκπατρίζομαι *ρ αμτβ* emigrate

εκπέμπω *ρ μτβ* emit

εκπεσμός *(ο)* *(υποτίμηση)* decline. *(ξεπεσμός)* degradation

εκπίπτω *ρ αμτβ* fall. *(ξεπέφτω)* decline

εκπληκτικός *επίθ* surprising

έκπληξη *(η)* surprise

εκπληρώνω *ρ μτβ* fulfil

εκπλήττω *ρ μτβ* surprise

εκπνέω *ρ μτβ/ρ αμτβ* exhale *ρ αμτβ (λήγω)* expire. *(πεθαίνω)* pass away

εκποιώ *ρ μτβ* sell up

εκπολιτίζω *ρ μτβ* civilize

εκπομπή *(η)* emission. *(ραδιοφωνική)* broadcasting

εκπρόθεσμος *επίθ* overdue

εκπρόσωπος *(ο, η)* representative. *(κυβερνητικός)* spokesperson

εκπροσωπώ *ρ μτβ* represent. *(αντιλήψεις)* epitomize

έκπτωση *(η)* *(εμπ)* discount. *(νομ)* forfeiture. **εκπτώσεις** *(οι)* sales

εκπυρσοκροτώ *ρ αμτβ* fire. *(αυτοκίνητο)* backfire

εκρήγνυμαι *ρ αμτβ* explode. *(μεταφ)* burst out

εκρηκτικός *επίθ* explosive

έκρηξη *(η)* explosion. *(ηφαιστείου)* eruption. *(οργής)* tantrum. *(πολέμου)* outbreak. *(στρ)* blast. *(μεταφ)* burst

εκσκαφέας *(ο)* digger

εκσκαφή *(η)* digging

έκσταση (η) ecstasy, rapture. (*απορρόφηση σε ιδέα*) trance

εκστατικός *επιθ* ecstatic

εκστομίζω *ρ μτβ* utter

εκστρατεία (η) campaign

εκστρατεύω *ρ αμτβ* campaign

εκσυγχρονίζω *ρ μτβ* update. (*μεθόδους, μηχανήματα*) modernize

εκσυγχρονισμός (ο) modernization

εκφενδονίζ|ω *ρ μτβ* hurl, fling. **~ομαι** *ρ αμτβ* be hurtled. (*υγρά*) gush

έκτακτος *επιθ* extraordinary. (*εργασία*) casual. **~ανάγκη** (η) emergency

έκταση (η) (*γης*) tract. (*γνώσεων*) range. (*δρόμου*) stretch. (*ευρύτητα*) extent. (*περιοχή*) expanse

εκταφή (η) exhumation

εκτεθειμένος *επιθ* exposed

εκτείν|ω *ρ μτβ* (*επεκτείνω*) extend. (*απλώνω*) spread. **~ομαι** *ρ μτβ* range, extend

εκτέλεση (η) (*απόδοση*) performance. (*θανάτωση*) execution. (*πραγματοποίηση*) carrying out, execution

εκτελεστής (ο), **~έστρια** (η) performer. (*θανατικής ποινής*) executioner. (*νομ*) executor

εκτελώ *ρ μτβ* perform. (*εφαρμόζω*) carry out. (*θανατώνω*) execute. (*με ηλεκτρισμό*) electrocute

εκτελωνίζω *ρ μτβ* clear (through customs)

εκτενώς *επιρρ* at length

εκτεταμένος *επιθ* (*μεγάλης διάρκειας*) lengthy. (*μεγάλης έκτασης*) extensive

εκτίθεμαι *ρ αμτβ* be on show. (*μένω ακάλυπτος*) be exposed

εκτίμηση (η) assessment. (*αναγνώριση*) appreciation. (*αξίας*) valuation. (*αξιολόγηση*) estimation. (*υπόληψη*) regard. **Με ~** Yours sincerely

εκτιμητικός *επιθ* appreciative

εκτιμώ *ρ μτβ* (*αγαπώ*) value, cherish. (*αναγνωρίζω αξία*) appreciate. (*αξιολογώ*) assess. (*μια κατάσταση*) take stock of. (*υπολήπτομαι*) esteem, look up to

εκτινάσσω *ρ μτβ* eject

εκτίω *ρ αμτβ* serve (*sentence*)

εκτονώνω *ρ μτβ* (*κατάσταση*) defuse

εκτοξεύω *ρ μτβ* (*πύραυλο*) launch. (*υγρό*) squirt

εκτοπίζω *ρ μτβ* (*απομακρύνω*) dislodge. (*από τον τόπο διαμονής*) displace. (*αντικαθιστώ*) supplant

εκτός *επιθ* sixth

εκτός *επιρρ* (*με εξαίρεση*) except. (*έξω*) outside. (*επιπλέον*) apart from. **~ αν** unless

έκτοτε *επιρρ* since then

έκτροπα (*τα*) outrage of violence, riot

εκτρέπ|ω *ρ μτβ* deflect. **~ομαι** *ρ αμτβ* deviate

εκτροφή (η) breeding

εκτροχιάζω *ρ μτβ* derail

εκτροχιασμός (ο) derailment

έκτρωμα (*το*) (*άνθρωπος*) freak. (*έμβρυο*) abortion

έκτρωση (η) abortion

εκτυλίσσ|ω *ρ μτβ* unwrap. **~ομαι** *ρ αμτβ* unfold

εκτυπωμέν|ος επίθ printed. **~ο κείμενο** (το) print-out

εκτυπώνω ρ μτβ print. (νόμισμα) strike. (χαρτί) emboss

εκτύπωση (η) printing

εκτυπωτής (ο) printer, printing machine

εκτυφλωτικός επίθ blinding, brilliant

εκφοβίζω ρ μτβ intimidate

εκφορτώνω ρ μτβ unload

εκφράζω ρ μτβ express. (διατυπώνω) phrase. (επιφυλάξεις) voice

έκφραση (η) expression. (με λέξεις) utterance

εκφραστικός επίθ expressive

εκφυλίζομαι ρ αμτβ degenerate

εκφυλισμένος επίθ degenerate

έκφυλος (ο) degenerate

εκφωνητής (ο), **~ήτρια** (η) announcer (radio, TV)

εκχερσώνω ρ μτβ reclaim (land)

εκχιονιστήρας (ο) snow-plough

εκχυδαΐζω ρ μτβ vulgarize.

εκχύλισμα (το) extract

εκχύνω ρ μτβ exude

εκχώρηση (η) transfer (of right). (νομ) cession

εκχωρώ ρ μτβ cede

εκών επίθ **~ άκων** willy-nilly

έλα βλ **έρχομαι** come. **~ 'δω** come here. **~ δα!** you don't say

ελαιογραφία (η) oil-painting

ελαιόδεντρο (το) olive tree

ελαιόλαδο (το) olive oil

ελαιοπαραγωγή (η) olive production

ελαιώνας (ο) olive grove

έλασμα (το) plate

ελαστικό (το) tyre

ελαστικ|ός επίθ elastic. (κρεβάτι) springy. (πάτωμα) sprung. (μεταφ) lax. **~ ωράριο** (το) flexitime

ελαστικότητα (η) elasticity. (ευκαμψία) flexibility. (μεταφ) laxity

ελατήριο (το) spring (device)

έλατο (το) fir

ελάττωμα (το) defect. (κακή συνήθεια) failing. (μηχ) fault. (χαρακτήρα) blemish

ελαττωματικός επίθ defective. (που δε λειτουργεί) faulty

ελαττώνω ρ μτβ reduce. (περιορίζω) alleviate. (το κάπνισμα) cut down on

ελάττωση (η) reduction

ελαφάκι (το) fawn

ελάφι (το) deer άκλ

ελαφρόμυαλος επίθ scatter-brained

ελαφρόπετρα (η) pumice

ελαφρ|ός επίθ light. (αρρώστια) mild. (επιπόλαιος) frivolous. (ήπιος) gentle. (ήχος) soft. (θόρυβος) slight. (ποτό) weak. **~ά** επίρρ lightly, slightly

ελαφρυντικ|ός επίθ alleviating. **~ά** (τα) mitigating circumstances

ελαφρώνω ρ μτβ lighten. (ανακουφίζω) alleviate. • ρ αμτβ be relieved

ελάχιστο (το) least. (μικρότερο δυνατό) minimum

ελαχιστοποιώ ρ μτβ minimize

ελάχιστος επίθ minimal, minimum. (λιγότερο) least. (πιθανότητα) slightest

Ελβετία (η) Switzerland

ελβετικός επίθ Swiss

Ελβετ|ός (ο), **~ίδα** (η) Swiss

ελεγκτής (ο) auditor

έλεγχος (ο) control. (ιατρικός) screening. (λειτουργίας) check. (σχολικός) report

ελέγχω ρ μτβ control. (λειτουργία) check. (λογιστικός) audit

ελεεινός επίθ (άθλιος) miserable. (αξιολύπητος) sorry, wretched. (διάθεση) vile. (δωμάτιο) crummy. (καιρός) lousy. (συμπεριφορά) deplorable

ελεημοσύνη (η) alms. (φιλανθρωπία) charity

ελεήμων επίθ merciful

έλεος (το) mercy

ελευθερία (η) freedom, liberty. **~ λόγου** freedom of speech

ελεύθερο (το) all-clear

ελεύθερος επίθ free. (ανύπαντρος) single. (δωμάτιο) vacant. (χωρίς εμπόδια) clear. **~ επαγγελματίας** (ο, η) freelance. **~ χρόνος** (ο) spare time

ελευθερών|ω ρ μτβ free. (από δέσμευση ή βάρος) set free, release. (έναντι λύτρων) ransom. (χώρα) liberate. **~ομαι** ρ αμτβ free oneself. (για γυναίκες) give birth

έλευση (η) advent

ελέφαντας (ο) elephant

ελεφαντόδοντο (το) ivory

ελεώ ρ μτβ have mercy on. (δίνω ελεημοσύνη) give charity to

ελιά (η) (καρπός και δέντρο) olive. (στο δέρμα) mole. (στο πρόσωπο) beauty spot

ελιγμός (ο) (στροφή) bend. (πλάγια ενέργεια) manoeuvre

έλικας (ο) propeller

ελικοδρόμιο (το) heliport

ελικοειδής επίθ spiral. (δρόμος) winding

ελικόπτερο (το) helicopter

ελίσσομαι ρ αμτβ (δρόμος) wind. (ενεργώ με πλάγιο τρόπο) manoeuvre

ελίτ (η) άκλ élite

ελιτισμός (ο) elitism

έλκηθρο (το) sledge, sleigh

έλκος (το) ulcer

ελκτικός επίθ (μαγνήτης) attractive

ελκυστικός επίθ appealing. (θελκτικός) attractive

ελκύω ρ μτβ draw. (θέλγω) attract

έλκω ρ μτβ draw, pull

ελκώδης επίθ ulcerous

Ελλάδα (η) Greece

έλλειμμα (το) deficit

ελλειπτικός επίθ elliptical

έλλειψη (η) deficiency. (ανεπάρκεια ποσότητας) scarcity, dearth. (εμπορευμάτων) shortage. (σχήμα) ellipse

Έλληνας (ο), **Ελληνίδα** (η) Greek

ελληνικ|ός επίθ Greek. **~ά** (τα) Greek

ελληνισμός (ο) the Greek people, Hellenism

ελλιπής επίθ deficient. (ανεπαρκής) insufficient

έλξη (η) (γοητεία, μαγνητική) attraction. (της γης) gravity. (τράβηγμα) traction

ελονοσία *(η)* malaria

έλος *(το)* swamp, bog

ελπίδα *(η)* hope

ελπιδοφόρος *επίθ* hopeful

ελπίζω *ρ αμτβ* hope. • *ρ μτβ* hope for. **~ σε** *ρ μτβ* trust in

ελώδης *επίθ* swampy

εμάς *αντων* us

εμβαδόν *(το)* area

εμβάζω *ρ μτβ* remit *(money)*

εμβαθύνω *ρ μτβ* go deep into

έμβασμα *(το)* remittance

εμβατήριο *(το)* military march *(music)*

εμβέλεια *(η)* range *(of missile)*

έμβλημα *(το)* emblem

εμβολή *(η)* *(ιατρ)* embolism. *(πλοίου)* ramming

εμβολιάζω *ρ μτβ* inoculate, vaccinate. *(φυτά)* graft

εμβολιασμός *(ο)* inoculation, vaccination

εμβόλιο *(το)* vaccine

έμβολο *(το)* plunger. *(μηχ)* piston. *(πλοίου)* ram

εμβρόντητος *επίθ* aghast

έμβρυο *(το)* embryo, foetus

εμείς *αντων* we

εμένα *αντων* me

εμετικός *επίθ* emetic. *(αηδιαστικός)* nauseating

εμετός *(ο)* vomit. **κάνω ~** be sick, vomit. **μου έρχεται ~ς** I feel sick

εμίρης *(ο)* emir

εμμένω *ρ αμτβ* adhere (*σε*, to). • *ρ αμτβ* persevere

έμμεσος *επίθ* indirect

εμμηνόπαυση *(η)* menopause

εμμηνόρροια *(η)* menstruation

εμμηνορροώ *ρ αμτβ* menstruate

έμμισθος *επίθ* salaried

εμμονή *(η)* perserverance

έμμονος *επίθ* persistent. *(παθολογική)* obsessive

έμπα *(το)* *άκλ* entrance. *(αρχή)* beginning. **τα ~ έβγα** comings and goings

εμπάθεια *(η)* empathy

εμπαιγμός *(ο)* mockery. *(απάτη)* deception

εμπάργκο *(το)* *άκλ* embargo

εμπεδώνω *ρ μτβ* consolidate

εμπειρία *(η)* experience

εμπειρικός *επίθ* empirical

εμπειρογνώμονας *(ο, η)* expert

έμπειρος *επίθ* experienced

εμπιστεύομαι *ρ μτβ* trust. *(εκμυστηρεύομαι)* confide. *(αναθέτω)* entrust

εμπιστευτικός *επίθ* confidential

έμπιστος *επίθ* trusted. **~** *(ο)* confidant

εμπιστοσύνη *(η)* trust, confidence

εμπλέκω *ρ μτβ* implicate. *(μηχ)* engage

εμπλοκή *(η)* *(μηχ)* jamming. *(μπλέξιμο)* involvement

εμπλουτίζω *ρ μτβ* enrich

έμπνευση *(η)* inspiration

εμπνέω *ρ μτβ* inspire

εμποδίζω *ρ μτβ* obstruct. *(παρεμποδίζω)* prevent. *(προσπάθειες)* hamper. *(σταματώ)* hinder. *(την ανάπτυξη)* stunt. • *ρ αμτβ* be in the way

εμπόδιο *(το)* obstacle, hindrance. *(για να ξεπεραστεί)* hurdle

εμπόλεμος *επίθ* belligerent

εμπόρευμα *(το)* merchandise, commodity

εμπορεύματα *(τα)* goods, merchandise

εμπορεύομαι *ρ μτβ/ρ αμτβ* trade, deal in. *(εκμεταλλεύομαι)* commercialize

εμπορικ|ός *επίθ* commercial. **~ή διαφήμιση** *(η)* commercial. **~ό κέντρο** *(το)* shopping centre

εμπόριο *(το)* commerce. *(σε εμπορεύματα)* trade

έμπορος *(ο)* trader, merchant

εμποτίζω *ρ μτβ* saturate. *(μεταφ)* imbue

έμπρακτος *επίθ* in practice

εμπρεσιονισμός *(ο)* impressionism

εμπρησμός *(ο)* arson

εμπρηστής *(ο)*, **~ήστρια** *(η)* arsonist

εμπρηστικός *επίθ* incendiary. *(μεταφ)* inflammatory

εμπριμέ *επίθ άκλ* printed *(fabric)*

εμπρόθεσμος *επίθ* within the prescribed time

εμπρός *επίρρ* forward. **~!** *(προχωρεί)* come on! *(σε χτύπημα στην πόρτα)* come in! *(στο τηλέφωνο)* hello

εμπρόσθιος *επίθ* front

εμπροσθοφυλακή *(η)* vanguard

εμφανής *επίθ* conspicuous. *(φανερός)* apparent

εμφανίζ|ω *ρ μτβ* present. *(φωτογραφίες)* develop. **~ομαι** *ρ αμτβ* appear. *(ξαφνικά)* pop up. *(πρόβλημα)* arise

εμφάνιση *(η)* emergence. *(παρουσιαστικό)* appearance

έμφαση *(η)* emphasis

εμφατικός *επίθ* emphatic

εμφιαλώνω *ρ μτβ* bottle

έμφραγμα *(το)* plug, stopper. *(ιατρ)* infarction

εμφύλιος *επίθ* civil. **~ πόλεμος** *(ο)* civil war

εμφυτεύω *ρ μτβ* implant

έμφυτος *επίθ* inherent, innate

εμψυχώνω *ρ μτβ* encourage

εν *πρόθ* in. **~ μέρει** partly. **~ πάση περιπτώση** in any case. **~ πρώτοις** in the first place

ένα *(το)* one. • *επίθ* **βλ** **ένας**. **~ σου κι ~ μου** tit for tat

εναγόμενος *(ο)* *(νομ)* defendant

ενάγ|ω *ρ μτβ* sue. **~ων** *(ο)*, **~ουσα** *(η)* plaintiff

εναγωνίως *επίρρ* anxiously, impatiently

εναέριος *επίθ* aerial. *(καλώδιο, σιδηρόδρομος)* overhead

εναλλαγή *(η)* alternation. *(καλλιέργειας)* rotation. *(προσωπικού)* turnover

εναλλακτικός *επίθ* alternative

εναλλάξ *επίρρ* alternately

εναλλάσσω *ρ μτβ* alternate. *(καλλιέργεια)* rotate

έναντι *επίρρ* opposite. *(πληρωμή)* against

εναντίον *επίρρ* against

ενάντιος *επίθ* *(αντίθετος)* contrary. *(δυσμενής)* adverse

εναντιώνομαι ρ μτβ oppose. **~ σε** (έχω αντίρρηση) object to

εναποθέτω ρ μτβ place

ενάρετος επίθ virtuous

εναρκτήριος επίθ inaugural

εναρμονίζω ρ μτβ harmonize

έναρξη (η) commencement. (συνεδρίου) opening

ένας επίθ one. (μοναδικός) single. **~ ~** one at a time. **ο ~ τον άλλο** each other

έναστρος επίθ starry (sky)

ενατένιση (η) (βλέμματος) stare. (πνευματική) absorption

ένατος επίθ ninth

ενδεικτικό|ς επίθ indicative. **~ (το)** school report

ένδειξη (η) indication. (απόδειξη) evidence. (σε έγκλημα) clue. (σε μετρητή) reading. (σημάδι) sign

ενδεχόμενος επίθ probable. **~ (το)** eventuality

ενδεχομένως επίρρ in all probability

ενδημικός επίθ endemic. (φυτό) native

ενδιάμεσο|ς επίθ intermediate. **~ς** (ο) intermediary. **~ (το)** (διάστημα) interim

ενδιαφερόμενος επίθ interested

ενδιαφέρον (το) interest. (φροντίδα) concern

ενδιαφέρ|ω ρ μτβ interest. **~ομαι** (για) ρ αμτβ be interested (in). (μεριμνώ) be concerned (about)

ενδιαφέρων επίθ interesting

ενδίδω ρ αμτβ give in, relent

ένδικος επίθ judicial

ενδοιασμός (ο) scruple. (αμφιβολία) hesitation

ένδοξος επίθ (πράξη ή κατάσταση) glorious. (φημισμένος) celebrated

ενδότερος επίθ innermost

ενδοτικός επίθ yielding, complying

ενδοχώρα (η) hinterland

ένδυμα (το) garment, costume

ενδυμασία (η) costume, apparel

ενδυναμώνω ρ μτβ strengthen. (μεταφ) boost

ενέδρα (η) ambush

ενενήντα επίθ άκλ ninety

ενέργεια (η) action. (δικαστική) proceedings. (επενέργεια) effect. (ηλεκτρική, μηχανική) energy. (πράξη) act. (προσπάθεια) move

ενεργητικό (το) asset

ενεργητικό|ς επίθ active. **~τητα** (η) energy. (μεταφ) activity

ενεργοποιώ ρ μτβ activate

ενεργός επίθ active

ενεργ|ώ ρ μτβ carry out ρ αμτβ act, take action. (φάρμακο) work, take effect. **~ούμαι** ρ αμτβ have a bowel movement

ένεση (η) injection

ενεστώτας (ο) present tense

ενέχομαι ρ αμτβ be implicated

ενέχυρο (το) pawn

ενεχυροδανειστήριο (το) pawnshop

ενεχυροδανειστής (ο) pawnbroker

ένζυμο (το) enzyme

ενηλικιώνομαι ρ αμτβ come of age

ενήλικος επίθ adult

ενηλικότητα (η) adulthood

ενήμερος *επίθ* aware

ενημερωμένος *επίθ* informed, up to date

ενημερώνω *ρ μτβ* inform. (*κατατοπίζω*) brief

ενημερωτικό|ς *επίθ* informative. **~ δελτίο** (*το*) prospectus

ενθάρρυνση (*η*) encouragement

ενθαρρυντικός *επίθ* encouraging

ενθαρρύνω *ρ μτβ* encourage. (*εμψυχώνω*) hearten

ένθετος *επίθ* inserted. (*κόσμημα*) inlaid

ενθουσιάζ|ω *ρ μτβ* fill with enthusiasm. **~ομαι** *ρ αμτβ* be enthusiastic

ενθουσιασμένος *επίθ* enthusiastic

ενθουσιασμός (*ο*) enthusiasm

ενθουσιώδης *επίθ* enthusiastic

ενθύμηση (*η*) remembrance

ενθύμιο (*το*) memento. (*από ταξίδι*) souvenir

ενιαίος *επίθ* united. (*τιμή*) flat

ενικός (*ο*) (*αριθμός*) singular

ενίσχυση (*η*) encouragement. (*ηθική*) boost. (*ηλεκτρ*) amplification. (*υποστήριξη*) support. (*στρ*) reinforcement

ενισχυτής (*ο*) amplifier

ενισχυτικός *επίθ* reinforcing

ενισχύω *ρ μτβ* reinforce. (*ηθική*) boost. (*ηλεκτρικ*) amplify. (*οικονομικά*) assist. (*υποστηρίζω*) support

εννέα *επίθ άκλ* nine

εννιά *επίθ άκλ βλ* **εννέα**

έννοια¹ (*η*) concept. (*σημασία*) sense

έννοια² (*η*) worry. **~ σου** don't worry, never mind

εννοιολογικός *επίθ* conceptual

έννομ|ος *επίθ* legitimate. **~η τάξη** (*η*) law and order

εννο|ώ *ρ μτβ* mean, intend. (*καταλαβαίνω*) understand. **~είται** it goes without saying

ενοικιάζω *ρ μτβ* rent. (*κτίριο*) let. (*όχημα*) hire

ενοικίαση (*η*) hire

ενοικι|αστήριο (*το*) lease. **~αστής** (*ο*), **~άστρια** (*η*) lodger

ενοίκιο (*το*) rent

ένοικος (*ο, η*) tenant

ένοπλος *επίθ* armed

ενοποίηση (*η*) unification. (*εταιριών*) merger

ενοποιώ *ρ μτβ* unify

ενόργανος *επίθ* instrumental (*music*)

ενορία (*η*) parish

ένορκ|ος (*ο, η*) juror. **~οι** (*οι*) jury

ενορχηστρώνω *ρ μτβ* orchestrate

ενότητα (*η*) unity. (*διδακτέας ύλης*) unit. (*συμφωνία*) cohesion

ενοχή (*η*) guilt

ενοχλημένος *επίθ* annoyed

ενόχληση (*η*) inconvenience. (*διατάραξη της ηρεμίας*) disturbance. (*δυσαρέστηση*) annoyance

ενοχλητικός *επίθ* tiresome. (*δυσάρεστος*) annoying

ενοχλώ *ρ μτβ* disturb. (*δυσαρεστώ*) annoy. (*συστηματικά*) pester

ενοχοποι|ώ *ρ μτβ* incriminate. **~ητικός** *επίθ* incriminating

ένοχος *επίθ* guilty. ~ *(ο)* culprit

ενσαρκώνω *ρ μτβ* embody

ενσάρκωση *(η)* embodiment. *(ενανθρώπηση)* incarnation

ένσημο *(το)* stamp *(for collection of duty)*

ενσταλάζω *ρ μτβ* instil

ενσταντανέ *(το) άκλ* snapshot

ένστικτο *(το)* instinct

ενστικτώδης *επίθ* instinctive

ένταλμα *(το)* warrant *(for arrest)*

εντάξει *επίρρ* all right, OK

ένταξη *(η)* entry *(into an organisation)*

ένταση *(η)* intensity. *(οξύνυση)* strain. *(ραδιόφωνο)* volume. *(συγκινήσεως)* tension

εντατικός *επίθ* intensive. *(προσπάθεια)* strenuous

ενταύθα *επίρρ* here. *(σε αλληλογραφία)* in the same town or village

ενταφιάζω *ρ μτβ* entomb. *(μεταφ)* bury

εντείνω *ρ μτβ* intensify

έντεκα *επίθ άκλ* eleven

εντέλεια *(η)* perfection

εντελώς *επίρρ* quite, completely, altogether

εντερικός *επίθ* intestinal

έντερο *(το)* intestine

εντεταλμένος *επίθ* authorized. *(αρμόδιος)* competent

έντιμος *επίθ* honourable. *(τίμιος)* above-board

εντιμότητα *(η)* worship *(title)*

έντοκος *επίθ* interest-bearing

εντολή *(η)* order, command. *(εκκλ)* commandment. *(H/Y)* command. *(πολιτ)* mandate

έντομο *(το)* insect

εντομοκτόνο *(το)* insecticide

έντονος *επίθ (ενδιαφέρον)* keen. *(άνθρωπος)* intense. *(αντίθεση)* sharp. *(διαμαρτυρία)* strong. *(πόνος)* acute. *(χρώμα)* vivid

εντοπίζω *ρ μτβ* locate. *(καθορίζω)* identify. *(με ακρίβεια)* pin-point. *(περιορίζω)* localize

εντός *επίρρ* inside, within

εντόσθια *(τα)* entrails. *(μαγ)* offal

εντούτοις *επίρρ* nevertheless

εντριβή *(η)* massage *(rubbing)*

έντρομος *επίθ* terrified

έντυπος *επίθ* printed. ~ *(το)* form *(document)*

εντυπώνω *ρ μτβ* imprint (on the mind)

εντύπωση *(η)* impression

εντυπωσιάζω *ρ μτβ* impress

εντυπωσιακός *επίθ* impressive. *(προκαλεί ζωηρή αίσθηση)* sensational

ενυδατώνω *ρ μτβ* moisturize

ενυδρείο *(το)* aquarium

ενυδρίς *(η)* otter

ένυδρος *επίθ* aquatic

ενώ *σύνδ* while, whilst. *(αν και)* although

ενών|ω *ρ μτβ* join together. *(συναρμόζω)* combine. ~ομαι *ρ μτβ* unite. *(δρόμοι)* join

ενώπιον *επίρρ* before

ένωση *(η)* union. *(σωματείο)* union, society. *(χημ)* compound

εξαγγελία *(η)* announcement

εξαγορά *(η)* pay off. *(δωροδοκία)* buying off.

(εταιρία) take-over, buy-out.
(με λύτρα) ransom
εξαγοράζω ρ μτβ pay off.
(δωροδοκώ) buy off. (εταιρία)
take over. (με λύτρα) ransom
εξαγριωμένος επίθ berserk
εξαγριών|ω ρ μτβ make wild.
~ομαι ρ αμτβ be enraged
εξάγω ρ μτβ export.
(συμπεραίνω) deduce
εξαγωγέας (ο) exporter
εξαγωγή (η) export. (μηχ)
outlet
εξάγωνο|ς επίθ hexagonal. **~**
(το) hexagon
εξάδελφη (η) cousin
εξάδελφος (ο) cousin
εξαερίζω ρ μτβ ventilate
εξαίρεση (η) exception.
(απαλλαγή) exemption
εξαιρετικός επίθ excellent. (που
αποτελεί εξαίρεση) exceptional
εξαίρετος επίθ excellent
εξαίρω ρ μτβ extol
εξαιρώ ρ μτβ except. (από
υποχρέωση) exempt
εξαίσιος επίθ out of this world
εξαιτίας επίρρ because of, owing
to
εξακολουθώ ρ μτβ/ρ αμτβ
continue
εξακριβώνω ρ μτβ ascertain
εξαλείφω ρ μτβ eliminate.
(σβήνω) wipe out. (καταργώ)
eradicate. (διαγράφω) obliterate
εξάλειψη (η) elimination.
(διαγραφή) obliteration
έξαλλος επίθ frantic. (μεταφ)
wild
εξάλλου επίρρ besides
εξαμηνία (η) six monthly period

εξαναγκάζω ρ μτβ coerce
εξανεμίζ|ω ρ μτβ (λεφτά)
squander. **~ομαι** ρ αμτβ
evaporate. (μεταφ)
εξάνθημα (το) rash
εξαντλημένος επίθ worn-out,
exhausted. (βιβλίο) out of print.
(προϊόν) out of stock
εξάντληση (η) exhaustion
εξαντλητικός επίθ gruelling.
(δυνατότητες) exhaustive
εξαντλ|ώ ρ μτβ wear out, tire.
(πόρους) deplete. (χρησιμοποιώ)
exhaust. **~ούμαι** ρ αμτβ be
exhausted. (προϊόν) be sold
out
εξαπατώ ρ μτβ deceive. (από
χρήματα) defraud, (λαϊκ) con.
(παραπλανώ) double-cross
εξαπλωμένος επίθ rampant
εξάπλωση (η) spreading
εξαπολύω ρ μτβ unleash.
(επίθεση) launch
εξάπτω ρ μτβ excite, inflame
εξαργυρώνω ρ μτβ cash
εξαρθρώνω ρ μτβ dislocate
εξάρθρωση (η) dislocation
έξαρση (η) exaltation
εξάρτημα (το) fixture, fitting.
(εργαλείου) attachment.
(μηχανήματος) part.
(συστατικό) component
εξάρτηση (η) dependence
εξαρτ|ώ ρ μτβ suspend.
(στηρίζω) make dependent on.
~ώμαι ρ αμτβ depend.
~ώμαι από be dependent on.
~άται it depends
εξαρτώμενος επίθ dependent
εξαρχής επίρρ from the
beginning

εξασθένηση (η) debility. (ακοής κλπ) impairment. (αδυνάτισμα) weakening

εξασθενητικός επίθ enervating

εξασθενίζω ρ μτβ debilitate. ρ αμτβ (ήχος) fade

εξασθένιση (η) βλ **εξασθένηση**

εξασθενώ ρ αμτβ decline (health). (αδυνατίζω) weaken

εξάσκηση (η) (εκγύμναση) work-out, exercise. (εφαρμογή θεωρητικών γνώσεων) practice

εξασκώ ρ μτβ (επάγγελμα) practise. (δικαιώματα) exercise

εξασφαλίζω ρ μτβ secure, obtain. (σιγουράρω) ensure. (εγγυούμαι) guarantee

εξατμίζω ρ μτβ cause to evaporate

εξάτμιση (η) evaporation. (οχήματος) exhaust

εξατομικεύω ρ μτβ individualize

εξαϋλώνομαι ρ αμτβ dematerialize. (μεταφ) be idealized

εξαφανίζω ρ μτβ cause to disappear. (καταστρέφω) wipe out. **∼ομαι** ρ αμτβ vanish, disappear

εξαφάνιση (η) disappearance. (ζώων, φυτών) extinction

έξαφνα επίρρ βλ **ξαφνικά**

εξάψαλμος (ο) tirade

έξαψη (η) excitement. (αίσθημα θερμότητας) hot flush

εξεγείρω ρ μτβ excite. (κινώ σε επανάσταση) incite. (παρακινώ) rouse. **∼ομαι** ρ αμτβ revolt

εξέγερση (η) uprising

εξέδρα (η) platform. (σε γήπεδο) stand

εξεζητημένος επίθ affected. (ντύσιμο) fussy. (φέρσιμο) studious

εξειδικεύομαι ρ αμτβ specialize

εξελιγμένος επίθ developed. (προηγμένος) advanced

εξέλιξη (η) development. (πρόοδος) progress. (των ειδών) evolution

εξελίσσ|ω ρ μτβ develop. **∼ομαι** ρ αμτβ develop. (βαθμιαία) evolve. (προοδεύω) progress. (σχέδιο) unfold

εξερεθίζω ρ μτβ provoke

εξερεύνηση (η) exploration

εξερευνητικός επίθ exploratory

εξερευν|ητής (ο), **∼ήτρια** (η) explorer

εξερευνώ ρ μτβ explore

εξετάζω ρ μτβ examine. (ανακρίνω) question. (βλέπω με προσοχή) look into. (για καταλληλότητα) screen. (ελέγχω) check

εξέταση (η) examination. (γενική) check-up. (ιατρική) medical. (λεπτομερής, μηχ) overhaul. **εξετάσεις** (οι) exams

εξετ|αστής (ο), **∼άστρια** (η) examiner

εξευγενίζω ρ μτβ ennoble. (βελτιώνω) refine

εξευμενίζω ρ μτβ placate

εξευρωπαΐζω ρ μτβ Europeanize

εξευτελίζω ρ μτβ (κατεβάζω την αξία) degrade. (ταπεινώνω) humiliate

εξευτελισμός (ο) degradation. (ταπείνωση) humiliation

εξέχω ρ αμτβ protrude. (ξεχωρίζω) stand out

εξήγηση (η) explanation

εξηγ|ώ ρ μτβ explain. (ερμηνεύω) interpret. **~ούμαι** ρ αμτβ make oneself clear

εξημερώνω ρ μτβ tame. (εκπολιτίζω) civilize. (καταπραΰνω) mollify

εξημμένος επιθ hot-headed

εξήντα επιθ άκλ sixty

εξής επιθ άκλ following. **στο ~** henceforth. **από τώρα και στο ~** from now on. • επίρρ **ως ~** as follows. **και ούτω καθ~** and so on and so forth

έξι επιθ άκλ six

εξιδανικεύω ρ μτβ idealize

εξίδρωση (η) perspiration

εξιλασμός (ο) atonement

εξιλεώ|νω ρ μτβ appease. **~ομαι** ρ αμτβ atone for

εξιλέωση (η) atonement

εξισορρόπηση (η) counter balance

εξίσου επίρρ equally

εξιστορώ ρ μτβ recount

εξισώνω ρ μτβ make equal. (μαθημ) equate

εξίσωση (η) equalization. (μαθημ) equation

εξόγκωμα (το) protuberance. (πρήξιμο) bump, lump

εξογκώνω ρ μτβ swell. (τιμές) inflate. (μεγαλοποιώ) exaggerate

έξοδ|ο (το) expense. **~α** (τα) costs

έξοδος (η) exit. (αεροδρόμιο) gate. (από νοσοκομείο) discharge. (εξόρμηση) exodus. (στρ) sally. (μεταφ) way out. **~ κινδύνου** (η) emergency exit

εξοικειών|ω ρ μτβ familiarize. **~ομαι** ρ μτβ/αμτβ familiarize oneself (with)

εξοικονομώ ρ μτβ save (money, time)

εξοκέλλω ρ αμτβ (πλοίο) run aground. (μεταφ) go astray

εξολοθρεύω ρ μτβ wipe out

εξομαλύνω ρ μτβ level. (μεταφ) smooth out

εξομοίωση (η) placing in the same category with

εξομοιωτής (ο) simulator

εξομολόγηση (η) confession

εξομολογητής (ο) confessor

εξοντώνω ρ μτβ exterminate

εξονυχιστικός επίθ thorough

εξοπλίζω ρ μτβ arm. (μεταφ) equip

εξοπλισμός (ο) armament. (μεταφ) equipment

εξοργίζω ρ μτβ infuriate, enrage. **~ομαι** ρ αμτβ get furious

εξοργιστικός επίθ infuriating. (προκαλεί αγανάκτηση) outrageous

εξορίζω ρ μτβ exile, banish

εξόριστος (ο) exile (person)

εξορκίζω ρ μτβ exorcise

εξορκισμός (ο) exorcism

εξόρμηση (η) sally

εξορμώ ρ αμτβ sally out

εξόρυξη (η) mining

εξουδετερώνω ρ μτβ neutralize. (μεταφ) counteract

εξουσία (η) power (of office). (κρατική) authority

εξουσιάζω ρ μτβ/αμτβ dominate. (άλλους) rule

εξουσιοδότηση (η)
authorization

εξουσιοδοτώ ρ μτβ authorize,
empower

εξόφληση (η) repayment.
(χρέους) settlement

εξοφλώ ρ αμτβ pay off.
(υποχρέωση) discharge. (χρέος)
settle

εξοχή (η) countryside

εξοχικός επίθ (of the) country.
~ (το) holiday home

έξοχος επίθ superb. (υπέροχος)
exquisite

εξοχότατ|ος επίθ Excellency.
Ε~τατε Your Excellency

εξπρές επίρρ express. ~ (το)
άκλ express train

έξτρα επίθ άκλ extra

εξτρεμ|ιστής (ο), ~ίστρια (η)
extremist

εξυβρίζω ρ μτβ insult.
~ιστικός επίθ insulting

εξυγίανση (η) cleansing

εξυμνώ ρ μτβ extol

εξυπακούεται ρ αμτβ απρόσ it's
understood

εξυπηρέτηση (η) service

εξυπηρετικός επίθ
accommodating. (πρόσωπο)
helpful

εξυπηρετώ ρ μτβ serve

εξυπνάδα (η) cleverness.
(καπατσοσύνη) smartness.
(αστεϊσμός) witticism

έξυπνος επίθ clever. (καπάτσος)
smart

εξυψώνω ρ μτβ raise.
(προσδίνω αίγλη) edify

έξω επίρρ out. (στο εξωτερικό)
abroad. (στο ύπαιθρο) outdoors

πρόθ except. ~ από outside.
μια κι ~ all at once. απ´ ~ by
rote, by heart. **προς τα** ~
outward(s)

εξωγήινος επίθ extra-terrestrial

εξώδικος επίθ out of court

εξωθώ ρ μτβ push out.
(παρακινώ) drive

έξωμος επίθ sleeveless and low-
necked (dress)

εξώπορτα (η) front door

έξωση (η) eviction

εξώστης (ο) gallery (at theatre)

εξωστρεφής επίθ extrovert

εξωσυζυγικός επίθ
extramarital

εξωσχολικός επίθ out-of-
school

εξωτερικεύω ρ μτβ reveal
(thoughts)

εξωτερικό (το) (εξωτερική όψη)
exterior. (ξένες χώρες) abroad

εξωτερικός επίθ outside.
(μαθητής, εξεταστής) external.
(σχετικός με ξένες χώρες)
foreign. (μεταφ) superficial

εξωτικός επίθ exotic

εξωφρενικός επίθ (idea) wild.
(τιμές) exorbitant

εξώφυλλο (το) cover (of book)

ΕΟΚ (η) αρκτ (Ευρωπαϊκή
Οικονομική Κοινότητα) EEC
(European Economic
Community)

εορτασ|μός (ο) celebration.
~τικός επίθ celebratory

ΕΟΤ (ο) αρκτ Ελληνικός
Οργανισμός Τουρισμού
National Tourist Board

επάγγελμα (το) occupation.
(γιατρού, δικηγόρου κλπ)
profession

επαγγελματίας (*ο, η*) (*που ασκεί επάγγελμα*) practitioner. (*που ασκεί επάγγελμα με συνέπεια*) professional.

ελεύθερος ~ freelance

επαγγελματικός *επίθ* professional. (*σχετικός με ένα ιδιαίτερο επάγγελμα*) vocational. (*σχετικός με το επάγγελμα γενικά*) occupational. **~τητα** (*η*) professionalism

επαγρυπνώ *ρ αμτβ* be vigilant

έπαθλο (*το*) trophy

έπαινος (*ο*) praise. (*σε διαγωνισμό*) commendation

επαινώ *ρ μτβ* praise. (*λέω καλά λόγια*) commend

επακόλουθος *επίθ* consequent. **~** (*το*) aftermath

επακολουθώ *ρ αμτβ* ensue

έπακρο (*το*) extreme

επαληθεύω *ρ μτβ* verify. **~ομαι** *ρ αμτβ* come true

έπαλξη (*η*) rampart

επανακτώ *ρ μτβ* recover

επαναλαμβάνω *ρ μτβ* repeat. (*ξαναλέω*) reiterate. **~ομαι** *ρ αμτβ* be repeated. (*επανεμφανίζομαι*) recur

επαναληπτικός *επίθ* repetitive

επανάληψη (*η*) repetition, repeat. (*ξαναδιάβασμα*) revision

επαναπατρίζω *ρ μτβ* repatriate

επανάσταση (*η*) revolution. (*εξέγερση*) insurrection

επαναστάτης (*ο*), **~ρια** (*η*) revolutionary. (*μεταφ*) rebel

επαναστατικός *επίθ* revolutionary. (*της εξεγέρσεως*) insurgent

επαναστατώ *ρ αμτβ* revolt. (*μεταφ*) rebel

επαναφέρω *ρ μτβ* bring back. (*στην κοινωνία*) rehabilitate. (*στη μνήμη*) conjure up

επανδρώνω *ρ μτβ* man

επανειλημμένος *επίθ* repeated

επανεμφανίζομαι *ρ αμτβ* reappear. (*συμβαίνω*) recur

επανέρχομαι *ρ αμτβ* return. **~ σε** revert to

επάνοδος (*η*) return

επανορθώνω *ρ μτβ* restore. (*δίνω ικανοποίηση*) make amends. (*διορθώνω*) rectify

επανόρθωση (*η*) restoration. (*διόρθωση*) rectification

επάνω *επίρρ* on. (*ακριβώς*) exactly. (*θέαν*) over. (*περισσότερο*) more. **~ κάτω** round about

επάργυρος *επίθ* silver-plated

επάρκεια (*η*) adequacy

επαρκής *επίθ* adequate

επαρκώ *ρ αμτβ* suffice

έπαρση (*η*) hoisting. (*μεταφ*) conceit

επαρχία (*η*) province

έπαυλη (*η*) villa

επαφή (*η*) (*άγγιγμα*) touch. (*συνάντηση*) contact. **εξ ~ς** point-blank

επαχθής *επίθ* burdensome. (*δυσάρεστος*) onerous

ΕΠΕ *αρκτ* (*εταιρία περιορισμένης ευθύνης*) Ltd (Limited Liability Company)

επείγων *επίθ* urgent. **~ουσα ανάγκη** (*η*) urgency.

επειγόντως *επίρρ* urgently

επειδή *σύνδ* because

επεισόδιο (*το*) incident. (*δυσάρεστο*) episode. (*σε σήριαλ*) instalment

έπειτα *επίρρ* then, afterwards. *(επιπλέον)* besides

επέκταση *(η)* extension. *(σε έκταση)* expansion

επεκτατικός *επίθ* expansive

επεκτείνω *ρ μτβ* extend. *(αναπτύσσω)* expand. *(δραστηριότητες)* branch out. *(θέμα)* enlarge upon

επεμβαίνω *ρ αμτβ* intervene. *(σε ξένες υποθέσεις)* interfere. *(εμπράκτως)* step in

επέμβαση *(η)* intervention. *(σε ξένες υποθέσεις)* interference. *(χειρουργική)* operation

επένδυση *(η)* *(κεφαλαίων)* investment. *(τοίχου)* panelling

επενδ|υτής *(ο)*, **~ύτρια** *(η)* investor

επενδύω *ρ μτβ* *(κεφάλαια)* invest. *(ρούχα)* line. *(τεχν)* coat

επενέργεια *(η)* effect

επεξεργάζομαι *ρ μτβ* process

επεξεργασία *(η)* elaboration. *(σχεδίου)* working out. **~ δεδομένων** data processing

επεξήγηση *(η)* clarification

επεξηγώ *ρ μτβ* clarify

επέρχομαι *ρ αμτβ* occur. *(εφορμώ)* charge

επέτειος *(η)* anniversary

επετηρίδα *(η)* anniversary. *(βιβλίο)* year-book

επευφημία *(η)* cheering. **~ώ** *ρ μτβ* cheer *(applaud)*

επηρεάζω *ρ μτβ* influence. *(αποφασιστικά)* sway. *(δυσμενώς)* affect

επί *πρόθ* on, during. **~ του παρόντος** for the moment. **~ πλέον** in addition. **επ'**

άπειρον ad infinitum. **ως ~ το πλείστον** for the most part

επιβαίνω *ρ αμτβ* board

επιβάλλ|ω *ρ μτβ* impose. *(απρόθυμα)* thrust (up)on. *(αδραιώνω με τη βία)* enforce. *(φόρο ή πρόστιμο)* levy. **~ομαι** *ρ αμτβ* assert oneself. *(αποκτώ κύρος)* command respect

επιβαρύνω *ρ μτβ* burden. *(επιδεινώνω)* aggravate

επιβ|άτης *(ο)*, **επιβ|άτισσα** *(η)* passenger

επιβεβαιώνω *ρ μτβ* confirm. *(μαρτυρία)* corroborate

επιβιβάζ|ω *ρ μτβ* put aboard. **~ομαι** *ρ αμτβ* board, embark

επιβίβαση *(η)* embarkation

επιβιώνω *ρ αμτβ* survive. **~σας** *(ο)* survivor

επιβίωση *(η)* survival

επιβλαβής *επίθ* harmful. *(ουσία)* noxious. *(υγεία, κύρος)* detrimental

επιβλέπω *ρ μτβ* oversee

επίβλεψη *(η)* supervision

επιβλητικός *επίθ* commanding. *(εντυπωσιακός)* imposing

επιβολή *(η)* imposition. *(διά της βίας)* enforcement. *(άσκηση επιρροής)* dominance

επιβραδύνω *ρ μτβ* slow (down). *(καθυστερώ)* delay

επίγειος *επίθ* earthly

επίγνωση *(η)* awareness

επιγονατίδα *(η)* kneecap

επίγραμμα *(το)* epigram

επιγραφή *(η)* sign, notice. *(σε πλάκα)* inscription

επιγράφω ρ μτβ inscribe

επιδεικνύω ρ μτβ demonstrate. (εκθέτω) display. (προβάλλω) show off

επιδεικτικός επίθ ostentatious, (καθομ) showy

επιδεινώνω ρ μτβ exacerbate. (αρρώστια) aggravate

επιδείνωση (η) aggravation

επίδειξη (η) demonstration. (έκθεση) display. (προβολή) showing off. (στρ) tattoo

επιδειξίας (ο) show-off. (ιατρ) exhibitionist

επιδεκτικός επίθ receptive. (εισηγήσεων) amenable (to)

επιδένω ρ μτβ bandage

επιδέξιος επίθ skilful. (ειδικός) adept. (επιτήδειος) dexterous

επιδεξιότητα (η) skill. (σε χειρισμούς) dexterity

επιδερμίδα (η) skin

επίδεση (η) bandaging. **~μος** (ο) bandage

επιδημία (η) epidemic

επιδικάζω ρ μτβ adjudicate

επιδιορθώνω ρ μτβ repair. (παπούτσια, ρούχα) mend

επιδιόρθωση (η) repair

επιδιώκω ρ μτβ pursue

επιδοκιμάζω ρ μτβ approve of. (προσυπογράφω) endorse

επιδοκιμασία (η) approval. (αποδοχή) endorsement. (ευνοϊκή) acclaim

επίδομα (το) allowance. (επιπρόσθετο) bonus. **~ ανεργίας** dole

επίδοξος επίθ prospective

επιδόρπιο (το) dessert

επίδοση (η) delivery. (διαπιστευτηρίων) presentation. (μαθητού, αθλητή) record. (μηχ) performance. (νομ) service

επιδότηση (η) subsidy. (για σπουδές) grant

επίδραση (η) impact

επιδρομέας (ο) raider. (εισβολέας) invader

επιδρομή (η) raid

επιείκεια (η) lenience. (σε έγκλημα) clemency. (σε παράπτωμα) indulgence

επιεικής επίθ lenient. (γονείς) indulgent

επίζηλος επίθ enviable

επιζήμιος επίθ damaging

επιζήσας (ο) survivor

επιζητώ ρ μτβ seek

επιζώ ρ μτβ outlive

επίθεμα (το) compress

επίθεση (η) application (placing). (βίαιη) onslaught. (εχθρική) attack. (στρ) offensive

επιθετικός επίθ aggressive

επίθετο (το) epithet. (γραμμ) adjective. (επώνυμο) surname

επιθέτω ρ μτβ put on. (σφραγίδα) affix

επιθεώρηση (η) inspection. (θέατρο) revue. (στρ) review

επιθεωρητής (ο),
επιθεωρήτρια (η) inspector. (αστυνομίας) superintendent

επιθεωρώ ρ μτβ inspect

επίθημα (το) suffix

επιθυμητός επίθ desirable

επιθυμία (η) desire. (ευχή) wish. (παρόδική) fancy

επιθυμώ ρ μτβ desire. (εύχομαι) wish

επίκαιρ|ος *επίθ* opportune. (*τοπικά κατάλληλος*) topical. **~α** (*τα*) newsreel

επικαλούμαι *ρ μτβ* invoke

επικαλύπτω *ρ μτβ* coat

επικείμενος *επίθ* impending. (*στο πολύ εγγύς μέλλον*) imminent

επίκεντρο (*το*) epicentre. (*μεταφ*) focal point

επικερδής *επίθ* profitable

επικεφαλής (*ο, η*) head, chief

επικεφαλίδα (*η*) heading. (*σε εφημερίδα*) headline

επικήδειος *επίθ* funeral

επικίνδυνος *επίθ* dangerous. (*όχι σίγουρος*) risky. (*που εκθέτει σε κίνδυνο*) perilous. (*που ενέχει κινδύνους*) hazardous

επικοινωνία (*η*) communication

επικοινωνώ *ρ μτβ/ρ αμτβ* communicate

επικόλληση (*η*) pasting on

επικός *επίθ* epic

επικουρικός *επίθ* supplementary. (*εφεδρικός*) ancillary

επικράτεια (*η*) state

επικρατέστερος *επίθ* predominant

επικράτηση (*η*) prevalence

επικρατώ *ρ αμτβ* prevail. (*είμαι επικρατέστερος*) predominate

επικρίνω *ρ μτβ* censure. (*ψέγω*) reprehend

επίκριση (*η*) censure. (*έντονη*) stricture

επικροτώ *ρ μτβ* applaud, approve of

επικυρώνω *ρ μτβ* validate. (*επιβεβαιώνω*) ratify. (*επισημοποιώ*) sanction. (*την αλήθεια*) attest

επικύρωση (*η*) (*αλήθειας*) attestation. (*επιβεβαίωση*) ratification. (*επίσημη*) sanction

επιλαχ|ών (*ο*), **~ούσα** (*η*) runner-up

επιλέγω *ρ μτβ* select. (*ανάμεσα σε πολλά*) opt for

επιλεκτικός *επίθ* selective

επίλεκτος *επίθ* select, exclusive. (*στρ*) crack

επιληψία (*η*) epilepsy

επιλογή (*η*) choice. (*εκλογή*) selection. (*δυνατότητα επιλογής*) option

επίλογος (*ο*) epilogue. (*επακολούθημα*) conclusion

επίμαχος *επίθ* controversial

επιμέλεια (*η*) diligence. (*μαθητή*) studiousness. (*νομ*) custody

επιμελής *επίθ* diligent. (*μαθητής*) studious

επιμελητήριο (*το*) Chamber. **Εμπορικό και Βιομηχανικό Επιμελητήριο** Chamber (*of Commerce and Industry*)

επιμελητής (*ο*), **~ήτρια** (*η*) (*σχολ*) prefect. **~ εκδόσεως** (*ο, η*) editor (*of text*)

επιμελούμαι *ρ μτβ* look after. (*έκδοση*) edit

επιμένω *ρ αμτβ* insist. **~ σε** insist on. (*δείχνω επιμονή σε κάτι*) persist in

επιμήκης *επίθ* oblong, elongated

επιμηκύνω *ρ μτβ* elongate

επιμονή (η) insistence. (σε προσπάθεια) persistence. (πείσμα) tenacity

επίμονος επίθ insistent. (που δείχνει επιμονή) persistent. (πεισματάρης) tenacious

επιμόρφωση (η) in-service training

επίμοχθος επίθ painful, laborious

επινόηση (η) contrivance. (συσκευή) invention. (της φαντασίας) fabrication

επινοητικός επίθ imaginative. **~τητα** (η) resourcefulness

επινοώ ρ μτβ contrive. (ιδέα) come up with. (ιστορία) make up. (λέξη) coin. (μηχανεύομαι) devise. (μεταφ) concoct

επίπεδο (το) level. (ποιότητας) standard. **βιωτικό ~** standard of living

επίπεδ|ος επίθ flat. (επιφάνεια) level. (ομαλός) smooth. **~δη οθόνη** (η) flat screen

επιπλέον επίρρ furthermore

επιπλέω ρ μτβ/ρ αμτβ float

επίπληξη (η) reprimand, rebuke

επιπλήττω ρ μτβ reprimand, rebuke

έπιπλ|ο (το) a piece of furniture. **~α** (τα) furniture

επιπλωμένος επίθ furnished

επιπλώνω ρ μτβ furnish

επίπλωση (η) furnishings

επιπόλαιος επίθ flippant. (ελαφρόμυαλος) frivolous. (επιφανειακός) superficial

επίπονος επίθ laborious

επιπρόσθετος επίθ additional

επίπτωση (η) repercussion

επιρρεπής επίθ susceptible (to)

επίρρημα (το) adverb

επιρροή (η) influence

επισημαίνω ρ μτβ mark (stamp). (υποδείχνω) point out

επισήμανση (η) marking. (με ετικέτα) labelling

επισημοποιώ ρ μτβ make official

επίσημος επίθ official. (των αρχών) state. (τυπικός) formal

επισημότητα (η) formality

επίσης επίρρ too, also. (επιπλέον) as well

επισκέπτης (ο), **~ρια** (η) visitor, guest

επισκέπτομαι ρ μτβ visit. (για σύντομο διάστημα) call on

επισκευάζω ρ μτβ repair. **~ή** (η) repair

επίσκεψη (η) visit. (σύντομη) call

επισκιάζω ρ μτβ overshadow. (άλλους με την υπεροχή μου) eclipse

επισκοπή (η) bishopric. (κτίριο) bishop's palace. (περιφέρεια) (η) diocese

επισκόπηση (η) survey (report)

επίσκοπος (ο) bishop

επισκοπώ ρ μτβ survey

επισπεύδω ρ μτβ precipitate. (πρόοδο) expedite

επιστάτ|ης (ο), **~ρια** (η) caretaker. (σε κτήματα) warden. (επιτηρητής) overseer. (εργατών) foreman, forewoman

επιστατώ ρ μτβ oversee

επιστήθιος επίθ close. **~ φίλος** (ο) bosom friend

επιστήμ|η (η) science. **~ονας** (ο, η) scientist

επιστημονικ|ός επίθ scientific. **~ή φαντασία** (η) science fiction

επιστολ|ή (η) letter. (εκκλ) epistle. **~ογραφία** (η) correspondence

επιστράτευση (η) mobilisation

επιστρατεύω ρ μτβ call up. (στρ) (κινητοποιώ) mobilize. (μεταφ) summon up

επιστρέφω ρ μτβ return, give back. (χρήματα) refund. • ρ αμτβ return, go back

επιστροφή (η) return. (χρημάτων) refund

επίστρωση (η) coating

επισυνάπτω ρ μτβ attach

επισφαλής επίθ precarious

επισφραγίζω ρ μτβ seal. (μεταφ)

επιταγή (η) (διαταγή) command. (τραπέζης) cheque

επιτακτικός επίθ imperative. (τρόπος) peremptory

επίταξη (η) requisition

επιτάσσω ρ μτβ requisition

επιτάφιος επίθ funeral. **~ λόγος** (ο) epitaph. **~** (ο) church service on Good Friday

επιταχύνω ρ μτβ accelerate

επιτείνω ρ μτβ intensify

επιτελείο (το) (στρ) staff.

επιτέλους επίρρ at last. **~!** about time!

επιτελώ ρ μτβ accomplish

επιτετραμμένος επίθ permitted. **~** (ο) chargé d' affaires

επίτευγμα (το) βλ **επίτευξη**

επίτευξη (η) achievement

επιτήδειος επίθ (κατάλληλος) appropriate. (καπάτσος) slick, cunning

επίτηδες επίρρ on purpose

επιτηδευματίας (ο) trader

επιτηδευμένος επίθ affected

επιτήρηση (η) (αστυνομική) surveillance. (νομ) probation

επιτηρ|ητής (ο), **~ήτρια** (η) invigilator

επιτηρώ ρ αμτβ invigilate

επιτίθεμαι ρ μτβ attack. (βίαια) assault. (στρ) charge

επίτιμος επίθ honorary

επιτόκιο (το) rate of interest

επιτομή (η) epitome. (σύγγραμμα) compendium

επιτόπιος επίθ on the spot

επιτραπέζι|ος επίθ table. **~ς οίνος** (ο) table wine. **~ νερό** (το) mineral water

επιτρεπτ|ικός επίθ permissive. **~ός** επίθ permissible

επιτρέπω ρ μτβ allow. (δίνω άδεια) permit

επιτροπή (η) committee. (των ΕΚ) Commission

επίτροπος (ο) delegate. (ΕΕ) commissioner. (εκκλ) church warden. (κληρονομίας) trustee. (κυβερνητικός) ombudsman

επιτυγχάνω ρ μτβ achieve. (φέρω εις πέρας) accomplish. • ρ αμτβ succeed

επιτύμβιο (το) epitaph (on tomb)

επιτυχαίνω βλ **επιτυγχάνω**

επιτυχ|ημένος, ~ής επίθ successful

επιτυχία (η) success

επιφάνεια *(η)* surface. *(έκταση)* area

επιφανειακός *επίθ* superficial. *(φαινομενικός)* skin-deep

επιφανής *επίθ* illustrious

Επιφάνια *(τα)* Epiphany

επιφέρω *ρ μτβ* bring about

επίφοβος *επίθ* *(εχθρός)* formidable. *(κτίριο)* unsafe

επιφυλακή *(η)* alert. *(ετοιμότητα για δράση)* standby

επιφυλακτικός *επίθ* cautious. *(δήλωση)* circumspect. *(προσεκτικός)* reticent. *(στον τρόπο)* reserved

επιφύλαξη *(η)* caution. *(αμφιβολία)* reservation. *(προϋπόθεση)* qualification. *(στη συμπεριφορά)* reserve

επιφυλάσσω *ρ μτβ* have in store. **~ομαι** *ρ αμτβ* reserve

επιφυλλίδα *(η)* newspaper supplement

επιφώνημα *(το)* exclamation

επιχείρημα *(το)* *(προσπάθεια)* attempt. *(για υποστήριξη)* argument

επιχειρηματίας *(ο)* businessman, entrepreneur

επιχειρηματικός *επίθ* enterprising

επιχείρηση *(η)* enterprise. *(εμπ)* business. *(στρ)* operation

επιχειρώ *ρ μτβ* undertake. *(προσπαθώ)* try

επιχορήγηση *(η)* subsidy. *(από εταιρία)* sponsorship. *(φοιτητή)* grant

επιχορηγώ *ρ μτβ* subsidize. *(εταιρία)* sponsor

επίχρισμα *(το)* veneer. *(ιατρ)* smear

επίχρυσος *επίθ* gold-plated

επιχρυσώνω *ρ μτβ* gild

εποικισμός *(ο)* settlement

επόμεν|ος *επίθ* following, next. **η ~η βδομάδα** next week. **επομένη** *(η)* next day. **ήταν ~ο** it was expected

επομένως *επίρρ* therefore, consequently

εποπτεία *(η)* supervision

εποπτεύω *ρ μτβ* supervise

επόπτ|ης *(ο)*, **~ρια** *(η)* supervisor

έπος *(το)* epic

επουλών|ω *ρ μτβ* heal. **~ομαι** *ρ αμτβ* heal. *(αφήνοντας σημάδι)* scar

επουράνιος *επίθ* heavenly

εποχή *(η)* season. *(στην ιστορία)* era. *(στην προϊστορία)* age

εποχιακός *επίθ* seasonal

έπρεπε *βλ* **πρέπει. ~ να τον είχα δει** I should have seen him

επτά *επίθ άκλ* seven

Επτάνησ|α *(τα)*, **Ε~ος** *(η)* Ionian islands

επώαση *(η)* incubation

επωδή *(η)* incantation

επωμίδα *(η)* epaulette

επωμίζομαι *ρ μτβ* shoulder

επώνυμ|ος *επίθ* eponymous. **~** *(το)* surname

επωφελής *επίθ* advantageous

επωφελούμαι *ρ ~ από** take advantage of. *(για καλύτερα αποτελέσματα)* capitalize on. *(εμπορ)* cash in on

εραλδική *(η)* heraldry

έρανος *(ο)* collection *(of money)*, *(καθομ)* whip-round

ερασιτέχν|ης (*o*), **~ιδα** (*η*) amateur

εραστής (*o*) lover (*man*)

εργάζομαι *ρ αμτβ* work. (*μηχ*) function. (*σκληρά*) labour

εργαλείο (*το*) tool. (*γεωργικό*) implement. (*χειρουργικό*) instrument

εργασί|α (*η*) labour, work. **~ες** (*οι*) proceedings

εργάσιμ|ος *επίθ* working. **~η μέρα** (*η*) working day

εργαστήριο (*το*) workshop. (*επιστημονικό*) laboratory, (*καθομ*) lab.

εργά|της (*o*), **~ρια** (*η*) labourer

εργατιά (*η*) workers

εργατικός *επίθ* hard-working. (*που αγαπά την εργασία*) industrious

εργατικότητα (*η*) industry (*zeal*)

εργένης (*o*) bachelor

έργο|ο (*το*) project. (*δημιούργημα*) work. (*καθηκον*) task. (*κινηματογράφος*) film. (*πράξη*) deed. **~ο τέχνης** work of art. **~α** (*τα*) writings

εργοδότ|ης (*o*), **~ρια** (*η*) employer

εργολαβία (*η*) contract work

εργοστάσιο (*το*) factory. (*μηχανήματα*) plant

ερεθίζω *ρ μτβ* (*δέρμα*) inflame. (*διεγείρω*) stimulate. (*οργίζω*) irritate

ερέθισμα (*το*) stimulus

ερεθισμός (*o*) inflammation

ερείπι|ο (*το*) (*άνθρωπος*) wreck. (*κτίσμα*) ruin. **~α** (*τα*) wreckage

ερειπωμένος *επίθ* derelict

ερειπώνω *ρ μτβ* ruin

ερείπωση (*η*) dilapidation

έρεισμα (*το*) (*βάση για άποψη*) grounds. (*υποστήριγμα*) support

έρευνα (*η*) (*αστυνομική*) investigation. (*γενική*) survey. (*εξέταση*) search. (*εξονυχιστική*) probe. (*επιστημονική*) research. (*μελέτη*) study. (*σε θέμα*) inquiry

ερευνητής (*o*), **~ήτρια** (*η*) researcher

ερευνώ *ρ μτβ* investigate. (*γενικά*) inquire into. (*εξετάζω*) research. (*εξονυχιστικά*) probe. (*βυθό ποταμού*) drag. *ρ αμτβ* search. (*για πολύτιμα μέταλλα*) prospect

ερήμην *επίρρ* in absentia

ερημιά (*η*) wilderness, wastes, (*καθομ*) back of beyond. (*μοναξιά*) seclusion

ερημικός *επίθ* deserted. (*ασύχναστος*) secluded

ερημίτης (*o*) hermit. (*εκκλ*) recluse

έρημος *επίθ* (*εδάφους*) waste. (*άθλιος*) wretched. (*ακατοίκητος*) desolate. **~** (*η*) desert

ερημώνω *ρ μτβ* lay waste to, devastate. *ρ αμτβ* be deserted

ερήμωση (*η*) desolation

έριδα (*η*) (*καβγάς*) squabble. (*διχόνοια*) discord

εριστικός *επίθ* quarrelsome

έρμα (*το*) ballast

έρμαιο (*το*) prey

ερμηνεία (*η*) interpretation. (*απόδοση*) rendering. (*μετάφραση*) interpreting

ερμηνεύω ρ μτβ (αποδίδω) render. (εξηγώ) construe. (μεταφράζω) interpret

ερμητικ|ός επίθ hermetic. **~ά** επίρρ tightly

ερμίνα (η) ermine

ερπετό (το) reptile

έρπης (ο) herpes

έρρινος επίθ nasal

ερυθρά (η) German measles

Ερυθρόδερμος (ο), **~η** (η) Red Indian

ερυθρός επίθ red. **ο Ερυθρός Σταυρός** the Red Cross

έρχ|ομαι ρ αμτβ come. (αρμόζω) suit. (φτάνω) arrive. **~ομαι στον εαυτό μου** come to one's senses. **μου ~εται να φύγω** I feel like leaving. **το σακκάκι μου ~εται καλά** the jacket really suits me

ερχόμενος επίθ expected. (προσεχής) next

ερχομός (ο) coming

ερωδιός (ο) heron

ερωμένος (ο) lover

ερωμένη (η) mistress (lover)

Έρως (ο) Cupid

έρωτας (ο) love (sexual)

ερωτευμένος επίθ enamoured. **είμαι ~** (με) be in love (with)

ερωτεύομαι ρ μτβ/αμτβ fall in love (with)

ερώτημα (το) question, query

ερωτηματικ|ός επίθ interrogative. **~** (το) question mark

ερωτηματολόγιο (το) questionnaire

ερώτηση (η) question. (δύσκολη) poser. (με κρυμμένη σημασία) loaded question

ερωτικός επίθ amorous. (χαρακτηρίζει τον έρωτα) erotic

ερωτισμός (ο) eroticism

ερωτοδουλειά (η) love affair

ερωτοτροπία (η) flirtation

ερωτώ ρ μτβ ask. (ζητώ πληροφορίες) enquire

εσείς αντων βλ **εσύ**. you (formal, pl.)

Εσκιμώ|ος (ο), **~α** (η) Eskimo

εσκεμμένος επίθ deliberate

εσοδεία (η) βλ **σοδειά**

έσοδο (το) revenue

εσοχή (η) alcove. (κοιλότητα) recess

εσπέρα (η) evening

εσπερίδα (η) soirée

εσπεριδοειδή (τα) citrus trees and fruit

εσπερινός επίθ evening

εσπευσμένος επίθ precipitate

εσταυρωμένος επίθ crucified. **~** (ο) crucifix

εστία (η) focus. (κρίκετ) wicket. (μεταφ) hotbed

εστιακός επίθ focal

εστιατόριο (το) restaurant

έστω (προστ ρήμ ειμί) so be it. **~ κι αν** even if. **~ κι έτσι** even so

εσύ αντων you

ΕΣΥ (το) ~ NHS

εσφαλμένος επίθ mistaken

έσχατος επίθ ultimate

εσώκλειστος επίθ enclosed

εσωκλείστως επίρρ herewith

εσωκλείω ρ μτβ enclose (with letter)

εσώρουχ|ο (το) undergarment. **~α** (τα) underwear.

εσωστρεφής *επίθ* introvert

εσωτερικό (*το*) inside, interior. (*ενδοχώρα*) inland

εσωτερικός *επίθ* internal. (*άνθρωπος*) inner. (*γιατρός*) resident. (*διοίκηση*) home. (*κτιρίου*) indoor. (*πτήσεις*) domestic. (*χώρου*) interior

εταίρα (*η*) courtesan

εταιρ(ε)ία (*η*) company. ~ **ηλεκτρονικού εμπορίου** dot-com

εταιρικός *επίθ* corporate

εταίρος (*ο*) partner

ετερογενής *επίθ* heterogeneous

ετεροθαλής *επίθ* ~ **αδελφή** (*η*) stepsister. ~ **αδελφός** (*ο*) stepbrother

ετεροφυλόφιλος *επίθ* heterosexual

ετήσιος *επίθ* annual

ετησίως *επίρρ* yearly, annually

ετικέτα (*η*) label. (*κρεμαστή*) tag. (*εθιμοτυπία*) etiquette

ετοιμάζω *ρ μτβ* prepare. ~**ομαι** *ρ αμτβ* get ready. **κάτι** ~**αι** there's something afoot

ετοιμασία (*η*) preparation. ~**ες** (*οι*) arrangements (*plans*)

ετοιμόγεννος *επίθ* on the point of giving birth

ετοιμοθάνατος *επίθ* about to die

ετοιμολογία (*η*) presence of mind

ετοιμόρροπος *επίθ* ramshackle. (*έπιπλο*) rickety. (*κτίριο*) crumbling

έτοιμος *επίθ* ready. (*πρόθυμος*) willing. (*ρούχα*) off the peg. (*τελειωμένος*) ready-made. **είμαι** ~ **να** be about to

ετοιμότητα (*η*) readiness

έτος (*το*) year

έτσι *επίρρ* thus. (*απλά*) simply. (*δωρεάν*) free. • *σύνδ* ~ **και** so much as. ~ like this. ~ **κι** ~ so-so. ~ **κι αλλιώς** either way. ~ **ή αλλιώς** somehow or other

ετυμηγορία (*η*) verdict

ετυμολογία (*η*) etymology

ευαγγελικός *επίθ* evangelical

ευαγγέλιο (*το*) gospel

ευάερος *επίθ* airy

ευαισθησία (*η*) sensitivity

ευαισθητοποίηση (*η*) sensitization

ευαίσθητος *επίθ* sensitive. (*με λεπτά αισθήματα*) soft-hearted

ευανάγνωστος *επίθ* legible

ευαρέσκεια (*η*) gratification

ευαρεστούμαι *ρ αμτβ* have the pleasure

εύγε *επιφών* well done

ευγένεια (*η*) politeness. (*επίσημα*) civility. (*καλοί τρόποι*) courtesy. (*καταγωγή*) nobility

ευγενής *επίθ* polite. (*με καλούς τρόπους*) courteous. (*καταγωγή*) noble. ~ (*ο*) nobleman

ευγενικός *επίθ* polite. (*με καλούς τρόπους*) courteous. (*με καλή ψυχή*) kind. (*στην ομιλία*) well-spoken

εύγευστος *επίθ* tasty

ευγλωττία (*η*) eloquence

εύγλωττος *επίθ* eloquent. (*πειστικός*) persuasive

ευγνώμονας *επίθ βλ* **ευγνώμων**

ευγνωμονώ *ρ μτβ* be grateful

ευγνωμοσύνη (η) gratitude

ευγνώμων επίθ grateful

ευδαιμονία (η) bliss. (υλική) prosperity

ευδιάθετος επίθ good-humoured. (πρόθυμος) willing

ευδιάκριτος επίθ distinct. (στο σκοτάδι) discernible

ευδοκιμώ ρ αμτβ (ευημερώ) prosper. (αναπτύσσομαι) thrive

ευέλικτος επίθ flexible

ευελιξία (η) flexibility

ευέλπις επίθ hopeful

ευέξαπτος επίθ quick-tempered, short-tempered

ευεργεσία (η) benefaction

ευεργέτης (η) benefactor

ευεργετικός επίθ beneficial

ευερέθιστος επίθ irritable

εύζωνας (ο) evzone (*soldier in the Greek infantry*)

ευήλιος επίθ sunny

ευημερία (η) prosperity

ευημερώ ρ αμτβ prosper

ευθανασία (η) euthanasia

ευθεία (η) straight line

εύθετος επίθ opportune

εύθικτος επίθ touchy

ευθιξία (η) touchiness

εύθραυστος επίθ fragile. (κόκκαλο) brittle. (υγεία) frail

ευθυγραμμίζω ρ μτβ align

ευθυμία (η) jollity. (κέφι) gaiety. (σε μέθη) merriment

εύθυμος επίθ jolly. (αστείος) funny. (κεράτος) gay. (μεθυσμένος ελαφρά) merry

ευθυμώ ρ αμτβ cheer up

ευθύνη (η) responsibility.

(λογοδοσία) accountability. (νομ) liability

ευθύνομαι (για) ρ αμτβ be responsible (for)

ευθύς επίθ (ίσιος) straight. (ειλικρινής) direct. (χωρίς περιπλοκές) straightforward. **~εως** επίρρ straight, directly

ευθύτητα (η) straightness. (ειλικρίνεια) directness, frankness

ευκαιρία (η) opportunity, chance. (αγορά) bargain, good buy

ευκαιρώ ρ αμτβ have the time

ευκάλυπτος (ο) eucalyptus

εύκαμπτος επίθ flexible

ευκατάστατος επίθ well-to-do

ευκαταφρόνητος επίθ negligible

ευκινησία (η) agility

ευκίνητος επίθ agile

ευκοιλιότητα (η) diarrhoea

ευκολία (η) ease. (διευκόλυνση) convenience. (εξυπηρέτηση) facility. **~ες** (οι) amenities. (υπηρεσίες) facilities

ευκολονόητος επίθ easy to understand

ευκολόπιστος επίθ gullible

εύκολος επίθ easy. (που δεν απαιτεί κόπο) effortless. (γυναίκα) loose. **~α** επίρρ easily

ευκολύνω ρ μτβ facilitate. (οικονομικά) help financially

εύκρατος επίθ temperate

ευκρινής επίθ clear. (ομιλία) articulate

ευλάβεια (η) reverence

ευλογημένος επίθ blessed

ευλογία (η) blessing. (ενεργεσία) boon

ευλογιά (η) smallpox

εύλογος επίθ plausible

ευλογώ ρ μτβ bless

ευλύγιστος επίθ supple

ευμενής επίθ propitious

ευμετάβλητος επίθ changeable. (άνεμος) variable. (καιρός) unsettled

ευνόητος επίθ easy to understand

εύνοια (η) favour

ευνοϊκός επίθ favourable

ευνοιοκρατία (η) favouritism

ευνοούμενος επίθ favourite. (που έχει την εύνοια) favoured

ευνουχίζω ρ μτβ neuter. (γάτο) doctor. (ζώο) castrate

ευνούχος (ο) eunuch

ευνοώ ρ μτβ favour

ευοίωνος επίθ auspicious

ευπαρουσίαστος επίθ presentable

ευπατρίδης (ο) patrician

ευπειθής επίθ obedient

εύπιστος επίθ credulous. (απλοϊκός) naive

εύπλαστος επίθ malleable. (χαρακτήρας) pliable

ευπορία (η) affluence

εύπορος επίθ well-off

ευπρέπεια (η) propriety. (στη συμπεριφορά) decorum

ευπρεπής επίθ proper. (συμπεριφορά) decorous

ευπρόσδεκτος επίθ welcome

ευρεσιτεχνία (η) patent

ευρετήριο (το) card-index. (σε βιβλίο) index

εύρημα (το) find

εύρος (το) breadth

ευρύνω ρ μτβ broaden

ευρύς επίθ broad. **~έως** επίρρ broadly

ευρύτητα (η) breadth

ευρύχωρος επίθ spacious

ευρώ (το) euro

ευρωβουλευτής (ο, η) MEP

ευρωβουλή (η) European Parliament

ευρωδολάριο (το) Eurodollar

ευρωκοινοβούλιο (το) βλ **ευρωβουλή**

ευρωπαϊκός επίθ European. **~ή Ένωση** (η) European Union

Ευρωπαίος (ο), **~α** (η) European

Ευρώπη (η) Europe

εύρωστος επίθ brawny

ευσέβεια (η) piety

ευσεβής επίθ devout, pious. (ελπίδα) fond

ευσπλαχνία (η) compassion

εύσπλαχνος επίθ compassionate

ευσταθώ ρ αμτβ be valid

εύστοχος επίθ well-aimed. (παρατήρηση) apposite

ευσυνείδητος επίθ conscientious

εύσωμος επίθ burly

ευτελής επίθ mean. (φτηνός) measly

ευτραφής επίθ stout (portly). (γυναίκα) matronly

ευτύχημα (το) lucky thing

ευτυχής επίθ βλ **ευτυχισμένος**. (καλότυχος) lucky. (ευχαριστημένος)

delighted. **~ώς** επίρρ
fortunately, luckily

ευτυχία (η) happiness

ευτυχισμένος επίθ happy

ευυπόληπτος επίθ reputable

ευφημισμός (ο) euphemism

εύφλεκτος επίθ inflammable,
flammable

ευφορία (η) euphoria

ευφράδεια (η) fluency

ευφραδής επίθ fluent

ευφυής επίθ intelligent

ευφυΐα (η) intelligence

ευφυολόγημα (το) witticism,
(καθομ) wisecrack

ευφυολογώ ρ αμτβ make witty
remarks

ευχαριστημένος επίθ pleased.
(ικανοποιημένος) satisfied

ευχαριστήριος επίθ thank-you

ευχαρίστηση (η) pleasure.
(ικανοποίηση) satisfaction

ευχαριστία (η) (εκκλ)
eucharist. **~ες** (οι) thanks

ευχάριστος επίθ pleasant.
(άνθρωπος) agreeable.
(ικανοποιητικός) agreeable.
(που ευχαριστεί) pleasing.
(χαρακτήρας, γούστα) congenial

ευχαριστώ ρ μτβ (ικανοποιώ)
please. (εκφράζω ευχαριστία)
thank. **~** thank you, thanks

ευχαρίστως επίρρ with
pleasure

ευχέρεια (η) facility

ευχή (η) wish. (ευλογία) blessing

εύχομαι ρ μτβ wish. (δέομαι)
pray

εύχρηστος επίθ easy to use.
(που χρησιμοποιείται από
πολλούς) in current use

ευωδιά (η) fragrance

ευωδιαστός επίθ fragrant

εφαλτήριο (το) vaulting horse

εφάμιλλος επίθ equal to

εφάπαξ επίρρ once and for all.
(δόση) single. (χρηματικό ποσό)
lump sum

εφάπτομαι ρ αμτβ adjoin

εφαπτομένη (η) tangent

εφαρμογή (η) application.
(ρούχα) fit. (σχεδίου)
implementation

εφαρμόζω ρ μτβ apply.
(υλοποιώ) implement.
(χρησιμοποιώ) practise, carry
out. **·** ρ αμτβ fit

εφαρμόσιμος επίθ applicable.
(έργο) workable

εφαρμοσμένος επίθ applied.
~τός επίθ snug, tight

εφεδρεία (η) reserve

εφεδρικός επίθ reserve.
(άνθρωπος) stand-by

έφεδρος (ο) reservist

εφεξής επίρρ henceforth

έφεση (η) appeal

εφετείο (το) court of appeal

εφέτης (ο, η) judge of the court
of appeal

εφεύρεση (η) invention

εφευρέτης (ο), **~ρια** (η)
inventor

εφευρετικός επίθ inventive.
(επινοητικός) ingenious

εφευρίσκω ρ μτβ invent

εφηβεία (η) adolescence,
puberty

εφηβικός επίθ adolescent,
teenage

έφηβος (ο, η) adolescent,
teenager

εφημερεύω *ρ αμτβ* be on duty (*during the day*)

εφημερίδα (*η*) newspaper

εφημεριδοπώλης (*ο*) newsagent

εφημέριος (*ο*) parson. (*στρ*) chaplain. (*της αγγλικανικής εκκλησίας*) vicar

εφήμερος *επίθ* ephemeral. (*παροδικός*) transient

εφιάλτης (*ο*) nightmare

εφιαλτικός *επίθ* nightmarish

εφίδρωση (*η*) perspiration

εφικτός *επίθ* feasible. (*κατορθωτός*) viable

έφιππος *επίθ* on horseback

εφοδιάζω *ρ μτβ* supply. (*αποθηκεύω*) stock

εφοδιασμός (*ο*) (*τεχν*) supply.

εφόδι|ο (*το*) equipment. **~α** (*τα*) (*μέσα*) means

έφοδος (*η*) assault. (*σε μάχη*) charge

Εφορία (*η*) Inland Revenue

εφόρμηση (*η*) assault. (*αστυνομίας*) swoop

εφορμώ *ρ αμτβ* swoop. (*στρ*) rush

έφορος (*ο*) (*επόπτης*) supervisor. (*εφορίας*) tax inspector. (*μουσείου*) (*ο*) curator

εφόσον *σύνδ* so long as, provided

εφτά *επίθ άκλ βλ* **επτά**

έχει, **~ς** *βλ* **έχω**

εχεμύθεια (*η*) discretion

εχέμυθος *επίθ* discreet

έχθρα (*η*) enmity

εχθρικός *επίθ* hostile

εχθρός (*ο*) enemy. (*ζώου ή φυτού*) pest

εχθρότητα (*η*) animosity. (*εχθρική διάθεση*) hostility

έχιδνα (*η*) viper

έχ|ω *ρ μτβ* have. (*ιδέες, ελπίδες*) entertain. (*κρατώ*) hold. (*είμαι ιδιοκτήτης*) own. **τι ~εις**; what's wrong with you;

(ε)ψές *επίρρ* last night

έως *επίρρ* until, up to

Zζ

ζαβολιά (*η*) (*σε παιχνίδι*) cheating. **~ές** (*οι*) (*παιδιά*) mischief

ζαβός *επίθ* crooked. (*ανάποδος*) contrary

ζακέτα (*η*) jacket. (*πλεκτή*) cardigan

ζαλάδα (*η*) *βλ* **ζάλη**

ζάλη (*η*) daze. (*ίλιγγος*) dizziness

ζαλίζ|ω *ρ μτβ* daze. (*σκοτίζω*) pester. (*χτύπημα*) stun. **~ομαι** *ρ αμτβ* feel giddy. (*σε ταξίδι*) get sick

ζαμπόν (*το*) *άκλ* ham

ζάντα (*η*) rim (*of wheel*)

ζάπλουτος *επίθ* loaded, very rich

ζάρα (*η*) wrinkle. (*σε ύφασμα*) crease

ζάρι (*το*) dice *άκλ*

ζαρκάδι (*το*) roe (deer)

ζαρντινιέρα (*η*) window-box

ζαρτιέρα (*η*) suspender belt

ζάρωμα (*η*) shrinkage

ζαρωματιά (*η*) crinkle

ζαρωμένος *επίθ* wizened

ζαρώνω *ρ μτβ* crease, crinkle.
• *ρ αμτβ* wrinkle. (*ελαττώνομαι*)
shrivel. (*από φόβο*) cower. (*από κρύο*) huddle up

ζαφείρι (*το*) sapphire

ζαφορά (*η*) saffron

ζάχαρη (*η*) sugar

ζαχαριέρα (*η*) sugar-bowl

ζαχαρίνη (*η*) saccharin

ζαχαροκάλαμο (*το*) sugar cane

ζαχαροπλαστείο (*το*)
patisserie

ζαχαρώνω *ρ μτβ* sugar,
sprinkle sugar on

ζαχαρωτ|ός *επίθ* sugary. **~ό**
(*το*) sweet. **~ά** (*τα*)
confectionery

ζέβρα (*η*) zebra

ζελατίνη (*η*) gelatine. (*από ψάρια ή κρέας*) aspic

ζελέ (*το*) *άκλ* jelly. (*καλλυντικό*)
gel

ζεματ|ίζω *ρ μτβ* scald. **~ιστός**
επίθ piping hot

ζεμπίλι (*το*) soft wicker basket

ζενίθ (*το*) *άκλ* zenith

ζέρσεϊ (*το*) *άκλ* jersey

ζέση (*η*) ardour (*enthusiasm*)

ζεσταίν|ω *ρ μτβ* (*θερμαίνω*)
heat up. (*ανεβάζω θερμότητα*)
warm up. • *ρ αμτβ* warm (up).
~ομαι *ρ αμτβ* be or feel hot

ζεστασιά (*η*) warmth

ζεστός *επίθ* warm

ζευγαράκι (*το*) pair of lovers

ζευγάρι (*το*) pair. (*άντρας και γυναίκα*) couple. (*ζώα*) team

ζευγαρώνω *ρ μτβ* pair. • *ρ αμτβ*
mate

ζεύγος (*το*) pair, couple

ζεύω *ρ μτβ* (*βόδια*) yoke. (*άλογα*)
harness

ζέφυρος (*o*) west wind

ζηλεύω *ρ μτβ* envy. • *ρ αμτβ* be
jealous

ζήλια (*η*) jealousy. (*φθόνος*)
envy

ζηλιάρης *επίθ* jealous

ζήλος (*o*) zeal

ζηλότυπος *επίθ* possessive

ζηλ|ωτής (*o*), **~ώτρια** (*η*)
zealot

ζημιά, ζημία (*η*) damage.
(*απώλεια*) loss

ζημιώνω *ρ μτβ* damage. • *ρ
αμτβ* suffer a loss

ζην (*το*) **κερδίζω τα προς το
~** earn one's livelihood, make
a living

ζήτημα (*το*) matter

ζήτηση (*η*) quest. (*αγοραστική
διάθεση*) demand

ζητιανεύω *ρ μτβ/ρ αμτβ* beg

ζητιάν|ος (*o*), **~α** (*η*) beggar

ζήτω *επιφών* hurrah, hurray

ζητώ *ρ μτβ* ask, request.
(*αναζητώ*) look for. (*απαιτώ*)
claim. (*ζητιανεύω*) beg.
(*πληροφορίες*) ask for

ζητωκραυγάζω *ρ μτβ/αμτβ*
cheer. (*επευφημώ*) applaud

ζιβάγκο (*το*) *άκλ* polo-neck

ζιζάνιο (*το*) weed

ζιζανιοκτόνο (*το*) weed-killer

ζιρκόνιο (*το*) zircon

ζόρι (*το*) force. (*δυσκολία*)
difficulty. **με το ~** by force

ζορίζ|ω *ρ μτβ* force. (*πιέζω*)
press. **~ομαι** *ρ αμτβ* find it
heavy going. (*οικονομικά*) be
hard up

ζόρι|κος επίθ dodgy, awkward. **~σμα** (το) pushing, pressure

ζούγκλα (η) jungle

ζουζουνίζω ρ αμτβ hum

ζουλώ ρ μτβ squeeze

ζουμάρω ρ αμτβ zoom (photo)

ζουμερός επίθ juicy. (επικερδής) lucrative. (που έχει ουσία) meaningful. (φρούτο) succulent

ζουμί (το) juice. (κρέατος) broth. (ουσία) gist. (υλικό όφελος) dough

ζουρλομανδύας (ο) strait-jacket

ζουρλός επίθ loony

ζοφερός επίθ dark. (μεταφ) gloomy

ζοχαδιακός επίθ shirty (λαϊκ)

ζυγαριά (η) scales, balance

ζυγίζω ρ μτβ/ρ αμτβ weigh. (εκτιμώ) weigh up. (υπολογίζω εκ των προτέρων) gauge

ζυγός¹ επίθ even (number)

ζυγός² (ο) yoke. (ζυγαριά) balance

Ζυγός³ (ο) (αστρολ) Libra.

ζυγώνω ρ αμτβ come near, approach

ζύθος (ο) (λόγ) beer

ζυμάρι (το) dough

ζυμαρικά (τα) pasta

ζύμη (η) pastry. (για ψωμί) dough

ζύμωμα (το) kneading

ζυμών|ω ρ μτβ knead. (πηλό) work. **~ομαι** ρ αμτβ ferment

ζύμωση (η) fermentation. (ψωμιού) kneading

ζω ρ αμτβ live. (επιζήτω) live through. (συντηρούμαι) live on.

να ζήσεις, να ζήσετε (γενέθλια) many happy returns. (γάμο) best wishes (may you live long)

ζωγραφιά (η) picture

ζωγραφίζω ρ μτβ/ρ αμτβ paint (in art)

ζωγραφικ|ός επίθ painting. **~ός πίνακας** (ο) painting. **~ή** (η) painting (art)

ζωγράφος (ο, η) painter, artist

ζωδιακός επίθ **~ κύκλος** (ο) zodiac

ζωή (η) life. (τρόπος διαβίωσης) lifestyle

ζωηράδα (η) liveliness

ζωηρεύω ρ μτβ jazz up. • ρ αμτβ perk up

ζωηρός επίθ lively. (άνθρωπος) vivacious. (εντυπώσεις) vivid. (παιδί) naughty. (περπάτημα) brisk. (συζήτηση) heated. (τρόπος) sprightly. (χρώμα) bright

ζωηρότητα (η) liveliness. (εντυπώσεως) vividness. (συμπεριφοράς) vivacity. (τρόπου) animation

ζωικός επίθ animal

ζωμός (ο) broth. (κρέατος) stock

ζωνάρι (το) sash, belt

ζώνη (η) belt. (ελαστική) girdle. (περιοχή) zone. (φούστας ή πανταλονιού) waistband

ζωντανεύω ρ μτβ pep up. (απεικονίζω) animate. (ζωογονώ) liven up. • ρ αμτβ revive

ζωντάνια (η) vivacity

ζωνταν|ό (το) animal. **~ά** (τα) livestock

ζωνταν|ός επίθ alive. (καλώδιο) live. (παραστατικός) animated. (ραδιόφωνο, TV) live. **σαν ~ός** lifelike. (οι) **~οί** (the) living

ζωντόβολο (το) beast. (μεταφ) blockhead

ζωντοχήρ|ος (ο), **~α** (η) divorcee

ζώο (το) animal. (του σπιτιού) pet

ζωογονώ ρ μτβ give life to

ζωολογία (η) zoology

ζωολογικός επίθ zoological. **~ κήπος** (ο) zoo

ζωοτροφή (η) fodder

ζωοτομία (η) vivisection

ζωόφιλος επίθ animal loving. **~** (ο) animal lover

ζωστήρας (ο) sash

ζωτικός επίθ vital, essential

ζωτικότητα (η) vitality

ζούφια (τα) vermin

Ηη

η άρθρο θηλυκού γένους the

ή σύνδ or

ΗΒ (το) αρκτ (Ηνωμένο Βασίλειο) UK (United Kingdom)

ήβη (η) puberty

ηγεμόνας (ο) sovereign

ηγεσία (η) leadership

ηγέτης (ο) leader

ηγούμαι ρ μτβ/ρ αμτβ lead. (είμαι απικεφαλής) head

ηγουμένη (η) abbess

ηγούμενος (η) prior

ήδη επίρρ already

ηδονή (η) (intense) pleasure

ηδονοβλεψίας (ο) voyeur

ηθική (η) morality. (επιστήμη) ethics. (χρηστότητα) morals

ηθικό (το) morale

ηθικολόγος (ο, η) moralist

ηθικός επίθ moral. (σύμφωνος με τους κανόνες) ethical

ηθογραφία (η) description of the customs of a people

ηθοποιία (η) (θέατρ) acting

ηθοποι|ός (ο), (η) actor, actress. **~οί** (οι) cast

ήθ|ος (το) ethos. **~η** (τα) habits

ηλεκτρίζω ρ μτβ electrify

ηλεκτρικός επίθ electric

ηλεκτρισμός (ο) electricity

ηλεκτρογεννήτρια (η) electrical generator

ηλεκτρόδιο (το) electrode

ηλεκτρο|λογικός επίθ electrical. **~όγος** (ο) electrician

ηλεκτρόλυση (η) electrolysis

ηλεκτρονική (η) electronics

ηλεκτρονικ|ός επίθ electronic. **~ό βιβλίο** (το) e-book. **~ή διεύθυνση** (η) e-mail address. **~ό εμπόριο** (το) e-commerce. **~ό επιχείρηση** (η) e-business. **~ό ταχυδρομείο** (το) e-mail **~ός υπολογιστής** (ο) computer

ηλεκτρόνιο (το) electron

ηλεκτροπληξία (η) electric shock

ηλεκτροσόκ (το) άκλ electric shock (treatment)

ηλεκτροφόρος επίθ live (wire)

ηλιακός επίθ solar

ηλίαση (η) sunstroke

ηλιαχτίδα (η) sunbeam

ηλίθιος *επίθ* stupid. *(βλακώδης)* imbecile. *(πράξη)* idiotic

ηλιθιότητα *(η)* stupidity. *(πράξη ή λόγος)* idiocy

ηλικία *(η)* age

ηλικιωμένος *επίθ* elderly. ~ *(ο)* old man

ήλιο *(το)* helium

ηλιοβασίλεμα *(το)* sunset, sundown

ηλιοθεραπεία *(η)* sunbathing

ηλιοκαμένος *επίθ* sunburnt

ηλιόλουστος *επίθ* sun-drenched. *(μέρα)* sunny

ηλιοροφή *(η)* *(αυτοκ)* sunroof

ήλιος *(ο)* sun

ηλιοστάσιο *(το)* solstice

ηλιοτρόπιο *(το)* sunflower

ηλιοφάνεια *(η)* sunlight

ηλιόφως *(το)* sunlight

ηλιοψημένος *επίθ* suntanned

ημέρα *(η)* day. *(από την ανατολή έως τη δύση)* daytime

ημερεύω *ρ μτβ* tame. *(καθησυχάζω)* calm down

ημερήσιος *επίθ* daily

ημερολόγιο *(το)* calendar. *(βιβλίο)* diary. *(με βάση ουράνια φαινόμενα)* almanac. *(ναυτ)* log-book

ημερομηνία *(η)* date

ημερομίσθιο *(το)* daily wage

ημερονύχτιο *(το)* a night and a day

ήμερος *επίθ* tame

ημερώνω *ρ μτβ* tame

ημιαργία *(η)* half holiday

ημιαυτόματος *επίθ* semi-automatic

ημίγυμνος *επίθ* half-naked

ημιδιαφ|άνεια *(η)* translucence. ~**ανής** *επίθ* translucent

ημιεπίσημος *επίθ* semi-official

ημικρανία *(η)* migraine

ημικυκλικός *επίθ* semicircular

ημικύκλιο *(το)* semicircle

ημιπολύτιμος *επίθ* semiprecious

ημισέληνος *(η)* half moon. *(σημαία)* the Turkish flag

ημισφαίριο *(το)* hemisphere

ημιτελής *επίθ* incomplete

ημιτελικός *(ο)* semifinal

ημιχρόνιο *(το)* half-time

ημίψηλο *(το)* top hat

ημιώροφος *(ο)* mezzanine

ηνίο *(το)* rein

ηνωμέν|ος *επίθ* united. **Η~α Έθνη** *(τα)* United Nations (Organization). **Η~ες Πολιτείες** *(Αμερικής)* *(οι)* United States (of America)

ΗΠΑ *(οι)* αρκτ *(Ηνωμένες Πολιτείες Αμερικής)* USA (United States of America)

ήπαρ *(το)* *(αρχ)* liver

ηπατικός *επίθ* hepatic

ήπειρος *(η)* continent

ηπειρωτικός *επίθ* continental

ηπιότητα *(η)* mildness

ηράκλειος *επίθ* herculean

ηρεμία *(η)* calmness. *(ακινησία)* tranquillity. *(ψυχραιμία)* composure

ηρεμίζω *ρ αμτβ* calm down

ηρεμιστικό|ς *επίθ* calming. ~ *(το)* tranquillizer

ηρεμώ *ρ αμτβ* compose o.s.

ήρωας *(ο)* hero

ηρωίδα *(η)* heroine

ηρωικός *επίθ* heroic

ηρωίνη *(η)* heroin

ηρωισμός *(ο)* heroism

ησυχάζω *ρ μτβ* quieten. (*καταπραΰνω*) soothe. • *ρ αμτβ* calm down. (*αναπαύομαι*) rest. (*ηρεμώ*) settle down

ησυχία *(η)* quiet

ήσυχος *επίθ* quiet. (*πράος*) placid

ήττα *(η)* defeat

ηττημένος *επίθ* defeated. (*σε αγώνα*) ~ *(ο)* underdog

ηττοπ|άθεια *(η)* defeatism. ~αθής *(ο, η)* defeatist

ηφαίστειο *(το)* volcano

ηχείο *(το)* speaker (*stereo*)

ηχηρός *επίθ* loud

ηχητικός *επίθ* sonic

ηχογράφηση *(η)* (sound) recording

ηχογραφώ *ρ μτβ* record (*sound*)

ηχομονωτικός *επίθ* sound-proof

ήχος *(ο)* echo

ηχώ *(η)* echo

ηχώ *ρ αμτβ* sound

Θθ

θα *μόριο* (*μελλοντικό*) will, shall. (*δυνητικό*) would, should

θάβω *ρ μτβ* bury. (*καλύπτω με χώμα*) inter

θαλαμηγός *(η)* yacht

θαλαμπόλος *(ο, η)* steward

θαλαμίσκος *(ο)* cubicle

θάλαμος *(ο)* chamber. (*νοσοκομείου*) ward. (*πλοίου*) cabin. (*στρ*) barracks. (*τηλεφωνικός*) booth

θάλασσα *(η)* sea. μ´ έχει πιάσει η ~ be seasick. τα κάνω ~ make a hash of things

θαλασσής *επίθ* blue (*sea*)

θαλασσινός *επίθ* of the sea. ~ *(ο)* sailor. ~ά *(τα)* seafood

θαλασσόνερο *(το)* sea water

θαλασσοπόρος *(ο)* seafarer

θαλασσοπούλι *(το)* sea bird

θαλασσώνω *ρ μτβ* make a mess of

θαλπερός *επίθ* warm

θάμνος *(ο)* bush. (*χαμηλό δέντρο*) shrub

θαμνότοπος *(ο)* heath

θαμνώδης *επίθ* bushy

θαμπός *επίθ* dim. (*δε διακρίνεται καθαρά*) blurred. (*παράθυρο*) misty. (*φωτογραφία*) fuzzy. (*μεταφ*) shadowy

θάμπωμα *(το)* (*της όρασης*) blurring. (*θολούρα*) misting

θαμπώνω *ρ μτβ* dazzle. • *ρ αμτβ* mist over

θαμώνας *(ο)* patron (*of cafe*)

θανάσιμος *επίθ* deadly. (*βαρύς*) deathly

θανατηφόρος *επίθ* fatal, lethal

θανατοποινίτ|ης *(ο)*, ~ισσα *(η)* condemned man/woman

θάνατος *(ο)* death. (*σε ατύχημα*) fatality

θανατώνω *ρ μτβ* put to death. (*μεταφ*) finish off

θαρραλέος *επίθ* courageous

θαρρεύω *ρ αμτβ* take courage. (*τολμώ*) take liberties. (*υποθέτω*) presume

θάρρος (το) courage

θαύμα (το) miracle. (άξιο θαυμασμού) marvel

θαυμάζω ρ μτβ admire. (αισθάνομαι έκπληξη) marvel at. (απορώ) wonder, reflect

θαυμάσιος επίθ wonderful, marvellous. (γυναίκα) gorgeous

θαυμασμός (ο) admiration. (κατάπληξη) wonder

θαυμαστής (ο), **θαυμάστρια** (η) admirer. (οπαδός) fan

θαυμαστικ|ός επίθ admiring. ~ό (το) exclamation mark

θαυμαστός επίθ admirable

θαυματουργός επίθ miraculous

θάψιμο (το) burial. (μεταφ) burying

θεά (η) goddess

θέα (η) view

θέαμα (το) sight (spectacle). (γελοίο) spectacle. (παράσταση) show

θεαματικ|ός επίθ spectacular. ~ητα (η) (TV) ratings

θεατής (ο) spectator. (περιστατικού) bystander, onlooker. (TV) viewer

θεατός επίθ visible

θεατρικός επίθ theatrical

θεατρινισμοί (οι) histrionics

θεατρίν|ος (ο), ~α (η) actor. (μεταφ) showman/woman

θέατρο (το) theatre

θεία (η) aunt

θειάφι (το) βλ **θείο**

θειικός επίθ sulphuric. ~ οξύ (το) sulphuric acid

θεϊκός επίθ divine

θείο (το) sulphur

θείος[1] (ο) uncle

θείος[2] επίθ divine

θέλγητρο (το) attraction

θέλγω ρ μτβ attract

θέλημα (το) (επιθυμία) will. (μικροδουλειά) errand

θεληματικός επίθ wilful

θέληση (η) will. (εμμονή) will-power. (επιθυμία) volition

θελκτικός επίθ charming

θέλ|ω ρ μτβ want. (απαιτώ) require. (επιζητώ) seek. (επιθυμώ) wish. ~οντας και μη willy-nilly. θεού ~οντος God willing. λίγο ήθελε να πέσει κάτω he/she nearly fell down

θέμα (το) topic. (γραμμ) stem. (έκθεσης) subject. (εξετάσεις) question. (ζήτημα) issue. (ημερήσιας διάταξης) item. (μουσ) motif. ~τα (εξετάσεως) (τα) paper

θεματικό πάρκο (το) theme park

θεμέλιο (το) foundation, basis

θεμελιώδης επίθ fundamental

θεμιτός επίθ legitimate

θεόγυμνος επίθ stark naked

θεόκουφος επίθ stone-deaf

θεολογία (η) divinity, theology. ~ικός επίθ theological

θεομηνία (η) calamity

θεονήστικος επίθ famished

θεόπεμπτος επίθ godsend

θεοποιώ ρ μτβ deify

θεόρατος επίθ enormous

θεός (ο) god

θεοσεβής επίθ godly

θεοσκότεινος επίθ pitch-dark

θεόστραβος επίθ stone-blind

θεότητα (η) deity

Θεοτόκος (η) the Virgin Mary

θεότρελλος επίθ raving mad

θεότυφλος επίθ stone-blind

θεοφοβούμενος επίθ god-fearing

θεραπεία (η) therapy. (αποκατάσταση υγείας) cure. (μεταφ) remedy. (μέθοδος νοσηλείας) treatment

θεραπεύσιμος επίθ curable

θεραπ|ευτής (ο), **~εύτρια** (η) therapist

θεραπευτικός επίθ therapeutic. (διορθωτικός) remedial

θεραπεύω ρ μτβ cure. (επανορθώνω) remedy. (νοσηλεύω) treat

θέρετρο (το) resort

θερίζω ρ μτβ harvest. (δρέπω) reap. (εξολοθρεύω) decimate

θερινός επίθ summer

θεριό (το) wild beast

θερισμός (ο) harvest

θερμαίν|ω ρ μτβ warm up. **~ομαι** ρ αμτβ be feverish

θέρμανση (η) heating

θερμαστής (ο) stoker

θερμάστρα (η) heater

θέρμη (η) fever. (ζήλος) fervour

θερμίδα (η) calorie

θερμικός επίθ thermal

θερμόαιμος επίθ warm-blooded

θερμοδυναμική (η) thermodynamics

θερμοκέφαλος (ο) hothead

θερμοκήπιο (το) greenhouse. (σέρα) conservatory

θερμοκοιτίδα (η) incubator

θερμοκρασία (η) temperature

θερμόλουτρο (το) hot bath

θερμόμετρο (το) thermometer

θερμομετρώ ρ μτβ take s.o.'s temperature

θερμομόνωση (η) heat insulation

θερμοπαρακαλώ ρ μτβ implore

θερμοπίδακας (ο) (γεωλ) geyser

θερμοπληξία (η) heat stroke

θερμοπυρηνικός επίθ thermonuclear

θερμός[1] επίθ warm. (εγκάρδιος) fervent. (έντονος) ardent

θερμός[2] (το) άκλ vacuum flask, Thermos (P)

θερμοσίφωνας (ο) immersion heater

θερμοστάτης (ο) thermostat

θερμότητα (η) heat

θερμοφόρα (η) hot-water bottle

θέρος[1] (το) harvest time

θέρος[2] (το) summer

θέση (η) (βαθμός) rank. (άποψη) position. (δουλειά) post. (εργασία) job. (κάθισμα) seat. (κοινωνική) station. (τόπος) place

θεσμός (ο) institution (custom)

θεσπίζω ρ μτβ (νομ) enact

Θεσσαλία (η) Thessaly

Θεσσαλονίκη (η) Salonica

θετικός επίθ positive

θετός επίθ adoptive

θέτω ρ μτβ lay. (ερώτημα) pose

θεωρείο (το) (θέατρ) box

θεώρημα (το) theorem

θεώρηση (διαβατηρίου) (η) visa

θεωρητικός *επίθ* theoretical. *(υποθετικός)* academic

θεωρία *(η)* theory

θεωρώ *ρ μτβ* consider. *(βλέπω)* deem. *(εκτιμώ)* rate. *(ελέγχω)* certify. *(νομίζω)* regard

θήκη *(η)* case. *(δίσκου)* sleeve. *(ξίφους)* sheath. *(πιστολιού)* holster

θηλάζω *ρ μτβ* nurse *(baby)*. • *ρ αμτβ* suckle

θηλασμός *(ο)* breast-feeding

θηλαστικό *(το)* mammal

θηλή *(η) (του μαστού) (η)* nipple

θηλιά *(η)* noose, loop. *(για κουμπί)* tab. *(μεταφ)* millstone. *(τρύπα του δικτύου)* mesh

θηλυκ|ός *επίθ* female. *(γραμμ)* feminine. **~ό** *(το)* female

θηλυπρεπής *επίθ* effeminate

θημωνιά *(η)* haystack

θήραμα *(το)* quarry

θηρίο *(το)* wild beast. *(άνθρωπος)* strong man. *(μεγάλου μεγέθους)* giant

θηριοδαμ|αστής *(ο)*, **~άστρια** *(η)* (animal) tamer

θηριοτροφείο *(το)* menagerie

θηριώδης *επίθ* ferocious

θηριωδία *(η)* ferocity

θηροφύλακας *(ο)* gamekeeper

θησαυρ|ίζω *ρ μτβ* make a fortune. **~ός** *(ο)* treasure. *(λεφτά)* hoard (of money)

θησαυροφυλάκιο *(το)* strong-room. *(σε τράπεζα)* vault

θητεία *(η)* military service

θίασος *(ο)* theatre company

θίγω *ρ μτβ (αγγίζω)* touch. *(ανακινώ θέμα)* broach. *(προσβάλλω)* offend

θλιβερός *επίθ* sad. *(αξιολύπητος)* piteous

θλίβω *ρ μτβ (συμπιέζω)* crush. *(προκαλώ θλίψη)* sadden

θλιμμένος *επίθ* sorrowful

θλίψη *(η) (συμπίεση)* crushing. *(βαθιά λύπη)* grief, sorrow

θνησιγενής *επίθ* stillborn

θνησιμότητα *(η)* mortality

θνητός *επίθ* mortal. **~τητα** *(η)* mortality

θολερός *επίθ* dim

θόλος *(ο)* canopy. *(οροφή)* vault

θολός *επίθ* turbid. *(υγρό)* cloudy

θόλωμα *(το)* blur

θολώνω *ρ μτβ* blur. *(νερό)* make muddy. • *ρ αμτβ (γυαλιά)* steam up

θολωτός *επίθ* domed

θορυβοποιός *(ο)* rowdy person

θόρυβος *(ο)* noise. *(φασαρία)* clamour

θορυβώ *ρ αμτβ* make a noise. • *ρ μτβ (προκαλώ ανησυχία)* alarm

θορυβώδης *επίθ* noisy. *(άνθρωπος)* boisterous. *(διασκέδαση)* rowdy. *(καιρός)* tumultuous. *(παιχνίδι)* noisy. *(πλήθος)* uproarious

θράκα *(η)* embers

Θράκη *(η)* Thrace

θρανίο *(το)* (school) desk

θράσος *(το)* nerve. *(θρασύτητα)* gall, impudence. *(τόλμη)* audacity

θρασύ|ς *επίθ* insolent. *(αναιδής)* impudent. *(τολμηρός)* audacious. **~τητα** *(η)* impudence, insolence

θραύση (η) rupture. (καταστροφή) havoc

θραύσμα (το) fragment

θρέμμα (το) nursling

θρεπτικός επίθ nutritious

θρέψη (η) nutrition. (επούλωση) healing

θρήνος (ο) lament

θρηνώ ρ μτβ/ρ αμτβ mourn for. • ρ αμτβ (κλαίω) grieve

θρησκεία (η) religion

θρήσκευμα (το) (θρησκ) denomination

θρησκευτικός επίθ religious

θρησκόληπτος επίθ fanatically religious

θρήσκος επίθ devoutly religious

θριαμβευτικός επίθ triumphant

θριαμβεύω ρ αμτβ triumph

θριαμβικός επίθ triumphal

θρίαμβος (ο) triumph. (νίκη) landslide

θρίλερ (το) άκλ thriller

θροΐζω ρ αμτβ rustle

θρόμβος (ο) clot

θρόμβωση (η) thrombosis

θρονιάζομαι ρ αμτβ park oneself (in a chair). (σαν να μου ανήκει κάτι) install oneself

θρόνος (ο) throne

θρυλικός επίθ legendary

θρύλος (ο) legend

θρυμματίζω ρ μτβ shatter

θρυμματισμός (το) shattering

θρύψαλ|ο (το) fragment. **~α** (τα) smithereens

θυγατέρα (η) daughter

θύελλα (η) storm, gale. (με βροντές και κεραυνούς) thunderstorm

θυελλώδης επίθ stormy. (με βροντές) thundery. (με δυνατό αέρα) blustery

θύλακας (ο) enclave. (αντίστασης) pocket

θύμα (το) victim. (ατυχήματος) casualty

θυμάμαι ρ μτβ/ρ αμτβ remember. (επαναφέρω). • ρ μτβ recall, recollect

θυμάρι (το) thyme

θυμίαμα (το) incense

θυμιατίζω ρ μτβ burn incense

θυμίζω ρ μτβ remind

θυμός (ο) anger

θυμούμαι ρ αμτβ βλ **θυμάμαι**

θυμωμένος επίθ angry

θυμώνω ρ μτβ anger. • ρ αμτβ get angry

θύρα (η) gate

~USB (η) USB port

θυρεοειδής (αδένας) (ο) thyroid

θυρίδα (η) locker. (εκδόσεως εισιτηρίων) ticket-office. (σε τράπεζα) safe deposit

θυροτηλέφωνο (το) entry phone

θυρωρός (ο) porter (αμερ) janitor (κτιρίου) caretaker. (ξενοδοχείου) doorman

θυσία (η) sacrifice

θυσιάζω ρ μτβ sacrifice

θωπεία (η) caress. **~ύω** ρ μτβ caress

θώρακας (ο) chest

θωρακισμένος επίθ bullet-proof

θωρακίζω ρ μτβ cover with armour-plating. (οπλίζω) arm

θωρώ ρ μτβ see

Ιι

ιαματικός *επίθ* curative

ιαμβικός *επίθ* iambic

Ιανουάριος (*ο*) January

Ιάπωνας (*ο*), **Ιαπωνίδα** (*η*) Japanese

Ιαπωνία (*η*) Japan

ιαπωνικός *επίθ* Japanese

ίαση (*η*) cure

ιατρείο (*το*) surgery, consulting room

ιατρική (*η*) medicine

ιατρικός *επίθ* medical

ιατροδικαστής (*ο*) coroner

ιατροδικαστική (*η*) forensic medicine

ιατρός (*ο, η*) doctor

ιαχή (*η*) cry, shout

ιβίσκος (*ο*) hibiscus

ιγκλού (*το*) *άκλ* igloo

ιδανικός *επίθ* ideal. **~** (*το*) ideal

ιδέα (*η*) idea. (*εκτίμηση*) opinion. (*υποψία*) suspicion

ιδεαλισμός (*ο*) idealism

ιδεαλιστικός *επίθ* idealistic

ιδεαλιστής (*η*), **~ίστρια** (*η*) idealist

ιδεολογία (*η*) ideology

ιδεολογικός *επίθ* ideological

ιδεολόγος (*ο, η*) ideologist

ιδεώδες (*το*) ideal

ιδεώδης *επίθ* ideal

ιδιαίτερ|ος *επίθ* particular. (*ξεχωριστός*) peculiar. **~α** (*τα*) private affairs

~α (*τα*) (*μαθήματα*) private

lessons. **ιδιαίτερα** (*η*) private secretary. **~α** *επίρρ* notably, particularly

ιδιαιτέρως *επίρρ* privately, in private

ιδιοκατοίκηση (*η*) owner-occupation

ιδιοκτησία (*η*) ownership. (*περιουσία*) property

ιδιοκτήτ|ης (*η*), **~ρια** (*ο*) owner. (*ακινήτου*) proprietor

ιδιόκτητος *επίθ* privately-owned

ιδιομορφία (*η*) mannerism

ιδιοποιούμαι *ρ αμτβ* usurp

ιδιορρυθμία (*η*) peculiarity

ιδιόρρυθμος *επίθ* odd, peculiar. (*στο ντύσιμο και τους τρόπους*) eccentric

ίδι|ος *επίθ* same, alike. **εγώ ο ~ος** myself. **το ~ο κάνει** it makes no difference

ιδιοσυγκρασία (*η*) idiosyncrasy, temperament

ιδιοτέλεια (*η*) self-interest

ιδιοτελής *επίθ* self-seeking

ιδιότητα (*η*) capacity (*function*). (*χαρακτηριστικό*) attribute. (*χημ*) property

ιδιοτροπία (*η*) whim. (*δυστροπία*) bloody-mindedness

ιδιότροπος *επίθ* capricious. (*δύστροπος*) temperamental

ιδιοφυΐα (*η*) genius

ιδίωμα (*το*) (*γλώσσας*) idiom. (*ιδιοτροπία*) foible. (*χαρακτηριστικό*) property

ιδιωματικός *επίθ* idiomatic

ιδιώτ|ης (*ο*), **~ις** (*η*) private individual

ιδιωτικοποίηση (*η*) privatization

ιδιωτικός επίθ private
ιδιωτισμός (ο) idiom
ιδού δεικτ μόρ here is
ιδροκοπώ ρ αμτβ sweat profusely. (μοχθώ) slave away
ίδρυμα (το) institution, establishment. (επιστημονικό) institute, foundation
ίδρυση (η) establishment, creation
ιδρυτής (ο), **ιδρύτρια** (η) founder
ιδρύω ρ μτβ found. (επιχείρηση) establish
ιδρώνω ρ αμτβ sweat
ιδρώτας (ο) sweat
ιεραπόστολος (ο) missionary
ιεράρχης (ο) prelate
ιεραρχία (η) hierarchy
ιερατικός επίθ priestly
ιερέας (ο) (θρησκ) priest, minister. (στρ) chaplain
ιέρεια (η) priestess
ιεροεξεταστής (ο) inquisitor
ιεροκήρυκας (ο) preacher
ιερ|ός επίθ sacred. **~ό** (το) sanctuary
ιεροσυλία (η) sacrilege
ιερόσυλος επίθ sacrilegious
ιεροσύνη (η) priesthood
ιεροτελεστία (η) (church) ritual
ιερουργώ ρ αμτβ officiate
ιεροφυλάκιο (το) vestry
ιερωμένος (ο) clergyman
ίζημα (το) precipitate. (κατακάθι) sediment
Ιησούς (ο) Jesus
ιθαγένεια (η) citizenship
ιθαγενής επίθ indigenous, native. **~είς** (οι) natives. (της Αυστραλίας) aborigines

ιθύν|ων επίθ **~ων νους** (ο) master-mind. **η ~ουσα τάξη** the governing class. **οι ~οντες** those in power
ικανοποιημένος επίθ satisfied, contented
ικανοποίηση (η) satisfaction. (ευχαρίστηση) contentment. (πλήρης) fulfilment
ικανοποιητικός επίθ satisfactory. (που ευχαριστεί) gratifying. (που ικανοποιεί) satisfying
ικανοποιώ ρ μτβ satisfy. (όρους) fulfil. (προσφέρω ευχαρίστηση) gratify
ικανός επίθ able. (άξιος) competent. (αρκετός) sufficient. (επιτήδειος) capable
ικανότητα (η) ability. (αξιοσύνη) competence. (επιτηδειότητα) capability. (ιδιότητα) capacity
ικεσία (η) entreaty
ικετεύω ρ μτβ beseech
ικέτ|ης (ο), **~ις** (η) suppliant
ικρίωμα (το) scaffold
ικτερικός επίθ jaundiced
ίκτερος (ο) jaundice
ιλαρά (η) measles
ιλαρότητα (η) mirth
ιλαροτραγικός επίθ tragicomic
ίλιγγ|ος (ο) vertigo. **έχω ~** feel giddy
ιλύς (η) silt
ιμάντας (ο) belt
ιματιοθήκη (η) wardrobe
ιμπεριαλισμός (ο) imperialism
ιμπρεσάριος (ο) impresario
ίνα (η) fibre
ίνδαλμα (το) idol

Ινδία (η) India

ινδικός επίθ Indian. **~ χοιρίδιο** (το) guinea-pig

Ινδονησία (η) Indonesia

ινδονησιακός επίθ Indonesian

Ινδονήσι|ος (ο), **Ι~α** (ο) Indonesian

Ινδός (ο), **Ι~ή** (η) Indian

ινδουισμός (ο) Hinduism

ινδουιστής (ο), **~ίστρια** (η) Hindu

ινκόγκνιτο επίρρ incognito

ινσουλίνη (η) insulin

ινστιτούτο (το) institute. (σχολ) (καλλονής) (beauty) salon

ιντελιγκέντσια (η) intelligentsia

ιντερλούδιο (το) (θέατρ) interlude

ίντσα (η) inch (= 2.54 cm)

ινώδης επίθ stringy

ιξώδης επίθ viscous

ιόνι|ος επίθ Ionian. **τα Ι~α νησιά** the Ionian islands

Ιορδανία (η) Jordan

ιός (ο) virus

ιουδαϊσμός (ο) Judaism

Ιούλης (ο) βλ **Ιούλιος**

Ιούλιος (ο) July

Ιούνης (ο) βλ **Ιούνιος**

Ιούνιος (ο) June

ιππασία (η) riding

ιππέας (ο), **ιππεύτρια** (η) horse rider

ιππεύω ρ αμτβ mount (a horse). (κάνω ιππασία) ride (a horse)

ιππικ|ός επίθ equestrian. **~ό** (το) cavalry

ιππόγλωσσα (η) halibut άκλ

ιπποδρομία (η) (horse) race

ιππόδρομος (ο) racecourse

ιπποδύναμη (η) horsepower

ιππόκαμπος (ο) sea-horse

ιπποκόμος (ο) groom (in stables)

ιπποπόταμος (ο) hippopotamus

ίππος (ο) (λόγ) horse

ιπποσύνη (η) knighthood

ιππότης (ο) knight

ιπποτι|κός επίθ gallant. (χαρακτηριστικός του ιππότη) chivalrous. **~σμός** (ο) chivalry

ιπτάμενος επίθ flying

Ιράκ (το) άκλ Iraq

ιρακιν|ός επίθ Iraqi. **Ι~ός** (ο), **Ι~ή** (η) Iraqi

ιρανικός επίθ Iranian

Ιράν (το) άκλ Iran

Ιραν|ός (ο), **Ι~ή** (η) Iranian

ίριδα (η) iris

ιριδίζω ρ αμτβ be iridescent

Ιρλανδία (η) Ireland

ιρλανδικός επίθ Irish

Ιρλανδός (ο), **Ι~ή** (η) Irishman/woman

ίσα επίρρ equally. (κατευθείαν) straight. **της ήρθε ~ ~ το παλτό** the coat fitted her just right. **~ ~, δεν έπρεπε να το κάνεις** on the contrary, you shouldn't have done it

ισάξιος επίθ equal (to)

ισάριθμος επίθ equal in number

ισημερία (η) equinox

ισημερινός επίθ equatorial. **~** (ο) equator

ισθμός (ο) isthmus

ίσιος *επίθ* (ευθύς) straight. (άνθρωπος) straight, direct. (ομαλός) level

ισιώνω *ρ μτβ/ρ αμτβ* straighten. (ισοπεδώνω) flatten

ίσκιος (ο) shadow

Ισλάμ (το) *άκλ* Islam

ισλαμικός *επίθ* Islamic

Ισλανδία (η) Iceland

ισλανδικ|ός *επίθ* Icelandic. **~ά** (τα) Icelandic

Ισλανδ|ός (ο), **~ή** (η) Icelander

ισόβιος *επίθ* for life

ισόγειο|ς *επίθ* level with the ground. **~** (το) ground floor

ισοδύναμος *επίθ* equal in strength. **~ με** tantamount to

ισοδυναμώ *ρ αμτβ* be equivalent

ισοζύγιο (το) balance

ισολογισμός (ο) balance sheet

ισοπαλία (η) draw, tie

ισόπεδος *επίθ* level

ισοπεδώνω *ρ μτβ* level. (γκρεμίζω) raze (to the ground). (ισιώνω) flatten

ισοπεδωτικός *επίθ* egalitarian

ισόπλευρος *επίθ* equilateral

ισορροπημένος *επίθ* balanced. (διανοητικά) level-headed

ισορροπία (η) equilibrium, balance. (διανοητική) level-headedness. (τρόπου) poise

ισορροπώ *ρ μτβ/ρ αμτβ* balance

ίσιος *επίθ* equal. **~ον** *επίρρ* equals. **πέντε και δύο ~ον επτά** five plus two equals seven

ισοσκελής *επίθ* (τρίγωνο) isosceles

ισοσταθμίζω *ρ μτβ* counterbalance

ισότητα (η) equality. (βαθμού, αποδοχών) parity

ισοτιμία (η) parity

ισοφαρίζω *ρ μτβ* (αντισταθμίζω) counterbalance. • *ρ αμτβ* equalize (sport)

ισοφάρισμα (το) equalizer (sport)

Ισπανία (η) Spain

Ισπανίδα (η) Spanish woman

ισπανικ|ός *επίθ* Spanish. **~ά** (τα) Spanish

Ισπανός (ο) Spaniard

ισραηλινός *επίθ* Israeli

Ισραηλίτ|ης (ο), **~ισσα** (ο) Israeli

Ισραήλ (το) *άκλ* Israel

ιστιοπλοΐα (η) sailing

ιστιοφόρο (το) sailing-ship

ιστόρημα (το) narrative

ιστόρηση (η) narration

ιστορία (η) history. (αφήγηση) story. (γεγονός) business. (ερωτική) affair

ιστορικό (το) background

ιστορικός *επίθ* historic(al). **~** (ο, η) historian

ιστοριογράφος (ο, η) historian (author)

ιστορώ *ρ μτβ* narrate. (εικονίζω) illustrate

ιστός (ο) (αράχνης) web. (δέρματος) tissue. (πλοίου, σημαίας) mast

ιστοσελίδα (η) website

ισχιαλγία (η) sciatica

ισχνός *επίθ* thin (person, animal). (λιπόσαρκος) lean. (πενιχρός) meagre

ισχνότητα (η) thinness, leanness. (πενιχρότητα) meagreness

ισχυρίζομαι ρ αμτβ assert, allege

ισχυρισμός (ο) assertion

ισχυρογνωμοσύνη (η) obstinacy

ισχυρογνώμων επίθ headstrong. (πεισματάρης) obstinate

ισχυροποιώ ρ μτβ strengthen

ισχυρός επίθ strong. (επιχείρημα) forceful. (με επιρροή) influential. (μεταφ) powerful

ισχύς (η) might. (δύναμη) force. (εγκυρότητα) validity. (κινητήρα) power

ισχύω ρ αμτβ apply, be in force. (έχω νομικό κύρος) be in force

ίσως επίρρ perhaps. **~ κάνω λάθος** I may be mistaken

Ιταλία (η) Italy

ιταλικός επίθ Italian. **~ά** (τα) (γλώσσα) Italian

Ιταλός (ο), **~ίδα** (η) Italian

ιταμότητα (η) effrontery

ιτιά (η) willow

IX συντ (ιδιωτικής χρήσης) (το) private vehicle

ιχθυαγορά (η) fish market

Ιχθύες (οι) (λόγ) Pisces

ιχθυοπωλείο (το) fishmonger's. **~ώλης** (ο) fishmonger

ιχθυοτροφείο (το) fish farm

ιχθύς (ο) (λόγ) fish

ιχνογραφία (η) sketching. **~ώ** ρ αμτβ sketch

ίχνος (το) mark. (απόδειξης) shred. (απομεινάρι) remnant.

(ελάχιστη ποσότητα) trace. (ποδιού) footprint. **~η** (τα) scent, trail. (στο χιόνι) tracks

ιωβηλαίο (το) jubilee

ιώδιο (το) iodine

ιωνικός επίθ Ionic

Κκ

κ. συντ (κύριος, κυρία) Mr, Mrs, Ms. **κ.κ.** συντ (κύριοι) Messrs

Κα συντ (κυρία) Mrs, Ms

κ.ά. συντ (και άλλα) and others

κάβα (η) wine cellar. (χαρτιά) bank

καβάλα επίρρ astride. (στην πλάτη) piggy-back. **πάω ~** go on horseback

καβαλάρης (ο), **~ισσα** (η) rider

καβαλέτο (το) easel

καβαλιέρος (ο) escort. (σε χορό) dancing partner

καβαλικεύω ρ μτβ mount (horse or bicycle). (μεταφ) dominate

καβάλος (ο) crotch (of trousers)

καβαλώ ρ μτβ βλ **καβαλικεύω** (για ζώα) mount

καβγαδάκι (το) tiff

καβγαδίζω ρ αμτβ quarrel. (συνεχώς) bicker

καβγάς (ο) quarrel. (μεταξύ πολλών) brawl. (φιλονικία) row

καβγατζής (ο), **~ού** (η) quarrelsome person

κάβος (ο) cape. (σκοινί) cable

καβούκι (το) shell (of tortoise)

κάβουρας (ο) crab. (εργαλείο) spanner

καβούρι (το) small crab

καβουρντίζω ρ μτβ (καφέ) roast. (τηγανίζω) brown

καγκελάριος (ο) chancellor

κάγκελο (το) bar (on window). **~α** (τα) (περίφραγμα) rails. (σκάλας) banisters

καγκελόπορτα (η) (metal) gate

καγκουρό (το) άκλ kangaroo

καγχάζω ρ μτβ guffaw

καγχασμός (ο) guffaw

κάδος (ο) (wooden) bucket. (μεγάλος) vat

κάδρο (το) (εικόνα) framed picture. (κορνίζα) frame

καζάκα (η) pinafore dress

καζανάκι (το) cistern (of toilet)

καζάνι (το) cauldron

καζίνο (το) casino

καζούρα (η) teasing

καημένος επίθ poor (miserable). **ο ~ς** the poor man. **το ~!** the poor thing!

καημός (ο) heartache. (μεταφ) yearning

καθαγιάζω ρ μτβ consecrate, sanctify

καθαγίαση (η) consecration

καθαίρεση (η) (αξιώματος) cashiering. (κληρικού) dethronement

καθαρεύουσα (η) katharevousa, purist Greek

καθαρίζω ρ μτβ clean. (αφαιρώ ξένες ουσίες) purify. (αφαιρώ τη φλοίδα) peel. (διευκρινίζω) clear up, clarify. (πιάτο φαγητό) polish off. (πουλί τα φτερά του)

preen. (σκοτώνω) do in. (τακτοποιώ λογαριασμό) settle up with, settle the score with. (φασολάκι) string. • ρ αμτβ clean. (καιρός) clear up

καθαριότητα (η) cleanliness

καθάρισμα (το) cleaning

καθαριστήρ|ας (ο) (του παμπρίζ) windscreen wiper. **~ιο** (το) dry cleaner's

καθαριστής (ο), **~ίστρια** (η) cleaner

καθαριστικό (το) cleaning agent

κάθαρμα (το) scum

καθαρμός (ο) purification

καθαρόαιμος επίθ full-blooded. (άλογο) thoroughbred. (ζώο) pedigree

καθαρογράφω ρ μτβ write up. (αντιγράφω) copy

καθαρολόγος (ο, η) purist

καθαρός επίθ clean. (αγνός) pure. (αίθριος) clear. (γράψιμο) neat. (εικόνα) sharp. (εισόδημα) net. **Κ~ά Δευτέρα (πρώτη μέρα της Σαρακοστής)** (η) (the equivalent of Ash Wednesday). **~ά** επίρρ cleanly, clearly, distinctly

κάθαρση (η) purge

καθάρσιο (το) laxative

καθαρτήριο (το) purgatory

καθαρτικ|ός επίθ cleansing. **~** (το) laxative

καθαυτό επίθ in the full meaning of the word

κάθε αντων άκλ every. **~ άλλο** far from it. **~ τόσο** every now and again. **~ φορά** every time. **το ~ τι** everything

καθεδρικός επίθ of a cathedral. **~ ναός** (ο) cathedral

κάθειρξη (*η*) incarceration

καθέκαστα (*τα*) details (*of an event*)

καθέλκυση (*η*) launch

καθελκύω *ρ μτβ* launch (*ship*)

καθεμιά *βλ* **καθένας**

καθένας *αντων* each. (*από δύο*) either. (*οποιοσδήποτε*) anyone

καθεξής *επίρρ* **και ούτω ~** and so on and so forth

καθεστώς (*το*) regime

καθετήρας (*ο*) catheter

καθετί *αντων* everything

κάθετος *επίθ* perpendicular, vertical. **~** (*η*) perpendicular

καθέτως *επίρρ* vertically

καθηγητής (*ο*) teacher, schoolmaster (*secondary*). (*ιδιαίτερου μαθήματος*) tutor. (*πανεπιστημίου*) professor

καθηγήτρια (*η*) teacher, schoolmistress (*secondary*)

καθήκον (*το*) duty

καθηλώνω *ρ μτβ* rivet

καθημερινή (*η*) weekday

καθημεριν|ός *επίθ* daily, everyday. **~ά** (*τα*) everyday clothes. **~ά** *επίρρ* daily

καθησυχάζω *ρ μτβ* reassure. (*ανησυχίες*) allay

καθησύχαση (*η*) reassurance

καθησυχαστικός *επίθ* soothing

καθιερώνω *ρ μτβ* institute. (*κύρος*) establish

καθίζηση (*η*) subsidence

καθίζω *ρ μτβ/αμτβ* sit

καθίκι (*το*) chamber-pot

καθισιά (*η*) sitting. **~ό** (*το*) idleness

κάθισμα (*το*) seat

καθιστικ|ός *επίθ* sedentary. **~** (*το*) living-room

καθιστώ *ρ μτβ* render. (*διορίζω*) appoint

καθοδήγηση (*η*) guidance

καθοδηγώ *ρ μτβ* guide

κάθοδος (*η*) descent

καθολικό (*το*) (*λογιστικό βιβλίο*) ledger

καθολικός *επίθ* catholic. **~** (*ο*) Catholic

καθόλου *επίρρ* (*γενικά*) on the whole. (*διόλου*) not at all. **έχετε ~ κρασί;** have you any wine?

κάθομαι *ρ αμτβ* be seated. (*είμαι άνεργος*) be out of work. (*κατακαθίζω*) settle. (*κατοικώ*) live. (*προσαράζω*) run aground

καθομιλουμένη (*γλώσσα*) (*η*) vernacular

καθορίζω *ρ μτβ* determine. (*επηρεάζω αποφασιστικά*) set

καθορισμένος *επίθ* set, fixed

καθοριστικός *επίθ* decisive

καθόσον *επίρρ* (*σύμφωνα με ό, τι*) in so far as. (*επειδή*) as

καθότι *επίρρ* because

καθρέφτης (*ο*) mirror

καθρεφτίζω *ρ μτβ* mirror

καθυποτάσσω *ρ μτβ* subjugate

καθυστερημένος *επίθ* (*αργοπορημένος*) late. (*ευχές*) belated. (*νοητικά*) retarded. (*πληρωμή*) overdue. (*πολιτισμός*) backward

καθυστέρηση (*η*) delay. (*διανοητική*) retardation. (*πολιτιστική*) backwardness

καθυστερούμενα (*τα*) arrears

καθυστερώ *ρ μτβ* delay, hold up. (*με χρέος*) fall behind (with). • *ρ αμτβ* be late. (*μεταφ*) lag behind

καθώς *επίρρ* (*όπως*) as. (*όταν*) when

καθωσπρέπει *επίρρ* (*ευπρεπής*) decent. (*άψογος*) seemly

και *σύνδ* and. (*ακόμη*) even. (*επίσης*) as well, too. ~ **οι δυο** both. **ακόμη ~ τώρα** even now

καΐκι (*το*) caique

καϊμάκι (*το*) froth (*on coffee*)

καινός *επίθ* new. **η Κ~ή Διαθήκη** the New Testament

καινοτομία (*η*) innovation. ~**ώ** *ρ αμτβ* innovate

καινοτόμος (*ο, η*) innovator

καινούριος *επίθ* new. (*πρόσφατος*) fresh

καιρικός *επίθ* weather

καίριος *επίθ* timely. (*θανατηφόρος*) fatal

καιρός (*ο*) weather. (*κατάλληλη περίσταση*) time. (*χρονικό διάστημα*) ages. **εν ~ώ** in due course. **μια φορά κι έναν ~ό** once upon a time

καιροσκόπος (*ο*) opportunist

καιροφυλακτώ *ρ μτβ* bide one's time

καισαρικός *επίθ* Caesarean

καϊσί (*το*) (*Κύπρ*) apricot

καίτοι *σύνδ* although

καίω *ρ μτβ/ρ αμτβ* burn. (*από τσουκνίδα*) sting. (*ηλεκτρική ασφάλεια*) blow. (*καταστρέφω με φωτιά*) burn down. (*μάτια*) smart. (*φαγητό*) be hot. (*φώτα*) fuse

κακά *επίρρ* badly. ~ (*τα*) bad points

κακάδι (*το*) scab (*on wound*)

κακάο (*το*) cocoa

κακαρίζω *ρ αμτβ* cluck. (*μεταφ*) cackle

κακάρισμα (*το*) cackle

κακαρώνω *ρ αμτβ* (*λαϊκ*) kick the bucket

κακεντρέχεια (*η*) malice

κακεντρεχής *επίθ* malicious

κακία (*η*) wickedness. (*μοχθηρία*) spite. (*σκληρότητα*) nastiness

κακιώνω *ρ αμτβ* get angry. (*ψυχραίνομαι*) fall out (**με**, with)

κακό (*το*) evil. (*αναταραχή*) uproar. (*βλάβη*) harm, wrong. (*πράξη*) ill

κακοαναθρεμμένος *επίθ* ill-bred

κακοβουλία (*η*) malevolence

κακόβουλος *επίθ* malevolent

κακόγουστος *επίθ* of bad taste

κακογραμμένος *επίθ* badly written

κακοδιάθετος *επίθ* (*στη διάθεση*) in a bad mood. (*στην υγεία*) out of sorts

κακοδικία (*η*) miscarriage of justice

κακοδιοίκηση (*η*) mismanagement. (*γενική*) maladministration

κακοδιοικώ *ρ μτβ* mismanage

κακοήθεια (*η*) iniquity. (*ιατρ*) malignancy. ~**ης** *επίθ* iniquitous. (*ιατρ*) malignant

κακοκαιρία (*η*) bad weather

κακοκαρδίζω *ρ μτβ* disappoint. • *αμτβ* feel sad

κακοκεφαλιά (*η*) pigheadedness

κακόκεφος *επίθ* moody

κακολογία *(η)* backbiting

κακολογώ *ρ μτβ* speak ill of

κακομαθαίνω *ρ μτβ* spoil
(*indulge*)

κακομελετώ *ρ μτβ/αμτβ* (*λέω
κακό*) speak ill of.
(*προμαντεύω*) foretell ills

κακομεταχειρίζομαι *ρ μτβ*
maltreat. (*δέρνω*) batter.
(*φέρομαι βάναυσα*) ill-treat.
(*χρησιμοποιώ όχι σωστά*) abuse

κακομεταχείριση *(η)*
maltreatment. (*κακοποίηση*)
battering

κακομοίρης *επίθ* wretched

κακόμοιρος *επίθ βλ*
κακομοίρης

κακοντυμένος *επίθ* dowdy

κακοπληρωμένος *επίθ*
underpaid

κακόπιστος *επίθ* of bad faith

κακοποίηση *(η)* maltreatment.
(*της αλήθειας*) distortion

κακοποιός *(ο)* thug.
(*κακούργος*) malefactor. **~ώ** *ρ
μτβ* maul. (*βιάζω*) molest

κακορίζικος *επίθ* (*κακότυχος*)
luckless. (*ανάποδος*) difficult

κακ|ός *επίθ* wicked, bad.
(*ελαττωματικός*) poor (*not
good*). (*μοχθηρός*) spiteful.
(*πολύ κακός*) evil. **~ός** *(ο)* bad
guy, baddie, villain. **~ά**, **~ώς**
επίρρ badly

κακοσμία *(η)* bad smell

κακόσχημος *επίθ* misshapen

κακότεχνος *επίθ* badly-made

κακοτοπιά *(η)* rough ground.
(*μεταφ*) pitfall

κακότροπος *επίθ* bad-
mannered

κακοτυχ|ία *(η)* bad luck. **~ώ** *ρ
αμτβ* have bad luck

κακότυχος *επίθ* ill-starred

κακούργημα *(το)* felony

κακουργιοδ|ικείο *(το)* criminal
court. **~ίκης** *(ο, η)* judge of
the criminal court

κακούργος *επίθ* criminal

κακουργώ *ρ αμτβ* commit a
crime

κακουχία *(η)* hardship

κακοφαίνεται *ρ αμτβ απρόσ
μου ~** be cut up about

κακοφημία *(η)* infamy

κακόφημος *επίθ* infamous

κακοφορμίζω *ρ αμτβ* fester

κακοφτιαγμένος *επίθ* badly-
made

κακοφωνία *(η)* cacophony

κακόφωνος *επίθ* cacophonous

κάκτος *(ο)* cactus

καλά *επίρρ* nicely. (*δυνατά,
στερεά*) well. (*εξονυχιστικά*)
thoroughly. (*κομούμαι*)
soundly. (*σωστά*) right. **~** *(τα*)
the good points

καλαθάκι *(το)* punnet

καλάθι *(το)* basket.
(*μοτοσικλέτας*) side-car. (*των
αχρήστων*) bin

καλαθοποιία *(η)* wickerwork

καλαθόσφαιρα *(η)* basketball

καλαίσθητος *επίθ* in good
taste

καλαμάκι *(το)* straw (*for
drinking*)

καλαμαράς *(ο)* pen-pusher

καλαμάρι *(το)* squid

καλάμι *(το)* reed. (*για καλάθια*)
cane. (*της κνήμης*) shin.
(*ψαρέματος*) rod

καλαμιά (η) reed. **~ιές** (οι) stubble (crops)

καλαμποκάλευρο (το) maize flour

καλαμπόκι (το) maize. (φαγώσιμος καρπός) sweet corn

καλαμπούρι (το) gag, joke

κάλαντα (τα) carols

καλαπόδι (το) shoe-tree

καλειδοσκόπιο (το) kaleidoscope

καλεσμένος επίθ invited. **~** (ο) guest

καλή (η) (αγαπημένη) sweetheart. (υφάσματος) right side. **μια και ~** once and for all

καλημέρα επιφών good morning

καληνύχτα επιφών good night

καλησπέρα επιφών good evening

καλιακούδα (η) jackdaw

καλικάντζαρος (ο) goblin

κάλιο (το) potassium

καλλιγραφία (η) calligraphy

καλλιέργεια (η) cultivation. (ιατρ, μόρφωση) culture

καλλιεργημένος επίθ cultured

καλλιεργ|ητής (ο), **~ήτρια** (η) grower

καλλιεργώ ρ μτβ cultivate. (μεταφ) foster, promote

κάλλιο επίρρ better

καλλιστεία (τα) beauty contest

κάλλιστ|ος επίθ best. βλ **καλός**. **~α** επίρρ very well

καλλιτέχν|ης (ο), **~ιδα** (η) artist

καλλιτεχν|ία (η) artistry. **~ικός** επίθ artistic

καλλίφωνος επίθ with a good voice

καλλονή (η) beauty

κάλλος (το) good looks

καλλυντικό (το) cosmetic

καλλωπιστικός επίθ ornamental

καλμάρω ρ μτβ quieten down. • ρ αμτβ calm down. (θύελλα) abate

καλό (το) good. **~ού κακού** just in case. **ας το καλό!** bother it at!

καλοαναθρεμμένος επίθ well-bred

καλόγερος[1] (ο) (πουλί) tit

καλόγερος[2] (ο) (εξάνθημα) boil

καλόγερος[3] (ο) monk. (της καθολ εκκλησίας) friar

καλόγουστος επίθ in good taste

καλογραμμένος επίθ well written. (ευανάγνωστος) legible

καλόγρια (η) nun

καλοζωία (η) good life

καλοθελ|ητής (ο), **~ήτρα** (η) well-wisher

καλοθρεμμένος επίθ well-fed

καλοκάγαθος επίθ kindly

καλοκαίρι (το) summer

καλοκαιριάτικος επίθ summer. **~ινός** επίθ summery

καλόκαρδος επίθ warm-hearted

καλοήθης επίθ (ιατρ) benign

καλοντυμένος επίθ well-dressed

καλοπιάνω ρ μτβ humour. (κολακεύω) flatter

καλόπιστος επίθ straight

καλοπληρωμένος επίθ well-paid

καλοπροαίρετος *επίθ* well meaning, well meant

καλορίζικος *επίθ* lucky

καλοριφέρ *(το) άκλ* central heating. *(σώμα)* radiator. *(στο αυτοκίνητο)* heater

κάλος *(ο)* corn *(hard skin)*

καλός *(ο)* the good guy. *(αγαπημένος)* sweetheart

καλός *επίθ* good. *(αγαθός)* kind. *(ευχάριστος)* nice. *(τίμιος)* decent. **~ή χρονιά** Happy New Year. **~ό βράδυ** good evening

καλοσύνάτος *επίθ* kindly

καλοσύνη *(η)* goodness. *(ενεργεσία)* kindness

καλότροπος *επίθ* good-mannered

καλοτρώγω *ρ αμτβ* eat well

καλότυχος *επίθ* fortunate

καλούπι *(το)* mould

καλούτσικος *επίθ* passable

καλοφαγάς *(ο)*, **~ού** *(η)* epicure

καλοφτιαγμένος *επίθ* well-made. *(σχέδιο)* neat. *(σωματική διάπλαση)* shapely

καλοψήνω *ρ μτβ* cook well

καλόψυχος *επίθ* good-hearted

καλπάζω *ρ αμτβ* gallop. *(ελαφρά)* canter

καλπασμός *(ο)* gallop. *(ελαφρός)* canter

κάλπη *(η)* ballot box

κάλπης *(ο)* phoney. **~ικος** *επίθ* counterfeit. *(χαρτονομίσματα)* forged

καλσόν *(τα) άκλ* tights

κάλτσα *(η) (ανδρική)* sock. *(γυναικεία)* stocking. *(κοντή)* ankle sock

καλτσοδέτα *(η)* garter

καλύβα *(η)* hut

καλύβι *(το) (πρόχειρο)* shack

κάλυμμα *(το)* covering, cover. *(βιβλίου)* jacket. *(καπάκι)* top. *(κεφαλής)* head-dress, headgear. *(που προστατεύει από τη σκόνη)* dust jacket. *(τσαγιέρας)* cosy. *(τσέπης)* flap

καλύπτω *ρ μτβ* cover. *(ανάγκη)* supply. *(αποκρύβω)* cover up. *(μηχ)* house

καλυτέρευση *(η)* improvement

καλυτερεύω *ρ μτβ* better. • *ρ αμτβ* improve

καλύτερ|ος *επίθ* better. **ο ~ος** the best. **~α** *επίρρ* better, best. **~οι** *(οι)* (one's) betters

κάλυψη *(η)* coverage

καλώ *ρ μτβ (δίνω όνομα)* call. *(διατάζω)* summon. *(προσκαλώ)* ask, invite

καλώδιο *(το)* cable. *(ηλεκτρ)* lead

καλώς *επίρρ* well. **~ όρισες**, **~ ήρθες** welcome

καλωσορίζω *ρ μτβ* welcome

καμάκι *(το)* harpoon

κάμαρα *(η)* room

καμάρα *(η)* arch. *(του ποδιού)* instep

καμαριέρα *(η)* chambermaid

καμαριέρης *(ο)* valet

καμαρίνι *(το) (θέατρ)* dressing room

καμαρότος *(ο)* steward *(on ship)*

καμαρώνω *ρ μτβ* take pride in. • *ρ αμτβ* look proud

καμβάς *(ο)* canvas

καμέα *(η)* cameo

καμέλια (η) camellia

καμήλα (η) camel

καμηλοπάρδαλη (η) giraffe

καμιά βλ **κανένας**

καμινάδα (η) chimney

καμινέτο (το) spirit stove. (για συγκολλήσεις) blowlamp

καμουτσίκι (το) whip. **~ικιά** (η) lash

καμουφλάζ (το) άκλ camouflage. **~ρω** ρ μτβ camouflage

καμπάνα (η) bell

καμπαναριό (το) belfry

καμπανούλα (η) bluebell

καμπαρέ (το) cabaret

καμπαρντίνα (η) gabardine

καμπή (η) (δρόμου) turn. (ποταμού) bend. (μεταφ) turning point

κάμπια (η) caterpillar

καμπίνα (η) cabin. (πιλότου) cockpit

Καμπότζη (η) Cambodia

κάμπος (ο) plain (flat region)

κάμποσος επίθ considerable

κάμποτο (το) calico

καμπούρα (η) hump

καμπούρης (ο) hunchback

καμπουριάζω ρ αμτβ hunch one's back. (γάτος) to arch its back

κάμπτω ρ μτβ bend

καμπύλη (η) curve

καμπυλώνω ρ μτβ/ρ αμτβ curve

κάμψη (η) bending. (βραχίονα) crook (of arm). (μεταφ) decline

καμώματα (τα) antics

καν σύνδ even

καναβάτσο (το) hessian

Καναδάς (ο) Canada

καναδικός επίθ Canadian

Καναδ|ός (η), **~έζα** (ο) Canadian

κανακάρης (ο) (μοναχοπαίδι) only son. (χαϊδεμένος) spoilt child

κανάλι (το) (TV) channel

καναπές (ο) sofa

καναρίνι (το) canary

κανάτα (η) jug

κανάτι (το) pitcher

κανείς βλ **κανένας**

κανέλα (η) cinnamon

κανένας αντων nobody, no one. (σε ερώτηση) anybody, anyone. **~ άλλος** nobody else

κανίβαλος (ο) cannibal

κανίς (το) άκλ poodle

κάνναβις (η) (η ινδική) cannabis

κάννη (η) (gun) barrel

κανό (το) canoe

κανόνας (ο) square (for drawing). (γενική αρχή) rule. (συμπεριφοράς) precept

κανόνι (το) cannon

κανονίζω ρ μτβ arrange. (λογαριασμό) settle. (ρυθμίζω) adjust

κανονι|κός επίθ regular. (συνηθισμένος) normal. **~σμός** (ο) regulation, rule

κάνουλα (η) (μηχ) cock

κανταδα ρ μτβ serenade

κανταΐφι (το) sweet made with shredded pastry and ground almonds

καντήλ|α (η) oil lamp in church. **~ι** (το) oil lamp (in front of icons)

καντίνα (*η*) canteen. (*σχολείου*) tuck-shop

καντράν (*το*) dial

κάν|ω *ρ μτβ* (*εκτελώ*) do. (*επίσκεψη*) pay. (*κατασκευάζω*) make. (*μπάνιο*) take. (*παράγω*) produce. (*πόλεμο*) wage. (*προξενώ*) cause. (*φιλοφρονήσεις*) pay. ▪ *ρ αμτβ* (*μένω, διατελώ*) be. (*προσποιούμαι*) pretend. (*συμπεριφέρομαι*) behave. (*χρησιμεύω*) do. **~ω χωρίς** go without. **έχω να ~ω με** be up against. *παρόσ* **~ει κρύο/ζέστη** it is cold/hot. **δεν ~ει να καπνίζεις** you shouldn't be smoking. **πόσο ~ει;** how much is it?

καουμπόι (*ο*) cowboy

καούρα (*η*) heartburn

κάπα (*η*) cape, cloak. (*μεξικάνικη*) poncho

καπάκι (*το*) (bottle) top. (*κάλυμμα*) lid

καπάτσος *επίθ* smart, shrewd

καπέλο (*το*) hat. (*αθέμιτη αύξηση*) illegal surcharge. (*καπνοδόχου*) hood (*of chimney*)

καπελού (*η*) milliner

καπετάνιος (*ο*) skipper

καπιταλισμός (*ο*) capitalism

καπλαμάς (*ο*) veneer

καπνιά (*η*) soot

καπνίζω *ρ μτβ/ρ αμτβ* smoke

κάπνισμα (*το*) smoking

καπν|ιστής (*ο*), **~ίστρια** (*η*) smoker

καπνιστός *επίθ* smoked

καπνοδοχοκαθαριστής (*ο*) chimney-sweep

καπνοδόχος (*η*) chimney

καπνοπωλείο (*το*) tobacconist's (shop)

καπνοπώλης (*ο*) tobacconist

καπνός (*ο*) (*από φωτιά*) smoke. (*φυτό*) tobacco

καπό (*το*) bonnet (*of car*)

κάποιος *αντων* somebody, someone. (*διακεκριμένος*) someone. (*λιγοστός*) some

κάποτε *επίρρ* once. (*μερικές φορές*) at times. (*μια μέρα*) some time. **~ ~** occasionally

κάπου *επίρρ* somewhere. (*περίπου*) about, somewhere in. **~ ~** from time to time

καπούλια (*τα*) rump

κάππαρη (*η*) (*μαγ*) caper

καπρίτσιο (*το*) whim

καπριτσιόζος *επίθ* capricious

κάπως *επίρρ* (*λιγάκι*) somewhat. (*κατά κάποιο τρόπο*) somehow

καραβάνι (*το*) caravan (*of camels*)

καράβι (*το*) ship

καραγκιόζης (*ο*) Punch (*in Punch and Judy*). (*θέατρο*) shadow play. (*άνθρωπος*) buffoon

καραγκιοζιλίκι (*το*) caper, antic

Καραϊβικός Caribbean

καραδοκώ *ρ αμτβ* lie in wait

καρακάξα (*η*) magpie. (*γυναίκα*) cow (*υβριστ*)

καραμέλα (*η*) sweet, (*αμερ*) candy

καραμπόλα (*η*) pile-up

καραντίνα (*η*) quarantine

καράτε (*το*) *άκλ* karate

καράτι (*το*) carat

καρατομώ *ρ μτβ* decapitate

καράφα (η) carafe

καρβέλι (το) loaf of bread

κάρβουνο (το) coal

κάρδαμο (το) cress

καρδάρα (η) (milk) churn

καρδιά (η) heart. (μεταφ) core. **στην ~ του καλοκαιριού** at the height of summer

καρδιακ|ός επίθ cardiac. (φίλος) sworn. **~ή προσβολή** (η) heart attack

καρδινάλιος (ο) cardinal

καρδιογράφημα (το) cardiogram

καρδιολόγος (ο, η) heart specialist

καρδιοπάθεια (η) heart condition

καρδιοχτ|ύπι (το) heartbeat. (μεταφ) heartache. **~υπώ** ρ αμτβ be anxious

καρέκλα (η) chair

καριέρα (η) career

καρικατούρα (η) caricature

καρίνα (η) keel

Καρκίνος¹ (ο) (αστρολ) Cancer

καρκίνος² (ο) (ιατρ) cancer

καρκινώδης επίθ cancerous

καρμπιρατέρ (το) carburettor

καρμπόν (το) άκλ carbon (paper)

καρναβάλι (το) carnival

καρό (το) άκλ (ύφασμα) check. (χαρτιά) diamonds

κάρο (το) cart

καρότο (το) carrot

καροτσάκι (το) (κήπου) wheelbarrow. (για αποσκευές) trolley. (για μωρά) pram. (για παιδάκια) buggy

καρούλι (το) reel

καρούμπαλο (το) lump (on the head)

καρπαζιά (η) slap (on the neck)

καρπ|ός (ο) (φυτού) fruit. (χεριού) wrist. **ξηροί ~οί** (οι) nuts

καρπούζι (το) water melon

καρποφόρος επίθ fruitful

κάρτα (η) (invitation, greeting) card

καρτέλ (το) άκλ cartel

κάρτερ (το) άκλ (αυτοκ) oil sump

καρτερ|ία (η) fortitude. **~ικός** επίθ patient

καρτ ποστάλ (η) άκλ postcard

καρύδα (η) coconut

καρύδι (το) walnut. (στο λαιμό) Adam's apple

καρυδιά (η) walnut (tree)

καρυδότσουφλο (το) nutshell

καρύκευμα (το) (άρτυμα) seasoning. (σαλάτας) dressing

καρυκεύω ρ μτβ season, flavour. (σαλάτα) (μαγ) dress

καρυοθραύστης (ο) nutcracker

καρφί (το) nail. (πλατυκέφαλο) stud. (που προεξέχει) spike. (μεταφ καταδότης) grass, informer

καρφίτσα (η) pin. (κόσμημα) brooch

καρφιτσώνω ρ μτβ pin

καρφώνω ρ μτβ nail. (κατάδινω) squeal on. (κρατώ) pin, hold down. (με τα μάτια) transfix

καρχαρίας (ο) shark

κασέρι (το) type of hard cheese

κασέτα (η) cassette

κασετίνα (η) casket

κασκαντέρ (ο, η) *άκλ* stunt man

κασκόλ (το) *άκλ* knitted scarf

κασμίρι (το) cashmere

κασόνι (το) wooden box. (*για πολύτιμα αντικείμενα*) coffer

κασσίτερος (ο) tin

κάστα (η) caste

καστάνια (η) wrench

καστανιά (η) chestnut-tree

καστανιέτες (οι) castanets

κάστανο (το) chestnut

καστανοκίτρινος *επίθ* fawn

καστανοκόκκινος *επίθ* russet

καστανομάλλα (η) brunette

καστανόξανθος *επίθ* tawny

καστανός *επίθ* brown (*hair, eyes*)

κάστορας (ο) beaver

καστόρι (το) suede

κάστρο (το) castle

κατά *πρόθ* (*διάρκεια*) during. (*εναντίον*) against. (*νομ*) versus. (*προς*) towards. (*σύμφωνα*) according to. (*χρόνος*) about. **τα υπέρ και τα ~** the pros and cons

καταβάλλω *ρ μτβ* overwhelm. (*εξασθενίζω*) weaken. (*πληρώνω*) pay

καταβολή (η) payment

καταβροχθίζω *ρ μτβ* devour. (*κύματα*) engulf. (*κατασπαταλώ*) squander. (*φαγητό*) guzzle

καταγάλανος *επίθ* clear blue (*sky*)

καταγγελία (η) accusation. (*διακήρυξη*) denunciation

καταγγέλλω *ρ μτβ* report. (*συνθήκη*) denounce

καταγής *επίρρ* on the ground

κάταγμα (το) fracture

καταγοητεύω *ρ μτβ* enrapture

κατάγομαι *ρ αμτβ* come from

καταγραφή (η) recording

καταγράφω *ρ μτβ* record. (*σε κατάλογο*) catalogue

καταγωγή (η) ancestry. (*εθνικότητα*) extraction, lineage. (*ζώου*) pedigree

καταδέχομαι *ρ αμτβ* condescend

καταδικάζω *ρ μτβ* condemn. (*εγληματία*) convict. (*προβλέπω κακή έκβαση*) doom. **~ σε** sentence to

καταδίκη (η) condemnation. (*εγκληματία*) conviction. (*ποινή*) sentence

κατάδικος (ο) convict

καταδίνω *ρ μτβ* inform against

καταδιώκω *ρ μτβ* pursue. (*κάνω διωγμό*) persecute

καταδίωξη (η) pursuit. (*διωγμός*) persecution

καταδότης (ο), **~ρια** (η) informer

καταδρομ|έας (ο) commando. **~ή** (η) (*δίωξη*) persecution. (*στρ*) raid

καταδρομικό (το) (*ναυτ*) cruiser

καταδύομαι *ρ αμτβ* dive

κατάδυση (η) dive

καταζητούμενος *επίθ* wanted (*of criminal*)

κατάθεση (η) (*μαρτυρίας*) statement. (*όπλων*) laying down. (*χρημάτων*) deposit

καταθέτης (ο), **~ρια** (η) depositor

καταθέτω *ρ μτβ* (*δίνω μαρτυρία*) testify. (*νομοσχέδιο*) introduce.

(τα όπλα) lay down. (χρήματα) deposit, pay in

καταθλιπτικός επίθ gloomy

κατάθλιψη (η) gloom. (ψυχική κατάσταση) depression

καταιγίδα (η) storm

καταιγισμός (ο) (βλημάτων) spray

κατακάθι (το) sediment. **~α** (τα) (καφέ) grounds. (της κοινωνίας) dregs

κατακαλόκαιρο (το) the height of summer

κατάκαρδα επίρρ to heart

κατακλέβω ρ μτβ rip off

κατακλύζω ρ μτβ flood. (μεταφ) inundate

κατακλυσμός (ο) flood. (βροχή) deluge

κατάκοιτος επίθ bedridden

κατακόκκινος επίθ bright red. (μάτια) bloodshot

κατακόμβη (η) catacomb

κατακόρυφος επίθ vertical. (γκρεμός) sheer. **το ~ο** the height (of), the zenith

κατακουρασμένος επίθ dead tired

κατακρατώ ρ μτβ withhold

κατακραυγή (η) outcry

κατακρεουργώ ρ μτβ hack to pieces. (μεταφ) murder

κατακρίνω ρ μτβ condemn

κατάκτηση (η) conquest

κατακτη|τής (ο), **~ήτρια** (η) conqueror

κατακτώ ρ μτβ conquer. (μεταφ) captivate

καταλαβαίνω ρ μτβ/ρ αμτβ understand. (τη σημασία) get

καταλαμβάνω ρ μτβ seize. (χώρο) take up

καταλήγω ρ μτβ end up. (φτάνω σε αποτέλεσμα) lead up to

κατάληξη (η) (έκβαση) outcome. (γραμμ) ending

κατάληψη (η) (εξουσίας) takeover. (πόλης) taking. (χώρου εργασίας) sit-in

κατάλληλος επίθ suitable. (βολικός) convenient. (γαμπρός) eligible. (για μια κατάσταση) appropriate. (στιγμή) opportune

καταλογίζω ρ μτβ impute. (χρεώνω) charge

καταλογισμός (ο) imputation

κατάλογος (ο) list. (βιβλίο) catalogue. (βιβλιοθήκης) index. (εμπορευμάτων) inventory. (εστιατορίου) menu. (σχολικός) register. (τηλεφωνικός) directory

κατάλοιπο (το) residue

κατάλυμα (το) accommodation. (στρ) quarters

καταλύτης (ο) catalyst

καταμαράν (το) άκλ catamaran

κατάματα επίρρ right in the eyes

κατάμαυρος επίθ jet black. (μαλλιά) raven

καταμερισμός (ο) (διανομή) distribution. (κατανομή ευθύνης) apportionment

καταμεσήμερο (το) the middle of the day, noon

καταμεσής επίρρ in the middle

καταμέτρηση (η) (ειδών) stock-taking. (ψήφων) count

καταμόναχος επίθ all alone

κατάμουτρα επίρρ to the face

καταναγκαστικός επίθ
compulsory

κατανάλωνω ρ μτβ consume

κατανάλωση (η) consumption

καταναλωτικός επίθ consumer

καταναλ|ωτής (ο), **~ώτρια** (η)
consumer

κατανέμω ρ μτβ allocate, share
out

κατανικώ ρ μτβ overpower

κατανόηση (η) understanding.
(αντίληψη) comprehension

κατανοητός επίθ intelligible

κατανομή (η) allocation

κατανοώ ρ αμτβ comprehend.
(δείχνω επιείκια) understand

κατάντημα (το) plight

καταντώ ρ αμτβ be reduced to

κατάνυξη (η) devoutness

κατάξερος επίθ bone-dry

καταπακτή (η) trap door

καταπάτηση (η) encroachment

καταπατώ ρ μτβ trample on.
(δικαιώματα) impinge on.
(κτήματα) encroach on.
(παραβιάζω) infringe on

κατάπαυση (η) cessation

καταπέλτης (ο) catapult

καταπιάνομαι με ρ μτβ tackle

καταπιέζω ρ μτβ oppress

καταπίεση (η) oppression

καταπιεσμένος επίθ
downtrodden

καταπιεστικός επίθ oppressive

καταπίνω ρ μτβ/ρ αμτβ
swallow. (δάκρυα) gulp

κατάπλασμα (το) poultice

καταπληκτικός επίθ
astonishing, amazing.
(απίστευτος) staggering.
(επίτευγμα) stupendous. (θέα)

breathtaking. (ομορφιά)
stunning. (χαρακτήρας) terrific

κατάπληκτος επίθ amazed

κατάπληξη (η) astonishment,
amazement. (ταραχή και φόβος)
consternation

καταπλήσσω ρ μτβ astonish,
amaze, astound. (αίσθηση
θάμπους) stun

καταπνίγω ρ μτβ strangle.
(κίνημα) quell. (σκάνδαλο)
quash. (συγκινήσεις) repress,
hold back. (χασμουρητό, γέλιο)
suppress

καταπολεμώ ρ μτβ fight
(against). (για να περιορίσω)
combat

καταπραϋντικό|ς επίθ sedative.
~ (το) sedative

καταπραΰνω ρ μτβ mollify.
(νεύρα) settle. (πόνο) relieve

κατάπτωση (η) (σωματική)
exhaustion. (ηθική)
degradation. (νευρική)
breakdown

κατάρα (η) curse

κατάργηση (η) abolition

καταργώ ρ μτβ abolish

καταριέμαι ρ μτβ curse

καταρράκτης (ο) waterfall.
(ιατρ) cataract. (μεταφ) torrent

κατάρρευση (η) collapse.
(εκλογική) débâcle. (εμπ) crash

καταρρέω ρ αμτβ cave in.
(νευρικά) break down.
(σωματικά) collapse

κατάρρους (ο) catarrh. (σε
σκύλους) distemper

κατάρτι (το) (ναυτ) mast

καταρτίζω ρ μτβ (οργανώνω)
form. (εκπαιδεύω) prepare,
train. (συντάσσω) draw up

κατασκευάζω *ρ μτβ* make, manufacture. (*παράγω*) construct. (*παράγω*) produce

κατασκευ|αστής (*ο*), **~άστρια** (*η*) manufacturer

κατασκευή (*η*) manufacture. (*ανέγερση*) construction

κατασκην|ώνω *ρ αμτβ* camp. **~ωτής** (*η*), **~ώτρια** (*ο*) camper

κατασκήνωση (*η*) camping. (*χώρος*) camp

κατασκοπεύω *ρ μτβ/αμτβ* spy. (*δραστηριότητα*) espionage

κατάσκοπος (*ο*, *η*) spy

κατασκότεινος *επίθ* pitch dark

κατασπαταλώ *ρ μτβ* squander. (*σιγά σιγά*) fritter away

κάτασπρος *επίθ* snow white

κατασταλάζω *ρ αμτβ* settle. (*μεταφ*) end up

κατασταλτικός *επίθ* repressive

κατάσταση (*η*) state. (*αρρώστου*) condition. (*οικογενειακή*) status. (*οικονομική, πολιτική*) situation. (*στρ*) service

καταστατικός *επίθ* constitutional. **~ χάρτης** (*ο*) charter

καταστέλλω *ρ μτβ* suppress. (*συγκρατώ*) curb

κατάστημα (*το*) shop. (*τράπεζας*) branch

καταστημάτ|άρχ|ης (*ο*), **~ις** (*η*) shopkeeper

καταστολέας (*ο*) suppressor

καταστολή (*η*) suppression

καταστρεπτικός *επίθ* destructive. (*ολέθριος*) devastating

καταστρέφω *ρ μτβ* destroy. (*ελπίδες*) dash. (*κορίτσι*) deflower. (*οικονομικά, ηθικά*) ruin. (*ολέθρια*) devastate

καταστροφή (*η*) destruction. (*ολέθρια*) catastrophe. (*συμφορά*) disaster. (*μεταφ*) ruin

κατάστρωμα (*το*) deck

καταστρώνω *ρ μτβ* lay (*plans*)

κατάσχεση (*η*) confiscation. (*εμπορευμάτων*) seizure

κατάσχω *ρ μτβ* confiscate. (*νομ*) impound. (*απλήρωτη περιουσία*) repossess. (*εμπορεύματα*) seize

κατάταξη (*η*) rating. (*στρ*) enlistment

κατατάσσ|ω *ρ μτβ* rank. (*σε διαγωνισμό*) place. **~ομαι** (*στο στρατό*) *ρ αμτβ* enlist

κατατοπίζω *ρ μτβ* put in the picture

καταρεγμός (*ο*) victimization. (*δίωξη*) persecution

καταρέχω *ρ μτβ* (*διώκω*) persecute. (*προσπαθώ να βλάψω κπ*) victimize

κατατρομάζω *ρ αμτβ* be scared stiff

κατατροπώνω *ρ μτβ* thrash, defeat

καταυλισμός (*ο*) encampment

καταφανής *επίθ* very obvious, evident

καταφατικός *επίθ* affirmative

καταφέρνω *ρ μτβ* achieve. (*πείθω*) persuade. (*μεταφ*) pull off

καταφέρ|ω *ρ αμτβ* deal. **~ομαι** *ρ αμτβ* (*εναντίον*) attack (*verbally*)

καταφεύγω ρ αμτβ take refuge. **~ σε** (προσφεύγω) fall back on. (μεταφ) resort to

καταφθάνω ρ αμτβ roll up, arrive

κατάφορτος επίθ weighed down (με with)

καταφύγιο (το) refuge. (από καιρικές συνθήκες) shelter. (για πλοία) haven. (για προστασία) sanctuary. (στρ) bunker

κατάφωρος επίθ flagrant

καταχαρούμενος επίθ overjoyed

κατάχλομος επίθ ghastly, deathly pale

καταχνιά (η) haze, mist

κατάχρηση (η) misuse. (εμπιστοσύνης) breach. (σε επάγγελμα) malpractice. (χρημάτων) embezzlement

καταχρώμαι ρ μτβ misuse. (χρήματα) embezzle

καταχώρηση (η) entry (on list)

καταχωρίζω ρ μτβ enter (in a book)

καταψύ|κτης (ο) freezer. **~χω** ρ μτβ freeze

κατάψυξη (η) deep-freeze

κατεβάζω ρ μτβ lower. (αεροπλάνο) down. (από ψηλά) pull down. (κεφάλι) hang. (λεφτά) cough up (λαϊκ). (ποτό) swill. (τιμές) knock down. (φόρεμα) let down. (Η/Υ) download

κατεβαίνω ρ αμτβ come down. (από αυτοκίνητο) get out. (από βουνό) descend. (από ζώο) dismount. (σκάλα) climb down

κατεδαφίζω ρ μτβ demolish

κατεδάφιση (η) demolition

κατεξοχήν επίρρ principally

κατεπείγ|ων επίθ urgent. **~ον** express (post)

κατεργάζομαι ρ μτβ process

κατεργάρης επίθ crafty

κατευθείαν επίρρ direct, straight

κατεύθυνση (η) direction

κατευθύν|ω ρ μτβ direct. (οδηγώ) guide. **~ομαι προς** ρ μτβ head for

κατευνάζω ρ μτβ appease. (καταπραΰνω) calm down

κατευχαριστημένος επίθ delighted

κατέχω ρ μτβ possess. (εξουσιάζω) dominate. (έχω ιδιοκτησία) own. (θέμα) know well. (θέση) occupy

κατηγορηματικός επίθ categorical. (άρνηση) flat. (απερίφραστος) unequivocal. (βέβαιος) positive. (τρόπος) emphatic

κατηγορητήριο (το) indictment

κατηγορία[1] (η) accusation. (νομ) charge. (στο δικαστήριο) indictment

κατηγορία[2] (η) category. (τάξη) class

κατήγορος (ο) prosecutor

κατηγορούμενο (το) predicate

κατηγορ|ούμενος (ο), **~ουμένη** (η) (the) accused

κατηγορώ ρ μτβ accuse. (ασκώ δικαστική δίωξη) indict. (νομ) charge

κατήφεια (η) gloom

κατηφορίζω ρ αμτβ walk downhill. (έδαφος) slope

κατηφορικός επίθ sloping downward

κατήφορος *(ο)* (downhill) slope. *(μεταφ)* downhill

κατήχηση *(η)* indoctrination. *(εκκλ)* catechism

κατηχητικό *(το)* Sunday school

κατηχώ *ρ μτβ* indoctrinate

κάτι *αντων* something. *(μερικοί)* some

κάτισχνος *επίθ* emaciated

κατιφές *(ο)* marigold

κατοίκηση *(η)* habitation

κατοικία *(η)* dwelling. *(οικία)* residence

κατοικίδιος *επίθ* domestic *(animal)*

κάτοικος *(ο, η)* inhabitant. *(κτιρίου)* resident. *(πόλεως)* citizen. *(σπηλαίου)* dweller

κατοικώ *ρ μτβ/αμτβ* inhabit. *(διαμένω)* reside

κατολίσθηση *(η)* landslide

κατόπι *επίρρ (πίσω)* after. *(έπειτα)* following

κατόρθωμα *(το)* achievement, feat. *(ανδραγάθημα)* exploit

κατορθώνω *ρ μτβ* achieve. *(επιτυγχάνω)* succeed (*να κάνω,* in doing

κατουρώ *ρ αμτβ* have a pee

κατοχή *(η)* possession. *(από ξένες δυνάμεις)* occupation. *(θέματος)* command, mastery

κάτοχος *(ο, η)* occupier. *(θέσης)* holder. *(κύριος)* owner

κατοχυρώνω *ρ μτβ* safeguard

κατρακυλώ *ρ αμτβ* tumble down

κατσαβίδι *(το)* screwdriver

κατσάδα *(η)* dressing down

κατσαδιάζω *ρ μτβ* tell off

κατσαρίδα *(η)* cockroach

κατσαρόλα *(η)* saucepan. *(πήλινη)* casserole

κατσαρός *επίθ* wavy *(hair)*

κατσίκα *(η)* goat

κατσικάκι *(το)* kid

κατσούφης *επίθ* surly. **~ιασμα** *(το)* scowl

κατσουφιά *(η)* surliness. **~ζω** *ρ αμτβ* scowl

κάτω *επίρρ* down, below. *(λιγότερο)* under. **προς τα ~** downwards. **στο κάτω κάτω** *(της γραφής)* after all. • *επίθ* lower. **οι ~ Χώρες** the Netherlands

κατώτατος *επίθ βλ* **κάτω**. lowest

κατώτερος *επίθ βλ* **κάτω**. lower. *(σε βαθμό)* junior. *(σε ποιότητα)* inferior. **~** *(ο)* inferior

κατωτερότητα *(η)* inferiority

κατωτέρω *επίρρ* below

κατώφλι *(το)* doorstep. *(μεταφ)* threshold

καυγάς *(ο) βλ* **καβγάς**

καυσαέρια *(τα)* exhaust gases

καυσέλαιο *(το)* fuel oil

καύσ|η *(η)* burning. *(μηχ)* combustion. **~ιμα** *(τα)* fuel

καυστήρας *(ο)* (gas) burner

καυστικός *επίθ* caustic

καύσωνας *(ο)* heat wave

καυτερός *επίθ* scorching. *(υγρό)* boiling hot. *(φαγητό, στη γεύση)* hot

καυτηριάζω *ρ μτβ* cauterize. *(μεταφ)* castigate

καύχηση *(η)* boast

καυχησιάρης *επίθ* boastful

καυχιέμαι *ρ αμτβ* boast

καφάσι (το) lattice

καφασωτό (το) trellis

καφέ επίθ άκλ brown

καφεΐνη (η) caffeine

καφενείο (το) coffee shop

καφενές (ο) βλ **καφενείο**

καφές (ο) coffee

καφετερία (η) café. (με αυτοεξυπηρέτηση) cafeteria

καφετζ|ής (ο), **~ού** (η) coffee shop owner

καφετιέρα (η) coffee-pot. (με φίλτρο) percolator

καχεκτικός επίθ sickly

καχύποπτος επίθ distrustful

καχυποψία (η) distrust

καψαλίζω ρ μτβ singe. (ο ήλιος) scorch

κάψιμο (το) burn

κάψουλα (η) capsule

καψούλι (το) cap (of cartridge)

κέδρο (το) cedar

κέδρος (ο) βλ **κέδρο**

κέικ (το) άκλ cake

κείμενο (το) text

κειμήλιο (το) relic. (οικογενειακό) heirloom

κελάηδημα (το) song (of a bird)

κελαηδώ ρ αμτβ sing. (φλυαρώ) prattle on

κελάρι (το) cellar. (μικρό) larder

κελαρύζω ρ αμτβ babble (of stream)

κελεπούρι (το) windfall

κελί (το) cell (prisoner's, monk's)

Κελσίου άκλ centigrade

Κέλτης (ο) Celt

κελτικός επίθ Celtic

κενό (το) void. (διάστημα) gap. (μηχ) vacuum. (μεταφ)

emptiness. **~ αέρος** air pocket

κενός επίθ empty. (λόγια) idle. (σπίτι, κάθισμα) vacant

κενοτάφιο (το) cenotaph

κέντημα (το) embroidery

κεντητός επίθ embroidered

κεντρί (το) sting

κεντρίζω ρ μτβ sting. (μεταφ) goad

κεντρικ|ός επίθ central. **~ός δρόμος** (ο) main street. **~ά γραφεία** head office

κέντρισμα (το) sting. (μεταφ) spur (stimulus)

κέντρο (το) centre. (μεταφ) hub. (προσοχής) focus. **~τηλεφωνικής βοήθειας** (το) call centre. **νυχτερινό ~** night-club. **τηλεφωνικό ~** telephone exchange

κεντώ ρ μτβ embroider. (τσιμπώ) prick

Κένυα (η) Kenya

κεραία (η) antenna. (πεταλούδας) feeler. (ραδιοφώνου) aerial

κεραμίδι (το) (roof) tile

κεραμικ|ά (τα) ceramics. **~ή** (η) ceramics. **~ός** επίθ ceramic

κέρας (το) horn (music)

κεράσι (το) cherry

κερασιά (η) cherry-tree

κέρασμα (το) treat

κέρατο (το) horn. (ελαφιού, με διακλαδώσεις) antler

κεραυνοβόλος επίθ lightning

κεραυνόπληκτος επίθ thunderstruck. (μεταφ) stunned

κερδίζω ρ μτβ win. (αντίπαλο) beat. (βραβείο) carry off.

(εμπιστοσύνη, χρόνο) gain.
(επωφελούμαι) profit from.
(λεφτά) earn. (πόντους) score.
• ρ αμτβ look better

κέρδ|ος (το) profit. (όφελος)
benefit. (μεταφ) gain. **~η** (τα)
(από τυχερά παιχνίδια)
winnings. (από δουλειά)
earnings. (εμπορ) returns

κερδοσκοπία (η) profiteering.
(με επενδύσεις) speculation

κερδοσκόπος (ο, η) profiteer.
(με επενδύσεις) speculator

κερδοσκοπώ ρ αμτβ speculate

κερήθρα (η) honeycomb

κερί (το) candle. (ουσία) wax

κερκίδα (η) tier (in stadium)

Κέρκυρα (η) Corfu

κέρμα (το) token (for game
machines). (νόμισμα) coin

κερματοδέκτης (ο) coin-
operated machine. (τηλέφωνο)
payphone

κερνώ ρ μτβ **να σας κεράσω
ένα ποτό;** can I buy you a
drink?

κερώνω ρ μτβ wax. • ρ αμτβ
(μεταφ) go white as a sheet

κεσές (ο) yoghurt tub

κεφάλαι|ο (το) (σε βιβλίο)
chapter. (χρήματα) capital. **~α**
(τα) funds

κεφαλαιοκρ|ατία (η)
capitalism. **~άτης** (ο)
capitalist

κεφαλαίο|ς επίθ capital. **~** (το)
capital letter

κεφαλαιώδ|ης επίθ capital.
~ους σημασίας of utmost
importance

κεφαλή (η) head

κεφάλι (το) head

κεφαλιά (η) header

κεφαλόπονος (ο) headache

κεφαλόσκαλο (το) landing (top
of stairs)

κεφαλοτύρι (το) type of cheese

κεφάτος επίθ cheerful

κέφι (το) high spirits

κεφτές (ο) meatball

κεχρί (το) millet

κεχριμπάρι (το) amber

κηδεία (η) funeral

κηδεμόνας (ο, η) guardian

κήλη (η) hernia

κηλίδα (η) stain. (στίγμα) blot.
(στο δέρμα) blemish

κηλιδώνω ρ μτβ stain. (όνομα)
smear. (μεταφ) tarnish

κήπος (ο) garden

κηπουρική (η) gardening

κηπουρός (ο, η) gardener

κηροζίνη (η) kerosene

κηροπήγιο (το) candlestick

κήρυγμα (το) sermon

κήρυκας (ο) crier. (εκκλ)
preacher

κήρυξη (η) declaration

κηρύσσω ρ μτβ proclaim.
(εκκλ) preach

κηφήνας (ο) drone. (μεταφ)
layabout

κιάλια (τα) binoculars. (της
όπερας) opera glasses

κίβδηλος επίθ forged. (μεταφ)
fake

κιβώτιο (το) crate. (μπαούλο)
chest. (μπίρας) case. **~
ταχύτητων** gearbox

κιβωτός (η) (θρησκ) ark

κιγκλίδωμα (το) railing.
(σκάλας) balustrade

κιθάρα (η) guitar

κιθαρ|ιστής (ο), **~ίστρια** (η) guitarist

κιλό (το) kilo

κιλοβάτ (το) ἀκλ kilowatt

κιλότα (η) (γυναικεία) briefs, panties. (ιππασίας) breeches

κιμάς (ο) mince (meat). (μεταφ) pulp

κιμονό (το) kimono

κιμωλία (η) chalk

Κίνα (η) China

κινδυνεύω ρ μτβ risk. (διακινδυνεύω) endanger. • ρ αμτβ be in danger

κίνδυνος (ο) danger, risk. (δυσάρεστη έκβαση) peril. (εμπόδιο) hazard

κινέζικος επίθ Chinese

Κινέζ|ος (ο), **~α** (η) Chinese

κίνημα (το) movement

κινηματογράφος (ο) cinema

κινηματογραφώ ρ μτβ film

κίνηση (η) move. (απότομη) jerk. (δραστηριότητα) (hustle and) bustle. (ενέργεια του κινώ) movement. (κυκλοφορία) traffic. (με τα χέρια) gesture. (μηχ) drive. (πλοίου) motion

κινητήρας (ο) engine

κινητός επίθ movable. (που μετακινείται) mobile. **~ τηλέφωνο** (το) mobile (phone), cell phone

κίνητρο (το) incentive. (αιτία) motive. (ό, τι κινεί σε δράση) motivation

κινίνο (το) βλ quinine

κιν|ώ ρ μτβ move. (διεγείρω) stir, stimulate. (θέτω σε λειτουργία) drive. (μετακινώ)

transport. • ρ αμτβ set off. (μεταφ) set out. **~ούμαι** ρ αμτβ move

κιόλα(ς) επίρρ already. (επιπλέον) on top of that

κιόσκι (το) kiosk. (σε κήπο) gazebo

κιρσός (ο) varicose vein

κίσσα (η) jay

κισσός (ο) ivy

κιτριά (η) citron (tree)

κιτρινιάρης επίθ sallow

κιτρινίζω ρ αμτβ turn pale. (ξεθωριάζω) discolour

κίτρινο|ς επίθ yellow. (χλομός) pale. **~** (το) yellow

κίτρο (το) citron

κίχλη (η) thrush (bird)

κλαβεσίνο (το) harpsichord

κλαγγή (η) clang

κλαδάκι (το) sprig, twig

κλάδεμα (το) pruning

κλαδευτήρι (το) secateurs

κλαδεύω ρ μτβ prune

κλαδί (το) branch

κλάδος (ο) (δέντρου) bough. (τμήμα συνόλου) branch

κλαί|ω ρ αμτβ cry. (από λύπη) weep. **~ με λυγμούς** sob. **~ομαι** ρ αμτβ whine

κλακέτες (οι) tap-dance

κλάμα (το) cry, weep

κλάνω ρ αμτβ break wind

κλάξον (το) (car) horn

κλαρί (το) branch (of tree)

κλαρίνο (το) clarinet

κλάση (η) class, category. (ηλικίας) age group

κλασικός επίθ classic. (της αρχαιότητας) classical. **~ές σπουδές** (οι) classics

κλάσμα (*το*) fraction

κλάψα (*η*) whimpering

κλαψιάρης *επίθ* whining. **~** (*ο*) cry baby, whiner

κλαψουρίζω *ρ αμτβ* whine. **~ παραπονεμένα** whimper

κλέβ|ω *ρ μτβ* steal. (*ζώα*) rustle. (*ληστεύω*) rob. (*σε μικρές ποσότητες*) pilfer. (*μεταφ*) cheat. **~ομαι** *ρ αμτβ* elope

κλείδα (*η*) collar bone

κλειδαράς (*ο*) locksmith

κλειδαριά (*η*) lock

κλειδαρότρυπα (*η*) keyhole

κλειδί (*το*) key. (*γαλλικό*) spanner. (*μουσ*) clef. (*σίδηρ*) switch

κλείδωμα (*το*) locking. (*μεταφ*) locking in

κλειδώνω *ρ μτβ* lock. • *ρ αμτβ* lock up.

κλείδωση (*η*) joint. (*δάχτυλα*) knuckle

κλείθρο (*το*) latch

κλείνω *ρ μτβ* close, shut. (*βρύση*) turn off. (*διακόπτω τη λειτουργία*) shut down. (*επιχείρηση*) wind up. (*ηλεκτρ*) switch off. (*θέση*) book, reserve. (*συμφωνία*) clinch. (*τηλέφωνο*) hang up. (*φράζω*) block. • *ρ αμτβ* close. (*παύω λειτουργία*) fold. (*πληγή*) heal

κλείσιμο (*το*) closure. (*διακοπή λειτουργίας*) shut-down

κλεισούρα (*η*) confinement. (*μυρωδιά*) musty smell

κλειστ|ός *επίθ* closed. (*καιρός*) close. (*περιφραγμένος*) walled-in. (*χαρακτήρας*) uncommunicative. **~ή πισίνα** (*η*) indoor swimming pool

κλειστοφοβία (*η*) claustrophobia

κλεπτομανής (*ο, η*) kleptomaniac

κλέφτης[1] (*ο*) kleft (*armed Greek insurgent in the Turkish occupation of Greece*)

κλέφτ|ης[2] (*ο*), **~ρα** (*η*) thief. (*ειδών καταστημάτων*) shoplifter

κλεφτός *επίθ* furtive

κλεψιά (*η*) thieving. (*από μαγαζιά*) shop-lifting

κλέψιμο (*το*) stealing

κλήμα (*το*) vine

κληματαριά (*η*) pergola (*for a vine*)

κληματόφυλλο (*το*) vine leaf

κληρικός *επίθ* clerical. **~** (*ο*) clergyman

κληροδότημα (*το*) bequest

κληροδοτώ *ρ μτβ* bequeath

κληρονομ|ιά (*η*) inheritance, legacy. (*πνευματική*) heritage

κληρονομικός *επίθ* hereditary

κληρονόμος (*ο*) heir. **~** (*η*) heiress

κληρονομώ *ρ μτβ* inherit

κλήρος (*ο*) clergy

κλήρ|ος[2] (*ο*) lot. (*μέρος γής*) share. **ρίχνω ~** draw lots. **~ωση** (*η*) (lottery) draw

κληρώνω *ρ μτβ* draw (*in lottery*). **~ομαι** *ρ αμτβ* be drawn

κλήση (*η*) call. (*μαρτύρων*) subpoena. (*νομ*) summons. (*τηλεφωνική*) phone call. (*τροχαίας*) ticket (*fine*)

κλήτευση (*η*) summons

κλητεύω *ρ μτβ* (*μάρτυρες*) subpoena

κλητήρας (ο) usher

κλητική (η) (γραμμ) vocative (case)

κλίβανος (ο) furnace. (για αποτέφρωση) incinerator. (για πήλινα) kiln

κλικ (το) άκλ click

κλίκα (η) clique

κλίμα (το) climate

κλίμακα (η) ladder. (ιδεών) spectrum. (μουσ, για χάρτες) scale. (σειρά) range

κλιμακτήριος (η) change of life (menopause)

κλιμακώνω ρ μτβ scale. (αναπτύσσω σε φάσεις) stagger. (σε ένταση) escalate

κλιματισμός (ο) air conditioning

κλίνη (η) bed

κλινήρης επίθ confined to bed

κλινική (η) clinic

κλινικός επίθ clinical

κλίνω ρ μτβ (κεφάλι) bow. (γραμμ) decline. (ρήμα) conjugate. • ρ αμτβ slope. (αεροπλάνο) bank. (αλλάζω θέση) lean. (πλοίο) list. (τείνω) be inclined

κλισέ (το) άκλ cliché

κλίση (η) incline. (γραμμ) declension. (ρήματος) conjugation. (επιφανείας) gradient. (πλοίου) tilt. (προδιάθεση) inclination. (ταλέντο) flair, aptitude

κλισιοσκόπιο (το) (gun) sight

κλοιός (ο) (σε χέρια) shackle. (γύρω από λαιμό) collar. (μεταφ) cordon

κλομπ (το) άκλ truncheon, club

κλονίζ|ω ρ αμτβ shake. **—ομαι** ρ μτβ (θάρρος) waver. (υγεία) fail

κλονισμός (ο) shaking. (ιατρ) shock. **νευρικός ~** nervous breakdown

κλώνος (ο) clone

κλοπή (η) theft

κλοτσιά (η) kick

κλοτσώ ρ μτβ kick

κλούβα (η) large cage. (μεταφ) jail

κλουβί (το) cage. Κύπρ (μωρού) play-pen

κλούβιος επίθ (αβγό) rotten. (μεταφ) empty-headed

κλπ. συντ (και λοιπά) etc

κλύσμα (το) enema

κλώθω ρ μτβ spin

κλωνάρι (το) stick (of celery etc.)

κλώσα (η) broody hen

κλωσόπουλο (το) chick

κλωστή (η) thread

κλωτσώ ρ μτβ βλ **κλοτσώ**

κνήμη (η) calf

κνησμός (ο) itching

κοάζω ρ αμτβ croak

κόβ|ω ρ μτβ cut. (δέντρα) fell. (διακόπτω) interrupt. (κινημ, ταινία) edit. (κρέας σε φέτες) carve. (λουλούδια) pick. (ξύλα) chop. (σε εξετάσεις) fail. (σταφύλια) gather. (τηλέφωνο, ηλεκτρ) cut off. (τσιγάρο, ποτό) give up. **~ομαι** ρ αμτβ cut o.s.. (παρακουράζομαι) feel exhausted. **~ω δρόμο** take a short cut. **~ πίσω** lag behind. **έκοψαν την καλημέρα** they are no longer on speaking terms

κογκρέσο (το) Congress

κόγχη (η) (eye) socket

Κοζάκος (ο) Cossack

κοιλάδα (η) valley. (γεωγρ) basin

κοιλιά (η) belly. (ιατρ) abdomen. (καθομ) tummy. (καθομ) (μεγάλο στομάχι) paunch, potbelly

κοιλόπονος (ο) tummy ache

κοιλοπονώ ρ αμτβ be in labour

κοίλος επίθ concave. (κούφιος) hollow

κοιλότητα (η) cavity. **~ του στομαχιού** pit of the stomach

κοίλωμα (το) recess

κοιμάμαι ρ αμτβ βλ **κοιμούμαι**

κοιμητήριο (το) graveyard

κοιμίζω ρ μτβ put to bed

κοιμισμένος επίθ asleep. **~** (ο) slowcoach

κοιμούμαι ρ αμτβ sleep. (αργώ να αντιδράσω) be sluggish

κοινή (η) the form of Greek which prevailed in antiquity

κοινό (το) public

κοινόβιο (το) commune

κοινοβουλευτικός επίθ parliamentary

κοινοβούλιο (το) parliament

κοινοποίηση (η) public announcement, (επιστολή, έκθεση) circulation

κοινοπολιτεία (η) commonwealth

κοινοπραξία (η) consortium

κοιν|ός επίθ common. (αμοιβαίος) mutual. (ευτελής) mundane. (λογαριασμός, ανακοινωθέν) joint. (προσπάθεια) concerted. (που συναντάται συνήθως) commonplace. (συνηθισμένος)

ordinary. **Κ~ή Αγορά** (η) Common Market. **~ή λογική** (η) common sense. **από ~ού** in common with, jointly

κοινοτάρχης (ο) head of a community

κοινότητα (η) community

κοινοτοπία (η) banality, platitude

κοινότοπος επίθ banal

κοινόχρηστα (τα) service charges

κοινόχρηστος επίθ communal

κοινωνία (η) society

κοινωνικοποιώ ρ μτβ socialize. (εθνικοποιώ) nationalize

κοινωνικ|ός επίθ social. (άνθρωπος) sociable. **~ός λειτουργός** (ο, η) social worker. **~ή ασφάλιση** (η) social security

κοινωνιολόγος (ο, η) sociologist

κοιτάζω ρ μτβ look (at). (εξετάζω) look at, look through. (εξετάζω άρρωστο) examine. (με ησυχία, σε μαγαζί) browse. (παρατηρώ) eye. (φροντίζω) look after. **~ επίμονα** stare, gaze (at)

κοίτασμα (το) deposit

κοίτη (η) (river) bed

κοιτίδα (η) cradle

κοιτώνας (ο) dormitory

κοκ (το) άκλ coke (solid fuel)

κ.ο.κ. συντ (και ούτω καθεξής) and so on

κοκαΐνη (η) cocaine

κόκα κόλα (η) Coke

κοκαλιά|ζω ρ αμτβ get dry and hard. (κρυώνω) go numb (with cold). **~ρης** επίθ bony

κόκαλο (*το*) bone. (*για παπούτσια*) shoehorn

κοκαλώνω *ρ αμτβ* stiffen. (*μεταφ*) be struck dumb

κοκέτα (*η*) coquette

κοκέτης (*ο*) coquet

κοκίτης (*ο*) whooping cough

κοκκινέλι (*το*) wine of reddish colour

κοκκινίζω *ρ μτβ* redden, dye red. • *ρ αμτβ* blush

κοκκινογούλι (*το*) beetroot

κοκκινολαίμης (*ο*) (*πουλί*) robin

κόκκινο|ς *επίθ* red. **~** (*το*) red

κόκκος (*ο*) grain. (*καφέ*) bean. (*μικρός*) granule

κοκοράκι (*το*) cockerel

κόκορας (*ο*) cock. (*όπλου*) cock

κοκορέτσι (*το*) dish of stuffed lamb intestines cooked on charcoal

κοκότα (*η*) tart

κοκτέιλ (*το*) άκλ cocktail

κολάζ (*το*) άκλ collage

κολάζω *ρ μτβ* punish. (*κάνω να αμαρτήσει*) scandalize

κόλακας (*ο*) flatterer

κολακεία (*η*) flattery

κολακευτικός *επίθ* flattering. (*τιμητικός*) complimentary

κολακεύω *ρ μτβ* flatter

κολάρο (*το*) collar. (*εκκλ*) dog collar

κόλαση (*η*) hell. (*μεταφ*) inferno

κολατσίζω *ρ αμτβ* eat a snack

κολατσιό (*το*) quickly prepared breakfast

κολέγιο (*το*) college

κολιέ (*το*) άκλ string (of pearls). (*περιδέραιο*) necklace

κολιός (*ο*) Κύπρ jackdaw

κόλλα (*η*) sheet of paper. (*για επικόλληση*) glue. (*για σκλήρυνση*) starch

κολλάρω *ρ μτβ* starch

κολλητικός *επίθ* adhesive. (*μεταδοτικός*) catching

κολλιτσίδα (*η*) hanger-on

κόλλυβα (*τα*) boiled corn, currants, sugar etc eaten at a funeral

κολλώ *ρ μτβ* stick, glue. (*με κολλητική ταινία*) tape. (*αρρώστια*) catch, infect. (*μεταφ*) cling to. • *ρ αμτβ* stick. (*μηχ*) jam. (*σε ένα ορισμένο σημείο*) lodge

κολλώδης *επίθ* sticky. (*μεταφ*) starchy

κολοκύθια (*η*) pumpkin. **~ι** (*το*) marrow

κολοκυθάκι (*το*) courgette

κόλον (*το*) (*ιατρ*) colon

κολόνα (*η*) pillar, column

κολόνια (*η*) eau-de-Cologne

κολοσσιαίος *επίθ* colossal

κολοσσός (*ο*) colossus

κολπίσκος (*ο*) creek

κόλπο (*το*) trick. (*απάτη*) ploy. (*πονηριά*) ruse

κόλπ|ος (*ο*) bay. (*μεγάλος*) gulf. (*αγκαλιά*) bosom. (*ιατρ*) sinus. (*της γυναίκας*) vagina

κολυμβητής (*ο*), **~ήτρια** (*η*) swimmer

κολυμπήθρα (*η*) font

κολύμπι (*το*) swim

κολυμπώ *ρ αμτβ* swim

κόμβος (*ο*) (*ναυτ*) knot

κόμης (*ο*) count

κόμικς (*τα*) άκλ comic

κόμισσα (η) countess

κόμμα (το) (πολ) party. (γραμμ) comma. (μαθημ) decimal point

κομματάκι (το) scrap. (νόστιμο) morsel

κομμάτι (το) piece. (μεγάλο) hunk. (μεγάλο, παχυτού) dollop. (σιντρίμμι) fragment. (κιμωλίας) stick. (κοπέλα) smasher. **το ~** apiece, each

κομματιάζω ρ μτβ break to pieces

κομμένος επίθ weary. (γάλα) sour. (ξεθωριασμένος) faded. (σε εξετάσεις) failed

κόμμωση (η) hairdo

κομμ|ωτής (ο), **~ώτρια** (η) hairdresser, hair stylist

κομήτης (ο) comet

κομό (το) άκλ chest of drawers

κομοδίνο (το) bedside table

κομουνισμός (ο) communism

κομουν|ιστής (η), **~ίστρια** (ο) communist

κομπάζω ρ μτβ brag

κομπάρσος (ο) (κτημα) extra

κομπασ|μός (ο) bragging. **~τικός** επίθ bombastic

κομπέρ (ο) άκλ compère

κομπιάζω ρ αμτβ (διστάζω) hesitate. (δυσκολεύομαι) falter

κομπίνα (η) racket, swindle

κομπιούτερ (ο, το) άκλ computer

κομπλιμέντο (το) compliment

κομπογιαννίτης (ο) quack

κομπόδεμα (το) nest-egg

κομπολόι (το) string of beads

κόμπος (ο) knot. (στο λαιμό) lump

κομπόστα (η) stewed fruit

κομπρέσα (η) (ιατρ) compress

κομφετί (το) άκλ confetti

κομφορμιστής (ο) conformist

κομψεύομαι ρ αμτβ smarten up

κομψός επίθ elegant, smart

κομψότητα (η) elegance, smartness

κονδύλιο (το) sum allocated for a purpose

κόνδυλος (ο) nodule

κονιάκ (το) άκλ brandy

κονίαμα (το) mortar

κονιοποιώ ρ μτβ pulverize. (χάπι) powder

κονκάρδα (η) badge

κονσέρβα (η) tin

κονσόλα (η) console

κοντά επίρρ near, close. (περίπου) about. (σε σύγκριση) compared to. **εδώ ~** near by

κονταίνω ρ μτβ take up, shorten. • ρ αμτβ shrink

κοντάρι (το) pole. (όπλο) spear. (σημαίας) flag pole

κοντεύ|ω ρ αμτβ draw near. **~ει να λιποθυμήσει** he/she is about to faint. **~ουμε να φτάσουμε** we are nearly there

κοντινός επίθ close, nearby

κοντίσιονερ (το) άκλ conditioner

κοντός επίθ short

κοντοστέκομαι ρ αμτβ stop short. (διστάζω να προχωρήσω) hesitate to move on

κοντραμπάσο (το) double-bass

κοντραπλακέ (το) άκλ plywood

κόντρα φιλέτο (το) rump steak

κοντσέρτο (το) concerto

κοπάδι (το) flock. (ανθρώπων) herd. (λιονταριών) pride. (λύκων) pack. (ψαριών) shoal

κοπάζω ρ αμτβ abate. (άνεμος) die down. (θύελλα) subside

κοπανίζω ρ μτβ pound. (δέρνω) thrash. (τρίβω) grind

κοπέλα (η) young lady

κοπιάζω ρ αμτβ work hard. **~στε!** come in!

κόπος (ο) trouble. **~οι** (οι) pains

κόπρανα (τα) stools. (ζώων) dung

κοπριά (η) manure

κοπρόσκυλο (το) (μεταφ) scum

κοπρόχωμα (το) compost

κοπτικός επίθ Coptic

κόπωση (η) fatigue

κόρα (η) crust

κόρακας (ο) raven

κοράκι (το) crow

κοράλλι (το) coral

κοράνι (το) Koran

κορδέλα (η) ribbon. (καπέλου) band

κορδόνι (το) cord. (παπουτσιού) shoelace

κορδώνομαι ρ αμτβ swagger

Κορέα (η) Korea

κορεσμός (ο) saturation

κόρη (η) daughter. (κοπέλα) maiden (old use). (του ματιού) pupil

κοριός (ο) bedbug. (για υποκλοπή συνομιλιών) bug (telephone)

κοριτσάκι (το) young girl

κορίτσι (το) girl

κορμί (το) body

κορμός (ο) (ανθρώπου) torso. (δέντρου) trunk

κορμοστασιά (η) build

κορνάρισμα (το) honk, toot

κορνάρω ρ αμτβ hoot

κορνέτα (η) (μουσ) cornet

κορνίζα (η) (αρχιτ) cornice. (πίνακας) frame

κοροϊδεύω ρ μτβ make fun of. (εξαπατώ) take s.o. for a ride. • ρ αμτβ kid

κοροϊδία (η) jeer, mockery

κορόιδο (το) dupe. (εύκολο θύμα) sucker

κορόνα (η) crown. (νόμισμα) Krone, Krona. **~ ή γράμματα**; heads or tails?

κορσές (ο) corset

Κορσική (η) Corsica

κορτάρω ρ μτβ court, flirt with

κόρτε (το) άκλ courtship

κορυδαλλός (ο) lark

κορυφαίος επίθ topmost, top

κορυφή (η) top. (βουνού) peak. (κεφαλής) crown. (κύματος) crest. (λόφου) brow. (μεταφ) summit

Κος συντ (κύριος) Mr

κοσκινίζω ρ μτβ sieve. (μεταφ) sift

κόσκινο (το) sieve

κοσμάκης (ο) common people

κόσμημα (το) jewel. **κοσμήματα** (τα) jewellery

κοσμητικός επίθ cosmetic. (για στολισμό) decorative

κοσμικός επίθ profane. (εκκλ) secular. (κοινωνικός) social. (του σύμπαντος) cosmic

κόσμιος επίθ seemly

κοσμήτ|ορας (*o*), **κοσμήτρια**
(*η*) dean
κοσμοναύτης (*o*) cosmonaut
κοσμοπολιτικός *επίθ*
cosmopolitan
κόσμος (*o*) world. (*σύμπαν*)
cosmos
κοσμοχαλασιά (*η*) mayhem
κοστίζω *ρ αμτβ* cost
κοστολογώ *ρ μτβ* cost
κόστος (*το*) cost
κοστούμι (*το*) suit
κότα (*η*) hen
κοτέτσι (*το*) coop
κοτλέ (*το*) *άκλ* cord, corduroy
κοτολέτα (*η*) cutlet
κοτόπουλο (*το*) chicken
κοτσίδα (*η*) pigtail
κοτσονάτος *επίθ* hale, robust
κότσος (*o*) bun (*hair*)
κότσύφι (*το*) blackbird
κουαρτέτο (*το*) quartet
Κούβα (*η*) Cuba
κουβαλώ *ρ μτβ* cart.
(*μετακομίζω*) move house.
(*παρά τη θέλησή*) drag
κουβάρι (*το*) ball (*of yarn*)
κουβαρίστρα (*η*) skein
κουβάς (*o*) bucket
κουβέντα (*η*) chat
κουβεντιάζω *ρ αμτβ* chat
κουβεντ|ολόι (*το*) chitchat.
~ούλα (*η*) small talk
κουβέρ (*το*) *άκλ* cover charge
κουβέρτα (*η*) blanket
κουβερτούλα (*η*) (plaid) rug
κουδούνι (*το*) (door) bell
κουδουνίζω *ρ αμτβ* ring.
(*κλειδιά, κουδούνια*) jingle.

(*νομίσματα*) chink. (*ποτήρια*)
tinkle. (*τρέμω*) rattle
κουδούνισμα (*το*) ring.
(*κλειδιών*) jingle. (*νομισμάτων*)
chink. (*ποτηριών*) tinkle
κουδουνίστρα (*η*) rattle
κουζίνα (*η*) kitchen. (*μαγειρική*)
cooking. (*πλοίου*) galley.
(*συσκευή*) stove, cooker
κουζινέτο (*το*) (*μηχ*) bearing
κουζινίτσα (*η*) kitchenette
κουίζ (*το*) *άκλ* quiz
κουιντέτο (*το*) quintet
κουκέτα (*η*) berth. (*για παιδιά*)
bunk bed. (*σε τρένο*) sleeper
κουκί (*το*) broad bean
κουκκίδα (*η*) speck. (*στίγμα*)
dot
κούκλα (*η*) doll. (*στη ραπτική*)
dummy
κουκλοθέατρο (*το*) puppet
theatre
κούκος (*o*) cuckoo
κουκουβάγια (*η*) owl
κουκούλα (*η*) cowl. (*σε παλτό*)
hood
κουκούλι (*το*) cocoon
κουκουλώνω *ρ μτβ* wrap up
well. (*μεταφ*) cover up
κουκουνάρι (*το*) pine cone
κουκούτσι (*το*) pip. (*μεγάλο, σε
φρούτο*) stone
κουλούρ|α (*η*) bread in the
shape of a large ring. (*σύρματος,
φιδιού*) coil. (*σε εξετάσεις*) zero.
~ι (*το*) bread roll in the shape
of a ring
κουλουριάζομαι *ρ αμτβ* curl
(o.s.) up
κουλτούρα (*η*) culture
κουμπάρα (*η*) bridesmaid

κουμπαράς (ο) piggy bank

κουμπάρος (ο) best man

κουμπί (το) button. (επιλογής σταθμών) tuner (radio, TV)

κουμπότρυπα (η) buttonhole

κουμπώνω ρ μτβ button, do up

κουνάβι (το) ferret

κουνελάκι (το) bunny

κουνέλι (το) rabbit

κούνημα (το) shake. (πλοίου) roll. (χεριού) wave

κούνια (η) swing (see-saw). (μωρού) cradle

κουνιάδα (η) sister-in-law

κουνιάδος (ο) brother-in-law

κουνιέμαι ρ αμτβ sway

κουνιστός επίθ rocking

κουνούπι (το) mosquito

κουνουπίδι (το) cauliflower

κουνουπιέρα (η) mosquito net

κουνώ ρ μτβ rock. (δάκτυλο, κεφάλι) shake. (μετατοπίζω) budge. (σκύλος την ουρά) wag. (το χέρι) wave

κούπα (η) beaker. (για τσάι) mug

κουπέ (το) ακλ coupé. (σε σιδηρόδρομο) compartment

κουπί (το) oar. (κοντό, πλατύ στην άκρη) paddle

κουπόνι (το) (εμπ) coupon

κουράγιο (το) courage, pluck, mettle. **κάνω ~** bear up

κουράζω ρ μτβ tire. (προκαλώ πλήξη) bore. **~ομαι** ρ αμτβ become tired. (χάνω την υπομονή) grow weary

κούραση (η) fatigue. (αδυναμία) weariness

κουρασμένος επίθ tired. (αδύναμος) weary

κουραστικός επίθ tiring

κουρδίζω ρ μτβ wind. (μουσ) tune up. (μεταφ) key up

κουρέας (ο) barber. **~είο** (το) barber's shop

κουρελής (ο), **~ού** (η) ragamuffin

κουρέλι (το) rag. **~α** (τα) rags. (σχισμένα ρούχα) tatters

κουρελιάζω ρ μτβ tear to shreds

κουρελιασμένος επίθ tattered

κούρεμα (το) haircut. (προβάτου) shearing

κουρεύω ρ μτβ cut (hair). (πρόβατα) shear

κουρνιάζω ρ μτβ roost. (σε κλαδί) perch

κούρσα (η) limousine. (αγώνας) race. (διαδρομή με αυτοκίνητο) ride

κουρτίνα (η) curtain

κούτα (η) carton (of cigarettes)

κουτάβι (το) pup, puppy

κουτάλα (η) ladle

κουτάλι (το) spoon

κουταλιά (η) spoonful

κουταμάρα (η) stupidity. **~ες** (οι) twaddle

κουτί (το) box. (μεταλλικό) can. (μικρό, για τσάι) caddy. (τσιγάρα, μπισκότα) packet. (χάρτινο) carton

κουτός επίθ thick, stupid. (απονήρευτος) dumb, dim

κουτρουβάλα (η) tumble

κουτρουβαλώ ρ αμτβ tumble

κουτσαίνω ρ αμτβ limp

κούτσαμα (το) limp

κουτσό (το) hopscotch

κουτσομπολεύω ρ αμτβ gossip. (κάνω μικροκουβέντες) natter

κουτσομπόλης (ο), **~α** (η) gossip (person)

κουτσομπολιό (το) gossip. (μικροκουβέντες) natter

κουτσοπίνω ρ αμτβ tipple

κουτσός επίθ lame

κουτσουλιές (οι) droppings

κούτσουρο (το) log. (ποδιού) stump. (μεταφ) blockhead

κουφάλα (η) hollow (in a tree)

κουφαμάρα (η) deafness

κουφάρι (το) carcass. (πλοίου) hulk

κουφέτο (το) sugared almond

κούφιος επίθ hollow. (άνθρωπος) shallow. (υπόσχεση) empty

κουφοξυλιά (η) elder

κουφός επίθ deaf

κούφωμα (το) cavity. (πόρτα, παράθυρο) woodwork

κοφτερός επίθ sharp. (μυαλό) incisive

κοφτός επίθ cut. (κουταλιά) level. (τρόπος) sharp. (χτύπημα) clean. **~ά** επίρρ bluntly. **ορθά ~ά** straight out

κοχλάζω ρ αμτβ bubble. (μεταφ) seethe

κοχύλι (το) cockle

κόψιμο (το) cutting (ελαφρό, μαλλιών) trim. (ρούχων) cut. (σε εξετάσεις) failing. (των καρπών) slash. (των μαλλιών) haircut

κραγιόνι (το) crayon

κραγιόν (το) ακλ lipstick

κραδαίνω ρ μτβ brandish

κραδασμός (ο) vibration

κράζω ρ αμτβ crow

κράμα (το) alloy

κράμπα (η) cramp

κρανίο (το) skull

κράνος (το) helmet

κράση (η) constitution, physique

κρασί (το) wine

κράσπεδο (το) kerb

κράταιγος (ο) hawthorn

κράτημα (το) hold

κρατημένος επίθ reserved

κρατήρας (ο) crater

κράτηση (η) withholding. (δωματίου) reservation. (ποσό) deduction. (φυλάκιση) detention

κρατητήριο (το) detention cells

κρατιέμαι ρ αμτβ restrain o.s. **~ καλά** be going strong

κρατικοποίηση (η) nationalization

κρατικός επίθ state

κράτος (το) state (country)

κρατούμεν|**ος** (ο), **~η** (η) detainee

κρατώ ρ μτβ hold. (θέση) reserve. (κατακρατώ) retain. (κρατούμενο) detain. (προσοχή) engage. (υπόσχεση) keep. • ρ αμτβ last. (καιρός) hold

κραυγάζω ρ μτβ cry out

κραυγή (η) shout, cry

κρέας (το) meat

κρεατοελιά (η) wart

κρεατόμυγα (η) bluebottle

κρεατόπιτα (η) pasty

κρεβατάκι (το) (μωρού) cot

κρεβάτι (το) bed

κρεβατοκάμαρα (η) bedroom

κρέμα (η) cream

κρεμάλα (η) gallows

κρέμασμα (το) (ανάρτηση) hanging up. (απαγχονισμός) hanging. (φορέματος) sagging

κρεμαστός επίθ hanging. **~ή γέφυρα** (η) suspension bridge

κρεμάστρα (η) hanger. (για καπέλα, ομπρέλες) stand

κρεματόριο (το) crematorium

κρεμμυδάκι (το) spring onion

κρεμμύδι (το) onion

κρέμομαι ρ αμτβ hang

κρεμώ ρ μτβ hang. (αιωρώ) suspend. • ρ αμτβ sag

κρεμ (το) άκλ cream (colour)

Κρεολ|ός (ο), **~ή** (η) Creole

κρεοπωλείο (το) butcher's shop

κρεοπώλ|ης (ο), **~ις** (η) butcher

κρηπίδωμα (το) (σταθμού) platform. (προκυμαίας) breakwater

κρησφύγετο (το) hide out

Κρήτη (η) Crete

κρητικός επίθ Cretan. **Κ~|ός** (ο), **~ιά** (η) Cretan

κριάρι (το) ram

κριθαράκι (το) (ζυμαρικό) pasta the size of barley. (στο μάτι) stye

κριθάρι (το) barley

κρίκος (ο) link (chain)

κρίμα (το) pity. (αμάρτημα) sin. **τι ~!** what a shame!

κρινάκι (το) lily of the valley

κρίνος (ο) lily

κρίνω ρ μτβ judge. (φρονώ) consider

κριός (ο) ram. **Κ~** (αστρολ) Aries

κρίση (η) judgement. (απότομη μεταβολή) crisis. (γνώμη) estimation. (παρόξυσμός) fit

κρίσιμος επίθ critical. (αποφασιστικός) crucial

κριτήριο (το) criterion

κριτής (ο) judge

κριτικάρω ρ μτβ criticize

κριτική (η) criticism. (βιβλίου) review

κριτικός επίθ critical. **~** (ο, η) critic

κροκόδειλος (ο) crocodile

κρόκος (ο) (αυγού) yolk. (φυτό) crocus

κροταλίας (ο) rattlesnake. **~ζω** ρ αμτβ rattle

κρόταφος (ο) (ανατ) temple

κροτίδα (η) firecracker

κρότος (ο) roar (of lorry, thunder). (μεταφ) stir

κρουαζιέρα (η) cruise

κρούση (η) percussion

κρούσμα (το) case (of illness)

κρύβ|ω ρ μτβ hide. (αποσιωπώ) conceal. **~ομαι** hide. (για χρονικό διάστημα) go into hiding

κρύο (το) cold. **κάνει ~** it is cold

κρυολόγημα (το) chill. (ιατρ) cold

κρυολογώ ρ αμτβ catch a cold

κρυοπάγημα (το) frost-bite

κρύος επίθ cold. (μεταφ) insipid

κρύπτη (η) hiding place. (εκκλ) crypt. (όπλων) cache

κρυπτογραφία (*η*) cipher, code

κρύσταλλο (*το*) crystal

κρυστάλλινος *επίθ* made of crystal

κρυφακούω *ρ αμτβ* eavesdrop

κρυφογελώ *ρ αμτβ* snigger

κρυφοκοιτάζω *ρ αμτβ* peep

κρυφός *επίθ* secret. (*κίνηση, ματιά*) furtive. (*που δεν εκδηλώνεται*) secretive. (*υποψία*) sneaking. (*ύπουλος*) sneaky. **~ά** *επίρρ* secretly

κρυφτό (*το*) hide-and-seek

κρυψίνους *επίθ* secretive

κρυψώνας (*ο*) hide-out

κρυώνω *ρ αμτβ* be cold. (*κρυολογώ*) catch a chill

κρώζω *ρ αμτβ* squawk

κτενίζω *ρ μτβ βλ* **χτενίζω**

κτήμα (*το*) possession. (*αγροτική έκταση*) estate

κτηματομεσίτης (*ο*) estate agent

κτηματίας (*ο*) landowner

κτηματολόγιο (*το*) land registry

κτηνίατρος (*ο, η*) veterinary surgeon, vet

κτήνος (*το*) beast. (*μεταφ*) brute

κτηνοτροφία (*η*) stock breeding

κτηνώδης *επίθ* brutal

κτήριο (*το*) *βλ* **κτίριο**

κτήση (*η*) acquisition. (*χώρα*) dominion

κτητικός *επίθ* possessive

κτίζω *ρ μτβ* build. (*πόλη*) found

κτίριο (*το*) building

κτίστης (*ο*) builder. (*με τούβλα*) bricklayer

κτλ *συντ* (*και τα λοιπά*) etc

κυανίδιο (*το*) cyanide

κυανός *επίθ* azure

κυβέρνηση (*η*) government

κυβερνήτης (*ο*) governor. (*αεροπλάνου*) pilot

κυβερνητική (*η*) cybernetics

κυβερνοχώρος (*ο*) cyberspace

κυβερνώ *ρ μτβ* govern. (*αεροπλάνο, πλοίο*) command. (*διοικώ*) rule (over)

κυβικός *επίθ* cubic

κυβισμός (*ο*) cubism

κύβος (*ο*) cube. (*ζάχαρης*) lump

κυδώνι (*το*) quince

κύηση (*η*) gestation, pregnancy

Κυκλάδες (*οι*) Cyclades

κυκλάμινο (*το*) cyclamen

κυκλικός *επίθ* cyclic(al). (*με σχήμα κύκλου*) circular

κύκλος (*ο*) circle. (*κοινωνικός*) set. (*σειρά φαινομένων*) cycle

κυκλοφορία (*η*) circulation. (*βιβλίου*) publication. (*γραμματοσήμων*) issue. (*τροχοφόρων*) traffic

κυκλοφορώ *ρ μτβ* circulate. (*κινημ ταινία*) release. • *ρ αμτβ* be in print. (*λεωφορεία*) run. (*φήμες*) go around

κύκλωμα (*το*) circuit

κυκλώνας (*ο*) cyclone

κυκλώνω *ρ μτβ* encircle

κύκνος (*ο*) swan

κυλιέμαι *ρ αμτβ* wallow

κυλικείο (*το*) buffet restaurant

κύλινδρος (*ο*) cylinder. (*μηχανήμα*) roller

κυλιόμεν|ος *επίθ* rolling. **~ες σκάλες** (*οι*) escalator

κυλώ *ρ μτβ* roll. • *ρ αμτβ* run. (*ποτάμι*) flow. (*χρόνος*) pass

κύμα (το) wave. (μεγάλο) breaker. (ανθρώπων) stream. (θυμού, ενθουσιασμού) upsurge. (μεταφ) surge

κυμαίνομαι ρ αμτβ range, vary. (αμφιταλαντεύομαι) fluctuate

κυματίζω ρ αμτβ wave. (σημαία) fly

κυματοθραύστης (ο) sea wall

κύμβαλο (το) cymbal

κυναίλουρος (ο) cheetah

κυνηγητό (το) chase

κυνήγι (το) hunting, shooting. (θήραμα) game (animal)

κυνηγός (ο) hunter. (ποδόσφαιρο) forward

κυνηγώ ρ μτβ shoot, hunt. (μεταφ) chase

κυνικ|ός επίθ cynical. **~ός** (ο) cynic. **~ότητα** (η) cynicism

κυνοτροφείο (το) kennels

κυοφορία (η) gestation

κυπαρίσσι (το) cypress

κύπελλο (το) beaker. (έπαθλο) cup. (είδος κούπας) goblet. (μπίρας) tankard

Κυπρία (η) Cypriot

κυπριακός επίθ Cypriot

κυπρίνος (ο) carp

Κύπριος (ο) Cypriot

Κύπρος (η) Cyprus

κυρ (ο) άκλ **ο κυρ Λευτέρης** master Lefteris

κυρία (η) Mrs, madam. (γυναίκα ευγενική) lady. (οικοδέσποινα) mistress

Κυριακή (η) Sunday

κυριαρχία (η) domination. (έλεγχος) control. (πολιτείας) sovereignty. (τέχνης) mastery

κυρίαρχος επίθ master. (που έχει αυτοδιάθεση) sovereign

κυριαρχώ ρ μτβ dominate. (επικρατώ) rule

κυριεύω ρ μτβ capture. (μεταφ) seize

κυριολεκτικός επίθ literal

κυριολεξία (η) full sense

κύριος επίθ main. (εξουσιαστής) master. (ιδιοκτήτης) owner. (πρωτεύον) primary, chief. (σπουδαιότερος) principal

κύριος (ο) Mr. (άντρας ευγενικός) gentleman. (αφεντικό) master

κυρίως επίρρ mainly, chiefly. (πρώτιστα) principally. (προπαντός) primarily

κύρος (το) weight. (νομ) validity

κυρτ|ός επίθ convex. **~ότητα** (η) curvature. (δρόμου, καταστρώματος) camber

κύρωση (η) ratification. (τιμωρία) sanction (penalty)

κύστη (η) bladder. (όγκος) cyst

κύτος (το) (ship's) hold

κυτταρίνη (η) cellulose

κύτταρο (το) (βιολ) cell

κυψέλη (η) beehive

κώδικας (ο) code

κωδικοποιώ ρ μτβ codify

κωδωνοκρουσία (η) peal. (πένθιμη) knell

κωδωνοστάσιο (το) bell tower

κωλικόπονος (ο) colic

κώλος (ο) arse, bum. (παντελονίου) bottom

κώλυμα (το) impediment

κωλυσιεργία (η) go-slow

κωλώνω ρ αμτβ baulk. (άλογο) shy

κώμα (το) coma
κωμικός επίθ comic. **~** (ο, η) comedian
κωμικοτραγικός επίθ tragicomic
κωμόπολη (η) small town
κωμωδία (η) comedy
κωνικός επίθ conical
κώνος (ο) cone
κωνοφόρο|ς επίθ coniferous. **~** (δέντρο) (το) conifer
κωπηλασία (η) rowing
κωπηλάτης (ο) oarsman
κωπηλατώ ρ αμτβ row
κωφάλαλος (ο) deaf-mute
Κως (η) Cos
κωφός επίθ βλ **κουφός**

....

Λλ

....

λάβα (η) lava
λάβαρο (το) standard, flag
λαβή (η) grip. (μαχαιριού) handle. (ξίφους) hilt. (στο πάλαμα) arm lock. (μεταφ) cause
λαβράκι (το) sea bass. (μεταφ) scoop (news)
λαβύρινθος (ο) labyrinth. (πολύπλοκο οικοδόμημα) maze
λαβωματιά (η) (καθομ) wound
λαβώνω ρ αμτβ (καθομ) wound
λ.χ. συντ (λόγου χάρη) for instance
λαγκάδι (το) glen
λαγκαδιά (η) βλ **λαγκάδι**
λαγνεία (η) lust

λάγνος επίθ lustful, lascivious
λαγοκοιμάμαι ρ αμτβ doze
λαγόνες (οι) loins
λαγός (ο) hare
λαγωνικό (το) greyhound. (μεταφ) sleuth
λαδερός επίθ oily
λαδής επίθ olive (colour)
λάδι (το) oil. (ελαιόλαδο) olive oil
λαδόξιδο (το) vinaigrette sauce
λαδομπογιά (η) oil paint
λαδόχαρτο (το) grease-proof paper
λάδωμα (το) oiling
λαδώνω ρ αμτβ oil. (μεταφ) grease (s.o.'s palm)
λάθος (το) mistake. (απροσεξία) error. (σφάλμα) fault. **κατά ~** mistakenly. **κάνω ~** be wrong
λαθραίος επίθ clandestine (illicit). (εμπορεύματα) smuggled. (μεταφ) surreptitious
λαθρεμπόριο (το) smuggling
λαθρέμπορος (ο) smuggler
λαθρεπιβάτ|ης —ις (η) stowaway
λαθροθηρώ ρ αμτβ poach
λαθροθήρας (ο) poacher
λαϊκ|ός επίθ popular. (κοινός) common. (μη κληρικός) lay. **~οί** (οι) laity
λαίλαπα (η) hurricane
λαιμαργία (η) greed. (για φαΐ) gluttony
λαίμαργος επίθ greedy. (που τρώει υπερβολικά) gluttonous
λαιμητόμος (η) guillotine
λαιμός (ο) throat. (μπουκαλιού) neck
λάκα (η) setting-lotion (for hair)

λακές (*o*) page (*in hotel*). (δουλοπρεπής) lackey

λακκάκι (*το*) (στο μάγουλο) dimple

λάκκος (*o*) pit. (βόθρος) cesspit, cesspool

λακκούβα (*η*) pot-hole

λακωνικός επίθ terse. (απάντηση) laconic

λαλιά (*η*) (λαϊκ) voice. (ομιλία) speech

λάμα (*η*) blade. (ζώο) llama

λαμαρίνα (*η*) sheet metal

λαμβάνω ρ μτβ receive. ~ **χώρα** take place

λάμπα (*η*) lamp

λαμπάδα (*η*) large candle

λαμπερός επίθ bright. (μάτια) shining

λαμποκοπώ ρ αμτβ glisten

λαμπρ|ός επίθ brilliant. (εμφάνιση) resplendent. (έξοχος) splendid. **Λ~ή** (*η*) Easter

λαμπρότητα (*η*) brilliance

λαμπτήρας (*o*) (ηλεκτρ) bulb

λαμπυρίζω ρ αμτβ shimmer

λάμπω ρ αμτβ glow. (ήλιος) shine. (στο σκοτάδι) glow. (χρυσάφι) glitter. (μεταφ) excel, shine. (από χαρά) beam

λάμψη (*η*) glow. (στα μάτια) glint. (του ήλιου) glare. (μεταφ) brilliance

λανθάνων επίθ latent

λανθασμένος επίθ mistaken. (εσφαλμένος) erroneous. (όχι σωστός) wrong

λανσάρω ρ μτβ launch (*new product*)

λαξεύω ρ μτβ carve

λαογραφία (*η*) folklore

λαός (*o*) people (*citizens*)

λαούτο (*το*) lute

λαρδί (*το*) lard

λάρυγγας (*o*) larynx

λαρύγγι (*το*) βλ **λάρυγγας**

λαρυγγίτιδα (*η*) laryngitis

λασκάρω ρ μτβ (μηχ) slacken

λάσο (*το*) lasso

λασπερός επίθ slushy

λάσπη (*η*) mud

λασπολογία (*η*) mud slinging

λασπονέρι (*το*) slush

λασπωμένος επίθ muddy. (φαΐ) soggy

λαστιχάκι (*το*) rubber band

λαστιχένιος επίθ rubber. (σώμα) supple

λάστιχο (*το*) rubber. (αυτοκινήτου) tyre. (σφεντόνα) sling

λατέρνα (*η*) barrel organ

λατινικ|ός επίθ Latin. **~ά** (*τα*) Latin

λατομείο (*το*) quarry

λατρεία (*η*) worship. (σε πρόσωπο) adoration

λατρεύω ρ μτβ worship. (πρόσωπο) adore

λάτρ|ης (*o*), **~ις** (*η*) devotee. (αυτός που υπεραγαπά) enthusiast

λάφυρ|ο (*το*) booty. **~α** (*τα*) spoils

λαχανάκι (*το*) **~α Βρυξελών** (*τα*) Brussels sprouts

λαχανιάζω ρ αμτβ pant. (κοντανασαίνω) be out of breath

λαχανιασμένος επίθ out of breath

λαχανίδα (*η*) greens

λαχανικά (τα) vegetables

λάχανο (το) type of cabbage

λαχανόκηπος (ο) kitchen garden

λαχείο (το) lottery. (όπου κληρώνονται δώρα) raffle. (μεταφ) windfall

λαχτάρα (η) longing. (για λιχουδιές) craving. (πόθος) yearning. (συγκίνηση) strong emotion. (φόβος) fright

λαχταριστός επίθ quivering. (ελκυστικός) tempting

λαχταρώ ρ μτβ long for. (λιχουδεύομαι) crave for. (ποθώ) yearn for. (σπαράζω) quiver

λέαινα (η) lioness

λεβάντα (η) lavender

λεβέντης (ο) fine-looking young man

λεβεντιά (η) (παλικαριά) gallantry. (παράστημα) fine looks. (συμπεριφορά) generosity

λέβητας (ο) boiler

λεγεώνα (η) legion

λέγ|ω ρ μτβ βλ λέω. ~ομαι ρ αμτβ be called. ~εται it is said

λεζάντα (η) caption

λεηλασία (η) looting. (λαφυραγωγία) pillage

λεηλατώ ρ μτβ loot. (κατακλέβω) plunder. (λαφυραγωγώ) pillage, ransack

λεία (η) loot. (βορά) prey

λειαίνω ρ μτβ smooth

λειαντικός επίθ abrasive

λέιζερ επίθ άκλ laser

λείος επίθ smooth

λείπ|ω ρ αμτβ be away. (απουσιάζω) be absent. (ελλείπω) be missing.

(παραλείπω) fail. μου έλειψες πολύ I missed you a lot

λειτούργημα (το) office (function)

λειτουργία (η) function. (εκκλ) liturgy. (μηχ) operation. εκτός ~ς out of order

λειτουργικός επίθ operational. (που εκτελεί τη λειτουργία του) functional

λειτουργώ ρ αμτβ work. (δουλεύω) function. (εκκλ) officiate. (μηχ) operate

λειχήνα (η) lichen

λείψανο (το) remains (dead body). (εκκλ) relic

λειψυδρία (η) drought

λεκάνη (η) (ανατ) pelvis. (αποχωρητηρίου) bowl. (γεωγρ) basin. (για νίψιμο) wash basin

λεκενοπέδιο (το) (γεωγρ) basin

λεκές (ο) stain

λεκιάζω ρ μτβ/αμτβ stain

λέκτορας (ο) lecturer

λεμβοδρομία (η) (boat) race

λέμβος (η) (λόγ) boat

λεμονάδα (η) lemonade

λεμόνι (το) lemon

λεμονιά (η) lemon tree

λεμονίτα (η) lemon drink

λεμονόφλουδα (η) lemon rind

λέξη (η) word. ~του συρμού buzzword

λεξικό (το) dictionary

λεξικογραφία (η) lexicography

λεξιλόγιο (το) vocabulary

λέοντας (ο) βλ λιοντάρι

λεοπάρδαλη (η) leopard

λέπι (το) scale (of fish)

λεπίδα (η) blade

λέπρα *(η)* leprosy

λεπρός *(ο)* leper

λεπταίνω *ρ μτβ* thin. • *ρ αμτβ* taper

λεπτεπίλεπτος *επίθ* delicate

λεπτό *(το)* (για την ώρα) minute. *(κέρμα, υποδιαίρεση του ευρώ)* cent

λεπτοδείκτης *(ο)* minute hand

λεπτοκαμωμένος *επίθ* dainty

λεπτολόγος *επίθ* meticulous

λεπτολογώ *ρ αμτβ* quibble

λεπτομέρεια *(η)* detail

λεπτομερής *επίθ* detailed

λεπτός *επίθ* thin. *(ειρωνεία)* subtle. *(κομψός)* slender. *(σωματικά)* slim. *(τρόποι)* polished. *(μεταφ)* fine

λεπτότητα *(η)* slimness. *(ειρωνείας)* subtlety. *(συμπεριφοράς)* delicacy. *(τρόπων)* refinement

λέρα *(η)* grime

λερώνω *ρ μτβ* dirty. *(μεταφ)* blacken

λεσβία *(η)* lesbian

Λέσβος *(η)* Lesbos

λέσχη *(η)* club

λεύκα *(η)* poplar

λευκαίνω *ρ μτβ* bleach

λευκαντικό *(το)* bleach

λευκοπλάστης *(ο)* sticking-plaster

λευκός *επίθ* white. *(χαρτί)* blank. ~ *(ο)* white (person)

Λευκωσία *(η)* Nicosia

λευκότητα *(η)* whiteness

λευκόχρυσος *(ο)* platinum

λεύκωμα *(το)* scrap-book. *(συλλογή)* album

λευτεριά *(η)* βλ **ελευθερία**

λευχαιμία *(η)* leukaemia

λεφτά *(τα)* money

λέ|ω *ρ μτβ/ρ αμτβ* say. *(πληροφορώ)* tell. *(μιλώ)* utter. **πώς σε ~νε;** what is your name? **τι ~ς!** I say!

λέων *(ο)* *(λόγ)* lion. *(αστρολ)* Leo

λεωφορ|είο *(το)* bus. **~ειολωρίδα** *(η)* bus lane

λεωφόρος *(η)* avenue

λήγω *ρ αμτβ* end. *(ισχύς)* expire. *(οικονομικά)* fall due

ληθαργικός *επίθ* lethargic

λήθη *(η)* oblivion

λημέρι *(το)* *(ζώου)* den. *(μεταφ)* haunt

λήξη *(η)* expiry

ληξιαρχείο *(το)* registry office

ληξίαρχος *(ο)* registrar

λησμονιά *(η)* oblivion

λησμονώ *ρ μτβ/αμτβ* forget

ληστεία *(η)* robbery

ληστεύω *ρ μτβ* rob

ληστής *(ο)* robber. *(μέλος συμμορίας)* bandit

λήψη *(η)* *(παραλαβή)* receipt. *(ραδιοφώνου)* reception. *(τροφής)* intake. *(φωτογραφίας)* taking

λιάζομαι *ρ αμτβ* sun o.s., bask

λιακάδα *(η)* sunshine

λιανικός *επίθ* retail

λιανοπωλητής *(ο)* retailer

λιβάδι *(το)* pasture

λιβανέζικος *επίθ* Lebanese

Λιβανέζ|ος *(ο)*, **~α** *(η)* Lebanese

λιβάνι *(το)* incense

Λίβανος *(ο)* Lebanon

λιβελλούλη (η) dragon-fly
λιβελογραφώ ρ μτβ libel
λίβελος (ο) libel
λιβρέα (η) livery
λιβανικός επίθ Libyan
Λιβύη (η) Libya
Λίβυ|ος (ο), **~α** (η) Libyan
λίγδα (η) lard. (ακαθαρσία) grime
λιγνός επίθ thin
λίγ|ο επίρρ a little. **~ο** (το) bit. **~α ~α** in dribs and drabs. **~ο ~ο** a little at a time. **~ο πολύ** more or less. **παρά ~ο** nearly
λιγοθυμώ ρ αμτβ βλ **λιποθυμώ**
λιγομίλητος επίθ taciturn
λίγος επίθ (αριθμός) few. (σε ποσότητα) little. (χρόνος) short
λιγοστεύω ρ μτβ cut down. • ρ αμτβ dwindle
λιγοστός επίθ scant. (ελπίδες) slender. (προσπάθειες) meagre
λιγότερ|ος επίθ (σε αριθμό) fewer. (σε ποσότητα) less. **~ο** επίρρ less
λιγούρα (η) faintness (from hunger)
λιγόψυχος επίθ faint-hearted
λιγοψυχώ ρ αμτβ lose one's nerve
λιθάρι (το) stone
λιθοβολώ ρ μτβ stone
λιθογραφία (η) lithograph
λίθοδομή (η) stonework
λιθοξόος (η) stonework
λιθοξόος (ο) stonemason
λίθος (ο) stone
λιθόστρωτος επίθ cobbled
λικέρ (το) άκλ liqueur

λικνίζ|ω ρ μτβ rock. **~ομαι** ρ αμτβ sway
λίκνισμα (το) rocking. (στο περπάτημα) sway
λιλά επίθ άκλ lilac
λίμα (η) file (tool)
λιμανάκι (το) cove
λιμάνι (το) port, harbour. (στη θάλασσα) seaport
λιμάρω ρ μτβ file
λιμασμένος επίθ ravenous
λιμενάρχης (ο) harbour master
λιμενεργάτης (ο) docker
λιμένας (ο) βλ **λιμάνι**
λιμνάζω ρ αμτβ stagnate
λίμνασμα (το) stagnation
λίμνη (η) lake
λιμνοθάλασσα (η) lagoon
λιμνούλα (η) pool. (μετά από βροχή) puddle. (σε κήπο) pond
λιμοκτονία (η) starvation
λιμοκτονώ ρ αμτβ starve
λιμός (ο) famine
λιμουζίνα (η) limousine
λιμπίζομαι ρ μτβ fancy
λίμπιντο (το) άκλ libido
λινάρι (το) flax
λινό (το) linen
λιοντάρι (το) lion
λιοπύρι (το) sweltering heat
λιπαίνω ρ μτβ lubricate
λιπαρός επίθ greasy. (κρέας, γάλα) fatty. (ψάρι) oily
λίπασμα (το) fertilizer
λιποθυμία (η) faint. (ιατρ) loss of consciousness. **μου έρχεται ~** feel faint. **~ώ** ρ αμτβ faint, pass out
λίπος (το) fat. (γύρω στα νεφρά ζώων) suet. (κήτους) blubber

λιποτάκτης (ο) deserter

λιποτακτώ ρ μτβ/αμτβ desert

λιποψυχία (η) faint-heartedness

λιποψυχώ ρ αμτβ βλ **λιγοψυχώ**

λίρα (η) pound (money)

λιρέτα (η) lira

λίστα (η) list

λιτανεία (η) litany

λιτός επίθ frugal. (απλός) simple. (οικον) austere. (ολιγαρκής) spartan

λιτότητα (η) frugality. (απλότητα) simplicity. (οικον) austerity

λίτρο (το) litre

λίφτινγκ (το) άκλ face-lift

λιχουδιά (η) delicacy. (καθομ) titbit

λίωμα (το) crushing

λιώνω ρ μτβ melt. (διαλύω) dissolve. (λίπος) render. (μέταλλο) smelt. (με τριβή) crush. (υγροποιώ) thaw. (φθείρω) wear out. • ρ αμτβ melt. (από αρρώστια) waste away. (από τη ζέστη) swelter. (παγωτό) run, melt. (στη φυλακή) languish. (μεταφ) pine away

λιώσιμο (το) thaw

λοβός (ο) lobe. (βοτ) pod

λογαριά|ζω ρ μτβ count. (θεωρώ) consider. (σκοπεύω) intend. (υπολογίζω) calculate. **~ζομαι** ρ αμτβ settle

λογαριασμός (ο) bill, (αμερ) check. (τραπέζης) account

λογάριθμος (ο) logarithm

λογής (γεν) **~ ~** all sorts. **τι ~ άνθρωπος είναι**; what sort of a man is he?

λόγια (τα) words

λογική (η) logic

λογικό (το) reason. (μεταφ) sanity. **~ά** (τα) senses

λογικός επίθ logical. (όχι υπερβολικός) reasonable. (με σωστή σκέψη) rational. (με ορθή αντίληψη) sensible

λόγιος επίθ scholarly. **~** (ο) scholar

λογισμικό (το) software

λογισμός (ο) thought. (μαθημ) calculus

λογιστής (ο) accountant

λογιστική (η) accountancy. (τήρηση βιβλίων) book-keeping

λογοκλοπή (η) plagiarism

λογοδοτώ ρ αμτβ answer for

λογοκριτής (ο) censor

λογομαχία (η) wrangle

λογομαχώ ρ αμτβ wrangle

λογοπαίγνιο (το) pun, play on words

λόγ|ος (ο) (αιτία) reason. (αφορμή) ground. (γραμμ) speech. (μαθημ) ratio. (ομιλία) speech. (υπόσχεση) word. **~ου χάρη** for example. **~ω** owing to

λογοτεχνία (η) literature

λογότυπο (το) logo

λογοφέρνω ρ αμτβ have words, argue

λόγχη (η) lance

λοιδορία (η) taunt

λοιδορώ ρ μτβ berate

λοιμογόνος επίθ virulent

λοιμός (ο) plague

λοιπόν σύνδ so. • επιφ well

λοιπ|ός επίθ remaining. **και τα ~ά** et cetera

Λονδίνο (το) London

λόξα (η) quirk. (τρέλα) craze

λόξιγκας (ο) hiccup

λοξοδρομώ ρ αμτβ change course. (μεταφ) go astray

λοξοκοιτάζω ρ μτβ look askance at

λοξός επιθ oblique

λόρδος (ο) lord

λοσιόν (η) άκλ lotion

λοστός (ο) crowbar

λοστρόμος (ο) boatswain

λόττο (το) lotto

λούζω ρ μτβ bathe. (μαλλιά) shampoo. (μεταφ) shower

λουκάνικο (το) sausage

λουκέτο (το) padlock

λουλακί|**ς** επιθ indigo. **~** (το) (χρώμα) indigo

λουκουμάς (ο) type of sweet fritter

λουκούμι (το) Turkish delight. (μεταφ) delicious

λουλουδένιος επιθ flowery. (σχέδιο) floral

λουλούδι (το) flower

λούνα-παρκ (το) άκλ funfair

Λουξεμβούργο (το) Luxembourg

λουόμενος (ο) bather

λουρί (το) strap. (σκύλου) leash, lead

λουρίδα (η) strip

λούσιμο (το) bathing. (μεταφ) dressing-down

λούσο (το) finery

λουστράρω ρ μτβ polish

λουστρίνι (το) patent leather

λούστρο (το) polish. (μεταφ) veneer

λούστρος (ο) shoeblack

λουτρό (το) bath. **~ά** (τα) baths

λού|**ω** ρ μτβ βλ **λούζω**

λοφίο (το) plume

λοφοπλαγιά (η) hill side

λόφος (ο) hill

λοχαγός (ο) (στρ) captain

λοχεία (η) (ιατρ) confinement

λοχίας (ο) sergeant

λόχμη (η) thicket

λόχος (ο) company

λυγερός επιθ svelte

λυγίζω ρ μτβ bend. (μεταφ) wear down. • ρ αμτβ buckle. (μεταφ) yield

λυγμός (ο) sob

λυγξ (ο) lynx

λυδία λίθος (η) touchstone

λύκειο (το) senior secondary school

λυκίσκος (ο) hop

λύκ|**ος** (ο), **~αινα** (η) wolf

λυκόσκυλο (το) Alsatian

λυκόφως (το) twilight

λύματα (τα) sewage

λύνω ρ μτβ unfasten. (απορία) resolve. (αποσυναρμολογώ) take to pieces. (κόμπο) undo. (ξεδένω) untie. (πρόβλημα) solve. (χειρόφρενο) release

λυπάμαι ρ μτβ βλ **λυπούμαι**

λύπη (η) sadness. (τύψη) regret

λυπημένος επιθ sad

λυπηρός επιθ sad

λύπηση (η) compassion

λυπούμαι ρ μτβ be sorry for. (μετανιώνω) regret. (συμπονώ) pity. (τσιγκουνεύομαι) be stingy with. • ρ αμτβ feel sad, be sorry

λυπώ *ρ μτβ* sadden

λύρα *(η)* lyre

λυρικός *επίθ* lyric. *(ποιητικός)* lyrical

λυρισμός *(ο)* lyricism

λύση *(η)* solution. *(αινίγματος)* answer. *(αποσύνδεση)* release. *(διευθέτηση)* settlement

λύσσα *(η)* rabies

λυσσάζω *ρ αμτβ* get rabies. *(μεταφ)* be furious

λύτρα *(τα)* ransom

λυτρώνω *ρ μτβ* redeem

λυτρωτής *(ο)* saviour, redeemer

λυχνάρι *(το)* oil lamp

λυχνία *(η)* lamp

λωποδύτης *(ο)*, **~ρια** *(η)* thief

λωρίδα *(η)* strip. *(από δέρμα)* strap. *(εξόδου ή εισόδου σε αυτοκινητόδρομο)* slip road. *(σε δρόμο)* lane. **~διαφυγής** *(η)* *(σε αυτοκινητόδρομο)* hard shoulder. **~κυκλοφορίας ποδηλάτων** *(η)* cycle lane

λωτός *(ο)* lotus

....

Μμ

....

μα *σύνδ* but. *μόριο* by. **~ το Θεό** by God

μαγαζί *(το)* shop

μαγγάνιο *(το)* manganese

μαγεία *(η)* magic. *(γοητεία)* enchantment. *(μάγεμα)* spell

μάγειρας *(ο)*, **μαγείρισσα** *(η)* cook

μαγειρείο *(το)* cookhouse. *(σε πλοίο)* galley

μαγείρεμα *(το)* cooking

μαγειρεύω *ρ μτβ* cook. *(στον ατμό)* steam. *(στο φούρνο)* roast. *(μεταφ)* fiddle, cook

μαγειρικ|ός *επίθ* culinary. **~ή** *(η)* cookery

μαγειρίτσα *(η)* *special soup dish served at Easter*

μάγεμα *(το)* magic

μαγεμένος *επίθ* spellbound

μαγευτικός *επίθ* enchanting

μαγεύω *ρ μτβ* bewitch. *(γοητεύω)* enchant

μαγιά *(η)* yeast

μάγια *(τα)* witchcraft. *(μάγεμα)* spell

μαγικός *επίθ* magic

μαγιό *(το)* *άκλ* swimming costume. *(ανδρικό)* trunks

μαγιονέζα *(η)* mayonnaise

μάγισσα *(η)* witch

μαγκάλι *(το)* brazier

μάγκανο *(το)* mangle

μάγκας *(ο)* tough and streetwise youth

μάγκο *(το)* *άκλ* mango

μαγκούρα *(η)* heavy stick

μαγνήσιο *(το)* magnesium

μαγνήτης *(ο)* magnet

μαγνητίζω *ρ μτβ* magnetize

μαγνητικός *επίθ* magnetic. **~σμός** *(ο)* magnetism

μαγνητόφωνο *(το)* tape recorder

μαγνητοφωνώ *ρ μτβ* record *(on tape)*

Μάγοι *(οι)* Magi

μάγος *(ο)* wizard, sorcerer. *(θεραπεύει με μάγια)* witch-doctor. *(ταχυδακτυλουργός)* magician

μαγουλάδες (οι) mumps

μάγουλο (το) cheek

Μάγχη (η) English Channel

μάδημα (το) plucking. (μεταφ) fleecing

μαδώ ρ μτβ (πουλί) pluck. (μεταφ) fleece. • ρ αμτβ moult

μαεστρία (η) mastery

μαέστρος (ο) (μουσ) conductor. (μεταφ) (past) master

μάζα (η) mass

μάζεμα (το) gathering. (από την αστυνομία) roundup. (συλλογή) picking. (συρρίκνωση) shrinking

μαζεύ|ω ρ μτβ gather. (αστυνομία) round up. (κάνω συλλογή) collect. (λουλούδια) pick. (πληροφορίες) pick up. (σκόνη) collect. (χρήματα) amass. • ρ αμτβ shrink. **~ομαι** ρ αμτβ (από φόβο) cringe. (ζαρώνω) crouch. (συγκεντρώνομαι) pile up

μαζί επίρρ together. **έλα ~ μου** come with me

μαζικ|ός επίθ mass. **~ή παραγωγή** (η) mass production

μαζούτ (το) ἀκλ fuel oil

μαζοχιστής (ο), **~ίστρια** (η) masochist

Μάης (ο) βλ **Μάιος**

μαθαίνω ρ μτβ learn. (διδάσκω) teach. (ευκαιριακά) pick up. (πληροφορούμαι) hear. (συνηθίζω) get used to

μαθεύομαι ρ αμτβ become known

μάθημα (το) lesson

μαθηματικά (τα) mathematics

μαθηματικός επίθ mathematical. **~** (ο, η) mathematician

μάθηση (η) learning

μαθητεία (η) apprenticeship

μαθητευόμενος (ο) learner. (αρχάριος) novice. (σε τέχνη) apprentice

μαθητεύω ρ αμτβ apprentice

μαθητής (ο) pupil. (διδασκόμενος) learner. (οπαδός) disciple. (σε σχολείο) schoolboy

μαθήτρια (η) pupil. (διδασκόμενη) learner. (σε σχολείο) schoolgirl

μαία (η) (λόγ) midwife

μαιευτική (η) obstetrics

μαιευτήριο (το) maternity hospital

μαϊμού (η) monkey

μαίνομαι ρ αμτβ (είμαι έξω φρενών) rave. (θύελλα) rage

μαϊντανός (ο) parsley

Μάιος (ο) May

μακάβριος επίθ macabre. (φρικιαστικός) grisly

μακάρι επίρρ if only, I wish. (έστω και) even if

μακαρίζω ρ μτβ think of as fortunate

μακάριος (επίθ) blissful. (εκκλ) blessed

μακαριότητα (η) bliss

μακαρίτης (ο), **~ισσα** (η) late, deceased

μακαρόνια (τα) macaroni

μακαρονάδα (η) dish of macaroni

μακαρόνι (το) macaroni

Μακεδονία (η) Macedonia

μακελειό (το) carnage

μακέτα (η) artwork

μακιγιάζ (το) άκλ make-up

μακιγιάρ|ω ρ μτβ make up.
~**ομαι** ρ αμτβ put on make-up

μακραίνω ρ μτβ lengthen.
(παρατείνω) protract. • ρ αμτβ
grow longer. (απομακρύνομαι)
move away. (μεταφ) drag on

μακριά επίρρ far. **από** ~ from
a distance

μακρινός επίθ distant.
(περίπατος) long. (χώρα)
faraway. (χωριό) remote

μακροζωία (η) longevity

μακροπρόθεσμος επίθ long-
term. (πρόβλεψη) long-range

μακροπρόθεσμως επίρρ in the
long run

μάκρος (το) length (of cloth)

μακρόστενος επίθ long and
narrow

μακρύς επίθ long

Μαλαισία (η) Malaysia

μαλαισιανός επίθ Malay

μαλάκιο (το) mollusc

μαλακ|ός επίθ soft. **με το** ~**ό**
take it easy. ~**ά** επίρρ softly

μαλακτικ|ός επίθ emollient. ~
(το) emollient. (ρούχων)
softener

μαλακώνω ρ μτβ soften.
(καταπραΰνω) placate. • ρ αμτβ
mellow

μάλαμα (το) gold

μαλθακός επίθ soft. (κορμί)
flabby

μάλιστα επίρρ yes, certainly

μαλλί (το) wool. (προβάτου)
fleece

μαλλιά (τα) hair (on head)

μαλλιαρός επίθ hairy. (ζώο)
shaggy

μάλλινος επίθ woollen

μάλλον επίρρ rather

Μάλτα (η) Malta

μάλωμα (το) scolding

μαλώνω ρ μτβ scold, tell off. • ρ
αμτβ quarrel

μαμά (η) mummy, mum

μαμή (η) midwife

μάνα (η) mother

μανάβ|ης (ο) greengrocer.
~**ικο** (το) greengrocer's shop

μάνατζερ (ο) άκλ manager

μανδαρίνος (ο) mandarin

μανδύας (ο) cloak

μανεκέν (το) άκλ fashion model

μανία (η) mania. (οργή) rage.
(περαστική) fad, craze

μανιακός (ο) maniac

μανιβέλα (η) crank

μάνικα (η) (garden) hose

μανικέτι (το) cuff

μανικετόκουμπο (το) cuff link

μανίκι (το) sleeve

μανικιούρ (το) άκλ manicure

μανιτάρι (το) mushroom.
(συνήθως δηλητηριώδες)
toadstool

μανιφέστο (το) manifesto

μανιώδης επίθ very keen.
(τρελός) frantic

μάννα (το) άκλ manna

μανόλια (η) magnolia

μανούβρα (η) manœuvre

μανουβράρω ρ μτβ/αμτβ
manœuvre

μανούλα (η) mother
(affectionate)

μανταλάκι (το) clothes peg

μάνταλο (το) catch (*on door, window*). (*σε πόρτα κήπου*) latch
μανταρίνι (το) mandarin
μαντάρω ρ μτβ darn
μαντείο (το) oracle (*place*)
μαντεύω ρ μτβ divine. (*εικάζω*) guess
μαντζουράνα (η) marjoram
μάντ|ης (ο), **~ισσα** (η) seer. (*που προβλέπει το μέλλον*) fortune-teller
μαντίλα (η) shawl
μαντίλι (το) handkerchief. (*του λαιμού*) scarf
μαντολίνο (το) mandolin
μάντρα (η) enclosure. (*για ζώα*) pen, fold
μαντρόσκυλο (το) sheepdog
μαξιλάρι (το) pillow
μαξιλαροθήκη (η) pillowcase
μαόνι (το) mahogany
μαραγκός (ο) carpenter
μαραζώνω ρ μτβ pine for
μάραθο (το) fennel
μαραθώνιος (ο) marathon
μαραίνομαι ρ αμτβ wilt. (*μεταφ*) wither, fade
μαργαρίνη (η) margarine
μαργαρίτα (η) marguerite, daisy
μαργαριτάρι (το) pearl
μαρέγκα (η) meringue
μαριδάκι (το) whitebait
μαρίνα (η) marina
μαρινά|ρω ρ μτβ marinade. **~τα** (τα) marinade
μαριονέτα (η) puppet
μαριχουάνα (η) marijuana
μάρκα (η) (*κέρμα*) counter (*token*). (*σήμα*) brand, make.

(*χαρτοπαίγνιο*) chip. (*μεταφ*) slippery customer
μαρκαδόρος (ο) felt-tipped pen
μαρκάρω ρ μτβ mark
μαρκετερί (η) marquetry
μάρκετινγκ (το) άκλ marketing
μαρκήσιος (ο) marquis
μάρκο (το) (German) mark
μάρμαρο (το) marble
μαρμελάδα (η) jam. (*πορτοκαλιού*) marmalade
μαρξισμός (ο) Marxism
μαρξιστής (ο), **~ίστρια** (η) Marxist
μαροκινός επίθ Moroccan
Μαροκιν|ός (η), **~ή** (ο) Moroccan
Μαρόκο (το) Morocco
μαρόν (το) άκλ maroon
μαρούλι (το) lettuce
Μάρτης (ο) βλ **Μάρτιος**
Μάρτιος (ο) March
μάρτυρας (ο, η) witness. (*εκκλ*) martyr
μαρτυρία (η) evidence. (*νομ*) testimony
μαρτυρικός επίθ excruciating
μαρτύριο (το) torment. (*εκκλ*) martyrdom. (*ταλαιπωρία*) misery
μαρτυρ|ώ ρ μτβ (*καταθέτω*) testify. (*προδίνω*) inform against. (*φανερώνω*) reveal. • ρ αμτβ suffer martyrdom
μας αντων our, us
μάσα (η) grub (*λαϊκ*)
μασάζ (το) άκλ massage. (*του προσώπου*) facial
μασέζ (η) άκλ masseuse
μασέρ (ο) άκλ masseur
μάσημα (το) chewing

μάσκα (η) mask

μάσκαρα (το) mascara

μασκαράς (ο) person in fancy dress. (παλιάνθρωπος) rascal

μασκάρεμα (το) masquerade

μασκαρεύομαι ρ αμτβ masquerade

μασκότ (η) άκλ mascot

μασονία (η) Freemasonry

μασόνος (ο) (Free)mason

μασουλίζω ρ μτβ/ρ αμτβ munch

μασουράκι (το) bobbin

μασούρι (το) spool

μαστάρι (το) udder

μάστιγα (η) scourge

μαστίγιο (το) whip

μαστιγώνω ρ μτβ whip. (δέρνω) flog

μαστίζω ρ μτβ plague

μαστίχα (η) mastic

μαστός (ο) breast

μασχάλη (η) armpit

μασώ ρ μτβ chew

ματ (το) άκλ checkmate. • επίθ άκλ matt

ματαιοδοξία (η) vanity

ματαιόδοξος επίθ vain

μάταιος επίθ futile. (ανώφελος) vain. • α επίρρ in vain

ματαιώνω ρ μτβ (ακυρώνω) call off. (εμποδίζω) frustrate. (προσπάθειες) thwart

μάτι (το) eye. (γκαζιού) gas ring. (κουζίνας) hot plate. ~α μου! my precious! δεν κλείνω ~ not sleep a wink. κλείνω το ~ σε κπ wink at s.o. παίρνει το ~ μου catch sight of

ματιά (η) glance. (γρήγορη) glimpse. ρίχνω μια ~ take a look

ματιάζω ρ μτβ cast an evil eye

ματόκλαδο (το) eyelash

ματς (το) άκλ (football) match

μάτσο (το) wad

ματώνω ρ μτβ cause to bleed. • ρ αμτβ bleed

μαύρη (η) cannabis, hashish

μαυρίζω ρ μτβ blacken. (σε ψηφοφορία) blackball. (μεταφ) tarnish. • ρ αμτβ blacken (στον ήλιο) go brown, tan

Μαυρίκιος (ο) Mauritius

μαυρίλα (η) blackness. (σκοτεινιά) darkness. (μεταφ) gloom

μαύρισμα (το) blackening. (σε εκλογές) blackballing. (στον ήλιο) suntan

μαυρισμένος επίθ suntanned

μαυροπίνακας (ο) blackboard

μαύροις (ο) black person. ~ (το) black

μαύρος επίθ black. (μεταφ) miserable

μαυροφορώ ρ αμτβ be in mourning

μαυσωλείο (το) mausoleum

μαφία (η) mafia. (ομάδα) gang

μαχαίρι (το) knife

μαχαιριά (η) stab

μαχαιροπίρουνα (τα) cutlery

μαχαιρώνω ρ μτβ stab, knife

μάχη (η) battle, combat. (μεταφ) struggle

μαχητής (ο), ~ήτρια (η) combatant

μαχητικός επίθ fighting. (αγωνιστικός) militant. ~ (το) (αεροσκάφος) fighter (plane)

μάχομαι ρ αμτβ fight. (μεταφ) struggle, battle

MB *συντ* (*Μεγάλη Βρετανία*) GB (Great Britain)

με *πρόθ* (*μαζί*) with. (*μέσο*) by. (*υλικό*) of. (*χρόνος*) in. **~ τη σειρά** in turn. **~ το καλό** God willing. **θα πάω ~ τα πόδια** I am going on foot

μέγαιρα (*η*) hag

μεγαλείο (*το*) splendour. **~α** (*τα*) snobbishness. **~!** splendid!

μεγαλειότατος (*ο*) His Majesty. **~τητα** (*η*) majesty

μεγαλειώδης *επίθ* majestic

μεγαλέμπορος (*ο*) wholesaler

μεγαλεπήβολος *επίθ* grandiose

μεγαλοδύναμος (*ο*) almighty. **ο Μ~** the Almighty

μεγαλομανής *επίθ* megalomaniac

μεγαλοποιώ *ρ μτβ* exaggerate, magnify

μεγαλοπρέπεια (*η*) magnificence, grandeur

μεγαλοπρεπής *επίθ* magnificent, majestic

μεγάλοι (*οι*) grown-ups

μεγάλος *επίθ* large, big. (*βεληνεκές*) long. (*δυνατός*) mighty. (*ένδοξος*) great. (*ενήλικος*) grown-up. (*έντονος*) strong. (*ιδέες*) grand. (*κυκλοφορία*) heavy. (*σε ηλικία*) old

μεγαλόσωμος *επίθ* big, of large build

μεγαλοφυής *επίθ* of genius. **~ία** (*η*) genius

μεγαλόψυχος *επίθ* magnanimous

μεγαλύτερος *επίθ* elder. (*σε βαθμό*) senior **ο ~** the eldest

μεγαλώνω *ρ μτβ* enlarge. (*ανατρέφω*) bring up. (*ζώα*) rear. (*μεγαρ*) magnify. • *ρ αμτβ* grow. (*ενηλικιώνομαι*) grow up. (*μέρες*) draw out

μέγαρο (*το*) large imposing building. (*σπίτι*) mansion

μέγας *επίθ* great

μεγάφωνο (*το*) loudspeaker

μέγεθος (*το*) size. (*κακού*) enormity. (*μεταφ*) magnitude

μεγέθυνση (*η*) enlargement. (*με φακό*) magnification. (*φωτογραφίας*) blow-up

μεγεθύνω *ρ μτβ* magnify

μεγιστάνας (*ο*) tycoon. (*αξιωματούχος*) magnate. (*ισχυρός*) mogul

μεγιστοποιώ *ρ μτβ* maximize

μέγιστος *επίθ* maximum

μέγκενη (*η*) vice, clamp

μεζές (*ο*) meze (*selection of side dishes and dips served as starter*)

μεζονέτα (*η*) maisonette

μεζούρα (*η*) tape measure

μεθαύριο *επίρρ* the day after tomorrow

μέθη (*η*) intoxication

μεθοδικός *επίθ* methodical. **~τητα** (*η*) method

μέθοδος (*η*) method

μεθοκοπώ *ρ αμτβ* booze

μεθόριος (*η*) frontier

μεθύσι (*το*) drunkenness. (*μεταφ*) exhilaration

μεθυσμένος *επίθ* drunk

μεθυστικός *επίθ* intoxicating. (*μεταφ*) heady

μεθώ *ρ μτβ* make drunk. • *ρ αμτβ* get drunk

μείγμα (το) mix, mixture. (χαρμάνι) blend

μειδίαμα (το) smile

μεικτός επίθ mixed. (κέρδος) gross. (σχολείο) co-educational

μειλίχιος επίθ mellow

μειοδότης (ο) lowest bidder

μείον επίρρ less

μειονέκτημα (το) disadvantage. (ελάττωμα) flaw. (εμπόδιο) drawback

μειονεκτικ|ός επίθ disadvantageous. **σε ~ή θέση** at a disadvantage

μειονεκτώ ρ αμτβ be at a disadvantage

μειονότητα (η) minority

μειοψηφία (η) minority

μειών|ω ρ μτβ reduce. (σε κλίμακα) scale down. (ταπεινώνω) belittle. **~ομαι** ρ αμτβ decline. (μεταφ) diminish

μείωση (η) reduction. (ποινής) remission. (μεταφ) belittlement

μελαγχολία (η) melancholy. (κατάθλιψη) depression

μελαγχολικός επίθ melancholy. (που προκαλεί μελαγχολία) gloomy

μελαγχολώ ρ μτβ depress. • ρ αμτβ feel depressed

μελάνι (το) ink

μελανιάζω ρ μτβ/αμτβ bruise. (από το κρύο) turn blue

μελάνιασμα (το) bruise

μελανοδοχείο (το) ink-pot

μελανώνω ρ μτβ ink

μελάσα (η) treacle

μελάτος επίθ like honey. (αυγό) soft-boiled

μελαχρινός επίθ of dark complexion

μελαψός επίθ swarthy

μελέτη (η) study. (έρευνα) research

μελετηρός επίθ studious

μελετώ ρ μτβ/ρ αμτβ study. (σκέφτομαι) consider

μέλι (το) honey

μελία (η) ash (tree)

μέλισσα (η) bee

μελίσσι (το) beehive. (μεταφ) swarm

μελιτζάνα (η) egg plant, aubergine

μέλλον (το) future. **στο ~** in future. **~τας** (ο) (γραμμ) future

μελλοντικός επίθ future. (πιθανός) prospective

μελλόνυμφ|ος (ο), **~η** (η) person about to be married

μέλλ|ω ρ αμτβ απρόσ be. **δε με ~ει** I don't care

μέλλων επίθ to-be

μελόδραμα (το) melodrama

μέλος (το) member. (του σώματος) limb

μελωδία (η) melody. (ταινίας) theme song

μελωδικός επίθ melodic. (αρμονικός) melodious

μεμβράνη (η) membrane. (πολυγράφου) stencil. **διαφανής ~** cling film

μεμιάς επίρρ all at once

μεμονωμένος επίθ isolated

μεμψιμοιρία (η) grumble, complaining

μεν σύνδ on the one hand. **ο ~ . . . ο δε** the former . . . the latter. **οι ~ και οι δε** others

μενεξές (*o*) pansy (*plant*)

μενού (*το*) *άκλ* menu

μέντα (*η*) peppermint

μενταγιόν (*το*) *άκλ* medallion. (*γυναικείο*) locket

μεντεσές (*o*) hinge

μέντιουμ (*το*) *άκλ* medium (*person*)

μέντορας (*o*) mentor

μένω *ρ αμτβ* remain. (*διαμένω*) stay. (*περισσεύω*) be left over. (*απρόσ*) remain

Μεξικό (*το*) Mexico

μέρα (*η*) *βλ* **ημέρα**. ~ **παρά** ~ every other day

μεραρχία (*η*) (*στρ*) division

μεριά (*η*) side. **από τη μια** ~ for one thing

μερίδα (*η*) portion, helping. (*με δελτίο*) ration

μερίδιο (*το*) share. (*μερίδα*) portion

μερικ|ός *επίθ* partial. ~**ή απασχόληση** part-time work. ~**οί** some. ~**ώς** *επίρρ* partially, in part

μέριμνα (*η*) care

μεριμνώ *ρ αμτβ* take care of. (*φροντίζω*) see to

μέρισμα (*το*) dividend

μεροκάματο (*το*) day's wages

μεροληψία (*η*) partiality

μερόνυχτο (*το*) a day and a night

μέρ|ος (*το*) part. (*αποχωρητήριο*) toilet loo. (*σε σύμβαση*) party. (*σημείο*) spot, place. (*τόπος*) place. (*μεταφ*) side. **εκ** ~**ους** on behalf of. **εν** ~**ει** partly

μες *επίρρ βλ* **μέσα**

μέσα *επίρρ* in, inside. (*κίνηση*) through. (*χρονική διάρκεια*) within. **έλα** ~ come in

μεσαίος *επίθ* middle. **η** ~**α τάξη** the middle class

Μεσαίωνας (*o*) Middle Ages

μεσαιωνικός *επίθ* medieval

μεσάνυχτα (*τα*) midnight

μέση (*η*) middle. (*σώματος*) waist. (*φορέματος*) waistline

μεσήλικας *επίθ* middle-aged

μεσημβρινός *επίθ* midday. ~ (*o*) meridian

μεσημέρι (*το*) noon, midday. **μέρα** ~ in broad daylight

μεσημεριανός *επίθ* midday. ~**ός ύπνος** (*o*) siesta

μεσιτεύω *ρ αμτβ* mediate

μεσίτης (*o*) middleman. (*οικον*) broker

μέσ|ο (*το*) middle. (*όργανο*) medium. ~**α** (*τα*) means. (*μεταφ*) pull

μεσογειακός *επίθ* Mediterranean

μεσόγειος *επίθ* inland. **η Μ**~ the Mediterranean

μεσόκοπος *επίθ* middle-aged

μεσολάβηση (*η*) mediation

μεσολαβ|ητής (*o*), ~**ήτρια** (*η*) go-between. (*για συμβιβασμό*) mediator

μεσολαβώ *ρ αμτβ* intercede. (*για συμβιβασμό*) mediate. (*συμβαίνω*) intervene

μεσοπολεμικός *επίθ* interwar

μεσόπορτα (*η*) internal door

μέσ|ος *επίθ* middle. (*συνηθισμένος*) average. **κατά** ~**ο όρο** on average

μεσούρανα *επίρρ* in mid air

μεσοφόρι (το) petticoat
μεσοχείμωνο (το) midwinter
Μεσσίας (ο) Messiah
μεστώνω ρ αμτβ ripen. (μεταφ) mature
μέσω επίρρ through, via
μετά επίρρ then, afterwards
μεταβάλλω ρ μτβ alter
μετάβαση (η) transition
μεταβατικός επίθ transitive
μεταβιβάζω ρ μτβ convey. (εξουσία) hand over. (περιουσία) transfer
μεταβίβαση (η) conveyance. (περιουσίας) transfer
μεταβλητός επίθ variable
μεταβολή (η) change. (στρ) about-turn
μεταβολισμός (ο) metabolism
μετάγγιση (η) transfusion
μεταγενέστερος επίθ subsequent
μεταγεννητικός επίθ postnatal
μεταγραφή (η) transcription
μεταγράφω ρ μτβ transcribe
μεταδίδω ρ μτβ transmit. (ασθένεια) spread. (ενθουσιασμό) impart. (ραδιόφωνο, TV) broadcast
μετάδοση (η) transmission. (νόσου) spread. (ραδιοτηλεοπτική) broadcast
μεταδοτικός επίθ infectious, contagious
μεταθανάτιος επίθ posthumous
μετάθεση (η) transfer
μεταθέσιμος επίθ transferable
μεταθέτω ρ μτβ shift. (θέση) transfer
μετακίνηση (η) move. (μετατόπιση) removal

μετακινώ ρ μτβ move
μετακομίζω ρ μτβ move (house)
μεταλαβαίνω ρ μτβ/αμτβ give/receive holy communion
μετάληψη (η) Holy Communion
μεταλλείο (το) mine (for metals)
μετάλλευμα (το) ore
μεταλλικό|ς επίθ metal. (βαφή) metallic. **~ φύλλο** (το) foil
μετάλλιο (το) medal
μέταλλο (το) metal
μεταμέλεια (η) regret
μεταμελημένος επίθ contrite
μεταμελούμαι ρ αμτβ regret
μεταμορφώνω ρ μτβ transform
μεταμόρφωση (η) transformation. (πλήρης αλλοίωση) metamorphosis
μεταμόσχευση (η) transplant
μεταμοσχεύω ρ μτβ (ιατρ) transplant
μεταμφιέζ|ω ρ μτβ disguise. **~ομαι** ρ αμτβ dress up, put on fancy dress
μεταμφίεση (η) disguise. (μασκάρεμα) fancy dress
μετανάστευση (η) migration. (από μια χώρα) emigration. (προς μια χώρα) immigration
μεταναστεύω ρ αμτβ migrate. (από μια χώρα) emigrate. (προς χώρα σαν μετανάστης) immigrate
μετανάστη|ς (ο), **~ρια** (η) (από μια χώρα) emigrant. (προς μια χώρα) immigrant
μετανοών (ο) repentant
μετανιώνω ρ αμτβ repent. (αλλάζω γνώμη) change my mind

μετάνοια (η) repentance. (εκκλ) penance

μετανοώ ρ αμτβ repent

μεταξένιος επιθ silken, silky

μετάξι (το) silk

μεταξοσκώληκας (ο) silkworm

μεταξύ επίρρ between. **εν τω ~** meanwhile. **στο ~** in the mean time

μεταξωτός επιθ (made of) silk

μεταπείθω ρ μτβ dissuade

μεταπολεμικός επιθ postwar

μεταπτυχιακός επιθ postgraduate

μεταρρυθμίζω ρ μτβ reform

μεταρρύθμιση (η) reform

μετασχηματιστής (ο) transformer

μετατοπίζω ρ μτβ shift

μετατρέπω ρ μτβ convert. (νομ) commute

μετατροπή (η) conversion

μεταφέρω ρ μτβ carry. (αεροπορικώς) fly. (εμπορεύματα) ship. (με λεωφορείο) bus. (με σωλήνες) pipe. (μεταδίδω) convey. (μετακινώ) transport. (σε άλλη περιοχή) relocate

μεταφορά (η) haulage, carriage. (γραμμ) metaphor. (μετακίνηση) transportation

μεταφορέας (ο) (εμπ) carrier

μεταφορικά (τα) carriage (charges)

μεταφορικός επιθ metaphorical. (γραμμ) figurative

μεταφράζω ρ μτβ translate. (προφορικά) interpret

μετάφραση (η) translation

μεταφραστής (ο), **~άστρια** (η) translator

μεταφυσική (η) metaphysics

μεταφυτεύω ρ μτβ transplant (plant)

μεταχειρίζομαι ρ μτβ treat. (χρησιμοποιώ) use

μεταχείριση (η) treatment

μεταχειρισμένος επιθ secondhand

μετεκπαίδευση (η) further education

μετέχω ρ μτβ participate

μετεωρίτης (ο) meteor

μετέωρ|ο (το) meteor. **Μ~α** (τα) Meteora

μετεωρολογία (η) meteorology

μετοχή (η) participation. (γραμμ) participle. (εμπ) share

μέτοχος (ο) shareholder

μέτρημα (το) count

μετρημέν|ος επιθ measured. (συνετός) judicious. **~οι** numbered

μέτρηση (η) measurement

μετρητ|ά (τα) cash. (για μικροέξοδα) petty cash. (στο ταμείο) float. **τοις ~οίς** in cash

μετρητής (ο) gauge, meter

μετριάζω ρ μτβ moderate. (σε ένταση) tone down. (μεταφ) water

μετρικός επιθ metric

μετριοπάθεια (η) moderation

μετριοπαθής (ο) moderate

μέτριος επιθ medium. (κατώτερης ποιότητος) mediocre. (όχι καλός) so-so

μετριότητα (η) mediocrity

μετριοφροσύνη (η) modesty

μετριόφρων επιθ modest

μέτρο (το) measure. (μονάδα) metre. (μουσ) bar. (συγκράτηση) restraint. (σύγκριση) yardstick. (μεταφ) step

μετρό (το) underground (train)

μετρώ ρ μτβ measure. (αριθμό) count. (μεταφ) weigh (one's words)

μετωπικός επίθ head-on

μέτωπο (το) forehead. (κτιρίου) facade. (στρ) front

μέχρι πρόθ up to, until. (απόσταση) as far as. (σχεδόν) nearly. ~ **τώρα** so far

μη(ν) μόρ (απαγορευτικό) don't. (άρνηση) not. (ενδοιασμό) lest. (πρόθ) non, in, un

μηδαμινός επίθ worthless. ~**τητα** (η) nonentity

μηδέν (το) zero. (μαθημ) naught. (τένις) love. (το τίποτα) nil. (χωρίς αξία) nothing

μηδενίζω ρ μτβ (εξετάσεις) give no marks. (όργανα) set to zero (αφανίζω) annihilate

μηδενικό (το) zero. (μεταφ) nobody

μήκος (το) length. **κατά ~** lengthways. **κατά ~ του δρόμου** along the road

μήλη (η) (ιατρ) probe

μηλιά (η) apple tree

μηλίτης (ο) cider

μήλο (το) apple. (ανατομ) cheek bone

μηλόπιτα (η) apple pie

μήνας (ο) month. ~ **του μέλιτος** honeymoon

μηνιαίος επίθ monthly

μηνιάτικο (το) monthly salary

μηνίγγι (το) (ανατομ) temple

μηνιγγίτιδα (η) meningitis

μήνυμα (το) (είδηση) word. (παράγγελμα) message.

μήνυση (η) charge, indictment

μην|υτής (ο), ~**ύτρια** (η) complainant. ~**ύω** ρ μτβ bring a charge against

μηνώ ρ μτβ/αμτβ send a message

μήπως σύνδ lest

μηρός (ο) thigh

μήτε σύνδ not even. (ούτε) ~ ... ~ neither ... nor

μητέρα (η) mother

μήτρα (η) womb. (ιατρ) uterus

μητριά (η) stepmother

μητρικός επίθ motherly, maternal

μητρόπολη (η) metropolis

μητρότητα (η) motherhood

μητρώο (το) record. (βιβλίο) register

μηχανάκι (το) moped

μηχανεύομαι ρ αμτβ engineer. (σκέφτομαι) think up

μηχανή (η) machine. (κινητήρας) engine

μηχάνημα (το) piece of machinery

μηχανική (η) mechanics. (επιστήμη) engineering

μηχανικός επίθ mechanical. ~ (ο) engineer. (πρακτικός) mechanic

μηχανισμός (ο) mechanism. (τρόπος λειτουργίας) mechanics

μηχανογράφηση (η) computerisation

μηχανοδηγός (ο) engine driver

μηχανολόγος (o, η) mechanical engineer

μηχανοποιώ ρ μτβ mechanize

μηχανορραφία (η) machination. (δολοπλοκία) intrigue. **~ώ** ρ αμτβ scheme, plot

μηχανορράφος (o, η) schemer

μηχανοστάσιο (το) engine room

μηχανουργ|είο (το) engineering works. **~ός** (o) machinist

μι (το) άκλ (μουσ) me

μία επίθ βλ **ένας. ~ σου και ~ μου** an eye for an eye

μια επίθ βλ **ένας. ~ και** since. **~ μέρα** some day. **~ φορά** once. **~ φορά κι έναν καιρό** once upon a time

μίασμα (το) miasma

μιγάδας (o) half-caste. (σκύλος) mongrel

μίγμα (το) βλ **μείγμα**

μίζα (η) (αυτοκ) starter. (μεταφ) kickback

μιζέρια (η) misery

μίζερος επίθ miserable. (τσιγκούνης) miserly

Μικρά Ασία (η) Asia Minor

μικραίνω ρ μτβ shorten. • ρ αμτβ get smaller. (μέρες) draw in

μικρό (το) mite (child). (ζώου) young (animal)

μικροαστοί (οι) suburbia

μικροατύχημα (το) minor accident

μικρόβιο (το) bug, germ. (ιατρ) microbe

μικροβιολογία (η) microbiology

μικρογραφία (η) miniature

μικροέξοδα (τα) incidental expenses

μικροεπεξεργαστής (o) microprocessor

μικροκαμωμένος επίθ diminutive

μικροκαβγάς (o) squabble

μικροκλέφτ|ης (o), **~ρα** (η) petty thief

μικροκλοπή (η) pilferage

μικρόκοσμος (o) microcosm

μικροκύματα (τα) microwaves

μικρομπελάς (o) bother, minor trouble

μικρόμαλος επίθ narrow-minded

μικροπράγματα (τα) trifles

μικροπρεπής επίθ petty, mean. (στη συμπεριφορά) mean

μικρός επίθ small. (αναξιοπρεπής) petty. (ασήμαντος) minor. (νεαρός) little. (σε διάρκεια) short

μικροσκοπικός επίθ microscopic. (μέγεθος) tiny. (ποσότητα) minute

μικροσκόπιο (το) microscope

μικροσυσκευή (η) gadget

μικρότερος επίθ lesser. (μέγεθος) smaller. **o ~** the smallest

μικροτσίπ (το) άκλ microchip

μικροφίλμ (το) άκλ microfilm

μικρόφωνο (το) microphone

μικρόψυχος επίθ faint-hearted

μίλι (το) mile

μιλιά (η) speech

μιλκσέικ (το) άκλ milk shake

μιλώ ρ μτβ/ρ αμτβ talk, speak

μιμ|ητής (*ο*), **~ήτρια** (*η*)
imitator

μιμητικός *επίθ* imitative

μιμική (*η*) mime

μιμόζα (*η*) mimosa

μίμος (*ο*) mimic. (*ανθρώπων*)
impersonator

μιμούμαι *ρ μτβ* imitate.
(*άνθρωπο*) impersonate. (*σε
εμφάνιση*) mimic. (*παίρνω
παράδειγμα*) emulate

μιναρές (*ο*) minaret

μίνι (*το*) miniskirt

μινιατούρα (*η*) miniature

μινουέτο (*το*) minuet

μίξερ (*το*) *άκλ* (*μαγ*) mixer

μιούζικαλ (*το*) *άκλ* musical

μισαλλόδοξος *επίθ* intolerant

μισάνθρωπος (*ο*) misanthrope

μισάνοιχτος *επίθ* half-open.
(*πόρτα*) ajar

μισητός *επίθ* hateful

μίσθιον (*το*) leasehold

μισθολόγιο (*το*) payroll

μισθός (*ο*) salary

μισθοφόρος (*ο*) mercenary

μίσθωμα (*το*) rent

μισθώνω *ρ μτβ* lease (*from
owner*)

μίσθωση (*η*) lease

μισθωτής (*ο*) tenant

μισθωτός *επίθ* salaried

μισό (*το*) half

μισόγυμνος *επίθ* half-naked

μισογύνης (*ο*) misogynist

μισόκλειστος *επίθ* half-closed

μισοπεθαμένος *επίθ* half-dead

μίσος (*το*) hate, hatred

μισός *επίθ* half

μισοφέγγαρο (*το*) crescent
moon

μίσχος (*ο*) stem, stalk

μισώ *ρ μτβ* hate

μίτρα (*η*) mitre

μ.μ. *συντ* (*μετά το μεσημέρι*)
p.m. (post meridian)

μνεία (*η*) mention

μνήμα (*το*) tomb

μνημείο (*το*) monument.
(*τάφος*) memorial

μνημειώδης *επίθ* monumental

μνήμη (*η*) memory. (*Η/Υ*) store

μνημονεύω *ρ μτβ* cite. (*εκκλ*)
remember

μνημονικό (*το*) memory

μνημόνιο (*το*) memo

μνημόσυνο (*το*) (*εκκλ*)
remembrance

μνησίκακος *επίθ* vindictive

μνηστεία (*η*) betrothal

μνηστή (*η*) betrothed

μνηστήρας (*ο*) suitor.
(*αρραβωνιαστικός*) betrothed

μοβ *επίθ* mauve **~** (*το*) *άκλ*
mauve

μόδα (*η*) fashion. (*νεωτερισμός*)
vogue. **της ~ς** fashionable

μοδίστρα (*η*) dressmaker

μοιάζω *ρ μτβ*/*αμτβ* resemble,
look like. (*σε συνήθειες*) take
after

μοίρα (*η*) fate. (*αεροπ*)
squadron. (*μαθημ*) degree.
(*μερίδιο*) lot. (*πεπρωμένο*)
destiny

μοιράζ|ω *ρ μτβ* divide, share.
(*διανέμω*) give out. (*δίνω
μερίδια*) apportion. (*τιμωρία*)
mete out. (*σε φτωχούς*) hand

out. (χαρτιά) deal. **~ομαι** ρ
αμτβ share
μοιραί|ος επίθ fateful.
(θανάσιμος) fatal. **~ο** (το) fate,
death
μοιρασιά (η) share-out. (χαρτιά)
deal
μοιρολάτρης (ο), **~ις** (η)
fatalist
μοιρολογώ ρ μτβ/ρ αμτβ
lament
μοιρολόι (το) dirge. (θρήνος)
lament
μοιχαλίδα (η) adulteress
μοιχεία (η) adultery
μοιχικός επίθ adulterous
μοιχός (ο) adulterer
μοκασίνι (το) moccasin
μοκέτα (η) fitted carpet
μολαταύτα επίρρ nevertheless
μόλις επίρρ (με μεγάλη
δυσκολία) barely, scarcely. (πριν
από λίγο) just. (ευθύς) as soon as
as
μολονότι σύνδ although
μόλυβδος (ο) lead
μολυβένιος επίθ leaden
μολύβι (το) pencil
μόλυνση (η) infection.
(ρύπανση) contamination.
(μεταφ) taint
μολύνω ρ μτβ infect. (ρυπαίνω)
contaminate. (μεταφ) taint
μολυσμένος επίθ contaminated
μομιοποιώ ρ μτβ mummify
μομπίλιο (το) mobile (child's)
μομφή (η) censure
μονάδα (η) unit
μοναδικός επίθ unique.
(απαράμιλλος) singular
μοναξιά (η) solitude

μονάκριβος επίθ one and only
μονάρχης (ο) monarch
μοναρχία (η) monarchy
μοναστήρι (το) monastery,
cloister. (καλογραιών) convent,
nunnery
μονάχα επίρρ only
μοναχή (η) nun
μοναχικός επίθ solitary
μοναχοπαίδι (το) only child
μοναχός (ο) monk
μονάχος, μονάχος επίθ alone.
(ο ίδιος) by oneself
μόνιμος επίθ permanent.
(επιτροπή) standing. (στρ)
regular. **~α** επίρρ permanently
μονιμότητα (η) permanence
μόνο επίρρ only. • σύνδ but
μονογαμία (η) monogamy
μονόγραμμα (το) monogram
μονογραφώ ρ μτβ initial
μονόδρομος επίθ one-way
μονοετής επίθ one-year old.
(διαρκείας) of one year
μονοήμερος επίθ of one day
μονοθεϊσμός (ο) monotheism
μονοκατοικία (η) detached
house
μονόκερως (ο) unicorn
μονόκλινος επίθ single (room)
μονόλογος (ο) monologue
μονομαχία (η) duel
μονομάχος (ο) gladiator
μονομελής επίθ one-membered
μονομερής επίθ unilateral
μονομιάς επίρρ all at once
μονοξείδιο (το) monoxide
μονοπάτι (το) path. (για
ιππασία) bridle-path. (για

πεζούς) footpath. *(σε δάσος)* trail

μονόπλευρος *επίθ* one-sided

μονοπώλιο *(το)* monopoly

μονοπωλώ *ρ μτβ* monopolize

μονός *επίθ* single *(not double)*. *(αριθμός)* odd

μόνος *επίθ* alone. *(μοναδικός)* only. **~ μου** by oneself

μονοσύλλαβος *επίθ* monosyllabic

μονοτονία *(η)* monotony

μονότονος *επίθ* monotonous. *(ανιαρός)* dreary

μονόφθαλμος *επίθ* one-eyed

μονοφωνικός *επίθ* mono *(not stereo)*

μονόχρωμος *επίθ* monochrome

μονοψήφιος *επίθ* single-digit

μοντγκόμερι *(το) άκλ* duffle-coat

μοντέλο *(το)* model

μοντέρνος *επίθ* modern

μονωδία *(η) (μους)* solo

μονώνω *ρ μτβ* insulate

μονώροφος *επίθ* one-storey

μόνωση *(η)* insulation

μόριο *(το)* speck. *(γραμμ)* particle. *(χημ)* molecule

μορφάζω *ρ αμτβ* grimace

μορφασμός *(ο)* grimace

μορφή *(η)* form. *(εμφάνιση)* look

μορφίνη *(η)* morphine

μορφωμένος *επίθ* educated

μορφώνω *ρ μτβ* educate

μόρφωση *(η)* education

μοσχάρι *(το)* calf

μοσχαρίσιος *επίθ* veal

μόσχευμα *(το)* cutting *(of plant)*. *(ιατρ)* graft

μοσχοβολώ *ρ αμτβ* be fragrant

μοσχοκάρυδο *(το)* nutmeg. **~** *(φλοίδα)* mace *(spice)*

μοσχομπίζελο *(το)* sweet pea

μόσχος *(ο)* musk

μοτέλ *(το) άκλ* motel

μοτέρ *(το) άκλ* motor

μοτίβο *(το)* motif

μότο *(το) άκλ* motto

μοτοσικλέτα *(η)* motor cycle

μου *αντων* my. **ένας φίλος ~** a friend of mine

μουγκανίζω *ρ αμτβ* moo

μουγκός *επίθ* dumb

μουγκρητό *(το)* roar. *(πόνου)* groan

μουγκρίζω *ρ αμτβ* roar. *(μεταφ)* groan

μουδιάζω *ρ αμτβ* go numb

μούδιασμα *(το)* pins and needles. *(μεταφ)* numbness

μουδιασμένος *επίθ* numb

μουλάρι *(το)* mule

μουλιάζω *ρ αμτβ* soak

μούμια *(η)* mummy *(body)*

μουντζαλιά *(η)* smudge

μουντζαλώνω *ρ μτβ/ρ αμτβ* smudge

μουντζούρα *(η)* smut

μουντζουρωμένος *επίθ* smutty

μουντός *επίθ* dull. *(πληκτικός)* drab

μούρη *(η)* mug, face

μουρλός *επίθ* crazy

μουρμούρα *(η)* grumbling

μουρμουρητό *(το)* murmuring. *(γκρίνια)* muttering

μουρμουρίζω ρ μτβ/ρ αμτβ murmur. (γκρινιάζω) mutter

μουρμούρισμα (το) murmur

μούρο (το) berry

μουρούνα (η) cod

μουρουνόλαδο (το) cod-liver oil

μούσα (η) muse

μουσακάς (ο) moussaka

μουσαμάς (ο) tarpaulin. (σε κατασκήνωση) groundsheet

μουσείο (το) museum

μουσελίνα (η) muslin

μούσι (το) goatee

μουσική (η) music

μουσικοσυνθέτης (ο) composer

μουσικός επίθ musical. ~ (ο, η) musician

μούσκεμα (το) soaking

μουσκεμένος επίθ soaking. (έδαφος) soggy

μουσκεύω ρ μτβ soak. • ρ αμτβ get soaked

μουσούδα (η) snout

μουσουλμάν|ος (ο), **~α** (η) Muslim

μουστάκι (το) moustache. (γάτας) whiskers

μουστάρδα (η) mustard

μούστος (ο) must

μουσώνας (ο) monsoon

μούτρ|ο (το) face. (μεταφ) rogue. **κάνω ~α** sulk

μουτρωμένος επίθ sulky

μούχλα (η) mould

μουχλιάζω ρ αμτβ grow mouldy

μοχαίρ (το) άκλ mohair

μοχθηρία (η) wickedness. **~ός** επίθ wicked

μόχθος (ο) toil

μοχθώ ρ αμτβ toil, (καθομ) slog

μόχλευση (η) leverage

μοχλός (ο) lever

μπα επιφών why! really!

μπαγαπόντης (ο) vagabond

μπαγιάτικος επίθ stale

μπαγκέτα (η) (μουσ) baton

μπάζα (η) packet, profit

μπάζα (τα) rubble

μπαίνω ρ αμτβ go in, enter. (απρόσκλητος) barge in. (απρόσκλητος σε πάρτι) gatecrash. (ρούχα) shrink. (στο νόημα) click

μπακάλ|ης (ο), **~ισσα** (η) grocer

μπακαλιάρος (ο) hake άκλ

μπακάλικο (το) grocery

μπακλαβάς (ο) sweet made of layers of filo pastry and ground almonds

μπάλα¹ (η) (foot)ball

μπάλα² (η) (εμπορευμάτων) bale

μπαλάντα (η) ballad

μπαλαντέρ (ο) άκλ joker

μπαλαρίνα (η) ballerina

μπαλέτο (το) ballet

μπαλίτσα (η) pellet

μπαλκόνι (το) balcony

μπαλκονόπορτα (η) French window

μπαλόνι (το) balloon

μπαλτάς (ο) hatchet

μπάλωμα (το) patch

μπαλώνω ρ μτβ patch. (μεταφ) patch up

μπαμ! επιφών bang!

μπάμια (η) okra

μπαμπάς (ο) daddy, dad

μπαμπούλας (ο) bogy
μπαμπού (το) άκλ bamboo
μπανάνα (η) banana
μπανγκαλόου (το) άκλ bungalow
μπανιέρα (η) bath tub
μπανιερό (το) swimsuit
μπάνιο (το) bath. (δωμάτιο) bathroom. (στη θάλασσα) bathe
μπάντα (η) (στρ) band
μπάντζο (το) άκλ banjo
μπαούλο (το) trunk (box)
μπαρ (το) άκλ bar
μπαράζ (το) άκλ barrage
μπάρμαν (ο) άκλ barman
μπάρμπας (ο) λαϊκ uncle
μπαρμπούνι (το) red mullet
μπαρόκ επίθ άκλ baroque
μπαρούτι (το) gunpowder
μπάσιμο (το) shrinkage
μπάσκετ (το) άκλ basketball
μπασμένος επίθ versed
μπαστούνι (το) walking stick.
  ~α (τα) spades (cards)
μπαταρία (η) battery
μπατζάκι (το) trouser leg
μπάτης (ο) sea breeze
μπάτσος (ο) cuff, blow
μπαχαρικό (το) spice
μπεζ επίθ άκλ beige
μπέικον (το) άκλ bacon
μπεϊμπισίτερ (ο, η) άκλ baby-sitter
μπεκρής (ο), ~ού (η) boozer, heavy drinker
μπελάς (ο) nuisance. (πρόσωπο) pest. έχω ~δες be in trouble
μπέρδεμα (το) tangle. (ανακάτωμα) muddle.

(αντίληψη) confusion. (σε δυσάρεστη υπόθεση) entanglement
μπερδεύω ρ μτβ tangle. (ανακατώνω) muddle. (μεταφ) entangle
μπερές (ο) beret
μπετόν (το) concrete
μπετονιέρα (η) cement mixer
μπήγω ρ μτβ drive in. (με δύναμη) thrust in
μπιζάρισμα (το) encore
μπιζέλι (το) pea
μπιζού (το) άκλ jewellery
μπικ (το) άκλ Biro (P.)
μπικίνι (το) άκλ bikini
μπικουτί (το) άκλ curler
μπίλια (η) billiard ball
μπιλιάρδο (το) billiards
μπιμπελό (το) curio
μπιμπερό (το) (baby's) bottle
μπίρα (η) beer, ale. (από το βαρέλι) draught beer. (λάκερ) lager
μπιραρία (η) pub
μπις επιφών encore
μπισκότο (το) biscuit, (αμερ) cookie
μπιφτέκι (το) beefsteak. (από κιμά) hamburger
μπιχλιμπίδι (το) trinket, knick-knack
μπλαζέ επίθ άκλ blasé
μπλε επίθ άκλ dark blue
μπλέκω ρ μτβ entangle. (σε δυσάρεστη κατάσταση) embroil.
  ρ αμτβ get entangled. (ερωτικές σχέσεις) get involved with
μπλέντερ (το) άκλ liquidizer

μπλέξιμο *(το)* tangle. *(ερωτική σχέση)* involvement. *(μεταφ)* entanglement

μπλοκάρω *ρ μτβ* block. • *ρ αμτβ* jam

μπλοκ *(το)* (writing) pad. **~ επιταγών** cheque book

μπλούζα *(η)* blouse. *(δουλειάς)* overall. *(καλλιτέχνη)* smock

μπλουζάκι *(το)* T-shirt

μπλουζόν *(το)* άκλ blouson, windjammer

μπλου τζιν *(το)* άκλ jeans

μπλόφα *(η)* bluff

μπλοφάρω *ρ αμτβ* bluff

μπογιά *(η)* paint

μπογιατζής *(ο)* painter *(decorator)*

μπογιατίζω *ρ μτβ* paint

μπόγος *(ο)* bundle

μπόι *(το)* height *(of person)*

μποϊκοτά|ζ *(το)* άκλ boycott. **~ρω** *ρ μτβ* boycott

μπολ *(το)* άκλ bowl

μπόλι *(το)* graft

μπολιάζω *ρ μτβ* graft

μπομπονιέρα *(η)* sugared almonds wrapped in tulle given to guests at a wedding

μπόνους *(το)* άκλ bonus

μποξέρ *(ο)* άκλ boxer

μπορ *(το)* άκλ brim

μπόρα *(η)* shower

μπορντούρα *(η)* edging. *(σε ύφασμα)* binding

μπορ|ώ *ρ αμτβ* can, be able (to). *(άδεια)* may. **~εί** *απρόσ* maybe, perhaps

μπότα *(η)* boot. *(αδιάβροχη, ψηλή)* gumboot. *(έως το γόνατο, λαστιχένια)* wellington

μποτιλιάρισμα *(το)* traffic jam

μπουγάδα *(η)* washing *(clothes)*

μπουζί *(το)* sparking plug

μπουζούκι *(το)* bouzouki. **~α** *(τα)* nightclub where the bouzouki is played

μπούκα *(η)* muzzle *(of firearm)*

μπουκάλ|α *(η)* large bottle. **~ι** *(το)* bottle

μπουκέτο *(το)* bunch of flowers

μπουκιά *(η)* mouthful

μπούκλα *(η)* curl, lock

μπουκώνω *ρ μτβ* stuff (with food). *(μεταφ)* bribe

μπουλόνι *(το)* bolt *(for nut)*

μπουλούκι *(το)* flock, crowd *(of people)*

μπουμπούκι *(το)* bud

μπουμπουκιάζω *ρ αμτβ* bud

μπουμπουν|ητό *(το)* rumble. **~ίζω** *ρ αμτβ* rumble

μπούμπουρας *(ο)* bumble-bee

μπουνταλάς *(ο)* oaf

μπουντρούμι *(το)* dungeon

μπούρδ|α *(η)* humbug. **~ες** *(οι)* tripe *(nonsense)*

μπουρί *(το)* flue

μπουρίνι *(το)* squall. *(μεταφ)* fit of anger

μπούστος *(ο)* bodice

μπούτι *(το)* leg *(of meat)*. *(κοτόπουλου)* drumstick

μπουτίκ *(η)* άκλ boutique

μπουφάν *(το)* άκλ bomber jacket

μπουφές *(ο)* sideboard. *(γεύμα)* buffet

μπουχτίζω *ρ μτβ|αμτβ* have one's fill. *(μεταφ)* have a bellyful of

μπόχα (η) stench
μπράβο επιφών well done
μπράβος (ο) henchman. (σε μπαρ) bouncer
μπρατσάκια (τα) water wings
μπράτσο (το) arm. (καθίσματος) armrest
μπρελόκ (το) άκλ (για βραχιόλι) charm. (για κλειδιά) key ring
μπριζόλα (η) (μαγ) chop
μπρίκι (το) Greek coffee pot
μπρόκολο (το) broccoli άκλ
μπρος επίρρ βλ **εμπρός**
μπροσούρα (η) brochure
μπροστά επίρρ before, ahead. **~ από** in front of
μπροστινός επίθ front
μπρούντζ|ινος επίθ brass, bronze. **~ος** (ο) bronze, brass
μπύρα (η) βλ **μπίρα**
μυαλ|ό (το) brain, mind
μύγα (η) fly
μυγάκι (το) midge
μυγιάγγιχτος επίθ testy
μύδι (το) mussel
μυελός (ο) marrow
μύηση (η) initiation
μυθικός επίθ mythical
μυθιστόρημα (το) novel. **~ιογράφος** (ο, η) novelist
μυθιστορ|ία (η) fiction.
μυθολογία (η) mythology
μύθος (ο) myth. (παραμύθι) fable
μυικός επίθ muscular
Μυκήνες (οι) Mycenae
μύκητας (ο) fungus
Μύκονος (ο) Myconos
μυλόπετρα (η) millstone

μύλος (ο) mill. (του καφέ) coffee mill
μυλωνάς (ο) miller
μύξα (η) snot
μυριάδα (η) myriad
μυρίζ|ω ρ μτβ/αμτβ smell. (μεταφ) smack of. **~ομαι** ρ μτβ sniff. (μεταφ) get wind of
μυρμήγκι (το) ant
μυρμηγκιάζω ρ αμτβ tingle
μυρμηγκοφωλιά (η) anthill
μύρτιλλο (το) bilberry
μυρωδάτος επίθ fragrant
μυρωδιά (η) smell. (άρωμα) scent. (ελαφριά) whiff
μυρωμένος επίθ balmy (of air)
μυς (ο) muscle
μυστήριο (το) mystery. (εκκλ) sacrament. **~ς** επίθ mysterious
μυστηριώδης επίθ mysterious
μυστικισμός (ο) mysticism
μυστικ|ιστής (ο), **~ίστρια** (η) mystic
μυστικό (το) secret
μυστικός επίθ secret. (κρυφός) clandestine. (πράκτορας) undercover
μυστικότητα (η) secrecy
μυστρί (το) trowel
μύτερος επίθ pointed. (μαχαίρι) sharp
μύτη (η) nose. (παπουτσιού) toe. (πένας) nib. **στις ~ες των ποδιών** on tiptoe
μυώ ρ μτβ initiate
μυώδης επίθ muscular
μυωξός (ο) dormouse
μυωπία (η) short sightedness. (ιατρ) myopia
μυωπικός επίθ short-sighted

μ.Χ. *συντ (μετά Χριστόν)* AD (Anno Domini)

μωαμεθαν|ός *(ο),* **~ή** *(η)* Muslim

μώλωπας *(ο)* bruise

μωλωπίζω *ρ μτβ* bruise

μωρό *(το)* baby

μωρός *(ο)* moron

μωρουδιακά *(τα)* layette

μωσαϊκό *(το)* mosaic

....

Νν

να *επιφών* there. • *σύνδ* to, in order to. *(υποθετικός)* if, even if. *μόριο* here's. **~ τος** here he is

νάζι *(το)* affectation

ναζιστής *(ο),* **~ίστρια** *(η)* Nazi

ναι *επίρρ* yes. **λέω το ~** consent

νάιλον *(το) άκλ* nylon

νάνι *(το) άκλ (καθομ)* sleep

νάνος *(ο)* dwarf

νανούρισμα *(το)* lullaby

ναός *(ο)* temple. *(εκκλ)* church. **καθεδρικός ~** cathedral

ναργιλές *(ο)* hookah

νάρθηκας *(ο)* splint

ναρκαλιευτικό *(το)* minesweeper

νάρκη[1] *(η)* torpor

νάρκη[2] *(η) (στρ)* mine

νάρκισσος *(ο)* narcissus. **κίτρινος ~** daffodil

ναρκοθετώ *ρ μτβ (στρ)* mine

ναρκομανής *(ο, η)* drug addict. **~ία** *(η)* drug addiction

ναρκοπέδιο *(το)* minefield

ναρκωμένος *επιθ* drowsy, *(καθομ)* dopey

ναρκώνω *ρ μτβ* make lethargic

ναρκωτικό *(το)* narcotic, *(καθομ)* drug, *(λαϊκ)* dope

ναρκωτικός *επιθ* narcotic

νάτριο *(το)* sodium

ναυαγημένος *επιθ* shipwrecked

ναυάγιο *(το)* shipwreck

ναυαγός *(ο, η)* castaway

ναυαγοσώστης *(ο)* life-guard

ναυαγώ *ρ αμτβ* be shipwrecked. *(μεταφ)* fall through

ναυαρχίδα *(η)* flagship

ναύαρχος *(ο)* admiral

ναύκληρος *(ο)* bosun

ναυλοσύμφωνο *(το)* charter party

ναύλος *(ο) (εμπορευμάτων)* freight. *(ανθρώπων)* fare

ναυλωμέν|ος *επιθ* chartered. **~η πτήση** *(η)* charter flight

ναυλώνω *ρ μτβ* charter

ναυλωτής *(ο)* charter company

ναυμαχία *(η)* sea battle

ναυπηγείο *(το)* shipyard, dockyard

ναυσιπλοΐα *(η)* navigation

ναύσταθμος *(ο)* naval yard

ναύτης *(ο)* sailor

ναυτία *(η)* nausea

ναυτικά *(τα)* sailor's suit

ναυτικό *(το)* navy

ναυτικός *επιθ* naval. *(θαλάσσιος)* maritime. **~ (ο)** seaman

ναυτιλία *(η)* shipping. **εμπορική ~** merchant navy

ναυτίλος *(ο)* navigator

ναφθαλίνη (η) moth ball

νέα (τα) tidings. (ειδήσεις) news

Νέα Ζηλανδία (η) New Zealand

νεανικός επίθ youthful

νεαρός (ο) youngster

νεγκλιζέ (το) άκλ négligé

νέγρος (ο) Negro

νειάτα (τα) βλ **νιάτα**

νέκρα (η) (εμπόριο) standstill. (ησυχία) deadly silence

νεκρικος επίθ deathly

νεκροθάφτης (ο) grave-digger

νεκροκεφαλή (η) death's head, skull

νεκρολογία (η) obituary

νεκρ|ός επίθ dead. **~ός** (ο) dead body. **~ό** (το) (αυτοκ) neutral

νεκροταφείο (το) cemetery, graveyard. (εκκλησίας) churchyard

νεκροτομείο (το) mortuary, morgue

νεκροτομή (η) autopsy

νεκροφόρα (η) hearse

νεκροψία (η) postmortem

νεκρώνω ρ μτβ deaden. • ρ αμτβ go deathly pale. (μεταφ) come to a stop

νέκταρ (το) nectar

νεκταρίνι (το) nectarine

νεογέννητος επίθ new born

νεοελληνικ|ός επίθ modern Greek. **~ά** (τα) modern Greek

νεολαία (η) youth, young people

νεολογισμός (ο) neologism

νέον (το) neon

νεόνυμφος επίθ newlywed

νεόπλουτος επίθ nouveau riche

νέ|ος επίθ new. (ασυνήθιστος) novel. (σε ηλικία) young. **~ος** (ο) young man. **~οι** (οι) the young

νεοσύλλεκτος (ο) (στρ) new recruit

νεότερ|ος επίθ more recent. (σε βαθμό) junior. (σε ηλικία) younger. **~α** (τα) news

νεότητα (η) youth

νεοφερμένος (ο) newcomer

νεποτισμός (ο) nepotism

νερακούλα (η) buttercup

νεράιδα (η) fairy

νερ|ό (το) water. (της βροχής) rain-water. **~ά** (τα) (ναυτ) wake. (ξύλου) grain. (μάρμαρου) mottled appearance

νεροβραστος επίθ namby-pamby

νεροκάρδαμο (το) watercress

νεροκολόκυθο (το) gourd

νερομπογιά (η) watercolour

νερόμυλος (ο) water mill

νερόπλυμα (το) slops

νεροποντή (η) downpour

νερουλός επίθ watery

νεροχελώνα (η) turtle

νεροχύτης (ο) sink

νερώνω ρ μτβ water down

νεσεσέρ (το) άκλ vanity bag

νετρόνιο (το) neutron

νεύμα (το) beck. (με το κεφάλι) nod. (με το χέρι) motion, gesture

νευραλγία (η) neuralgia

νευριάζω ρ μτβ get on s.o.'s nerves. • ρ αμτβ lose one's temper

νευρικός επίθ nervous. (μεταφ) jumpy

νευρικότητα (η) nervousness

νεύρ|ο (το) nerve. (δύναμη) sinews. **~α** (τα) temper. **έχω ~α** to be in a temper

νευρολογία (η) neurology. **~ικός** επίθ neurological

νευρόσπαστο (το) marionette. (μεταφ) puppet

νευροχειρουργός (ο, η) neurosurgeon

νεύρωση (η) neurosis

νευρωτικός επίθ neurotic

νεύω ρ αμτβ nod. (με το χέρι) beckon

νεφελώδης επίθ cloudy. (μεταφ) nebulous

νέφος (το) cloud. (ρύπανση) smog

νεφρίτης (ο) jade

νεφρό (το) kidney

νεφρόλιθος (ο) kidney stone

νέφτι (το) turpentine

νέφωση (η) cloudiness

νεωκόρος (ο) verger

νεωτερισμός (ο) novelty

νεωτεριστικός επίθ innovative

νήμα (το) yarn. (μεταλλικό) filament. (σκέψεως) train. (σχοινιού) strand. (μεταφ) thread

νηολόγιο (το) shipping register

νηοπομπή (η) convoy

νηπιαγωγείο (το) nursery school. **~ός** (ο, η) nursery school teacher

νηπιακός επίθ infant

νήπιο (το) infant

νησί (το) island

νησίδα (η) traffic island

νησιώτης (ο), **~ισσα** (η) islander

νήσος (η) isle

νηστεία (η) fast

νηστεύω ρ αμτβ fast

νηστικός επίθ **είμαι ~** I haven't eaten anything

νηστίσιμος επίθ that can be eaten during Lent

νηφάλιος επίθ sober. (ήρεμος) calm

νι (το) άκλ **με το ~ και με το σίγμα** in every detail

νιαουρίζω ρ αμτβ mew

νιάτα (τα) youth. (οι νέοι) young people

νίβω ρ μτβ wash one's face (or hands)

Νιγηρία (η) Nigeria

Νικαράγουα (η) Nicaragua

νικέλιο (το) nickel

νίκη (η) victory

νικητήριος επίθ victorious

νικ|ητής (ο), **~ήτρια** (η) winner. (σε μάχη) victor

νικοτίνη (η) nicotine

νικώ ρ μτβ defeat. (υπερνικώ) overcome. (μεταφ) conquer. • ρ αμτβ win

νιόνυφη (η) bride, newly married woman

νιόπαντροι (οι) newlyweds

νιότη (η) youth

νιπτήρας (ο) washbasin

νίπτω ρ μτβ βλ **νίβω**

νιτσεράδα (η) oilskins

νιφάδα (η) flake. (χιονιού) snowflake

νιώθω ρ μτβ feel. (συναισθάνομαι) sense

νοβοπάν (το) άκλ hardboard

Νοέμβρης (ο), **~ιος** (ο) November

νόημα¹ (το) beck. **κάνω ~** beckon

νόημα² (το) sense. (σκοπός) point. **βγάζω ~** (από) make sense (of). **χωρίς ~** nonsensical

νοημοσύνη (η) intelligence

νοητός επίθ conceivable. (προσιτός στη διάνοια) comprehensible. (στη φαντασία) imaginary

νόθευση (η) adulteration

νοθεύω ρ μτβ adulterate

νόθος (επίθ) illegitimate (child)

νοιάζει ρ μτβ αμπ care. **δε με ~** I don't care

νοιάζομαι ρ μτβ care about. (φροντίζω) care for. • ρ αμτβ worry

νοικάρης (ο), **~ισσα** (η) tenant

νοίκι (το) rent

νοικιάζω ρ μτβ (αυτοκίνητο κλπ) hire. (σπίτι) rent

νοίκιασμα (το) let

νοικοκυρά (η) housewife. (ιδιοκτήτρια) householder. (σπιτονοικοκυρά) landlady

νοικοκύρης (ο) householder. (σπιτονοικοκύρης) landlord **είναι ~** (αγαπά το σπίτι του) he is house-proud. (ευκατάστατος) he is well-to-do

νοικοκυριό (το) household. (φροντίδα σπιτιού) housekeeping

νοιώθω ρ μτβ βλ **νιώθω**

νοκ άουτ (το) άκλ knock-out

νομαδικός επίθ nomadic

νομάρχης (ο) prefect (official)

νομάς (ο) nomad

νομή (η) pasture. (κατοχή) possession

νομίζω ρ μτβ/ρ αμτβ think, reckon, suppose. (υποθέτω) guess. **έτσι ~** I think so

νομικός επίθ legal. **~ός** (ο, η) lawyer. **~ά** (τα) law

νομιμοποιώ ρ μτβ legalize

νόμιμος επίθ lawful. (δίκαιος) rightful. (παιδί) legitimate

νομιμότητα (η) legality. (παιδιού) legitimacy

νόμισμα (το) coin. (ενός κράτους) currency

νομισματοδέκτης (ο) coin-operated public telephone

νομισματοκοπείο (το) mint

νομοθεσία (η) legislation

νομοθέτημα (το) statute

νομοθέτης (ο) legislator

νομοθετώ ρ αμτβ legislate

νομολογία (η) jurisprudence

νόμος (ο) act, decree. (το σύνολο νομοθετημάτων) law

νομός (ο) prefecture

νομοσχέδιο (το) (πολιτ) bill

νομοταγής επίθ law-abiding

νονά (η) godmother

νονός (ο) godfather

νοοτροπία (η) mentality

Νορβηγία (η) Norway

νορβηγικός επίθ Norwegian

Νορβηγός (ο), **~ίδα** (η) Norwegian

νόρμα (η) norm

νοσηλεία (η) treatment

νοσηλευτήριο (το) infirmary

νοσηλεύω ρ μτβ treat (patient). **~ομαι** ρ αμτβ be treated

νόσημα (το) disease

νοσηρός επίθ unhealthy. (φαντασία) morbid. (χιούμορ) sick

νοσοκόμα (η) nurse

νοσοκομείο (το) hospital

νοσοκόμος (ο) (ιατρ) orderly

νόσος (η) disease

νοσταλγία (η) nostalgia. ~ικός επίθ nostalgic

νοσταλγώ ρ μτβ be homesick for

νοστιμάδα (η) flavour

νόστιμος επίθ tasty. (γυναίκα) comely

νότα (η) note (music)

νοτιάς (ο) south wind

νοτιοαμερικάνικος επίθ South American

νοτιοανατολικός επίθ southeast

νοτιοδυτικός επίθ south-west

νότι|ος επίθ south. (κατεύθυνση) southerly. (περιοχή) southern. ~ος (ο) Southerner. **N~ος Αμερική** (η) South America. **N~ος Αφρική** (η) South Africa

νότος (ο) south

νουβέλα (η) novel

νουθεσία (η) admonition

νουθετώ ρ μτβ admonish

νούμερο (το) size. (θέατρ) floor show. (πρόσωπο) funny character

νους (ο) mind

νούφαρο (το) water lily

ντάλια (η) dahlia

ντάλικα (η) juggernaut

ντάμα (η) draughts (game). (σε χορό) partner

νταντά (η) nanny

νταντεύω ρ μτβ care for (child)

ντεκολτέ (το) άκλ low-cut neck

ντελικάτος επίθ delicate

ντεμοντέ επίθ άκλ dated

ντεμπούτο (το) άκλ debut

ντεμπραγιάζ (το) άκλ clutch

ντεπόζιτο (το) (water) tank

ντεσιμπέλ (το) άκλ decibel

ντετέκτιβ (ο, η) άκλ detective

ντέφι (το) tambourine

ντιβάνι (το) studio couch

ντίζελ (το) άκλ diesel

ντίσκο, ντισκοτέκ (η) άκλ discothèque

ντισκ τζόκεϊ (ο) άκλ disc jockey

ντοκιμαντέρ (το) άκλ documentary

ντολμάς (ο) stuffed vine leaf

ντομάτα (η) tomato

ντοματιά (η) tomato plant

ντόμινο (το) άκλ domino

ντόμπρος επίθ forthright. (άνθρωπος) blunt

ντόπιος επίθ native. (περιοχής) local

ντοσιέ (το) άκλ folder

ντουέτο (το) duet

ντουζίνα (η) dozen

ντουί (το) άκλ (light) socket

ντουλάπα (η) wardrobe (furniture)

ντουλαπάκι (το) cubby-hole. (αυτοκινήτου) glove compartment. (σε σχολείο) locker

ντουλάπι (το) cabinet. (αμερ) closet. (κουζίνας) cupboard

ντουμπλάρω ρ μτβ dub (film)

ντους (το) άκλ shower. **κάνω ~** shower

ντρέπομαι ρ μτβ be ashamed of. • ρ αμτβ be shy

ντροπαλός επίθ shy. (γυναίκα) coy. (συνεσταλμένος) bashful

ντροπή (η) shame. (προσβολή) disgrace. (συστολή) shyness

ντροπιάζω ρ μτβ shame. (ατιμάζω) disgrace. (προσβάλλω) mortify

ντροπιασμένος επίθ ashamed. (προσβεβλημένος) shamefaced

ντύνω ρ μτβ clothe. (βιβλίο) cover. **~ομαι** ρ αμτβ dress

ντύσιμο (το) dressing (clothes). (περιβολή) clothing

νύξη (η) hint

νύμφη (η) nymph. (εντόμου) pupa

νυσταγμένος επίθ sleepy

νυστάζω ρ αμτβ be sleepy

νυστέρι (το) scalpel

νύφη (η) bride. (για του γονείς του γαμπρού) daughter-in-law

νυφικό|ς επίθ bridal. **~** (το) wedding dress

νυφίτσα (η) weasel

νύχι (το) finger-nail. (αρπακτικού πουλιού) talon. (ζώου) claw

νυχοκόπτης (ο) (nail) clippers

νύχτα (η) night

νυχτέρι (το) night work

νυχτερίδα (η) bat (mammal)

νυχτερινός επίθ night

νυχτικό (το) nightdress, nightgown

νυχτόβιος επίθ nocturnal

νυχτοπεταλούδα (η) moth

νυχτοφύλακας (ο) night watchman

νυχτών|ει ρ απρόσ it's getting dark. **~νομαι** ρ αμτβ be overtaken by night

νωθρ|ός επίθ indolent. **~τητα** (η) indolence

νωπογραφία (η) fresco

νωπός επίθ fresh. (υγρός) damp

νωρίς επίρρ early

νωτιαίος μυελός (ο) spinal cord

νωχέλεια (η) nonchalance

νωχελικός επίθ nonchalant

Ξξ

ξαγκιστρώνω ρ μτβ unhook

ξαγρυπνώ ρ αμτβ stay awake

ξακουσμένος επίθ renowned

ξακουστός επίθ famous

ξαλαφρώνω ρ μτβ unburden. • ρ αμτβ unburden o.s.

ξανά επίρρ again. (εκ νέου) anew. **~ και ~** over and over

ξαναβάζω ρ μτβ replace

ξαναβάφω ρ μτβ repaint. (σπίτι) redecorate

ξαναγάζω ρ μτβ take out again. (βιβλίο) reissue. (ρούχα) take off again

ξαναβρίσκω ρ μτβ recover

ξαναγυρίζω ρ αμτβ return, go home. **~ πίσω** retrace one's steps

ξαναζωντανεύω ρ μτβ revive. • ρ αμτβ come to life again

ξανακάνω ρ μτβ redo

ξαναλέ|(γ)ω ρ μτβ repeat, say again. **τα ~με** we'll talk again

ξαναμμένος *επίθ* flushed

ξανανιώνω *ρ αμτβ* have a new lease of life

ξανανοίγω *ρ μτβ/ρ αμτβ* reopen

ξαναπαντρεύομαι *ρ αμτβ* remarry

ξαναρχίζω *ρ μτβ* restart

ξανασκέφτομαι *ρ μτβ* rethink, think over. (*αναθεωρώ*) think better of

ξανασμίγω *ρ μτβ* reunite. • *ρ αμτβ* be reunited

ξαναφέρνω *ρ μτβ* bring back. ~ **στη ζωή** resuscitate

ξαναφορτώνω *ρ μτβ* reload

ξανεμίζω *ρ μτβ βλ* **εξανεμίζω**

ξανθιά (*η*) blonde

ξανθοκόκκινος *επίθ* ginger

ξανθός *επίθ* fair (*skin etc.*). ~ (*o*) blond

ξάνοιγμα (*το*) widening. (*καιρού*) clearing up. (*σε δάσος*) clearing. (*τρόπου ζωής*) launching out

ξανοίγω *ρ μτβ* widen. • *ρ αμτβ* (*καιρός*) brighten up. ~**ομαι** *ρ αμτβ* open up. (*καράβι*) put out (to sea). (*σε έξοδα*) overspend

ξαντό (*το*) lint

ξάπλα (*η*) lying down. (*τεμπέλιασμα*) lounging about

ξάπλωμα (*το*) lying down. (*μεταφ*) sprawling

ξαπλώνω *ρ μτβ* spread out. (*με χτύπημα*) send s.o. sprawling. • *ρ αμτβ* lie down. ~**ομαι** *ρ αμτβ* expand

ξαποστέλνω *ρ μτβ* send packing

ξάρτια (*τα*) rigging

ξάστερος *επίθ* clear (*sky at night*)

ξαφνιάζ|ω *ρ μτβ* startle. (*προκαλώ έκπληξη*) surprise. ~**ομαι** be taken aback

ξαφνικ|ός *επίθ* sudden, abrupt. ~**ό** (*το*) abruptness. ~**ά** *επίρρ* suddenly

ξαφρίζω *ρ μτβ* skim. (*μεταφ*) ~ **κπ** pick s.o.'s pocket

ξέβαθος *επίθ* shallow

ξεβάφω *ρ αμτβ* discolour. (*ύφασμα*) fade. (*μαλλιά*) bleach

ξεβγάζω *ρ μτβ* rinse

ξεβιδώνω *ρ μτβ* unscrew

ξεβουλώνω *ρ μτβ* unblock. (*μπουκάλι*) uncork

ξεγελώ *ρ μτβ* trick, fool, (*καθομ*) string along. (*με εξυπνάδα*) outwit

ξεγεννώ *ρ μτβ* deliver (*woman of a baby*)

ξεγράφω *ρ μτβ* write off

ξεδιαλύνω *ρ μτβ* clear up. (*μυστήριο*) unravel. • *ρ αμτβ* come true

ξεδιπλώνω *ρ μτβ* unfold

ξεδιψώ *ρ μτβ/αμτβ* quench s.o.'s/one's thirst

ξεδοντιάρης *επίθ* toothless

ξεζουμίζω *ρ μτβ/ρ αμτβ* squeeze. (*μεταφ*) bleed dry (*extort*)

ξεθάβω *ρ μτβ* unearth

ξεθαρρεύω *ρ αμτβ* take courage. (*αποθρασύνομαι*) become bold

ξεθεωμένος *επίθ* worn out

ξεθυμαίνω *ρ αμτβ* (*μεταφ*) let off steam

ξεθωριάζω *ρ μτβ* discolour. (*χρώμα*) fade

ξεκαθαρίζω *ρ μτβ* clear up. • *ρ αμτβ* clear

ξεκάθαρος *επίθ* clear. (*απάντηση*) unequivocal

ξεκάνω *ρ μτβ* do in, kill

ξεκαρδίζομαι *ρ μτβ* **~ στα γέλια** roar with laughter

ξεκαρδιστικός *επίθ* hilarious

ξεκάρφωτος *επίθ* unnailed. (*μεταφ*) disconnected

ξεκίνημα (*το*) start

ξεκινώ *ρ μτβ* start. • *ρ αμτβ* set out, set off

ξεκλειδώνω *ρ μτβ* unlock

ξεκόβω *ρ μτβ*/*αμτβ* break away. (*μεταφ*) make absolutely clear

ξεκοκαλίζω *ρ μτβ* bone. (*τρώω*) pick to the bone. (*μεταφ*) squander

ξεκολλώ *ρ μτβ* unstick. (*μεταφ*) winkle out. • *ρ αμτβ* tear o.s. away

ξεκουκουτσιάζω *ρ μτβ* stone

ξεκουμπίζομαι *ρ αμτβ* clear off

ξεκουμπώνω *ρ μτβ* unbutton

ξεκουράζ|ω *ρ μτβ* let rest. **~ομαι** *ρ αμτβ* rest

ξεκούραση (*η*) rest

ξεκουρδίζομαι *ρ αμτβ* run down (*clock*). (*μουσ*) go out of tune

ξεκούτης *επίθ* dotard

ξεκουφαίνω *ρ μτβ* deafen

ξεκρεμώ *ρ μτβ* take down

ξελαρυγγίζομαι *ρ αμτβ* shout o.s. hoarse

ξελασπώνω *ρ μτβ* clean of mud. • *ρ αμτβ* get off the hook

ξελιγών|ω *ρ μτβ* make hungry. **~ομαι** *ρ αμτβ* be famished

ξελογιάζω *ρ μτβ* seduce

ξεμακραίνω *ρ αμτβ* drift apart

ξεμαλλιάζω *ρ μτβ* pull s.o.'s hair out. (*αέρας*) dishevel

ξεμεθώ *ρ αμτβ* sober up

ξεμοναχιάζω *ρ μτβ* take s.o. aside

ξεμουδιάζω *ρ αμτβ* stretch one's legs

ξεμπλέκω *ρ μτβ* disentangle. • *ρ αμτβ* extricate o.s.

ξεμυαλίζω *ρ μτβ* turn s.o.'s head

ξεμυτίζω *ρ αμτβ* venture out

ξεμωραίνω *επίθ* doddering

ξένα (*τα*) foreign countries

ξενάγηση (*η*) conducted tour

ξεναγός (*ο, η*) guide

ξενικός *επίθ* foreign. (*παράξενος*) alien

ξενιτεύομαι *ρ αμτβ* leave for a foreign country

ξενιτιά (*η*) foreign lands

ξενοδοχείο (*το*) hotel

ξενοδόχος (*ο, η*) hotelier

ξένοιαστος *επίθ* carefree

ξένος *επίθ* strange (*not known*). (*από άλλη χώρα*) foreign. **~** (*ο*) outsider. (*άγνωστος*) stranger. (*από άλλη χώρα*) foreigner. (*επισκέπτης*) guest

ξενοφοβία (*η*) xenophobia

ξενύχτι (*το*) staying up late

ξενύχτισμα (*το*) (*νεκρού*) wake

ξενυχτώ *ρ αμτβ* stay up late

ξενώνας (*ο*) hostel. **~ νεότητας** youth hostel

ξεπαγιάζω *ρ μτβ*/*αμτβ* (*μεταφ*) freeze

ξεπαγώνω *ρ μτβ*/*αμτβ* thaw. (*κρέας*) defrost

ξεπερασμένος *επίθ* outmoded, outdated

ξεπερνώ *ρ μτβ* surpass. (*αναδείχνομαι ανώτερος*) outstrip. (*αριθμητικά*) outnumber. (*όρια*) overrun. (*σε βάρος*) outweigh. (*σε έργα*) outdo. (*στόχο*) overshoot. (*υπερνικώ*) overcome

ξεπεσμός (*ο*) comedown. (*ηθικός*) degradation

ξεπεταρούδι (*το*) fledgling

ξεπετιώ *ρ μτβ* flush out. **~ιέμαι** *ρ αμτβ* shoot up. (*αναπηδώ*) spring up

ξεπέφτω *ρ αμτβ* (*θέση*) come down. (*μεταφ*) degrade

ξεπίτηδες *επίρρ* on purpose

ξεπλένω *ρ μτβ* rinse. (*χρήματα*) launder

ξεπληρώνω *ρ μτβ* repay, pay back

ξέπλυμα (*το*) rinse

ξεπλυμένος *επίθ* washed out, pale

ξεπούλημα (*το*) sale (*at reduced prices*)

ξεπουλώ *ρ μτβ* sell off

ξεπροβοδίζω *ρ αμτβ* see off

ξεπροβόδισμα (*το*) sendoff

ξέρα (*η*) ledge (*in the sea*)

ξεραίν|ω *ρ μτβ* dry. (*ήλιος*) parch. (*ξύλα*) weather. **~ομαι** *ρ αμτβ* (*δέντρα*) die. (*λουλούδια*) wither

ξερακιανός *επίθ* spare, lanky

ξεριζώνω *ρ μτβ* root out. (*μεταφ*) uproot

ξερνώ *ρ μτβ/ρ αμτβ* vomit. (*μεταφ*) squeal

ξερολείφομαι *ρ αμτβ* lick one's lips

ξεροκέφαλος *επίθ* pig-headed

ξεροκόμματο (*το*) crust of bread. (*μεταφ*) pittance

ξερονήσι (*το*) desert island

ξερός *επίθ* dry. (*γη*) parched. (*δέντρα*) dead. (*λουλούδια*) withered. (*ύφος*) curt. (*χωρίς βλάστηση*) barren

ξεροψημένος *επίθ* crusty

ξεροψήν|ω *ρ μτβ* (*μαγ*) brown. **~ομαι** *ρ αμτβ* be baked dry. (*στον ήλιο*) roast

ξέρω *ρ μτβ* know, be familiar with

ξεσηκώνω *ρ μτβ* stir up. (*προκαλώ εξέγερση*) incite. (*πιστή αντιγραφή*) trace

ξεσκεπάζω *ρ μτβ* uncover. (*μεταφ*) unmask

ξεσκίζω *ρ μτβ* rip off. (*γρατσουνίζω*) lacerate

ξεσκονίζω *ρ μτβ* dust

ξεσκονόπανο (*το*) duster

ξεσκούφωτος *επίθ* bareheaded

ξέσπασμα (*το*) burst. (*γέλιου*) peal. (*ενθουσιασμού*) outburst. (*πολέμου*) outbreak

ξεσπώ *ρ αμτβ* burst. (*πόλεμος*) break out

ξεστομίζω *ρ μτβ* utter

ξεσυνηθίζω *ρ αμτβ* get out of practice

ξεσφίγγω *ρ μτβ* loosen

ξετρελαίν|ω *ρ μτβ* drive mad. **~ομαι** (*με*) be mad (about). (*από αγάπη*) be infatuated (with)

ξετρυπώνω *ρ μτβ* unearth. • *ρ αμτβ* **~ από** spring up from

ξετυλίγω *ρ μτβ* unfold. (*περιτύλιγμα*) unwrap

ξεφάντωμα (*το*) revelry

ξεφεύγω ρ μτβ give the slip to. (αλλάζω θέμα) digress from

ξεφλουδίζω ρ μτβ peel. (αμύγδαλα) blanch. (φασόλια) shell. (φρούτα) skin. **~ομαι** ρ μτβ flake. (δέρμα) peel

ξεφορτώνω ρ μτβ unload. (απορρίπτω) dump. **~ομαι** ρ μτβ off-load. (μεταφ) get rid of

ξεφουρνίζω ρ μτβ take out of the oven. (μεταφ) blurt out

ξεφούσκωμα (το) deflation

ξεφουσκώνω ρ μτβ deflate

ξεφτέρι (το) (μεταφ) past master

ξεφτίζω ρ μτβ/ρ αμτβ fray

ξεφυλλίζω ρ μτβ leaf through. (book) browse

ξεφυσώ ρ αμτβ puff. (μηχανή) chug

ξεφυτρώνω ρ αμτβ sprout. (μεταφ) spring up

ξεφωνητό (το) cry, shout

ξεφωνίζω ρ αμτβ yell, cry out

ξέφωτο (το) glade, clearing

ξεχασιάρης επίθ forgetful

ξεχειλίζω ρ μτβ fill to the brim αμτβ overflow. (όταν βράζει) boil over

ξεχείλισμα (το) overflow

ξέχειλος επίθ full to the brim

ξεχειλώνω ρ αμτβ become misshapen

ξεχειμωνιάζω ρ αμτβ winter

ξεχνώ|ω ρ μτβ/ρ αμτβ forget. **~ιέμαι** forget o.s.

ξεχορταριάζω ρ μτβ weed

ξεχρεώνω ρ μτβ pay off

ξεχτένιστος επίθ dishevelled

ξεχύνομαι ρ αμτβ pour out. (ιδρώτας) stream down. (πλήθος) surge

ξεχωρίζω ρ μτβ (βάζω χωριστά) put aside. (διακρίνω) make out. (διαλέγω) mark out, single out. (επιλέγω) weed out. (προτιμώ) differentiate. **~ μεταξύ** discriminate between. • ρ αμτβ stand out

ξεχωριστός επίθ distinct, marked. (διακεκριμένος) distinguished

ξεψυχώ ρ αμτβ expire

ξηλώνω ρ μτβ dismantle. (ρούχα) unpick

ξημέρωμα (το) daybreak

ξημερών|ω ρ αμτβ dawn. **~ομαι** stay awake all night

ξηρ|ά (η) land. **~ασία** (η) dryness. (ανομβρία) drought

ξηρός επίθ βλ **ξερός**. (γη) arid. (τροφές) dried. **~ς ήχος** pop **~τητα** (η) dryness

ξιδάτος επίθ pickled in vinegar

ξίδι (το) vinegar

ξινίζω ρ μτβ/ρ αμτβ sour

ξινισμένος επίθ sour (not fresh)

ξινός επίθ sour (in taste)

ξιπασμένος επίθ uppish

ξιφασκία (η) fencing

ξιφίας (ο) swordfish

ξιφολόγχη (η) bayonet

ξιφομαχία (η) fencing

ξιφομάχος (ο) fencer

ξιφομαχώ ρ αμτβ fence

ξίφος (το) sword

ξοδεύω ρ μτβ spend

ξόρκι (το) incantation

ξυλάνθρακας (ο) charcoal

ξυλαράκι (το) twig. **κινέζικο ~** chopstick

ξυλεία (η) timber

ξυλιάζω ρ αμτβ become stiff, numb (from cold)

ξύλινος επιθ wooden

ξύλο (το) wood. (τιμωρία) hiding

ξυλογλυπτική (η) wood carving

ξυλοκάρβουνο (το) βλ **ευλοάνθρακας**

ξυλοκόπημα (το) beating

ξυλοκόπος (ο) woodcutter, lumberjack

ξυλοκοπώ ρ μτβ thrash

ξυλοπόδαρα (τα) stilts

ξυλουργική (η) carpentry

ξυλουργός (ο) joiner

ξυλόφωνο (το) xylophone

ξυλοφόρτωμα (το) thrashing

ξύνω ρ μτβ scrape. (με τα νύχια) scratch. (μολύβι) sharpen. **~ομαι** ρ αμτβ scratch

ξύπνημα (το) awakening

ξυπνητήρι (το) alarm clock

ξύπνιος επιθ awake

ξυπνώ ρ μτβ wake up, rouse. • ρ αμτβ wake up

ξυπόλητος επιθ barefoot

ξυράφι (το) razor

ξυρίζω ρ μτβ shave. **~ομαι** ρ αμτβ shave

ξύρισμα (το) shave

ξυρισμένος επιθ shaven

ξυριστικ|ός επιθ shaving. **~ή μηχανή** (η) shaver

ξύσιμο (το) scratching

ξύστης (ο) scraper. **~ρα** (η) pencil-sharpener

ξωκλήσι (το) small country church

ξωτικό (το) sprite

Οο

ο, η, το, οριστικό άρθρο the

όαση (η) oasis

οβάλ επιθ άκλ oval

οβελίσκος (ο) obelisk. (εκκλησίας) steeple. (πάνω σε κτίριο) spire

οβίδα (η) shell (explosive)

οβολός (ο) small contribution, mite

ογδοηκοστός επιθ eightieth

ογδόντα επιθ άκλ eighty

ογδοντάρης (ο), **~α** (η) eighty-year-old

όγδο|ος επιθ eighth. **~** (το) eighth. (μουσ) quaver

ογκόλιθος (ο) boulder

όγκος (ο) volume. (ιατρ) tumour, growth. (μεγαλύτερο μέρος) bulk

ογκώδης επιθ voluminous. (σε μέγεθος) bulky

οδήγημα (το), **~ση** (η) driving

οδηγία (η) instruction. **~ες** (οι) (οδού) directions

οδηγός (ο, η) driver. (βιβλιαράκι) (το) guidebook. (ξεναγός) guide. (προσκοπίνα) girl guide. (προπορευόμενος) pace-maker

οδηγώ ρ μτβ lead. (αυτοκίνητο) drive. (ενεργώ ως οδηγός) guide. (ομαδικά) shepherd

οδικ|ός επιθ road

οδογέφυρα (η) viaduct

οδοιπορία (η) walk, march

οδοιπορικ|ός επίθ travelling.
~ά (τα) travelling expenses

οδοιπόρος (ο) traveller

οδοκαθαριστής (ο) road
sweeper

οδόμετρο (το) odometer

οδοντιατρείο (το) dentist's
surgery

οδοντιατρική (η) dentistry

οδοντίατρος (ο, η) dentist

οδοντόβουρτσα (η)
toothbrush

οδοντογιατρός (ο, η) dentist

οδοντογλυφίδα (η) toothpick

οδοντόπαστα (η) toothpaste

οδοντοστοιχία (η) (τεχνητή)
denture

οδοντωτός επίθ serrated

οδοποιία (η) road construction

οδός (η) road, street (in
address). (μεταφ) channel. **καθ'
~ν** en route

οδόστρωμα (το) road surface

οδοστρωτήρας (ο) steamroller

οδόφραγμα (το) barricade

οδύνη (η) grief

οδυνηρός επίθ painful. (είδηση)
distressing. (εμπειρία)
harrowing

οδύρομαι ρ αμτβ lament

οδύσσεια (η) odyssey

όζον (το) ozone

ΟΗΕ (ο) αρκτ (Οργανισμός
Ηνωμένων Εθνών) UN (United
Nations)

οθόνη (η) (cinema, TV) screen.
(H/Y) monitor

οθωμανικός επίθ Ottoman

οίδημα (το) (ιατρ) oedema

οικειοθελώς επίρρ of one's own
free will

οικειοποιούμαι ρ μτβ
appropriate

οικείο|ς επίθ familiar. **~ι** (οι)
family

οικειότητα (η) familiarity

οίκημα (το) dwelling

οικία (η) (λόγ) residence

οικιακός επίθ domestic. **~ά**
(τα) housework

οικίζω ρ μτβ populate

οικισμός (ο) housing estate

οικογένεια (η) family

οικογενειακός επίθ family

οικογενειάρχης (ο) family man

οικοδέσποινα (η) hostess

οικοδεσπότης (ο) host

οικοδόμημα (το) edifice

οικοδομώ ρ μτβ build

οικοκυρική (η) housekeeping

οικολογία (η) ecology

οικολόγος (ο, η)
conservationist

οικονομί|α (η) economy. (φειδώ
στα έξοδα) saving. **~ες** (οι)
savings. **κάνω ~ες** economize

οικονομικά (τα) finance

οικονομικός επίθ fiscal.
(διαχείριση χρημάτων) financial.
(σχετικός με την οικονομία)
economic. (φτηνός) economical

οικονομολογία (η) economics

οικονομολόγος (ο, η)
economist

οικονόμος επίθ thrifty. **~** (ο, η)
housekeeper. (ιδρύματος)
bursar

οικονομώ ρ μτβ put aside. **τα
~άω** be well off

οικόπεδο (το) plot (of land)

οίκος (ο) (λόγ) house. (ίδρυμα)
home, institution

οικόσημο (το) coat of arms

οικοτροφείο (το) boarding school

οικότροφος (ο, η) (σχολ) boarder

οικουμένη (η) universe

οικουμενικός επιθ ecumenical

οίκτος (ο) pity

οικτρός επιθ pitiful

οινομαγειρείο (το) small tavern

οινοπαραγωγή (η) wine production

οινόπνευμα (το) alcohol

οινοπνευματώδης επιθ alcoholic

οινοποιία (η) wine making

οινοπωλείο (το) wine shop

οίνος (ο) (αρχ) wine

οιοσδήποτε αντων βλ **οποιοσδήποτε**

οιωνός (ο) portent. (σημάδι) omen

οκνηρία (η) (αρχ) laziness. **~ός** επιθ lazy

οκτάβα (η) octave

οκταγωνικός επιθ octagonal

οκτάγωνο (το) octagon

οκτακόσι|α (το) eight hundred. **~οι** επιθ eight hundred

οκτάνιο (το) octane

οκταπλάσιος επιθ eightfold

οκτάωρος επιθ eight-hour. **~** (το) eight-hour day

οκτώ επιθ eight. **~** (το) eight

Οκτώβρ|ης, ~ιος (ο) October

ολέθριος επιθ disastrous

όλεθρος (ο) disaster

ολημέρα επιρρ all day long

ολιγάριθμος επιθ few in number

ολιγαρκής επιθ content with little

ολιγαρχία (η) oligarchy

ολικός επιθ total

ολισθηρός επιθ slippery

ολίσθηση (η) skid

Ολλανδία (η) Holland

ολλανδικός επιθ Dutch

Ολλανδ|ός (ο), **~ή** (η) Dutch

όλμος (ο) mortar. (στρ)

όλο επιρρ always. **~ και γκρινιάζει** he/she is always nagging. **ανεβαίνει ~ και ψηλότερα** it's climbing ever higher

ολόγραμμα (το) hologram

ολογράφως επιρρ (written) in full

ολόγυμνος επιθ stark naked

ολόγυρα επιρρ all round

ολοένα επιρρ continuously

ολοζώντανος επιθ full of life

ολοήμερος επιθ all-day

ολοίδιος επιθ exactly the same

ολόισιος επιθ absolutely straight. **~α** επιρρ straight

ολοκάθαρος επιθ spotless. (μεταφ) crystal clear

ολοκαίνουριος επιθ brand-new

ολοκαύτωμα (το) holocaust

ολόκληρος επιθ whole, entire. (εισιτήριο) full

ολόκληρο (το) (μουσικό) semibreve

ολοκληρώνω ρ μτβ complete. (αποτελειώνω) round off. (ενσωματώνω) integrate

ολοκλήρωση (η) completion. (ενσωμάτωση) integration

ολοκληρωτικός επιθ total. (καθεστώς) totalitarian

ολομέλεια (η) quorum
ολομόναχος επίθ all alone
όλον (το) whole
ολονύχτιος επίθ night-long
ολόρθος επίθ bolt upright
όλος επίθ all. **~ος ο κόσμος**
all and sundry. **~ο και**
περισσότερο increasingly.
~οι κι ~οι in all. **πάνω απ'**
~α above all
ολοστρόγγυλος επίθ rotund
ολοταχώς επίθ at full speed
ολότελα επίρρ entirely
ολοφάνερος επίθ manifest.
(λάθος) glaring. (ψέμα) blatant
ολόψυχος επίθ whole-hearted
ολυμπιακός επίθ Olympic.
Ο~οί Αγώνες (οι) Olympic
Games
ομάδα (η) group. (αθλ) team.
(ανθρώπων) bunch
ομαδικός επίθ joint
ομαλός επίθ normal. (επιφάνεια)
even. (στην αφή) smooth
ομαλότητα (η) normality
ομελέτα (η) omelette
όμηρος (ο, η) hostage
Όμηρος (ο) Homer
ομιλητής (ο), **~ήτρια** (η)
speaker
ομιλητικός επίθ talkative. (στιλ)
chatty
ομιλία (η) speech. (κουβέντα)
talk
όμιλος (ο) group
ομίχλη (η) fog
ομιχλώδης επίθ foggy
ομβροντία (η) volley, salvo
ομογενής επίθ of the same
descent. **οι ~είς της**

Αμερικής the American
Greeks
ομοιοκαταληξία (η) rhyme
ομοιομορφία (η) uniformity
ομοιόμορφος επίθ uniform
ομοιοπαθής επίθ fellow
sufferer
ομοιοπαθητική (η)
homoeopathy
όμοιος επίθ like, similar
ομοιότητα (η) similarity.
(μοίασμα) resemblance
ομοίωμα (το) effigy. **κέρινο ~**
waxwork
ομολογία (η) confession. (εμπ)
bond
ομόλογο (το) bond
ομόλογος (ο) opposite number
ομολογουμένως επίρρ
admittedly
ομολογώ ρ μτβ confess.
(αναγνωρίζω) admit. (εκκλ)
profess. (ενοχή) admit
ομόνοια (η) concord
ομορφαίνω ρ μτβ make
beautiful. • ρ αμτβ become
beautiful
ομορφιά (η) beauty
όμορφος επίθ beautiful.
(γυναίκα) pretty
ομοσπονδία (η) federation
ομοφυλόφιλος επίθ
homosexual, gay
ομόφωνος επίθ unanimous.
~α επίρρ unanimously
όμποε (το) άκλ oboe
ομπρέλα (η) umbrella. (του
ήλιου, μικρή) parasol. (στην
πλαζ) sunshade
ομπρελοθήκη (η) umbrella
stand

ομφάλιος επίθ umbilical

ομφαλός (ο) navel

ομώνυμος επίθ of the same name. **~ ρόλος** (ο) title role

όμως σύνδ still, but. (ωστόσο) however

ον (το) being

ονειρεύομαι ρ μτβ/ρ αμτβ dream

ονειρευτός επίθ dreamlike. (περιπόθητος) dreamed of

όνειρο (το) dream

ονειροπαρμένος επίθ starry-eyed. **~ (ο)** dreamer

ονειροπόλημα (το) daydream

ονειροπολώ ρ αμτβ daydream

όνομα (το) name. (μικρό) first name. (διασημότητα) reputation. **~ και μη χωριό** mention no names. **εν ονόματι** in the name of

ονομάζω ρ μτβ name

ονομασία (η) name. (η πράξη) naming

ονομαστική (η) (γραμμ) nominative

ονομαστικός επίθ nominal. **~ή γιορτή** (η) name day

ονομαστός επίθ well-known

ονοματεπώνυμο (το) name in full

οντισιόν (η) άκλ audition

οντότητα (η) entity

όνυχας (ο) onyx

οξεία (η) stress-accent

οξείδιο (το) oxide

οξιά (η) beech

οξικός επίθ acetic

όξινος επίθ acid. (γεύση) bitter

οξύ (το) acid

οξυγόνο (το) oxygen

οξυδερκής επίθ with keen eyesight. (μεταφ) discerning

οξυζενέ (το) άκλ peroxide

οξύθυμος επίθ petulant

οξύνοια (η) acumen

οξύνους επίθ sharp (person)

οξύς επίθ acute. (πόνος) severe

οξύτητα (η) acuteness. (χημεία) acidity

οπαδός (ο, αθλ) follower. (αθλ) fan. (πολιτ) supporter

οπάλιο (το) opal

όπερα (η) opera

οπερατέρ (ο) άκλ cameraman

οπερέτα (η) operetta

οπή (η) aperture

όπιο (το) opium

οπιομανής επίθ opium addict

όπισθεν επίρρ behind. **~ (η)** (αυτοκ) reverse

οπίσθιος (ο) posterior

οπισθογραφώ ρ μτβ (νομ) endorse

οπισθοδρομικός επίθ retrograde

οπισθοφυλακή (η) rearguard

οπισθόφυλλο (το) back cover

οπισθοχωρώ ρ αμτβ retreat. (από ντροπή) shy away. (από φόβο) recoil. (διστάζω) flinch

οπλή (η) hoof

οπλίζω ρ μτβ arm. (όπλο) cock

οπλισμός (ο) armament. (σύνολο όπλων) arms

όπλο (το) arm, weapon, gun. (μεταφ) deterrent

οπλοστάσιο (το) arsenal

οπλοφόρος (ο, η) gunman

οποίο αντων which. βλ **οποίος**

όποιος αντων whoever. ~ ~ anybody

οποί|ος αντων who. **του ~ ου, της ~ας, των ~ων** whose. **τον ~ον, την ~α, τους ~ους** whom

οποι|οσδήποτε αντων whoever. **~οδήποτε** whichever

όποτε επίρρ at any time

οπότε επίρρ whereupon

οποτεδήποτε επίρρ whenever

όπου επίρρ where. (οπουδήποτε) wherever

οπουδήποτε επίρρ anywhere

οπτασία (η) apparition

οπτικοακουστικός επίθ audio-visual

οπτικός επίθ optical. (της οράσεως) visual. ~ (ο, η) optician. **~ά** επίρρ visually

οπωροπωλείο (το) fruit shop

οπωροπώλ|ης (ο), **~ις** (η) fruiterer

όπως επίρρ like, as. ~ anyhow. ~ **και** as well as. ~ **πρέπει** properly

οπωσδήποτε επίρρ without fail. (όπως κι αν έχει) anyhow

όραμα (το) vision

οραματιστής (ο), **~ίστρια** (η) visionary

όραση (η) eyesight, vision

ορατός επίθ visible. **~τητα** (η) visibility

οργανικός επίθ organic

οργανισμός (ο) system (body). (έμβιο ον) organism. (υπηρεσία) organization

όργανο (το) instrument. (οργανισμού) organ. (μεταφ) tool

οργανωμένος επίθ organised

οργανώνω ρ μτβ organize. (συγκροτώ) set up. (διαμαρτυρία) stage

οργάνωση (η) organization. (σύνολο) organization, society

οργαν|ωτής (ο), **~ώτρια** (η) organiser

οργασμός (ο) orgasm

οργή (η) fury, wrath, rage. **να πάρει η ~!** damnation!

οργιά (η) fathom

οργιάζω ρ αμτβ have orgies. (μεταφ) be rife

όργιο (το) orgy. (μεταφ) riot (of colours)

οργισμένος επίθ irate

οργώνω ρ μτβ plough. (μεταφ) ply

ορδή (η) horde

ορέγομαι ρ μτβ hunger for

ορειβασία (η) mountaineering

ορειβάτ|ης (ο), **~ις** (η) mountain climber

ορεινός επίθ mountainous

ορεκτικ|ός επίθ appetizing. **~ό** (το) appetizer. **~ά** (τα) hors-d'œuvre

όρεξη (η) appetite. **καλή ~** bon appétit

ορθάνοιχτος επίθ wide open

όρθιος επίθ upright. (όχι σκυφτός) erect. (που στέκει) standing

ορθογραφία (η) spelling

ορθογώνι|ος επίθ rectangular. ~ (το) rectangle

ορθοδοξία (η) orthodoxy

ορθόδοξος επίθ orthodox

ορθολογικός επίθ rational

ορθοπεδικός επίθ orthopaedic

ορθ|ός *επίθ* correct. **~η γωνία** (*η*) right angle

ορθοστασία (*η*) standing

ορθών|ω *ρ μτβ* raise. **~ομαι** *ρ αμτβ* rise

ορίζοντας (*ο*) horizon

οριζόντιος *επίθ* horizontal

ορίζω *ρ μτβ* set (*limit etc.*). (*ημερομηνία*) settle. (*νομ*) rule. (*προσδιορίζω*) designate. (*ρητά*) stipulate. **~στε** here you are. **~στε; pardon? καλώς ορίσες** welcome

όρι|ο (*το*) boundary. (*άκρο σημείο*) limit. **~α** (*τα*) confines

ορισμός (*ο*) definition. (*διαταγή*) disposal. (*σε σταυρόλεξο*) clue

οριστική (*η*) (*γραμμ*) indicative

οριστικοποιώ *ρ μτβ* finalize

οριστικός *επίθ* definite. (*καθοριστικός*) definitive

οριστικότητα (*η*) finality

ορκίζ|ω *ρ μτβ* place under oath. (*σε καθήκοντα*) swear in. **~ομαι** *ρ αμτβ* vow

όρκος (*ο*) oath. (*υπόσχεση*) vow

ορκωμοσία (*η*) swearing in

ορκωτός *επίθ* sworn. **~ λογιστής** chartered accountant

ορμαθός (*ο*) string (*of lies*)

ορμή (*η*) momentum

ορμητικός *επίθ* impetuous

ορμόνη (*η*) hormone

όρμος (*ο*) cove

ορμώ *ρ αμτβ* rush. (*κινούμαι βιαστικά*) dash, dart

όρνιθα (*η*) hen

ορνιθολογία (*η*) ornithology

ορνιθοσκαλίσματα (*τα*) squiggle, scrawl

όρνιο (*το*) bird of prey

οροθεσία (*η*) demarcation. **~τώ** *ρ μτβ* demarcate

ορολογία (*η*) terminology

οροπέδιο (*το*) plateau

όρος¹ (*το*) mount

όρος² (*ο*) proviso. (*ονομασία*) term, word. (*περιοριστικός*) condition. **~οι** (*οι*) (*εμπ*) terms

ορός (*το*) serum

οροσειρά (*η*) (mountain) range

ορόσημο (*το*) milestone. (*μεταφ*) landmark

οροφή (*η*) roof

όροφος (*ο*) storey. (*κέικ*) tier

ορτανσία (*η*) hydrangea

ορτύκι (*το*) quail

ορυζώνας (*ο*) paddy field

ορυκτός *επίθ* mineral. **~** (*το*) mineral

ορυχείο (*το*) mine

ορφανεύω *ρ μτβ* orphan. • *ρ αμτβ* become an orphan

ορφάνια (*η*) orphanage

ορφανός *επίθ* orphan

ορφανοτροφείο (*το*) orphanage

ορχήστρα (*η*) orchestra. (*μπάντα*) band

ορχιδέα (*η*) orchid

όρχις (*ο*) testicle

οσμή (*η*) odour, smell

οσμίζομαι *ρ μτβ* smell

όσο *επίρρ* as much as. **~ για** as for. **~ κι αν** however

όσιος *αντων* as much as, as many as. (*όλα*) all. **~α ~α** at any price

όσπρια (*τα*) pulses

όστια (*η*) (*εκκλ*) wafer

οστό (το) (αρχ) bone
οστρακιά (η) scarlet fever
όστρακο (το) shell
οστρακοειδή (τα) shellfish ακλ
όσφρηση (η) (sense of) smell
οσφυαλγία (η) lumbago
όταν σύνδ when
ΟΤΕ συντ (Οργανισμός Τηλεπικοινωνιών Ελλάδος) Greek Telecommunications Authority
ότι σύνδ that
ό, τι αντων what, whatever
οτιδήποτε αντων anything
οτοστόπ (το) ακλ hitch-hiking
ότου αντων **μέχρις ~** until
Ουαλία (η) Wales
Ουγγαρία (η) Hungary
ουγγρικός επίθ Hungarian
Ούγγρος (ο), **Ουγγαρέζα** (η) Hungarian
ουγκιά (η) ounce
ουδέποτε επίρρ never
ουδέτερο|ς επίθ neutral. **~** (το) neuter
ουδετερότητα (η) neutrality
ουδόλως επίρρ in no way
ούζο (το) ouzo
ουίσκι (το) ακλ whisky
ουλή (η) scar
ούλο (το) (ανατ) gum
ουμανισμός (ο) humanism
ουρά (η) tail. (σειρά) queue. (φορέματος) train
ούρα (τα) urine
ουρανής επίθ sky-blue. **~ί** (το) sky-blue
ουράνιο (το) uranium
ουράνιο|ς επίθ celestial. **~ο τόξο** (το) rainbow. **~α** (τα) heavens

ουρανίσκος (ο) palate
ουρανοξύστης (ο) skyscraper
ουρανός (ο) sky
ουρητήριο (το) urinal
ουρλιάζω ρ αμτβ howl. (σκύλος) yelp
ουρώ ρ αμτβ urinate
ουσία (η) essence. (έννοια) crux. (σημασία) gist. (φαγητού) flavour. (φυσικό σώμα) substance
ουσιαστικό (το) noun
ουσιαστικός επίθ essential. (εσωτερικός) intrinsic. (ουσιώδης) substantial. (πραγματικός) virtual
ουσιώδης επίθ essential. (κεφαλαιώδης) vital
ούτε σύνδ neither, nor. **~ καν** not even
ουτοπία (η) utopia
ούτω|ς (πριν από σύμφωνο **ούτω**) επίρρ so. **~ς ή άλλως** in any case. **~ς ώστε** so as to. **και ~ καθεξής** and so on and so forth
ουφ! επιφών phew!
οφειλέτης (ο) debtor
οφείλω ρ μτβ owe
όφελος (το) benefit
οφθαλμολόγος (ο) oculist
οφθαλμαπάτη (η) optical illusion
οφθαλμίατρος (ο, η) ophthalmologist
οφθαλμ|ός (ο) eye. **~όν αντί ~ού** eye for an eye. **εν ριπή ~ού** in the twinkling of an eye
όφις (ο) serpent
οφσάιντ επίθ ακλ offside

οχ! *επιφών* whoops!

οχετός *(ο)* drain

όχημα *(το)* vehicle. *(γραφομηχανής)* carriage

όχθη *(η)* (river) bank

όχι *επίρρ* no, not. **~ ακόμη** not yet

οχιά *(η)* adder. *(μεταφ)* viper

οχλαγωγία *(η)* uproar

οχληρός *επίθ* annoying

οχλοκρατία *(η)* mob rule

όχλος *(ο)* mob, rabble

οχτώ *επίθ βλ* **οκτώ**

οχυρό *(το)* fort

οχύρωμα *(το)* fortification

οχυρών|ω *ρ μτβ* fortify. **~ομαι** *ρ αμτβ* barricade o.s.

όψη *(η)* complexion, appearance, aspect

όψιμος *επίθ* late. *(καθυστερημένος)* belated

Ππ

παγάκι *(το)* ice cube

παγανιστικός *επίθ* pagan

παγερός *επίθ* frosty

παγετός *(ο)* frost

παγετώνας *(ο)* glacier

παγίδα *(η)* trap. *(θηλειά)* snare. *(μεταφ)* pitfall

παγιδεύω *ρ μτβ* trap

πάγιος *επίθ* fixed

παγιώνω *ρ μτβ* consolidate. *(μεταφ)* cement

παγκάκι *(το)* *(garden)* bench

πάγκος *(ο)* counter *(in shop*

etc.). *(για εμπορεύματα)* stand. *(για ξυλουργική)* bench

παγκοσμιοποίηση *(η)* globalization

παγκόσμιο|ς *επίθ* worldwide, universal, global. **~ς ιστός** *(ο)* the (worldwide) Web. **~ χωριό** *(το)* global village

πάγκρεας *(ο)* pancreas

παγόβουνο *(το)* iceberg

παγοδρομία *(η)* ice skating

παγοδρόμιο *(το)* ice rink

παγοδρόμος *(ο, η)* skater

παγοδρομώ *ρ αμτβ* iceskate

παγοκρύσταλλος *(ο)* icicle

παγόνι *(το)* peacock

παγοπέδιλο *(το)* (ice) skate

πάγος *(ο)* ice

παγούρι *(το)* flask

παγωμένος *επίθ* icy. *(ποτό)* ice cold

παγωνιά *(η)* frost. *(κρύο)* freezing

παγώνω *ρ μτβ/ρ αμτβ* freeze. *(αίμα)* curdle. *(καταψύχω)* chill

παγωτό *(το)* ice-cream

παζάρεμα *(το)* bargain

παζαρεύω *ρ αμτβ* bargain, haggle

παζάρι *(το)* bazaar. *(παζάρεμα)* bargain

παθαίνω *ρ μτβ/ρ αμτβ* suffer *(loss etc.).* *(αρρώστια)* develop. **καλά να πάθεις** it serves you right

πάθημα *(το)* setback

πάθηση *(η)* complaint, illness

παθητικός *επίθ* passive

παθιασμένος *επίθ* impassioned

παθολογί|α *(η)* pathology. **~ικός** *επίθ* compulsive

παθολόγος (ο, η) (γιατρός) general practitioner

πάθος (το) pathos. (έντομη επιθυμία) passion

παίγνιο (το) plaything

παιδαγωγικός επίθ pedagogic

παιδάκι (το) small child

παιδάκι (το) rib

παιδαρέλι (το) chit, small child

παιδαριώδης επίθ puerile

παιδεία (η) education

παιδεύω ρ μτβ instruct. (βασανίζω) torment. **~ομαι** (με) ρ αμτβ struggle (with)

παιδί (το) child. **~ θαύμα** child prodigy

παιδιάστικος επίθ childish

παιδίατρος (ο, η) paediatrician

παιδικός επίθ infantile. (σαν παιδιού) childlike. **~ σταθμός** (ο) (day) nursery

παιδούλα (η) small girl

παίζω ρ μτβ play. (με αισθήματα) toy with. (μουσική) perform. (κοροϊδεύω) fool. • ρ αμτβ (ταλαντεύομαι) sway. (στο θέατρο) act, perform. (χαρτιά) gamble

παίκτης (ο), **~ρια** (η) player

παίρνω ρ μτβ/ρ αμτβ take. (απόφαση) make. (επιβάτη) pick up. (επιστολή) receive. (παντρεύομαι) marry. (τρένο κλπ) catch. **~ νέα** hear from. **~ πάνω μου** be on the mend. **~ πίσω** take back. **τον ~** doze off

παιχνιδάκι (το) plaything

παιχνίδι (το) toy

παιχνιδιάρης επίθ skittish

παιχνιδιάρικος επίθ playful

παιωνία (η) peony

πακέτο (το) parcel. (σύνολο) package

Πακιστάν (το) άκλ Pakistan

παλαβός επίθ mad, crazy

παλαβώνω ρ μτβ make mad. • ρ αμτβ go mad

παλαίμαχος (ο) veteran

παλαιολιθικός επίθ palaeolithic

παλαιοπώλης (ο) second hand dealer. (αρχαιοτήτων) antique dealer

παλαιστής (ο), **~ίστρια** (η) wrestler

Παλαιστίνη (η) Palestine

παλαίστρα (η) (wrestling) ring

παλάμη (η) palm (of hand)

παλάτι (το) palace

παλέτα (η) palette

παλεύω ρ αμτβ wrestle

πάλη (η) wrestling. (μεταφ) contest (fight)

πάλι επίρρ again

παλιάνθρωπος (ο) villain, scoundrel

παλιατζίδικο (το) junk-shop

παλιάτσος (ο) clown

παλικαράς (ο) tough guy

παλικάρι (το) daring young man

παλικαρισμός (ο) bravado

παλινδρόμηση (η) regression

παλιοθήλυκο (το) (υβρ) bitch

παλιόπαιδο (το) (υβρ) brat

παλιοπράγματα (τα) junk

παλιός επίθ old (not modern). (αντιλήψεις) old-fashioned. (από πολλού καιρού) long-standing. (κρασί) aged. (περασμένης εποχής) old world. (προηγούμενος) former

παλιοσιδερικά (τα) scrap-iron

παλιόφιλος (ο) old crony

παλίρροια (η) tide

παλλαϊκός επίθ universal (of all people)

πάλλομαι ρ αμτβ pulsate. (καρδιά) throb

παλμός (ο) throb. (δόνηση) vibration. (καρδιάς) beat

παλούκι (το) stake

παλτό (το) overcoat, coat

παμπ (το) άκλ pub

παμπάλαιος επίθ ancient (very old)

πάμπλουτος επίθ very wealthy

πάμφτωχος επίθ desperately poor

πάνα (η) nappy, (αμερ) diaper

Παναγία (η) madonna

πανάθλιος επίθ wretched

πανάκεια (η) panacea

πανδαιμόνιο (το) pandemonium

πανδοχέας (ο) innkeeper

πανδοχείο (το) inn

πανεθνικός επίθ nationwide

πανεπιστήμιο (το) university

πανεπιστημιούπολη (η) campus

πανευτυχής επίθ blissful

πανηγύρι (το) (village) fair. **~υρίζω** ρ αμτβ rejoice

πάνθηρας (ο) panther

πανί (το) cloth. (καραβιού) sail

πανίδα (η) fauna

πανικοβάλλω ρ μτβ cause to panic. **~ομαι** ρ αμτβ panic

πανικόβλητος επίθ panic-stricken

πανικός (ο) panic

πανίσχυρος επίθ all powerful

πανό (το) άκλ placard

πανομοιότυπος επίθ identical

πανοπλία (η) armour, mail

πανόραμα (το) panorama

πανούκλα (η) plague

πανούργος επίθ wily

πανσέληνος (η) full moon

πανσές (ο) pansy

πανσιόν (η) guesthouse

πάντα¹ (το) (αρκούδα) panda

πάντα² επίρρ always. **για ~** for good, for ever

παντατίφ (το) άκλ pendant

παντελόνι (το) trousers. (σπορ) slacks

παντζάρι (το) beetroot άκλ

παντζούρι (το) shutter

παντοδύναμος επίθ omnipotent

παντομίμα (η) pantomime

πάντοτε επίρρ always

παντοτινός επίθ everlasting

παντού επίρρ everywhere, all over

παντόφλα (η) slipper

παντρειά (η) marriage

παντρεμένος επίθ married

παντρεύω ρ μτβ wed. **~ομαι** ρ μτβ/αμτβ marry

πάντως επίρρ anyway

πάνω επίρρ above. **~ κάτω** thereabouts. **~ σε** (πλοίο ή αεροπλάνο) aboard. **~ στην ώρα** at the right time. **εκεί ~** up there

πανωλεθρία (η) rout

πανωφόρι (το) overcoat

παξιμ|άδι (το) rusk. (μηχ) nut. **~αδάκι** (το) crisp roll

παπαγαλάκι (το) budgerigar

παπαγαλίζω ρ μτβ learn parrot fashion

παπαγάλος (ο) parrot

παπαδιά (η) priest's wife

παπάκι (το) duckling. (H/Y) at sign, @

παπαρούνα (η) poppy

πάπας (ο) pope

παπάς (ο) priest

παπί (το) duckling

πάπια (η) duck. (ουροδοχείο) bedpan

παπιγιόν (το) bow tie

πάπλωμα (το) quilt, duvet

παπούτσι (το) shoe

παπουτσίδικο (το) shoe shop. (εργαστήριο) shoemaker's

παπουτσώνω ρ μτβ shoe

παππούς (ο) grandfather

πάπρικα (η) paprika

πάπυρος (ο) papyrus

πάρα μόρ very. (περισσότερο απ᾽ ότι πρέπει) too. ευχαριστώ **~ πολύ** thank you very much

παρά πρθθ notwithstanding, in spite of, despite. (ώρα) to. **~ λίγο** nearly. **~ τη θέληση τους** against their will. είναι **δύο ~ είκοσι** it's twenty to two. • σύνδ (αλλά) but. (μόνο) only

παραβαίνω ρ μτβ contravene. (νομ) transgress. (υπόσχεση) break

παραβάν (το) άκλ screen

παράβαση (η) contravention

παραβάτ|ης (ο), **~ις** (η) offender

παραβγαίνω ρ αμτβ go out too much. (μεταφ) compete

παραβιάζω ρ μτβ violate. (για διάρρηξη) force. (δικαιώματα)

infringe. (κλειδαριά) pick. (υπόσχεση) break

παραβλέπω ρ μτβ overlook. (ανέχομαι) condone

παραβολή (η) parable

παράβολο (το) fee (to the state)

παραγγελία (η) (εμπ) order

παραγγέλλω, ~νω ρ μτβ (μήνυμα) send. (εμπ) order. (καλλιτέχνη) commission

παραγεμίζω ρ μτβ cram. (κρεβάτι) pad. (μαγ) stuff

παράγκα (η) shanty

παράγοντας (ο) factor

παράγραφος (η) paragraph

παράγω ρ μτβ produce. (γραμμ) derive. (ηλεκτρισμό) generate

παραγωγικός επίθ productive

παραγωγή (η) production. (γραμμ) derivation

παράγωγος επίθ derivative

παραγωγός (ο) producer

παραγώνι (το) fireside

παράδειγμα (το) example. (περίπτωση) instance. **παραδείγματος χάρη** (συντ π.χ.) for example (e.g.)

παραδειγματίζω ρ μτβ make an example of

παράδεισος (ο) heaven. (κήπος των πρωτόπλαστων) paradise

παραδέχομαι ρ μτβ concede. (δυσκολίες) face up to. (ενοχή) admit to

παραδίδω, ~νω ρ μτβ hand over. (εμπ) deliver. (παραχωρώ) surrender. **~δομαι** ρ αμτβ give o.s. up

παράδοξος επίθ paradoxical. (παράξενος) fanciful

παραδόξως *επίρρ*
paradoxically

παράδοση (*η*) surrender. (*εμπ*)
delivery. (*συνήθεια*) tradition.
(*σχολ*) teaching

παραδοσιακός *επίθ* traditional

παραδουλεύτρα (*η*)
charwoman, daily

παραδουλεύω *ρ αμτβ*
overwork. (*ως παραδουλεύτρα*)
char

παραδοχή (*η*) admission

παράδρομη (*η*) oversight

παραζάλη (*η*) confusion

παραθαλάσσιος *επίθ* by the sea

παραθερίζω *ρ αμτβ* spend the
summer

παραθερ|ιστής (*ο*), **~ίστρια**
(*η*) holiday maker

παραθέτω *ρ μτβ* juxtapose.
(*αναφέρω*) cite. (*μνημονεύω*)
quote. (*συγκρίνω*) collate

παράθυρο (*το*) window

παραθυρόφυλλο (*το*) shutter

παραϊατρικό προσωπικό (*το*)
paramedics

παραίτηση (*η*) resignation.
(*από αγώνα*) withdrawal. (*από
θρόνο*) abdication.
(*δικαιώματος*) relinquishment

παραιτούμαι *ρ αμτβ* resign.
(*από το θρόνο*) abdicate. (*παύω
να ενδιαφέρομαι*) give up. **~
από** waive (*δικαιώματος*)
relinquish. (*εγκαταλείπω*) forgo.

παρακαλώ *ρ μτβ* beg, ask. **~
κπ** plead with s.o. **ναι**, **~** yes,
please. **Ευχαριστώ. Π~**
Thank you. Don't mention it

παρακάμπτω *ρ μτβ* bypass.
(*κανονισμό*) get round. (*πλοίο*)
sail round

παράκαμψη (*η*) detour

παρακάνω *ρ μτβ* overdo

παρακαταθήκη (*η*) (*εμπ*) stock.
(*κληρονομιά*) heritage

παρακάτω *επίρρ* below

παρακείμενος *επίθ* adjacent

παρακινώ *ρ μτβ* prompt.
(*παροτρύνω*) motivate. (*σε
πράξη*) spur on

παρακλάδι (*το*) offshoot

παράκληση (*η*) request. (*εκκλ*)
prayer

παρακμάζω *ρ αμτβ* decay

παρακμή (*η*) decline.
(*μαρασμός*) decadence

παρακοιμάμαι *ρ αμτβ*
oversleep

παρακολουθώ *ρ μτβ* watch.
(*ακολουθώ κπ*) tail. (*ακούω*) be
with, understand. (*ελέγχω*)
monitor. (*κατασκοπεύω*) have
under surveillance. (*μαθήματα*)
attend. (*συμβαδίζω*) keep track
of

παρακούω *ρ μτβ* mishear.
(*απειθώ*) disobey

παρακρατώ *ρ μτβ* deduct

παράκτιος *επίθ* coastal

παρακωλύω *ρ μτβ* encumber

παραλαβή (*η*) receipt (*of goods*)

παραλαμβάνω *ρ μτβ* collect,
pick up. (*εμπ*) take delivery of

παραλείπω *ρ μτβ* omit.
(*αποσιωπώ*) leave out

παράλειψη (*η*) omission

παραλέω *ρ μτβ* exaggerate

παραλή|πτης (*ο*), **~ρια** (*η*)
recipient. (*αλληλογραφίας*)
addressee

παραλήρημα (*το*) delirium.
(*τρελού*) raving

παραληρώ ρ αμτβ be delirious. (τρελός) rave

παράληψη (η) oversight

παράλια (τα) coastline

παραλία (η) beach, seaside

παραλιακός επίθ coastal

παραλίγο επίρρ nearly

παραλλαγή (η) variant, variation

παράλληλος επίθ parallel. ~ (η) parallel (line)

παράλογος επίθ illogical, irrational. (ιδέα) absurd. (τρελός) insane. (εξωφρενικός) unreasonable

παράλυση (η) paralysis

παράλυτος επίθ paralysed

παραλύω ρ μτβ paralyse. • ρ αμτβ be paralysed

παραμάνα (η) safety pin. (γκουβερνάντα) nurse, nanny

παραμέληση (η) neglect

παραμελώ ρ μτβ neglect

παραμένω ρ αμτβ remain. (μεταφ) linger

παραμερίζω ρ μτβ push aside. (αντιρρήσεις) lay aside. (υποσκελίζω) pass over. ~ κπ brush aside. • ρ αμτβ step aside

παράμερος επίθ secluded

παράμετρος (η) parameter

παραμικρός επίθ merest. (ελάχιστος) least

παραμιλώ ρ αμτβ be delirious

παραμονεύω ρ μτβ lay in wait for. • ρ αμτβ lurk

παραμονή (η) stay. (προηγούμενη μέρα) eve

παραμορφώνω ρ μτβ deform. (έργο τέχνης) deface. (πρόσωπο) disfigure

παραμυθ|άς (ο), **~ού** (η) fibber

παραμύθι (το) fairy story, fairy tale. (ψέμα) fib

παράνοια (η) paranoia

παρανομία (η) illegitimacy. (πράξη) offence

παράνομος επίθ unlawful, illegal. (απαγορευμένος) illicit. (μυστικός) underground

παράνυφος (η) bridesmaid

παρανυχίδα (η) hangnail

παραξενεύ|ω ρ μτβ cause to wonder. • ρ αμτβ become odd. **~ομαι** ρ αμτβ be taken aback, be surprised

παραξενιά (η) oddity, strangeness. (ιδιοτροπία) whim

παράξενος επίθ strange. (αλλόκοτος) odd, weird. (ιδιότροπος) peculiar. (κατάσταση) curious

παραοικονομία (η) black economy

παραπάνω επίρρ above. (παραπέρα) further up. (πιο πολύ) over

παραπάτημα (το) stumble. (στραβοπάτημα) tripping

παραπατώ ρ αμτβ stumble. (στραβοπατώ) trip

παραπέμπτω ρ μτβ remand. (μεταβιβάζω) relegate. (σε δίκη) commit. (σε κείμενο) refer

παραπέτο (το) parapet

παραπέτασμα (το) curtain. (screen)

παραπετώ ρ μτβ mislay

παράπηγμα (το) shed

παραπλανώ ρ μτβ mislead. (διαφθείρω) lead astray

παράπλευρος επίθ adjoining

παραπλεύρως *επίρρ* alongside

παραπληροφορώ *ρ μτβ* misinform

παραποιώ *ρ μτβ* falsify. *(διαστρεβλώνω)* distort. *(κείμενο ή ομιλία)* misquote

παραπομπή *(η)* reference. *(σε δίκη)* commitment

παραπονιάρης *επίθ* whiner

παραπονιέμαι *ρ αμτβ* grumble, whine

παράπονο *(το)* complaint. *(αίσθημα θλίψης)* grievance

παραπονούμαι *ρ αμτβ βλ* **παραπονιέμαι**

παραποϊόν *(το)* by-product

παράπτωμα *(το)* misdemeanour

παράρτημα *(το)* *(βιλίου)* appendix. *(καταστήματος)* branch. *(κτιρίου)* annex

παράς *(ο)* brass

παρασέρνω *ρ μτβ* carry away. *(αυτοκίνητο)* run over. *(μεταφ)* lead astray

παράσιτο *(το)* parasite

παρασκευάζω *ρ μτβ* make up, prepare. *(φάρμακο)* manufacture

παρασκεύασμα *(ιο)* preparation

Παρασκευή *(η)* Friday

παρασκηνιακός *επίθ* offstage

παρασκήνιο *(το)* backstage. **~α** *(τα)* *(θεατρ)* wings. *(μεταφ)* background

παράσπιτο *(το)* outhouse

παράσταση *(η)* *(θέατρ)* performance. *(απογευματινή)* matinée. *(παρουσία)* appearance *(απεικόνιση)* depiction

παραστέκομαι *ρ μτβ* stand by, support

παράστημα *(το)* bearing, poise

παραστρατώ *ρ αμτβ* go astray

παρασύρ|ω *ρ μτβ* sweep away. *(μεταφ)* lead astray. **~ομαι** *ρ αμτβ* drift

παράταιρος *επίθ* odd *(in a set)*

παράταξη *(η)* line-up. *(κόμμα)* side, party

παράταση *(η)* *(εμπ)* extension.

παρατάσσω *ρ μτβ* line up. *(στρ)* marshal

παρατείνω *ρ μτβ* prolong. *(παρατραβώ)* protract. *(επίσκεψη)* extend

παρατήρηση *(η)* observation. *(γραπτή)* note. *(διατύπωση)* remark. *(επίκριση)* rebuke

παρατηρητής *(ο)*, **~ήτρια** *(η)* observer

παρατηρητήριο *(το)* watch tower. *(θέση)* observation post

παρατηρητικός *επίθ* observant, perceptive

παρατηρώ *ρ μτβ* observe. *(λέω)* remark

παράτολμος *επίθ* reckless. *(απερίσκεπτος)* foolhardy. **~ος** *(ο)* daredevil

παρατραβηγμένος *επίθ* far-fetched

παρατραβώ *ρ μτβ* pull too much. *(παρακάνω)* overdo

παρατσούκλι *(το)* nickname

παρατώ *ρ μτβ* desert. *(αρραβωνιαστικό)* jilt

πάραυτα *επίρρ* forthwith

παραφέρομαι *ρ αμτβ* be carried away

παραφίνη *(η)* paraffin

παράφορος *επίθ* passionate

παραφορτωμένος *επίθ* overloaded

παραφορτώνω *ρ μτβ* overload. (*μεταφ*) overtax

παράφραση (*η*) paraphrase

παραφροσύνη (*η*) insanity

παράφρων, **~ονας** *επίθ* insane, demented

παραφυάδα (*η*) sucker (*on plant*)

παραφυλάω *ρ μτβ* waylay

παραφωνία (*η*) dissonance. (*μεταφ*) discord

παράφωνος *επίθ* (*μουσ*) flat. (*τραγουδιστής*) out of tune. (*μεταφ*) discordant

παραχαϊδεύω *ρ μτβ* pamper, mollycoddle. (*παιδί*) spoil

παραχαράκτης (*ο*) forger

παραχωρώ *ρ μτβ* cede. (*γη*) allot. (*εκχωρώ*) concede

παραψήνω *ρ μτβ* (*μαγ*) overdo

παρέα (*η*) company, guests. (*σύντροφος*) friend. (*φίλοι*) group of friends

παρειά (*η*) wall (*of mountain*)

παρείσακτος (*ο*) interloper

παρέκβαση (*η*) digression

παρεκκλήσι (*το*) chapel

παρεκκλίνω *ρ αμτβ* deviate

παρεκτροπή (*η*) aberration

παρέλαση (*η*) parade

παρελαύνω *ρ αμτβ* parade

παρέλευση (*η*) passage (*of time*)

παρελθόν (*το*) past

παρεμβάλλω *ρ μτβ* interpolate

παρέμβαση (*η*) intervention. (*ραδιόφωνο*) interference

παρεμποδίζω *ρ μτβ* impede

παρενέργεια (*η*) side effect

παρένθεση (*η*) parenthesis. (*γραμμ*) bracket. (*μεταφ*) interlude

παρενοχλώ *ρ αμτβ* harass

παρεξήγηση (*η*) misunderstanding

παρεπόμενο (*το*) consequence

παρεξηγώ *ρ μτβ* misunderstand

παρερμηνεία (*η*) misrepresentation

παρευρίσκομαι *ρ αμτβ* be present

παρέχω *ρ μτβ* afford, provide. (*προμηθεύω*) supply

παρηγοριά (*η*) consolation. (*ανακούφιση*) solace. **~ώ** *ρ μτβ* console, comfort

παρθένα (*η*) virgin

παρθεναγωγείο (*το*) girls' school

παρθενία (*η*) virginity

παρθενιά (*η*) maidenhood

παρθενικός *επίθ* virginal. (*ταξίδι, ομιλία*) maiden

παρθένος *επίθ* virgin. **~** (*η*) (*αστρολ*) Virgo

Παρθενώνας (*ο*) Parthenon

Παριζιάν|ος (*ο*), **~α** (*η*) Parisian

Παρίσι (*το*) Paris

παρίσταμαι *ρ αμτβ* be present

παριστάνω *ρ μτβ* pose as

παρκάρω *ρ μτβ/ρ αμτβ* park

παρκέ (*το*) *άκλ* parquet floor

πάρκο (*το*) park

παρκόμετρο (*το*) parking-meter

πάρκο (*το*) (*μωρού*) play-pen

παρμπρίζ (*το*) *άκλ* windscreen

παροδικός επίθ transitory

πάροδος (η) sidestreet. (πέρασμα) passage (of time)

παροικία (η) community

παροιμία (η) proverb

παρόλο επιρρ for all. **~α αυτά** all the same

παρομοιάζω ρ μτβ liken

παρόμοιος επίθ similar

παρομοίως επιρρ likewise

παρομοίωση (η) simile

παρόν (το) present

παρονομάζω ρ μτβ nickname

παροξυσμός (ο) paroxysm. (βήχα) fit

παροπλίζω ρ μτβ (πλοίο) put out of commission

παρόραμα (το) misprint

παρόρμηση (η) impulse

παρορμητικός επίθ impulsive

παροτρύνω ρ μτβ urge

παρουσία (η) attendance. (εμφάνιση) presence

παρουσιάζω ρ μτβ present. (εκθέτω) show. (κιν ταινία) feature. (προϊόν) launch. (σαν παράδειγμα) hold. (συστήνω) introduce. **~ομαι** ρ αμτβ turn up. (φτάνω) appear

παρουσιαστικό (το) appearance (aspect)

παροχή (η) provision

παρτέρι (το) border, flowerbed

πάρτι (το) party

παρτίδα (η) batch (of goods)

παρτιζάνος (ο) partisan

παρτιτούρα (η) (μουσ) score

παρωδία (η) parody. (μεταφ) mockery. **~ώ** ρ μτβ parody

παρών επίθ present

παρωπίδα (η) blinker

πάσα (η) pass (sport)

πασαλείβω ρ μτβ βλ **πασαλείφω**

πασαλείφω ρ μτβ smear. (μπογιά) daub

πασαρέλα (η) catwalk

πασάρω ρ μτβ (σπορ) pass. (μεταφ) palm off

πασάς (ο) pasha

πασίγνωστος επίθ well-known

πασιφιστής (ο) pacifist

πασπαλίζω ρ μτβ dust, sprinkle

πασπατεύω ρ μτβ paw

πάσσαλος (ο) post (pole). (κατασκήνωση) pale. (για φυτά) stake

πάστα (η) paste. (για άλειμμα σε ψωμί) spread

παστέλ (το) άκλ pastel

παστέλι (το) honey and sesame seed bar

παστεριώνω ρ μτβ pasteurize

παστίλια (η) pastille. (για τον πονόλαιμο) lozenge

παστίς (το) άκλ pastiche

παστίτσιο (το) dish made with macaroni, mince meat and béchamel sauce

παστός επίθ cured with salt

Πάσχα (το) Easter

πασχαλιά (η) lilac

πασχαλινός επίθ Easter

πασχαλίτσα (η) ladybird

πάσχω ρ αμτβ suffer. (άρρωστος) ail

πατ άκλ (σκάκι) stalemate

πάταγος (ο) crash (noise)

πατάρι (το) loft

πατάτα (η) potato
πατατάκια (τα) crisp
πατέ (το) άκλ pâté
πατέντα (η) patent
πατεντάρω ρ μτβ patent
πατέρας (ο) father
πατέρο (το) joist
πάτημα (το) footing. (ήχος) footstep. (στήριγμα) foothold
πατημασιά (η) footprint
πατινάζ (το) άκλ skating
πατινάρω ρ αμτβ skate
πατίνι (το) roller skate. (ποδήλατο) scooter (for child)
πάτος (ο) bottom. (καρέκλας, πανταλονιού) seat
πατριάρχης (ο) patriarch
πατρίδα (η) motherland
πατρίκιος (ο) patrician
πατριός επίθ paternal, fatherly. ~ή γη (η) homeland. ~ό όνομα (το) maiden name
πατριός (ο) stepfather
πατριώτης (ο), ~ισσα (η) patriot
πατριωτικός επίθ patriotic
πατρογονικός επίθ ancestral
πατρόν (το) άκλ (dress) pattern
πατροπαράδοτος επίθ traditional
πατσαβούρα (η) rug. (για τα πιάτα) dishcloth
πατσάς (ο) tripe
πάτσι επίρρ quits
πατώ ρ μτβ/ρ αμτβ tread. (βαδίζω πάνω) tread on. (πιέζω κουμπί) push. (πεντάλ) depress. (τροχοφόρο) run over
πάτωμα (το) floor
παύλα (η) dash (stroke)

παύση (η) pause. (μουσ) rest
παυσίπονο (το) painkiller
παύω ρ μτβ stop. (απολύω) dismiss. (διακόπτω) cease. • ρ αμτβ pause
παφλάζω ρ αμτβ plop
παχαίνω ρ μτβ fatten. • ρ αμτβ put on weight
πάχνη (η) frost
παχνί (το) manger
πάχος (το) thickness. (ανθρώπου) fatness
παχουλός επίθ plump
παχύδερμο|ς επίθ (μεταφ) thick-skinned. ~ (το) pachyderm
παχυντικός επίθ fattening
παχύς επίθ thick. (άνθρωπος) fat. (λιπαρός) rich
παχύσαρκος επίθ overweight, obese
πάω ρ αμτβ βλ πηγαίνω. ~ για try for. ~ γυρεύοντας be asking for trouble. ~ καλά work out
πεδιάδα (η) plain
πέδιλο (το) sandal
πεδίο (το) range (open area). (μεταφ) field
πεζεύω ρ αμτβ dismount
πεζικό (το) infantry
πεζογράφος (ο, η) prose writer
πεζοδρόμιο (το) pavement, (αμερ) sidewalk
πεζόδρομος (ο) pedestrian precinct
πεζοναύτης (ο) marine
πεζοπόρος (ο, η) walker
πεζός¹ επίθ pedestrian. (φαντάρος) infantryman

πεζός² *επίθ* prosaic. (*γράμμα*) lower case. **~ λόγος** prose

πεθαίνω *ρ αμτβ* die, pass away. **~ από την πείνα** die of hunger, starve to death. **~ για** gasp for. **~ να** be dying to

πεθαμένος *επίθ* dead

πεθερά (*η*) mother-in-law

πεθερικά (*τα*) in-laws

πεθερός (*ο*) father-in-law

πειθαρχία (*η*) discipline. (*τάξη*) order

πειθαρχικός *επίθ* disciplinary. (*άνθρωπος*) obedient

πειθαρχώ *ρ αμτβ* be obedient

πειθήνιος *επίθ* docile

πειθώ (*η*) persuasion

πείθω *ρ μτβ* persuade. (*επιτακτικά*) convince

πείνα (*η*) hunger

πεινασμένος *επίθ* hungry

πεινώ *ρ αμτβ* be hungry. **~ για** hunger for

πείρα (*η*) experience

πείραγμα (*το*) quip. (*αστεϊσμός*) teasing

πειράζ|ω *ρ μτβ* quip. (*αστειολογώ*) tease. (*βλάπτω*) disagree (with). (*θυμώνω*) ruffle. **~ει** *απρόσ* it's harmful. **δεν ~ει** *ρ* never mind. **~ομαι** *ρ αμτβ* take offence

πείραμα (*το*) experiment

πειραματίζομαι *ρ αμτβ* experiment

πειραματόζωο (*το*) guinea pig (*μεταφ*)

πειρασμός (*ο*) temptation

πειρατεία (*η*) piracy

πειρατής (*ο*) pirate

πειραχτήρι (*το*) tease

πείσμα (*το*) spite. (*ισχυρογνωμοσύνη*) stubbornness

πεισματάρης *επίθ* stubborn

πεισματώδης *επίθ* determined

πεισματώνω *ρ μτβ* spite. • *ρ αμτβ* become stubborn

πειστικός *επίθ* persuasive. (*επιχείρημα*) convincing. (*χαρακτήρας*) forceful

πέλαγος (*το*) open sea

πελαγώνω *ρ αμτβ* feel lost/confused

πελαργός (*ο*) stork

πελατεία (*η*) clientele. (*γιατρού*) practice. (*εμπ*) custom

πελάτ|ης (*ο*), **~ισσα** (*η*) client. (*εμπ*) customer. (*ξενοδοχείου*) guest

πελεκάνος (*ο*) pelican

πελέκι (*το*) axe

πελεκώ *ρ μτβ* hew. (*κόβω*) chop. (*μεταφ*) thrash

πελιδνός *επίθ* livid

πέλμα (*το*) sole (*of foot*). (*ελαστικού*) tread

Πελοπόννησος (*η*) Peloponnese

πέλος (*το*) nap (*of cloth*)

πελώριος *επίθ* huge

Πέμπτη (*η*) Thursday

πέμπτ|ος *επίθ* fifth. **~** (*το*) fifth

πέμπω *ρ μτβ* send

πένα (*η*) pen. (*μουσικού οργάνου*) plectrum. (*νόμισμα*) penny

πενήντα *επίθ άκλ* fifty

πενηντάρης *επίθ* fifty-year-old

πενηντάρ|ι, ~ικο (*το*) fifty-drachma coin

πενθήμερος *επίθ* five-day

πένθιμος *επίθ* mournful

πένθος *(το)* mourning

πενθώ *ρ αμτβ* mourn. (*έχω πένθος*) be in mourning

πενία *(η)* penury

πενιά *(η)* (pen) stroke. (*μουσ*) plucking of the strings

πενικιλίνη *(η)* penicillin

πενιχρός *επίθ* meagre

πένσα *(η)* pliers

πεντάγραμμο *(το)* (*μουσ*) stave

πεντάγωνο *(το)* pentagon. (*στις ΗΠΑ*) Pentagon

πεντακάθαρος *επίθ* spick and span

πεντακόσι|οι *(το)* five hundred. **~α** *(το)* five hundred

πεντάλ *(το) άκλ* pedal

πεντάμορφος *επίθ* very beautiful

πεντάπορτο|ς *επίθ* five-door. **~ αυτοκίνητο** *(το)* estate car

πεντάρα *(η)* five-lepta coin. **δε με νοιάζει ~** I couldn't care less

πέντε *επίθ* five. **~** *(το) άκλ* five

Πεντηκοστή *(η)* Whitsun

πέος *(το)* penis

πεπειραμένος *επίθ* experienced

πεπερασμένος *επίθ* finite

πέπλο *(το)* veil

πέπλος *(ο)* veil. (*μεταφ*) shroud

πεποίθηση *(η)* conviction (*belief*)

πεπόνι *(το)* melon

πεπρωμένο *(το)* destiny

πεπτικός *επίθ* digestive

πέρα(ν) *επίρρ* beyond. **~ δώθε** to and fro. **~ για ~** through

and through. **~ ως ~** out-and-out. **τα βγάζω ~** I am coping

περαιτέρω *επίρρ* further

πέρας *(το)* end, edge

πέρασμα *(το)* passage, pass. (*χρόνου*) lapse

περασμένος *επίθ* past

περαστικ|ός *επίθ* passing. (*στιγμή*) fleeting. **~ός** *(ο)* passer-by. **~ά!** get well soon!

περβάζι *(το)* windowsill

περγαμηνή *(η)* parchment

πέρδικα *(η)* partridge

περδίκι *(το)* young partridge

περηφανεύομαι *ρ αμτβ* take pride (*για*, in). (*αποκτώ υπεροψία*) grow arrogant. (*καυχιέμαι*) boast

περηφάνια *(η)* pride. (*υπεροψία*) arrogance

περήφανος *επίθ* proud. (*υπερόπτης*) arrogant

περί *πρόθ* about, for. (*περίπου*) about. **~ τίνος πρόκειται;** what is it about?

περιβάλλον *(το)* environment. (*φυσικό*) habitat. (*χώρος*) surroundings

περιβάλλω *ρ μτβ* surround. (*ντύνω*) dress. (*περιτυλίγω*) envelop

περίβλεπτος *επίθ* prominent, conspicuous

περίβλημα *(το)* cover

περιβόητος *επίθ* notorious

περιβολή *(η)* attire

περιβόλι *(το)* orchard

περίβολος *(ο)* surrounding wall. (*για ζώα*) enclosure. (*εκτάσεις*) grounds. (*οχύρωμα*) compound

περιγέλασμα (*το*) gibe

περίγελος (*ο*) laughing-stock

περιγελώ *ρ αμτβ* gibe at

περίγραμμα (*το*) outline

περιγραφή (*η*) description.
(*αφήγηση*) account.
(*χαρακτήρα*) portrayal

περιγράφω *ρ μτβ* describe.
(*αφηγούμαι*) depict. (*χαρακτήρα*)
portray

περιδέραιο (*το*) necklace

περιέκτης (*ο*) container

περιεκτικό|ς *επίθ*
comprehensive. **~τητα** (*η*)
content

περιεργάζομαι *ρ μτβ* peer at

περιέργεια (*η*) curiosity

περίεργος *επίθ* curious.
(*αδιάκριτος*) nosy. (*παράδοξος*)
odd. (*κατεχόμενος από
περιέργεια*) inquisitive. (*που
παραξενεύει*) intriguing

περιεχόμενο (*το*) content

περιέχω *ρ μτβ* contain

περιζήτητος *επίθ* sought-after

περιζώνω *ρ μτβ* encircle

περιηγητής (*ο*), **~ήτρια** (*η*)
tourist

περίθαλψη (*η*) nursing. (*σε
νοσοκομείο*) hospitalization

περιθώριο (*το*) margin.
(*κίνησεως*) leeway. (*κοινωνίας*)
fringe. (*παραγράφου*)
indentation. (*μετωρ*) scope

περιθωριοποιώ *ρ μτβ*
marginalize

περικελαφαία (*η*) helmet

περικλείνω *ρ μτβ* enclose.
(*περιέχω*) encompass

περικόβω *ρ μτβ* cut down.
(*έξοδα*) curtail. (*τιμές*) slash

περικοπή (*η*) cutback.
(*κειμένου*) excerpt. (*τιμών*)
slashing

περικυκλώνω *ρ μτβ* encircle

περιλαίμιο (*το*) dog collar

περιλαμβάνω *ρ μτβ* comprise

περιληπτικός *επίθ* succinct

περίληψη (*η*) inclusion.
(*απόδοση*) summary.
(*γεγονότων*) résumé

περίλυπος *επίθ* sad

περιμένω *ρ μτβ/ρ αμτβ* wait,
await. (*ελπίζω για κτ*) wait for.
(*προσδοκώ*) expect

περίμετρος (*η*) perimeter

περιοδεία (*η*) tour

περιοδεύω *ρ μτβ* tour

περιοδικό (*το*) magazine,
periodical

περιοδικός *επίθ* periodic

περίοδος (*η*) period. (*έντονης
δραστηριότητας*) bout.
(*σύντομη*) spell. (*χρόνου*) term

περιορίζω *ρ μτβ* restrict.
(*ελαττώνω*) limit.
(*δραστηριότητες*) check, curb.
(*μέσα σε όρια*) cut back/down.
(*ποσότητα*) ration. (*σε χώρο*)
confine

περιορισμένος *επίθ* limited.
(*αντιλήψεως*) narrow.
(*ορατότητα*) restricted

περιορισμός (*ο*) restriction.
(*δραστηριοτήτων*) check, curb.
(*ελάττωση*) limitation. (*σε
χώρο*) confinement

περιουσία (*η*) wealth. (*αγαθά*)
property. (*ακίνητη*) real estate.
(*πλούτη*) fortune

περιοχή (*η*) region. (*έκταση*)
area. (*πόλεως*) district.
(*σχολείου*) catchment area.

(χώρος γύρω από σημείο) vicinity

περίπατος (ο) walk. (μικρός) stroll. (μακρινός) ramble. (με αυτοκίνητο) short drive. (με ποδήλατο) short ride.

περιπέτεια (η) adventure. (ερωτική) affair. (κωμική) escapade

περιπετειώδης επίθ adventurous

περιπίπτω ρ μτβ lapse

περιπλάνηση (η) wander. **~τικός** επίθ misleading

περιπλανιέμαι ρ αμτβ roam, wander. (χάνω το δρόμο μου) lose one's way

περιπλέκω ρ μτβ complicate

περιπλοκή (η) complication

περίπλοκος επίθ complex. (γεμάτος εμπόδια) complicated. (επιχείρημα) involved. (μηχανισμός) intricate. (πλοκή) elaborate

περιποίηση (η) attentiveness. (αρρώστου) nursing. (εξυπηρέτηση) service. (τραύματος) dressing

περιποιημένος επίθ neat (appearance). (στο ντύσιμο) spruce

περιποιούμαι ρ μτβ look after. (άλογο) groom. (άρρωστο) nurse. (είμαι εξυπηρετικός) be attentive to. (πελάτη) attend to. (τραύμα) dress

περιπολία (η) patrol. (αστυνομικού) beat

περιπολικό (το) (αστυνομικό αυτοκίνητο) panda car

περίπολος (ο) patrol

περιπολώ ρ μτβ/ρ αμτβ patrol

περίπου επίρρ about, around. (πάνω κάτω) roughly

περίπτερο (το) kiosk. (βιβλιοπώλη) bookstall. (εταιρίας, σε έκθεση) stand. (οικοδόμημα σε έκθεση) pavilion. (σε πεζοδρόμιο) stall

περίπτωση (η) case. (συμβάν) event. **εν πάση περιπτώσει** at any rate

περισκόπιο (το) periscope

περισπασμός (ο) distraction

περισπώ ρ μτβ divert. (την προσοχή) distract

περισπωμένη (η) circumflex

περίσσευμα (το) excess. (εμπ) surplus. (υπόλειμμα) leftovers

περισσεύω ρ αμτβ be in excess. (πλεονάζω) be left over

περισσότερος επίθ more, most. **~** επίρρ more, most. **όλο και ~** more and more

περιστάσεις (οι) circumstances

περίσταση (η) occasion. (ευκαιρία) opportunity

περιστέρι (το) pigeon. (της ειρήνης) dove

περιστοιχίζω ρ μτβ surround. (έγνοιες) beset

περιστρέφ|ω ρ μτβ rotate. **~ομαι** ρ αμτβ revolve

περιστροφή (η) rotation

περίστροφο (το) revolver

περισυλλογή (η) collection. (απορριμμάτων) salvage. (συνετή διαχείριση) careful management

περισφίγγω ρ μτβ close in

περισώζω ρ μτβ salvage

περιτειχίζω ρ μτβ build a wall round

περιτομή (η) circumcision

περιτριγυρίζω ρ μτβ surround

περιτροπή (η) rotation

περιττεύω ρ αμτβ be superfluous

περιττός επίθ superfluous. (αριθμός) odd. (ανώφελος) needless. (που πλεονάζει) redundant

περίττωμα (το) excrement

περιτύλιγμα (το) wrapping. (μέσο) wrapper

περιτυλίγω ρ μτβ wrap up. (γύρω από κάτι άλλο) wind round

περιφέρεια (η) periphery. (γλουτοί) hips. (κύκλου) circumference. (όγκου) girth. (περιοχή) region

περιφέρ|ω ρ μτβ take around. ~ομαι ρ αμτβ rove. (άσκοπα) hang about. (ύποπτα) prowl

περίφημος επίθ (εξαίρετος) smashing. (ξακουστός) renowned

περιφορά (η) rotation. (εκκλ) procession

πριονίδια (τα) sawdust

περιφράζω ρ μτβ fence in

περιφραστικός επίθ roundabout

περιφρόνηση (η) contempt. (αδιαφορία) disregard. (αψηφισιά) defiance. (προσβλητική) disdain

περιφρονητικός επίθ contemptuous. (που αψηφά) defiant. (προσβλητικός) disdainful, scornful

περιφρονώ ρ μτβ look down on. (αψηφώ) defy. (θεωρώ ανάξιο) scorn. (καταφρονώ) despise

περιφρούρηση (η) safeguard

περιχύνω ρ μτβ pour over

περίχωρα (τα) outskirts

περμανάντ (η) ακλ perm

περνώ ρ μτβ pass. (διανέμω) pass round. (διατρυπώ) pass through. (κλωστή) thread. • ρ αμτβ wear off. (επισκέπτομαι) come round. (καιρός) go by, elapse. (καταφέρνω) get by

περονόσπορος (ο) mildew

Περού (το) ακλ Peru

περούκα (η) wig. (που σκεπάζει μέρος της κεφαλής) toupee

περπάτημα (το) walking. (περπατησιά) gait

περπατησιά (η) gait

περπατώ ρ αμτβ walk. (βαδίζω) tread

πέρσι επίρρ last year

περσικός επίθ Persian. **Π~ός Κόλπος** (ο) the Persian Gulf. **~ά** (τα) Persian

περσινός επίθ last year's

πέρυσι επίρρ βλ **πέρσι**

πέσιμο (το) fall. (αυλαίας) drop

πέστροφα (η) trout

πέτα(γ)μα (το) discarding, throwing away. (πουλιού) flight. (ρίψη) throwing

πετάλι (το) treadle

πεταλίδα (η) limpet

πέταλο (το) horseshoe. (λουλουδιού) petal

πεταλούδα (η) butterfly. (ρυθμιστική βαλβίδα) throttle

πεταλουδίζω ρ αμτβ flutter

πεταλώνω ρ μτβ shoe

πεταμέν|ος επίθ discarded. (λεφτά) wasted. **~α** (τα) cast-offs

πεταχτός επίθ nimble. (γρήγορος) fleeting. (μάτια) bulging. (περπατησιά) jaunty. (που εξέχει) prominent

πετεινός (ο) cockerel. (όπλου) cock

πέτο (το) lapel

πετονιά (η) (fishing) line

πέτρα (η) stone. (σε νερό για πέρασμα) stepping-stone

πετραδάκι (το) pebble

πετράδι (το) gem

πετραχήλι (το) stole

πετρέλαιο (το) petroleum. (για θέρμανση) oil. (για αυτοκίνητα) diesel

πετρελαιοκηλίδα (η) oil slick

πετρελαιοφόρ|ος επίθ oil-bearing. **~ο** (το) oil tanker

πέτρινος επίθ stone

πετροβόλημα (το) stone throwing

πετροχελίδονο (το) swift (bird)

πετρώδης επίθ stoney

πέτρωμα (το) rock

πετρώνω ρ μτβ/αμτβ turn to stone. (μεταφ) petrify

πέτσα (η) skin. (χοιρινού κρέατος, ξεροψημένη) crackling

πετσάκι (το) (νυχιού) cuticle

πετσέτα (η) (φαγητού) napkin. (χεριών) tea towel. (μπάνιου) towel. (φαγητού) serviette

πετσετάκι (το) doily

πετσί (το) skin

πέτσινος επίθ leather

πετσοκόβω ρ μτβ slash. (σφάζω) hack to pieces

πετυχαίνω ρ μτβ/ρ αμτβ land. (ευστοχώ) hit. (συναντώ) run into. • ρ αμτβ make good

πετ|ώ ρ μτβ throw away. (απορρίπτω) dump. (δίνω περιφρονητικά) throw. (με δύναμη) hurl. • ρ αμτβ fly. (από χαρά) jump. **~ιέμαι** ρ αμτβ start, dash. (ανατινάζομαι) start, jump. (επεμβαίνω) chip in. (πηγαίνω κάπου γρήγορα) nip

πεύκο (το) pine

πέφτω ρ αμτβ fall. (θερμοκρασία) drop. (πλαγιάζω) lie down. (ρούχα) hang. (τιμές) come down. **~ έξω** (πλοίο) run aground. (μεταφ) miscalculate. **~ πάνω σε κτ/κπ** stumble across sthg./s.o. **~ πάνω σε** (απάντηση) hit upon. **~ πάνω σε** (επιθετικά) go for

πέψη (η) digestion

πήγα βλ **πηγαίνω**

πηγάδι (το) well

πηγάζω ρ αμτβ spring, issue

πηγαινέλα (το) ακλ coming and going

πηγαινοέρχομαι ρ αμτβ go backwards and forwards. (περπατώ) walk to and fro

πηγαίνω ρ μτβ take. • ρ αμτβ go. (δρόμος) lead. (μετακομίζω) move into. (ταιριάζω) suit. (σχολείο) attend. (φεύγω) leave

πηγεμός (ο) outward journey

πηγή (η) source. (νερού) spring

πηγούνι (το) chin

πηδάλιο (το) helm, rudder

πήδημα (το) leap. (επιθετικά) pounce. (στο πλάι) dodge

πηδώ ρ μτβ climb over. (πάνω από) jump over. (παραλείπω)

skip. (*τοίχο*) scale. • *ρ αμτβ*
jump, leap. (*στο ένα πόδι*) hop
πήζω *ρ μτβ*βλαμτβ (*αίμα*)
congeal. (*γάλα*) curdle. (*ζελές*)
set. (*κρέμα*) clot. (*σούπα*)
thicken
πηλήκιο (*το*) cap
πηλίκο (*το*) quotient
πήλινος *επίθ* clay
πηλός (*o*) clay
πηνίο (*το*) coil
πήρα *βλ* **παίρνω**
πι (*το*) *άκλ* pi. **στο ~ και φι** in
a jiffy
πια *επίρρ* any longer. **ποτέ ~**
never again
πιανίστ|ας (*o*), **~ρια** (*η*)
pianist
πιάνο (*το*) piano
πιάν|ω *ρ μτβ* take. (*αδράχνω*)
grasp. (*αρπάζω*) get hold of.
(*αρχίζω*) start. (*θέση*) reserve.
(*πλοίο*) put into. (*προφταίνω*)
catch up with. (*ράβω πρόχειρα*)
tack. (*συλλαμβάνω*) catch. • *ρ
αμτβ* catch on. (*φαγητό*) stick.
(*φυτά*) take. **~ω τόπο** take up
space. (*μεταφ*) make one's
mark. **~ω φιλίες** strike up a
friendship. **~ομαι** *ρ αμτβ*
catch, get stuck. (*μουδιάζω*) feel
stiff. (*τσακώνομαι*) come to
blows
πιάσιμο (*το*) grasp. (*καβγάς*)
row
πιάστρα (*η*) oven cloth
πιαστράκι (*το*) (*των μαλλιών*)
(hair-)slide
πιατικά (*τα*) saucer
πιατέλα (*η*) platter
πιατικά (*τα*) crockery

πιάτο (*το*) plate, dish. (*με
φαγητό*) plateful. (*σειρά*) course
πιάτσα (*η*) square. (*για ταξί*)
taxi rank
πιγκουῖνος (*o*) penguin
πιγούνι (*το*) *βλ* **πηγούνι**
πίδακας (*o*) jet, spout. (*νερού*)
fountain
πιέζω *ρ μτβ* press. (*εξασκώ
πίεση*) pressurize. (*κουμπί*) push
πίεση (*η*) pressure. (*ενόχληση*)
duress. (*ιατρ*) blood pressure
πιεστικός *επίθ* pressing
πιέτα (*η*) pleat
πιθανολογ|ώ *ρ αμτβ* speculate.
~είται it is rumoured
πιθανόν *επίρρ* possibly, likely.
(*ίσως*) perhaps
πιθανός *επίθ* probable, likely.
~ώς *επίρρ* probably
πιθανότητα (*η*) probability,
likelihood. (*ενδεχόμενο*)
eventuality. (*ευκαιρία*) chance.
~ες (*οι*) odds
πιθηκίζω *ρ μτβ* ape
πίθηκος (*o*) ape. (*μαϊμού*)
monkey
πίκα (*η*) pique
πικάντικος *επίθ* piquant
πικ απ (*το*) *άκλ* record player
πικνίκ (*το*) *άκλ* picnic
πίκρα (*η*) acrimony. (*πικρία*)
bitterness
πικραίν|ω *ρ μτβ* embitter.
~ομαι *ρ αμτβ* feel embittered
πικρία (*η*) bitterness
πικρίζω *ρ αμτβ* taste bitter
πικρός *επίθ* bitter
πικρόχολος *επίθ* bilious.
(*φαρμακερός*) cantankerous
πιλάφι (*το*) pilau

πίλος (*ο*) (academic) cap

πιλοτάρω *ρ μτβ* pilot

πιλότος (*ο*) pilot

πίνακας (*ο*) chart (*table*). (*έργο ζωγραφικής*) painting. (*κατάλογος*) table. (*μαυροπίνακας*) blackboard

πινακίδα (*η*) signpost. (*οδικής κυκλοφορίας*) road sign. **~ κυκλοφορίας** number plate

πινακοθήκη (*η*) art gallery

πινγκ πονγκ (*το*) *άκλ* table tennis

πινέζα (*η*) drawing pin

πινέλο (*το*) paintbrush

πίνω *ρ μτβ/ρ αμτβ* drink

πιο *επίρρ* more

πιόνι (*το*) piece (*in game*). (*σκάκι, μεταφ*) pawn

πιοτό (*το*) *βλ* **ποτό**

πίπα (*η*) pipe (*for smoking*). (*για τσιγάρο*) cigarette holder

πιπέρι (*το*) pepper

πιπεριά (*η*) capsicum. (*φυτό*) pepper plant

πιπερόριζα (*η*) ginger

πιπίλα (*η*) dummy (*of baby*)

πιπιλίζω *ρ μτβ* suck

πιρουέτα (*η*) pirouette

πιρούνι (*το*) fork (*eating*)

πισίνα (*η*) swimming-pool

πισινός *επίθ* rear. (*ζώου*) hind

πίσσα (*η*) tar. (*κυπρ*) chewing-gum. (*μεταφ*) pitch

πισσώνω *ρ μτβ* tar

πισσωτός *επίθ* tarry

πίστα (*η*) (*αυτοκινητοδρομιών*) racetrack. (*παγοδρομιών*) rink. (*σκι*) run. (*τσίρκο*) ring. (*χορού*) dance floor

πιστευτός *επίθ* credible

πιστεύω *ρ μτβ/ρ αμτβ* believe. (*νομίζω*) hold. **~** (*το*) creed

πίστη (*η*) belief. (*αφοσίωση*) allegiance. (*εκκλ*) faith. (*εμπ*) credit. (*πεποίθηση*) credence. (*συζυγική*) fidelity

πιστόλι (*το*) pistol

πιστολάκι (*το*) small hand gun. (*στην κομμωτική*) blow dryer

πιστοποιητικό (*το*) certificate

πιστοποιώ *ρ μτβ* certify

πιστός (*ο*) believer. (*ακριβής*) true. (*αφοσιωμένος*) faithful. (*σταθερός*) loyal

πιστότητα (*η*) faithfulness

πιστώνω *ρ μτβ* credit

πίστωση (*η*) credit. **επί πιστώσει** on trust

πιστ|ωτής (*ο*), **~ώτρια** (*η*) creditor

πιστωτικ|ός *επίθ* credit. **~ή κάρτα** (*η*) credit card

πίσω *επίρρ* behind. (*προς το αρχικό σημείο*) back. (*κατόπι*) following. **~ μέρος** (*το*) rear. (*αυτοκινήτου, σπιτιού*) back. **κάνω ~** move back. **μένω ~** be left behind. (*στα μαθήματα*) fall behind. (*μεταφ*) be behind the times. **πάω ~** (*ρολόι*) be slow. **παίρνω από ~** follow. **προς τα ~** backwards

πισώπλατα *επίρρ* behind one's back

πίτα (*η*) pie. (*κυπρ*) pitta bread

πιτζάμα (*η*) pyjamas

πίτουρο (*το*) bran

πίτσα (*η*) pizza

πιτσαρία (*η*) pizzeria

πιτσιλίζω *ρ μτβ* splash

πιτσιλωτός *επίθ* speckled

πιτσιρίκος (ο) nipper

πιτυρίδα (η) dandruff

πλαγιά (η) side. (βουνού) mountainside. (λόφου) hillside

πλαγιάζω ρ αμτβ lie down

πλάγιος επίθ sideways, sidelong. (διπλανός) adjacent. (έμμεσος) circuitous. (μη νόμιμος) devious

πλαδαρός επίθ flabby. (μεταφ) feeble

πλαζ (η) beach

πλάθω ρ μτβ mould. (όνειρα) make. (ιστορία) make up

πλάι (το) side επίρρ by, next to. **πλάι πλάι** side by side

πλαϊνός επίθ side. ~ (ο) next door neighbour

πλαίσιο (το) surround. (σκελετός) framework. (ζωγραφικού πίνακα) frame

πλάκα (η) slab. (ακτινογραφίας) X-ray. (πλακόστρωτου) paving stone. (πολογιού) face. (σαπουνιού) tablet. (σοκολάτας) bar. (στέγης) slate. (μεταφ) lark

πλακάκι (το) tile

πλακάτ (το) ακλ placard

πλακέτα (η) plaque

πλακομύτης επίθ pug-nosed

πλακοστρώνω ρ μτβ pave. (στέγη) slate. (τοίχο) tile

πλακόστρωτο (το) patio

πλακούντας (ο) afterbirth

πλακώνω ρ μτβ crash. (μεταφ) come on suddenly

πλανεύω ρ μτβ seduce

πλάνη[1] (η) plane (tool)

πλάνη[2] (η) fallacy

πλανήτης (ο) planet

πλανίζω ρ μτβ plane

πλάνο (το) plan

πλανόδιος επίθ itinerant

πλάνος επίθ seductive

πλαντάζω ρ αμτβ (από θυμό) choke

πλάση (η) creation

πλασιέ (ο) ακλ travelling salesman

πλάσμα (το) creature. (δημιούργημα) figment. (ιατρ) plasma

πλαστελίνη (η) Plasticine (P.)

πλάστης[1] (ο) rolling-pin

Πλάστης[2] (ο) Creator

πλάστιγγα (η) scales (balance)

πλαστικό (το) plastic. (δαπέδου) linoleum

πλαστικός επίθ plastic

πλαστισίνη (η) (Κύπ) Plasticine (P.)

πλαστογράφηση (η) counterfeit

πλαστογραφία (η) forgery

πλαστογράφος (ο, η) forger

πλαστογραφώ ρ μτβ counterfeit. (έγγραφο, υπογραφή) forge

πλαστός επίθ counterfeit. (έγγραφο) forged. (νόμισμα) dud

πλαταγίζω ρ μτβ (νερό) lap. (χείλη) smack

πλαταίνω ρ μτβ widen

πλατάνι (το) plane (tree)

πλατεία (η) square (area)

πλάτη (η) back

πλατίνα (η) platinum

πλατό (το) plateau. (πικ απ) turntable

πλάτος (το) width. (γεωγρ) latitude. (γνώμης) breadth. (ναυτ) beam

πλατσουρίζω ρ αμτβ squelch

πλατύς επίθ wide. (εκτεταμένος) extensive. (ευρύς) broad. **~ά** επίρρ wide

πλατύσκαλο (το) landing

πλατφόρμα (η) platform

πλατωνικός επίθ platonic

πλαφονιέρα (η) door light (in car)

πλέγμα (το) mesh. (μεταφ) web

πλειοδότης (ο) highest bidder

πλειοδοτώ ρ μτβ outbid

πλειονότητα (η) majority

πλειοψηφία (η) majority

πλειστηριασμός (ο) auction sale

πλειστηριαστής (ο) auctioneer

πλείστος επίθ most. **οι ~ι** most people. **ως επί το ~ν** for the most part. **κατά το ~ν** by and large

πλέκω ρ μτβ knit. (καρέκλα) cane. (λουλούδια) weave. (μαλλιά) plait. (μεταφ) weave

πλένω ρ μτβ wash. (με μάνικα) hose down. (πιάτα) wash up

πλεξίδα (η) pigtail. (κρεμμυδιών) string

πλέξιμο (το) knitting

πλέον επίρρ more. (μαθημ) plus. **επί ~** in addition

πλεονάζων επίθ surplus. (προσωπικό) redundant

πλεόνασμα (το) surplus. (περίσσεια) excess

πλεονασμός (ο) redundancy

πλεονέκτημα (το) advantage

πλεονέκτης (ο), **~ρια** (η) greedy person

πλεονεξία (η) greed

πλευρά (η) side. (ζώου) flank. (μεταφ) facet

πλευρίζω ρ αμτβ (ναυτ) come alongside

πλευρίτιδα (η) pleurisy

πλευρό (το) side (of person). (ανατ) rib

πλεύση (η) sailing

πλεχτός επίθ knitted. **~ά** (τα) knitwear

πλέω ρ αμτβ float. (ναυτ) navigate. (μεταφ) swim

πληγή (η) wound. (ανοιχτή) sore. (μεταφ) plague

πλήγμα (το) hurt

πληγώνω ρ μτβ injure, wound. (μεταφ) hurt

πλήθος (το) crowd. (λαός) throng

πληθυντικός (ο) plural

πληθυσμός (ο) population

πληθώρα (η) surfeit

πληθωρισμός (ο) inflation. **~τικός** επίθ inflationary

πληκτικός επίθ boring

πλήκτρο (το) key (piano, typewriter)

πληκτρολόγιο (το) keyboard

πλημμελειοδικείο (το) magistrate's court

πλημμύρα (η) flood

πλημμυρίδα (η) incoming tide

πλημμυρίζω ρ μτβ/ρ αμτβ flood. (μεταφ) swamp

πλήμνη (η) hub

πλην πρόθ except. (σύνδ) but. (μαθημ) minus. **~** (το) minus. **τα συν και τα ~** the pros and cons

πλήξη (η) boredom

πληρεξούσιο|ς (*o*) proxy. **~ς δικηγόρος** attorney. **~ν** (*το*) power of attorney (*document*)

πλήρ|ης *επίθ* complete. (*άρτιος*) thorough. (*γεμάτος*) full. **~ως** *επίρρ* completely, fully, in full

πληροφόρηση (*η*) information. (*briefing*)

πληροφορία (*η*) information. (*κρυφή*) tip-off

πληροφορική (*η*) information technology

πληροφοριοδότ|ης (*o*), **~ρια** (*η*) informant

πληροφορ|ώ *ρ μτβ* inform. **~ούμαι** *ρ αμτβ* be informed. (*μαθαίνω*) hear

πληρώ *ρ μτβ* fulfil

πλήρωμα (*το*) crew

πληρωμή (*η*) payment, pay

πληρώνω *ρ μτβ* pay. (*εξοφλώ*) settle. (*λαϊκ*) fork out

πλήρωση (*η*) (*γέμισμα*) filling. (*όρων*) fulfilment

πληρωτέος *επίθ* payable. **~ής** (*o*) payer

πλησιάζω *ρ μτβ* approach. (*έρχομαι κοντά*) go/get near. • *ρ αμτβ* border on

πλησιέστερος *επίθ* nearest. **~ι συγγενείς** (*οι*) next of kin

πλησίον *επίρρ* near. **~** (*o*) fellow man

πλήττω *ρ μτβ* smite. • *ρ αμτβ* be bored

πλιάτσικο (*το*) loot. (*πράξη*) looting

πλινθόκτιστος *επίθ* built with mud bricks

πλισάρω *ρ μτβ* pleat

πλισές (*o*) pleat

πλοήγηση (*η*) (*ναυτ*) piloting.

πλοηγός (*o*) pilot (*in shipping*)

πλοίαρχος (*o*) captain. (*εμπορικού ναυτ*) master

πλοίο (*το*) ship. (*της γραμμής*) liner

πλοιοκτήτης (*o*) ship owner

πλοκάμι (*το*) tentacle

πλοκή (*η*) plot

πλους (*o*) voyage

πλουσιοπάροχος *επίθ* lavish

πλούσιος *επίθ* rich. (*βλάστηση*) lush. (*γεύμα*) hearty. (*με περιουσία*) wealthy. (*πολυτελής*) opulent. (*συγκομιδή*) bumper

πλούτη (*τα*) riches

πλουτίζω *ρ μτβ* enrich. • *ρ αμτβ* get rich

πλουτοκράτ|ης (*o*), **~ισσα** (*η*) plutocrat

πλούτος (*o*) wealth

πλουτώνιο (*το*) plutonium

πλυντήριο (*το*) washing-machine. (*κτίριο*) laundry

πλύση (*η*) wash. (*πληγής*) cleansing

πλύσιμο (*το*) washing

πλυσταριό (*το*) laundry room (*in a house*)

πλώρη (*η*) (*ναυτ*) prow, bow

πλωτ|ός *επίθ* navigable (*of river*). **~ή γέφυρα** (*η*) pontoon bridge. **~ό σπίτι** (*το*) houseboat

π.μ. *συντ* (*πριν το μεσημέρι*) am (anti meridiem)

πνεύμα (*το*) spirit

πνευματικ|ός *επίθ* spiritual. **~ή συγκέντρωση** (*η*) seance. **~ά δικαιώματα** (*τα*) intellectual rights. **~ός** (*o*) confessor

πνευματιστής (ο), **~ίστρια**
(η) spiritualist

πνευματωδώς επίθ witty

πνεύμονας (ο) lung

πνευμονία (η) pneumonia

πνευστός επίθ wind. **~**
όργανο (το) wind instrument

πνέω ρ αμτβ blow

πνιγερός επίθ stifling.
(ατμόσφαιρα) sultry. (καιρός)
muggy

πνιγμός επίθ βλ **πνιγερός**

πνιγμός (ο) drowning

πνίγω ρ μτβ drown. (ήχο)
muffle. (προκαλώ ασφυξία)
suffocate. (στερώντας αέρα)
smother. (μεταφ) stifle. **~ομαι**
ρ αμτβ drown. (από ασφυξία)
suffocate. (από φαγητό) choke

πνοή (η) breath

ποδαράκι (το) small foot.
(ποτηριού) stem

ποδηλάτης (ο), **~τις** (η)
cyclist

ποδήλατο (το) bicycle

ποδηλατώ ρ αμτβ pedal

πόδι (το) foot. (πάνω από τον
αστράγαλο) leg. (επίπλων) leg.
(ζώου) paw. (μέτρο) foot (=
30.48 cm). **είμαι στο ~** be up
and about. **πατώ ~** put one's
foot down. **σηκώνω στο ~**
cause a stir. **το βάζω στα ~α**
take to one's heels. **τρώω κτ**
στο ~ snatch sth to eat

ποδιά (η) apron. (φόρεμα)
pinafore. (το μπροστινό μέρος
φορέματος) lap

ποδίατρος (ο) chiropodist

ποδοβολητό (το) thud (of feet)

ποδοπατώ ρ μτβ trample

ποδοσφαιριστής (ο) footballer

ποδόσφαιρο (το) football,
soccer

πόζα (η) pose

ποζάρω ρ αμτβ pose. (για
πίνακα) sit

πόθεν επίρρ from where

ποθητός επίθ desirable

πόθος (ο) lust

ποθώ ρ μτβ long, for. (ερωτικά)
lust after

ποίημα (το) poem

ποίηση (η) poetry

ποιητικός επίθ poetic, poetical

ποιητής (ο) poet

ποιήτρια (η) poetess

ποικιλία (η) assortment.
(αλλαγή) variety. (ανομοιότητα)
diversity

ποικίλλω ρ μτβ/ρ αμτβ vary

ποικίλος επίθ assorted. (με
πολλά χρώματα) motley. (που
διαφέρει) varying. (πολύμορφος)
varied. (ανόμοιος) diverse

ποιμένας (ο) shepherd. (εκκλ)
pastor

ποίμνιο (το) flock

ποινή (η) penalty (fine). (νομ)
sentence

ποινικός επίθ penal. **~ό**
μητρώο (το) criminal record

ποιόν (το) quality. (ανθρώπου)
character

ποιος αντων who. **~ από τους**
δυο σας; which one of you?
για ποιο λόγο; what for?

ποιότητα (η) quality

ποιου βλ ποιος

πόκα (η) poker (card game)

πολεμικός επίθ warlike.
(μαχητικός) polemic. **~ό**
πλοίο (το) warship

πολέμιος *επίθ* hostile. **~** *(ο)* opponent

πολεμιστής *(ο)* warrior

πόλεμος *(ο)* war

πολεμοφόδια *(τα)* munitions. *(πυρομαχικά)* ammunition

πολεμοχαρής *επίθ* belligerent

πολεμώ *ρ μτβ/ρ αμτβ* fight. *(προσπαθώ)* strive

πολεοδομία *(η)* town planning

πόλη *(η)* town. *(μεγάλη)* city

πολικός *επίθ* polar

πολιορκ|ητής *(ο)* besieger. **~ία** *(η)* siege

πολιορκώ *ρ μτβ* besiege. *(πλήθος)* mob. *(μεταφ)* beset

πολιτεία *(η)* state

πολίτευμα *(το)* system of government

πολίτ|ης *(ο)*, **~ις** *(η)* citizen. *(μη στρατιωτικός)* civilian

πολιτική *(τα)* politics

πολιτική *(η)* policy

πολιτικ|ός *επίθ* civilian. *(μη στρατιωτικός/εκκλ)* civil. *(σχετικός με την πόλη)* civic. *(σχετικός με την πολιτική)* political. **~ός μηχανικός** *(ο)* civil engineer. **~** *(ο, η)* politician

πολιτισμένος *επίθ* civilized

πολιτισμός *(ο)* civilization. *(κουλτούρα)* culture

πολιτιστικός *επίθ* cultural

πολιτογραφώ *ρ μτβ* naturalize

πολιτοφυλακή *(η)* militia

πολλαπλασιάζω *ρ μτβ* multiply. *(προσπάθειες)* intensify. **~ομαι** *ρ αμτβ* proliferate. *(ζώα)* breed

πολλαπλασιασμός *(ο)* proliferation. *(μαθημ)* multiplication

πολλαπλάσιο *(το)* multiple

πολλοστός *επίθ* umpteenth

Πόλος *(ο)* *(γεωγρ)* pole

πολτός *(ο)* pulp. *(ντομάτας)* paste

πολύ *επίρρ* very, *(αμερ)* real. *(απόσταση)* far. *(ποσότητα)* much, greatly. *(χρόνος)* long. **κατά ~** by far. **λίγο ~** more or less. **πάρα ~** very much, a great deal. **το ~** at most

πολυαιθυλένιο *(το)* polythene

πολυάριθμος *επίθ* numerous

πολυάσχολος *επίθ* busy

πολυβόλο *(το)* machine-gun

πολυβολώ *ρ μτβ* machine-gun

πολυγαμία *(η)* polygamy

πολύγλωσσος *επίθ* polyglot

πολύγραφος *(ο)* duplicator

πολύγωνο *(το)* polygon

πολυεθνικός *επίθ* multinational

πολυέλαιος *(ο)* chandelier

πολυέξοδος *επίθ* costly

πολυεστέρας *(ο)* polyester

πολυθρόνα *(η)* armchair

πολυκατάστημα *(το)* department store

πολυκατοικία *(η)* block (of flats)

πολυκοσμία *(η)* crowds of people

πολύκροτος *επίθ* sensational

πολυλογία *(η)* waffle *(καθομ)*

πολυλογώ *ρ αμτβ* waffle *(καθομ)*

πολυμαθής *επίθ* erudite

πολυμέρεια *(η)* versatility

πολυμερής *επίθ* versatile

πολυμήχανος *επίθ* resourceful

πολυόροφος *επίθ* multistorey

πολύπλευρος *επίθ* many-sided

πολύπλοκος *επίθ* complicated. (*μπερδεμένος*) complex. (*περίπλοκος*) elaborate

πολυποίκιλος *επίθ* multifarious

πολύς *επίθ* (*αριθμός*) many. (*ποσότητα*) much. (*χρόνος*) long. (*σπουδαίος*) important. **~λά και διάφορα** variety of things

πολυσήμαντος *επίθ* comprehensive. (*σημαντικός*) momentous

πολυστυρόλιο (*το*) polystyrene

πολυτάραχος *επίθ* eventful

πολύτεκνος *επίθ* with many children

πολυτέλεια (*η*) luxury

πολυτελής *επίθ* luxurious. (*σε εμφάνιση*) plush, sumptuous

πολυτεχνείο (*το*) polytechnic

πολυτεχνίτης (*ο*) jack of all trades

πολύτιμος *επίθ* valuable. (*σε αξία*) precious

πολύχρωμος *επίθ* multi-coloured

Πολωνία (*η*) Poland

πολωνικός *επίθ* Polish

Πολων|ός (*ο*), **~έζα** (*η*) Pole

πόμολο (*το*) door knob

πομπή (*η*) procession. (*νεκρική*) cortège

πομποδέκτης (*ο*) (*φορητός*) walkie-talkie

πομπόν (*το*) *άκλ* pompon. (*για πούδρα*) puff

πομπός (*ο*) transmitter

πομπώδης *επίθ* pompous. (*γλώσσα*) turgid

πόνεϊ (*το*) *άκλ* pony

πονεμένος *επίθ* pained. (*από πληγή*) sore. (*έκφραση*) hurt

πονετικός *επίθ* compassionate

πονηρεύ|ω *ρ μτβ* rouse suspicion. **~ομαι** *ρ αμτβ* become cunning. (*υποπτεύομαι*) become suspicious

πονηρία (*η*) cunning. (*κόλπο*) ploy. (*κρυφίνοια*) guile

πονηρός *επίθ* cunning. (*δόλιος*) crafty. (*επιτήδιος*) artful. (*πανούργος*) sly

πονόδοντος (*ο*) toothache

πονοκέφαλος (*ο*) headache

πονόλαιμος (*ο*) sore throat

πόνος (*ο*) pain. (*θλίψη*) grief. (*συνεχής*) ache. (*οίκτος*) feeling

πονόψυχος *επίθ* compassionate

ποντάρω *ρ μτβ* stake, wager. (*σε τυχερά παιχνίδια*) gamble on. (*μεταφ*) bank on

ποντίζω *ρ μτβ* cast. • *ρ αμτβ* sink

ποντίκι (*το*) mouse. (*μυς*) biceps

ποντικός (*ο*) mouse. (*μεγάλος*) rat

ποντίφικας (*ο*) pontiff

πόντος (*ο*) (*βαθμός*) point. (*θάλασσα*) sea. (*μέτρου*) centimetre. (*πλεχτού*) stitch. (*υπαινιγμός*) hint. **φευγάτος ~** ladder (*in tights*)

ποντς (*το*) punch (*drink*)

πονώ *ρ μτβ/ρ αμτβ* hurt. • *ρ αμτβ* ache, be in pain. (*συμπονώ*) sympathise with

ποπλίνα (η) poplin

ποπό επιφών dear me!

πορδ|ή (η) fart. **~ίζω** ρ αμτβ fart

πορεία (η) walk. (κατεύθυνση) course. (στρ) march. (μεταφ) tack

πορεύομαι ρ αμτβ march. (βολεύω) make do

πορθμός (ο) sound. (ενώνει δυο θάλασσες) strait

πόρισμα (το) findings

πορνεία (η) prostitution. **~ο** (το) brothel

πόρνη (η) prostitute, (λαϊκ) whore

πορνό επιθ άκλ porno

πορνογραφία (η) pornography

πόρος (ο) (εισόδημα) resource. (σε ποτάμι) ford. (στο δέρμα) pore

πόρπη (η) clasp. (σε ζώνη) buckle

πορσελάνη (η) porcelain. (σκεύος) china

πόρτα (η) door

πορτμπαγκάζ (το) άκλ boot (of car)

πορτμπεμπέ (το) άκλ carrycot

πορτμπονέρ (το) άκλ lucky charm

πορτό (το) port (wine)

Πορτογαλία (η) Portugal

πορτογαλικός επιθ Portuguese

Πορτογ|άλος (ο), **~αλίδα** (η) Portuguese

πορτοκαλάδα (η) orangeade. (συμπυκνωμένη) orange squash

πορτοκάλι (το) orange

πορτοκαλής επιθ orange (colour). **~ί** (το) orange (colour)

πορτοκαλιά (η) orange (tree)

πορτοφολάς (ο) pickpocket

πορτοφόλι (το) wallet

πορτρέτο (το) portrait

πορφυρό|ς επιθ purple. **~** (το) purple

πορώδης επιθ porous

πόσιμος επιθ drinkable

ποσό (το) amount, sum of money

πόσο|ς αντων (αριθμός) how many. (ποσότητα) how much. (ώρα) how long. **~** επίρρ how (much). **~ κάνει;** how much is it?

ποσοστό (το) percentage

ποσότητα (η) quantity, amount

πόστο (το) post

ποταμάκι (το) rivulet

ποτάμι (το) river. (μικρό) stream

ποταμός (ο) river

ποταπός επιθ base, ignoble

ποτέ επίρρ never. (κάποτε) ever

πότε επίρρ when. **~ ~** now and then, sometimes

πότης (ο) drinker

ποτίζω ρ μτβ water (plants). (με οινοπνευματώδη) ply with drink

ποτιστήρι (το) watering can

ποτήρι (το) glass. (του κρασιού) wineglass. (ψηλό) tumbler

ποτό (το) drink

ποτοποιία (η) distillery

που αντων that. (αντικείμενα) which. (πρόσωπα) who. **~** σύνδ that, because. **~** επίρρ where. **~ και** from time to time

πού επίρρ where. **~ πας;** where are you going?

πουγκί (το) (λαϊκ) purse

πούδρα (η) powder (*cosmetic*)

πουθενά *επιρρ* nowhere. (μετά από άρνηση) anywhere

πουκάμισο (το) shirt

πουλάκι (το) small bird. (κοτόπουλο) chick

πουλάρι (το) foal

πουλερικά (τα) poultry

πούλημα (το) sale

πουλί (το) bird

πούλια (η) sequin. (αστρολ) Pleiades

πούλμαν (το) άκλ coach (*bus*)

πουλόβερ (το) άκλ pullover, jumper

πουλώ *ρ μτβ* sell (λιανικά) retail. (στο δρόμο) hawk, peddle

πουντιάζω *ρ αμτβ* freeze, catch a cold

πούπουλα (τα) down

πουρές (ο) (λαχανικά) purée. (πατάτες) mash

πουρί (το) fur (*in kettle*). (σε σωλήνες) scale. (στα δόντια) tartar

πουριτανός (ο), **~ή** (η) puritan

πουρμπουάρ (το) άκλ tip (*to waiter etc.*)

πουρνάρι (το) holly

πούρο (το) cigar

πούστης (ο) poof (υβρ)

πουτάνα (η) tart (υβρ)

πράγμα (το) thing. (εμπόρευμα) goods. **~τα** (τα) things, belongings. (κατάσταση) matters

πραγματεία (η) dissertation

πράγματι *επιρρ* really. (αλήθεια) sure enough

πραγματικός *επίθ* real. (αναφερόμενος στα πράγματα) actual. (γνήσιος) true. **~ά** *επιρρ* really, actually

πραγματικότητα (η) reality. (στην πράξη) actuality

πραγματιστικός *επίθ* matter-of-fact. (του πραγματισμού) pragmatic

πραγματογνώμονας (ο) expert

πραγματοποιώ *ρ μτβ* realize. (ελπίδες) fulfil. (επιτυγχάνω) accomplish. (όνειρα) realize. (σκοπό) attain

πρακτικά (τα) minutes

πρακτική (η) practice

πρακτικός *επίθ* practical. (άνθρωπος) hard-headed. (γιατρός) clinical. **~ό** (το) report. **~ά** *επιρρ* practically

πράκτορας (ο) agent

πρακτορείο (το) agency

πράμα (το) stuff βλ **πράγμα**

πράξη (η) act. (έγγραφο) certificate. (εξυπηρέτηση) turn. (καλή) deed. (καταχώριση) registration. (μαθημ) operation

πραξικόπημα (το) coup

πράος *επίθ* meek

πρασινάδα (η) greenery

πρασιά (η) flower bed. (με γρασίδι) lawn

πράσινος *επίθ* green. **~η κάρτα** (η) green card

πρασινίζω *ρ μτβ* paint green. • *ρ αμτβ* turn green

πράσο (το) leek

πρασουλίδα (η) chive

πρατήριο (το) store (*for only one product*). **~ βενζίνης**

petrol station. (βενζίνης και υπηρεσιών) service station

πρέζα (η) pinch (*small amount*)

πρέπει ρ απρόσ must, ought. ~ **να ΄θρεις** you must come. **είναι ό, τι ~** it's exactly what is needed. **καθώς ~** correctly

πρέσα (η) (μηχάνημα) press

πρεσβεία (η) embassy

πρέσβειρα (η) ambassadress

πρεσβευτής (ο) ambassador

πρεσβεύω ρ μτβ believe in

πρέσβης (ο) βλ **πρεσβευτής**

πρεσβυτέριο (το) vicarage, rectory

πρεσβυωπικός επίθ long-sighted

πρήζ|ω ρ μτβ cause to swell. (μεταφ) pester. **~ομαι** ρ αμτβ swell. (στο φαΐ) gorge o.s.

πρηνής επίθ prone

πρήξιμο (το) swelling. (από χτύπημα) bump

πρησμένος επίθ swollen

πρίγκιπας (ο) prince

πριγκιπικός επίθ princely

πριγκίπισσα (η) princess

πρίζα (η) (ηλεκτρ) plug. (στον τοίχο) power point

πρίμος επίθ fair (*wind*)

πριν επίρρ, σύνδ before, ago. ~ **από** prior to. ~ **(από) πολύ καιρό** a long time ago. **από** ~ beforehand

πριόνι (το) saw

πριονίζω ρ μτβ saw

πρίσμα (το) prism

προ πρόθ (για τόπο) before, in front of. (για χρόνο) before, ago. ~ **πάντων** in particular

προαγγέλλω ρ μτβ herald

προάγγελος (ο) forerunner

προάγω ρ μτβ further. (πρόσωπο) promote

προαγωγή (η) promotion

προαιρετικός επίθ optional

προαισθάνομαι ρ μτβ have a hunch about. (για κακό) have a presentiment of, sense

προαίσθημα (το) hunch. (για κακό) foreboding

προαίσθηση (η) premonition

προάλλες (οι) **τις** ~ a few days ago

προάσπιση (η) defence

προάστιο (το) suburb

προαστιακός επίθ suburban

προαύλιο (το) forecourt

πρόβα (η) rehearsal. (ρούχων) fitting

προβαδίζω ρ μτβ precede

προβάλλω ρ μτβ show up. (αντιρρήσεις) raise. (εισηγήσεις) put forward. (κιν ταινία) screen

προβάρω ρ μτβ have a fitting

προβατάκι (το) young sheep. **~α** (κύματα) (τα) white horses

προβατίνα (η) ewe

πρόβατο (το) sheep άκλ

πρόβειο|ς επίθ sheep. **~ κρέας** (το) mutton

προβιά (η) sheepskin

προβιβάζω ρ μτβ (στη δουλειά) promote. (στο σχολείο) move up (to higher form)

προβλέπω ρ μτβ foresee. (δυσκολίες) envisage. (καιρό) forecast. (πραματευτών) predict. (προνοώ) anticipate

πρόβλεψη (η) prediction. (καιρού) forecast

πρόβλημα (το) problem

προβληματίζ|ω ρ μτβ puzzle.
~ομαι ρ αμτβ think hard

προβλήτα (η) jetty. (για
αγκυροβόλησn) berth

προβοκάτορας (ο)
provocateur

προβολέας (ο) projector.
(αυτοκ) headlight. (αστυνομίας)
searchlight. (για γενικό
φωτισμό) floodlight. (θέατρ)
spotlight

προβολή (η) projection.
(διαφήμιση) promotion. (κιν
ταινίας) screening

προβοσκίδα (η) trunk (of
elephant)

πρόγευμα (το) breakfast

προγευματίζω ρ αμτβ have
breakfast

προγιαγιά (η) great-
grandmother

πρόγνωση (η) forecast. (ιατρ)
prognosis

προγονή (η) stepdaughter

πρόγονο|ς (ο) ancestor. **~ι** (οι)
forefathers

προγονός (ο) stepson

πρόγραμμα (το) programme.
(H/Y) program. (θέατρ) bill.
(σχολ) timetable. (πολιτ)
platform. (σχέδιο) schedule

προγραμματίζω ρ μτβ
schedule. (H/Y) program.
(θέατρ) bill

προγραμματ|ιστής (ο),
~ίστρια (η) programmer

προγράφω ρ μτβ proscribe

προγυμνάζω ρ μτβ coach

προδιαγραφή (η) specification

προδιαγράφω ρ μτβ specify

προδιάθεση (η) bias

προδιάθεση (η) predisposition.
(προκατάληψη) prejudice

προδιαθέτω ρ μτβ predispose.
(όχι ευνοϊκά) prejudice

προδίδω ρ μτβ βλ **προδίνω**

προδικάζω ρ μτβ prejudge

προδίνω ρ μτβ betray

προδοσία (η) treachery.
(αποκάλυψη μυστικού) treason.
(εγκατάλειψη) betrayal

προδότ|ης (ο), **~ρια** (η)
traitor

πρόδρομος (ο) precursor

προεδρεύω ρ αμτβ preside.
(συνάντηση) chair

προεδρία (η) presidency

πρόεδρος (ο) chairman. **~** (η)
chairwoman. **~** (ο, η) (χώρας)
president

προειδοποίηση (η) warning.
(έγγραφο) notice

προειδοποιώ ρ μτβ warn.
(νομ) caution

προεικάζω ρ μτβ foreshadow

προέκταση (η) extension

προέλευση (η) origin. (έργου
τέχνης) provenance

προεξέχω ρ αμτβ protrude.
(καθομ) stick out

προεξοφλώ ρ μτβ pay in
advance. (μεταφ) take for
granted

προέρχομαι ρ αμτβ come
(from). (κατάγομαι) originate
(from)

προετοιμάζ|ω ρ μτβ prepare.
(για σταδιοδρομία) groom

προετοιμασία (η) preparation

προέχω ρ αμτβ project. (είμαι
ανώτερος) excel. (έχω
μεγαλύτερη σημασία) prevail

προηγμένος επίθ advanced. (χώρες) developed

προηγούμαι ρ μτβ/αμτβ precede. (είμαι μπροστά) lead the way. (μεταφ) be ahead of

προηγούμεν|ος επίθ previous. **~η** (η) the previous day. **~ο** (το) precedent

προηγουμένως επίρρ previously

προημιτελικός (ο) quarterfinal

προθάλαμος (ο) lobby

πρόθεμα (το) prefix

πρόθεση (η) intention. (γραμμ) preposition

προθεσμία (η) deadline. (απόλυσης από εργασία) notice

προθυμία (η) readiness. (καλή διάθεση) willingness, keenness

πρόθυμος επίθ willing. (ενθουσιώδης) eager. (έτοιμος) ready

προίκα (η) dowry

προικιά (τα) trousseau

προικίζω ρ μτβ endow

προικοθήρας (ο) fortune hunter (in marriage)

προϊόν (το) product. (σύνολο) produce

προΐσταμαι ρ μτβ preside over

προϊστ|άμενος (ο), **~αμένη** (η) head, boss

προϊστορία (η) prehistory

πρόκα (η) hobnail

προκαθορίζω ρ μτβ predetermine

προκαλώ ρ μτβ cause. (ασθένεια) induce. (ερεθίζω) excite. (προξενώ) provoke. (προκαλώ) dare. (στρ) challenge

προκαταβολή (η) advance (payment). (σε επαγγελματία) retainer. (πρώτη δόση) deposit

προκατάληψη (η) prejudice. (κακή διάθεση) bias

προκαταρκτικός επίθ preliminary

προκατειλημμένος επίθ prejudiced, biased

προκάτοχος (ο) predecessor

πρόκειται ρ απρόσ it's a matter of. **~ να πάμε στην εκκλησία** we are going to the church

προκήρυξη (η) proclamation

πρόκληση (η) challenge. (αφορμή) provocation

προκλητικός επίθ challenging. (στάση) provocative

προκριματικός επίθ preliminary

πρόκριτος (ο) notable

προκυμαία (η) quay

προκύπτ|ω ρ αμτβ accrue. **~ει** απρόσ come to light

προλαβαίνω ρ μτβ have time. (εμποδίζω) avert. (παρεμβαίνω) forestall. (τρένο) catch

προλέγω ρ μτβ foretell

προλετάρι|ος (ο) **~σσα** (η) proletarian

προληπτικός επίθ precautionary. (δεισιδαίμων) superstitious. (ιατρ) preventive

πρόληψη (η) prevention

πρόλογος (ο) foreword. (βιβλίου) preface. (θέατρ) prologue

προμαχώνας (ο) bastion

προμελέτη (η) premeditation

προμήθει|α (η) (εμπορευμάτων) supply. (πληρωμή) commission. **~ες** (οι) provisions

προμηθευτής (ο), **~ εύτρια** (η) supplier

προμηθεύ|ω ρ μτβ provide. (εμπ) supply with. **~ομαι** ρ αμτβ procure

προμηνύω ρ μτβ portend

προνοητικός επίθ provident, farsighted. **~τητα** (η) foresight

πρόνοια (η) providence. (κοινωνική) welfare

προνόμιο (το) privilege. (αποκλειστικό) prerogative

προνομιούχος επίθ privileged

προνοώ ρ αμτβ foresee. (μεριμνώ) provide for

προξενείο (το) consulate

προξεν|ητής (ο), **~ήτρα** (η) matchmaker (in marriage)

πρόξενος (ο) consul

προξενώ ρ μτβ occasion. **~ κατάπληξη** astonish

προοδευτικός επίθ go-ahead. (που αυξάνει βαθμιαία) progressive

προοδεύω ρ αμτβ progress

πρόοδος (η) progress. (εξέλιξη) advancement

προοίμιο (το) preamble. (προάγγελμα) prelude

προοπτική (η) prospect. (ιδέα του βάθους) perspective. (μελλοντική) outlook

προορίζ|ω ρ μτβ destine. **~ομαι για** be meant for

προορισμός (ο) destination

προπαγάνδα (η) propaganda

προπάντων επίρρ above all

προπάππος (ο) great-grandfather

προπαρασκευάζω ρ μτβ prepare

προπαρασκευή (η) preparation

προπατορικός επίθ ancestral

προπέλα (η) propeller

πρόπερσι επίρρ the year before last

προπέτασμα (το) screen

προπληρώνω ρ μτβ prepay

προπό (το) (football) pools

πρόποδες (οι) foot (of mountain)

προπολεμικός επίθ prewar

προπόνηση (η) training

προπον|ώ ρ μτβ coach, train. **~ούμαι** ρ αμτβ train

προπορεύομαι ρ αμτβ to be in the lead

πρόποση (η) toast (drink)

προπύργιο (το) stronghold

προς πρόθ toward(s), to. **~ Θεού** for God's sake. **~ όφελός σου** to your benefit. **~ τα εμπρός** forwards. **~ τα μέσα** inwards. **βήμα ~ βήμα** step by step

προσάγω ρ μτβ bring. (οδηγώ) produce

προσανατολίζ|ω ρ μτβ orientate. **~ομαι** ρ αμτβ get one's bearings

προσανατολισμός (ο) orientation. (σπιτιού) aspect. (μεταφ) bearings

προσαράζω ρ αμτβ run aground

προσαρμογέας (ο) (ηλεκτρ) adaptor

προσαρμογή (η) adaptation

προσαρμόζ|ω ρ μτβ adapt, adjust. **~ομαι** ρ αμτβ adapt

προσάρτημα (το) appendage

προσάρτηση (η) annexation

προσαρτώ ρ μτβ append. (έδαφος) annex

προσβάλλ|ω ρ μτβ insult. (ιατρ) infest. (θίγω) offend. (νομ) challenge. **~ομαι** ρ αμτβ take offence

πρόσβαση (η) access

προσβλέπω ρ μτβ (σε) look forward (to)

προσβλητικός επίθ offensive

προσβολή (η) offence. (εφόρμηση) infestation. (ιατρ) seizure. (υβριστική συμπεριφορά) insult

προσγειωμένος επίθ down-to-earth

προσγειών|ω ρ μτβ (αεροπ) land. **~ομαι** ρ αμτβ touch down. (αναγκαστικά) crash-land

προσγείωση (η) (αεροπ) landing.

προσδιορίζω ρ μτβ determine. (καθορίζω) define. (φόρο) assess

προσδοκία (η) expectation. (επιθυμία) anticipation

προσδοκώ ρ μτβ expect. (για κάτι ευχάριστο) anticipate

προσεγγίζω ρ μτβ approach. (πλησιάζω) approximate. (πλοίο) call at

προσέγγιση (η) approach. (προσέγγιση) approximation

προσεκτικός επίθ careful. (δύσπιστος) wary. (επιμελής) attentive. (επιφυλακτικός) cautious

προσελκύω ρ μτβ attract. (προσοχή) capture

προσέρχομαι ρ αμτβ come, arrive

προσευχή (η) prayer

προσεύχομαι ρ αμτβ pray

προσεχής επίθ forthcoming

προσεχτικός επίθ βλ **προσεκτικός**

προσέχω ρ μτβ beware. (αποφεύγω) mind. (επιτηρώ) keep an eye on. (παρατηρώ) notice. (φροντίζω) take care of. • ρ αμτβ pay attention. (προειδοποιώ) watch out, look out

προσηλυτίζω ρ μτβ proselytize

προσήλυτος (ο) convert

προσηλωμένος επίθ absorbed

προσηλών|ω ρ μτβ fix. **~ομαι** concentrate

πρόσθεση (η) (μαθημ) addition

πρόσθετος επίθ additional. (περαιτέρω) further

προσθέτω ρ μτβ add. (αλκοόλ σε ποτό) lace. (στήλη με αριθμούς) tot up

προσθήκη (η) addition. (κτιρίου) extension

πρόσθιος επίθ front. **~** (το) breaststroke

προσιτός επίθ accessible. (που μπορεί να αποκτηθεί) within reach

πρόσκαιρος επίθ temporary

προσκαλώ ρ μτβ invite

προσκέφαλο (το) pillow

προσκήνιο (το) proscenium. (μεταφ) limelight

πρόσκληση (η) invitation. (στρ) call up

προσκλητήριο (το) invitation (card). (ονομάτων) roll call. (στρ, πρωινό) reveille

προσκόλληση (η) adhesion. (μεταφ) dedication

προσκολλώ *ρ μτβ* attach.
~μαι *ρ αμτβ* cling

προσκομίζω *ρ μτβ* produce, bring forward

πρόσκομμα *(το)* stumbling block

προσκοπίνα *(η)* Girl Scout

πρόσκοπος *(ο)* Scout

πρόσκρουση *(η)* collision

προσκρούω *ρ αμτβ* collide

προσκύνημα *(το)* pilgrimage

προσκυν|ητής *(ο)*, **~ήτρια** *(η)* pilgrim

προσκυνώ *ρ αμτβ* worship

προσλαμβάνω *ρ μτβ* take on, hire

προσμένω *ρ μτβ* expect

προσμονή *(η)* expectation

προσοδοφόρος *επίθ* profitable

προσόν *(το)* qualification. *(πλεονέκτημα)* asset

προσοχή *(η)* attention. *(ακούω)* heed. *(φροντίδα)* care

πρόσοψη *(η)* façade

προσπάθεια *(η)* effort. *(απόπειρα)* attempt. *(δοκιμή)* try. *(έντονη)* endeavour

προσπαθώ *ρ αμτβ* attempt. *(δοκιμάζω)* try. *(έντονα)* endeavour

προσπέκτους *(το)* άκλ prospectus

προσπέρασμα *(το)* overtaking

προσπερνώ *ρ μτβ* overtake

προσποίηση *(η)* pretence. *(συμπεριφοράς)* affectation

προσποιητός *επίθ* affected

προσποιούμαι *ρ μτβ/ρ αμτβ* pretend. *(αρρώστια)* feign

προσταγή *(η)* command

προστάζω *ρ μτβ* command

προστακτικ|ός *επίθ* commanding. **~ή** *(η)* imperative

προστασία *(η)* protection. *(περιβάλλοντος)* conservation. *(υποστήριξη)* patronage

προστατευόμενη *(η)* protégé

προστατευόμενος *(ο)* protégé

προστατευτικός *επίθ* protective

προστατεύω *ρ μτβ* protect. *(προφυλάγω)* shield. *(μεταφ)* cushion

προστάτης *(ο)*, **~ρια** *(η)* protector. *(τεχνών)* patron

προστίθεμαι *ρ μτβ* be added

πρόστιμο *(το)* fine

προστριβή *(η)* friction

πρόστυχ|ος *επίθ* vulgar. *(χυδαίος)* smutty. **~η** *(η)* prostitute

πρόσφατος *επίθ* recent

προσφέρ|ω *ρ μτβ* offer. *(εμπ)* bid. **~ομαι** *ρ αμτβ* volunteer. *(είμαι κατάλληλος)* be suitable

προσφεύγω *ρ αμτβ* resort. *(νομ)* have recourse

προσφιλής *επίθ* beloved

προσφορά *(η)* offer. *(εμπ)* tender. *(εμπορευμάτων)* supply

πρόσφορος *επίθ* appropriate. *(χρόνος)* opportune

πρόσφυγας *(ο)* refugee

προσφυγή *(η)* resort. *(σε οργανισμό)* appeal

προσχέδιο *(το)* draft. *(τεχνικό σχέδιο)* blueprint

πρόσχημα *(το)* pretext

προσχωρώ *ρ αμτβ* go over to, join

προσωπάρχης (ο) personnel manager

προσωπείο (το) mask. (μεταφ) façade

προσωπικό (το) personnel

προσωπικός επίθ personal

προσωπικότητα (η) personality

πρόσωπο (το) face. (άτομο) person

προσωποποίηση (η) personification

προσωρινός επίθ temporary. (πρόχειρος) provisional

πρόταση (η) suggestion. (ανήθικη) proposition. (γάμου) proposal. (γραμμ) sentence

προτείνω ρ μτβ suggest. (γάμο) propose. (για συζήτηση) moot. (εισήγηση) put forward. (σε εκλογές) nominate. (υποδείχνω) move

προτελευταίος επίθ penultimate, last but one

προτεραιότητα (η) priority. (αυτοκ) right of way. (σε σειρά) precedence

προτέρημα (το) good point. (χάρισμα) merit

πρότερος επίθ previous. **εκ των προτέρων** beforehand, in advance

προτεστάντ|ης (η), **~ισσα** (ο) Protestant

προτίθεμαι ρ μτβ intend

προτίμηση (η) preference. **~ιμήσεις** (οι) likes

προτιμητέος επίθ preferable

προτιμότερος επίθ preferable

προτιμώ ρ μτβ prefer. (θέλω καλύτερα) favour. **~ να** I would rather

προτομή (η) bust

πρότονος (ο) (ναυτ) mainstay

προτού επίρρ before

προτρέπω ρ μτβ exhort

προτροπή (η) exhortation

πρότυπο (το) prototype. (μήτρα) pattern. (μοντέλο) model. (που χρησιμεύει ως παράδειγμα) standard

πρότυπος επίθ model

προϋπαντώ ρ μτβ meet, welcome

προϋπόθεση (η) assumption

προϋποθέτω ρ μτβ presuppose

προϋπολογισμός (ο) budget. (εκ των προτέρων) estimate

προφανής επίθ evident

πρόφαση (η) pretext

προφέρω ρ μτβ pronounce. (καθαρά) enunciate

προφητεία (η) prophecy

προφητεύω ρ μτβ prophesy

προφήτης (ο) prophet

προφητικός επίθ prophetic

προφίλ (το) άκλ profile

προφορά (η) accent. (τρόπος) pronunciation

προφορικός επίθ oral, verbal

προφταίνω ρ μτβ/αμτβ be in time. (καταφθάνω) catch up with. (προλαβαίνω) forestall

προφυλάγ|ω ρ μτβ shield. **~ομαι** ρ αμτβ take precautions

προφυλάκιση (η) remand in custody

προφυλακή (η) outpost

προφυλακτήρας (ο) (αυτοκ) bumper

προφύλαξη (η) precaution

πρόχειρο (το) rough book

πρόχειρος *επίθ* rough-and-ready. *(έτοιμος για χρήση)* at hand, to hand. *(προσωρινός)* makeshift. *(χωρίς προπαρασκευή)* slapdash

προχρονολογώ *ρ μτβ* backdate

προχτές *επίρρ* the day before yesterday

προχωρημένος *επίθ* advanced. *(θέση)* forward

προχωρώ *ρ αμτβ* move on. *(με βία)* press on. *(προοδεύω)* advance. *(συνεχίζω)* proceed

προώθηση *(η)* propulsion. *(προϊόντος)* promotion

προωθώ *ρ μτβ* propel. *(προϊόν)* promote. *(βοηθώ)* forward. *(κλήση)* divert

πρόωρος *επίθ* premature. *(άκαιρος)* untimely

πρύμνη *(η)* stern

πρύτανης *(ο)* rector *(of college)*

πρψην *επίρρ* former, ex

πρωθυπουργός *(ο, η)* Prime Minister

πρωί *(το)* morning. **~α** *(η)* morning

πρώιμος *επίθ* early, premature

πρωινός *επίθ* early morning. **~** *(το)* early morning

πρωταγωνιστής *(ο)*, **~ίστρια** *(η)* protagonist. *(θέατρ)* lead

πρωταγωνιστώ *ρ αμτβ* star

πρωτάθλημα *(το)* championship

πρωταθλητής *(ο)*, **~ήτρια** *(η)* champion

πρωτάκουστος *επίθ* unheard-of

πρωταπριλιά *(η)* first of April

πρωτάρης *(ο)*, **~α** *(η)* novice

πρωταρχικός *επίθ* primary

πρωτεΐνη *(η)* protein

πρωτεύουσα *(η)* capital (city)

πρώτιστος *επίθ* foremost

πρωτοβουλία *(η)* initiative

πρωτόγονος *επίθ* primitive. *(σε άγρια κατάσταση)* savage

πρωτοδικείο *(το)* court of first instance

πρωτοετής *(ο)* *(φοιτητής)* freshman

πρωτόκολλο *(το)* protocol

πρωτομαγιά *(η)* May Day

πρωτοπορία *(η)* lead

πρωτοπόρος *(ο)* pioneer

πρώτ|ος *επίθ* first. *(από δύο)* former. *(σε βαθμό)* premier. **~η θέση** *(η)* first class. **~ες ύλες** *(οι)* raw materials. **με το ~ο** on first attempt. **ο ~ος τυχών** just anybody. **~α** *επίρρ* firstly. **~α ~α** first of all

πρωτότοκος *επίθ* first-born

πρωτοτυπία *(η)* originality

πρωτότυπο *επίθ* original

πρωτοφανής *επίθ* unprecedented

πρωτοχρονιά *(η)* New Year's Day

πταίσμα *(το)* error. *(νομ)* misdemeanour

πτέρυγα *(η)* *(στρ, κτιρίου)* wing

πτερύγιο *(το)* flipper. *(ναυτ, αεροπ)* vane

πτηνό *(το)* fowl

πτήση *(η)* flight. *(σύντομη)* hop

πτητικός *επίθ* volatile

πτυσσόμενος *επίθ* collapsible. *(καρέκλα, τραπέζι)* folding

πτυχή *(η)* tuck. *(δίπλα)* fold

πτυχιακές εξετάσεις *(οι)* *(πανεπ)* finals

πτυχίο *(το)* *(πανεπ)* degree

πτώμα *(το)* corpse

πτώση *(η)* fall. *(γραμμ)* case. *(μεταφ)* downfall

πτώχευση *(η)* bankruptcy

πτωχεύω *ρ αμτβ* go bankrupt

πτωχοκομείο *(το)* poorhouse, workhouse

πυγμαίος *(ο)* pygmy

πυγμαχία *(η)* boxing

πυγμάχος *(ο)* boxer

πυγμαχώ *ρ αμτβ* box

πυγμή *(η)* fist. *(μεταφ)* punch

πυγολαμπίδα *(η)* firefly

πυθμένας *(ο)* (sea) bed

πύθωνας *(ο)* python

πυκν|ός *επίθ* thick. *(αδιαπέραστος)* dense. *(βλάστηση)* rank. *(φρύδια)* bushy. **~ά** *επίρρ* densely, thickly

πυκνότητα *(η)* density

πυκνώνω *ρ μτβ/ρ αμτβ* thicken

πύλη *(η)* gateway. *(πόλης)* gate

πυλώνας *(ο)* pylon

πυξίδα *(η)* compass

πύο *(το)* pus

πυρ *(το)* fire. **~!** fire! **~ και μανία** furious

πυρακτωμένος *επίθ* glowing. *(μέταλλο)* red-hot

πυραμίδα *(η)* pyramid

πυρασφάλεια *(η)* fire insurance

πύραυλος *(ο)* rocket. *(βλήμα)* missile

πυργίσκος *(ο)* turret

πύργος *(ο)* tower. *(κάστρο)* castle. *(σκάκι)* rook

πυρετικός *επίθ* feverish

πυρετός *(ο)* fever. **έχω ~** have a temperature

πυρετώδης *επίθ* feverish

πυρήνας *(ο)* nucleus. *(καρπδιού)* kernel. *(μήλου)* core

πυρηνικός *επίθ* nuclear

πυρίτιδα *(η)* gunpowder

πυρίτιο *(το)* silicon

πυρκαγιά *(η)* blaze

πυροβολητής *(ο)* gunner

πυροβολικό *(το)* artillery

πυροβολισμός *(ο)* gunshot. **~οί** *(οι)* gunfire

πυροβόλο όπλο *(το)* firearm

πυροβολώ *ρ μτβ* shoot. *(από κρυφό σημείο)* snipe

πυροδοτώ *ρ μτβ* set off, explode

πυροκρότηση *(η)* detonation

πυροκροτώ *ρ μτβ* detonate

πυρομανής *επίθ* pyromaniac

πυρομαχικά *(τα)* ammunition

πυροσβεστήρας *(ο)* fire extinguisher

πυροσβέστης *(ο)* fireman

πυροσβεστικ|ός *επίθ* fire. **~ή αντλία** *(η)* fire engine. **~ή υπηρεσία** *(η)* fire brigade

πυροτέχνημα *(το)* firework

πυρπολώ *ρ μτβ* set on fire

πυρρόξανθος *επίθ* auburn

πυρσός *(ο)* *(προ Χριστού)* (flaming) torch

π.χ. *συντ* *(παραδείγματος χάρη)* e.g. (for example)

π.Χ. *συντ* *(προ Χριστού)* BC (before Christ)

πώληση *(η)* sale

πωλητής *(ο)* seller. *(ακίνητης περιουσίας)* vendor. *(εμπορ)*

salesman. (*πλασιέ*) rep. (*σε μαγαζί*) sales assistant.
αυτόματος ~ vending machine
πωλήτρια (*η*) saleswoman. (*σε μαγαζί*) sales assistant
πωλ|ώ *ρ μτβ* sell, *βλ* **πουλώ**. **~ούμαι** *ρ αμτβ* to be on the market. **~είται** for sale
πώμα (*το*) stopper. (*μηχ*) cap. (*μπουκαλιού*) cork
πως *σύνδ* that. **νομίζω ~** I think that
πώς *επίρρ* how

Ρρ

ραβασάκι (*το*) love letter
ραβδί (*το*) stick, cane. **~ζω** *ρ μτβ* beat with a stick
ράβδος (*η*) stick. (*μαγική*) wand. (*σιδηρ*) rail. (*στρ*) baton. (*τεχν*) rod. (*χρυσού*) ingot, bar
ράβδωση (*η*) stripe
ραβδωτός *επίθ* fluted. (*ύφασμα*) striped
ραβίνος (*ο*) rabbi
ραβιόλια (*τα*) ravioli
ράβω *ρ μτβ* stitch. (*φόρεμα*) sew. (*σε ραπτομηχανή*) machine (sew)
ράγα (*η*) (*σιδηρ*) rail.
ραγδαί|ος *επίθ* rapid. **~α βροχή** (*η*) pouring rain
ραγιάς (*ο*) slave
ραγίζω *ρ μτβ/αμτβ* crack
ράγκμπι (*το*) *άκλ* rugby
ραγού (*το*) *άκλ* stew

ραδιενέργεια (*η*) radioactivity
ραδιενεργός *επίθ* radioactive
ραδίκι (*το*) dandelion
ράδιο (*το*) radio. (*χημ*) radium
ραδιογραφία (*η*) radiography
ραδιοπομπός (*ο*) radio transmitter
ραδιοσταθμός (*ο*) radio station
ραδιοτηλεσκόπιο (*το*) radio telescope
ραδιουργία (*η*) intrigue
ραδιοφωνία (*η*) broadcasting
ραδιόφωνο (*το*) radio
ραθυμία (*η*) indolence
ραίνω *ρ μτβ* (*λουλούδια*) throw. (*νερό*) sprinkle
ρακέτα (*η*) racket. (*επιτραπέζιο τένις*) bat
ρακ|ή (*η*), **~ί** (*το*) raki (aniseed-flavoured spirit)
ράκος (*το*) rag. (*μεταφ*) wreck
ράλι (*το*) (*αυτοκ*) rally.
ραμί (*το*) rummy
ράμμα (*το*) stitch (*in wound*)
ράμπα (*η*) footlights. (*αυτοκ*) ramp
ράμφος (*το*) beak, bill
ρανίδα (*η*) drop (*of blood*)
ραντάρ (*το*) *άκλ* radar
ραντεβού (*το*) appointment. (*ερωτικο*) date. (*σε ορισμένο χώρο*) rendezvous
ραντίζω *ρ μτβ* sprinkle
ράντισμα (*το*) sprinkle
ραντιστήρι (*το*) rose (*nozzle*). (*ποτιστήρι*) watering can
ράντσο (*το*) ranch
ραπάνι (*το*) radish
ραπτομηχανή (*η*) sewing machine

ράσο (*το*) cassock

ράτσα (*η*) breed. (*ζώων*) pedigree

ρατσισμός (*ο*) racism

ρατσι|στής (*ο*), **~ίστρια** (*η*) racist

ρατσιστικός *επίθ* racist

ραφείο (*το*) tailor's shop

ραφή (*η*) seam

ράφι (*το*) shelf. (*αποσκευών*) rack. **~α** (*τα*) shelving

ραφινάτος *επίθ* urbane

ραφτάδικο (*το*) *βλ* **ραφείο**

ράφτης (*ο*) tailor

ράφτρα (*η*) seamstress

ραχάτι (*το*) loafing

ράχη (*η*) back. (*βιβλίου*) spine. (*μύτης*) bridge. (*οροσειράς*) ridge. (*χεριού*) back

ραχοκοκαλιά (*η*) backbone

ράψιμο (*το*) sewing

ραψωδία (*η*) rhapsody

ραψωδός (*ο*) minstrel

ρεαλισμός (*ο*) realism

ρεαλι|στής (*ο*), **~ίστρια** (*η*) realist

ρεβεγιόν (*το*) *άκλ* Christmas/New Year's Eve party

ρεβέρ (*το*) *άκλ* (*πανταλονιού*) turn-up. (*τένις*) backhander

ρεβίθι (*το*) chick pea

ρέγγα (*η*) herring

ρεζέρβα (*η*) spare wheel

ρεζερβουάρ (*το*) (petrol) tank

ρεζιλεύω *ρ μτβ* ridicule. (*ντροπιάζω*) humiliate

ρεζίλι (*το*) ridicule. (*ντρόπιασμα*) humiliation. **γίνομαι ~** become a laughing stock

ρείκι (*το*) heather

ρεκλάμα (*η*) puff (*in advertising*)

ρεκλαμάρω *ρ μτβ* plug, advertise

ρεκόρ (*το*) *άκλ* (*σπορ*) record

ρελαντί (*το*) (*μηχ*) idle.

ρέμα (*το*) stream

ρεμάλι (*το*) twerp (*λαϊκ*)

ρεματιά (*η*) gully

ρεμβασμός (*ο*) reverie

ρεπερτόριο (*το*) repertory

ρεπάνι (*το*) *βλ* **ραπάνι**

ρεπορτάζ (*το*) *άκλ* reportage

ρετούμπλικα (*η*) trilby

ρέπω *ρ αμτβ* be inclined (to)

ρεσεψιόν (*η*) *άκλ* reception

ρεσιτάλ (*το*) *άκλ* recital

ρέστα (*τα*) change (*money*)

ρετάλι (*το*) remnant (*of cloth*)

ρετιρέ (*το*) *άκλ* penthouse

ρετσίνα (*η*) retsina (*resinated Greek wine*)

ρετσινόλαδο (*το*) castor oil

ρεύμα (*το*) (*αέρα*) draught. (*θάλασσας*) current. (*ποταμού*) stream. (*υποβρύχιο*) undercurrent. (*μεταφ*) tide

ρευματι|κός *επίθ* rheumatic. **~σμός** (*ο*) rheumatism

ρεύομαι *ρ αμτβ* belch

ρευστοποίηση (*η*) liquidation

ρευστός *επίθ* fluid

ρεφενές (*ο*) share (*in costs*). **κάνω ~** club together

ρεφρέν (*το*) *άκλ* refrain

ρέψιμο (*το*) belch

ρέω *ρ αμτβ* flow

ρήγμα (*το*) breach, gap. (*γεωλ*) fault

ρήμα (*το*) verb

ρημάζω *ρ αμτβ* go to rack and ruin

ρήξη *(η)* rupture. *(καβγάς)* split. *(μεταφ)* rift

ρήο *(το)* rhubarb

ρητίνη *(η)* resin

ρήτορας *(ο)* orator

ρητορεία *(η)* oratory, rhetoric

ρητό *(το)* saying

ρητορικός *επίθ* rhetorical

ρητός *επίθ* express. *(σαφής)* explicit. **~ όρος** *(ο)* stipulation

ρήτρα *(η)* clause

ρηχός *επίθ* shallow

ρίγα *επίθ* ruler. *(γραμμή)* pin

ριγέ *επίθ άκλ* striped

ρίγος *(το)* thrill

ριγώ *ρ αμτβ* shudder

ριγώνω *ρ μτβ* line

ρίζα *(η)* root. *(λέξης)* stem

ριζικός *επίθ* root. *(βασικός)* radical

ριζοσπάστης *(ο)* radical

ρίζωμα *(το)* taking root

ριζώνω *ρ μτβ/αμτβ* root

ρίμα *(η)* rhyme

ρινγκ *(το) άκλ* (boxing) ring

ρινίζω *ρ μτβ* file

ρινικός *επίθ* nasal

ρινίσματα *(τα)* filings

ρινόκερος *(ο)* rhinoceros

ρίξιμο *(το)* throw. *(αντιπάλου)* tackle

ριπή *(η) (ανέμου)* gust. *(στρ)* volley

ρίχν|ω *ρ μτβ* throw. *(αεροπλάνο)* shoot down. *(άνεμος)* blow down. *(δίκτυα)* cast. *(πετώ)* toss. *(πυροβολό)* shoot. *(φύλλα, δέρμα)* shed. **~ κάτω** knock over. **~ χαλάζι** hail. **το ~ έξω** have fun

ρίχνομαι *ρ αμτβ* throw o.s. *(επιθετικά)* lunge. *(σε γυναίκα)* make a pass

ριψοκινδυνεύω *ρ μτβ* risk. **~** *ρ αμτβ* venture

ρόδα *(η)* wheel

ροδάκι *(το)* castor

ροδάκινο *(το)* peach

ροδέλα *(η)* washer

ρόδι *(το)* pomegranate

ρόδινος *επίθ* rosy

ρόδο *(το)* rose

ροδοδάφνη *(η)* oleander

ροδοκόκκινος *επίθ* ruddy

ροδόνερο *(το)* rose water

ροδοπέταλο *(το)* rose petal

Ρόδος *(η)* Rhodes

ροζ *επίθ άκλ* pink. **~** *(το)* pink

ροζάριο *(το) (εκκλ)* rosary

ροζέ *(το)* rosé (wine)

ροζέτα *(η)* rosette

ροζιάρικος *επίθ* gnarled

ρόζος *(ο) (ξύλου)* knob. *(χεριού)* callus

ροή *(η)* flow

ροκανίζω *ρ μτβ* gnaw

ροκ *(η) άκλ (μουσ)* rock

ροκανίδι *(το)* (wood) filing. **~ζω** *ρ μτβ* gnaw. *(ξύλο)* plane

ρολάρω *ρ αμτβ* scroll. **~προς τα κάτω** scroll down

ρολό *(το)* roll. *(παραθύρου)* roller blind

ρολογάς *(ο)* watchmaker

ρολόι *(το)* clock. *(του χεριού)* watch. **σαν ~** like clockwork

ρόλος *(ο)* role

ρομάντζο (το) romance

ρομαντι|κός επίθ romantic.
~σμός (ο) romanticism

ρόμβος[1] (ο) diamond (shape)

ρόμβος[2] (ο) turbot

ρόμπα (η) dressing gown. (του μπάνιου) bathrobe

ρομπότ (το) άκλ robot

ροντέο (το) άκλ rodeo

ρόπαλο (το) club. (κοντό) cudgel. (κρίκετ) bat

ροπή (η) propensity, tendency

ρόπτρο (το) knocker

ρόστο (το) browned meat

ρουά! άκλ check! (in chess)

ρουζ (το) άκλ rouge

ρουθούνι (το) nostril

ρουθουνίζω ρ αμτβ snort

ρουλέτα (η) roulette

Ρουμαν|ία (η) Romania.
~ικός επίθ Romanian

Ρουμάν|ος (ο), **~α** (η) Romanian

ρούμι (το) rum

ρουμπίνι (το) ruby

ρουσφέτι (το) political favour

ρουτίνα (η) routine

ρουφηξιά (η) swig. (καπνού) puff. (μεγάλη) gulp. (μικρή) sip. (μύτης) sniff

ρουφιάνος (ο) pimp

ρουφήχτρα (η) whirlpool

ρουφώ ρ μτβ suck. (καπνό) inhale. (με τη μύτη) sniff

ρουχισμός (ο) clothing

ρούχ|ο (το) cloth. (ένδυμα) garment. **~α** (τα) clothes

ρόφημα (το) beverage

ροχαλητό (το) snoring

ροχαλίζω ρ αμτβ snore

ρυάκι (το) brook

ρύγχος (το) muzzle (of animal)

ρυζάλευρο (το) rice flour

ρύζι (το) rice. (μη αποφλοιωμένο) paddy

ρυζόγαλο (το) rice pudding

ρυθμίζω ρ μτβ adjust.
(κανονίζω) regulate. (μηχ) tune.
(ορίζω) set. (ραδιόφωνο) tune

ρυθμικός επίθ rhythmic(al)

ρύθμιση (η) regulation. (τεχν) adjustment

ρυθμός (ο) rhythm. (μουσ) swing

ρυμοτομία (η) town planning

ρυμούλκηση (η) tow

ρυμουλκό (το) (ναυτ) tug.
(όχημα) towing vehicle

ρυμουλκώ ρ μτβ tow

ρυπαίνω ρ μτβ pollute

ρύπανση (η) pollution

ρύπος (ο) pollutant

ρυτίδα (η) wrinkle

ρυτιδώνω ρ μτβ wrinkle

ρώγα (η) teat. (μαστού) nipple.
(σταφυλιού) grape

ρωγμή (η) crack. (βαθιά) crevasse. (τοίχου) crevice

ρωμαϊκός επίθ Roman

ρωμαιοκαθολικός επίθ Roman Catholic

ρωμαίικ|ος επίθ modern Greek.
~ο (το) modern Greece. **~α** (τα) vernacular Greek

Ρωμαί|ος (η), **~α** (ο) Roman

ρωμαλέος επίθ robust.
(ανθεκτικός) stout

Ρωμι|ός (ο) modern Greek.
~οσύνη (η) modern Greek nation

Ρώμη¹ (η) Rome
ρώμη² (η) robustness
Ρωσσία (η) Russia
ρωσσικός επίθ Russian. **~ά** (τα) Russian
Ρώσσος (ο), **Ρωσσίδα** (η) Russian
ρωτώ ρ μτβ ask. (ανακρίνω) question

Σσ

σαβάνα (η) savanna
σάβανο (το) shroud
Σάββατο (το) Saturday
σαββατοκύριακο (το) weekend
σαβούρα (η) junk. (ναυτ) ballast
σαγηνεύω ρ μτβ allure
σαγήνη (η) allure
σαγόνι (το) jaw
σαδισμός (ο) sadism
σαδιστής (ο) **~ίστρια** (η) sadist. **~ιστικός** επίθ sadistic
σαΐνι (το) hawk (bird). (μεταφ) sharp-witted person
σαΐτα (η) shuttle
σάκα (η) satchel
σακάκι (το) jacket (man's)
σακατεύω ρ μτβ maim
σακάτ|ης (ο), **~ισσα** (η) cripple
σακί (το) sack
σακίδιο (το) rucksack, haversack. (για ποδήλατο ή άλογο) saddlebag
σάκος (ο) sack

σακούλα (η) bag. **~ες** (οι) bags (under eyes)
σακουλάκι (το) sachet
σακούλι (το) βλ **σακούλα**
σακουλιάζω ρ μτβ bag. • ρ αμτβ sag
σακουλιασμένος επίθ baggy
σαλάμι (το) salami
σαλάτα (η) salad
σαλάχι (το) skate ἀκλ·
σαλέ (το) ἀκλ chalet
σαλεύω ρ μτβ stir. • ρ αμτβ move
σάλι (το) shawl
σαλιάρα (η) bib
σαλιαρίζω ρ αμτβ gibber. (ερωτοτροπώ) drool
σαλιγκάρι (το) snail
σάλι|ο (το) saliva. **βγάζω ~α** dribble
σαλόνι (το) lounge, parlour (έπιπλο) suite. (επίσημο) drawing room
σάλος (ο) turmoil. (διαμαρτυρίας) outcry. (θάλασσας) swell
σαλπάρω ρ αμτβ put to sea
σάλπιγγα (η) trumpet. (ανατ) tube. (στρ) bugle
σαλτάρω ρ αμτβ leap
σάλτο (το) leap
σάλτσα (η) sauce
σαμάρι (το) packsaddle
σαματάς (ο) racket, din
σαμουά (το) ἀκλ chamois
σαμπάνια (η) champagne
σαμποτάζ (το) ἀκλ sabotage. **~άρω** ρ μτβ sabotage
σαμπουάν (το) ἀκλ shampoo
σαμπρέλα (η) inner tube

σάμπως *επίρρ* as if. *(πιθανός)* possibly

σαν *σύνδ* when. • *μόρ* like, as. **~ να** as though. **~ να έχεις δίκιο** you may be right

σανατόριο *(το)* sanatòrium

σανίδα *(η)* plank.
~σνόουμπορντ *(η)* snowboard

σανίδι *(το)* board, plank

σανιδόσκαλα *(η)* gangway

σανός *(ο)* hay

σαντιγί *(η)* άκλ whipped cream

σάντουιτς *(το)* άκλ sandwich

σαξόφωνο *(το)* saxophone

Σαουδική Αραβία *(η)* Saudi Arabia

σάουνα *(το)* άκλ sauna

σαπίζω *ρ μτβ/ρ αμτβ* rot. *(δόντι)* decay. *(πτώμα)* putrefy

σάπιος *επίθ* rotten

σάπισμα *(το)* rot. *(δοντιού)* decay

σαπουνάδα *(η)* soapy water

σαπούνι *(το)* soap

σαπουνίζω *ρ μτβ* soap

σαπουνόπερα *(η)* soap opera

σαπουνόφουσκα *(η)* soap bubble

σάπφειρος *(ο)* sapphire

σαπωνοποιία *(το)* soap manufacture

σάρα *(η)* **~ η ~ και η μάρα** riff-raff

σαράβαλο *(το)* wreck. *(αυτοκ)* jalopy

σαράκι *(το)* woodworm. *(μεταφ)* grief

Σαρακοστή *(η)* Lent

σαράντα *επίθ* forty

σαραντάμερο *(το)* Advent

σαρανταποδαρούσα *(η)* centipede

σαρανταριά *(η)* about forty *(in number)*

σαρδέλα *(η)* sardine

σαρδόνιος *επίθ* sardonic

σάρκα *(η)* flesh

σαρκασ|μός *(ο)* sarcasm.
~τικός *επίθ* sarcastic

σαρκικός *επίθ* carnal

σαρκοβόρος *επίθ* carnivorous

σαρκοφάγος *(ο)* sarcophagus

σαρκώδης *επίθ* fleshy

σάρπα *(η)* stole, shawl

σαρώνω *ρ μτβ* sweep. *(ραντάρ, Η.Υ)* scan. *(μεταφ)* sweep the board

σας *αντων* you, yours

σασί *(το)* άκλ chassis

σαστίζω *ρ μτβ* perplex. • *ρ αμτβ* be taken aback

σαστισμένος *επίθ* perplexed. *(συγχυσμένος)* bewildered

σατανάς *(ο)* Satan

σατανικός *επίθ* satanic

σατέν *(το)* άκλ satin

σάτιρα *(η)* satire

σατιρίζω *ρ μτβ* satirize

σατιρικός *επίθ* satirical

σατράπ|ης *(ο)*, **~ισσα** *(η)* tyrant

σάτυρος *(ο)* Satyr. *(ασελγής)* lecher

σαύρα *(η)* lizard

σαφάρι *(το)* safari

σαφράνι *(το)* saffron

σαφήνεια *(η)* plainness

σαφής *επίθ* plain. *(ευκρινής)* clear. **~ώς** *επίρρ* plainly, clearly

σαχλαμάρ|α (*η*) idiocy. **~ας**
(*o*) loudmouth. **~ες** (*οι*)
nonsense

σαχλός *επίθ* soppy

σβάρνα (*η*) harrow

σβέλτος *επίθ* nimble.
(*γρήγορος*) nippy

σβέρκος (*o*) neck

σβήνω *ρ μτβ* put out.
(*ανάμνηση*) blot out. (*γράψιμο*)
erase, rub out. (*δίψα*) quench.
(*κερί*) snuff. (*τσιγάρο*) stub out.
(*φως*, TV) switch off, turn off.
(*φωτιά*) extinguish. • *ρ αμτβ* go
out. (*ενθουσιασμός*) fizzle out.
(*εξαφανίζομαι*) die out. (*κερί*)
blow out. (*κινητήρας*) stall.
(*φωνή*) tail off. (*φως*, *ήχος*) fade

σβηστός *επίθ* switched off.
(*φωνή*) feeble

σβόλος (*o*) clod. (*σε υγρό*) lump

σβούρα (*η*) spinning top

σγουρός *επίθ* curly

σε¹ *πρόθ* (*κίνηση*) to. (*στάση*) in,
at. (*τρόπος, σχέση, χρόνος*) in

σε² *αντων* you

σέβας (*το*) respect

σεβάσμιος *επίθ* venerable

σεβασμός (*o*) respect.
(*επιθυμίας άλλου*) deference

σεβαστός *επίθ* august. (*ποσό
χρημάτων*) tidy

σέβομαι *ρ μτβ* respect. (*πολύ*)
revere

σεζλόνγκ (*η*) *άκλ* deck chair

σειρά (*η*) series. (*ακολουθία*)
sequence. (*γραμμή*) row.
(*επισκέψεων*) round. (*θέση*)
turn. (*θημάτων*) course.
(*προϊόντων*) range

σειρήνα (*η*) siren. (*εργοστασίου*)
hooter

σεισμός (*o*) earthquake

σεΐχης (*o*) sheikh

σείω *ρ μτβ* shake. (*ουρά*) wag

σέκτα (*η*) sect

σέλα (*η*) saddle

σελέμης (*o*) bum, hanger-on

σελήνη (*η*) moon

σεληνια|κός *επίθ* lunar.
~νιός (*o*) epilepsy

σεληνόφωτο|ς *επίθ* moonlit.
~ (*το*) moonlight

σελίδα (*η*) page

σελίνι (*το*) shilling

σέλινο (*το*) celery

σελώνω *ρ μτβ* saddle

σεμινάριο (*το*) seminar

σεμν|ός *επίθ* demure. (*κοπέλα*)
maidenly. (*μετριόφρονας*)
modest. **~ητα** (*η*) modesty

σεμνότυφος *επίθ* prudish

σένα *αντων* you

σενάριο (*το*) scenario. (*κιν
ταινίας*) script

σεναριογράφος (*o, η*)
scriptwriter

σεντέφι (*το*) mother of pearl

σεντόνι (*το*) sheet

σεντούκι (*το*) chest, trunk

σεξ (*το*) *άκλ* sex

σεξιστής (*o*) sexist

σεξουαλικός *επίθ* sexual

Σεπτέμβρης (*o*) *βλ*
Σεπτέμβριος

Σεπτέμβριος (*o*) September

σερβίρισμα (*το*) sitting (*in
restaurant*)

σερβίρω *ρ μτβ* serve. (*ποτά*)
pour. (*σε τραπέζι*) wait

σέρβις (*το*) *άκλ* service

σερβιτόρα (η) waitress. (σε μπαρ) barmaid

σερβιτόρος (ο) waiter. (σε μπαρ) barman

σερβίτσιο (το) (dinner) service

σεργιάνι (το) stroll

σερμπέτι (το) sherbet

σέρν|ω ρ μτβ drag. (τα πόδια) shuffle. **~ομαι** ρ αμτβ crawl. (έρπω) creep. (ταπεινώνομαι) grovel

σερπαντίνα (η) (paper) streamer

σεσουάρ (το) άκλ hair dryer

σέσουλα (η) scoop

σηκών|ω ρ μτβ raise. (άγκυρα) weigh. (ανέχομαι) stand for. (ανυψώνω) lift. (το τραπέζι) clear. (τους ώμους) shrug. (φορτίο) carry. (ψηλά) hoist. **~ομαι** ρ αμτβ rise. (από πέσιμο) pick o.s. up. (από κρεβάτι) get up. (όρθιος) stand up. (τρίχες) bristle

σήμα (το) signal. (αναγνωριστικό) sign. (ηχητικό) bleep

σημαδεμένος επίθ marked. (σακάτης) crippled

σημαδεύω ρ μτβ mark. (με όπλο) aim. (σακατεύω) cripple

σημάδι (το) sign. (αναγνωριστικό) mark. (ίχνος) track. (οιωνός) omen. (στόχος) target. (σωματικό) scar

σημαδούρα (η) buoy

σημαία (η) flag. (στρ) ensign. (συλλόγου) banner

σημαίνω ρ αμτβ signify, matter. (έχω έννοια) mean. (ηχώ) sound

σημαιοφόρος (ο) flag bearer

σημαντικός επίθ significant, important. (αξιόλογος) substantial, considerable

σημασία (η) significance, importance. (έννοια) meaning

σημείο (το) mark. (θέση) point. (μαθημ, νεύμα) sign. (οιωνός) omen

σημείωμα (το) note

σημειωματάριο (το) jotter, notebook

σημειών|ω ρ μτβ mark. (γράφω) write down. (υπόψη) note. **~ επιτυχία** score

σημείωση (η) note

σήμερα επίρρ today. **~** (το) today. **~ αύριο** one of these days

σημύδα (η) birch (tree)

σηπτικός επίθ septic

σήραγγα (η) tunnel

σησάμι (το) sesame

σηψαιμία (η) septicaemia

σήψη (η) putrefaction. (ιατρ) sepsis

σθεναρός επίθ vigorous

σθένος (το) vigour

σία συντ (συντροφία) Co (Company). **και ~** and Co

σιαγόνα (η) jaw

σιάζω ρ μτβ tidy up. **~ομαι** ρ αμτβ tidy o.s. up

σιγά επίρρ quietly. (αργά) slowly. **~ !** easy! **~** slowly. (σταδιακά) a little at a time

σιγαλιά (η) quiet

σιγανός επίθ quiet. (αργός) slow

σιγαστήρας (ο) silencer

σιγή (η) silence

σιγοβράζω ρ μτβ/ρ αμτβ simmer

σιγοβρέχει ρ απρόσ drizzle
σιγουριά (η) certainty.
 (ασφάλεια) security
σίγουρ|ος επίθ certain.
 (σταθερός) sure. (στο πάτημα)
 sure-footed. **~α** επίρρ surely
σιδεράκια (τα) brace (dental)
σιδεράς (ο) smith
σιδερένιος επίθ iron
σίδερ|ο (το) iron. **~α** (τα)
 chains. (φυλακή) bars
σιδέρωμα (το) ironing
σιδερώνω ρ μτβ iron, press
σιδερώστρα (η) ironing board
σιδηροδρομικ|ός επίθ railway.
 ~ός σταθμός (ο) railway
 station
σιδηρόδρομος (ο) railway
σιδηροπώλης (ο) ironmonger
σίδηρος (ο) iron (metal)
σιδηρουργ|είο (το) ironworks.
 ~ός (ο) blacksmith
σικ (το) άκλ chic
σίκαλη (η) rye
Σικελία (η) Sicily
σιλικόνη (η) silicone
σιλό (το) άκλ silo
σιλουέτα (η) silhouette.
 (γυναίκας) figure
σιμιγδάλι (το) semolina
σινεμά (το) άκλ cinema
σινικός επίθ Chinese
σιντριβάνι (το) fountain
σίριαλ (το) άκλ (TV) serial
σιρόκος (ο) sirocco
σιρόπι (το) syrup
σιταποθήκη (η) barn
σιτάλευρο (το) wheat flour
σιταρένιος επίθ wholemeal,
 wheaten

σιτάρι (το) wheat
σιτεμένος επίθ high (of meat)
σιτευτός επίθ fattened
σιτηρά (τα) cereals
σιτοβολώνας (ο) granary
σιφόνι (το) siphon
σιφονιέρα (η) chest of drawers
σίφουνας (ο) whirlwind
σιχαίνομαι ρ μτβ loathe.
 (αηδιάζω) be disgusted
σιχαμένος επίθ loathsome
σιχασιάρης (ο) squeamish
σιωπή (η) silence. **~!** quiet!
σιωπηλός επίθ silent, quiet
σιωπηρός επίρρ tacit
σιωπώ ρ αμτβ remain silent
σκάβω ρ μτβ dig. **∙** ρ αμτβ
 burrow
σκάγι (το) pellet (for gun)
σκάζω ρ μτβ/ρ αμτβ burst.
 (δέρμα) chap. (στενοχωρώ)
 exasperate. **~σε!** shut up! **το**
 ~ζω run off
σκαθάρι (το) beetle
σκάκι (το) chess
σκακιέρα (η) chess-board
σκάλα (η) stairs. (ανάμεσα σε
 δύο ορόφους) flight of stairs.
 (κινητή) ladder. (κυλιόμενη)
 escalator. (σε κτίριο) staircase.
 (φορητή, μικρή) stepladder
σκαλί (το) stair. (κινητής
 σκάλας) rung
σκαλίζω ρ μτβ scratch. (γύρω
 από φυτά) hoe. (μάρμαρο)
 sculpt. (μηχανήματα) tinker
 with. (ξύλο) carve. (φωτιά)
 poke. (χώμα) rake up. (ψάχνω)
 poke
σκαλιστήρι (το) hoe
σκαλοπάτι (το) step

σκαλωσιά (η) scaffolding

σκαμνάκι (το) footstool

σκαμνί (το) stool

σκανδάλη (η) trigger

σκανδαλίζω ρ μτβ scandalize

σκάνδαλο (το) scandal

σκανδαλώδης επίθ scandalous

Σκανδιναβία (η) Scandinavia

σκανταλιά (η) romp. **~ρης** επίθ mischievous

σκαντζόχοιρος (ο) hedgehog

σκαπάνη (η) pick

σκαραβαίος (ο) scarab

σκαρί (το) stock (for ships). (μεταφ) build

σκαρφαλώνω ρ μτβ clamber up. (με χέρια και πόδια) scramble up. (τοίχο) scale

σκαρφίζομαι ρ αμτβ dream up

σκαρώνω ρ μτβ trump up. (γρήγορα) whip up

σκάσιμο (το) bursting. (δέρματος) chap. (ελαστικού) blowout

σκασμένος επίθ burst. (ελαστικό) flat

σκασμός (ο) **~!** shut up!

σκατό (το) shit

σκάφη (η) (μπουγάδας) washtub. (πότισμα ζώων) trough

σκάφος (το) craft ἀκλ. (κύτος πλοίου) hull. (πλοίο) vessel, ship

σκάψιμο (το) digging

σκεβρώνω ρ μτβ/ρ αμτβ warp. (καμπουριάζω) bend

σκέλεθρο (το) skeleton

σκελετός (ο) skeleton. (γυαλιών) frame. (κτιρίου) shell. (τεχνικού έργου) framework

σκελετώδης επίθ skeletal

σκελίδα (η) clove of garlic

σκέλος (το) leg

σκεπάζω ρ μτβ cover. (παιδί) tuck in (bed). (συγκαλύπτω) cover up. (χιόνι) blanket

σκεπή (η) roof

σκεπτικ|ιστής (ο), **~ίστρια** (η) sceptic

σκεπτικό|ς επίθ thoughtful. **~** (το) grounds (for decision)

σκέπτομαι ρ αμτβ βλ **σκέφτομαι**

σκέρτσο (το) flirtation

σκέτ|ος επίθ unmixed. (καφές) black. (οινοπνευματώδες) neat. (ποτό) straight. **~α** επίρρ straight. **νέτα ~α** point blank

σκεύος (το) utensil

σκευοφόρος (ο) luggage van

σκευωρία (η) machination

σκεπτικός επίθ thoughtful

σκέφτομαι ρ μτβ/ρ αμτβ think (about, of). (επινοώ) think up. (έχω στο νου) have in mind. (λαμβάνω υπόψη) consider. (προσεκτικά) think over. (συλλογίζομαι) reflect. (στοχάζομαι) contemplate

σκέψη (η) thought. (διαλογισμός) deliberation. (συλλογισμός) reflection. (φροντίδα) consideration

σκην|ή (η) tent. (θέατρ) stage. (ιερή, των Εβραίων) tabernacle. (καβγάς) scene. (κινήματ) scene, take. **~ές** (οι) (ταινίας) trailer

σκηνικ|ός επίθ scenic. **~ό** (το) (θέατρ) set. **~ά** (τα) (θέατρ) scenery.

σκηνογράφος (ο, η) (θέατρ) designer.

σκηνοθεσία (η) (θέατρ)
direction.

σκηνοθέτης (ο), **~ρια** (η)
(θέατρ) director.

σκήπτρο (το) sceptre

σκι (το) άκλ ski. (θαλάσσιο)
water-ski

σκιά (η) shadow. (δέντρου)
shade. (ματιών) eye shadow

σκιαγραφώ ρ μτβ outline.
(σκιτσάρω) sketch out

σκιάζω ρ μτβ shade

σκιάχτρο (το) scarecrow

σκιερός επίθ shady, shadowy

σκίζω ρ μτβ tear. (βίαια) rip.
(χωρίζω σε δύο) split

σκίουρος (ο) squirrel

σκίσιμο (το) tear. (μεγάλο) rip.
(χωρισμός σε δύο) split

σκίτσο (το) sketch

σκλαβιά (η) slavery

σκλάβ|ος (ο), **~α** (η) slave

σκλαβώνω ρ μτβ enslave.
(γοητεύω) enrapture

σκληραγωγώ ρ μτβ toughen
(to hardship)

σκληραίνω ρ μτβ/ρ αμτβ
harden. (μεταφ) stiffen

σκληρός επίθ unkind. (κρέας)
tough. (όχι μαλακός) hard. (που
δεν κάμπτεται) stiff. (στη συμπε-
ριφορά) cruel. (συνθήκες) harsh.
~δίσκος (ο) (Η.Υ.) hard disk

σκληρότητα (η) unkindness.
(απονιά) cruelty. (έλλειψη
ελαστικότητας) hardness.
(κρέατος) toughness.
(συμπεριφοράς) harshness

σκνίπα (η) gnat

σκοινί (το) rope. (για δέσιμο)
tether. (για ρούχα) clothes line.

σκόνη (η) powder. (κονιορτός)
dust. (πλυσίματος) washing
powder

σκονισμένος επίθ dusty

σκοντάφτω ρ αμτβ trip up

σκοπευτήριο (το) rifle range

σκοπευτής (ο) marksman

σκοπεύω ρ μτβ aim. (έχω στο
νου) intend, have in mind

σκοπιά (η) lookout post.
(μεταφ) point of view

σκόπιμος επίθ expedient.
(προμελετημένος) deliberate

σκοπός (ο) aim. (επιδίωξη)
purpose. (μουσικός) tune.
(πρόθεση) goal. (στρ) sentry.
(φρουρός) lookout

σκορβούτο (το) scurvy

σκορδαλιά (η) garlic sauce

σκόρδο (το) garlic

σκόρος (ο) (clothes) moth

σκοροφαγωμένος επίθ moth-
eaten

σκορπίζω ρ μτβ scatter.
(απλώνω) strew. (πλήθος)
disperse. (μεταφ) throw around.
• ρ αμτβ (διαλύομαι) disintegrate

σκορπιός (ο) scorpion. **Σ~** (ο)
(αστρ) Scorpio

σκόρπιος επίθ loose

σκορπώ ρ μτβ βλ **σκορπίζω**

σκοτάδι (το) darkness, dark

σκοτεινιάζω ρ μτβ/ρ αμτβ
darken. (ουρανός) become
overcast. **~ει** it's getting
dark

σκοτειν|ός επίθ dark. (ζοφερός)
murky. (μελαγχολικός) gloomy.
(σκυθρωπός) sullen. (ύπουλος)
sinister. **~ά** (τα) dark

Σκοτία (η) Scotland

σκοτί|ζω _ρ μτβ_ bother. _(αμερ)_ bug. **~ζομαι** _ρ αμτβ_ bother. **~στηκα!** I couldn't care less

σκοτούρα _(η)_ worry

σκοτσέζικος _επίθ_ Scottish

σκότωμα _(το)_ killing

σκοτωμός _(ο)_ killing. _(εξαντλητική δουλειά)_ fag. _(συνωστισμός)_ scramble

σκοτών|ω _ρ μτβ_ kill. **~ομαι** _ρ αμτβ_ kill o.s. _(δείχνω ζήλο)_ bend over backwards

σκούζω _ρ αμτβ_ hoot

σκουλαρίκι _(το)_ earring

σκουλήκι _(το)_ worm. _(εντόμων)_ larva. _(σε νεκρή ύλη)_ maggot

σκουμπρί _(το)_ mackerel _άκλ_

σκούνα _(η)_ schooner

σκουντώ _ρ μτβ_ prod. _(με τον αγκώνα)_ nudge

σκούξιμο _(το)_ hoot

σκουντουφλώ _ρ αμτβ_ trip over. _(παραπατώ)_ stumble

σκούπα _(η)_ broom, brush. _(ηλεκτρική)_ vacuum, hoover

σκουπίδι _(το)_ rubbish

σκουπιδιάρης _(ο)_ dustman

σκουπιδοτενεκές _(ο)_ dustbin

σκουπίζω _ρ μτβ_ sweep. _(με ηλεκτρική σκούπα)_ vacuum clean. _(με πετσέτα)_ wipe

σκουριά _(η)_ rust

σκουριάζω _ρ μτβ/ρ αμτβ_ rust

σκούρ|ος _επίθ_ dark. _(ρούχα)_ sombre

σκούφια _(η)_ bonnet

σκούφος _(ο)_ cap. _(στο πάνω μέρος του κεφαλιού)_ skullcap

σκύβαλο _(το)_ sifting. _(σκουπίδια)_ refuse

σκύβω _ρ μτβ/ρ αμτβ_ stoop, bend. _(προς τα εμπρός)_ lean forward/over

σκυθρωπός _επίθ_ sullen, glum.

σκύλα _(η)_ bitch

σκυλί _(το)_ dog. **~σιος** _επίθ_ canine

σκυλιάζω _ρ αμτβ_ see red

σκυλόδοντο _(το)_ canine tooth

σκυλοδρομία _(η)_ dog racing

σκυλοκαβγάς _(ο)_ dogfight

σκύλος _(ο)_ dog

σκυλόψαρο _(το)_ dogfish

σκύμνος _(ο)_ cub

σκυρόδεμα _(το)_ concrete

σκυτάλη _(η)_ _(αθλ)_ baton

σκυταλοδρομία _(η)_ relay (race)

σκύψιμο _(το)_ stoop

σκωληκοειδ|ής _επίθ_ wormlike. **~ής απόφυση** _(η)_ appendix. **~ίτιδα** _(η)_ appendicitis

Σλάβ|ος _(ο)_, **~α** _(η)_ Slav

σλόγκαν _(το)_ _άκλ_ slogan

σμάλτο _(το)_ enamel. _(σε κεραμικά)_ glaze

σμαλτώνω _ρ μτβ_ enamel. _(κεραμικά)_ glaze

σμαράγδι _(το)_ emerald

σμέουρο _(το)_ raspberry

σμηναγός _(ο)_ flight lieutenant

σμήναρχος _(ο)_ group captain

σμήνος _(το)_ swarm

σμίγω _ρ αμτβ_ mingle. _(συναντιέμαι)_ meet

σμίκρυνση _(η)_ reduction in size

σμίλη _(η)_ chisel

σμόκιν _(το)_ _άκλ_ dinner jacket, _(αμερ)_ tuxedo

σμύρη _(η)_ emery

σμυριδόχαρτο (το) emery board

σμύρνα (η) myrrh

σνομπ επιθ ἀκλ snobbish. **~** (ο) snob. **~ισμός** (ο) snobbery

σοβαρ|ός επιθ serious. (αξιοπρεπής) solemn. (αρρώστια) severe. (ατύχημα) bad. (εμπνέει φόβους) grave. **~ά** επίρρ seriously

σοβαρότητα (η) seriousness. (αξιοπρέπεια) solemnity. (βαρύτητα) severity

σοβάς (ο) plaster (for walls)

σοβατίζω ρ μτβ plaster

σοβιετικός επιθ Soviet

σοβινισ|μός (ο) chauvinism. **~τικός** επιθ chauvinistic

σόγια (η) soya bean

σόδα (η) soda water

σοδειά (η) crop

σόι (το) folks, family. (είδος) kind

σοκ (το) ἀκλ shock

σοκάκι (το) alley

σόκιν επιθ ἀκλ risqué

σοκολάτα (η) chocolate

σόλα (η) sole (of shoe)

σόλο (το) ἀκλ (μουσ) solo

σολομός (ο) salmon ἀκλ

σόμπα (η) stove

σονάτα (η) sonata

σονέτο (το) sonnet

σοπράνο (η) ἀκλ soprano

σορός (ο) coffin

σορτσάκια (τα) shorts

σοσιαλιστής (ο), **~ίστρια** (η) socialist

σου αντων you, your, yours

σούβλα (η) spit. (μαγ) large pieces of meat cooked on a skewer over charcoal

σουβλάκι (το) kebab

σουβλερός επιθ sharp (pain)

σουβλί (το) (small) skewer

σουβλιά (η) stab (sensation). (πόνου) twinge

σουγιάς (ο) penknife. (με ελατήριο) flick-knife

Σουηδία (η) Sweden

σουηδικός επιθ Swedish

Σουηδ|ός (ο), **~έζα** (η) Swede

σουλατσάρω ρ αμτβ stroll, saunter

σουλάτσο (το) stroll

σουλτανίνα (η) (σταφίδα) sultana

σουλτάνος (ο) sultan

σουξέ (το) ἀκλ hit (song)

σούπα (η) soup

σουπιά (η) cuttlefish

σουπιέρα (η) tureen

σουπλά (το) ἀκλ place mat

σουρεαλισμός (ο) surrealism

σουρεαλ|ιστής (ο), **~ίστρια** (η) surrealist

σούρουπο (το) dusk

σουρώνω ρ μτβ strain, sieve. (ύφασμα) gather. • ρ αμτβ shrink

σουρωτήρι (το) strainer. (για λαχανικά) colander

σουσάμι (το) sesame

σούστα (η) (διπλό κουμπί) press-stud. (ελατήριο) spring. (λαϊκός χορός) type of folk dance

σουτιέν (το) ἀκλ bra

σουφρώνω ρ μτβ shrink. (χείλη) purse. (μεταφ) lift, steal

σοφία (η) wisdom

σοφίζομαι ρ αμτβ think up

σοφίτα (η) attic

σοφός επίθ wise, scholarly

σπάγκος (ο) string

σπαζοκεφαλιά (η) teaser

σπάζω ρ μτβ/ρ αμτβ break. (καρύδι) crack. (πόδι, χέρι) fracture. (σε κομμάτια) snap. (συντρίβω) smash

σπαθί (το) sword. (χαρτιά) club

σπάλα (η) (μαy) shoulder

σπανάκι (το) spinach

σπανακόπιτα (η) spinach pie

σπάνιος επίθ rare. (εκλεκτός) exceptional. (λιγοστός) scarce

σπανιότητα (η) rarity

σπαράγγι (το) asparagus

σπαραγμός (ο) heartbreak

σπαράζω ρ μτβ tear up. • ρ αμτβ writhe

σπαραχτικός επίθ heart-rending

σπάργανο (το) swaddling cloth

σπαρταρώ ρ αμτβ wriggle

σπαρτό (το) crop

σπασίκλας (ο) swot

σπάσιμο (το) breakage. (κάταγμα) fracture. (κήλη) rupture. (στο διάβασμα) swot

σπασμένος επίθ broken. (με κάταγμα) fractured

σπασμός (ο) convulsion, spasm. (παροξυσμός) fit

σπατάλη (η) waste. (χρημάτων) extravagance

σπάταλος επίθ wasteful. (σε δαπάνη) extravagant

σπαταλώ ρ μτβ waste. (μεταφ) dissipate

σπάτουλα (η) spatula. (τάρτας) (cake) slice

σπείρα (η) coil. (κακοποιών) gang

σπείρωμα (το) coil. (βίδας) thread

σπέρμα (το) sperm. (ανθρώπινο) semen. (των φυτών) seed

σπέρνω ρ μτβ sow

σπηλιά (η) cave. (μεγάλη) cavern. (μικρή) grotto

σπίθα (η) spark

σπιθαμή (η) span

σπινθήρας (ο) spark

σπινθηροβολώ ρ αμτβ sparkle. (κοσμήματα) glitter

σπίνος (ο) finch

σπιρούνι (το) spur

σπίρτο (το) (safety) match

σπιρτοκούτι (το) matchbox. (αλκοόλη) spirit

σπιρτόζος επίθ witty

σπιτάκι (το) small house. (σκύλου) kennel

σπίτι (το) home

σπιτικό (το) household

σπιτονοικοκυρά (η) landlady

σπιτονοικοκύρης (ο) landlord

σπλάχνα (τα) bowels

σπλαχνικός επίθ compassionate

σπλήνα (η) spleen

σπογγώδης επίθ spongy

σπονδυλικός επίθ spinal. ~ή στήλη (η) spine. (μεταφ) backbone

σπόνδυλος (ο) vertebra

σπόνσορας (ο) sponsor

σπόντα (η) dig, remark

σπορ (το) *άκλ* sport

σπορά (η) sowing. *(μεταφ)* offspring

Σποράδες (οι) Sporades *(islands in the Aegean)*

σποραδικός *επίθ* sporadic

σποριάζω *ρ αμτβ* go to seed

σπόρος (ο) seed

σπουδάζω *ρ μτβ/ρ αμτβ* study

σπουδαίος *επίθ* important

σπουδασμένος *επίθ* educated

σπουδ|αστής (η), **~άστρια** (η) student

σπουδή (η) *(βιασύνη)* haste. *(μελέτη)* study

σπουργίτι (το) sparrow

σπρωξιά (η) push

σπρώξιμο (το) push. *(με βία)* shove

σπρώχνω *ρ μτβ* push. *(απότομα)* thrust. *(με βία)* shove. *(παρακινώ)* drive. *(πλήθη)* jostle

σπυράκι (το) pimple

σπυρί (το) spot *(pimple)*. *(σπόρος)* seed

στάβλος (ο) stable

σταγόνα (η) drop

σταγονόμετρο (το) dropper

σταδιακός *επίθ* gradual

στάδιο (το) stage. *(για αθλητικούς αγώνες)* stadium

σταδιοδρομία (η) career

στάζω *ρ μτβ/ρ αμτβ* drop. *(ιδρώτας)* drip. *(τρέχω)* trickle

σταθεροποιώ *ρ μτβ* stabilize

σταθερός *επίθ* steady. *(αμετάβλητος)* consistent. *(απόψεις)* firm. *(θερμοκρασία)* stable. *(πιστός)* constant

σταθμά (τα) weights

σταθμάρχης (ο) stationmaster

στάθμευση (η) parking

σταθμεύω *ρ αμτβ* park

στάθμη (η) spirit level

σταθμός (ο) station. *(αμερ)* depot. *(μεταφ)* landmark

στάλα (η) drop

σταλαγμίτης (ο) stalagmite

σταλακτίτης (ο) stalactite

σταλιά (η) drop. *(ποσότητα)* a little

σταμάτημα (το) stop. *(διακοπή)* halt

σταματ|ώ *ρ μτβ/ρ αμτβ* stop. *(διακόπτω)* halt. *(παύω να λειτουργώ)* come to a standstill. *(στιγμιαία)* pause

στάμνα (η) large jug

στάνη (η) sheepfold

στανιό (το) force

στάξιμο (το) dripping

στάση (η) *(διακοπή λειτουργίας)* stoppage. *(εξέγερση)* riot. *(εργασίας)* walk-out. *(θέση σώματος)* posture. *(λεωφορείου)* stop. *(συμπεριφορά)* attitude. *(φέρσιμο)* manner

στασιάζω *ρ αμτβ* mutiny

στασίδι (το) pew

στάσιμος *επίθ* stationary. *(νερό)* stagnant. *(υπάλληλος)* unfit for promotion

στατικ|ή (η) statics. **~ός** *επίθ* static

στατιστική (η) statistics

σταυροδρόμι (το) crossroads

σταυροκοπιέμαι *ρ αμτβ (εκκλ)* cross oneself

σταυρόλεξο (το) crossword

σταυρός (ο) cross

σταυροφορία *(η)* crusade

σταυρώνω *ρ μτβ* cross. *(θανατώνω)* crucify. *(τα χέρια)* fold

σταύρωση *(η)* crucifixion

σταυρωτός *επίθ* crisscross. *(σακάκι)* double-breasted. **~ά** *επιρρ* across

σταφίδα *(η)* raisin. **κορινθιακή ~** currant

σταφιδιάζω *ρ αμτβ* dry up. *(μεταφ)* wrinkle up

σταφύλι *(το)* grape

στάχτη *(η)* ash

σταχτής *επίθ* ashen

σταχτοδοχείο *(το)* ashtray

στεγάζω *ρ μτβ* cover with a roof. *(προσφέρω στέγη)* house

στεγανός *επίθ* sealed. *(από νερό)* watertight

στέγαση *(η)* housing

στέγη *(η)* roof. *(κατάλυμα)* shelter. **~ από άχυρο** thatch

στεγνοκαθαρίζω *ρ μτβ* dry-clean

στεγνοκαθαριστήριο *(το)* dry-cleaner's

στεγνός *επίθ* dry

στεγνώνω *ρ μτβ/ρ αμτβ* dry. *(από δίψα)* be parched

στείρος *επίθ* barren, infertile

στείρωση *(η)* sterilization

στέκα *(η)* (billiards) cue

στέκι *(το)* haunt, joint

στέκομαι *ρ αμτβ* stand. *(συμπαραστέκομαι)* stand by, support

στέκω *ρ αμτβ βλ* **στέκομαι**

στέλεχος *(το)* stem. *(απόδειξης)* counterfoil. *(βιολ)* strain.

(διπλότυπου βιβλίου) stub. *(επιχείρησης)* executive

στέλνω *ρ μτβ* send. *(εμπορεύματα)* ship. **~email** email. **~μήνυμα** (SMS) text

στέμμα *(το)* crown

στεναγμός *(o)* sigh

στενεύω *ρ μτβ* narrow. *(ρούχα)* take in. • *ρ αμτβ* be tight

στενό *(το)* (mountain) pass. *(σε θάλασσες)* strait

στενογραφία *(η)* shorthand

στενοκέφαλος *επίθ* narrow-minded

στενός *επίθ* narrow. *(ρούχα)* tight. *(σχέση)* intimate. *(φίλος)* close

στενοχωρεμένος *επίθ* worried. *(οικονομικά)* hard up

στενοχώρια *(η)* worry. *(δυσχέρεια)* bother. *(θλίψη)* distress. *(οικονομική)* difficulty

στενόχωρος *επίθ* confined. *(που δυσφορεί)* impatient. *(προκαλεί δυσφορία)* uneasy

στενοχωρ|ώ *ρ μτβ* distress. *(προκαλώ θλίψη)* grieve. **~ιέμαι** *ρ αμτβ* worry. *(λυπούμαι)* fret

στερεοποιώ *ρ μτβ* solidify

στερεός *επίθ* solid

στερεότυπος *επίθ* stereotyped

στερεωμένος *επίθ* secure *(fixed)*

στερεώνω *ρ μτβ* fix. *(παράθυρο, σύρτη)* fasten. *(κάνω σταθερό)* secure. *(μεταφ)* cement

στέρηση *(η)* deprivation. *(ταλαιπωρία)* hardship

στεριά *(η)* land

στερλίνα *(η)* sterling

στερνός *επίθ* last

στερ|ώ ρ μτβ deprive. **~ούμαι** ρ αμτβ lack

στεφάνη (η) hoop

στεφάνι (το) wreath

στέφανα (τα) wedding crowns

στέφω ρ μτβ crown. (σε γάμο) marry

στέψη (η) coronation

στηθόδεσμος (ο) brassiere

στήθος (το) chest. (γυναίκας) bust. (μαστός) breast

στηθοσκόπιο (το) stethoscope

στήλη (η) column. (αρχιτ) pillar

στημένος επίθ made-up. **~η δουλειά** (η) put-up job

στήνω ρ μτβ stand. (καβγά) pick. (παγίδα) lay. (σκηνή) pitch

στήριγμα (το) support. (ποδιού) foothold. (στύλωμα) brace. (τοίχου) buttress. (μεταφ) mainstay

στηρίζω ρ μτβ prop. (ελπίδες) pin. (θεμελιώνω) base. (στυλώνω) brace. (υποβαστάζω) support. **~ομαι** ρ αμτβ lean (up) on. **~ομαι σε** rely on, depend on

στήριξη (η) support. (ελπίδων) pinning. (θεμελίωση) reliance

στιβάδα (η) stack. (χιονιού) drift

στίβο|ς (ο) track (sport). **αγώνες ~υ** (οι) field events

στίγμα (το) stigma. (ηθικό) slur, stigma. (σημάδι) fleck

στιγματίζω ρ μτβ stigmatize. (υπόληψη) brand

στιγμή (η) instant. (μονάδα χρόνου) moment. (τελεία) dot

στιγμιαίος επίθ momentary. (ρόφημα) instant

στιγμιότυπο (το) snapshot

στιλ (το) άκλ style

στιλβωτής (ο) polisher

στιλβώνω ρ μτβ polish. (παπούτσια) shine

στιλέτο (το) stiletto

στιλίστας (ο) stylist

στιλπνός επίθ sleek

στίξη (η) punctuation

στιφάδο (το) meat and onion stew

στίχο|ς (ο) verse (line). **~ι** (τραγουδιού) lyrics

στοά (η) portico. (καταστημάτων) arcade. (τεκτονική) (masonic) lodge

στοίβα (η) pile, stack

στοιβάζω ρ μτβ pile. (στριμώχνω) pack

στοιχείο (το) element. (αρχή) rudiment. (δεδομένο) data. (ηλεκτρ) cell. (λεπτομέρεια) detail. (τυπογραφικό) type

στοιχειό (το) spirit

στοιχειοθεσία (η) typesetting

στοιχειώδης επίθ elementary. (θεμελιώδης) rudimentary

στοιχειωμένος επίθ haunted

στοιχειώνω ρ μτβ haunt. • ρ αμτβ become haunted

στοίχημα (το) bet. (με λεφτά) wager

στοιχηματίζω ρ μτβ/ρ αμτβ bet, wager

στοιχίζω ρ αμτβ cost

στοίχος (ο) file, row

στόκος (ο) putty

στολή (η) uniform

στολίδι (το) ornament

στολίζω ρ μτβ decorate. (εξωραΐζω) embellish.

(καλλωπίζω) adorn. (μεταφ) tick off

στολισμός (ο) adornment

στόλος (ο) fleet

στόμα (το) mouth

στομάχι (το) stomach

στομαχόπονος (ο) stomachache

στόμιο (το) opening. (αερισμού) vent. (αντλίας) spout. (σωλήνα) nozzle. (υδρολήψίας) hydrant

στόμφος (ο) pomposity

στορ (το) άκλ roller blind

στοργή (η) affection

στόρι (το) venetian blind

στούντιο (το) άκλ studio

στουπί (το) oakum. **~ στο μεθύσι** blind drunk

στοχάζομαι ρ αμτβ reflect

στοχασμός (ο) reflection

στόχαστρο (το) viewfinder

στόχος (ο) target. (σκοπός) aim

στραβισμός (ο) squinting

στραβοκοιτάζω ρ μτβ glower

στραβολαιμιάζω ρ αμτβ get a stiff neck

στραβομάρα (η) blindness

στραβόξυλο (το) peevish person

στραβοπατώ ρ αμτβ miss one's footing. (μεταφ) take a false step

στραβοπόδης επίθ bandy-legged

στραβός επίρρ (λοξός) askew. (όχι ίσιος) crooked. (τυφλός) blind. (μεταφ) wrong. **~ά** επίρρ askew. (όχι σωστά) amiss

στραβώνω ρ μτβ twist. (θαμπώνω) dazzle. (το

(πρόσωπο) screw up. (τυφλώνω) blind

στραγγαλ|ίζω ρ μτβ strangle. **~ιστής** (ο) **~ίστρια** (η) strangler

στραγγίζω ρ μτβ drain

στραγγιστήρι (το) strainer. (για λαχανικά) colander. (για πιάτα) draining board

στραμπουλίζω ρ μτβ sprain

στρατάρχης (ο) field marshal

στράτευμα (το) army

στρατεύομαι ρ αμτβ enlist

στρατήγημα (το) stratagem

στρατηγικ|ή (η) strategy. **~ός** επίθ strategic

στρατηγός (ο) general

στρατιώτης (ο) soldier. (του ιππικού) trooper

στρατιωτικός επίθ military. **~** (το) military service

στρατοδικείο (το) court martial

στρατολογία (η) recruitment. (για θητεία) conscription

στρατολογώ ρ μτβ recruit, (αμερ) draft. (για θητεία) conscript. (στο στρατό) enlist

στρατόπεδο (το) camp

στρατός (ο) army

στρατώνας (ο) barracks

στρατωνίζω ρ μτβ billet

στρεβλώνω ρ μτβ contort

στρείδι (το) oyster

στρέμμα (το) area equal to 1000² metres

στρέφ|ω ρ μτβ direct (attention). **~ω εναντίον** turn against. **~ομαι** ρ μτβ (για βοήθεια) turn to. **~ομαι εναντίον** turn on (attack). • ρ αμτβ turn round

στρίβω *ρ μτβ* wring. (*νήμα*) twine. (*περιστρέφω*) twist. • *ρ αμτβ* turn. (*φεύγω γρήγορα*) shove off

στρίγκλα (*η*) shrew (*woman*)

στριγκλιά (*η*) shriek

στριγκλίζω *ρ αμτβ* shriek

στριγκός *επίθ* shrill

στριμμένος *επίθ* twisted

στριμώχνω *ρ μτβ* pack, cram, jam. (*μεταξύ δύο επιφανειών*) sandwich. (*μεταφ*) corner. ~**ομαι** *ρ αμτβ* crowd

στρίποδο (*το*) trestle

στριφογυρίζω *ρ μτβ* turn round. • *ρ αμτβ* wriggle. (*στο κρεββάτι*) toss and turn

στρίφωμα (*το*) hem

στροβιλίζω *ρ μτβ* spin. ~**ομαι** *ρ αμτβ* whirl

στρόβιλος (*ο*) swirl. (*σε νερό*) eddy

στρογγυλεύω *ρ μτβ* make round. (*τιμή*) round off. • *ρ αμτβ* fill out

στρογγυλός *επίθ* round

στρουθοκάμηλος (*ο*) ostrich

στρουμπουλός *επίθ* chubby. (*γυναίκα*) buxom

στρόφαλος (*ο*) crank

στροφείο (*το*) swivel

στροφή (*η*) turn. (*αυτοκ*) rev. (*δρόμου*) bend. (*ποίηση*) verse, stanza

στρόφιγγα (*η*) stopcock

στρυφνός *επίθ* sour

στρυχνίνη (*η*) strychnine

στρώμα (*το*) layer. (*ατμόσφαιρας*) stratum. (*επίστρωση*) coating. (*κρεβατιού*) mattress. (*μπογιάς*)

coat. (*πάγου*) sheet. (*σκόνης*) film

στρώνω *ρ μτβ* spread. (*κρεβάτι*) make. (*όχημα*) run in. (*στην επιφάνεια*) surface. (*τραπέζι*) lay. • *ρ αμτβ* settle down

στρωσίδι (*το*) bedcover. ~**α** (*τα*) bedclothes

στρωτός *επίθ* smooth. (*χωρίς ανωμαλίες*) even

στύβω *ρ μτβ* squeeze

στυγερός *επίθ* heinous

στυλό (*το*) fountain pen

στυλοβάτης (*ο*) prop. (*μεταφ*) mainstay

στυπόχαρτο (*το*) blotting paper

στυπτικός *επίθ* astringent

στύση (*η*) erection

στυφός *επίθ* sour. (*γεύση*) acrid

στωικός *επίθ* stoical

συ *αντων* you, *βλ* **εσύ**

συγγένεια (*η*) relationship, blood tie. (*σχέση*) affinity

συγγενεύω *ρ αμτβ* be related

συγγενής *επίθ* akin. (*εκ γενετής*) congenital. ~ (*ο*) relative

συγ(γ)νώμη (*η*) apology. **συγγνώμη!** sorry!

συγγραφέας (*ο, η*) writer, author

συγκαλύπτω *ρ μτβ* gloss over. (*αποκρύβω*) hush up

συγκαλώ *ρ μτβ* convene

συγκατάβαση (*η*) condescension

συγκαταβατικός *επίθ* condescending

συγκατάθεση (*η*) consent

συγκαταλέγω ρ μτβ number, include

συγκατανεύω ρ αμτβ acquiesce

συγκατοικώ ρ μτβ share house with

συγκεκριμέν|ος επίθ particular. (*πρόταση*) concrete. (*ιδιαίτερος*) specific. **~α** επίρρ specifically, particularly

συγκεντρών|ω ρ μτβ gather. (*θάρρος*) summon up. (*προσοχή*) focus. (*συναθροίζω άτομα*) assemble. (*ψήφους*) poll. **~ομαι** ρ μτβ concentrate. (*σε ομάδα*) cluster

συγκέντρωση (η) gathering. (*διανοητική*) concentration. (*κυνηγών*) meet. (*παλιών φίλων*) reunion

συγκεχυμένος επίθ vague. (*ιδέες*) woolly. (*υπερδεμένος*) confused

συγκίνηση (η) emotion. (*διέγερση*) excitement

συγκινητικός επίθ moving, emotional. (*σκηνή*) touching

συγκινώ ρ μτβ move, touch. (*διεγείρω*) excite

σύγκλητος (η) (*πανεπ*) senate

συγκλίνω ρ αμτβ converge

συγκλονίζω ρ μτβ shake, shock

συγκοινωνία (η) communication. (*μέσα μεταφοράς*) transport

συγκολλώ ρ μτβ weld. (*με λιωμένο μέταλλο*) solder

συγκομιδή (η) harvest crop

συγκοπή (η) syncopation

συγκράτηση (η) restraint

συγκρατ|ώ ρ μτβ hold. (*δεν αφήνω να εκδηλωθεί*) restrain. (*ενισχύω*) bear. (*κρατώ*) keep

back. **~ιέμαι** ρ αμτβ contain o.s.

συγκρίνω ρ μτβ compare

σύγκριση (η) comparison

συγκριτικός επίθ comparative

συγκρότημα (το) complex. (*ανθρώπων*) group

συγκρότηση (η) formation

συγκροτώ ρ μτβ form

συγκρούομαι ρ αμτβ clash. (*βρίσκομαι σε αντίθεση*) conflict. (*πέφτω με δύναμη*) collide

σύγκρουση (η) clash. (*αυτοκ*) crash, collision

συγυρίζω ρ μτβ tidy (up)

συγχαίρω ρ μτβ congratulate

συγχαρητήρια (τα) congratulations

συγχρονίζω ρ μτβ synchronize

σύγχρονος επίθ up-to-date. (*ίδιας περιόδου*) contemporary. (*ταυτόχρονος*) simultaneous

συγχύζω ρ μτβ confuse. (*φέρνω σε αμηχανία*) bewilder. (*ψυχική ταραχή*) disturb

σύγχυση (η) confusion. (*αμηχανία*) bewilderment. (*μπέρδεμα*) muddle. (*ταραχή*) disturbance

συγχωνεύω ρ μτβ amalgamate. (*εμπορ*) merge

συγχώρεση (η) forgiveness

συγχωρ|ώ ρ μτβ pardon, forgive. **με ~είτε!** I beg your pardon!

συζήτηση (η) discussion. (*αντιλογία*) argument. (*δημόσια*) debate

συζητώ ρ μτβ discuss. (*ανταλλάσσω σκέψεις*) talk

over. (δημόσια) debate.
(λογομαχώ) argue

συζυγικός επίθ conjugal, matrimonial

σύζυγος (ο, η) spouse. **~** (η) wife. **~** ο husband

συζώ ρ αμτβ cohabit

συκιά (η) fig tree

σύκο (το) fig

συκοφάντης (ο), **~ρια** (η) slanderer

συκοφαντία (η) slander. **~ώ** ρ μτβ slander

συκωτάκια (τα) (πουλιού) giblets

συκώτι (το) liver

συλλαβή (η) syllable

συλλαβίζω ρ μτβ spell out. (διαβάζω) read with difficulty. (διαχωρίζω) separate into syllables

συλλαμβάνω ρ μτβ capture. (εγκληματία) arrest. • ρ αμτβ (γυναίκα) conceive. (σκέψη) grasp

συλλέκτης (ο) collector

σύλληψη (η) capture, arrest. (για γυναίκα) conception

συλλογή (η) collection. (σκέψη) contemplation

συλλογίζομαι ρ μτβ/ρ αμτβ ponder. (λογαριάζω) consider. (σκέπτομαι) contemplate

συλλογικός επίθ collective

συλλογισμένος επίθ thoughtful. (απασχολημένος) preoccupied

συλλογισμός (ο) reasoning

σύλλογος (ο) association, body

συλλυπητήρια (τα) condolences

συλφίδα (η) sylph

συμβαδίζω ρ αμτβ be in step (with)

συμβαίν|ω ρ αμτβ occur, happen. • απρόσ happen. **τι ~ει**; what is the matter?

συμβάν (το) occurrence

σύμβαση (η) contract

συμβατικός επίθ conventional

συμβατός επίθ compatible

συμβία (η) wife

συμβιβάζ|ω ρ μτβ reconcile. **~ομαι** ρ αμτβ reconcile o.s.

συμβιβασμός (ο) reconciliation. (μετριασμός) compromise

συμβίωση (η) co-existence

συμβόλαιο (το) covenant

συμβολαιογράφος (ο) notary

συμβολή (η) contribution

συμβολίζω ρ μτβ symbolize. (ιδέας) stand for

συμβολικός επίθ symbolic(al)

σύμβολο (το) symbol

συμβουλεύ|ω ρ μτβ advise. **~ομαι** ρ μτβ consult

συμβουλή (η) advice

συμβούλιο (το) council. (διοικ) board

σύμβουλος (ο, η) adviser, consultant

συμμαζεύω ρ μτβ gather

συμμαθητής (ο), **~ήτρια** (η) classmate

συμμαχία (η) alliance

σύμμαχος (ο) ally

συμμερίζομαι ρ μτβ be in sympathy with

συμμετέχω ρ αμτβ (σε) participate (in)

συμμετοχή (η) participation. (σε αγώνα) entry

συμμέτοχος (ο) participant

συμμετρία (η) symmetry. **~ικός** επίθ symmetrical

συμμορία (η) gang

συμμορφών|ω ρ μτβ force to conform. **~ομαι** ρ μτβ conform. (προσαρμόζομαι) **~ομαι με** comply with

συμπαγής επίθ compact

συμπάθεια (η) sympathy. (για πρόσωπο) liking

συμπαθητικός επίθ sympathetic. (αξιαγάπητος) likeable

συμπάθιο (το) pardon. **με το ~** with all due respect

συμπαθώ ρ μτβ sympathize. (αισθάνομαι συμπάθεια) like

συμπαίκτης (ο), **~ρια** (η) (σπορ) partner

σύμπαν (το) universe

συμπατριώτης (ο), **~ισσα** (η) compatriot

συμπεθεριό (το) relationship by marriage

συμπεραίνω ρ μτβ/αμτβ infer, conclude

συμπέρασμα (το) inference, conclusion

συμπεριλαμβάνω ρ μτβ include

συμπεριφέρομαι ρ αμτβ behave

συμπεριφορά (η) behaviour. (διαγωγή) conduct

συμπίεση (η) compression

συμπίπτω ρ αμτβ coincide. (αριθμοί) agree

σύμπλεγμα (το) complex

συμπλέκ|ω ρ μτβ interlace. **~ομαι με** ρ αμτβ come to blows with

συμπλέκτης (ο) (αυτοκ) clutch

συμπλήρωμα (το) complement. (βιβλίου) supplement

συμπληρωματικός επίθ complementary. (επιπρόσθετος) supplementary

συμπληρώνω ρ μτβ complement. (γεμίζω τα κενά) replenish. (έντυπο) fill in. (προσθέτω) supplement

συμπλήρωση (η) completion

συμπλοκή (η) scuffle. (ανάμεσα σε στρατούς) encounter

σύμπνοια (η) concord

συμπολίτης (ο), **~ισσα** (η) fellow citizen

συμπονώ ρ μτβ have compassion for

συμπόσιο (το) banquet. (επιστημονικό) symposium

σύμπραξη (η) joint action

σύμπτωμα (το) symptom

σύμπτωση (η) coincidence

συμπυκνώνω ρ μτβ condense

συμφέρον (το) interest (advantage). (εμπορ) stake

συμφεροντολόγος επίθ calculating

συμφέρω ρ αμτβ be to one's advantage

συμφιλιών|ω ρ μτβ reconcile. **~ομαι** ρ αμτβ make it up

συμφορά (η) calamity

συμφόρηση (η) congestion

συμφραζόμενα (τα) context

σύμφωνα επίρρ according. **~ με** in accordance with

συμφωνητικό (το) (written) agreement

συμφωνία (η) agreement. (αμοιβαία υπόσχεση) deal. (μουσ) symphony. (όρος) understanding. (ταύτιση απόψεων) accord

σύμφωνο (το) pact. (γραμμ) consonant

σύμφωνος επίθ agreeable. ~ **με** consistent with

συμφωνώ ρ μτβ/ρ αμτβ agree. (ταιριάζω) be consistent (with). (σύγκριση) tally (with)

συμψηφίζω ρ μτβ offset

συν πρόθ with. (μαθημ) plus

συναγερμός (ο) alarm. (συγκέντρωση) rally

συναγρίδα (η) sea bream

συναγωγή (η) synagogue

συναγωνίζομαι ρ αμτβ fight together. (ανταγωνίζομαι) compete. (αμιλλώμαι) vie

συναγωνισμός (ο) competition

συναγωνιστής (ο), **~ίστρια** (η) comrade

συνάδελφος (ο, η) colleague

συναίνεση (η) consensus

συναισθάνομαι ρ αμτβ feel (be conscious of)

συναίσθημα (το) sentiment

συναισθηματικός επίθ sentimental

συναίσθηση (η) sense, awareness

συναλλαγή (η) transaction

συνάλλαγμα (το) foreign exchange

συναλλαγματική (η) bill of exchange

συναλλάσσομαι ρ μτβ transact

συναναστρέφομαι ρ αμτβ mix with, keep company with

συνάντηση (η) meeting. (αθλητική) fixture. (απροσδόκητη) encounter

συναντώ ρ μτβ meet. (απροσδόκητα) encounter. (κατά τύχη) run into, bump into

συνάπτω ρ μβτ (γάμο) contract. (συναρμόζω) attach. (χρέη) incur

συναρμολογώ ρ μτβ (μηχ) assemble

συναρπάζω ρ μτβ fascinate. (καταγοητεύω) enthral. (προσοχή) grip

συναρπαστικός επίθ thrilling, exciting

συνασπισμός (ο) alliance. (κυβερνητικός) coalition. (πολιτ) bloc

συναυλία (η) concert

συναφής επίθ pertinent

συνάχι (το) cold. (αλλεργικό, την άνοιξη) hay fever

συνδεδεμένος επίθ connected

σύνδεση (η) linkage. (τηλεφωνική) connection

σύνδεσμος (ο) link. (γραμμ) conjunction. (ένωση) association. (στρ) liaison

συνδετήρας (ο) fastener. (χαρτιού) paperclip

συνδέω ρ μτβ link. (τηλέφωνο) put through. (τραίνα) connect. (χαρτιά) clip. **~ομαι** ρ αμτβ have a relationship. (ερωτικά) have an affair

συνδιάλεξη (η) conversation

συνδιάσκεψη (η) conference

συνδικάτο (το) trade union

συνδρομή (η) assistance. (χρηματική καταβολή) subscription

συνδρομ|ητής (ο), **~ήτρια** (η) subscriber

σύνδρομο (το) syndrome

συνδυάζω ρ μτβ combine

συνδυασμός (ο) combination

συνεδριάζω ρ αμτβ (βουλή) sit. (επιτροπή) meet

συνέδριο (το) convention

συνείδηση (η) conscience. (αντίληψη) consciousness

συνειδητός επίθ conscious

συνεισφέρω ρ μτβ contribute

συνέλευση (η) assembly

συνεννόηση (η) understanding. (ανταλλαγή σκέψεων) consultation

συνεννοούμαι ρ αμτβ arrive at an understanding. (ανταλλάσσω απόψεις) exchange views

συνενοχή (η) complicity

συνένοχος (ο, η) accomplice

συνέντευξη (η) interview

συνενών|ω ρ μτβ join together. (εμπ) merge. **~ομαι** ρ αμτβ gang up

συνεπάγομαι ρ μτβ entail

συνέπεια (η) consequence. (συμφωνία) consistency

συνεπής επίθ consistent

σύνεργα (τα) kit, gear

συνεργάζομαι ρ αμτβ collaborate. (με εφημερίδα) contribute (to)

συνεργάτ|ης (ο), **~ις** (η) collaborator. (επιχείρησης) associate. (εφημερίδας) contributor

συνεργείο (το) crew. (gang) (εργαστήριο) workshop. (εργάτες) gang

συνέρχομαι ρ αμτβ convene. (από αρρώστια) recover. (από πλήγμα) get over. (βρίσκω τις αισθήσεις) come to

σύνεση (η) prudence

συνεσταλμένος επίθ timid

συνεταιρισμός (ο) partnership. (ένωση) co-operative

συνέταιρος (ο) (business) partner

συνετός επίθ prudent

συνεφέρνω ρ μτβlρ αμτβ revive

συνέχεια (η) continuation. (ό, τι ακολουθεί) sequel

συνεχής επίθ continuous. (χωρίς διακοπή) constant. (διαδοχικός) consecutive. **~ώς** επίρρ continuously, constantly

συνεχίζω ρ μτβlρ αμτβ continue. (μετά από διακοπή) resume

συνήγορος (ο, η) counsel, (αμερ) advocate

συνήθεια (η) habit. (έθιμο) custom

συνήθης επίθ usual. (κατά κανόνα) customary. (όχι έκτακτος) ordinary. **~ως** επίρρ usually

συνηθίζω ρ μτβlαμτβ be used to. (εξοικειώνομαι) get accustomed (to). (κάνω από συνήθεια) be in the habit (of)

συνηθισμένος επίθ usual. (από συνήθεια) habitual. (εξοικειωμένος) accustomed, used. (μη εξαιρετικός) ordinary. (που συνηθίζεται) customary

συνημμένος επίθ attached

σύνθεση (η) synthesis. (μουσ) composition. (χημ) compound

συνθέτης (ο) composer

συνθετικός επίθ synthetic

σύνθετος επίθ compound

συνθέτω ρ αμτβ synthesize. (μουσ) compose

συνθήκη (η) treaty. (περίσταση) circumstance

συνθηκολογώ ρ αμτβ capitulate. (συνθήκη) conclude a treaty

σύνθημα (το) sign. (λέξη) catchword. (στρ) password. (φράση) slogan

συνθηματικός επίθ signal. (κώδικα) coded

συνθλίβω ρ μτβ crush. (ζουλώ) squash

συνίσταμαι ρ αμτβ consist of

συνιστώ ρ μτβ constitute. (συσταίνω) recommend

συννεφιά (η) cloudiness

συννεφιάζω ρ αμτβ cloud over

συννεφιασμένος επίθ cloudy. (καιρός) overcast

σύννεφο (το) cloud

συνοδεία (η) escort. (μουσ) accompaniment. (πολλοί μαζί) convoy

συνοδεύω ρ μτβ accompany. (για φρούρηση) escort. (κοπέλα) chaperon

συνοδοιπόρος (ο, η) fellow traveller. (πολιτ) sympathizer

σύνοδος (ο) synod

συνοδός (ο, η) attendant. (αεροπ) steward, stewardess. (καβαλιέρος) escort. (νέας κοπέλας) chaperon

συνοικέσιο (το) arranged marriage

συνοικία (η) quarter, district. **~ισμός** (ο) settlement

συνοικικός επίθ total

σύνολο (το) whole. (άθροισμα) total. (δημοπρασία) lot

συνομήλικος επίθ contemporary (of the same age)

συνομιλητής (ο), **~ήτρια** (η) interlocutor

συνομιλία (η) conversation

συνομιλώ ρ αμτβ converse

συνοπτικός επίθ concise

συνορεύω ρ αμτβ have a common border

σύνορο (το) boundary. (μεταξύ χωρών) border, frontier

συνουσία (η) copulation, fornication

συνοφρυώνομαι ρ αμτβ frown

συνοχή (η) continuity

σύνοψη (η) synopsis. (περίληψη) précis

συνταγή (η) (ιατρ) prescription. (μαγειρική) (η) recipe

σύνταγμα (το) constitution. (στρ) regiment

συνταγματάρχης (ο) colonel

συνταγματικός επίθ constitutional

συντάκτης (ο), **~ρια** (η) compiler. (δημοσιογράφος) editor

σύνταξη (η) pension. (γραμμ) syntax

συνταξιούχος επίθ retired. **~** (ο, η) pensioner

συνταράζω ρ μτβ shake, shock

συντάσσω ρ μτβ compile. (έγγραφο) draw up. (εφημερίδα) edit

συντελεστής (ο) factor. (μαθημ) co-efficient

συντελώ ρ αμτβ be conducive (to). **~ούμαι** ρ αμτβ take place

συντέμνω ρ μτβ abbreviate

συντήρηση (η) preservation. (διατροφή) sustenance. (μηχ) maintenance

συντηρητικός επίθ conservative

συντηρώ ρ μτβ preserve. (διατηρώ) sustain. (διατρέφω) support, keep. (μηχ) maintain

σύντμηση (η) abbreviation

συντομεύω ρ μτβ shorten. (γραπτό λόγο) abridge

συντομία (η) brevity

σύντομος επίθ brief. (μικρής διάρκειας) short. **~α** επίρρ briefly. (σε μικρό χρόνο) soon

συντονίζω ρ μτβ co-ordinate

συντρέχω ρ μτβ succour

συντριβάνι (το) fountain

συντριβή (η) smash. (θλίψη) contrition

συντρίβω ρ μτβ smash. (αεροπλάνο) crash. (μεταφ) shatter

συντρίμματα (τα) debris

συντρίμμι (το) wreckage

συντριπτικός επίθ overwhelming

συντροφιά (η) companionship. (παρέα) company

σύντροφος (ο, η) mate. (μεταξύ κομμουνιστών) comrade. (σύζυγος) companion

συνυπάρχω ρ αμτβ coexist

συνωμοσία (η) plot. (εχθρική ενέργεια) conspiracy

συνωμοτώ ρ αμτβ plot. (πολιτ) conspire

συνώνυμο|ς επίθ synonymous. **~** (το) synonym

συνωστισμός (ο) crush (mass of people)

σύξυλος επίθ dumbfounded

Συρία (η) Syria

σύριγγα (η) syringe

Σύρι|ος (η), **~α** (ο) Syrian

σύρμα (το) wire. (για τις κατσαρόλες) scourer. (καθαρίσματος) steel wool

συρματόπλεγμα (το) barbed wire

σύρραξη (η) scuffle

συρραπτικό (το) (εργαλείο) stapler

συρρέω ρ αμτβ flock

συρροή (η) throng

συρτάκι (το) Greek folk dance

συρτάρι (το) drawer. (ταμειακής μηχανής) till

σύρτης (ο) bolt

συρτ|ός επίθ sliding. **~ή φωνή** (η) drawl. **~ός** (ο) circular Greek folk dance

συρφετός (ο) rabble

συσκέπτομαι ρ αμτβ confer

συσκευάζω ρ μτβ package. **~ασία** (η) packaging

συσκευή (η) apparatus. (οικιακή) appliance. (ραδιόφωνο, TV) set

σύσκεψη (η) conference. (ανταλλαγή γνωμών) consultation

συσκοτίζω ρ μτβ black out. (κάνω ασαφές) obscure

συσκότιση (η) black-out

σύσπαση (η) contortion

συσπειρών|ω ρ μτβ coil. **~ομαι** ρ αμτβ rally

συσσίτιο (το) (στρ) mess

σύσσωμος *επίθ* as one body

συσσωρευτ|ικός *επίθ* cumulative. **~ής** (*ο*) (car) battery. (*ηλεκτρ*) accumulator

συσσωρεύω *ρ μτβ* accumulate. (*φυλάω*) hoard

συστάδα (*η*) clump (*of trees*)

σύσταση (*η*) (*γραπτή μαρτυρία*) reference. (*επιστολής*) registration. (*παρουσίαση*) introduction. (*συμβουλή*) recommendation. (*σύνθεση*) composition

συστατικ|ός *επίθ* component. **~ό** (*το*) ingredient

συστέλλω *ρ μτβ* contract

σύστημα (*το*) system

συστηματικός *επίθ* systematic

συστήνω *ρ μτβ* recommend. (*επιστολή*) register. (*πρόσωπα*) introduce

συστολή (*η*) contraction

συσφίγγω *ρ μτβ* tighten. (*περισφίγγω*) constrict

σύσφιξη (*η*) constriction

συσχετίζω *ρ μτβ* associate. (*καθορίζω σχέση*) correlate

σύφιλη (*η*) syphilis

συχνάζω *ρ αμτβ* frequent

συχν|ός *επίθ* frequent. **~ά** *επιρρ* often, frequently

συχνότητα (*η*) frequency. (*επαναλήψεων*) incidence

σφαγείο (*το*) abattoir. (*καθομ*) slaughterhouse. (*μακελειό*) massacre

σφαγή (*η*) slaughter. (*ομαδική*) massacre

σφάγιο (*το*) slaughtered animal

σφαδάζω *ρ αμτβ* writhe

σφάζω *ρ μτβ* slaughter. (*κρεοπώλης*) butcher

σφαίρα (*η*) ball. (*βόλι*) bullet. (*γη*) globe. (*μεταφ*) sphere

σφαλιάρα (*η*) whack

σφάλλω *ρ αμτβ* err (*sin*)

σφάλμα (*το*) error

σφεντόνα (*η*) sling

σφετερίζομαι *ρ μτβ* usurp

σφήκα (*η*) hornet

σφήνα (*η*) wedge

σφηνώνω *ρ μτβ* wedge. (*παρεμβάλλω*) embed

σφίγγα (*η*) sphinx

σφίγγ|ω *ρ μτβ* clasp. (*δόντια*) clench. (*πιέζω ολόγυρα*) grip. (*στην αγκαλιά*) hug. (*τα δυνατά*) tighten. (*χέρι*) squeeze. • *ρ αμτβ* set. (*παπούτσια*) pinch. **~ομαι** *ρ μτβ* make great effort (to). (*πάνω σε κάποιον*) snuggle (against)

σφίξιμο (*το*) squeeze

σφιχτός *επίθ* tight, firm

σφιχτοχέρης *επίθ* tightfisted

σφοδρός *επίθ* vehement. (*άνεμος*) strong. (*επίθεση*) violent

σφουγγάρι (*το*) sponge

σφουγγαρίζω *ρ μτβ* mop

σφουγγίζω *ρ μτβ* wipe, dry. (*με σφουγγάρι*) sponge

σφραγίδα (*η*) (*αντικείμενο*) rubber stamp. (*επίσημη*) seal. (*σε χρυσά*) hallmark. (*σήμα*) stamp

σφραγίζω *ρ μτβ* stamp. (*δόντι*) fill. (*κλείνω*) seal

σφρίγος (*το*) verve

σφυγμός (*ο*) pulse

σφυρηλατώ *ρ μτβ* forge

σφυρί (*το*) hammer. (*ξύλινο*) mallet

σφύριγμα (το) whistle. (αποδοκιμασίας) hiss. (σειρήνας) blast

σφυρίζω ρ μτβ whistle. (σφαίρα) hiss

σφυρίχτρα (η) whistle (instrument)

σφυρήλατος wrought

σφυροκοπώ ρ μτβ hammer

σχάρα (η) rack. (κουζίνας) grill. (μεταλλικό) grate. (οροφής, αυτοκ) roof rack

σχάση (η) fission

σχεδία (η) raft

σχεδιάγραμμα (το) figure (picture)

σχεδιάζω ρ μτβ design. (ετοιμάζω) map out. (ιχνογραφώ) draw. (σκοπεύω) plan

σχεδιαστής (ο) draughtsman

σχέδιο (το) drawing. (εμπ) design. (επιδίωξη) scheme. (προκαταρκτικό) draft. (σκοπός) plan

σχεδόν επίρρ nearly. (περίπου) almost. ~ **ποτέ** hardly ever

σχέση (η) relationship. (αναλογία) relevance. (αναφορά) bearing. ~**εις** (οι) relationship

σχετίζ|ω ρ μτβ relate. ~**ομαι με** ρ αμτβ relate to. (φιλικά) be acquainted with

σχετικ|ός επίθ relevant. (όχι απόλυτος) relative. ~**ά** επίρρ relatively. ~**ά με** with respect to

σχήμα (το) shape, form. (διάσταση σελίδων) format. (σχεδιάγραμμα) figure

σχηματίζω ρ μτβ form. (δίνω σχήμα) shape. ~ **αριθμό** dial

σχίζα (η) sliver

σχιζοφρένεια (η) schizophrenia

σχίζω ρ μτβ slit. (ρούχο, χαρτί) tear

σχίσμα (το) schism

σχισμή (η) rift. (σακακιού) vent. (σε τοίχο) crack. (σε ρούχα) slit

σχιστόλιθος (ο) flagstone

σχοινάκι (το) skipping rope

σχοινί (το) rope. (αλεξίπτωτου) ripcord

σχοινοβάτης (ο) ropewalker

σχολάζω ρ αμτβ knock off, finish work

σχολαστικ|ός επίθ scrupulous. (ασχολούμενος με τους τύπους) pedantic. (ιδιότροπος) fussy. ~**ά** επίρρ scrupulously

σχολείο (το) school. ~ **μέσης εκπαιδεύσεως** secondary school. **δημοτικό** ~ primary school

σχολή (η) faculty. ~ **οδηγών** driving school

σχολιάζω ρ μτβ comment on. (κείμενο) annotate

σχολιαστής (ο) (radio, TV) commentator. (βιβλίου) annotator

σχολικός επίθ scholastic. (σχολείου) school

σχόλιο (το) comment. (βιβλίου) annotation. (ραδιόφωνο) commentary

σωβινισ|μός (ο) chauvinism. ~**τής** (ο) chauvinist

σώβρακο (το) underpants. (μακρύ) long johns

σώζω ρ μτβ save

σωθικά (τα) insides, entrails

σωληνάριο (το) tube (toothpaste, cream)

σωλήνας (ο) pipe, tube. (ανατ) tract

σωληνοειδής *επίθ* tubular

σωλήνωση (η) tubing

σώμα (το) body. (στρ) corps

σωματείο (το) association. (συντεχνία) guild

σωματεμπόριο (το) slave trade

σωματέμπορος (ο) slave trader

σωματικ|ός *επίθ* bodily. (τιμωρία) corporal. ~ή **διάπλαση** (η) physique. ~ή **έρευνα** (η) body search

σωματοφύλακας (ο) bodyguard

σωματώδης *επίθ* portly

σών|ω *ρ μτβ* save. (τελειώνω) run out of. ~ει και καλά at all costs

σώος *επίθ* safe. ~ και **αβλαβής** safe and sound

σωπαίνω *ρ μτβ* silence *ρ αμτβ* hold one's tongue

σωριάζω *ρ μτβ* pile up. ~ομαι *ρ αμτβ* flop, drop

σωρός (ο) heap. (το ένα πάνω στ' άλλο) mound. **ένα** ~ loads of

σωσίας (ο) double

σωσίβι|ος *επίθ* life-saving. ~α **ζώνη** (η) life belt. ~α **σχεδία** (η) life raft. ~ο (το) life jacket

σωστ|ός *επίθ* right, correct. (δίκαιος) proper. (ορθός) correct. ~ά *επίρρ* rightly, correctly

σωτήρας (ο) saviour

σωτηρία (η) salvation. (γλίτωμα) saving

σωφρονίζω *ρ μτβ* bring to one's senses. (τιμωρώ) punish

σωφρονιστήριο (το) approved school

Ττ

τα *άρθρο πληθ* the

ταβάνι (το) ceiling

ταβέρνα (η) tavern

ταβερνιάρης (ο) publican

τάβλι (το) backgammon

ταγάρι (το) handwoven shoulder bag

ταγέρ (το) άκλ (woman's) suit

ταγκός *επίθ* rancid

τάγμα (το) battalion

ταγματάρχης (ο) major

τάδε αντων άκλ such and such. (για άνθρωπο) so-and-so

τάζω *ρ μτβ* promise. (εκκλ) make a vow

ταΐζω *ρ μτβ* feed

ταϊλανδέζικος *επίθ* Thai

Ταϊλάνδη (η) Thailand

ταινία (η) tape. (κινηματογραφική) film, (αμερ) movie

ταίρι (το) match. (σύντροφος) mate

ταιριάζω *ρ μτβ* match. • *ρ αμτβ* become. (συμβιβάζομαι) hit it off. (συνδυάζομαι) go with

ταιριαστός *επίθ* well-matched

τάκος (ο) chock

τακούνι (το) heel (*of shoe*)

τακτ (το) άκλ tact

τακτική (η) tactics

τακτικ|ός *επίθ* tactical. (επαναλαμβανόμενος) regular. (σταθερός) steady. ~ά *επίρρ* regularly

τακτικότητα (η) regularity

τακτοποίηση (η) arrangement

τακτοποιώ ρ μτβ settle. (ρυθμίζω) arrange

ταλαιπωρία (η) hardship

ταλαίπωρος επίθ poor, wretched

ταλαιπωρώ ρ μτβ try, put through hardship

ταλαντεύ|ω ρ μτβ sway. (αιωρώ) dangle. **~ομαι** ρ αμτβ oscillate. (μεταφ) waver

ταλαντούχος επίθ talented

ταλέντο (το) talent. (ικανότητα) aptitude

τάλιρο (το) five drachma coin

ταλκ (το) άκλ talcum powder

τάμα (το) offering (to God or a saint)

ταμείο (το) pay desk. (για εισιτήρια) booking office. (θέατρ) box office. (ίδρυμα) fund. (οργανισμού) treasury. (τραπέζης) cashier

Τάμεσης (ο) Thames

ταμίας (ο) cashier. (οργανισμού) treasurer. (σε τράπεζα) teller

ταμιευτήριο (το) savings bank

ταμπάκος (ο) snuff

ταμπλό (το) (πίνακας) painting, picture (αυτοκινήτου) dashboard

ταμπόν (το) άκλ tampon. (ιατρ) swab

ταμπού (το) άκλ taboo

ταμπούρλο (το) drum

τανάλια (η) pincers

τανκ (το) άκλ (στρ) tank

τάξη (η) (αίθουσα) classroom. (κοινωνική) class. (μαθητές) form, grade. (σειρά) order. (στρ) array. (τακτοποίηση) neatness

ταξί (το) άκλ taxi

ταξιαρχία (η) brigade

ταξίαρχος (ο) brigadier

ταξιδεύω ρ αμτβ travel

ταξίδι (το) journey. (θαλασσινό) voyage. (μακρινό και δύσκολο) trek. (σε ποτάμι) crossing. (σύντομο, με επιστροφή) trip. **~α** (τα) travel. **καλό ~** bon voyage

ταξιδιώτ|ης (ο), **~ισσα** (η) traveller

ταξιδιωτικ|ός επίθ travel. **~ή επιταγή** (η) traveller's cheque

ταξιθέτ|ης (ο) usher. **~ρια** (η) usherette

ταξίμετρο (το) taxi meter

ταξινόμηση (η) classification

ταξινομώ ρ μτβ classify. (ανάλογα με μέγεθος) size. (σε ζεύγη) pair off

ταξιτζής (ο) taxi driver

τάξος (η) yew

τάπα (η) plug (stopper)

ταπεινός επίθ humble. (από καταγωγή) low. (πρόστυχος) mean

ταπεινοφροσύνη (η) humility

ταπεινώνω ρ μτβ humiliate. (προσβάλλω) snub

ταπείνωση (η) humiliation

ταπετσαρία (η) upholstery. (τοίχου) wallpaper

ταπετσάρω ρ μτβ upholster

ταπετσιέρης (ο) upholsterer

ταπισερί (το) tapestry

ταραγμένος επίθ agitated. (καιρός) turbulent

ταράζω ρ μτβ disturb. (καταστρέφω τη γαλήνη κπ)

unsettle. *(προκαλώ σύγχυση)* upset

ταραμοσαλάτα *(η)* taramosalata *(fish roe)*

τάρανδος *(ο)* reindeer

ταράσσω *ρ μτβ βλ* **ταράζω**

ταράτσα *(η)* terrace

ταραχή *(η)* turbulence. *(ανακάτωμα)* stir. *(συγκίνηση)* upset. *(φασαρία)* tumult. *(ψυχική ανησυχία)* trepidation

ταραχοποιός *(ο)* troublemaker

ταρίχευση *(η)* taxidermy. *(νεκρών)* embalmment

ταριχεύω *ρ μτβ* stuff. *(νεκρούς)* embalm

τάρτα *(η)* tart

τάρταρα *(τα)* Hades

ταρταρούγα *(η)* tortoiseshell

τασάκι *(το)* ashtray

τάση *(η)* tendency. *(ηλεκτρ)* voltage. *(μηχ)* tension. *(τέντωμα)* stretching

τατουάζ *(το)* άκλ tattoo

ταυρομαχία *(η)* bullfight

ταυρομάχος *(ο)* bullfighter

ταύρος *(ο)* bull

ταυτίζ|ω equate. **~ομαι με** *ρ αμτβ* be equated with

ταύτιση *(η)* equation

ταυτολογία *(η)* tautology

ταυτόσημος *επίθ* synonymous. *(όμοιος)* identical

ταυτότητα *(η)* identity. *(δελτίο)* identity card

ταυτόχρονος *επίθ* simultaneous

ταφή *(η)* burial

ταφόπετρα *(η)* gravestone

τάφος *(ο)* grave. *(μεγάλος)* vault. *(μνημείο)* tomb

τάφρος *(η)* moat

τάχα *επίρρ* as if

ταχεία *(η)* express (train)

ταχίνι *(το)* sesame seed dip, tahini

ταχυδακτυλουργία *(η)* conjuring trick. **~ός** *(ο)* conjuror. *(θαυματοποιός)* magician

ταχυδρομείο *(το)* *(κατάστημα)* post office. *(υπηρεσία)* post

ταχυδρομικός *επίθ* postal

ταχυδρόμος *(ο)* postman

ταχυδρομώ *ρ μτβ* post

ταχυμεταφορ|ά *(η)* fast delivery. **υπηρεσία ~ών** *(οι)* courier service

ταχύμετρο *(το)* speedometer

ταχύρυθμος *επίθ* fast moving

ταχύς *επίθ* rapid. *(γίνεται σύντομα)* prompt

ταχύτητα *(η)* speed. *(αυτοκ)* gear. *(ενέργειας)* promptness. *(κίνησης)* velocity

ταψί *(το)* baking tin

τέζα *επίθ* άκλ stretched (out). **έμεινε ~** he kicked the bucket

τεθωρακισμέν|ος *επίθ* armoured. **~ο** *(το)* armoured vehicle

τείνω *ρ μτβ* stretch out. • *ρ αμτβ* tend. **~ να** be apt to

τέιον *(το)* αρχ tea

τείχος *(το)* (city) wall

τεκμήριο *(το)* proof. *(νομ)* exhibit

τεκμηρίωση *(η)* documentation

τέκνο *(το)* αρχ child

τεκνοποίηση *(η)* procreation

τέκτονας *(ο)* mason. *(μασόνος)* freemason

τεκτονικός επίθ Masonic

τελεί|α (η) full stop, (αμερ) period. **άνω ~α** (η) semicolon. **δύο ~ες** (οι) colon

τελειοποιώ ρ μτβ perfect

τέλειος επίθ perfect

τελείως επίρρ perfectly. (εντελώς) completely. **~ ξύπνιος** wide awake

τελειότητα (η) perfection

τελειόφοιτος επίθ (σχολ) senior

τελειώνω ρ μτβ/αμτβ finish. (περατώνω) be over. **~** ρ αμτβ (εξαντλούμαι) run out. (πεθαίνω) be finished. (περατώνομαι) be over

τελειωτικός επίθ final. **~ά** επίρρ finally

τέλεξ (το) άκλ telex

τελεσίγραφο (το) ultimatum

τελετάρχης (ο) marshal

τελετή (η) function. (εκκλ) ceremony

τελετουργία (η) ritual

τελετουργικό επίθ ritual

τελευταί|ος επίθ final. (πρόσφατος) latest. (σε σειρά) latter. (στο τέλος) last. **~α** επίρρ lately. **τώρα ~α** of late. **~ως** επίρρ latterly

τελεφερίκ (το) άκλ cable railway. (για σκι) ski lift

τέλη (τα) dues

τελικ|ός επίθ final. (ενδεχόμενος) eventual. **ο ~ός κυπέλλου** the Cup final. **ες εξετάσεις** (οι) finals. **~ά** επίρρ finally, eventually

τέλμα (το) quagmire

τέλος¹ (το) duty (tax)

τέλο|ς² (το) end. (πέρας) ending. (χρονικής περιόδου) close. **~ς πάντων** anyway. **μέχρι ~υς** to the bitter end

τελώ ρ μτβ perform. (εκκλ) celebrate

τελωνειακός επίθ (of) customs. **~ υπάλληλος** (ο) customs officer

τελωνείο (το) customs

τελώνιο (το) genie

τέμνω ρ μτβ intersect

τεμπέλης επίθ lazy, idle. **~** (ο) idler

τεμπελιά (η) idleness, laziness. (νωθρότητα) indolence

τεμπελιάζω ρ αμτβ laze. (αργόσχολος) idle

τεμπέλχανάς (ο) lazybones

τέμπερα (η) distemper (paint)

τέμπο (το) άκλ tempo

τενεκεδένιος επίθ tinny

τενεκεδούπολη (η) shanty town

τενεκές (ο) tin plate. (δοχείο) tin pot. (μεταφ) ignoramus

τενεκετσής (ο) tinsmith

τένις (το) άκλ tennis

τένοντας (ο) tendon

τενόρος (ο) tenor

τέντα (η) tent. (ήλιου) sunshade. (μαγαζιού) awning

τέντωμα (το) stretching. (σκοινιού) tension

τεντωμέν|ος επίθ taut. (χέρι) outstretched. **~ σχοινί** (το) tightrope

τεντώνω ρ μτβ stretch. **~ τ' αυτιά** prick one's ears up

τέρας (το) monster. (έκτρωμα) freak

τεράστιος *επίθ* enormous, huge. *(διαστάσεις)* stupendous. *(δύναμη)* prodigious. *(σε βαθμό)* tremendous

τερατόμορφος *επίθ* hideous

τερατούργημα *(το)* monstrosity

τερατώδης *επίθ* monstrous. *(αποτρόπαιστικός)* preposterous

τερετίζω *ρ αμτβ* twitter

τερέτισμα *(το)* twitter

τερηδόνα *(η)* caries

τέρμα *(το)* end. *(αγώνες)* winning post. *(εστία ομάδας)* goalpost. *(λεωφορείου)* terminal. *(ποδόσφαιρο)* goal

τερματίζω *ρ μτβ* terminate. • *ρ αμτβ* finish

τερματικό *(το)* (computer) terminal

τερματισμός *(ο)* termination

τερματοφύλακας *(ο)* goalkeeper

τερπνό|ς *επίθ* pleasant. **το ~ν μετά του ωφελίμου** business with pleasure

τέρψη *(η)* enjoyment. *(διασκέδαση)* amusement

τεσσαρακοστό|ς *επίθ* fortieth. **~** *(το)* fortieth

τεσσαρακοστός *επίθ* fortieth

τέσσερα *(το) άκλ* four

τέσσερις *επίθ άκλ* four

τεσσεράμισι *επίθ άκλ* four and a half

τεστ *(το) άκλ* test

τεταμένος *επίθ* tense. *(σχέσεις)* strained

τέτανος *(ο)* tetanus

Τετάρτη *(η)* Wednesday

τέταρτο|ς *επίθ* fourth. **~** *(το)* quarter

τετελεσμένος *επίθ* finished

τέτοιο|ς *αντων* such. **~α πράγματα** this sort of thing

τετραγωνίζω *ρ μτβ* square

τετραγωνικ|ός *επίθ* square. **~ή ρίζα** *(η)* square root. **~ό μέτρο** *(το)* square metre

τετραγωνισμός *(ο)* grid *(on map)*

τετράγωνος *επίθ* square. **~** *(το)* square

τετράδα *(η)* foursome

τετράδιο *(το)* exercise book

τετράδιπλος *επίθ* quadruple

τετράδυμα *(τα)* quadruplets

τετραετ|ής *επίθ* four-year old. **~ία** *(η)* four-year period

τετρακοσαριά *(η)* about four hundred

τετρακόσι|οι *επίθ* four hundred. **~α** *(το) άκλ* four hundred. **τα 'χω ~α** have one's head screwed on right

τετραμελής *επίθ* four-membered

τετραπέρατος *επίθ* sharp as a needle

τετραπλασιάζω *ρ μτβ* quadruple

τετραπλάσι|ος *επίθ* quadruple, fourfold. **~ο** *(το)* quadruple

τετράπλευρο|ς *επίθ* quadrilateral. **~** *(το)* quadrangle

τετράποδο|ς *επίθ* four-legged. **~** *(το)* quadruped

τετράωρος *επίθ* four-hour

τετριμμένος *επίθ* hackneyed

τεύτλο *(το)* beet

τεύχος (το) issue (*magazine*)

τέφρα (η) ashes (*of dead*)

τέχνασμα (το) trick. (*γυναικεία*) wile. (*κόλπο*) ploy

τέχνη (η) art. (*επαγγελματική ικανότητα*) craft. (*επιδεξιότητα*) craftsmanship. (*εργάτη*) workmanship. **καλές ~** (*οι*) fine arts

τεχνητός *επιθ* artificial. (*κατασκευάσμα*) man-made

τεχνική (η) technique

τεχνικός (ο) technician

τεχνικ|ός *επιθ* technical. **~ός έλεγχος** (ο) (*οχημάτων*) MOT test. **~ή λεπτομέρεια** (η) technicality

τεχνίτης (ο) artisan. (*μάστορας*) craftsman

τεχνογνωσία (η) know-how

τεχνοκράτης (ο) technocrat

τεχνολογί|α (η) technology. **~κός** *επιθ* technological

τεχνολόγος (ο, η) technologist

τεχνοτροπία (η) technique

τέως *επιθ* late (*former*)

τζάγκουαρ (το) *άκλ* jaguar

τζαζ (η) *άκλ* jazz

τζάκι (το) fireplace. (*μεταφ*) well-known family

τζαμαρία (η) sun room

τζάμι (το) glass

τζαμί (το) mosque

τζαμόπορτα (η) glass door

τζάμπα *επίρρ* for nothing (*free*)

τζαμώνω *ρ μτβ* glaze

τζατζίκι (το) tzatziki, yogurt and cucumber dip

τζετ (το) *άκλ* jet (*plane*)

τζιν (το) *άκλ* gin

τζιπ (το) *άκλ* jeep

τζίρος (ο) turnover

τζίτζικας (ο) cicada

τζιτζιμπίρα (η) ginger ale, ginger beer

τζογαδόρος (ο) gambler

τζόγος (ο) gambling. (*μηχ*) play

τζόκεϊ (ο) *άκλ* jockey

τζόκιν (το) *άκλ* jogging

τζούντο (το) *άκλ* judo

τήβεννος (η) gown (*of judge, teacher*)

τηγανητός *επιθ* fried. **~ή πατάτα** (η) chip

τηγάνι (το) frying pan

τηγανίζω *ρ μτβ* fry

τηγάνισμα (το) frying

τηγανίτα (η) pancake

τηλεβόας (ο) loud hailer

τηλεγραφείο (το) telegraph office

τηλεγράφημα (το) telegram

τηλεγραφικός *επιθ* telegraphic

τηλέγραφος (ο) telegraph

τηλεγραφώ *ρ μτβ* telegraph

τηλεειδοποίηση (η) bleeper

τηλεργασία (η) teleworking

τηλεθεατής (ο) viewer

τηλεκάρτα (η) phone card

τηλεκατευθυνόμενος *επιθ* guided

τηλεκινησία (η) telekinesis

τηλεοπτικ|ός *επιθ* (of) television. **~ή κάμερα** (η) camera. **~ό πρόγραμμα** (το) TV programme

τηλεόραση (η) television

τηλεπάθεια (η) telepathy

τηλεπαθητικός *επιθ* telepathic

τηλεπικοινωνία (η) telecommunication

τηλεσκοπικός *επίθ* telescopic

τηλεσκόπιο *(το)* telescope

τηλέτυπος *(ο)* teleprinter

τηλεφακός *(ο)* telephoto

τηλεφώνημα *(το)* phone call

τηλεφωνητής *(ο)*, **~ήτρια** telephone operator.
αυτόματος ~ητής answering machine

τηλεφωνικός *επίθ (ο)* telephone. **~ς θάλαμος** *(ο)* phone box, telephone kiosk

τηλέφωνο *(το)* telephone

τηλεφωνώ *ρ μτβ/αμτβ* call, telephone

τηλεφωτογραφικός *επίθ* telephoto

τηλεχειριστήριο *(το)* remote control

την *αντων* her. **~ είδα** I saw her

τήξη *(η)* melting

τήρηση *(η)* observance

τηρώ *ρ μτβ* abide by.
(διαφυλάγω) uphold. *(τάξη)* keep

της *αντων* her, hers

τι *αντων* what. *(γιατί)* why. **~ γίνεται;** what's going on? **~ είναι;** what is it? **~ κι αν** what if. **~ λες για ..;** how about ..? **~ φωνάζεις;** why are you shouting?

τιάρα *(η)* tiara

τίγρη *(η)* tiger

τιθασεύω *ρ μτβ* tame

τικ *(το)* άκλ tic. **~ τακ** *(το)* άκλ *(ρολογιού)* tick

τιμαλφής *επίθ* valuable. **~** *(τα)* valuables

τιμάριθμος *(ο)* cost of living

τιμή¹ *(η)* price

τιμή² *(η)* *(υπόληψη)* honour. **Με ~** Yours faithfully. **προς ~** in honour (of)

τίμημα *(το)* price

τιμητικός *επίθ* honorary. **~ή θέση** *(η)* pride of place

τίμιος *επίθ* honest. *(εκκλ)* holy

τιμιότητα *(η)* honesty

τιμοκατάλογος *(ο)* price list

τιμολόγιο *(το)* invoice

τιμόνι *(το)* steering wheel. *(ποδηλάτου)* handlebar

τιμώ *ρ μτβ* honour. *(εκδηλώνω)* commemorate. *(με την παρουσία)* grace. **~ώμαι** *ρ αμτβ* be honoured. *(κοστίζω)* be priced

τιμωρία *(η)* punishment. *(κύρωση)* penalty

τιμωρώ *ρ μτβ* punish. *(επιβάλλω κύρωση)* penalize. *(με σωματική ποινή)* chastise

τίναγμα *(το)* twitch

τινάζω *ρ μτβ* toss. **~ομαι** *ρ μτβ* twitch. *(αναπηδώ)* start

τίνος *αντων* whose

τίποτα *αντων* nothing. *(αρνητ φράση)* anything. **~ άλλο** nothing else. **~ το σπουδαίο** nothing much. **δεν αξίζει ~** it isn't any good

τιποτένιος *επίθ* petty

τιράντ|α *(η)* strap *(of garment)*. *(φορέματος)* shoulder strap. **~ες** *(οι)* braces

τιρμπουσόν *(το)* άκλ corkscrew

τιτάνας *(ο)* titan

τιτανικός *επίθ* titanic

τιτιβίζω *ρ αμτβ* chirp, tweet

τιτίβισμα *(το)* chirp, tweet

τίτλος (ο) title. (επικεφαλίδα) caption

τμήμα (το) section. (αστυνομικό) station. (κλάδος) department. (κομμάτι) segment. (ταξιδιού) leg. (τάξης) stream.

Τ~Εσωτερικών Προσόδων (το) Internal Revenue

τμηματάρχης (ο) head of department

το άρθρο ουθ the. • αντων it. **να ~** here it is

τοιούτος αντων such. **~** (ο) homosexual

τοιχογραφία (η) mural

τοιχοκολλώ ρ μτβ post (notices)

τοίχος (ο) wall (of house)

τοκετός (ο) childbirth. (ιατρ) delivery

τοκίζω ρ μτβ lend (with interest)

τοκογλυφία (η) usury

τόκος (ο) interest (on loan)

τόλμη (η) boldness. (θράσος) presumption. (μεταφ) enterprise

τολμηρός επίθ bold. (θρασύς) presumptuous. (ριψοκίνδυνος) daring. (σόκιν) risqué. (μεταφ) enterprising

τολμηρότητα (η) boldness

τολμώ ρ αμτβ dare. (επιχειρώ) venture. **~ να** take the liberty to

τολύπη (η) wisp (of smoke)

τομάρι (το) pelt. (μεταφ) scoundrel

τομάτα (η) βλ **ντομάτα**

τομέας (ο) sector

τομή (η) section. (ιατρ) incision

τόμος (ο) volume

τόμπολα (η) bingo

τον αντων him

τονίζω ρ μτβ stress. (γραμμ) accentuate. (ξεχωρίζω) highlight. (υποδεικνύω) emphasize

τόνικ (το) άκλ tonic water

τονικός επίθ touchtone

τόνος[1] (ο) tone. (γραμμ) stress. (φωνής) pitch. (μεταφ) overtone

τόνος[2] (ο) ton (= 1,016 kg.). (μετρικός) tonne (= 1,000 kg.)

τόνος[3] (ο) (ψάρι) tuna

τονώνω ρ μτβ invigorate

τονωτικός επίθ tonic. (δυναμωτικός) invigorating. **~** (το) tonic

τοξικολογία (η) toxicology

τοξικομανής (ο, η) addict

τοξικός επίθ toxic

τοξίνη (η) toxin

τόξο (το) bow. (αρχιτ) arch. (κύκλου) arc. **ουράνιο ~** rainbow

τοξοβολία (η) archery

τοξότης (ο) archer

τοπικός επίθ local. **~ά** επίρρ locally

τοπίο (το) landscape

τοπογραφία (η) topography

τοποθεσία (η) situation

τοποθέτηση (η) placement

τοποθετώ ρ μτβ position. (εγκαθιστώ) fit. (επενδύω) place. (σε εγκοπή) slot. (σε θέση) post

τόπος (ο) place. (χώρα) native country. **αφήνω στον ~** kill instantly. **επί ~υ** on the spot. **πιάνω ~** prove useful

τόρνος (ο) lathe

τορπίλη (η) torpedo

τορπιλίζω ρ μτβ torpedo

τόσο *επίρρ* so. **~ πολύ** so much. **~ το καλύτερο** all the better. **κάθε ~** every so often

τόσος *αντων* so, such. **~ κόσμος** so many people. **είναι ~ δα** he is so small

τοστ *(το) άκλ* toasted sandwich

τοστιέρα *(η)* toaster

τότε *επίρρ* then. **από ~** since then. **έως ~** by then

του *αντων* his. **είναι το αυτοκίνητο ~** it's his car

τουαλέτα[1] *(η)* cloakroom, *(αμερ)* washroom. **είδη ~ς** toiletries

τουαλέτα[2] *(η) (έπιπλο)* dressing table

τουαλέτα[3] *(η) (φόρεμα)* evening gown

τούβλο *(το)* brick. *(χοντροκέφαλος)* dunce

τουλάχιστον *επίρρ* at least

τουλίπα *(η)* tulip

τούμπα *(η)* somersault

τούνελ *(το) άκλ* tunnel

τουρισμός *(ο)* tourism

τουρίστ|ας *(ο)*, **~ρια** *(η)* tourist

τουριστικός *επίθ* tourist

Τουρκάλα *(η)* Turkish woman

Τουρκία *(η)* Turkey

τουρκικ|ός *επίθ* Turkish. **~ά** *(τα)* Turkish

τουρκοκρατία *(η)* Turkish occupation

Τούρκος *(ο)* Turk

τουρκουάζ *(το) άκλ* turquoise

τουρμπάνι *(το)* turban

τουρμπίνα *(η)* turbine

τούρνα *(η) (ψάρι)* pike *άκλ*

τουρνέ *(η) άκλ* tour

τουρνουά *(το) άκλ* tournament

τουρσί *(το)* pickle

τούρτα *(η)* gâteau

τουρτουρίζω *ρ αμτβ* shiver

τουρτούρισμα *(το)* shiver

τους *άρθρο βλ* **ο**. **•** *αντων* their. **τα σπίτια ~** their houses

τούφα *(η)* tuft. *(χορταριού)* tussock

τουφέκι *(το)* rifle. *(με φελλό)* popgun

τουφεκιά *(η)* rifle shot

τουφεκίζω *ρ μτβ* shoot

τραβέρσα *(η)* crossbar. *(σιδηρ)* sleeper

τραβεστί *(ο) άκλ* transvestite

τράβηγμα *(το)* pull. *(σύρσιμο)* haul. *(ταινίας)* shooting.

τραβήγματα *(τα)* trouble

τραβηγμένος *επίθ* pulled. *(χαρακτηριστικά)* drawn

τραβ|ώ *ρ μτβ* pull. *(αποσύρω)* withdraw. *(ελκύω)* draw. *(καρέκλα)* draw up. *(σέρνω)* haul. *(υποφέρω)* go through. **~ώ για** make for. **•** *ρ αμτβ (παρατείνομαι)* drag on. **~ιέμαι** *ρ μτβ* pull back. *(από πόνο)* wince. *(αποσύρομαι)* pull out

τραγανίζω *ρ μτβ* crunch

τραγανό|ς *επίθ* crisp. **~** *(το) (στα κόκκαλα)* gristle

τραγικός *επίθ* tragic

τράγος *(ο)* billy goat

τραγούδι *(το)* song

τραγουδ|ιστής *(ο)*, **~ίστρια** *(η)* singer. *(σε μουσική τζαζ ή ποπ)* vocalist. *(του δρόμου)* busker

τραγουδιστός *επίθ* singsong

τραγουδώ *ρ μτβ*/*αμτβ* sing
τραγωδία (*η*) tragedy
τρίανο (*το*) *βλ* **τρένο**
τρακ (*το*) *άκλ* nerves. (*θέατρ*) stage fright. **έχω ~** be nervous
τρακαδόρος (*ο*) scrounger
τρακόσοι *επίθ βλ* **τριακόσιοι**
τρακτέρ (*το*) *άκλ* tractor
τραμ (*το*) *άκλ* tram, (*αμερ*) streetcar
τραμπάλα (*η*) see-saw
τραμπολίνο (*το*) trampoline
τρανζίστορ (*το*) *άκλ* transistor
τρανός *επίθ* great
τράνταγμα (*το*) jolt
τραντάζω *ρ μτβ* jolt
τράπεζα (*η*) bank. (*τραπέζι*) table. **αγία ~** (*η*) altar
τραπεζαρία (*η*) dining room. (*σε κολέγιο ή μοναστήρι*) refectory
τραπέζι (*το*) table. **κάνω ~** have to dinner. **στρώνω ~** lay the table
τραπεζικός *επίθ* bank
τραπεζίτης¹ (*ο*) banker
τραπεζίτης² (*ο*) (*δόντι*) molar
τραπεζομάντιλο (*το*) tablecloth
τράπουλα (*η*) pack of cards
τραπουλόχαρτο (*το*) playing card
τραστ (*το*) *άκλ* trust (*association*)
τράτα (*η*) trawler
τρατάρω *ρ μτβ* offer refreshment to
τραυλίζω *ρ αμτβ* stammer
τραύλισμα (*το*) stammer
τραύμα (*το*) trauma. (*του σώματος*) wound

τραυματίζω *ρ μτβ* wound. (*ψυχικά*) traumatize
τραυματι|κός *επίθ* traumatic. **~σμός** (*ο*) wounding. (*ψυχικός*) trauma
τραχεία (*η*) windpipe
τράχηλος (*ο*) neck
τραχύς *επίθ* rough. (*στην υφή*) rough. (*συμπεριφορά*) harsh. (*τοπείο*) rugged. (*τρόπος*) coarse
τραχύτητα (*η*) roughness. (*ομιλίας*) bluntness. (*συμπεριφοράς*) harshness. (*υλικού*) coarseness
τρέιλερ (*το*) *άκλ* trailer
τρεις *επίθ* three
τρεκλίζω *ρ αμτβ* stagger
τρέλ|α (*η*) madness. (*ανόητη πράξη*) folly. (*ιατρ*) insanity. (*μανία*) craze. **~ες** (*οι*) frolics
τρελάδικο (*το*) loony bin
τρελαίν|ω *ρ μτβ* drive s.o. mad. **~ομαι** *ρ αμτβ* go mad. **~ομαι για** be mad about
τρελοκομείο (*το*) lunatic asylum, (*καθομ*) madhouse
τρελός *επίθ* mad. (*ανόητος*) daft. (*παράφορος*) wild. (*~ο*) (*ο*) madman. **~ για** crazy about
τρελούτσικος *επίθ* batty
τρεμάμενος *επίθ* shaky. (*χέρι*) unsteady
τρεμόσβησμα (*το*) flicker. (*άστρου*) twinkle
τρεμοσβήνω *ρ αμτβ* flicker. (*άστρο*) twinkle
τρεμούλιασμα (*το*) tremor, trembling. (*φρικίαση*) shudder. (*φωνής*) quiver

τρέμω ρ αμτβ tremble. (από τρόμο) quake. (φωνή) quiver. (χέρι) shake

τρενάκι (το) (σε λούνα παρκ) roller coaster

τρένο (το) train. **με ~** by rail

τρέξιμο (το) running. (ροή) flow

τρέπ|ω ρ μτβ turn. **~ σε φυγή** scare off. **~ομαι σε φυγή** flee

τρέφ|ω ρ μτβ feed. (ζώα) breed. (ελπίδες) cherish. **~ομαι** ρ αμτβ feed

τρεχάματα (τα) running about

τρεχούμενος επίθ running. (λογαριασμός) current

τρέχ|ω ρ αμτβ run. (βρύση) drip. (μάτια) water. (μύτη) run. (σάλια) dribble. (σε αγώνα) race. (υγρό) leak. **τι ~ει;** what's going on?

τρέχων επίθ current

τρία επίθ βλ **τρεις. ~** (το) three

τριάδα (η) trinity

τρίαινα (η) trident

τριακοστό|ς επίθ thirtieth. **~** (το) thirtieth

τριακόσιοι επίθ three hundred

τριακοσιοστός επίθ three hundredth

τριακοστός επίθ thirtieth

τριάμισι (το) άκλ three and a half

τριάντα επίθ thirty. **~** (το) thirty

τριαντάρης επίθ thirty-year-old

τριανταριά (η) about thirty

τριανταφυλλιά (η) rose bush

τριαντάφυλλο (το) rose. (ποτό) rose cordial

τριβή (η) friction. (φθορά) abrasion

τρίβω ρ μτβ rub. (γυαλίζω) rub up. (ερεθίζω) chafe. (καθαρίζω) scrub. (κάνω σκόνη) crumble. (με γυαλόχαρτο) sand. (ξύνω) grate

τριγυρίζω ρ μτβ surround. • ρ αμτβ roam

τριγυρνώ ρ αμτβ wander around

τριγύρω επίρρ around

τριγωνικός επίθ triangular

τρίγωνο (το) triangle

τριγωνομετρία (η) trigonometry

τρίδυμα (τα) triplets

τριετής επίθ three-year-old

τριετία (η) three-year period

τρίζω ρ αμτβ creak. (σκουριασμένη πόρτα) squeak. **~ τα δόντια μου** gnash one's teeth

τρικλίζω ρ αμτβ reel. (μεθυσμένος) stagger. (από γεράματα) totter

τρίκλινος επίθ with three beds

τρίκλισμα (το) stagger

τρικλοποδιά (η) tripping. **βάζω ~** trip

τρικό (το) (κυπρ) jumper, pullover

τρικούβερτος επίθ **~ καβγάς** almighty row

τρικράνο (το) (garden) fork

τρίκυκλο (το) tricycle

τρικυμία (η) rough sea

τρικυμισμένος επίθ choppy

τριλογία (η) trilogy

τριμηνία (η) quarter, three months

τρίμηνο (το) (σχολ) term

τριμηνιαίος επίθ quarterly

τρίμμα *(το)* crumb. *(μπογιάς)* flake

τριμμένος *επίθ* grated. *(γυαλισμένος)* polished. *(ρούχο)* threadbare

τρίξιμο *(το)* creak. *(δοντιών)* grind. *(πόρτας)* squeak

τρίο *(το) άκλ* trio

τριπλασιάζω *ρ μτβ* triple, treble

τριπλάσι|ος *επίθ* treble. **~α** *επίρρ* threefold

τριπλός *επίθ* triple

τρίποδο *(το)* tripod

τρίπτυχο *(το)* triptych

τρισάθλιος *επίθ* wretched

τρισευτυχισμένος *επίθ* over the moon

τρισεκατομμύριο *(το)* billion

Τρίτη *(η)* Tuesday

τριτοβάθμιος *επίθ* third degree

τρίτ|ος *επίθ* third. **~ν** *(το)* third

τρίτων *(ο)* newt

τρίφτης *(ο)* grater

τριφύλλι *(το)* clover

τρίχα *(η)* hair. *(σκληρή)* bristle. **παρά ~** within a hair's breadth

τρίχας *(ο)* *(μεταφ)* windbag

τρίχωμα *(το)* hair. *(γούνα)* fur. *(ζώου)* coat

τριχωτός *επίθ* hairy. *(σκύλος)* shaggy

τριψήφιος *επίθ* three-digit

τρίψιμο *(το)* rub. *(για καθάρισμα)* scrub

Τροία *(η)* Troy

τρόλεϊ *(το) άκλ* trolley bus

τρομαγμένος *επίθ* scared

τρομάζω *ρ μτβ* scare. • *ρ αμτβ* be scared

τρομάρα *(η)* fright

τρομαχτικός *επίθ* terrifying

τρομερ|ός *επίθ* terrible, horrible. *(ισχυρός)* formidable. **~ό παιδί** *(το)* whizz kid. **~ά** *επίρρ* terribly, frightfully

τρομοκράτης *(ο)*, **~ισσα** *(η)* terrorist

τρομοκρατία *(η)* terrorism. **~ώ** *ρ μτβ* terrorize. *(φοβίζω)* terrify

τρόμος *(ο)* terror, horror. *(ιατρ)* tremor

τρομπόνι *(το)* trombone

τρόπαιο *(το)* trophy

τροπικ|ός *επίθ* tropical. **~ός** *(ο)* tropic. **~ές χώρες** *(οι)* tropics

τροπή *(η)* turn *(of illness)*

τροποποίηση *(η)* modification. *(νόμου)* amendment

τροποποιώ *ρ μτβ* modify. *(νόμο)* amend

τρόπ|ος *(ο)* way. *(διαγωγή)* manner. *(λειτουργίας)* mode. **~ι** *(οι)* manners. **κατά κάποιο ~** in a way. **με κάθε ~** in every way. **με κανένα ~** by no means

τρούλος *(ο)* dome

τρούφα *(η)* truffle

τροφή *(η)* food. *(για ζώα)* feed. *(ξερή, για ζώα)* fodder

τρόφιμα *(τα)* foodstuffs

τρόφιμος *(ο, η)* inmate

τροφοδοσία *(η)* catering

τροφοδότης *(ο)* caterer

τροφοδοτώ *ρ μτβ* cater for. *(για συντήρηση)* supply. *(φωτιά)* stoke

τροχαίος *επίθ* traffic

τροχαλία *(η)* pulley

τροχασμός (ο) trot

τροχιά (η) orbit. (πορεία) path

τροχοδρομώ ρ αμτβ taxi (aircraft)

τροχονόμος (ο, η) traffic warden

τροχοπέδη (η) brake. **~ση** (η) braking

τροχός (ο) wheel

τροχόσπιτο (το) caravan

τροχοφόρο (το) vehicle

τρύπα (η) hole

τρυπάνι (το) drill. (εργαλείου) bit

τρύπημα (το) piercing. (ελαστικού) puncture

τρυπητήρι (το) (για χαρτί) punch

τρύπιος επίθ full of holes. (δοχείο) leaky

τρυποκάρυδο (το) (πουλί) wren

τρυπώ ρ αμτβ make a hole. (λάστιχο) puncture. (χαρτί) punch. **~ με τα κέρατα** gore

τρύπωμα (το) tack (stitch)

τρυπώνω ρ αμτβ tack (stitch)

τρυφερός επίθ tender. (στοργικός) fond

τρυφερότητα (η) tenderness

τρυφηλός επίθ self-indulgent

τρώγλη (η) hovel

τρώ|(γ)ω ρ αμτβ eat. (ενοχλώ) pester. (φθείρω) eat away. (ώρα) impinge. • απρόσ **με ~ει** it itches

τρωικός επίθ Trojan

τρωκτικό (το) rodent

τρωτός επίθ vulnerable

τσαγιέρα (η) teapot

τσαγκάρης (ο) cobbler

τσάι (το) tea

τσακάλι (το) jackal

τσακίζ|ω ρ μτβ crack. (σελίδα) fold. (σπάζω) break up. • ρ αμτβ break down. **~ομαι να** ρ αμτβ bend over backwards

τσάκιση (η) crease

τσακμακόπετρα (η) flint

τσακωμός (ο) squabble

τσακών|ω ρ μτβ catch (s.o. doing sthg.). **~ομαι** ρ αμτβ squabble. (δυσαρεστούμαι) fall out

τσαλάκωμα (το) creasing

τσαλακώνω ρ μτβ crease

τσαλαπατώ ρ αμτβ trample

τσάμικος (ο) Greek folk dance

τσαμπί (το) bunch (of grapes)

τσάντα (η) handbag, (αμερ) purse. (για ψώνια) shopping bag. (με εργαλεία) tool bag

τσαντάκι (το) purse

τσαπατσούλ|ης επίθ sloppy (person). **~ικος** επίθ sloppy (work)

τσαρλατάνος (ο) charlatan

τσάρος (ο) czar

τσαρούχι (το) type of moccasin with a pompon

τσατσάρα (η) comb

τσαχπίνα (η) minx

τσεκ (το) άκλ cheque

τσεκούρι (το) axe

τσέπη (η) pocket

τσεπώνω ρ μτβ pocket

τσεχικός επίθ Czech

Τσέχ|ος (ο), **~α** (η) Czech

Τσεχοσλοβακία (η)
Czechoslovakia

τσεχοσλοβακικός επίθ
Czechoslovak

τσιγαριλίκι (το) joint (cannabis)

τσιγάρο (το) cigarette

τσιγαροθήκη (η) cigarette box

τσιγγάν|ος (ο), **~α** (η) gypsy

τσιγκουνεύομαι ρ αμτβ skimp

τσιγκούνης επίθ stingy. **~** (ο) miser

τσιγκουνιά (η) stinginess

τσιγκέλι (το) (meat) hook

τσίκνα (η) smell of burning food

τσίλι (το) άκλ chilli

τσιμεντάρω ρ μτβ cement

τσιμέντο (το) cement

τσιμεντοστρώνω ρ μτβ concrete

τσιμουδιά (η) **~!** keep mum!

τσίμπημα (το) pinch. (από αγκάθι) prick. (εντόμου) sting. (πείνας) pang. (πουλιού) peck. (φαγητό) nibble

τσιμπιά (η) pinch

τσιμπίδα (η) tongs

τσιμπιδάκι (το) tweezers. (για τα μαλλιά) hairpin

τσιμπημένος επίθ είμαι **~** με have a crush on

τσιμπούρι (το) tick (insect)

τσιμπώ (το) spread

τσιμπώ ρ μτβ pinch. (έντομα) sting. (κεντώ) prick. (κλέβω) nick. (πουλιά) peck. (τρώω) nibble. (ψάρια) bite

τσιπς (τα) άκλ crisps

τσιπ (το) άκλ chip. **~ πυριτίου** silicon chip

τσίπα (η) (υγρά) skin. (μεταφ) shame

τσίπουρο (το) raki (strong aniseed-flavoured spirit)

τσίριγμα (το) screech

τσιρίζω ρ αμτβ screech

τσίρκο (το) circus

τσιρότο (το) sticking plaster

τσιτσιρίζω ρ αμτβ sizzle

τσίχλα¹ (η) chewing gum

τσίχλα² (η) (πουλί) thrush

τσόκαρο (το) clog

τσοκ (το) άκλ (αυτοκ) choke

τσολιάς (ο) evzone (soldier in the Greek infantry)

τσοπάνης (ο) shepherd

τσοπανόσκυλο (το) sheep dog

τσουγκράνα (η) rake

τσουγκρίζω ρ αμτβ chink

τσούζω ρ αμτβ sting, smart

τσουκνίδα (η) nettle

τσούλα (η) slut

τσουλήθρα (η) slide (in playground)

τσούνι (το) skittle

τσουρέκι (το) type of brioche

τσούρμο (το) swarm (of children)

τσουρουφλίζω ρ μτβ singe

τσουχτερός επίθ (αέρας) crisp. (κρύο) biting

τσούχτρα (η) jellyfish

τσόφλι (το) (egg) shell

τσόχα (η) felt

τύλιγμα (το) kink. (περιτύλιγμα) wrapping

τυλίγω ρ μτβ wind. (κουλουριάζω) coil. (μπλέκω) entangle. (περιτυλίγω) wrap

τυμπαν|ιστής (*o*), **~ίστρια** (*η*) drummer

τύμπανο (*το*) drum

τυμπανοκρουσία (*η*) roll of drums

τυμπανόξυλο (*το*) drumstick

Τυνησία (*η*) Tunisia

Τυνήσι|ος (*o*), **~α** (*η*) Tunisian

τυπικ|ός (*επίθ*) formal. **~ά** *επίρρ* formally

τυπικότητα (*η*) formality

τυπογραφ|είο (*το*) printing press. **~ία** (*η*) typography

τυπογραφικός *επίθ* typographical

τυπογράφος (*o*) printer

τυποποιώ *ρ μτβ* standardize

τύπ|ος (*o*) type. (*εφημερίδες*) press. (*ιδιότυπος*) character. (*μαθημ*) formula. (*μορφή*) form. (*προσχήματα*) convention. **χωρίς ~υς** unceremoniously

τυπώνω *ρ μτβ* print

τυραννί|α (*η*) tyranny. **~ικός** *επίθ* tyrannical

τύραννος (*o*) tyrant

τυραννώ *ρ μτβ* tyrannize

τυρί (*το*) cheese

τυρόπηγμα (*το*) curds

τυροκομείο (*το*) (cheese) dairy

τυροκομία (*η*) cheese making

τυρόπιτα (*η*) cheese pie

τύρφη (*η*) peat

τύφλα (*η*) blindness. **~ στο μεθύσι** blind drunk

τυφλόμυγα (*η*) blind man's buff

τυφλοπόντικας (*o*) mole

τυφλός *επίθ* blind

τυφλότητα (*η*) blindness

τυφλώνω *ρ μτβ* blind

τύφλωση (*η*) blindness

τυφοειδής *επίθ* typhoid

τύφος (*o*) typhus

τυφώνας (*o*) typhoon

τυχαίνω *ρ μτβ* chance upon. • *ρ αμτβ* happen. **έτυχε να τον δει** he/she happened to see him

τυχαί|ος *επίθ* accidental. (*άνθρωπος*) ordinary. (*απρόβλεπτος*) chance. (*δείγμα*) random. **~ γεγονός** (*το*) accident, chance. **~α** *επίρρ* accidentally, by chance

τυχερ|ός *επίθ* lucky, fortunate. **~ παχνίδι** (*το*) gamble. **~** (*το*) luck. (*δουλειάς*) perk

τύχη (*η*) luck. (*μοίρα*) fortune. (*σύμπτωση*) chance. **κατά ~** by chance. **στην ~** at random

τυχοδιώκτης (*o*), **~ρια** (*η*) adventurer

τυχόν *επίρρ* by chance

τύψη (*η*) remorse

τώρα *επίρρ* now. **~ δα** just now. **από ~ και στο εξής** from now on. **ως ~** up until now

τωρινός *επίθ* present-day

Yυ

ύαινα (*η*) hyena

υάκινθος (*o*) hyacinth

υαλοβάμβακας (*o*) fibreglass

υαλοπίνακας (*o*) pane (of glass)

υαλουργία (*η*) glass industry

υάρδα (*η*) yard (= 0.9144 metre)

υβρίδιο (*το*) hybrid

υβρίζω ρ μτβ insult. • ρ αμτβ swear

υβριστικός επίθ abusive

υγεία (η) health. **εις ~ν!** cheers!

υγειονομικός επίθ sanitary

υγιεινή (η) hygiene. (κλάδος) sanitation

υγιεινολόγος (ο, η) hygienist

υγιεινός επίθ hygienic. (ωφέλιμος) healthy

υγιής επίθ healthy. (γερός) fit. (σωστός) sound

υγραέριο (το) natural gas

υγραίνω ρ μτβ moisten

υγρασία (η) condensation. (στην ατμόσφαιρα) humidity. (στους τοίχους) damp

υγροποιώ ρ μτβ liquefy

υγρό|ς επίθ damp. (ατμόσφαιρα) humid. (βρεγμένος) moist. (καιρός) clammy. **~** (το) liquid. (ρευστό) fluid

υδατάνθρακας (ο) carbohydrate

υδατικ|ός επίθ moisturizing. **~ή κρέμα** (η) moisturizer

υδατογραφία (η) watercolour

υδατοστεγής επίθ watertight

υδατοσφαίριση (η) water polo

υδατοφράκτης (ο) dam. (σε κανάλι) lock

υδραγωγείο (το) aqueduct

υδραγωγός (ο) water pipe

υδραντλία (η) water pump

υδράργυρος (ο) mercury

υδραυλικ|ός επίθ hydraulic. **~ός** (ο) plumber

ύδρευση (η) water supply

υδρία (η) urn

υδρόβιος επίθ aquatic

υδρόγειος (η) globe

υδρογόνο (το) hydrogen

υδρογονοβόμβα (η) hydrogen bomb

υδροηλεκτρικός επίθ hydroelectric

υδροπλάνο (το) seaplane

υδρορρόη (η) gutter (of house)

υδροτροχός (ο) waterwheel

υδροφοβία (η) hydrophobia

Υδροχόος (ο) Aquarius

ύδωρ (το) (αρχ) water

υιοθεσία (η) adoption

υιοθετώ ρ μτβ adopt

υιός (ο) (αρχ) son

ύλ|η (η) matter. **γραφική ~η** (η) stationery. **πρώτες ~ες** (οι) raw materials

υλικό|ς επίθ material. **~** (το) material. (Η/Υ) hardware

υλιστικός επίθ materialistic

υλοποιώ ρ μτβ materialize

υλοτομία (η) lumbering

υμένας (ο) membrane

υμέτερος αντων (αρχ) your, yours

ύμνος (ο) hymn. (χώρας) anthem

υπαγόρευση (η) dictation

υπαγορεύω ρ μτβ dictate

υπαίθριος επίθ outdoor. (σε ανοιχτό χώρο) open air

ύπαιθρο (το) outdoors, open air

ύπαιθρος (η) countryside, country

υπαινιγμός (ο) hint. (κρυφός) insinuation

υπαινίσσομαι ρ αμτβ hint. (έμμεσα) imply, insinuate

υπαίτιος *επίθ* responsible, liable

υπαιτιότητα *(η)* culpability

υπακοή *(η)* obedience

υπάκουος *επίθ* obedient

υπακούω *ρ μτβ/αμτβ* obey

υπάλληλος *(ο, η)* (*εργαζόμενος*) employee. (*σε μαγαζί*) shop assistant. (*σε γραφείο*) official

υπανάπτυκτος *επίθ* underdeveloped

υπαναχωρώ *ρ αμτβ* back out

υπανθρώπινος *επίθ* subhuman

υπαξιωματικός *(ο)* petty officer

ύπαρξη *(η)* existence

υπαρξισμός *(ο)* existentialism

υπαρχηγός *(ο)* deputy leader

υπάρχοντα *(τα)* possessions

υπάρχω *ρ αμτβ* exist. **~ει** there is. **~ουν** there are

υπασπιστής *(ο)* adjutant

υπέδαφος *(το)* subsoil

υπεκφεύγω *ρ αμτβ* prevaricate

υπεκφυγή *(η)* prevarication. (*απάντηση*) evasive answer

υπενθυμίζω *ρ μτβ* remind

υπενθύμιση *(η)* reminder

υπενοικιάζω *ρ μτβ* sublet

υπέρ *πρόθ* above. (*για*) for, in favour of. **~ το δέον** excessively. **τα ~ και τα κατά** the pros and cons

υπεραγορά *(η)* supermarket

υπεραγαπώ *ρ μτβ* dote on

υπεραισθητός *επίθ* extra-sensory

υπεράκτιος *επίθ* offshore

υπεράνθρωπος *επίθ* superhuman

υπεράνω *επίρρ* above

υπεραστίζω *ρ μτβ* defend. **~ομαι** *ρ μτβ* stand up for

υπεράσπιση *(η)* defence

υπεραστικός *επίθ* long-distance

υπερατλαντικός *επίθ* transatlantic

υπεραφθονία *(η)* glut

υπερβαίνω *ρ μτβ* exceed. (*σημείο*) overstep. (*όριο, προσδοκίες*) transcend

υπερβάλλω *ρ μτβ* surpass. • *ρ αμτβ* exaggerate

υπέρβαρος *επίθ* overweight

υπερβατικός *επίθ* transcendental

υπερβολή *(η)* excess. (*μεγαλοποίηση*) exaggeration. (*πολυτέλειας*) extravagance

υπερβολικός *επίθ* excessive. (*μεγαλοποιημένος*) exaggerated. (*πολυτέλεια*) extravagant. (*τιμή*) steep. (*χρόνος*) inordinate

υπέργειος *επίθ* **~α διάβαση** *(η)* overpass, flyover

υπέργηρος *επίθ* decrepit

υπερδιέγερση *(η)* overexcitation

υπερδύναμη *(η)* superpower

υπερεκτιμώ *ρ μτβ* overestimate

υπερένταση *(η)* tenseness

υπερευαισθησία *(η)* oversensitivity

υπερέχω *ρ μτβ* surpass

υπερήλικος *επίθ* very old

υπερημερία *(η)* overdue payment

υπερηφάνεια *(η)* βλ **περηφάνεια**

υπερηχητικός *επίθ* ultrasonic. (*αεροπλάνο*) supersonic

υπερθετικός *(ο)* (*βαθμός*) superlative

υπερθέτω _ρ μτβ_ superimpose
υπερισχύω _ρ αμτβ_ prevail
υπεριώδης _επίθ_ ultraviolet
υπερκατασκευή (_η_) superstructure
υπερκόπωση (_η_) overwork
υπερμεγέθης _επίθ_ king size
υπέρμετρος _επίθ_ inordinate. (_ξεπερνά το μέτρο_) excessive
υπερνικώ _ρ μτβ_ overcome
υπέρογκος _επίθ_ huge. (_τιμή_) extortionate
υπεροξείδιο (_το_) peroxide
υπερόπτης (_ο_) arrogant
υπεροπτικός _επίθ_ supercilious
υπεροχή (_η_) superiority, supremacy
υπέροχος _επίθ_ magnificent
υπεροψία (_η_) arrogance
υπερπαραγωγή (_η_) overproduction
υπερπηδώ _ρ μτβ_ surmount
υπερπληθυσμός (_ο_) overpopulation
υπερπλήρης _επίθ_ overflowing
υπερσύγχρονος _επίθ_ latest, most up-to-date. (_τεχν_) state of the art
υπέρταση (_η_) hypertension
υπέρτατος _επίθ_ superlative. (_ύψιστος_) supreme
υπερτερώ _ρ μτβ_ outweigh
υπερτιμώ _ρ μτβ_ overrate
υπέρυθρος _επίθ_ infrared
υπερφορτίζω _ρ μτβ_ overcharge. (_ηλεκτρ_) overload
υπερφυσικός _επίθ_ supernatural
υπερωκεάνιο (_το_) ocean liner
υπερώο (_το_) attic. (_θέατρ_) gallery

υπερωρία (_η_) overtime
υπερώριμος _επίθ_ overripe
υπεύθυνος _επίθ_ responsible. (_επικεφαλής_) in charge. (_υπόλογος_) accountable
υπευθυνότητα (_η_) responsibility
υπήκοος (_ο, η_) national
υπηκοότητα (_η_) nationality
υπηρεσία (_η_) service. (_υπαλλήλου_) duty. (_υπηρετικό προσωπικό_) servant/maid
υπηρεσιακός _επίθ_ official
υπηρέτης (_ο_) servant. (_κυρίου_) valet. **~ρια** (_η_) housemaid
υπηρετώ _ρ μτβ/αμτβ_ serve
υπνάκος (_ο_) nap, snooze
υπνηλία (_η_) drowsiness
υπνοβάτης (_ο_), **~ισσα** (_η_) sleep walker
υπνοδωμάτιο (_το_) bedroom
υπνοθεραπεία (_η_) hypnotherapy
ύπνος (_ο_) _πρόθ_ sleep
υπνόσακος (_ο_) sleeping bag
ύπνωση (_η_) hypnosis
υπνωτήριο (_το_) dormitory
υπνωτίζω _ρ μτβ_ hypnotize. (_καταγοητεύω_) mesmerize
υπνωτικός _επίθ_ hypnotic. **~ χάπι** (_το_) sleeping pill
υπνωτισμός (_ο_) hypnotism
υπό _πρόθ_ below, under
υποανάπτυκτος _επίθ_ underdeveloped
υποβαθμίζω _ρ μτβ_ downgrade
υποβάλλω _ρ μτβ_ submit. (_εξαναγκάζω_) subject. (_θέατρ_) prompt. (_παράπονο_) lodge. (_πείθω_) suggest. (_προτείνω_) put

υποβιβάζω *ρ μτβ* demote. (*ταπεινώνω*) belittle

υποβλητικός *επίθ* evocative

υποβοηθώ *ρ μτβ* assist

υποβολέας (*ο*) (*θέατρ*) prompter

υποβολή (*η*) submission. (*μεταφ*) suggestion

υποβολιμαίος *επίθ* spurious

υποβρύχιο (*το*) submarine

υποβρύχι|ος *επίθ* underwater. **~ο κολύμπι** (*το*) skin diving

υπόγει|ος *επίθ* underground. (*κάτω από την επιφάνεια*) subterranean. **~ος** (*ο*) (*σιδηρόδρομος*) underground, tube. **~ο** (*το*) basement

υπογραμμίζω *ρ μτβ* underline. (*τονίζω*) highlight

υπογραφή (*η*) signature

υπογράφω *ρ μτβ* sign

υποδαυλίζω *ρ μτβ* poke (*fire*). (*εχθρότητα*) foment

υπόδειγμα (*το*) paragon

υποδειγματικός *επίθ* exemplary

υποδεικνύω *ρ μτβ* point out. (*προτείνω*) suggest

υπόδειξη (*η*) hint. (*υποψηφίου*) nomination

υποδείχνω *ρ μτβ βλ* **υποδεινύω**

υποδεκανέας (*ο*) lance corporal

υποδερμικός *επίθ* hypodermic

υποδέχομαι *ρ μρβ* greet. (*προϋπαντώ*) welcome

υποδηλώνω *ρ μτβ* connote

υποδήλωση (*η*) connotation

υπόδημα (*το*) (*αρχ*) shoe

υποδηματοπ|οιός (*ο*) shoemaker. **~ωλείο** (*το*) shoe shop

υποδιαιρώ *ρ μτβ* subdivide

υποδιαστολή (*η*) decimal point

υποδιευθ|υντής (*ο*), **~ύντρια** (*η*) deputy head

υπόδικος *επίθ* accused (*awaiting trial*)

υποδομή (*η*) infrastructure

υποδόριος *επίθ* hypodermic

υποδουλώνω *ρ μτβ* enslave. (*υποτάσσω*) subjugate

υποδοχή (*η*) reception. (*ηλεκτρ*) socket (wall plug)

υποδύομαι *ρ μτβ* impersonate

υποηχητικός *επίθ* subsonic

υποθάλπω *ρ μτβ* abet. (*υποκινώ*) pander to

υποθερμία (*η*) hypothermia

υπόθεση (*η*) hypothesis. (*εικασία*) assumption. (*ζήτημα*) matter. (*μυθιστορήματος*) plot. (*νομ*) case. (*πιθανή αρχή*) supposition

υποθετικός *επίθ* hypothetical. (*γραμμ*) conditional

υπόθετο (*το*) suppository

υποθέτω *ρ μτβ|αμτβ* suppose, assume. (*μαντεύω*) guess

υποθήκη (*η*) mortgage

υποκαθιστώ *ρ μτβ* substitute

υποκατάσταση (*η*) substitution

υποκατάστατο (*το*) substitute

υποκατάστημα (*το*) (*εμπ*) branch

υποκειμενικός *επίθ* subjective

υποκειμενικότητα (*η*) subjectivity

υποκείμενο (*το*) subject. (*μεταφ*) blighter

υποκείμενος *επίθ* underlying. **~ σε** subject to

υποκίνηση (η) instigation. (παρότρυνση) incitement

υποκιν|ητής (ο), **~ήτρια** (η) instigator

υποκινώ ρ μτβ instigate. (παροτρύνω) incite

υποκλέπτω ρ μτβ tap (phone)

υποκλίνομαι ρ αμτβ bow. (γυναίκα) curtsy

υπόκλιση (η) bow. (για γυναίκα) curtsy

υποκλοπή (η) telephone bugging

υποκόπανος (ο) butt

υποκοριστικό (το) diminutive

υπόκοσμος (ο) underworld

υποκρίνομαι ρ μτβ/αμτβ act. (προσποιούμαι) pretend

υποκρισία (η) hypocrisy

υποκρ|ιτής (ο), **~ίτρια** (η) hypocrite

υποκριτικός επίθ hypocritical

υποκύπτω ρ αμτβ succumb

υπόκωφος επίθ dull (sound)

υπόλειμμα (το) remnant. **υπολείμματα** (τα) remains

υπολείπομαι ρ αμτβ fall short, be inferior. (μένω) be left

υπόλευκος επίθ off-white

υπόληψη (η) esteem. (φήμη) standing

υπολογίζω ρ μτβ estimate. (λογαριάζω) calculate. (βασίζομαι) count on

υπολογισμός (ο) estimate. (λογαριασμός) calculation

υπολογιστής (ο) calculator

υπόλογος επίθ accountable

υπόλοιπο (το) remainder. (λογαριασμού) balance. **οι ~ι** the rest

υπολοχαγός (ο) lieutenant

υπομένω ρ μτβ/αμτβ endure

υπόμνημα (το) memorandum

υπομονετικός επίθ patient

υπομονή (η) patience

υποναύαρχος (ο) rear admiral

υπόνοια (η) inkling

υπονομεύω ρ μτβ undermine

υπόνομος (η) sewer. (οχετός) drain

υπονοούμεν|ος επίθ implicit. **~ο** (το) innuendo

υπονοώ ρ μτβ imply

υποπλοίαρχος (ο) chief officer

υποπροϊόν (το) by-product

υποπτεύομαι ρ μτβ suspect

ύποπτος επίθ suspicious. (δεν εμπνέει εμπιστοσύνη) suspect. (δουλειά) shady. **~ος** (ο) suspect

υποσημείωση (η) footnote

υποσιτισμ|ένος επίθ underfed. **~ός** (ο) malnutrition

υποσκάπτω ρ μτβ undermine

υπόσταση (η) foundation. (ύπαρξη) existence

υπόστεγο (το) shelter

υποστήριγμα (το) support

υποστηρίζω ρ μτβ support. (ενισχύω) bolster. (ισχυρίζομαι) argue. (με επιπρόσθετη βοήθεια) back up. (προτιμώ) favour

υποστηρ|ικτικός επίθ supportive. **~ικτής** (ο), **~ίκτρια** (η) backer. (θεωρίας) exponent

υποστήριγμα (το) bracket. (γέφυρας) truss

υποστήριξη (η) support. (ενίσχυση) backing. (καταστήματος) patronage

υπόστρωμα (το) substratum. (βαφής) undercoat. (κάτω από μοκέτα) underlay

υποσυνείδητ|ος επίθ subconscious. **~ο** (το) subconscious

υπόσχεση (η) promise. (τάξιμο) pledge

υπόσχομαι ρ μτβ/αμτβ promise

υποταγή (η) submission. (στο πεπρωμένο) resignation. (υπακοή) obedience. (υποδούλωση) subordination

υποτακτικ|ός επίθ submissive. **~ή** (η) (γραμμ) subjunctive

υποτάσσ|ω ρ μτβ subdue. (υποδουλώνω) subordinate. **~ομαι** ρ αμτβ submit

υποτίμηση (η) depreciation. (νομίσματος) devaluation

υποτιμητικός επίθ pejorative. (λόγια) derogatory. (δυσφημιστικός) disparaging

υποτιμώ ρ μτβ underestimate. (μεταφ) belittle. (νόμισμα) devalue

υπότιτλος (ο) subtitle

υποτροπιάζω ρ μτβ recurrent

υποτροπή (η) recurrence. (ιατρ) relapse

υποτροφία (η) scholarship

ύπουλος επίθ devious. (αρρώστια) insidious. (τρόπος) underhand

υπουλότητα (η) deviousness

υπουργείο (το) ministry

υπουργικ|ός επίθ ministerial. **~ συμβούλιο** (το) Cabinet

υπουργός (ο, η) minister

υποφαινόμενος επίθ undersigned

υποφερτός επίθ tolerable. (καλούτσικος) passable. (πόνος) bearable

υποφέρω ρ μτβ bear. (ανέχομαι) endure. (δοκιμάζω) suffer

υποχείριος επίθ under the thumb

υποχονδριακός επίθ hypochondriac

υπόχρεος επίθ obliged

υποχρεωμένος επίθ obliged. **~ σε** indebted to

υποχρεώνω ρ μτβ oblige. (προκαλώ ευγνωμοσύνη) obligate

υποχρέωση (η) obligation. (καθήκον) duty. (οικονομική) liability

υποχρεωτικός επίθ compulsory. (αναγκαστικός) obligatory. (εξυπηρετικός) obliging

υποχώρηση (η) (στρ) retreat

υποχωρώ ρ αμτβ retreat. (έδαφος) give way. (νερά) recede. (σε απόψεις) back down

υπόψη επίρρ **έχω ~** bear in mind. **λαμβάνω ~** take into account

υποψήφιος (ο), **~ηφία** (η) candidate. (αιτών) applicant. (που έχει προταθεί) nominee. (σε διαγωνισμό) entrant

υποψηφιότητα (η) candidacy. (μετά από πρόταση) nomination

υποψία (η) suspicion

υποψιάζομαι ρ αμτβ suspect

ύπτι|ος επίθ supine. **~ο** (το) backstroke

ύστατος επίθ ultimate

ύστερα επίρρ afterwards, then

υστερία (η) hysteria
υστερικός επίθ hysterical
υστεροβουλία (η) ulterior motive
υστερόγραφο (το) postscript
ύστερος επίθ last. **εκ των υστέρων** in retrospect
υστερώ ρ αμτβ be inferior. (μένω πίσω) be behind
ύστριγξ (η) porcupine
υφαίνω ρ μτβ weave
ύφαλα (τα) ship's bottom
ύφαλος (ο) reef
ύφανση (η) weave. (διαδικασία) weaving
υφαντής (ο), **υφάντρια** (η) weaver
υφαντουργία (η) textile industry
ύφασμα (το) fabric, material
ύφεση (η) (ατμοσφαιρική) trough. (εμπ) recession. (μους) flat. (πολ) détente
υφή (η) texture. (σε δέρμα) grain
υφήλιος (η) globe, world
υφίσταμαι ρ αμτβ be. (υποβάλλομαι) undergo
υφιστάμενος επίθ subordinate
ύφος (το) expression. (εξωτερική εμφάνιση) look. (στο γραπτό λόγο) style
υφυπουργός (ο, η) junior minister
υψηλός επίθ high. (άνθρωπος) tall. (ιδεώδη) noble. (τιμή) stiff. (ύφος) lofty. (φωνή) high pitched
υψηλότατος (ο), **~ τητα** (η) Highness
υψικάμινος (η) blast furnace
ύψιστος επίθ paramount

υψίφωνος (ο) tenor. **~ (η)** soprano
υψόμετρο (το) altitude. (όργανο) altimeter
ύψος (το) height. (υψόμετρο) altitude. (φωνής) pitch
ύψωμα (το) rise (land)
υψώνω ρ μτβ heighten. (εξυψώνω) enhance. (ποτήρι, φωνή) raise. (σημαία) hoist. **~ ομαι** ρ αμτβ rise. (απότομα) surge

Φφ

φαβορί (το) άκλ favourite
φαβορίτα (η) sideboard, sideburn
φαβοριτισμός (ο) favouritism
φαγάς (ο) big eater
φαγητό (το) food. (γεύμα) meal
φαγκρί (το) sea bream
φαγοπότι (το) feasting
φαγούρα (η) itch
φάγωμα (το) wear. (γκρίνια) nagging
φαεινός επίθ brilliant
φαιδρ|ός επίθ cheerful. **~τητα** (η) cheerfulness
φαγώσιμος επίθ edible
φαΐ (το) food
φαίνομαι ρ αμτβ be visible. (εμφανίζομαι) appear. (θεωρούμαι) seem. **~ σαν** look like
φαινομενικ|ός επίθ apparent. (δήθεν) ostensible. **~ά** επίρρ seemingly

φαινόμενο (*το*) phenomenon

φάκα (*η*) mousetrap

φακελάκι (*το*) sachet. **~ τσαγιού** tea bag

φάκελος (*ο*) envelope. (*έγγραφα*) file. (*σε εφημερίδα*) feature

φακή (*η*) lentil

φακίδα (*η*) freckle

φακίρης (*ο*) fakir

φακός (*ο*) lens. (*λυχνία*) torch. (*μεγεθυντικός*) magnifying glass. **~ επαφής** contact lens

φάλαγγα (*η*) column (*formation*). (*στρ*) phalanx

φάλαινα (*η*) whale

φαλάκρα (*η*) baldness

φαλακρός *επίθ* bald

φαλλικός *επίθ* phallic

φανάρι (*το*) lantern

φανατίζω *ρ μτβ* fanaticize

φανατικός *επίθ* fanatical. **~** (*ο*) fanatic

φανατισμός (*ο*) fanaticism

φανέλα (*η*) flannel. (*εσωτερική*) vest. (*χωρίς μανίκια*) singlet

φανερός *επίθ* evident. (*εμφανής*) apparent, obvious. (*πρόδηλος*) overt. **~ά** *επίρρ* obviously, evidently

φανερώνω|ω *ρ μτβ* reveal. **~ομαι** *ρ αμτβ* appear

φανός (*ο*) (street) lamp

φανοστάτης (*ο*) lamppost

φαντάζομαι *ρ μτβ* imagine. (*σχηματίζω εικόνα*) visualize. (*οραματίζομαι*) envisage

φαντάζω *ρ αμτβ* look glamorous. (*ξεχωρίζω*) stand out

φαντασία (*η*) imagination. (*ματαιοδοξία*) conceit

φαντασιοκοπώ *ρ αμτβ* fantasize

φαντασιοπληξία (*η*) fancy

φαντασίωση (*η*) fantasy

φάντασμα (*το*) phantom. (*νεκρού*) ghost, apparition

φαντασμαγορία (*η*) panorama. **~ικός** *επίθ* panoramic

φαντασμένος *επίθ* conceited

φανταστικός *επίθ* imaginary. (*απίθανος*) fantastic. (*μόνο στη φαντασία*) fictitious. (*χαρακτήρας*) fictional

φανταχτερός *επίθ* flamboyant. (*χτυπητός*) gaudy

φάντης (*ο*) jack (*in cards*)

φανφάρα (*η*) fanfare

φαξ (*το*) *άκλ* fax

φάουλ (*το*) *άκλ* (*σπορ*) foul

φάπα (*η*) slap (*on the head*)

φαράγγι (*το*) gorge. (*ποταμιού*) canyon

φαράσι (*το*) dustpan

φαρδαίνω *ρ μτβ* widen. (*ρούχα*) let out. **•** *ρ αμτβ* become wider

φάρδος (*το*) width. (*φούστας*) flare

φαρδύς *επίθ* broad. (*ρούχα*) loose. (*φούστα*) flared

φαρίνα (*η*) fine white flour

φαρισαϊκός (*επίθ*) self-righteous

φαρισαίος (*ο*) Pharisee. (*μεταφ*) hypocrite

φάρμα (*η*) farm

φαρμακείο (*το*) dispensary. (*αμερ*) drugstore. (*κατάστημα*) pharmacy

φαρμακερός *επίθ* venomous

φαρμακευτικός *επίθ*
pharmaceutical. (*με ιδιότητες*
φαρμάκου) medicinal

φαρμάκι (*το*) venom.
(*δηλητήριο*) poison. (*μεταφ*)
bitterness

φάρμακο (*το*) drug, medicine.
(*αγωγή*) medication

φαρμακολογία (*η*)
pharmacology

φαρμακοποιός (*ο, η*)
pharmacist. (*παρασκευαστής*
φαρμάκων) dispenser

φαρμακώνω *ρ μτβ* poison.
(*μεταφ*) embitter

φάρος (*ο*) lighthouse. (*φως*)
beacon

φάρσα (*η*) prank. (*κωμωδία*)
farce

φαρσέρ (*ο, η*) prankster

φαρσί *επίρρ* fluently

φάρυγγας (*ο*) pharynx

φαρυγγίτιδα (*η*) pharyngitis

φασαμέν (*τα*) *άκλ* lorgnette

φασαρία (*η*) to-do.
(*αναστάτωση*) commotion.
(*ενόχληση*) hassle. (*θόρυβος*)
uproar. (*κίνηση*) bustle.
(*μπελάς*) palaver. (*πλήθους*)
hubbub. (*ταραχή*) disturbance.
(*φορτική ασχολία*) fuss

φάση (*η*) phase

φασιανός (*ο*) pheasant

φασισμός (*ο*) fascism

φασίστ|ας (*ο*), **~ρια** (*η*) fascist

φασκόμηλο (*το*) sage (*herb*)

φάσκω *ρ αμτβ* **~ και**
αντιφάσκω keep contradicting
o.s.

φάσμα (*το*) spectrum. (*μεταφ*)
spectre

φασολάδα (*η*) a dish of boiled
haricot beans

φασολάκι (*το*) runner bean

φασόλι (*το*) haricot bean

φασουλής (*ο*) Punch. (*θέατρ*)
Punch and Judy show

φαστφουντάδικο (*το*) fast food
restaurant

φάτνη (*η*) manger. (*εκκλ*) crib

φατρία (*η*) faction

φάτσα (*η*) mug, person's face

φαύλος *επίθ* base. **~ κύκλος**
(*ο*) vicious circle

φαφλατάς (*ο*) windbag

φαφούτης (*ο*) toothless man

Φεβρουάριος (*ο*) February

φεγγάρι (*το*) moon

φεγγαρόλουστος *επίθ* moonlit

φεγγαρόφωτο (*το*) moonlight

φεγγίτης (*ο*) skylight

φεγγοβολώ *ρ αμτβ* glow

φέγγω *ρ μτβ* illuminate. • *ρ αμτβ*
shine. **~ αμυδρά** glimmer

φείδομαι *ρ μτβ* spare

φειδώ (*η*) thrift

φειδωλεύομαι *ρ αμτβ* stint

φειδωλός *επίθ* thrifty. (*μεταφ*)
sparing

φελλός (*ο*) cork. (*ψαρέματος*)
float

φεμινισμός (*ο*) feminism

φεμιν|ιστής (*ο*), **~ίστρια** (*η*)
feminist

φέξη (*η*) daybreak

φεουδαρχί|α (*η*) feudalism.
~ικός *επίθ* feudal

φερέγγυος *επίθ* solvent
(*enterprise*)

φερεγγυότητα (*η*) solvency

φερετζές (*ο*) yashmak

φέρετρο (το) coffin

φερέφωνο (το) mouthpiece

φέριμποτ (το) άκλ car ferry

φερμουάρ (το) άκλ zip

φέρνω ρ μτβ bring. (αντιρρήσεις) raise. (πηγαίνω και **~**) fetch

φέρσιμο (το) conduct

φέρ|ω ρ μτβ βλ **φέρνω** (βαστάζω) bear. **~ω βαρέως** resent. **~ομαι** ρ αμτβ behave. **~ομαι καλά** acquit o.s. well

φεστιβάλ (το) άκλ festival

φέτα¹ (η) slice. (μπέικον) rasher. (πορτοκαλιού) segment. (τριγωνική) wedge

φέτα² (η) soft white cheese, feta

φετινός επίθ this year's

φετίχ (το) άκλ fetish

φέτος επίρρ this year

φευγάλα (η) flight (escape)

φεύγω ρ αμτβ go away, leave. (αναχωρώ) depart. (αποχωρώ) quit. (δραπετεύω) get away

φήμη (η) fame. (κακή) notoriety

φημίζομαι ρ μτβ be renowned

φημισμένος επίθ famous

φημολογούμαι ρ αμτβ be rumoured

φθάνω ρ αμτβ arrive. βλ **φτάνω**

φθαρμένος επίθ tatty

φθαρτός επίθ perishable

φθείρ|ω ρ μτβ wear (down/out). (λίγο λίγο) whittle away. (μεταφ) corrupt. **~ομαι** ρ αμτβ perish (fruit)

φθινοπωρινός επίθ autumnal

φθινόπωρο (το) autumn, (αμερ) fall

φθίνω ρ αμτβ diminish. (λιώνω) waste away

φθίση (η) consumption

φθόγγος (ο) sound (of voice). (μουσ) note

φθονερός επίθ envious

φθόνος (ο) envy

φθονώ ρ μτβ envy

φθορά (η) wear. (μαρασμός) decay

φθορίζω ρ αμτβ fluoresce. **~ν** επίθ fluorescent

φθοροποιός επίθ pernicious. (επίδραση) malign

φιαλίδιο (το) phial

φιάσκο (το) άκλ fiasco

φιγούρα (η) figure. (μεταφ) swank

φιγουράρω ρ αμτβ figure

φίδι (το) snake

φίλαθλος επίθ sports fan

φιλαλήθης επίθ truthful

Φιλανδία (η) Finland

φιλανδικ|ός επίθ Finnish. **~ά** (τα) Finnish

Φιλανδ|ός (ο), **~έζα** (η) Finn

φιλανθρωπία (η) charity. **~ικός** επίθ charitable

φιλάνθρωπος επίθ charitable. **~** (ο) philanthropist

φιλαράκος (ο) pal

φιλαργυρία (η) avarice

φιλάργυρος επίθ avaricious

φιλαρέσκεια (η) coquetry

φιλάρεσκος επίθ coquettish

φιλαρμονικ|ός επίθ philharmonic. **~ή** (η) philharmonic (orchestra)

φιλάσθενος επίθ weakly

φιλειρηνικός επίθ peace loving

φιλελεύθερος επίθ liberal. **οι Φ~οι** the Liberals

φιλέλληνας (ο) philhellene

φιλενάδα (η) (woman) friend. (αγαπητικιά) mistress. (αγοριού) girlfriend

φίλερις επιθ belligerent

φιλές (ο) hair net

φιλέτο (το) fillet

φιλεύω ρ μτβ treat to

φίλη (η) girlfriend

φιληδονία (η) sensuality

φιλήδονος επιθ sensual

φίλημα (το) kiss

φιλήσυχος επιθ peaceful. (πολίτης) law-abiding

φιλί (το) kiss

φιλία (η) friendship

φιλικός επιθ friendly. (τρόπος) amicable

φιλικότητα (η) friendliness

Φιλιππίνες (οι) Philippines

φιλιστρίνι (το) porthole

φιλμ (το) άκλ film

φιλντισένιος επιθ ivory

φίλντισι (το) mother-of-pearl. (ελαφαντόδοντο) ivory

φιλοβασιλικός επιθ royalist

φιλοδοξία (η) ambition. (βλέψη) aspiration

φιλόδοξος επιθ ambitious

φιλοδοξώ ρ αμτβ aspire

φιλοδώρημα (το) gratuity. (μπουρμπουάρ) tip

φιλολογία (η) philology. (συγγράμματα) literature

φιλόλογος (ο) philologist

φιλόμουσος επιθ music lover

φιλόνικος επιθ pugnacious

φιλοξενία (η) hospitality

φιλόξενος (ο) hospitable

φιλοξενώ ρ μτβ be a host to. (ξένο) put up

φιλόπονος επιθ diligent

φίλος (ο) friend. (εραστής) lover. (κοριτσιού) boyfriend

φιλοσοφία (η) philosophy. **~ικός** επιθ philosophical

φιλόσοφος (ο, η) philosopher

φιλοτελισμός (ο) philately

φιλοτιμία (η) sense of honour

φιλότιμος επιθ with a sense of honour. (ευσυνείδητος) conscientious. **~** (το) self-esteem

φιλοφρόνηση (η) compliment

φιλοφρονητικός επιθ complimentary

φιλτράρω ρ μτβ filter

φίλτρο (το) filter. (ποτό) potion. (τσιγάρου) filter-tip

φιλύποπτος επιθ mistrustful

φιλώ ρ μτβ kiss. (βιαστικά) peck. **~ιέμαι** ρ αμτβ kiss

φιμώνω ρ μτβ gag. (ζώο) muzzle

φίμωτρο (το) gag. (ζώου) muzzle

φινάλε (το) άκλ finale

φινέτσα (η) finesse

φινίρισμα (το) finish

φινιστρίνι (το) βλ **φιλιστρίνι**

φιντάνι (το) seedling

φιόγκος (ο) bow (with ribbon)

φιόρδ (το) άκλ fiord

φιοριτούρα (η) flourish (scroll)

φίσκα επιθ άκλ jam-packed

φιστίκι (το) groundnut. (Αιγίνης) pistachio. (αράπικο) peanut

φιτίλι (το) wick. (βόμβας) fuse

φλαμανδικός επιθ Flemish

φλαμίγκο (το) άκλ flamingo

φλάντζα (η) gasket
φλαουτίστ|ας (ο), **~ρια** (η) flautist
φλάουτο (το) flute
φλας (το) άκλ flash. (αυτοκ) indicator
φλασκί (το) flask
φλέβα (η) vein. (ορυχείου) seam
Φλεβάρης (ο) βλ **Φεβρουάριος**
φλέγμα (το) phlegm
φλεγματικός επίθ phlegmatic. (απαθής) stolid
φλεγμονή (η) inflammation
φλέγομαι ρ αμτβ be ablaze
φλεγόμενος επίθ alight, ablaze
φλερτ (το) άκλ flirt
φλερτάρισμα (το) flirtation
φλερτάρω ρ αμτβ flirt
φλιτζάνι (το) cup. (του τσαγιού) teacup
φλόγα (η) flame
φλογέρα (η) reed
φλογερός επίθ fiery. (επιθυμία) ardent
φλοιός (ο) bark (of tree)
φλοκάτη (η) flokati (shaggy woollen rug)
φλούδα (η) skin (outer layer). (πατάτας) jacket. (πορτοκαλιού) peel. (τυριού, μπέικον) rind. (σπειριού) husk
φλυαρία (η) chatter, prattle
φλύαρος επίθ garrulous. **~ο** (ο) chatterbox
φλυαρώ ρ αμτβ chatter, prattle
φοβάμαι ρ μτβ/αμτβ βλ **φοβούμαι**
φοβερίζω ρ μτβ threaten
φοβερ|ός επίθ terrifying. (καταπληκτικός) terrific. (τρομερός) terrible.

(φρικιαστικός) horrid. **~ά** επίρρ terribly, terrifyingly
φοβητσιάρης επίθ timid
φοβία (η) phobia
φοβίζω ρ μτβ frighten
φοβισμένος επίθ fearful. (ανήσυχος) apprehensive
φόβος (ο) fear. (ανησυχία) misgiving
φοβούμαι ρ μτβ fear. • ρ αμτβ be afraid
φόδρα (η) lining
φοδράρω ρ μτβ line (garment)
φοινίκι (το) date (fruit)
φοινικιά (η) palm tree
φοίτηση (η) attendance
φοιτ|ητής (ο), **~ήτρια** (η) student. (πανεπιστημίου) undergraduate
φοιτώ ρ μτβ attend (studies)
φονεύω ρ μτβ murder
φονιάς (ο), **φόνισσα** (η) murderer
φονικός επίθ deadly
φόνος (ο) murder
φορά (η) time. **άλλη ~** another time. **μια ~** once. **καμιά ~** on occasion. **μια ~ κι έναν καιρό** once upon a time
φοράδα (η) mare
φοραδίτσα (η) filly
φορβή (η) fodder
φορέας (ο) (ιατρ) carrier. (όργανο) body
φορείο (το) stretcher
φόρεμα (το) dress
φορεσιά (η) suit
φορητός επίθ portable. **~ Η.Υ.** (ο) laptop
φόρμα (η) form. (γυμναστικής) track suit. (διάθεση) shape.

(εργάτη) boiler suit. (εργασίας) overalls. (παιδική) rompers

φορμάκι (το) leotard

φορμάρω ρ μτβ give shape

φοροδιαφυγή (η) tax evasion

φορολογία (η) taxation

φορολογήσιμος επίθ taxable

φορολογούμενος (ο) taxpayer

φορολογώ ρ μτβ tax. **~ούμαι** ρ αμτβ pay tax

φόρος (ο) tax

φόρουμ (το) άκλ forum

φοροφυγάδας (ο) tax evader

φόρτε (το) άκλ strong point. (μουσ) forte

φορτηγάκι (το) van. (ανοιχτό πίσω) pick-up truck

φορτηγίδα (η) barge

φορτηγό (το) (αυτοκίνητο) lorry. (πλοίο) freighter. (σιδηρ) truck

φορτίζω ρ μτβ (ηλεκτρ) charge

φορτικός επίθ obtrusive

φορτίο (το) load. (εμπ) freight. (σε μεταφορικό μέσο) cargo

φόρτιση (η) (ηλεκτρ) charge

φορτών|ω ρ μτβ load. (μεταφ) burden. **~ομαι** be saddled with. (μεταφ)

φόρτωση (η) shipment

φορτωτική (η) waybill

φορώ ρ μτβ put on. (είμαι ντυμένος) wear

φουαγιέ (το) άκλ foyer

φουγάρο (το) funnel. (μεταφ) chain smoker

φούγκα (η) fugue

φουκαράς (ο) wretch

φουλάρω ρ μτβ (αυτοκ) rev (up)

φούντα (η) tassel

φουντάρω ρ μτβ sink. • ρ αμτβ cast anchor

φουντούκι (το) hazelnut

φουντώνω ρ αμτβ flare up

φούξια (η) fuchsia. (χρώμα) (το) magenta

φουρκέτα (η) hairpin bend

φουρκίζω ρ μτβ infuriate

φούρναρης (ο) baker

φουρνιά (η) batch (of bread)

φούρνος (ο) oven. (αρτοποιείο) bakery

φουρτούνα (η) rough sea. (μεταφ) tribulation

φουρτουνιασμένος επίθ rough (sea)

φούσκα (η) bubble. (σε καζανάκι) ball-cock

φουσκάλα (η) blister

φουσκαλιάζω ρ αμτβ blister

φουσκοθαλασσιά (η) swell (sea)

φουσκονεριά (η) incoming tide

φούσκωμα (το) bulge. (στομαχιού) flatulence

φουσκωμένος επίθ swollen. (μάγουλα) puffy. (πορτοφόλι) bulging. (με φαΐ) bloated

φουσκώνω ρ μτβ inflate. (λάστιχο) pump up. (εξοργίζω) vex. (υπερβάλλω) blow up (μεταφ). • ρ αμτβ fill out, put on weight. (κορδώνομαι) puff up. (λαχανιάζω) be out of breath. (πρήζομαι) swell. (ψωμί) rise

φούστα (η) skirt

φουστανέλα (η) white knee-length pleated skirt worn by Greek men. **σκοταδζίκη ~** kilt

φουστάνι (το) dress

φουτουριστικός επίθ futuristic

ΦΠΑ (ο) συντ (Φόρος Προστιθεμένης Αξίας) VAT (Value Added Tax)

φράγκο (το) French franc

φραγκοστάφυλο (το) redcurrant

φράγμα (το) barrier. (υδατοφράχτης) dam. (ποταμού) weir

φραγμός (ο) barrier

φράζω ρ μτβ block. (περικλείω) fence. • ρ αμτβ block

φρακάρ|ισμα (το) (μηχ) jam. ~ω ρ αμτβ jam

φράκο (το) tails, tailcoat

φραμπαλάς (ο) flounce

φράντζα (η) fringe (hair)

φραντζόλα (η) round loaf of fluffy white bread

φράξιμο (το) fencing

φράουλα (η) strawberry

φρασεολογία (η) phraseology

φράση (η) phrase

φράχτης (ο) fence. (από θάμνους) hedge

φρέαρ (το) (mine) shaft

φρεγάτα (η) frigate

φρέζια (η) freesia

φρένα (τα) reason (mind). **είμαι έξω φρενών** be furious

φρενάρω ρ αμτβ brake

φρενιάζω ρ αμτβ become furious

φρενίτιδα (η) frenzy

φρένο (το) brake

φρενοβλαβής επίθ mentally deranged

φρενοκομείο (το) lunatic asylum

φρεσκάδα (η) freshness

φρεσκάρω ρ μτβ freshen. (ανανεώνω) brush up

φρέσκο[1] (το) fresco

φρέσκο[2] (το) (καιρός) cool weather. (φυλακή) cooler

φρεσκοκομμένος επίθ freshly cut

φρέσκος επίθ fresh. (μπογιά) wet

φριγκίλη (η) chaffinch

φρικαλέος επίθ hideous. ~εότητα (η) hideousness

φρίκη (η) horror

φρικιαστικός επίθ blood-curdling

φριχτός επίθ horrific, ghastly

φρόνημα (το) moral. (γνώμη) view

φρόνηση (η) prudence

φρονιμάδα (η) good behaviour. (σύνεση) good sense

φρονιμίτης (ο) wisdom tooth

φρόνιμος επίθ sensible. (παιδί) well behaved. (συμβουλή) sound

φροντίδ|α (η) care. (ανησυχία) concern. ~ι care of

φροντίζω ρ μτβ care for. (ανάγκες) cater for. (ζήτημα) attend to. (κήπο) tend. (περιποιούμαι) look after. (προνοώ) provide

φροντιστήριο (το) tutorial. (σχολή) tutorial college

φροντιστής (ο) minder. (φροντιστηρίου) tutor

φρονώ ρ αμτβ be of the opinion

φρουρά (η) garrison

φρούρηση (η) guarding

φρούριο (το) fortress

φρουρός (ο) guard

φρουρώ ρ μτβ guard (watch).

φρουτιέρα (η) fruit bowl

φρούτο (το) fruit

φρουτοσαλάτα (η) fruit salad

φρυγανιά (η) toast. (τραγανιστή) crispbread

φρυγανιέρα (η) toaster

φρύγανο (το) dry stick

φρύδι (το) eyebrow

φρύνος (ο) toad

φταίξιμο (το) fault (blame)

φταίω ρ αμτβ be to blame

φτάνω ρ μτβ reach. (γίνομαι ισάξιος) equal. (πραγματοποιώ) attain. (προφταίνω) catch up. • ρ αμτβ βλ **φθάνω**. (εκτείνομαι έως) be up to. (επαρκώ) be sufficient. (πλησιάζω) draw near. **~ει!** enough!

φταρνίζομαι ρ αμτβ sneeze

φτάρνισμα (το) sneeze

φτελιά (η) elm

φτέρη (η) fern

φτέρνα (η) heel

φτερό (το) feather. (αυτοκ) wing. (για γράψιμο) quill

φτερούγα (η) wing

φτερουγίζω ρ αμτβ flap (wings)

φτερούγισμα (το) flapping (of wings)

φτέρωμα (το) plumage

φτερωτός επίθ winged

φτηναίνω ρ μτβ cheapen

φτήνια (η) cheapness

φτην|ός επίθ cheap. **~ά** επίρρ cheap(ly). **~ά τη γλιτώνω** have a narrow escape

φτιάξιμο (το) making

φτιάχν|ω ρ μτβ make. (βαλίτσα) pack. (δωμάτιο) tidy up. (σπίτι) do up. (φαΐ) prepare. • ρ αμτβ change (for the better). **τα ~ω με κπ** make up. **~ομαι** ρ αμτβ put on one's make-up

φτου επιφών **~ κι απ' την αρχή** back to square one. **~ σου!** shame on you

φτυάρι (το) (child's) spade

φτυάρι (το) spade, shovel

φτυαρίζω ρ μτβ shovel

φτύμα (το) spit. **~τα** (τα) splutter

φτύνω ρ μτβ/αμτβ spit

φτυστός επίθ just like

φτωχαίνω ρ μτβ impoverish. • ρ αμτβ become impoverished

φτώχεια (η) poverty

φτωχικ|ός επίθ poor. (ποσότητα) meagre. **~ό** (το) humble home

φτωχοκομείο (το) poorhouse

φτωχός επίθ poor

φυγάδας (ο) fugitive

φυγαδεύω ρ μτβ help to escape

φυγή (η) flight. (ληστή) get-away. **σε ~** on the run. **τάση ~ς** escapism

φυγόδικος (ο) outlaw

φυγόκεντρος επίθ centrifugal

φυγόπονος (ο) shirker

φύκι (το) seaweed

φυλά(γ)ω ρ μτβ guard. (διατηρώ) keep. (ενεδρεύω) lie in wait for. (επιτηρώ) watch. (προστατεύω) protect. **~γομαι** ρ αμτβ **~γομαι από** guard against

φύλακας (ο) watchman. (δημόσιου κήπου) warden. (ζωολογικού κήπου) keeper. (μουσείου) attendant. (φρουρός) guard. (μεταφ) watchdog

φυλακή (η) prison, gaol. (αμερ) penitentiary

φυλακίζω ρ μτβ imprison

φυλάκιση (η) imprisonment

φυλακισμένος επίθ imprisoned. **~** (ο) prisoner

φύλαξη (η) guarding. (προστασία) safekeeping. **~ αποσκευών** left luggage (office)

φυλαχτό (το) talisman

φυλετικός επίθ racial. (της φυλής) tribal

φυλετισμός (ο) racialism

φυλή (η) race. (ομάδα ανθρώπων) tribe

φυλλάδα (η) rag υβριστ, newspaper

φυλλάδιο (το) leaflet. (ενός φύλλου) pamphlet

φύλλο (το) leaf. (ζύμης) fillo pastry. (πόρτας) pane. (στρώμα) ply. (τραπεζιού) flap. (τσαγιού) tea leaf. (χαρτιού) sheet. (χόρτου) blade

φυλλοβόλος επίθ deciduous

φυλλομετρώ ρ μτβ flick through, leaf through

φύλλωμα (το) foliage

φύλο (το) sex, gender

φυματικός επίθ consumptive

φυματίωση (η) tuberculosis

φύρδην επίρρ **~ μίγδην** higgledy-piggledy

φυσαλίδα (η) blister

φυσαρμόνικα (η) harmonica

φυσερό (το) bellows

φύση (η) nature

φύσημα (το) blow. (αέρα) puff. (δυνατό) gust

φύσιγγα (η) (ιατρ) ampoule

φυσίγγι (το) cartridge

φυσική (η) physics

φυσικ|ός επίθ (της ύλης) physical. (της φύσης) natural. **~ός** (ο, η) physicist. **~ά** επίρρ naturally

φυσιογνωμία (η) facial features. (προσωπικότητα) person of distinction

φυσιογνώστ|ης (ο), **~τρια** (η) natural scientist

φυσιοδίφης (ο) naturalist

φυσιοθεραπεία (η) physiotherapy

φυσιοθεραπ|ευτής (ο), **~εύτρια** (η) physiotherapist

φυσιολογία (η) physiology

φυσ|ώ ρ μτβ/αμτβ blow. (αναπνέω) blow out. **~άει** it's windy

φυτεία (η) plantation

φύτεμα (το) planting

φυτεύω ρ μτβ plant

φυτικ|ός επίθ vegetable. **~ές ίνες** (οι) roughage

φυτό (το) plant

φυτοζωώ ρ αμτβ vegetate. (στερούμαι) scrape a living

φυτοκομία (η) horticulture

φυτολ|ογία (η) botany. **~όγος** (ο, η) botanist

φυτοφάρμακο (το) pesticide

φυτρώνω ρ αμτβ sprout

φυτώριο (το) nursery (for plants)

φώκαινα (η) porpoise

φώκια (η) seal (animal)

φωλιά (η) nest. (ζώων) lair

φωλιάζω ρ αμτβ nest. (τρυπώνω) nestle

φωνάζω ρ μτβ call. (ταξί) hail.
 • ρ αμτβ call out. (απαιτητικά)
clamour. (μιλώ δυνατά) shout

φωνασκώ ρ αμτβ vociferate

φων|ή (η) voice. **~ές** (οι)
clamour

φωνήεν (το) vowel

φωνητική (η) phonetics

φωνητικός επίθ vocal. (των
φθόγγων) phonetic

φως (το) light. (όραση) sight.
(της ημέρας) daylight. **είναι ~
φανάρι** it's too obvious

φωστήρας (ο) luminary

φωσφορίζω ρ αμτβ
phosphoresce

φωσφόρος (ο) phosphorous

φώτα (τα) learning. **Φ~**
Epiphany

φωταέριο (το) (lighting) gas

φωταγωγός ρ μτβ floodlight

φωτεινός επίθ light. (εκπέμπει
φως) luminous. (λαμπρός)
bright. (ξεκάθαρος) lucid

φωτιά (η) fire. (στο ύπαιθρο)
bonfire

φωτίζω ρ μτβ illuminate.
(διαφωτίζω) enlighten. **~ει**
απρόσ it's getting light

φώτιση (η) enlightenment

φωτισμός (ο) lighting

φωτιστικό|ς επίθ lighting. **~
δαπέδου** (το) standard lamp

φωτοαντίγραφο (το)
photocopy

φωτοβολίδα (η) flare

φωτογενής επίθ photogenic

φωτογραφείο (το)
photographic studio

φωτογραφία (η) (εικόνα)
photograph, photo. (τέχνη)
photography

φωτογραφίζω ρ μτβ
photograph

φωτογραφικ|ός επίθ
photographic. **~ή μηχανή** (η)
camera

φωτογράφος (ο, η)
photographer

φωτόμετρο (το) photometer.
(για φωτογραφίες) exposure
meter

φωτομοντέλο (το)
photographic model

φωτοστέφανος (ο) halo

φωτοσύνθεση (η)
photosynthesis

φωτοτυπία (η) photocopy

Χχ

χαβάς (ο) tune

χαβιάρι (το) caviare

χάδι (το) caress

χαδιάρικος επίθ cuddly

χαζεύω ρ αμτβ gape. (γίνομαι
χαζός) go soft in the head

χάζι (το) amusement. **τον κάνω
~** find s.o. amusing

χαζομάρα (η) stupidity

χαζός επίθ stupid. **~** (ο) twit

χαζούλιακας (ο) silly-billy
(καθομ)

χαϊδεμένος επίθ spoilt

χαϊδευτικ|ός επίθ affectionate.
~ό όνομα (το) pet name

χαϊδεύω ρ μτβ caress, stroke

χαίνω ρ αμτβ gape. **~ν** επίθ
gaping

χαιρεκακία (η) malice

χαιρέκακος επίθ malicious

χαιρετίζω ρ μτβ greet. (στρ) salute

χαιρ|έτισμα (το) greeting. **~ετίσματα** (τα) greetings

χαιρετισμ|ός (ο) (στρ) salute. **~οί** (οι) regards, compliments

χαιρετώ ρ μτβ hail. **χαίρετε!** so long!

χαίρ|ω, ~ομαι ρ αμτβ rejoice, be delighted. **~ για** (με κακεντρέχεια) gloat over. **~ω πολύ** how do you do

χαίτη (η) mane

χακί (το) khaki

χαλάζι (το) hail

χαλαζίας (ο) quartz

χαλαζοθύελλα (η) hailstorm

χαλαζόκοκκος (ο) hailstone

χαλάκι (το) rug. (της πόρτας) doormat

χαλάλι επίρρ **χαλάλι της τα λεφτά** I don't begrudge her the money

χαλαρός (ο) loose. (μεταφ) lax

χαλαρότητα (η) slackness. (μεταφ) laxity

χαλαρώνω ρ μτβ loosen. (πειθαρχία) slacken. • ρ αμτβ relax

χαλασμένος επίθ bad, off. (δε λειτουργεί) out of order

χαλβάς (ο) halva, (cake made of semolina)

χαλεπιανό (το) (κυπρ) pistachio nut.

χάλι (το) plight. **έχει τα ~α της** she is in bad shape

χαλί (το) carpet. (για διάδρομο) runner

χαλίκι (το) pebble. **~α** (τα) gravel. (παραλίας) shingle

χαλιναγωγώ ρ μτβ bridle. (μεταφ) restrain

χαλινάρι (το) bridle. (μεταλλικό εξάρτημα) bit. (μεταφ) curb

χαλκάς (ο) (metal) ring

χάλκινος επίθ copper

χαλκογραφία (η) engraving, copperplate

χαλκομανία (η) transfer

χαλκός (ο) copper

χαλκωρυχείο (το) copper mine

χαλούμι (το) (κυπρ) hard white cheese

χάλυβας (ο) steel

χαλύβδινος επίθ steely

χαλυβδβιομηχανία (η) steel industry

χαλυβουργείο (το) steelworks

χαλ|ώ ρ μτβ spoil. (δόντια, όραση) ruin. (κατεδαφίζω) pull down. (παραχαϊδεύω) spoil. (προκαλώ ζημιά) damage. (σχέδια) upset. (χρήματα) change. • ρ αμτβ go wrong. (μαραίνομαι) lose one's good looks. (φαγητό) go bad. (φίλοι) fall out. **~άει κόσμο** it's a huge success. **~άει ο κόσμος** there's a mighty din. **~άει τον κόσμο** he/she's moving heaven and earth

χαμαιλέοντας (ο) chameleon

χαμάλης (ο) porter

χαμέν|ος επίθ lost. (σε παιχνίδι) loser. (συγχυσμένος) bemused. **στα ~α** in vain. **τα έχω ~α** be at a loss. **~α** επίρρ bemusedly

χαμερπής επίθ base, vile

χαμηλ|ός *επίθ* low. (σε τιμή) cheap. **~ά** *επίρρ* low

χαμηλόφωνος *επίθ* low-voiced

χαμηλώνω *ρ μτβ* lower. (φώτα) dip. (ένταση) turn down. • *ρ αμτβ* become lower

χαμίνι *(το)* urchin

χαμόγελο *(το)* smile. (αυταρέσκειας) smirk

χαμογελώ *ρ αμτβ* smile. (πλατιά) grin

χαμόδεντρο *(το)* bush

χαμόκλαδα *(τα)* undergrowth

χαμομήλι *(το)* camomile

χαμός *(ο)* loss. (αναστάτωση) hullabaloo

χάμου *επίρρ βλ* **χάμω**

χάμουρα *(τα)* harness *άκλ*

χαμπάρι *(το)* news. **παίρνω ~** catch on

χαμπαρίζω *ρ μτβ* take notice. **~ από** understand

χάμω *επίρρ* on the ground/floor

χάνι *(το)* inn

χαντάκι *(το)* ditch. (στο δρόμο) gutter

χάντρα *(η)* bead

χά|νω *ρ μτβ* lose. (καιρό) waste. (ξεχνώ) mislay. (τρένο, λεωφορείο) miss. • *ρ αμτβ* lose. **~νομαι** *ρ αμτβ* get lost. (εξαφανίζομαι) disappear. (πεθαίνω) perish. **τα ~νω** be confused. (τρελαίνομαι) lose one's senses

χάος *(το)* chaos

χάπι *(το)* tablet. **το ~** the pill

χαρά *(η)* joy. (μεγάλη) jubilation. **~ Θεού** heavenly. **είναι μια ~** he/she/it is fine

χαράδρα *(η)* ravine

χαράζ|ω *ρ μτβ* engrave. (πορεία σε χάρτη) plot (mark out). **~ει** *απρόσ* the day is breaking

χάρακας *(ο)* ruler (measure)

χαρακτήρας *(ο)* character. **γραφικός ~** handwriting

χαρακτηρίζω *ρ μτβ* characterize. (μεταφ) label. **~ισμός** *(ο)* characterization

χαρακτηριστικ|ός *επίθ* characteristic, typical. **~ό** *(το)* feature. **~ά** *επίρρ* characteristically, typically

χαρακτική *(η)* etching

χαράκωμα *(το)* (στρ) trench

χαραμάδα *(η)* crack

χαράματα *(τα)* daybreak

χαράμι *επίρρ* in vain

χαραμίζω *ρ μτβ* throw away, waste

χάραξη *(η)* incision

χαραυγή *(η)* dawn

χαρέμι *(το)* harem

χάρη *(η)* grace. (από εύνοια) favour. (νομ) reprieve, pardon. (προτέρημα) gift. **~ σε** thanks to. **για ~** for the sake of. **λόγου ~** for example

χαρίζω *ρ μτβ* give away. (από ποινή) pardon. (ζωή) spare

χαριεντίζομαι *ρ αμτβ* flirt

χάρισμα *(το)* gift. (εκκλ) charisma. • *επίρρ* free (of charge). **~ά σου** yours to keep

χαρισματικός *επίθ* charismatic

χαριτολογώ *ρ αμτβ* be witty

χαριτωμένος *επίθ* cute

χάρμα *(το)* joy

χαρμάνι *(το)* (tobacco) blend

χαρμόσυνος *επίθ* joyful

χαροπαλεύω ρ αμτβ be on one's death bed

χαροποιώ ρ μτβ gladden

χάρος (ο) Charon

χαρούμενος επίθ joyful, glad

χαρούπι (το) carob

χαρταετός (ο) kite

χαρτζιλίκι (το) pocket money

χάρτης (ο) chart. (γεωγρ) map

χαρτ|ί (το) paper. (έγγραφο) document. (τραπουλόχαρτο) card. **~ιά** (τα) papers. (χαρτοπαιξία) gambling. **~ί υγείας** toilet-paper

χαρτικά (τα) stationery

χάρτινος επίθ paper

χαρτογραφία (η) cartography. **~αφώ** ρ αμτβ chart. (γεωγρ) map

χαρτόδετ|ος επίθ paperback. **~ο βιβλίο** (το) paperback (book)

χαρτοκόπτης (ο) paper knife

χαρτοκοπτική μηχανή (η) guillotine (for paper)

χαρτόκουτα (η) carton

χαρτομαντεία (η) cartomancy

χαρτομάντιλο (το) tissue, paper handkerchief

χαρτόνι (το) cardboard

χαρτονόμισμα (το) banknote, (αμερ) bill

χαρτοπαιξία (η) gambling, card-playing

χαρτοπαίχτης (ο), **~ρα** (η) gambler, card-player

χαρτοπόλεμος (ο) confetti

χαρτοπώλης (ο) stationer

χαρτοσακούλα (η) paper bag

χαρτοσημαίνω ρ μτβ affix duty stamps to

χαρτόσημο (το) stamp duty

χαρτοφύλακας (ο) briefcase. (υπουργικός) dispatch box

χαρτοφυλάκιο (το) portfolio

χαρτωσιά (η) trick (at cards). (σύνολο χαρτιών) hand

χαρωπός επίθ blithe

χασάπ|ης (ο) butcher. **~ικο** (το) butcher's shop

χασάπικος (ο) Greek folk dance

χάση (η) wane (moon)

χάσιμο (το) loss. (χρόνου) waste

χασίς (το) άκλ hashish

χασκογελώ ρ αμτβ guffaw

χάσκω ρ αμτβ gape, be wide open

χάσμα (το) chasm. (μεταφ) gulf. **~ των γενεών** generation gap

χασμουρ|ητό (το) yawn. **~ιέμαι** ρ αμτβ yawn

χασομέρ|ης (ο), **~ισσα** (η) dawdler

χασομερώ ρ μτβ hold up. • ρ αμτβ dally. (στο δρόμο) loiter

χαστούκι (το) slap

χαστουκίζω ρ μτβ slap

χατζής (ο) hadji (one that has visited the Holy Land)

χατίρι (το) favour. **για ~ μου** for my sake

χατιρικά επίρρ as a favour

χαυλιόδοντας (ο) tusk

χαύνωση (η) stupor

χαφιές (ο) stool pigeon

χάφτω ρ μτβ gobble. (μεταφ) lap up

χαχανίζω ρ αμτβ cackle

χάχανο (το) cackle

χάχας (ο) nitwit

χαώδης επίθ chaotic

χέζ|ω ρ μτβ revile. • ρ αμτβ shit. **~ομαι** ρ αμτβ shit o.s. (από φόβο) be scared shitless

χείλος (το) lip. (γκρεμού) edge. (ποτηριού) brim. (φλιτζανιού) rim. (μεταφ) brink

χείμαρρος (ο) torrent

χειμερινός επίθ winter

χειμώνας (ο) winter

χειμωνιάτικος επίθ wintry

χειράμαξα (η) wheel barrow

χειραφέτηση (η) emancipation

χειραφετώ ρ μτβ emancipate

χειραψία (η) handshake. **κάνω ~ με** shake hands with

χειρίζομαι ρ μτβ handle. (διαχειρίζομαι) manage. (ελέγχω) operate. (με επιδεξιότητα) manipulate. (χρησιμοποιώ) wield

χειριστής (ο), **~ίστρια** (η) operator

χείριστος επίθ worst

χειροβομβίδα (η) grenade

χειρόγραφος επίθ handwritten. **~** (το) manuscript

χειροκίνητος επίθ manual, manually operated

χειροκρότημα (το) applause

χειροκροτώ ρ μτβ/αμτβ applaud, clap

χειρολαβή (η) handgrip. (σκάλας) handrail

χειρομάντης (ο), **~ισσα** (η) palmist

χειρονομία (η) gesture

χειρονομώ ρ αμτβ gesticulate

χειροπέδη (η) handcuff

χειροπιαστός επίθ tangible

χειροπόδαρα επίρρ hand and foot

χειροποίητος επίθ handmade

χειροπρακτική (η) osteopathy

χειροτέρευση (η) deterioration

χειροτερεύω ρ μτβ/αμτβ worsen, deteriorate

χειρότερ|ος επίθ worse. **ο ~ος** the worst. **~ο** (το) worst. **~α** επίρρ worse. **από το κακό στο ~ο** from bad to worse

χειροτέχνημα (το) handiwork

χειροτεχνία (η) handicraft

χειροτον|ία (η) (εκκλ) ordination. **~ώ** ρ μτβ ordain.

χειρουργείο (το) operating theatre

χειρουργικ|ός επίθ surgical. **~ή** (η) surgery

χειρούργος (ο, η) surgeon. **~ οδοντίατρος** dental surgeon

χειρουργώ ρ μτβ operate on

χειρόφρενο (το) handbrake

χειρωνακτικός επίθ manual

χέλι (το) eel

χελιδόνι (το) swallow

χελιδονοφωλιά (η) swallow's nest

χελώνα (η) tortoise. (θαλασσινή) turtle

χεράκι (το) small hand. **δίνω ένα ~** give a hand

χέρι (το) hand. (φλιτζανιού) handle

χερουβίμ (το) άκλ cherub

χερούκλα (η) large hand

χερούλι (το) (door) handle

χερσαί|ος (επίθ) land. **~ες μεταφορές** (οι) land transport

χερσόνησος (η) peninsula

χέρσος επίθ fallow

χερσότοπος (ο) wasteland

χημεία (η) chemistry

χημείο (το) chemistry lab

χημειοθεραπεία (η) chemotherapy

χημικός επίθ chemical. ~ή ουσία (η) chemical. ~ός (ο) chemist

χήνα (η) goose. ~ος (ο) gander

χήρα (η) widow

χηρεία (η) widowhood

χηρεύω ρ αμτβ be widowed

χήρος (ο) widower

χθες επιρρ βλ χτες

χθεσινός επίθ βλ χτεσινός

χίλια (το) άκλ thousand

χιλιάδα (η) thousand

χιλιάρικο (το) thousand drachma note

χιλιετηρίδα (η) millennium

χιλιόγραμμο (το) kilogram

χίλιοι επίθ thousand

χιλιόμετρο (το) kilometre

χιλιοστό (το) thousandth

χιλιοστόγραμμο (το) milligram

χιλιοστόμετρο (το) millimetre

χιλιοστός επίθ thousandth

Χιλή (η) Chile

χίμαιρα (η) pipe dream

χιμπαντζής (ο) chimpanzee

χιμώ ρ αμτβ rush, dash. ~ πάνω rush at

χιονάνθρωπος (ο) snowman

χιόνι (το) snow

χιονίζω ρ αμτβ snow

χιονισμένος επίθ snowy

χιονίστρα (η) chilblain

χιονοθύελλα (η) snowstorm

χιονόλασπη (η) slush

χιονονιφάδα (η) snowflake

χιονοπέδιλο (το) snowshoe

χιονόνερο (το) sleet

χιονοπόλεμος (ο) snowball fight

χιονόπτωση (η) snowfall

χιονοστιβάδα (η) snowdrift. (κατολίσθηση) avalanche

χιονόσφαιρα (η) snowball

Χίος (η) Chios

χιουμορίστας (ο) humorist

χιούμορ (το) άκλ humour

χιουμοριστικός επίθ humorous

χίπης (ο) άκλ hippie

χιτώνας (ο) tunic

χλαίνη (η) greatcoat

χλευάζω ρ μτβ jeer

χλευασμός (ο) taunt, jeer

χλιαρός επίθ tepid, lukewarm

χλιδή (η) opulence

χλιμιντρίζω ρ αμτβ neigh

χλιμίντρισμα (το) neigh

χλοερός επίθ verdant

χλόη (η) grass, lawn

χλομάδα (η) paleness

χλομιάζω ρ αμτβ turn pale. (από φόβο) go white

χλομός επίθ pale. (πρόσωπο) ashen

χλωρίδα (η) flora

χλώριο (το) chlorine

χλωριούχος επίθ chloride

χλωρός επίθ tender and green. (τυρί) freshly made

χλωροφόρμιο (το) chloroform

χλωροφύλλη (η) chlorophyll

χνούδι (το) fluff. (πουλιού, γένια) down. (υφάσματος) nap. (χαλιού) pile

χνουδωτός *επίθ* fluffy

χοάνη (η) crucible. (χωνί) funnel

χοιρινός *επίθ* pork. **~ κρέας** (το) pork

χοιρόδερμα (το) pigskin

χοιρομέρι (το) smoked leg of pork

χοίρος (ο) pig

χοιροστάσιο (το) pigsty

χοιροτρόφος (ο) pig farmer

χόκεϊ (το) *άκλ* hockey. **~ επί πάγου** ice hockey

χολ (το) *άκλ* (entrance) hall

χολέρα (η) cholera

χολερικός *επίθ* (ιατρ) bilious.

χολή (η) gall. (ιατρ) bile. (μεταφ) spleen

χοληδόχος κύστη (η) gall bladder

χοληστερίνη (η) cholesterol

χοληστερόλη (η) *βλ* χοληστερίνη

χόμπι (το) *άκλ* hobby

χονδρεμπόριο (το) wholesale (trade)

χονδρέμπορος (ο) wholesaler

χονδρικ|ός *επίθ* wholesale. **~ά** *επίρρ* in bulk. **~ώς** *επίρρ* wholesale

χονδροειδής *επίθ* gross. (συμπεριφορά) coarse

χόνδρος (ο) cartilage

χονδρός *επίθ βλ* χοντρός

χοντραίνω *ρ μτβ* make look fatter. • *ρ αμτβ* put on weight

χοντράνθρωπος (ο) lout

χοντροδουλειά (η) rough work

χοντροκαμωμένος *επίθ* made roughly. (άνθρωπος) thickset

χοντροκέφαλος *επίθ* dense, stupid. **~** (ο) blockhead

χοντροκομμένος *επίθ* thick-cut. (αστείο) crude. **~η κωμωδία** (η) slapstick

χοντρόπετσος *επίθ* thick-skinned

χοντρός *επίθ* fat. (αλάτι) coarse. (άξεστος) crude. (απρεπής) indelicate. (εργασία) rough. (κομμάτι) chunky. (παχύς) thick. (φωνή) husky

χορδή (η) chord. (μουσ) string

χορ|ευτής (ο), **~εύτρια** (η) dancer

χορεύω *ρ μτβ/αμτβ* dance

χορήγημα (το) grant

χορήγηση (η) supply. (ιατρ) administration

χορηγία (η) provision. (ποσό) grant

χορηγ|ός (ο) sponsor. **~ώ** *ρ μτβ* provide. (ιατρ) administer

χορογραφία (η) choreography

χορογράφος (ο, η) choreographer

χοροδιδασκαλείο (το) dancing school

χοροεσπερίδα (η) ball

χοροπήδημα (το) skip. (σε νερό) bob

χοροπηδώ *ρ αμτβ* prance, hop. (πλοίο) toss. (σε νερό) bob

χορός (ο) dance. (θεατρ) chorus

χοροστατώ *ρ αμτβ* (εκκλ) officiate

χορταίνω *ρ μτβ* satisfy. • *ρ αμτβ* have enough

χορτάρι (το) grass

χορταριασμένος *επίθ* mossy

χορταρικό (το) vegetable

χορταστικός *επίθ* substantial (*meal*)

χορτάτος *επίθ* full (*with food*)

χόρτ|ο (*το*) grass. (*άγριο*) weed. **~α** (*τα*) greens

χορτοκοπτικ|ός *επίθ* grass-cutting. **~ή μηχανή** (*η*) lawn mower

χορτόσουπα (*η*) vegetable soup

χορτοφάγος *επίθ* vegetarian. **~** (*ο, η*) vegetarian

χορωδ|ία (*η*) choir. **~ιακός** *επίθ* choral

χορωδός (*ο*) chorister

χουζουρεύω *ρ αμτβ* lie in

χούι (*το*) peculiarity (*of habit*)

χούλιγκαν (*ο*) *άκλ* hooligan

χουλιγκανισμός (*ο*) hooliganism

χούμος (*ο*) compost

χούντα (*η*) junta

χουντικός *επίθ* supporter of the junta

χουρμάς (*η*) date (*fruit*)

χούφτα (*η*) palm (*of hand*). (*φουχτιά*) handful

χούφταλο (*το*) geriatric

χουφτιάζω *ρ μτβ* βλ **χουφτώνω**

χουφτώνω *ρ μτβ* grasp in one's hand

χρειάζομαι *ρ μτβ* need, require. • *ρ αμτβ* be needed. **τα ~** find o.s. in a tight spot

χρειώδης *επίθ* necessary. **~** (*τα*) necessities

χρεόγραφα (*τα*) securities. (*κυβερνητικά*) gilt-edged stocks

χρεοκοπημένος *επίθ* bankrupt

χρεοκοπία (*η*) bankruptcy

χρεοκοπώ *ρ αμτβ* go bankrupt

χρέος (*το*) debt

χρεωμένος *επίθ* in debt

χρεών|ω *ρ μτβ* charge. (*λογαριασμό*) debit. **~ομαι** *ρ αμτβ* get into debt

χρέωση (*η*) debit

χρεώστης (*ο*) debtor

χρήμα (*το*) money

χρηματαγορά (*η*) money market

χρηματίζω *ρ αμτβ* serve as

χρηματικός *επίθ* money

χρηματιστήριο (*το*) Stock Exchange. **~ς** (*ο*) stockbroker

χρηματοδέκτης (*ο*) slot-machine

χρηματοδότ|ης (*ο*), **~τρια** (*εμπ*) backer

χρηματοδ|ότηση (*η*) financing. **~οτώ** *ρ μτβ* fund, finance

χρηματοκιβώτιο (*το*) safe

χρηματοθυρίδα (*η*) night safe

χρηματοοικονομικός *επίθ* monetary

χρήση (*η*) use. **μιας ~ς** disposable

χρησιμεύω *ρ αμτβ* be of use

χρησιμοπο|ίηση (*η*) use. (*μεταχείριση*) utilization. **~ιώ** *ρ μτβ* use

χρήσιμος *επίθ* useful. **~α** *επίρρ* usefully

χρησιμότητα (*η*) usefulness

χρησμός (*ο*) oracle

χρήστης (*ο*) user

χρηστός *επίθ* virtuous, upright

χρίζω *ρ μτβ* smear. (*εκκλ*) anoint. (*ιππότη*) knight

χριστιανικός *επίθ* Christian

χριστιαν|ός (*o*), **~ή** (*η*)
Christian. **~οσύνη** (*η*)
Christianity

Χριστός (*o*) Christ

Χριστούγεννα (*τα*) Christmas

χριστουγεννιάτικος *επίθ*
Christmas

χροιά (*η*) hue. (*προσώπου*)
complexion

χρονιά (*η*) year. **καλή ~!**
Happy New Year! **καλής ~ς**
(*κρασί*) vintage

χρόνια (*τα*) *ακλ* years. **~**
πολλά! many happy returns!

χρονιάρης *επίθ* one-year-old.
~α μέρα (*η*) festive day. **~ικο**
ζώο (*το*) yearling

χρονικ|ό (*το*) chronicle. **~ά**
(*τα*) annals

χρονικ|ός *επίθ* time. **~**
διάστημα (*το*) time. (*μεταξύ*
δύο γεγονότων) time lag

χρόνιος *επίθ* chronic

χρονισμός (*o*) timing

χρονοβόρος *επίθ* time-
consuming

χρονογράφ|ημα (*το*) current
affairs column (*in newspaper*).
~φος (*o, η*) columnist (*of
current affairs*). (*συγγραφέας*)
chronicler

χρονογραφώ *ρ μτβ* chronicle

χρονοδιάγραμμα (*το*)
timetable

χρονοδιακόπτης (*o*) (*μηχ*)
timer

χρονολογί|α (*η*) chronology.
~ικός *επίθ* chronological

χρονολογ|ώ *ρ μτβ* date.
~ούμαι *ρ αμτβ* (*από*) date
back (to)

χρονομέτρηση (*η*) timing
(*sport*)

χρονομεριστική μίσθωση (*η*)
time sharing

χρονόμετρο (*το*) stopwatch

χρονομετρώ *ρ μτβ* time (*race*)

χρόν|ος (*o*) time. (*γραμμ*) tense.
(*έτος*) year. (*μουσ*) beat. **~ο με**
το ~ο year by year. **κακό ~ο**
να 'χει may he/she rot in hell.
του ~ου next year

χρονοτριβή (*η*) delay

χρυσαλλίδα (*η*) chrysalis

χρυσάνθεμο (*το*)
chrysanthemum

χρυσαφένιος *επίθ* golden

χρυσάφι (*το*) gold

χρυσαφικό (*το*) gold jewellery

χρυσοθήρας (*o*) prospector
(*for gold*). (*μεταφ*) gold digger

χρυσ|ός *επίθ* gold. **~οί γάμοι**
(*οι*) golden wedding. **~ός** (*o*)
gold. (*σε ράβδους*) bullion

χρυσοχοείο (*το*) jewellery shop

χρυσοχόος (*o*) goldsmith

χρυσόψαρο (*το*) goldfish

χρυσωρυχείο (*το*) gold mine

χρώμα (*το*) colour. (*προσώπου*)
complexion. (*τόνος*) hue.
(*χαρτιά*) suit. **~τα** (*τα*) paints

χρωματίζω *ρ μτβ* colours

χρωματισμός (*o*) pigmentation

χρωματιστός *επίθ* coloured

χρωμάτοσωμα (*το*)
chromosome

χρώμιο (*το*) chromium

χρωστικ|ός *επίθ* colouring. **~ή**
ουσία (*η*) pigment

χρωστώ *ρ μτβ* owe. • *ρ αμτβ* be
in debt

χταπόδι (*το*) octopus

χτένα (η) comb

χτένι (το) tooth comb. (ψάρι) scallop

χτενίζω ρ μτβ comb

χτένισμα (το) hair style

χτες επίρρ yesterday. **~ το βράδυ** last night

χτεσινός επίθ yesterday's

χτίζω ρ μτβ build

χτίστης (ο) mason

χτύπημα (το) blow. (δυνατό) bang. (ελαφρό) pat. (μαγ) beating. (ρολογιού) stroke. (στην πόρτα) knock. (τηλεφώνου) ring. (των ποδιών) stamp. (χέρι) hit

χτυπημένος επίθ stricken

χτυπητήρι (το) (μαγ) whisk. (πόρτας) knocker

χτυπητός επίθ (ντύσιμο) flashy. (που εντυπωσιάζει) striking. (χρώμα) vivid

χτύπος (ο) thud. (ελαφρός) patter. (καρδιάς) beat

χτυπ|ώ ρ μτβ strike, hit. (αβγά) whisk. (βούτυρο) cream. (δυνατά) whack. (κρέμα) whip. (μαγ) beat. (μαστίγιο) crack. (με ελαφρά χτυπήματα) rap. (με δύναμη) slap. (με ρόπαλο) club. (πληγώνω) injure. (πόρτα) knock. (στον ώμο) pat. (τα πόδια) stamp. (φτερούγες) flap. (χέρια) clap. (χορδές κιθάρας) strum. • ρ αμτβ strike. (δόντια) chatter. (καμπάνα, πένθιμα) toll. (ρυθμικά) tick. (τηλέφωνο) ring. (την ώρα) chime. **~ώ ξύλο** touch wood. **~ώ στο κεφάλι** (ποτό) go to one's head. **μου ~άει στα νεύρα** it gets on my nerves

χυδαιολογία (η) vulgarity

χυδαίος επίθ vulgar. (επίθεση) scurrilous. (λεπτομέρειες) sordid

χυδαιότητα (η) vulgarity

χυλοπίτες (οι) noodles

χυλός (ο) mush. (από αλεύρι) batter

χυλώδης επίθ mushy

χύμα επίθ άκλ in bulk

χυμός (ο) juice. (φυτών) sap

χύν|ω ρ μτβ pour. (δάκρυα) shed. (κατά λάθος) spill. (μέταλλο) cast. **~ομαι** ρ αμτβ pour out. (βιαστικά) rush out. (ξεχειλίζω) spill over. (ποτάμι) flow out

χυτήριο (το) foundry

χυτοσίδηρος (ο) cast iron

χύτρα (η) (cooking) pot. (ατμού) steamer. (ταχύτητας) pressure cooker

χωλός επίθ lame

χώμα (το) soil

χωματένιος επίθ earthen

χωματερή (η) rubbish tip

χωματόδρομος (ο) dirt track

χωνάκι (το) (ice-cream) cone

χωνευτήριο (το) melting pot

χωνευτικός επίθ that helps the digestion

χωνεύω ρ μτβ digest. (μεταφ) stomach. • ρ αμτβ sink in

χώνεψη (η) digestion

χωνί (το) funnel

χών|ω ρ μτβ drive in. (θάβω) bury. (κρύβω) shove. (με δύναμη) ram. **~ω στο κεφάλι κπ** drum into s.o. **~ω τη μύτη μου** pry into. **~ομαι** ρ αμτβ work in. (στην αγκαλιά) nestle. **~ομαι κρυφά** work one's work

χώρα (η) country. (τμήμα γης) land. **λαμβάνω ~ν** take place

χωρατατζής (ο) joker

χωράφι (το) field

χωρητικότητα (η) capacity

χωριανός επίθ fellow villager

χωριάτ|ης (ο), **~ισσα** villager. (χωρικός) peasant

χωριάτικος επίθ village. (της υπαίθρου) rustic

χωρίζω ρ μτβ separate. • ρ αμτβ split up. (σύζυγοι) divorce. **~ με παύλα** hyphenate. **~ στα τέσσερα** quarter

χωριό (το) village

χωριουδάκι (το) hamlet

χωρίς επίρρ without, but for. **~ άλλο** without fail

χώρισμα (το) partition. (στήθους γυναίκας) cleavage. (χώρος) compartment

χωρισμός (ο) parting. (συζύγων) separation

χωριστ|ός επίθ separate. **~ά** επίρρ separately

χωρίστρα (η) parting (in hair)

χωρομέτρης (ο) surveyor

χωρομετρία (η) survey (of land)

χώρος (ο) space. (ελεύθερος) room. (περιοχή) site. (για την ορχήστρα) pit. **~ κατασκηνώσεως** campsite. **~ σταθμεύσεως** car park. (στο πλάι δρόμου) lay-by

χωροταξία (η) town planning

χωροφύλακας (ο) gendarme

χωροφυλακή (η) gendarmerie

χωρ|ώ ρ μτβ hold, contain. (θεατρ) seat. • ρ αμτβ fit in. **δεν το ~άει ο νους** it's beyond comprehension. **δε ~άει αμφιβολία** there is no doubt at all

---

Ψ ψ

ψάθα (η) matting. **μένω στην ~** be left destitute

ψαθάκι (το) straw hat

ψάθινος επίθ wicker

ψαλίδα (η) shears. (έντομο) earwig. (ιατρ) split ends

ψαλιδάκι (το) nail scissors

ψαλίδι (το) scissors

ψαλιδίζω ρ μτβ snip

ψαλίδισμα (το) snip

ψάλλω ρ μτβ/αμτβ chant. **του τα ΄ψαλα** I gave him a piece of my mind

ψαλμός (ο) psalm

ψαλμωδία (η) chant

ψάλτης (ο) chanter

ψαραγορά (η) fish market

ψαράδικο|ς επίθ fishing. **~** (το) fishing boat. (μαγαζί) fishmonger's (shop)

ψαράς (ο) fisherman. (χρησιμοποιεί καλάμι) angler

ψάρεμα (το) fishing

ψαρεύω ρ μτβ/αμτβ fish. (με καλάμι) angle. (μεταφ) fish for

ψάρι (το) fish

ψαριά (η) catch (of fish)

ψαρόβαρκα (η) fishing boat

ψαροκόκκαλο (το) fish bone

ψαρόνι (το) (πουλί) starling

ψαροπώλης (ο) fishmonger

ψαρός επίθ grizzly

ψαρόσουπα (η) fish soup

ψαροταβέρνα (η) fish tavern

ψαχνό (το) lean meat

ψάχνω ρ μτβ search. (ανακαλύπτω) rummage. (για προμήθειες) forage. (για κλοπή) rifle. (περιοχή) scour. (σε βιβλίο) look up. **~ για** look for. (κτ που έχει χαθεί) hunt for

ψαχουλεύω ρ αμτβ fumble. (στο σκοτάδι) grope

ψεγάδι (το) flaw. (στο πρόσωπο) blemish

ψείρα (η) louse

ψειριάζω ρ αμτβ become infested with lice. **~ρης** επίθ full of lice

ψειρίζω ρ μτβ rid of lice

ψεκάζω ρ μτβ spray

ψεκασμός (ο) spraying

ψεκαστήρας (ο) atomizer. (τεχνητής βροχής) sprinkler. **~ρι** ρ spray (device)

ψελλίζω ρ μτβ/αμτβ stammer. (από ταραχή) mumble

ψέλνω ρ μτβ/αμτβ βλ **ψάλλω**

ψέμα (το) lie. **~ με ουρά** a huge lie. **λέω ~τα** lie

ψε|ς επίρρ last night. **~σινός** επίθ last evening's

ψευδάργυρος (ο) zinc

ψευδαίσθηση (η) illusion

ψευδής επίθ false. (ανειλικρινής) deceptive

ψευδίζω ρ αμτβ lisp

ψεύδισμα (το) lisp

ψευδολογώ ρ αμτβ tell lies

ψεύδομαι ρ αμτβ lie

ψευδομαρτυρώ ρ αμτβ give false testimony

ψευδορκία (η) perjury

ψευδορκώ ρ αμτβ perjure o.s.

ψευδώνυμο (το) pseudonym. (συγγραφέα) pen name

ψεύτης (ο) **~ρα** (η) liar

ψευτιά (η) falsehood

ψεύτικ|ος επίθ false. (κίβδηλος) bogus. (όχι αληθινός) phoney. (τεχνητός) fake. **~α κοσμήματα** (τα) paste jewellery

ψευτοάρρωστος επίθ malingerer

ψευτοδουλειά (η) odd jobs

ψευτοευλαβής επίθ sanctimonious

ψευτοζώ ρ αμτβ eke out a living

ψηλάφηση (η) feeling, groping

ψηλαφώ ρ μτβ/αμτβ feel, grope

ψηλόλιγνος επίθ lanky

ψηλομύτης επίθ snooty

ψηλός επίθ high. (άνθρωπος) tall. (κτίριο) high-rise. **~ά** επίρρ high

ψήλωμα (το) high ground

ψηλώνω ρ μτβ raise. • ρ αμτβ grow taller

ψημένος επίθ cooked. (μεταφ) seasoned. **~ ελαφρά** (μαγ) rare

ψήνω ρ μτβ cook. (σε κατσαρόλα) stew. (στα κάρβουνα) barbecue. (στη σχάρα) grill. (στο φούρνο) bake, roast. **~ομαι** ρ αμτβ cook. (αποκτώ πείρα) become experienced. *(ωριμάζω, φρούτα)* ripen. *(ωριμάζω, μεταφ)* mature. **~νω το ψάρι στα χείλη** κπ make s.o.'s life a misery. **τα ~σανε** they have hit if off

ψήσιμο *(το)* baking

ψησταριά *(η)* charcoal grill. *(μαγαζί)* rotisserie

ψητός *επίθ* roasted. **~ βοδινό** *(το)* roast beef. **~** *(το)* roast. *(στα κάρβουνα)* barbecue

ψηφιακός *επίθ* digital

ψηφιδωτό *(το)* mosaic

ψηφίζω *ρ μτβ/αμτβ* vote. *(νόμο)* pass

ψηφίο *(το)* digit

ψήφισμα *(το)* voting. *(συνέλευσης)* resolution

ψηφοδέλτιο *(το)* ballot paper

ψηφοθηρία *(η)* canvassing

ψηφοθηρώ *ρ αμτβ* canvass

ψήφος *(ο)* vote

ψηφοφορία *(η)* vote, ballot. *(διαδικασία)* voting

ψηφοφόρος *(ο, η)* voter

ψίδι *(το)* upper *(of shoe)*

ψιθυρίζω *ρ μτβ/αμτβ* whisper

ψιθύρισμα *(το)* whispering

ψιθυριστ|ός *επίθ* whispering. **~ά** *επίρρ* under one's breath

ψίθυρος *(ο)* whisper

ψιλά *(τα)* small change

ψιλή *(η)* *(γραμμ)* smooth breathing

ψιλικά *(τα)* haberdashery

ψιλικατζίδικο *(το)* haberdasher's

ψιλοδουλειά *(η)* finicky work

ψιλοκόβω *ρ μτβ* chop finely

ψιλοκομμένος *επίθ* finely cut

ψιλοκουβέντα *(η)* chit-chat

ψιλόλιγνος *επίθ* weedy

ψιλολογώ *ρ μτβ* split hairs

ψιλ|ός *επίθ* fine. *(φωνή)* shrill. **~ή βροχή** drizzle

ψιτ *επιφών* hey

ψίχα *(η)* *(λεμονιού)* pith. *(ψωμιού)* breadcrumbs

ψιχάλα *(η)* drizzle

ψιχαλίζει *ρ αμτβ απρόσ* it's drizzling

ψίχουλο *(το)* breadcrumb

ψιψίνα *(η)* puss, cat

ψοφίμι *(το)* carcass

ψόφιος *επίθ* dead *(animal)*. **~ στην κούραση** dead beat

ψοφώ *ρ αμτβ* *(ζώο)* die. *(άνθρωπος)* kick the bucket. **~ για** *(επιθυμώ)* be dying for. **~ στην κούραση** be dead tired

ψυγείο *(το)* refrigerator. *(αυτοκ)* radiator. **σε ~** in cold storage

ψυγειοκαταψύκτης *(ο)* fridge-freezer

ψυλλιάζ|ω *ρ μτβ* get covered with fleas. **~ομαι** *ρ αμτβ* get wind of (the fact) *(ότι that)*

ψύλλος *(ο)* flea

ψύξη *(η)* freezing

ψυχαγωγ|ία *(η)* recreation. **~ικός** *επίθ* recreational

ψυχαγωγώ *ρ μτβ* entertain

ψυχανάλυση *(η)* psychoanalysis

ψυχαναλυτής *(ο, η)* psychoanalyst

ψυχαναλύω *ρ μτβ* psychoanalyze

ψυχή (η) psyche. (άυλη ουσία) soul

ψυχιατρείο (το) psychiatric clinic

ψυχιατρική|ή (η) psychiatry. **~ός** επίθ psychiatric

ψυχίατρος (ο, η) psychiatrist

ψυχικ|ός επίθ psychic. (ασθένεια) mental. **~ή επαφή** (η) rapport. **~ό** (το) act of charity. **~ά** επίρρ mentally

ψυχογιός (ο) adopted son. (υπηρέτης) young servant

ψυχοθεραπεία (η) psychotherapy

ψυχοκόρη (η) adopted daughter. (υπηρετριούλα) servant girl

ψυχολογημένος επίθ with psychological insight

ψυχολογία (η) psychology. **~ικός** επίθ psychological

ψυχολόγος (ο, η) psychologist

ψυχολογώ ρ μτβ understand s.o.'s way of thinking

ψυχομαχώ ρ αμτβ be dying, be breathing one's last

ψυχοπαθής (ο, η) psychopath

ψυχορράγημα (το) death throes

ψυχοσάββατο (το) All Souls' Day

ψυχοσύνθεση (η) psychological make-up

ψυχοσωματικός επίθ psychosomatic

ψύχρα (η) chill

ψυχραιμία (η) coolness, nerve. **χάνω την ~ μου** loose one's cool

ψύχραιμος επίθ cool, collected

ψυχραίνω ρ μτβ chill. (μεταφ) alienate. **~ομαι** ρ αμτβ fall out

ψυχρόαιμος επίθ cold-blooded

ψυχρολουσία (η) cold shower. (μεταφ) cold shoulder

ψυχρός επίθ chilly. (απαθής) cool. (καιρός) bitter. (τρόπος) stiff. (γυναίκα) frigid. **~ά** επίρρ coldly. **φέρνομαι ~ά** cold-shoulder

ψυχρότητα (η) coldness. (γυναίκας) frigidity. (τρόπου) stiffness

ψύχωση (η) psychosis

ψωμάδικο (το) baker's

ψωμάκι (το) (bread) roll. **γλυκό ~** bun

ψωμί (το) bread. **άσπρο ~** white bread. **μαύρο ~** wholemeal bread. **βγάζω το ~ μου** earn one's keep. **για ένα κομμάτι ~** for a song

ψωμοζητώ ρ αμτβ beg, be a beggar

ψωμοζώ ρ αμτβ eke out a living

ψωμοτύρι (το) bread and cheese

ψώνια (τα) shopping. **πάω για ~** go shopping

ψωνίζω ρ αμτβ shop. (γυναίκα) solicit. **την ~** go round the bend

ψώρα (η) scabies. (ζώων) mange

ψωριάρης επίθ mangy

ψωρίαση (η) psoriasis

ψωροπερηφάνεια (η) snobbishness not in keeping with one's poverty

Ωω

ω *επιφώ* oh
ωάριο *(το)* ovum
ωδείο *(το)* academy of music
ωδή *(η)* ode
ωδικ|ός *επίθ* singing. **~ά πουλιά** *(τα)* songbirds. **~ή** *(η)* singing lesson
ωδίνες *(οι)* labour *(childbirth)*
ώθηση *(η)* thrust. *(μεταφ)* impetus
ωθώ *ρ μτβ* thrust. *(προωθώ)* impel
ωκεανός *(ο)* ocean
ωμοπλάτη *(η)* shoulder blade
ώμος *(ο)* shoulder
ωμ|ός *επίθ* raw *(uncooked)*. *(άγριος)* brutal. **~ή βία** *(η)* brute force
ωμότητ|α *(η)* brutality. **~ες** *(οι)* atrocities
ωοειδής *επίθ* egg-shaped
ωοθήκη *(η)* ovary
ωορρηξία *(η)* ovulation
ώρ|α *(η)* time. *(60 λεπτά)* hour. **για την ~** for the time being. **δε βλέπω την ~ να** I can't wait to. **η ~ α η καλή!** good luck! *(at the beginning of a project)*. **στην ~α** on time
ωραί|ος *επίθ* beautiful. *(άντρας)* handsome. *(γυναίκα)* pretty. *(μέρα)* fine, nice. **~α** *επίρρ* nicely, beautifully, fine
ωράριο *(το)* working hours
ωριαί|ος *επίθ* hourly. **~α άτρακτος** *(η)* time zone

ωριμάζω *ρ αμτβ* ripen. *(μεταφ)* mature
ωρίμανση *(η)* ripening
ώριμ|ος *επίθ* ripe. *(μεταφ)* mature. **μετά από ~η σκέψη** on second thoughts
ωριμότητα *(η)* ripeness. *(μεταφ)* maturity
ωροδείκτης *(ο)* hour hand
ωρολογιακ|ός *επίθ* clockwork. **~ή βόμβα** *(η)* time bomb
ωρολογοποιός *(ο)* watchmaker
ωρομίσθιο *(το)* hourly pay
ωροσκόπιο *(το)* horoscope
ωρύομαι *ρ αμτβ* howl
ως *πρόθ* up to, until. **από το πρωί ~ το βράδυ** from morning to night
ως σύνδ as. **~ συνήθως** as usual. **~ τώρα** as yet
ωσαννά *επιφών* hosanna
ώστε *σύνδ* so. **ούτως ~** so that
ωστόσο *σύνδ* nevertheless
ωτακουστής *(ο)* eaves-dropper
ωτορινολαρυγγολόγος *(ο, η)* ear, nose and throat specialist
ωτοστόπ *(το)* άκλ βλ **οτοστόπ**
ωφέλεια *(η)* utility. *(όφελος)* benefit. *(κέρδος)* gain
ωφελιμισμ|ός *(ο)* utilitarianism. **~τικός** *επίθ* utilitarian
ωφέλιμος *επίθ* beneficial. *(τροφή)* wholesome
ωφελώ *ρ μτβ* benefit. **~ούμαι** *ρ μτβ* profit
ωχ *επιφών* ouch
ωχριώ *ρ αμτβ* go white. *(μεταφ)* pale
ωχρ|ός *επίθ* pallid. **~ότητα** *(η)* pallor

Phrasefinder

Useful phrases	Χρήσιμες φράσεις

yes, please/no, thank you — ναι, παρακαλώ/όχι, ευχαριστώ
excuse me — με συγχωρείτε
I'm sorry, I don't understand — Λυπάμαι, δεν καταλαβαίνω

Meeting people — **Συναντήσεις**
hello/goodbye — γεια σας/γεια σας
how are you? — πώς είστε;
nice to meet you — χαίρω πολύ

Asking questions — **Ερωτήσεις**
do you speak English/Greek? — μιλάτε αγγλικά/ελληνικά;
what's your name? — τ' όνομά σας;
how much is it? — πόσο κάνει;
where is...? — πού είναι ...;
a coffee, please — έναν καφέ, παρακαλώ
would you like...? — θέλετε ... ;

Statements about yourself — **Φράσεις που μπορείτε να χρησιμοποιήσετε όταν μιλάτε για σας**
my name is... — τ' όνομά μου είναι ...
I'm American/Greek — είμαι από την Αμερική/την Ελλάδα
I don't speak Greek/English — δεν μιλώ ελληνικά/αγγλικά
I live near London/in Scotland — μένω κοντά στο Λονδίνο/ στη Σκοτία
I'm a student — είμαι φοιτητής
I work in an office — εργάζομαι σε γραφείο

Emergencies — **Περιπτώσεις ανάγκης**
can you help me, please? — μπορείτε να με βοηθήσετε, παρακαλώ;
I'm lost — χάθηκα
I'm ill — είμαι άρρωστος
call an ambulance — καλέστε ασθενοφόρο

Reading signs — **Πινακίδες**
no entry — απαγορεύεται η είσοδος
no smoking — απαγορεύεται το κάπνισμα
fire exit — έξοδος κινδύνου
for sale — πωλείται

❶ Going Places

On the road	**Με το αυτοκίνητο**
where's the nearest filling station	πού είναι το πλησιέστερο πρατήριο βενζίνης;
how do we get there?	από ποιο δρόμο πάμε;
I've got a puncture	μου τρύπησε το λάστιχο
I'd like to hire a bike/car	θέλω να νοικιάσω ποδήλατο/ αυτοκίνητο
there's been an accident	έγινε ατύχημα
my car's broken down	χάλασε το αυτοκίνητό μου
the car won't start	δεν ξεκινά το αυτοκίνητό μου
By rail	**Με το τρένο**
where can I buy a ticket?	Από πού μπορώ να κόψω εισιτίριο;
when is the next train to Thessaloniki?	πότε φεύγει το επόμενο τρένο για Θεσσαλονίκη;
do I have to change?	πρέπει να αλλάξω τρένο;
can I take my bike on the train?	μπορώ να πάρω το ποδήλατό μου στο τρένο;
which platform for the train to Athens?	από ποια αποβάθρα φεύγει τρένο για την Αθήνα;
there's a train to Kalamata at 10 o'clock	φεύγει τρένο για την Καλαμάτα στις 10 η ώρα
a single/return to Athens, please	απλό εισιτίριο/εισιτίριο με επιστροφή για την Αθήνα, παρακαλώ
I'd like an all-day ticket	θέλω εισιτίριο για όλη τη μέρα
I'd like to reserve a seat	θέλω να κρατήσω θέση

At the airport

when's the next flight to Rome?

where is the check-in?

I'd like to confirm my flight

I'd like a window seat/an aisle seat

I want to change/cancel my reservation

Getting there

could you tell me the way to the castle?

how long will it take to get there?

how far is it from here?

which bus do I take for the church?

can you tell me where to get off?

what time is the last bus?

how can I get to the airport?

where's the nearest underground station, (US) subway station?

I'll take a taxi

Can you call me a taxi?

take the first turning on the right

turn left at the traffic lights/just past the church

Στο αεροδρόμιο

πότε είναι η επόμενη πτήση για Ρώμη;

πού είναι ο έλεγχος εισιτηρίων και αποσκευών;

θέλω να επιβεβαιώσω την πτήση μου

θέλω θέση στο παράθυρο/στο διάδρομο

θέλω να αλλάξω/ακυρώσω την κράτησή μου

Πώς βρίσκουμε το δρόμο

μπορείτε να μου πείτε πώς θα πάω στο κάστρο;

πόση ώρα δρόμος είναι;

πόσο μακριά είναι απ' εδώ;

ποιο λεωφορείο πρέπει να πάρω για την εκκλησία;

μπορείτε να μου πείτε πού να κατέβω;

πότε περνάει το τελευταίο λεωφορείο;

πώς μπορώ να πάω στο αεροδρόμιο;

πού είναι ο πλησιέστερος σταθμός του μετρό;

θα πάρω ταξί

μπορείτε να μου καλέσετε ένα ταξί;

να στρίψετε στον πρώτο δρόμο δεξιά

να στρίψετε αριστερά στα φανάρια/ αμέσως μετά την εκκλησία

❷ Keeping in touch

On the phone	**Τηλεφωνικώς**
may I use your phone?	μπορώ να χρησιμοποιήσω το τηλέφωνό σας;
do you have a mobile, (US) cell phone?	έχετε κινητό;
what is the code for Thessaloniki?	ποιος είναι ο κωδικός για Θεσσαλονίκη;
I want to make a phone call	θέλω να κάνω ένα τηλεφώνημα
I'd like to reverse the charges, (US) call collect	θέλω να κάνω ένα τηλεφώνημα πληρωτέο από τον παραλήπτη
I need to top up my mobile (US) cell phone	πρέπει να ανανεώσω το χρόνο ομιλίας στο κινητό μου
the line's busy	είναι κατειλημμένο
there's no answer	δεν απαντά
hello, this is Natalia	ναι, είμαι η Ναταλία
is George there, please?	είναι εκεί ο Γιώργος, παρακαλώ;
who's calling?	ποιος τον ζητά;
sorry, wrong number	συγγνώμη, έχω λάθος αριθμό
just a moment, please	μια στιγμή, παρακαλώ
would you like to hold?	θέλετε να περιμένετε;
please tell him/her I called	πέστε του/της ότι τηλεφώνησα
I'd like to leave a message for him/her	θέλω να του/της αφήσω ένα μήνυμα
I'll try again later	θα πάρω αργότερα
please tell him/her that Maria called	παρακαλώ να του-της πείτε ότι τηλεφώνησε η Μαρία
can he/she ring me back?	μπορεί να με πάρει αργότερα;
my home number is...	το τηλέφωνό μου στο σπίτι είναι ...
my business number is...	το τηλέφωνό μου στη δουλειά είναι ...
my mobile, (US) cell phone number is...	το κινητό μου είναι ...
we were cut off	μας διέκοψαν

Writing

what's your address?

where is the nearest post office?

a stamp for England/the U.S., please?

I'd like to send a parcel/a fax

On line

do you have e-mail?

what's your e-mail address?

we could send it by e-mail

I'll e-mail it to you on Tuesday

I looked it up on the Internet

the information is on their website

Meeting up

what shall we do this evening?

where shall we meet?

I'll see you outside the café at 6 o'clock

see you later

I can't today, I'm busy

Με αλληλογραφία

ποια είναι η διεύθυνσή σας;

πού είναι το πλησιέστερο ταχυδρομείο;

ένα γραμματόσημο για την Αγγλία/τις ΗΠΑ, παρακαλώ

θέλω να στείλω ένα δέμα /fax

On line

έχετε email;

ποια είναι η ηλεκτρονική σας διεύθυνση;

μπορούμε να το στείλουμε με email

Θα το στείλω με email την Τρίτη

το κοίταξα στο Internet (Διαδίκτυο)

οι πληροφορίες είναι στις ιστοσελίδες τους

Συναντήσεις

τι κάνουμε το βράδυ;

πού θα συναντηθούμε;

να βρεθούμε έξω από την καφετερία στις 6

ορεβουάρ

δεν μπορώ σήμερα, έχω δουλειά

❸ Food and drink

Reservations

can you recommend a good restaurant?

I'd like to reserve a table for four

a reservation for tomorrow evening at eight o'clock

Κρατήσεις

μπορείς να μου συστήσεις ένα καλό εστιατόριο;

θέλω να κρατήσω ένα τραπέζι για τέσσερις

κράτηση για αύριο το βράδυ στις οκτώ

Ordering

could we see the menu/wine list, please?

do you have a vegetarian/children's menu?

as a starter... and to follow...

some more bread/rice, please

what would you recommend?

a

...white coffee, (US) coffee with cream

...black coffee

...decaffeinated coffee...

...a liqueur

the bill, (US) check, please

Παραγγελίες

μπορούμε να δούμε τον κατάλογο/τον κατάλογο με τα κρασιά, παρακαλώ

έχετε κατάλογο για χορτοφάγους/παιδιά;

για ορεκτικό … και μετά …

ακόμα λίγο ψωμί/ρύζι, παρακαλώ

τι προτείνετε;

ένα

… καφέ με γάλα

… καφέ χωρίς γάλα

… καφέ χωρίς καφεΐνη

… λικέρ

το λογαριασμό, παρακαλώ

You will hear

είστε έτοιμοι να παραγγείλετε;

θέλετε λίγους μεζέδες;

θέλετε ορεκτικά;

τι θα πάρετε για κύριο πιάτο;

θέλετε επιδόρπιο;

θέλετε καφέ/λικέρ;

τίποτ' άλλο;

καλή όρεξη

περιλαμβάνεται/δεν περιλαμβάνεται η αμοιβή του σερβιτόρου

Θα ακούσετε

are you ready to order?

would you like some meze?

would you like a starter?

what will you have for the main course?

would you like a dessert?

would you like coffee/liqueurs?

anything else?

enjoy your meal!

service is/is not included

The menu / Ο κατάλογος

starters/ ορεκτικά		**ορεκτικά**/ starters	
hors d'oeuvres	ορεκτικά	μεζέδες	meze
omelette	ομελέτα	ομελέτα	omelette
meze	μεζέδες	ορεκτικά	hors d'oeuvres

fish/ψάρια		**ψάρια**/fish	
bass	λαβράκι	αστακός	lobster
calamari	καλαμάρι	γαρίδες	prawns
crab	κάβουρας	καλαμάρι	calamari
grey mullet	λιθρίνι	κάβουρας	crab
herring	ρέγκα	λαβράκι	bass
lobster	αστακός	λιθρίνι	grey mullet
red mullet	μπαρμπούνι	μαρίδα	whitebait
mussels	μύδια	μπαρμπούνι	red mullet
octopus	χταπόδι	μύδια	mussels
prawns	γαρίδες	ξιφίας	swordfish
salmon	σολομός	πέστροφα	trout
sardines	σαρδέλες	ρέγκα	herring
sea bream	συναγρίδα	σαρδέλες	sardines
squid	σουπιά	σολομός	salmon
swordfish	ξιφίας	σουπιά	squid
trout	πέστροφα	συναγρίδα	sea bream
tuna	τόνος	τόνος	tuna
whitebait	μαρίδα	χταπόδι	octopus

meat/ κρέας		**κρέας**/meat	
beef	βοδινό	αρνάκι	lamb
chicken	κοτόπουλο	βοδινό	beef
duck	πάπια	γαλοπούλα	turkey
goose	χήνα	ζαμπόν	ham
hare	λαγός	κοτόπουλο	chicken
ham	ζαμπόν	κουνέλι	rabbit
kebab	σουβλάκι	λαγός	hare
lamb	αρνάκι	λευκό κρέας	white meat
lamb chops	παϊδάκια αρνίσια	μοσχάρι	veal
liver	συκώτι	μπριζόλα βοδινή	steak
pork	χοιρινό	μπριζόλα χοιρινή	pork chop
pork chop	μπριζόλα χοιρινή	παϊδάκια αρνίσια	lamb chops
rabbit	κουνέλι	πάπια	duck
steak	μπριζόλα βοδινή	σουβλάκι	kebab

❸ Food and Drink

turkey	γαλοπούλα	συκώτι	liver
veal	μοσχάρι	χήνα	goose
white meat	λευκό κρέας	χοιρινό	pork

vegetables/ λαχανικά **λαχανικά /vegetables**

artichoke	αγκινάρα	αγγούρι	cucumber
asparagus	σπαράγγι	αγκινάρα	artichoke
aubergine	μελιτζάνα	αντίδια	endive
broad beans	κουκιά	αρακάς	peas
carrots	καρότα	καρότα	carrots
celery	σέλινο	κολοκυθάκι	courgette, (US)
courgette	κολοκυθάκι		zucchini
cucumber	αγγούρι	κουκιά	broad beans
endive	αντίδια	κρεμμύδι	onion
lettuce	μαρούλι	μαϊντανός	parsley
mushrooms	μανιτάρια	μανιτάρια	mushrooms
onion	κρεμμύδι	μαρούλι	lettuce
parsley	μαϊντανός	μελιτζάνα	aubergine
peas	αρακάς	πατάτες	potatoes
pepper	πιπέρι	πιπέρι	pepper
potatoes	πατάτες	σέλινο	celery
runner beans	φασολάκια	σπαράγγι	asparagus
tomato	τομάτα	τομάτα	tomato
zucchini	κολοκυθάκι	φασολάκια	runner beans

the way it's cooked/ Πώς μαγειρεύονται **Πώς μαγειρεύονται /the way it's cooked**

boiled	βραστό	βραστό	boiled
fried	τηγανητό	καλοψημένο	well done
grilled	στη σχάρα	μέτριο	medium (cooked)
medium (cooked)	μέτριο	μισοψημένο	rare
on charcoal	στα κάρβουνα	πουρέ	pureed
pureed	πουρέ	στα κάρβουνα	on charcoal
rare	μισοψημένο	στη σχάρα	grilled
roast	ψητό (στο φούρνο)	τηγανητό	fried
		ψητό (στο φούρνο)	roast
well done	καλοψημένο		

desserts/ επιδόρπιο

fruits	φρούτα
ice cream	παγωτό
sweet	γλυκό
tart	τάρτα

other/ άλλα

bread	ψωμί
butter	βούτυρο
cheese	τυρί
garlic	σκόρδο
lemon and olive-oil dressing	λαδολέμονο
mayonnaise	μαγιονέζα
mustard	μουστάρδα
olive oil	ελαιόλαδο
pepper	πιπέρι
rice	ρύζι
salt	αλάτι
sauce	σάλτσα
seasoning	αλατοπίπερο
vinegar	ξίδι

drinks/ ποτά

beer	μπίρα
bottle	μπουκάλι
brandy	κονιάκ
carbonated	ανθρακούχο
fizzy	αεριούχο
half-bottle	μικρό μπουκάλι
mineral water	μεταλλικό νερό
ouzo	ούζο
red wine	κόκκινο κρασί
retsina	ρετσίνα
rosé	ροζέ
soft drink	αναψυκτικό
still	μη αεριούχο
white wine	λευκό κρασί
wine	κρασί

επιδόρπιο/desserts

γλυκό	sweet
παγωτό	ice cream
τάρτα	tart
φρούτα	fruit

άλλα/other

αλάτι	salt
αλατοπίπερο	seasoning
βούτυρο	butter
ελαιόλαδο	olive oil
λαδολέμονο	lemon and olive-oil dressing
μαγιονέζα	mayonnaise
μουστάρδα	mustard
ξίδι	vinegar
πιπέρι	pepper
ρύζι	rice
σάλτσα	sauce
σκόρδο	garlic
τυρί	cheese
ψωμί	bread

ποτά /drinks

αεριούχο	fizzy
αναψυκτικό	soft drink
ανθρακούχο	carbonated
κόκκινο κρασί	red wine
κονιάκ	brandy
κρασί	wine
λευκό κρασί	white wine
μεταλλικό νερό	mineral water
μη αεριούχο	still
μικρό μπουκάλι	half-bottle
μπίρα	beer
μπουκάλι	bottle
ούζο	ouzo
ρετσίνα	retsina
ροζέ	rosé

❹ Places to stay ☆☆☆

Camping

Κάμπινγκ

can we pitch our tent here?

μπορούμε να στήσουμε εδώ τη σκηνή μας;

can we park our caravan here?

μπορούμε να σταθμεύσουμε εδώ με το τροχόσπιτό μας;

what are the facilities like?

ποιες ευκολίες υπάρχουν;

how much is it per night?

πόσο κοστίζει η διανυκτέρευση;

where do we park the car?

πού να σταθμεύσουμε το αυτοκίνητό μας;

we're looking for a campsite

ψάχνουμε να βρούμε χώρο για κάμπινγκ

this is a list of local campsites

αυτός είναι κατάλογος με τους χώρους κάμπινγκ στην περιοχή

we go on a camping holiday every year

κάνουμε κάμπινγκ κάθε χρόνο

At the hotel

Στο ξενοδοχείο

I'd like a double/single room with bath

Θέλω δίκλινο/μονόκλινο δωμάτιο με μπάνιο

we have a reservation in the name of Morris

έχουμε κάνει κράτηση στο όνομα Morris

we're staying three nights, from Friday to Sunday

θα μείνουμε τρεις νύχτες, από την Παρασκευή μέχρι την Κυριακή

how much does the room cost?

πόσο κάνει το δωμάτιο;

I'd like to see the room

θέλω να δω το δωμάτιο;

what time is breakfast?

τι ώρα σερβίρεται το πρωινό;

can I leave this in your safe?

μπορώ να το αφήσω στο χρηματοκι- βώτιό σας;

bed and breakfast

διαμονή με πρωινό

we'd like to stay another night please call me at 7:30

θέλουμε να μείνουμε ακόμα μια νύχτα παρακαλώ, ξυπνήστε με στις 7:30

are there any messages for me?

έχω μηνύματα;

Hostels | Ξενώνες

could you tell me where the youth hostel is?	μπορείτε να μου πείτε πού είναι ο ξενώνας/youth hostel;
what time does the hostel close?	τι ώρα κλείνει ο ξενώνας;
I'll be staying in a hostel	θα μείνω σε ξενώνα
the hostel we're staying in is great value	ο ξενώνας που μένουμε έχει πολύ καλές τιμές
I know a really good hostel in Patra	ξέρω έναν πολύ καλό ξενώνα στην Πάτρα
I want to go to Aegina by hydrofoil	θέλω να πάω στην Αίγινα με ιπτάμενο δελφίνι

Rooms to rent | Ενοικιάζονται δωμάτια

I'm looking for a room with a reasonable rent	θέλω να βρω δωμάτιο σε λογική τιμή
I'd like to rent an apartment for a few weeks	θέλω να νοικιάσω διαμέρισμα για λίγες βδομάδες
where do I find out about rooms to rent?	πού μπορώ να βρω πληροφορίες για δωμάτια;
what's the weekly rent?	πόσο κοστίζει η βδομάδα;
I'm staying with friends at the moment	προς το παρόν μένω με φίλους
I rent an apartment on the outskirts of town	νοικιάζω διαμέρισμα στα περίχωρα
the room's fine — I'll take it	εντάξει είναι το δωμάτιο, θα το πάρω
the deposit is one month's rent in advance	η προκαταβολή είναι το ενοίκιο ενός μηνός

❺ Shopping and money

At the bank	**Στην τράπεζα**
I'd like to change some money	θέλω να αλλάξω χρήματα
I want to change some dollars into euros	θέλω ν' αλλάξω δολάρια σε ευρώ
do you need identification?	χρειάζεται ταυτότητα ή διαβατήριο;
what's the exchange rate today?	ποια είναι σήμερα η τιμή του συναλλάγματος;
Do you accept traveller's cheques, (US) traveler's checks	δέχεστε ταξιδιωτικές επιταγές;
I'd like to transfer some money from my account	θέλω να μεταφέρω χρήματα από το λογαριασμό μου
Where is there an ATM?	πού μπορώ να βρω αυτόματο μηχάνημα ΑΤΜ;
I'd like high value notes, (US) bills	θέλω χαρτονομίσματα μεγάλης ονομαστικής αξίας
I'm with another bank	η τράπεζά μου είναι άλλη

Finding the right shop	**Πώς να βρείτε το κατάστημα που πρέπει**
where's the main shopping district?	πού είναι το εμπορικό κέντρο;
where can I buy batteries/postcards?	πού μπορώ να βρω μπαταρίες/καρτ ποστάλ;
where's the nearest pharmacy/bookshop?	πού είναι το πλησιέστερο φαρμακείο/βιβλιοπωλείο;
is there a good food shop around here?	υπάρχει κάπου εδώ κοντά ένα καλό κατάστημα τροφίμων;
what time do the shops open/close?	τι ώρα ανοίγουν/κλείνουν τα καταστήματα;
where did you get those?	από πού τα πήρατε;
I'm looking for presents for my family	ψάχνω να βρω δώρα για την οικογένειά μου
we'll do our shopping on Saturday	θα κάνουμε τα ψώνια μας το Σάββατο
I love shopping	μ' αρέσουν τα ψώνια

Are you being served?

how much does that cost?

can I try it on?

could you wrap it for me, please?

can I pay by credit card?

do you have this in another colour, (US) color?

a bag, please?

I'm just looking

I'll think about it

a receipt, please

I need a bigger/smaller size

my size is 10/a medium

it doesn't suit me

I'm sorry, I don't have any change

that's all, thank you

Changing things

I'd like to change it, please

I bought this here yesterday

can I have a refund?

can you mend it for me?

it doesn't work

can I speak to the manager?

Εξυπηρέτηση στα καταστήματα

πόσο κάνει αυτό;

μπορώ να το δοκιμάσω;

μπορείτε να το τυλίξετε, παρακαλώ;

μπορώ να πληρώσω με πιστωτική κάρτα;

το έχετε και σε άλλο χρώμα;

μια τσάντα, παρακαλώ

απλά κοιτάζω

θα το σκεφτώ

μια απόδειξη, παρακαλώ

χρειάζομαι μεγαλύτερο/μικρότερο μέγεθος

το μέγεθός μου είναι 10/medium

δε μου πάει

συγγνώμη, δεν έχω ψιλά

αυτό είναι, ευχαριστώ

Αλλαγή πραγμάτων

θέλω να το αλλάξω, παρακαλώ

Το αγόρασα χτες από εδώ.

μπορείτε να μου επιστρέψετε τα χρήματά μου;

μπορείτε να το επιδιορθώσετε;

δεν λειτουργεί

μπορώ να μιλήσω με το διευθυντή;

❻ Time

❻ Η ώρα

Telling the time

what time is it?

it's 2 o'clock

at about 8 o'clock

from 10 o'clock onwards

at 5 o'clock in the morning/
afternoon

it's five past/quarter past/half
past one

it's twenty-five to/quarter to one

a quarter/three quarters of an hour

Τι ώρα είναι;

τι ώρα είναι;

είναι 2 η ώρα

γύρω στις 8 η ώρα

από τις 10 η ώρα και μετά

στις 5 η ώρα το πρωί/το απόγευμα

είναι μία και πέντε/και τέταρτο/και
μισή

είναι μία παρά είκοσι πέντε/παρά
τέταρτο

ένα τέταρτο/τρία τέταρτα της ώρας

Days and dates

Sunday, Monday, Tuesday,
Wednesday, Thursday, Friday,
Saturday

January, February, March,
April, May, June, July,
August, September, October,
November, December

what's the date?

it's the second of June

we meet up every Monday

we're going away in August

on November 8th

Μέρες και ημερομηνίες

Κυριακή, Δευτέρα, Τρίτη,
Τετάρτη, Πέμπτη, Παρασκευή,
Σάββατο

Ιανουάριος, Φεβρουάριος, Μάρτιος,
Απρίλιος, Μάιος, Ιούνιος, Ιούλιος
Αύγουστος, Σεπτέμβριος, Οκτώβριος,
Νοέμβριος, Δεκέμβριος

τι ημερομηνία έχουμε σήμερα;

είναι δύο Ιουνίου

έχουμε συνάντηση κάθε Δευτέρα

θα φύγουμε τον Αύγουστο

στις οχτώ Νοεμβρίου

Aa

a /ə, *stressed* eɪ/ *indef art* (*before vowel* **an**) ένας, μία, ένα. **once ~ year** μια φορά το χρόνο. **ten drachma ~ kilo** δέκα δραχμές το κιλό

aback /ə'bæk/ *adv* **be taken ~** ξαφνιάζομαι

abandon /ə'bændən/ *vt* εγκαταλείπω. **~ed** *a* εγκαταλειμμένος. (*behaviour*) ασυγκράτητος

abashed /ə'bæʃt/ *a* ντροπιασμένος

abate /ə'beɪt/ *vt* ελαττώνω. • *vi* κοπάζω

abattoir /'æbætwɑː(r)/ *n* (το) σφαγείο

abbey /'æbɪ/ *n* (το) αβαείο

abb|ot /'æbət/ *n* (ο) αβάς

abbreviat|e /ə'briːvɪeɪt/ *vt* συντέμνω. **~ion** /-'eɪʃn/ *n* (η) σύντμηση

abdicat|e /'æbdɪkeɪt/ *vt/i* παραιτούμαι. **~ion** /-'eɪʃn/ *n* (η) παραίτηση

abdomen /'æbdəmən/ *n* (η) κοιλιά

abduct /æb'dʌkt/ *vt* απάγω. **~ion** /-ʃn/ *n* (η) απαγωγή

aberration /æbə'reɪʃn/ *n* (η) παρεκτροπή

abet /ə'bet/ *vt* (*pt* **abetted**) (*jur*) υποκινώ

abeyance /ə'beɪəns/ *n* **in ~** σε εκκρεμότητα

abhor /əb'hɔː(r)/ *vt* (*pt* **abhorred**) απεχθάνομαι. **~rent** /-'hɔrənt/ *a* απεχθής

abide /ə'baɪd/ *vt* ανέχομαι. • *vi* **~ by** τηρώ

ability /ə'bɪlətɪ/ *n* (η) δυνατότητα. (*cleverness*) (η) ικανότητα

abject /'æbdʒekt/ *a* (*miserable*) θλιμμένος. (*despicable*) άθλιος

ablaze /ə'bleɪz/ *a* φλεγόμενος

abl|e /'eɪbl/ *a* ικανός (**to**, να). **be ~e** μπορώ. (*know how to*) είμαι ικανός. **~y** *adv* επιδέξια

abnormal /æb'nɔːml/ *a* ανώμαλος. **~ity** /-'mælətɪ/ *n* (η) ανωμαλία

aboard /ə'bɔːd/ *adv & prep* πάνω σε (πλοίο ή αεροπλάνο)

abode /ə'bəʊd/ *n* (*old use*) (η) διαμονή. **of no fixed ~** χωρίς μόνιμη διαμονή

aboli|sh /ə'bɒlɪʃ/ *vt* καταργώ. **~tion** /æbə'lɪʃn/ *n* (η) κατάργηση

abominable /ə'bɒmɪnəbl/ *a* απαίσιος

aborigin|al /æbə'rɪdʒənl/ *a* ιθαγενής. • *n* (ο, η) ιθαγενής. **~es** /-iːz/ *n pl* (οι) ιθαγενείς

abort /ə'bɔːt/ *vt/i* αποβάλλω. **~ion** /-ʃn/ *n* (η) έκτρωση. **~ive** *a* αποτυχημένος

abound /ə'baʊnd/ *vi* βρίθω

about /ə'baʊt/ *adv*
(*approximately*) περίπου. (*here
and there*) εδώ κι εκεί. (*all
round*) γύρω. (*nearby*) εδώ
κοντά. (*in existence*) τριγύρω.
• *prep* για. (*round*) γύρω από.
(*somewhere near*) κάπου. **~-face,
~-turn** *ns* (η) μεταβολή. **be ~
to** είμαι έτοιμος να. **how ~ a
drink?** τι θα έλεγες για ένα
ποτό; **it's ~ time!** επιτέλους!
what's it ~? περί τίνος
πρόκειται;

above /ə'bʌv/ *adv* πάνω. • *prep*
πάνω από. **~ all** πάνω απ' όλα.
~-board *a* έντιμος. **~-
mentioned** *a* ανωτέρω. *invar*

abrasion /ə'breɪʒn/ *n* (η) τριβή.
(*injury*) (το) γδάρσιμο. **~ive**
/ə'breɪsɪv/ *a* λειαντικός. *n* (το)
λειαντικό

abreast /ə'brest/ *adv* πλάι πλάι,
δίπλα δίπλα. **keep ~ of**
συμβαδίζω

abridge /ə'brɪdʒ/ *vt* συντομεύω

abroad /ə'brɔːd/ *adv* στο
εξωτερικό

abrupt /ə'brʌpt/ *a* (*sudden*)
ξαφνικός. (*curt, steep*)
απότομος. **~ly** *adv* (*suddenly*)
ξαφνικά. (*curtly, steeply*)
απότομα

abscess /'æbsɪs/ *n* (το)
απόστημα

abscond /əb'skɒnd/ *vi* φεύγω
κρυφά

absence /'æbsəns/ (η) απουσία.
(*lack*) (η) έλλειψη

absent¹ /'æbsənt/ *a* απών. **~ly**
adv αφηρημένα. **~-minded** *a*
αφηρημένος

absent² /æb'sent/ *vt* **~ os**
απουσιάζω

absentee /æbsən'tiː/ *n* (ο) απών.
~ism *n* (ο) απουσιασμός

absolute /'æbsəluːt/ *a* απόλυτος.
~ly *adv* απόλυτα

absolve /əb'zɒlv/ *vt* απαλλάσσω

absorb /əb'zɔːb/ *vt* απορροφώ.
~bent *a* απορροφητικός

abstain /əb'steɪn/ *vi* απέχω.
(*from*, από)

abstemious /əb'stiːmɪəs/ *a*
εγκρατής

abstinence /'æbstɪnəns/ *n* (η)
αποχή. **~t** *a* εγκρατής

abstract¹ /'æbstrækt/ *a*
αφηρημένος. • *n* (*quality*) (το)
αφηρημένο. (*summary*) (η)
περίληψη

abstract² /əb'strækt/ *vt* (*take
away*) αφαιρώ

absurd /əb'sɜːd/ *a* παράλογος.
~ity *n* (το) παράλογο

abundance /ə'bʌndəns/ *n* (η)
αφθονία

abundant /ə'bʌndənt/ *a* άφθονος

abuse¹ /ə'bjuːz/ *vt* (*misuse*)
καταχρώμαι. (*ill-treat*)
κακομεταχειρίζομαι. (*insult*)
βρίζω

abuse² /ə'bjuːs/ *n* (*misuse*) (η)
κατάχρηση. (*ill-treatment*) (η)
κακομεταχείριση. (*insults*) (η)
βρισιά. **~ive** *a* υβριστικός

abysmal /ə'bɪzməl/ *a* (*bad: fam*)
αβυσσαλέος

abyss /ə'bɪs/ *n* (η) άβυσσος

academic /ækə'demɪk/ *a & n*
ακαδημαϊκός

academy /ə'kædəmɪ/ *n* (η)
ακαδημία

accede /ək'siːd/ *vi* **~ to**.
(*request*) αποδέχομαι. (*throne*)
ανέρχομαι

accelerat|e /ək'seləreɪt/ vt/i
επιταχύνω/ομαι. **~ion** /-'reɪʃn/ n
(η) επιτάχυνση

accelerator /ək'seləreɪtə(r)/ n
(το) γκάζι

accent¹ /'æksənt/ n (η) προφορά

accent² /æk'sent/ vt τονίζω

accentuate /ək'sentʃʊeɪt/ vt
τονίζω

accept /ək'sept/ vt αποδέχομαι.
~able a αποδεκτός. **~ance** n
(η) αποδοχή. (approval) (η)
επιδοκιμασία

access /'ækses/ n (η) πρόσβαση
(**to**, σε). **~ible** /ək'sesəbl/ a
προσιτός

accessory /ək'sesərɪ/ a
συμπληρωματικός. • n (το)
αξεσουάρ. (jur) (ο, η)
συνεργός

accident /'æksɪdənt/ (το)
δυστύχημα, ατύχημα. (chance)
(το) τυχαίο γεγονός. **by ~**
τυχαία. **~al** /-'dentl/ a τυχαίος.
~ally /-'dentlɪ/ adv τυχαία

acclaim /ə'kleɪm/ vt
ανακηρύσσω. • n (η)
επιδοκιμασία

acclimatize /ə'klaɪmətaɪz/
(Amer) **acclimate** /'æklɪmeɪt/ vt
εγκλιματίζω. • vi εγκλιματίζομαι

accommodat|e /ə'kɒmədeɪt/ vt
(have room for) φιλοξενώ.
(supply) χορηγώ. (oblige)
διευκολύνω. (adapt)
προσαρμόζω. **~ing** a
εξυπηρετικός. **~ion** /-'deɪʃn/ n
(η) στέγαση. (rooms) (τα)
δωμάτια

accompan|y /ə'kʌmpənɪ/ vt
συνοδεύω. **~iment** n (η)
συνοδεία. (mus) (το)
ακομπανιαμέντο

accomplice /ə'kʌmplɪs/ n (ο, η)
συνένοχος

accomplish /ə'kʌmplɪʃ/ vt
πραγματοποιώ. (achieve)
επιτυγχάνω. **~ed** a με πολλές
ικανότητες. **~ment** n (η)
πραγματοποίηση. (ability) (η)
ικανότητα

accord /ə'kɔːd/ vi συμφωνώ. • vt
παρέχω. • n (η) συμφωνία. **of
one's own ~** από μόνος μου.
~ance n (η) συμφωνία. **in
~ance with** σύμφωνα με

according /ə'kɔːdɪŋ/ adv **~
to** σύμφωνα με. **~ly** adv
ανάλογα

accordion /ə'kɔːdɪən/ n (το)
ακορντεόν

accost /ə'kɒst/ vt πλησιάζω

account /ə'kaʊnt/ n (comm) (ο)
λογαριασμός. (description) (η)
περιγραφή. • vt **~ for** εξηγώ.
on ~ of λόγω. **on no ~** σε
καμιά περίπτωση. **take into ~**
λαμβάνω υπόψη. **~able** a
υπόλογος (**to**, σε **for**, για)

accountant /ə'kaʊntənt/ n (ο)
λογιστής

accumulat|e /ə'kjuːmjʊleɪt/ vt/i
συσσωρεύω. **~ion** /-'leɪʃn/ n (η)
συσσώρευση

accura|te /'ækjərət/ a ακριβής.
~cy n (η) ακρίβεια. **~tely** adv
με ακρίβεια

accus|e /ə'kjuːz/ vt κατηγορώ.
the ~d (ο) κατηγορούμενος.
~ation /-'zeɪʃn/ n (η) κατηγορία

accustom /ə'kʌstəm/ vt
συνηθίζω. **~ed** a
συνηθισμένος. **become ~ed
to** συνηθίζω

ace /eɪs/ n (ο) άσος

ache /eɪk/ n (ο) πόνος. • vi πονώ

achieve /ə'tʃi:v/ vt κατορθώνω, επιτυγχάνω. **~ment** n (η) επίτευξη. (feat) (το) κατόρθωμα

acid /'æsıd/ a οξίνος. • n (το) οξύ. **~ity** /ə'sıdatı/ n (η) οξύτητα. **~rain** n (η) όξινη βροχή

acknowledge /ək'nɒlıdʒ/ vt αναγνωρίζω. **~ receipt of a letter** βεβαιώνω τη λήψη επιστολής. **~ment** n (η) αναγνώριση. (of receipt) (η) βεβαίωση

acne /'ækni/ n (η) ακμή (στο πρόσωπο)

acorn /'eıkɔ:n/ n (το) βαλανίδι

acoustic /ə'ku:stık/ a ακουστικός. **~s** npl (η) ακουστική

acquaint /ə'kweınt/ vt ~ s.o. with γνωστοποιώ σε κάποιον. **be ~ed with** (person) γνωρίζομαι με. (fact) γνωρίζω. **~ance** n (knowledge) (η) γνωριμία. (person) (ο) γνωστός

acquiesce /ækwı'es/ vi συγκατατίθεμαι

acqui|re /ə'kwaıə(r)/ vt αποκτώ. **~sition** /ækwı'zıʃn/ n (η) απόκτηση. (object) (το) απόκτημα. **~sitive** /-'kwızıtıv/ a άπληστος

acquit /ə'kwıt/ vt (pt acquitted) αθωώνω. **~ o.s.** φέρομαι. **~tal** n (η) αθώωση

acre /'eıkə(r)/ n τέσσερα στρέμματα

acrobat /'ækrəbæt/ n (ο) ακροβάτης, (η) ακροβάτισσα

across /ə'krɒs/ adv & prep (side to side) από τη μια πλευρά στην άλλη. (on other side) στην απέναντι πλευρά. (crosswise) σταυρωτά. **walk ~** διασχίζω

act /ækt/ n (action, part of play) (η) πράξη. (pretence) (το) θέατρο. (part of show) (το) νούμερο. (decree) (ο) νόμος. • vi ενεργώ. • vti παίζω. (pretend) υποκρίνομαι. **~ing** a αναπληρωματικός. • n (theatr) (η) ηθοποιία

action /'ækʃn/ n (η) δράση. (mil) (η) μάχη. **take ~** ενεργώ

activ|e /'æktıv/ a ενεργητικός. (energetic) δραστήριος. **~ity** /-'tıvatı/ n (η) δραστηριότητα

ac|tor /'æktə(r)/ n (ο) ηθοποιός. **~tress** n (η) ηθοποιός

actual /'æktʃʊəl/ a πραγματικός. **~ly** adv πραγματικά

acumen /ə'kju:men/ n (η) οξύνοια

acupuncture /'ækjʊpʌŋktʃə(r)/ n (ο) βελονισμός

acute /ə'kju:t/ a οξύς. **~ly** adv έντονα

ad /æd/ n (fam) (η) διαφήμιση. (newspaper) (η) αγγελία

AD /eı'di:/ abbr μX

adamant /'ædəmənt/ a ανένδοτος

adapt /ə'dæpt/ vt προσαρμόζω. • vi προσαρμόζομαι. **~ation** /ædæp'teıʃn/ n (η) προσαρμογή. **~or** n (electr) (ο) προσαρμογέας, (ο) προσαρμοστής

adaptable /ə'dæptəbl/ a προσαρμοστικός

add /æd/ vt/i προσθέτω. **~ up** αθροίζω. **~ up to** ανέρχομαι σε

adder /'ædə(r)/ n (η) οχιά

addict /'ædıkt/ n (ο, η) τοξικομανής

addict|ed /ə'dıktıd/ a **~ed to** εθισμένος σε. (fig)

συνηθισμένος σε. **~ion** /-ʃn/ n
(med) (ο) εθισμός
addition /əˈdɪʃn/ n (η)
προσθήκη. (math) (η)
πρόσθεση. **in ~** επιπρόσθετα.
~al /-ʃənl/ a πρόσθετος
additive /ˈædɪtɪv/ n (η)
προσθετική ουσία
address /əˈdres/ n (η)
διεύθυνση. (speech) (η) ομιλία.
• vt απευθύνω. (speak to)
μιλώ σε
adept /ˈædept/ a επιδέξιος
(**at,** σε)
adequate /ˈædɪkwət/ a επαρκής
adhere /ədˈhɪə(r)/ vi κολλώ. (fig)
εμμένω (**to,** σε)
adhesive /ədˈhiːsɪv/ a
συγκολλητικός. • n (η)
συγκολλητική ουσία
adjacent /əˈdʒeɪsnt/ a
παρακείμενος
adjective /ˈædʒɪktɪv/ n (το)
επίθετο
adjoin /əˈdʒɔɪn/ vt γειτονεύω.
~ing a γειτονικός
adjourn /əˈdʒɜː/ vt/i
αναβάλλω/ομαι
adjudicate /əˈdʒuːdɪkeɪt/ vt/i
επιδικάζω/ομαι
adjust /əˈdʒʌst/ vt ρυθμίζω. • vi
προσαρμόζομαι (**to,** σε). **~able**
a ρυθμιζόμενος. **~ment** n (η)
προσαρμογή. (techn) (η)
ρύθμιση
ad lib /ædˈlɪb/ a αυτοσχέδιος. • vi
(pt ad libbed) αυτοσχεδιάζω
administer /ədˈmɪnɪstə(r)/ vt
(manage) διαχειρίζομαι. (give)
χορηγώ
administrat|e /ədˈmɪnɪstreɪt/ vt/i
διοικώ/ούμαι. **~ion** /-ˈstreɪʃn/ n

(η) διοίκηση. **~ive** /-ətɪv/ a
διοικητικός. **~or** n (ο)
διοικητής, (η) διοικήτρια
admirable /ˈædmərəbl/ a
αξιοθαύμαστος
admiral /ˈædmərəl/ n (ο)
ναύαρχος
admir|e /ədˈmaɪə(r)/ vt θαυμάζω.
~ation /ædməˈreɪʃn/ n (ο)
θαυμασμός. **~er** n (ο)
θαυμαστής, (η) θαυμάστρια
admission /ədˈmɪʃn/ n (η)
παραδοχή. (entry) (η) είσοδος
admit /ədˈmɪt/ vt (pt admitted)
(let in) επιτρέπω την είσοδο.
(acknowledge) αναγνωρίζω. **~
to** παραδέχομαι. **~tance** n (η)
είσοδος. **~tedly** adv
ομολογουμένως
ado /əˈduː/ n (η) φασαρία.
without more ~ χωρίς
περισσότερη φασαρία
adolescen|t /ædəˈlesnt/ a
εφηβικός. • n (ο, η) έφηβος.
~ce n (η) εφηβεία
adopt /əˈdɒpt/ vt υιοθετώ. **~ed**
a (child) θετός. **~ion** /-ʃn/ n (η)
υιοθεσία
ador|e /əˈdɔː(r)/ vt λατρεύω.
~able a αξιολάτρευτος
adorn /əˈdɔːn/ vt στολίζω
adrenalin /əˈdrenəlɪn/ n (η)
αδρεναλίνη
Adriatic /eɪdrɪˈætɪk/ n **~ (sea)**
(η) Αδριατική (θάλασσα)
adrift /əˈdrɪft/ a ακυβέρνητος
adult /ˈædʌlt/ a και n ενήλικος
adulterate /əˈdʌltəreɪt/ vt
νοθεύω
adultery /əˈdʌltərɪ/ n (η) μοιχεία
advance /ədˈvɑːns/ vt/i
προχωρώ. (money)

προκαταβάλλω. • n (progress)
(η) πρόοδος. (payment) (η)
προκαταβολή. **in ~** εκ των
προτέρων. **~d** a (studies)
ανώτερος

advantage /əd'va:ntɪdʒ/ n (το)
πλεονέκτημα. **take ~ of**
επωφελούμαι. (person)
εκμεταλλεύομαι. **~ous**
/ædvən'teɪdʒəs/ a επωφελής

advent /'ædvənt/ n (η) έλευση.
A~ n (το) σαραντάμερο

adventur|e /əd'ventʃə(r)/ n (η)
περιπέτεια. **~er** n (o)
τυχοδιώκτης. **~ous** a
περιπετειώδης

adverb /'ædvɜ:b/ n (το) επίρρημα

adversary /'ædvəsərɪ/ n (o)
αντίπαλος

advers|e /'ædvɜ:s/ a δυσμενής.
~ity /əd'vɜ:sətɪ/ n (η) ατυχία

advert /'ædvɜ:t/ n (fam) (η)
αγγελία

advertis|e /'ædvətaɪz/ vt/i (sell)
διαφημίζω/ομαι. **~ for** ζητώ.
~ement /əd'vɜ:tɪsmənt/ n (η)
διαφήμιση. (in paper etc.) (η)
αγγελία. **~er** /-ə(r)/ n (o)
διαφημιστής. **~ing** n (o)
διαφημιστικός τομέας

advice /əd'vaɪs/ n (η) συμβουλή.
(inform) ειδοποιώ. **~e against**
δε συμβουλεύω. **~able** a
σκόπιμος. **~er** n (o, η)
σύμβουλος. **~ory** a
συμβουλευτικός

advis|e /əd'vaɪz/ vt συμβουλεύω.

advocate[1] /'ædvəkət/ n (o)
υποστηρικτής, (η)
υποστηρίκτρια. (jur) (o, η)
συνήγορος

advocate[2] /'ædvəkeɪt/ vt
υποστηρίζω

aerial /'eərɪəl/ a εναέριος. • n (η)
κεραία

aerobics /eə'rʊbɪks/ npl (τα)
αερόμπικς invar

aeroplane /'eərəpleɪn/ n (το)
αεροπλάνο

aerosol /'eərəsɒl/ n (το)
αερόζολ

aesthetic /i:s'θetɪk/ a αισθητικός

afar /ə'fa:(r)/ adv μακριά. **from
~** από μακριά

affable /'æfəbl/ a ευπροσήγορος

affair /ə'feə(r)/ n (η) υπόθεση.
(love) (o) ερωτικός δεσμός

affect /ə'fekt/ vt επηρεάζω.
(concern) θίγω. **~ation**
/æfek'teɪʃn/ n (η) προσποίηση.
~ed a επιτηδευμένος

affection /ə'fekʃn/ n (η) στοργή.
~ate /-ʃənət/ a στοργικός

affiliate /ə'fɪlɪeɪt/ vt δέχομαι σαν
μέλος

affinity /ə'fɪnətɪ/ n (η) συγγένεια

affirm /ə'fɜ:m/ vt βεβαιώνω

affirmative /ə'fɜ:mətɪv/ a
καταφατικός. • n (η) κατάφαση

affix /ə'fɪks/ vt επισυνάπτω.
(signature) επιθέτω

afflict /ə'flɪkt/ vt στενοχωρώ.
~ion /-ʃn/ n (η) στενοχώρια

affluent /'æflʊənt/ a εύπορος

afford /ə'fɔ:d/ vt διαθέτω.
(provide) παρέχω. **I can't ~ to
lose** δεν μπορώ να χάσω

affront /ə'frʌnt/ n (η) προσβολή.
• vt προσβάλλω

afield /ə'fi:ld/ adv **far ~** μακριά

afraid /ə'freɪd/ a φοβισμένος.
be ~ (frightened) φοβούμαι
(sorry) λυπούμαι. **I'm ~ so**
δυστυχώς

afresh /ə'freʃ/ *adv* από την αρχή

Africa /'æfrɪkə/ *n* (η) Αφρική. **~n** *a* αφρικανικός. • *n* (ο) Αφρικανός (η) Αφρικανή

after /'ɑ:ftə(r)/ *adv & prep* μετά. • *conj* όταν, αφού. • *a* επόμενος. **~ all** στο κάτω κάτω. **~-effect** *n* (ο) αντίκτυπος. be **~** (*seek*) επιδιώκω

aftermath /'ɑ:ftəmæθ/ *n* (το) επακόλουθο

afternoon /ɑ:ftə'nu:n/ *n* (το) απόγευμα. in the **~** το απόγευμα

afterthought /'ɑ:ftəθɔ:t/ *n* μεταγενέστερη σκέψη

afterwards /'ɑ:ftəwədʒ/ *adv* μετά

again /ə'gen/ *adv* ξανά, πάλι. (*besides*) άλλωστε. **never ~** ποτέ πια. **now and ~** κάπου κάπου

against /ə'genst/ *prep* εναντίον

age /eɪdʒ/ *n* (η) ηλικία. • *vt/i* (*pres p* ageing) γερνώ. for **~s** (*fam*) για πολύ καιρό. of **~** ενήλικος. **under ~** ανήλικος. **~less** *a* αγέραστος

aged¹ /'eɪdʒd/ *a* **~ two** δύο χρονών

aged² /'eɪdʒɪd/ *a* ηλικιωμένος

agen|cy /'eɪdʒənsɪ/ *n* (το) πρακτορείο. (*means*) (η) μεσολάβηση. **~t** *n* (ο) πράκτορας

agenda /ə'dʒendə/ *n* (η) ημερησία διάταξη

aggravate /'ægrəveɪt/ *vt* επιδεινώνω. (*irritate: fam*) εκνευρίζω

aggress|ive /ə'gresɪv/ *a* επιθετικός. **~ion** /-ʃn/ *n* (η) επίθεση

aghast /ə'gɑ:st/ *a* εμβρόντητος

agile /'ædʒaɪl/ *a* ευκίνητος

agitat|e /'ædʒɪteɪt/ *vt* προκαλώ αναταραχή. **~ion** /-'teɪʃn/ *n* (η) αναταραχή

agnostic /æg'nɒstɪk/ *a* αγνωστικός. • *n* (ο) αγνωστικιστής

ago /ə'gəʊ/ *adv* πριν. **a month ~** πριν ένα μήνα. **long ~** πριν πολύ καιρό

agon|y /'ægənɪ/ *n* (η) αγωνία. **~ize** *vi* βασανίζομαι (**over**, για)

agree /ə'gri:/ *vt/i* συμφωνώ. (*match*) συμπίπτω. **~ to** δέχομαι. **~ with** συμφωνώ με. it doesn't **~ with** me με πειράζει. **~d** *a* (*time, place*) συμφωνημένος

agreeable /ə'gri:əbl/ *a* (*pleasant*) ευχάριστος. (*in favour*) σύμφωνος (**to**, να)

agreement /ə'gri:mənt/ *n* (η) συμφωνία. be in **~** συμφωνώ

agricultur|e /'ægrɪkʌltʃə(r)/ *n* (η) γεωργία. **~al** /-'kʌltʃərəl/ *a* γεωργικός

aground /ə'graʊnd/ *adv* στην ξηρά. run **~** εξοκέλλω

ahead /ə'hed/ *adv* μπροστά. be **~ of** προηγούμαι. go **~!** (*fam*) προχώρα!

aid /eɪd/ *vt* βοηθώ. • *n* (η) βοήθεια. in **~ of** σε βοήθεια

aide /eɪd/ *n* (ο, η) βοηθός

AIDS /eɪdz/ *n* (το) AIDS

aim /eɪm/ *vt* σκοπεύω. • *vi* αποβλέπω. • *n* (ο) στόχος. (*fig*) (ο) σκοπός. **~ at** σημαδεύω.

to σκοπεύω να. **~less** *a* άσκοπος

air /eə(r)/ *n* (ο) αέρας. *(manner)* (το) ύφος. • *vt* αερίζω. *(views)* εκθέτω. **~-conditioning** *n* (ο) κλιματισμός. **A~ Force** *n* (η) Αεροπορία. **~ hostess** *n* (η) αεροσυνοδός. **~ mail** *n* (το) αεροπορικό ταχυδρομείο. **by ~ (mail)** αεροπορικώς. **be on the ~** είμαι στον αέρα.

aircraft /ˈeəkrɑːft/ *n invar* (το) αεροσκάφος

airfield /ˈeəfiːld/ *n* (το) αεροδρόμιο

airgun /ˈeəɡʌn/ *n* (το) αεροβόλο

airline /ˈeəlaɪn/ *n* (η) αερογραμμή

airplane /ˈeəpleɪn/ *n* *(Amer)* (το) αεροπλάνο

airport /ˈeəpɔːt/ *n* (το) αεροδρόμιο, (ο) αερολιμένας

airtight /ˈeətaɪt/ *a* αεροστεγής

aisle /aɪl/ *n* (ο) διάδρομος

ajar /əˈdʒɑː(r)/ *a* μισάνοιχτος

akin /əˈkɪn/ *a* συγγενής. **~ to** παρόμοιος με

alarm /əˈlɑːm/ *n* (ο) συναγερμός. • *vt* ανησυχώ. **~ (clock)** *n* (το) ξυπνητήρι

album /ˈælbəm/ *n* (το) λεύκωμα

alcohol /ˈælkəhɒl/ *n* (το) αλκοόλ *invar*, (το) οινόπνευμα. **~ic** /-ˈhɒlɪk/ *a* οινοπνευματώδης. • *n (person)* (ο) αλκοολικός

alcopop /ˈælkəpɒp/ *n* (το) οινοπνευματώδες αναψυκτικό

alcove /ˈælkəʊv/ *n* (η) εσοχή

ale /eɪl/ *n* (η) μπίρα

alert /əˈlɜːt/ *a* δραστήριος. *(watchful)* προσεκτικός. • *n* (η) επιφυλακή. • *vt* θέτω σε επιφυλακή

algebra /ˈældʒɪbrə/ *n* (η) άλγεβρα

Algeria /ælˈdʒɪəriə/ *n* (η) Αλγερία

alias /ˈeɪliəs/ *n (pl -ases)* (το) ψευδώνυμο. • *adv* γνωστός σαν

alibi /ˈælɪbaɪ/ *n (pl -is)* (το) άλλοθι

alien /ˈeɪliən/ *a & n* αλλοδαπός

alienate /ˈeɪliəneɪt/ *vt* αποξενώνω

alight¹ /əˈlaɪt/ *vi* κατεβαίνω. *(bird)* κάθομαι

alight² /əˈlaɪt/ *a* φλεγόμενος

align /əˈlaɪn/ *vt* ευθυγραμμίζω

alike /əˈlaɪk/ *a* ίδιος. • *adv* ίδια. **look** or **be ~** είμαστε ίδιοι

alive /əˈlaɪv/ *a* ζωντανός. **be ~ with** βρίθω από

alkali /ˈælkəlaɪ/ *n* (το) αλκάλιο

all /ɔːl/ *a & pron* όλος. • *adv* όλο. **~ in** *a (exhausted: fam)* κατακουρασμένος. **~-in** *a (inclusive)* συνολικός. **~-out** *a* γενικός. **~ over** *(everywhere)* παντού. **~ right** εντάξει. **~-round** *a* γενικός. **~ the same** ωστόσο. **be ~ for** είμαι υπέρ. **in ~** συνολικός. **not at ~** καθόλου

allay /əˈleɪ/ *vt* καθησυχάζω

allegation /ælɪˈɡeɪʃn/ *n* (ο) ισχυρισμός

allege /əˈledʒ/ *vt* ισχυρίζομαι. **~dly** /-ɪdlɪ/ *adv* λέγεται

allegiance /əˈliːdʒəns/ *n* (η) πίστη

allegory /ˈælɪɡərɪ/ *n* (η) αλληγορία

allergy /ˈælədʒɪ/ *n* (η) αλλεργία. **~ic** /əˈlɜːdʒɪk/ *a* αλλεργικός (**to, σε**)

alleviate /əˈliːvɪeɪt/ *vt* ανακουφίζω

alley /'æli/ *n* (το) δρομάκι. (*for bowling etc.*) (ο) διάδρομος

alliance /ə'laɪəns/ *n* (η) συμμαχία

allied /'ælaɪd/ *a* συμμαχικός

alligator /'ælɪgeɪtə(r)/ *n* (ο) αλιγάτορας

allocate /'æləkeɪt/ *vt* (*assign*) αναθέτω. (*share out*) κατανέμω

allot /ə'lɒt/ *vt* (*pt* **allotted**) παραχωρώ. **~ment** *n* (*share*) (το) μερίδιο

allow /ə'laʊ/ *vt* επιτρέπω. (*grant*) χορηγώ. (*reckon on*) υπολογίζω. (*agree*) αναγνωρίζω. **~ for** προβλέπω. **~ s.o. to** επιτρέπω σε κπ να

allowance /ə'laʊəns/ *n* (το) επίδομα. (*money*) (η) έκπτωση

allude /ə'lu:d/ *vi* υπαινίσσομαι

allusion /ə'lu:ʒn/ *n* (ο) υπαινιγμός

ally¹ /'ælaɪ/ *n* (ο) σύμμαχος

ally² /ə'laɪ/ *vt* συνδέω

almighty /ɔːl'maɪtɪ/ *n* **the A~** ο Παντοδύναμος

almond /'ɑːmənd/ *n* (το) αμύγδαλο. (*tree*) (η) αμυγδαλιά

almost /'ɔːlməʊst/ *adv* σχεδόν

alone /ə'ləʊn/ *a* μόνος. • *adv* μόνο

along /ə'lɒŋ/ *prep* κατά μήκος. • *adv* εμπρός. **all ~** από την αρχή. **~ with** μαζί με. **come ~** έλα, πάμε

alongside /əlɒŋ'saɪd/ *adv* (*naut*) δίπλα. • *prep* παραπλεύρως

aloof /ə'lu:f/ *adv* σε απόσταση. • *a* επιφυλακτικός

aloud /ə'laʊd/ *adv* δυνατά

alphabet /'ælfəbet/ *n* (το) αλφάβητο. **~ical** /-'betɪkl/ *a* αλφαβητικός

alpine /'ælpaɪn/ *a* αλπικός

Alps /ælps/ *npl* **the ~** (οι) Άλπεις

already /ɔːl'redɪ/ *adv* ήδη

also /'ɔːlsəʊ/ *adv* επίσης

altar /'ɔːltə(r)/ *n* (ο) βωμός

alter /'ɔːltə(r)/ *vt/i* αλλάζω. **~ation** /-'reɪʃn/ *n* (η) αλλαγή

alternate¹ /ɔːl'tɜːnət/ *a* εναλλασσόμενος. **on ~ days** μέρα παρά μέρα. **~ly** *adv* εναλλάξ

alternate² /'ɔːltəneɪt/ *vt/i* εναλλάσσω/ομαι

alternative /ɔːl'tɜːnətɪv/ *a* εναλλακτικός. (*not conventional*) μη συμβατικός. • *n* (η) εναλλακτική λύση. **~ly** *adv* εναλλακτικά

although /ɔːl'ðəʊ/ *conj* αν και

altitude /'æltɪtjuːd/ *n* (το) ύψος

altogether /ɔːltə'geðə(r)/ *adv* (*completely*) εντελώς. (*on the whole*) γενικά. (*in total*) συνολικά

aluminium /æljʊ'mɪnɪəm/, (*Amer*) **aluminum** /ə'luːmɪnəm/ *n* (το) αλουμίνιο

always /'ɔːlweɪz/ *adv* πάντα, πάντοτε

am /æm/ *see* BE

a.m. /'eɪem/ *adv* πμ

amass /ə'mæs/ *vt* συσσωρεύω

amateur /'æmətə(r)/ *a* & *n* ερασιτέχνης

amaze /ə'meɪz/ *vt* καταπλήσσω. **~ment** *n* (η) κατάπληξη. **~ing** *a* καταπληκτικός

ambassador /æm'bæsədə(r)/ *n* (ο) πρεσβευτής, (ο) πρέσβης

ambigu|ous /æm'bɪgjʊəs/ *a*

αμφίλογος. **~ity** /-'gju:əti/ n (η) αμφιλογία

ambiti|on /æm'biʃn/ n (η) φιλοδοξία. **~ous** a φιλόδοξος

amble /'æmbl/ vi περπατώ αργά

ambulance /'æmbjʊləns/ n (το) ασθενοφόρο

ambush /'æmbʊʃ/ n (η) ενέδρα. • vt στήνω ενέδρα

amen /a:'men/ int αμήν

amenable /ə'mi:nəbl/ a επιδεκτικός

amend /ə'mend/ vt τροποποιώ. **make ~s for** επανορθώνω. **~ment** n (η) τροποποίηση

amenities /ə'mi:nətiz/ npl (οι) ευκολίες

America /ə'merikə/ n (η) Αμερική. • n (ο) Αμερικανός, (η) Αμερικανίδα

amiable /'eimiəbl/ a αξιαγάπητος

amicable /'æmikəbl/ a φιλικός

amid(st) /ə'mid(st)/ prep ανάμεσα

amiss /ə'mis/ a & adv στραβά. **sth. is ~** κτ δεν πάει καλά

ammunition /æmjʊ'niʃn/ n (τα) πολεμοφόδια

amnesia /æm'ni:ziə/ n (η) αμνησία

amnesty /'æmnəsti/ n (η) αμνηστία

amok /ə'mɒk/ adv run ~ με πιάνει αμόκ

among(st) /ə'mʌŋ(st)/ prep ανάμεσα, μεταξύ

amoral /ei'mɒrəl/ a χωρίς ηθικές αντιλήψεις

amorous /'æmərəs/ a ερωτικός

amount /ə'maʊnt/ n (η) ποσότητα. (total) (το) σύνολο. (sum of money) (το) ποσό. • vi ~ **to** ανέρχομαι σε

amp(ere) /'æmp(eə(r))/ n (το) αμπέρ invar

amphibi|an /æm'fibiən/ n (το) αμφίβιο. **~ous** a αμφίβιος

amphitheatre /'æmfiθiətə(r)/ n (το) αμφιθέατρο

ample /'æmpl/ a άφθονος. (enough) αρκετός

amplif|y /'æmplifai/ vt επεκτείνω. **~ier** n (ο) ενισχυτής

amputate /'æmpjʊteit/ vt ακρωτηριάζω

amus|e /ə'mju:z/ vt διασκεδάζω. **~ement** n (η) διασκέδαση. **~ing** a διασκεδαστικός

an /ən, ən/ see **a**

anaem|ia /ə'ni:miə/ n (η) αναιμία. **~ic** a αναιμικός

anaesthetic /ænis'θetik/ n (το) αναισθητικό

analogy /ə'nælədʒi/ n (η) αναλογία

analyse /'ænəlaiz/ vt αναλύω

analysis /ə'næləsis/ (pl **-yses** /-əsi:z/) n (η) ανάλυση

anarch|y /'ænəki/ n (η) αναρχία. **~ist** n (ο) αναρχικός

anatomy /ə'nætəmi/ n (η) ανατομία

ancestor /'ænsestə(r)/ n (ο) πρόγονος

ancestry /'ænsestri/ n (η) καταγωγή

anchor /'æŋkə(r)/ n (η) άγκυρα. • vi αγκυροβολώ

anchovy /'æntʃəvi/ n (η) αντσούγια

ancient /'einʃənt/ a αρχαίος

and /ənd, ænd/ conj και

anecdote /'ænɪkdəʊt/ n (το) ανέκδοτο

anew /ə'nju:/ adv ξανά

angel /'eɪndʒl/ n (ο) άγγελος

anger /'æŋgə(r)/ n (ο) θυμός. • vt θυμώνω

angle[1] /'æŋgl/ n (η) γωνία. *(fig)* (η) άποψη. **at an ~** διαγωνίως

angle[2] /'æŋgl/ vi ψαρεύω με καλάμι. **~ for** *(fig)* ψαρεύω

Anglican /'æŋglɪkən/ a αγγλικανικός. • n (ο) αγγλικανός, (η) αγγλικανή

Anglo- /'æŋgləʊ/ pref αγγλο-

angrily /'æŋgrɪ/ a (-ier, -iest) θυμωμένος. **get ~y** θυμώνω (**with**, με). **~ily** adv θυμωμένα

anguish /'æŋgwɪʃ/ n (η) αγωνία

angular /'æŋgjʊlə(r)/ a γωνιακός

animal /'ænɪməl/ n (το) ζώο. • a ζωικός

animate[1] /'ænɪmət/ a ζωντανός

animate[2] /'ænɪmeɪt/ vt ζωντανεύω. **~d** a ζωηρός

animosity /ˌænɪ'mɒsətɪ/ n (η) εχθρότητα

aniseed /'ænɪsi:d/ n (το) γλυκάνισο

ankle /'æŋkl/ n (ο) αστράγαλος

annex /ə'neks/ vt προσαρτώ

annexe /ə'neks/ n (το) παράρτημα

annihilate /ə'naɪəleɪt/ vt εκμηδενίζω

anniversary /ˌænɪ'vɜ:sərɪ/ n (η) επέτειος

annotate /'ænəteɪt/ vt σχολιάζω

announce /ə'naʊns/ vt ανακοινώνω. **~ment** n (η) ανακοίνωση. **~r** /-ə(r)/ n *(radio, TV)* (ο) εκφωνητής

annoy /ə'nɔɪ/ vt ενοχλώ. **~ance** n (η) ενόχληση. **~ed** a ενοχλημένος **~ing** a ενοχλητικός

annual /'ænjʊəl/ a ετήσιος. • n (η) επετηρίδα. **~ly** adv ετησίως

annuity /ə'nju:ətɪ/ n (η) ετήσια καταβολή

annul /ə'nʌl/ vt *(pt annulled)* ακυρώνω πρόσοδος

anoint /ə'nɔɪnt/ vt χρίζω

anomaly /ə'nɒməlɪ/ n (η) ανωμαλία

anonymous /ə'nɒnɪməs/ a ανώνυμος

anorak /'ænəræk/ n (το) άνορακ. *(invar)*

another /ə'nʌðə(r)/ a & pron άλλος. **one ~** ο ένας τον άλλο

answer /'ɑ:nsə(r)/ n (η) απάντηση. *(solution)* (η) λύση. vt/vi απαντώ. **~ back** αντιμιλώ. **~ for** είμαι υπεύθυνος για. **~able** a υπόλογος. **~ing machine** n (ο) αυτόματος τηλεφωνητής

ant /ænt/ n (το) μυρμήγκι

antagonis|m /æn'tægənɪzəm/ n (ο) ανταγωνισμός. **~tic** /-'nɪstɪk/ a ανταγωνιστικός

antagonize /æn'tægənaɪz/ vt ανταγωνίζομαι

Antarctic /æn'tɑ:ktɪk/ a ανταρκτικός

ante- /'æntɪ/ pref προ-

antelope /'æntɪləʊp/ n (η) αντιλόπη

antenna /æn'tenə/ n (η) κεραία

anthem /'ænθəm/ n (ο) ύμνος

anthology /æn'θɒlədʒɪ/ n (η) ανθολογία

anthropology /ænθrə'pɒlədʒɪ/ n (η) ανθρωπολογία

anti- /'æntɪ/ pref αντι-

antibiotic /æntɪbaɪ'ɒtɪk/ n (το) αντιβιοτικό

anticipat|e /æn'tɪsɪpeɪt/ vt προσδοκώ. (foresee) προβλέπω. (forestall) προλαβαίνω. ~ion /-'peɪʃn/ n (η) προσδοκία

anticlimax /æntɪ'klaɪmæks/ n (η) πτώση

anticlockwise /æntɪ'klɒkwaɪz/ adv & a προς τα αριστερά

antidote /'æntɪdəʊt/ n (το) αντίδοτο

antifreeze /'æntɪfriːz/ n (το) αντιπηκτικό

antipathy /æn'tɪpəθɪ/ n (η) αντιπάθεια

antiquated /'æntɪkweɪtɪd/ a απαρχαιωμένος

antique /æn'tiːk/ a αρχαίος. • n (η) αντίκα

antiquity /æn'tɪkwətɪ/ n (η) αρχαιότητα

antiseptic /æntɪ'septɪk/ a αντισηπτικός. • n (το) αντισηπτικό

antisocial /æntɪ'səʊʃl/ a αντικοινωνικός

antler /'æntlər/ n (το) κέρατο

anus /'eɪnəs/ n (η) έδρα

anvil /'ænvɪl/ n (το) αμόνι

anxiety /æŋ'zaɪətɪ/ n (η) ανησυχία. (eagerness) n (η) ανυπομονησία

anxious /'æŋkʃəs/ a ανήσυχος. (eager) ανυπόμονος (to, να). ~ly adv ανήσυχα

any /'enɪ/ a (some) μερικοί. (every) όλοι (no matter which) οποιοσδήποτε. not ~ καθόλου

anybody /'enɪbɒdɪ/ pron καθένας. (after negative) κανένας. ~ can do that ο καθένας μπορεί να το κάνει

anyhow /'enɪhaʊ/ adv οπωσδήποτε. (badly) όπως όπως

anyone /'enɪwʌn/ pron = anybody

anything /'enɪθɪŋ/ pron οτιδήποτε. (after negative) τίποτα

anyway /'enɪweɪ/ adv πάντως

anywhere /'enɪweə(r)/ adv οπουδήποτε. (after negative) πουθενά

apart /ə'pɑːt/ adv (on one side) παράμερα, κατά μέρος. (separated) χωριστά. ~ from εκτός από

apartheid /ə'pɑːtheɪt/ n (το) απαρτχάιντ. (invar)

apartment /ə'pɑːtmənt/ n (Amer) (το) διαμέρισμα

apath|y /'æpəθɪ/ n (η) απάθεια. ~etic /-'θetɪk/ a απαθής

ape /eɪp/ n (ο) πίθηκος. • vt πιθηκίζω

aperitif /ə'perətɪf/ n (το) απεριτίφ invar

aperture /'æpətʃʊə(r)/ n (η) οπή

apex /'eɪpeks/ n (η) κορυφή

apologetic /əpɒlə'dʒetɪk/ a απολογητικός

apologize /ə'pɒlədʒaɪz/ vi ζητώ συγγνώμη (for, για. to από)

apology /ə'pɒlədʒɪ/ n (η) συγγνώμη

apostle /ə'pɒsl/ n (ο) απόστολος

apostrophe /ə'pɒstrəfɪ/ n (η) απόστροφος

appal /ə'pɔːl/ vt (pt appalled) τρομάζω. ~ling a τρομακτικός

apparatus /ˌæpəˈreɪtəs/ n (η)
συσκευή

apparent /əˈpærənt/ a φανερός.
~ly adv προφανώς

apparition /ˌæpəˈrɪʃn/ n (η)
οπτασία

appeal /əˈpiːl/ vi κάνω έκκληση.
(attract) συγκινώ. • n (η)
έκκληση. (attractiveness) (η)
έλξη. **~ to** (beg) προσφεύγω
σε. (please) αρέσω. **~ing** a
ελκυστικός

appear /əˈpɪə(r)/ vi (arrive)
παρουσιάζομαι. (seem)
φαίνομαι. **~ance** n (η)
εμφάνιση. (aspect) (το)
παρουσιαστικό

appease /əˈpiːz/ vt κατευνάζω

appendicitis /əˌpendɪˈsaɪtɪs/ n (η)
σκωληκοειδίτιδα

appendix /əˈpendɪks/ n (of book)
(το) παράρτημα. (anat) (η)
σκωληκοειδής απόφυση

appetite /ˈæpɪtaɪt/ n (η) όρεξη

appetizing /ˈæpɪtaɪzɪŋ/ a
ορεκτικός

applaud /əˈplɔːd/ vt/i
χειροκροτώ. **~se** n (το)
χειροκρότημα

apple /ˈæpl/ n (το) μήλο. **~-tree**
n (η) μηλιά

appliance /əˈplaɪəns/ n (η)
συσκευή

applicable /ˈæplɪkəbl/ a
εφαρμόσιμος

applicant /ˈæplɪkənt/ n (ο)
υποψήφιος

application /ˌæplɪˈkeɪʃn/ n (η)
εφαρμογή. (request) (η) αίτηση.
~ form n (το) έντυπο αιτήσεως

apply /əˈplaɪ/ vt εφαρμόζω. • vi
(refer) απευθύνομαι. (be in force)

ισχύω. (ask) ζητώ. **~ for** (job
etc.) κάνω αίτηση για

appoint /əˈpɔɪnt/ vt διορίζω.
~ment n (το) ραντεβού. (job)
(ο) διορισμός

appraise /əˈpreɪz/ vt αποτιμώ

appreciable /əˈpriːʃəbl/ a
αξιόλογος

appreciat|e /əˈpriːʃɪeɪt/ vt
εκτιμώ. (like) μού αρέσει.
(understand) αντιλαμβάνομαι.
• vi (in value) ανατιμούμαι. **~ion**
/-ˈeɪʃn/ n (η) εκτίμηση. (in value)
(η) ανατίμηση. **~ive**
/əˈpriːʃɪətɪv/ a εκτιμητικός

apprehen|d /ˌæprɪˈhend/ vt
συλλαμβάνω. (understand)
αντιλαμβάνομαι. **~sion** /-ʃn/ n
(η) σύλληψη. (fear) (η)
ανησυχία

apprehensive /ˌæprɪˈhensɪv/ a
ανήσυχος

apprentice /əˈprentɪs/ n (ο)
μαθητευόμενος. • vt μαθητεύω.
~ship n (η) μαθητεία

approach /əˈprəʊtʃ/ vt/i
πλησιάζω. • n (η) προσέγγιση.
~able a ευπρόσιτος

appropriate[1] /əˈprəʊprɪət/ a
κατάλληλος. **~ly** adv
καταλλήλως

appropriate[2] /əˈprəʊprɪeɪt/ vt
οικειοποιούμαι

approval /əˈpruːvl/ n (η)
έγκριση. **on ~** επί δοκιμασία

approve /əˈpruːv/ vt/i εγκρίνω.
~ of επιδοκιμάζω

approximate[1] /əˈprɒksɪmət/ a
κατά προσέγγιση. **~ly** adv
περίπου

approximat|e[2] /əˈprɒksɪmeɪt/ vt
προσεγγίζω. **~ion** /-ˈmeɪʃn/ n
(η) προσέγγιση

apricot /'eιρrιkɒt/ n (το) βερίκοκο

April /'eιρrəl/ n (ο) Απρίλιος

apron /'eιρrən/ n (η) ποδιά

apt /æpt/ a (suitable) κατάλληλος. **be ~ to** τείνω να

aptitude /'æptιtjuːd/ n (η) κλίση

aquarium /ə'kweərιəm/ n (pl -ums) (το) ενυδρείο

Aquarius /ə'kweərιəs/ n (ο) Υδροχόος

aquatic /ə'kwætιk/ a υδρόβιος

aqueduct /'ækwιdʌkt/ n (το) υδραγωγείο

Arab /'ærəb/ a αραβικός. • n (ο) Άραβας. **~ic** a αραβικός. • n (lang) (τα) αραβικά (γλώσσα)

Arabian /ə'reιbιən/ a αραβικός

arable /'ærəbl/ a καλλιεργήσιμος

arbitrary /'aːbιtrərι/ a αυθαίρετος

arbitrat|e /'aːbιtreιt/ vi διαιτητεύω. **~ion** /-'treιʃn/ n (η) διαιτησία

arc /aːk/ n (το) τόξο

arcade /aː'keιd/ n (η) στοά

arch /aːtʃ/ n (η) καμάρα. (in church etc.) (η) αψίδα. • vt ~ **one's back** καμπουριάζω

archaeolog|y /aːkι'ɒlədʒι/ n (η) αρχαιολογία. **~ist** n (ο, η) αρχαιολόγος

archaic /aː'keιιk/ a αρχαϊκός

archbishop /aːtʃ'bιʃəp/ n (ο) αρχιεπίσκοπος

archer /'aːtʃə(r)/ n (ο) τοξότης. **~y** n (η) τοξοβολία

archetype /'aːkιtaιp/ n (το) αρχέτυπο

archipelago /aːkι'peləgəυ/ n (pl -os) (το) αρχιπέλαγος

architect /'aːkιtekt/ n (ο) αρχιτέκτονας

architecture /'aːkιtektʃə(r)/ n (η) αρχιτεκτονική

archives /'aːkaιvz/ npl (τα) αρχεία

archway /'aːtʃweι/ n (η) θολωτή είσοδος

Arctic /'aːktιk/ a της Αρκτικής

ardent /'aːdənt/ a θερμός, φλογερός

ardour /'aːdə(r)/ n (η) θέρμη, (το) πάθος. (enthusiasm) (η) ζέση

arduous /'aːdjυəs/ a δύσκολος

are /aː(r)/ see BE

area /'eərιə/ n (το) εμβαδόν. (surface) (η) επιφάνεια. (region) (η) περιοχή. (fig) (ο) χώρος

arena /ə'riːnə/ n (η) αρένα

aren't /aːnt/ = **are not**

argue /'aːgjuː/ vi συζητώ. (reason) υποστηρίζω

argument /'aːgjəmənt/ n (η) συζήτηση. (reasoning) (το) επιχείρημα. **~ative** /-'mentətιv/ a επιχειρηματολογικός

arid /'ærιd/ a ξηρός. (without water) άνυδρος

Aries /'eəriːz/ n (ο) Κριός

arise /ə'raιz/ vi (pt arose, pp arisen) παρουσιάζομαι. (fig) εμφανίζομαι. **~ from** απορρέω

aristocracy /ærι'stɒkrəsι/ n (η) αριστοκρατία

aristocrat /'ærιstəkræt/ n (ο) αριστοκράτης. **~ic** /-'krætιk/ a αριστοκρατικός

arithmetic /ə'rιθmətιk/ n (η) αριθμητική

arm[1] /aːm/ n (το) μπράτσο. **~ in ~** αγκαζέ invar

arm² /ɑːm/ *vt* εξοπλίζω

armada /ɑːˈmɑːdə/ *n* (η) αρμάδα

armament /ˈɑːməmənt/ *n* (ο) οπλισμός

armchair /ˈɑːmtʃeə(r)/ *n* (η) πολυθρόνα

armistice /ˈɑːmɪstɪs/ *n* (η) εκεχειρία, (η) ανακωχή

armour /ˈɑːmə(r)/ *n* (η) πανοπλία. **~ed** *a* τεθωρακισμένος

armpit /ˈɑːmpɪt/ *n* (η) μασχάλη

arms /ɑːmz/ *npl* (mil) τα όπλα **be up in ~** επαναστατώ

army /ˈɑːmɪ/ *n* (ο) στρατός

aroma /əˈrəʊmə/ *n* (το) άρωμα. **~tic** /ærəˈmætɪk/ *a* αρωματικός

around /əˈraʊnd/ *adv* γύρω. (here and there) γύρω εδώ κι εκεί. • *prep* γύρω από. (approximately) περίπου. **all ~** γύρω γύρω

arouse /əˈraʊz/ *vt* προκαλώ. (excite) διεγείρω

arrange /əˈreɪndʒ/ *vt* διευθετώ. (fix) τακτοποιώ. **~ to** κανονίζω να **~ment** *n* (η) διευθέτηση. (order) (η) ρύθμιση. **~ments** *npl* (plans) (οι) ετοιμασίες

arrears /əˈrɪəz/ *npl* (τα) καθυστερούμενα. **be in ~** καθυστερώ

arrest /əˈrest/ *vt* συλλαμβάνω. (attention) προσελκύω. • *n* (η) σύλληψη. **under ~** υπό κράτηση

arrival /əˈraɪvl/ *n* (η) άφιξη

arrive /əˈraɪv/ *vi* φθάνω

arrogan|t /ˈærəɡənt/ *a* αλαζόνας. **~ce** *n* (η) αλαζονεία

arrow /ˈærəʊ/ *n* (το) βέλος

arsenal /ˈɑːsənl/ *n* (το) οπλοστάσιο

arsenic /ˈɑːsnɪk/ *n* (το) αρσενικό

arson /ˈɑːsn/ *n* (ο) εμπρησμός

art /ɑːt/ *n* (η) τέχνη. **~ gallery** (η) πινακοθήκη

artery /ˈɑːtərɪ/ *n* (η) αρτηρία

artful /ˈɑːtfʊl/ *a* πονηρός

arthritis /ɑːˈθraɪtɪs/ *n* (η) αρθρίτιδα

artichoke /ˈɑːtɪtʃəʊk/ *n* **globe ~** (η) αγκινάρα

article /ˈɑːtɪkl/ *n* (το) άρθρο

articulate¹ /ɑːˈtɪkjʊlət/ *a* (speech) ευκρινής. (person) που εκφράζεται με σαφήνεια

articulate² /ɑːˈtɪkjʊleɪt/ *vt/i* αρθρώνω

artifice /ˈɑːtɪfɪs/ *n* (το) τέχνασμα

artificial /ɑːtɪˈfɪʃl/ *a* τεχνητός. **~ respiration** (η) τεχνητή αναπνοή

artillery /ɑːˈtɪlərɪ/ *n* (το) πυροβολικό

artist /ˈɑːtɪst/ *n* (ο) καλλιτέχνης, (η) καλλιτέχνιδα. **~ic** /-ˈtɪstɪk/ *a* καλλιτεχνικός

as /æz, əz/ *adv & conj* (since) αφού. (while) ενώ, καθώς. (like) σαν, όπως. **~ far as** (distance) μέχρι. (fig) καθόσον. **~ for** όσο για. **~ long as** όσο. **~ much as** όσο. **~ soon as** μόλις. **~ well** επίσης, και

asbestos /æzˈbestɒs/ *n* (ο) αμίαντος

ascend /əˈsend/ *vt/i* ανεβαίνω

ascent /əˈsent/ *n* (η) ανάβαση

ascertain /æsəˈteɪn/ *vt* εξακριβώνω (that, ότι)

ash¹ /æʃ/ *n* **~(-tree)** (η) μελία

ash² /æʃ/ *n* (η) στάχτη

ashamed /ə'ʃeimd/ a
ντροπιασμένος. **be ~**
ντρέπομαι

ashore /ə'ʃɔ:(r)/ adv στην ξηρά.
go ~ αποβιβάζομαι

ashtray /'æʃtreɪ/ n (το)
σταχτοδοχείο, (το) τασάκι

Asia /'eɪʃə/ n (η) Ασία. **~n** a
ασιατικός. • n (ο) Ασιάτης, (η)
Ασιάτισσα

aside /ə'said/ adv κατά μέρος. • n
(theatr) (η) παρατήρηση

ask /a:sk/ vt παρακαλώ.
(question) ρωτώ. (invite) καλώ.
~ s.o. sth ρωτώ κπ κτ. **~ s.o.
to** ζητώ από κπ να. **~ about,
after** ρωτώ για. **~ for** ζητώ. **~
for help** ζητώ βοήθεια

askance /ə'skæns/ adv λοξά.
look ~ at λοξοκοιτάζω

askew /ə'skju:/ adv στραβά

asleep /ə'sli:p/ a κοιμισμένος.
fall ~ αποκοιμιέμαι

asparagus /ə'spærəgəs/ n (το)
σπαράγγι

aspect /'æspekt/ n (η) άποψη. (of
house etc.) (ο) προσανατολισμός

asphalt /'æsfælt/ n (η)
άσφαλτος

asphyxiat|e /əs'fiksieit/ vt
προκαλώ ασφυξία. **~ion** /-'eiʃn/
n (η) ασφυξία

aspire /əs'paiə(r)/ vi φιλοδοξώ

aspirin /'æsprin/ n (η) ασπιρίνη

ass /æs/ n (ο) γάιδαρος

assail /ə'seil/ vt/i επιτίθεμαι.
~ant n (ο) επιτιθέμενος

assassin /ə'sæsin/ n (ο)
δολοφόνος

assassinat|e /ə'sæsineit/ vt
δολοφονώ. **~ion** /-'eiʃn/ n (η)
δολοφονία

assault /ə'sɔ:lt/ n επίθεση. (mil)
(η) έφοδος. (jur) (η)
βιαιοπραγία. • vt επιτίθεμαι

assemble /ə'sembl/ vt
συγκεντρώνω. (mech)
συναρμολογώ. • vi
συγκεντρώνομαι

assembly /ə'sembli/ n (η)
συνέλευση. **~ line** (η) γραμμή
συναρμολόγησης

assent /ə'sent/ n (η)
συγκατάθεση. • vi
συγκατατίθεμαι

assert /ə'sɜ:t/ vt βεβαιώνω.
(one's rights) διεκδικώ. **~ o.s.**
επιβάλλομαι. **~ion** /-ʃn/ n (ο)
ισχυρισμός. **~ive** a
κατηγορηματικός

assess /ə'ses/ vt εκτιμώ. (tax)
προσδιορίζω. **~ment** n (η)
εκτίμηση. (tax) (ο)
προσδιορισμός

asset /'æset/ n (το) περιουσιακό
στοιχείο. (advantage) (το)
προσόν. **~s** (comm) (το)
ενεργητικό

assiduous /ə'sidjuəs/ a επίμονος

assign /ə'sain/ vt αναθέτω (to,
σε). **~ment** n (task) (η)
αποστολή. (η) ανάθεση

assimilate /ə'simileit/ vt
αφομοιώνω

assist /ə'sist/ vt/i βοηθώ. **~ance**
n (η) βοήθεια

assistant /ə'sistənt/ n (ο, η)
βοηθός. (shop) **~** (ο, η)
υπάλληλος. • a βοηθός

associat|e[1] /ə'səuʃieit/ vt/i
συσχετίζω. **be ~ed** έχω
σχέση. **~ion** /-'eiʃn/ n (η)
συνεργασία. (organization) (ο)
σύνδεσμος, (ο) σύλλογος

associate² /ə'səʊʃɪət/ n (o) συνεργάτης

assort|ed /ə'sɔːtɪd/ a ποικίλος. **~ment** n (η) ποικιλία

assume /ə'sjuːm/ vt υποθέτω. (power, attitude) παίρνω. (role, burden) αναλαμβάνω

assumption /ə'sʌmpʃn/ n (η) υπόθεση

assurance /ə'ʃʊərəns/ n (η) διαβεβαίωση. (self-confidence) (η) αυτοπεποίθηση

assure /ə'ʃʊə(r)/ vt βεβαιώνω. **~d** a βέβαιος

asterisk /'æstərɪsk/ n (o) αστερίσκος

asthma /'æsmə/ n (το) άσθμα. **~tic** /-'mætɪk/ a & n ασθματικός

astonish /ə'stɒnɪʃ/ vt καταπλήσσω. **~ing** a καταπληκτικός. **~ment** n (η) κατάπληξη

astound /ə'staʊnd/ vt καταπλήσσω

astray /ə'streɪ/ adv go **~** παραστρατώ. lead **~** παρασύρω

astride /ə'straɪd/ adv & prep καβάλα

astrology /ə'strɒlədʒɪ/ n (η) αστρολογία

astronaut /'æstrənɔːt/ n (o) αστροναύτης

astronomy /ə'strɒnəmɪ/ n (η) αστρονομία

astute /ə'stjuːt/ a έξυπνος

asylum /ə'saɪləm/ n (το) άσυλο. lunatic **~** (το) τρελοκομείο

at /ət, æt/ prep σε. **~** Christmas τα Χριστούγεννα. **~** five o'clock στις πέντε. **~** home στο σπίτι. **~** once αμέσως. (simultaneously) μαζί. not **~** all

καθόλου **~sign** n (το) παπάκι, @

ate /eɪt/ see EAT

atheist /'eɪθɪɪst/ n (o) αθεϊστής

Athens /'æθənz/ n (η) Αθήνα

athlet|e /'æθliːt/ n (o) αθλητής, (η) αθλήτρια. **~ic** /-'letɪk/ a αθλητικός

Atlantic /ət'læntɪk/ a ατλαντικός. • n **~** (Ocean) (o) Ατλαντικός (Ωκεανός)

atlas /'ætləs/ n (o) άτλαντας

atmosphere /'ætməsfɪə(r)/ n (η) ατμόσφαιρα

atom /'ætəm/ n (το) άτομο. **~ic** /ə'tɒmɪk/ a ατομικός

atone /ə'təʊn/ vi **~ for** εξιλεώνομαι. **~ment** n (η) εξιλέωση

atrocious /ə'trəʊʃəs/ a απαίσιος

atrocit|y /ə'trɒsətɪ/ n (η) βιαιότητα. **~ies** npl (οι) ωμότητες

attach /ə'tætʃ/ vt επισυνάπτω. **~ed** a (position) αποσπασμένος. (fond) αφοσιωμένος (to, σε). (document) επισυναπτόμενος **~ment** n (affection) (η) αφοσίωση. (accessory) (το) εξάρτημα

attaché /ə'tæʃeɪ/ n (pol) (o) ακόλουθος. **~ case** (o) χαρτοφύλακας

attack /ə'tæk/ n (η) επίθεση. • vt/vi επιτίθεμαι. **~er** n (o) επιτιθέμενος

attain /ə'teɪn/ vt πραγματοποιώ. **~ment** n (η) πραγματοποίηση

attempt /ə'tempt/ vt προσπαθώ. • n (η) προσπάθεια

attend /ə'tend/ vt εξυπηρετώ. (school) πηγαίνω. (escort) συνοδεύω. • *vi* προσέχω. **~ to** φροντίζω. **~ance** *n* (η) παρουσία

attendant /ə'tendənt/ *n* (ο) συνοδός. (*of museum*) (ο) φύλακας. (*servant*) (ο) υπηρέτης, (η) υπηρέτρια

attention /ə'tenʃn/ *n* (η) προσοχή. **pay ~** προσέχω

attentive /ə'tentɪv/ *a* προσεκτικός. (*considerate*) περιποιητικός

attic /'ætɪk/ *n* (η) σοφίτα

attitude /'ætɪtjuːd/ *n* (η) στάση

attorney /ə'tɜːnɪ/ *n* (ο) πληρεξούσιος. (*Amer*) (ο) δικηγόρος

attract /ə'trækt/ *vt* ελκύω. **~ion** /-ʃn/ *n* (η) έλξη. (*charm*) (η) γοητεία

attractive /ə'træktɪv/ *a* ελκυστικός. (*person*) γοητευτικός

attribute¹ /ə'trɪbjuːt/ *vt* αποδίδω (**to**, σε)

attribute² /'ætrɪbjuːt/ *n* (η) ιδιότητα

aubergine /'əʊbəʒiːn/ *n* (η) μελιτζάνα

auburn /'ɔːbən/ *a* πυρρόξανθος

auction /'ɔːkʃn/ *n* (η) δημοπρασία. (*sale*) (ο) πλειστηριασμός. • *vt* δημοπρατώ

audacious /ɔː'deɪʃəs/ *a* θρασύς. **~ty** /-æsɪtɪ/ *n* (το) θράσος

audible /'ɔːdəbl/ *a* ακουστός

audience /'ɔːdɪəns/ *n* (*interview*) (η) ακρόαση. (*theatr*, *radio*) (το) ακροατήριο

audiovisual /ɔːdɪəʊ'vɪʒʊəl/ *a* οπτικοακουστικός

audit /'ɔːdɪt/ *n* (ο) λογιστικός έλεγχος. • *vt* ελέγχω

audition /ɔː'dɪʃn/ *n* (η) ακρόαση, (η) οντισιόν *invar*. • *vi* πάω για ακρόαση

auditorium /ɔːdɪ'tɔːrɪəm/ *n* (η) αίθουσα ακροάσεων

augment /ɔːg'ment/ *vt* αυξάνω

August /'ɔːgəst/ *n* (ο) Αύγουστος

aunt /ɑːnt/ *n* (η) θεία

au pair /əʊ'peə(r)/ *n* (η) οπέρ

aura /'ɔːrə/ *n* (η) ατμόσφαιρα

auspicious /ɔː'spɪʃəs/ *a* ευοίωνος

austere /ɔː'stɪə(r)/ *a* αυστηρός. **~ity** /-erətɪ/ *n* (η) αυστηρότητα

Australia /ɒ'streɪlɪə/ *n* (η) Αυστραλία. **~n** *a* αυστραλιανός. • *n* (ο) Αυστραλός, (η) Αυστραλέζα

Austria /'ɒstrɪə/ *n* (η) Αυστρία. **~n** *a* αυστριακός. • *n* (ο) Αυστριακός, (η) Αυστριακή

authentic /ɔː'θentɪk/ *a* αυθεντικός. **~ity** /-ən'tɪsətɪ/ *n* (η) αυθεντικότητα

authenticate /ɔː'θentɪkeɪt/ *vt* επικυρώνω

author /'ɔːθə(r)/ *n* (ο, η) συγγραφέας

authoritarian /ɔːθɒrɪ'teərɪən/ *a* αυταρχικός

authority /ɔː'θɒrətɪ/ *n* (η) αρχή. (*permission*) (η) εξουσιοδότηση. **in ~** στην εξουσία

authorize /'ɔːθəraɪz/ *vt* εξουσιοδοτώ

autobiography /ɔːtəbaɪ'ɒɡrəfɪ/ *n* (η) αυτοβιογραφία

autograph /'ɔːtəɡrɑːf/ *n* (το) αυτόγραφο. • *vt* δίνω αυτόγραφο

automat|e /'ɔːtəmeɪt/ *vt*

αυτοματοποιώ. **~ion** /-'meiʃn/ n
(η) αυτοματοποίηση

automatic /ɔːtə'mætik/ a
αυτόματος. **~ally** /-klɪ/ adv
αυτομάτως

automaton /ɔː'tɒmətən/ n (το)
αυτόματο

automobile /'ɔːtəməbiːl/ n
(Amer) (το) αυτοκίνητο

autonomy /ɔː'tɒnəmi/ n (η)
αυτονομία

autopsy /'ɔːtɒpsɪ/ n (η)
νεκροτομή

autumn /'ɔːtəm/ n (το)
φθινόπωρο

auxiliary /ɔːg'zɪlɪərɪ/ a
βοηθητικός. • n (ο, η) βοηθός

avail /ə'veɪl/ vi ωφελώ. ~ **o.s. of**
επωφελούμαι από. • n **to no ~**
χωρίς όφελος

available /ə'veɪləbl/ a
διαθέσιμος. **~ility** /-'bɪlətɪ/ n (η)
διαθεσιμότητα

avalanche /'ævəlɑːnʃ/ n (η)
χιονοστιβάδα

avenge /ə'vendʒ/ vt εκδικούμαι

avenue /'ævənjuː/ n (η)
λεωφόρος

average /'ævərɪdʒ/ n (ο) μέσος
όρος. • a μέσος. • vt κάνω κατά
μέσο όρο. **on ~** κατά μέσο όρο

averse /ə'vɜːs/ a εναντίος. **be ~
to** αντιτίθεμαι σε. • **~ion** /-ʃn/ n
(η) αποστροφή

avert /ə'vɜːt/ vt (turn away)
αποστρέφω. (ward off)
αποτρέπω

aviary /'eɪvɪərɪ/ n (το)
πτηνοτροφείο

avid /'ævɪd/ a άπληστος

avocado /ævə'kɑːdəʊ/ n (το)
αβοκάντο

avoid /ə'vɔɪd/ vt αποφεύγω.
~able a που μπορεί να
αποφευχθεί. **~ance** n (η)
αποφυγή

await /ə'weɪt/ vt περιμένω

awake /ə'weɪk/ vt/i (pt awoke, pp
awoken) ξυπνώ. • a ξύπνιος

award /ə'wɔːd/ vt απονέμω. • n
(η) απονομή. (scholarship) (η)
επιχορήγηση

aware /ə'weə(r)/ a ενήμερος. **be
~ of** γνωρίζω. **~ness** n (η)
αντίληψη

awash /ə'wɒʃ/ a
πλημμυρισμένος

away /ə'weɪ/ adv μακριά. **be ~**
λείπω. **it is ten kilometres
(from)** απέχει δέκα χιλιόμετρα
(από)

awe /ɔː/ n (το) δέος. **~-
inspiring** a που προκαλεί δέος,
επιβλητικός. **~struck** a
φοβισμένος

awful /'ɔːfʊl/ a φοβερός. **~ly**
adv φοβερά. (very: fam) πολύ

awkward /'ɔːkwəd/ a (difficult)
δύσκολος. (inconvenient)
άβολος. (clumsy) αδέξιος.
(embarrassing, shy)
ενοχλητικός. **~ly** adv (clumsily)
αδέξια. (with embarrassment)
αμήχανα. **~ness** n (η)
αδεξιότητα. (discomfort) (η)
στενοχώρια

awning /'ɔːnɪŋ/ n (η) τέντα

awoke, awoken /ə'wəʊk,
ə'wəʊkən/ see AWAKE

awry /ə'raɪ/ adv στραβά

axe /æks/ n (το) τσεκούρι. • vt
(pres p **axing**) περικόβω. (fig)
απολύω

axis /'æksɪs/ n (ο) άξονας

axle /'æksl/ n (ο) άξονας

Bb

babble /'bæbl/ vi φλυαρώ

baboon /bə'bu:n/ n (ο) βαβουίνος

baby /'beɪbɪ/ n (το) μωρό. **~ carriage** n (Amer) (το) καροτσάκι (μωρού). **~-sit** vi προσέχω μωρό. **~-sitter** n (ο, η) μπέϊμπισίτερ invar

bachelor /'bætʃələ(r)/ n (ο) εργένης

back /bæk/ n (η) πλάτη. (of car, house) (το) πίσω μέρος. (of cloth) (η) ανάποδη. (of hand) (η) ράχη. • a & adv πίσω. • vt (support) υποστηρίζω. (bet) στοιχηματίζω σε. • vtli (car) κάνω όπισθεν. **~ door** (η) πίσω πόρτα. **~ down** υποχωρώ. **~ of beyond** (η) ερημιά. **~ out** υπαναχωρώ. **~ to front** ανάποδα. **~ up** υποστηρίζω. (computing) κάνω αντίγραφο ασφαλείας. **~-up** n (η) υποστήριξη

backache /'bækeɪk/ n (ο) πόνος στη μέση

backbiting /'bækbaɪtɪŋ/ n (η) κακολογία

backdate /bæk'deɪt/ vt προχρονολογώ

backer /'bækə(r)/ n (ο) υποστηριχτής. (comm) (ο) χρηματοδότης

backfire /bæk'faɪə(r)/ vi (auto) εκπυρσοκροτώ. (fig) έχω δυσάρεστο αποτέλεσμα

background /'bækgraʊnd/ n (το) βάθος. (fig) (το) ιστορικό

backhand /'bækhand/ n (sport) (το) ρεβέρ invar

backing /'bækɪŋ/ n (η) υποστήριξη

backlash /'bæklæʃ/ n (fig) (η) δυσμενής αντίδραση

backlog /'bæklɒg/ n (η) καθυστερημενη εργασία

backside /'bæksaɪd/ n (fam) (ο) πισινός

backwards /'bækwədz/ adv προς τα πίσω. (fall) ανάσκελα. **go ~ and forwards** πηγαινοέρχομαι

bacon /'beɪkən/ n (το) μπέικον invar

bacteria /bæk'tɪərɪə/ npl (τα) βακτηρίδια

bad /bæd/ a (**worse**, **worst**) κακός. (harmful) βλαβερός. (serious) σοβαρός. (food) χαλασμένος. **feel ~** αισθάνομαι άσχημα. **use ~ language** βρίζω. **~- mannered** a άσχημα. **~- tempered** a δύστροπος. **~ly** adv άσχημα. **~ly off** σε κακή οικονομική κατάσταση

badge /bædʒ/ n (η) κονκάρδα

badger /'bædʒə(r)/ n (ο) ασβός. • vt ενοχλώ

baffle /'bæfl/ vt φέρνω σε αμηχανία

bag /bæg/ n (handbag) (η) τσάντα. (sack) (η) σακούλα. **~s** (luggage) (οι) αποσκευές. (under eyes) (οι) σακούλες. • vt (pt **bagged**) βάζω σε σάκο. (take) βουτώ

baggage /'bægɪdʒ/ n (οι) αποσκευές

baggy /'bægɪ/ a (clothes) σακουλιασμένος

bagpipes /'bægpaɪps/ npl (η) γκάιντα

bail¹ /beɪl/ n (η) εγγύηση για απόλυση. ~ νt εγγυώμαι. ~ **s.o. out** ελευθερώνω με πληρωμή εγγύησης

bail² /beɪl/ νt (naut) ~ **out a boat** βγάζω νερό από σκάφος

bailiff /'beɪlɪf/ n (ο) δικαστικός κλητήρας

bait /beɪt/ n (το) δόλωμα νt δολώνω. (torment) βασανίζω

bak|e /beɪk/ νt ψήνω. • νi ξεροψήνομαι. ~**er** n (ο) αρτοποιός, (fam) (ο) φούρναρης. ~**ing** n (το) ψήσιμο. (of bread) (η) φουρνιά

bakery /'beɪkərɪ/ n (το) αρτοποιείο, (fam) (ο) φούρνος

balance /'bæləns/ n (η) ισορροπία. (comm) (το) ισοζύγιο. (sum) (το) υπόλοιπο. (scales) (η) ζυγαριά. • νt ισορροπώ. (comm) ισοσκελίζω. • νi αμφιταλαντεύομαι. ~**d** a ισορροπημένος

balcony /'bælkənɪ/ n (το) μπαλκόνι

bald /bɔːld/ a φαλακρός

bale¹ /beɪl/ n (η) μπάλα (εμπορευμάτων)

bale² /beɪl/ νi ~ **out** πέφτω με αλεξίπτωτο

balk /bɔːk/ νi δειλιάζω

ball¹ /bɔːl/ n (η) μπάλα. (of yarn) (το) κουβάρι. (sphere) (η) σφαίρα. ~**-bearing** n (το)

ρουλεμάν. ~**-point (pen)** n (το) στυλό διαρκείας

ball² /bɔːl/ n (dance) (ο) χορός

ballad /'bæləd/ n (η) μπαλάντα

ballast /'bæləst/ n (το) έρμα

ballet /'bæleɪ/ n (το) μπαλέτο

balloon /bə'luːn/ n (το) μπαλόνι. **hot-air** ~ (το) αερόστατο

ballot /'bælət/ n (η) ψηφοφορία. ~**(-paper)** (το) ψηφοδέλτιο. ~**-box** n (η) κάλπη

ballroom /'bɔːlruːm/ n (η) αίθουσα χορού

balm /bɑːm/ n (το) βάλσαμο. ~**y** a (air) μυρωμένος. (mad: sl) τρελός

balustrade /bælə'streɪd/ n (το) κιγκλίδωμα

bamboo /bæm'buː/ n (το) μπαμπού invar

ban /bæn/ νt (pt **banned**) απαγορεύω. • n (η) απαγόρευση

banal /bə'nɑːl/ a κοινότοπος. ~**ity** /-ælətɪ/ n (η) κοινοτοπία

banana /bə'nɑːnə/ n (η) μπανάνα

band /bænd/ n (η) λωρίδα. (on hat) (η) κορδέλα. (mus) (η) ορχήστρα. (mil) (η) μπάντα. (of thieves) (η) συμμορία. • νi ~ **together** συνενώνομαι με άλλους (για κοινή δράση)

bandage /'bændɪdʒ/ n (ο) επίδεσμος. • νt επιδένω

bandit /'bændɪt/ n (ο) ληστής

bandy /'bændɪ/ a (-**ier**, -**iest**) ~**-legged** a στραβοπόδης

bang /bæŋ/ n (noise) (ο) βρόντος. (blow) (το) δυνατό

χτύπημα. • *vt*/*i* βροντώ. • *adv*
~ **on** ακριβώς. ~! *int* μπαμ!

bangle /'bæŋgl/ *n* (το) βραχιόλι

banish /'bænɪʃ/ *vt* εξορίζω

banisters /'bænɪstəz/ *npl* (τα)
κάγκελα

banjo /'bændʒəʊ/ *n* (*pl* **-os**) (το)
μπάντζο *invar*

bank[1] /bæŋk/ *n* (*of river*) (η)
όχθη. • *vi* (*aviat*) κλίνω

bank[2] /bæŋk/ *n* (η) τράπεζα.
• *vt* καταθέτω. ~ **account** *n*
(ο) τραπεζικός λογαριασμός.
~ **holiday** (η) αργία. ~ **on**
στηρίζομαι σε. ~ **with** η
τράπεζά μου είναι. ~**er** *n* (ο)
τραπεζίτης

banknote /'bæŋknəʊt/ *n* (το)
χαρτονόμισμα

bankrupt /'bæŋkrʌpt/ *a*
χρεοκοπημένος. **go** ~
πτωχεύω. • *n* (ο)
χρεοκοπημένος. • *vt* οδηγώ σε
πτώχευση/χρεοκοπία. ~**cy** *n*
(η) πτώχευση, (η) χρεοκοπία

banner /'bænə(r)/ *n* (η) σημαία

banns /bænz/ *npl* (η) αγγελία
γάμου στην εκκλησία

banquet /'bæŋkwɪt/ *n* (το)
συμπόσιο

baptism /'bæptɪzəm/ *n* (το)
βάφτισμα

baptize /bæp'taɪz/ *vt* βαφτίζω

bar /baː(r)/ *n* (η) ράβδος. (*on
window*) (το) κάγκελο. (*jur*)
(το) εδώλιο. (*of chocolate,
soap*) (η) πλάκα. (*of gold*) (η)
ράβδος. (*pub*) (το) μπαρ *invar*.
(*counter*) (ο) πάγκος. (*mus*) (το)
μέτρο. (*fig*) (το) εμπόδιο. • *vt*
(*pt* **barred**) κλείνω. (*exclude*)
αποκλείω. (*prohibit*)
απαγορεύω. • *prep* εκτός από

barbarian /baː'beərɪən/ *a* & *n*
βάρβαρος

barbar|**ic** /baː'bærɪk/ *a*
βαρβαρικός. ~**ity** /-ətɪ/ *n* (η)
βαρβαρότητα

barbecue /'baːbɪkjuː/ *n* (το)
φητό στα κάρβουνα

barbed /baːbd/ *a* ακιδωτός. ~
wire (το) συρματόπλεγμα

barber /'baːbə(r)/ *n* (ο)
κουρέας

bare /beə(r)/ *a* γυμνός. (*mere*)
ελάχιστος. • *vt* γυμνώνω. ~
one's teeth δείχνω τα δόντια
μου. ~**ly** *adv* μόλις

bareback /'beəbæk/ *adv* χωρίς
σέλα

barefoot /'beəfʊt/ *a* & *adv*
ξυπόλυτος

bareheaded /'beəhedɪd/ *a*
ξεσκούφωτος

bargain /'baːgɪn/ *n* (το)
παζάρεμα. (*agreement*) (η)
συμφωνία. (*good buy*) (η)
ευκαιρία. • *vi* (*haggle*)
παζαρεύω

barge /baːdʒ/ *n* (η) φορτηγίδα.
• *vi* ~ **in** μπαίνω
απρόσκλητος. (*fig*) διακόπτω
(συνομιλία)

baritone /'bærɪtəʊn/ *n* (ο)
βαρύτονος

bark[1] /baːk/ *n* (*of tree*) (ο)
φλοιός

bark[2] /baːk/ *n* (*of dog*) (το)
γαύγισμα. • *vi* γαυγίζω

barley /'baːlɪ/ *n* (το) κριθάρι

barmaid /'baːmeɪd/ *n* (η)
σερβιτόρα (σε μπαρ)

barman /'baːmən/ *n* (*pl* **-men**)
(ο) μπάρμαν *invar*

barn /baːn/ *n* (η) (σιτ)αποθήκη

barometer /bəˈrɒmɪtə(r)/ n (το) βαρόμετρο

baron /ˈbærən/ n (ο) βαρόνος. **~ess** n (η) βαρόνη

barracks /ˈbærəks/ npl (ο) στρατώνας

barrage /ˈbærɑːʒ/ n (το) μπαράζ invar

barrel /ˈbærəl/ (το) βαρέλι. (of gun) (η) κάννη

barren /ˈbærən/ a στείρος. (ground) άγονος

barricade /ˈbærɪˈkeɪd/ n (το) οδόφραγμα. • vt οχυρώνω

barrier /ˈbæriə(r)/ n (ο) φραγμός. (fig) (το) εμπόδιο

barring /ˈbɑːrɪŋ/ prep εκτός από

barrister /ˈbærɪstə(r)/ n (ο, η) δικηγόρος

barrow /ˈbærəʊ/ n (το) ανάχωμα

barter /ˈbɑːtə(r)/ n (η) ανταλλαγή. • vt ανταλλάσσω

base /beɪs/ n (η) βάση, (το) στήριγμα. • vt βασίζω, στηρίζω. • a ποταπός. **~less** a αβάσιμος

baseball /ˈbeɪsbɔːl/ n (το) μπέιζμπωλ invar

basement /ˈbeɪsmənt/ n (το) υπόγειο

bash /bæʃ/ vt χτυπώ δυνατά

bashful /ˈbæʃfl/ a ντροπαλός

basic /ˈbeɪsɪk/ a βασικός. **~ally** adv βασικά

basil /ˈbæzl/ n (ο) βασιλικός

basin /ˈbeɪsn/ n (for washing) (ο) νιπτήρας. (for food) (η) λεκάνη, (geog) (η) κοιλάδα

basis /ˈbeɪsɪs/ n (pl bases /-siːz/) (η) βάση

bask /bɑːsk/ vi λιάζομαι

basket /ˈbɑːskɪt/ n (το) καλάθι

basketball /ˈbɑːskɪtbɔːl/ n (η) καλαθόσφαιρα, (το) μπάσκετ invar

bass /beɪs/ n (το) μπάσος

bassoon /bəˈsuːn/ n (το) φαγκότο invar

bastard /ˈbɑːstəd/ n (ο) νόθος. (sl) (ο) παλιάνθρωπος

baste /beɪst/ vt (sew) τρυπώνω. (culin) αλείφω με λίπος

bastion /ˈbæstɪən/ n (η) έπαλξη, (ο) προμαχώνας

bat¹ /bæt/ n (for cricket) (το) ρόπαλο. (for table tennis) (η) ρακέτα. • vt (pt batted) χτυπώ με το ρόπαλο. **off one's own ~** με δική μου πρωτοβουλία

bat² /bæt/ n (mammal) (η) νυχτερίδα

batch /bætʃ/ n (of people) (η) ομάδα. (of papers) (η) δέσμη. (of goods) (η) παρτίδα. (of bread) (η) φουρνιά

bath /bɑːθ/ n (pl -s /bɑːðz/) (το) μπάνιο. (tub) (η) μπανιέρα. **~s** (τα) λουτρά. • vt/i κάνω μπάνιο (σε)

bathe /beɪð/ vt λούζω. • vi κάνω μπάνιο. • n (το) μπάνιο. **~r** /-ə(r)/ n (ο) λουόμενος

bathing /ˈbeɪðɪŋ/ n (το) μπάνιο. **~-costume** n (το) μαγιό

bathroom /ˈbɑːθrʊm/ n (το) μπάνιο

baton /ˈbætən/ n (η) ράβδος. (mus) (η) μπαγκέτα

battalion /bəˈtælɪən/ n (το) τάγμα

batter /ˈbætə(r)/ vt χτυπώ. • n (culin) (ο) χυλός από αλεύρι

battery /'bætəri/ n (η) μπαταρία.
(of car) (ο) συσσωρευτής

battle /'bætl/ n (η) μάχη. • vi
μάχομαι

battlefield /'bætlfi:ld/ n (το)
πεδίο της μάχης

bawl /bɔ:l/ vt/i φωνάζω

bay¹ /bei/ n *(bot)* (η) δάφνη. ~
leaf n (το) φύλλο δάφνης

bay² /bei/ n *(geog)* (ο) κόλπος.
(area) (το) κοίλωμα. ~
window n παράθυρο σε
προεξοχή τοίχου

bay³ /bei/ vi *(of dog)* γαβγίζω.
keep at ~ κρατώ σε
απόσταση

bayonet /'beiənit/ n (η)
ξιφολόγχη

bazaar /bə'za:(r)/ n (το) παζάρι

BC abbr π.Χ.

be /bi:/ vi *(pres* am, are, is; *pt*
was, were; *pp* been) είμαι. ~
cold/hot κρυώνω/ζεσταίνομαι.
it is cold/hot *(weather)* κάνει
κρύο/ζέστη. **how much is it?**
πόσο κάνει; ~
reading/walking *(aux)*
διαβάζω/πηγαίνω περίπατο. **I
have been to** πήγα σε

beach /bi:tʃ/ n (η) ακτή, (η)
παραλία

beacon /'bi:kən/ n (ο)
φάρος

bead /bi:d/ n (η) χάντρα

beak /bi:k/ n (το) ράμφος

beaker /'bi:kə(r)/ n (το)
κύπελλο, (η) κούπα

beam /bi:m/ n *(of wood)* (το)
δοκάρι. *(of light)* (η) ακτίνα,
(η) δέσμη ακτίνων. • vi
(person) λάμπω από χαρά. *(sun)*
ρίχνω τις ακτίνες

bean /bi:n/ n *(broad)* (το)
κουκί. *(French)* (το) φασολάκι.
(haricot) (το) φασόλι. *(coffee)*
(ο) κόκκος

bear¹ /beə(r)/ n (η) αρκούδα

bear² /beə(r)/ vt/i *(pt* bore, *pp*
borne) *(carry)* φέρω,
μεταφέρω. *(endure)* υποφέρω,
αντέχω. *(child)* γεννώ. ~ **in
mind** έχω υπόψη. ~**able** a
υποφερτός

beard /biəd/ n (τα) γένια

bearing /'beəriŋ/ n *(behaviour)*
(η) διαγωγή. *(direction,
position)* (η) κατεύθυνση.
(relevance) (η) σχέση. *(mech)*
(το) κουζινέτο. ~**s** npl *(fig)* (ο)
προσανατολισμός

beast /bi:st/ n (το) κτήνος

beat /bi:t/ vt/i *(pt* beat, *pp*
beaten) δέρνω. *(culin)* χτυπώ.
(win) κερδίζω. • n *(mus)* (ο)
χρόνος. *(of heart)* (ο) παλμός.
~ **up** σπάζω στο ξύλο. **it** ~**s
me** με αφήνει ανάυδο

beautiful /'bju:tifl/ a ωραίος,
όμορφος. ~**ly** adv ωραία,
όμορφα

beauty /'bju:ti/ n (η) ομορφιά.
(woman) (η) καλλονή

beaver /'bi:və(r)/ n (ο)
κάστορας

became /bi'keim/ see BECOME

because /bi'kɒz/ conj επειδή,
διότι. • adv ~ **of** εξαιτίας

beckon /'bekən/ vt/i κάνω
νόημα. ~ **(to)** γνέφω (σε)

become /bi'kʌm/ vt/i *(pt*
became, *pp* become) γίνομαι.
(suit) ταιριάζω

becoming /bi'kʌmiŋ/ a *(seemly)*
πρέπων. *(clothes)* ταιριαστός

bed /bed/ n (το) κρεβάτι.
(*layer*) (το) στρώμα. (*of sea*) (ο)
πυθμένας. (*of river*) (η) κοίτη.
(*of flowers*) (το) παρτέρι. ~
and breakfast διαμονή και
πρόγευμα. **go to** ~ πλαγιάζω

bedclothes /'bedkləʊðz/ npl
(τα) κλινοσκεπάσματα

bedlam /'bedləm/ n (η) φασαρία

bedraggled /bɪ'dræɡld/ a
καταλασπωμένος

bedridden /'bedrɪdn/ a
κατάκοιτος

bedroom /'bedrʊm/ n (η)
κρεβατοκάμαρα

bedside /'bedsaɪd/ n (το)
προσκέφαλο. ~ **table** n (το)
κομοδίνο

bedspread /'bedspred/ n (το)
κλινοσκέπασμα

bee /biː/ n (η) μέλισσα. **make
a** ~**-line for** προχωρώ
κατευθείαν για

beech /biːtʃ/ n (η) οξιά

beef /biːf/ n (το) βοδινό κρέας

beefburger /'biːfbɜːɡə(r)/ n (το)
μπιφτέκι

beehive /'biːhaɪv/ n (η) κυψέλη

been /biːn/ *see* BE

beer /bɪə(r)/ n (η) μπίρα

beet /biːt/ n (το) τεύτλο

beetle /'biːtl/ n (το) σκαθάρι

beetroot /'biːtruːt/ n invar (το)
παντζάρι

befall /bɪ'fɔːl/ vt/i (pt **befell**, pp
befallen) συμβαίνει, τυχαίνει

before /bɪ'fɔː(r)/ prep & adv &
conj (*time*) πριν. (*place*)
μπροστά

beforehand /bɪ'fɔːhænd/ adv
από πριν, εκ των προτέρων

befriend /bɪ'frend/ vt πιάνω
φιλίες με, βοηθώ σαν φίλος

beg /beɡ/ vt/i (pt **begged**)
ζητιανεύω. (*entreat*) ικετεύω
(**to**, να). (*ask*) ζητώ,
παρακαλώ. ~ **s.o.'s pardon**
ζητώ συγγνώμη

began /bɪ'ɡæn/ *see* BEGIN

beggar /'beɡə(r)/ n (ο) ζητιάνος

begin /bɪ'ɡɪn/ vt/i (pt **began**, pp
begun, pres p **beginning**)
αρχίζω (**to**, να). ~**ner** n (ο)
αρχάριος. ~**ning** n (η) αρχή

begrudge /bɪ'ɡrʌdʒ/ vt I ~
him his success με πειράζει
η επιτυχία του. I ~ **her the
money** της δίνω τα λεφτά
απρόθυμα

begun /bɪ'ɡʌn/ *see* BEGIN

behalf /bɪ'hɑːf/ n **on** ~ **of** εκ
μέρους (*with gen.*)

behave /bɪ'heɪv/ vi
συμπεριφέρομαι. ~ (**o.s.**)
κάθομαι φρόνιμα

behaviour /bɪ'heɪvjə(r)/ n (η)
συμπεριφορά

behind /bɪ'haɪnd/ prep πίσω
(από). (*in time*) **be** ~
καθυστερώ. • adv πίσω. (*late*)
αργά, καθυστερημένα. • n
(*fam*) (ο) πισινός

being /'biːɪŋ/ n (το) ον. **come
into** ~ αρχίζω να υπάρχω

belated /bɪ'leɪtɪd/ a
καθυστερημένος

belch /beltʃ/ vi ρεύομαι. • vt ~
out (*smoke*) βγάζω. • n (το)
ρέψιμο

belfry /'belfrɪ/ n (το)
καμπαναριό

Belgium /'beldʒəm/ n (το)
Βέλγιο. ~**an** a βελγικός. • n
(ο) Βέλγος, (η) Βελγίδα

belief /bɪ'liːf/ n (η) πίστη. (*trust*) (η) εμπιστοσύνη. (*opinion*) (η) γνώμη

believe /bɪ'liːv/ vt/i πιστεύω. **~e in** (*approve of*) δέχομαι. (*have faith*) πιστεύω. **~able** a πιστευτός. **~er** /-ə(r)/ n (ο) πιστός

belittle /bɪ'lɪtl/ vt μειώνω. (*person*) υποτιμώ

bell /bel/ n (η) καμπάνα. (*on door*) (το) κουδούνι

belligerent /bɪ'lɪdʒərənt/ a (*person*) φίλερις. (*nation*) εμπόλεμος

bellow /'beləʊ/ vt/i μουγκρίζω

bellows /'beləʊz/ npl (το) φυσερό

belly /'belɪ/ n (η) κοιλιά

belong /bɪ'lɒŋ/ vi **~ to** ανήκω σε. (*club*) είμαι μέλος

belongings /bɪ'lɒŋɪŋz/ npl (τα) πράγματα. (**personal**) **~** (τα) προσωπικά αντικείμενα

beloved /bɪ'lʌvɪd/ a προσφιλής. • n (ο) αγαπητός

below /bɪ'ləʊ/ prep κάτω από. • adv κάτω

belt /belt/ n (η) ζώνη. • vt περιζώνω. (*hit: sl*) δέρνω

bench /bentʃ/ n (η seat) το παγκάκι. (*working-table*) (ο) πάγκος

bend /bend/ vt/i (*pt* **bent**) κάμπτω, λυγίζω. • n (η) στροφή. (*of river*) (η) καμπή. **~ down** *or* **over** σκύβω

beneath /bɪ'niːθ/ prep κάτω από. • *adv* χαμηλότερα. **it is ~ me** (*fig*) δεν καταδέχομαι

benefactor /'benɪfæktə(r)/ n (ο) ευεργέτης

beneficial /benɪ'fɪʃl/ a ευεργετικός

beneficiary /benɪ'fɪʃərɪ/ n (ο, η) δικαιούχος

benefit /'benɪfɪt/ n (το) όφελος. (*allowance*) (το) επίδομα. **for s.o.'s ~** για το καλό κπ. (*sake*) για χάρη κπ. • vt/i (*pt* **benefited**, *pres p* **benefiting**) ωφελώ/ούμαι. **~ from** επωφελούμαι από

benevolent /bɪ'nevələnt/ a φιλανθρωπικός

bent /bent/ see BEND. n (η) κλίση. **~ on** αποφασισμένος να

bequeath /bɪ'kwiːð/ vt κληροδοτώ

bequest /bɪ'kwest/ n (το) κληροδότημα

bereave|d /bɪ'riːvd/ n **the ~d** οι συγγενείς που πενθούν. **~ment** n (το) πένθος

beret /'bereɪ/ n (ο) μπερές

berry /'berɪ/ n (το) μούρο

berserk /bə'sɜːk/ a **go ~** παθαίνω αμόκ

berth /bɜːθ/ n (η) κουκέτα. (*mooring*) (η) προβλήτα. **give a wide ~ to** κρατώ απόσταση (από). • vi πλευρίζω

beseech /bɪ'siːtʃ/ vt (*pt* **besought**) ικετεύω

beside /bɪ'saɪd/ prep δίπλα, κοντά (σε). **~ o.s.** εκτός εαυτού. **~ the point** άσχετος

besides /bɪ'saɪdz/ adv εξάλλου. • prep (*except*) εκτός από. (*in addition to*) άλλωστε

besiege /bɪ'siːdʒ/ vt πολιορκώ

best /best/ a καλύτερος. • adv καλύτερα. • n (ο) καλύτερος.

at ~ στην καλύτερη περίπτωση. **~ man** (ο) κουμπάρος. **do one's ~** κάνω ότι μπορώ. **like ~** προτιμώ. **make the ~ of** αντιμετωπίζω όσο καλύτερα

bestow /bɪ'stəʊ/ vt απονέμω

bestseller /best'selə(r)/ n (το) μπεστ σέλερ invar

bet /bet/ n (το) στοίχημα. • vt/i (pt **bet** or **betted**) στοιχηματίζω

betray /bɪ'treɪ/ vt προδίνω. **~al** n (η) προδοσία

better /'betə(r)/ a καλύτερος. • adv καλύτερα. • vt βελτιώνω. **all the ~** τόσο το καλύτερο. **~ off** σε καλύτερη οικονομική κατάσταση. **get ~** βελτιώνομαι. (recover) γίνομαι καλά. **you had ~ leave** θα ήταν καλύτερα να φύγεις **the sooner the ~** όσο το γρηγορότερο τόσο το καλύτερο

between /bɪ'twiːn/ prep μεταξύ, ανάμεσα (σε). • adv μεταξύ

beverage /'bevərɪdʒ/ n (το) ρόφημα

beware /bɪ'weə(r)/ vi προσέχω

bewilder /bɪ'wɪldə(r)/ vt συγχύζω

bewitch /bɪ'wɪtʃ/ vt μαγεύω, γοητεύω

beyond /bɪ'jɒnd/ prep πέρα από. • adv πέρα. **it is ~ me** είναι πέραν των δυνάμεών μου

bias /'baɪəs/ n (η) προδιάθεση. (pej) (η) προκατάληψη. (preference) (η) προτίμηση. (sewing) (η) λοξή λωρίδα. • vt προδιαθέτω. **~ed** a προκατειλημμένος

bib /bɪb/ n (η) σαλιάρα

Bible /'baɪbl/ n (η) Βίβλος

bibliography /bɪblɪ'ɒɡrəfɪ/ n (η) βιβλιογραφία

biceps /'baɪseps/ n (ο) δικέφαλος μυς

bicker /'bɪkə(r)/ vi καβγαδίζω

bicycle /'baɪsɪkl/ n (το) ποδήλατο

bid[1] /bɪd/ n (offer) (η) προσφορά. (attempt) (η) προσπάθεια. • vt/i (pt **bid**, pres p **bidding**) προσφέρω. **~der** n (highest) (ο) πλειοδότης

bid[2] /bɪd/ vt (pt **bid** or **bade**, pp **bid** or **bidden**, pres p **bidding**) (command) διατάζω. **~ding** n (η) διαταγή

bide /baɪd/ vt **~ one's time** περιμένω την κατάλληλη στιγμή

big /bɪg/ a (**bigger, biggest**) μεγάλος

bigamy /'bɪgəmɪ/ n (η) διγαμία

bigot /'bɪgət/ n (ο) φανατικός. **~ed** a φανατικός. **~ry** n (ο) φανατισμός

bike /baɪk/ n (fam) (το) ποδήλατο

bikini /bɪ'kiːnɪ/ n (pl **-is**) μπικίνι invar

bile /baɪl/ n (η) χολή

bilingual /baɪ'lɪŋgwəl/ a δίγλωσσος

bill[1] /bɪl/ n (account) (ο) λογαριασμός. (theatr) (το) πρόγραμμα. (pol) (το) νομοσχέδιο. (Amer) (το) χαρτονόμισμα. • vt χρεώνω

bill[2] /bɪl/ n (of bird) (το) ράμφος

billet /'bɪlɪt/ n (mil) (το) κατάλυμα

billiards /ˈbɪlɪədz/ n (το) μπιλιάρδο

billion /ˈbɪlɪən/ n (το) τρισεκατομμύριο. (Amer) (το) δισεκατομμύριο

bin /bɪn/ n (for rubbish) (το) καλάθι των αχρήστων

bind /baɪnd/ vt (pt bound) ενώνω. (book) δένω. (jur) δεσμεύω

binding /ˈbaɪndɪŋ/ n (of book) (το) δέσιμο. • a (obligatory) υποχρεωτικός (on, για)

binoculars /bɪˈnɒkjʊləz/ npl (τα) κιάλια

biochemistry /baɪəʊˈkemɪstrɪ/ n (η) βιοχημεία

biography /baɪˈɒgrəfɪ/ n (η) βιογραφία

biolog|y /baɪˈɒlədʒɪ/ n (η) βιολογία. **~ical** /-əˈlɒdʒɪkl/ a βιολογικός

birch /bɜːtʃ/ n (tree) (η) σημύδα. (whip) (η) βέργα

bird /bɜːd/ n (το) πουλί. **~'s-eye view** n (η) πανοραμική άποψη

Biro /ˈbaɪərəʊ/ n (P) (το) μπικ invar, **Cy.** (το) μπιρό

birth /bɜːθ/ n (η) γέννηση. **~ certificate** n (το) πιστοποιητικό γεννήσεως. **~ control** n (η) αντισύλληψη. **~ rate** n (οι) γεννήσεις. **give ~** γεννώ

birthday /ˈbɜːθdeɪ/ n (τα) γενέθλια

birthmark /ˈbɜːθmɑːk/ n (το) σημάδι εκ γενετής

birthplace /ˈbɜːθpleɪs/ n (η) γενέτειρα

biscuit /ˈbɪskɪt/ n (το) μπισκότο

bishop /ˈbɪʃəp/ n (ο) επίσκοπος

bit¹ /bɪt/ n (το) κομματάκι. (quantity) (το) λίγο. (of horse) (το) χαλινάρι. (mech) (το) τρυπάνι. (computing) (το) bit invar, (το) ψηφίο

bit² /bɪt/ see BITE

bitch /bɪtʃ/ n (η) σκύλα. (fam) (το) παλιοθήλυκο

bit|e /baɪt/ vt/i (pt bit, pp bitten) δαγκώνω. (one's nails) τρώω. (fish, insects) τσιμπώ. • n (mouthful) (η) μπουκιά. (wound) (το) τσίμπημα

biting /ˈbaɪtɪŋ/ a τσουχτερός. (fig) δηκτικός

bitter /ˈbɪtə(r)/ a πικρός. (weather) ψυχρός. **to the ~ end** μέχρι τέλους. **~ly** adv πικρά. **~ness** n (η) πικρία. (resentment) (η) μνησικακία

bizarre /bɪˈzɑː(r)/ a αλλόκοτος

blab /blæb/ vi φλυαρώ

black /blæk/ a μαύρος. • n (colour) (το) μαύρο. **B~** (person) (ο) μαύρος. • vt μαυρίζω. (shoes) γυαλίζω. **~ eye** n (το) μαυρισμένο μάτι. **~ ice** n (ο) μαύρος πάγος. **~ market** n (η) μαύρη αγορά. **~ out** διαγράφω. (make dark) συσκοτίζω

blackberry /ˈblækbərɪ/ n (το) βατόμουρο

blackbird /ˈblækbɜːd/ n (το) κοτσύφι

blackboard /ˈblækbɔːd/ n (ο) πίνακας

blacken /ˈblækən/ vt/i μαυρίζω

blackleg /ˈblækleg/ n (ο) απεργοσπάστης

blacklist /'blæklɪst/ n (η) μαύρη
λίστα

blackmail /'blækmeɪl/ n (ο)
εκβιασμός. • vt εκβιάζω

blackout /'blækaʊt/ n (η)
συσκότιση. (med) (η)
λιποθυμία

blacksmith /'blæksmɪθ/ n (ο)
σιδηρουργός

bladder /'blædə(r)/ n (η) κύστη

blade /bleɪd/ n (of knife) (η)
λεπίδα. (of oar) (η) πλατιά
άκρη. (of propeller) (το)
πτερύγιο. **~ of grass** (το)
φύλλο χόρτου

blame /bleɪm/ vt κατηγορώ
(for, για). • n (το) φταίξιμο. **be
to ~** φταίω (for, για). **~less**
a άμεμπτος

bland /blænd/ a ήρεμος. (taste)
αδιάφορος

blank /blæŋk/ a κενός. (fig)
ανέκφραστος. • n (το) κενό. **~
cartridge** (το) άσφαιρο
φυσίγγι. **~ cheque** (η)
ανοιχτή επιταγή

blanket /'blæŋkɪt/ n (η)
κουβέρτα

blare /bleə(r)/ vi (radio, TV)
είναι στο διαπασών. • n (ο)
δυνατός ήχος

blasphemy /'blæsfəmɪ/ n (η)
βλαστήμια

blast /blɑːst/ n (η) έκρηξη.
(gust) (το) φύσημα. • vt
ανατινάζω. **~-off** n (of missile)
(η) εκτόξευση

blatant /'bleɪtnt/ a ολοφάνερος.
(shameless) αδιάντροπος

blaze /bleɪz/ n (η) πυρκαγιά.
• vi φλέγομαι

blazer /'bleɪzə(r)/ n είδος
ελαφριάς ζακέτας

bleach /bliːtʃ/ n (household)
(το) λευκαντικό. • vt/i
λευκαίνω

bleak /bliːk/ a (exposed)
εκτεθειμένος. (depressing)
μελαγχολικός

bleary /'blɪərɪ/ a θαμπός

bleat /bliːt/ n (το) βέλασμα. • vi
βελάζω

bleed /bliːd/ vt/i (pt bled)
αιμορραγώ

blemish /'blemɪʃ/ n (το)
ψεγάδι. (defect) (το) ελάττωμα.
• vt κηλιδώνω

blend /blend/ vt/i
αναμιγνύομαι. • n (το) μίγμα.
(coffee, tobacco) (το) χαρμάνι

bless /bles/ vt ευλογώ. **~ed** a
ευλογημένος. (damned: fam)
αναθεματισμένος. **~ing** n (η)
ευλογία. (benefit) (το) αγαθό

blew /bluː/ see BLOW¹

blight /blaɪt/ n (η) σκωρίαση.
(fig) (η) επιβλαβής επίδραση.
• vt (fig) καταστρέφω

blind /blaɪnd/ a τυφλός. • vt
τυφλώνω. n (roller) (το) ρολό.
(venetian) (το) στορ invar. (fig)
(το) πρόσχημα. **~ly** adv
τυφλά. **~ness** n (η)
τυφλότητα

blindfold /'blaɪndfəʊld/ a & adv
με δεμένα τα μάτια. • vt δένω
τα μάτια

blink /blɪŋk/ vi ανοιγοκλείνω
τα μάτια. (of light)
τρεμοσβήνω

blinkers /'blɪŋkəz/ npl (οι)
παρωπίδες

bliss /blɪs/ n (η) ευδαιμονία.
~ful a πανευτυχής

blister /'blɪstə(r)/ n (η)
φουσκάλα. • vi φουσκαλιάζω

blizzard /'blɪzəd/ n (η)
χιονοθύελλα

bloated /'bləʊtɪd/ a
φουσκωμένος

bloc /blɒk/ n (pol) (ο)
συνασπισμός

block /blɒk/ n (το) κομμάτι. (of
flats) (η) πολυκατοικία. (of
buildings) (το) τετράγωνο. (in
pipe) (το) βούλωμα. • vt φράζω.
~ letters npl (τα) κεφαλαία.
~age n (η) απόφραξη

blockade /blɒ'keɪd/ n (ο)
αποκλεισμός. • vt αποκλείω

bloke /bləʊk/ n (fam) (ο) τύπος

blonde /blɒnd/ a & n ξανθός,
ξανθιά

blood /blʌd/ n (το) αίμα. **~
group** n (η) ομάδα αίματος. **~
pressure** n (η) πίεση. **~
transfusion** n (η) μετάγγιση
αίματος

bloodshed /'blʌdʃed/ n (η)
αιματοχυσία

bloodshot /'blʌdʃɒt/ a
κατακόκκινος

bloodstream /'blʌdstriːm/ n
(το) αίμα

bloodthirsty /'blʌdθɜːstɪ/ a
αιμοβόρος

bloody /'blʌdɪ/ a (-ier, -iest)
αιματωμένος. (sl) βρομο-,
παλιο-. **~-minded** a (fam)
δύστροπος, πεισματάρης

bloom /bluːm/ n λουλούδι. • vi
ανθίζω. (fig) ευημερώ. **in ~**
ολάνθιστος

blossom /'blɒsəm/ n (το)
άνθος. • vi ανθίζω. (fig) γίνομαι

blot /blɒt/ n (η) κηλίδα. • vt (pt
blotted) κηλιδώνω. (dry)
στεγνώνω. **~ out** σβήνω

~ter, **~ting-paper** ns (το)
στυπόχαρτο

blotch /blɒtʃ/ n (η) κηλίδα

blouse /blaʊz/ n (η) μπλούζα

blow¹ /bləʊ/ vt/i (pt **blew**, pp
blown) φυσώ. (fuse)
καίω/καίομαι. (trumpet) ηχώ.
(whistle) σφυρίζω. n (puff)
(το) φύσημα. **~ away** φυσώ.
~ down ρίχνω. **~-dry** vt
στεγνώνω με πιστολάκι. **~
one's nose** φυσώ τη μύτη
μου. **~ out** (candle) σβήνω.
~-out n (of tyre) (το)
σκάσιμο. **~ up** vt/i
ανατινάζω/ομαι. **~-up** n
(photo) (η) μεγέθυνση

blow² /bləʊ/ n (το) χτύπημα.
come to ~s έρχομαι στα
χέρια

blowlamp /'bləʊlæmp/ n (το)
καμινέτο (για συγκολλήσεις)

blown /bləʊn/ see BLOW

blue /bluː/ a γαλάζιος. (dark)
~ μπλε. n (το) γαλάζιο.
have the ~s είμαι στις
μαύρες μου. **out of the ~**
εντελώς απροσδόκητα

bluebell /'bluːbel/ n (η)
καμπανούλα

bluebottle /'bluːbɒtl/ n (η)
κρεατόμυγα

blueprint /'bluːprɪnt/ n (το)
προσχέδιο

bluff /blʌf/ vi (deceive)
μπλοφάρω. • n (η) μπλόφα

blunder /'blʌndə(r)/ vi κάνω
γκάφα. • n (η) γκάφα

blunt /blʌnt/ a αμβλύς. (person)
ντόμπρος. • vt αμβλύνω. **~ly**
adv ντόμπρα

blur /blɜː(r)/ n (το) θόλωμα. • vt
(pt **blurred**) θολώνω

blurt /blɜːt/ vt ~ **out** μιλώ απερίσκεπτα

blush /blʌʃ/ vi κοκκινίζω. • n (το) κοκκίνισμα

bluster /'blʌstə(r)/ vi (weather) μαίνομαι. (person) μιλώ δυνατά. ~**y** a θυελλώδης

boar /bɔː(r)/ n (ο) αγριόχοιρος

board /bɔːd/ n (το) σανίδι. (for notices) (ο) πίνακας. (admin) (το) συμβούλιο. • vt/i (naut) επιβιβάζομαι. **above** ~ έντιμος. ~ **and lodging** διαμονή και διατροφή. **be on** ~ είμαι σε πλοίο. ~**er** n (schol) (ο) η οικότροφος. ~**ing-house** n (η) πανσιόν. ~**ing-school** n (το) οικοτροφείο

boast /bəʊst/ vt/i καυχιέμαι. • n (η) καύχηση. ~**ful** a καυχησιάρης

boat /bəʊt/ n (η) βάρκα. (large) (το) πλοίο

bob /bɒb/ vi (pt **bobbed**) (curtsy) υποκλίνομαι. • n (curtsy) (η) υπόκλιση. (hairstyle) (τα) κοντά μαλλιά. ~ **up and down** ανεβοκατεβαίνω

bobbin /'bɒbɪn/ n (το) μασουράκι

bobsleigh /'bɒbsleɪ/ n (το) έλκηθρο

bodice /'bɒdɪs/ n (ο) μπούστος

bodily /'bɒdɪlɪ/ a σωματικός. • adv με τη βία

body /'bɒdɪ/ n (το) σώμα. **the main** ~ **of** (το) κύριο μέρος

bodyguard /'bɒdɪgɑːd/ n (ο) σωματοφύλακας

bodywork /'bɒdɪwɜːk/ n (το) αμάξωμα

bog /bɒg/ n (το) έλος vt be ~**ged down** αποτελματώνομαι

boggle /'bɒgl/ vi **the mind** ~**s** σταματάει το μυαλό

bogus /'bəʊgəs/ a ψεύτικος

boil¹ /bɔɪl/ n (ο) καλόγερος (εξάνθημα)

boil² /bɔɪl/ vt/i βράζω. **it** ~**s down to this** (fig) για να συνοψίσουμε. ~ **over** ξεχειλίζω. ~**ed** a (egg) (hard/soft) σφιχτό/μελάτο αυγό. (potatoes) βραστός. ~**ing hot** a καυτερός. ~**ing-point** n (το) σημείο βρασμού

boiler /'bɔɪlə(r)/ n (ο) λέβητας. ~ **suit** n (η) φόρμα

boisterous /'bɔɪstərəs/ a θορυβώδης

bold /bəʊld/ a τολμηρός

bollard /'bɒlɑːd/ n (η) δέστρα

bolster /'bəʊlstə(r)/ n (το) μαξιλάρι (μακρύ και στενό). • vt ~ **up** υποστηρίζω

bolt /bəʊlt/ n (ο) σύρτης. (for nut) (το) μπουλόνι. (lightning) (ο) κεραυνός. • vt (door) μανταλώνω. (food) καταβροχθίζω. • vi ορμώ. (horse) αφηνιάζω. ~ **upright** adv ολόρθος

bomb /bɒm/ n (η) βόμβα. • vt βομβαρδίζω

bombard /bɒm'bɑːd/ vt βομβαρδίζω

bombshell /'bɒmʃel/ n (η) οβίδα. (fig) (η) βόμβα

bond /bɒnd/ n (ο) δεσμός. (comm) (η) ομολογία

bone /bəʊn/ n (το) κόκαλο. • vt
ξεκοκαλίζω. **~-dry** a
κατάξερος

bonfire /'bɒnfaɪə(r)/ n (η)
υπαίθρια φωτιά

bonnet /'bɒnɪt/ n (η) σκούφια.
(auto) (το) καπό

bonus /'bəʊnəs/ n (η) επιπλέον
αμοιβή, (το) μπόνους invar

bony /'bəʊnɪ/ a (-ier, -iest)
κοκαλιάρης. (fish) γεμάτος
κόκαλα

boo /bu:/ int γιούχα. • vt/i
γιουχαΐζω

booby /'bu:bɪ/ n (ο) κουτός. **~
trap** n (η) παγίδα. (mil) (η)
ναρκοπαγίδα

book /bʊk/ n (το) βιβλίο. **~s**
(comm) (τα) λογιστικά βιβλία.
• vt (reserve) κλείνω. (motorist)
δίνω κλήση σε. it's **~ed up**
όλα τα εισιτήρια έχουν
πουληθεί. **~ing office** (rail)
(η) έκδοση εισιτηρίων.
(theatr) (το) ταμείο

bookcase /'bʊkkeɪs/ n (η)
βιβλιοθήκη

bookkeeping /'bʊkki:pɪŋ/ n (η)
λογιστική

booklet /'bʊklɪt/ n (το)
βιβλιαράκι

bookmaker /'bʊkmeɪkə(r)/ n
(ο) πράκτορας στοιχημάτων
στον ιπποδρομο

bookmark /'bʊkma:(r)k/ n (ο)
σελιδοδείχτης

bookseller /'bʊksələ(r)/ n (ο)
βιβλιοπώλης

bookshop /'bʊkʃɒp/ n (το)
βιβλιοπωλείο

bookstall /'bʊkstɔ:l/ n (το)
περίπτερο βιβλιοπώλη

boom /bu:m/ vi μουγκρίζω.
(fig) ακμάζω. • n (η) βουή.
(comm) (η) ακμή

boon /bu:n/ n (η) ευλογία

boor /bʊə(r)/ n (ο) αγροίκος

boost /bu:st/ vt ενισχύω.
(product) προωθώ. • n (η)
ενίσχυση. (of product) (η)
προώθηση. **~er** n (med)
συμπληρωματική δόση

boot /bu:t/ n (η) μπότα. (auto)
(το) πορτ-μπαγκάζ

booth /bu:ð/ n (ο) θάλαμος

booze /bu:z/ vi (fam)
μεθοκοπώ. • n (fam) (το) ποτό

border /'bɔ:də(r)/ n (το) άκρο.
(frontier) (το) σύνορο. (in
garden) (το) παρτέρι. • vt
συνορεύω με. • vi **~ on** είμαι
πάνω σε. (fig) πλησιάζω

bore[1] /bɔ:(r)/ see BEAR

bore[2] /bɔ:(r)/ vt/i (techn) τρυπώ

bore[3] /bɔ:(r)/ vt κουράζω. • n
(person) (ο) πληκτικός
άνθρωπος. (thing) (το)
πληκτικό πράγμα. **be ~d**
πλήττω. **~dom** n (η) πλήξη.
boring a πληκτικός

born /bɔ:n/ a γεννημένος. **be
~** γεννιέμαι

borne /bɔ:n/ see BEAR

borough /'bʌrə/ n (η) αστική
διοικητική περιφέρεια

borrow /'bɒrəʊ/ vt δανείζομαι

bosom /'bʊzəm/ n (το) στήθος

boss /bɒs/ n (fam) (το)
αφεντικό. • vt **~ (about or
around)** (fam) διευθύνω

bossy /'bɒsɪ/ a αυταρχικός

botany /'bɒtənɪ/ n (η) βοτανική

botch /bɒtʃ/ vt **~ (up)** τα κάνω
θάλασσα

both /bəʊθ/ *a & pron* και οι δύο. • *adv* ~ ... **and** ... και ... και ...

bother /'bɒðə(r)/ *vt/i* ανησυχώ. (*disturb*) ενοχλώ/ούμαι. • *n* (*worry*) (η) στενοχώρια. (*minor trouble*) (ο) μπρεμπελάς. (*effort*) (η) ενόχληση. ~ **about** νοιάζομαι. ~ **to** ζαλίζω. **don't** ~! μην ενοχλείσαι. **I can't be** ~**ed** δεν αξίζει τον κόπο

bottle /'bɒtl/ *n* (το) μπουκάλι. • *vt* εμφιαλώνω. ~**-opener** *n* (το) ανοιχτήρι

bottleneck /'bɒtlnek/ *n* (*traffic jam*) (το) μποτιλιάρισμα

bottom /'bɒtəm/ *n* (το) κάτω μέρος. (*of sea*) (ο) βυθός. (*buttocks*) (ο) πισινός. • *a* τελευταίος. ~**less** *a* απύθμενος

bough /baʊ/ *n* (ο) κλάδος

bought /bɔːt/ *see* BUY

boulder /'bəʊldə(r)/ *n* (ο) ογκόλιθος

bounce /baʊns/ *vi* αναπηδώ. (*person*) ορμώ. **the cheque** ~**d** (*sl*) η επιταγή ήταν ακάλυπτη. • *n* (το) αναπήδημα

bound[1] /baʊnd/ *vi* πηδώ. • *n* (το) πήδημα

bound[2] /baʊnd/ *see* BIND **a be** ~ **for** προορίζομαι για. ~ **to** είμαι υποχρεωμένος να. **it's** ~ **to happen** είναι βέβαιο ότι θα γίνει

boundary /'baʊndəri/ *n* (το) όριο

bounds /'baʊndz/ *npl* (τα) όρια. **be out of** ~ απαγορεύεται η είσοδος στην περιοχή

bouquet /bʊ'keɪ/ *n* (η) ανθοδέσμη

bout /baʊt/ *n* (η) περίοδος. (*med*) (η) προσβολή. (*sport*) (ο) αγώνας

bow[1] /bəʊ/ *n* (*weapon*) (το) τόξο. (*mus*) (το) δοξάρι. (*knot*) (ο) φιόγκος. ~**-legged** *a* στραβοπόδης. ~**-tie** *n* (το) παπιγιόν

bow[2] /baʊ/ *n* (η) υπόκλιση. • *vi* υποκλίνομαι *vt* κλίνω

bow[3] /baʊ/ *n* (*naut*) (η) πλώρη

bowels /'baʊəlz/ *npl* (τα) έντερα. (*fig*) (τα) σπλάχνα

bowl[1] /bəʊl/ *n* (η) λεκάνη. (*of pipe*) (ο) κάβος

bowl[2] /bəʊl/ *n* (*ball*) (η) σφαίρα. ~ **over** *vt* κατασυμπλήσσω

bowler /'bəʊlə(r)/ *n* ~ (**hat**) *είδος σκληρού καπέλου*

box[1] /bɒks/ *n* (το) κουτί. (*large*) (το) κιβώτιο. (*theatr*) (το) θεωρείο. • *vt* βάζω σε κιβώτιο. ~ **office** *n* (το) ταμείο

box[2] /bɒks/ *vt/i* πυγμαχώ. ~ **s.o.'s ears** χαστουκίζω κπ. ~**er** *n* (ο) πυγμάχος. ~**ing** *n* (η) πυγμαχία. **B~ing Day** *n* (η) επομένη των Χριστουγέννων

boy /bɔɪ/ *n* (το) αγόρι. ~**friend** *n* (ο) φίλος. ~**ish** *a* παιδιάστικος

boycott /'bɔɪkɒt/ *vt* μποϊκοτάρω. • *n* (το) μποϊκοτάρισμα

bra /braː/ *n* (το) σουτιέν *invar*

brace /breɪs/ *n* (το) στήριγμα. (*dental*) (τα) σιδεράκια. ~**s** *npl* (οι) τιράντες. • *vt* στηρίζω. ~ **o.s.** παίρνω τη δύναμη

bracelet /'breɪslɪt/ n (το)
βραχιόλι

bracing /'breɪsɪŋ/ a τονωτικός

bracken /'brækən/ n (η) φτέρη

bracket /'brækɪt/ n (το)
υποστήριγμα. (group) (η)
κατηγορία. (typ) (η)
παρένθεση. • vt βάζω σε
παρένθεση

brag /bræg/ vi (pt **bragged**)
κομπάζω

braid /breɪd/ n (trimming) (το)
κορδόνι. (of hair) (η) πλεξίδα

Braille /breɪl/ n (η) γραφή
«Μπράιλ»

brain /breɪn/ n (το) μυαλό. **~s**
(fig) (το) εγκέφαλος

brainwash /'breɪnwɒʃ/ vt κάνω
πλύση εγκεφάλου σε

brainwave /'breɪnweɪv/ n (η)
λαμπρή ιδέα

brainy /'breɪnɪ/ a (-ier, -iest)
έξυπνος

braise /breɪz/ vt σιγοψήνω

brake /breɪk/ n (το) φρένο. • vi
φρενάρω

bramble /'bræmbl/ n (ο) βάτος

bran /bræn/ n (το) πίτουρο

branch /brɑːntʃ/ n (το) κλαδί.
(of road) (η) διακλάδωση.
(comm) (το) υποκατάστημα.
• vi **~ off** διακλαδίζομαι. **~
out** επεκτείνομαι

brand /brænd/ n (η) μάρκα. **~-
name** n (η) μάρκα, (η) φίρμα.
~-new a ολοκαίνουριος

brandish /'brændɪʃ/ vt
κραδαίνω

brandy /'brændɪ/ n (το) κονιάκ

brash /bræʃ/ a απερίσκεπτος
και αυθάδης

brass /brɑːs/ n (ο) μπρούντζος.
~ band n (η) μπάντα

brat /bræt/ n (pej) (το)
παλιόπαιδο

bravado /brə'vɑːdəʊ/ n (ο)
παλικαρισμός

brave /breɪv/ a γενναίος. • vt
αντιμετωπίζω με θάρρος. **~ry**
/-ərɪ/ n (η) γενναιότητα

bravo /'brɑːvəʊ/ int μπράβο

brawl /brɔːl/ n (ο) καβγάς. • vi
καβγαδίζω

brawn /brɔːn/ n (η) μυϊκή
δύναμη. **~y** a εύρωστος

brazen /'breɪzn/ a ξεδιάντροπος

brazier /'breɪzɪə(r)/ n (το)
μαγκάλι

Brazil /brə'zɪl/ n (η) Βραζιλία

breach /briːtʃ/ n (η)
παράβαση. (of contract) (η)
αθέτηση σε. (gap) (το) ρήγμα.
• vt ανοίγω ρήγμα

bread /bred/ n (το) ψωμί. **loaf
of ~** (το) καρβέλι

breadcrumbs /'bredkrʌmz/ npl
(τα) ψίχουλα

breadth /bredθ/ n (το) πλάτος

break /breɪk/ vt (pt **broke**, pp
broken) σπάζω. (law)
παραβαίνω. (news) αναγγέλλω.
(journey) διακόπτω. • vi σπάζω.
(news) γίνομαι γνωστός. • n
(το) σπάσιμο. (interval) (το)
διάλειμμα. (rest) (η)
ανάπαυση. (chance: fam) (η)
ευκαιρία. **~ away** αποχωρώ.
~ down (mech) παθαίνω
βλάβη. (person) καταρρέω.
(figures) αναλύω. • in κάνω
διάρρηξη. (horse) δαμάζω. **~-
in** n (η) διάρρηξη. **~ off**
διακόπτω. **~ out** ξεσπώ. (run

away) δραπετεύω. **~ up** (*into pieces*) συντρίβω. (*crowd, marriage*) διαλύω. (*school*) διακόπτω. **~able** *a* εύθραυστος. **~age** *n* (το) σπάσιμο

breakdown /'breikdaυn/ *n* (*mech*) (η) βλάβη. (*med*) (η) κατάπτωση. (*of figures*) (η) ανάλυση

breaker /'breikə(r)/ *n* (*wave*) (το) μεγάλο κύμα

breakfast /'brekfəst/ *n* (το) πρόγευμα

breakthrough /'breikθru:/ *n* (η) σημαντική ανακάλυψη

breakwater /'breikwɔ:tə(r)/ *n* (ο) κυματοθραύστης

breast /brest/ *n* (το) στήθος, (ο) μαστός. (*chest*) (ο) θώρακας. **~-feed** *vt* θηλάζω **~-stroke** *n* (το) πρόσθιο

breath /breθ/ *n* (η) αναπνοή. **be out of ~** λαχανιάζω

breathe /bri:ð/ *vi* αναπνέω

breather /'bri:ðə(r)/ *n* (η) ανάσα

breathtaking /'breθteikiŋ/ *a* καταπληκτικός

bred /bred/ *see* BREED

breed /bri:d/ *vt* (*pt* bred) γεννώ. (*animals*) τρέφω. (*fig*) φέρνω. • *vi* πολλαπλασιάζομαι. • *n* (η) ράτσα. **~ing** *n* (η) αναπαραγωγή. (*manners*) (η)

breez|e /bri:z/ *n* (το) αεράκι. **~y** *a* it's **~** έχει αεράκι

brevity /'breviti/ *n* (η) βραχύτητα

brew /bru:/ *vt* (*beer*) παρασκευάζω. (*tea*) βράζω. • *vi*

(*fig*) προμηνύομαι. **~ery** *n* (η) ζυθοποιία

bribe /braib/ *n* (το) δωροδόκημα. • *vt* δωροδοκώ. **~ry** /-əri/ *n* (η) δωροδοκία

brick /brik/ *n* (το) τούβλο

bricklayer /'brikleiə(r)/ *n* (ο) κτίστης που κτίζει με τούβλα

bride /braid/ *n* (η) νύφη

bridegroom /'braidgrom/ *n* (ο) γαμπρός

bridesmaid /'braidzmeid/ *n* (η) παράνυμφος

bridge[1] /bridʒ/ *n* (η) γέφυρα. (*of nose*) (η) ράχη. • *vt* **~ a gap** γεφυρώνω ένα χάσμα

bridge[2] /bridʒ/ *n* (*cards*) (το) μπριτζ *invar*

bridle /'braidl/ *n* (το) χαλινάρι

brief[1] /bri:f/ *a* σύντομος. **~ly** *adv* σύντομα

brief[2] /bri:f/ *n* (*instructions*) (οι) οδηγίες. (*jur*) (η) δικογραφία. • *vt* ενημερώνω. **~ing** *n* (οι) οδηγίες. (*press*) (οι) πληροφορίες

briefcase /'bri:fkeis/ *n* (ο) χαρτοφύλακας

briefs /bri:fs/ *npl* κιλότα

brigad|e /bri'geid/ *n* (η) ταξιαρχία. **~ier** /-ə'dιə(r)/ *n* (ο) ταξίαρχος

bright /brait/ *a* λαμπρός. (*day, room*) φωτεινός. (*clever*) έξυπνος

brighten /'braitn/ *vt* φωτίζω. • *vi* **~ (up)** (*weather*) ανοίγω. (*face*) λάμπω

brillian|t /'briljənt/ *a* λαμπρός. (*light*) εκτυφλωτικός. **~ce** *n* (η) λάμψη. (*cleverness*) (η) λαμπρότητα

brim /brɪm/ n (η) άκρη. (of glass) (το) χείλος. (of hat) (το) γύρος, (το) μπορ invar. • vi (pt brimmed) ~ over ξεχειλίζω

brine /braɪn/ n (η) άρμη

bring /brɪŋ/ vt (pt brought) φέρνω. ~ about προκαλώ. ~ back επαναφέρω. ~ off επιτυγχάνω. ~ out (take out) βγάζω. (emphasize) τονίζω. (book) εκδίδω. ~ round or to (unconscious person) συνεφέρνω. ~ up (vomit) κάνω εμετό. (children) ανατρέφω. (question) θέτω

brink /brɪŋk/ n (το) χείλος

brisk /brɪsk/ a ζωηρός

bristle /'brɪsl/ n (η) χοντρή τρίχα

Britain /'brɪtən/ n (η) Βρετανία

British /'brɪtɪʃ/ a βρετανικός. the ~ οι Βρετανοί

brittle /'brɪtl/ a εύθραυστος

broach /brəʊtʃ/ vt (open) ανοίγω. (question) θίγω

broad /brɔːd/ a πλατύς. ~-minded a με ευρείες αντιλήψεις. ~ly adv γενικά

broadcast /'brɔːdkɑːst/ n (η) μετάδοση. • vt μεταδίδω. ~ing a ραδιοφωνικός. • n (η) εκπομπή

broaden /'brɔːdn/ vt διευρύνω

broccoli /'brɒkəlɪ/ n invar (το) μπρόκολο

brochure /'brəʊʃə(r)/ n (η) μπροσούρα

broke /brəʊk/ see BREAK. a (sl) απένταρος

broken /'brəʊkən/ see BREAK. a ~ English n σπασμένα

αγγλικά. ~-hearted a απαρηγόρητος

broker /'brəʊkə(r)/ n (ο) μεσίτης, (η) μεσίτις

bronchitis /brɒŋ'kaɪtɪs/ n (η) βρογχίτιδα

bronze /brɒnz/ n (ο) μπρούντζος. • vt/i μαυρίζω

brooch /brəʊtʃ/ n (η) καρφίτσα

brood /bruːd/ n (fam) (η) γέννα. • vi (fig) μελαγχολώ

brook /brʊk/ n (το) ρυάκι

broom /bruːm/ n (η) σκούπα

broomstick /'bruːmstɪk/ n (το) σκουπόξυλο

broth /brɒθ/ n (ο) ζωμός

brothel /'brɒθl/ n (ο) οίκος ανοχής

brother /'brʌðə(r)/ n (ο) αδερφός. ~-in-law n (pl ~s-in-law) (ο) κουνιάδος

brought /brɔːt/ see BRING

brow /braʊ/ n (το) φρύδι. (of hill) (η) κορυφή

brown /braʊn/ a καστανός. • n (το) καφέ χρώμα. • vt/i μαυρίζω. (culin) ξεροψήνω

Brownie /'braʊnɪ/ n (girl guide) (το) «πουλί»

browse /braʊz/ vi (in a shop) κοιτάζω με άνεση. (read) ξεφυλλίζω. (animal) βόσκω

bruise /bruːz/ n (το) μελάνιασμα. • vt μωλωπίζω

brunette /bruː'net/ n (η) καστανομάλλα

brunt /brʌnt/ n the ~ of (το) κύριο βάρος (with gen.)

brush /brʌʃ/ n (η) βούρτσα. (skirmish) (η) αψιμαχία. • vt βουρτσίζω. ~ against περνώ

ξυστά από. **~ aside**
παραμερίζω. **~ off** διώχνω

brusque /bru:sk/ *a* απότομος

Brussels /'brʌslz/ *n* (οι)
Βρυξέλες. **~ sprouts** *npl* (τα)
λαχανάκια Βρυξελών

brutal /'bru:tl/ *a* κτηνώδης.
~ity /-'tælətɪ/ *n* (η)
κτηνωδία

brute /bru:t/ *n* (το) κτήνος

BSE *n* (η) σπογγώδης
εγκεφαλοπάθεια των βοοειδών

bubble /'bʌbl/ *n* (η) φούσκα

buck /bʌk/ *n* το αρσενικό
πολλών ζώων. • *vi* (of horse)
αναπηδώ

bucket /'bʌkɪt/ *n* (ο) κουβάς

buckle /'bʌkl/ *n* (η) πόρπη. • *vt*
(fasten) στερεώνω. • *vi* (bend)
λυγίζω

bud /bʌd/ *n* (το) μπουμπούκι

Buddhis|t /'bʊdɪst/ *n* (ο)
βουδιστής. **~m** /-ɪzəm/ *n* (ο)
βουδισμός

budge /bʌdʒ/ *vt/i* κουνώ

budgerigar /'bʌdʒərɪga:(r)/ *n*
(το) παπαγαλάκι

budget /'bʌdʒɪt/ *n* (ο)
προϋπολογισμός. • *vi* κάνω
προϋπολογισμό

buff /bʌf/ *n* (colour) (το)
καστανοκίτρινο

buffalo /'bʌfələʊ/ *n* (pl -oes or
-o) (το) βουβάλι

buffer /'bʌfə(r)/ *n* (ο)
προφυλακτήρας

buffet[1] /'bʊfeɪ/ *n* (ο) μπουφές

buffet[2] /'bʌfɪt/ *vt* χτυπώ

bug /bʌg/ *n* (insect) (ο) κοριός.
(germ: sl) (το) μικρόβιο.
(device: sl) (ο) κοριός (για

υποκλοπή συνομιλιών). (defect:
sl) (το) σφάλμα

bugle /'bju:gl/ *n* (η) σάλπιγγα

build /bɪld/ *vt/i* (pt built) κτίζω.
• *n* (of person) (η)
κορμοστασιά. **~ up**
δημιουργώ. **~-up** *n* (of gas
etc.) (η) συγκέντρωση. (fig)
διαφημιστική εκστρατεία.
~er *n* (ο) κτίστης

building /'bɪldɪŋ/ *n* (το) κτίριο.
~ society *n* (ο) οργανισμός
στεγαστικών δανείων

built /bɪlt/ *see* BUILD. **~-in**
a εντοιχισμένος. **~-up area**
n (η) οικοδομημένη
περιοχή

bulb /bʌlb/ *n* (ο) βολβός.
(electr) (ο) λαμπτήρας

Bulgaria /bʌl'geərɪə/ *n* (η)
Βουλγαρία

bulge /bʌldʒ/ *n* (το) φούσκωμα.
• *vi* φουσκώνω. (jut out)
προεξέχω

bulk /bʌlk/ *n* (ο) όγκος. **the ~
of** το μεγαλύτερο μέρος

bull /bʊl/ *n* (ο) ταύρος. **~'s-
eye** *n* (η) διάνα

bulldozer /'bʊldəʊzə(r)/ *n* (η)
μπουλντόζα

bullet /'bʊlɪt/ *n* (η) σφαίρα

bulletin /'bʊlətɪn/ *n* (το)
δελτίο

bullfight /'bʊlfaɪt/ *n* (η)
ταυρομαχία

bullion /'bʊljən/ *n* (ο) χρυσός
σε ράβδους

bully /'bʊlɪ/ *vt* εξαναγκάζω (με
βία και απειλές)

bum[1] /bʌm/ *n* (sl) (ο) πισινός

bum[2] /bʌm/ *n* (Amer, sl) (ο)
αλήτης

bump /bʌmp/ vt/i χτυπώ. • n (το) εξόγκωμα. (swelling) (το) πρήξιμο. **~ into** vt/i χτυπώ. (meet) συναντώ τυχαία. **~y** a (road) ανώμαλος

bumper /'bʌmpə(r)/ n (car) (ο) προφυλακτήρας. • a πλούσιος

bun /bʌn/ n (το) γλυκό ψωμάκι. (hair) (ο) κότσος

bunch /bʌntʃ/ n (of flowers) (το) μπουκέτο. (of keys) (ο) ορμαθός. (of people) (η) ομάδα. (of grapes) (το) τσαμπί. (of bananas) (το) κλαδί

bundle /'bʌndl/ n (το) δέμα. • vt μαζεύω

bung /bʌŋ/ n (το) πώμα. • vt βουλώνω. (sl) ρίχνω

bungalow /'bʌŋgələu/ n (το) μπανγκαλόου invar

bungle /'bʌŋgl/ vt κάνω με αδεξιότητα

bunion /'bʌnjən/ n (ο) κάλος

bunk /bʌŋk/ n (η) κουκέτα

bunker /'bʌŋkə(r)/ n (η) καρβουναποθήκη. (mil) (το) καταφύγιο

bunny /'bʌnɪ/ n (το) κουνελάκι

buoy /bɔɪ/ n (η) σημαδούρα

buoyant /'bɔɪənt/ a ελαφρός. (fig) ζωηρός

burden /'bɜːdn/ n (το) βάρος. • vt επιβαρύνω

bureau /'bjʊərəu/ n (office) (το) γραφείο

bureaucracy /bjʊə'rɒkrəsɪ/ n (η) γραφειοκρατία

bureaucrat /'bjʊərəkræt/ n (ο) γραφειοκράτης

burglar /'bɜːglə(r)/ n (ο) διαρρήκτης. **~ alarm** n

αντικλεπτικός συναγερμός. **~ize** vt (Amer) κάνω διάρρηξη. **~y** n (η) διάρρηξη

burgle /'bɜːgl/ vt κάνω διάρρηξη

burial /'berɪəl/ n (η) ταφή

burly /'bɜːlɪ/ a (-ier, -iest) εύσωμος

burn /bɜːn/ vt/i (pt burned or burnt) καίω. • n (το) κάψιμο

burnt /bɜːnt/ see BURN

burp /bɜːp/ n (fam) (το) ρέψιμο vi (fam) ρεύομαι

burrow /'bʌrəu/ n (η) υπόγεια τρύπα. • vi σκάβω κάτω από τη γη

bursar /'bɜːsə(r)/ n (ο, η) οικονόμος

burst /bɜːst/ vt/i σκάζω. • n (surge) (το) ξέσπασμα. (mil) (η) έκρηξη. **~ into tears** ξεσπώ στα κλάματα

bury /'berɪ/ vt (το) θάβω. (hide) κρύβω

bus /bʌs/ n (το) λεωφορείο. • vt μεταφέρω με λεωφορείο. **~ lane** n (η) λεωφορειολωρίδα. **~ station** n (ο) σταθμός λεωφορείων. **~-stop** n (η) στάση λεωφορείου

bush /bʊʃ/ n (ο) θάμνος. (land) ακατοίκητες περιοχές της Αφρικής/Αυστραλίας

business /'bɪznɪs/ n (η) δουλειά. (comm) (η) επιχείρηση. (fig) (η) ασχολία. **~ man/woman** (ο, η) επιχειρηματίας

busker /'bʌskə(r)/ n (ο) τραγουδιστής του δρόμου

bust[1] /bʌst/ n (sculpture) (η) προτομή. (chest) (το) στήθος

bust² /bʌst/ vt/i (pt busted or
bust) (break: fam) σπάζω.

bustle /'bʌsl/ vi
πηγαινοέρχομαι βιαστικά. • n
(η) κίνηση

busy /'bɪzɪ/ a (-ier, -iest)
απασχολημένος. (street)
γεμάτος κίνηση. (day)
πολυάσχολος. • vt ~ **o.s. with**
απασχολούμαι με

but /bʌt/ conj αλλά. • prep εκτός
από. • adv μόνο. ~ **for** χωρίς.
last ~ **one** ο προτελευταίος

butcher /'bʊtʃə(r)/ n (ο)
κρεοπώλης. ~**'s (shop)** n (το)
κρεοπωλείο

butler /'bʌtlə(r)/ n (ο)
αρχιυπηρέτης

butt /bʌt/ n (of gun) (ο)
υποκόπανος. (of cigarette) (το)
αποτσίγαρο. (target) (ο)
στόχος. • vi ~ **in** διακόπτω

butter /'bʌtə(r)/ n (το) βούτυρο.
• vt βουτυρώνω

buttercup /'bʌtəkʌp/ n (η)
νεραγκούλα

butterfly /'bʌtəflaɪ/ n (η)
πεταλούδα

buttock /'bʌtək/ n (ο) γλουτός

button /'bʌtn/ n (το) κουμπί.
• vt/i κουμπώνω/ομαι

buttonhole /'bʌtnhəʊl/ n (η)
κουμπότρυπα. • vt (fig)
στριμώχνω

buttress /'bʌtrɪs/ n (το)
στήριγμα

buy /baɪ/ vt (pt bought)
αγοράζω (from, από). • n (η)
αγορά. ~**er** n (ο) αγοραστής

buzz /bʌz/ vi βουίζω. • n (ο)
βόμβος. ~**er** n (ο) βομβητής

buzzword /'bʌzwɜːd/ n (η)
λέξη του συρμού

by /baɪ/ prep (near) κοντά σε.
(time) έως. (measure, weight)
με. ~ **and large** κυρίως. ~
car με αυτοκίνητο. ~-
election n (η) επαναληπτική
εκλογή. ~-**law** n (ο) νόμος
τοπικής αρχής. ~ **oneself**
μόνος. ~-**product** n (το)
υποπροϊόν. **five metres** ~
three metres πέντε μέτρα επί
τρία μέτρα. **one** ~ **one** ένας
ένας. **put** ~ βάζω στην
άκρη

bye(-bye) /'baɪ(baɪ)/ int (fam)
αντίο

bygone /'baɪgɒn/ a περασμένος

bypass /'baɪpɑːs/ n (ο)
παρακαμπτήριος. • vt
παρακάμπτω

bystander /'baɪstændə(r)/ n (ο)
θεατής

Cc

cab /kæb/ n (taxi) (το) ταξί. (of
lorry, train) (ο) θάλαμος
οδηγήσεως

cabaret /'kæbəreɪ/ n (το)
καμπαρέ

cabbage /'kæbɪdʒ/ n (το)
λάχανο

cabin /'kæbɪn/ n (η) καμπίνα

cabinet /'kæbɪnɪt/ n (το)
ντουλάπι. **C~** (pol) (το)
υπουργικό συμβούλιο

cable /'keɪbl/ n (το) καλώδιο.
(telec) (το) τηλεγράφημα. • vt
τηλεγραφώ. ~-**car,** ~-
railway n (το) τελεφερίκ

cackle /'kækl/ n (το)
κακάρισμα. • vi κακαρίζω

cactus /'kæktəs/ n (ο) κάκτος

cadet /kə'det/ n (ο) δόκιμος

cadge /kædʒ/ vt/i διακονεύω

Caesarean /sɪ'zeərɪən/ a
καισαρικός. **~ section** (η)
καισαρική τομή

café /'kæfeɪ/ n (η) καφετέρια

cafeteria /kæfɪ'tɪərɪə/ n (η)
καφετέρια

caffeine /'kæfiːn/ n (η) καφεΐνη

cage /keɪdʒ/ n (το) κλουβί. • vt
εγκλωβίζω

cajole /kə'dʒəʊl/ vt πείθω με
κολακείες

cake /keɪk/ n (το) κέικ invar

calamity /kə'læmətɪ/ n (η)
συμφορά

calcium /'kælsɪəm/ n (το)
ασβέστιο

calculat|e /'kælkjʊleɪt/ vt
υπολογίζω. (Amer) λογαριάζω.
~ed a εσκεμμένος. **~ing** a
συμφεροντολόγος. **~ion**
/-'leɪʃn/ n (ο) υπολογισμός.
~or n (ο) υπολογιστής

calculus /'kælkjʊləs/ n (ο)
λογισμός

calendar /'kælɪndə(r)/ n (το)
ημερολόγιο

calf[1] /kɑːf/ n (το) μοσχάρι

calf[2] /kɑːf/ n (of leg) (η) κνήμη

calibre /'kælɪbə(r)/ n (η)
ικανότητα. (of gun) (το)
διαμέτρημα

call /kɔːl/ vt/i φωνάζω. • n
(shout) (η) κραυγή. (phone) (η)
κλήση. (visit) (η) επίσκεψη.
be ~ed (named) ονομάζομαι.
~centre n (το) κέντρο

τηλεφωνικής βοήθειας.
~-box n (ο) τηλεφωνικός
θάλαμος. **~ for** απαιτώ. (fetch)
ζητώ. **~ off** ματαιώνω. **~ on**
(appeal to) καλώ. (visit)
επισκέπτομαι. **~ up** (mil)
επιστρατεύω. (phone)
τηλεφωνώ. **~er** n (ο)
επισκέπτης. (phone) (ο)
συνομιλητής

callous /'kæləs/ a αναίσθητος

calm /kɑːm/ a ήρεμος. • n (η)
ηρεμία. • vt/i **~ (down)**
ηρεμώ. **~ly** adv ήρεμα

calorie /'kælərɪ/ n (η)
θερμίδα

camcorder /'kæmkɔːdə(r)/ n
(η) βιντεοκάμερα

came /keɪm/ see COME

camel /'kæml/ n (η) καμήλα

cameo /'kæmɪəʊ/ n (η) καμέα

camera /'kæmərə/ n (η)
φωτογραφική μηχανή. (TV)
(η) τηλεοπτική κάμερα. (ο)
εικονολήπτης. **~man** n (ο)
οπερατέρ invar

camouflage /'kæməflɑːʒ/ n (το)
καμουφλάζ invar. • vt
καμουφλάρω

camp /kæmp/ n (η)
κατασκήνωση. (mil) (το)
στρατόπεδο. • vi
κατασκηνώνω. **~-bed** n (το)
κρεβάτι εκστρατείας. **~er** n
(ο) κατασκηνωτής **~ing** n (η)
κατασκήνωση

campaign /kæm'peɪn/ n (η)
εκστρατεία. • vi εκστρατεύω

campsite /'kæmpsaɪt/ n (ο)
χώρος κατασκηνώσεως

campus /'kæmpəs/ n (η)
πανεπιστημιούπολη

can¹ /kæn/ n (το) μεταλλικό κουτί. • vt (pt **canned**) κονσερβοποιώ. **~-opener** n (το) ανοιχτήρι (κονσέβας)

can² /kæn/ v aux (pt **could**) μπορώ. **~not**, **can't** (neg) δεν μπορώ

Canad|a /'kænədə/ n (ο) Καναδάς. **~ian** /kə'neidiən/ a καναδικός. • n (ο) Καναδός, (η) Καναδέζα

canal /kə'næl/ n (η) διώρυγα

canary /kə'neəri/ n (το) καναρίνι

cancel /'kænsl/ vt|i (pt **cancelled**) (call off) ματαιώνω. (annul) ακυρώνω. **~lation** -'lei∫n n (η) ακύρωση

cancer /'kænsə(r)/ n (ο) καρκίνος. **C~** (astr) (ο) Καρκίνος

candid /'kændid/ a ειλικρινής

candidate /'kændideit/ n (ο) υποψήφιος

candle /'kændl/ n (το) κερί

candlelight /'kændllait/ n (το) φως κεριών

candlestick /'kændlstik/ n (το) κηροπήγιο

candour /'kændə(r)/ n (η) ειλικρίνεια

candy /'kændi/ n (Amer) (η) καραμέλα. **~-floss** n (το) μαλλί της γριάς

cane /kein/ n (for baskets) (το) καλάμι. (stick) (το) μπαστούνι. • vt (strike) δέρνω με βέργα

canine /'keinain/ a σκυλίσιος

canister /'kænistə(r)/ n (το) μεταλλικό κουτί

cannabis /'kænəbis/ n (η) κάνναβις

cannibal /'kænibl/ n (ο) ανθρωποφάγος, (ο) κανίβαλος

cannon /'kænən/ n invar (το) κανόνι. **~-ball** n (η) μπάλα κανονιού

cannot /'kænət/ see CAN

canny /'kæni/ a καπάτσος

canoe /kə'nu:/ n (το) κανό

canon /'kænən/ n (rule) (ο) κανόνας. (person) (ο) εφημέριος

canopy /'kænəpi/ n (ο) θόλος

cant /kænt/ n (η) επαγγελματική ορολογία

can't /ka:nt/ see CAN

cantankerous /kæn'tæŋkərəs/ a εριστικός

canteen /kæn'ti:n/ n (η) καντίνα. (for cutlery) (η) θήκη

canter /'kæntə(r)/ n ελαφρός καλπασμός. • vi καλπάζω ελαφρά

canvas /'kænvəs/ n (ο) καμβάς

canvass /'kænvəs/ vi ψηφοθηρώ

canyon /'kænjən/ n (το) φαράγγι

cap /kæp/ n (hat) (ο) σκούφος. (of pen) (το) καπάκι. (of bottle, tube) (το) πώμα. • vt (pt **capped**) σκεπάζω. (outdo) ξεπερνώ

capab|le /'keipəbl/ a ικανός. **be ~le of** είμαι ικανός να. **~ility** /-'biləti/ n (η) ικανότητα

capacity /kə'pæsəti/ n (ability) (η) ικανότητα. (function) (η) ιδιότητα. (volume) (η) χωρητικότητα

cape¹ /keip/ n (cloak) (η) κάπα

cape² /keip/ n (geog) (το) ακρωτήρι

capital /'kæpɪtl/ a
κεφαλαιώδης. • n (town) (η)
πρωτεύουσα. (money) (το)
κεφάλαιο. ~ **letter** (το)
κεφαλαίο γράμμα. ~
punishment (η) θανατική
ποινή

capitalis|t /'kæpɪtəlɪst/ a
καπιταλιστικός. • n (ο)
καπιταλιστής ~**m** /-zəm/ n (ο)
καπιταλισμός, (η)
κεφαλαιοκρατία

capitulat|e /kə'pɪtʃuleɪt/ vi
συνθηκολογώ. ~**ion** /-'leɪʃn/ n
(η) συνθηκολόγηση

capricious /kə'prɪʃəs/ a
καπριτσιόζος, ιδιότροπος

Capricorn /'kæprɪkɔːn/ n (ο)
Αιγόκερος

capsize /kæp'saɪz/ vt/i
ανατρέπω/ομαι

capsule /'kæpsjuːl/ n (η)
κάψουλα

captain /'kæptɪn/ n (ο)
πλοίαρχος. • vt ηγούμαι

caption /'kæpʃn/ n (η) λεζάντα.
(heading) (ο) τίτλος

captivate /'kæptɪveɪt/ vt
αιχμαλωτίζω (γοητεύω)

captiv|e /'kæptɪv/ a
αιχμάλωτος. • n (ο)
αιχμάλωτος. ~**ity** /-'tɪvətɪ/ n
(η) αιχμαλωσία

capture /'kæptʃə(r)/ vt
συλλαμβάνω. (attention)
προσελκύω. • n (η) σύλληψη

car /kɑː(r)/ n (το) αυτοκίνητο.
~ **park** (ο) χώρος
σταθμεύσεως

carafe /kə'ræf/ n (η) καράφα

caramel /'kærəmel/ n (η)
καραμέλα

carat /'kærət/ n (το) καράτι

caravan /'kærəvæn/ n (το)
τροχόσπιτο

carbohydrate /kɑːbəʊ'haɪdreɪt/
n (ο) υδατάνθρακας

carbon /'kɑːbən/ n (ο)
άνθρακας. (paper) (το)
καρμπόν invar. ~ **dioxide** n
(το) διοξείδιο του άνθρακα

carburettor /kɑːbjʊ'retə(r)/ n
(το) καρμπιρατέρ

carcass /'kɑːkəs/ n (το)
ψοφίμι, (το) κουφάρι

card /kɑːd/ n (invitation,
greeting) (η) κάρτα. (game) (το)
χαρτί. (membership) (το) δελτίο

cardboard /'kɑːdbɔːd/ n (το)
χαρτόνι

cardiac /'kɑːdɪæk/ a καρδιακός

cardigan /'kɑːdɪgən/ n (η)
πλεκτή ζακέτα

cardinal /'kɑːdɪnəl/ a κύριος n
(ο) καρδινάλιος

care /keə(r)/ n (η) φροντίδα.
(worry) (η) ανησυχία.
(protection) (η) προσοχή. • vi
~ **about** (be concerned) με
νοιάζει. (love) αγαπώ. ~ **for**
(look after) φροντίζω. (like)
μου αρέσει. **I don't** ~ **of** φροντίδι. **I
don't** ~ δε με νοιάζει. **take**
~ **of** προσέχω

career /kə'rɪə(r)/ n (η) καριέρα

carefree /'keəfriː/ a ξένοιαστος

careful /'keəfʊl/ a
προσεκτικός. ~**ly** adv
προσεκτικά

careless /'keəlɪs/ a
απερίσκεπτος. (not careful)
απρόσεκτος. (not worried)
ξένοιαστος. ~**ly** adv
απρόσεκτα, με ξενοιασιά

caress /kəˈres/ n (το) χάδι. • vt χαϊδεύω

caretaker /ˈkeəteɪkə(r)/ n (of building) (ο) θυρωρός

cargo /ˈkaːgəʊ/ n (το) φορτίο

caricature /ˈkærɪkətʃʊə(r)/ n (η) καρικατούρα

carnation /kaːˈneɪʃn/ n (το) γαρίφαλο

carnival /ˈkaːnɪvl/ n (το) καρναβάλι

carol /ˈkærəl/ n **Christmas ~s** τα κάλαντα

carp /kaːp/ n invar (fish) ((ο) κυπρίνος. • vi **~ (at)** γκρινιάζω

carpent|er /ˈkaːpɪntə(r)/ n (ο) μαραγκός. **~ry** n (η) ξυλουργική

carpet /ˈkaːpɪt/ n (το) χαλί. • vt σκεπάζω με χαλί. **fitted ~** (η) μοκέτα

carriage /ˈkærɪdʒ/ n (rail.) (το) βαγόνι. (horse-drawn) (η) άμαξα. (of goods) (η) μεταφορά. (cost) (τα) μεταφορικά. (bearing) (το) παράστημα

carriageway /ˈkærɪdʒweɪ/ n λωρίδα κυκλοφορίας (σε δρόμο)

carrier /ˈkærɪə(r)/ n (comm) (ο) μεταφορέας. (med) (ο) φορέας. **~ bag** n (η) σακούλα

carrot /ˈkærət/ n (το) καρότο

carry /ˈkærɪ/ vt/i (goods) μεταφέρω. (sound) φθάνω. (math) κρατώ. (involve) φέρνω. **~cot** n (το) πορτμπεμπέ invar. **~ on** συνεχίζω. **~ out** εκτελώ. (duty) εκπληρώ. (investigation) διεξάγω. **get carried away** (fig) το παρακάνω

cart /kaːt/ n (το) κάρο

cartilage /ˈkaːtɪlɪdʒ/ n (ο) χόνδρος

carton /ˈkaːtən/ n (το) κουτί. (for drinks) (το) χάρτινο κουτί. (of yoghurt) (το) κεσεδάκι. (of cigarettes) (η) κούτα

cartoon /kaːˈtuːn/ n (η) γελοιογραφία. (cinema) (τα) κινούμενα σχέδια. **~ist** n (ο) γελοιογράφος

cartridge /ˈkaːtrɪdʒ/ n (το) φυσίγγι

carv|e /kaːv/ vt (stone, wood) σκαλίζω. (meat) κόβω. **~ing** n (το) σκαλιστό

cascade /kæsˈkeɪd/ n (ο) καταρράκτης

case /keɪs/ n (η) περίπτωση. (jur) (η) υπόθεση. (crate) (το) κιβώτιο. (box) (η) θήκη. (suitcase) (η) βαλίτσα. **in ~ it rains** σε περίπτωση που θα βρέξει

cash /kæʃ/ n (τα) μετρητά. • vt εξαργυρώνω. vi **~ in on sth** επωφελούμαι από κτ. **~ desk** n (το) ταμείο. **~ dispenser**, **~ point** ns (το) αυτόματο μηχάνημα αναλύψεως χρημάτων

cashier /kæˈʃɪə(r)/ n (ο) ταμίας

casino /kəˈsiːnəʊ/ n (το) καζίνο

cask /kaːsk/ n (το) βαρέλι

casket /ˈkaːskɪt/ n (η) κασετίνα

casserole /ˈkæsərəʊl/ n (η) κατσαρόλα. (stew) (το) ραγού

cassette /kəˈset/ n (η) κασέτα. **~ player** n (το) κασετόφωνο. **~ recorder** n το μαγνητόφωνο

cast /kaːst/ vt ρίχνω. (metal) χύνω. (vote) δίνω. • n (theatr)

(οι) ηθοποιοί. (mould) (το)
καλούπι. (med) (ο) γύψινος
επίδεσμος. **~ aside**
παραμερίζω. **~ iron** n (ο)
χυτοσίδηρος

castaway /'ka:stəweı/ n (ο, η)
ναυαγός

caste /ka:st/ n (η) κάστα

castle /'ka:sl/ n (το) κάστρο.
(chess) (ο) πύργος

castor /'ka:stə(r)/ n (το) ροδάκι
~ sugar n (η) ζάχαρη ψιλή

castrate /kæ'streıt/ vt
ευνουχίζω

casual /'kæʒʊəl/ a τυχαίος.
(work) έκτακτος. (attitude)
αδιάφορος. **~ clothes** (τα)
ρούχα σπορ. **~ly** adv
αδιάφορα

casualty /'kæʒʊəltı/ n (το)
ατύχημα. (wounded person) (το)
θύμα

cat /kæt/ n (η) γάτα

catalogue /'kætəlɒg/ n (ο)
κατάλογος. • vt καταγράφω

catalyst /'kætəlıst/ n (ο)
καταλύτης

catapult /'kætəpʌlt/ n (ο)
καταπέλτης. (child's) (η)
σφεντόνα

cataract /'kætərækt/ n (ο)
καταρράκτης

catarrh /kə'ta:(r)/ n (ο)
κατάρρους

catastrophe /kə'tæstrəfı/ n (η)
καταστροφή

catch /kætʃ/ vt (pt caught)
πιάνω. (grab) αρπάζω. (train,
bus) παίρνω. • vi (get stuck)
πιάνομαι. • n (of fish) (η)
ψαριά. (on door, window) (το)
μάνταλο. (trap, difficulty) (η)

παγίδα. **~ a cold** κρυολογώ.
~ sight of βλέπω. **~ up**
φτάνω. **~ up with** προφταίνω

catching /'kætʃıŋ/ a
κολλητικός

catchword /'kætʃwɜ:d/ n (το)
σύνθημα

catechism /'kætıkızəm/ n (η)
κατήχηση

categorical /kætı'gɒrıkl/ a
κατηγορηματικός

category /'kætıgərı/ n (η)
κατηγορία

cater /'keıtə(r)/ vi **~ for**
τροφοδοτώ. (needs) φροντίζω.
~er n (ο) τροφοδότης

caterpillar /'kætəpılə(r)/ n (η)
κάμπια

cathedral /kə'θi:drəl/ n (ο)
καθεδρικός ναός

catholic /'kæθəlık/ a & n
καθολικός. **C~ism**
/kə'θɒlısızəm/ n (ο)
καθολικισμός

cattle /'kætl/ npl (τα) βοοειδή

caught /kɔ:t/ see CATCH

cauldron /'kɔ:ldrən/ n (το)
καζάνι

cauliflower /'kɒlıflaʊə(r)/ n
(το) κουνουπίδι

cause /kɔ:z/ n (η) αιτία. • vt
προκαλώ

causeway /'kɔ:zweı/ n (ο)
υπερυψωμένος δρόμος

caustic /'kɔ:stık/ a καυστικός

caution /'kɔ:ʃn/ n (η)
επιφυλακτικότητα. (warning)
(η) προειδοποίηση. • vt
προειδοποιώ. **~ous** a
επιφυλακτικός, προσεκτικός.
~ously adv προσεκτικά

cavalry /'kævəlrı/ n (το) ιππικό

cave /keiv/ n (η) σπηλιά. • vi ~
in καταρρέω

cavern /'kævən/ n (η) σπηλιά

caviare /'kævia:(r)/ n (το)
χαβιάρι

cavity /'kævəti/ n (η)
κοιλότητα

cavort /kə'vɔ:t/ vi χοροπηδώ

CD abbr CD. ~ **player** n (η)
συσκευή CD

cease /si:s/ vt/i παύω. ~**-fire** n
(η) κατάπαυση πυρός. ~**less**
a ακατάπαυστος

cedar /'si:də(r)/ n (το) κέδρο

ceiling /'si:lɪŋ/ n (το) ταβάνι

celebrat|e /'selibreit/ vt τελώ.
• vi γιορτάζω. ~**ion** /-'breiʃn/
n (ο) εορτασμός

celebrity /si'lebrəti/ n (η)
διασημότητα

celery /'seləri/ n (το) σέλινο

celestial /si'lestjəl/ a ουράνιος

celibate /'selibət/ a άγαμος

cell /sel/ n (in prison) (το) κελί.
(biol) (το) κύτταρο. (electr) (το)
στοιχείο. ~ **phone** n (το)
κινητό τηλέφωνο

cellar /'selə(r)/ n (το) κελάρι.
(for wine) (η) κάβα

cello /'tʃeləʊ/ n (το)
βιολοντσέλο

Cellophane /'seləfeɪn/ n (P)
(το) σελοφάν invar

cement /si'ment/ n (το)
τσιμέντο. • vt τσιμεντάρω.

cemetery /'semətri/ n (το)
νεκροταφείο

censor /'sensə(r)/ n (ο)
λογοκριτής ~**ship** n (η)
λογοκρισία

censure /'senʃə(r)/ n (η)
επίκριση. • vt επικρίνω

census /'sensəs/ n (η)
απογραφή (πληθυσμού)

cent /sent/ n (of dollar, Cyprus
pound) (το) σεντ invar, (of euro)
(το) λεπτό

centenary /sen'ti:nəri/ n (η)
εκατονταετηρίδα

centigrade /'sentigreid/ a
Κελσίου

centimetre /'sentimi:tə(r)/ n
(το) εκατοστό (του μέτρου)

centipede /'sentipi:d/ n (η)
σαρανταποδαρούσα

central /'sentrəl/ a κεντρικός.
~ **heating** n (το) καλοριφέρ
invar. ~**ize** vt συγκεντρώνω

centre /'sentə(r)/ n (το) κέντρο.
• vt συγκεντρώνω

century /'sentʃəri/ n (ο) αιώνας

ceramic /si'ræmik/ a
κεραμικός

cereal /'siəriəl/ n (τα)
δημητριακά. (breakfast food)
(τα) κορνφλέικς invar

ceremony /'seriməni/ n (η)
τελετή

certain /'sɜ:tn/ a βέβαιος.
make ~ **of** βεβαιώνομαι. ~**ly**
adv βέβαια. ~**ty** n (η)
βεβαιότητα

certificate /sə'tifikət/ n (το)
πιστοποιητικό

certify /'sɜ:tifai/ vt πιστοποιώ

chafe /tʃeif/ vt ερεθίζω. (rub)
τρίβω. • vi συγκαίομαι

chaffinch /'tʃæfintʃ/ n (η)
φριγκίλη

chain /tʃein/ n (η) αλυσίδα. • vt
αλυσοδένω. ~ **reaction** n (η)
αλυσιδωτή αντίδραση. ~**-
smoker** n (το) φουγάρο. ~
store n (η) αλυσίδα μαγαζιών

chair /tʃeə(r)/ n (η) καρέκλα. (univ) (η) έδρα. vt προεδρεύω

chairman /'tʃeəmən/ n (o) πρόεδρος

chalet /'ʃæleɪ/ n (το) σαλέ invar

chalk /tʃɔːk/ n (η) κιμωλία

challenge /'tʃælɪndʒ/ n (η) πρόκληση. (mil) (η) κλήση σκοπού. • vt προκαλώ. (question) αμφισβητώ. **~ing** a προκλητικός

chamber /'tʃeɪmbə(r)/ n (το) δωμάτιο. **~ music** n (η) μουσική δωματίου

chambermaid /'tʃeɪmbəmeɪd/ n (η) καμαριέρα

chamois /'ʃæmɪ/ n **~ (leather)** (το) σαμουά invar

champagne /ʃæm'peɪn/ n (η) σαμπάνια

champion /'tʃæmpɪən/ n (o) πρωταθλητής, (η) πρωταθλήτρια. • vt υποστηρίζω. **~ship** n (το) πρωτάθλημα

chance /tʃɑːns/ n (η) τύχη. (likelihood) (η) πιθανότητα. (opportunity) (η) ευκαιρία. (risk) (o) κίνδυνος. • a (risk) διακινδυνεύω. a τυχαίος. **by ~** κατά τύχη

chancellor /'tʃɑːnsələ(r)/ n (o) καγκελάριος. **C~ of the Exchequer** (o) Υπουργός Οικονομικών

chandelier /ʃændə'lɪə(r)/ n (o) πολυέλαιος

change /tʃeɪndʒ/ vt αλλάζω. (substitute) αντικαθιστώ. (exchange) ανταλλάσσω. (money) χαλώ. • vi αλλάζω. n

(η) αλλαγή. (money) (τα) ρέστα. (small coins) (τα) ψιλά. **~over** n (η) αλλαγή. **~able** a άστατος. (weather) ευμετάβλητος

channel /'tʃænl/ n (o) πορθμός. (TV) (το) κανάλι. (fig) (η) οδός. • vt (groove) ανοίγω αυλάκι σε. (direct) διοχετεύω. **the (English) C~** (η) Θάλασσα της Μάγχης

chant /tʃɑːnt/ n (η) ψαλμωδία. • vti ψάλλω

chaos /'keɪɒs/ n (το) χάος. **~tic** /-'ɒtɪk/ a χαώδης

chap /tʃæp/ n (fam) (o) τύπος

chapel /'tʃæpl/ n (το) παρεκκλήσι

chaperon /'ʃæpərəʊn/ n (η) συνοδός. • vt συνοδεύω

chaplain /'tʃæplɪn/ n (o) εφημέριος

chapter /'tʃæptə(r)/ n (το) κεφάλαιο

char /tʃɑː(r)/ vt μισοκαίω

character /'kærəktə(r)/ n (o) χαρακτήρας. **~ize** vt χαρακτηρίζω

characteristic /kærəktə'rɪstɪk/ a χαρακτηριστικός. • n (το) χαρακτηριστικό

charade /ʃə'rɑːd/ n (fig) (η) διακωμώδηση

charcoal /'tʃɑːkəʊl/ n (το) ξυλοκάρβουνο

charge /tʃɑːdʒ/ n (η) τιμή. (electr) (η) φόρτιση. (mil) (η) έφοδος. (jur) (η) κατηγορία. (task, custody) (η) ευθύνη. • vi (mil) επιτίθεμαι. • vt (electr) φορτίζω. (mil) επιτίθεμαι σε. (jur) κατηγορώ. (entrust)

αναθέτω. **in ~ of** υπεύθυνος
για. **take ~ of** αναλαμβάνω

chariot /'tʃærɪət/ n (το) άρμα

charis|ma /kə'rɪzmə/ n (το)
χάρισμα. **~matic** /-'mætɪk/ a
χαρισματικός

charit|y /'tʃærəti/ n (η)
φιλανθρωπία. (society) (ο)
φιλανθρωπικός οργανισμός.
~able a φιλάνθρωπος

charm /tʃɑːm/ n (η) γοητεία.
(on bracelet) (το) μπρελόκ
invar. • vt γοητεύω. **~ing** a
γοητευτικός

chart /tʃɑːt/ n (ο) χάρτης.
(table) (ο) πίνακας

charter /'tʃɑːtə(r)/ n ~ (flight)
(η) ναυλωμένη πτήση vt
ναυλώνω. **~ed accountant**
(ο) ορκωτός λογιστής

chase /tʃeɪs/ vt/i κυνηγώ. • n
(το) κυνηγητό

chassis /'ʃæsi/ n (το) σασί

chastise /tʃæs'taɪz/ vt τιμωρώ

chastity /'tʃæstəti/ n (η)
αγνότητα

chat /tʃæt/ n (η) κουβέντα. • vi
(pt chatted) κουβεντιάζω

chatter /'tʃætə(r)/ n (η)
φλυαρία. • vi φλυαρώ. **his
teeth are ~ing** χτυπούν τα
δόντια του. **~box** /'tʃætəbɒks/
n (ο) φλύαρος

chauffeur /'ʃəʊfə(r)/ n (ο)
σοφέρ

chauvinis|t /'ʃəʊvɪnɪst/ n (ο)
σοβινιστής. **~m** /-zəm/ n (ο)
σοβινισμός

cheap /tʃiːp/ a φτηνός. (rate)
χαμηλός. (poor quality)
κακής ποιότητας. **~(ly)** adv
φτηνά

cheapen /'tʃiːpən/ vt φτηναίνω.
(fig) υποτιμώ

cheat /tʃiːt/ vt εξαπατώ. • vi (at
cards) κλέβω. • n (ο)
απατεώνας

check[1] /tʃek/ vt ελέγχω. (curb)
περιορίζω. (tick: Amer)
τσεκάρω. • n (ο) έλεγχος.
(curb) (ο) περιορισμός. (bill:
Amer) (ο) λογαριασμός.
(cheque: Amer) (η) επιταγή. **~!**
(chess) ρουά! **~ in** (luggage)
ελέγχω τις αποσκευές. (at
hotel) υπογράφω κατά την
άφιξη. **~ up** ελέγχω. **~-up** n
(η) γενική εξέταση

check[2] /tʃek/ n (το) ύφασμα
καρό. • a καρό invar

checkmate /'tʃekmeɪt/ n (το)
ματ. • vt κάνω ματ

checkout /'tʃekaʊt/ n (το)
ταμείο

cheek /tʃiːk/ n (το) μάγουλο.
(fig) (η) αναίδεια. **~-bone**
(το) μήλο. **~y** a αναιδής

cheer /tʃɪə(r)/ n (το) κέφι.
(applause) (το) χειροκρότημα.
• vt (comfort) ενθαρρύνω.
(applaud) επευφημώ. **~ up** vt
δίνω κουράγιο. vi κάνω κέφι
~ up! μη στενοχωριέσαι!.
~ful a κεφάτος

cheese /tʃiːz/ n (το) τυρί

cheetah /'tʃiːtə/ n (ο)
κυναίλουρος

chef /ʃef/ n (ο) σεφ invar

chemical /'kemɪkl/ a χημικός.
• n (η) χημική ουσία

chemist /'kemɪst/ n
(pharmacist) (ο)
φαρμακοποιός. (scientist) (ο)
χημικός. **~'s (shop)** n (το)
φαρμακείο. **~ry** n (η) χημεία

cheque /tʃek/ n (η) επιταγή. **~-book** n (το) καρνέ (επιταγών). **~ card** n (η) τραπεζική κάρτα

cherish /'tʃeriʃ/ vt (love) λατρεύω. (hope) τρέφω

cherry /'tʃeri/ n (το) κεράσι

chess /tʃes/ n (το) σκάκι. **~-board** n (η) σκακιέρα

chest /tʃest/ n (anat) (το) στήθος. (box) (το) κιβώτιο. **~ of drawers** n (η) σιφονιέρα

chestnut /'tʃesnʌt/ n (το) κάστανο. **~-tree** n (η) καστανιά

chew /tʃu/ vt μασώ. **~ing-gum** n (η) τσίκλα

chick /tʃik/ n (το) πουλάκι

chicken /'tʃikin/ n (το) κοτόπουλο. • a (fam) δειλός. **~-pox** n (η) ανεμοβλογιά

chicory /'tʃikəri/ n (το) σικορέ invar

chief /tʃi:f/ n (ο) αρχηγός. • a κύριος. **~ly** adv κυρίως

chilblain /'tʃilbleın/ n (η) χιονίστρα

child /tʃaild/ n (pl children) /'tʃildrən/ (το) παιδί. **~hood** n (η) παιδική ηλικία. **~ish** a παιδιάστικος. **~like** a παιδικός

childbirth /'tʃaildbɜ:θ/ n (ο) τοκετός

chill /tʃil/ n κρύο, (η) ψύχρα. (illness) (το) κρυολόγημα. • vt/i παγώνω. **~y** a ψυχρός

chilli /'tʃili/ n (η) καφτερή κόκκινη πιπεριά, (το) τσίλι invar

chime /tʃaim/ n (ο) χτύπος. • vt χτυπώ

chimney /'tʃimni/ n (η) καπνοδόχος

chimpanzee /tʃimpæn'zi:/ n (ο) χιμπαντζής

chin /tʃin/ n (το) πηγούνι

china /'tʃainə/ n (η) πορσελάνη

China| /'tʃainə/ n (η) Κίνα. **~ese** /-'ni:z/ a κινέζικος. • n (ο) Κινέζος, (η) Κινέζα

chink[1] /tʃink/ n (η) ρωγμή

chink[2] /tʃink/ n (of coins) (το) κουδούνισμα. (of glasses) (το) τσούγκρισμα

chip /tʃip/ n (το) κομμάτι. (culin) (η) τηγανητή πατάτα. (gambling) (η) μάρκα. • vt/i κόβω

chiropodist /ki'rɒpədist/ n (ο,η) ποδίατρος

chirp /tʃɜ:p/ n (το) τιτίβισμα. • vi τιτιβίζω

chirpy /'tʃɜ:pi/ a κεφάτος

chisel /'tʃizl/ n (η) σμίλη

chit /tʃit/ n (το) σημείωμα

chive /tʃaiv/ n (η) πρασουλίδα

chlorine /'klɔ:ri:n/ n (το) χλώριο

chocolate /'tʃɒklit/ n (η) σοκολάτα

choice /tʃɔis/ n (η) επιλογή, (η) εκλογή. (thing chosen) (η) επιλογή. • a εκλεκτός

choir /'kwaiə(r)/ n (η) χορωδία

choke /tʃəuk/ vt/i πνίγω/ομαι. • n (auto) (το) τσοκ invar

cholera /'kɒlərə/ n (η) χολέρα

cholesterol /kə'lestərɒl/ n (η) χοληστερόλη

choose /tʃu:z/ *vt/i* (*pt* **chose**, *pp* **chosen**) διαλέγω. (*prefer*) προτιμώ. (*decide*) αποφασίζω

chop /tʃɒp/ *vt* (*pt* **chopped**) κόβω *n* (*culin*) (η) μπριζόλα

chopstick /'tʃɒpstɪk/ *n* (το) κινέζικο ξυλαράκι

chord /kɔːd/ *n* (η) χορδή

chore /tʃɔː(r)/ *n* (η) αγγαρεία. **household ~s** *npl* (οι) καθημερινές δουλειές του σπιτιού

chortle /'tʃɔːtl/ *n* (το) αθόρυβο γέλιο. • *vi* σιγογελώ

chorus /'kɔːrəs/ *n* (ο) χορός. (*of song*) (το) ρεφρέν *invar*

chose, chosen /tʃəʊz, 'tʃəʊzn/ *see* CHOOSE

Christ /kraɪst/ *n* (ο) χριστός

christen /'krɪsn/ *vt* βαφτίζω. **~ing** *n* (το) βάφτισμα

Christian /'krɪstjən/ *a* χριστιανός *n* **~ name** (το) όνομα. **~ity** /-stɪ'ænətɪ/ *n* (ο) χριστιανισμός

Christmas /'krɪsməs/ *n* (τα) Χριστούγεννα. • *a* χριστουγεννιάτικος

chrome /krəʊm/ *n* (το) χρώμιο

chromosome /'krəʊməsəʊm/ *n* (το) χρωματόσωμα

chronic /'krɒnɪk/ *a* χρόνιος. (*very bad: fam*) ανυπόφορος

chronicle /'krɒnɪkl/ *n* (το) χρονικό. • *vt* χρονογραφώ

chronology /krə'nɒlədʒɪ/ *n* (η) χρονολογία

chrysanthemum /krɪ'sænθəməm/ *n* (το) χρυσάνθεμο

chubby /'tʃʌbɪ/ *a* (-**ier**, -**iest**) στρουμπουλός

chuck /tʃʌk/ *vt* (*fam*) πετώ. **~ away** *or* **out** (*fam*) πετώ έξω

chuckle /'tʃʌkl/ *n* (το) αθόρυβο γέλιο. • *vi* σιγογελώ

chum /tʃʌm/ *n* (*fam*) (ο) φίλος

chunk /tʃʌŋk/ *n* (το) μεγάλο κομμάτι

chunky /tʃʌŋkɪ/ *a* χοντρός

church /tʃɜːtʃ/ *n* (η) εκκλησία

churchyard /'tʃɜːtʃjɑːd/ *n* (το) νεκροταφείο

churlish /'tʃɜːlɪʃ/ *a* άξεστος

churn /'tʃɜːn/ *n* (η) καρδάρα. • *vt* δέρνω το (*slide*) (η) τσουλήθρα. (*for rubbish*) (ο) αγωγός

chute /ʃuːt/ *n* (*slide*) (η) τσουλήθρα. (*for rubbish*) (ο) αγωγός

chutney /'tʃʌtnɪ/ *n* (η) γλυκιά πίκλα

cider /'saɪdə(r)/ *n* (ο) μηλίτης

cigar /sɪ'gɑː(r)/ *n* (το) πούρο

cigarette /sɪgə'ret/ *n* (το) τσιγάρο

cinema /'sɪnəmə/ *n* (ο) κινηματογράφος

cinnamon /'sɪnəmən/ *n* (η) κανέλα

cipher /'saɪfə(r)/ *n* (η) κρυπτογραφία

circle /'sɜːkl/ *n* (ο) κύκλος. (*theatr*) (ο) εξώστης. • *vt* κάνω το γύρο (*with gen.*). • *vi* διαγράφω κύκλο

circuit /'sɜːkɪt/ *n* (το) κύκλωμα

circular /'sɜːkjʊlə(r)/ *a* κυκλικός. • *n* (η) εγκύκλιος

circulat|e /'sɜːkjʊleɪt/ *vt/i* κυκλοφορώ. **~ion** /-'leɪʃn/ *n* (η) κυκλοφορία

circumcise /'sɜːkəmsaɪz/ *vt* περιτέμνω

circumference /sə'kʌmfərəns/ *n* (η) περιφέρεια

circumstance /'sɜ:kəmstəns/ n
(η) περίσταση

circus /'sɜ:kəs/ n (το) τσίρκο

cistern /'sɪstən/ n (on roof) (η)
δεξαμενή. (of toilet) (το)
καζανάκι

cite /saɪt/ vt αναφέρω

citizen /'sɪtɪzn/ n (ο) πολίτης,
(η) πολίτις. (of town) (ο)
κάτοικος. ~ship n (η)
ιθαγένεια

citrus /'sɪtrəs/ n ~ fruit (τα)
εσπεριδοειδή

city /'sɪtɪ/ n πόλη. ~
centre n (το) κέντρο της
πόλης

civic /'sɪvɪk/ a πολιτικός

civil /'sɪvl/ a πολιτικός. C~
Servant n (ο) δημόσιος
υπάλληλος. C~ **Service** n
(οι) δημόσιες υπηρεσίες. ~
war n (ο) εμφύλιος πόλεμος.
~ity /-'vɪlɪtɪ/ n (η) ευγένεια

civilian /sɪ'vɪlɪən/ a πολιτικός.
• n (ο) πολίτης, (η) πολίτις

civilize /'sɪvəlaɪz/ vt
εκπολιτίζω. ~ation /-'zeɪʃn/ n
(ο) πολιτισμός. ~ed a
πολιτισμένος

claim /kleɪm/ vt απαιτώ.
(assert) διεκδικώ. • n (η)
απαίτηση. (comm) (η) αξίωση.
(right) (το) δικαίωμα.
(assertion) (ο) ισχυρισμός.
~ant n (ο) απαιτητής

clairvoyant /kleə'vɔɪənt/ n (ο)
μάντης, (η) μάντις

clam /klæm/ n (η) αχιβάδα

clamber /'klæmbə(r)/ vi
σκαρφαλώνω

clamp /klæmp/ n (η) μέγκενη
vt σφίγγω

clandestine /klæn'destɪn/ a
μυστικός. (illicit) λαθραίος

clang /klæŋ/ n (η) κλαγγή

clap /klæp/ vt/i (pt **clapped**)
χειροκροτώ. (hands) χτυπώ. • n
(of thunder) (η) βροντή

clarify /'klærɪfaɪ/ vt
διευκρινίζω

clarinet /klærɪ'net/ n (το)
κλαρίνο

clarity /'klærətɪ/ n (η) διαύγεια

clash /klæʃ/ n (η) σύγκρουση.
(fig) (η) διαφωνία. • vt
συγκρούω vi συγκρούομαι.
(coincide) συμπίπτω

clasp /kla:sp/ n (η) πόρπη. • vt
σφίγγω

class /kla:s/ n (η) τάξη.
(lessons) (τα) μαθήματα. • vt
κατατάσσω

classic /'klæsɪk/ a κλασικός n
~s npl (οι) κλασικές σπουδές.
~al a κλασικός

classify /'klæsɪfaɪ/ vt
ταξινομώ. ~ication /-ɪ'keɪʃn/
n (η) ταξινόμηση

classroom /'kla:sru:m/ n (η)
αίθουσα διδασκαλίας, (η) τάξη
(fam)

clatter /'klætə(r)/ n (ο)
θόρυβος. • vi κάνω θόρυβο

clause /klɔ:z/ n (η) ρήτρα.
(gram) (η) πρόταση

claustrophobia
/klɔ:strə'fəubɪə/ n (η)
κλειστοφοβία

claw /klɔ:/ n (το) νύχι. (of crab)
(η) δαγκάνα. (device) (η)
τανάλια. • vt γρατσουνίζω

clay /kleɪ/ n (ο) πηλός

clean /kli:n/ a καθαρός.
(stroke) κοφτός. • adv τελείως.

• vt καθαρίζω. **~-shaven** a
καλοξυρισμένος. **~er** n (o)
καθαριστής, (η) καθαρίστρια

cleanliness /'klenlinis/ n (η)
καθαριότητα

cleanse /klenz/ vt καθαρίζω.
(fig) εξαγνίζω

clear /klɪə(r)/ a καθαρός. (glass)
διάφανος. (without obstacles)
ελεύθερος. (sky at night)
ξάστερος. (sky during the day)
καταγάλανος. • adv καθαρά.
• vt (empty) αδειάζω. (free)
ελευθερώνω. (goods)
εκτελωνίζω. (jur) απαλλάσσω.
(obstacle) ανοίγω. (table)
σηκώνω. • vi (weather)
καθαρίζω. **~ up** vt (tidy)
καθαρίζω. (mystery)
ξεδιαλύνω **~ly** adv καθαρά

clearance /'klɪərəns/ n (το)
καθάρισμα. (authorization) (η)
άδεια. (of cheque) (ο)
συμψηφισμός. (customs) (ο)
εκτελωνισμός

clearing /'klɪərɪŋ/ n (το) ξέφωτο

clench /klentʃ/ vt σφίγγω

clergy /'klɜːdʒɪ/ n (ο) κλήρος.
~man n (ο) κληρικός

cleric /'klerɪk/ n (ο) κληρικός.
~al a κληρικός. (of clerks)
γραφικός

clerk /klɑːk/ n (ο) γραφέας

clever /'klevə(r)/ a έξυπνος.
(skilful) επιδέξιος. **~ly** adv
έξυπνα

cliché /'kliːʃeɪ/ n (το) κλισέ
invar

click /klɪk/ n (το) κλικ invar.
• vi χτυπώ. (fam) μπαίνω στο
νόημα. (computer) κάνω κλικ

client /'klaɪənt/ n (ο) πελάτης,
(η) πελάτις

clientele /kliːənˈtel/ n (η)
πελατεία

cliff /klɪf/ n (ο) γκρεμός

climate /'klaɪmɪt/ n (το) κλίμα

climax /'klaɪmæks/ n (το)
αποκορύφωμα

climb /klaɪm/ vt αναρριχιέμαι
σε. (stairs, hill) ανεβαίνω.
(tree) σκαρφαλώνω. • vi
αναρριχιέμαι. • n (η)
αναρρίχηση. **~ down**
κατεβαίνω. (fig) υποχωρώ.
~er n (sport) (ο) ορειβάτης,
(η) ορειβάτις

clinch /klɪntʃ/ vt γυρίζω καρφί.
(deal) κλείνω

cling /klɪŋ/ vi (pt clung)
προσκολλώμαι. (stick)
κολλώ

clinic /'klɪnɪk/ n (η) κλινική

clinical /'klɪnɪkl/ a κλινικός

clink /klɪŋk/ n (το) ελαφρό
κουδούνισμα. • vt/i
κουδουνίζω ελαφρά

clip¹ /klɪp/ n (for paper) (ο)
συνδετήρας. (for hair) (το)
τσιμπιδάκι. • vt (pt clipped)
συνδέω

clip² /klɪp/ vt (cut) κουρεύω. • n
(το) κούρεμα. (of film) (η)
σκηνή. **~ping** n (το)
απόκομμα

clippers /'klɪpəz/ npl (η)
μηχανή για κούρεμα

clique /kliːk/ n (η) κλίκα

cloak /kləʊk/ n (ο) μανδύας

cloakroom /'kləʊkruːm/ n (η)
γκαρνταρόμπα. (toilet) (η)
τουαλέτα

clock /klɒk/ n (το) ρολόι

clockwise /'klɒkwaɪz/ adv & a
προς τα δεξιά

clockwork /'klɒkwɜ:k/ n like ~ σαν ρολόι. • a κουρδιστός

clog /klɒg/ n (το) τσόκαρο. • vt/i (pt **clogged**) βουλώνω

cloister /'klɔɪstə(r)/ n (το) μοναστήρι

clone /kləʊn/ n (ο) κλώνος

close¹ /kləʊs/ a κοντινός. (together) εγγύς. (friend) στενός. (match) σκληρός. (weather) κλειστός. • adv κοντά. **~ly** adv στενά. (with attention) προσεκτικά. **~ness** n (η) εγγύτητα

close² /kləʊz/ vt/i κλείνω. (end) τελειώνω. • n (το) τέλος. **~ down** (το) κλείσιμο. **~d** a κλειστός

closet /'klɒzɪt/ n (Amer) (το) ντουλάπι

closure /'kləʊʒə(r)/ n (το) κλείσιμο

clot /klɒt/ n (ο) θρόμβος. (sl) (το) κωθώνι. • vi πήζω

cloth /klɒθ/ n (το) ύφασμα. (duster) (το) ξεσκονόπανο

cloth|e /kləʊð/ vt ντύνω. **~ing** n (ο) ρουχισμός

clothes /kləʊðz/ npl (τα) ρούχα

cloud /klaʊd/ n (το) σύννεφο. **~y** a συννεφιασμένος. (liquid) θολός

clout /klaʊt/ n (το) χτύπημα. (power: fam) (η) επιρροή. • vt χτυπώ

clove /kləʊv/ n (το) γαρίφαλο. **~ of garlic** (η) σκελίδα

clover /'kləʊvə(r)/ n (το) τριφύλλι

clown /klaʊn/ n (ο) παλιάτσος. • vi κάνω τον παλιάτσο

club /klʌb/ n (το) κλαμπ invar. (weapon) (το) ρόπαλο. (sport) (η) λέσχη. **~s** (cards) (το) σπαθί. • vt (pt **clubbed**) χτυπώ με ρόπαλο. vi ~ **together** κάνω ρεφενέ

cluck /klʌk/ vi κακαρίζω

clue /klu:/ n (η) ένδειξη. (in crossword) (ο) ορισμός. **not have a ~** δεν έχω ιδέα

clump /klʌmp/ n (of trees) (η) συστάδα

clumsy /'klʌmzɪ/ a (-ier, -iest) αδέξιος

clung /klʌŋ/ see CLING

cluster /'klʌstə(r)/ n (η) ομάδα

clutch /klʌtʃ/ vt κρατώ σφιχτά. • vi ~ **at** πιάνομαι από. • n (το) πιάσιμο. (auto) (ο) συμπλέκτης

clutter /'klʌtə(r)/ n (η) ακαταστασία. • vt παραγεμίζω

coach /kəʊtʃ/ n (bus) (το) πούλμαν invar. (of train) (το) βαγόνι. (horse-drawn) (η) άμαξα. (sport) (ο) προπονητής. • vt προγυμνάζω. (sport) προπονώ

coagulate /kəʊ'ægjʊleɪt/ vt/i πήζω

coal /kəʊl/ n (το) κάρβουνο

coalition /kəʊə'lɪʃn/ n (ο) συνασπισμός

coarse /kɔ:s/ a τραχύς. (material) χοντρός. (manners) χυδαίος

coast /kəʊst/ n (η) παραλία

coaster /'kəʊstə(r)/ n (mat) (το) σουβέρ invar

coastguard /'kəʊstgɑ:d/ n (η) ακτοφυλακή

coastline /'kəʊstlaɪn/ n (η) ακτή

coat /kəʊt/ *n* (το) παλτό. *(of animal)* (το) τρίχωμα. *(of paint)* (το) στρώμα. • *vt* επικαλύπτω.
~-hanger *n* (η) κρεμάστρα.
~ of arms (το) οικόσημο

coax /kəʊks/ *vt* καταφέρνω με κολακείες

cob /kɒb/ *n (of corn)* (το) καλαμπόκι

cobble /'kɒbl/ *n* (το) βότσαλο

cobweb /'kɒbweb/ *n* (ο) ιστός της αράχνης

cocaine /kə'keɪn/ *n* (η) κοκαΐνη

cock /kɒk/ *n* (ο) κόκορας. *(tap, valve)* (η) κάνουλα. • *vt (gun)* οπλίζω. *(ears)* στυλώνω

cockerel /'kɒkərəl/ *n* (το) κοκοράκι

cockle /'kɒkl/ *n* (το) κοχύλι

cockney /'kɒkni/ *n* (ο) γνήσιος Λονδρέζος

cockpit /'kɒkpɪt/ *n (in aircraft)* (ο) θάλαμος του πιλότου

cockroach /'kɒkrəʊtʃ/ *n* (η) κατσαρίδα

cocktail /'kɒkteɪl/ *n* (το) κοκτέιλ *invar*

cocoa /'kəʊkəʊ/ *n* (το) κακάο

coconut /'kəʊkənʌt/ *n* (η) καρύδα

cocoon /kə'ku:n/ *n* (το) κουκούλι

cod /kɒd/ *n invar* (η) μουρούνα

code /kəʊd/ *n* (ο) κώδικας. • *vt* κρυπτογραφώ

coerce /kəʊ'ɜ:s/ *vt* εξαναγκάζω. **~ion** /-ʃn/ *n* (ο) εξαναγκασμός

coexist /kəʊɪg'zɪst/ *vi* συνυπάρχω. **~ence** *n* (η) συνύπαρξη

coffee /'kɒfɪ/ *n* (ο) καφές

coffin /'kɒfɪn/ *n* (το) φέρετρο

cog /kɒg/ *n* (το) δόντι τροχού

coherent /kəʊ'hɪərənt/ *a* με ειρμό, συνεπής

coil /kɔɪl/ *vt* τυλίγω. • *n* (το) σπείρωμα. *(one ring)* (η) σπείρα

coin /kɔɪn/ *n* (το) νόμισμα

coincide /kəʊɪn'saɪd/ *vi* συμπίπτω

coincidence /kəʊ'ɪnsɪdəns/ *n* (η) σύμπτωση

coke /kəʊk/ *n* (το) κοκ *invar*

Coke /kəʊk/ *n (P)* (η) κόκα κόλα

colander /'kʌləndə(r)/ *n* (το) σουρωτήρι

cold /kəʊld/ *a* κρύος. **be ~** κρυώνω. **it is ~** κάνει κρύο. • *n* (το) κρύο. *(med)* (το) κρυολόγημα. **~-shoulder** *vt* φέρνομαι ψυχρά σε. **get ~ feet** *(fig)* χάνω το θάρρος. **~ness** *n* (η) ψυχρότητα

coleslaw /'kəʊlslɔ:/ *n* (η) λαχανοσαλάτα

colic /'kɒlɪk/ *n* (ο) κωλικόπονος

collaborate /kə'læbəreɪt/ *vi* συνεργάζομαι. **~ion** /-'reɪʃn/ *n* (η) συνεργασία

collapse /kə'læps/ *vi* καταρρέω. *(med)* λιποθυμώ. • *n* (η) κατάρρευση. *(med)* (η) λιποθυμία

collar /'kɒlə(r)/ *n* (το) κολάρο. **~ bone** *n* (η) κλείδα

colleague /'kɒli:g/ *n* (ο, η) συνάδελφος

collect /kə'lekt/ *vt* μαζεύω. *(as hobby)* κάνω συλλογή *(with*

gen.). (*pick up*) παραλαμβάνω.
• *vi* συγκεντρώνομαι. (*dust*)
μαζεύομαι. **~ion** /-ʃn/ *n* (η)
συλλογή. (*in church*) (ο)
έρανος. **~or** *n* (ο) συλλέκτης.
(*of taxes*) (ο) εισπράκτορας

collective /kəˈlektɪv/ *a*
συλλογικός

college /ˈkɒlɪdʒ/ *n* (το) κολέγιο

collide /kəˈlaɪd/ *vi*
συγκρούομαι

collision /kəˈlɪʒn/ *n* (η)
σύγκρουση

colloquial /kəˈləʊkwɪəl/ *a* της
καθομιλουμένης

colon /ˈkəʊlən/ *n* (*gram*) (οι)
δύο τελείες. (*anat*) (το)
κόλον

colonel /ˈkɜːnl/ *n* (ο)
συνταγματάρχης

colon|y /ˈkɒlənɪ/ *n* (η) αποικία.
~ial /kəˈləʊnɪəl/ *a* αποικιακός

colossal /kəˈlɒsl/ *a*
κολοσσιαίος

colour /ˈkʌlə(r)/ *n* (το) χρώμα. •
vt χρωματίζω. (*dye*) βάφω. • *vi*
(*blush*) κοκκινίζω. **~-blind** *a*
δαλτονικός. **~ television**
(η) έγχρωμη τηλεόραση. **in ~**
a έγχρωμος. **off ~** (*ill*)
αδιάθετος. **~ful** *a* γεμάτος
χρώμα. (*fig*) ζωντανός. **~less**
a άχρωμος

coloured /ˈkʌləd/ *a* έγχρωμος.
(*pencil*) χρωματιστός

colt /kəʊlt/ *n* (το) πουλάρι

column /ˈkɒləm/ *n* (η)
κολόνα. (*in newspaper*) (η)
στήλη

columnist /ˈkɒləmnɪst/ *n* (ο)
αρθρογράφος

coma /ˈkəʊmə/ *n* (το) κώμα

comb /kəʊm/ *n* (η) χτένα. • *vt*
χτενίζω

combat /ˈkɒmbæt/ *n* (η) μάχη.
• *vt* αγωνίζομαι εναντίον

combination /kɒmbɪˈneɪʃn/ *n*
(ο) συνδυασμός

combine¹ /kəmˈbaɪn/ *vt*
συνδυάζω

combine² /ˈkɒmbaɪn/ *n* (η)
κοινοπραξία. **~ harvester** *n*
(η) θεριζοαλωνιστική
μηχανή

combustion /kəmˈbʌstʃən/ *n*
(η) καύση

come /kʌm/ *vi* (*pt* came, *pp*
come) έρχομαι. **~ about**
(*occur*) συμβαίνω. **~ across**
(*person*) συναντώ. (*object*)
βρίσκω. **~ apart** διαλύομαι.
~ away φεύγω. **~ back**
επιστρέφω. **~ by** (*obtain*)
βρίσκω. (*pass*) περνώ. **~
down** κατεβαίνω. (*price*)
πέφτω. **~ in** μπαίνω. **~ into**
(*money*) κληρονομώ. **~ off**
βγαίνω. (*succeed*) επιτυχαίνω.
~ out βγαίνω. **~ round**
περνώ. (*recover*) συνέρχομαι.
~ to (*recover*) συνέρχομαι.
(*decision etc.*) φτάνω σε.
(*amount*) κάνω. **~ up**
ανεβαίνω. **~ up with** (*idea*)
επινοώ

comedian /kəˈmiːdɪən/ *n* (ο, η)
κωμικός

comedy /ˈkɒmədɪ/ *n* (η)
κωμωδία

comet /ˈkɒmɪt/ *n* (ο) κομήτης

comfort /ˈkʌmfət/ *n* (η) άνεση.
• *vt* παρηγορώ. **~able** *a*
άνετος

comic /ˈkɒmɪk/ *a* κωμικός. • *n*
(*person*) (ο, η) κωμικός.

(*periodical*) (τα) κόμικς *invar*.
~al α αστείος

comma /'kɒmə/ *n* (το) κόμμα

command /kə'mɑ:nd/ *n* (η)
διαταγή. (*mastery*) (η) κατοχή
(θέματος). • *vt* διατάζω.
(*deserve*) αξίζω. **~er** *n* (mil) (ο)
διοικητής

commandeer /kɒmən'dɪə(r)/ *vt*
επιτάσσω

commandment
/kə'mɑ:ndmənt/ *n* (η) εντολή

commando /kə'mɑ:ndəʊ/ *n* (*pl*
-os) (ο) καταδρομέας

commemorat|e /kə'meməreɪt/
vt τιμώ. **~ion** /-'reɪʃn/ *n* (η)
τελετή

commence /kə'mens/ *vt/i*
αρχίζω

commend /kə'mend/ *vt* επαινώ

comment /'kɒment/ *n* (το)
σχόλιο. • *vi* σχολιάζω. **~ on**
κάνω σχόλια για, σχολιάζω

commentary /'kɒməntrɪ/ *n*
(*radio*, *TV*) (το) σχόλιο

commerce /'kɒmɜ:s/ *n* (το)
εμπόριο

commercial /kə'mɜ:ʃl/ α
εμπορικός. • *n* (η) εμπορική
διαφήμιση. **~ize** *vt*
εμπορεύομαι

commiserat|e /kə'mɪzəreɪt/ *vi*
συμπονώ. **~ion** /-'reɪʃn/ *n* (η)
συμπόνια

commission /kə'mɪʃn/ *n* (η)
επιτροπή. (*payment*) (η)
προμήθεια. • *vt* παραγγέλλω.
(*mil*) κάνω αξιωματικό. **~er** *n*
(ο) επίτροπος. (*of police*) (ο)
διευθυντής

commissionaire
/kəmɪʃə'neə(r)/ *n* (ο) θυρωρός

commit /kə'mɪt/ *vt* διαπράττω.
(*entrust*) εμπιστεύομαι. **~ o.s.**
αφοσιώνομαι. **~ to memory**
απομνημονεύω. **~ment** *n* (η)
αφοσίωση. **~ted** α
αφοσιωμένος

committee /kə'mɪtɪ/ *n* (η)
επιτροπή

commodity /kə'mɒdətɪ/ *n* (το)
εμπόρευμα

common /'kɒmən/ α κοινός.
(*usual*) συνηθισμένος. (*vulgar*)
χυδαίος. • *n* (ο) κοινόχρηστος
χώρος. **C~ Market** *n* (η)
Κοινή Αγορά. **~-room** *n* (η)
αίθουσα φοιτητών/καθηγητών.
~ sense *n* (η) κοινή λογική.
in ~ από κοινού. **~ly** *adv*
κοινώς

commonplace /'kɒmənpleɪs/ α
κοινός. • *n* (η) κοινοτοπία

Commonwealth /'kɒmənwelθ/
n **the ~** (η) Κοινοπολιτεία

commotion /kə'məʊʃn/ *n* (η)
φασαρία

communal /'kɒmjʊnl/ α
κοινόχρηστος

commune /'kɒmju:n/ *n* (το)
κοινόβιο

communicat|e /kə'mju:nɪkeɪt/
vi επικοινωνώ. • *vt* μεταβιβάζω
~ion /-'keɪʃn/ *n* (η)
επικοινωνία

communion /kə'mju:nɪən/ *n*
(η) επικοινωνία. **Holy C~** (η)
Θεία Κοινωνία

communis|t /'kɒmjʊnɪst/ *n* (ο)
κομουνιστής, (η)
κομουνίστρια. **~m** /-zəm/ *n*
(ο) κομουνισμός

community /kə'mju:nətɪ/ *n* (η)
κοινότητα

compact¹ /kəm'pækt/ a
συμπαγής

compact² /'kɒmpækt/ n (for powder) (η) πουδριέρα.
~ disc n (το) CD invar

companion /kəm'pæniən/ n (o, η) σύντροφος

company /'kʌmpəni/ n (η) εταιρ(ε)ία. (guests) (η) παρέα.
keep s.o. ~ κρατώ συντροφιά σε κπ

comparable /'kɒmpərəbl/ a συγκρίσιμος

compar|e /kəm'peə(r)/ vt/i συγκρίνω/ομαι (**with**, με **to**, με). **~ative** /'pærətıv/ a συγκριτικός

comparison /kəm'pærɪsn/ n (η) σύγκριση

compartment /kəm'pɑ:tmənt/ n (το) χώρισμα. (on train) (το) κουπέ invar

compass /'kʌmpəs/ n (η) πυξίδα. **~es** (ο) διαβήτης

compassion /kəm'pæʃn/ n (η) ευσπλαχνία. **~ate** a εύσπλαχνος

compatible /kəm'pætəbl/ a συμβατός

compel /kəm'pel/ vt αναγκάζω

compensat|e /'kɒmpənseɪt/ vt αποζημιώνω. • vi **~ for** αναπληρώνω **~ion** /-'seɪʃn/ (η) αναπλήρωση. (financial) (η) αποζημίωση

compete /kəm'pi:t/ vi συναγωνίζομαι

competen|t /'kɒmpɪtənt/ a ικανός. **~ce** n (η) ικανότητα

competition /kɒmpə'tɪʃn/ n (o) συναγωνισμός. (contest) (o)

αγώνας. (comm) (o) ανταγωνισμός

competitive /kəm'petətıv/ a ανταγωνιστικός

competitor /kəm'petıtə(r)/ n (o) ανταγωνιστής

compile /kəm'paɪl/ vt συντάσσω

complacen|t /kəm'pleɪsnt/ a ικανοποιημένος. **~cy** n (η) ικανοποίηση

complain /kəm'pleɪn/ vi παραπονιέμαι (**about**, για)

complaint /kəm'pleɪnt/ n (το) παράπονο. (med) (η) αρρώστια

complement /'kɒmplɪmənt/ n (το) συμπλήρωμα. **~ary** /-'mentrɪ/ a συμπληρωματικός

complet|e /kəm'pli:t/ a πλήρης. (finished) ολοκληρωμένος. • vt ολοκληρώνω. (fill in) συμπληρώνω. **~ely** adv πλήρως. **~ion** /-ʃn/ n (η) συμπλήρωση

complex /'kɒmpleks/ a περίπλοκος. • n (το) σύμπλεγμα. **~ity** /kəm'pleksətı/ n (η) περιπλοκή

complexion /kəm'plekʃn/ n (το) χρώμα

complicat|e /'kɒmplɪkeɪt/ vt περιπλέκω. **~ed** a περίπλοκος. **~ion** /-'keɪʃn/ n (η) περιπλοκή

compliment /'kɒmplɪmənt/ n (το) κομπλιμέντο, (η) φιλοφρόνηση. • vt **~ s.o. (on sth)** κάνω κομπλιμέντο σε κπ (για κτ). **~ary** /-'mentrɪ/ a κολακευτικός. (free) δωρεάν

comply /kəm'plaɪ/ vi **~ with** συμμορφώνομαι με

component /kəm'pəʊnənt/ *a* συστατικός. • *n* (το) εξάρτημα

compose /kəm'pəʊz/ *vt* συνθέτω. **be ~d of** αποτελούμαι από ~ **o.s.** ηρεμώ. **~d** *a* ήρεμος. **~r** /-ə(r)/ *n* (ο) συνθέτης

composition /kɒmpə'zɪʃn/ *n* (η) σύνθεση. (*essay*) (η) έκθεση

compost /'kɒmpɒst/ *n* (το) κοπρόχωμα

composure /kəm'pəʊʒə(r)/ *n* (η) ηρεμία

compound¹ /'kɒmpaʊnd/ *n* (*chem*) (η) σύνθεση. (*enclosure*) (ο) περίβολος

compound² /kəm'paʊnd/ *vt* αναμιγνύω. (*aggravate*) επαυξάνω

comprehen|d /kɒmprɪ'hend/ *vt* κατανοώ. (*include*) περιλαμβάνω. **~sion** *n* (η) κατανόηση

comprehensive /kɒmprɪ'hensɪv/ *a* περιεκτικός

compress¹ /kəm'pres/ *vt* συμπιέζω

compress² /'kɒmpres/ *n* (*med*) (η) κομπρέσα

comprise /kəm'praɪz/ *vt* περιλαμβάνω

compromise /'kɒmprəmaɪz/ *n* (ο) συμβιβασμός. • *vt/i* συμβιβάζω/ομαι

compulsion /kəm'pʌlʃn/ *n* (ο) εξαναγκασμός

compulsive /kəm'pʌlsɪv/ *a* (*psych*) παθολογικός

compulsory /kəm'pʌlsəri/ *a* υποχρεωτικός

computer /kəm'pjuːtə(r)/ *n* (ο) ηλεκτρονικός υπολογιστής, (ο, το) κομπιούτερ

comrade /'kɒmreɪd/ *n* (ο) σύντροφος, (η) συντρόφισσα

con /kɒn/ *see* PRO

conceal /kən'siːl/ *vt* αποκρύπτω

concede /kən'siːd/ *vt* παραδέχομαι

conceit /kən'siːt/ *n* (η) αλαζονεία. **~ed** *a* φαντασμένος

conceivable /kən'siːvəbl/ *a* διανοητός

conceive /kən'siːv/ *vt* συλλαμβάνω. • *vi* μένω έγκυος

concentrat|e /'kɒnsəntreɪt/ *vt/i* συγκεντρώνω/ομαι. **~ion** /-'treɪʃn/ *n* (η) συγκέντρωση. **~ion camp** (το) στρατόπεδο συγκεντρώσεως

concept /'kɒnsept/ *n* (η) έννοια

conception /kən'sepʃn/ *n* (η) σύλληψη

concern /kən'sɜːn/ *n* (η) φροντίδα. (*worry*) (η) ανησυχία. (*comm*) (η) επιχείρηση. • *vt* **be ~ed about** ανησυχώ για. **~ing** *prep* σχετικά με

concert /'kɒnsət/ *n* (η) συναυλία

concerto /kən'tʃɜːtəʊ/ *n* (το) κοντσέρτο

concession /kən'seʃn/ *n* (η) παραχώρηση

conciliation /kənsɪlieɪʃn/ *n* (η) συμφιλίωση

concise /kən'saɪs/ *a* συνοπτικός

conclu|de /kən'klu:d/ *vt/i*
συμπεραίνω. (*finish*) τελειώνω.
~sion *n* (το) συμπέρασμα.
(*end*) (η) λήξη

conclusive /kən'klu:sɪv/ *a*
αδιαμφισβήτητος

concoct /kən'kɒkt/ *vt*
αναμιγνύω. (*fig*) επινοώ

concrete /'kɒŋkri:t/ *n* (το)
σκυρόδεμα. • *a* συγκεκριμένος

concur /kən'kɜ:(r)/ *vi*
συμφωνώ. **~rent** /kən'kʌrənt/
a ταυτόχρονος

concussion /kən'kʌʃn/ *n* (η)
διάσειση

condemn /kən'dem/ *vt*
καταδικάζω

condens|e /kən'dens/ *vt/i*
συμπυκνώνω/ομαι. **~ation**
/kɒnden'seɪʃn/ *n* (η) υγρασία

condescend /kɒndɪ'send/ *vi*
καταδέχομαι. **~ing** *a*
συγκαταβατικός

condition /kən'dɪʃn/ *n* (ο)
όρος. (*situation*) (η)
κατάσταση. **~s**
(*circumstances*) (οι) συνθήκες.
• *vt* ρυθμίζω. **on ~ that** με τον
όρο ότι. **~al** *a* με όρο. (*gram*)
υποθετικός

condolences /kən'dəʊlənsɪz/
npl (τα) συλλυπητήρια

condom /'kɒndɒm/ *n* (το)
προφυλακτικό, (η) καπότα

condone /kən'dəʊn/ *vt*
παραβλέπω

conducive /kən'dju:sɪv/ *a* **be
~ to** συντελώ σε

conduct¹ /kən'dʌkt/ *vt* (*lead*)
οδηγώ. (*hold*) διεξάγω.
(*orchestra*) διευθύνω

conduct² /'kɒndʌkt/ *n* (η)
συμπεριφορά

conductor /kən'dʌktə(r)/ *n* (*of
bus*) (ο) εισπράκτορας. (*of
orchestra*) (ο) διευθυντής

cone /kəʊn/ *n* (ο) κώνος. (*for
ice-cream*) (το) χωνάκι

confectionery /kən'fekʃnərɪ/
n (τα) ζαχαρωτά, (οι)
καραμέλες

confederation /kənfedə'reɪʃn/
n (η) συνομοσπονδία

confer /kən'fɜ:(r)/ *vt* (*pt*
conferred) απονέμω. • *vi*
συσκέπτομαι

conference /'kɒnfərəns/ *n* (η)
διάσκεψη, (το) συνέδριο

confess /kən'fes/ *vt/i* ομολογώ.
~ion /-ʃn/ *n* (η) ομολογία.
(*relig*) (η) εξομολόγηση

confetti /kən'fetɪ/ *n* (το)
κομφετί *invar*, (ο)
χαρτοπόλεμος

confide /kən'faɪd/ *vt/i*
εκμυστηρεύομαι (**in**, σε)

confiden|t /'kɒnfɪdənt/ *a*
βέβαιος. **~ce** *n* (*trust*) (η)
εμπιστοσύνη. (*self-assurance*)
(η) αυτοπεποίθηση. (*secret*)
(η) εκμυστήρευση. **~ce trick**
(η) απάτη

confidential /kɒnfɪ'denʃl/ *a*
εμπιστευτικός

confine /kən'faɪn/ *vt* (*limit*)
περιορίζω. (*imprison*)
φυλακίζω. **~ment** *n* (ο)
περιορισμός. (*med*) (η)
λοχεία

confirm /kən'fɜ:m/ *vt*
επιβεβαιώνω

confiscate /'kɒnfɪskeɪt/ *vt*
κατάσχω

conflict¹ /'kɒnflɪkt/ *n* (η)
διαμάχη

conflict² /kən'flıkt/ vi
συγκρούομαι

conform /kən'fɔ:m/ vi
συμμορφώνομαι. **~ist** n (ο)
κομφορμιστής

confound /kən'faʊnd/ vt
προκαλώ σύγχυση

confront /kən'frʌnt/ vt (face)
αντιμετωπίζω

confuse /kən'fju:z/ vt
συγχύζω. **~ing** a που
συγχύζει. **~ion**
/-ʒn/ n (η) σύγχυση

congeal /kən'dʒi:l/ vt/i πήζω

congenial /kən'dʒi:nıəl/ a
ευχάριστος

congested /kən'dʒestıd/ a
(roads) με κυκλοφοριακή
συμφόρηση. (med)
συμφορητικός. **~ion** /-tʃən/ n
(η) συμφόρηση

congratulate /kən'grætjʊleıt/
vt συγχαίρω (on, για). **~ions**
/-'leıʃnz/ npl (τα)
συγχαρητήρια

congregate /'kɒŋgrıgeıt/ vi
συναθροίζομαι. **~ion** /-'geıʃn/
n (η) συνάθροιση

congress /'kɒŋgres/ n (το)
συνέδριο. **C~** (Amer) (το)
κογκρέσο

conic(al) /'kɒnık(l)/ a κωνικός

conifer /'kɒnıfə(r)/ n (το)
κωνοφόρο (δέντρο)

conjecture /kən'dʒektʃə(r)/
n (η) εικασία. • vt/i
εικάζω

conjugal /'kɒndʒʊgl/ a
συζυγικός

conjunction /kən'dʒʌŋkʃn/ n
(ο) σύνδεσμος. **in ~ with** από
κοινού με

conjure /'kʌndʒə(r)/ vi κάνω
ταχυδακτυλουργία. **~or** n (ο)
ταχυδακτυλουργός

connect /kə'nekt/ vt/i
συνδέω/ομαι. **be ~ed with**
συνδέομαι με

connection /kə'nekʃn/ n (η)
σύνδεση. (rail) (η)
ανταπόκριση. **~s** (οι)
γνωστοί. **in ~ with** σχετικά
με

connoisseur /kɒnə'sɜ:(r)/ n (ο)
ειδήμων

conquer /'kɒŋkə(r)/ vt
κατακτώ. (fig) νικώ. **~or** n (ο)
κατακτητής

conquest /'kɒŋkwest/ n (η)
κατάκτηση

conscience /'kɒnʃəns/ n (η)
συνείδηση

conscientious /kɒnʃı'enʃəs/ a
ευσυνείδητος

conscious /'kɒnʃəs/ a
συνειδητός. **~ness** n (η)
συνείδηση

conscript /kən'skrıpt/ vt
στρατολογώ. **~ion** /-ʃn/ n (η)
στρατολογία

consecrate /'kɒnsıkreıt/ vt
καθαγιάζω

consecutive /kən'sekjʊtıv/ a
συνεχής

consensus /kən'sensəs/ n (η)
συναίνεση

consent /kən'sent/ vi
συγκατατίθεμαι. • n (η)
συγκατάθεση

consequence /'kɒnsıkwəns/ n
(η) συνέπεια

consequent /'kɒnsıkwənt/ a
επακόλουθος. **~ly** adv
συνεπώς

conservation /kɒnsə'veiʃn/ n
(η) προστασία

conservationist
/kɒnsə'veiʃənist/ n (o, η)
οικολόγος

conservative /kən'sɜːvətiv/ a
συντηρητικός

conservatory /kən'sɜːvətri/ n
(το) θερμοκήπιο

conserve /kən'sɜːv/ vt διατηρώ

consider /kən'sɪdə(r)/ vt
σκέφτομαι. (take into account)
λαμβάνω υπόψη. ~ation
/-'reiʃn/ n (η) σκέψη. (respect)
(η) εκτίμηση. ~ing prep
αναλόγως

considerabl|e /kən'sɪdərəbl/ a
σημαντικός. ~y adv πολύ

considerate /kən'sɪdərət/ a
λεπτός (στους τρόπους)

consign /kən'sam/ vt (entrust)
εμπιστεύομαι. (send)
αποστέλλω

consist /kən'sɪst/ vi ~ of
αποτελούμαι από

consisten|t /kən'sɪstənt/ a
συνεπής. (unchanging)
σταθερός. ~cy n (η) συνέπεια.
(of liquids) (η) συνοχή

consol|e /kən'səʊl/ vt
παρηγορώ. ~ation
/kɒnsə'leiʃn/ n (η) παρηγοριά

consolidate /kən'sɒlideit/ vt/i
εμπεδώνω/ομαι

consonant /'kɒnsənənt/ n (το)
σύμφωνο

conspicuous /kən'spɪkjʊəs/ a
εμφανής

conspiracy /kən'spɪrəsɪ/ n (η)
συνωμοσία

conspire /kən'spaɪə(r)/ vi
συνωμοτώ

constable /'kʌnstəbl/ n (o)
αστυνομικός

constabulary /kən'stæbjʊlərɪ/
n (η) αστυνομία

constant /'kɒnstənt/ a
(unchanging) σταθερός.
(unceasing) συνεχής. ~ly adv
συνεχώς

constellation /kɒnstə'leiʃn/ n
(o) αστερισμός

constipated /'kɒnstipeitid/ a
δυσκοίλιος

constituency /kən'stɪtjʊənsɪ/ n
(η) εκλογική περιφέρεια

constitut|e /'kɒnstitjuːt/ vt
συνιστώ. (be) αποτελώ. ~ion
/-'tjuːʃn/ n (το) σύνταγμα

constraint /kən'streint/ n (o)
εξαναγκασμός

constrict /kən'strɪkt/ vt
συσφίγγω. (movement)
περιορίζω. ~ion /-ʃn/ n (η)
σύσφιξη

construct /kən'strʌkt/ vt
κατασκευάζω. ~ion /-ʃn/ n (η)
κατασκευή

constructive /kən'strʌktɪv/ a
εποικοδομητικός

consul /'kɒnsl/ n (o) πρόξενος.
~ar /-jʊlə(r)/ a προξενικός.
~ate /-jʊlət/ n (το)
προξενείο

consult /kən'sʌlt/ vt
συμβουλεύομαι. • vi ~ with
συσκέπτομαι με. ~ation
/kɒnsl'teiʃn/ n (η) σύσκεψη.
(med) (η) επίσκεψη

consultant /kən'sʌltənt/ n (o)
σύμβουλος

consume /kən'sjuːm/ vt
καταναλώνω. ~r /-ə(r)/ n (o)
καταναλωτής

consumption /kən'sʌmpʃn/ n
(η) κατανάλωση. (med) (η)
φυματίωση

contact /'kɒntækt/ n (η)
επαφή. • vt έρχομαι σε επαφή
με. **~ lens** n (ο) φακός επαφής

contagious /kən'teɪdʒəs/ a
μεταδοτικός

contain /kən'teɪn/ vt περιέχω.
~ o.s. συγκρατιέμαι. **~er** n
(ο) περιέκτης. (comm) (το)
εμπορευματοκιβώτιο

contaminat|e /kən'tæmɪneɪt/ vt
μολύνω. **~ion** /-'neɪʃn/ n (η)
μόλυνση

contemplat|e /'kɒntempleɪt/ vt
συλλογίζομαι. (consider)
σκέφτομαι. **~ion** /-'pleɪʃn/ n
(η) συλλογή

contemporary /kən'tempərərɪ/
a & n σύγχρονος

contempt /kən'tempt/ n (η)
περιφρόνηση

contend /kən'tend/ vt/i
διεκδικώ. (assert) υποστηρίζω.
~er n (ο) ανταγωνιστής

content[1] /kən'tent/ a
ικανοποιημένος. • vt
ικανοποιώ. **~ed** a
ικανοποιημένος

content[2] /'kɒntent/ n **~s** (τα)
περιεχόμενα. (of book) (ο)
πίνακας περιεχομένων, (τα)
περιεχόμενα

contention /kən'tenʃn/ n (η)
διαμάχη. (opinion) (ο)
ισχυρισμός

contest[1] /'kɒntest/ n (ο)
συναγωνισμός. (fight) (η)
πάλη. (sport) (ο) αγώνας

contest[2] /kən'test/ vt διεκδικώ.
(dispute) αμφισβητώ. **~ant** n
(ο) αντίπαλος

context /'kɒntekst/ n (τα)
συμφραζόμενα

continent /'kɒntɪnənt/ n (η)
ήπειρος. **the C~** η
Ηπειρωτική Ευρώπη. **~al**
/-'nentl/ a ηπειρωτικός

contingen|t /kən'tɪndʒənt/ n
(το) τμήμα. **~cy** n (το)
ενδεχόμενο

continual /kən'tɪnjʊəl/ a
συνεχής. **~ly** adv συνεχώς

continu|e /kən'tɪnju:/ vt/i
εξακολουθώ. (resume)
συνεχίζω/ομαι. **~ation**
/-ʊ'eɪʃn/ n (η) συνέχεια. (after
interruption) (η)
εξακολούθηση

continuity /kɒntɪ'nju:ətɪ/ n (η)
συνοχή

continuous /kən'tɪnjʊəs/ a
συνεχής. **~ly** adv συνεχώς

contort /kən'tɔ:t/ vt
στρεβλώνω

contour /'kɒntʊə(r)/ n (το)
περίγραμμα

contraband /'kɒntrəbænd/ n
(το) λαθρεμπόριο

contraception /kɒntrə'sepʃn/ n
(η) αντισύλληψη

contraceptive /kɒntrə'septɪv/ n
(το) αντισυλληπτικό

contract[1] /'kɒntrækt/ n (η)
σύμβαση

contract[2] /kən'trækt/ vt/i
συστέλλω/ομαι

contractor /kən'træktə(r)/ n (ο)
εργολάβος

contradict /kɒntrə'dɪkt/ vt
αντιφάσκω. **~ion** /-ʃn/ n (η)
αντίφαση

contralto /kən'træltəʊ/ n (το)
κοντράλτο invar

contrary /'kɒntrərɪ/ a (opposite) αντίθετος. • n (το) αντίθετο.
• adv on the ~ αντίθετα

contrast¹ /'kɒntra:st/ n (η) αντίθεση

contrast² /kən'tra:st/ vt/i αντιπαραβάλλω/ομαι

contravene /kɒntrə'vi:n/ vt παραβαίνω

contribut|e /kən'trɪbju:t/ vt/i συνεισφέρω. ~e to συνεργάζομαι με. ~ion /kɒntrɪ'bju:ʃn/ n (η) συνεισφορά. ~or n (to book etc.) (ο) συνεργάτης, (η) συνεργάτις

contrite /'kɒntraɪt/ a μεταμελημένος

contrive /kən'traɪv/ vt επινοώ. ~ to καταφέρνω να

control /kən'trəʊl/ vt ελέγχω. (a firm etc.) διευθύνω. (check) ρυθμίζω. (restrain) συγκρατώ. • n (ο) έλεγχος. (mastery) (η) κυριαρχία. ~s npl (auto) (τα) όργανα ελέγχου. (aviat) (το) χειριστήριο

controversial /kɒntrə'vɜ:ʃl/ a επίμαχος

controversy /'kɒntrəvɜ:sɪ/ n (η) διαφωνία

convalesce /kɒnvə'les/ vi αναρρώνω. ~nce n (η) ανάρρωση

convene /kən'vi:n/ vt συγκαλώ. • vi συνέρχομαι

convenience /kən'vi:nɪəns/ (η) ευκολία. public ~s npl (τα) αποχωρητήρια

convenient /kən'vi:nɪənt/ a βολικός. (accessible) εύκολος

convent /'kɒnvənt/ n (το) μοναστήρι καλογραιών

convention /kən'venʃn/ n (το) συνέδριο. (custom) (ο) τύπος. ~al a συμβατικός

converge /kən'vɜ:dʒ/ vi συγκλίνω

conversant /kən'vɜ:sənt/ a ~ with γνώστης (with gen.)

conversation /kɒnvə'seɪʃn/ n (η) συνομιλία

converse¹ /kən'vɜ:s/ vi συνομιλώ

converse² /'kɒnvɜ:s/ a αντίστροφος. ~ly adv αντιστρόφως

conver|t¹ /kən'vɜ:t/ vt μετατρέπω. ~sion /-ʃn/ n (η) μετατροπή. ~tible n (auto) (το) ανοιχτό αυτοκίνητο

convert² /'kɒnvɜ:t/ n (ο) προσήλυτος

convex /'kɒnveks/ a κυρτός

convey /kən'veɪ/ vt μεταβιβάζω. (goods) μεταφέρω. (idea) αποδίδω. ~or belt n (η) μεταφορική ταινία

convict¹ /kən'vɪkt/ vt καταδικάζω. ~ion /-ʃn/ n (η) καταδίκη. (belief) (η) πεποίθηση

convict² /'kɒnvɪkt/ n (ο) κατάδικος

convinc|e /kən'vɪns/ vt πείθω. ~ing a πειστικός

convoy /'kɒnvɔɪ/ n (η) συνοδεία

convuls|e /kən'vʌls/ vt συνταράζω. be ~ed with laughter σκάω στα γέλια. ~ion /-ʃn/ n (ο) σπασμός

coo /ku:/ vi γουργουρίζω

cook /kʊk/ vt/i
μαγειρεύω/ομαι. • n (ο)
μάγειρας, (η) μαγείρισσα

cooker /'kʊkə(r)/ n (η) κουζίνα
(συσκευή μαγειρέματος)

cookery /'kʊkərɪ/ n (η)
μαγειρική

cookie /'kʊkɪ/ n (Amer) (το)
μπισκότο

cool /kuːl/ a δροσερός. (calm)
ψύχραιμος. (unfriendly)
ψυχρός. • vt/i δροσίζω. **~ness**
n (η) δροσιά. (calmness) (η)
ψυχραιμία

coop /kuːp/ n (το) κοτέτσι vt
~ up περιορίζω

co-operat|e /kəʊ'ɒpəreɪt/ vi
συνεργάζομαι. **~ion** /-'reɪʃn/ n
(η) συνεργασία

co-operative /kəʊ'ɒpərətɪv/ a
συνεργατικός. • n (ο)
συνεταιρισμός

co-ordinat|e /kəʊ'ɔːdɪneɪt/ vt
συντονίζω. **~ion** /-'neɪʃn/ n (ο)
συντονισμός

cope /kəʊp/ vi τα βγάζω πέρα

co-pilot /'kəʊpaɪlət/ n (ο)
συγκυβερνήτης

copper¹ /'kɒpə(r)/ n (ο)
χαλκός. • a χάλκινος

copper² /'kɒpə(r)/ n (sl) (ο)
αστυνομικός

coppice, copse /'kɒpɪs, kɒps/
ns (η) λόχμη

copulate /'kɒpjʊleɪt/ vi
συνουσιάζομαι

copy /'kɒpɪ/ n (of book) (το)
αντίτυπο. (το) αντίγραφο. • vt
αντιγράφω

copyright /'kɒpɪraɪt/ n (τα)
πνευματικά δικαιώματα

coral /'kɒrəl/ n (το) κοράλλι

cord /kɔːd/ n (το) κορδόνι.
(fabric) (το) κοτλέ invar.
(vocal) (η) χορδή

cordial /'kɔːdɪəl/ a εγκάρδιος

cordon /'kɔːdn/ n (το) κορδόνι
vt **~ off** αποκλείω

corduroy /'kɔːdərɔɪ/ n (το)
βελούδο κοτλέ

core /kɔː(r)/ n (of apple) (ο)
πυρήνας. (fig) (η) καρδιά

cork /kɔːk/ n (ο) φελλός. (for
bottle) (το) πώμα

corkscrew /'kɔːkskruː/ n (το)
τιρμπουσόν invar

corn¹ /kɔːn/ n (cereal) (τα)
δημητριακά. (maize) (το)
καλαμπόκι

corn² /kɔːn/ n (hard skin) (ο)
κάλος

corner /'kɔːnə(r)/ n (η) γωνία.
(football) (το) κόρνερ invar.
• vt στριμώχνω. **~stone** n (ο)
ακρογωνιαίος λίθος

cornet /'kɔːnɪt/ n (mus) (η)
κορνέτα. (for ice-cream) (το)
χωνάκι

coronary /'kɒrənərɪ/ n **~
(thrombosis)** (η) στεφανιαία

coronation /kɒrə'neɪʃn/ n (η)
στέψη

coroner /'kɒrənə(r)/ n (ο)
ιατροδικαστής

corporal /'kɔːpərəl/ n (ο)
δεκανέας

corporate /'kɔːpərət/ a
ομαδικός. (company)
εταιρικός

corporation /kɔːpə'reɪʃn/ n (η)
εται(ρ)εία. (of town) (το)
δημοτικό συμβούλιο

corps /kɔː(r)/ n (το) σώμα

corpse /kɔːps/ n (το) πτώμα

correct /kə'rekt/ *a* ορθός,
σωστός. (*time*) ακριβής. (*dress*)
άψογος. • *vt* διορθώνω. **~ion**
/-ʃn/ *n* (η) διόρθωση. **~ly** *adv*
ορθά, σωστά

correlat|e /'kɒrəleɪt/ *vt*
συσχετίζω. **~ion** /-'leɪʃn/ *n* (η)
συσχέτιση

correspond /kɒrɪ'spɒnd/ *vi*
(*tally*) συμφωνώ. (*be equivalent*)
αντιστοιχώ. (*write*)
αλληλογραφώ. **~ence** *n* (η)
αλληλογραφία. **~ent** *n*
(*journalist*) (ο) ανταποκριτής.
(*letter-writer*) (ο)
επιστολογράφος

corridor /'kɒrɪdɔː(r)/ *n* (ο)
διάδρομος

corroborate /kə'rɒbəreɪt/ *vt*
επιβεβαιώνω

corro|de /kə'rəʊd/ *vt/i*
διαβρώνω/ομαι. **~sion** *n* (η)
διάβρωση

corrugated /'kɒrəgeɪtɪd/ *a* **~
iron** *n* αυλακωτός τσίγκος

corrupt /kə'rʌpt/ *a*
διεφθαρμένος. • *vt* διαφθείρω.
~ion /-ʃn/ *n* (η) διαφθορά

corset /'kɔːsɪt/ *n* (ο) κορσές

cosh /kɒʃ/ *n* (το) ρόπαλο

cosmetic /kɒz'metɪk/ *n* (το)
καλλυντικό

cosmic /'kɒzmɪk/ *a* κοσμικός

cosmonaut /'kɒzmənɔːt/ *n* (ο)
κοσμοναύτης

cosmopolitan /kɒzmə'pɒlɪtən/
a κοσμοπολιτικός

cosmos /'kɒzmɒs/ *n* (ο)
κόσμος

cost /kɒst/ *vt* κοστίζω. • *n* (το)
κόστος. **~s** (*jur*) (τα) έξοδα.
~ of living *n* (το) κόστος

ζωής. **how much does it ~?**
πόσο κάνει; **to one's ~** σε
βάρος μου

costly /'kɒstlɪ/ *a* ακριβός

costume /'kɒstjuːm/ *n* (η)
ενδυμασία

cosy /'kəʊzɪ/ *a* άνετος

cot /kɒt/ *n* (το) παιδικό
κρεβατάκι. (*camp-bed: Amer*)
(το) κρεβάτι εκστρατείας

cottage /'kɒtɪdʒ/ *n* (το)
εξοχικό σπίτι

cotton /'kɒtn/ *n* (το) βαμβάκι.
~ wool *n* (το) βαμβάκι

couch /kaʊtʃ/ *n* (το) ντιβάνι

cough /kɒf/ *vi* βήχω. • *n* (ο)
βήχας

could /kʊd, kəd/ *pt of* **can**

couldn't /'kʊdnt/ = **could not**

council /'kaʊnsl/ *n* (το)
συμβούλιο. **~ house** *n* (η)
εργατική πολυκατοικία

councillor /'kaʊnsələ(r)/ *n* (ο)
σύμβουλος

counsel /'kaʊnsl/ *n* (*advice*) (η)
συμβουλή. • *n invar* (*jur*) (ο)
συνήγορος. **~lor** *n* (ο)
σύμβουλος

count¹ /kaʊnt/ *n* (*nobleman*) (ο)
κόμης

count² /kaʊnt/ *vt/i* μετρώ. • *n*
(το) μέτρημα. **~ on** βασίζομαι
σε

counter¹ /'kaʊntə(r)/ *n* (*in shop
etc.*) (ο) πάγκος. (*token*) (η)
μάρκα

counter² /'kaʊntə(r)/ *adv* **~ to**
αντίθετα με. • *a* αντίθετος. • *vt*
αντικρούω. • *vi* αντεπιτίθεμαι

counter- /'kaʊntə(r)/ *pref* αντι-

counteract /kaʊntər'ækt/ *vt*
εξουδετερώνω

counter-attack /'kaʊntərətæk/ *n* (η) αντεπίθεση

counterfeit /'kaʊntəfɪt/ *a* πλαστός. • *n* (η) πλαστογράφηση. • *vt* πλαστογραφώ

counterfoil /'kaʊntəfɔɪl/ *n* (το) στέλεχος

counterpart /'kaʊntəpɑːt/ *n* (*of person*) (ο) ομόλογος

countess /'kaʊntɪs/ *n* (η) κόμισσα

countless /'kaʊntlɪs/ *a* αναρίθμητος

country /'kʌntrɪ/ *n* (η) χώρα. (*native land*) (η) πατρίδα. (*countryside*) (η) ύπαιθρος, η εξοχή

countryman /'kʌntrɪmən/ *n* (**fellow**) ~ (ο) συμπατριώτης

countryside /'kʌntrɪsaɪd/ *n* (η) ύπαιθρος, (η) εξοχή

county /'kaʊntɪ/ *n* διοικητική περιοχή στο HB

coup /kuː/ *n* (το) πραξικόπημα

couple /'kʌpl/ *n* (το) ζευγάρι. • *vt* συνδέω. **a ~ of** (*two*) δύο. (*a few*) ένας δυο

coupon /'kuːpɒn/ *n* (*comm*) (το) κουπόνι

courage /'kʌrɪdʒ/ *n* (το) θάρρος. **~ous** /kə'reɪdʒəs/ *a* θαρραλέος

courgette /kʊə'ʒet/ *n* (το) κολοκυθάκι

courier /'kʊrɪə(r)/ *n* (*messenger*) (ο) courier. (*for tourists*) (ο, η) συνοδός. **~ service** (η) υπηρεσία ταχυμεταφορών

course /kɔːs/ *n* (η) πορεία. (*lessons*) (η) σειρά. (*aviat, naut*) (η) διαδρομή. (*culin*) (το)

πιάτο. (*for golf*) (το) γήπεδο. **of ~** βέβαια

court /kɔːt/ *n* (το) δικαστήριο. (*tennis*) (το) γήπεδο. • *vt* ~ **danger** ριψοκινδυνεύω. **~ martial** (το) στρατοδικείο

courteous /'kɜːtɪəs/ *a* ευγενικός

courtesy /'kɜːtəsɪ/ *n* (η) ευγένεια

courtier /'kɔːtɪə(r)/ *n* (ο) αυλικός

courtyard /'kɔːtjɑːd/ *n* (η) αυλή

cousin /'kʌzn/ *n* (ο) εξάδελφος, (η) εξαδέλφη

cove /kəʊv/ *n* (το) λιμανάκι

cover /'kʌvə(r)/ *vt* σκεπάζω. (*journalism*) καλύπτω. (*protect*) προστατεύω. • *n* (*protection*) (η) κάλυψη. (*shelter*) (η) στέγη. (*lid*) (το) κάλυμμα. (*of book*) (το) εξώφυλλο. (*for bed*) (η) κουβέρτα. **~ charge** (το) κουβέρ *invar*. **take ~** κρύβομαι. **~ing** *n* (το) κάλυμμα

coverage /'kʌvərɪdʒ/ *n* (η) κάλυψη

covet /'kʌvɪt/ *vt* εποφθαλμιώ

cow /kaʊ/ *n* (η) αγελάδα

coward /'kaʊəd/ *n* (ο) δειλός. **~ly** *a* δειλός

cowardice /'kaʊədɪs/ *n* (η) δειλία

cowboy /'kaʊbɔɪ/ *n* (ο) καουμπόι

cower /'kaʊə(r)/ *vi* ζαρώνω

cowshed /'kaʊʃed/ *n* (το) βουστάσιο

cox(swain) /'kɒks(n)/ *n* (ο) πηδαλιούχος

coy /kɔɪ/ *a* ντροπαλός

crab /kræb/ *n* (ο) κάβουρας

crack /kræk/ *n* (η) σχισμή. (*in ceiling*) (η) ρωγμή. (*noise*) (ο) ξηρός κρότος. • *a* (*fam*) επίλεκτος *vt* ραγίζω. (*nut*) σπάζω. (*whip*) χτυπώ. (*joke*) λέω. (*problem*) λύνω

cracker /'krækə(r)/ *n* (η) κροτίδα. (*culin*) (το) άγλυκο μπισκότο, (το) κράκερ *pron*

crackle /'krækl/ *vi* κροταλίζω
• *vt* κουνώ

cradle /'kreɪdl/ *n* (η) κούνια.
• *vt* κουνώ

craft[1] /kra:ft/ *n* (η) χειροτεχνία. (*technique*) (η) τέχνη. (*cunning*) (η) πονηριά

craft[2] /kra:ft/ *n invar* (*boat*) (το) σκάφος

craftsman /'kra:ftsmən/ *n* (ο) τεχνίτης. **~ship** *n* (η) τέχνη

crafty /'kra:fti/ *a* πονηρός

crag /kræg/ *n* απόκρημνος βράχος. **~gy** *a* απόκρημνος

cram /kræm/ *vt* παραγεμίζω.
• *vi* (*for exam*) προγυμνάζω εντατικά

cramp /kræmp/ *n* (η) κράμπα

cramped /kræmpt/ *a* στενόχωρος

crane /kreɪn/ *n* (ο) γερανός

crank[1] /kræŋk/ *n* (*mech*) (η) μανιβέλα

crank[2] /kræŋk/ *n* (*person*) (ο) ιδιόρρυθμος

cranny /'kræni/ *n* (η) σχισμή

crash /kræʃ/ *n* (*noise*) (ο) πάταγος. (*collision*) (η) σύγκρουση. (*comm*) (η) κατάρρευση. • *vt*/*i* (*make noise*) πέφτω με πάταγο. (*collide*) συγκρούομαι. (*plane*) συντρίβω/ομαι. **~-helmet** *n*

(το) κράνος. **~ into** χτυπώ σε.
~-land *vi* προσγειώνομαι αναγκαστικά

crass /kræs/ *a* άξεστος

crate /kreɪt/ *n* (το) κιβώτιο

crater /'kreɪtə(r)/ *n* (ο) κρατήρας

cravat /krə'væt/ *n* (η) φαρδιά γραβάτα

crav|e /kreɪv/ *vt* ποθώ. • *vi* **~e for** λαχταρώ. **~ing** *n* (η) λαχτάρα

crawl /krɔ:l/ *vi* σέρνομαι. (*move slowly*) προχωρώ αργά. • *n* (*swimming*) (το) κρόουλ. *invar*

crayon /'kreɪən/ *n* (το) κραγιόνι

craze /kreɪz/ *n* (η) μανία

crazy /'kreɪzi/ *a* (*fam*) τρελός. **be ~y about** είμαι τρελός για

creak /kri:k/ *n* (το) τρίξιμο. • *vi* τρίζω

cream /kri:m/ *n* (η) κρέμα. (*whipped*) (η) σαντιγί. (*fig*) (η) αφρόκρεμα. • *a* (*colour*) (το) κρεμ *invar*

crease /kri:s/ *n* (η) ζάρα. (*in trousers*) (η) τσάκιση. (*crumple*) (το) τσαλάκωμα.
• *vt*/*i* ζαρώνω

creat|e /kri:'eɪt/ *vt* δημιουργώ. **~ion** /-ʃn/ *n* (η) δημιουργία. **~ive** *a* δημιουργικός. **~or** *n* (ο, η) δημιουργός

creature /'kri:tʃə(r)/ *n* (το) πλάσμα

crèche /kreɪʃ/ *n* (ο) παιδικός σταθμός

credentials /krɪ'denʃlz/ *npl* (τα) διαπιστευτήρια

credible /'kredəbl/ *a*
πιστευτός. **~ility** /-'bɪlətɪ/ *n* (η)
αξιοπιστία

credit /'kredɪt/ *n* (η) πίστωση.
(*honour*) (η) τιμή. • *vt* πιστώνω.
~ card *n* (η) πιστωτική
κάρτα. in **~** (*account*) με
πιστωτικό υπόλοιπο. take the
~ for οικειοποιούμαι την
τιμή για. **~or** *n* (ο)
πιστωτής

credulous /'krədjuləs/ *a*
εύπιστος

creed /kri:d/ *n* (το) πιστεύω

creek /kri:k/ *n* (ο) κολπίσκος

creep /kri:p/ *vi* (*pt* **crept**)
σέρνομαι. (*plant*)
αναρριχιέμαι. • *n* (*sl*) (ο)
γλείφτης. **~er** *n* (ο)
αναρριχητικό. **~y** *a* (*fam*)
ανατριχιαστικός

cremat|e /krɪ'meɪt/ *vt*
αποτεφρώνω (*νεκρό*). **~ion**
/-ʃn/ *n* (η) αποτέφρωση

crematorium /kremə'tɔ:rɪəm/ *n*
(*pl* **-ia**) (το) κρεματόριο

crêpe /kreɪp/ *n* (το) κρεπ *invar.*
~ paper *n* (το) χαρτί κρεπ

crept /krept/ *see* CREEP

crescent /'kresnt/ *n* (το)
μισοφέγγαρο. (*road*) (ο)
ημικυκλικός δρόμος. (*emblem*)
(η) ημισέληνος

cress /kres/ *n* (το) κάρδαμο

crest /krest/ *n* (η) κορυφή.
(*coat of arms*) (το)
οικόσημο

Crete /kri:t/ *n* (η) Κρήτη

cretin /'kretɪn/ *n* (ο) ηλίθιος

crevasse /krɪ'væs/ *n* (η) ρωγμή
σε πάγο

crevice /'krevɪs/ *n* (η) ρωγμή

crew /kru:/ *n* (το) πλήρωμα.
(*gang*) (το) συνεργείο. **~ cut** *n*
(το) κοντό κούρεμα

crib[1] /krɪb/ *n* (η) κούνια. (*relig*)
(η) φάτνη

crib[2] /krɪb/ *vt/i* αντιγράφω

cricket[1] /'krɪkɪt/ *n* (*sport*) (το)
κρίκετ *invar*

cricket[2] /'krɪkɪt/ *n* (*insect*) (ο)
γρύλος

crime /kraɪm/ *n* (το) έγκλημα.
(*acts*) (το) αδίκημα

criminal /'krɪmɪnl/ *a*
εγκληματικός. • *n* (ο, η)
εγκληματίας

crimson /'krɪmzn/ *a* βυσσινής.
• *n* (το) βυσσινί

cringe /krɪndʒ/ *vi* μαζεύομαι
από φόβο

crinkle /'krɪŋkl/ *vt/i* ζαρώνω

cripple /'krɪpl/ *n* (ο) ανάπηρος.
• *vt* παραλύω

crisis /'kraɪsɪs/ *n* (*pl* **crises**
/'kraɪsi:z/) (η) κρίση

crisp /krɪsp/ *a* (*culin*) τραγανός.
(*air*) τσουχτερός. (*style*)
απότομος. **~s** *npl* (τα) τσιπς
invar, (τα) πατατάκια

criss-cross /'krɪskrɒs/ *a*
σταυρωτός

criterion /kraɪ'tɪərɪən/ *n* (*pl* **-ia**)
(το) κριτήριο

critic /'krɪtɪk/ *n* (ο, η) κριτικός.
~al *a* κριτικός. (*situation,
moment*) κρίσιμος. **~ally** *adv*
κριτικά. (*ill*) σε κρίσιμη
κατάσταση

criticism /'krɪtɪsɪzəm/ *n* (η)
κριτική

criticize /'krɪtɪsaɪz/ *vt*
κριτικάρω. (*censure*)
επικρίνω

croak /krəʊk/ n (το) κόασμα.
• vi κοάζω

crochet /'krəʊʃeɪ/ n (το) κροσέ

crockery /'krɒkərɪ/ n (τα) πιατικά

crocodile /'krɒkədaɪl/ n (ο) κροκόδειλος

crocus /'krəʊkəs/ n (ο) κρόκος

crook /krʊk/ n (criminal: fam) (ο) απατεώνας. (stick) (η) γκλίτσα. (of arm) (η) κάμψη του βραχίονα

crooked /'krʊkɪd/ a στραβός

crop /krɒp/ n (η) σοδειά. • vt (pt **cropped**) κόβω. • vi ~ **up** προκύπτω

croquet /'krəʊkeɪ/ n (το) κροκέ invar

croquette /krəʊ'ket/ n (η) κροκέτα

cross /krɒs/ n (ο) σταυρός. (hybrid) (η) διασταύρωση. • vt (go across) περνώ. (street) διασχίζω. (legs) σταυρώνω. (animals, plants) διασταυρώνω. • a θυμωμένος. ~**ed cheque** n (η) δίγραμμη επιταγή. ~ **off** or **out** διαγράφω. ~ **s.o.'s mind** περνώ από το μυαλό κάποιου

cross-examine /krɒsɪg'zæmɪn/ vt αντεξετάζω

cross-eyed /'krɒsaɪd/ a αλλοίθωρος

crossing /'krɒsɪŋ/ n (by boat) (το) ταξίδι. (on road) (η) διασταύρωση

cross-reference /krɒs'refrəns/ n (η) παραπομπή

crossroads /'krɒsrəʊdz/ n (το) σταυροδρόμι

cross-section /krɒs'sekʃn/ n (η) διατομή. (fig) (το) αντιπροσωπευτικό δείγμα

crossword /'krɒswɜːd/ n (το) σταυρόλεξο

crotch /krɒtʃ/ n (of trousers) (ο) καβάλος

crotchet /'krɒtʃɪt/ n (το) τέταρτο

crouch /kraʊtʃ/ vi μαζεύομαι

crow /krəʊ/ n (το) κοράκι. • vi κράζω

crowbar /'krəʊbɑː(r)/ n (ο) λοστός

crowd /kraʊd/ n (το) πλήθος. • vt/i στριμώχνω/ομαι. ~**ed** a γεμάτος

crown /kraʊn/ n (το) στέμμα, (η) κορόνα. (top part) (η) κορυφή. • vt στέφω. (tooth) βάζω κορόνα σε

crucial /'kruːʃl/ a κρίσιμος

crucifix /'kruːsɪfɪks/ n (ο) εσταυρωμένος

cruci|fy /'kruːsɪfaɪ/ vt σταυρώνω. ~**ixion** /-'fɪkʃn/ n (η) σταύρωση

crude /kruːd/ a (raw) ακατέργαστος. (rough) χοντρός. (vulgar) χυδαίος. ~ **oil** n αργό πετρέλαιο

cruel /krʊəl/ a σκληρός. ~**ty** n (η) σκληρότητα

cruise /kruːz/ n (η) κρουαζιέρα. • vi κάνω κρουαζιέρα. (car) ταξιδεύω με σταθερή ταχύτητα. ~**r** n (warship) (το) καταδρομικό. (motor boat) (το) θαλαμηγός

crumb /krʌm/ n (το) ψίχουλο

crumble /'krʌmbl/ vt τρίβω.
• vi (collapse) γκρεμίζομαι

crumple /'krʌmpl/ vt/i
τσαλακώνω/ομαι

crunch /krʌntʃ/ vt τραγανίζω.
• n (fig) (η) αποφασιστική
στιγμή. **~y** a τραγανιστός

crusade /kru:'seɪd/ n (η)
σταυροφορία

crush /krʌʃ/ vt συνθλίβω.
(clothes) τσαλακώνω. • n
(crowd) (ο) συνασπισμός. (fruit
drink) (ο) χυμός

crust /krʌst/ n (η) κόρα

crutch /krʌtʃ/ n (το) δεκανίκι

crux /krʌks/ n (η) ουσία

cry /kraɪ/ n (weep) (το) κλάμα.
(shout) (το) ξεφωνητό. • vi
(weep) κλαίω. (call out) φωνάζω

crypt /krɪpt/ n (η) κρύπτη

cryptic /'krɪptɪk/ a
αινιγματικός

crystal /'krɪstl/ n (το)
κρύσταλλο. **~lize** vt/i
αποκρυσταλλώνω

cub /kʌb/ n (ο) σκύμνος

cub|e /kju:b/ n (ο) κύβος. **~ic**
a κυβικός

cubicle /'kju:bɪkl/ n (ο)
θαλαμίσκος

cuckoo /'kuku:/ n (ο) κούκος

cucumber /'kju:kʌmbə(r)/ n
(το) αγγούρι

cuddle /'kʌdl/ vt κρατώ στην
αγκαλιά. • n (το) αγκάλιασμα

cudgel /'kʌdʒl/ n (το) ρόπαλο

cue¹ /kju:/ n (theatr) (το)
σύνθημα

cue² /kju:/ n (billiards) (η)
στέκα

cuff /kʌf/ n (το) μανικέτι. **~-
link** n (το) μανικετόκουμπο

cul-de-sac /'kʌldəsæk/ n (το)
αδιέξοδο

culinary /'kʌlɪnərɪ/ a
μαγειρικός

culminat|e /'kʌlmɪneɪt/ vi
αποκορυφώνομαι (in, σε).
~ion /'neɪʃn/ n (το)
αποκορύφωμα

culottes /ku'lɒts/ npl (η)
κιλότα

culprit /'kʌlprɪt/ n (ο) ένοχος

cult /kʌlt/ n (η) (θρησκευτική)
λατρεία. • a καλτ invar

cultivate /'kʌltɪveɪt/ vt
καλλιεργώ

cultural /'kʌltʃərəl/ a
πολιτιστικός

culture /'kʌltʃə(r)/ n (ο)
πολιτισμός, (η) κουλτούρα.
~d a καλλιεργημένος

cumbersome /'kʌmbəsəm/ a
άβολος

cumulative /'kju:mjʊlətɪv/ a
συσσωρευτικός

cunning /'kʌnɪŋ/ a πονηρός.
• n (η) πονηριά

cup /kʌp/ n (το) φλιτζάνι.
(prize) (το) κύπελλο

cupboard /'kʌbəd/ n (το)
ντουλάπι

curate /'kjʊərət/ n (ο) βοηθός
ιερέα

curator /kjʊə'reɪtə(r)/ n (ο)
έφορος (μουσείου)

curb /kɜ:b/ n (το) χαλινάρι. • vt
συγκρατώ

curdle /'kɜ:dl/ vt πήζω. • vi
παγώνω

cure /kjʊə(r)/ vt θεραπεύω.
(culin) παστώνω. • n (η)
θεραπεία

curfew /'kɜ:fju:/ n (η)
απαγόρευση κυκλοφορίας

curi|ous /'kjuəriəs/ a
περίεργος. (*strange*)
παράξενος. **~osity** /-'ɒsəti/
n (η) περιέργεια

curl /kɜ:l/ vt/i κατσαρώνω. • n
(η) μπούκλα. **~ up**
κουλουριάζομαι

curler /'kɜ:lə(r)/ n (το) μπικουτί
invar

curly /'kɜ:li/ a σγουρός

currant /'kʌrənt/ n (η)
κορινθιακή σταφίδα

currency /'kʌrənsi/ n (το)
νόμισμα

current /'kʌrənt/ a
τρεχούμενος. • n (το) ρεύμα.
~ account (ο) τρεχούμενος
λογαριασμός. **~ affairs** (τα)
επίκαιρα θέματα. **~ly** adv
τώρα

curriculum /kə'rɪkjʊləm/ n
(η) διδασκόμενη ύλη. **~
vitae** n (το) βιογραφικό
σημείωμα

curry /'kʌri/ n (το) κάρι *invar*.
• vt **~ favour with s.o.**
επιδιώκω την εύνοια κπ

curse /kɜ:s/ n (η) κατάρα.
(*oath*) (η) βλαστήμια. • vt
καταριέμαι. • vi βλαστημώ

cursory /'kɜ:səri/ a βιαστικός

curt /kɜ:t/ a απότομος

curtail /kɜ:'teɪl/ vt περιορίζω.
(*expenses*) περικόπτω

curtain /'kɜ:tn/ n (η) κουρτίνα.
(*theatr*) (η) αυλαία

curve /kɜ:v/ n (η) καμπύλη.
• vt/i καμπυλώνω

cushion /'kʊʃn/ n (το)
μαξιλαράκι

custard /'kʌstəd/ n (η) κρέμα
κάσταρτ

custodian /kʌ'stəʊdiən/ n (ο)
φύλακας

custody /'kʌstədi/ n (η)
επιμέλεια. (*jur*) (η) κράτηση

custom /'kʌstəm/ n (η)
συνήθεια. (*comm*) (η)
πελατεία. **~ary** a
συνηθισμένος

customer /'kʌstəmə(r)/ n (ο)
πελάτης, (η) πελάτισσα

customs /'kʌstəmz/ npl (το)
τελωνείο

cut /kʌt/ vt/i κόβω. • n (το)
κόψιμο. (*reduction*) (η) μείωση

cute /kju:t/ a χαριτωμένος

cuticle /'kju:tɪkl/ n (το)
πετσάκι του νυχιού

cutlery /'kʌtləri/ n (τα)
μαχαιροπίρουνα

cutlet /'kʌtlɪt/ n (η) κοτολέτα

cutting /'kʌtɪŋ/ n (*from
newspaper*) (το) απόκομμα. (*of
plant*) (το) μόσχευμα

cyberspace /'saibəspeis/ n (ο)
κυβερνοχώρος

cycl|e /'saikl/ n (ο) κύκλος.
(*bicycle*) (το) ποδήλατο. • vi
κάνω ποδήλατο. **~e lane** n
(η) λωρίδα κυκλοφορίας
ποδηλάτων. **~ing** n (η)
ποδηλασία. **~ist** n (ο)
ποδηλατιστής, (η) ποδηλάτις

cyclone /'saikləʊn/ n (ο)
κυκλώνας

cylinder /'silində(r)/ n (ο)
κύλινδρος

cymbal /'sɪmbl/ n (το) κύμβαλο

cynic /'sɪnɪk/ n (ο) κυνικός.
~al a κυνικός. **~ism** /-sɪzəm/
n (ο) κυνισμός

cypress /'saɪprəs/ n (το)
κυπαρίσσι

Cyprus /'saɪprəs/ n (η) Κύπρος

cyst /sɪst/ n (η) κύστη

czar /za:(r)/ n (ο) τσάρος

....

Dd

....

dab /dæb/ vt (pt **dabbed**)
σκουπίζω. • n a ~ **of paint**
μια πινελιά μπογιάς. ~ **sth
on** βάζω λίγο σε κτ

dabble /'dæbl/ vi ~ **in**
ασχολούμαι επιφανειακά με

dad /dæd/ n (ο) μπαμπάς. ~**dy-
long-legs** n (το) αλογατάκι
(έντομο)

daffodil /'dæfədɪl/ n (ο)
νάρκισσος

daft /da:ft/ a ο ανόητος

dagger /'dægə(r)/ n (το)
στιλέτο

dahlia /'deɪlɪə/ n (η) ντάλια

daily /'deɪlɪ/ a ημερήσιος. • adv
καθημερινά. • n (η)
καθημερινή εφημερίδα

dainty /'deɪntɪ/ a
λεπτοκαμωμένος

dairy /'deərɪ/ n (on farm) (το)
βουστάσιο. (shop) (το)
γαλακτοπωλείο. • a
γαλακτοκομικός

dais /'deɪs/ n (η) εξέδρα

daisy /'deɪzɪ/ n (η) μαργαρίτα

dam /dæm/ n (ο)
υδατοφράκτης. • vt φράζω

damage /'dæmɪdʒ/ n (η) ζημιά.
~**s** (jur) (η) αποζημίωση. • vt

κάνω ζημιά σε. (fig)
καταστρέφω

dame /deɪm/ n (old use) (η)
κυρά. (Amer, sl) (η) γυναίκα

damn /dæm/ vt καταδικάζω.
• int ανάθεμά το. • a (fam)
αναθεματισμένος

damp /dæmp/ n (η) υγρασία.
• a υγρός. • vt υγραίνω. (fig)
αποθαρρύνω. ~**en** vt = **damp**.
~**ness** n (η) υγρασία

dance /da:ns/ vt/i χορεύω. • n
(ο) χορός. ~**r** /-ə(r)/ n (ο)
χορευτής, (η) χορεύτρια

dandelion /'dændɪlaɪən/ n (το)
ραδίκι

dandruff /'dændrəf/ n (η)
πιτυρίδα

Dane /deɪn/ n (ο) Δανός, (η)
Δανέζα

danger /'deɪndʒə(r)/ n (ο)
κίνδυνος. **be in** ~ **(of)**
κινδυνεύω (να). ~**ous** a
επικίνδυνος

dangle /'dæŋgl/ vt ταλαντεύω.
• vi αιωρούμαι

Danish /'deɪnɪʃ/ a δανέζικος.
• n (lang) (τα) δανέζικα

dank /dæŋk/ a υγρός

dare /deə(r)/ vt τολμώ.
(challenge) προκαλώ. • n (η)
τόλμη

daredevil /'deədevɪl/ n (ο)
παράτολμος

daring /'deərɪŋ/ a τολμηρός

dark /da:k/ a σκοτεινός.
(colour) σκούρος. (gloomy)
μελαγχολικός. • n (το)
σκοτάδι. (nightfall) (η) νύχτα.
~**ness** n (το) σκοτάδι

darken /'da:kən/ vt/i
σκοτεινιάζω

darling /'dɑːlɪŋ/ *a & n* αγαπημένος

darn /dɑːn/ *vt* μαντάρω

dart /dɑːt/ *n* (το) βέλος. **~s** (τα) βελάκια. • *vi* ορμώ

dartboard /'dɑːtbɔːd/ *n* (ο) στόχος για βελάκια

dash /dæʃ/ *n* (small amount) πολύ λίγο. (stroke) (η) παύλα

dashboard /'dæʃbɔːd/ *n* (το) ταμπλό (αυτοκινήτου)

dashing /'dæʃɪŋ/ *a* εντυπωσιακός

data /'deɪtə/ *npl* (τα) δεδομένα. **~ processing** *n* (η) επεξεργασία δεδομένων

date¹ /deɪt/ *n* (η) ημερομηνία. (meeting) (το) ραντεβού. • *vt* βάζω ημερομηνία σε. **~ of birth** *n* (η) ημερομηνία γεννήσεως. **~d** ντεμοντέ invar

date² /deɪt/ *n* (fruit) (ο) χουρμάς

daub /dɔːb/ *vt* πασαλείφω

daughter /'dɔːtə(r)/ *n* (η) κόρη. **~-in-law** *n* (η) νύφη

dawdle /'dɔːdl/ *vi* χασομερώ

dawn /dɔːn/ *n* (η) αυγή. • *vi* ξημερώνω. (fig) αντιλαμβάνομαι

day /deɪ/ *n* (η) ημέρα. **~-break** *n* (τα) χαράματα. **~-dream** *n* (το) ονειροπόλημα. • *vi* ονειροπολώ

daylight /'deɪlaɪt/ *n* (το) φως της ημέρας

daytime /'deɪtaɪm/ *n* (η) ημέρα

daze /deɪz/ *vt* ζαλίζω. • *n* (η) ζάλη

dazzle /'dæzl/ *vt* θαμπώνω

dead /ded/ *a* νεκρός. (numb) μουδιασμένος. • *adv* απόλυτα. • **n the ~** (οι) πεθαμένοι. **~ end** *n* (το) αδιέξοδο

deaden /'dedn/ *vt* (sound, blow) κόβω. (pain) νεκρώνω

deadline /'dedlaɪn/ *n* (η) προθεσμία, (η) διορία

deadlock /'dedlɒk/ *n* (το) αδιέξοδο

deadly /'dedlɪ/ *a* θανάσιμος

deaf /def/ *a* κουφός. **~-aid** *n* (το) ακουστικό βαρηκοΐας. **~ness** *n* (η) κώφωση

deafen /'defn/ *vt* κουφαίνω. **~ing** *a* εκκωφαντικός

deal /diːl/ *vt* (pt **dealt**) (a blow) καταφέρω. (cards) μοιράζω. • *vi* (trade) εμπορεύομαι. • *n* (η) συμφωνία. (cards) (η) μοιρασιά. (treatment) (η) μεταχείριση. **a great ~ with** (handle) χειρίζομαι. (be about) αντιμετωπίζω. **~er** *n* (comm.) (ο) έμπορος

dear /dɪə(r)/ *a* αγαπητός. **D~ Sir/Madam** Αγαπητέ Κύριε/Αγαπητή Κυρία. • *n* (ο) αγαπητός. • *adv* ακριβά. • *int* **~ me!** πω πω!, **oh ~!** τι λες! **~ly** *adv* πολύ. (pay) ακριβά

death /deθ/ *n* (ο) θάνατος. **~ certificate** *n* (το) πιστοποιητικό θανάτου. **be bored to ~** πεθαίνω από πλήξη. **~ly** *a* θανάσιμος

debase /dɪ'beɪs/ *vt* εξευτελίζω

debate /dɪ'beɪt/ *n* (η) συζήτηση. • *vt* συζητώ. • *vi* (consider) σκέφτομαι

debit /'debɪt/ *n* (η) χρέωση. • *vt* χρεώνω

debris /'debri:/ n (τα) συντρίμματα

debt /det/ n (το) χρέος. **in ~** χρεωμένος. **~or** n (ο) χρεώστης

debut /'deɪbu:,'deɪbju:/ n (το) ντεμπούτο invar

decade /'dekeɪd/ n (η) δεκαετία

decaden|t /'dekədənt/ a παρακμασμένος. **~ce** n (η) παρακμή

decay /dɪ'keɪ/ vi φθείρομαι. (tooth) σαπίζω. • n (η) φθορά. (of tooth) (το) σάπισμα

deceased /dɪ'si:st/ a εκλιπών. • n the **~** (ο) αποβιώσας

deceit /dɪ'si:t/ n (η) απάτη. **~ful** a δόλιος

deceive /dɪ'si:v/ vt απατώ

December /dɪ'sembə(r)/ n (ο) Δεκέμβριος

decen|t /'di:snt/ a ευπρεπής. (good: fam) καλός. (kind: fam) ευγενικός. **~cy** n (η) ευπρέπεια

decept|ive /dɪ'septɪv/ a απατηλός. **~ion** /-ʃn/ n (η) απάτη

decide /dɪ'saɪd/ vt/i αποφασίζω. **~d** /-ɪd/ a αποφασισμένος. **~dly** /-ɪdlɪ/ adv αναμφισβήτητα

decimal /'desɪml/ a δεκαδικός. • n (ο) δεκαδικός αριθμός. **~ point** (το) κόμμα, (η) υποδιαστολή

decipher /dɪ'saɪfə(r)/ vt αποκρυπτογραφώ

decision /dɪ'sɪʒn/ n (η) απόφαση

decisive /dɪ'saɪsɪv/ a αποφασιστικός

deck¹ /dek/ n (το) κατάστρωμα. (of cards: Amer) (η) τράπουλα. **~-chair** n (η) σεζλόνγκ invar

deck² /dek/ vt στολίζω

declar|e /dɪ'kleə(r)/ vt δηλώνω. **~ation** /deklə'reɪʃn/ n (η) δήλωση

decline /dɪ'klaɪn/ vt/i αρνούμαι. • vi (deteriorate) χειροτερεύω. (health) εξασθενώ. (gram) κλίνω/ομαι. • n (η) παρακμή

decompose /di:kəm'pəʊz/ vt/i αποσυνθέτω/αποσυντίθεμαι

décor /'deɪkɔ:(r)/ n (η) διακόσμηση

decorat|e /'dekəreɪt/ vt (room) διακοσμώ. **~ion** /-'reɪʃn/ n (η) διακόσμηση. **~ive** /-ətɪv/ a διακοσμητικός

decorator /'dekəreɪtə(r)/ n (interior) (ο) διακοσμητής

decoy¹ /'di:kɔɪ/ n (το) δόλωμα

decoy² /dɪ'kɔɪ/ vt δελεάζω

decrease¹ /dɪ'kri:s/ vt/i μειώνω/ομαι

decrease² /'di:kri:s/ n (η) μείωση

decree /dɪ'kri:/ n (το) διάταγμα. (jur) (η) απόφαση

decrepit /dɪ'krepɪt/ a υπέργηρος

dedicat|e /'dedɪkeɪt/ vt αφιερώνω. **~ion** /-'keɪʃn/ n (η) αφοσίωση. (in book) (η) αφιέρωση

deduce /dɪ'dju:s/ vt συμπεραίνω

deduct /dɪ'dʌkt/ vt αφαιρώ

deduction /dɪ'dʌkʃn/ n (deducing) (το) συμπέρασμα. (deducting) (η) αφαίρεση. (amount) (η) κράτηση

deed /di:d/ n (η) πράξη

deem /di:m/ vt θεωρώ

deep /di:p/ a βαθύς. • adv
βαθιά. **~-freeze** n (η)
κατάψυξη

deepen /'di:pən/ vt/i βαθαίνω

deer /dɪə(r)/ n invar (το) ελάφι

deface /dɪ'feɪs/ vt
παραμορφώνω

defamation /defə'meɪʃn/ n (η)
δυσφήμηση

defeat /dɪ'fi:t/ vt νικώ.
(frustrate) ανατρέπω. • n (η)
ήττα. (of plan etc.) (η)
ανατροπή

defeatist /dɪ'fi:tɪst/ n (o, η)
ηττοπαθής

defect¹ /'di:fekt/ n (το)
ελάττωμα. **~ive** /dɪ'fektɪv/ a
ελαττωματικός

defect² /dɪ'fekt/ vi αυτομολώ

defence /dɪ'fens/ n (η)
υπεράσπιση

defend /dɪ'fend/ vt
υπερασπίζω. **~ant** n (jur) (o)
εναγόμενος. **~er** n (o)
υπερασπιστής

defensive /dɪ'fensɪv/ a
αμυντικός. • n (η) άμυνα

defer /dɪ'fɜ:(r)/ vt αναβάλλω

deference /'defərəns/ n (o)
σεβασμός

defian|ce /dɪ'faɪəns/ n (η)
περιφρόνηση. **~t** a
περιφρονητικός

deficient /dɪ'fɪʃnt/ a ελλιπής

deficit /'defɪsɪt/ n (το) έλλειμμα

define /dɪ'faɪn/ vt προσδιορίζω

definite /'defɪnɪt/ a οριστικός.
(clear) σαφής. (firm)
κατηγορηματικός. **~ly** adv
οριστικά

definition /defɪ'nɪʃn/ n (o)
ορισμός

definitive /dɪ'fɪnətɪv/ a
οριστικός

deflat|e /dɪ'fleɪt/ vt/i
ξεφουσκώνω/ομαι. **~ion** /-ʃn/
n (το) ξεφούσκωμα. (comm) (ο)
αντιπληθωρισμός

deflect /dɪ'flekt/ vt/i
εκτρέπω/ομαι

deform /dɪ'fɔ:m/ vt
παραμορφώνω. **~ed** a
παραμορφωμένος. **~ity** n (η)
παραμόρφωση

defraud /dɪ'frɔ:d/ vt εξαπατώ

defrost /di:'frɒst/ vt ξεπαγώνω

deft /deft/ a επιδέξιος

defunct /dɪ'fʌŋkt/ a νεκρός
(not valid) άκυρος

defuse /di:'fju:z/ vt αφοπλίζω

defy /dɪ'faɪ/ vt προκαλώ.
(attempts) αψηφώ

degenerate¹ /dɪ'dʒenəreɪt/ vi
καταντώ. (degrade)
εκφυλίζομαι

degenerate² /dɪ'dʒenərət/ a
εκφυλισμένος. • n (o) έκφυλος

degrade /dɪ'greɪd/ vt
εξευτελίζω

degree /dɪ'gri:/ n (angle) (η)
μοίρα. (temperature) (o)
βαθμός. (univ) (το) πτυχίο

dehydrate /di:'haɪdreɪt/ vt/i
αφυδατώνω/ομαι

de-ice /di:'aɪs/ vt αποψύχω

deign /deɪn/ vi καταδέχομαι

deity /'di:ɪt/ n (η) θεότητα

dejected /dɪ'dʒektɪd/ a
αποθαρρυμένος

delay /dɪ'leɪ/ vt καθυστερώ. • n
(η) καθυστέρηση

delegate¹ /'delɪgət/ n (ο)
απεσταλμένος

delegat|e² /'delɪgeɪt/ vt
αναθέτω. **~ion** /-ʃn/ n (η)
αποστολή

delete /dɪ'li:t/ vt διαγράφω

deliberate¹ /dɪ'lɪbərət/ a
σκόπιμος. (slow)
προμελετημένος. **~ly** adv
σκόπιμα

deliberate² /dɪ'lɪbəreɪt/ vt/i
σκέφτομαι

delica|te /'delɪkət/ a
ντελικάτος. **~cy** n (η)
λεπτότητα. (food) (η)
λιχουδιά

delicatessen /delɪkə'tesn/ n
(το) αλλαντοπωλείο

delicious /dɪ'lɪʃəs/ a
νοστιμότατος

delight /dɪ'laɪt/ n (η) τέρψη.
• vt ευχαριστώ • vi **~ in**
απολαμβάνω. **~ed** a
κατευχαριστημένος. **~ful** a
υπέροχος

delinquent /dɪ'lɪŋkwənt/ a
παράνομος. • n (ο) παραβάτης

deliri|ous /dɪ'lɪrɪəs/ a που
παραληρεί. (fig) τρελός. **~um**
n (το) παραλήρημα

deliver /dɪ'lɪvə(r)/ vt παραδίδω.
(post) διανέμω. (speech) κάνω.
(med) ξεγεννώ. **~y** n (η)
παράδοση. (of post) (η)
διανομή. (med) (ο) τοκετός

delu|de /dɪ'lu:d/ vt εξαπατώ.
~sion /-ʒn/ n (η) αυταπάτη

deluge /'delju:dʒ/ n (ο)
κατακλυσμός

de luxe /dɪ'lʌks/ a πολυτελής

delve /delv/ vi **into**
ερευνώ

demand /dɪ'mɑ:nd/ vt απαιτώ.
• n (η) απαίτηση. (comm) (το)
αίτημα. **~ing** a απαιτητικός

demarcation /di:mɑ:'keɪʃn/ n
(ο) διαχωρισμός

demented /dɪ'mentɪd/ a
παράφρων

demise /dɪ'maɪz/ n (ο) θάνατος

democracy /dɪ'mɒkrəsɪ/ n (η)
δημοκρατία

democrat /'deməkræt/ n (ο)
δημοκράτης. **~ic** /-'krætɪk/ a
δημοκρατικός

demoli|sh /dɪ'mɒlɪʃ/ vt
κατεδαφίζω. **~tion** /demə'lɪʃn/
n (η) κατεδάφιση

demon /'di:mən/ n (ο)
δαίμονας

demonstrat|e /'demənstreɪt/ vt
(display) επιδεικνύω. (prove)
αποδεικνύω. • vi διαδηλώνω.
~ion /-'streɪʃn/ n (η)
διαδήλωση. **~or** n (ο)
διαδηλωτής

demoralize /dɪ'mɒrəlaɪz/ vt
σπάω το ηθικό (with gen.)

demote /dɪ'məʊt/ vt υποβιβάζω

demure /dɪ'mjʊə(r)/ a σεμνός

den /den/ n (το) άντρο

denial /dɪ'naɪəl/ n (η) άρνηση

denim /'denɪm/ n (το) μπλε
βαμβακερό ύφασμα. **~s** (το)
μπλου τζιν invar

Denmark /'denmɑ:k/ n (η)
Δανία

denomination /dɪnɒmɪ'neɪʃn/ n
(money) (η) αξία. (relig) (το)
θρήσκευμα

denote /dɪ'nəʊt/ vt δείχνω

denounce /dɪ'naʊns/ vt
καταγγέλλω

dens|e /dens/ *a* πυκνός.
(*person: fam*) χοντροκέφαλος.
~ity *n* (η) πυκνότητα

dent /dent/ *n* (το) βαθούλωμα.
• *vt* βαθουλώνω

dental /'dentl/ *a* οδοντικός. **~
surgeon** *n* (ο, η) χειρούργος
οδοντίατρος

dentist /'dentist/ *n* (ο, η)
οδοντογιατρός

denture /'dentʃə(r)/ *n* (η)
οδοντοστιχία

deny /dɪ'naɪ/ *vt* (*rumour*)
διαψεύδω. (*disown*)
αποκηρύσσω. (*refuse*)
αρνούμαι

deodorant /diː'əʊdərənt/ *n* (το)
αποσμητικό

depart /dɪ'pɑːt/ *vi* αναχωρώ,
φεύγω

department /dɪ'pɑːtment/ *n*
(το) τμήμα. **~ store** *n* (το)
πολυκατάστημα

departure /dɪ'pɑːtʃə(r)/ *n* (η)
αναχώρηση

depend /dɪ'pend/ *vi* **~ on**
εξαρτώμαι από. (*rely*)
στηρίζομαι σε. **~able** *a*
αξιόπιστος. **~ant** *n* (ο)
εξαρτώμενος. **~ence** *n* (η)
εξάρτηση. **~ent** *a*
εξαρτώμενος

depict /dɪ'pɪkt/ *vt* απεικονίζω.
(*in words*) περιγράφω

deplete /dɪ'pliːt/ *vt* εξαντλώ

deplor|e /dɪ'plɔː(r)/ *vt*
αποδοκιμάζω. **~able** *a*
ελεεινός

deploy /dɪ'plɔɪ/ *vt/i* (*mil*)
αναπτύσσω(μαι)

deport /dɪ'pɔːt/ *vt* απελαύνω

depose /dɪ'pəʊz/ *vt* εκθρονίζω

deposit /dɪ'pɒzɪt/ *vt* καταθέτω.
• *n* (*in bank*) (η) κατάθεση.
(*first instalment*) (η)
προκαταβολή. (*returnable*) (η)
εγγύηση

depot /'depəʊ/ *n* (η) αποθήκη.
(*Amer*) (ο) σταθμός

deprave /dɪ'preɪv/ *vt*
διαφθείρω. **~d** *a*
διεφθαρμένος

depreciat|e /dɪ'priːʃɪeɪt/ *vt/i*
υποτιμώ/ούμαι. **~ion** /-'eɪʃn/ *n*
(η) υποτίμηση

depress /dɪ'pres/ *vt* προκαλώ
μελαγχολία σε. (*pedal*) πατώ.
(*key*) πιέζω. **~ed** *a*
αποθαρρυμένος. **~ing** *a*
καταθλιπτικός. **~ion** /-ʃn/ *n*
(η) κατάθλιψη, (η)
μελαγχολία

deprivation /deprɪ'veɪʃn/ *n* (η)
στέρηση

deprive /dɪ'praɪv/ *vt* στερώ

depth /depθ/ *n* (το) βάθος. **be
out of one's ~** (*fig*) χάνω τα
νερά μου

deputize /'depjʊtaɪz/ *vi* **~ for**
αναπληρώνω. • *vt* (*Amer*)
αντιπροσωπεύω

deputy /'depjʊtɪ/ *n* (ο)
αναπληρωτής. **~ chairman**
(ο, η) αντιπρόεδρος

deranged /dɪ'reɪndʒd/ *a* (*mind*)
διαταραγμένος

derelict /'derəlɪkt/ *a*
ερειπωμένος

deri|de /dɪ'raɪd/ *vt*
ειρωνεύομαι. **~sion** /-'rɪʒn/ *n*
(η) ειρωνία

derisory /dɪ'raɪsərɪ/ *a* (*scoffing*)
ειρωνικός. (*offer etc.*) γελοίος

derivative /dɪ'rɪvətɪv/ *n* (το)
παράγωγο

derive /dɪˈraɪv/ vt παράγω. (pleasure) βρίσκω. • vi ~ **from** προέρχομαι από

derogatory /dɪˈrɒɡətrɪ/ a (remark) υποτιμητικός

descend /dɪˈsend/ vt/i κατεβαίνω. be ~ed from κατάγομαι από. ~ant n (o) απόγονος

descent /dɪˈsent/ n (η) κάθοδος. (lineage) (η) καταγωγή

descri|be /dɪsˈkraɪb/ vt περιγράφω. ~ption /-ˈkrɪpʃn/ n (η) περιγραφή

desert¹ /ˈdezət/ n (η) έρημος. ~ **island** n (το) ακατοίκητο νησί

desert² /dɪˈzɜːt/ vt εγκαταλείπω. • vi (mil) λιποτακτώ. ~**er** n (o) λιποτάκτης. ~**ion** /-ʃn/ n (η) λιποταξία

deserv|e /dɪˈzɜːv/ vt αξίζω. ~**ing** a (person) άξιος. (action) αξιόλογος

design /dɪˈzaɪn/ n (comm) (το) σχέδιο. (pattern) (η) γραμμή. (aim) (ο) σκοπός. • vt (plan) σχεδιάζω. ~**er** n (o) σχεδιαστής. (theatr) (o, η) σκηνογράφος

designate /ˈdezɪɡneɪt/ vt ορίζω. (appoint) διορίζω

desir|e /dɪˈzaɪə(r)/ n (η) επιθυμία. • vt επιθυμώ. ~**able** a επιθυμητός

desk /desk/ n (το) γραφείο (έπιπλο). (at school) (το) θρανίο. (comm) (το) ταμείο

desolat|e /ˈdesələt/ a απελπισμένος. (uninhabited)

έρημος. ~**ion** /-ˈleɪʃn/ n (η) ερήμωση, (η) απόγνωση

despair /dɪˈspeə(r)/ n (η) απελπισία. • vi απελπίζομαι

desperat|e /ˈdespərət/ a απελπισμένος. ~**ion** /-ˈreɪʃn/ n (η) απελπισία

despicable /dɪˈspɪkəbl/ a αξιοκαταφρόνητος

despise /dɪˈspaɪz/ vt περιφρονώ

despite /dɪˈspaɪt/ prep παρά

despondent /dɪˈspɒndənt/ a αποθαρρυμένος

despot /ˈdespɒt/ n (o) δεσπότης

dessert /dɪˈzɜːt/ n (το) επιδόρπιο. ~**-spoon** n (το) κουτάλι της κομπόστας

destination /destɪˈneɪʃn/ n (ο) προορισμός

destine /ˈdestɪn/ vt προορίζω. be ~**d to** είναι η μοίρα μου να

destiny /ˈdestɪnɪ/ n (η) μοίρα

destitute /ˈdestɪtjuːt/ a άπορος

destr|oy /dɪˈstrɔɪ/ vt καταστρέφω. ~**uction** /-ˈtrʌkʃn/ n (η) καταστροφή. ~**uctive** a καταστρεπτικός

destroyer /dɪˈstrɔɪə(r)/ n (naut) (το) αντιτορπιλικό

detach /dɪˈtætʃ/ vt αποσυνδέω. ~**ed** a αποσυνδεμένος. (attitude) αμερόληπτος

detachment /dɪˈtætʃmənt/ n (η) απόσπαση. (disinterest) (η) αδιαφορία. (mil) (το) απόσπασμα. (fig) (η) αμερροληψία

detail /ˈdiːteɪl/ n (η) λεπτομέρεια. • vt εκθέτω με

λεπτομέρεια. *(mil)* αποσπώ.
~ed *a* λεπτομερής

detain /dɪ'teɪn/ *vt* καθυστερώ.
(prisoner) κρατώ

detect /dɪ'tekt/ *vt* διακρίνω.
(discover) ανιχνεύω. **~ion**
/-ʃn/ *n* (η) ανίχνευση. **~or** *r*
(ο) ανιχνευτής

detective /dɪ'tektɪv/ *n* (ο, η)
ντετέκτιβ *invar*

detention /dɪ'tenʃn/ *n* (η)
κράτηση

deter /dɪ'tɜ:(r)/ *vt* αποτρέπω

detergent /dɪ'tɜ:dʒənt/ *n* (το)
απορρυπαντικό

deteriorat|e /dɪ'tɪərɪəreɪt/ *vi*
χειροτερεύω. **~ion** /-'reɪʃn/ *n*
(η) χειροτέρευση

determin|e /dɪ'tɜ:mɪn/ *vt*
προσδιορίζω. *(decide)*
αποφασίζω. **~ation** /-'neɪʃn/
n (η) αποφασιστικότητα.
~ed *a (resolute)*
αποφασισμένος

deterrent /dɪ'terənt/ *n* (το)
όπλο/(η) δύναμη αποτροπής

detest /dɪ'test/ *vt* απεχθάνομαι.
~able *a* απεχθής

detonat|e /'detəneɪt/ *vt/i*
πυροκροτώ/ούμαι **~or** *n* (ο)
πυροκροτητής

detour /'di:tʊə(r)/ *n* (η)
παράκαμψη

detract /dɪ'trækt/ *vi* **~ from**
αφαιρώ από

detriment /'detrɪmənt/ *n* (η)
βλάβη. **to be to the ~ of**
είμαι επιβλαβής για. **~al**
/-'mentl/ *a* επιβλαβής

devalue /di:'vælju:/ *vt*
υποτιμώ. **~ation** /-'eɪʃn/ *n* (η)
υποτίμηση

devastat|e /'devəsteɪt/ *vt*
καταστρέφω. **~ing** *a*
καταστρεπτικός

develop /dɪ'veləp/ *vt/i*
αναπτύσσω/ομαι. *(illness)*
παθαίνω. *(land)* αξιοποιώ.
(photographs) εμφανίζω. **~ing
country** *n* (η) αναπτυσσόμενη
χώρα. **~ment** *n* (η) ανάπτυξη.
(η) εξέλιξη

deviat|e /'di:vɪeɪt/ *vi*
παρεκκλίνω *(from*, από).
~ion /-'eɪʃn/ *n* (η)
παρέκκλιση

device /dɪ'vaɪs/ *n* (η) συσκευή.
(scheme) (η) επινόηση

devil /'devl/ *n* (ο) διάβολος

devious /'di:vɪəs/ *a* ύπουλος

devise /dɪ'vaɪz/ *vt* επινοώ

devoid /dɪ'vɔɪd/ *a* **~ of** χωρίς

devot|e /dɪ'vəʊt/ *vt* αφιερώνω.
~ed *a* αφοσιωμένος. **~ion**
/-ʃn/ *n* (η) αφοσίωση

devour /dɪ'vaʊə(r)/ *vt*
καταβροχθίζω

devout /dɪ'vaʊt/ *a* ευσεβής

dew /dju:/ *n* (η) δροσιά

dexterity /dek'sterətɪ/ *n* (η)
επιδεξιότητα

diabet|es /daɪə'bi:ti:z/ *n* (ο)
διαβήτης. **~ic** /-'betɪk/ *a & n*
(ο) διαβητικός

diagnose /'daɪəgnəʊz/ *vt* κάνω
διάγνωση

diagnosis /daɪəg'nəʊsɪs/ *n*
(pl **-oses** /-si:z/) (η) διάγνωση

diagonal /daɪ'ægənl/ *a*
διαγώνιος. **~** *n* (η) διαγώνιος.
~ly *adv* διαγωνίως

diagram /'daɪəgræm/ *n* (το)
διάγραμμα

dial /'daɪəl/ n (of phone, meter, clock) (το) καντράν. • vt (pt dialled) σχηματίζω (αριθμό)

dialect /'daɪəlekt/ n (η) διάλεκτος

dialogue /'daɪəlɒg/ n (o) διάλογος

diameter /daɪ'æmɪtə(r)/ n (η) διάμετρος

diamond /'daɪəmənd/ n (το) διαμάντι. (shape) (o) ρόμβος. **~s** (cards) (τα) καρό invar

diaper /'daɪəpə(r)/ n (Amer) (η) πάνα

diaphragm /'daɪəfræm/ n (το) διάφραγμα

diarrhoea /daɪə'rɪə/ n (η) διάρροια

diary /'daɪərɪ/ n (το) ημερολόγιο

dice /daɪs/ n invar (τα) ζάρια. • vt (culin) κόβω σε μικρούς κύβους

dictate /dɪk'teɪt/ vt υπαγορεύω. **~ion** /-ʃn/ n (η) υπαγόρευση

dictator /dɪk'teɪtə(r)/ n (o) δικτάτορας. **~ship** n (η) δικτατορία

dictionary /'dɪkʃənərɪ/ n (το) λεξικό

did /dɪd/ see DO

didn't /'dɪdnt/ = did not

die /daɪ/ vi (pres p dying) πεθαίνω. **~ down** κοπάζω. **~ out** σβήνω. **be dying for/to** πεθαίνω για/να

diesel /'diːzl/ n (το) πετρέλαιο, (το) ντίζελ invar

diet /'daɪət/ n (το) διαιτολόγιο. (restricted) (η) δίαιτα. • vi κάνω δίαιτα

differ /'dɪfə(r)/ vi διαφέρω. (disagree) διαφωνώ

differen|t /'dɪfrənt/ a διαφορετικός. **~ce** n (η) διαφορά. (disagreement) (η) διαφωνία

differentiate /dɪfə'renʃɪeɪt/ vt/i ξεχωρίζω (**between**, μεταξύ)

difficult /'dɪfɪkəlt/ a δύσκολος. **~y** n (η) δυσκολία

diffident /'dɪfɪdənt/ a διστακτικός

diffuse[1] /dɪ'fjuːs/ a διάχυτος

diffuse[2] /dɪ'fjuːz/ vt/i διαχύνω

dig /dɪg/ vt/i (pt dug, pres p digging) σκάβω. (thrust) χώνω. • n (poke) (το) σκούντημα. (remark: fam) (η) σπόντα. (archaeol.) (η) ανασκαφή. **~ up** (find) βρίσκω. (plant, tree) βγάζω (με τη ρίζα)

digest /dɪ'dʒest/ vt χωνεύω. **~ion** /-ʃn/ n (η) χώνεψη

digit /'dɪdʒɪt/ n (το) ψηφίο. (finger) (το) δάχτυλο

digital /'dɪdʒɪtl/ a ψηφιακός. **~ camera** (η) ψηφιακή φωτογραφική μηχανή

dignif|y /'dɪgnɪfaɪ/ vt δίνω αξία σε. **~ied** a αξιοπρεπής

dignity /'dɪgnɪtɪ/ n (η) αξιοπρέπεια

digress /daɪ'gres/ vi ξεφεύγω (**from**, από). **~ion** /-ʃn/ n (η) παρέκβαση

dilapidated /dɪ'læpɪdeɪtɪd/ a σαραβαλιασμένος

dilate /daɪ'leɪt/ vt/i διαστέλλω/ομαι

dilemma /dɪ'lemə/ n (το) δίλημμα

diligent /'dɪlɪdʒənt/ a επιμελής

dilute /daɪ'lju:t/ vt διαλύω

dim /dɪm/ a θαμπός. (weak) αδύνατος. (dark) αμυδρός. (vague) συγκεχυμένος. (stupid: fam) κουτός. • vt/i (pt dimmed) (light) χαμηλώνω

dime /daɪm/ n (Amer) νόμισμα των 10 σεντς

dimension /daɪ'menʃn/ n (η) διάσταση

diminish /dɪ'mɪnɪʃ/ vt/i μειώνω/μειώνομαι

diminutive /dɪ'mɪnjʊtɪv/ a μικροκαμωμένος. • n (το) υποκοριστικό

din /dɪn/ n (ο) σαματάς

dine /daɪn/ vi γευματίζω. **~r** /-ə(r)/ n (person) αυτός/αυτή που γευματίζει. (rail) (το) βαγκόν-ρεστοράν invar. (Amer) (το) εστιατόριο

dinghy /'dɪŋgɪ/ n (η) μικρή βάρκα

dingy /'dɪndʒɪ/ a βρόμικος και σκοτεινός

dining-room /'daɪnɪŋru:m/ n (η) τραπεζαρία

dinner /'dɪnə(r)/ n (το) γεύμα. **~-jacket** n (το) σμόκιν invar. **~ party** n (το) επίσημο δείπνο

dinosaur /'daɪnəsɔ:(r)/ n (ο) δεινόσαυρος

diocese /'daɪəsɪs/ n (η) επισκοπή (περιφέρεια)

dip /dɪp/ vt/i (pt dipped) βυθίζω. (pen) βουτώ. (headlights) χαμηλώνω. • n (slope) (η) κλίση. (in sea) (το) σύντομο μπάνιο

diphtheria /dɪf'θɪərɪə/ n (η) διφθερίτιδα

diploma /dɪ'pləʊmə/ n (το) δίπλωμα

diplomacy /dɪ'pləʊməsɪ/ n (η) διπλωματία

diplomat /'dɪpləmæt/ n (ο) διπλωμάτης. **~ic** /-'mætɪk/ a διπλωματικός

dire /daɪə(r)/ a τρομερός

direct /dɪ'rekt/ a ευθύς. • adv κατευθείαν. • vt (show the way) δείχνω το δρόμο σε. (aim) κατευθύνω. (attention) στρέφω. (theatr) σκηνοθετώ. (instruct) διατάζω

direction /dɪ'rekʃn/ n (η) κατεύθυνση. (theatr) (η) σκηνοθεσία. **~s** (οι) οδηγίες

directly /dɪ'rektlɪ/ adv απευθείας. (at once) αμέσως

director /dɪ'rektə(r)/ n (ο) διευθυντής, (η) διευθύντρια. (theatr) (ο) σκηνοθέτης, (η) σκηνοθέτρια

directory /dɪ'rektərɪ/ n (ο) κατάλογος

dirge /dɜ:dʒ/ n (το) μοιρολόι

dirt /dɜ:t/ n (η) ακαθαρσία

dirty /'dɜ:tɪ/ a (-ier, -iest) ακάθαρτος. • vt λερώνω. **~ trick** n (η) βρομοδουλειά. **~ word** n (το) βρομόλογο

disability /dɪsə'bɪlətɪ/ n (η) αναπηρία

disable /dɪs'eɪbl/ vt προκαλώ αναπηρία. **~d** a ανάπηρος

disadvantage /dɪsəd'vɑ:ntɪdʒ/ n (το) μειονέκτημα. **~d** a μειονεκτών

disagree /dɪsə'gri:/ vi διαφωνώ (with, με). (food, climate) **~ with** πειράζω. **~ment** n (η) διαφωνία. (quarrel) (η) διαφορά

disagreeable /dɪsəˈgriːəbl/ *a*
δυσάρεστος

disappear /dɪsəˈpɪə(r)/ *vi*
εξαφανίζομαι. **~ance** *n* (η)
εξαφάνιση

disappoint /dɪsəˈpɔɪnt/ *vt*
απογοητεύω. **~ed** *a*
απογοητευμένος. **~ing** *a*
απογοητευτικός. **~ment** *n* (η)
απογοήτευση

disapprov|e /dɪsəˈpruːv/ *vi* **~
of** αποδοκιμάζω. **~al** *n* (η)
αποδοκιμασία

disarm /dɪsˈɑːm/ *vt/i*
αφοπλίζω/ομαι. **~ament** *n* (ο)
αφοπλισμός

disarray /dɪsəˈreɪ/ *n* (η) αταξία.
in ~ σε σύγχυση

disast|er /dɪˈzɑːstə(r)/ *n* (η)
καταστροφή. **~rous** *a*
ολέθριος

disbelief /dɪsbɪˈliːf/ *n* (η)
δυσπιστία

disc /dɪsk/ *n* (ο) δίσκος

discard /dɪsˈkɑːd/ *vt*
απορρίπτω

discern /dɪˈsɜːn/ *vt* διακρίνω

discharge[1] /dɪsˈtʃɑːdʒ/ *vt*
(*unload*) ξεφορτώνω. (*liquid*)
εκκενώνω. (*dismiss*) απολύω.
(*jur*) απαλλάσσω. (*gun*)
αδειάζω.

discharge[2] /dɪsˈtʃɑːdʒ/ *n*
(*electr*) (η) εκφόρτιση.
(*emission*) (το) απέκκριμα.
(*from hospital*) (η) έξοδος.
(*mil*) (η) απόλυση. (*jur*) (η)
απαλλαγή

disciple /dɪˈsaɪpl/ *n* (ο) μαθητής

discipline /ˈdɪsɪplɪn/ *n* (η)
πειθαρχία. • *vt* επιβάλλω
πειθαρχία σε. (*punish*) τιμωρώ

disclos|e /dɪsˈkləʊz/ *vt*
αποκαλύπτω. **~ure** /-ʒə(r)/ *n*
(η) αποκάλυψη

disco /ˈdɪskəʊ/ *n* (η) ντίσκο
invar

discolour /dɪsˈkʌlə(r)/ *vt/i*
ξεθωριάζω

discomfort /dɪsˈkʌmfət/ *n* (η)
στενοχώρια. (*lack of comfort*)
(η) έλλειψη άνεσης

disconcert /dɪskənˈsɜːt/ *vt*
αναστατώνω

disconnect /dɪskəˈnekt/ *vt*
αποσυνδέω

discontent /dɪskənˈtent/ *n* (η)
δυσαρέσκεια. **~ed** *a*
δυσαρεστημένος

discontinue /dɪskənˈtɪnjuː/ *vt*
διακόπτω. (*stop*) σταματώ

discord /ˈdɪskɔːd/ *n* (η)
διχόνοια

discothèque /ˈdɪskətek/ *n* (η)
ντισκοτέκ *invar*

discount[1] /ˈdɪskaʊnt/ *n* (η)
έκπτωση

discount[2] /dɪsˈkaʊnt/ *vt*
απορρίπτω. (*comm*) κάνω
έκπτωση

discourage /dɪsˈkʌrɪdʒ/ *vt*
αποθαρρύνω

discourteous /dɪsˈkɜːtɪəs/ *a*
αγενής

discover /dɪsˈkʌvə(r)/ *vt*
ανακαλύπτω. **~y** *n* (η)
ανακάλυψη

discredit /dɪsˈkredɪt/ *vt* φέρνω
σε ανυπόληψια

discreet /dɪsˈkriːt/ *a*
διακριτικός

discrepancy /dɪˈskrepənsɪ/
(η) ασυμφωνία

discretion /dɪˈskreʃn/ n (η) διακριτικότητα

discriminate /dɪsˈkrɪmɪneɪt/ vi κάνω διακρίσεις. ~e between ξεχωρίζω μεταξύ. ~ion /-ˈneɪʃn/ n (η) διάκριση. (bias) (η) μεροληψία

discuss /dɪˈskʌs/ vt συζητώ. ~ion /-ʃn/ n (η) συζήτηση

disdain /dɪsˈdeɪn/ n (η) περιφρόνηση

disease /dɪˈziːz/ n (η) νόσος, (η) ασθένεια

disembark /dɪsɪmˈbaːk/ vt/i αποβιβάζω/ομαι

disengage /dɪsɪnˈɡeɪdʒ/ vt αποσυνδέω

disfigure /dɪsˈfɪɡə(r)/ vt παραμορφώνω

disgrace /dɪsˈɡreɪs/ n (η) ντροπή. (disfavour) (η) δυσμένεια. • vt ντροπιάζω. ~ful a αισχρός

disgruntled /dɪsˈɡrʌntld/ a δυσαρεστημένος

disguise /dɪsˈɡaɪz/ vt μεταμφιέζω. • n (η) μεταμφίεση

disgust /dɪsˈɡʌst/ n (η) αηδία.. • vt αηδιάζω. ~ing a αηδιαστικός

dish /dɪʃ/ n (το) πιάτο. • vt ~ up σερβίρω

dishcloth /ˈdɪʃklɒθ/ n (η) πατσαβούρα για τα πιάτα

dishearten /dɪsˈhaːtn/ vt αποκαρδιώνω

dishevelled /dɪˈʃevld/ a αναμαλλιασμένος

dishonest /dɪsˈɒnɪst/ a ανέντιμος. ~y n (η) ανεντιμότητα

dishonour /dɪsˈɒnə(r)/ n (η) ατίμωση. • vt ατιμάζω

disillusion /dɪsɪˈluːʒn/ vt απογοητεύω

disinfect /dɪsɪnˈfekt/ vt απολυμαίνω. ~ant n (το) απολυμαντικό

disintegrate /dɪsˈɪntɪɡreɪt/ vt/i διαλύω/ομαι

disinterested /dɪsˈɪntrəstɪd/ a αδιάφορος

disk /dɪsk/ n (Amer) = disc. (computer) (η) δισκέτα

dislike /dɪsˈlaɪk/ n (η) αντιπάθεια. • vt αντιπαθώ

dislocate /ˈdɪsləkeɪt/ vt εξαρθρώνω. (limb) βγάζω

dislodge /dɪsˈlɒdʒ/ vt εκτοπίζω

disloyal /dɪsˈlɔɪəl/ a άπιστος

dismal /ˈdɪzməl/ a μελαγχολικός

dismantle /dɪsˈmæntl/ vt αποσυναρμολογώ

dismay /dɪsˈmeɪ/ n (ο) τρόμος και (η) κατάπληξη

dismiss /dɪsˈmɪs/ vt απολύω. (reject) απορρίπτω. ~al n (η) απόλυση. (of idea) (η) απόρριψη

disobedien|t /dɪsəˈbiːdɪənt/ a ανυπάκουος. ~ce n (η) ανυπακοή

disobey /dɪsəˈbeɪ/ vt παρακούω

disorder /dɪsˈɔːdə(r)/ n (η) ακαταστασία. (ailment) (η) διαταραχή

disorganize /dɪsˈɔːɡənaɪz/ vt αποδιοργανώνω. ~d a αποδιοργανωμένος

disorientate /dɪsˈɔːrɪənteɪt/ vt αποπροσανατολίζω

disown /dɪs'əʊn/ vt
αποκηρύσσω

disparaging /dɪs'pærɪdʒɪŋ/ a
υποτιμητικός

disparity /dɪs'pærɪtɪ/ n (η)
διαφορά

dispatch /dɪs'pætʃ/ vt
αποστέλλω. • n (η) αποστολή.
(*report*) (η) αναφορά

dispensable /dɪs'pensəbl/ a μη
απαραίτητος

dispensary /dɪs'pensərɪ/ n (το)
φαρμακείο

dispense /dɪs'pens/ vt διανέμω.
(*med*) εκτελώ (*συνταγή*).
(*justice*) απονέμω. ~ **with**
κάνω χωρίς

disperse /dɪ'spɜːs/ vt/i
διασκορπίζω/ομαι

displace /dɪs'pleɪs/ vt
εκτοπίζω

display /dɪs'pleɪ/ vt
επιδεικνύω. (*goods*) εκθέτω.
(*feelings*) εκδηλώνω. • n (η)
επίδειξη. (*of goods*) (η)
έκθεση. (*of feelings*) (η)
εκδήλωση. (*of computer*) (η)
οθόνη

displease /dɪs'pliːz/ vt
δυσαρεστώ

disposable /dɪs'pəʊzəbl/ a μιας
χρήσης

dispose /dɪs'pəʊz/ vi ~**e of**
απαλλάσσομαι από. **well ~ed
towards** ευνοϊκά
διατεθειμένος απέναντι σε.
~**al** n (η) διάθεση. (*of waste*)
(η) διάθεση. **at s.o.'s** ~**al** στη
διάθεση κάποιου

disposition /dɪspə'zɪʃn/ n (η)
διάθεση. (*character*) (ο)
χαρακτήρας

disproportionate
/dɪsprə'pɔːsənət/ a
δυσανάλογος

disprove /dɪs'pruːv/ vt
αποδεικνύω σαν ανακριβές

dispute /dɪs'pjuːt/ vt
αμφισβητώ. • n (η) συζήτηση

disqualify /dɪs'kwɒlɪfaɪ/ vt
εμποδίζω. (*sport*) αποκλείω.
(*from driving*) αφαιρώ την
άδεια

disregard /dɪsrɪ'gɑːd/ vt αγνοώ

disreputable /dɪs'repjʊtəbl/ a
ανυπόληπτος

disrespect /dɪsrɪs'pekt/ n (η)
έλλειψη σεβασμού. ~**ful** a
αναιδής

disrupt /dɪs'rʌpt/ vt διασπώ.
(*plans*) προκαλώ αναστάτωση
σε. ~**ion** /-ʃn/ n (η)
αναστάτωση

dissatisf|ied /dɪ'sætɪsfaɪd/ a
δυσαρεστημένος. ~**action**
/dɪsætɪs'fækʃn/ n (η)
δυσαρέσκεια

dissect /dɪ'sekt/ vt ανατέμνω

dissent /dɪ'sent/ vi διαφωνώ
(**from**, με). • n (η) διαφωνία

dissident /'dɪsɪdənt/ a που
διαφωνεί

dissipate /'dɪsɪpeɪt/ vt
διασκορπίζω. (*waste*) σπαταλώ

dissociate /dɪ'səʊʃɪeɪt/ vt
διαχωρίζω

dissolute /'dɪsəljuːt/ a άσωτος

dissolve /dɪ'zɒlv/ vt/i
διαλύω/ομαι

dissuade /dɪ'sweɪd/ vt
μεταπείθω

distance /'dɪstəns/ n (η)
απόσταση. **from a** ~ από
μακριά. **in the** ~ μακριά

distant /'dɪstənt/ a μακρινός

distaste /dɪs'teɪst/ n (η) αντιπάθεια. **~ful** a αντιπαθητικός

distil /dɪs'tɪl/ vt αποστάζω

distillery /dɪs'tɪlərɪ/ n (η) ποτοποιία

distinct /dɪs'tɪŋkt/ a ευδιάκριτος. (marked) ξεχωριστός. **~ion** /-ʃn/ n (η) διαφορά. (honour) η διάκριση. **~ive** a διακριτικός. **~ly** adv καθαρά

distinguish /dɪs'tɪŋgwɪʃ/ vt/i διακρίνω/ομαι. **~ed** a διακεκριμένος

distort /dɪs'tɔːt/ vt διαστρεβλώνω. (fig) παραποιώ. **~ion** /-ʃn/ n (η) διαστρέβλωση. (fig) (η) παραποίηση

distract /dɪs'trækt/ vt περισπώ (την προσοχή). (amuse) διασκεδάζω. **~ed** a αναστατωμένος. **~ion** /-ʃn/ n (ο) περισπασμός. (frenzy) (η) τρέλα

distraught /dɪs'trɔːt/ a αλλόφρονας

distress /dɪs'tres/ n (η) στενοχώρια. (poverty) (η) φτώχεια. (danger) (ο) κίνδυνος. • vt στενοχωρώ. **~ing** a οδυνηρός

distribut|e /dɪs'trɪbjuːt/ vt διανέμω. **~ion** /-'bjuːʃn/ n (η) διανομή. **~or** n (ο) διανομέας

district /'dɪstrɪkt/ n (η) περιφέρεια. (of town) (η) περιοχή

distrust /dɪs'trʌst/ n (η) δυσπιστία. • vt δυσπιστώ

disturb /dɪs'tɜːb/ vt διαταράσσω. (perturb) συγχύζω. (move) ενοχλώ. **~ance** n (η) ενόχληση. (tumult) (η) αναταραχή. **~ing** a ανησυχητικός

disused /dɪs'juːzd/ a εγκαταλειμμένος

ditch /dɪtʃ/ n (το) χαντάκι

dither /'dɪðə(r)/ vi αμφιταλαντεύομαι

ditto /'dɪtəʊ/ n το ίδιο

divan /dɪ'væn/ n (το) ντιβάνι

dive /daɪv/ vi καταδύομαι. (rush) βουτώ. • n (η) κατάδυση. (of plane) (η) κάθετος εφόρμηση. **~r** n (ο) βουτηχτής. (underwater) (o) δύτης

diverge /daɪ'vɜːdʒ/ vi αποκλίνω

diverse /daɪ'vɜːs/ a ποικίλος

diversify /daɪ'vɜːsɪfaɪ/ vt διαφοροποιώ

diversity /daɪ'vɜːsɪtɪ/ n (η) ποικιλία

diver|t /daɪ'vɜːt/ vt περισπώ. (entertain) διασκεδάζω. **~sion** /-ʃn/ n (η) διασκέδαση. (distraction) (η) παραπλανητική ενέργεια

divide /dɪ'vaɪd/ vt/i διαιρώ/ούμαι. (share) μοιράζω

dividend /'dɪvɪdend/ n (το) μέρισμα

divine /dɪ'vaɪn/ a θείος

divinity /dɪ'vɪnɪtɪ/ n (η) θεολογία

division /dɪ'vɪʒn/ n (η) διαίρεση

divorce /dɪ'vɔːs/ n (το) διαζύγιο. • vt/i χωρίζω. **~d** a διαζευγμένος

divulge /daɪˈvʌldʒ/ vt αποκαλύπτω

DIY abbr = **do-it-yourself**

dizz|y /ˈdɪzɪ/ a ζαλισμένος.
~iness n (η) ζάλη

do /du:/ vt/i (3 sing pres **does**,
pt **did**, pp **done**) κάνω. (be
enough) αρκώ, φτάνω. **how do
you ~?** χαίρω πολύ. **well
done!** μπράβο! v aux **~ you
speak Greek? Yes I ~**
μιλάτε ελληνικά; Ναι. **I ~n't
know** δεν ξέρω. • n (fam) (η)
γιορτή

docile /ˈdəʊsaɪl/ a πειθήνιος

dock[1] /dɒk/ n (η) δεξαμενή

dock[2] /dɒk/ n (jur) (το) εδώλιο

dockyard /ˈdɒkjɑ:d/ n (το)
ναυπηγείο

doctor /ˈdɒktə(r)/ n (ο, η)
γιατρός

doctorate /ˈdɒktərət/ n (το)
διδακτορία

doctrine /ˈdɒktrɪn/ n (το)
δόγμα

document /ˈdɒkjʊmənt/ n (το)
έγγραφο. **~ary** /-ˈmentrɪ/ n
(το) ντοκιμαντέρ invar

dodge /dɒdʒ/ vt αποφεύγω

does /dʌz/ see DO

doesn't /ˈdʌznt/ = **does not**

dog /dɒɡ/ n (ο) σκύλος, (το)
σκυλί

dogged /ˈdɒɡɪd/ a
πεισματάρης

dogma /ˈdɒɡmə/ n (το) δόγμα.
~tic /-ˈmætɪk/ a δογματικός

do-it-yourself /du:ɪtjɔ:ˈself/ n
το χόμπι να κάνει κανείς τις
διάφορες επισκευές ο ίδιος

doldrums /ˈdɒldrəmz/ npl **be
in the ~** είμαι στις κακές μου

dole /dəʊl/ vt **~ out** μοιράζω.
• n (fam) (το) επίδομα
ανεργίας

doleful /ˈdəʊlfl/ a θλιβερός

doll /dɒl/ n (η) κούκλα

dollar /ˈdɒlə(r)/ n (το) δολάριο

dolphin /ˈdɒlfɪn/ n (το) δελφίνι

domain /dəʊˈmeɪn/ n (η)
κτηματική περιουσία

dome /dəʊm/ n (ο) θόλος

domestic /dəˈmestɪk/ a (family)
οικογενειακός. (trade)
εγχώριος. (flights) εσωτερικός.
(animal) οικιακός. • n (ο)
υπηρέτης, (η) υπηρέτρια. **~
ated** a (animal) κατοικίδιος

dominant /ˈdɒmɪnənt/ a
κυριότερος

dominat|e /ˈdɒmɪneɪt/ vt/i
κυριαρχώ. **~ion** /-ˈneɪʃn/ n (η)
κυριαρχία

domineer /dɒmɪˈnɪə(r)/ vi
εξουσιάζω. **~ing** a
αυταρχικός

domino /ˈdɒmɪnəʊ/ n (το)
ντόμινο invar

donat|e /dəʊˈneɪt/ vt δωρίζω.
~ion /-ʃn/ n (η) δωρεά

done /dʌn/ see DO

donkey /ˈdɒŋkɪ/ n (ο)
γάιδαρος, (το) γαϊδούρι

donor /ˈdəʊnə(r)/ n (ο)
δωρητής. (of blood) (ο)
αιμοδότης, (η) αιμοδότρια

don't /dəʊnt/ = **do not**

doom /du:m/ n (η) καταδίκη.
• vt **be ~ed to** είμαι
καταδικασμένος να

door /dɔ:(r)/ n (η) πόρτα

doorbell /ˈdɔ:bel/ n (το)
κουδούνι (πόρτας)

doorman /'dɔ:mən/ n (pl -men) (ο) πορτιέρης

doormat /'dɔ:mæt/ n (το) χαλάκι της πόρτας

doorstep /'dɔ:step/ n (το) κατώφλι

dope /dəʊp/ n (drug) (το) ναρκωτικό. • vt δίνω ναρκωτικό σε

dormant /'dɔ:mənt/ a αδρανής

dormitory /'dɔ:mitri/ n (το) υπνωτήριο

dos|e /dəʊs/ n (η) δόση. **~age** n (on label) (η) δοσολογία

dot /dɒt/ n (η) στιγμή (τελεία). **~-com** n (η) εταιρία ηλεκτρονικού εμπορίου. **~ted line** n (η) διακεκομμένη γραμμή

dote /dəʊt/ vi **~ on** τρελαίνομαι για

double /'dʌbl/ a διπλός. • adv διπλά. • n (person) (ο) σωσίας. **~s** (tennis) (το) διπλό παιχνίδι. • vt/i διπλασιάζω/ομαι. (fold) διπλώνω/ομαι. **~-bass** n (το) κοντραμπάσο. **~ bed** n (το) διπλό κρεβάτι. **~-breasted** a σταυρωτός. **~-click** vi κάνω διπλό κλικ n (το) διπλό κλικ. **~-cross** vt εξαπατώ. **~-decker** n (το) διώροφο λεωφορείο. **~ room** n (το) δίκλινο δωμάτιο

doubt /daʊt/ n (η) αμφιβολία. • vt αμφιβάλλω. **~ful** a αμφίβολος. **~less** adv αναμφίβολος

dough /dəʊ/ n (το) ζυμάρι

dove /dʌv/ n (το) περιστέρι

down /daʊn/ n (το) χνούδι. • adv & prep κάτω. • vt (fam) κατεβάζω. **come** or **go ~**

κατεβαίνω. **~-and-out** n (o) απόκληρος. **~-hearted** a αποθαρρημένος. **~-to-earth** a προσγειωμένος. **~ with** κάτω

downcast /'daʊnka:st/ a αποθαρρημένος

downfall /'daʊnfɔ:l/ n (η) πτώση

downhill /daʊn'hil/ adv προς τα κάτω

download /daʊn'ləʊd/ vt (computing) κατεβάζω

downpour /'daʊnpɔ:(r)/ n (η) νεροποντή

downright /'daʊnrait/ a ευθύς. (straight forward) τίμιος. • adv απόλυτα

downstairs /daʊn'steəz/ adv κάτω. • adv κάτω

downstream /'daʊnstri:m/ adv με το ρεύμα

downtown /'daʊntaʊn/ n (Amer) (το) εμπορικό κέντρο μιας πόλης

downward /'daʊnwəd/ a κατηφορικός. • adv προς τα κάτω. **~s** adv προς τα κάτω

dowry /'daʊəri/ n (η) προίκα

doze /dəʊz/ vi λαγοκοιμάμαι. • n (o) υπνάκος

dozen /'dʌzn/ n (η) δωδεκάδα

Dr abbr (Doctor) Δρ

drab /dræb/ a (dreary) μουντός. (clothing) άχαρος

draft[1] /dra:ft/ n (το) προσχέδιο. (comm) (η) συναλλαγματική. (mil, Amer) (η) στράτευση

draft[2] /dra:ft/ n (Amer) = **draught**

drag /dræg/ vt σέρνω. vi (pass slowly: fig) σέρνομαι. • n (fam) (ο) μπελάς

dragon /'drægən/ *n* (ο) δράκος

dragonfly /'drægənflaɪ/ *n* (η) λιβελλούλη

drain /dreɪn/ *vt* αποξηραίνω. (*land*) αποχετεύω. (*vegetables*) στραγγίζω. (*tank, glass*) αδειάζω. (*fig*) εξαντλώ. • *vi* (*away*) αποχετεύομαι. • *n* (ο) οχετός

drainpipe /'dreɪnpaɪp/ *n* (ο) σωλήνας αποχέτευσης

drama /'drɑːmə/ *n* (το) θεατρικό έργο. (*event*) (το) δράμα. ~**tic** /drə'mætɪk/ *a* δραματικός. ~**tist** /'dræmətɪst/ *n* (ο) δραματουργός

drank /dræŋk/ *see* DRINK

drape /dreɪp/ *vt* απλώνω. ~**s** *npl* (*Amer*) (οι) κουρτίνες

drastic /'dræstɪk/ *a* δραστικός

draught /drɑːft/ *n* (το) ρεύμα. (*pulling*) (το) τράβηγμα. ~**s** (*game*) (η) ντάμα. ~ **beer** (η) μπίρα από το βαρέλι. ~**y** *a* με ρεύματα

draughtsman /'drɑːftsmən/ *n* (*pl* -**men**) (ο) σχεδιαστής

draw /drɔː/ *vt* (*pt* drew, *pp* drawn) (*pull*) τραβώ. (*attract*) ελκύω. (*picture*) σχεδιάζω. • *vi* (*sport*) έρχομαι ισοπαλία. (*sport*) (η) ισοπαλία. (*in lottery*) (η) κλήρωση. ~ **out** (*days*) μεγαλώνω. (*money*) αποσύρω. ~ **up** *vi* (*stop*) σταματώ. • *vt* (*document*) συντάσσω. (*chair*) τραβώ

drawback /'drɔːbæk/ *n* (το) μειονέκτημα

drawbridge /'drɔːbrɪdʒ/ *n* (η) κρεμαστή γέφυρα

drawer /drɔː(r)/ *n* (το) συρτάρι

drawing /'drɔːɪŋ/ *n* (το) σχέδιο. ~**-pin** /ɪn/ (η) πινέζα

drawl /drɔːl/ *n* (η) συρτή φωνή. • *vi* σέρνω τη φωνή

dread /dred/ *n* (ο) τρόμος. • *vt* τρέμω

dreadful /'dredfl/ *a* τρομερός

dream /driːm/ *n* (το) όνειρο. • *vt*/*i* ονειρεύομαι

dreary /'drɪərɪ/ *a* μονότονος. (*boring*) ανιαρός

dredge /dredʒ/ *vt* καθαρίζω με βυθοκόρο

dregs /dregz/ *npl* (τα) κατακάθια

drench /drentʃ/ *vt* μουσκεύω

dress /dres/ *n* (το) ντύσιμο. (*clothing*) (το) φόρεμα. • *vt*/*i* ντύνω. (*decorate*) στολίζω. (*med*) επιδένω. (*culin*) καρυκεύω

dresser /'dresə(r)/ *n* (*furniture*) (ο) χωριάτικος μπουφές

dressing /'dresɪŋ/ *n* (*sauce*) (το) καρύκευμα. (*bandage*) (ο) επίδεσμος. ~**-gown** *n* (η) ρόμπα. ~**-table** *n* (η) τουαλέτα (*έπιπλο*)

dressmaker /'dresmeɪkə(r)/ *n* (η) μοδίστρα

drew /druː/ *see* DRAW

dribble /'drɪbl/ *vi* (*baby*) βγάζω σάλια. (*in football*) τριπλάρω

dried /draɪd/ *a* (*food*) ξηρός

drier /'draɪə(r)/ *n* (*for hair*) (το) σεσουάρ. (*for laundry*) (ο) στεγνωτήρας

drift /drɪft/ *vi* παρασύρομαι. (*snow*) μαζεύομαι. • *n* (*movement*) (η) κίνηση. (*of snow*) (η) στιβάδα. (*meaning*) (το) νόημα. ~ **apart** (*people*) ξεμακραίνω

drill /drɪl/ n (*tool*) (το) τρυπάνι. (*training*) (η) άσκηση. • *vt* ανοίγω (*τρύπα*) με τρυπάνι. (*train*) εκπαιδεύω. • *vi* ασκούμαι

drink /drɪŋk/ *vt/i* (*pt* **drank**, *pp* **drunk**) πίνω. • n (το) ποτό. ~**er** n (ο) πότης. ~**ing-water** n (το) πόσιμο νερό

drip /drɪp/ *vi* (*pt* **dripped**) στάζω. • n (η) στάλα. (*med*) (η) έγχυση

drive /draɪv/ *vt/i* (*pt* **drove**, *pp* **driven**) (*car etc.*) οδηγώ. (*fig*) σπρώχνω. • n (*road*) (η) διαδρομή. (*fig*) (η) δραστηριότητα. (*pol*) (η) εκστρατεία. ~ **away** *vt* διώχνω. • *vi* φεύγω

driver /ˈdraɪvə(r)/ n (ο, η) οδηγός

driving /ˈdraɪvɪŋ/ n (η) οδήγηση. ~ **lesson** n (το) μάθημα οδήγησης. ~-**licence** n (η) άδεια οδήγησης. ~ **test** n (η) εξέταση οδήγησης

drizzle /ˈdrɪzl/ n (η) ψιλή βροχή. • *vi* ψιχαλίζω

drone /drəʊn/ n (ο) κηφήνας. • *vi* βουίζω

droop /druːp/ *vi* (*flowers*) μαραίνομαι

drop /drɒp/ n (η) σταγόνα. (*fall*) (η) απότομη πτώση. (*decrease*) μείωση. • *vt/i* (*pt* **dropped**) στάζω. (*fall, lower*) πέφτω. ~ **out** αποσύρομαι. (*student*) εγκαταλείπω τις σπουδές

drought /draʊt/ n (η) ανομβρία

drove /drəʊv/ *see* DRIVE

drown /draʊn/ *vt/i* πνίγω/ομαι

drowsy /ˈdraʊzɪ/ a νυσταγμένος

drudge /drʌdʒ/ n (ο) είλωτας. ~**ry** /-ərɪ/ n (η) αγγαρεία

drug /drʌg/ n (το) ναρκωτικό. (*med*) (το) φάρμακο. • *vt* (*pt* **drugged**) δίνω ναρκωτικό σε. ~ **addict** n (ο, η) ναρκομανής

drugstore /ˈdrʌgstɔː(r)/ n (*Amer*) (το) φαρμακείο

drum /drʌm/ n (το) τύμπανο. (*for oil*) (το) βαρέλι. ~**mer** n (ο) τυμπανιστής

drunk /drʌŋk/ *see* DRINK. • a μεθυσμένος. **get** ~ μεθώ. ~**ard** n (ο) μέθυσος. ~**en** a μεθυσμένος. ~**enness** n (το) μεθύσι

dry /draɪ/ a (**drier**, **driest**) ξηρός. (*not wet*) στεγνός. (*ironic*) ψυχρός. • *vt/i* στεγνώνω. (*herbs etc.*) ξεραίνω. ~-**clean** *vt* στεγνοκαθαρίζω. ~-**cleaner's** n (*shop*) (το) στεγνοκαθαριστήριο. ~ **up** (*dishes*) στεγνώνω. (*fam*) στερεύω. ~**ness** n (η) ξηρότητα

dual /ˈdjuːəl/ a διπλός. ~ **carriageway** n (ο) δρόμος διπλής κυκλοφορίας. ~-**purpose** a διπλής χρήσεως

dub /dʌb/ *vt* (*pt* **dubbed**) (*film*) ντουμπλάρω

dubious /ˈdjuːbɪəs/ a αμφίβολος. (*person*) ύποπτος

duchess /ˈdʌtʃɪs/ n (η) δούκισσα

duck /dʌk/ n (η) πάπια. • *vt/i* (*one's head*) σκύβω γρήγορα.

(*person*) βουτώ. **~ling** *n* (το)
παπάκι

duct /dʌkt/ *n* (ο) αγωγός

dud /dʌd/ *a* (*cheque: sl*)
ακάλυπτος. (*coin: sl*) πλαστός.
• *n* (*sl*) (το) κούτσουρο

due /dju:/ *a* (*owing*)
πληρωτέος. (*expected*)
αναμενόμενος. (*proper*) δέων,
πρέπων. • *adv* **~ north** προς
το βορρά. **~ to** λόγω (*with gen.*)

duel /'dju:əl/ *n* (η) μονομαχία

duet /dju:'et/ *n* (το) ντουέτο

dug /dʌg/ *see* DIG

duke /dju:k/ *n* (ο) δούκας

dull /dʌl/ *a* (*sky, colour, pain*)
μουντός. (*boring*) ανιαρός.
(*stupid*) κουτός. (*sound*)
υπόκωφος. (*knife*) αμβλύς. • *vt*
(*pain*) ελαφρώνω. (*mind*)
αμβλύνω

duly /'dju:li/ *adv* δεόντως

dumb /dʌm/ *a* βουβός. (*fam*)
κουτός

dummy /'dʌmi/ *n* (*of tailor*)
(η) κούκλα. (*of baby*) (η)
πιπίλα

dump /dʌmp/ *vt* πετώ. (*fam*)
ξεφορτώνω. • *n* (*refuse tip*) (η)
χωματερή. (*mil*) (η) αποθήκη

dunce /dʌns/ *n* (το) τούβλο
(χοντροκέφαλος)

dune /dju:n/ *n* (ο) αμμόλοφος

dung /dʌŋ/ *n* (η) κοπριά

dungarees /dʌŋgə'ri:z/ *npl* (η)
φόρμα εργασίας

dungeon /'dʌndʒən/ *n* (το)
μπουντρούμι

duo /'dju:əʊ/ *n* (οι) δύο

dupe /dju:p/ *vt* εξαπατώ. • *n*
(το) κορόιδο

duplicate[1] /'dju:plɪkət/ *n* (το)
διπλότυπο. • *a* διπλότυπος

duplicate[2] /'dju:plɪkeɪt/ *vt*
βγάζω αντίγραφο. (*on machine*)
πολυγραφώ

durable /'djʊərəbl/ *a* (*tough*)
στερεός. (*enduring*)
ανθεκτικός

duration /djʊ'reɪʃn/ *n* (η)
διάρκεια

during /'djʊərɪŋ/ *prep* κατά τη
διάρκεια (*with gen.*)

dusk /dʌsk/ *n* (το) σούρουπο

dust /dʌst/ *n* (η) σκόνη *vt*
ξεσκονίζω. (*sprinkle*)
πασπαλίζω

dustbin /'dʌstbɪn/ *n* (ο)
σκουπιδοτενεκές

duster /'dʌstə(r)/ *n* (το)
ξεσκονόπανο

dustman /'dʌstmən/ *n* (*pl*
-men) (ο) σκουπιδιάρης

dusty /'dʌsti/ *a* σκονισμένος

Dutch /dʌtʃ/ *a* ολλανδικός. • *n*
(*lang*) (τα) ολλανδικά. **~man**
n (ο) Ολλανδός

duty /'dju:ti/ *n* (το) καθήκον.
(*tax*) (ο) δασμός. **be on ~** έχω
υπηρεσία. **~-free** *a*
αδασμολόγητος

duvet /'dju:veɪ/ *n* (το) πάπλωμα

dwarf /dwɔ:f/ *n* (ο) νάνος

dwell /dwel/ *vi* (*pt* **dwelt**)
κατοικώ. **~ on** επιμένω σε.
~ing *n* (η) κατοικία

dwindle /'dwɪndl/ *vi* λιγοστεύω

dye /daɪ/ *vt* βάφω. • *n* (η) βαφή

dying /'daɪɪŋ/ *see* DIE

dyke /daɪk/ *n* (το) ανάχωμα

dynamic /daɪ'næmɪk/ *a*
δυναμικός. **~s** *npl* (η)
δυναμική

dynamite /'daɪnəmaɪt/ n (ο) δυναμίτης

dynamo /'daɪnəməʊ/ n (το) δυναμό

dynasty /'dɪnəstɪ/ n (η) δυναστεία

dysentery /'dɪsəntrɪ/ n (η) δυσεντερία

··

Ee

··

each /iːtʃ/ a κάθε. • pron ~ one ο καθένας. ~ other ο ένας τον άλλο

eager /'iːgə(r)/ a ανυπόμονος. (enthusiastic) πρόθυμος. be ~ to ανυπομονώ να

eagle /'iːgl/ n (ο) αετός

ear[1] /ɪə(r)/ n (το) αφτί. ~-drum n (το) τύμπανο του αφτιού. ~-ring n (το) σκουλαρίκι

ear[2] /ɪə(r)/ n (of corn) (το) στάχυ

earache /'ɪəreɪk/ n (ο) πόνος του αφτιού

earl /ɜːl/ n (ο) κόμης

early /'ɜːlɪ/ a (-ier, -iest) (morning) πρωινός. (before expected time) πρόωρος. • adv νωρίς

earn /ɜːn/ vt κερδίζω. (deserve) αξίζω

earnest /'ɜːnɪst/ a σοβαρός

earnings /'ɜːnɪŋz/ npl (τα) κέρδη. (salary) (οι) αποδαβές

earphones /'ɪəfəʊnz/ npl (τα) ακουστικά

earth /ɜːθ/ n (η) γη. • vt (electr) γειώνω

earthenware /'ɜːθnweə(r)/ n (τα) πήλινα σκεύη

earthquake /'ɜːθkweɪk/ n (ο) σεισμός

earwig /'ɪəwɪg/ n (η) ψαλίδα (έντομο)

ease /iːz/ n (η) ευκολία. (comfort) (η) άνεση. • vt/i (relax) χαλαρώνω. (slow down) μετριάζω. (loosen) ξεσφίγγω. • vi μετριάζομαι

easel /'iːzl/ n (το) καβαλέτο

east /iːst/ n (η) ανατολή. • a ανατολικός. • adv ανατολικά. ~ern a ανατολικός

Easter /'iːstə(r)/ n (το) Πάσχα

easy /'iːzɪ/ a (-ier, -iest) εύκολος. (relaxed) άνετος. ~-going a βολικός. easily adv εύκολα

eat /iːt/ vt/i (pt ate, pp eaten) τρώγω, τρώω. ~able a φαγώσιμος. ~er n (ο) φαγάς

eavesdrop /'iːvzdrɒp/ vi κρυφακούω

ebb /eb/ n (η) άμπωτη. • vi υποχωρώ. (fig) εξασθενίζω

ebony /'ebənɪ/ n (ο) έβενος

e-book /'iːbʊk/ n (το) ηλεκτρονικό βιβλίο

e-business /'iːbɪznɪs/ n (το) ηλεκτρονικό επιχειρείν

eccentric /ɪk'sentrɪk/ a & n εκκεντρικός. ~ity /eksen'trɪsəti/ n (η) εκκεντρικότητα

echo /'ekəʊ/ n (η) ηχώ. • vi αντηχώ. • vt (imitate) επαναλαμβάνω

eclipse /ɪ'klɪps/ n (η) έκλειψη. • vt επισκιάζω

ecolog|y /ɪ'kɒlədʒɪ/ n (η)
οικολογία. **~ical** /-ə'lɒdʒɪkl/ a
οικολογικός

e-commerce /'iː'kɒmɜːs/ n (το)
ηλεκτρονικό εμπόριο

economic /iːkə'nɒmɪk/ a
οικονομικός. **~al** a
οικονομικός. **~s** n (η)
οικονομολογία

economist /ɪ'kɒnəmɪst/ n (ο, η)
οικονομολόγος

econom|y /ɪ'kɒnəmɪ/ n (η)
οικονομία. **~ize** vi κάνω
οικονομίες

ecstasy /'ekstəsɪ/ n (η)
έκσταση

ecstatic /ɪk'stætɪk/ a
εκστατικός

ECU, ecu /'eɪkjuː/ n (το) ECU,
(το) εκιού *invar*

edge /edʒ/ n (η) άκρη. (*of knife*)
(η) κόψη. (*of cliff*) (το) χείλος.
on ~ εκνευρισμένος

edgy /'edʒɪ/ a ευερέθιστος

edible /'edɪbl/ a φαγώσιμος

edict /'iːdɪkt/ n (το) διάταγμα

edifice /'edɪfɪs/ n (το)
οικοδόμημα

edit /'edɪt/ vt (*newspaper*)
συντάσσω. (*text*) επιμελούμαι.
(*film*) κόβω

edition /ɪ'dɪʃn/ n (η) έκδοση

editor /'edɪtə(r)/ n (ο)
συντάκτης, (η) συντάκτρια. (*of
text*) (ο, η) επιμελητής
εκδόσεως

editorial /edɪ'tɔːrɪəl/ a
εκδοτικός. • n (το) κύριο
άρθρο

educat|e /'edʒʊkeɪt/ vt
εκπαιδεύω. (*mind, public*)
μορφώνω. **~ed** a

μορφωμένος. **~ion** /-'keɪʃn/ n
(η) παιδεία. (*culture*) (η)
εκπαίδευση. **~ional** /-'keɪʃənl/
a εκπαιδευτικός

eel /iːl/ n (το) χέλι

eerie /'ɪərɪ/ a αλλόκοτος.
(*unnatural*) αφύσικος

effect /ɪ'fekt/ n (το)
αποτέλεσμα, (η) ενέργεια. • vt
πραγματοποιώ. **come into ~**
αρχίζω να ισχύω. **take ~**
φέρνω αποτέλεσμα

effective /ɪ'fektɪv/ a
αποτελεσματικός

effeminate /ɪ'femɪnət/ a
θηλυπρεπής

effervescent /efə'vesnt/ a
αναβράζων

efficien|t /ɪ'fɪʃnt/ a ικανός.
~cy n (η) αποδοτικότητα

effigy /'efɪdʒɪ/ n (το) ομοίωμα

effort /'efət/ n (η) προσπάθεια.
~less a εύκολος

effrontery /ɪ'frʌntərɪ/ n (η)
ιταμότητα

effusive /ɪ'fjuːsɪv/ a διαχυτικός

e.g. *abbr* π.χ.

egalitarian /ɪgælɪ'teərɪən/ a
ισοπεδωτικός

egg¹ /eg/ n (το) αβγό. **~-cup**
(η) αβγοθήκη

egg² /eg/ vt **~ on** παροτρύνω

eggshell /'egʃel/ n (το) τσόφλι
του αβγού

ego /'egəʊ/ n (το) εγώ.
~(t)ism n (ο) εγωισμός.
~(t)ist n (ο) εγωιστής, (η)
εγωίστρια

Egypt /'iːdʒɪpt/ n (η) Αίγυπτος.
~ian /ɪ'dʒɪpʃn/ a αιγυπτιακός.
• n (ο) Αιγύπτιος, (η) Αιγύπτια

eiderdown /'aɪdədaʊn/ n (το) πάπλωμα

eight /eɪt/ a οκτώ n (το) οκτώ, (το) οχτώ

eighth /eɪtθ/ a όγδοος. • n (το) όγδοο

eighteen /eɪ'tiːn/ a δεκαοχτώ. • n (το) δεκαοκτώ, (το) δεκαοχτώ

eighty /'eɪtɪ/ a & n ογδόντα

either /'aɪðə(r)/ a & pron είτε, ή. (with negative) ούτε. (each) καθένας. • conj ~ ... or είτε ... είτε, ή ... ή. (with negative) ούτε ... ούτε

eject /ɪ'dʒekt/ vt εκτινάσσω. (throw out) εκδιώκω

elaborate¹ /ɪ'læbərət/ a πολύπλοκος

elaborate² /ɪ'læbəreɪt/ vt επεξεργάζομαι. • vi περιπλέκομαι. ~ on αναπτύσσω

elapse /ɪ'læps/ vi (time) περνώ

elastic /ɪ'læstɪk/ a λαστιχένιος. • n (το) λάστιχο. ~ band (το) λάστιχο

elat|ed /ɪ'leɪtɪd/ a γεμάτος αγαλλίαση. ~ion /-ʃn/ n (η) αγαλλίαση

elbow /'elbəʊ/ n (ο) αγκώνας

elder /'eldə(r)/ a μεγαλύτερος. • n (ο) μεγαλύτερος

elderly /'eldəlɪ/ a ηλικιωμένος

eldest /'eldɪst/ a μεγαλύτερος. • n (ο) μεγαλύτερος

elect /ɪ'lekt/ vt εκλέγω. • a μέλλων. ~ to do διαλέγω να κάνω. ~ion /-ʃn/ n (η) εκλογή

elector /ɪ'lektə(r)/ n (ο) εκλογέας. ~al a εκλογικός. ~ate (το) εκλογικό σώμα

electric /ɪ'lektrɪk/ a ηλεκτρικός. ~ shock n (η) ηλεκτροπληξία. ~al a ηλεκτρολογικός

electrician /ɪlek'trɪʃn/ n (ο) ηλεκτρολόγος

electricity /ɪlek'trɪsətɪ/ n (ο) ηλεκτρισμός

electrify /ɪ'lektrɪfaɪ/ vt ηλεκτρίζω

electrocute /ɪ'lektrəkjuːt/ vt εκτελώ με ηλεκτρισμό

electron /ɪ'lektrɒn/ n (το) ηλεκτρόνιο

electronic /ɪlek'trɒnɪk/ a ηλεκτρονικός. ~s n (η) ηλεκτρονική

elegan|t /'elɪgənt/ a κομψός. ~ce n (η) κομψότητα

element /'elɪmənt/ n (το) στοιχείο. (electr) (η) αντίσταση. ~ary /-'mentrɪ/ a στοιχειώδης

elephant /'elɪfənt/ n (ο) ελέφαντας

elevate /'elɪveɪt/ vt ανυψώνω

elevator /'elɪveɪtə(r)/ n (Amer) (το) ασανσέρ invar, (ο) ανελκυστήρας

eleven /ɪ'levn/ a & n έντεκα invar

elicit /ɪ'lɪsɪt/ vt αποσπώ

eligible /'elɪdʒəbl/ a κατάλληλος. be ~ for sth δικαιούμαι κάτι

eliminat|e /ɪ'lɪmɪneɪt/ vt εξαλείφομαι. ~ion /-'neɪʃn/ n (η) εξάλειψη

élite /eɪ'liːt/ n (η) ελίτ invar

elm /elm/ n (η) φτελιά

elope /ɪ'ləʊp/ vi κλέβομαι

eloquen|t /'eləkwənt/ *a*
εύγλωττος. **~ce** *n* (η)
ευγλωττία

else /els/ *adv* αλλιώς.
everybody ~ όλοι οι άλλοι.
nobody ~ κανένας άλλος.
nothing ~ τίποτ' άλλο. **~**
adv κάπου αλλού

elude /ɪ'luːd/ *vt* διαφεύγω.
(*avoid*) αποφεύγω

elusive /ɪ'luːsɪv/ *a* ασύλληπτος

emaciated /ɪ'meɪʃɪeɪtɪd/ *a*
κάτισχνος

e-mail /'iːmeɪl/ *vt* στέλνω
e-mail, στέλνω μήνυμα με τον
υπολογιστή • *n* (το)
ηλεκτρονικό ταχυδρομείο. **~**
address *n* (η) ηλεκτρονική
διεύθυνση

emanate /'emǝneɪt/ *vi*
προέρχομαι

emancipat|e /ɪ'mænsɪpeɪt/ *vt*
χειραφετώ. **~ion** /-'peɪʃn/
(η) χειραφέτηση

embalm /ɪm'bɑːm/ *vt*
βαλσαμώνω

embargo /ɪm'bɑːgǝʊ/ *n* (το)
εμπάργκο *invar*

embark /ɪm'bɑːk/ *vt/i*
επιβιβάζω/ομαι

embarrass /ɪm'bærǝs/ *vt*
φέρνω σε αμηχανία. **~ed** *a*
αμήχανος. **~ing** *a*
ενοχλητικός. **~ment** *n* (η)
αμηχανία

embassy /'embǝsɪ/ *n* (η)
πρεσβεία

embed /ɪm'bed/ *vt* σφηνώνω

embers /'embǝz/ *npl* (η) θράκα

embezzle /ɪm'bezl/ *vt*
καταχρώμαι

emblem /'emblǝm/ *n* (το)
έμβλημα

embody /ɪm'bɒdɪ/ *vt*
ενσαρκώνω. (*include*)
περικλείω

embrace /ɪm'breɪs/ *vt/i*
αγκαλιάζω/ομαι. • *n* (το)
αγκάλιασμα

embroider /ɪm'brɔɪdǝ(r)/ *vt*
κεντώ. **~y** *n* (το) κέντημα

embryo /'embrɪǝʊ/ *n* (το)
έμβρυο

emerald /'emǝrǝld/ *n* (το)
σμαράγδι

emerge /ɪ'mɜːdʒ/ *vi* ανακύπτω.
(*appear*) εμφανίζομαι. (*surface*)
αναδύομαι

emergency /ɪ'mɜːdʒǝnsɪ/ *n* (η)
έκτακτος ανάγκη. **~ exit** *n* (η)
έξοδος κινδύνου

emigrant /'emɪgrǝnt/ *n* (ο)
μετανάστης, (η)
μετανάστρια

emigrat|e /'emɪgreɪt/ *vi*
μεταναστεύω. **~ion** /-'greɪʃn/
n (η) μετανάστευση

eminent /'emɪnǝnt/ *a*
διακεκριμένος

emit /ɪ'mɪt/ *vt* εκπέμπω

emotion /ɪ'mǝʊʃn/ *n* (η)
συγκίνηση. **~al** *a*
συγκινητικός. (*person*)
ευκολοσυγκίνητος

emotive /ɪ'mǝʊtɪv/ *a*
συγκινησιακός

emperor /'empǝrǝ(r)/ *n* (ο)
αυτοκράτορας

emphasis /'emfǝsɪs/ *n* (η)
έμφαση

emphasize /'emfǝsaɪz/ *vt*
τονίζω

emphatic /ɪm'fætɪk/ *a*
εμφατικός. (*manner*)
κατηγορηματικός

empire /'empaɪə(r)/ n (η)
αυτοκρατορία

employ /ɪm'plɔɪ/ vt απασχολώ.
~ee /emplɔɪ'i:/ n (ο, η)
υπάλληλος. **~er** n (ο)
εργοδότης, (η) εργοδότρια.
~ment n (η) απασχόληση

empt|y /'empti/ a άδειος. • vt/i
αδειάζω. **~iness** n (το) κενό

emulate /'emjuleɪt/ vt μιμούμαι

emulsion /ɪ'mʌlʃn/ n (το)
γαλάκτωμα

enable /ɪ'neɪbl/ vt καθιστώ
ικανό. **~ s.o. to** επιτρέπω σε
κάποιον να

enamel /ɪ'næml/ n (το) σμάλτο

enamoured /ɪ'næməd/ a
ερωτευμένος

enchant /ɪn'tʃɑ:nt/ vt μαγεύω.
~ed a γοητευμένος. **~ing** a
μαγευτικός

encircle /ɪn'sɜ:kl/ vt
περικυκλώνω

enclose /ɪn'kləʊz/ vt (land)
περιφράζω. (with letter)
εσωκλείω. (in receptacle)
κλείνω

enclosure /ɪn'kləʊʒə(r)/ n
(area) (ο) περιφραγμένος
χώρος. (comm) (το)
εσώκλειστο

encore /'ɒŋkɔ:(r)/ int μπις. • n
(το) μπιζάρισμα

encounter /ɪn'kaʊntə(r)/ vt
συναντώ. • n (η) συνάντηση.
(battle) (η) συμπλοκή

encourage /ɪn'kʌrɪdʒ/ vt
ενθαρρύνω. **~ment** n (η)
ενθάρρυνση

encroach /ɪn'krəʊtʃ/ vi **~ on**
επεμβαίνω σε. (land)
καταπατώ. (time) τρώγω

encyclopedia /ɪnsaɪklə'pi:dɪə/
n (η) εγκυκλοπαίδεια

end /end/ n (το) τέλος. (furthest
point) (η) άκρη. • vt/i
τελειώνω. **in the ~** στο τέλος

endanger /ɪn'deɪndʒə(r)/ vt
θέτω σε κίνδυνο

endeavour /ɪn'devə(r)/ n (η)
προσπάθεια. • vi **~ to**
προσπαθώ να

ending /'endɪŋ/ n (το) τέλος

endless /'endlɪs/ a ατέλειωτος

endorse /ɪn'dɔ:s/ vt (comm)
επικυρώνω. (fig) επιδοκιμάζω.
(jur) οπισθογραφώ. **~ment** n
(comm) (η) έγκριση. (fig) (η)
επιδοκιμασία

endow /ɪn'daʊ/ vt προικίζω

endur|e /ɪn'djʊə(r)/ vt/i
αντέχω. **~ance** n (η) αντοχή

enemy /'enəmɪ/ n (ο) εχθρός.
• a εχθρικός

energetic /enə'dʒetɪk/ a
δραστήριος

energy /'enədʒɪ/ n (η) ενέργεια

enforce /ɪn'fɔ:s/ vt επιβάλλω

engage /ɪn'geɪdʒ/ vt (staff)
προσλαμβάνω. (occupy)
απασχολώ. (attention) κρατώ.
(mech) εμπλέκω. • vi **~ in**
(activity) ασχολούμαι με.
(conversation) πιάνω. **~d** a (to
be married) αρραβωνιασμένος.
(busy) απασχολημένος.
(telephone) κατηλειμμένος, Cy.
κρατημένος. **~ment** n (ο)
αρράβωνας. (meeting) (η)
δέσμευση. (undertaking) (η)
υποχρέωση

engaging /ɪn'geɪdʒɪŋ/ a
θελκτικός

engine /'endʒɪn/ n (ο)
κινητήρας, (η) μηχανή

engineer /endʒɪ'nɪə(r)/ n (ο)
μηχανικός. • vt (fig)
μηχανεύομαι. **~ing** n (η)
μηχανική

England /'ɪŋɡlənd/ n (η)
Αγγλία

English /'ɪŋɡlɪʃ/ a αγγλικός. • n
(lang) (τα) αγγλικά. **~man** n
(ο) Άγγλος. **~woman** n (η)
Αγγλίδα. the ~ **Channel** (η)
Μάγχη

engrave /ɪn'ɡreɪv/ vt χαράζω.
~ing n (η) χαλκογραφία

engrossed /ɪn'ɡrəʊst/ a
απορροφημένος (in, σε)

engulf /ɪn'ɡʌlf/ vt
καταβροχθίζω

enhance /ɪn'hɑːns/ vt ανεβάζω,
υψώνω

enigma /ɪ'nɪɡmə/ n (το)
αίνιγμα. **~tic** /enɪɡ'mætɪk/ a
αινιγματικός

enjoy /ɪn'dʒɔɪ/ vt απολαμβάνω.
~ o.s. διασκεδάζω. **~able** a
ευχάριστος. **~ment** n (η)
απόλαυση, (η) διασκέδαση

enlarge /ɪn'lɑːdʒ/ vt μεγεθύνω.
• vi **~ upon** επεκτείνω.
~ment n (η) μεγέθυνση

enlighten /ɪn'laɪtn/ vt
διαφωτίζω. **~ment** n (η)
διαφώτιση

enlist /ɪn'lɪst/ vt στρατολογώ.
(fig) εξασφαλίζω. • vi
στρατολογούμαι

enmity /'enmətɪ/ n (η)
εχθρότητα

enormity /ɪ'nɔːmətɪ/ n (το)
μέγεθος

enormous /ɪ'nɔːməs/ a
τεράστιος

enough /ɪ'nʌf/ a αρκετός. • adv
& int αρκετά

enquir|e /ɪn'kwaɪə(r)/ vt ρωτώ.
• vi ζητώ πληροφορίες. **~y** n
(η) έρευνα. (jur) (η) ανάκριση

enrage /ɪn'reɪdʒ/ vt εξοργίζω

enrich /ɪn'rɪtʃ/ vt εμπλουτίζω

enrol /ɪn'rəʊl/ vt εγγράφω. • vi
εγγράφομαι (for, σε). **~ment**
n (η) εγγραφή

ensue /ɪn'ʃjuː/ vt επακολουθώ

ensure /ɪn'ʃʊə(r)/ vt
εξασφαλίζω

entail /ɪn'teɪl/ vt συνεπάγομαι

entangle /ɪn'tæŋɡl/ vt μπλέκω

enter /'entə(r)/ vt μπαίνω. • vt
μπαίνω σε. (competition)
συμμετέχω σε.

enterprise /'entəpraɪz/ n (η)
επιχείρηση. (fig) (η) τόλμη

enterprising /'entəpraɪzɪŋ/ a
(person) τολμηρός. (mind)
επιχειρηματικός

entertain /entə'teɪn/ vt (amuse)
διασκεδάζω. (guests)
φιλοξενώ. (ideas, hopes) έχω,
τρέφω. (consider) μελετώ. **~er**
n (ο, η) κωμικός. **~ing** a
διασκεδαστικός. **~ment** n
(amusement) (η) διασκέδαση.
(performance) (το) θέαμα

enthuse /ɪn'θjuːz/ vi **~ over**
ενθουσιάζομαι

enthusias|m /ɪn'θjuːzɪæzəm/ n
(ο) ενθουσιασμός. **~tic**
/-'æstɪk/ a ενθουσιασμένος

enthusiast /ɪn'θjuːzɪæst/ n (ο)
λάτρης

entice /ɪn'taɪs/ vt δελεάζω

entire /ɪn'taɪə(r)/ a ολόκληρος.
~ly adv ολοκληρωτικά

entitle /ɪn'taɪtl/ vt (give a
right) δίνω το δικαίωμα. **~d** a

(*book*) με τίτλο. **be ~d to**
δικαιούμαι να

entity /'entəti/ *n* (η) οντότητα

entrance[1] /'entrəns/ *n* (η)
είσοδος. (*right to enter*) (το)
δικαίωμα εισόδου. **~
examinations** *npl* (οι)
εισαγωγικές εξετάσεις. **~ fee**
n (η) είσοδος

entrance[2] /ɪn'trɑːns/ *vt* μαγεύω

entrant /'entrənt/ *n*
(*competition*) (ο) υποψήφιος

entrepreneur /ɒntrəprə'nɜː(r)/
n (ο) επιχειρηματίας

entrust /ɪn'trʌst/ *vt*
εμπιστεύομαι

entry /'entrɪ/ *n* (η) είσοδος. (*on
list*) (η) καταχώρηση. (*in race,
competition*) (η) συμμετοχή. **~
form** *n* (η) αίτηση. **no ~**
απαγορεύεται η είσοδος

envelop /ɪn'veləp/ *vt* (*pt*
περιβάλλω

envelope /'envələup/ *n* (ο)
φάκελος

envious /'envɪəs/ *a* φθονερός

environment /ɪn'vaɪərənmənt/
n (το) περιβάλλον. **~al**
/-'mentl/ *a* περιβαλλοντικός

envoy /'envɔɪ/ *n* (ο)
απεσταλμένος

envy /'envɪ/ *n* (ο) φθόνος. • *vt*
φθονώ

enzyme /'enzaɪm/ *n* (το)
ένζυμο

epic /'epɪk/ *n* (το) έπος. • *a*
επικός

epidemic /epɪ'demɪk/ *n* (η)
επιδημία

epilep|sy /'epɪlepsɪ/ *n* (η)
επιληψία. **~tic** /-'leptɪk/ *a*
επιληπτικός

epilogue /'epɪlɒg/ *n* (ο)
επίλογος

episode /'epɪsəud/ *n* (το)
επεισόδιο

epitom|e /ɪ'pɪtəmɪ/ *n* (η)
επιτομή. **~ize** *vt* εκπροσωπώ

epoch /'iːpɒk/ *n* (η) εποχή

equal /'iːkwəl/ *a* & *n* ίσος. • *vt*
εξισώνω. **be ~ to** (*task*) είμαι
ανάξιος (*with gen.*). **three
plus four ~s seven** τρία συν
τέσσερα ίσον επτά. **~ity**
/ɪ'kwɒlətɪ/ *n* (η) ισότητα. **~ly**
adv εξίσου

equanimity /ekwə'nɪmətɪ/ *n* (η)

equate /ɪ'kweɪt/ *vt* εξισώνω

equation /ɪ'kweɪʒn/ *n* (η)
εξίσωση

equator /ɪ'kweɪtə(r)/ *n* (ο)
ισημερινός

equilibrium /iːkwɪ'lɪbrɪəm/ *n*
(η) ισορροπία

equinox /'iːkwɪnɒks/ *n* (η)
ισημερία

equip /ɪ'kwɪp/ *vt* (*pt* equipped)
εξοπλίζω. **~ment** *n* (ο)
εξοπλισμός

equitable /'ekwɪtəbl/ *a* δίκαιος

equity /'ekwətɪ/ *n* (η)
δικαιοσύνη

equivalent /ɪ'kwɪvələnt/ *a*
αντίστοιχος. • *n* (το)
αντίστοιχο

equivocal /ɪ'kwɪvəkl/ *a*
διφορούμενος

era /'ɪərə/ *n* (η) εποχή

eradicate /ɪ'rædɪkeɪt/ *vt*
εξαλείφω

erase /ɪ'reɪz/ *vt* σβήνω. **~r**
/-ə(r)/ *n* (η) γομολάστιχα

erect /ɪ'rekt/ *a* όρθιος. • *vt* ανεγείρω. **~ion** /-ʃn/ *n* (η) ανέγερση

ermine /'ɜ:mɪn/ *n* (η) ερμίνα

ero|de /ɪ'rəʊd/ *vt* διαβρώνω. **~sion** /-ʒn/ *n* (η) διάβρωση

erotic /ɪ'rɒtɪk/ *a* ερωτικός

err /ɜ:(r)/ *vi* κάνω λάθος. (*sin*) σφάλλω

errand /'erənd/ *n* (το) θέλημα

erratic /ɪ'rætɪk/ *a* άτακτος. (*irregular*) ακανόνιστος. (*person*) ασταθής

erroneous /ɪ'rəʊnɪəs/ *a* λανθασμένος

error /'erə(r)/ *n* (το) λάθος

erudite /'eru:daɪt/ *a* πολυμαθής

erupt /ɪ'rʌpt/ *vi* κάνω έκρηξη. **~ion** /-ʃn/ *n* (η) έκρηξη

escalate /'eskəleɪt/ *vt/i* κλιμακώνω/ομαι

escalator /'eskəleɪtə(r)/ *n* (η) κυλιόμενη σκάλα

escape /ɪ'skeɪp/ *vi* δραπετεύω. (*gas*) διαρρέω. • *vt* ξεφεύγω. • *n* (*of prisoner*) δραπέτευση. (*of gas*) (η) διαρροή. (*fig*) (η) φυγή

escort[1] /'eskɔ:t/ *n* (o, η) συνοδός

escort[2] /ɪ'skɔ:t/ *vt* συνοδεύω

Eskimo /'eskɪməʊ/ *n* (o) Εσκιμώος, (η) Εσκιμώα

especial /ɪ'speʃl/ *a* ειδικός. **~ly** *adv* ειδικά

espionage /'espɪənɑ:ʒ/ *n* (η) κατασκοπία

essay /'eseɪ/ *n* (το) δοκίμιο. (*schol*) (η) έκθεση ιδεών.

essence /'esns/ *n* (η) ουσία

essential /ɪ'senʃl/ *a* (η) απαραίτητος. • *n* (η) ουσία. **the ~s** (τα) απαραίτητα. **~ly** *adv* απαραίτητα

establish /ɪ'stæblɪʃ/ *vt* εγκαθιστώ. (*business*) ιδρύω. (*prove*) αποδεικνύω. **~ment** *n* (η) ίδρυση

estate /ɪ'steɪt/ *n* (*possessions*) (η) περιουσία. (*residential*) (ο) συνοικισμός. **~ agent** *n* (ο) κτηματομεσίτης. **~ car** *n* (το) αυτοκίνητο εστέιτ

esteem /ɪ'sti:m/ *n* (η) εκτίμηση

estimate[1] /'estɪmət/ *n* (o) υπολογισμός. (*comm*) (o) προϋπολογισμός

estimat|e[2] /'estɪmeɪt/ *vt* υπολογίζω. **~ion** /-'meɪʃn/ (η) εκτίμηση. (*opinion*) (η) κρίση

estuary /'estjʊərɪ/ *n* (η) εκβολή

etc. /ɪt'setrə/ *abbr* (*et cetera*) κ.λπ., κ.τ.λ.

eternal /ɪ'tɜ:nl/ *a* αιώνιος

eternity /ɪ'tɜ:nətɪ/ *n* (η) αιωνιότητα

ethereal /ɪ'θɪərɪəl/ *a* αιθέριος

ethic /'eθɪk/ *n* (o) ηθικός κώδικας. **~s** (η) ηθική

ethnic /'eθnɪk/ *a* εθνικός. **~ cleansing** *n* (η) εθνοκάθαρση, (η) εκκαθάριση μειονοτήτων

eulogy /'ju:lədʒɪ/ *n* (το) εγκώμιο

euphemism /'ju:fəmɪzəm/ *n* (ο) ευφημισμός

euphoria /ju:'fɔ:rɪə/ *n* (η) ευφορία

euro /'jʊərəʊ/ *n* (το) ευρώ *invar*

Europe /'jʊərəp/ *n* (η) Ευρώπη. **~an** /-'pɪən/ *a* ευρωπαϊκός. • *n*

(o) Ευρωπαίος, (η) Ευρωπαία.
~an Union (η) Ευρωπαϊκή
Ένωση

eurosceptic /juərəu'skeptɪk/ a
(ο) ευρωσκεπτικιστής

euthanasia /ju:θə'neɪzɪə/ n (η)
ευθανασία

evacuate /ɪ'vækjʊeɪt/ vt
εκκενώνω

evade /ɪ'veɪd/ vt αποφεύγω

evaluate /ɪ'væljʊeɪt/ vt εκτιμώ

evaporate /ɪ'væpəreɪt/ vi
εξατμίζομαι. (fig)
εξανεμίζομαι. **~d milk** n (το)
εβαπορέ

evasion /ɪ'veɪʒn/ n (η) η
διαφυγή. (excuse) (η) υπεκφυγή

evasive /ɪ'veɪsɪv/ a αβαφής

eve /i:v/ n (η) παραμονή

even /'i:vn/ a (surface) ομαλός.
(equal) ίσος. (number) ζυγός.
• vt **~ up** (compensate)
ανταποδίδω τα ίσα, adv ακόμα
και. **~ better** ακόμη καλύτερα

evening /'i:vnɪŋ/ n (το) βράδυ.
(whole evening, event) (η)
βραδιά. **this ~** απόψε

event /ɪ'vent/ n (το) γεγονός.
(sport) (ο) αγώνας. **in the ~ of
an accident** σε περίπτωση
ατυχήματος. **~ful** a
πολυτάραχος

eventual /ɪ'ventʃʊəl/ a τελικός.
~ity /-'ælɪtɪ/ n (η) πιθανότητα.
~ly adv τελικά

ever /'evə(r)/ adv ποτέ. (at all
times) πάντοτε. **~ since** από
τότε. **~ so** (fam) πολύ. **for ~**
για πάντα. **hardly ~** σχεδόν
ποτέ, σπανιότατα

evergreen /'evəgri:n/ a
αειθαλής

everlasting /'evəla:stɪŋ/ a
παντοτινός

every /'evrɪ/ a κάθε. **~ one**
καθένας

everybody /'evrɪbɒdɪ/ pron ο
καθένας, όλοι

everyday /'evrɪdeɪ/ a
καθημερινός

everyone /'evrɪwʌn/ pron ο
καθένας

everything /'evrɪθɪŋ/ pron το
κάθε τι, όλα

everywhere /'evrɪweə(r)/ adv
παντού

evict /ɪ'vɪkt/ vt κάνω έξωση σε.
~ion /-ʃn/ n (η) έξωση

evidence /'evɪdəns/ n (η)
ένδειξη. (jur) (η) μαρτυρία.
(sign) (το) σημείο

evident /'evɪdənt/ a φανερός,
προφανής. **~ly** adv φανερά,
προφανώς

evil /'i:vl/ a κακός. • n (το)
κακό

evo|ke /ɪ'vəuk/ vt επικαλούμαι.
(memories) φέρνω στο νου.
~cative /ɪ'vɒkətɪv/ a
υποβλητικός

evolution /i:və'lu:ʃn/ n (η)
εξέλιξη

evolve /ɪ'vɒlv/ vt αναπτύσσω.
• vi εξελίσσομαι

ewe /ju:/ n (η) προβατίνα

ex- /eks/ pref πρώην

exacerbate /ɪg'zæsəbeɪt/ vt
επιδεινώνω

exact¹ /ɪg'zækt/ a ακριβής.
~ly adv ακριβώς

exact² /ɪg'zækt/ vt απαιτώ.
~ing a απαιτητικός

exaggerat|e /ɪg'zædʒəreɪt/ *vt/i*
υπερβάλλω. **~ion** /-'reɪʃn/ *n*
(η) υπερβολή

exam /ɪg'zæm/ *n* οι εξετάσεις
examination /ɪgzæmɪ'neɪʃn/ *n*
(η) εξέταση
examine /ɪg'zæmɪn/ *vt*
εξετάζω. (*jur*) ανακρίνω. **~r**
/-ə(r)/ *n* (ο) εξεταστής, (η)
εξετάστρια
example /ɪg'zɑːmpl/ *n* (το)
παράδειγμα. **for ~**
παραδείγματος χάρη
exasperate /ɪg'zæspəreɪt/ *vt*
εξοργίζω
excavate /'ekskəveɪt/ *vt* κάνω
ανασκαφές σε
exceed /ɪk'siːd/ *vt* υπερβαίνω.
~ingly *adv* υπερβολικά, πάρα
πολύ
excel /ɪk'sel/ *vi* διακρίνομαι.
• *vt* διαπρέπω
excellen|t /'eksələnt/ *a*
υπέροχος. **~ce** *n* (η) υπεροχή
except /ɪk'sept/ *prep* εκτός. • *vt*
εξαιρώ. **~ for** εκτός από
exception /ɪk'sepʃən/ *n* (η)
εξαίρεση. **take ~ to** θίγομαι
από
exceptional /ɪk'sepʃənl/ *a*
εξαιρετικός. (*unusual*)
ασυνήθιστος
excerpt /'eksɜːpt/ *n* (το)
απόσπασμα
excess[1] /ɪk'ses/ *n* (η)
υπερβολή. (*surplus*) το
πλεόνασμα
excess[2] /'ekses/ *a* υπερβολικός.
~ baggage *or* **luggage** *n* (οι)
υπέρβαρες αποσκευές
excessive /ɪk'sesɪv/ *a*
υπερβολικός

exchange /ɪks'tʃeɪndʒ/ *vt*
ανταλλάσσω. • *n* (η)
ανταλλαγή. (*comm*) (το)
συνάλλαγμα. **~ rate** *n* (η)
τιμή του συναλλάγματος
exchequer /ɪks'tʃekə(r)/ *n* (*pol*)
(το) δημόσιο ταμείο
excit|e /ɪk'saɪt/ *vt* συγκινώ.
(*inflame*) εξάπτω. **~able** *a*
ευέξαπτος. **~ed** *a*
συγκινημένος. **get ~ed**
συγκινούμαι. **~ement** *n* (η)
συγκίνηση. **~ing** *a*
συναρπαστικός
exclaim /ɪk'skleɪm/ *vi*
αναφωνώ. • *vt* φωνάζω
exclamation /ekskləʹmeɪʃn/ *n*
(η) αναφώνηση. **~ mark**,
(*Amer*) **~ point** *ns* (το)
θαυμαστικό
exclude /ɪk'skluːd/ *vt*
αποκλείω
exclusive /ɪk'skluːsɪv/ *a*
αποκλειστικός. (*person*)
εκλεκτικός
excommunicate
/ekskə'mjuːnɪkeɪt/ *vt* αφορίζω
excruciating /ɪk'skruːʃɪeɪtɪŋ/ *a*
μαρτυρικός
excursion /ɪk'skɜːʃn/ *n* (η)
εκδρομή
excuse[1] /ɪk'skjuːz/ *vt*
δικαιολογώ. **~ o.s.**
δικαιολογούμαι. **~ from**
απαλλάσσω από. **~ me!** με
συγχωρείτε, συγνώμη
excuse[2] /ɪk'skjuːs/ *n* (η)
δικαιολογία
execute /'eksɪkjuːt/ *vt*
εκτελώ
execution /eksɪ'kjuːʃn/ *n* (η)
εκτέλεση

executive /ɪgˈzekjʊtɪv/ n (το)
ανώτερο στέλεχος (εταιρίας).
• a εκτελεστικός

exemplary /ɪgˈzempləɪ/ a
υποδειγματικός

exemplify /ɪgˈzemplɪfaɪ/ vt
είμαι παράδειγμα (with gen.)

exempt /ɪgˈzempt/ a
απαλλαγμένος. • vt
απαλλάσσω

exercise /ˈeksəsaɪz/ n (η)
άσκηση. (mil) (το) γυμνάσιο.
• vt ασκώ, γυμνάζω. • vi
ασκούμαι, γυμνάζομαι. ~
book n (το) τετράδιο

exhaust /ɪgˈzɔːst/ vt εξαντλώ.
• n (auto) (η) εξάτμιση. ~**ed** a
εξαντλημένος. ~**ing** a
εξαντλητικός, κουραστικός.
~**ion** /-stʃən/ n (η) εξάντληση

exhaustive /ɪgˈzɔːstɪv/ a
εξαντλητικός

exhibit /ɪgˈzɪbɪt/ vt εκθέτω. • n
(το) έκθεμα. (jur) (το)
τεκμήριο

exhibition /eksɪˈbɪʃn/ n (η)
έκθεση. (act of showing) (η)
επίδειξη. (ο) επιδείξεως

exhilarat|e /ɪgˈzɪləreɪt/ vt
χαροποιώ. ~**ing** a πολύ
ευχάριστος

exhort /ɪgˈzɔːt/ vt προτρέπω

exile /ˈeksaɪl/ n εξορία. (person)
(ο) εξόριστος. • vt εξορίζω. in
~ σε εξορία

exist /ɪgˈzɪst/ vi υπάρχω.
~**ence** n (η) ύπαρξη

exit /ˈeksɪt/ n (η) έξοδος

exorbitant /ɪgˈzɔːbɪtənt/ a
εξωφρενικός

exorcize /ˈeksɔːsaɪz/ vt
εξορκίζω

exotic /ɪgˈzɒtɪk/ a εξωτικός

expan|d /ɪkˈspænd/ vt
επεκτείνω. (metal) διαστέλλω.
(explain) αναπτύσσω. • vi
επεκτείνομαι. (metal)
διαστέλλομαι. ~**sion** n (η)
διαστολή, (η) επέκταση.
(comm) (η) ανάπτυξη

expanse /ɪkˈspæns/ n (η)
έκταση

expansive /ɪkˈspænsɪv/ a
επεκτατικός

expatriate /eksˈpætrɪət/ n (ο)
εκπατρισμένος

expect /ɪkˈspekt/ vt προσδοκώ.
(suppose) υποθέτω. (demand)
απαιτώ. (baby) περιμένω. ~
to ελπίζω να

expectan|t /ɪkˈspektənt/ a που
περιμένει. (mother) έγκυος.
~**cy** n (η) αναμονή

expedient /ɪkˈspiːdɪənt/ a
σκόπιμος

expedition /ekspɪˈdɪʃn/ n (η)
αποστολή

expel /ɪkˈspel/ vt (schol)
αποβάλλω. (mil) εκδιώκω

expend /ɪkˈspend/ vt ξοδεύω.
~**able** a που μπορεί να
θυσιαστεί

expenditure /ɪkˈspendɪtʃə(r)/ n
(η) δαπάνη

expense /ɪkˈspens/ n (το)
έξοδο. ~**s** (comm) (τα) έξοδα.
at s.o.'s ~ σε βάρος κάποιου

expensive /ɪkˈspensɪv/ a
ακριβός

experience /ɪkˈspɪərɪəns/ n (η)
πείρα. • vt δοκιμάζω

experiment /ɪkˈsperɪmənt/ n
(το) πείραμα. • vi
πειραματίζομαι

expert /'eksp3:t/ *a* ειδικός. • *n*
(ο) εμπειρογνώμονας

expertise /eksp3:'ti:z/ *n* (η)
εμπειρογνωμοσύνη

expir|e /ik'spaiə(r)/ *vi* λήγω.
(*die*) εκπνέω. ~**y** *n* (η) λήξη

expl|ain /ik'splein/ *vt* εξηγώ.
~**anation** /eksplə'neiʃn/ *n* (η)
εξήγηση

explicit /ik'splisit/ *a* ρητός

explo|de /ik'spləud/ *vt*
ανατινάζω. • *vi* εκρήγνυμαι.
~**sion** /-ʒn/ *n* (η) έκρηξη.
~**sive** *a* εκρηκτικός. • *n* (η)
εκρηκτική ύλη

exploit[1] /'eksploit/ *n* (το)
κατόρθωμα

exploit[2] /ik'sploit/ *vt*
εκμεταλλεύομαι. ~**ation**
/eksploi'teiʃn/ *n* (η)
εκμετάλλευση

explor|e /ik'splɔ:(r)/ *vt*
εξερευνώ. (*fig*) διερευνώ.
~**ation** /eksplə'reiʃn/ *n* (η)
εξερεύνηση. ~**er** *n* (ο)
εξερευνητής

export[1] /ik'spɔ:t/ *vt* εξάγω.
~**er** *n* (ο) εξαγωγέας

export[2] /'ekspɔ:t/ *n* (η)
εξαγωγή

expos|e /ik'spəuz/ *vt* εκθέτω.
(*reveal*) αποκαλύπτω. ~**ure**
/-ʒə(r)/ *n* (η) αποκάλυψη.
(*photo*) (η) φωτογραφία. (*med*)
(η) έκθεση

express[1] /ik'spres/ *a* ρητός. • *n*
(*train*) (η) ταχεία. • *adv* εξπρές

express[2] /ik'spres/ *vt* εκφράζω.
~ **o.s.** εκφράζομαι. ~**ion**
/-ʃn/ *n* (η) έκφραση. ~**ive** *a*
εκφραστικός

exquisite /'ekskwizit/ *a* έξοχος

exten|d /ik'stend/ *vt*
επεκτείνω. (*house*) μεγαλώνω.
(*offer*) κάνω. (*time*) παρατείνω.
• *vi* απλώνομαι. ~**sion** *n* (η)
επέκταση. (*of house*) (τα)
επιπλέον δωμάτια. (*comm*)
(η) παράταση. (*telephone*) (η)
εσωτερική γραμμή

extensive /ik'stensiv/ *a*
εκτεταμένος

extent /ik'stent/ *n* (η) έκταση

exterior /ik'stiəriə(r)/ *a*
εξωτερικός. • *n* (το) εξωτερικό

exterminate /ik'st3:mineit/ *vt*
εξοντώνω

external /ik'st3:nl/ *a*
εξωτερικός

extinct /ik'stinkt/ *a* που έχει
εκλείψει. (*volcano*) σβησμένος

extinguish /ik'stingwiʃ/ *vt*
σβήνω. ~**er** *n* (ο)
πυροσβεστήρας

extol /ik'stəul/ *vt* εξαίρω

extort /ik'stɔ:t/ *vt* εκβιάζω.
~**ion** /-ʃn/ *n* (ο) εκβιασμός

extortionate /ik'stɔ:ʃənət/ *a*
(*price*) υπέρογκος

extra /'ekstrə/ *a* πρόσθετος.
• *adv* έξτρα. • *n* (*additional
item*) επιπλέον, πρόσθετος.
(*cinema*) (ο) κομπάρσος

extract[1] /ik'strækt/ *vt* βγάζω.
(*money, information*) αποσπώ

extract[2] /'ekstrækt/ *n* (το)
απόσπασμα

extradite /'ekstrədait/ *vt*
εκδίδω

extraordinary /ik'strɔ:dnri/ *a*
έκτακτος

extravagant /ik'strævəgənt/ *a*
υπερβολικός. (*wasteful*)
σπάταλος

extrem|e /ɪk'striːm/ a ακραίος.
• n (το) άκρο. **~ely** adv πάρα
πολύ. **~ist** n (ο) εξτρεμιστής
extremity /ɪk'stremətɪ/ n (το)
άκρο
extricate /'ekstrɪkeɪt/ vt
ξεμπλέκω (**from**, από)
extrovert /'ekstrəvɜːt/ n
εξωστρεφής
exuberant /ɪg'zjuːbərənt/ a
γεμάτος χαρά
exude /ɪg'zjuːd/ vt εκχύνω.
(charm) αποπνέω
exult /ɪg'zʌlt/ vi αγαλλιάζω
eye /aɪ/ n (το) μάτι. • vt κοιτάζω.
~-shadow n (η) σκιά ματιών.
keep an ~ on προσέχω
eyeball /'aɪbɔːl/ n (ο) βολβός
του ματιού
eyebrow /'aɪbraʊ/ n (το) φρύδι
eyelash /'aɪlæʃ/ n (pl) (η)
βλεφαρίδα
eyelid /'aɪlɪd/ n (το) βλέφαρο
eyesight /'aɪsaɪt/ n (η) όραση
eyesore /'aɪsɔː(r)/ n (fig) (η)
ασχήμια
eyewitness /'aɪwɪtnɪs/ n (ο, η)
αυτόπτης μάρτυς

....

Ff

fable /'feɪbl/ n (ο) μύθος
fabric /'fæbrɪk/ n (το)
ύφασμα
fabulous /'fæbjʊləs/ a
θρυλικός. (fam) απίθανος
façade /fə'sɑːd/ n (η) πρόσοψη.
(fig) (το) προσωπείο

face /feɪs/ n (το) πρόσωπο.
(grimace) (η) γκριμάτσα. (of
clock) (η) πλάκα. • vt
αντικρίζω. (confront)
αντιμετωπίζω. • vi (house)
βλέπω. **~ up to** παραδέχομαι.
in the ~ of (confronted with)
όταν αντιμετωπίζω. (in spite
of) παρά
facet /'fæsɪt/ n (η) έδρα. (fig)
(η) πλευρά
facetious /fə'siːʃəs/ a αστείος
facial /'feɪʃl/ a του προσώπου
facile /'fæsaɪl/ a εύκολος
facilitate /fə'sɪlɪteɪt/ vt
διευκολύνω
facilit|y /fə'sɪlətɪ/ n (η) ευκολία.
~ies (οι) ευκολίες
facsimile /fæk'sɪmɪlɪ/ n (το)
πιστό αντίγραφο. (fax) (το)
φαξ invar
fact /fækt/ n (το) γεγονός. **as a
matter of ~, in ~** στην
πραγματικότητα
faction /'fækʃn/ n (η) φατρία
factor /'fæktə(r)/ n (ο)
παράγοντας
factory /'fæktərɪ/ n (το)
εργοστάσιο
factual /'fæktʃʊəl/ a
συγκεκριμένος
faculty /'fækltɪ/ n (η)
ικανότητα. (univ) (η) σχολή
fad /fæd/ n (η) περαστική
μανία
fade /feɪd/ vi σβήνω. (colour)
ξεθωριάζω. (flower)
μαραίνομαι
fail /feɪl/ vt (exam) αποτυγχάνω.
(candidate) απορρίπτω.
(disappoint) απογοητεύω. • vi
(not succeed) αποτυλλάνω.

failing /'feɪlɪŋ/ *n* (το) ελάττωμα

failure /'feɪljə(r)/ *n* (η) αποτυχία. (*mech*) (η) βλάβη. **be a ~** (*person*) είμαι αποτυχημένος

faint /feɪnt/ *a* αδύνατος. • *vi* λιποθυμώ. • *n* (η) λιποθυμία. **~ly** *adv* (slightly) αδύνατα. **~ness** *n* (η) αδυναμία

fair[1] /feə(r)/ *n* (το) πανηγύρι. (*comm*) (η) έκθεση

fair[2] /feə(r)/ *a* (hair, person) ξανθός. (*just*) δίκαιος. (*weather*) αίθριος. (*amount*) αρκετός. • *adv* δίκαια. **~ly** *adv* δίκαια. (rather) αρκετά. **~ness** *n* (η) αμεροληψία

fairy /'feərɪ/ *n* (η) νεράιδα. **~ story**, **~ tale** *ns* (το) παραμύθι

faith /feɪθ/ *n* (η) πίστη

faithful /'feɪθfl/ *a* πιστός. **~ly** *adv* πιστά. **yours ~ly** με τιμή

fake /feɪk/ *n* (η) απομίμηση. (*person*) (ο) απατεώνας. • *a* ψεύτικος. • *vt* απομιμούμαι. (*pretend*) προσποιούμαι

falcon /'fɔːlkən/ *n* (το) γεράκι

fall /fɔːl/ *vi* (*pt* fell, *pp* fallen) πέφτω. • *n* (autumn: Amer) (το) φθινόπωρο. (in price) (η) πτώση. **~ down** *or* **over** *vi* πέφτω. **~ over sth** (trip) σκοντάφτω σε κτ και πέφτω. **~ for** (*person: fam*) ερωτεύομαι. (trick: fam) **he fell for it** έπεσε στην παγίδα. **~ off** (*diminish*) μειώνομαι. **~**

out (*friends*) τα χαλώ. **~ through** (*plan*) αποτυγχάνω

fallacy /'fæləsɪ/ *n* (η) πλάνη

fallible /'fæləbl/ *a* **people are ~** οι άνθρωποι κάνουν λάθη

false /fɔːls/ *a* ψεύτικος. **~ly** *adv* άδικα. **~ness** *n* (η) απιστία

falsify /'fɔːlsɪfaɪ/ *vt* παραποιώ

falter /'fɔːltə(r)/ *vi* ταλαντεύομαι

fame /feɪm/ *n* (η) φήμη

familiar /fə'mɪlɪə(r)/ *a* γνώριμος. **be ~ with** ξέρω. **~ity** /-'ærətɪ/ *n* (η) οικειότητα

family /'fæməlɪ/ *n* (η) οικογένεια. • *a* οικογενειακός

famine /'fæmɪn/ *n* (ο) λιμός

famished /'fæmɪʃt/ *a* **be ~** (*fam*) πεθαίνω της πείνας

famous /'feɪməs/ *a* διάσημος

fan[1] /fæn/ *n* (ο) ανεμιστήρας. (hand-held) (η) βεντάλια. • *vt* **~ o.s.** κάνω αέρα. • *vi* **~ out** απλώνομαι

fan[2] /fæn/ *n* (devotee) (ο) θαυμαστής, (η) θαυμάστρια. (*sport*) (ο) οπαδός

fanatic /fə'nætɪk/ *n* (ο) φανατικός. **~al** *a* φανατικός

fanciful /'fænsɪfl/ *a* παράδοξος

fancy /'fænsɪ/ *n* (η) φαντασία. (*desire*) (η) επιθυμία. (*liking*) (η) συμπάθεια. • *a* φανταστικός. (*price*) υπερβολικός. • *vt* (want: fam) γουστάρω. (like: fam) συμπαθώ. (*suppose, think*) υποθέτω. **~ dress** (η) μεταμφίεση

fang /fæŋ/ *n* (of snake) (το) φαρμακερό δόντι. (of dog) (το) δόντι

fantastic /fæn'tæstɪk/ a
απίθανος

fantas|y /'fæntəsɪ/ n (day-
dream) (η) φαντασίωση. **~ize**
vi φαντασιοκοπώ

far /fɑ:(r)/ adv (distance)
μακριά. (degree) πολύ. • a
μακρινός. (end, side) άλλος. **as
~ as** (up to) μέχρι. **as ~ as I
know** απ' ό, τι ξέρω. **~ away**
or **off** μακριά. **a the F~ East**
n η Άπω Ανατολή. **~-fetched**
a απίθανος, παρατραβηγμένος.
~-reaching a μεγάλης
σημασίας. **~-sighted** a
πρεσβυωπικός. (fig)
προνοητικός

farce /fɑ:s/ n (η) φάρσα

fare /feə(r)/ n (το) εισιτήριο.
(food) (το) φαγητό. • vi
περνώ

farewell /feə'wel/ int αντίο. • n
(ο) αποχαιρετισμός

farm /fɑ:m/ n (η) φάρμα, (το)
αγρόκτημα. • a καλλιεργώ.
• vi **~ out** εκμισθώνω. **~er** n
(ο, η) γεωργός. **~ing** n (η)
γεωργία

farmhouse /'fɑ:mhaʊs/ n (η)
αγροικία

farmyard /'fɑ:mjɑ:d/ n (η)
αυλή αγροικίας

farther, farthest /'fɑ:ðə(r),
'fɑ:ðɪst/ see FAR

fascinat|e /'fæsɪneɪt/ vt
συναρπάζω. **~ing** a
συναρπαστικός. **~ion** /-'neɪʃn/
n (η) γοητεία

fascis|t /'fæʃɪst/ a φασιστικός.
• n (ο) φασίστας, (η)
φασίστρια. **~m** /-zəm/ n (ο)
φασισμός

fashion /'fæʃn/ n (η) μόδα.
(manner) (ο) τρόπος. • vt
φτιάχνω. **~able** a της μόδας

fast¹ /fɑ:st/ a γρήγορος.
(colour) ανεξίτηλος. (fixed)
στερεός. • adv γρήγορα.
(firmly) στερεά. **be ~** (watch,
clock) πηγαίνω μπροστά. **be
~ asleep** κοιμάμαι βαθιά

fast² /fɑ:st/ vi νηστεύω. • n (η)
νηστεία

fasten /'fɑ:sn/ vt/i δένω.
(window, bolt) στερεώνω. **~er,
~ing** ns (ο) συνδετήρας

fastidious /fə'stɪdɪəs/ a
σχολαστικός

fat /fæt/ n (το) λίπος. • a παχύς,
χοντρός

fatal /'feɪtl/ a θανατηφόρος

fatalist /'feɪtəlɪst/ n (ο)
μοιρολάτρης, (η) μοιρολάτρις

fate /feɪt/ n (η) μοίρα. (one's lot)
(η) τύχη. **~d** a μοιραίος. **~ful**
a μοιραίος

father /'fɑ:ðə(r)/ n (ο) πατέρας.
~-in-law (ο) πεθερός

fathom /'fæðəm/ n (η) οργιά vt
~ (out) καταλαβαίνω

fatigue /fə'ti:g/ n (η) κούραση.
• vi κουράζω

fatten /'fætn/ vt/i παχαίνω.
~ing a παχυντικός

fatty /'fætɪ/ a λιπαρός

fatuous /'fætjʊəs/ a ανόητος

faucet /'fɔ:sɪt/ n (Amer) (η)
κάνουλα

fault /fɔ:lt/ n (το) ελάττωμα.
(blame) (το) φταίξιμο. (geol)
(το) ρήγμα. (mech) (η) βλάβη.
• vt βρίσκω ελάττωμα σε. **be
at ~** έχω λάθος. **~less** a
άψογος. **~y** a ελαττωματικός

fauna /'fɔːnə/ n (η) πανίδα

favour /'feɪvə(r)/ n (approval) (η) εύνοια. (good turn) (η) χάρη. • vt ευνοώ. (prefer) προτιμώ. (support) υποστηρίζω. **in ~ (of)** υπέρ (with gen.). • **~able** a ευνοϊκός

favourit|e /'feɪvərɪt/ a ευνοούμενος. • n (ο) ευνοούμενος. (sport) αγαπημένος. **~ism** n (η) ευνοιοκρατία, (fam) (ο) φαβοριτισμός

fawn /fɔːn/ n (το) ελαφάκι. • a καστανοκίτρινος

fax /fæks/ n (document) (το) φαξ. **~ (machine)** (η) συσκευή φαξ. • vt στέλνω φαξ

fear /fɪə(r)/ n (ο) φόβος. • vt/i φοβάμαι. **~ful** a φοβισμένος. (awful) φοβερός. **~less** a άφοβος

fearsome /'fɪəsəm/ a τρομερός

feasible /'fiːzəbl/ a εφικτός. (likely) πιθανός

feast /fiːst/ n (η) γιορτή. (banquet) (το) συμπόσιο. • vi κάνω μεγάλο τραπέζι

feat /fiːt/ n (το) κατόρθωμα

feather /'feðə(r)/ n (το) φτερό

feature /'fiːtʃə(r)/ n (το) χαρακτηριστικό. • vt (give prominence to) τονίζω. • vi τονίζομαι (**in**, σε)

February /'febrʊərɪ/ n (ο) Φεβρουάριος

fed /fed/ see FEED a **~ up** απαυδισμένος (**with**, με)

federa|l /'fedərəl/ a ομοσπονδιακός. **~tion** /-'reɪʃn/ n (η) ομοσπονδία

fee /fiː/ n (η) αμοιβή. (for entrance) (η) είσοδος

feeble /'fiːbl/ a αδύνατος

feed /fiːd/ vt (pt fed) (animals, people, baby) ταΐζω. (supply) τροφοδοτώ. • vi τρέφομαι. • n (η) τροφή. (for animals) (η) ζωοτροφή

feedback /'fiːdbæk/ n (η) ανάδραση

feel /fiːl/ vt/i (pt felt) αισθάνομαι. (experience) νιώθω. (touch) ψηλαφώ. (think) πιστεύω. **~ hot/hungry** ζεσταίνομαι πεινώ. **~ like** έχω διάθεση για

feeling /'fiːlɪŋ/ n (το) αίσθημα. (awareness) (η) αίσθηση

feet /fiːt/ see FOOT

feign /feɪn/ vt προσποιούμαι

feline /'fiːlaɪn/ a αιλουροειδής

fell¹ /fel/ vt (trees) κόβω

fell² /fel/ see FALL

fellow /'feləʊ/ n (ο) άνθρωπος. (of society) μέλος μιας οργάνωσης. (fam) (ο) τύπος. **~ship** n (group) (η) συναδελφικότητα

felony /'felənɪ/ n (το) κακούργημα

felt¹ /felt/ n (η) τσόχα. **~-tipped pen** n (ο) μαρκαδόρος

felt² /felt/ see FEEL

female /'fiːmeɪl/ a θηλυκός. • n (το) θηλυκό

feminine /'femənɪn/ a γυναικείος. (gram) θυληκός

feminis|t /'feminist/ n (o)
φεμινιστής, (η) φεμινίστρια.
~m n (o) φεμινισμός

fence /fens/ n (o) φράχτης. vt
~ (in) φράζω. • vi (sport)
ξιφομαχώ

fend /fend/ vi **~ for o.s.** τα
βγάζω πέρα μόνος μου. • vt **~
off** αποκρούω

fender /'fendə(r)/ n (o)
προφυλακτήρας. (Amer, auto)
(το) φτερό

fennel /'fenl/ n (το) μάραθο

fern /fɜːn/ n (η) φτέρη

ferocious /fə'rəʊʃəs/ a
θηριώδης

ferry /'feri/ n (το) φέριμποτ
invar. • vt περνώ απέναντι

fertil|e /'fɜːtaɪl/ a γόνιμος. **~ity**
/fə'tɪlətɪ/ n (η) γονιμότητα.
~ize /-əlaɪz/ vt γονιμοποιώ

fertilizer /'fɜːtəlaɪzə(r)/ n (το)
λίπασμα

fervent /'fɜːvənt/ a θερμός

festival /'festɪvl/ n (το)
φεστιβάλ. invar

festive /'festɪv/ a γιορταστικός.
the ~ season (η) περίοδος
των εορτών

fetch /fetʃ/ vt (go for) πηγαίνω
να φέρω. (bring) φέρνω. (be
sold for) πιάνω

feud /fjuːd/ n (η) έχθρα

fever /'fiːvə(r)/ n (o) πυρετός.
~ish a πυρετικός. (fig)
πυρετώδης

few /fjuː/ a λίγοι. • n (οι) λίγοι.
a ~ a μερικοί. **a good ~**,
quite a ~ αρκετοί. **~er** a
λιγότεροι. **~est** a λιγότεροι

fiancé /fɪ'ɒnseɪ/ n (o)
αρραβωνιαστικός. **~e** n (η)
αρραβωνιαστικιά

fiasco /fɪ'æskəʊ/ n (το) φιάσκο
invar

fib /fɪb/ n (το) παραμύθι. • vi
λέω ψέματα

fibre /'faɪbə(r)/ n (η) ίνα

fickle /'fɪkl/ a άστατος

fiction /'fɪkʃn/ n (η) φαντασία.
(novels) (το) μυθιστόρημα.
~al a φανταστικός

fictitious /fɪk'tɪʃəs/ a
φανταστικός

fiddle /'fɪdl/ n (violin) (το)
βιολί. (cheating: fam) (η)
κομπίνα. • vt (falsify: sl)
παραποιώ. • vi **~ with** παίζω
με

fidelity /fɪ'delətɪ/ n (η) πίστη

fidget /'fɪdʒɪt/ vi κινούμαι
διαρκώς

field /fiːld/ n (το) χωράφι. (fig)
(το) πεδίο. • vt (ball) πιάνω

fiend /fiːnd/ n (o) δαίμονας

fierce /fɪəs/ a δυνατός. (attack)
άγριος

fiery /'faɪərɪ/ a φλογερός

fifteen /fɪf'tiːn/ a & n
δεκαπέντε

fifth /fɪfθ/ a πέμπτος. • n (το)
πέμπτο

fifty /'fɪftɪ/ a & n πενήντα

fig /fɪg/ n (το) σύκο

fight /faɪt/ vi (pt fought)
μαλώνω. (struggle)
αγωνίζομαι. (quarrel)
τσακώνομαι. • vt πολεμώ. (fig)
καταπολεμώ. • n (o) αγώνας.
(brawl) (o) καβγάς. (quarrel)
(το) τσάκωμα. (mil) (η) μάχη

~er n (person) αγωνιστής.
(plane) (το) μαχητικό
(αεροσκάφος). **~ing** n (ο)
αγώνας, (η) μάχη

figment /'figmənt/ n **~ (of the imagination)** (το) πλάσμα της φαντασίας

figurative /'fɪgjərətɪv/ a
μεταφορικός

figure /'fɪgə(r)/ n (diagram,
shape) (το) σχήμα. (number)
(το) ψηφίο. (amount) (το)
ποσό. (of woman) (η)
σιλουέτα. **~s** (οι) αριθμοί. • vt
λογαριάζω. • vi φαντάζομαι

file¹ /faɪl/ n (tool) (η) λίμα. • vt
λιμάρω

file² /faɪl/ n (ο) φάκελος. (row)
(η) γραμμή. • vt (papers)
αρχειοθετώ vi **~e in/out**
μπαίνω/βγαίνω ένας ένας. **in
single ~e** εφ'ενός ζυγού.
~ing cabinet n (η)
αρχειοθήκη

fill /fɪl/ vt/i γεμίζω. (tooth)
σφραγίζω. • n (το) γέμισμα.
eat one's ~ χορταίνω. **~ in**
(form) συμπληρώνω. **~ up**
γεμίζω

fillet /'fɪlɪt/ n (το) φιλέτο. • vt
κόβω σε φιλέτα

filling /'fɪlɪŋ/ n (culin) (η)
γέμιση. (of tooth) (το)
σφράγισμα. **~ station** n (το)
πρατήριο βενζίνης

film /fɪlm/ n (photo) (το) φιλμ
invar. (cinema) (η) ταινία, (το)
φιλμ invar. (thin layer) (η)
επικάλυψη. • vt (cinema)
κινηματογραφώ. **~ star** n (ο)
αστέρας του κινηματογράφου

filter /'fɪltə(r)/ n (το) φίλτρο.
• vt φιλτράρω. • vi περνώ αργά

filth /fɪlθ/ n (η) ακαθαρσία. **~y**
a ακάθαρτος, βρόμικος

fin /fɪn/ n (το) πτερύγιο

final /'faɪnl/ a τελευταίος.
(conclusive) τελικός. • n (sport)
(ο) τελικός. **~s** (univ) (οι)
πτυχιακές εξετάσεις. **~ly** adv
τελικά

finale /fɪ'nɑːlɪ/ n (το) φινάλε

finalize /'faɪnəlaɪz/ vt
οριστικοποιώ

finance /faɪ'næns/ n (τα)
οικονομικά. • vt χρηματοδοτώ

financial /faɪ'nænʃl/ a
οικονομικός

find /faɪnd/ vt (pt found)
βρίσκω. • n (το) εύρημα. **~
out** ανακαλύπτω. **~ out
about** μαθαίνω για

fine¹ /faɪn/ n (το) πρόστιμο. • vt
βάζω πρόστιμο σε

fine² /faɪn/ a καλός. (beautiful)
ωραίος. (slender) λεπτός. • adv
καλά, ωραία. **~ arts** npl (οι)
καλές τέχνες

finger /'fɪŋgə(r)/ n (το)
δάχτυλο. • vt γυρίζω στα
δάχτυλα

fingernail /'fɪŋgəneɪl/ n (το)
νύχι

fingerprint /'fɪŋgəprɪnt/ n (το)
δαχτυλικό αποτύπωμα

fingertip /'fɪŋgətɪp/ n (η) άκρη
του δάχτυλου

finish /'fɪnɪʃ/ vt/i τελειώνω. • n
(end) (το) τέλος

finite /'faɪnaɪt/ a πεπερασμένος

Finland /'fɪnlənd/ n (η)
Φιλανδία

fiord /fjɔːd/ n (το) φιορδ invar

fir /fɜː(r)/ n (το) έλατο

fire /'faɪə(r)/ n (η) φωτιά.
(*destructive*) (η) πυρκαγιά.
catch ~ παίρνω φωτιά. **set**
~ to βάζω φωτιά σε. • vt καίω.
(*dismiss*) διώχνω. • vi (*shoot*)
ρίχνω (**at**, σε). **~-alarm** n (ο)
συναγερμός πυρκαγιάς. **~**
brigade n (η) πυροσβεστική
υπηρεσία. **~-engine** n (η)
πυροσβεστική αντλία. **~-**
escape n (η) έξοδος κινδύνου.
~ extinguisher n (ο)
πυροσβεστήρας. **~ station** n
(ο) πυροσβεστικός σταθμός

firearm /'faɪərɑːm/ n (το)
πυροβόλο όπλο

fireman /'faɪəmən/ n (ο)
πυροσβέστης

fireplace /'faɪəpleɪs/ n (το)
τζάκι

firework /'faɪəwɜːk/ n (το)
πυροτέχνημα

firm¹ /fɜːm/ n (η) εταιρ(ε)ία

firm² /fɜːm/ a (*hard*) σκληρός.
(*steady*) σταθερός. (*resolute*)
αποφασιστικός. (*strict*)
αυστηρός. **~ly** adv σταθερά,
αποφασιστικά, αυστηρά

first /fɜːst/ a πρώτος. • n (ο)
πρώτος. • adv πρώτα. **at ~**
στην αρχή. **~ aid** n (οι)
πρώτες βοήθειες. **~-class** a
(η) πρώτη θέση. **~ floor** n (ο)
πρώτος όροφος. (*Amer*) (το)
ισόγειο. **~ name** n (το)
όνομα. **~-rate** a πρώτης
τάξεως. **~ly** adv πρώτα

fish /fɪʃ/ n (το) ψάρι. • vt/i
ψαρεύω. **~ing** n (το) ψάρεμα.
~ing boat n (η) ψαρόβαρκα.
~ing rod n (το) καλάμι
ψαρέματος

fisherman /'fɪʃəmən/ n (ο)
ψαράς

fishmonger /'fɪʃmʌŋgə(r)/ n (ο)
ψαροπώλης

fission /'fɪʃn/ n (η) σχάση

fist /fɪst/ n (η) γροθιά

fit¹ /fɪt/ n (*med*) (*of coughing*) (ο)
παροξυσμός. (*of rage*) (το)
ξέσπασμα

fit² /fɪt/ a (*healthy*) υγιής. (*good
enough*) άξιος. • vt/i (*clothes*)
προβάρω. (*adapt*)
προσαρμόζω. (*prepare*)
προετοιμάζω. (*match*)
ταιριάζω. (*install*) τοποθετώ.
~ in ταιριάζω (**with**, με). **~**
out, **~up** εφοδιάζω. **keep ~**
διατηρούμαι σε καλή (υγιή)
κατάσταση

fitting /'fɪtɪŋ/ a κατάλληλος. • n
(*of clothes*) (η) πρόβα. **~s** (*in
house*) (τα) εξαρτήματα

five /faɪv/ a & n πέντε

fix /fɪks/ vt στερεώνω. (*repair*)
επισκευάζω. • n (*drug: sl*) (η)
δόση. **in a ~** σε δύσκολη
θέση. **~ed** a ακίνητος

fixture /'fɪkstʃə(r)/ n (το)
εξάρτημα. (*sport*) (η)
(αθλητική) συνάντηση

fizz /fɪz/ vi αφρίζω. • n (το)
άφρισμα. **~y** a αεριούχος

flag¹ /flæg/ n (η) σημαία. • vt
down σταματώ. **~-pole** n (το)
κοντάρι της σημαίας

flag² /flæg/ vi μειώνομαι.
(*droop*) πέφτω

flagrant /'fleɪgrənt/ a
κατάφωρος

flair /fleə(r)/ n (η) κλίση

flake /fleɪk/ n (η) νιφάδα. (of paint) (το) τρίμμα. • vi ξεφλουδίζομαι

flamboyant /flæm'bɔɪənt/ a φανταχτερός

flame /fleɪm/ n (η) φλόγα

flamingo /fləˈmɪŋɡəʊ/ n (το) φλαμίγκο invar

flammable /ˈflæməbl/ a εύφλεκτος

flank /flæŋk/ n (η) πλευρά

flannel /ˈflænl/ n (η) φανέλα. (for face) (η) πετσετούλα του προσώπου

flap /flæp/ vi φτερουγίζω. (fam) τα χάνω vt ~ **its wings** χτυπά τις φτερούγες του. • n (of pocket) (το) κάλυμμα τσέπης. (of table) (το) φύλλο. (of envelope) (το) κλείσιμο

flare /fleə(r)/ vi φεγγοβολώ. ~ **up** φουντώνω. • n (signal) (η) φωτοβολίδα. ~**d** a φαρδύς

flash /flæʃ/ vt/i (shine) αστράφτω. (on and off) αναβοσβήνω. (signal) μεταδίδω. (move rapidly) περνώ σαν αστραπή. • n (photo) (το) φλας invar. **in a ~** αστραπιαία

flashlight /ˈflæʃlaɪt/ n (torch) (ο) φακός. (photo) (το) φλας invar

flashy /ˈflæʃɪ/ a χτυπητός

flask /flɑːsk/ n (το) παγούρι. (vacuum flask) (το) θερμός invar

flat /flæt/ a (flatter, flattest) επίπεδος. (tyre) σκασμένος. (battery) άδειος. (refusal) κατηγορηματικός. (fare, rate) ενιαίος. (mus) παράφωνος.

• adv κατηγορηματικά, παράφωνα. • n (apartment) (το) διαμέρισμα. ~ **screen** n (η) επίπεδη οθόνη

flatten /ˈflætn/ vt/i ισιώνω

flatter /ˈflætə(r)/ vt κολακεύω. ~**ing** a κολακευτικός. ~**y** n (η) κολακεία

flaunt /flɔːnt/ vt επιδεικνύω

flavour /ˈfleɪvə(r)/ n (η) γεύση. • vt αρωματίζω. ~**ing** n (το) άρωμα

flaw /flɔː/ n (το) ψεγάδι

flax /flæks/ n (το) λινάρι

flea /fliː/ n (ο) ψύλλος

fleck /flek/ n (το) στίγμα

flee /fliː/ vi (pt fled) τρέπομαι σε φυγή. ~ **το** σκάω από

fleece /fliːs/ n (το) μαλλί

fleet /fliːt/ n (ο) στόλος

fleeting /ˈfliːtɪŋ/ a περαστικός

Flemish /ˈflemɪʃ/ a φλαμανδικός. • n (lang) (τα) φλαμανδικά

flesh /fleʃ/ n (η) σάρκα

flew /fluː/ see FLY

flex¹ /fleks/ vt (bend) κάμπτω. (muscle) σφίγγω

flex² /fleks/ n (το) καλώδιο

flexible /ˈfleksəbl/ a ευέλικτος

flick /flɪk/ n (το) ελαφρό χτύπημα. • vt χτυπώ ελαφρα. • ~ **through** φυλλομετρώ

flicker /ˈflɪkə(r)/ vi τρεμοσβήνω

flier /ˈflaɪə(r)/ n = **flyer**

flight¹ /flaɪt/ n (η) πτήση. ~ **of stairs** n (η) σκάλα

flight² /flaɪt/ n (η) φυγή. **take ~** τρέπομαι σε φυγή

flimsy /ˈflɪmzɪ/ a εύθραυστος. (excuse) αδύνατος

flinch /flɪntʃ/ vi (wince) δειλιάζω. (draw back) οπισθοχωρώ (from, από)

fling /flɪŋ/ vt (pt flung) εκσφενδονίζω

flint /flɪnt/ n (ο) πυρόλιθος. (for lighter) (η) τσακμακόπετρα

flip /flɪp/ vt πετώ απότομα. (coin) ρίχνω

flippant /ˈflɪpənt/ a επιπόλαιος

flipper /ˈflɪpə(r)/ n (of seal etc.) (το) πτερύγιο

flirt /flɜːt/ vi φλερτάρω. • n (το) φλερτ invar

flit /flɪt/ vi περνώ αθόρυβα

float /fləʊt/ vi επιπλέω. • n (cart) (το) άρμα. (money) (τα) μετρητά στο ταμείο. (fishing) (ο) φελλός

flock /flɒk/ n (το) κοπάδι. (of people) (το) μπουλούκι. • vi συρρέω

flog /flɒg/ vt μαστιγώνω

flood /flʌd/ n (ο) κατακλυσμός. (of river) (η) πλημμύρα. (ο) κατακλυσμός. • vt/i πλημμυρίζω

floodlight /ˈflʌdlaɪt/ n (ο) προβολέας. • vt (pt floodlit) φωταγωγώ

floor /flɔː(r)/ n (το) πάτωμα. (for dancing) (η) πίστα. (storey) (ο) όροφος. • vt (knock down) ρίχνω κάτω. (baffle) φέρνω σε αμηχανία

floorboard /ˈflɔːbɔːd/ n (η) σανίδα

flop /flɒp/ vi (drop) σωριάζομαι. (fail) αποτυχαίνω. • n (η) μεγάλη αποτυχία

flora /ˈflɔːrə/ n (η) χλωρίδα

florid /ˈflɒrɪd/ a παραστολισμένος

florist /ˈflɒrɪst/ n (ο) ανθοπώλης, (η) ανθοπώλις

flounder /ˈflaʊndə(r)/ vi τσαλαβουτώ

flour /ˈflaʊə(r)/ n (το) αλεύρι

flourish /ˈflʌrɪʃ/ vi ακμάζω. • vt κραδαίνω. • n (gesture) (η) εντυπωσιακή χειρονομία. (ornament) (η) φιοριτούρα. ~ing a ακμαίος

flout /flaʊt/ vt αψηφώ

flow /fləʊ/ vi ρέω. (hang loosely) πέφτω. • n (η) ροή. (of tide) (η) άνοδος. (of words) (ο) χείμαρρος. ~ing a (movement) απαλός. (cloth) χυτός

flower /ˈflaʊə(r)/ n (το) λουλούδι. • vi ανθίζω. ~-bed n (το) παρτέρι. ~-pot n (η) γλάστρα

flown /fləʊn/ see FLY

flu /fluː/ n (fam) (η) γρίπη

fluctuate /ˈflʌktʃʊeɪt/ vi κυμαίνομαι. ~ion /-ˈeɪʃn/ n (η) διακύμανση

fluent /ˈfluːənt/ a ευφραδής. ~cy n (η) ευφράδεια. ~tly adv με ευφράδεια

fluff /flʌf/ n (το) χνούδι. ~y a χνουδωτός

fluid /ˈfluːɪd/ a ρευστός. • n (το) υγρό

fluke /fluːk/ n (η) απροσδόκητη τύχη

flung /flʌŋ/ see FLING

fluorescent /flʊəˈresnt/ a φθορίζων

fluoride /ˈflʊəraɪd/ n (το) φθοριούχο

flush /flʌʃ/ vi κοκκινίζω. • vt καθαρίζω. • n (blush) (το) κοκκίνισμα. • a (level) ισόπεδος. (affluent: fam) ξέχειλος

fluster /'flʌstə(r)/ vt αναστατώνω. **~ed** a αναστατωμένος

flute /fluːt/ n (το) φλάουτο

flutter /'flʌtə(r)/ vi ανεμίζω. (of wings) φτερουγίζω. • n (το) φτερούγισμα. (fig) (το) αναστάτωση

flux /flʌks/ n (η) ρευστότητα

fly[1] /flaɪ/ n (η) μύγα

fly[2] /flaɪ/ vi (pt flew, pp flown) πετώ. (flag) κυματίζω. (rush) ορμώ. • vt πετώ. (flag) υψώνω. • n (of trousers) (το) άνοιγμα

flyer /'flaɪə(r)/ n (ο) αεροπόρος. (circular: Amer) (το) φυλλάδιο

flying /'flaɪɪŋ/ a ιπτάμενος. (visit) σύντομος. • n (η) πτήση. **~ saucer** n (ο) ιπτάμενος δίσκος

flyover /'flaɪəʊvə(r)/ n (η) υπέργεια διάβαση

foal /fəʊl/ n (το) πουλάρι

foam /fəʊm/ n (ο) αφρός. (rubber, plastic) (το) αφρολέξ invar. • vi αφρίζω

focal /'fəʊkl/ a εστιακός

focus /'fəʊkəs/ n (optical) (η) εστία. (fig) (το) κέντρο. • vt (adjust) ρυθμίζω. (concentrate) συγκεντρώνω. **in ~** συκρινής. **out of ~** θαμπός

fodder /'fɒdə(r)/ n (η) φορβή

foe /fəʊ/ n (ο) εχθρός

foetus /'fiːtəs/ n (το) έμβρυο

fog /fɒg/ n (η) ομίχλη. • vt σκεπάζω με ομίχλη vi θολώνω. **~gy** a ομιχλώδης

foible /'fɔɪbl/ n (η) αδυναμία

foil[1] /fɔɪl/ n (το) μεταλλικό φύλλο. (silver) (το) αλουμινόχαρτο. (fig) (η) αντίθεση

foil[2] /fɔɪl/ vt ματαιώνω

foist /fɔɪst/ vt φορτώνω

fold[1] /fəʊld/ vt/i διπλώνω. (arms) σταυρώνω. (fail) κλείνω. • n (η) πτυχή. **~er** n (το) ντοσιέ invar. **~ing** a πτυσσόμενος

fold[2] /fəʊld/ n (η) μάντρα

foliage /'fəʊlɪɪdʒ/ n (το) φύλλωμα

folk /fəʊk/ n (οι) άνθρωποι. **my ~s** npl (οι) συγγενείς μου. **~-music** n (η) λαϊκή μουσική. **~-song** n (το) δημοτικό τραγούδι

folklore /'fəʊklɔː(r)/ n (η) λαογραφία

follow /'fɒləʊ/ vt/i ακολουθώ. (understand) καταλαβαίνω. **~ up** συνεχίζω. **~er** n (ο, η) οπαδός

following /'fɒləʊɪŋ/ n (οι) οπαδοί. • a επόμενος. • prep κατόπι

folly /'fɒlɪ/ n (η) ανοησία

fond /fɒnd/ a τρυφερός. (hope) ευσεβής. **be ~ of** (person) αγαπώ. (music etc.) μου αρέσει

fondle /'fɒndl/ vt χαϊδεύω

food /fuːd/ n (το) φαΐ

fool /fuːl/ n (ο) ανόητος. • vt ξεγελώ. • vi παίζω

foolhardy /'fuːlhɑːdɪ/ a παράτολμος

foolish /'fu:lıʃ/ *a* ανόητος

foolproof /'fu:lpru:f/ *a* (*idea*) αλάνθαστος

foot /fʊt/ *n* (*pl* feet) (το) πόδι. (*measure*) (το) πόδι (= 0.3μ). **on ~** με τα πόδια

football /'fʊtbɔ:l/ *n* (*ball*) (η) μπάλα. (*game*) (το) ποδόσφαιρο

foothold /'fʊthəʊld/ *n* (το) στήριγμα ποδιού

footnote /'fʊtnəʊt/ *n* (η) υποσημείωση

footpath /'fʊtpa:θ/ *n* (το) μονοπάτι

footprint /'fʊtprınt/ *n* (το) ίχνος ποδιού

footstep /'fʊtstep/ *n* (το) βήμα

footwear /'fʊtweə(r)/ *n* (τα) είδη υποδήσεως

for /fə(r), fɔ:(r)/ *prep* για. (*in favour of*) υπέρ. (*in spite of*) παρά. • *conj* διότι

forage /'fɒrıdʒ/ *vi* ψάχνω για προμήθειες

forbear /fɔ:'beə(r)/ *vt/i* υπομένω

forbid /fə'bıd/ *vt* απαγορεύω. **~ding** *a* αποθητικός

force /fɔ:s/ *n* (*strength*) (η) δύναμη. (*violence*) (η) βία. • *vt* εξαναγκάζω. **be in ~** ισχύω. **join ~s** ενεργώ από κοινού. **the (armed) ~s** (οι) ένοπλες δυνάμεις. **~ful** *a* πειστικός

forceps /'fɔ:seps/ *n invar* (ο) εμβρυουλκός

ford /fɔ:d/ *n* (ο) πόρος

fore /fɔ:(r)/ *a* μπροστινός *n* **to the ~** στο προσκήνιο

forearm /'fɔ:ra:m/ *n* (ο) πήχης

foreboding /fɔ:'bəʊdıŋ/ *n* (το) προαίσθημα

forecast /'fɔ:ka:st/ *vt* προβλέπω. • *n* (η) πρόβλεψη

forecourt /'fɔ:kɔ:t/ *n* (το) προαύλιο

forefinger /'fɔ:fıŋgə(r)/ *n* (ο) δείχτης

forefront /'fɔ:frʌnt/ *n* (το) προσκήνιο

foreground /'fɔ:graʊnd/ *n* (το) προσκήνιο

forehead /'fɒrıd/ *n* (το) μέτωπο

foreign /'fɒrən/ *a* ξένος. (*trade*) εξωτερικός. **~ country** (η) ξένη χώρα. **~er** *n* (ο) αλλοδαπός

foreman /'fɔ:mən/ *n* (ο) αρχιεργάτης

foremost /'fɔ:məʊst/ *a* πρώτιστος. • *adv* πρώτιστα

forename /'fɔ:neım/ *n* (το) όνομα

forensic /fə'rensık/ *a* ιατροδικαστικός

forerunner /'fɔ:rʌnə(r)/ *n* (ο) πρόαγγελος

foresee /fɔ:'si:/ *vt* προβλέπω. **~able** *a* που μπορεί να προβλεφθεί

foresight /'fɔ:saıt/ *n* (η) προνοητικότητα

forest /'fɒrıst/ *n* (το) δάσος

forestall /fɔ:'stɔ:l/ *vt* προλαβαίνω

forestry /'fɒrıstrı/ *n* (η) δασοκομία

foretaste /'fɔ:teıst/ *n* (η) πρώτη γεύση

foretell /fɔ:'tel/ *vt* προλέγω

forever /fə'revə(r)/ adv για πάντα

foreword /'fɔːwɜːd/ n (ο) πρόλογος

forfeit /'fɔːfɪt/ n (το) τίμημα. • vt χάνω

forge[1] /fɔːdʒ/ vi ~ **ahead** προχωράω αποφασιστικά

forge[2] /fɔːdʒ/ n (το) σιδηρουργείο. • vt σφυρηλατώ. (copy) πλαστογραφώ. ~**ry** /-əri/ n (η) πλαστογραφία

forget /fə'get/ vt/i (pt **forgot**, pp **forgotten**) ξεχνώ. ~**ful** a ξεχασιάρης

forgive /fə'gɪv/ vt (pt **forgave**, pp **forgiven**) συγχωρώ. ~**ness** n (η) συγχώρεση

forgo /fɔː'gəʊ/ vt παραιτούμαι

fork /fɔːk/ n (for eating) (το) πιρούνι. (for digging) (το) τρίκρανο. (in road) (η) διακλάδωση. • vi (road) διακλαδίζομαι

form /fɔːm/ n (η) μορφή. (schol) (η) τάξη. (document) (το) έντυπο. • vt/i σχηματίζω/ομαι

formal /'fɔːml/ a τυπικός. (person, dress) επίσημος. ~**ity** /-'mælətɪ/ n (η) τυπικότητα, (η) επισημότητα. (requirement) (η) διατύπωση. ~**ly** adv τυπικά, επίσημα

format /'fɔːmæt/ n (το) σχήμα. • vt (disk) κάνω εγκαινίαση

formation /fɔː'meɪʃn/ n (ο) σχηματισμός

former /'fɔːmə(r)/ a παλιός. (first of two) πρώτος. (ex) πρώην. **the** ~ ο μεν, ο πρώτος. ~**ly** adv άλλοτε

formidable /'fɔːmɪdəbl/ a τρομερός

formula /'fɔːmjələ/ n (ο) τύπος

formulate /'fɔːmjʊleɪt/ vt διατυπώνω

forsake /fə'seɪk/ vt εγκαταλείπω

fort /fɔːt/ n (το) οχυρό

forte /'fɔːteɪ/ n (το) φόρτε

forth /fɔːθ/ adv εμπρός. **and so** ~ και ούτω καθεξής

forthcoming /fɔːθ'kʌmɪŋ/ a προσεχής

forthright /'fɔːθraɪt/ a ντόμπρος

fortify /'fɔːtɪfaɪ/ vt οχυρώνω. ~**ication** /-ɪ'keɪʃn/ n (το) οχύρωμα

fortnight /'fɔːtnaɪt/ n (το) δεκαπενθήμερο. ~**ly** a δεκαπενθήμερος. • adv κάθε δεκαπενθήμερο

fortress /'fɔːtrɪs/ n (το) φρούριο

fortunate /'fɔːtʃənət/ a τυχερός. ~**ly** adv ευτυχώς

fortune /'fɔːtʃuːn/ n (η) τύχη. ~-**teller** n (ο) μάντης, (η) μάντισσα

forty /'fɔːtɪ/ a & n σαράντα

forward /'fɔːwəd/ a μπροστινός. (advanced) προχωρημένος. (pert) αναιδής. • n (sport) (ο) κυνηγός. • adv εμπρός. • vt (letter) διαβιβάζω. (goods) αποστέλλω. ~**s** adv προς τα εμπρός

fossil /'fɒsl/ a n (το) απολίθωμα

foster /'fɒstə(r)/ vt (promote) καλλιεργώ. (child) ανατρέφω.

~-child n (το) θετό παιδί. **~-parent** n (η) θετή μητέρα

fought /fɔːt/ see FIGHT

foul /faʊl/ a (air) μολυσμένος. (water) βρόμικος. (smell, taste, etc.) άσχημος. (language) αισχρός. • n (sport) (το) φάουλ invar. • vt λερώνω

found[1] /faʊnd/ see FIND

found[2] /faʊnd/ vt ιδρύω. **~ation** /-'deɪʃn/ n (το) ίδρυμα. (basis) (το) θεμέλιο

founder[1] /'faʊndə(r)/ n (o) ιδρυτής, (η) ιδρύτρια

founder[2] /'faʊndə(r)/ vi (ship) βουλιάζω. (fail) αποτυγχάνω

foundry /'faʊndrɪ/ n (το) χυτήριο

fountain /'faʊntɪn/ n (το) σιντριβάνι. **~-pen** n (το) στυλό

four /fɔː(r)/ a τέσσερις n (το) τέσσερα invar. **on all ~s** με τα τέσσερα. **~th** a τέταρτος

foursome /'fɔːsəm/ n (η) τετράδα

fourteen /fɔː'tiːn/ a δεκατέσσερις. • n (το) δεκατέσσερα invar

fowl /faʊl/ n (το) πτηνό

fox /fɒks/ n (η) αλεπού

fraction /'frækʃn/ n (το) κλάσμα

fracture /'fræktʃə(r)/ n (το) κάταγμα. • vt/i σπάζω

fragile /'frædʒaɪl/ a εύθραυστος

fragment /'frægmənt/ n (το) κομμάτι. **~ary** a αποσπασματικός

fragran|t /'freɪgrənt/ a ευωδιαστός. **~ce** n (η) ευωδιά

frail /freɪl/ a ασθενικός

frame /freɪm/ n (for picture) (η) κορνίζα. (of window) (η) κάσα. (of spectacles) (o) σκελετός. (anat) (το) κορμί. • vt κορνιζάρω. (fig) σχεδιάζω. **~ s.o.** (fam) τη στήνω σε κάποιον. **~ of mind** (η) ψυχική διάθεση

framework /'freɪmwɜːk/ n (το) πλαίσιο

France /frɑːns/ n (η) Γαλλία

franchise /'fræntʃaɪz/ n (pol) (το) δικαίωμα ψήφου. (comm) (το) φραντσάιζ invar

frank /fræŋk/ a ειλικρινής. **~ly** adv ειλικρινά

frantic /'fræntɪk/ a έξαλλος. **~ally** /-klɪ/ adv έξαλλα

fratern|al /frə'tɜːnəl/ a αδελφικός. **~ity** n (η) αδελφοσύνη. (club) (η) αδελφότητα

fraternize /'frætənaɪz/ vi έχω φιλικές σχέσεις (with, με)

fraud /frɔːd/ n (η) απάτη. (person) (o) απατεώνας. **~ulent** a αθέμιτος

fray[1] /freɪ/ n (o) καβγάς

fray[2] /freɪ/ vt/i ξεφτίζω

freak /friːk/ n (το) τέρας a τερατώδης. **~ish** a αφύσικος

freckle /'frekl/ n (η) φακίδα

free /friː/ a ελεύθερος. (gratis) δωρεάν. (lavish) γενναιόδωρος. • vt ελευθερώνω. (clear) καθαρίζω. (disentangle) απαλλάσσω. **~-lance** n (o, η) ελεύθερος επαγγελματίας **~ly** adv ελεύθερα

freedom /'fri:dəm/ n (η) ελευθερία

freeway /'fri:weɪ/ n (Amer) (ο) αυτοκινητόδρομος

freez|e /fri:z/ vt/i (pt **froze**, pp **frozen**) παγώνω. (food) καταψύχω. (fig) ξεπαγιάζω. • n (η) ψύξη. **~er** n (ο) καταψύκτης. **~ing** a παγωμένος

freight /freɪt/ n (το) φορτίο. **~er** n (ship) (το) φορτηγό

French /frentʃ/ a γαλλικός. • n (lang) (τα) γαλλικά **~man** (ο) Γάλλος. **~ window** n (η) μπαλκονόπορτα. **~woman** n (η) Γαλλίδα

frenzy /'frenzɪ/ n (η) φρενίτιδα

frequent[1] /'fri:kwənt/ a συχνός. **~cy** n (η) συχνότητα. **~tly** adv συχνά

frequent[2] /frɪ'kwent/ vt συχνάζω

fresh /freʃ/ a φρέσκος. (additional) νέος. (different) πρωτότυπος. (impudent: fam) τολμηρός, αδιάκριτος. (Amer) καινούριος. **~ water** γλυκό νερό. **~ air** καθαρός αέρας. **~ness** n (η) φρεσκάδα

freshen /'freʃn/ vi δροσίζω. • vt φρεσκάρω. **~ up** φρεσκάρομαι

fret /fret/ vi στενοχωριέμαι

friar /'fraɪə(r)/ n (ο) καλόγερος

friction /'frɪkʃn/ n (η) τριβή

Friday /'fraɪdɪ/ n (η) Παρασκευή. **Good ~** (η) Μεγάλη Παρασκευή

fridge /frɪdʒ/ n (το) ψυγείο

fried /fraɪd/ a τηγανητός

friend /frend/ n (ο) φίλος. **~ship** n (η) φιλία

friend|ly /'frendlɪ/ a φιλικός. **~iness** n (η) φιλικότητα

frieze /fri:z/ n (το) διάζωμα

frigate /'frɪgət/ n (η) φρεγάτα

fright /fraɪt/ n (ο) τρόμος. (person, thing) (το) σκιάχτρο. **~ful** a τρομερός. **~fully** adv τρομερά

frighten /'fraɪtn/ vt τρομάζω. **~ed** a τρομαγμένος. **be ~ed** φοβάμαι. **~ing** a τρομαχτικός

frigid /'frɪdʒɪd/ a ψυχρός

frill /frɪl/ n (το) βολάν invar

fringe /frɪndʒ/ n (of hair) (οι) αφέλειες. (of area, society) (το) περιθώριο

frisky /'frɪskɪ/ a ζωηρός

fritter /'frɪtə(r)/ vt **~ away** κατασπαταλώ

frivolous /'frɪvələs/ a επιπόλαιος

frizzy /'frɪzɪ/ a σγουρός

fro /frəʊ/ see **to**

frock /frɒk/ n (το) φουστάνι

frog /frɒg/ n (ο) βάτραχος

frogman /'frɒgmən/ n (ο) βατραχάνθρωπος

frolic /'frɒlɪk/ vi κάνω τρέλες. • n (η) τρέλα

from /frəm, frɒm/ prep από

front /frʌnt/ n (το) εμπρός μέρος. (archit) (η) πρόσοψη. (mil) (το) μέτωπο. (of clothes) (η) μπροστινή. (seafront) (η) παραλία. (fig) (το) πρόσωπο. • a μπροστινός. **~ door** n (η) εξώπορτα. **in ~ of** μπροστά από

frontier /'frʌntɪə(r)/ n (το)
σύνορο

frost /frɒst/ n (η) παγωνιά. **~-bite** n (το) κρυοπάγημα. **~ed**
a (glass) αδιαφανής. **~y** a
παγερός

froth /frɒθ/ n (η) αφρός

frown /fraʊn/ vi
συνοφρυώνομαι. • n (το)
συνοφρύωμα

froze /frəʊz/ see FREEZE

frozen /'frəʊzn/ see FREEZE. • a
(food) κατεψυγμένος

frugal /'fru:gl/ a λιτός

fruit /fru:t/ n (το) φρούτο.
(collectively) (τα) φρούτα

fruitful /'fru:tfl/ a καρποφόρος.
(fig) αποδοτικός

fruition /fru:'ɪʃn/ n (fig) (η)
πραγματοποίηση

frustrat|e /frʌ'streɪt/ vt
ματαιώνω. **~ed** a
απογοητευμένος. **~ion** /-ʃn/ n
(η) ματαίωση

fry¹ /fraɪ/ vt/i (pt fried)
τηγανίζω/ομαι. **~ing-pan** n
(το) τηγάνι

fry² /fraɪ/ n small **~** (οι)
ασημαντότητες

fudge /fʌdʒ/ n μαλακό
ζαχαρωτό βουτύρου και κρέμας

fuel /'fju:əl/ n (τα) καύσιμα.
(fig) (το) λάδι

fugitive /'fju:dʒɪtɪv/ n (ο)
φυγάδας

fulfil /fʊl'fɪl/ vt (task)
εκπληρώνω. (hopes)
πραγματοποιώ. (conditions)
ικανοποιώ. **~ment** n (η)
εκπλήρωση, (η) ικανοποίηση

full /fʊl/ a πλήρης. (bus, hotel)
γεμάτος. (skirt) φαρδύς. (fare,

price) ολόκληρος. • adv
ακριβώς. **at ~ speed**
ολοταχώς. **be ~ (up)** (person)
είμαι χορτασμένος. **~ moon**
n (η) πανσέληνος. **~ stop** n
(η) τελεία. **~-time work** (η)
εργασία με πλήρη
απασχόληση. **in ~** πλήρως.
~y adv πλήρως

fumble /'fʌmbl/ vi ψαχουλεύω

fume /fju:m/ vi βγάζω καπνό.
(fig) είμαι έξω φρενών. **~s** npl
(οι) αναθυμιάσεις. (from
traffic) (τα) καυσαέρια

fumigate /'fju:mɪgeɪt/ vt
απολυμαίνω με κάπνισμα

fun /fʌn/ n (η) διασκέδαση. **for
~** για αστείο. **have ~**
διασκεδάζω. **make ~ of**
κοροϊδεύω

function /'fʌŋkʃn/ n (η)
λειτουργία. (ceremony) (η)
τελετή. • vi λειτουργώ. **~al** a
λειτουργικός

fund /fʌnd/ n (το) ταμείο. **~s**
(τα) κεφάλαια. • vt
χρηματοδοτώ

fundamental /fʌndə'mentl/ a
θεμελιώδης

funeral /'fju:nərəl/ n (η)
κηδεία. • a νεκρώσιμος

fungus /'fʌŋgəs/ n (ο)
μύκητας

funnel /'fʌnl/ n (το) χωνί. (of
ship) (το) φουγάρο

funny /'fʌnɪ/ a (-ier, -iest)
αστείος. (odd) περίεργος

fur /fɜ:(r)/ n (το) τρίχωμα. (skin)
(η) γούνα. (in kettle) το
πουρί. **~ry** a γούνινος

furious /'fjʊərɪəs/ a
εξοργισμένος

furnace /'fɜːnɪs/ n (ο)
κλίβανος

furnish /'fɜːnɪʃ/ vt επιπλώνω.
(supply) προμηθεύω. **~ings**
npl (η) επίπλωση

furniture /'fɜːnɪtʃə(r)/ n (τα)
έπιπλα

furrow /'fʌrəʊ/ n (το)
αυλάκι

further /'fɜːðə(r)/ see FAR • a
(additional) πρόσθετος. • adv
(more) περισσότερο. • vt
προάγω. **~st** see FAR

furthermore /'fɜːðəmɔː(r)/ adv
επιπλέον

furtive /'fɜːtɪv/ a κρυφός

fury /'fjʊərɪ/ n (η) οργή

fuse[1] /fjuːz/ vt κολλώ. • vi **the
lights have ~d** κάηκε η
ασφάλεια. • n (electr) (η)
ασφάλεια

fuse[2] /fjuːz/ n (of bomb) (το)
φιτίλι

fuselage /'fjuːzəlɑːʒ/ n (η)
άτρακτος

fusion /'fjuːʒn/ n (η)
σύντηξη

fuss /fʌs/ n (η) φασαρία.
(commotion) (η) σύγχυση. • vi
ανησυχώ. **~y** a σχολαστικός.
(clothes etc.) εξεζητημένος

futile /'fjuːtaɪl/ a μάταιος

future /'fjuːtʃə(r)/ a
μελλοντικός. • n (το) μέλλον.
(gram) (ο) μέλλοντας. **in ~**
στο μέλλον

futuristic /fjuːtʃə'rɪstɪk/ a
φουτουριστικός

fuzzy /'fʌzɪ/ a (hair) σγουρός
και κατσαρός. (photograph)
θαμπός

Gg

gabble /'gæbl/ vi μιλώ
γρήγορα και ακατάληπτα

gable /'geɪbl/ n (το) αέτωμα

gadget /'gædʒɪt/ n (η)
μικροσυσκευή

Gaelic /'geɪlɪk/ a κελτικός. • n
(η) κελτική γλώσσα

gag /gæg/ n (το) φίμωτρο.
(joke) (το) καλαμπούρι. • vt
φιμώνω. • vi αναγουλιάζω

gaiety /'geɪətɪ/ n (η) ευθυμία

gaily /'geɪlɪ/ adv εύθυμα

gain /geɪn/ vt κερδίζω.
(acquire) αποκτώ. • vi (of clock)
πάω μπροστά. • n (increase) (η)
αύξηση. (profit) (το) κέρδος.
(acquisition) (η) κατάκτηση

gait /geɪt/ n (η) περπατησιά

gala /'gɑːlə/ n (η) γιορτή

galaxy /'gæləksɪ/ n (ο)
γαλαξίας

gale /geɪl/ n (η) θύελλα

gall /gɔːl/ n (η) χολή.
(impudence: sl) (το) θράσος.
~-bladder n (η) χοληδόχος
κύστη

gallant /'gælənt/ a γενναίος.
(chivalrous) ιπποτικός

gallery /'gælərɪ/ n (η)
πινακοθήκη. (theatr) (ο)
εξώστης

galley /'gælɪ/ n (kitchen, ship)
(το) μαγειρείο

gallon /'gælən/ n (το) γαλόνι
(= 4.5 l)

gallop /'gæləp/ n (o) καλπασμός. • vi καλπάζω

gallows /'gæləʊz/ n (η) κρεμάλα

galore /gə'lɔ:(r)/ adv σε αφθονία

gamble /'gæmbl/ vt/i παίζω. (fig) ρινοκινδυνεύω. • n (το) τυχερό παχνίδι. ~ on ρισκάρω. ~er n (o) τζογαδόρος. (at cards) (ο) χαρτοπαίχτης. ~ing n (at cards) (η) χαρτοπαιξία

game /geim/ n (το) παιχνίδι. (animals, birds) (το) κυνήγι. • a be ~ for είμαι πρόθυμος για

gamekeeper /'geimki:pə(r)/ n (o) θηροφύλακας

gammon /'gæmən/ n είδος χοιρομέρι

gang /gæŋ/ n (η) συμμορία. (of workmen) (το) συνεργείο. • vi ~ up συνενώνομαι

gangrene /'gæŋgri:n/ n (η) γάγγραινα

gangster /'gæŋstə(r)/ n (o) γκάνγκστερ invar

gangway /'gæŋwei/ n (of ship) (η) σανιδόσκαλα. (aisle) (ο) διάδρομος

gaol /dʒeil/ n & vt = **jail**

gap /gæp/ n (το) άνοιγμα. (interval) (το) διάστημα. (difference) (η) διαφορά

gape /geip/ vi (be wide open) χάσκω. (stare open-mouthed) κοιτάζω με ανοιχτό στόμα. ~ing a χαίνων

garage /'gæra:ʒ/ n (το) γκαράζ

garbage /'ga:bidʒ/ n (τα) σκουπίδια

garden /'ga:dn/ n (o) κήπος. • vi ασχολούμαι με την κηπουρική. ~er n (o, η) κηπουρός. ~ing n (η) κηπουρική

gargle /'ga:gl/ vi κάνω γαργάρα. • n (η) γαργάρα

garish /'geərɪʃ/ a φανταχτερός και κακόγουστος

garland /'ga:lənd/ n (η) γιρλάντα

garlic /'ga:lik/ n (το) σκόρδο

garment /'ga:mənt/ n (το) ρούχο

garnish /'ga:nɪʃ/ n (η) γαρνιτούρα. • vi γαρνίρω

garret /'gærət/ n (η) σοφίτα

garrison /'gærisn/ n (η) φρουρά

garter /'ga:tə(r)/ n (η) καλτσοδέτα

gas /gæs/ n (το) αέριο. (domestic) (το) γκάζι. (med) (το) αναισθητικό. (Amer) (η) βενζίνη. • vi δηλητηριάζω με αέρια. ~ cooker (η) κουζίνα του γκαζιού. ~ fire (η) σόμπα του γκαζιού. ~ mask (η) αντιασφυξιογόνος μάσκα

gash /gæʃ/ n (η) βαθιά πληγή. • vt κόβω βαθιά

gasket /'gæskit/ n (η) φλάντζα

gasoline /'gæsəli:n/ n (Amer) (η) βενζίνη

gasp /ga:sp/ vi λαχανιάζω. (in surprise) μου κόβεται η αναπνοή. • n (το) κόψιμο της αναπνοής

gastric /'gæstrik/ a γαστρικός

gastronomy /gæ'strɒnəmi/ n (η) γαστρονομία

gate /geɪt/ n (garden) (η) πόρτα.
(of town) (η) πύλη. (of metal)
(η) καγκελόπορτα. (at airport)
(η) έξοδος

gateway /'geɪtweɪ/ n (η) πύλη

gather /'gæðə(r)/ vt μαζεύω.
(understand) συμπεραίνω.
(speed) αναπτύσσω. (cloth)
σουρώνω. • vi μαζεύομαι.
~ing n (η) συγκέντρωση

gaudy /'gɔ:dɪ/ a χτυπητός

gauge /geɪdʒ/ n (o) μετρητής.
• vt μετρώ. (fig) ζυγίζω

gaunt /gɔ:nt/ a αδύνατος.
(desolate) έρημος

gauze /gɔ:z/ n (η) γάζα

gave /geɪv/ see GIVE

gawky /'gɔ:kɪ/ a άχαρος

gay /geɪ/ a εύθυμος.
(homosexual) ομοφυλόφιλος

gaze /geɪz/ vi ~ at κοιτάζω
επίμονα. • n (το) βλέμμα

GB abbr (Great Britain) MB

gear /gɪə(r)/ n (techn) (το)
γρανάζι. (auto) (η) ταχύτητα.
(equipment, tackle) (τα)
εργαλεία, (τα) σύνεργα. • vt
προσαρμόζω (to, σε). ~ lever
n (o) μοχλός

gearbox /'gɪəbɒks/ n (το)
κιβώτιο ταχυτήτων

geese /gi:s/ see GOOSE

gel /dʒel/ n (το) ζελέ invar

gelatine /dʒelə'ti:n/ n (η)
ζελατίνη

gem /dʒem/ n (η) πολύτιμη
πέτρα

Gemini /'dʒeminaɪ/ n (οι)
Δίδυμοι

gender /'dʒendə(r)/ n (το)
γένος

gene /dʒi:n/ n (το) γονίδιο

general /'dʒenrəl/ a γενικός.
• n (o) στρατηγός. ~ election
n (οι) βουλευτικές εκλογές.
the ~ public το κοινό. in ~
γενικά. ~ly adv γενικά

generaliz|e /'dʒenrəlaɪz/ vt/i
γενικεύω. ~ation /-'zeɪʃn/ n
(η) γενίκευση

generate /'dʒenəreɪt/ vt
παράγω

generation /dʒenə'reɪʃn/ n (η)
γενεά

generator /'dʒenəreɪtə(r)/ n (η)
γεννήτρια

gener|ous /'dʒenərəs/ a
γενναιόδωρος. (ample)
άφθονος. ~osity /-'rɒsəti/ n
(η) γενναιοδωρία

genetic /dʒɪ'netɪk/ a γενετικός.
~s n (η) γενετική

genital /'dʒenɪtl/ a γεννητικός.
~s npl (τα) γεννητικά όργανα

genitive /'dʒenɪtɪv/ n (η)
γενική (πτώση)

genius /'dʒi:nɪəs/ n (η)
μεγαλοφυΐα

genome /'dʒi:nəʊm/ n (το)
γονιδίωμα

gent|le /'dʒentl/ a πράος.
(slight) ελαφρός. ~y adv
απαλά

gentleman /'dʒentlmən/ n (o)
κύριος

genuine /'dʒenjʊɪn/ a γνήσιος

geograph|y /dʒɪ'ɒgrəfɪ/ n (η)
γεωγραφία. ~ical /
dʒɪə'græfɪkl/ a γεωγραφικός

geolog|y /dʒɪ'ɒlədʒɪ/ n (η)
γεωλογία. ~ist n (o, η)
γεωλόγος

geomet|ry /dʒɪ'ɒmətrɪ/ n (η) γεωμετρία. **~ric(al)** /dʒɪə'metrɪk(l)/ a γεωμετρικός

geranium /dʒə'reɪnɪəm/ n (το) γεράνι

germ /dʒɜːm/ n (το) μικρόβιο

German /'dʒɜːmən/ a γερμανικός. • n (o) Γερμανός, (η) Γερμανίδα. (lang) (τα) γερμανικά. **~y** n (η) Γερμανία

germinate /'dʒɜːmɪneɪt/ vi βλασταίνω

gesticulate /dʒes'tɪkjʊleɪt/ vi χειρονομώ

gesture /'dʒestʃə(r)/ n (η) χειρονομία

get /get/ vt (pt **got**, pres p **getting**) (obtain) βρίσκω. (catch) παίρνω. (fetch) φέρνω. (understand: fam) καταλαβαίνω. **~ s.o. to do** βάζω κάποιον να κάνει. **~ one's car repaired** δίνω το αυτοκίνητό μου να φτιαχτεί. • vi (become) γίνομαι. (arrive at) φτάνω σε. **~ married/ready** παντρεύομαι/ετοιμάζομαι. **~ at** (reach) φτάνω. (imply) υπονοώ. **~ away** φεύγω. (escape) ξεφεύγω. **~ back** vi επιστρέφω. • vt (recover) βρίσκω. **~ by** περνώ. (manage) τα βολεύω. **~ down** κατεβαίνω. **~ in** μπαίνω. **~ off** (alight) κατεβαίνω. (leave) ξεκινώ. (jur) γλυτώνω. **~ on** (bus) ανεβαίνω. (succeed) επιτυγχάνω. (be on good terms) τα πηγαίνω καλά. **~ on with** (work etc.) συνεχίζω με. **~ out** φεύγω. **~ out of** (fig) ξεφεύγω. **~ over** (fence etc.) πηδώ. (illness) συνέρχομαι. **~**

through (telec) συνδέομαι. (finish) τελειώνω. **~ up** σηκώνομαι. (climb) ανεβαίνω

geyser /'giːzə(r)/ n (geol) (o) θερμοπίδακας

ghastly /'gɑːstlɪ/ a φρικτός. (pale) κατάχλομος

ghetto /'getəʊ/ n (το) γκέτο

ghost /ɡəʊst/ n (το) φάντασμα

giant /'dʒaɪənt/ n (o) γίγαντας. • a γιγάντιος

gibe /dʒaɪb/ n (το) περιγέλασμα

giblets /'dʒɪblɪts/ npl (τα) συκωτάκια (πουλιού)

gidd|y /'gɪdɪ/ a ζαλισμένος. **be** or **feel ~y** ζαλίζομαι. **~iness** n (η) ζάλη, (η)ζαλάδα

gift /gɪft/ n (το) δώρο. (talent) (το) ταλέντο. **~-wrap** vt τυλίγω δώρο

gifted /'gɪftɪd/ a προικισμένος

gigantic /dʒaɪ'gæntɪk/ a γιγαντιαίος

giggle /'gɪgl/ vi γελώ νευρικά. • n (το) νευρικό γέλιο

gild /gɪld/ vt επιχρυσώνω

gills /gɪlz/ npl (τα) βράγχια

gilt /gɪlt/ a επιχρυσωμένος. • n (η) επιχρύσωση

gimmick /'gɪmɪk/ n (το) τέχνασμα

gin /dʒɪn/ n (το) τζιν invar

ginger /'dʒɪndʒə(r)/ n (η) πιπερόριζα. • a ξανθοκόκκινος

gipsy /'dʒɪpsɪ/ n = **gypsy**

giraffe /dʒɪ'rɑːf/ n (η) καμηλοπάρδαλη

girder /'gɜːdə(r)/ n (το) δοκάρι

girdle /'gɜːdl/ n (η) ζώνη. (corset) (o) κορσές invar

girl /gɜːl/ n (*child*) (το) κορίτσι.
(*young woman*) (η) κοπέλα
~friend n (η) φίλη. (*of boy*)
(η) φιλενάδα

girth /gɜːθ/ n (η) περιφέρεια

gist /dʒɪst/ n (η) ουσία

give /gɪv/ vt/i (*pt* **gave**, *pp*
given) δίνω. (*supply, offer*)
προσφέρω. (*yield*) υποχωρώ.
• n (η) ελαστικότητα. **~ away**
(*money*) χαρίζω. (*secret*)
αποκαλύπτω. **~ back**
επιστρέφω. **~ in** ενδίδω. **~
off** αναδίνω. **~ out** (*distribute*)
μοιράζω. **~ up** παραιτούμαι.
~ o.s. up παραδίδομαι. **~
way** (*yield*) ενδίδω, υποχωρώ.
(*on road*) δίνω προτεραιότητα.
(*collapse*) υποχωρώ

glacier /ˈɡlæsɪə(r)/ n (ο)
παγετώνας

glad /glæd/ a χαρούμενος. **~ly**
adv χαρούμενα

glam|our /ˈglæmə(r)/ n (η)
αίγλη σε. **~orous** *a* γεμάτος
αίγλη

glance /glɑːns/ n (η) ματιά σε.
• *vi* **~ at** ρίχνω μια ματιά

gland /glænd/ n (ο) αδένας

glar|e /gleə(r)/ *vi* (*stare angrily*)
αγριοκοιτάζω. (*shine brightly*)
λάμπω. • n (η) λάμψη. (*look*)
(το) αγριοκοίταγμα. **~ing** *a*
εκτυφλωτικός. (*obvious*)
ολοφάνερος

glass /glɑːs/ n (το) γυαλί.
(*mirror*) (ο) καθρέφτης. (*for
drinking*) (το) ποτήρι. **~es** *npl*
(τα) γυαλιά

glaze /gleɪz/ *vt* (*door, window*)
τζαμώνω. (*pottery*) σμαλτώνω.
(*culin*) αλείφω με γάλα ή αυγό

• n (το) σμάλτο. **~d** *a* (*eyes*)
γυάλινος

gleam /gliːm/ n (η) λάμψη. (*of
hope*) (η) αχτίδα. • *vi* λάμπω

glee /gliː/ n (η) χαρά

glide /glaɪd/ *vi* γλιστρώ. (*plane*)
πέρνω αθόρυβα. **~r**
/-ə(r)/ n (το) ανεμόπτερο

glimmer /ˈglɪmə(r)/ n (το)
αμυδρό φως. • *vi* φέγγω
αμυδρά

glimpse /glɪmps/ n (η) ματιά.
• *vt* παίρνει το μάτι μου

glint /glɪnt/ n (η) λάμψη. • *vi*
λάμπω

glisten /ˈglɪsn/ *vi* λαμποκοπώ

glitter /ˈglɪtə(r)/ *vi*
σπινθηροβολώ, λάμπω. • n (το)
σπινθηροβόλημα

gloat /gləʊt/ *vi* χαίρομαι (με
κακεντρέχεια) (**over**, για)

global /ˈgləʊbl/ a παγκόσμιος

globe /gləʊb/ n (η) σφαίρα

gloom /gluːm/ n (η) κατήφεια.
(*sadness*) (η) κατάθλιψη. **~y** *a*
καταθλιπτικός

glorify /ˈglɔːrɪfaɪ/ *vt* δοξάζω

glorious /ˈglɔːrɪəs/ a ένδοξος.
(*splendid: fam*) καταπληκτικός

glory /ˈglɔːrɪ/ n (η) δόξα.
(*beauty*) (το) μεγαλείο

gloss /glɒs/ n (η) γυαλάδα. • *vt*
~ over συγκαλύπτω. **~ paint**
(η) ριπολίνη. **~y** *a*
γυαλιστερός

glossary /ˈglɒsərɪ/ n (το)
γλωσσάριο

glove /glʌv/ n (το) γάντι. **~
compartment** (το)
ντουλαπάκι (αυτοκινήτου)

glow /gləʊ/ *vi* λάμπω. • n (η)
λάμψη. **~ing** *a*

πυρακτωμένος. (fig) ενθουσιώδης

glucose /ˈgluːkəus/ n (η) γλυκόζη

glue /gluː/ n (η) κόλλα. • vt κολλώ

glum /glʌm/ a σκυθρωπός

glut /glʌt/ n (η) υπεραφθονία

glycerine /ˈglɪsəriːn/ n (η) γλυκερίνη

GM (genetically modified) a γενετικά μεταλλαγμένος

gnarled /nɑːld/ a ροζιάρικος

gnash /næʃ/ vt ~ one's teeth τρίζω τα δόντια μου

gnat /næt/ n (η) σκνίπα

gnaw /nɔː/ vt/i ~ (at) ροκανίζω

gnome /nəum/ n (ο) νάνος

go /gəu/ vi (pt went, pp gone) πηγαίνω. (leave) φεύγω. (work) δουλεύω. (become) γίνομαι. (be sold) πουλιέμαι. • n (η) δραστηριότητα. (try) (η) προσπάθεια. (turn) (η) σειρά. **be ~ing to do** θα κάνω. ~ **ahead** προχωρώ. ~ **away** φεύγω. ~ **back** επιστρέφω. **~-between** n (ο) μεσολαβητής, (η) μεσολαβήτρια. ~ **by** περνώ. ~ **down** (sun) δύω. (decrease) πέφτω. ~ **for** (attack) πέφτω πάνω σε. ~ **in** μπαίνω. ~ **off** (bomb) κάνω έκρηξη. (alarm) χτυπώ. (food) χαλώ. ~ **out** βγαίνω. (light, fire) σβήνω. ~ **over** (examine) εξετάζω. ~ **round** (be enough) φτάνω. ~ **through** (suffer) περνώ. (examine) ελέγχω. ~ **up** ανεβαίνω. ~ **with** ταιριάζω,

πάω με. ~ **without** κάνω χωρίς

goad /gəud/ vt κεντρίζω. (fig) παρακινώ

goal /gəul/ n (το) τέρμα, (το) γκολ invar. (fig) (ο) σκοπός. **~-post** n (το) δοκάρι (του τέρματος)

goalkeeper /ˈgəulkiːpə(r)/ n (ο) τερματοφύλακας

goat /gəut/ n (η) κατσίκα

gobble /ˈgɒbl/ vt καταβροχθίζω

God, god /gɒd/ n (ο) Θεός, Οεός. **~dess** n (η) θεά

god|child /ˈgɒdtʃaɪld/ n (το) βαφτιστήρι. **~father** n (ο) νονός. **~mother** n (η) νονά

godsend /ˈgɒdsend/ n (το) θείο δώρο

goggles /ˈgɒglz/ npl (τα) προστατευτικά γυαλιά

going /ˈgəuiŋ/ a (price, rate) συνηθισμένος

gold /gəuld/ n (ο) χρυσός. • a χρυσός. **~-mine** n (το) χρυσωρυχείο. **~-plated** a επίχρυσος

golden /ˈgəuldən/ a χρυσαφένιος

goldfish /ˈgəuldfɪʃ/ n (το) χρυσόψαρο

goldsmith /ˈgəuldsmɪθ/ n (ο) χρυσοχόος

golf /gɒlf/ n (το) γκολφ invar

gone /gɒn/ see GO

gong /gɒŋ/ n (το) γκογκ invar

good /gud/ a (better, best) καλός. (well-behaved) φρόνιμος. • n (το) καλό. **for ~** για πάντα. **~ afternoon!** καλησπέρα, χαίρετε. ~

evening! καλησπέρα. **~for-nothing** a άχρηστος. **~looking** a όμορφος. **~morning!** καλημέρα. **~night!** καληνύχτα. **it's no ~** δεν ωφελεί. **~ness** n (η) καλοσύνη. **my ~ness!** τι μου λες!

goodbye /gud'baɪ/ int αντίο. • n (ο) αποχαιρετισμός

goods /gudz/ npl (τα) αγαθά. (merchandise) (τα) εμπορεύματα

goodwill /gud'wɪl/ n (η) καλή θέληση

goose /gu:s/ n (pl geese) (η) χήνα. **~-flesh, ~-pimples** ns (η) ανατριχίλα

gooseberry /'guzbərɪ/ n (το) φραγκοστάφυλο

gore /gɔ:(r)/ vt τρυπώ με τα κέρατα

gorge /gɔ:dʒ/ n (το) φαράγγι. • vt καταβροχθίζω

gorgeous /'gɔ:dʒəs/ a θαυμάσιος

gorilla /gə'rɪlə/ n (ο) γορίλας

gorse /gɔ:s/ n (ο) ασπάλαθος

gory /'gɔ:rɪ/ a αιμοβόρος

gospel /'gɒspl/ n (το) ευαγγέλιο

gossip /'gɒsɪp/ n (το) κουτσομπολιό. (person) (ο) κουτσομπόλης. • vi κουτσομπολεύω

got /gɒt/ see GET. **have ~** έχω. **have ~ to do** πρέπει να κάνω

gout /gaʊt/ n (η) ουρική αρθρίτιδα

govern /'gʌvn/ vt/i κυβερνώ. **~ess** /-ənɪs/ n (η)

γκουβερνάντα. **~or** /-ənə(r)/ n (ο) κυβερνήτης

government /'gʌvənmənt/ n (η) κυβέρνηση. **~al** /-'mentl/ a κυβερνητικός

gown /gaʊn/ n (evening dress) (η) τουαλέτα (φόρεμα). (of judge, teacher) (η) τήβεννος

GP abbr (ο) γιατρός

grab /græb/ vt αρπάζω

grace /greɪs/ n (η) χάρη. (prayer) (η) ευχαριστία. • vt τιμώ. **~ful** a με χάρη

gracious /'greɪʃəs/ a ευγενικός. (elegant) κομψός

grade /greɪd/ n (ο) βαθμός. (of goods) (η) ποιότητα. (class) (η) τάξη. • vt ταξινομώ. (schol) βαθμολογώ

gradient /'greɪdɪənt/ n (η) κλίση

gradual /'grædʒʊəl/ a βαθμιαίος. **~ly** adv βαθμιαία

graduate¹ /'grædʒʊət/ n (ο, η) απόφοιτος

graduat|e² /'grædʒʊeɪt/ vi αποφοιτώ (από πανεπιστήμιο). • vt βαθμολογώ. **~ion** /-'eɪʃn/ n (η) αποφοίτηση

graft¹ /gra:ft/ n (το) μπόλι. (med) (το) μόσχευμα

graft² /gra:ft/ n (η) δωροδοκία

grain /greɪn/ n (cereal) (τα) δημητριακά. (of sand, rice) (ο) κόκκος. (in leather) (η) υφή. (in wood) (τα) νερά

gram /græm/ n (το) γραμμάριο

grammar /'græmə(r)/ n (η) γραμματική. **~atical** /grə'mætɪkl/ a γραμματικός

grand /grænd/ a
μεγαλοπρεπής. **~ piano** n
(το) πιάνο με ουρά

grand|child /'grændtʃaild/ n
(το) εγγόνι. **~daughter** n (η)
εγγονή. **~father** n (ο)
παππούς. **~mother** n (η)
γιαγιά. **~son** n (ο) εγγονός

grandeur /'grændʒə(r)/ n (η)
μεγαλοπρέπεια

grandstand /'grændstænd/ n
(η) εξέδρα των επισήμων

granite /'grænɪt/ n (ο)
γρανίτης

granny /'grænɪ/ n (fam) (η)
γιαγιά

grant /gra:nt/ vt (give) δίνω.
(concede) παραχωρώ. (request,
wish) ικανοποιώ. • n (for
student) (η) επιδότηση. (for
organization) (η)
επιχορήγηση. **take for ~ed**
θεωρώ ως δεδομένο

granule /'grænju:l/ n (ο)
κόκκος

grape /greɪp/ n (η) ρώγα, (το)
σταφύλι

grapefruit /'greɪpfru:t/ n (το)
γκρέιπφρουτ invar

graph /gra:f/ n (η) γραφική
παράσταση. **~ic** /'græfɪk/ a
γραφικός

grapple /'græpl/ vi **~ with**
παλεύω με

grasp /gra:sp/ vt πιάνω.
(understand) αντιλαμβάνομαι.
• n (το) πιάσιμο. (understanding)
(η) κατανόηση

grass /gra:s/ n (το) γρασίδι

grasshopper /'gra:shɒpə(r)/ n
(η) ακρίδα

grate[1] /greɪt/ n (η) σχάρα

grate[2] /greɪt/ vt τρίβω. • vi
τρίζω. **~r** /-ə(r)/ n (ο)
τρίφτης

grateful /'greɪtfl/ a ευγνώμων.
~ly adv με ευγνωμοσύνη

gratify /'grætɪfaɪ/ vt ευχαριστώ.
~ing a ικανοποιητικός

grating /'greɪtɪŋ/ n (το)
κιγκλίδωμα

gratitude /'grætɪtju:d/ n (η)
ευγνωμοσύνη

gratuitous /grə'tju:ɪtəs/ a
αδικαιολόγητος

grave[1] /greɪv/ n (ο) τάφος

grave[2] /greɪv/ a σοβαρός

gravel /'grævl/ n (το) χαλίκι

gravestone /'greɪvstəʊn/ n (η)
ταφόπετρα

graveyard /'greɪvja:d/ n (το)
νεκροταφείο

gravitate /'græviteɪt/ vi
έλκομαι

gravity /'grævətɪ/ n (force) (η)
παγκόσμια έλξη. (seriousness)
(η) σοβαρότητα

graze[1] /greɪz/ vt/i (eat) βόσκω

graze[2] /greɪz/ vt (scrape)
γδέρνω. • n (το) γδάρσιμο

greas|e /gri:s/ n (το) γράσο.
• vt γρασάρω. **~y** a λιπαρός

great /greɪt/ a μέγας, μεγάλος.
G~ Britain n (η) Μεγάλη
Βρετανία. **~-grandfather** n
(ο) προπάππος. **~-
grandmother** n (η) προγιαγιά.
~ly adv πολύ. **~ness** n (το)
μέγεθος

Greece /gri:s/ n (η) Ελλάδα

greed /gri:d/ n (η) απληστία.
(for food) (η) λαιμαργία. **~y** a
άπληστος, λαίμαργος

Greek /gri:k/ *a* ελληνικός. • *n*
(ο) Έλληνας, (η) Ελληνίδα.
(*lang*) (τα) ελληνικά

green /gri:n/ *a* πράσινος. • *n*
(το) πράσινο. **~ card** *n* (η)
πράσινη κάρτα. **~ery** *n*
(η) πρασινάδα. **~s** (η)
λαχανίδα.

greengrocer /'gri:ngrəʊsə(r)/ *n*
(ο) μανάβης

greenhouse /'gri:nhaʊs/ *n* (το)
θερμοκήπιο

greet /gri:t/ *vt* χαιρετίζω.
~ing *n* (ο) χαιρετισμός.
~ings *npl* (τα) χαιρετίσματα

grenade /grɪ'neɪd/ *n* (η)
χειροβομβίδα

grew /gru:/ *see* GROW

grey /greɪ/ *a* γκρίζος. (*fig*)
σκοτεινός. • *n* (το) γκρίζο. • *vi*
ασπρίζω

greyhound /'greɪhaʊnd/ *n* (το)
λαγωνικό

grid /grɪd/ *n* (η) σχάρα. (*electr*)
(το) ηλεκτρικό δίκτυο. (*on
map*) (ο) τετραγωνισμός

grief /gri:f/ *n* (η) θλίψη

grievance /'gri:vns/ *n* (το)
παράπονο

grieve /gri:v/ *vt* στενοχωρώ.
• *vi* θρηνώ. **~ for** θρηνώ

grill /grɪl/ *n* (*on cooker*) (η)
σχάρα. (*food*) διάφορα είδη
ψητού. • *vt* ψήνω στη σχάρα

grille /grɪl/ *n* (το) κιγκλίδωμα

grim /grɪm/ *a* σκληρός

grimace /grɪ'meɪs/ *n* (η)
γκριμάτσα. • *vi* κάνω
γκριμάτσες

grime /graɪm/ *n* (η) βρόμα

grin /grɪn/ *vi* χαμογελώ πλατιά.
• *n* (το) πλατύ χαμόγελο

grind /graɪnd/ *vt* αλέθω. (*crush*)
λιώνω. (*sharpen*) ακονίζω. • *n*
(το) τρίξιμο. (*fam*) (η)
μονότονη δουλειά. **~ one's
teeth** τρίζω τα δόντια μου

grip /grɪp/ *vt* σφίγγω.
(*attention*) συναρπάζω. • *n* (η)
λαβή. (*control*) (ο) έλεγχος

gripping /'grɪpɪŋ/ *a* (*fig*)
συνταρακτικός

gristle /'grɪsl/ *n* (το) τραγανό

grit /grɪt/ *n* (το) αμμοχάλικο.
(*fig*) (το) θάρρος. • *vt* απλώνω
αμμοχάλικο σε. (*clench*)
σφίγγω

groan /grəʊn/ *vi* βογκώ. • *n* (το)
βογκητό

grocer /'grəʊsə(r)/ *n* (ο)
μπακάλης. **~ies** *npl* (τα) είδη
μπακαλικής

groggy /'grɒgɪ/ *a* ασταθής

groin /grɔɪn/ *n* (τα) αχαμνά

groom /gru:m/ *n* (*for horses*)
(ο) ιπποκόμος. (*bridegroom*)
(ο) γαμπρός. • *vt* περιποιούμαι
(*άλογο*). (*fig*) προετοιμάζω (*για
σταδιοδρομία*)

groove /gru:v/ *n* (η) εγκοπή

grope /grəʊp/ *vi* ψηλαφώ. **~
for** ψάχνω για

gross /grəʊs/ *a* χυδαίος.
(*comm*) μικτός. • *n invar*
γρόσα. **~ly** *adv* (*very*)
υπερβολικά

grotesque /grəʊ'tesk/ *a*
αλλόκοτος

ground¹ /graʊnd/ *n* (το)
έδαφος. (*reason*) (ο) λόγος.
~s (οι) κήποι. (*of coffee*) (τα)
κατακάθια. • *vi* (*aviat*)

απαγορεύω την απογείωση.
(*naut*) προσαράζω. ~ **floor** *n*
(το) ισόγειο

ground² /graυnd/ *see* GRIND

groundwork /'graυndwз:k/ *n*
(η) προκαταρκτική εργασία

group /gruːp/ *n* (η) ομάδα. • *vt/i*
συγκεντρώνω/ομαι σε ομάδα

grouse¹ /graυs/ *n invar* είδος
αγριοπέρδικας

grouse² /graυs/ *vi* (*fam*)
γκρινιάζω

grove /grзυν/ *n* (το) άλσος

grovel /'grɒvl/ *vi* σέρνομαι

grow /grзυ/ *vi* (*pt* **grew**, *pp*
grown) μεγαλώνω. • *vt* (*plant*)
καλλιεργώ. (*become*) γίνομαι.
~ **up** μεγαλώνω

growl /graυl/ *vi* γρυλίζω. • *n*
(το) γρύλισμα

grown /grзυn/ *see* GROW. • *a*
~-**up** *a* μεγάλος. ~-**ups** *n*
(οι) μεγάλοι

growth /grзυθ/ *n* (η) ανάπτυξη.
(*increase*) (η) αύξηση. (*med*)
(ο) όγκος

grubby /'grʌbɪ/ *a* βρόμικος

grudge /grʌdʒ/ *vt* δίνω
απρόθυμα σε. • *n* (η) κακία.
~**ing** *a* απρόθυμος

gruelling /'gruːəlɪŋ/ *a*
εξαντλητικός

gruesome /'gruːsəm/ *a*
ανατριχιαστικός

gruff /grʌf/ *a* τραχύς

grumble /'grʌmbl/ *vi*
γκρινιάζω

grumpy /'grʌmpɪ/ *a*
γκρινιάρης

grunt /grʌnt/ *vi* γρυλίζω. • *n* (ο)
γρυλισμός

guarantee /gærən'tiː/ *n* (η)
εγγύηση. • *vt* εγγυώμαι

guard /gaːd/ *n* ο προστατεύω.
(*watch*) φρουρώ. • *vi*
against προφυλάγομαι από. • *n* (ο)
(*mil*) φρουρός. (*warden*) (ο)
φύλακας. (*safety device*) (το)
προστατευτικό κάλυμμα.
~**ian** *n* (*of minor*) (ο)
κηδεμόνας

guarded /'gaːdɪd/ *a*
επιφυλακτικός

guerrilla /gə'rɪlə/ *n* (ο)
αντάρτης

guess /ges/ *vt/i* μαντεύω.
(*suppose*) νομίζω. • *n* (η)
εικασία

guest /gest/ *n* (ο) ξένος. ~-
house *n* (η) πανσιόν *invar*

guidance /'gaɪdəns/ *n* (η)
καθοδήγηση. (*advice*) (η)
συμβουλή. (*information*) (η)
ενημέρωση

guide /gaɪd/ *n* (ο, η) ξεναγός.
(*book*) (ο) οδηγός. • *vt*
καθοδηγώ

guidebook /'gaɪdbuk/ *n* (ο)
οδηγός (*βιβλιαράκι*)

guidelines /'gaɪdlaɪnz/ *n* (οι)
κατευθυντήριες γραμμές

guild /gɪld/ *n* (το) σωματείο

guile /gaɪl/ *n* (η) πονηριά

guillotine /'gɪlətiːn/ *n* (η)
λαιμητόμος. (*for paper*) (η)
χαρτοκοπτική μηχανή

guilt /gɪlt/ *n* (η) ενοχή. ~**y** *a*
ένοχος

guinea-pig /'gɪnɪpɪg/ *n* (το)
ινδικό χοιρίδιο. (*fig*) (το)
πειραματόζωο

guise /gaɪz/ *n* (το) πρόσχημα

guitar /gɪ'taː(r)/ n (η) κιθάρα.
~ist n (ο) κιθαριστής

gulf /gʌlf/ n (ο) κόλπος.
(hollow) (το) χάσμα

gull /gʌl/ n (ο) γλάρος

gullet /'gʌlɪt/ n (η) γούλα

gullible /'gʌləbl/ a αφελής

gulp /gʌlp/ vt καταβροχθίζω.
• vi κομπιάζω. • n (of liquid) (η)
ρουφηξιά

gum¹ /gʌm/ n (anat) (το) ούλο

gum² /gʌm/ n (from tree) (το)
κόμμι. (glue) (η) γόμα
(chewing-gum) (η) τσίχλα

gun /gʌn/ n (το) όπλο. (pistol)
(το) πιστόλι. (rifle) (το)
τουφέκι

gunfire /'gʌnfaɪə(r)/ n (οι)
πυροβολισμοί

gunman /'gʌnmən/ n (ο, η)
οπλοφόρος

gunpowder /'gʌnpaʊdə(r)/ n
(το) μπαρούτι

gunshot /'gʌnʃɒt/ n (ο)
πυροβολισμός

gurgle /'gɜːgl/ n (το)
γαργάρισμα. • vi γαργαρίζω

gush /gʌʃ/ vi αναβλύζω. (fig)
μιλώ διαχυτικά. • n (η)
ανάβλυση

gust /gʌst/ n (η) ριπή

gusto /'gʌstəʊ/ n (το) κέφι

gut /gʌt/ n (το) έντερο. **~s** npl
(τα) έντερα. (courage: fam)
(το) θάρρος. • vt (pt gutted)
βγάζω τα έντερα (house)
καταστρέφω (το εσωτερικό)

gutter /'gʌtə(r)/ n (of house) (η)
υδρορρόη. (in street) (το)
χαντάκι

guy /gaɪ/ n (fam) (ο) τύπος

guzzle /'gʌzl/ vt (food)
καταβροχθίζω

gym /dʒɪm/ n (το) γυμναστήριο

gymnasium /dʒɪm'neɪzɪəm/ n
(το) γυμναστήριο

gymnast /'dʒɪmnæst/ n (ο)
γυμναστής, (η) γυμνάστρια.
~ics /-'næstɪks/ npl (η)
γυμναστική

gynaecology /gaɪnɪ'kɒlədʒɪ/ n
(η) γυναικολογία. **~ist** n (ο,
η) γυναικολόγος

gypsy /'dʒɪpsɪ/ n (ο) τσιγγάνος

gyrate /dʒaɪ'reɪt/ vi
περιστρέφομαι

Hh

habit /'hæbɪt/ n (η) συνήθεια.
(costume) (το) ένδυμα

habitable /'hæbɪtəbl/ a
κατοικήσιμος. **~ation** /-'teɪʃn/
n (η) κατοίκηση

habitat /'hæbɪtæt/ n (το)
φυσικό περιβάλλον

habitual /hə'bɪtʃʊəl/ a
συνηθισμένος. **~ly** adv από
συνήθεια

hack /hæk/ vt **~ to pieces**
πετσοκόβω

had /hæd/ see HAVE

haemorrhage /'hemərɪdʒ/ n (η)
αιμορραγία

hag /hæg/ n (η) μέγαιρα

haggard /'hægəd/ a
καταβεβλημένος

haggle /'hægl/ vi παζαρεύω

hail¹ /heɪl/ vt χαιρετώ. (taxi) φωνάζω ταξί. • vi ~ **from** κατάγομαι από

hail² /heɪl/ n (το) χαλάζι. • vi ρίχνω χαλάζι

hailstone /'heɪlstəʊn/ n (o) χαλαζόκοκκος

hair /heə(r)/ n (η) τρίχα. (on head) (τα) μαλλιά. (on body, of animal) (το) τρίχωμα. **~-do** n (fam) (το) χτένισμα. **~-dryer** n (το) σεσουάρ invar. **~-style** n (το) χτένισμα

hairbrush /'heəbrʌʃ/ n (η) βούρτσα των μαλλιών

haircut /'heəkʌt/ n (το) κόψιμο των μαλλιών. **have a ~** κόβω τα μαλλιά μου

hairdresser /'heədresə(r)/ n (o) κομμωτής, (η) κομμώτρια

hairpin /'heəpɪn/ n (το) τσιμπιδάκι. **~ bend** n (η) φουρκέτα

hairy /'heərɪ/ a μαλλιαρός. (sl) επικίνδυνος

half /hɑːf/ n (pl **halves**) (το) μισό. **~ an hour** μισή ώρα. **~-caste** n (o) μιγάδας. **~-time** n (το) ημίχρόνιο. **~-way** a & adv στο μέσο της αποστάσεως. **in a ~-hearted way** με μιση καρδιά

hall /hɔːl/ n (room) (η) αίθουσα. (entrance, corridor) (το) χολ invar. (mansion) (το) μέγαρο

hallo /hə'ləʊ/ int & n = **hello**

Hallowe'en /ˌhæləʊ'iːn/ n (η) παραμονή την Αγίων Πάντων

hallucination /həluːsɪ'neɪʃn/ n (η) παραίσθηση

halo /'heɪləʊ/ n (o) φωτοστέφανος

halt /hɔːlt/ n (το) σταμάτημα. • vt/i σταματώ

halve /hɑːv/ vt μοιράζω στα δύο

ham /hæm/ n (το) ζαμπόν invar

hamburger /'hæmbɜːɡə(r)/ n (το) μπιφτέκι (από κιμά)

hammer /'hæmə(r)/ n (το) σφυρί. • vt σφυροκοπώ

hammock /'hæmək/ n (η) αιώρα

hamper¹ /'hæmpə(r)/ n καλάθι με κάλυμμα γεμάτο τρόφιμα

hamper² /'hæmpə(r)/ vt εμποδίζω

hand /hænd/ n (το) χέρι. (of clock) (o) δείκτης. (cards) (η) παρτίδα. • vt δίνω. **at ~**, to **~** πρόχειρος. **~-baggage**, **~-luggage** ns (οι) χειραποσκευές. **~ down** μεταβιβάζω. **~ in** or over παραδίνω. **~ out** μοιράζω

handbag /hændbæg/ n (η) τσάντα

handbook /'hændbʊk/ n (το) εγχειρίδιο

handbrake /'hændbreɪk/ n (το) χειρόφρενο

handcuff /'hændkʌf/ vt βάζω χειροπέδες σε. **~s** npl (οι) χειροπέδες

handful /'hændfʊl/ n (η) χούφτα

handicap /'hændɪkæp/ n (η) αναπηρία. (obstacle) (το) εμπόδιο. • vt δυσχεραίνω. **~ped** a (physically) ανάπηρος. (mentally) διανοητικά ανάπηρος

handicraft /'hændɪkrɑːft/ n (η) χειροτεχνία

handkerchief /'hæŋkətʃɪf/ *n* (το) μαντίλι

handle /'hændl/ *n* (*of door*) (το) πόμολο. (*of cup*) (το) χέρι. (*of pan, bag*) (το) χερούλι. (*of knife, tool*) (η) λαβή. • *vt* πιάνω. (*deal with*) χειρίζομαι. (*control*) ελέγχω

handlebar /'hændlbɑ:(r)/ *n* ~**s** (το) τιμόνι (ποδηλάτου)

handshake /'hændʃeɪk/ *n* (η) χειραψία

handsome /'hænsəm/ *a* ωραίος. (*fig*) γενναιόδωρος

handstand /'hændstænd/ *n* **do a** ~ περπατάω με τα χέρια

handwriting /'hændraɪtɪŋ/ *n* (ο) γραφικός χαρακτήρας

handy /'hændɪ/ *a* χρήσιμος. (*person*) επιδέξιος

handyman /'hændɪmæn/ *n* (ο) άνθρωπος για όλες τις δουλειές

hang /hæŋ/ *vt* (*pt* hung) κρεμώ. (*pt* hanged) (*criminal*) απαγχονίζω. • *vi* κρέμομαι. ~ **about** *or* **around** περιφέρομαι άσκοπα. ~**-glider** *n* (το) ανεμόπτερο αετός. ~ **on** (*wait*) περιμένω. ~ **on to** (*keep*) κρατώ. ~ **out** (*washing*) απλώνω

hangar /'hæŋə(r)/ *n* (το) υπόστεγο αεροσκαφών

hanger /'hæŋə(r)/ *n* (η) κρεμάστρα. ~**-on** *n* (η) κολλιτσίδα

hangover /'hæŋəʊvə(r)/ *n* πονοκέφαλος και αδιαθεσία μετά από μεθύσι

hanker /'hæŋkə(r)/ *vi* ~ **after** διψώ για

haphazard /hæp'hæzəd/ *a* τυχαίος. ~**ly** *adv* τυχαία

happen /'hæpən/ *vi* τυχαίνω. **I** ~**ed to meet him** τον συνάντησα τυχαία. ~**ing** *n* (το) συμβάν

happy /'hæpɪ/ *a* (**-ier, -iest**) ευτυχισμένος. ~**ily** *adv* ευτυχισμένα. ~**iness** *n* (η) ευτυχία

harass /'hærəs/ *vt* ενοχλώ

harbour /'hɑ:bə(r)/ *n* (το) λιμάνι. • *vt* δίνω άσυλο σε. (*fig*) τρέφω

hard /hɑ:d/ *a* σκληρός. (*difficult*) δύσκολος. • *adv* σκληρά. (*think*) εντατικά. (*pull*) δυνατά. **be ~ up** *a* (*fam*) έχω ανάγκη. ~ **disk** *n* (ο) σκληρός δίσκος. ~**ness** *n* (η) σκληρότητα. ~ **of hearing** βαρήκοος.

hardback /'hɑ:dbæk/ *n* (το) δεμένο βιβλίο

harden /'hɑ:dn/ *vt/i* σκληραίνω

hardly /'hɑ:dlɪ/ *adv* μόλις. ~ **ever** σχεδόν ποτέ

hardship /'hɑ:dʃɪp/ *n* (η) ταλαιπωρία. (*deprivation*) (η) στέρηση

hardware /'hɑ:dweə(r)/ *n* (το) υλικό

hardy /'hɑ:dɪ/ *a* (*person*) σκληραγωγημένος. (*plant*) ανθεκτικός

hare /heə(r)/ *n* (ο) λαγός

harem /'hɑ:ri:m/ *n* (το) χαρέμι

haricot /'hærɪkəʊ/ *n* (το) φασόλι

hark /hɑ:k/ *vi* ακούω

harm /hɑ:m/ *n* (η) ζημιά. (*wrong*) (το) κακό. • *vt* βλάπτω.

~ful *a* βλαβερός. **~less** *a*
αβλαβής

harmonica /ha:'mɒnɪkə/ *n* (η)
φυσαρμόνικα

harmon|y /'ha:mənɪ/ *n* (η)
αρμονία. **~ious** /-'məʊnɪəs/ *a*
αρμονικός

harness /'ha:nɪs/ *n invar* (τα)
χάμουρα. • *vt* δαμάζω

harp /ha:p/ *n* (η) άρπα. • *vi* —
on about λέω συνεχώς τα ίδια

harpoon /ha:'pu:n/ *n* (το)
καμάκι

harpsichord /'ha:psɪkɔːd/ *n*
(το) κλαβεσίνο

harrowing /'hærəʊɪŋ/ *a*
οδυνηρός

harsh /ha:ʃ/ *a* (*rough*) τραχύς.
(*cruel*) σκληρός. (*severe*)
αυστηρός. (*light*) δυνατός.
(*sound*) διαπεραστικός

harvest /'ha:vɪst/ *n* (ο)
θερισμός. (*crop*) (η)
συγκομιδή. • *vt* θερίζω

has /hæz/ *see* HAVE

hassle /'hæsl/ *n* (*fam*) (η)
φασαρία. • *vt* (*fam*) ενοχλώ

haste /heɪst/ *n* (η) βιασύνη

hasten /'heɪsn/ *vt* επισπεύδω.
• *vi* κάνω γρήγορα

hasty /'heɪstɪ/ *a* βιαστικός

hat /hæt/ *n* (το) καπέλο

hatch¹ /hætʃ/ *n* (*for food*) (το)
παραθυράκι. (*naut*) (το) στόμιο
κύτους

hatch² /hætʃ/ *vt/i*
εκκολάπτω/ομαι. (*a plot*)
μηχανεύομαι

hatchet /'hætʃɪt/ *n* (ο) μπαλτάς

hate /heɪt/ *n* (το) μίσος. • *vt*
μισώ. **~ful** *a* μισητός

hatred /'heɪtrɪd/ *n* (το) μίσος

haughty /'hɔ:tɪ/ *a* υπεροπτικός

haul /hɔ:l/ *vt* τραβώ. • *n* (το)
τράβηγμα. (*catch*, *net*) (η)
διχτυά. (*journey*) (η)
διαδρομή

haunt /hɔ:nt/ *vt* (*ghost*)
στοιχειώνω. (*frequent*)
συχνάζω. (*linger in the mind*)
βασανίζω. • *n* (το) στέκι

have /hæv/ *vt* (3 *sing pres* has,
pt had) έχω. (*bath*, *walk*) κάνω
v aux (*used with pp*) έχω. **~ on**
(*wear*) φορώ. (*tease: fam*)
κοροϊδεύω. **~ one's hair cut**
κόβω τα μαλλιά μου. **~ one's
suit cleaned** πάω το κοστούμι
μου στο καθαριστήριο. **~ to
do** πρέπει να κάνω

haven /'heɪvn/ *n* (το)
καταφύγιο

havoc /'hævək/ *n* (η) ερήμωση

hawk /hɔ:k/ *n* (το) γεράκι

hay /heɪ/ *n* (ο) σανός. **~ fever**
n αλλεργικό συνάχι

haystack /'heɪstæk/ *n* (η)
θημωνιά

hazard /'hæzəd/ *n* (ο) κίνδυνος.
• *vt* διακινδυνεύω. **~ous** *a*
επικίνδυνος

haze /heɪz/ *n* (η) καταχνιά

hazel /'heɪzl/ *n* (*tree*) (η)
φουντουκιά. **~-nut** *n* (το)
φουντούκι

hazy /'heɪzɪ/ *a* καταχνιασμένος

he /hi:/ *pron* αυτός. • *n* (ο)
αρσενικός

head /hed/ *n* (το) κεφάλι, (η)
κεφαλή. (*chief*) (ο)
προϊστάμενος, (ο) διευθυντής.
• *a* επικεφαλής. • *vt* ηγούμαι.
~ for τραβώ προς. **~ waiter**

n (ο) αρχισερβιτόρος. **~y** *a*
μεθυστικός

headache /'hedeιk/ *n* (ο)
πονοκέφαλος

heading /'hediη/ *n* (η)
επικεφαλίδα

headlamp, headlight
/'hedlæmp, 'hedlaιt/ *ns* (ο)
προβολέας

headline /'hedlaιn/ *n* (η)
επικεφαλίδα

headlong /'hedlοη/ *a*
απερίσκεπτος. • *adv*
απερίσκεπτα

headmaster /hed'ma:stə(r)/ *n*
(ο) διευθυντής (*σχολείου*)

headmistress /hed'mιstrιs/ *n*
(η) διευθύντρια (*σχολείου*)

headphone /'hedfəυn/ *n* **~s**
(τα) ακουστικά

headquarters /'hedkwɔ:təz/ *npl*
(τα) κεντρικά γραφεία. (*mil*)
(το) αρχηγείο

headstrong /'hedstrοη/ *a*
ισχυρογνώμων

heal /hi:l/ *vt/i* επουλώνω/ομαι

health /helθ/ *n* (η) υγεία. **~y** *a*
υγιής. (*beneficial*) υγιεινός

heap /hi:p/ *n* (ο) σωρός. • *vt*
συσσωρεύω

hear /hιə(r)/ *vt/i* (*pt* **heard**)
ακούω. **~ about** μαθαίνω για.
~ from παίρνω νέα από.
~ing *n* (η) ακοή. (*jur*) (η)
δίκη. **~ing-aid** *n* (το)
ακουστικό βαρηκοΐας

hearsay /'hιəseι/ *n* (η) διάδοση

hearse /hɜ:s/ *n* (η) νεκροφόρα

heart /ha:t/ *n* (η) καρδιά. **~s**
(*cards*) κούπα. **by ~** απ' έξω.
lose ~ αποθαρρύνομαι. **~
attack** *n* (η) καρδιακή

προσβολή. **~-breaking** *a*
σπαραχτικός. **~-broken** *a*
απαρηγόρητος

heartburn /'ha:tbɜ:n/ *n* (η)
καούρα

heartfelt /'ha:tfelt/ *a* εγκάρδιος

hearth /ha:θ/ *n* (το) τζάκι

heartless /'ha:tlιs/ *a* άκαρδος

hearty /'ha:tι/ *a* εγκάρδιος.
(*meal*) πλούσιος

heat /hi:t/ *n* (η) θερμότητα.
(*contest*) (ο) προκριματικός
αγώνας. • *vt/i* ζεσταίνω/ομαι.
~ stroke *n* (η) θερμοπληξία.
~ wave *n* (ο) καύσωνας. **~er**
n (η) θερμάστρα. (*in car*) (το)
καλοριφέρ. **~ing** *n* (η)
θέρμανση

heated /'hi:tιd/ *a* (*discussion*)
ζωηρός

heath /hi:θ/ *n* (ο) θαμνότοπος

heathen /'hi:ðn/ *n* (ο)
ειδωλολάτρης

heather /'heðə(r)/ *n* (το) ρείκι

heave /hi:v/ *vt* σηκώνω. (*a sigh*)
βγάζω. • *vi* κάνω εμετό

heaven /'hevn/ *n* (ο)
παράδεισος, (ο) ουρανός. **~ly**
a παραδεισένιος

heavy /'hevι/ *a* (-ier, -iest)
βαρύς. (*rain*) δυνατός. (*sleep*)
βαθύς. (*traffic*) μεγάλος. **~ily**
adv βαριά. (*smoke, drink*)
πολύ

hectic /'hektιk/ *a* εντατικός

hedge /hedʒ/ *n* (ο) φράχτης
από θάμνους

hedgehog /'hedʒhοg/ *n* (ο)
σκαντζόχοιρος

heed /hi:d/ *vt* προσέχω. • *n* (η)
προσοχή. **~less** *a*
απρόσεκτος

heel /hiːl/ n (η) φτέρνα. (of shoe) (το) τακούνι

hefty /'hefti/ a δυνατός

heifer /'hefə(r)/ n (η) δαμαλίδα

height /hait/ n (το) ύψος. (of plane) (το) ύψωμα. (of season) (η) καρδιά. (fig) (το) αποκορύφωμα

heighten /'haitn/ vt υψώνω. (fig) επιτείνω

heir, heiress /eə(r), 'eəris/ ns (ο, η) κληρονόμος

heirloom /'eəluːm/ n (το) οικογενειακό κειμήλιο

held /held/ see HOLD

helicopter /'helikɒptə(r)/ n (το) ελικόπτερο

hell /hel/ n (η) κόλαση

hello /hə'ləʊ/ n (η) γεια. • int γεια. (telephone) εμπρός. **say ~ to** χαιρετίζω

helm /helm/ n (το) πηδάλιο

helmet /'helmit/ n (το) κράνος

help /help/ vt/i βοηθώ. **he cannot ~ laughing** δεν μπορεί να συγκρατηθεί να μη γελάσει. • n (η) βοήθεια. (charwoman) (η) καθαρίστρια. **~er** n (ο, η) βοηθός. **~ful** a χρήσιμος. (person) εξυπηρετικός. **~less** a (powerless) ανίσχυρος. (unable to manage) ανίκανος

helping /'helpiŋ/ n (η) μερίδα

hem /hem/ n (το) στρίφωμα. • vt **~ in** περικλείω

hemisphere /'hemisfiə(r)/ n (το) ημισφαίριο

hen /hen/ n (η) κότα

hence /hens/ adv (for this reason) επομένως. (from now on) από τώρα

her /hɜː(r)/ a της. • pron την

herald /'herəld/ vt προαγγέλλω

herb /hɜːb/ n (το) βότανο

herd /hɜːd/ n (η) αγέλη

here /hiə(r)/ adv εδώ. **come ~!** έλα δω! **~ he is** νάτος

hereditary /hi'reditri/ a κληρονομικός

heredity /hi'redəti/ n (η) κληρονομικότητα

heresy /'herəsi/ n (η) αίρεση. **~tic** n (ο) αιρετικός

heritage /'heritidʒ/ n (η) κληρονομιά

hermit /'hɜːmit/ n (ο) ερημίτης

hernia /'hɜːniə/ n (η) κήλη

hero /'hiərəʊ/ n (ο) ήρωας. **~ine** /'herəʊin/ n (η) ηρωίδα. **~ism** /'herəʊizəm/ n (ο) ηρωισμός

heroic /hi'rəʊik/ a ηρωικός

heroin /'herəʊin/ n (η) ηρωίνη

heron /'herən/ n (ο) ερωδιός

herring /'heriŋ/ n (η) ρέγγα

hers /hɜːz/ poss pron δικός της

herself /hɜː'self/ pron (ο) εαυτός της. (emphatic) (η) ίδια

hesitant /'hezitənt/ a διστακτικός

hesitat|e /'heziteit/ vi διστάζω. **~ion** /-'teiʃn/ n (ο) δισταγμός

heterosexual /hetərə'seksjʊəl/ a & n (ο) ετεροφυλόφιλος

hexagon /'heksəgən/ n (το) εξάγωνο

heyday /'heidei/ n (η) ακμή

hi /hai/ int γεια

hibernate /'haibəneit/ vi βρίσκομαι σε χειμερία νάρκη

hiccup /'hikʌp/ n (ο) λόξιγκας

hide¹ /haɪd/ vt/i (pt hid, pp hidden) κρύβω/ομαι (from, από). **~-and-seek** n (το) κρυφτούλι

hide² /haɪd/ n (το) δέρμα

hideous /'hɪdɪəs/ a αποκρουστικός

hiding¹ /'haɪdɪŋ/ n be in ~ κρύβομαι. **~-place** n (ο) κρυψώνας

hiding² /'haɪdɪŋ/ n (fam) (το) ξύλο

hierarchy /'haɪərɑːkɪ/ n (η) ιεραρχία

hi-fi /haɪ'faɪ/ n (τα) στερεοφωνικά

high /haɪ/ a ψηλός. (wind) δυνατός. (speed) υψηλός. (pitch) οξύς. (food) σιτεμένος. • n (τα) ύψη adv ψηλά. **~-chair** n (η) ψηλή καρέκλα (για μωρό). **~ jump** n (το) άλμα εις ύψος. **~-pitched** a διαπεραστικός. **~-rise** a ψηλός. **~ school** n σχολείο δευτεροβάθμιας εκπαίδευσης. **~ street** n κεντρικός δρόμος σε μικρή πόλη. **~ tide** n (η) πλημμυρίδα

highlight /'haɪlaɪt/ n (το) αποκορύφωμα. • vt τονίζω, υπογραμμίζω

highly /'haɪlɪ/ adv πολύ. **~-strung** a νευρώδης και ευέξαπτος

Highness /'haɪnɪs/ n His/Her Royal ~ ο/η Αυτού Υψηλότητα

highway /'haɪweɪ/ n (η) εθνική οδός

hijack /'haɪdʒæk/ vt κάνω αεροπειρατεία. **~er** n (ο) αεροπειρατής

hike /haɪk/ n (η) πεζοπορία. • vi κάνω πεζοπορία. **~r** /-ə(r)/ n (ο, η) πεζοπόρος

hilarious /hɪ'leərɪəs/ a ξεκαρδιστικός

hill /hɪl/ n (ο) λόφος

hillside /'hɪlsaɪd/ n (η) λοφοπλαγιά

him /hɪm/ pron τον

himself /hɪm'self/ pron (ο) εαυτός του. (emphatic) ο ίδιος

hind /haɪnd/ a πισινός

hind|er /'hɪndə(r)/ vt εμποδίζω. **~rance** n (το) εμπόδιο

Hindu /hɪn'duː/ n (ο) ινδουιστής, (η) ινδουίστρια

hinge /hɪndʒ/ n (ο) μεντεσές

hint /hɪnt/ n (indirect) (ο) υπαινιγμός. (advice) (η) υπόδειξη. (slight trace) (το) ίχνος. • vi ~ at υπονοώ

hip /hɪp/ n (ο) γοφός

hippopotamus /hɪpə'pɒtəməs/ n (ο) ιπποπόταμος

hire /'haɪə(r)/ vt νοικιάζω. (person) προσλαμβάνω. • n (η) ενοικίαση. **for ~** ενοικιάζεται. (taxi) ελεύθερο

his /hɪz/ a του. • poss pron δικό του

hiss /hɪs/ n (το) σφύριγμα. • vt/i σφυρίζω

historian /hɪ'stɔːrɪən/ n (ο, η) ιστορικός

history /'hɪstərɪ/ n (η) ιστορία. **~ic(al)** /hɪ'stɒrɪk(l)/ a ιστορικός

hit /hɪt/ vt/i (pt hit, pres p hitting) χτυπώ. (find) βρίσκω. • n (το) χτύπημα. (fig) (η) επιτυχία. **~ on** or **upon**

βρίσκω τυχαία. (answer)
πέρτω πάνω σε

hitch /hɪtʃ/ vt δένω. • n (snag)
(η) αναποδιά. ~-hiking n (το)
οτοστόπ invar. ~-hiker n
αυτός που ταξιδεύει με
οτοστόπ. ~ up (pull up)
ανασηκώνω

HIV abbr HIV (ιός)

hive /haɪv/ n (η) κυψέλη

hoard /hɔːd/ vt συσσωρεύω. • n
(ο) σωρός. (of money) (ο)
θησαυρός

hoarse /hɔːs/ a βραχνός

hoax /həʊks/ n (η) φάρσα. • vt
ξεγελώ

hobble /ˈhɒbl/ vi κουτσαίνω

hobby /ˈhɒbɪ/ n (το) χόμπι
invar

hockey /ˈhɒkɪ/ n (το) χόκεϊ
invar

hoe /həʊ/ n (το) σκαλιστήρι.
• vt σκαλίζω

hog /hɒg/ n (το) γουρούνι

hoist /hɔɪst/ vt υψώνω. (anchor)
βιράρω. • n (mech) (ο)
ανυψωτήρας

hold¹ /həʊld/ vt (pt held)
κρατώ. (contain) χωρώ.
(restrain) συγκρατώ. • vi
(weather) κρατώ, συνεχίζω. • n
(το) κράτημα. (influence) (η)
επιρροή. get ~ of πιάνω. (fig)
αποκτώ. ~ back κρατώ. vi
διστάζω. ~ on (wait) κρατώ.
~ on to κρατιέμαι από. ~
out vt (offer) δίνω. vi (resist)
αντιστέκομαι. ~ up (support)
στηρίζω. (raise) ανυψώνω.
(delay) καθυστερώ. ~-up n
(delay) (η) καθυστέρηση.
(robbery) (η) ληστεία. ~er n

(possessor) (ο) κάτοχος.
(container) (η) θήκη

hold² /həʊld/ n (of ship) (το)
κύτος, (το) αμπάρι

hole /həʊl/ n (η) τρύπα

holiday /ˈhɒlɪdeɪ/ n (η) αργία.
~s npl (οι) διακοπές. • vi
κάνω διακοπές. ~-maker n
(ο) παραθεριστής, (η)
παραθερίστρια

Holland /ˈhɒlənd/ n (η)
Ολλανδία

hollow /ˈhɒləʊ/ a κοίλος.
(sound) υπόκωφος. • n (το)
βαθούλωμα. • vt βαθουλώνω.
~ out σκάβω

holly /ˈhɒlɪ/ n (το) πουρνάρι

holster /ˈhəʊlstə(r)/ n (η) θήκη
πιστολιού

holy /ˈhəʊlɪ/ a άγιος. ~ water
(ο) αγιασμός

homage /ˈhɒmɪdʒ/ n (ο) φόρος
τιμής

home /həʊm/ n (το) σπίτι.
(institution) (ο) οίκος. (native
land) (η) πατρίδα. (sport) (η)
έδρα. • a (cooking) σπιτίσιος.
(product) εγχώριος. (pol)
εσωτερικός. • adv at ~ στο
σπίτι. ~-made σπιτίσιος. ~-
town n (η) γενέτειρα. ~less
a άστεγος

homesick /ˈhəʊmsɪk/ a be ~
for νοσταλγώ

homeward /ˈhəʊmwəd/ adv
προς το σπίτι

homework /ˈhəʊmwɜːk/ n (η)
κατ᾽ οίκον εργασία

homicide /ˈhɒmɪsaɪd/ n (η)
ανθρωποκτονία

homosexual /ˌhɒməˈsekʃʊəl/ a
ομοφυλόφιλος. n
ομοφυλόφιλος

honest /'ɒnɪst/ a τίμιος. (frank) ειλικρινής. **~ly** adv τίμια, ειλικρινά. **~y** n (η) τιμιότητα, (η) ειλικρίνεια

honey /'hʌni/ n (το) μέλι

honeycomb /'hʌnɪkəʊm/ n (η) κερήθρα

honeymoon /'hʌnɪmu:n/ n (ο) μήνας του μέλιτος

honeysuckle /'hʌnɪsʌkl/ n (το) αγιόκλημα

honk /hɒŋk/ vi (bird) κρώζω. (car horn) κορνάρω

honorary /'ɒnərərɪ/ a τιμητικός. (member) επίτιμος

honour /'ɒnə(r)/ n (η) τιμή. • vt τιμώ. (promise) κρατώ. **~able** a έντιμος

hood /hʊd/ n (η) κουκούλα. (car bonnet: Amer) (το) καπό

hoof /hu:f/ n (η) οπλή

hook /hʊk/ n (ο) γάντζος. (for fishing) (το) αγκίστρι. (for meat) (το) τσιγκέλι. • vt γαντζώνω

hooligan /'hu:lɪgən/ n (ο) χούλιγκαν invar

hoop /hu:p/ n (η) στεφάνη

hooray /hu:'reɪ/ int & n = **hurrah**

hoot /hu:t/ n (of owl) (το) σκούξιμο. (jeer) το γιουχάισμα. • vt/i σκούζω. (car horn) κορνάρω. (jeer) γιουχαΐζω. **~er** n (of factory) (η) σειρήνα

Hoover /'hu:və(r)/ n (P) (η) ηλεκτρική σκούπα. • vt σκουπίζω με ηλεκτρική σκούπα

hop[1] /hɒp/ vi (pt **hopped**) πηδώ στο ένα πόδι. • n (το) πήδημα

hop[2] /hɒp/ n (plant) (ο) λυκίσκος

hope /həʊp/ n (η) ελπίδα. • vt/i ελπίζω. **~ for** περιμένω. **~ful** a αισιόδοξος. (promising) ελπιδοφόρος. **~fully** adv αισιόδοξα. **~less** a απελπιστικός. (incompetent) αδιόρθωτος

horizon /hə'raɪzn/ n (ο) ορίζοντας

horizontal /hɒrɪ'zɒntl/ a οριζόντιος

hormone /'hɔ:məʊn/ n (η) ορμόνη

horn /hɔ:n/ n (το) κέρατο. (of car) (το) κλάξον. (mus) (το) κέρας

hornet /'hɔ:nɪt/ n (η) σφήκα

horoscope /'hɒrəskəʊp/ n (το) ωροσκόπιο

horrible /'hɒrəbl/ a τρομερός

horrid /'hɒrɪd/ a φοβερός

horrific /hə'rɪfɪk/ a φριχτός

horr|or /'hɒrə(r)/ n (ο) τρόμος, (η) φρίκη. **~ify** vt τρομάζω

horse /hɔ:s/ n (το) άλογο. **~ chestnut** n (η) αγριοκαστανιά. **~-racing** n (οι) ιπποδρομίες

horseback /'hɔ:sbæk/ n **on ~** καβάλα

horsepower /'hɔ:spaʊə(r)/ n (η) ιπποδύναμη

horseshoe /'hɔ:sʃu:/ n (το) πέταλο

horticulture /'hɔ:tɪkʌltʃə(r)/ n (η) φυτοκομία

hose /həʊz/ n (pipe) (η) σωλήνωση, (η) μάνικα, το λάστιχο του ποτίσματος

hospit|able /hɒˈspɪtəbl/ *a*
φιλόξενος. **~ality** /-ˈtælətɪ/ *n*
(η) φιλοξενία

hospital /ˈhɒspɪtl/ *n* (το)
νοσοκομείο

host¹ /həʊst/ *n a* ~ **of** (*many*)
πλήθος (*with gen.*)

host² /həʊst/ *n* (ο)
οικοδεσπότης. **~ess** *n* (η)
οικοδέσποινα

host³ /həʊst/ *n* (*relig*) (ο) άρτος

hostage /ˈhɒstɪdʒ/ *n* (ο, η)
όμηρος

hostel /ˈhɒstl/ *n* (ο) ξενώνας

hostil|e /ˈhɒstaɪl/ *a* εχθρικός.
~ity /hɒˈstɪlətɪ/ *n* (η)
εχθρότητα

hot /hɒt/ *a* (**hotter, hottest**)
ζεστός. (*culin*) καυτερός. **be** *or*
feel ~ ζεσταίνομαι. **it is** ~
κάνει ζέστη. **~-water bottle**
n (η) θερμοφόρα

hotel /həʊˈtel/ *n* (το)
ξενοδοχείο

hound /haʊnd/ *n* (το)
λαγωνικό. • *vt* (*fig*) κυνηγώ

hour /ˈaʊə(r)/ *n* (η) ώρα. **~ly** *a*
ωριαίος. • *adv* την ώρα

house¹ /haʊs/ *n* (το) σπίτι.
(*comm*) (ο) οίκος. (*pol*) (η)
βουλή. (*theatr*) (το) θέατρο

house² /haʊz/ *vt* στεγάζω.
(*store*) αποθηκεύω

houseboat /ˈhaʊsbəʊt/ *n* (το)
πλωτό σπίτι

household /ˈhaʊshəʊld/ *n* (το)
νοικοκυριό, (το) σπιτικό. **~er**
n (ο) νοικοκύρης, (η)
νοικοκυρά

housekeep|er /ˈhaʊskiːpə(r)/ *n*
(ο, η) οικονόμος. **~ing** *n* (η)
οικοκυρική

housewife /ˈhaʊswaɪf/ *n* (η)
νοικοκυρά

housework /ˈhaʊswɜːk/ *n* (οι)
δουλειές του σπιτιού

housing /ˈhaʊzɪŋ/ *n* (η)
στέγαση. **~ estate** (ο)
οικισμός

hovel /ˈhɒvl/ *n* (η) τρώγλη

hover /ˈhɒvə(r)/ *vi* αιωρούμαι.
(*linger*) ταλαντεύομαι

hovercraft /ˈhɒvəkrɑːft/ *n* (το)
χόβερκραφτ *invar*

how /haʊ/ *adv* πώς. ~ **about** τι
λες για. ~ **do you do?**
(*introduction*) χαίρω πολύ. ~
lovely! τι ωραία για. ~ **long** για
πόσο καιρό. ~ **many** πόσοι.
~ **much** πόσο. ~ **often** πόσο
συχνά. ~ **old is she?** πόσων
χρονών είναι;

however /haʊˈevə(r)/ *adv* όσο
κι αν. (*nevertheless*) όμως

howl /haʊl/ *n* (το) ουρλιαχτό.
• *vi* ουρλιάζω

hub /hʌb/ *n* (η) πλήμνη. (*fig*)
(το) κέντρο. **~-cap** *n* (το) τάσι

huddle /ˈhʌdl/ *vi* στριμώχνομαι

hue /hjuː/ *n* (το) χρώμα. (*shade*)
(η) απόχρωση

hug /hʌɡ/ *vt* σφίγγω στην
αγκαλιά μου *n* (το)
σφιχταγκάλιασμα

huge /hjuːdʒ/ *a* τεράστιος

hulk /hʌlk/ *n* (το) κούφαρι
πλοίου. (*person*) (ο)
σωματώδης άνθρωπος

hull /hʌl/ *n* (*of ship*) (το)
σκάφος του πλοίου

hullo /həˈləʊ/ *int & n* = **hello**

hum /hʌm/ *v* (*i*) (*insect, engine*)
βουΐζω. (*person*)
σιγοτραγουδώ. (*fig*)
μουρμουρίζω. • *n* (το) βουητό

human /'hju:mən/ *a*
ανθρώπινος. • *n* ~ (o)
άνθρωπος. **~itarian**
/-mæni'teəriən/ *a*
ανθρωπιστικός. • *n* (o)
ανθρωπιστής

humane /hju:'mein/ *a*
ανθρωπιστικός

humanity /hju:'mænəti/ *n* (η)
ανθρωπότητα

humble /'hʌmbl/ *a* ταπεινός.
• *vt* ταπεινώνω. **~y** *adv* ταπεινά

humdrum /'hʌmdrʌm/ *a*
μονότονος

humid /'hju:mid/ *a* υγρός. **~ity**
/-'midəti/ *n* (η) υγρασία

humiliate /hju:'milieit/ *vt*
εξευτελίζω. **~ion** /-'eiʃn/ *n* (o)
εξευτελισμός

humility /hju:'miləti/ *n* (η)
ταπεινοφροσύνη

humour /'hju:mə(r)/ *n* (το)
χιούμορ *invar*. (*state of mind*)
(το) κέφι. **sense of ~** (η)
αίσθηση χιούμορ. • *vt* κάνω το
χατίρι (*with gen.*). **~orous** *a*
χιουμοριστικός

hump /hʌmp/ *n* (*of back*) (η)
καμπούρα. (*mound*) (το)
εξόγκωμα

hunch /hʌntʃ/ *vt* καμπουριάζω.
• *n* (*intuition*) (το) προαίσθημα

hunchback /'hʌntʃbæk/ *n* (o)
καμπούρης

hundred /'hʌndrəd/ *a* & *n*
εκατό. **~s of** εκατοντάδες

hung /hʌŋ/ *see* HANG

Hungary /'hʌŋgəri/ *n* (η)
Ουγγαρία. **~ian** /-'geəriən/ *a*
ουγγρικός. • *n* (o) Ούγγρος, (η)
Ουγγαρέζα

hunger /'hʌŋgə(r)/ *n* (η) πείνα.
• *vi* ~ **for** πεινώ για

hungry /'hʌŋgri/ *a* (-ier, -iest)
πεινασμένος. **be ~** πεινώ

hunk /hʌŋk/ *n* (το) μεγάλο
κομμάτι

hunt /hʌnt/ *vt/i* κυνηγώ. **~ for**
ψάχνω για. • *n* (το) κυνήγι.
~er *n* (o) κυνηγός. **~ing** *n*
(το) κυνήγι

hurdle /'hɜ:dl/ *n* (το) εμπόδιο

hurl /hɜ:l/ *vt* εκσφενδονίζω

hurrah, hurray /hʊ'rɑ:, hʊ'rei/
int ζήτω. • *n* (το) ζήτω *invar*

hurricane /'hʌrikən/ *n* (η)
λαίλαπα

hurried /'hʌrid/ *a* βιαστικός

hurry /'hʌri/ *vt/i* βιάζω/ομαι. **~
up!** κάνε γρήγορα! • *n* (η)
βιασύνη

hurt /hɜ:t/ *vt/i* πονώ. (*injure,
offend*) πληγώνω. • *a*
πληγωμένος. • *n* (το) πλήγμα.
(*fig*) (η) βλάβη. **~ful** *a* (*fig*)
επιβλαβής

hurtle /'hɜ:tl/ *vi*
εκσφενδονίζομαι

husband /'hʌzbənd/ *n* (o)
σύζυγος

hush /hʌʃ/ *vt* ησυχάζω. **~ up**
συγκαλύπτω. • *n* (η) σιωπή.
~! σιωπή!

husk /hʌsk/ *n* (η) φλούδα

husky /'hʌski/ *a* βραχνός

hustle /'hʌsl/ *vt* σπρώχνω. (*fig*)
πιέζω να κάνει γρήγορα. • *n*
(η) κίνηση. **~ and bustle** (το)
πηγαινέλα *invar*

hut /hʌt/ *n* (η) καλύβα

hutch /hʌtʃ/ *n* (το) κλουβί

hydraulic /hai'drɔ:lik/ *a*
υδραυλικός

hydrogen /'haidrədʒən/ *n* (το)
υδρογόνο

hyena /haɪ'iːnə/ n (η) ύαινα

hygien|e /'haɪdʒiːn/ n (η)
υγιεινή. **~ic** /-'dʒiːnɪk/ a
υγιεινός

hymn /hɪm/ n (ο) ύμνος

hyphen /'haɪfn/ n (η) παύλα.
~ate vt χωρίζω με παύλα

hypno|sis /hɪp'nəʊsɪs/ n (η)
ύπνωση. **~tic** /-'nɒtɪk/ a
υπνωτικός

hypnot|ize /'hɪpnətaɪz/ vt
υπνωτίζω. **~ism** n (ο)
υπνωτισμός. **~ist** n (ο)
υπνωτιστής

hypochondriac
/haɪpə'kɒndrɪæk/ n (ο)
υποχονδριακός

hypocri|sy /hɪ'pɒkrəsɪ/ n (η)
υποκρισία. **~te** /'hɪpəkrɪt/ n
(ο) υποκριτής, (η) υποκρίτρια.
~tical /-'krɪtɪkl/ a υποκριτικός

hypothe|sis /haɪ'pɒθəsɪs/ n (η)
υπόθεση. **~tical** /-ə'θetɪkl/ a
υποθετικός

hysteri|a /hɪs'tɪərɪə/ n (η)
υστερία. **~cal** /-'terɪkl/ a
υστερικός. (very funny: fam)
πολύ αστείο. **~cs** /-'terɪks/ npl
(η) υστερική κρίση

....

Ii

I /aɪ/ pron εγώ

ice /aɪs/ n (ο) πάγος. • vt
παγώνω. (cake) γκλασάρω. **~-
cream** n (το) παγωτό. **~-cube**
n (το) παγάκι. **~ rink** n (το)
παγοδρόμιο. **~-skating** n (η)
παγοδρομία

iceberg /'aɪsbɜːg/ n (το)
παγόβουνο

icebox /'aɪsbɒks/ n (Amer) (το)
ψυγείο

Iceland /'aɪslənd/ n (η)
Ισλανδία

icicle /'aɪsɪkl/ n (ο)
παγοκρύσταλλος

icing /'aɪsɪŋ/ n (το)
γκλασάρισμα. **~ sugar** n (η)
ζάχαρη άχνη

icon /'aɪkɒn/ n (η) εικόνα

icy /'aɪsɪ/ a παγωμένος

idea /aɪ'dɪə/ n (η) ιδέα.
(impression) (η) εντύπωση

ideal /aɪ'dɪəl/ a ιδεώδης,
ιδανικός. • n (το) ιδανικό.
~ize vt εξιδανικεύω. **~ly** adv
ιδανικά

idealis|t /aɪ'dɪəlɪst/ n (ο)
ιδεαλιστής, (η) ιδεαλίστρια.
~m /-zəm/ n (ο) ιδεαλισμός.
~tic /-'lɪstɪk/ a ιδεαλιστικός

identical /aɪ'dentɪkl/ a
πανομοιότυπος

identif|y /aɪ'dentɪfaɪ/ vt
αναγνωρίζω. • vi **~y with**
ταυτίζομαι με. **~ication**
/-'keɪʃn/ n (η) αναγνώριση,
(η) ταύτιση

identity /aɪ'dentɪtɪ/ n (η)
ταυτότητα. **~ card** (η)
ταυτότητα

ideology /aɪdɪ'ɒlədʒɪ/ n (η)
ιδεολογία

idiom /'ɪdɪəm/ n (ο) ιδιωτισμός.
~atic /-'mætɪk/ a
ιδιωματικός

idiot /'ɪdɪət/ n (ο) ηλίθιος. **~ic**
/-'ɒtɪk/ a ηλίθιος

idle /'aɪdl/ a (unoccupied)
αργός. (lazy) τεμπέλης. (vain)

μάταιος. **~ness** n (η) αργία,
(η) τεμπελιά

idol /'aɪdl/ n (το) είδωλο. **~ize**
/-ɔlaɪz/ vt λατρεύω σαν θεό

idyllic /ɪ'dɪlɪk/ a ειδυλλιακός

i.e. abbr δηλ.

if /ɪf/ conj αν, εάν. **~ only**
και να

igloo /'ɪgluː/ n (το) ιγκλού invar

ignite /ɪg'naɪt/ vt/i
αναφλέγω/ομαι

ignition /ɪg'nɪʃn/ n (η)
ανάφλεξη. **~ key** (το) κλειδί
του διακόπτη του κινητήρα

ignoran|t /'ɪgnərənt/ a αμαθής.
~ce n (η) αμάθεια, (η) άγνοια

ignore /ɪg'nɔː(r)/ vt αδιαφορώ
για. (person) αγνοώ

ill /ɪl/ a άρρωστος. (bad) κακός.
• adv κακά. • n (το) κακό. **be**
~ at ease δε νιώθω άνετα

illegal /ɪ'liːgl/ a παράνομος.
~ly adv παράνομα

illegible /ɪ'ledʒəbl/ a
δυσανάγνωστος

illegitimate /ɪlɪ'dʒɪtɪmət/ a
παράνομος. (child) νόθος

illicit /ɪ'lɪsɪt/ a αθέμιτος

illiterate /ɪ'lɪtərət/ a
αγράμματος

illness /'ɪlnɪs/ n (η) αρρώστια

illogical /ɪ'lɒdʒɪkl/ a
παράλογος

illuminat|e /ɪ'ljuːmɪneɪt/ vt
φωτίζω. **~ion** /-'neɪʃn/ n (ο)
φωτισμός

illusion /ɪ'luːʒn/ n (η) αυταπάτη

illustrat|e /'ɪləstreɪt/ vt
επεξηγώ. (book) εικονογραφώ.
~ion /-'streɪʃn/ n (η)
επεξήγηση, (η)
εικονογράφηση

image /'ɪmɪdʒ/ n (η) εικόνα.

imaginat|ion /ɪmædʒɪ'neɪʃn/ n
(η) φαντασία. **~ive**
/ɪ'mædʒɪnətɪv/ a επινοητικός

imagin|e /ɪ'mædʒɪn/ vt
φαντάζομαι. (suppose)
υποθέτω. **~ary** a φανταστικός

imbalance /ɪm'bæləns/ n (η)
δυσαναλογία

imbecile /'ɪmbəsiːl/ n (ο)
ηλίθιος

imitat|e /'ɪmɪteɪt/ vt μιμούμαι.
~ion /-'teɪʃn/ n (η)
απομίμηση. • a (not genuine)
ιμιτασιόν invar

immaculate /ɪ'mækjʊlət/ a
άψογος

immaterial /ɪmə'tɪərɪəl/ a
ασώματος. (fig) ασήμαντος

immature /ɪmə'tjʊə(r)/ a
ανώριμος

immediate /ɪ'miːdɪət/ a
άμεσος. (nearest) εγγύτατος.
~ly adv αμέσως. • conj μόλις

immense /ɪ'mens/ a
απέραντος. **~ly** adv απέραντα

immerse /ɪ'mɜːs/ vt βυτώ,
βυθίζω

immigra|te /'ɪmɪgreɪt/ vi
μεταναστεύω (έρχομαι σε χώρα
σαν μετανάστης). **~nt** n (ο)
μετανάστης, (η) μετανάστρια.
~tion /-'greɪʃn/ n (η)
μετανάστευση

imminent /'ɪmɪnənt/ a
επικείμενος

immobile /ɪ'məʊbaɪl/ a
ακίνητος

immobil|ize /ɪ'məʊbɪlaɪz/ vt
ακινητοποιώ **~izer** n (το)
σύστημα ακινητοποίησης
οχήματος

immoderate /ɪ'mɒdərət/ a
υπέρμετρος

immodest /ɪ'mɒdɪst/ a άσεμνος

immoral /ɪ'mɒrəl/ a ανήθικος.
~ity /ɪmə'rælətɪ/ n (η)
ανηθικότητα

immortal /ɪ'mɔːtl/ a αθάνατος.
~ity /-'tælətɪ/ n (η) αθανασία

immun|e /ɪ'mjuːn/ a (to illness)
απρόσβλητος (to, από).
(exempt) απηλλαγμένος (from,
από). ~ity n (med) (η) ανοσία.
(diplomatic) (η) ασυλία

impact /'ɪmpækt/ n (η)
πρόσκρουση. (fig) (η)
επίδραση

impair /ɪm'peə(r)/ vt
εξασθενίζω

impart /ɪm'pɑːt/ vt μεταδίδω

impartial /ɪm'pɑːʃl/ a
αμερόληπτος

impasse /æm'pɑːs/ n (το)
αδιέξοδο

impatien|t /ɪm'peɪʃənt/ a
ανυπόμονος. ~ce n (η)
ανυπομονησία. ~tly adv
ανυπόμονα

impeccable /ɪm'pekəbl/ a
άμεμπτος

impede /ɪm'piːd/ vt
παρεμποδίζω

impediment /ɪm'pedɪmənt/ n
(το) εμπόδιο. (speech) (η)
δυσχέρεια

impel /ɪm'pel/ vt ωθώ

impending /ɪm'pendɪŋ/ a
επικείμενος

impenetrable /ɪm'penɪtrəbl/ a
αδιαπέραστος

imperative /ɪm'perətɪv/ a
επιβεβλημένος. • n (η)
προστακτική

imperceptible /ɪmpə'septəbl/ a
ανεπαίσθητος

imperfect /ɪm'pɜːfɪkt/ a
ατελής. (faulty)
ελαττωματικός. • n (gram) (ο)
παρατατικός. ~ion /-ɔ'fekʃn/ n
(η) ατέλεια

imperial /ɪm'pɪərɪəl/ a
αυτοκρατορικός

imperious /ɪm'pɪərɪəs/ a
επιτακτικός

impersonal /ɪm'pɜːsənl/ a
απρόσωπος

impersonat|e /ɪm'pɜːsəneɪt/ vt
μιμούμαι. (theatr) υποδύομαι.
~or /-ə(r)/ n (ο) μίμος

impertinent /ɪm'pɜːtɪnənt/ a
αναιδής

impervious /ɪm'pɜːvjəs/ a
αδιαπέραστος

impetuous /ɪm'petjʊəs/ a
απερίσκεπτος

impetus /'ɪmpɪtəs/ n (η) ώθηση

implausible /ɪm'plɔːzɪbl/ a
απίθανος

implement¹ /'ɪmplɪmənt/ n (το)
εργαλείο

implement² /'ɪmplɪment/ vt
εφαρμόζω

implicat|e /'ɪmplɪkeɪt/ vt
εμπλέκω. ~ion /-'keɪʃn/ n
(involvement) (η) ανάμιξη.
(suggestion) (ο) υπαινιγμός

implicit /ɪm'plɪsɪt/ a
υπονοούμενος. (absolute)
απόλυτος

implore /ɪm'plɔː(r)/ vt
εκλιπαρώ

imply /ɪm'plaɪ/ vt υπονοώ.
(insinuate) υπαινίσσομαι

impolite /ɪmpə'laɪt/ a αγενής

import[1] /ɪmˈpɔ:t/ vt εισάγω.
~er n (ο, η) εισαγωγέας

import[2] /ˈɪmpɔ:t/ n (meaning)
(η) σημασία. (value) (η)
αξία

importan|t /ɪmˈpɔ:tnt/ a
σημαντικός, σπουδαίος. **~ce**
n (η) σημασία, (η)
σπουδαιότητα

impose /ɪmˈpəʊz/ vt επιβάλλω.
• vi **~ on** εκμεταλλεύομαι

imposing /ɪmˈpəʊzɪŋ/ a
επιβλητικός

impossi|ble /ɪmˈpɒsəbl/ a
αδύνατος. **~ility** /-ˈbɪlətɪ/ n
(το) αδύνατο. **~ly** adv
αδύνατα

impostor /ɪmˈpɒstə(r)/ n (ο)
απατεώνας

impoten|t /ˈɪmpətənt/ a
ανίκανος. **~ce** n (η)
ανικανότητα

impound /ɪmˈpaʊnd/ vt
κατάσχω

impoverish /ɪmˈpɒvərɪʃ/ vt
φτωχαίνω

impractical /ɪmˈpræktɪkl/ a μη
πρακτικός

impregnable /ɪmˈpregnəbl/ a
απόρθητος

impregnate /ˈɪmpregneɪt/ vt
διαποτίζω (**with**, με)

impress /ɪmˈpres/ vt
εντυπωσιάζω. (imprint)
αποτυπώνω. **be ~ed** μου
κάνει εντύπωση. **~ive** a
εντυπωσιακός

impression /ɪmˈpreʃn/ n (η)
εντύπωση

impressionism /ɪmˈpreʃnɪzəm/
n (ο) εμπρεσιονισμός

imprison /ɪmˈprɪzn/ vt
φυλακίζω. **~ment** n (η)
φυλάκιση

improbable /ɪmˈprɒbəbl/ a
απίθανος. (incredible)
απίστευτος

impromptu /ɪmˈprɒmptju:/ a
αυτοσχέδιος. • adv εκ του
προχείρου

improper /ɪmˈprɒpə(r)/ a
απρεπής. (incorrect)
λανθασμένος

improve /ɪmˈpru:v/ vt/i
βελτιώνω/ομαι, καλυτερεύω.
~ment n (η) βελτίωση, (η)
καλυτέρευση

improvise /ˈɪmprəvaɪz/ vt
φτιάχνω πρόχειρα. • vi
αυτοσχεδιάζω

imprudent /ɪmˈpru:dənt/ a
απερίσκεπτος

impulse /ˈɪmpʌls/ n (η)
παρόρμηση. **~ive** a
παρορμητικός, αυθόρμητος.
~ively adv αυθόρμητα

impur|e /ɪmˈpjʊə(r)/ a
ακάθαρτος. **~ity** n (η)
ακαθαρσία

in /ɪn/ prep σε. • adv μέσα. (at
home) στο σπίτι. (in fashion)
της μόδας. **~ August/1990**
τον Αύγουστο/το 1990. **~-
laws** npl (fam) (τα) πεθερικά.
the ~s and outs (οι)
λεπτομέρειες

inability /ɪnəˈbɪlətɪ/ n (η)
αδυναμία

inaccessible /ɪnækˈsesəbl/ a
απρόσιτος

inaccurate /ɪnˈækjərət/ a
ανακριβής

inactive /ɪnˈæktɪv/ a αδρανής

inadequa|te /ın'ædıkwət/ *a*
ανεπαρκής. **~cy** *n* (η)
ανεπάρκεια

inadvertent /ınəd'vɜːtənt/ *a*
απρόσεχτος. **~ly** *adv* από
απροσεξία

inane /ı'neın/ *a* ανόητος

inanimate /ın'ænımət/ *a*
άψυχος

inappropriate /ınə'prəupriət/ *a*
ακατάλληλος

inattentive /ınə'tentıv/ *a*
απρόσεχτος

inaudible /ın'ɔːdəbl/ *a* που δεν
ακούγεται

inaugura|te /ı'nɔːgjureıt/ *vt*
εγκαινιάζω. **~tion** /-'reıʃn/ *n*
(τα) εγκαίνια

inbred /ın'bred/ *a* έμφυτος

incalculable /ın'kælkjuləbl/ *a*
ανυπολόγιστος

incapable /ın'keıpəbl/ *a*
ανίκανος

incapacitate /ınkə'pæsıteıt/ *vt*
καθιστώ ανίκανο

incendiary /ın'sendıərı/ *a*
εμπρηστικός. • *n* (device) (η)
εμπρηστική ύλη

incense¹ /'ınsens/ *n* (το) λιβάνι

incense² /ın'sens/ *vt* εξοργίζω

incentive /ın'sentıv/ *n* (το)
κίνητρο

incessant /ın'sesnt/ *a*
ακατάπαυστος. **~ly** *adv*
ακατάπαυστα

incest /'ınsest/ *n* (η) αιμομιξία.
~uous /ın'sestjuəs/ *a*
αιμομικτικός

inch /ıntʃ/ *n* (η) ίντσα (= 2.54
εκ.). • *vi* προχωρώ πολύ αργά

incidence /'ınsıdəns/ *n* (η)
συχνότητα

incident /'ınsıdənt/ *n* (το)
επεισόδιο

incidental /ınsı'dentl/ *a*
συμπτωματικός, τυχαίος. **~ly**
adv (by the way) αλήθεια

incinera|te /ın'sınəreıt/ *vt*
αποτεφρώνω. **~or** /-ə(r)/ *n* (ο)
κλίβανος

incisive /ın'saısıv/ *a* κοφτερός

incite /ın'saıt/ *vt* υποκινώ

inclination /ınklı'neıʃn/ *n* (η)
κλίση. (disposition) (η)
διάθεση

incline¹ /ın'klaın/ *vt/i* τείνω. be
~d to έχω την τάση να

incline² /'ınklaın/ *n* (η) κλίση

inclu|de /ın'kluːd/ *vt*
(συμ)περιλαμβάνω. **~ding**
prep συμπεριλαμβανομένου

inclusive /ın'kluːsıv/ *a*
συμπεριλαμβανόμενος

incognito /ınkɒg'niːtəu/ *adv*
ινκόγκνιτο

incoherent /ınkəu'hıərənt/ *a*
ασυνάρτητος

income /'ınkʌm/ *n* (το)
εισόδημα. **~ tax** *n* (ο) φόρος
εισοδήματος

incoming /'ınkʌmıŋ/ *a*
εισερχόμενος

incomparable /ın'kɒmprəbl/ *a*
ασύγκριτος

incompatible /ınkəm'pætəbl/ *a*
ασυμβίβαστος. (people)
αταίριαστος

incompeten|t /ın'kɒmpıtənt/ *a*
ανίκανος, ανεπαρκής. **~ce** *n*
(η) ανικανότητα, (η)
ανεπάρκεια

incomplete /ınkəm'pliːt/ *a*
ημιτελής

incomprehensible
/ˌɪnkɒmprɪˈhensəbl/ a
ακατανόητος

inconceivabl|e /ɪnkənˈsiːvəbl/
a αδιανόητος

inconclusive /ɪnkənˈkluːsɪv/ a
(*not convincing*) μη πειστικός.
(*not decisive*) μη
αποφασιστικός

incongruous /ɪnˈkɒŋɡrʊəs/ a
αταίριαστος

inconsiderate /ɪnkənˈsɪdərət/ a
απερίσκεπτος

inconsistent /ɪnkənˈsɪstənt/ a
ασυνεπής. **be ~t with** είμαι
αντιφατικός σε

inconspicuous
/ɪnkənˈspɪkjʊəs/ a
απαρατήρητος

incontinent /ɪnˈkɒntɪnənt/ a
ακρατής

inconvenien|t /ɪnkənˈviːnɪənt/
a άβολος. (*time, place*)
ακατάλληλος. **~ce** n (η)
ενόχληση. • vt ενοχλώ

incorporate /ɪnˈkɔːpəreɪt/ vt
ενσωματώνω

incorrect /ɪnkəˈrekt/ a
ανακριβής. **~ly** adv
ανακριβώς

increas|e¹ /ɪnˈkriːs/ vt/i
αυξάνω/ομαι. **~ingly** adv όλο
και περισσότερο

increase² /ˈɪnkriːs/ n (η)
αύξηση

incredibl|e /ɪnˈkredəbl/ a
απίστευτος. **~y** adv απίστευτα

incredulous /ɪnˈkredjʊləs/ a
δύσπιστος

incriminat|e /ɪnˈkrɪmɪneɪt/ vt
ενοχοποιώ. **~ing** a
ενοχοποιητικός

incubat|e /ˈɪŋkjʊbeɪt/ vt
εκκολάπτω. **~or** /-ə(r)/ n (η)
εκκολαπτική μηχανή. (*for
babies*) (η) θερμοκοιτίδα

incur /ɪnˈkɜː(r)/ vt υφίσταμαι.
(*debts*) συνάπτω, κάνω

incurable /ɪnˈkjʊərəbl/ a
αθεράπευτος. (*illness*) ανίατος

incursion /ɪnˈkɜːʃn/ n (η)
επιδρομή

indebted /ɪnˈdetɪd/ a **~ to**
υποχρεωμένος σε

indecent /ɪnˈdiːsnt/ a άσεμνος

indecision /ɪndɪˈsɪʒn/ n (η)
αναποφασιστικότητα

indecisive /ɪndɪˈsaɪsɪv/ a
αναποφάσιστος

indeed /ɪnˈdiːd/ adv
πραγματικά. **very much ~**
πάρα πολύ

indefinable /ɪndɪˈfaɪnəbl/ a
απροσδιόριστος

indefinite /ɪnˈdefɪnət/ a
αόριστος. **~ly** adv αόριστα

indelible /ɪnˈdelɪbl/ a
ανεξίτηλος

independen|t /ɪndɪˈpendənt/ a
ανεξάρτητος. **~ce** n (η)
ανεξαρτησία. **~tly** adv
ανεξάρτητα

indescribabl|e /ɪndɪˈskraɪbəbl/
a απερίγραπτος. **~y** adv
απερίγραπτα

indestructible /ɪndɪˈstrʌktəbl/
a ακατάλυτος

index /ˈɪndeks/ n (ο) δείκτης.
(*in book*) (το) ευρετήριο. (*in
library*) (ο) κατάλογος. • vt
αποδελτιώνω. **~ finger** n (ο)
δείκτης

India /ˈɪndjə/ n (η) Ινδία. **~n** a
ινδικός. • n (ο) Ινδός, (η) Ινδή.

American ~n (ο) Ινδιάνος, (η) Ινδιάνα

indicat|e /'ɪndɪkeɪt/ vt δείχνω. (state briefly) υποδείχνω. ~**ion** /-'keɪʃn/ n (η) ένδειξη. ~**or** n (ο) δείκτης. (auto) (ο) δείκτης κατευθύνσεως, (το) φλας invar

indicative /ɪn'dɪkətɪv/ a ενδεικτικός. • n (gram) (η) οριστική

indict /ɪn'daɪt/ vt κατηγορώ. ~**ment** n (accusation) (η) κατηγορία

indifferen|t /ɪn'dɪfrənt/ a αδιάφορος. (not good) μέτριος. ~**ce** n (η) αδιαφορία

indigenous /ɪn'dɪdʒɪnəs/ a ιθαγενής

indigesti|ble /ɪndɪ'dʒestəbl/ a αχώνευτος. ~**on** /-tʃən/ n (η) δυσπεψία

indigna|nt /ɪn'dɪɡnənt/ a αγανακτισμένος. ~**tion** /-'neɪʃn/ n (η) αγανάκτηση

indirect /ɪndɪ'rekt/ a έμμεσος. ~**ly** adv έμμεσα

indiscr|eet /ɪndɪ'skri:t/ a αδιάκριτος. ~**etion** /-'kreʃn/ n (η) αδιακρισία

indiscriminate /ɪndɪ'skrɪmɪnət/ a χωρίς διάκριση. ~**ly** adv αδιάκριτα

indispensable /ɪndɪ'spensəbl/ a απαραίτητος

indisposed /ɪndɪ'spəʊzd/ a αδιάθετος

indisputable /ɪndɪ'spju:təbl/ a αναμφισβήτητος

indistinct /ɪndɪ'stɪŋkt/ a ακαθόριστος

individual /ɪndɪ'vɪdʒʊəl/ a ατομικός. • n (το) άτομο. ~**ity**

/-'æləti/ n (η) ατομικότητα.
~**ly** adv ατομικά

indoctrinat|e /ɪn'dɒktrɪneɪt/ vt κατηχώ. ~**ion** /-'neɪʃn/ n (η) κατήχηση

indolent /'ɪndələnt/ a νωθρός

Indonesia /ɪndəʊ'ni:zɪə/ n (η) Ινδονησία

indoor /'ɪndɔ:(r)/ a εσωτερικός. ~ **swimming-pool** (η) κλειστή πισίνα. ~**s** /-'dɔ:z/ adv μέσα

induce /ɪn'dju:s/ vt πείθω. (produce) προκαλώ. ~**ment** n (η) παρακίνηση

indulge /ɪn'dʌldʒ/ vt (desire) ικανοποιώ. (person) κάνω το χατίρι (with gen.). • vi ~ **in** παραδίδομαι σε. ~**nce** n (η) αδυναμία. (leniency) επιείκια. ~**nt** a επιεικής

industrial /ɪn'dʌstrɪəl/ a βιομηχανικός. ~**ist** n (ο) βιομήχανος. ~**ized** /-aɪzd/ a βιομηχανοποιημένος

industrious /ɪn'dʌstrɪəs/ a εργατικός

industry /'ɪndəstrɪ/ n (η) βιομηχανία. (zeal) (η) εργατικότητα

inebriated /ɪ'ni:brɪeɪtɪd/ a μεθυσμένος

inedible /ɪn'edɪbl/ a μη φαγώσιμος

ineffective /ɪnɪ'fektɪv/ a μη αποτελεσματικός

ineffectual /ɪnɪ'fektʃʊəl/ a χωρίς αποτέλεσμα. (person) ανίκανος

inefficien|t /ɪnɪ'fɪʃnt/ a μη αποδοτικός. ~**cy** n (η) ανεπάρκεια

ineligible /ɪn'elɪdʒəbl/ *a*
ακατάλληλος. **be ~ for** (*job etc.*) στερούμαι των απαραίτητων προσόντων για

inept /ɪ'nept/ *a* ακατάλληλος

inequality /ɪnɪ'kwɒlətɪ/ *n* (η) ανισότητα

inert /ɪ'nɜːt/ *a* αδρανής. **~ia** /-ʃə/ *n* (η) αδράνεια

inescapable /ɪnɪs'keɪpəbl/ *a* αναπόφευκτος

inevitabl|e /ɪn'evɪtəbl/ *a* αναπόφευκτος. **~y** *adv* αναπόφευκτα

inexact /ɪnɪg'zækt/ *a* ανακριβής

inexcusable /ɪnɪk'skjuːzəbl/ *a* ασυγχώρητος

inexhaustible /ɪnɪg'zɔːstəbl/ *a* ανεξάντλητος

inexpensive /ɪnɪk'spensɪv/ *a* ανέξοδος

inexperience /ɪnɪk'spɪərɪəns/ *n* (η) απειρία. **~d** *a* άπειρος

inexplicable /ɪnɪk'splɪkəbl/ *a* ανεξήγητος

infallib|le /ɪn'fæləbl/ *a* αλάθητος. **~ility** /-'bɪlətɪ/ *n* (το) αλάθητο

infamous /'ɪnfəməs/ *a* (*place*) κακόφημος. (*person*) με κακό όνομα

infan|cy /'ɪnfənsɪ/ *n* (η) νηπιακή ηλικία. **~t** *n* (το) νήπιο. **~tile** /-taɪl/ *a* παιδαριώδης

infantry /'ɪnfəntrɪ/ *n* (το) πεζικό. **~man** *n* (ο) πεζός (*φαντάρος*)

infatuat|ed /ɪn'fætʃʊeɪtɪd/ *a* ξετρελαμένος (**with**, με). **~ion** /-'eɪʃn/ *n* (το) ξετρέλαμα

infect /ɪn'fekt/ *vt* μολύνω (**with**, με). **~ion** /-ʃn/ *n* (η) μόλυνση. **~ious** *a* μεταδοτικός

infer /ɪn'fɜː(r)/ *vt* συμπεραίνω

inferior /ɪn'fɪərɪə(r)/ *a* κατώτερος. (*goods*) κακής ποιότητος. • *n* (*in rank*) (ο) κατώτερος. **~ity** /-'ɒrətɪ/ *n* (η) κατωτερότητα

infernal /ɪn'fɜːnl/ *a* διαβολεμένος. (*fam*) φοβερός

inferno /ɪn'fɜːnəʊ/ *n* (η) κόλαση

infertil|e /ɪn'fɜːtaɪl/ *a* (*soil, land*) άγονος. (*person*) στείρος. **~ity** /-'tɪlətɪ/ *n* (η) αγονία, (η) στειρότητα

infest /ɪn'fest/ *vt* γεμίζω, προσβάλλω

infidelity /ɪnfɪ'delətɪ/ *n* (η) απιστία

infiltrate /'ɪnfɪltreɪt/ *vt* διεισδύω

infinite /'ɪnfɪnət/ *a* άπειρος. **~ly** *adv* άπειρα

infinitive /ɪn'fɪnətɪv/ *n* (το) απαρέμφατο

infinity /ɪn'fɪnətɪ/ *n* (το) άπειρο

infirm /ɪn'fɜːm/ *a* αδύνατος (*λόγω γερατειών*). **~ity** *n* (η) αδυναμία

infirmary /ɪn'fɜːmərɪ/ *n* (το) νοσηλευτήριο

inflam|e /ɪn'fleɪm/ *vt* ερεθίζω. **~mable** /-æməbl/ *a* εύφλεκτος. **~mation** /-ə'meɪʃn/ *n* (ο) ερεθισμός

inflate /ɪn'fleɪt/ *vt* φουσκώνω

inflation /ɪn'fleɪʃn/ *n* (ο) πληθωρισμός

inflexible /ɪn'fleksəbl/ *a* άκαμπτος

inflict /ɪn'flɪkt/ vt επιβάλλω

influen|ce /'ɪnfluəns/ n (η) επίδραση. (power) (η) επιρροή. • vt επηρεάζω. **~tial** /-'enʃl/ a με επιρροή

influenza /ɪnflu'enzə/ n (η) γρίπη

influx /'ɪnflʌks/ n (η) εισροή

inform /ɪn'fɔ:m/ vt/i πληροφορώ/ούμαι. **~ against** or **on** καταδίνω. **keep s.o. ~ed** κρατώ κπ ενήμερο. **~er** /ə(r)/ n (ο) καταδότης, (η) καταδότρια

informal /ɪn'fɔ:ml/ a ανεπίσημος. **~ity** /-'mæləti/ n (η) ανεπισημότητα. **~ly** adv ανεπίσημα

format|ion /ɪnfə'meɪʃn/ n (η) πληροφορία. **~ive** /-'fɔ:mətɪv/ a διαφωτιστικός

infra-red /ɪnfrə'red/ a υπέρυθρος

infrequent /ɪn'fri:kwənt/ a σπάνιος. **~ly** adv σπάνια

infringe /ɪn'frɪndʒ/ vt παραβιάζω vi **~ on** καταπατώ

infuriat|e /ɪn'fjʊərieɪt/ vt εξοργίζω. **~ing** a εξοργιστικός

ingen|ious /ɪn'dʒi:nɪəs/ a εφευρετικός. **~uity** /-ɪ'nju:əti/ n (η) εφευρετικότητα

ingenuous /ɪn'dʒenjʊəs/ a άδολος

ingot /'ɪŋgət/ n (η) ράβδος

ingratiate /ɪn'greɪʃieɪt/ vt **~ o.s. with** γίνομαι συμπαθής σε

ingratitude /ɪn'grætɪtju:d/ n (η) αγνωμοσύνη

ingredient /ɪn'gri:dʒənt/ n (το) συστατικό

inhabit /ɪn'hæbɪt/ vt κατοικώ. **~ant** n (ο, η) κάτοικος

inhale /ɪn'heɪl/ vt εισπνέω. • vi (cigarette) ρουφώ

inherent /ɪn'hɪərənt/ a έμφυτος

inherit /ɪn'herɪt/ vt κληρονομώ. **~ance** n (η) κληρονομιά

inhibit /ɪn'hɪbɪt/ vt αναστέλλω. (prevent) εμποδίζω. **~ion** /-'bɪʃn/ n (η) αναστολή

inhospitable /ɪn'hɒspɪtəbl/ a αφιλόξενος

inhuman /ɪn'hju:mən/ a απάνθρωπος

initial /ɪ'nɪʃl/ a αρχικός. • n (το) αρχικό. • vt μονογραφώ. **~ly** adv αρχικά

initiat|e /ɪ'nɪʃieɪt/ vt (start) αρχίζω. **~ion** /-'eɪʃn/ n (η) μύηση

initiative /ɪ'nɪʃətɪv/ n (η) πρωτοβουλία

inject /ɪn'dʒekt/ vt κάνω ένεση **~ion** /-ʃn/ n (η) ένεση

injure /'ɪndʒə(r)/ vt πληγώνω. (harm) βλάπτω

injury /'ɪndʒərɪ/ n (η) βλάβη

injustice /ɪn'dʒʌstɪs/ n (η) αδικία

ink /ɪŋk/ n (το) μελάνι

inkling /'ɪŋklɪŋ/ n (η) υπόνοια

inland /'ɪnlənd/ a μεσόγειος. • adv στο εσωτερικό. **I~ Revenue** n (η) Εφορία

inlet /'ɪnlet/ n (ο) κολπίσκος

inmate /'ɪnmeɪt/ n (ο, η) τρόφιμος

inn /ɪn/ n (το) πανδοχείο

innate /ɪ'neɪt/ a έμφυτος

inner /'ɪnə(r)/ a εσωτερικός

innocen|t /'ɪnəsnt/ a αθώος.
~ce n (η) αθωότητα

innocuous /ɪ'nɒkjʊəs/ a
αβλαβής

innovat|e /'ɪnəveɪt/ vi
καινοτομώ. ~ion /-'veɪʃn/ n
(η) καινοτομία

innuendo /ɪnju:'endəʊ/ n (το)
υπονοούμενο

inoculat|e /ɪ'nɒkjʊleɪt/ vt
εμβολιάζω. ~ion /-'leɪʃn/ n (ο)
εμβολιασμός

inoffensive /ɪnə'fensɪv/ a
άκακος

inopportune /ɪn'ɒpətju:n/ a
άκαιρος

inordinately /ɪ'nɔ:dɪnətlɪ/ adv
υπερβολικά

input /'ɪmpʊt/ n (η) είσοδος

inquest /'ɪnkwest/ n (η)
ιατροδικαστική εξέταση

inquir|e /ɪn'kwaɪə(r)/ vi ζητώ
πληροφορίες. ~e into
ερευνώ. ~y n (η) έρευνα. (jur)
(η) ανάκριση

inquisitive /ɪn'kwɪzɪtɪv/ a
περίεργος

insan|e /ɪn'seɪn/ a παράφρων.
(fig) παράλογος. ~ity
/ɪn'sænətɪ/ n (η) παραφροσύνη

insatiable /ɪn'seɪʃəbl/ a
ακόρεστος

inscription /ɪn'skrɪpʃn/ n (η)
επιγραφή. (in book) (η)
αφιέρωση

insect /'ɪnsekt/ n (το) έντομο.
~icide /ɪn'sektɪsaɪd/ n (το)
εντομοκτόνο

insecur|e /ɪnsɪ'kjʊə(r)/ a μη
ασφαλής. (person) ανασφαλής.
~ity n (η) ανασφάλεια

insensible /ɪn'sensəbl/ a
αδιάφορος, αναίσθητος

insensitive /ɪn'sensɪtɪv/ a
αναίσθητος

inseparable /ɪn'seprəbl/ a
αχώριστος

insert¹ /ɪn'sɜ:t/ vt βάζω.
(introduce) εισάγω

insert² /'ɪnsɜ:t/ n (το) ένθετο

inside /ɪn'saɪd/ n (το)
εσωτερικό. • a εσωτερικός.
• adv μέσα. • prep μέσα σε. (of
time) σε λιγότερο από. ~ out
ανάποδα

insight /'ɪnsaɪt/ n (η)
διορατικότητα. (understanding)
(η) αντίληψη

insignificant /ɪnsɪg'nɪfɪkənt/ a
ασήμαντος

insincere /ɪnsɪn'sɪə(r)/ a
ανειλικρινής

insinuate /ɪn'sɪnjʊeɪt/ vt
υπαινίσσομαι

insist /ɪn'sɪst/ vt/i επιμένω

insisten|t /ɪn'sɪstənt/ a
επίμονος. ~ce n (η) επιμονή

insolen|t /'ɪnsələnt/ a θρασύς.
~ce n (η) θρασύτητα

insoluble /ɪn'sɒljʊbl/ a
αδιάλυτος. (problem) άλυτος

insomnia /ɪn'sɒmnɪə/ n (η)
αϋπνία

inspect /ɪn'spekt/ vt επιθεωρώ.
(tickets) ελέγχω. ~ion /-ʃn/ n
(η) επιθεώρηση, (ο) έλεγχος.
~or n (ο) επιθεωρητής, (η)
επιθεωρήτρια

inspir|e /ɪn'spaɪə(r)/ vt εμπνέω.
~ation /-ə'reɪʃn/ n (η)
έμπνευση

instability /ɪnstə'bɪlətɪ/ n (η)
αστάθεια

install /ɪnˈstɔːl/ vt εγκαθιστώ.
~ation /-əˈleɪʃn/ n (η)
εγκατάσταση

instalment /ɪnˈstɔːlmənt/ n
(comm) (η) δόση. (of serial)
(το) επεισόδιο

instance /ˈɪnstəns/ n (το)
παράδειγμα. **for ~** για
παράδειγμα

instant /ˈɪnstənt/ a άμεσος.
(food) στιγμιαίος. • n (η)
στιγμή. **~ly** adv αμέσως

instead /ɪnˈsted/ adv αντί. **~ of**
αντί για

instinct /ˈɪnstɪŋkt/ n (το)
ένστικτο. **~ive** /ɪnˈstɪŋktɪv/ a
ενστικτώδης

institut|e /ˈɪnstɪtjuːt/ n (το)
ίδρυμα. (academic) (το)
ινστιτούτο. • vt (rule)
καθιερώνω. (inquiry) αρχίζω.
(legal action) εγείρω. **~ion**
/-ˈtjuːʃn/ n (custom) (ο) θεσμός.
(establishment) (το) ίδρυμα

instruct /ɪnˈstrʌkt/ vt
εκπαιδεύω. (order) δίνω
οδηγίες σε. **~ion** /-ʃn/ n (η)
εκπαίδευση. **~ions** /-ʃnz/ npl
(ο) οδηγίες. **~or** n (ο)
εκπαιδευτής, (η) εκπαιδεύτρια

instrument /ˈɪnstrʊmənt/ n (το)
όργανο

instrumental /ɪnstrʊˈmentl/ a
αποφασιστικός. (mus)
ενόργανος

insubordinate /ɪnsəˈbɔːdɪnət/ a
απείθαρχος

insufferable /ɪnˈsʌfrəbl/ a
ανυπόφορος

insufficient /ɪnsəˈfɪʃnt/ a
ανεπαρκής

insular /ˈɪnsjʊlə(r)/ a (narrow-
minded) στενόμυαλος

insulat|e /ˈɪnsjʊleɪt/ vt μονώνω.
~ion /-ˈleɪʃn/ n (η) μόνωση

insulin /ˈɪnsjʊlɪn/ n (η)
ινσουλίνη

insult¹ /ɪnˈsʌlt/ vt προσβάλλω

insult² /ˈɪnsʌlt/ n (η) προσβολή

insur|e /ɪnˈʃʊə(r)/ vt ασφαλίζω
(against, κατά). **~ance** n (η)
ασφάλεια. **~ance policy** (το)
ασφαλιστήριο

intact /ɪnˈtækt/ a ανέπαφος

intake /ˈɪnteɪk/ n (η) εισαγωγή.
(of food) (η) λήψη

intangible /ɪnˈtændʒəbl/ a
ακαθόριστος

integral /ˈɪntɪɡrəl/ a
αναπόσπαστος

integrat|e /ˈɪntɪɡreɪt/ vt
ολοκληρώνω. **~ion** /-ˈgreɪʃn/
n (η) ολοκλήρωση

integrity /ɪnˈteɡrəti/ n (η)
ακεραιότητα

intellect /ˈɪntəlekt/ n (η)
διάνοια. **~ual** /-ˈlektʃʊəl/ a
πνευματικός. • n (ο)
διανοούμενος

intelligen|t /ɪnˈtelɪdʒənt/ a
ευφυής. **~ce** n (η) ευφυΐα.
(mil) (οι) πληροφορίες

intelligible /ɪnˈtelɪdʒəbl/ a
κατανοητός

intend /ɪnˈtend/ vt προτίθεμαι.
(have in mind) σκοπεύω

intens|e /ɪnˈtens/ a έντονος.
~ely adv έντονα. (very) πολύ.
~ity n (η) ένταση

intensify /ɪnˈtensɪfaɪ/ vt
εντείνω

intensive /ɪnˈtensɪv/ a
εντατικός

intent /ɪnˈtent/ n πρόθεση. • a
έντονος. **~ on** (determined)

αποφασισμένος να. **to all ~s and purposes** από κάθε άποψη

intention /ɪnˈtenʃn/ n (η) πρόθεση. **~al** a σκόπιμος. **~ally** adv σκόπιμα

interact /ɪntərˈrækt/ vi αλληλεπιδρώ

intercept /ɪntəˈsept/ vt αναχαιτίζω

interchange¹ /ɪntəˈtʃeɪndʒ/ vt ανταλλάσσω. **~able** a ανταλλάξιμος

interchange² /ˈɪntətʃeɪndʒ/ n (road junction) (η) διασταύρωση

intercom /ˈɪntəkɒm/ n (το) σύστημα εσωτερικής επικοινωνίας

intercourse /ˈɪntəkɔːs/ n (η) σχέση. (sexual) (η) συνουσία

interest /ˈɪntrəst/ n (το) ενδιαφέρον. (advantage) (το) συμφέρον. (on loan) (ο) τόκος. • vt ενδιαφέρω. **~ed** a **be ~ed in** ενδιαφέρομαι για. **~ing** a ενδιαφέρων

interfere /ɪntəˈfɪə(r)/ vi επεμβαίνω. **~ with** πειράζω. **~nce** n (η) επέμβαση. (radio) (η) παρέμβαση

interior /ɪnˈtɪərɪə(r)/ n (το) εσωτερικό. • a εσωτερικός

interjection /ɪntəˈdʒekʃn/ n (το) επιφώνημα

interlock /ɪntəˈlɒk/ vt/i συνδέομαι

interlude /ˈɪntəluːd/ n (το) διάλειμμα. (theatr) (το) ιντερλούδιο

intermediary /ɪntəˈmiːdɪərɪ/ n (ο) μεσολαβητής, (η) μεσολαβήτρια

intermediate /ɪntəˈmiːdɪət/ a ενδιάμεσος

intermission /ɪntəˈmɪʃn/ n (το) διάλειμμα

intermittent /ɪntəˈmɪtnt/ a διακεκομμένος

intern /ɪnˈtɜːn/ vt θέτω υπό κράτηση

internal /ɪnˈtɜːnl/ a εσωτερικός. **~ly** adv εσωτερικά. **I~ Revenue** n (το) Τμήμα Εσωτερικών Προσόδων

international /ɪntəˈnæʃnəl/ a & n διεθνής. **~ly** adv διεθνώς

Internet /ˈɪntənet/ n (το) Διαδίκτυο

interpret /ɪnˈtɜːprɪt/ vt ερμηνεύω. • vi διερμηνεύω, μεταφράζω. **~ation** /-ˈteɪʃn/ n (η) ερμηνεία. **~er** n (ο, η) διερμηνέας

interrogat|e /ɪnˈterəgeɪt/ vt ανακρίνω. **~ion** /-ˈgeɪʃn/ n (η) ανάκριση

interrogative /ɪntəˈrɒgətɪv/ a ερωτηματικός

interrupt /ɪntəˈrʌpt/ vt διακόπτω. **~ion** /-ʃn/ n (η) διακοπή

intersect /ɪntəˈsekt/ vt/i τέμνω/ομαι. **~ion** /-ʃn/ n (of roads) (η) διασταύρωση

interval /ˈɪntəvl/ n (το) διάλειμμα

interven|e /ɪntəˈviːn/ vi (occur) μεσολαβώ. (interfere) επεμβαίνω. **~tion** /-ˈvenʃn/ n (η) επέμβαση

interview /ˈɪntəvjuː/ n (η) συνέντευξη. • vt παίρνω συνέντευξη από

intestine /ɪnˈtestɪn/ n (το) έντερο

intima|te¹ /'ıntımət/ *a* στενός.
 intimate² /'ıntımeıt/ *vt*
γνωρίζω. (*imply*) υπαινίσσομαι

intimidate /ın'tımıdeıt/ *vt*
εκφοβίζω

into /'ıntu:/ *prep* σε, μέσα σε

intolerable /ın'tɒlərəbl/ *a*
ανυπόφορος

intolerant /ın'tɒlərənt/ *a*
μισαλλόδοξος

intoxicated /ın'tɒksıkeıtıd/ *a*
μεθυσμένος

Intranet /'ıntrənet/ *n* (το)
εσωτερικό διαδίκτυο,
ενδοδίκτυο

intransitive /ın'trænsətıv/ *a*
αμετάβατος

intricate /'ıntrıkət/ *a*
περίπλοκος

intrigue /ın'tri:g/ *vi*
μηχανορραφώ. • *vt* κινώ την
περιέργεια. • *n* (η)
μηχανορραφία, (η)
ραδιουργία. **~ing** *a* περίεργος

introduce /ıntrə'dju:s/ *vt*
(*people*) συστήνω. (*programme,
item*) συνιστώ. (*bring in, insert*)
εισάγω. (*initiate*) μυώ

introduction /ıntrə'dʌkʃn/ *n*
(η) εισαγωγή. (*of person*) (η)
σύσταση

introspective /ıntrə'spektıv/ *a*
ενδοσκοπικός

introvert /'ıntrəvɜ:t/ *n*
εσωστρεφής

intru|de /ın'tru:d/ *vi* μπαίνω
απρόσκλητος. **~der** *n* (ο)
απρόσκλητος επισκέπτης.
 ~sion *n* (η) αδιακρισία

intuition /ıntju:'ıʃn/ *n* (η)
διαίσθηση

inundate /'ınʌndeıt/ *vt*
κατακλύζω

invade /ın'veıd/ *vt* εισβάλλω.
 ~r /-ə(r)/ *n* (ο) εισβολέας

invalid¹ /'ınvəlıd/ *n* (ο)
ανάπηρος

invalid² /ın'vælıd/ *a* άκυρος. (ο)
 ~ate *vt* ακυρώνω

invaluable /ın'væljuəbl/ *a*
ανεκτίμητος

invariab|le /ın'veərıəbl/ *a*
αμετάβλητος. **~y** *adv* πάντα

invasion /ın'veıʒn/ *n* (η)
εισβολή

invent /ın'vent/ *vt* εφευρίσκω.
 ~ion *n* (η) εφεύρεση. **~or** *n*
(ο) εφευρέτης, (η) εφευρέτρια

inventory /'ınventrı/ *n* (η)
απογραφή

inverse /ın'vɜ:s/ *a* αντίστροφος

invert /ın'vɜ:t/ *vt* αντιστρέφω.
 ~ed commas *npl* (τα)
εισαγωγικά

invest /ın'vest/ *vt* επενδύω.
 ~ment *n* (η) επένδυση. **~or**
n (ο) επενδυτής

investigat|e /ın'vestıgeıt/ *vt*
επενιώ. **~ion** /-'geıʃn/ *n* (η)
έρευνα

invigorat|e /ın'vıgəreıt/ *vt*
αναζωογονώ. **~ing** *a*
τονωτικός

invisible /ın'vızəbl/ *a* αόρατος

invit|e /ın'vaıt/ *vt* προσκαλώ.
(*attract*) ελκύω. **~ation**
/ınvı'teıʃn/ *n* (η) πρόσκληση.
 ~ing *a* δελεαστικός

invoice /'ınvɔıs/ *n* (το)
τιμολόγιο

involuntary /ın'vɒləntrı/ *a*
αθέλητος

involve /ın'vɒlv/ *vt* μπλέκω.
(*include, affect*) συνεπάγομαι.
 ~d *a* περίπλοκος. **~d in**

μπλεγμένος σε. **~ment** n (το)
μπλέξιμο

inward /'ɪnwəd/ a εσωτερικός.
~ly adv μέσα. **~(s)** adv προς
τα μέσα

iodine /'aɪədiːn/ n (το) ιώδιο

iota /aɪ'əʊtə/ n (το) γιώτα.
(amount) (το) ίχνος

IOU /aɪəʊ'juː/ n (το) γραμμάτιο

IQ /aɪ'kjuː/ n (intelligence
quotient) (ο) δείκτης ευφυΐας

Iran /ɪ'rɑːn/ n (το) Ιράν invar

Iraq /ɪ'rɑːk/ n (το) Ιράκ invar

irate /aɪ'reɪt/ a οργισμένος

Ireland /'aɪələnd/ n (η)
Ιρλανδία

iris /'aɪərɪs/ n (η) ίριδα

Irish /'aɪərɪʃ/ a ιρλανδικός. • n
(lang) (τα) ιρλανδικά

irk /ɜːk/ vt ενοχλώ

iron /'aɪən/ n (το) σίδερο. • a
σιδερένιος. • vt σιδερώνω.
~ing-board n (η) σιδερώστρα

ironic(al) /aɪ'rɒnɪk(l)/ a
ειρωνικός

ironmonger /'aɪənmʌŋgə(r)/ n
(ο) σιδηροπώλης

irony /'aɪərənɪ/ n (η) ειρωνία

irrational /ɪ'ræʃənl/ a
παράλογος

irrefutable /ɪrɪ'fjuːtəbl/ a
ακαταμάχητος

irregular /ɪ'regjʊlə(r)/ a
ανώμαλος. **~ity** /-'lærətɪ/ n (η)
ανωμαλία

irrelevan|t /ɪ'reləvənt/ a
άσχετος. **~ce** n (η) ασχετο

irreparable /ɪ'repərəbl/ a
ανεπανόρθωτος

irreplaceable /ɪrɪ'pleɪsəbl/ a
αναντικατάστατος

irrepressible /ɪrɪ'presəbl/ a
ακατάσχετος

irresistible /ɪrɪ'zɪstəbl/ a
ακαταμάχητος

irrespective /ɪrɪs'pektɪv/ a ~
of ανεξάρτητα από

irresponsible /ɪrɪ'spɒnsəbl/ a
ανεύθυνος

irretrievable /ɪrɪ'triːvəbl/ a
ανεπανόρθωτος

irreverent /ɪ'revərənt/ a ασεβής

irreversible /ɪrɪ'vɜːsəbl/ a
αμετάκλητος

irrigat|e /'ɪrɪgeɪt/ vt αρδεύω.
~ion /-'geɪʃn/ n (η) άρδευση

irritable /'ɪrɪtəbl/ a ευερέθιστος

irritat|e /'ɪrɪteɪt/ vt εκνευρίζω.
~ed a εκνευρισμένος. **~ing**
a εκνευριστικός. **~ion**
/-'teɪʃn/ n (ο) εκνευρισμός

is /ɪz/ see BE

Islam /'ɪzlɑːm/ n (το) Ισλάμ
invar

island /'aɪlənd/ n (το) νησί

isolat|e /'aɪsəleɪt/ vt
απομονώνω. **~ion** /-'leɪʃn/ n
(η) απομόνωση

Israel /'ɪzreɪl/ n (το) Ισραήλ
invar

issue /'ɪʃuː/ n (το) θέμα.
(outcome) (η) έκβαση. (of
magazine etc.) (η) έκδοση. (of
offspring) (οι) απόγονοι. • vt
εκδίδω. **at ~** υπό συζήτηση

it /ɪt/ pron (subject) αυτό, το.
(object) το. **~ is raining**
βρέχει

italic /ɪ'tælɪk/ a πλάγιος. **~s**
npl (τα) πλάγια γράμματα

Ital|y /'ɪtəlɪ/ n (η) Ιταλία. **~ian**
/ɪ'tæljən/ a ιταλικός. • n (ο)

Ιταλός, (η) Ιταλίδα. (lang) (τα) ιταλικά

itch /ɪtʃ/ n (η) φαγούρα. • vi έχω φαγούρα

item /'aɪtəm/ n (on list) (ο) αριθμός. (on agenda) (το) θέμα. **a news ~** μιά είδηση. **~ize** vt αναλύω

itinerant /aɪ'tɪnərənt/ a πλανόδιος

itinerary /aɪ'tɪnərəri/ n (το) δρομολόγιο

its /ɪts/ a δικό του, του

it's /ɪts/ = **it is, it has**

itself /ɪt'self/ pron εαυτός του. (emphatic) το ίδιο

ivory /'aɪvərɪ/ n (το) ελεφαντόδοντο, (το) φίλντισι

ivy /'aɪvɪ/ n (ο) κισσός

....

Jj

jab /dʒæb/ vt μπήγω

jack /dʒæk/ n (techn) (ο) γρύλος. (cards) (ο) φάντης

jackal /'dʒækɔ:l/ n (το) τσακάλι

jacket /'dʒækɪt/ n (η) ζακέτα. (man's) (το) σακάκι. (of book) (το) κάλυμμα

jade /dʒeɪd/ n (ο) νεφρίτης

jaded /'dʒeɪdɪd/ a κατακουρασμένος

jagged /'dʒægɪd/ a με μυτερές προεξοχές

jail /dʒeɪl/ n (η) φυλακή. • vt φυλακίζω. **~er** n (ο) δεσμοφύλακας

jam¹ /dʒæm/ n (η) μαρμελάδα

jam² /dʒæm/ vt (cram) στριμώχνω. (wedge) σφηνώνω. (block) φρακάρω. • vi μπλοκάρω. • n (of traffic) (το) μποτιλιάρισμα. (mech) (το) φρακάρισμα

Jamaica /dʒə'meɪkə/ n (η) Ιαμαϊκή

jangle /dʒæŋgl/ n (το) κουδούνισμα. • vt/i κουδουνίζω

janitor /'dʒænɪtə(r)/ n (ο) θυρωρός

January /'dʒænjʊərɪ/ n (ο) Ιανουάριος, (ο) Γενάρης

Japan /dʒə'pæn/ n (η) Ιαπωνία. **~ese** /dʒæpə'ni:z/ a ιαπωνικός. • n (ο) Ιάπωνας, (η) Ιαπωνίδα. (lang) (τα) ιαπωνικά

jar¹ /dʒɑ:(r)/ n (το) βάζο

jar² /dʒɑ:(r)/ vi προκαλώ ενοχλητικό ήχο. vt τραντάζω. • n (το) τράνταγμα

jargon /'dʒɑ:gən/ n (η) επαγγελματική ορολογία

jaundice /'dʒɔ:ndɪs/ n (ο) ίκτερος

jaunt /dʒɔ:nt/ n (η) κοντινή εκδρομή

jaunty /'dʒɔ:ntɪ/ a πεταχτός και γεμάτος σιγουριά

javelin /'dʒævlɪn/ n (το) ακόντιο

jaw /dʒɔ:/ n (η) σιαγόνα

jazz /dʒæz/ n (η) τζαζ invar

jealous /'dʒeləs/ a ζηλιάρης. **~y** n (η) ζήλεια

jeans /dʒi:nz/ npl (το) μπλου τζίν invar

jeep /dʒi:p/ n (το) τζιπ invar

jeer /dʒɪə(r)/ vt/i ~ **(at)** κοροϊδεύω. (boo) γιουχαΐζω. • n (η) κοροϊδία

jelly /'dʒelɪ/ n (το) ζελέ invar

jellyfish /'dʒelɪfɪʃ/ n (η) τσούχτρα

jeopardy /'dʒepədɪ/ n (ο) κίνδυνος. ~**ize** vt διακινδυνεύω

jerk /dʒɜːk/ n (η) απότομη κίνηση. • vt/i κινώ/ούμαι απότομα. ~**y** a απότομος

jersey /'dʒɜːzɪ/ n (το) ζέρσεϊ invar. (pullover) (το) πουλόβερ, Cy. (το) τρικό

jest /dʒest/ n (το) αστείο. • vi αστειεύομαι

jet /dʒet/ n (stream) (ο) πίδακας. (stone) (ο) γαγάτης. (plane) (το) τζετ invar. ~**-black** a κατάμαυρος

jettison /'dʒetɪsn/ vt απορρίπτω

jetty /'dʒetɪ/ n (η) προβλήτα

Jew /dʒuː/ n (ο) Εβραίος

jewel /'dʒuːəl/ n (το) κόσμημα. ~**ler** (ο) κοσμηματοπώλης. ~**lery** n (τα) κοσμήματα

Jewish /'dʒuːɪʃ/ a εβραϊκός

jib /dʒɪb/ vi ~ **(at doing)** αρνούμαι (να κάνω)

jiffy /'dʒɪfɪ/ n **in a ~** στο πι και φι

jigsaw /'dʒɪgsɔː/ n (το) παζλ invar

jilt /dʒɪlt/ vt παρατώ

jingle /'dʒɪŋgl/ vt/i κουδουνίζω. • n (το) κουδούνισμα. (advertising) (το) τραγουδάκι

jitters /'dʒɪtəz/ npl **the ~** (fam) ο φόβος

job /dʒɒb/ n (η) δουλειά. (post) (η) θέση. ~**less** a άνεργος

jockey /'dʒɒkɪ/ n (ο) τζόκεϊ invar. • vi ελίσσομαι

jocular /'dʒɒkjʊlə(r)/ a αστείος

jog /dʒɒg/ vt σπρώχνω. (memory) βοηθώ. • vi ~ **along** προχωρώ αργά. • n (το) σπρώξιμο. (pace) (το) αργό περπάτημα. ~**ging** n (το) τζόκιν invar

join /dʒɔɪn/ vt ενώνω. (become member) γίνομαι μέλος. • vi (roads etc.) ενώνομαι. • n (η) ένωση. ~ **in** παίρνω μέρος (σε). ~ **up** (mil) κατατάσσομαι στο στρατό

joiner /'dʒɔɪnə(r)/ n (ο) ξυλουργός

joint /dʒɔɪnt/ a κοινός. (author etc.) συνεργαζόμενος. • n (anat) (η) άρθρωση. (culin) (το) κομμάτι κρέας. (place: sl) (το) στέκι. (drug: sl) (το) τσιγαριλίκι. ~**ly** adv μαζί, από κοινού

joke /dʒəʊk/ n (το) αστείο. • vi αστειεύομαι. ~**r** n (ο) χωρατατζής. (cards) (ο) μπαλαντέρ invar

jolly /'dʒɒlɪ/ a εύθυμος. • adv (fam) πολύ

jolt /dʒəʊlt/ vt/i τραντάζω/ομαι. • n (το) τράνταγμα

jostle /'dʒɒsl/ vt σπρώχνω

jot /dʒɒt/ n (το) ίχνος. • vt σημειώνω. ~**ter** n (το) σημειωματάριο

journal /'dʒɜːnl/ n (το) περιοδικό. ~**ism** n (η) δημοσιογραφία. ~**ist** n (ο, η) δημοσιογράφος

journey /'dʒɜːnɪ/ n (το) ταξίδι. (distance) (η) διαδρομή. • vi ταξιδεύω

jovial /'dʒəʊvɪəl/ a εύθυμος

joy /dʒɔɪ/ n (η) χαρά. **~ful**, **~ous** adjs χαρούμενος

jubil|ant /'dʒu:bɪlənt/ a καταχαρούμενος. **~ation** /-'leɪʃn/ n (η) μεγάλη χαρά

jubilee /'dʒu:bɪli:/ n (το) ιωβηλαίο

judge /dʒʌdʒ/ n (ο) δικαστής. • vt κρίνω. **~ment** n (η) κρίση

judo /'dʒu:dəʊ/ n (το) τζούντο

jug /dʒʌg/ n (η) κανάτα

juggle /'dʒʌgl/ vi κάνω ταχυδακτυλουργίες. **~r** /-ə(r)/ n (ο, η) ταχυδακτυλουργός

juic|e /dʒu:s/ n (ο) χυμός. **~y** a ζουμερός

July /dʒu:'laɪ/ n (ο) Ιούλιος

jumble /'dʒʌmbl/ vt ανακατεύω. • n (το) ανακάτεμα

jumbo jet /'dʒʌmbəʊ dʒet/ n (το) τζάμπο τζετ

jump /dʒʌmp/ vi πηδώ. (start) ξαφνιάζομαι. • n (το) πήδημα. **~ at** δέχομαι με ενθουσιασμό. **~ the queue** μπαίνω μπροστά στην ουρά

jumper /'dʒʌmpə(r)/ n (το) πουλόβερ, Cy. (το) τρικό

jumpy /'dʒʌmpɪ/ a νευρικός

junction /'dʒʌŋkʃn/ n (of roads) (η) διασταύρωση

juncture /'dʒʌŋktʃə(r)/ n **at this ~** σ' αυτή την κρίσιμη στιγμή

June /dʒu:n/ n (ο) Ιούνιος

jungle /'dʒʌŋgl/ n (η) ζούγκλα

junior /'dʒu:nɪə(r)/ a νεότερος (**to**, από). (in rank) κατώτερος. • n (ο) νεότερος

junk /dʒʌŋk/ n (τα) παλιοπράγματα

jurisdiction /dʒʊərɪs'dɪkʃn/ n (η) δικαιοδοσία

juror /'dʒʊərə(r)/ n (ο, η) ένορκος

jury /'dʒʊərɪ/ n (οι) ένορκοι

just /dʒʌst/ a δίκαιος. • adv μόλις. (merely) μόνο. (simply) απλώς. (really) πραγματικά. **he has ~ left** μόλις έφυγε. **~ as good** εξίσου καλός

justice /'dʒʌstɪs/ n (η) δικαιοσύνη. **J~ of the Peace** n (ο, η) ειρηνοδίκης

justifiable /dʒʌstɪ'faɪəbl/ a δικαιολογημένος

justif|y /'dʒʌstɪfaɪ/ vt δικαιολογώ. **~ication** /-ɪ'keɪʃn/ n (η) δικαιολογία

jut /dʒʌt/ vi **~ out** προεξέχω

juvenile /'dʒu:vənaɪl/ a νεανικός. • n (ο) νέος. **~ delinquency** n (η) εγκληματικότητα ανηλίκων

juxtapose /dʒʌkstə'pəʊz/ vt αντιπαραθέτω

Kk

kangaroo /kæŋgə'ru:/ n (το) καγκουρό invar

karate /kə'rɑ:tɪ/ n (το) καράτε

kebab /kə'bæb/ n (το) σουβλάκι

keel /ki:l/ n (η) καρίνα. • vi **~ over** πέφτω κάτω

keen /ki:n/ a (eager) πρόθυμος. (interest) έντονος. (sharp) κοφτερός. (*intense*) δυνατός. **be ~ on** μ' αρέσει πολύ. **be ~ to** θέλω πολύ να. **~ness** n (η) προθυμία

keep /ki:p/ vt (pt **kept**) κρατώ. (*rules etc.*) τηρώ. (*family*) συντηρώ. (*look after*) φροντίζω. (*detain*) καθυστερώ. • vi (*remain*) παραμένω. (*food*) διατηρούμαι. **~ (on)** συνεχίζω. • n (*maintenance*) (η) συντήρηση. **~ back** vt συγκρατώ. • vi μένω πίσω. **~ off** μένω μακριά από. **~ out of** μένω έξω από. **~ up** συμβαδίζω. **~ up with** φτάνω

keeping /'ki:pɪŋ/ n **in ~ with** σύμφωνος με

keg /keg/ n (το) βαρελάκι

kennel /'kenl/ n (το) σπιτάκι του σκύλου. **~s** (το) κυνοτροφείο

kept /kept/ see KEEP

kerb /kɜ:b/ n (το) κράσπεδο

kernel /'kɜ:nl/ n (ο) πυρήνας

kerosene /'kerəsi:n/ n (η) κηροζίνη

kettle /'ketl/ n (ο) βραστήρας

key /ki:/ n (το) κλειδί. (*of piano, typewriter*) (το) πλήκτρο. **~-ring** (το) μπρελόκ (*για κλειδιά*) invar

keyboard /'ki:bɔ:d/ n (το) πληκτρολόγιο

keyhole /'ki:həʊl/ n (η) κλειδαρότρυπα

khaki /'ka:ki/ a & n χακί invar

kick /kik/ vt/i κλοτσώ. • n (η) κλοτσιά. (*thrill: fam*) (η) ευχαρίστηση. **~-off** n (το) εναρκτήριο λάκτισμα

kid /kid/ n (το) κατσικάκι. (*child*) (το) παιδί. • vt (*fam*) κοροϊδεύω

kidnap /'kidnæp/ vt απάγω. **~per** n (ο) απαγωγέας. **~ping** n (η) απαγωγή

kidney /'kidni/ n (το) νεφρό

kill /kil/ vt σκοτώνω. (*fig*) καταστρέφω. • n (το) σκότωμα. (*in hunt*) (το) σκοτωμένο ζώο. **~er** n (ο) δολοφόνος

killjoy /'kildʒɔi/ n (ο) γρουσούζης

kiln /kiln/ n (ο) κλίβανος

kilo /'ki:ləʊ/ n (το) κιλό

kilogram /'kiləgræm/ n (το) χιλιόγραμμο

kilometre /'kiləmi:tə(r)/ n (το) χιλιόμετρο

kilowatt /'kiləwɒt/ n (το) κιλοβάτ invar

kilt /kilt/ n (η) σκοτσέζικη φουστανέλα

kin /kin/ n (οι) συγγενείς

kind¹ /kaind/ n (το) είδος

kind² /kaind/ a καλός. **~ness** n (η) καλοσύνη

kindergarten /'kindəga:tn/ n (το) νηπιαγωγείο

kindle /'kindl/ vt/i ανάβω

kindly /'kaindli/ a καλοσυνάτος. • adv (*please*) παρακαλώ

kindred /'kindrid/ n (οι) συγγενείς

king /kiŋ/ n (ο) βασιλιάς

kingdom /'kiŋdəm/ n (το) βασίλειο

kink /kiŋk/ n (το) τύλιγμα. (*fig*) (η) ιδιορρυθμία. **~y** a (*perverted*) διαστρεβλωμένος

kiosk /'kiːɒsk/ n (το) περίπτερο. **telephone ~** (ο) τηλεφωνικός θάλαμος

kiss /kɪs/ n (το) φιλί. • vt φιλώ. • vi φιλιέμαι

kit /kɪt/ n (equipment) (ο) εξοπλισμός. (clothing) (τα) ατομικά είδη. (tools) (τα) σύνεργα. (for assembly) (το) κιτ invar. • vt **~ out** εφοδιάζω

kitchen /'kɪtʃɪn/ n (η) κουζίνα

kite /kaɪt/ n (toy) (ο) χαρταετός

kitten /'kɪtn/ n (το) γατάκι

knack /næk/ n (talent) (το) ταλέντο. (trick) (το) κόλπο

knead /niːd/ vt ζυμώνω

knee /niː/ n (το) γόνατο

kneecap /'niːkæp/ n (η) επιγονατίδα

kneel /niːl/ vi γονατίζω

knew /njuː/ see KNOW

knickers /'nɪkəz/ npl (η) γυναικεία κιλότα

knife /naɪf/ n (pl knives) (το) μαχαίρι. vt μαχαιρώνω

knight /naɪt/ n (ο) ιππότης. (chess) (το) άλογο. **~hood** n (η) ιπποσύνη

knit /nɪt/ vt πλέκω. • vi (fig) δένω. **~ting** n (το) πλέξιμο. **~ting needle** n (η) βελόνα μπλεξίματος

knob /nɒb/ n (wood) (ο) ρόζος. (on door) (το) πόμολο. (on radio, TV) (το) κουμπί. (of butter) (το) στρογγυλό κομμάτι

knock /nɒk/ vt/i (at door) χτυπώ. (sl) επικρίνω. • n (το) χτύπημα. **~ down** (demolish) γκρεμίζω. (reduce) κατεβάζω. **~-kneed** a στραβοπόδης. **~**

off vt (deduct) κόβω. **~ s.o.**

out βγάζω κπ νοκ άουτ. **~ over** ρίχνω κάτω. **~er** n (το) ρόπτρο

knot /nɒt/ n (ο) κόμπος. • vt (pt **knotted**) δένω

know /nəʊ/ vt/i (pt knew, pp known) ξέρω. (person) γνωρίζω. **be a ~-all** n (fam) τα ξέρω όλα. **~ about** ξέρω για. **~-how** n (η) τεχνογνωσία. **~ of** ξέρω. **~ing** a πονηρός, με σημασία

knowledge /'nɒlɪdʒ/ n (η) γνώση. **~able** a καλά πληροφορημένος

known /nəʊn/ see KNOW. • a γνωστός

knuckle /'nʌkl/ n (η) κλείδωση στα δάχτυλα

Korea /kə'rɪə/ n (η) Κορέα

kowtow /kaʊ'taʊ/ vi υποκλίνομαι

kudos /'kjuːdɒs/ n (το) κύρος

LI

lab /læb/ n (το) εργαστήριο

label /'leɪbl/ n (η) ετικέτα. • vt βάζω ετικέτα σε. (fig) χαρακτηρίζω

laboratory /lə'bɒrətrɪ/ n (το) εργαστήριο

laborious /lə'bɔːrɪəs/ a επίπονος

labour /'leɪbə(r)/ n (η) εργασία. (workers) (το) εργατικά χέρια.

• *vi* εργάζομαι **be in ~** (*med*)
έχω πόνους τοκετού

Labour /'leɪbə(r)/ *n* **~ (Party)**
(το) Εργατικό Κόμμα. • *a*
εργατικός

labourer /'leɪbərə(r)/ *n* (ο)
εργάτης

labyrinth /'læbərɪnθ/ *n* (ο)
λαβύρινθος

lace /leɪs/ *n* (η) δαντέλα. (*of
shoe*) (το) κορδόνι. • *vt* δένω με
κορδόνι

lacerate /'læsəreɪt/ *vt* ξεσκίζω

lack /læk/ *n* (η) έλλειψη. **for ~
of** ελλείψει (*with gen.*) • *vt*
στερούμαι.

laconic /lə'kɒnɪk/ *a* λακωνικός

lacquer /'lækə(r)/ *n* (το)
βερνίκι

lad /læd/ *n* (το) παιδί (*αγόρι*)

ladder /'lædə(r)/ *n* (η) σκάλα.
(*in tights*) (ο) φευγάτος πόντος

laden /'leɪdn/ *a* φορτωμένος

ladle /'leɪdl/ *n* (η) κουτάλα

lady /'leɪdɪ/ *n* (η) κυρία. **L~**
(*title*) (η) Λαίδη. (**the**) **Ladies**
(*toilet*) Γυναικών

ladybird /'leɪdɪbɜːd/ (*Amer*
ladybug /'leɪdɪbʌg/) *n* (η)
πασχαλίτσα

lag¹ /læg/ *vi* (*go slow*)
καθυστερώ. • *n* (*interval*) (η)
καθυστέρηση. **~ behind**
μένω πίσω

lag² /læg/ *vt* (*pipes*) μονώνω,
επικαλύπτω

lager /'lɑːgə(r)/ *n* (η) μπίρα

lagoon /lə'guːn/ *n* (η)
λιμνοθάλασσα

laid /leɪd/ *see* LAY²

lain /leɪn/ *see* LIE²

lair /leə(r)/ *n* (η) φωλιά

lake /leɪk/ *n* (η) λίμνη

lamb /læm/ *n* (το) αρνί

lame /leɪm/ *a* κουτσός. (*excuse*)
αδύνατος

lament /lə'ment/ *n* (το)
μοιρολόι. • *vt*/*i* μοιρολογώ.
~able /'læməntəbl/ *a*
αξιοθρήνητος

lamp /læmp/ *n* (η) λάμπα. **~
post** (ο) φανοστάτης. **~
shade** (το) αμπαζούρ *invar*

lance /lɑːns/ *n* (η) λόγχη. • *vt*
(*med*) ανοίγω

land /lænd/ *n* (η) ξηρά.
(*ground*) (η) γη. (*country*) (η)
χώρα. • *vt*/*i* (*aviat*)
προσγειώνομαι/ομαι. (*fall*)
πέφτω. (*obtain: fam*)
πετυχαίνω

landing /'lændɪŋ/ *n* (η)
απόβαση. (*aviat*) (η)
προσγείωση. (*top of stairs*)
(το) κεφαλόσκαλο

land|lady /'lændleɪdɪ/ *n* (η)
σπιτονοικοκυρά. (*of pub*) (η)
ιδιοκτήτρια. **~lord** (ο)
σπιτονοικοκύρης. (*of pub*) (ο)
ιδιοκτήτης

landmark /'lændmɑːk/ *n* (το)
ορόσημο. (*fig*) (ο) σταθμός

landscape /'lændskeɪp/ *n* (το)
τοπίο

landslide /'lændslaɪd/ *n* (η)
κατολίσθηση

lane /leɪn/ *n* (το) δρομάκι. (*of
traffic*) (η) λωρίδα. (*aviat*) (ο)
αεροδιάδρομος

language /'læŋgwɪdʒ/ *n* (η)
γλώσσα. (*speech, style*) (ο)
τρόπος ομιλίας

languid /'læŋgwɪd/ *a* άτονος

languish /ˈlæŋgwɪʃ/ vi λιώνω

lank /læŋk/ a ισχνός. **~ hair** ίσια και αδύνατα μαλλιά

lantern /ˈlæntən/ n (το) φανάρι

lap¹ /læp/ n (knees) (τα) γόνατα. (sport) (ο) γύρος

lap² /læp/ vt **~ up** γλείφω. • vi (waves) φλοισβίζω

lapel /ləˈpel/ n (το) πέτο

lapse /læps/ vi περνώ. (expire) λήγω

laptop /ˈlæptɒp/ n (ο) φορητός Η.Υ.

lard /lɑːd/ n (το) λαρδί

larder /ˈlɑːdə(r)/ n (το) κελάρι

large /lɑːdʒ/ a μεγάλος. **at ~** ελεύθερος. (as a whole) γενικά. **by and ~** ως επί το πλείστον. **~ly** adv σε μεγάλο μέρος

lark /lɑːk/ n (bird) (ο) κορυδαλλός. (fun: fam) (η) πλάκα. • vi **~ about** (fam) κάνω ζαβολιές

larva /ˈlɑːvə/ n (η) κάμπια

laryngitis /ˌlærɪnˈdʒaɪtɪs/ n (η) λαρυγγίτιδα

larynx /ˈlærɪŋks/ n (ο) λάρυγγας

laser /ˈleɪzə(r)/ n (το) λέιζερ

lash /læʃ/ vt μαστιγώνω. • n (η) καμουτσικιά. (eyelash) (η) βλεφαρίδα. **~ out** επιτίθεμαι βίαια. (spend) κάνω τρελά έξοδα

lass /læs/ n (το) κορίτσι

lasso /læˈsuː/ n (το) λάσο

last¹ /lɑːst/ a τελευταίος. (most recent) πρόσφατος. • adv τελευταία. (most recently) πρόσφατα. • n (ο) τελευταίος.

at ~ επιτέλους. **~ but one** ο προτελευταίος. **~ night** χτες το βράδυ, Cy. εψές, ψες. **~ week** την περασμένη βδομάδα. **~ year** πέρυσι. **~ly** adv τελικά

last² /lɑːst/ vi **~ out** κρατώ. **~ing** a διαρκής

latch /lætʃ/ n (το) μάνταλο

late /leɪt/ a (not on time) καθυστερημένος. (recent) πρόσφατος. (former) τέως. (deceased) μακαρίτης. • adv αργά. **of ~** τώρα τελευταία. **~ness** n (η) καθυστέρηση. **~r (on)** adv αργότερα. **~st** /-ɪst/ a (modern) τελευταίος. **at the ~st** το αργότερο

lately /ˈleɪtlɪ/ adv τελευταία

latent /ˈleɪtnt/ a λανθάνων

lateral /ˈlætərəl/ a πλάγιος

lathe /leɪð/ n (ο) τόρνος

lather /ˈlɑːðə(r)/ n (η) σαπουνάδα. • vt/i σαπουνίζω/αφρίζω

Latin /ˈlætɪn/ a λατινικός. • n (τα) λατινικά

latitude /ˈlætɪtjuːd/ n (το) γεωγραφικό πλάτος

latter /ˈlætə(r)/ a τελευταίος. **the ~** ο δεύτερος

lattice /ˈlætɪs/ n (το) καφάσι

laugh /lɑːf/ vi γελώ. **~ at** (mock) κοροϊδεύω. • n (το) γέλιο. **~able** a γελοίος. **~ing-stock** n (ο) περίγελος

laughter /ˈlɑːftə(r)/ n (το) γέλιο

launch¹ /lɔːntʃ/ vt (ship) καθελκύω. (rocket) εκτοξεύω. (product) παρουσιάζω. (attack) εξαπολύω. • n (η) καθέλκυση, (η) εκτόξευση, (η) παρουσίαση

launch² /lɔ:ntʃ/ n (η) άκατος

launder /'lɔ:ndə(r)/ vt πλένω και σιδερώνω

launderette /lɔ:n'dret/ n κατάστημα με πλυντήρια για το κοινό

laundry /'lɔ:ndri/ n (το) πλυντήριο. (clothes) (η) μπουγάδα

laurel /'lɒrəl/ n (η) δάφνη

lava /'la:və/ n (η) λάβα

lavatory /'lævətri/ n (το) αποχωρητήριο

lavender /'lævəndə(r)/ n (η) λεβάντα

lavish /'læviʃ/ a γενναιόδωρος. (plentiful) πλούσιος. • vt δίνω πλούσια. **~ly** adv πλούσια

law /lɔ:/ n (ο) νόμος. **~-abiding** a νομοταγής. **~ and order** (η) έννομη τάξη. **~ful** a νόμιμος. **~less** a άνομος

lawcourt /'lɔ:kɔ:t/ n (το) δικαστήριο

lawn /lɔ:n/ n (το) γρασίδι. **~-mower** n (η) χορτοκοπτική μηχανή

lawsuit /'lɔ:sju:t/ n (η) δίκη

lawyer /'lɔ:jə(r)/ n (ο) δικηγόρος

lax /læks/ a χαλαρός

laxative /'læksətiv/ n (το) καθαρτικό

lay¹ /leɪ/ a δόκιμος. (opinion) λαϊκός

lay² /leɪ/ vt (pt laid) ξαπλώνω. (eggs) γεννώ. (table) στρώνω. (carpet) βάζω. (trap) στήνω. **~ down** (rules) βάζω. (weapons) καταθέτω. **~ off** (workers) απολύω προσωρινά. **~ on** (provide) οργανώνω. **~ out**

(plan) σχεδιάζω. (spend) ξοδεύω γενναιόδωρα

layabout /'leɪəbaʊt/ n (ο) τεμπέλης

layer /'leɪə(r)/ n (το) στρώμα

layman /'leɪmən/ n (ο) μη ειδικός

layout /'leɪaʊt/ n (η) διάταξη

laze /leɪz/ vi τεμπελιάζω

lazy /'leɪzɪ/ a τεμπέλης. **~iness** n (η) τεμπελιά

lead¹ /li:d/ vt/i (pt led) οδηγώ. (team etc.) ηγούμαι. (life) ζω. (induce) προκαλώ. • n (η) πρωτοπορία. (clue) (η) ιδέα. (leash) (το) λουρί. (wire) (το) καλώδιο. (theatr) (ο) πρωταγωνιστής, (η) πρωταγωνίστρια. **be in the ~** προπορεύομαι. **~ astray** παρασύρω. **~ to** καταλήγω σε

lead² /led/ n (ο) μόλυβδος. (of pencil) (το) μολύβι

leader /'li:də(r)/ n (ο) ηγέτης. (in paper) (το) κύριο άρθρο. **~ship** n (η) ηγεσία

leading /'li:dɪŋ/ a ηγετικός

leaf /li:f/ n (pl leaves) (το) φύλλο. (of book) (η) σελίδα. • vi **~ through** φυλλομετρώ

leaflet /'li:flɪt/ n (το) φυλλάδιο

league /li:g/ n (ο) συνασπισμός

leak /li:k/ n (η) διαρροή. (of gas) (η) διαφυγή. • vi διαρρέω. • vt (fig) αποκαλύπτω

lean¹ /li:n/ a ισχνός

lean² /li:n/ vt/i γέρνω. **~ against** ακουμπώ σε. **~ forward** or **over** σκύβω. **~ on** στηρίζομαι σε. **~ towards** κλίνω προς

leaning /'li:nɪŋ/ a κεκλιμένος. • n (η) τάση

leap /li:p/ vi πηδώ. • n (το) πήδημα. **~-frog** n (τα) βαρελάκια. **~ year** n (ο) δίσεκτος χρόνος

learn /lɜːn/ vt/i μαθαίνω. **~er** n (ο) μαθητής, (η) μαθήτρια. **~ing** n (οι) γνώσεις

learned /'lɜːnɪd/ a πολυμαθής

lease /li:s/ n (η) μίσθωση. • vt μισθώνω (**from**, από). εκμισθώνω (**to**, σε)

leash /li:ʃ/ n (το) λουρί

least /li:st/ a ελάχιστος. (slightest) παραμικρός. • n (το) ελάχιστο. • adv ελάχιστα. **at ~** τουλάχιστον. **not in the ~** καθόλου

leather /'leðə(r)/ n (το) δέρμα

leave /li:v/ vt (pt **left**) αφήνω. (depart from) αναχωρώ από. • vi (depart) φεύγω. • n (η) άδεια. **~ alone** αφήνω ήσυχο. **~ behind** ξεχνώ. **~ out** παραλείπω

Lebanon /'lebənən/ n (ο) Λίβανος

lecher /'letʃə(r)/ n (ο) έκλυτος. **~ous** a λάγνος

lectern /'lektən/ n (το) αναλόγιο

lecture /'lektʃə(r)/ n (η) διάλεξη. (reproof) (η) επίπληξη. • vi κάνω διάλεξη. **~r** /-ə(r)/ n (ο) ομιλητής. (univ) (ο) λέκτορας

led /led/ see LEAD

ledge /ledʒ/ n (of window) (το) περβάζι. (of rock) (το) χείλος

ledger /'ledʒə(r)/ n (το) καθολικό (λογιστικό βιβλίο)

leech /li:tʃ/ n (η) βδέλλα

leek /li:k/ n (το) πράσο

leer /lɪə(r)/ vi **~ (at)** κοιτάζω λάγνα. • n (η) λάγνα ματιά

leeway /'li:weɪ/ n (fig) (το) περιθώριο κινήσεως

left¹ /left/ see LEAVE. • a **be ~ (over)** απομένω, μένω. **~ luggage** (office) n (η) φύλαξη αποσκευών. **~-overs** npl (τα) υπολείμματα

left² /left/ a αριστερός. • adv αριστερά. • n (τα) αριστερά. **~-handed** a αριστερόχειρας. **~-wing** a (pol) αριστερός

leg /leg/ n (το) πόδι (πάνω από τον αστράγαλο). (of meat) (το) μπούτι. (of furniture) (το) πόδι. (of journey) (το) τμήμα

legacy /'legəsɪ/ n (η) κληρονομιά

legal /'li:gl/ a νομικός. **~ity** /-'gælətɪ/ n (η) νομιμότητα. **~ly** adv νόμιμα

legalize /'li:gəlaɪz/ vt νομιμοποιώ

legend /'ledʒənd/ n (ο) θρύλος. **~ary** a θρυλικός

legible /'ledʒəbl/ a ευανάγνωστος

legislate /'ledʒɪsleɪt/ vi νομοθετώ. **~ion** n /-'leɪʃn/ n (η) νομοθεσία

legislative /'ledʒɪslətɪv/ a νομοθετικός. **~ure** /-eɪtʃə(r)/ n (το) νομοθετικό σώμα

legitimate /lɪ'dʒɪtɪmət/ a νόμιμος

leisure /'leʒə(r)/ n (ο)
ελεύθερος χρόνος. **~ly** a
αβίαστος. • adv αβίαστα

lemon /'lemən/ n (το) λεμόνι

lemonade /lemə'neɪd/ n (η)
λεμονάδα

lend /lend/ vt (pt **lent**) δανείζω.
~er n (ο) δανειστής, (η)
δανείστρια

length /leŋθ/ n (το) μήκος.
(piece) (το) κομμάτι. **at ~**
εκτενώς. **~y** a εκτεταμένος

lengthen /'leŋθən/ vt
παρατείνω. (dress) μακραίνω.
• vi (days) γίνομαι πιο μεγάλος

lengthways /'leŋθweɪz/ adv
κατά μήκος

lenient /'li:nɪənt/ a επιεικής

lens /lenz/ n (ο) φακός

lent /lent/ see LEND

Lent /lent/ n (η) Σαρακοστή

lentil /'lentl/ n (η) φακή

Leo /'li:əʊ/ n (ο) λέων

leopard /'lepəd/ n (η)
λεοπάρδαλη

leotard /'li:əʊtɑ:d/ n (το)
φορμάκι

leper /'lepə(r)/ n (ο) λεπρός

leprosy /'leprəsɪ/ n (η) λέπρα

lesbian /'lezbɪən/ a λέσβια. • n
(η) λεσβία

less /les/ a λιγότερος. • adv
λιγότερο. • n (το) λιγότερο.
• prep μείον. **~ and ~** όλο
και λιγότερο

lessen /'lesn/ vt/i λιγοστεύω

lesson /'lesn/ n (το) μάθημα

lest /lest/ conj μήπως

let /let/ vt αφήνω. (lease)
ενοικιάζω. • v aux **~'s go!** ας
πάμε!. • n (το) νοίκιασμα. **~**

down (deflate) ξεφουσκώνω.
(disappoint) απογοητεύω. **~
go** vt, vi αφήνω. **~ in/out**
στενεύω/φαρδαίνω. **~ off**
(excuse) χαρίζω

lethal /'li:θl/ a θανατηφόρος

lethargy /'leθədʒɪ/ n (ο)
λήθαργος

letter /'letə(r)/ n (of alphabet)
(το) γράμμα. (note) (το)
γράμμα, (η) επιστολή. **~-box**
n (το) γραμματοκιβώτιο. **~ing**
n (τα) στοιχεία

lettuce /'letɪs/ n (το) μαρούλι

leukaemia /lu:'ki:mɪə/ n (η)
λευχαιμία

level /'levl/ a (horizontal)
επίπεδος. (in height) ισόπεδος.
(in score) ισόπαλος. (spoonful
etc.) κοφτός. • n (το) επίπεδο.
• vt ισοπεδώνω. (aim) απευθύνω

lever /'li:və(r)/ n (ο) μοχλός

levity /'levətɪ/ n (η) έλλειψη
σοβαρότητας

levy /'levɪ/ vt επιβάλλω και
εισπράττω (φόρο ή πρόστιμο)

lewd /lju:d/ a ασελγής

liable /'laɪəbl/ a υπεύθυνος. **be
~ to** είμαι υποκείμενος σε.
(likely to) έχω τάση να

liability /laɪə'bɪlətɪ/ n
(responsibility) (η)
υποχρέωση. (responsibility) (η)
ευθύνη. **~ies** (το) παθητικό

liaison /lɪ'eɪzn/ n (ο) ερωτικός
δεσμός. (mil) (ο) σύνδεσμος

liar /'laɪə(r)/ n (ο) ψεύτης

libel /'laɪbl/ n (ο) λίβελος. • vt
λιβελογραφώ

liberal /'lɪbərəl/ a (generous)
γενναιόδωρος. (plentiful)
άφθονος. (open-minded)
φιλελεύθερος. • n (ο)
Φιλελεύθερος

liberat|e /'lɪbəreɪt/ vt
ελευθερώνω. **~ion** /-'reɪʃn/ n
(η) ελευθέρωση

liberty /'lɪbətɪ/ n (η) ελευθερία.
be at ~ to είμαι ελεύθερος
να

Libra /'li:brə/ n (ο) Ζυγός

librar|y /'laɪbrərɪ/ n (η)
βιβλιοθήκη. **~ian** /-'breərɪən/
n (ο) βιβλιοθηκάριος

Libya /'lɪbɪə/ n (η) Λιβύη

lice /laɪs/ n see LOUSE

licence /'laɪsns/ n (η) άδεια

license /'laɪsns/ vt δίνω άδεια
σε

licentious /laɪ'senʃəs/ a
ακόλαστος

lichen /'laɪkən/ n (η) λειχήνα

lick /lɪk/ vt γλείφω. • n (το)
γλείψιμο

lid /lɪd/ n (το) καπάκι

lie[1] /laɪ/ n (το) ψέμα. • vi (pt
lied, pres p **lying**) λέω ψέματα

lie[2] /laɪ/ vi (pt **lay**, pp **lain**, pres
p **lying**) είμαι ξαπλωμένος.
(remain) μένω. (be) βρίσκομαι.
~ back/down ξαπλώνω

lieutenant /lef'tenənt/ n (army)
(ο) υπολοχαγός

life /laɪf/ n (pl **lives**) (η) ζωή.
~-guard n (ο) ναυαγοσώστης.
~-jacket n (το) σωσίβιο. **~-
size(d)** a σε φυσικό μέγεθος

lifebelt /'laɪfbelt/ n (η) σωσίβια
ζώνη

lifeboat /'laɪfbəʊt/ n (η)
ναυαγοσωστική λέμβος

lifeless /'laɪflɪs/ a άψυχος.
(lacking vitality) χωρίς ζωή

lifelike /'laɪflaɪk/ a σαν
ζωντανός

lifeline /'laɪflaɪn/ n (η) γραμμή
της ζωής (στο χέρι). (fig) (η)
γραμμή σωτηρίας

lifestyle /'laɪfstaɪl/ n (ο) τρόπος
ζωής

lifetime /'laɪftaɪm/ n (η)
ολόκληρη ζωή

lift /lɪft/ vt ανασηκώνω. • vi
(fog) διαλύομαι. • n (το)
ασανσέρ invar, (ο)
ανελκυστήρας. **give s.o. a ~**
παίρνω κπ με το αυτοκίνητο.
~-off n (η) απογείωση

ligament /'lɪgəmənt/ n (ο)
σύνδεσμος

light[1] /laɪt/ n (το) φως. (fire) (η)
φωτιά. (aspect) (η) σκοπιά. a
φωτεινός. (pale) ανοιχτός. • vt
ανάβω. (illuminate) φωτίζω.
bring to ~ αποκαλύπτω. **~
up** ανάβω

light[2] /laɪt/ a ελαφρός. **~-
headed** a ζαλισμένος. **~-
hearted** a εύθυμος. **~ly** adv
ελαφρά

lighten /'laɪtn/ vt/i φωτίζω. • vt
(load) ελαφρώνω

lighter /'laɪtə(r)/ n (ο)
αναπτήρας

lighthouse /'laɪthaʊs/ n (ο)
φάρος

lighting /'laɪtɪŋ/ n (ο) φωτισμός

lightning /'laɪtnɪŋ/ n (η)
αστραπή. • a αστραπιαίος

like[1] /laɪk/ a όμοιος. • prep σαν.
• conj σαν, όπως. • n (ο)
όμοιος. **~ this/that** έτσι.
what is it ~? πώς είναι;

like[2] /laɪk/ vt μου αρέσει. **~s**
npl (οι) προτιμήσεις. **I would
~** θα ήθελα. **would you ~?**
θέλεις ~...;

likel|y /'laɪklɪ/ a πιθανός. • *adv* πιθανόν. **~ihood** n (η) πιθανότητα

liken /'laɪkən/ vt παρομοιάζω

likeness /'laɪknɪs/ n (η) ομοιότητα

likewise /'laɪkwaɪz/ adv παρομοίως

liking /'laɪkɪŋ/ n (το) γούστο. *(for person)* (η) συμπάθεια

lilac /'laɪlək/ n (η) πασχαλιά. • a λιλά *invar*

lily /'lɪlɪ/ n (ο) κρίνος

limb /lɪm/ n (το) μέλος

limbo /'lɪmbəʊ/ n **in ~** σε αβεβαιότητα

lime[1] /laɪm/ n (ο) ασβέστης

lime[2] /laɪm/ n *(fruit)* (το) γλυκολέμονο. *(tree)* (η) γλυκολεμονιά

limelight /'laɪmlaɪt/ n (το) προσκήνιο

limestone /'laɪmstəʊn/ n (ο) ασβεστόλιθος

limit /'lɪmɪt/ n (το) όριο. • vt περιορίζω. **~ation** /-'teɪʃn/ n (ο) περιορισμός. **~ed** a περιορισμένος. **~ed company** n (η) εταιρία περιορισμένης ευθύνης

limousine /'lɪməziːn/ n (η) λιμουζίνα

limp[1] /lɪmp/ vi κουτσαίνω. • n (το) κούτσαμα

limp[2] /lɪmp/ a χαλαρός

line /laɪn/ n (η) γραμμή. *(rope)* (το) σκοινί. *(wire)* (το) σύρμα. *(for fishing)* (η) πετονιά. *(wrinkle)* (η) ρυτίδα. *(row)* (η) σειρά. *(of poem)* (ο) στίχος. *(of goods)* (το) είδος. *(queue: Amer)* (η) ουρά. • vt *(paper)*

rigώνω. *(garment)* φοδράρω. **~ up** vi παρατάσσομαι

lineage /'lɪnɪdʒ/ n (η) καταγωγή

linear /'lɪnɪə(r)/ a γραμμικός

linen /'lɪnɪn/ n (το) λινό. *(articles)* (τα) λευκά είδη

liner /'laɪnə(r)/ n (το) πλοίο της γραμμής

linger /'lɪŋgə(r)/ vi αργοπορώ

lingerie /'læŋʒəri/ n *(τα)* γυναικεία εσώρουχα

linguist /'lɪŋgwɪst/ n (ο, η) γλωσσομαθής

linguistic /lɪŋ'gwɪstɪk/ a γλωσσικός. **~s** n (η) γλωσσολογία

lining /'laɪnɪŋ/ n (η) φόδρα

link /lɪŋk/ n (ο) σύνδεσμος. *(of chain)* (ο) κρίκος. • vt συνδέω

lino, linoleum /'laɪnəʊ, lɪ'nəʊliəm/ n (το) πλαστικό

lion /'laɪən/ n (το) λιοντάρι. **~ess** n (η) λέαινα

lip /lɪp/ n (το) χείλος

lipstick /'lɪpstɪk/ n (το) κραγιόν *invar*

liqueur /lɪ'kjʊə(r)/ n (το) λικέρ

liquid /'lɪkwɪd/ n (το) υγρό. • a υγρός. **~izer** n (το) μπλέντερ *invar*

liquidat|e /'lɪkwɪdeɪt/ vt ρευστοποιώ. **~ion** /-'deɪʃn/ n (η) ρευστοποίηση

liquor /'lɪkə(r)/ n (το) οινοπνευματώδες ποτό

liquorice /'lɪkərɪs/ n (η) γλυκόριζα

lisp /lɪsp/ n (το) ψεύδισμα. • vt/i ψεύδίζω

list[1] /lɪst/ n (ο) κατάλογος, (η) λίστα. • vt γράφω σε κατάλογο

list² /lɪst/ vi (ship) κλίνω

listen /'lɪsn/ vi ακούω. **~ to** ακούω. (pay heed to) δίνω προσοχή σε. **~er** n (ο) ακροατής, (η) ακροάτρια

listless /'lɪstlɪs/ a άτονος

lit /lɪt/ see LIGHT

litany /'lɪtəni/ n (η) λιτανεία

literal /'lɪtərəl/ a κυριολεκτικός. (translation) κατά λέξη. **~ly** adv κυριολεκτικά

literary /'lɪtərərɪ/ a λογοτεχνικός

literate /'lɪtərət/ a εγγράμματος

literature /'lɪtərətʃə(r)/ n (η) φιλολογία

lithe /laɪð/ a ευλύγιστος

litigation /lɪtɪ'geɪʃn/ n (η) δίκη

litre /'liːtə(r)/ n (το) λίτρο

litter /'lɪtə(r)/ n (rubbish) (τα) σκουπίδια. (animals) (η) γέννα. • vt πετώ. (make untidy) σκορπώ ακατάστατα

little /'lɪtl/ a μικρός. (not much) λίγος. • n (το) λίγο. • adv λίγο. **a ~** n (το) λίγο

live¹ /laɪv/ a ζωντανός. (wire) ηλεκτροφόρος

live² /lɪv/ vt/i ζω. **~ on** vt ζω με. vi (continue) συνεχίζω να ζω. **~ with** ζω μαζί με

livelihood /'laɪvlɪhʊd/ n (τα) προς το ζην

lively /'laɪvlɪ/ a ζωηρός

liven /'laɪvn/ vt/i **~ up** ζωντανεύω. • vt (room etc.) δίνω ζωή σε

liver /'lɪvə(r)/ n (το) συκώτι

livestock /'laɪvstɒk/ n (τα) ζωντανά

livid /'lɪvɪd/ a πελιδνός. (fam) λυσσασμένος

living /'lɪvɪŋ/ a ζωντανός. • n (livelihood) (τα) προς το ζην. **~-room** n (το) καθιστικό

lizard /'lɪzəd/ n (η) σαύρα

llama /'lɑːmə/ n (η) λάμα

load /ləʊd/ n (το) φορτίο. (fig) (το) βάρος. **~s of** (fam) ένα σωρό. • vt φορτώνω

loaf¹ /ləʊf/ n (το) καρβέλι

loaf² /ləʊf/ vi τεμπελιάζω

loan /ləʊn/ n (το) δάνειο. • vt δανείζω. **on ~** το δανεικός

loath|e /ləʊð/ vt σιχαίνομαι. **~ing** n (η) αηδία

lobby /'lɒbɪ/ n (ο) προθάλαμος. (pol) (το) λόμπι invar. • vi ασκώ πίεση παρασκηνιακά

lobe /ləʊb/ n (ο) λοβός

lobster /'lɒbstə(r)/ n (ο) αστακός

local /'ləʊkl/ a τοπικός. • n (ο) ντόπιος. **~ly** adv τοπικά. (nearby) στη γειτονιά

locality /ləʊ'kælətɪ/ n (η) περιοχή

locate /ləʊ'keɪt/ vt εντοπίζω. (situate) τοποθετώ. **~ion** /-ʃn/ n (η) θέση

lock /lɒk/ n (on door etc.) (η) κλειδαριά. (on canal) (ο) υδατοφράκτης. (of hair) (η) μπούκλα. • vt/i κλειδώνω. (wheels) μπλοκάρω. **~ up** vt κλείνω. (imprison) κλείνω μέσα

locker /'lɒkə(r)/ n (το) ντουλαπάκι. (at station) (η) θυρίδα

locket /'lɒkɪt/ n (το) μενταγιόν

locomotive /'ləʊkəməʊtɪv/ n (η) μηχανή τρένου

locust /'ləʊkəst/ n (η) ακρίδα

lodge /lɒdʒ/ n (το) σπιτάκι στην εξοχή. *(of porter)* (το) σπιτάκι. *(Masonic)* (η) στοά. • vt *(deposit)* καταθέτω. *(complaint)* υποβάλλω. • vi *(become fixed)* κολλώ. *(reside)* μένω **(with**, σε). ~**r** /-ə(r)/ n (ο) ενοικιαστής, (η) ενοικιάστρια

lodgings /'lɒdʒɪŋz/ npl (το) νοικιασμένο δωμάτιο

loft /lɒft/ n (το) πατάρι

log /lɒg/ n (το) κούτσουρο. ~**(-book)** *(naut)* (το) ημερολόγιο

logic /'lɒdʒɪk/ n (η) λογική. ~**al** a λογικός

loin /lɔɪn/ n *(culin)* (το) πλευρό. ~**s** (οι) λαγόνες

loiter /'lɔɪtə(r)/ vi χασομερώ

loll /lɒl/ vi ξαπλώνω

lollipop /'lɒlɪpɒp/ n (το) γλειφιτζούρι

London /'lʌndən/ n (το) Λονδίνο. ~**er** n (ο) Λονδρέζος, (η) Λονδρέζα

lone /ləʊn/ a μοναχικός. ~**r** /-ə(r)/ n (ο) μοναχικός τύπος

lonelly /'ləʊnlɪ/ a μόνος. feel ~ νιώθω μοναξιά. ~**iness** n (η) μοναξιά

long[1] /lɒŋ/ a μακρύς. • adv πολύ. how ~ is it? πόσο μακρύ είναι; *(in time)* πόση ώρα είναι; I won't be ~ δε θ' αργήσω. a ~ time πολλή ώρα. a ~ way μακριά. as or so ~ as εφόσον. ~**-distance** a *(call)* υπεραστικός. ~**jump** n (το) άλμα εις μήκος. ~**range** a μεγάλου βεληνεκούς. *(forecast)* μακροπρόθεσμος.

~**-sighted** a πρεσβυωπικός. ~**-term** a μακροπρόθεσμος. ~**-wave** n (το) μεγάλο κύμα. ~**-winded** a φλύαρος. no ~**er** όχι πια

long[2] /lɒŋ/ vi ~ **for** λαχταρώ. ~ **to** λαχταρώ να. ~**ing** n (η) λαχτάρα

longitude /'lɒndʒɪtjuːd/ n (το) γεωγραφικό μήκος

loo /luː/ n *(fam)* (το) μέρος

look /lʊk/ vt/i κοιτάζω. *(seem)* φαίνομαι. • n (η) ματιά. *(appearance)* (η) εμφάνιση. *(good)* ~**s** (η) ομορφιά. have a ~ ρίχνω μια ματιά. ~ **after** φροντίζω. ~ **at** κοιτάζω. ~ **down on** περιφρονώ. ~ **for** ψάχνω για. ~ **forward to** προσμένω. ~ **into** εξετάζω. ~ **like** *(resemble)* μοιάζω. *(seem)* φαίνομαι. ~ **out** προσέχω. ~**-out** n (ο) σκοπός. *(prospect)* (η) προοπτική. ~ **through** κοιτάζω. ~ **up** *(word)* ψάχνω να βρω. ~ **up to** εκτιμώ

loom[1] /luːm/ n (ο) αργαλειός

loom[2] /luːm/ vi διαγράφομαι. *(fig)* δεσπόζω

loop /luːp/ n (η) θηλιά. • vt δένω με θηλιά

loophole /'luːphəʊl/ n *(in rule)* (το) παραθυράκι

loose /luːs/ a *(not tight)* χαλαρός. *(knot etc.)* λασκαρισμένος. *(clothes)* φαρδύς. *(change etc.)* σκόρπιος. *(morals)* έκλυτος. *(inexact)* ανακριβής

loosen /'luːsn/ vt χαλαρώνω

loot /luːt/ n (η) λεία. • vt λεηλατώ

lop /lɒp/ vt ~ **off** κόβω

lopsided /lɒp'saidid/ a που γέρνει από τη μια πλευρά

lord /lɔ:d/ n (ο) κύριος. (British title) (ο) λόρδος. **the L~** (relig) (ο) Κύριος

lore /lɔ:(r)/ n (η) παράδοση

lorry /'lɒri/ n (το) φορτηγό

lose /lu:z/ vt/i (pt lost) χάνω. **get lost** χάνομαι. **~r** n (ο) χαμένος

loss /lɒs/ n (η) απώλεια. (comm) (η) ζημιά. **be at a ~** τα έχω χαμένα

lost /lɒst/ see LOSE. a ~ **property office** (το) γραφείο απολεσθέντων αντικειμένων

lot¹ /lɒt/ n (ο) κλήρος. (luck) (η) μοίρα. (piece of land) (το) οικόπεδο. (comm) (η) παρτίδα

lot² /lɒt/ n **the ~** όλα. (people) όλοι. **a ~ of**, **~s of** (fam) πολλά, πολύ

lotion /'ləʊʃn/ n (η) λοσιόν

lottery /'lɒtəri/ n (το) λαχείο

lotus /'ləʊtəs/ n (pl -uses) (ο) λωτός

loud /laʊd/ a δυνατός. • adv δυνατά. **out ~** δυνατά. **~ly** adv δυνατά. **~ness** n (ο) μεγάλος θόρυβος

loudspeaker /laʊd'spi:kə(r)/ n (το) μεγάφωνο

lounge /laʊndʒ/ vi τεμπελιάζω. • n (το) σαλόνι

louse /laʊs/ n (η) ψείρα

lousy /'laʊzi/ a (sl) ελεεινός

lout /laʊt/ n (ο) χοντράνθρωπος

lovable /'lʌvəbl/ a αξιαγάπητος

love /lʌv/ n (η) αγάπη. (tennis) (το) μηδέν. • vt αγαπώ. (like greatly) μ' αρέσει πολύ. **fall in ~ (with)** ερωτεύομαι. **make ~** κάνω έρωτα. **~ affair** n (ο) ερωτικός δεσμός. **~-letter** n (το) ραβασάκι

lovely /'lʌvli/ a θαυμάσιος

lover /'lʌvə(r)/ n (man) (ο) εραστής. (woman) (η) ερωμένη. (devotee) (ο) φίλος

loving /'lʌvɪŋ/ a τρυφερός

low /ləʊ/ a χαμηλός. (depressed) μελαγχολικός. • adv χαμηλά. • n (low point) (το) χαμηλό επίπεδο. **~-cut** a (clothes) με ντεκολτέ

lower /'ləʊə(r)/ a & adv see LOW. vt/i χαμηλώνω. **~ o.s.** ταπεινώνω

loyal /'lɔɪəl/ a πιστός, αφοσιωμένος. **~ty** n (η) αφοσίωση

lozenge /'lɒzɪndʒ/ n (tablet) (η) παστίλια

Ltd. abbr (Limited) ΕΠΕ

lubricate /'lu:brɪkeɪt/ vt λιπαίνω

lucid /'lu:sɪd/ a καθαρός, διαυγής. (sane) φωτεινός

luck /lʌk/ n (η) τύχη. **bad ~** (η) ατυχία. **good ~** καλή επιτυχία

luck|y /'lʌki/ a τυχερός. **~y charm** n (το) πορτμπονέρ invar. **~ily** adv ευτυχώς

lucrative /'lu:krətɪv/ a επικερδής

ludicrous /'lu:dɪkrəs/ a γελοίος

luggage /'lʌɡɪdʒ/ n (οι) αποσκευές. **~-rack** n (το) ράφι αποσκευών

lukewarm /'lu:kwɔ:m/ a
χλιαρός

lull /lʌl/ vt κατευνάζω. • n (η)
γαλήνη

lullaby /'lʌləbaɪ/ n (το)
νανούρισμα

lumber /'lʌmbə(r)/ n (timber)
(τα) ξύλα. • vt ~ **s.o.with sth**
φορτώνω κπ με κτ

lumberjack /'lʌmbədʒæk/ n (ο)
ξυλοκόπος

luminous /'lu:mɪnəs/ a
φωτεινός

lump /lʌmp/ n (swelling) (το)
εξόγκωμα. (in liquid) (ο)
σβόλος. (of sugar) (ο) κύβος.
(in throat) (ο) κόμπος. • vt ~
together βάζω μαζί. ~**y** a
σβολιασμένος

lunacy /'lu:nəsɪ/ n (η)
παραφροσύνη

lunatic /'lu:nətɪk/ n (ο)
παράφρων

lunch /lʌntʃ/ n (το)
μεσημεριανό (φαγητό). • vi
γευματίζω. ~-**time** n (το)
μεσημέρι. ~**eon** /'lʌntʃən/ n
(formal) (το) γεύμα

lung /lʌŋ/ n (ο) πνεύμονας

lunge /lʌndʒ/ n (η) απότομη
κίνηση προς τα εμπρός. • vi
ρίχνομαι (at, σε)

lurch /lɜ:tʃ/ vi τρικλίζω

lure /lʊə(r)/ vt δελεάζω. • n (fig)
(το) δέλεαρ

lurid /'lʊərɪd/ a
ανατριχιαστικός. (gaudy)
φανταχτερός

lurk /lɜ:k/ vi παραμονεύω

luscious /'lʌʃəs/ a
απολαυστικός

lust /lʌst/ n (ο) πόθος. (fig) (η)
δίψα. • vi ~ **after** ποθώ

lustre /'lʌstə(r)/ n (η) λάμψη

lute /lu:t/ n (το) λαούτο

luxuriant /lʌg'ʒʊərɪənt/ a
πλούσιος, άφθονος

luxurious /lʌg'ʒʊərɪəs/ a
πολυτελής

luxury /'lʌkʃərɪ/ n (η)
πολυτέλεια. • a πολυτελής

lying /'laɪɪŋ/ see LIE. n (το) ψέμα

lynch /lɪntʃ/ vt λιντσάρω

lynx /lɪŋks/ n (ο) λυγξ

lyric /'lɪrɪk/ a λυρικός. ~**s** npl
(οι) στίχοι τραγουδιού. ~**al** a
λυρικός

Mm

mac /mæk/ n (fam) (το)
αδιάβροχο

macaroni /mækə'rəʊnɪ/ n (τα)
μακαρόνια

mace[1] /meɪs/ n (staff) (το)
ρόπαλο

mace[2] /meɪs/ n (spice) (το)
μοσχοκάρυδο (φλοίδα)

machine /mə'ʃi:n/ n (η)
μηχανή. • vt (sew) ράβω σε
ραπτομηχανή. (techn)
επεξεργάζομαι σε μηχανή.
~-**gun** n (το) πολυβόλο

machinery /mə'ʃi:nərɪ/ n (τα)
μηχανήματα. (parts, fig) (ο)
μηχανισμός

machinist /mə'ʃi:nɪst/ n (ο)
μηχανουργός

mackerel /'mækrəl/ *n invar* (το) σκουμπρί

mad /mæd/ *a* τρελός. *(foolish)* ανόητος. *(angry: fam)* έξαλλος. **be ~ about** *(enthusiastic)* τρελαίνομαι για. **~ cow disease** *n* (η) νόσος των τρελών αγελάδων. **~ly** *adv* τρελά. **~ness** *n* (η) τρέλα

madam /'mædəm/ *n* (η) κυρία

madden /'mædn/ *vt* τρελαίνω

made /meid/ *see* MAKE. **~ to measure** *a* κατά παραγγελία

madman /'mædmən/ *n* (ο) τρελός

magazine /mægə'ziːn/ *n* (το) περιοδικό. *(of gun)* (ο) γεμιστήρας. *(of projector)* (η) φύσιγγα

maggot /'mægət/ *n* (το) σκουλήκι

magic /'mædʒik/ *n* (η) μαγεία. • *a* μαγικός. **~al** *a* μαγικός

magician /mə'dʒiʃn/ *n* (ο) μάγος. *(conjuror)* (ο) ταχυδακτυλουργός

magistrate /'mædʒistreit/ *n* (ο, η) ειρηνοδίκης

magnanimous /mæg'næniməs/ *a* μεγαλόψυχος

magnet /'mægnit/ *n* (ο) μαγνήτης. **~ic** /-'netik/ *a* μαγνητικός. **~ism** *n* (ο) μαγνητισμός. **~ize** *vt* μαγνητίζω

magnificen|t /mæg'nifisnt/ *a* μεγαλοπρεπής. **~ce** *n* (η) μεγαλοπρέπεια

magnify /'mægnifai/ *vt* μεγεθύνω. *(fig)* μεγαλοποιώ. **~ing glass** *ns* (ο) μεγεθυντικός φακός

magnitude /'mægnitjuːd/ *n* (το) μέγεθος

magpie /'mægpai/ *n* (η) καρακάξα

mahogany /mə'hɒgəni/ *n* (το) μαόνι

maid /meid/ *n* (η) υπηρέτρια

maiden /'meidn/ *n* *(old use)* (η) κόρη. • *a* *(speech, voyage)* παρθενικός. **~ aunt** *n* άγαμη θεία. **~ name** (το) πατρικό όνομα

mail /meil/ *n* (το) ταχυδρομείο. • *a* ταχυδρομικός. • *vt* ταχυδρομώ

mailbox /'meilbɒks/ *n* *(Amer)* (το) γραμματοκιβώτιο

mailman /'meilmæn/ *n* *(Amer)* (ο) ταχυδρόμος

maim /meim/ *vt* σακατεύω

main[1] /mein/ *a* κύριος. • *n* **in the ~** κυρίως. **~ road** *n* κύριος δρόμος. **~ly** *adv* κυρίως

main[2] /mein/ *n* *(water, gas)* (ο) κεντρικός αγωγός

mainland /'meinlənd/ *n* (η) ηπειρωτική χώρα

mainstay /'meinstei/ *n* *(support)* (το) στήριγμα

maintain /mein'tein/ *vt* *(keep up)* διατηρώ. *(keep in good repair)* συντηρώ. *(assert)* υποστηρίζω

maintenance /'meintənəns/ *n* (η) συντήρηση. *(alimony)* (η) διατροφή

maize /meiz/ *n* (το) καλαμπόκι

majestic /mə'dʒestik/ *a* μεγαλοπρεπής

majesty /'mædʒəstı/ n (η)
μεγαλοπρέπεια. **His/Her M~**
n Αυτού/Αυτής Μεγαλειότητα

major /'meıdʒə(r)/ a μεγάλος.
(mus) μείζων. • n (ο)
ταγματάρχης

majority /mə'dʒɒrəti/ n (η)
πλειονψηφία. (age) (η)
ενηλικίωση

make /meık/ vt/i (pt made)
κάνω, φτιάχνω. (decision)
παίρνω. (destination)
καταφέρνω (να φτάσω). (cause
to be) κάνω. **~ s.o. do sth.**
εξαναγκάζω κπ να κάνει κτ.
• n (η) κατασκευή. (brand)
(η) μάρκα. **be made of** γίνομαι
από. **~ believe** κάνω,
προσποιούμαι. n (η)
προσποίηση. **~ do** αρκούμαι
(with, με). **~ for** τραβώ για.
~ it (arrive) φτάνω. (succeed)
τα καταφέρνω. **~ it up**
συμφιλιώνομαι. **~ out**
(understand) καταλαβαίνω.
(distinguish) ξεχωρίζω.
(cheque) εκδίδω. **~ up** (story)
επινοώ. (apply cosmetics)
μακιγιάρω. **~-up** n (cosmetics)
(το) μακιγιάζ invar. (character)
(η) ψυχοσύνθεση. (of object)
(η) σύσταση. **~ up for**
αναπληρώνω. **~ up one's
mind** αποφασίζω

makeshift /'meıkʃıft/ a
πρόχειρος

making /'meıkıŋ/ n **in the ~**
εν τω γίγνεσθαι

malaise /mæ'leız/ n (η)
δυσφορία

malaria /mə'leərıə/ n (η)
ελονοσία

male /meıl/ a ανδρικός. • n (ο)
άνδρας

malevolent /mə'levələnt/ a
κακόβουλος

malfunction /mæl'fʌŋkʃn/ vi
παθαίνω βλάβη

malice /'mælıs/ n (η)
κακεντρέχεια

malicious /mə'lıʃəs/ a
κακεντρεχής

malign /mə'laın/ a φθοροποιός.
• vt διασύρω

malignant /mə'lıgnənt/ a
κακοήθης

mallet /'mælıt/ n (το) ξύλινο
σφυρί

malnutrition /mælnju:'trıʃn/ n
(ο) υποσιτισμός

malt /mɔ:lt/ n (η) βύνη

maltreat /mæl'tri:t/ vt
κακομεταχειρίζομαι

mammal /'mæml/ n (το)
θηλαστικό

mammoth /'mæməθ/ n (το)
μαμμούθ invar. • a τεράστιος

man /mæn/ n (pl **men**) (ο)
άντρας. (mankind) (ο)
άνθρωπος. (chess) (το) πιόνι.
• vt (pt **manned**) επανδρώνω.
(be on duty) είμαι υπεύθυνος
για. **~-made** a τεχνητός

manage /'mænıdʒ/ vt
διαχειρίζομαι. (shop, affairs)
χειρίζομαι. (take charge of)
διευθύνω. (cope with)
καταφέρνω. • vi (make do)
αρκούμαι. **~ to** καταφέρνω
να. **~able** a εύκολος. **~ment**
n (η) διαχείριση. (of shop) (η)
διεύθυνση. **managing
director** n (ο) διευθύνων
σύμβουλος

manager /'mænɪdʒə(r)/ *n* (ο) διευθυντής. (*theatr*, *cinema*) (ο) μάνατζερ *invar*. ~**ess** /-'res/ *n* (η) διευθύντρια

mane /meɪn/ *n* (η) χαίτη

mangle /'mæŋgl/ *vt* ακρωτηριάζω. (*damage*) καταστρέφω

mango /'mæŋgəʊ/ *n* (το) μάγκο *invar*

manhandle /'mænhændl/ *vt* μεταχειρίζομαι με βία

manhole /'mænhəʊl/ *n* (η) ανθρωποθυρίδα

manhood /'mænhʊd/ *n* (η) ανδρική ηλικία. (*quality*) (ο) ανδρισμός

mania /'meɪnɪə/ *n* (η) μανία. ~**c** /-ɪæk/ *n* (ο) μανιακός

manicure /'mænɪkjʊə(r)/ *n* (το) μανικιούρ *invar*

manifest /'mænɪfest/ *a* ολοφάνερος. • *vt* εκδηλώνω. ~**ation** /-'steɪʃn/ *n* (η) εκδήλωση

manifesto /mænɪ'festəʊ/ *n* (το) μανιφέστο

manipulate /mə'nɪpjʊleɪt/ *vt* χειρίζομαι με επιδεξιότητα

mankind /mæn'kaɪnd/ *n* (η) ανθρωπότητα

manly /'mænlɪ/ *a* αντρίκειος

manner /'mænə(r)/ *n* (ο) τρόπος. (*attitude*) (η) στάση. (*kind*) (το) είδος. ~**s** (*behaviour*) (οι) τρόποι

mannerism /'mænərɪzəm/ *n* (η) ιδιομορφία

manœuvre /mə'nu:və(r)/ *n* (η) μανούβρα. *vt*/*i* μανουβράρω

manor /'mænə(r)/ *n* (το) αρχοντικό

manpower /'mænpaʊə(r)/ *n* (το) ανθρώπινο δυναμικό

mansion /'mænʃn/ *n* (το) αρχοντικό

manslaughter /'mænslɔ:tə(r)/ *n* (η) ανθρωποκτονία

mantelpiece /'mæntlpi:s/ *n* (το) γείσο του τζακιού

manual /'mænjʊəl/ *a* χειρωνακτικός. • *n* (το) εγχειρίδιο

manufacture /mænjʊ'fæktʃə(r)/ *vt* κατασκευάζω. • *n* (η) κατασκευή. ~**r** /-ə(r)/ *n* (ο) κατασκευαστής

manure /mə'njʊə(r)/ *n* (η) κοπριά

manuscript /'mænjʊskrɪpt/ *n* (το) χειρόγραφο

many /'menɪ/ *a* & *n* πολλοί. **a great** ~ πάρα πολλοί. **how** ~ πόσοι

map /mæp/ *n* (ο) χάρτης. • *vt* χαρτογραφώ. ~ **out** σχεδιάζω

mar /mɑ:(r)/ *vt* χαλώ

marathon /'mærəθən/ *n* (ο) μαραθώνιος

marble /'mɑ:bl/ *n* (το) μάρμαρο. (*for game*) (ο) βόλος

March /mɑ:tʃ/ *n* (ο) Μάρτιος

march /mɑ:tʃ/ *vi* βηματίζω. • *vt* πηγαίνω. • *n* (η) πορεία

mare /meə(r)/ *n* (η) φοράδα

margarine /mɑ:dʒə'ri:n/ *n* (η) μαργαρίνη

margin /'mɑ:dʒɪn/ *n* (το) περιθώριο. ~**al** *a* περιθωριακός

marigold /'mærɪgəʊld/ *n* (ο) κατιφές

marijuana /mærɪ'wɑ:nə/ n (η)
μαριχουάνα

marinade /mærɪ'neɪd/ n (η)
μαρινάτα. • vt μαρινάρω

marine /mə'ri:n/ a ναυτικός. • n
(sailor) (ο) πεζοναύτης

marital /'mærɪtl/ a συζυγικός.
~ status (η) οικογενειακή
κατάσταση

maritime /'mærɪtaɪm/ a
ναυτικός

marjoram /'mɑ:dʒərəm/ n (η)
μαντζουράνα

mark¹ /mɑ:k/ n (currency) (το)
μάρκο

mark² /mɑ:k/ n (το) σημάδι.
(trace) (το) ίχνος. (schol)
βαθμός. (target) (ο) στόχος.
• vt σημαδεύω. (characterize)
χαρακτηρίζω. (schol)
βαθμολογώ. ~ out ορισθετώ.
(fig) ξεχωρίζω. ~ time
παραμένω σε στάση
αναμονής. ~er n (ο)
σελιδοδείχτης

marked /mɑ:kt/ a έντονος

market /'mɑ:kɪt/ n (η) αγορά.
• vt προωθώ. (launch) λανσάρω.
~-place n (η) αγορά. ~ing n
(το) μάρκετινγκ invar

marksman /'mɑ:ksmən/ n (ο)
σκοπευτής

marmalade /'mɑ:məleɪd/ n (η)
μαρμελάδα πορτοκάλι

maroon¹ /mə'ru:n/ a σκούρο
κόκκινος. • n (ο) μαρόν invar

maroon² /mə'ru:n/ vt be ~ed
μένω απομονωμένος

marquee /mɑ:'ki:/ n μεγάλη
τέντα

marriage /'mærɪdʒ/ n (ο) γάμος

marrow /'mærəʊ/ n (vegetable)
(το) κολοκύθι. (of bone) (ο)
μυελός

marr|y /'mæri/ vt/i
παντρεύω/ομαι. ~ied a
παντρεμένος. (life) έγγαμος

marsh /mɑ:ʃ/ n (ο) βάλτος

marshal /'mɑ:ʃl/ n (ο)
στράταρχης. (at event) (ο)
τελετάρχης. • vt παρατάσσω.
(fig) τακτοποιώ

martial /'mɑ:ʃl/ a στρατιωτικός

martyr /'mɑ:tə(r)/ n (ο, η)
μάρτυρας. • vt μαρτυρώ.
~dom n (το) μαρτύριο

marvel /'mɑ:vəl/ n (το) θαύμα.
• vi ~ at θαυμάζω

marvellous /'mɑ:vələs/ a
θαυμάσιος

Marxis|t /'mɑ:ksɪst/ n (ο)
μαρξιστής. ~m /-zəm/ n (ο)
μαρξισμός

marzipan /'mɑ:zɪpæn/ n (η)
πάστα αμυγδάλου

mascara /mæ'skɑ:rə/ n (το)
μάσκαρα

mascot /'mæskət/ n (η) μασκότ

masculin|e /'mæskjʊlɪn/ a
αρρενωπός. (gram) αρσενικός.
• n (το) αρσενικό. ~ity /-'lɪnətɪ/
n (η) αρρενωπότητα

mask /mɑ:sk/ n (η) μάσκα. • vt
αποκρύβω

masochist /'mæsəkɪst/ n (ο)
μαζοχιστής, (η) μαζοχίστρια

mason /'meɪsn/ n (ο) χτίστης.
~ry n (η) λιθοδομή

Mason /'meɪsn/ n (Freemason)
(ο) μασόνος

masquerade /mɑ:skə'reɪd/ n
(το) μασκάρεμα. • vi ~ as
μασκαρεύομαι σαν

mass¹ /mæs/ n (relig) (η) θεία λειτουργία

mass² /mæs/ n (η) μάζα. vt/i μαζεύω/ομαι. **~ media** npl (τα) μέσα μαζικής ενημέρωσης. **~ production** n (η) μαζική παραγωγή

massacre /'mæsəkə(r)/ n (η) σφαγή. • vt σφάζω

massage /'mæsɑːʒ/ n (το) μασάζ invar. • vt κάνω μασάζ σε

masseur /mæ'sɜː(r)/ n (ο) μασέρ invar. **~se** n (η) μασέζ invar

massive /'mæsɪv/ a ογκώδης. (huge) τεράστιος

mast /mɑːst/ n (naut) (το) κατάρτι. (for flag, radio) (ο) ιστός

master /'mɑːstə(r)/ n (ο) κύριος. (schol) (ο) καθηγητής. (employer) (το) αφεντικό. (of ship) (ο) πλοίαρχος. • vt γίνομαι κύριος. **~-key** n (το) κύριο κλειδί. **~mind** n (ο) ιθύνων νους. • vt συλλαμβάνω και πραγματοποιώ. **~ful** a επιτακτικός. **~y** n (η) κυριαρχία. (knowledge) (η) βαθειά γνώση

masterly /'mɑːstəlɪ/ a αριστοτεχνικός

masterpiece /'mɑːstəpiːs/ n (το) αριστούργημα

masturbate /'mæstəbeɪt/ vi αυνανίζομαι

mat /mæt/ n (το) χαλάκι. (on table) (το) σουπλά invar

match¹ /mætʃ/ n (το) σπίρτο

match² /mætʃ/ n (sport) (ο) αγώνας, (το) ματς invar. (equal)

(το) ταίρι. • vt/i (curtains etc.) ταιριάζω. (equal) συναγωνίζομαι. (oppose) παραβγαίνω. **~ing** a ασορτί

matchbox /'mætʃbɒks/ n (το) σπιρτοκούτι

mate /meɪt/ n (ο) σύντροφος. • vt/i (chess) (το) ματ invar. ζευγαρώνω/ομαι

material /mə'tɪərɪəl/ n (το) υλικό. (cloth) (το) ύφασμα. raw **~s** npl (οι) πρώτες ύλες. • a υλικός. **~istic** /-'lɪstɪk/ a υλιστικός

materialize /mə'tɪərɪəlaɪz/ vi υλοποιούμαι

maternal /mə'tɜːnl/ a μητρικός

maternity /mə'tɜːnɪtɪ/ n (η) μητρότητα. **~ clothes** npl (τα) ρούχα εγκυμοσύνης

mathematic|s /mæθə'mætɪks/ n & npl (τα) μαθηματικά. **~ian** /-ə'tɪʃn/ n (ο, η) μαθηματικός. **~al** a μαθηματικός

maths /mæθs/ (Amer **math** /mæθ/) n & npl (fam) (τα) μαθηματικά

matinée /'mætɪneɪ/ n (η) απογευματινή παράσταση

matrimony /'mætrɪmənɪ/ n (η) έγγαμη ζωή

matron /'meɪtrən/ n (η) μεγάλη κυρία. (of hospital, school) (η) προϊσταμένη

matt /mæt/ a ματ invar

matter /'mætə(r)/ n (η) ύλη. (affair) (η) υπόθεση. (pus) (το) πύο. • vi έχω σημασία. **as a ~ of fact** στην πραγματικότητα. **it doesn't ~** δεν πειράζει. **~-of-fact** a πραγματικός. **no ~ what** οτιδήποτε. **what's the ~?** τι συμβαίνει; τι έχεις;

mattress /'mætris/ n (το)
στρώμα

matur|e /mə'tjʊə(r)/ a ώριμος.
• vt/i ωριμάζω. **~ity** n (η)
ωριμότητα

maul /mɔːl/ vt κακοποιώ

mauve /məʊv/ a & n μοβ

maxim /'mæksɪm/ n (το)
απόφθεγμα

maximum /'mæksɪməm/ a
μέγιστος. • n (το) ανώτερο
όριο

may /meɪ/ v aux (pt **might**) (be
allowed) μπορώ. (be possible)
ίσως να, μπορεί να. **it
~/might be true** ίσως
(μπορεί) να είναι αλήθεια. **~ I
come in?** μπορώ να μπω;

May /meɪ/ n (ο) Μάιος

maybe /'meɪbɪ/ adv ίσως

mayonnaise /meɪə'neɪz/ n (η)
μαγιονέζα

mayor /meə(r)/ n (ο)
δήμαρχος. **~ess** n (η)
δήμαρχος

maze /meɪz/ n (ο) λαβύρινθος

me /miː/ pron εμένα, με. **give it
to ~** δώσε μου το

meadow /'medəʊ/ n (το) λιβάδι

meagre /'miːgə(r)/ a πενιχρός

meal /miːl/ n (το) γεύμα. (grain)
(η) φαρίνα

mean¹ /miːn/ a τσιγγούνης.
(unkind) μικροπρεπής

mean² /miːn/ a (average)
μέσος. • n (ο) μέσος όρος

mean³ /miːn/ vt (pt **meant**)
σημαίνω. (intend) σκοπεύω. **be
~t for** προορίζομαι για

meander /mɪ'ændə(r)/ vi
περιπλανιέμαι

meaning /'miːnɪŋ/ n (η)
σημασία. **~ful** a γεμάτος
σημασία. **~less** a χωρίς
νόημα

means /miːnz/ n (το) μέσο. npl
(resources) (τα) μέσα. **by all
~** βεβαίως. **by ~ of** με. **by no
~** με κανένα τρόπο

meant /ment/ see MEAN

meantime, meanwhile
/'miːntaɪm, 'miːnwaɪl/ advs εν
τω μεταξύ

measles /'miːzlz/ n (η) ιλαρά

measure /'meʒə(r)/ n (το)
μέτρο. • vt μετρώ. (for clothes)
παίρνω μέτρα. **~ment** n (η)
μέτρηση. **~ments** npl (τα)
μέτρα

meat /miːt/ n (το) κρέας

mechanic /mɪ'kænɪk/ n (ο)
μηχανικός

mechanic|al /mɪ'kænɪkl/ a
μηχανικός. **~s** n & npl (η)
μηχανική

mechanism /'mekənɪzəm/ n (ο)
μηχανισμός

medal /'medl/ n (το) μετάλλιο.
~list n (ο, η) κάτοχος
μεταλλίου

medallion /mɪ'dælɪən/ n (το)
μενταγιόν invar

meddle /'medl/ vi
ανακατεύομαι (in, σε)

media /'miːdɪə/ npl (τα) μέσα
μαζικής ενημέρωσης

mediat|e /'miːdɪeɪt/ vi
μεσολαβώ. **~or** n (ο)
μεσολαβητής

medical /'medɪkl/ a ιατρικός.
~ student n (ο) φοιτητής της
ιατρικής

medicat|ed /'medɪkeɪtɪd/ a
αντισηπτικός **~ion** /-'keɪʃn/ n
(drug) (το) φάρμακο

medicinal /mɪ'dɪsɪnl/ a
φαρμακευτικός

medicine /'medsn/ n (science)
(η) ιατρική. (drug) (το)
φάρμακο

medieval /medɪ'i:vl/ a
μεσαιωνικός

mediocre /mi:dɪ'əʊkə(r)/ a
μέτριος

meditat|e /'medɪteɪt/ vi
αυτοσυγκεντρώνομαι. **~ion**
/-'teɪʃn/ n (η)
αυτοσυγκέντρωση

Mediterranean /medɪtə'reɪnɪən/
a μεσογειακός. • n **the ~
(Sea)** η Μεσόγειος (Θάλασσα)

medium /'mi:dɪəm/ n (το)
μέσο. (person) (το) μέντιουμ
invar. • a μέτριος

medley /'medlɪ/ n (το) μίγμα.
(mus) (το) ποτ πουρί invar

meek /mi:k/ a πράος

meet /mi:t/ vt/i (pt met)
συναντώ/ώμαι. • vt (be
introduced to) συστήνω. (face)
αντιμετωπίζω. (satisfy)
ανταποκρίνομαι προς. • vi
(come together) ενώνομαι. **~
with** συναντώ

meeting /'mi:tɪŋ/ n (η)
συγκέντρωση. (of two people)
(η) συνάντηση

megalomania /megələʊ'-
meɪnɪə/ n (η) μεγαλομανία

megaphone /'megəfəʊn/ n (το)
μεγάφωνο

melancholy /'melənkɒlɪ/ n (η)
μελαγχολία

mellow /'meləʊ/ a (fruit)
ώριμος. (wine) παλιός. (person)
μειλίχιος. • vi (person)
μαλακώνω

melodrama /'melədrɑːmə/ n
(το) μελόδραμα

melody /'melədɪ/ n (η) μελωδία

melon /'melən/ n (το) πεπόνι

melt /melt/ vt/i λιώνω

member /'membə(r)/ n (το)
μέλος. **M~ of Parliament,
MP** (ο) βουλευτής. **~ship** n
(η) ιδιότητα μέλους.
(members) (τα) μέλη

membrane /'membreɪn/ n (η)
μεμβράνη

memento /mɪ'mentəʊ/ n (το)
ενθύμιο

memo /'meməʊ/ n (το)
μνημόνιο

memoirs /'memwɑːz/ npl (τα)
απομνημονεύματα

memorable /'memərəbl/ a
αλησμόνητος

memorandum /memə'rændəm/
n (το) υπόμνημα

memorial /mɪ'mɔːrɪəl/ n (το)
μνημείο. • a αναμνηστικός

memorize /'meməraɪz/ vt
αποστηθίζω

memory /'memərɪ/ n (η)
μνήμη. (thing remembered) (η)
ανάμνηση

men /men/ see MAN

menac|e /'menəs/ n (η) απειλή.
(nuisance) (η) μπελάς. • vt
απειλώ. **~ing** a απειλητικός

mend /mend/ vt επιδιορθώνω.
(darn) μαντάρω. • n (η)
επιδιόρθωση. **on the ~** σε
ανάρρωση

menial /'mi:nɪəl/ *a* δουλικός

meningitis /menɪn'dʒaɪtɪs/ *n* (η) μηνιγγίτιδα

menopause /'menəpɔ:z/ *n* (η) εμμηνόπαυση

menstruat|e /'menstrʊeɪt/ *vi* εμμηνορροώ. **~ion** /-'eɪʃn/ *n* (η) εμμηνόρροια

mental /'mentl/ *a* διανοητικός. **~ly** *adv* διανοητικά

mentality /men'tælətɪ/ *n* (η) νοοτροπία

mention /'menʃn/ *vt* αναφέρω. • *n* (η) μνεία, (η) αναφορά

menu /'menju:/ *n* (o) κατάλογος. (*computing*) (το) μενού

mercenary /'mɜ:sɪnərɪ/ *a* συμφεροντολόγος. • *n* (o) μισθοφόρος

merchandise /'mɜ:tʃəndaɪz/ *n* (το) εμπόρευμα

merchant /'mɜ:tʃənt/ *n* (o, η) έμπορος. • *a* εμπορικός

merciful /'mɜ:sɪfl/ *a* ελεήμων

merciless /'mɜ:sɪlɪs/ *a* ανήλεος

mercury /'mɜ:kjʊrɪ/ *n* (o) υδράργυρος

mercy /'mɜ:sɪ/ *n* (το) έλεος

mere /mɪə(r)/ *a* απλός. **~ly** *adv* απλώς

merge /mɜ:dʒ/ *vt/i* συνενώνω/ομαι. (*comm*) συγχωνεύω/ομαι

meringue /mə'ræŋ/ *n* (η) μαρέγκα

merit /'merɪt/ *n* (η) αξία. • *vt* αξίζω

mermaid /'mɜ:meɪd/ *n* (η) γοργόνα

merry /'merɪ/ *a* εύθυμος. **make ~** γλεντώ. **~-go-round** *n* (o) μύλος με αλογάκια

mesh /meʃ/ *n* (το) πλέγμα

mesmerize /'mezməraɪz/ *vt* υπνωτίζω. (*fig*) γοητεύω

mess /mes/ *n* (η) ακαταστασία. (*trouble*) (το) μπέρδεμα. (*mil*) (το) συσσίτιο. • *vt* ανακατεύω. **make a ~ of** τα κάνω θάλασσα. **~ about** χασομερώ. **~ up** χαλώ

message /'mesɪdʒ/ *n* (το) μήνυμα

messenger /'mesɪndʒə(r)/ *n* (o) αγγελιοφόρος

messy /'mesɪ/ *a* βρόμικος. (*slovenly*) απρόσεχτος

met /met/ *see* MEET

metabolism /mɪ'tæbəlɪzəm/ *n* (o) μεταβολισμός

metal /'metl/ *n* (το) μέταλλο. • *a* μεταλλικός. **~lic** /mɪ'tælɪk/ *a* μεταλλικός

metamorphosis /metə'mɔ:fəsɪs/ *n* (η) μεταμόρφωση

metaphor /'metəfə(r)/ *n* (η) μεταφορά

mete /mi:t/ *vt* **~ out** μοιράζω

meteor /'mi:tɪə(r)/ *n* (o) μετεωρίτης. **~ic** /mi:tɪ'ɒrɪk/ *a* (*fig*) μετεωρικός

meteorolog|y /mi:tɪə'rɒlədʒɪ/ *n* (η) μετεωρολογία. **~ical** /-ə'lɒdʒɪkl/ *a* μετεωρολογικός

meter¹ /'mi:tə(r)/ *n* (o) μετρητής

meter² /'mi:tə(r)/ *n* (*Amer*) = **metre**

method /'meθəd/ *n* (η) μέθοδος

methodical /mɪˈθɒdɪkl/ a μεθοδικός

Methodist /ˈmeθədɪst/ n (o) μεθοδιστής, (η) μεθοδίστρια

meticulous /mɪˈtɪkjʊləs/ a λεπτολόγος

metre /ˈmiːtə(r)/ n (το) μέτρο

metric /ˈmetrɪk/ a μετρικός

metropol|is /məˈtrɒpəlɪs/ n (η) μητρόπολη. **~itan** /metrəˈpɒlɪtən/ a μητροπολιτικός

mettle /ˈmetl/ n (το) κουράγιο

Mexic|o /ˈmeksɪkəʊ/ n (το) Μεξικό. **~an** a μεξικάνικος. • n (o) Μεξικανός, (η) Μεξικανή

miaow /miːˈaʊ/ vi νιαουρίζω

mice /maɪs/ see MOUSE

microbe /ˈmaɪkrəʊb/ n (το) μικρόβιο

microchip /ˈmaɪkrəʊtʃɪp/ n (το) μικροτσίπ invar

microfilm /ˈmaɪkrəʊfɪlm/ n (το) μικροφίλμ invar

microphone /ˈmaɪkrəfəʊn/ n (το) μικρόφωνο

microscop|e /ˈmaɪkrəskəʊp/ n (το) μικροσκόπιο. **~ic** /-ˈskɒpɪk/ a μικροσκοπικός

microwave /ˈmaɪkrəʊweɪv/ n **~s** (τα) μικροκύματα. • **~ oven** (o) φούρνος μικροκυμάτων

mid /mɪd/ a μέσος. **in ~-air** στον αέρα. **in ~-July** στα μέσα του Ιουλίου

midday /mɪdˈdeɪ/ n (το) μεσημέρι

middle /ˈmɪdl/ a μεσαίος. (quality) μέτριος. • n (η) μέση.

in the ~ of στη μέση (with gen.). **~-aged** a μεσήλικας.

the M~ Ages npl οι Μεσαίωνας. **~-class** a αστικός. **the ~ classes** npl η μεσαία τάξη. **M~ East** n (η) Μέση Ανατολή

middleman /ˈmɪdlmæn/ n (o) μεσίτης

midge /mɪdʒ/ n (το) μυγάκι

midget /ˈmɪdʒɪt/ n (o) νάνος

midnight /ˈmɪdnaɪt/ n (τα) μεσάνυχτα

midst /mɪdst/ n (η) μέση. **in the ~ of** στη μέση (with gen.)

midsummer /mɪdˈsʌmə(r)/ n (το) μεσοκαλόκαιρο

midway /mɪdˈweɪ/ adv στη μέση

midwife /ˈmɪdwaɪf/ n (η) μαμή

midwinter /mɪdˈwɪntə(r)/ n (το) μεσοχείμωνο

might[1] /maɪt/ n (η) ισχύς. **~y** a ισχυρός. (fig) μεγάλος

might[2] /maɪt/ see MAY

migraine /ˈmiːgreɪn/ n (η) ημικρανία

migrant /ˈmaɪgrənt/ a αποδημητικός. • n (person) (o) μετανάστης, (η) μετανάστρια

migrat|e /maɪˈgreɪt/ vi μεταναστεύω. **~ion** n /-ʃn/ n (η) μετανάστευση

mild /maɪld/ a ήπιος. (illness) ελαφρός

mile /maɪl/ n (το) μίλι (= 1.6 χμ). **~age** n (η) απόσταση σε μίλια

milestone /ˈmaɪlstəʊn/ n (το) ορόσημο

militant /ˈmɪlɪtənt/ a μαχητικός

military /'mɪlɪtrɪ/ *a*
στρατιωτικός

militia /mɪ'lɪʃə/ *n* (η)
πολιτοφυλακή

milk /mɪlk/ *n* (το) γάλα. • *vt*
αρμέγω. **M~y Way** *n* (ο)
Γαλαξίας

milkman /'mɪlkmən/ *n*
(ο) γαλατάς

mill /mɪl/ *n* (ο) μύλος. • *vt*
αλέθω. (*metal*) κόβω. • *vi* **~**
about *or* **around**
στριφογυρίζω

millennium /mɪ'lenɪəm/ *n* (η)
χιλιετηρίδα

millet /'mɪlɪt/ *n* (το) κεχρί

milligram /'mɪlɪgræm/ *n* (το)
χιλιοστόγραμμο

millimetre /'mɪlɪmiːtə(r)/ *n* (το)
χιλιοστόμετρο

million /'mɪlɪən/ *n* (το)
εκατομμύριο. **~aire** /-'neə(r)/
n (ο, η) εκατομμυριούχος

mime /maɪm/ *n* (η) μιμική.
• *vt/i* μιμούμαι

mimic /'mɪmɪk/ *vt* μιμούμαι. • *n*
(ο) μίμος

mince /mɪns/ *vt* ψιλοκόβω. • *n*
(ο) κιμάς

mind /maɪnd/ *n* (το) μυαλό.
(*intention*) (ο) σκοπός.
(*opinion*) (η) γνώμη. (*sanity*) (ο)
νους. • *vt* (*object to*) με
πειράζει. (*look after*)
φροντίζω. (*be careful*)
προσέχω. **I don't ~** δε με
νοιάζει. **never ~** δεν
πειράζει. **~ful** *a* προσεκτικός.
~less *a* απρόσεκτος. (*work*)
αδιάφορος

mine[1] /maɪn/ *poss pron* δικός
μου. **it's ~** είναι δικό μου

mine[2] /maɪn/ *n* (το) ορυχείο.
(*explosive*) (η) νάρκη. • *vt*
εξορύσσω. (*mil*) ναρκοθετώ.
~r *n* (*coal*) (ο) ανθρακωρύχος

minefield /'maɪnfiːld/ *n* (το)
ναρκοπέδιο

mineral /'mɪnərəl/ *n* (το)
ορυκτό. • *a* **~ water** *n* (το)
μεταλλικό νερό

mingle /'mɪŋgl/ *vt* αναμιγνύω.
• *vi* **~ with** ανακατεύομαι με

miniature /'mɪnɪtʃə(r)/ *a*
μικροσκοπικός. • *n* (η)
μινιατούρα

minibus /'mɪnɪbʌs/ *n* (το)
μικρό λεωφορείο, (το)
μινιμπάς *invar*

minicab /'mɪnɪkæb/ *n* (το)
ταξί

minim|um /'mɪnɪməm/ *a*
ελάχιστος. • *n* (το) ελάχιστο.
~al *a* ελάχιστος. **~ize** *vt*
ελαχιστοποιώ

miniskirt /'mɪnɪskɜːt/ *n* (το)
μίνι *invar*

minist|er /'mɪnɪstə(r)/ *n* (ο)
υπουργός. (*relig*) (ο) ιερέας.
~erial /-'stɪərɪəl/ *a*
υπουργικός. **~ry** *n* (το)
υπουργείο. (*relig*) (ο) κλήρος

mink /mɪŋk/ *n* (το) βιζόν *invar*

minor /'maɪnə(r)/ *a* μικρός.
(*mus*) ελάσσων. • *n* (ο)
ανήλικος

minority /maɪ'nɒrətɪ/ *n* (η)
μειονότητα. (*age*) (η)
ανηλικότητα

mint[1] /mɪnt/ *n* (for coins) (το)
νομισματοκοπείο. (*herb*) (ο)
δυόσμος. **in ~ condition**
ολοκαίνουριος

minus /'maɪnəs/ prep πλην. (without: fam) χωρίς. • n (το) πλην invar

minuscule /'mɪnəskju:l/ a μικροσκοπικός

minute¹ /'mɪnɪt/ n (το) λεπτό. **~s** npl (of meeting) (τα) πρακτικά

minute² /maɪ'nju:t/ a μικροσκοπικός. (precise) λεπτομερέστατος

mirac|le /'mɪrəkl/ n (το) θαύμα. **~ulous** /mɪ'rækjʊləs/ a θαυματουργός

mirage /'mɪrɑ:ʒ/ n (ο) αντικατοπτρισμός

mirror /'mɪrə(r)/ n (ο) καθρέφτης. • vt καθρεφτίζω

mirth /mɜ:θ/ n (η) ιλαρότητα

misadventure /mɪsəd'ventʃə(r)/ n (το) ατύχημα

misapprehension /mɪsæprɪ'henʃn/ n (η) παρεξήγηση

misbehave /mɪsbɪ'heɪv/ vi συμπεριφέρομαι άσχημα

miscalculate /mɪs'kælkjʊleɪt/ vi/t πέφτω έξω

miscarr|y /mɪs'kærɪ/ vi αποτυγχάνω. (woman) αποβάλλω. **~iage** /-ɪdʒ/ n αποτυχία, (η) αποβολή. (of justice) (η) κακοδικία

miscellaneous /mɪsə'leɪnɪəs/ a διάφορος

mischief /'mɪstʃɪf/ n (το) κακό. (harm) (η) ζημιά

mischievous /'mɪstʃɪvəs/ a σκανταλιάρης. (malicious) κακόβουλος

misdemeanour /mɪsdɪ'mi:nə(r)/ n (η) παράπτωμα

miser /'maɪzə(r)/ n (ο) τσιγκούνης

miserable /'mɪzrəbl/ a άθλιος. (fig) ελεεινός

misery /'mɪzərɪ/ n (η) αθλιότητα. (poverty) (η) φτώχεια. (person: fam) (η) μιζέρια

misfire /mɪs'faɪə(r)/ vi (gun) παθαίνω αφλογιστία. (engine) ρετάρω. (plan) αποτυγχάνω

misfit /'mɪsfɪt/ n (ο) απροσάρμοστος

misfortune /mɪs'fɔ:tʃu:n/ n (η) ατυχία

misgiving /mɪs'gɪvɪŋ/ n (το) κακό προαίσθημα. **~s** (ο) ενδοιασμός. (anxiety) (ο) φόβος

mishap /'mɪshæp/ n (η) αναποδιά

misinform /mɪsɪn'fɔ:m/ vt παραπληροφορώ

misinterpret /mɪsɪn'tɜ:prɪt/ vt παρερμηνεύω

mislay /mɪs'leɪ/ vt παραπετώ

mislead /mɪs'li:d/ vt παραπλανώ

mismanage /mɪs'mænɪdʒ/ vt κακοδιοικώ

misplace /mɪs'pleɪs/ vt μετατοπίζω

misprint /'mɪsprɪnt/ n (το) τυπογραφικό λάθος

misrepresent /mɪsreprɪ'zent/ vt διαστρεβλώνω

miss /mɪs/ vt/i χάνω χάνω. (lack) λείπω. (feel loss) μου

λείπει. • *n* (η) αστοχία **~ out**
παραλείπω

Miss /mɪs/ *n* (η) δεσποινίς

missile /ˈmɪsaɪl/ *n* (το) βλήμα.
(*rocket*) (ο) πύραυλος

missing /ˈmɪsɪŋ/ *a* που λείπει.
(*lost*) χαμένος. (*person*)
αγνοούμενος

mission /ˈmɪʃn/ *n* (η)
αποστολή

missionary /ˈmɪʃənrɪ/ *n* (ο)
ιεραπόστολος

mist /mɪst/ *n* (η) καταχνιά. (*on
windows*) (το) θάμπωμα. • *vt/i*
~ (up or **over)** θαμπώνω

mistake /mɪˈsteɪk/ *n* (το) λάθος.
• *vt/i* (*understand wrongly*)
παρεξηγώ. **~ for** παίρνω
(λανθασμένα) για. **~n** /-ən/ *a*
λανθασμένος

mistletoe /ˈmɪsltəʊ/ *n* (το) γκι
invar

mistreat /mɪsˈtriːt/ *vt*
κακομεταχειρίζομαι

mistress /ˈmɪstrɪs/ *n* (η) κυρία.
(*teacher*) (η) δασκάλα. (*lover*)
(η) ερωμένη

mistrust /mɪsˈtrʌst/ *vt*
δυσπιστώ. • *n* (η) δυσπιστία

misty /ˈmɪstɪ/ *a* θαμπός.
(*indistinct*) ασαφής

misunderstand
/mɪsʌndəˈstænd/ *vt* (*pt* -stood)
παρεξηγώ. **~ing** *n* (η)
παρεξήγηση

misuse¹ /mɪsˈjuːz/ *vt*
καταχρώμαι

misuse² /mɪsˈjuːs/ *n* (η)
κατάχρηση

mitigate /ˈmɪtɪgeɪt/ *vt*
ελαφρώνω. (*moderate*)
μετριάζω

mitre /ˈmaɪtə(r)/ *n* (η) μίτρα

mix /mɪks/ *vt/i* αναμιγνύω/ομαι.
• *n* (το) μίγμα. **~ up** (*fig*)
μπερδεύω. **~ with**
συναναστρέφομαι

mixed /mɪkst/ *a* ανάμικτος.
(*school etc.*) μικτός

mixture /ˈmɪkstʃə(r)/ *n* (το)
μίγμα

moan /məʊn/ *n* (το) βογγητό.
(*complaint*) (η) γκρίνια. • *vi*
βογγώ. (*grumble*)
γκρινιάζω

moat /məʊt/ *n* (η) τάφρος

mob /mɒb/ *n* (ο) όχλος. • *vt*
πολιορκώ

mobile /ˈməʊbaɪl/ *a* κινητός.
• *n* (το) μομπίλο. **~ (phone)**
n (το) κινητό τηλέφωνο. **~ity**
/-ˈbɪlətɪ/ *n* (η) κινητικότητα

mobilize /ˈməʊbɪlaɪz/ *vt*
κινητοποιώ

mock /mɒk/ *vt* κοροϊδεύω. • *a*
ψεύτικος. **~ery** /ˈmɒkərɪ/ *n*
(η) κοροϊδία

model /ˈmɒdl/ *n* (το) πρότυπο.
(*product*) (το) μοντέλο.
(*fashion*) (το) μανεκέν *invar*.
(*art*) (το) μοντέλο. • *a*
υποδειγματικός. • *vt* πλάθω.
• *vi* (*fashion*) εργάζομαι ως
μανεκέν. (*art*) ποζάρω

moderate¹ /ˈmɒdərət/ *a*
μέτριος. • *n* (ο) μετριοπαθής.
~ly *adv* μέτρια

moderat|e² /ˈmɒdəreɪt/ *vt*
μετριάζω. **~ion** /-ˈreɪʃn/ *n* (η)
μετριοπάθεια

modern /ˈmɒdn/ *a* μοντέρνος.
~ize *vt* εκσυγχρονίζω

modest /ˈmɒdɪst/ *a*
μετριόφρων. **~y** *n* (η)
μετριοφροσύνη

modif|y /'mɒdɪfaɪ/ vt
τροποποιώ. **~ication** /-ɪ'keɪʃn/
n (η) τροποποίηση

moist /mɔɪst/ a
υγρός. **~ure** /'mɔɪstʃə(r)/ n (η)
υγρασία

moisten /'mɔɪsn/ vt βρέχω

molar /'məʊlə(r)/ n (ο)
τραπεζίτης (δόντι)

molasses /mə'læsɪz/ n (η)
μελάσα

mole /məʊl/ n (on skin) (η)
ελιά. (animal) (ο) ασπάλακας

molecule /'mɒlɪkjuːl/ n (το)
μόριο

molest /mə'lest/ vt (assault)
κακοποιώ

moment /'məʊmənt/ n (η)
στιγμή. **at the ~** προς το
παρόν

momentar|y /'məʊməntrɪ/ a
στιγμιαίος. **~ily** adv για μια
στιγμή. (soon: Amer) σύντομα

momentous /mə'mentəs/ a
βαρυσήμαντος

momentum /mə'mentəm/ n (η)
ορμή

monarch /'mɒnək/ n (ο)
μονάρχης. **~y** n (η) μοναρχία

monastery /'mɒnəstrɪ/ n (το)
μοναστήρι

Monday /'mʌndɪ/ n (η)
Δευτέρα

monetary /'mʌnɪtrɪ/ a
μονεταριστικός

money /'mʌnɪ/ n (τα) χρήματα,
(τα) λεφτά

mongrel /'mʌŋgrəl/ n (ο)
μιγάδας (σκύλος)

monitor /'mɒnɪtə(r)/ n (schol)
(ο) επιμελητής. (techn)

οθόνη. • vt (a broadcast)
παρακολουθώ

monk /mʌŋk/ n (ο) μοναχός

monkey /'mʌŋkɪ/ n (ο) πίθηκος

monologue /'mɒnəlɒg/ n (ο)
μονόλογος

monopoly /mə'nɒpəlɪ/ n (το)
μονοπώλιο

monosyllable /'mɒnəsɪləbl/ n
(η) μονοσύλλαβη λέξη

monotone /'mɒnətəʊn/ n (η)
μονότονη ομιλία

monoton|ous /mə'nɒtənəs/ a
μονότονος. **~y** n (η)
μονοτονία

monsoon /mɒn'suːn/ n (ο)
μουσώνας

monst|er /'mɒnstə(r)/ n (το)
τέρας. **~rous** a τερατώδης

monstrosity /mɒn'strɒsətɪ/ n
(το) τερατούργημα

month /mʌnθ/ n (ο) μήνας

monthly /'mʌnθlɪ/ a μηνιαίος.
• adv μηνιαία. • n (periodical)
(το) μηνιαίο περιοδικό

monument /'mɒnjʊmənt/ n
(το) μνημείο. **~al** /-'mentl/ a
μνημειώδης

moo /muː/ vi μουγκανίζω

mood /muːd/ n (η) διάθεση. **in
a good/bad ~**
καλοδιάθετος/κακοδιάθετος.
~y a κακόκεφος. (variable)
ιδιότροπος

moon /muːn/ n (το) φεγγάρι

moon|light /'muːnlaɪt/ n (το)
φεγγαρόφωτο. **~lit** a
φεγγαροφωτισμένος

moor /mʊə(r)/ n (ο)
ρεικότοπος. • vt (Naut)
αγκυροβολώ. **~ings** npl (η)
αγκυροβολία

mop /mɒp/ n (η) σφουγγαρίστρα (με λαβή). (of hair) (τα) ξεχτένιστα μαλλιά. • vt σφουγγαρίζω

mope /məʊp/ vi μελαγχολώ

moped /ˈməʊped/ n (το) μηχανάκι

moral /ˈmɒrəl/ a ηθικός. • n (το) ηθικό συμπέρασμα. **~s** (η) ηθική

morale /məˈrɑːl/ n (το) ηθικό

morality /məˈrælətɪ/ n (η) ηθική

morbid /ˈmɔːbɪd/ a νοσηρός

more /mɔː(r)/ a & n περισσότερος. • adv περισσότερο. (again) ξανά. **he doesn't live here any ~** δεν ζει πια εδώ. **~ and ~** όλο και περισσότερο. **~ or less** λίγο πολύ. **there is no ~** δεν έχει άλλο. **once ~** ακόμη μια φορά

moreover /mɔːˈrəʊvə(r)/ adv επιπλέον

morgue /mɔːg/ n (το) νεκροτομείο

morning /ˈmɔːnɪŋ/ n (το) πρωί

Morocco /məˈrɒkəʊ/ n (το) Μαρόκο

moron /ˈmɔːrɒn/ n (ο) μωρός

morose /məˈrəʊs/ a δύσθυμος

morphine /ˈmɔːfiːn/ n (η) μορφίνη

Morse /mɔːs/ n **~ (code)** (ο) κώδικας) μορς invar

morsel /ˈmɔːsl/ n (το) κομματάκι

mortal /ˈmɔːtl/ a θνητός n (ο) άνθρωπος. **~ity** /mɔːˈtælətɪ/ n (η) θνησιμότητα

mortar /ˈmɔːtə(r)/ n (building) (το) κονίαμα. (mil) (ο) όλμος

mortgage /ˈmɔːgɪdʒ/ n (η) υποθήκη. (loan) (το) στεγαστικό δάνειο

mortuary /ˈmɔːtʃərɪ/ n (το) νεκροτομείο

mosaic /məʊˈzeɪk/ n (το) μωσαϊκό

mosque /mɒsk/ n (το) τζαμί

mosquito /məsˈkiːtəʊ/ n (το) κουνούπι

moss /mɒs/ n (το) βρύο

most /məʊst/ a περισσότερος n (το) πολύ. • adv περισσότερο. (very) πολύ. **at ~** το πολύ. **make the ~ of** επωφελούμαι όσο το δυνατόν περισσότερο (with gen.). **~ly** adv κυρίως

MOT n **~ (test)** τεχνικός έλεγχος (οχημάτων)

motel /məʊˈtel/ n (το) μοτέλ invar

moth /mɒθ/ n (η) νυχτοπεταλούδα. (in cloth) (ο) σκόρος

mother /ˈmʌðə(r)/ n (η) μητέρα. **~hood** n (η) μητρότητα. **~-in-law** n (η) πεθερά. **~-of-pearl** n (το) φίλντισι

motherly /ˈmʌðəlɪ/ a μητρικός

motif /məʊˈtiːf/ n (το) μοτίβο

motion /ˈməʊʃn/ n (η) κίνηση. (proposal) (η) πρόταση. (gesture) (το) νεύμα. • vt/i **~ (to) s.o. to** κάνω νόημα σε κπ να. **~less** a ακίνητος

motivat|e /ˈməʊtɪveɪt/ vt παρακινώ. **~ion** /-ˈveɪʃn/ n (το) κίνητρο

motive /'məʊtɪv/ n (το)
κίνητρο

motor /'məʊtə(r)/ n (η)
μηχανή, (το) μοτέρ invar. • a
κινητικός. • vi ταξιδεύω με
αυτοκίνητο. **~ bike**, **~ cycle**
ns (η) μοτοσικλέτα. **~ car** n
(το) αυτοκίνητο. **~ cyclist** n
(ο) μοτοσικλετιστής. **~
vehicle** n (το) αυτοκίνητο

motorway /'məʊtəweɪ/ n (ο)
αυτοκινητόδρομος

motto /'mɒtəʊ/ n (το) μότο
invar

mould¹ /məʊld/ n (το) καλούπι.
• vt πλάθω. (fig) διαμορφώνω

mould² /məʊld/ n (rot) (η)
μούχλα. **~y** a μουχλιασμένος

moult /məʊlt/ vi μαδώ

mound /maʊnd/ n (ο) σωρός

mount /maʊnt/ vt/i ανεβαίνω.
• vt (picture etc.) κορνιζάρω. • n
(το) στήριγμα. (hill) (ο) όρος

mountain /'maʊntɪn/ n (το)
βουνό. **~ous** a ορεινός

mountaineer /maʊntɪ'nɪə(r)/ n
(ο) ορειβάτης. **~ing** n (η)
ορειβασία

mourn /mɔːn/ vt/i πενθώ. **~
for** θρηνώ. **~er** n (ο) πενθών,
(η) πενθούσα. **~ing** n (το)
πένθος

mournful /'mɔːnfl/ a πένθιμος

mouse /maʊs/ n (pl mice) (το)
ποντίκι

mousetrap /'maʊstræp/ n (η)
ποντικοπαγίδα

moustache /mə'stɑːʃ/ n (το)
μουστάκι

mouth¹ /maʊθ/ n (το) στόμα.
~-organ n (η) φυσαρμόνικα

mouth² /maʊð/ vt εκστομίζω

mouthful /'maʊθfʊl/ n (η)
μπουκιά

mouthpiece /'maʊθpiːs/ n
(mus) (το) επιστόμιο. (fig) (το)
φερέφωνο

movable /'muːvəbl/ a κινητός

move /muːv/ vt/i κουνώ.
(furniture etc.) μετακινώ.
(house) μετακομίζω. (affect
emotionally) συγκινώ.
(propose) προτείνω. (act)
ενεργώ. • n (η) κίνηση.
(action) (η) ενέργεια. (of
house) (η) μετακίνηση. **be ~d**
(emotionally) συγκινούμαι. **~
along** προχωρώ. **~ away**
φεύγω. **~ in** (to house)
μπαίνω. **~ out** (from house)
φεύγω. **~ over** κάνω θέση. **~
up** προχωρώ

movement /'muːvmənt/ n (η)
κίνηση

movie /'muːvɪ/ n (Amer) (η)
(κινηματογραφική) ταινία. **the
~s** (ο) κινηματογράφος

moving /'muːvɪŋ/ a κινητός.
(touching) συγκινητικός

mow /məʊ/ vt θερίζω. (lawn)
κουρεύω. **~er** n (η) θεριστική
μηχανή

MP abbr see MEMBER

Mr /'mɪstə(r)/ n κ., Κος, (ο)
κύριος

Mrs /'mɪsɪz/ n κ., Κα, (η) κυρία

much /mʌtʃ/ a πολύς. • n & adv
πολύ. **how ~?** πόσο; **~ as**
μολονότι

muck /mʌk/ n (η) κοπριά, (η)
βρομιά. (fam) (τα) σκουπίδια.
• vi **~ about** or **around**
χάνω την ώρα μου. • vt **~ up**
(fam) βρομίζω. (make a mess
of) χαλώ. **~y** a βρομερός

mucus /'mju:kəs/ *n* (η) βλέννα

mud /mʌd/ *n* (η) λάσπη. **~dy** *a* λασπωμένος

muddle /'mʌdl/ *vt* μπερδεύω. • *vi* **~ through** τα βολεύω. • *n* (το) μπέρδεμα

mudguard /'mʌdga:d/ *n* (το) φτερό (αυτοκινήτου κλπ)

muffle /'mʌfl/ *vt* τυλίγω. (*sound*) πνίγω

mug[1] /mʌɡ/ *n* (η) κούπα. (*face: sl*) (η) μούρη. (*fool: sl*) (το) κορόιδο

mug[2] /mʌɡ/ *vt* επιτίθεμαι βίαια με σκοπό τη ληστεία

muggy /'mʌɡɪ/ *a* πνιγηρός

mule /mju:l/ *n* (το) μουλάρι

mull /mʌl/ *vt* **~ over** γυρνώ στο μυαλό μου

multicoloured /'mʌltɪknləd/ *a* πολύχρωμος

multinational /mʌltɪ'næʃənl/ *a* πολυεθνικός

multiple /'mʌltɪpl/ *a* πολλαπλός. • *n* (το) πολλαπλάσιο

multipl|y /'mʌltɪplaɪ/ *vt/i* πολλαπλασιάζω/ομαι. **~ication** /-ɪ'keɪʃn/ *n* (ο) πολλαπλασιασμός

multi-storey /mʌltɪ'stɔ:rɪ/ *a* πολυόροφος

multitude /'mʌltɪtju:d/ *n* (το) πλήθος

mum /mʌm/ *n* (*fam*) (η) μαμά

mumble /'mʌmbl/ *vi* τρώω τα λόγια μου

mummy[1] /'mʌmɪ/ *n* (*body*) (η) μούμια. **~ify** *vt* μομιοποιώ

mummy[2] /'mʌmɪ/ *n* (*fam*) (η) μαμά

mumps /mʌmps/ *n* (οι) μαγουλάδες

munch /mʌntʃ/ *vi* μασουλίζω

mundane /mʌn'deɪn/ *a* κοινός. (*worldly*) εγκόσμιος

municipal /mju:'nɪsɪpl/ *a* δημοτικός

mural /'mjʊərəl/ *n* (η) τοιχογραφία

murder /'mɜ:də(r)/ *n* (η) δολοφονία. • *vt* δολοφονώ. (*fam*) καταστρέφω. **~er, ~ess** *n* (ο, η) δολοφόνος

murky /'mɜ:kɪ/ *a* σκοτεινός

murmur /'mɜ:mə(r)/ *n* (το) μουρμούρισμα. • *vt/i* μουρμουρίζω

muscle /'mʌsl/ *n* (ο) μυς

muscular /'mʌskjʊlə(r)/ *a* μυικός. (*person*) μυώδης

muse /mju:z/ *vi* συλλογίζομαι. • *n* (η) μούσα

museum /mju:'zɪəm/ *n* (το) μουσείο

mush /mʌʃ/ *n* (ο) χυλός

mushroom /'mʌʃrʊm/ *n* (το) μανιτάρι

music /'mju:zɪk/ *n* (η) μουσική. **~al** *a* μουσικός. (*talented*) με μουσικό ταλέντο. • *n* (το) μιούζικαλ *invar*

musician /mju:'zɪʃn/ *n* (ο, η) μουσικός

Muslim /'mʊzlɪm/ *n* (ο) μουσουλμάνος

muslin /'mʌzlɪn/ *n* (η) μουσελίνα

mussel /'mʌsl/ *n* (το) μύδι

must /mʌst/ *v aux* πρέπει. **~ you go?** πρέπει να φύγεις; **she ~ have forgotten** θα

ξέχασε. **you ~ come** πρέπει
να ΄ρθεις. • *n* **be a ~** (*fam*)
είναι κάτι που πρέπει να γίνει

mustard /'mʌstəd/ *n* (η)
μουστάρδα

muster /'mʌstə(r)/ *vt/i*
συγκεντρώνω/ομαι. *n* **pass ~**
είναι ικανοποιητικός

mute /mju:t/ *a & n* βουβός

muted /'mju:tid/ *a* πνιχτός

mutilat|e /'mju:tileit/ *vt*
ακρωτηριάζω. **~ion** /-'leiʃn/ *n*
(ο) ακρωτηριασμός

mutiny /'mju:tini/ *n* (η)
ανταρσία. • *vi* στασιάζω

mutter /'mʌtə(r)/ *vt/i*
μουρμουρίζω

mutton /'mʌtn/ *n* (το) πρόβειο
κρέας

mutual /'mju:tʃʊəl/ *a*
αμοιβαίος. (*common*) κοινός.
~ly *adv* αμοιβαία

muzzle /'mʌzl/ *n* (*of animal*)
(το) ρύγχος. (*for dogs etc.*) (το)
φίμωτρο. (*of gun*) (η) μπούκα

my /mai/ *a* μου

myself /mai'self/ *pron* εγώ ο
ίδιος. (*reflexive*) ο εαυτός μου.
(*after prep*) μόνος μου

mysterious /mi'stiəriəs/ *a*
μυστηριώδης

mystery /'mistəri/ *n* (το)
μυστήριο

mystic /'mistik/ *n* (ο)
μυστικιστής. **~al** *a*
μυστικιστικός

mystify /'mistifai/ *vt* σαστίζω

myth /miθ/ *n* (ο) μύθος. **~ical**
a μυθικός

mythology /mi'θɒlədʒi/ *n* (η)
μυθολογία

Nn

nab /næb/ *vt* βουτώ

nag /næg/ *vt/i* (*pester*)
γκρινιάζω. (*find fault*) τα βάζω
με. **~ging** *a* (*pain*)
ενοχλητικός

nail /neil/ *n* (το) καρφί. (*of
finger, toe*) (το) νύχι. • *vt*
καρφώνω. **~-file** *n* (η) λίμα
των νυχιών. **~ polish, ~
varnish** *ns* (το) βερνίκι (για τα
νύχια)

naive /nai'i:v/ *a* αφελής

naked /'neikid/ *a* γυμνός

name /neim/ *n* (το) όνομα. • *vt*
(*give name*) ονομάζω. (*specify*)
ορίζω

namely /'neimli/ *adv* δηλαδή

namesake /'neimseik/ *n* (ο)
συνονόματος

nanny /'næni/ *n* (η) νταντά

nap /næp/ *n* (ο) υπνάκος

nape /neip/ *n* (ο) αυχένας

napkin /'næpkin/ *n* (η)
πετσέτα. (*for baby*) (η) πάνα

nappy /'næpi/ *n* (η) πάνα

narcotic /na:'kɒtik/ *n* (το)
ναρκωτικό

narrat|e /nə'reit/ *vt* αφηγούμαι.
~ion /-ʃn/ *n* (η) αφήγηση.
~or *n* (η) αφηγητής

narrative /'nærətiv/ *a* αφηγη-
ματικός. • *n* (η) αφήγηση

narrow /'nærəʊ/ *a* στενός. (*fig*)
περιορισμένος. • *vt/i* στενεύω,
περιορίζω. **~-minded** *a*
στενόμυαλος. **~ly** *adv* στενά,
μόλις

nasal /'neizl/ a ρινικός

nasty /'na:sti/ a δυσάρεστος. (*weather*) κακός

nation /'neiʃn/ n (το) έθνος

national /'næʃnəl/ a εθνικός. • n (ο, η) υπήκοος. ~ **anthem** (ο) εθνικός ύμνος. ~**ism** n (ο) εθνικισμός. ~**ize** vt εθνικοποιώ. ~**ly** adv εθνικά

nationality /næʃə'næləti/ n (η) εθνικότητα

native /'neitiv/ a ιθαγενής. (*local*) ντόπιος. (*quality*) ατόφιος. • n (ο, η) ιθαγενής

natter /'nætə(r)/ vi (*fam*) φλυαρώ

natural /'nætʃrəl/ a φυσικός. ~**ly** adv φυσικά. (*of course*) βεβαίως

naturalize /'nætʃrəlaiz/ vt πολιτογραφώ

nature /'neitʃə(r)/ n (η) φύση. (*kind*) (το) είδος. (*of person*) (ο) χαρακτήρας

naughty /'nɔːti/ a άτακτος. (*indecent*) τολμηρός

nause|a /'nɔːsiə/ n (η) ναυτία. (*fig*) (η) αηδία. ~**ous** αηδιαστικός

nauseat|e /'nɔːsieit/ vt φέρνω αηδία σε. ~**ing** a αηδιαστικός

nautical /'nɔːtikl/ a ναυτικός

naval /'neivl/ a ναυτικός

nave /neiv/ n (το) κεντρικό κλίτος

navel /'neivl/ n (ο) αφαλός

navigable /'nævigəbl/ a πλωτός

navigat|e /'nævigeit/ vt διαπλέω. • vi πλέω. ~**ion** /-'geiʃn/ n (η) ναυσιπλοΐα. ~**or** n (ο) ναυτίλος

navy /'neivi/ n (το) ναυτικό. ~ **(blue)** (το) μπλε μαρέν invar

near /niə(r)/ a κοντινός. • adv κοντά. • prep κοντά. (*nearly*) σχεδόν. • vt/i πλησιάζω. **come** or **draw** ~ πλησιάζω. ~ **by** adv κοντά

nearby /'niəbai/ a κοντινός

nearly /'niəli/ adv σχεδόν. (*closely*) στενά. **not** ~ καθόλου

neat /ni:t/ a (*appearance*) περιποιημένος. (*room etc.*) συγυρισμένος. (*undiluted*) σκέτος. (*plan etc.*) καλοφτιαγμένος

necessar|y /'nesəsəri/ a απαραίτητος, αναγκαίος. ~**ily** adv απαραιτήτως

necessitate /ni'sesiteit/ vt επιβάλλω

necessity /ni'sesəti/ n (η) ανάγκη

neck /nek/ n (ο) λαιμός

necklace /'neklis/ n (το) κολιέ invar

neckline /'neklain/ n (το) ντεκολτέ invar

necktie /'nektai/ n (η) γραβάτα

nectar /'nektə(r)/ n (το) νέκταρ

nectarine /'nektərin/ n (το) νεκταρίνι

née /nei/ a το γένος

need /ni:d/ n (η) ανάγκη. • vt χρειάζομαι. **be in** ~ **of** έχω ανάγκη από. **he** ~ **not go** δεν είναι ανάγκη να πάει. ~**less** a περιττός. ~**lessly** adv χωρίς λόγο

needle /'ni:dl/ n (το) βελόνι. (*of record-player*) (η) βελόνα

needlework /'ni:dlwɜ:k/ n (το) εργόχειρο

needy /'ni:dɪ/ a άπορος

negative /'neɡətɪv/ a αρνητικός. • n (photo, gram) (το) αρνητικό

neglect /nɪ'ɡlekt/ vt παραμελώ. • n (η) παραμέληση

negligen|t /'neɡlɪdʒənt/ a αμελής. **~ce** n (η) αμέλεια

negligible /'neɡlɪdʒəbl/ a αμελητέος

negotiable /nɪ'ɡəʊʃɪəbl/ a διαπραγματεύσιμος

negotiat|e /nɪ'ɡəʊʃɪeɪt/ vt/i διαπραγματεύομαι. **~ion** /-'eɪʃn/ n (η) διαπραγμάτευση. **~or** n (ο) διαπραγματευτής

neigh /neɪ/ vi χλιμιντρίζω

neighbour /'neɪbə(r)/ n (ο) γείτονας, (η) γειτόνισσα. **~hood** n (η) γειτονιά. **~ly** /'neɪbəlɪ/ a γειτονικός

neither /'naɪðə(r)/ a & pron κανένας. • adv & conj ούτε. **~ ... nor ...** ούτε ... ούτε ...

neon /'ni:ɒn/ n (το) νέον

nephew /'nevju:/ n (ο) ανεψιός

nerve /nɜ:v/ n (το) νεύρο. (courage) (η) ψυχραιμία. (cheek: fam) (το) θράσος. **~s** (nervousness) (τα) τρακ invar. it gets on my **~s** μου δίνει στα νεύρα. **~-racking** a εκνευριστικός

nervous /'nɜ:vəs/ a νευρικός. (agitated) εκνευρισμένος. **~ly** adv εκνευρισμένα. **~ness** n (η) νευρικότητα. (fear) (η) ανησυχία

nest /nest/ n (η) φωλιά

nestle /'nesl/ vi χώνομαι

net¹ /net/ n (το) δίχτυ. • (catch) πιάνω με δίχτυα. **~ting** n (το) δικτυωτό. (fabric) (το) τούλι

net² /net/ a καθαρός. • vt (pt netted) κερδίζω

Netherlands /'neðələndz/ npl the **~** οι Κάτω Χώρες

netsurfer /'netsɜ:fə(r)/ n (το) άτομο που σερφάρει στο διαδίκτυο

nettle /'netl/ n (η) τσουκνίδα

network /'netwɜ:k/ n (το) δίκτυο

neuro|sis /njʊə'rəʊsɪs/ n (η) νεύρωση. **~tic** /-'rɒtɪk/ a & n νευρωτικός

neuter /'nju:tə(r)/ a ουδέτερος. • n (το) ουδέτερο. • vt ευνουχίζω

neutral /'nju:trəl/ a ουδέτερος. **~ity** /-'trælətɪ/ n (η) ουδετερότητα

never /'nevə(r)/ adv ποτέ. **~ again** ποτέ ξανά. **~-ending** a ατελείωτος. **~ mind** δεν πειράζει

nevertheless /nevəðə'les/ adv εντούτοις, ωστόσο

new /nju:/ a νέος, καινούριος. **~-born** a νεογέννητος. **~ year** n (το) νέος χρόνος. **N~ Year's Day** n (η) πρωτοχρονιά. **N~ Year's Eve** n (η) παραμονή της πρωτοχρονιάς. **N~ Zealand** n (η) Νέα Ζηλανδία. **~ness** n (το) καινούριο

newcomer /'nju:kʌmə(r)/ n (ο) νεοφερμένος

news /nju:z/ n (τα) νέα. (radio, TV) (οι) ειδήσεις. **~ flash** n (το) έκτακτο δελτίο ειδήσεων

newsagent /'nju:zeɪdʒənt/ n (o) εφημεριδοπώλης

newsletter /'nju:zletə(r)/ n (το) δελτίο (ειδησεογραφικό)

newspaper /'nju:zpeɪpə(r)/ n (η) εφημερίδα

newt /nju:t/ n (o) τρίτων

next /nekst/ a επόμενος. (adjoining) διπλανός. • adv μετά. • n (o) επόμενος. ~ **door** (το) πλαϊνό σπίτι. ~- **door** a διπλανός (γείτονας). ~ **of kin** n (οι) πλησιέστεροι συγγενείς. ~ **to** (beside) δίπλα σε, πλάι σε. (in order) μετά από

nib /nɪb/ n (η) μύτη (της πένας)

nibble /'nɪbl/ vt/i τσιμπώ επανειλημμένα

nice /naɪs/ a καλός. (kind) ευγενικός. (agreeable) συμπαθητικός. (pleasant) ευχάριστος. (attractive) ωραίος. (respectable) ευπρεπής. ~**ly** adv ωραία. (well) καλά

niche /nɪtʃ/ n (η) κατάλληλη θέση. (fig) (η) γωνιά

nick /nɪk/ n (το) κόψιμο

nickel /'nɪkl/ n (το) νικέλιο. (Amer) νόμισμα των 5 σεντ

nickname /'nɪkneɪm/ n (το) παρατσούκλι

nicotine /'nɪkəti:n/ n (η) νικοτίνη

niece /ni:s/ n (η) ανεψιά

Nigeria /naɪ'dʒɪərɪə/ n (η) Νιγηρία

niggling /'nɪɡlɪŋ/ a ασήμαντος. (pain) εκνευριστικός

night /naɪt/ n (η) νύχτα. (evening) (η) βραδιά. • a

νυχτερινός. **at** ~ τη νύχτα. ~**-club** (το) νυχτερινό κέντρο. ~**-dress**, ~**-gown** ns (το) νυχτικό. ~**-time** n (η) νύχτα. ~**-watchman** n (o) νυχτοφύλακας

nightfall /'naɪtfɔ:l/ n (το) σούρουπο

nightingale /'naɪtɪŋɡeɪl/ n (το) αηδόνι

nightly /'naɪtlɪ/ a της κάθε νύχτας. (by night) νυχτερινός adv κάθε βράδυ

nightmare /'naɪtmeə(r)/ n (o) εφιάλτης

nil /nɪl/ n (το) μηδέν

nimble /'nɪmbl/ a σβέλτος

nin|e /naɪn/ a & n εννέα. ~**th** a ένατος n (το) ένατο

nineteen /naɪn'ti:n/ a & n δεκαεννέα. ~**th** a δέκατος ένατος. • n (το) δέκατο ένατο

ninet|y /'naɪntɪ/ a & n ενενήντα. ~**ieth** a ενενηκοστός. • n (το) ενενηκοστό

nip /nɪp/ vt τσιμπώ. • vi (fam) πετιέμαι. • n (το) τσίμπημα

nipple /'nɪpl/ n (η) θηλή

nitrogen /'naɪtrədʒən/ n (το) άζωτο

no /nəʊ/ a κανένας. • adv δεν, όχι. • n (το) όχι. ~ **one** = **nobody.** ~ **entry** απαγορεύεται η είσοδος.

nob|le /'nəʊbl/ a & n ευγενής. ~**ility** /-'bɪlətɪ/ n (η) ευγένεια

nobody /'nəʊbɒdɪ/ pron κανένας. • n (το) μηδενικό

nocturnal /nɒk'tɜ:nl/ a νυχτόβιος

nod /nɒd/ *vt/i* νεύω. • *n* το νεύμα

noise /nɔɪz/ *n* (ο) θόρυβος. **~less** *a* αθόρυβος

noisy /'nɔɪzɪ/ *a* θορυβώδης

nomad /'nəʊmæd/ *n* (ο) νομάς. **~ic** /-'mædɪk/ *a* νομαδικός

nominal /'nɒmɪnl/ *a* ονομαστικός. (*sum*) για τον τύπο

nominat|e /'nɒmɪneɪt/ *vt* προτείνω. (*appoint*) διορίζω. **~ion** /-'neɪʃn/ *n* (η) υποψηφιότητα

nominative /'nɒmɪnətɪv/ *n* (η) οριστική (πτώση)

nonchalant /'nɒnʃələnt/ *a* νωχελικός

nondescript /'nɒndɪskrɪpt/ *a* ακαθόριστος

none /nʌn/ *pron* (*person*) κανένας, καμιά. (*thing*) κανένα. • *adv* καθόλου

nonentity /nɒ'nentɪtɪ/ *n* (η) μηδαμινότητα

non-existent /nɒnɪg'zɪstənt/ *a* ανύπαρκτος

nonsens|e /'nɒnsns/ *n* (η) ανοησία. **~ical** /-'sensɪkl/ *a* χωρίς νόημα

non-smoker /nɒn'sməʊkə(r)/ *n* (ο) μη καπνίζων

non-stop /nɒn'stɒp/ *a* συνεχής. • *adv* συνεχώς

noodles /'nuːdlz/ *npl* (οι) χυλοπίτες

nook /nʊk/ *n* (η) γωνιά

noon /nuːn/ *n* (το) μεσημέρι

noose /nuːs/ *n* (η) θηλιά

nor /nɔː(r)/ *conj* ούτε

norm /nɔːm/ *n* (η) νόρμα

normal /'nɔːməl/ *a* ομαλός. **~ity** /-'mælətɪ/ *n* (η) ομαλότητα. **~ly** *adv* ομαλά

north /nɔːθ/ *n* (ο) βορράς. • *a* βόρειος. • *adv* προς το βορρά. **~-east** *a* βορειοανατολικός. **N~ Sea** *n* (η) Βόρειος Θάλασσα. **~ward** *a* βόρειος. **~wards** *adv* προς βορρά. **~west** *a* βορειοδυτικός

northern /'nɔːðən/ *a* βόρειος. **N~ Ireland** *n* (η) Βόρεια Ιρλανδία. **~er** *n* (ο) βόρειος

Norway /'nɔːweɪ/ *n* (η) Νορβηγία

nose /nəʊz/ *n* (η) μύτη

nosebleed /'nəʊzbliːd/ *n* (η) αιμορραγία της μύτης

nostalg|ia /nɒ'stældʒə/ *n* (η) νοσταλγία. **~ic** *a* νοσταλγικός

nostril /'nɒstrɪl/ *n* (το) ρουθούνι

nosy /'nəʊzɪ/ *a* περίεργος

not /nɒt/ *adv* δεν. **if ~** αν όχι. **~ at all** καθόλου. **~ yet** όχι ακόμη

notable /'nəʊtəbl/ *a* αξιοσημείωτος

notch /nɒtʃ/ *n* εγκοπή σε σχήμα. • *vt* **~ up** σημειώνω

note /nəʊt/ *n* (η) σημείωση. (*short letter*) (το) σημείωμα. (*written comment*) (το) παρατήρηση. (*banknote*) (το) χαρτονόμισμα. (*mus*) (η) νότα. • *vt* προσέχω. **~ (down)** σημειώνω

notebook /'nəʊtbʊk/ *n* (το) σημειωματάριο

noted /'nəʊtɪd/ *a* διάσημος

notepaper /'nəʊtpeɪpə(r)/ n
(το) χαρτί για σημειώσεις

noteworthy /'nəʊtwɜːðɪ/ a
αξιοσημείωτος

nothing /'nʌθɪŋ/ pron τίποτα.
• n (thing) (το) τίποτα. (person)
(το) μηδέν. • adv καθόλου. it
has ~ to do with δεν έχει
καμμιά σχέση με

notice /'nəʊtɪs/ n (poster) (η)
αγγελία. (announcement) (η)
ανακοίνωση. (attention) (η)
προσοχή. (notification) (η)
προειδοποίηση. ~-board n
(ο) πίνακας ανακοινώσεων.
take ~ δίνω σημασία (of, σε)

noticeabl|e /'nəʊtɪsəbl/ a
αισθητός. ~y adv αισθητά

notif|y /'nəʊtɪfaɪ/ vt ειδοποιώ.
~ication /-ɪ'keɪʃn/ n (η)
ειδοποίηση

notion /'nəʊʃn/ n (η)
αντίληψη.

notorious /nəʊ'tɔːrɪəs/ a
διαβόητος

notwithstanding
/nɒtwɪθ'stændɪŋ/ prep παρά.
• adv παρ' όλο που

nought /nɔːt/ n (το) μηδέν

noun /naʊn/ n (το) ουσιαστικό

nourish /'nʌrɪʃ/ vt τρέφω.
~ing a θρεπτικός

novel /'nɒvl/ n (το)
μυθιστόρημα. • a νέος. ~ist n
(ο, η) μυθιστοριογράφος. ~ty
n (ο) νεωτερισμός.

November /nəʊ'vembə(r)/ n (ο)
Νοέμβριος

novice /'nɒvɪs/ n (ο) πρωτάρης.
(learner) (ο) μαθητευόμενος

now /naʊ/ adv τώρα. • conj ~
(that) τώρα (που). by ~ ήδη.

~ and again, ~ and then
πότε πότε

nowadays /'naʊədeɪz/ adv
σήμερα

nowhere /'nəʊweə(r)/ adv
πουθενά

noxious /'nɒkʃəs/ a επιβλαβής

nozzle /'nɒzl/ n (το) στόμιο

nuance /'njuːɑːns/ n (η)
απόχρωση (στην έννοια)

nuclear /'njuːklɪə(r)/ a
πυρηνικός

nucleus /'njuːklɪəs/ n (ο)
πυρήνα

nud|e /njuːd/ a γυμνός. • n (το)
γυμνό. ~ity n (η) γύμνια

nudge /nʌdʒ/ vt σκουντώ
ελαφρά. • n (το) σκούντημα

nudist /'njuːdɪst/ n (ο)
γυμνιστής, (η) γυμνίστρια

nuisance /'njuːsns/ n (ο)
μπελάς

null /nʌl/ a άκυρος

numb /nʌm/ a μουδιασμένος.
• vt μουδιάζω

number /'nʌmbə(r)/ n (ο)
αριθμός. • vt αριθμώ. (include)
συγκαταλέγω. ~-plate n (η)
πινακίδα κυκλοφορίας

numeral /'njuːmərəl/ n (ο)
αριθμός

numerical /njuː'merɪkl/ a
αριθμητικός

numerous /'njuːmərəs/ a
πολυάριθμος

nun /nʌn/ n (η) καλόγρια

nurse /nɜːs/ n (η) νοσοκόμα.
(nanny) (η) παραμάνα. • vt
(patient) νοσηλεύω. (baby)
θηλάζω

nursery /'nɜːsərɪ/ n (room) (το)
δωμάτιο των παιδιών. (for

plants/ (το) φυτώριο. (day) ~
(ο) παιδικός σταθμός. ~
rhyme *n* (το) παιδικό
τραγουδάκι. ~ school *n* (το)
νηπιαγωγείο
nurture /'nɜːtʃə(r)/ *vt* ανατρέφω
nut /nʌt/ *n* (ο) ξηρός καρπός.
(mech) (το) παξιμάδι
nutcrackers /'nʌtkrækəz/ *npl*
(ο) καρυοθραύστης
nutmeg /'nʌtmeg/ *n* (το)
μοσχοκάρυδο
nutrient /'njuːtrɪənt/ *n* (η)
θρεπτική ουσία
nutrit|ion /njuːˈtrɪʃn/ *n* (η)
θρέψη. ~ious *a* θρεπτικός
nutshell /'nʌtʃel/ *n* (το)
καρυδότσουφλο. in a ~ εν
συντομία
nylon /'naɪlɒn/ *n* (το) νάιλον
nymph /nɪmf/ *n* (η) νύμφη

....

Oo

....

oaf /əʊf/ *n* (ο) μπουνταλάς
oak /əʊk/ *n* (η) βαλανιδιά
OAP *abbr* (old-age pensioner)
(ο, η) συνταξιούχος
oar /ɔː(r)/ *n* (το) κουπί
oasis /əʊˈeɪsɪs/ *n* (η) όαση
oath /əʊθ/ *n* (ο) όρκος. (swear-
word) (η) βλαστήμια
oats /əʊts/ *npl* (η) βρώμη
obedien|t /əˈbiːdɪənt/ *a*
υπάκουος. ~ce *n* (η) υπακοή
obes|e /əʊˈbiːs/ *a* παχύσαρκος.
~ity *n* (η) παχυσαρκία

obey /əˈbeɪ/ *vt/i* υπακούω.
obituary /əˈbɪtʃʊərɪ/ *n* (η)
νεκρολογία
object[1] /'ɒbdʒɪkt/ *n* (το)
αντικείμενο. (aim) (ο) σκοπός
object[2] /əbˈdʒekt/ *vi* (protest)
έχω αντίρρηση. ~ to
αντιτίθεμαι. ~ion /-ʃn/ *n* (η)
αντίρρηση. ~or *n* (ο)
αντιρρησίας
objectionable /əbˈdʒekʃnəbl/ *a*
απαράδεκτος. (unpleasant)
δυσάρεστος
objectiv|e /əbˈdʒektɪv/ *a*
αντικειμενικός. • *n* (ο)
σκοπός. ~ity /ˌɒbdʒekˈtɪvɪtɪ/ *n*
(η) αντικειμενικότητα
obligation /ˌɒblɪˈɡeɪʃn/ *n* (η)
υποχρέωση
obligatory /əˈblɪɡətrɪ/ *a*
υποχρεωτικός
oblig|e /əˈblaɪdʒ/ *vt*
υποχρεώνω. ~ed *a*
υποχρεωμένος. ~ing *a*
υποχρεωτικός
oblique /əˈbliːk/ *a* λοξός
obliterate /əˈblɪtəreɪt/ *vt*
εξαλείφω
oblivion /əˈblɪvɪən/ *n* (η) λήθη
oblivious /əˈblɪvɪəs/ *a*
επιλήσμων
oblong /'ɒblɒŋ/ *a* επιμήκης. • *n*
(το) ορθογώνιο
obnoxious /əbˈnɒkʃəs/ *a*
απαίσιος
oboe /'əʊbəʊ/ *n* (το) όμποε
obscen|e /əbˈsiːn/ *a* αισχρός.
~ity /-enətɪ/ *n* (η) αισχρότητα
obscur|e /əbˈskjʊə(r)/ *a*
δυσνόητος. (person) άσημος.
• *vt* σκεπάζω. (conceal) κρύβω.
~ity *n* (η) ασημότητα

observant /əb'zɜ:vənt/ a παρατηρητικός

observatory /əb'zɜ:vətrɪ/ n (το) αστεροσκοπείο

observe /əb'zɜ:v/ vt παρατηρώ. **~ation** /ɒbzə'veɪʃn/ n (η) παρατήρηση. **~er** n (ο) παρατηρητής

obsess /əb'ses/ vt κατέχω. **be ~ed with** βασανίζομαι από. **~ion** /-ʃn/ n (η) έμμονη ιδέα. **~ive** a έμμονος

obsolete /'ɒbsəli:t/ a απαρχαιωμένος

obstacle /'ɒbstəkl/ n (το) εμπόδιο

obstinate /'ɒbstɪnət/ a ισχυρογνώμων

obstruct /əb'strʌkt/ vt εμποδίζω. **~ion** /-ʃn/ n (το) εμπόδιο

obtain /əb'teɪn/ vt παίρνω, εξασφαλίζω. • vi κρατώ

obvious /'ɒbvɪəs/ a φανερός. **~ly** adv φανερά

occasion /ə'keɪʒn/ n (η) περίσταση. (special event) (η) περίπτωση. • vt προξενώ

occasional /ə'keɪʒənl/ a σποραδικός. **~ly** adv κάπου κάπου

occult /ɒ'kʌlt/ a απόκρυφος. • n (ο) αποκρυφισμός

occupation /ɒkjʊ'peɪʃn/ n απασχόληση. (job) (το) επάγγελμα. **~al** a επαγγελματικός

occupy /'ɒkjʊpaɪ/ vt κατέχω. **~ant, ~ier** ns (ο, η) κάτοχος. (of building) (ο, η) ένοικος

occur /ə'kɜ:(r)/ vi συμβαίνω. (exist) βρίσκομαι. **it ~red to me that** σκέφτηκα ότι

occurrence /ə'kʌrəns/ n (το) συμβάν

ocean /'əʊʃn/ n (ο) ωκεανός

o'clock /ə'klɒk/ adv η ώρα. **it's seven ~** είναι 7 η ώρα

octave /'ɒktɪv/ n (η) οκτάβα

October /ɒk'təʊbə(r)/ n (ο) Οκτώβριος

octopus /'ɒktəpəs/ n (το) χταπόδι

odd /ɒd/ a (strange) παράξενος. (number) μονός. (not of set) παράταιρος. (occasional) ακανόνιστος. **the ~ one out** αυτός που ξεχωρίζει. **~ity** n (η) παραξενιά. (person) (η) εκκεντρικότητα. **~ly** adv περίεργα

odds /ɒdz/ npl (οι) πιθανότητες. (in betting) (τα) στοιχήματα. **at ~** σε διαφωνία. **~ and ends** διάφορα μικροπράγματα

ode /əʊd/ n (η) ωδή

odious /'əʊdɪəs/ a απεχθής

odour /'əʊdə(r)/ n (η) οσμή

of /əv, ɒv/ prep του, από. **a friend ~ mine** ένας φίλος μου. **a glass ~ wine** ένα ποτήρι κρασί

off /ɒf/ adv **the light is ~** το φως είναι σβηστό. **the fish is ~** το ψάρι είναι μπαγιάτικο. • prep (distant from) σε απόσταση από. **be better ~** είμαι σε καλύτερη κατάσταση. **be ~** (leave) φεύγω. **day ~** n (η) μέρα με άδεια. **~ colour** a αδιάθετος. **~-putting** a (fam) απωθητικός. **~-white** a υπόλευκος

offal /'ɒfl/ n (τα) εντόσθια

offence /ə'fens/ n (η) προσβολή. (illegal act) (το) παράπτωμα. **take** ~ προσβάλλομαι

offend /ə'fend/ vt προσβάλλω. ~**er** n (o) παραβάτης, (η) παραβάτις

offensive /ə'fensıv/ a προσβλητικός. (disgusting) αποκρουστικός. (weapon) επιθετικός. • n (η) επίθεση

offer /'ɒfə(r)/ vt προσφέρω. • n (η) προσφορά

offhand /ɒf'hænd/ a (brusque) απότομος. (casual) πρόχειρος. • adv απότομα

office /'ɒfıs/ n (το) γραφείο. (post) (το) αξίωμα. **in** ~ στην εξουσία

officer /'ɒfısə(r)/ n (mil, police) (ο) αξιωματικός

official /ə'fıʃl/ a επίσημος. • n (o, η) υπάλληλος. ~**ly** adv επίσημα

offing /'ɒfıŋ/ n **in the** ~ επικείμενος

offset /'ɒfset/ vt αντισταθμίζω

offside /ɒf'saıd/ a (sport) αφσάιντ invar

offspring /'ɒfsprıŋ/ n invar (o) γόνος

often /'ɒfn/ adv συχνά

ogre /'əʊɡə(r)/ n (o) δράκος

oh /əʊ/ int ω

oil /ɔıl/ n (το) λάδι. (petroleum) (το) πετρέλαιο. • vt λαδώνω. ~-**painting** n (η) ελαιογραφία. ~ **rig** n (η) πλατφόρμα αντλήσεως πετρελαίου. ~ **well** n (το)

φρέαρ πετρελαίου. ~**y** a λαδωμένος. (fish) λιπαρός

ointment /'ɔıntmənt/ n (η) αλοιφή

OK /əʊ'keı/ a & adv εντάξει

old /əʊld/ a ηλικιωμένος. (not modern, former) παλιός. **how** ~ **is she?** πόσων χρόνων είναι; **she is ten years** ~ είναι δέκα χρόνων. ~ **age** n (τα) γεράματα. ~-**fashioned** a περασμένης μόδας. ~ **man** n (o) γέρος. ~ **woman** n (η) γριά

olive /'ɒlıv/ n (fruit, tree) (η) ελιά. ~ a (colour) λαδής. ~ **oil** n (το) ελαιόλαδο

Olympic /ə'lımpık/ a ολυμπιακός. ~**s**, ~ **Games** ns (οι) Ολυμπιακοί Αγώνες

omelette /'ɒmlıt/ n (η) ομελέτα

omen /'əʊmen/ n (o) οιωνός

ominous /'ɒmınəs/ a δυσοίωνος

omi|t /ə'mıt/ vt παραλείπω. ~**ssion** /-ʃn/ n (η) παράλειψη

on /ɒn/ prep πάνω, σε. • adv **the light is** ~ το φως είναι αναμμένο. **and so** ~ και ούτω καθεξής. **from now/then** ~ από δω και μπρος/από τότε **go** ~ συνεχίζω. **have a hat/coat** ~ φορώ καπέλο/παλτό. **later** ~ αργότερα. ~ **foot** με τα πόδια

once /wʌns/ adv μια φορά. (formerly) κάποτε. • conj μια και. **all at** ~ ξαφνικά. **at** ~ αμέσως. ~ **again** or **more** άλλη μια φορά

one /wʌn/ a & pron ένας, μία, ένα. (impersonal) ένας, αυτός. • n (το) ένα. ~ **another** ο ένας

τον άλλο. **~ by ~** ένας ένας.
~-sided *a* μονόπλευρος.
~-way *a* (*street*) μονόδρομος.
(*ticket*) απλός. **this/that ~**
αυτός/εκείνος

oneself /wʌn'self/ *pron* ο ίδιος.
by ~ μόνος του

onion /'ʌnɪən/ *n* (το) κρεμμύδι

onlooker /'ɒnlʊkə(r)/ *n* (ο)
θεατής

only /'əʊnlɪ/ *a* μόνος. • *adv*
μόνο. • *conj* αλλά, μόνο που.
~ just μόλις

onset /'ɒnset/ *n* (*beginning*) (η)
αρχή. (*attack*) (η) επίθεση

onslaught /'ɒnslɔːt/ *n* (η) βίαιη
επίθεση

onus /'əʊnəs/ *n* (η) ευθύνη

onward(s) /'ɒnwəd(z)/ *adv*
(προς τα) εμπρός

ooze /uːz/ *vti* στάζω

opal /'əʊpl/ *n* (το) οπάλιο

opaque /əʊ'peɪk/ *a* αδιαφανής

open /'əʊpən/ *a* ανοιχτός. (*free
to all*) ελεύθερος. (*available*)
διαθέσιμος. (*uncertain*)
αβέβαιος. • *vti* ανοίγω. **half-
~** *a* μισάνοιχτος. **in the ~
air** στο ύπαιθρο. **~-air** *a*
υπαίθριος. **~-minded** *a*
απροκατάληπτος

opener /'əʊpənə(r)/ *n* (*for tins,
bottles*) (το) ανοιχτήρι

opening /'əʊpənɪŋ/ *n* (το)
άνοιγμα. (*beginning*) (η)
έναρξη. (*job*) (η) κενή θέση

openly /'əʊpənlɪ/ *adv* ανοιχτά

opera /'ɒprə/ *n* (η) όπερα

operat|e /'ɒpəreɪt/ *vt* (*control*)
χειρίζομαι. (*techn*) λειτουργώ.
• *vi* (*function*) λειτουργώ. **~e
on** (*med*) εγχειρίζω. **~ion**

/-'reɪʃn/ *n* (*techn*) (η)
λειτουργία. (*med*) (η)
εγχείρηση. **~or** *n* (ο)
χειριστής, (η) χειρίστρια.
(*telec*) (ο) τηλεφωνητής, (η)
τηλεφωνήτρια

opinion /ə'pɪnɪən/ *n* (η) γνώμη

opium /'əʊpɪəm/ *n* (το) όπιο

opponent /ə'pəʊnənt/ *n* (ο)
αντίπαλος

opportunist /ɒpə'tjuːnɪst/ *n* (ο)
καιροσκόπος

opportunity /ɒpə'tjuːnətɪ/ *n* (η)
ευκαιρία (**to**, να)

oppos|e /ə'pəʊz/ *vt*
αντιτίθεμαι. **~ed to** a
αντίθετος προς. **~ing** *a*
αντίθετος

opposite /'ɒpəzɪt/ *a* αντίθετος.
(*facing*) αντικρινός. • *n* (το)
αντίθετο. • *adv & prep*
απέναντι

opposition /ɒpə'zɪʃn/ *n* (η)
αντίθεση. (*pol*) (η)
αντιπολίτευση

oppress /ə'pres/ *vt* καταπιέζω.
~ion /-ʃn/ *n* (η) καταπίεση.
~ive *a* καταπιεστικός.
(*weather*) αποπνικτικός. **~or** *n*
(ο) καταπιεστής

opt /ɒpt/ *vi* **~ for** επιλέγω. **~
to** επιλέγω να

optical /'ɒptɪkl/ *a* οπτικός

optician /ɒp'tɪʃn/ *n* (ο) οπτικός

optimis|t /'ɒptɪmɪst/ *n* (ο)
αισιόδοξος. **~m** /-zəm/ *n* (η)
αισιοδοξία. **~tic** /-'mɪstɪk/ *a*
αισιόδοξος

optimum /'ɒptɪməm/ *a*
άριστος, βέλτιστος

option /'ɒpʃn/ *n* (η) επιλογή.
(*comm*) (το) δικαίωμα
προτιμήσεως

optional /'ɒpʃənl/ a προαιρετικός

opulen|t /'ɒpjulənt/ a πλούσιος. **~ce** n (η) χλιδή

or /ɔː(r)/ conj ή. *(after negative)* ούτε. **~ else** διαφορετικά

oracle /'ɒrəkl/ n (ο) χρησμός

oral /'ɔːrəl/ a προφορικός. • n *(exam)* (η) προφορική εξέταση

orange /'ɒrɪndʒ/ n (το) πορτοκάλι. *(tree)* (η) πορτοκαλιά. *(colour)* (το) πορτοκαλί. • a πορτοκαλής

orator /'ɒrətə(r)/ n (ο) ρήτορας

orbit /'ɔːbɪt/ n (η) τροχιά. • vt είμαι σε τροχιά γύρω από

orchard /'ɔːtʃəd/ n (το) περιβόλι

orchestra /'ɔːkɪstrə/ n (η) ορχήστρα

orchid /'ɔːkɪd/ n (η) ορχιδέα

ordain /ɔː'deɪn/ vt ορίζω. *(relig)* χειροτονώ

ordeal /ɔː'diːl/ n (η) δοκιμασία

order /'ɔːdə(r)/ n (η) τάξη. *(command)* (η) διαταγή. *(comm)* (η) παραγγελία. • vt παραγγέλλω. **in ~ to** or **that** για να

orderly /'ɔːdəli/ a πειθαρχικός. • n *(mil)* (η) ορντινάντσα. *(med)* (ο) νοσοκόμος

ordinary /'ɔːdɪnri/ a *(usual)* συνηθισμένος. *(average)* μέσος

ore /ɔː(r)/ n (το) μετάλλευμα

organ /'ɔːgən/ n (το) όργανο

organic /ɔː'gænɪk/ a οργανικός

organism /'ɔːgənɪzəm/ n (ο) οργανισμός

organize /'ɔːgənaɪz/ vt οργανώνω. **~ation** /-'zeɪʃn/ n

(ο) οργανισμός. **~er** n (ο) διοργανωτής

orgasm /'ɔːgæzəm/ n (ο) οργασμός

orgy /'ɔːdʒɪ/ n (το) όργιο

Orient /'ɔːrɪənt/ n the **~** (η) Ανατολή. **~al** /-'entl/ a ανατολίτικος

orient, orientate /'ɔːrɪənt, 'ɔːrɪənteɪt/ vt προσανατολίζω

origin /'ɒrɪdʒɪn/ n (η) καταγωγή

original /ə'rɪdʒənl/ a αρχικός. *(not copied)* πρωτότυπος. *(new)* καινούριος. **~ity** /-'nælətɪ/ n (η) πρωτοτυπία. **~ly** adv αρχικά

originat|e /ə'rɪdʒɪneɪt/ vi προέρχομαι *(from, in, από)*. **~or** n (ο) επινοητής

ornament /'ɔːnəmənt/ n (το) στολίδι. **~al** /-'mentl/ a διακοσμητικός

ornate /ɔː'neɪt/ a στολισμένος

ornithology /ɔːnɪ'θɒlədʒɪ/ n (η) ορνιθολογία

orphan /'ɔːfn/ n (ο) ορφανός. • vt ορφανεύω. **~age** n (το) ορφανοτροφείο

orthodox /'ɔːθədɒks/ a ορθόδοξος

orthopaedic /ɔːθə'piːdɪk/ a ορθοπεδικός

ostentat|ion /ɒsten'teɪʃn/ n (η) επίδειξη. **~ious** a επιδεικτικός

ostracize /'ɒstrəsaɪz/ vt εξοστρακίζω

ostrich /'ɒstrɪtʃ/ n (ο) στρουθοκάμηλος

other /'ʌðə(r)/ a & pron άλλος. • adv **~ than** άλλος από

otherwise /'ʌðəwaɪz/ adv
διαφορετικά

otter /'ɒtə(r)/ n (η) ενυδρίς

ought /ɔːt/ v aux πρέπει. **I ~
to see it** πρέπει να το δω. **it ~
to work** θα έπρεπε να
λειτουργεί

ounce /aʊns/ n (η) ουγκιά (=
28.35 γρ)

our /'aʊə(r)/ a μας

ours /'aʊəz/ poss pron δικός μας

ourselves /aʊə'selvz/ pron
(reflexive) οι ίδιοι. (after prep)
μόνοι μας

oust /aʊst/ vt εκδιώκω

out /aʊt/ adv έξω. (in blossom)
ανθισμένος. **put the light ~**
σβήνω το φως. **be ~ of** είμαι
χωρίς. **~ of breath**
λαχανιασμένος. **~ of date**
ξεπερασμένος. **~ of doors**
έξω. **~ of order** χαλασμένος.
~ of the way απόμερος. **~
of work** άνεργος

outbreak /'aʊtbreɪk/ n (of
anger) (το) ξέσπασμα. (of war)
(η) έκρηξη. (of disease) (η)
εκδήλωση

outburst /'aʊtbɜːst/ n (το)
ξέσπασμα

outcast /'aʊtkaːst/ n (ο)
απόβλητος

outcome /'aʊtkʌm/ n (η)
έκβαση

outcry /'aʊtkraɪ/ n (η)
κατακραυγή

outdated /aʊt'deɪtɪd/ a
ξεπερασμένος

outdo /aʊt'duː/ vt (pt -did, pp
~done) ξεπερνώ

outdoor /aʊtdɔː(r)/ a
υπαίθριος. **~s** /-'dɔːz/ adv έξω

outer /'aʊtə(r)/ a εξωτερικός

outfit /'aʊtfɪt/ n (o)
εξοπλισμός. (clothes) (τα)
ρούχα

outgoing /'aʊtgəʊɪŋ/ a
(chairman, tenant etc.) που
αποχωρεί. (train etc.) που
αναχωρεί. (sociable)
κοινωνικός. **~s** npl (τα) έξοδα

outing /'aʊtɪŋ/ n (η) εκδρομή

outlaw /'aʊtlɔː/ n (ο) φυγόδικος

outlay /'aʊtleɪ/ n (η) δαπάνη

outlet /'aʊtlet/ n (η) εξαγωγή.
(for feelings) (η) διέξοδος.
(comm) (το) κατάστημα

outline /'aʊtlaɪn/ n (το)
περίγραμμα. (summary) (οι)
γενικές γραμμές. • vt
διαγράφω

outlive /aʊt'lɪv/ vt επιζώ

outlook /'aʊtlʊk/ n (η)
αντίληψη. (prospect) (η)
προοπτική

outlying /'aʊtlaɪɪŋ/ a απόμερος

outnumber /aʊt'nʌmbə(r)/ vt
ξεπερνώ (αριθμητικά)

outpost /'aʊtpəʊst/ n (η)
προφυλακή. (frontier) (η)
άκρα

output /'aʊtpʊt/ n (η)
απόδοση. (computing) (η)
έξοδος. (data) (η) εξαγωγή

outrage /'aʊtreɪdʒ/ n (το)
αίσχος. • vt εξοργίζω

outrageous /aʊt'reɪdʒəs/ a
εξοργιστικός

outright /'aʊtraɪt/ adv (entirely)
σαφώς. (at once) αμέσως.
(frankly) κατηγορηματικά. • a
(refusal) κατηγορηματικός. (winner)
αναμφισβήτητος

outset /'aʊtset/ n (η) αρχή

outside¹ /'aʊtsaɪd/ a
εξωτερικός. • n (το) εξωτερικό

outside² /'aʊt'saɪd/ adv έξω.
• prep έξω από

outsider /aʊt'saɪdə(r)/ n (ο)
ξένος

outskirts /'aʊtskз:ts/ npl (τα)
περίχωρα

outspoken /aʊt'spəʊkn/ a
ντόμπρος

outstanding /aʊt'stændɪŋ/ a
(exceptional) εξαιρετικός.
(conspicuous) εμφανής. (not
settled) εκκρεμής

outstrip /aʊt'strɪp/ vt ξεπερνώ

outward /'aʊtwəd/ a
εξωτερικός. ~ journey (ο)
πηγαιμός. ~ly adv εξωτερικά.
~(s) adv προς τα έξω

outwit /aʊt'wɪt/ vt ξεγελώ (με
εξυπνάδα)

oval /'əʊvl/ a & n οβάλ

ovary /'əʊvərɪ/ n (η) ωοθήκη

ovation /əʊ'veɪʃn/ n (η)
ενθουσιώδης υποδοχή

oven /'ʌvn/ n (ο) φούρνος

over /'əʊvə(r)/ prep (above,
across) πάνω από. (during)
κατά τη διάρκεια. (more than)
περισσότερο από. • adv be ~
(finished) τελειώνω. (left over)
μένω. all ~ παντού. (all) ~
again πάλι. ~ and ~ ξανά
και ξανά. ~ here εδώ. ~
there εκεί

overall¹ /'əʊvərɔ:l/ n (η)
μπλούζα. ~s npl (η) φόρμα

overall² /əʊvər'ɔ:l/ a γενικός.
• adv γενικά

overbearing /əʊvə'beərɪŋ/ a
αυταρχικός

overboard /'əʊvəbɔ:d/ adv στη
θάλασσα

overcast /əʊvə'kɑ:st/ a
συννεφιασμένος

overcharge /əʊvə'tʃɑ:dʒ/ vt
χρεώνω παραπάνω του
κανονικού

overcoat /'əʊvəkəʊt/ n (το)
παλτό, Cy. (το) πανωφόρι

overcome /əʊvə'kʌm/ vt
υπερνικώ. be ~ by
καταβάλλομαι από

overcrowded /əʊvə'kraʊdɪd/ a
παραφορτωμένος

overdo /əʊvə'du:/ vt
υπερβάλλω. (culin) παραψήνω.
~ it (overwork) το παρακάνω

overdose /'əʊvədəʊs/ n (η)
υπερβολική δόση

overdraft /'əʊvədrɑ:ft/ n (η)
υπεραανάληψη

overdue /əʊvə'dju:/ a
εκπρόθεσμος. (belated)
καθυστερημένος

overestimate /əʊvər'estɪmeɪt/
vt υπερτιμώ

overflow¹ /əʊvə'fləʊ/ vi
ξεχειλίζω

overflow² /'əʊvəfləʊ/ n
ξεχείλισμα. (excess) (το)
περίσσευμα. (outlet) (το)
στόμιο υπερχειλίσεως

overgrown /əʊvə'grəʊn/ a
(garden) σκεπασμένος (με
αγριόχορτα)

overhaul¹ /əʊvə'hɔ:l/ vt
εξετάζω και επισκευάζω

overhaul² /'əʊvəhɔ:l/ n (η)
εξέταση και επισκευή

overhead¹ /əʊvə'hed/ adv
πάνω

overhead² /'əʊvəhed/ a (*cables etc.*) εναέριος. **~s** npl (τα) γενικά έξοδα

overhear /əʊvə'hɪə(r)/ vt ακούω τυχαία

overjoyed /əʊvə'dʒɔɪd/ a καταχαρούμενος

overlap /əʊvə'læp/ vt/i επικαλύπτω μερικώς

overleaf /əʊvə'li:f/ adv στην πίσω όψη

overload /əʊvə'ləʊd/ vt παραφορτώνω

overlook /əʊvə'lʊk/ vt (*view*) βλέπω προς. (*fail to see*) μου διαφεύγει. (*forgive*) παραβλέπω

overnight /əʊvə'naɪt/ adv τη νύχτα. • a νυχτερινός

overpass /əʊvəpɑ:s/ n (η) υπέργεια διάβαση

overpower /əʊvə'paʊə(r)/ vt κατανικώ. **~ing** a ακαταμάχητος

overrate /əʊvə'reɪt/ vt υπερτιμώ. **~d** a υπερτιμημένος

overrid|e /əʊvə'raɪd/ vt υπερισχύω. **~ing** a υπερισχύων

overrule /əʊvə'ru:l/ vt ανατρέπω. (*a claim*) ακυρώνω

overrun /əʊvə'rʌn/ vt κατακλύζω. (*a limit*) ξεπερνώ

overseas /əʊvə'si:z/ a εξωτερικός. • adv στο εξωτερικό

oversee /əʊvə'si:/ vt επιβλέπω, επιστατώ. **~r** /'əʊvəsɪə(r)/ n (ο) επιστάτης

overshoot /əʊvə'ʃu:t/ vt υπερβαίνω

oversight /'əʊvəsaɪt/ n (η) παράλειψη

oversleep /əʊvə'sli:p/ vi παρακοιμάμαι

overt /'əʊvɜ:t/ a φανερός

overtake /əʊvə'teɪk/ vt/i προσπερνώ

overthrow /əʊvə'θrəʊ/ vt ανατρέπω

overtime /'əʊvətaɪm/ n (η) υπερωρία. • adv υπερωριακά

overture /'əʊvətjʊə(r)/ n (η) εισαγωγή (μουσικού έργου)

overturn /əʊvə'tɜ:n/ vt/i ανατρέπω/ομαι

overweight /'əʊvəweɪt/ a παχύσαρκος

overwhelm /əʊvə'welm/ vt καταβάλλω. (*with emotion*) συντρίβω. **~ing** a συντριπτικός

overwork /əʊvə'wɜ:k/ vt/i παραδουλεύω

overwrought /əʊvə'rɔ:t/ a σε υπερένταση

ow|e /əʊ/ vt οφείλω. **~ing** a οφειλόμενος. **~ing to** λόγω, εξαιτίας (*with gen.*)

owl /aʊl/ n (η) κουκουβάγια

own¹ /əʊn/ a δικός. **get one's ~ back** παίρνω εκδίκηση. **on one's ~** μόνος μου

own² /əʊn/ vt έχω, κατέχω. • vi **~ up (to)** ομολογώ. **~er** n (ο) ιδιοκτήτης, (η) ιδιοκτήτρια

ox /ɒks/ n (pl **oxen**) (το) βόδι

oxygen /'ɒksɪdʒən/ n (το) οξυγόνο

oyster /'ɔɪstə(r)/ n (το) στρείδι

ozone /'əʊzəʊn/ n (το) όζον

Pp

pace /peɪs/ n (το) βήμα. • vi βηματίζω. **keep ~ with** συμβαδίζω. **~-maker** n (sport) (ο) οδηγός (σε αγώνα δρόμου). (med) (ο) βηματοδότης

Pacific /pə'sɪfɪk/ a ειρηνικός. • n ~ **(Ocean)** (ο) Ειρηνικός (Ωκεανός)

pacifist /'pæsɪfɪst/ n (ο) ειρηνιστής, (ο) πασιφιστής

pacify /'pæsɪfaɪ/ vt ειρηνεύω

pack /pæk/ n (το) δέμα. (packet) (το) πακέτο. (of cards) (η) τράπουλα. (of hounds, wolves) (η) αγέλη. (of soldier) (ο) γυλιός. • vt (in box) συσκευάζω. (suitcase) φτιάχνω. **~ed** a γεμάτος. **~ing** n (η) συσκευασία. **send ~ing** ξαποστέλνω

package /'pækɪdʒ/ n (το) πακέτο. • vt συσκευάζω

packet /'pækɪt/ n (το) μικρό πακέτο. (of biscuits, cigarettes) (το) κουτί

pact /pækt/ n (το) σύμφωνο

pad /pæd/ n (το) μαξιλαράκι. (for clothes) (η) βάτα. (for writing) (το) μπλοκ invar. • vt βάζω βάτα σε

paddle /'pædl/ n (το) κουπί. • vi (row) κωπηλατώ. (wade) πλατσουρίζω

padlock /'pædlɒk/ n (το) λουκέτο

paediatrician /piːdɪə'trɪʃn/ n (ο, η) παιδίατρος

pagan /'peɪgən/ a παγανιστικός, ειδωλολατρικός

page /peɪdʒ/ n (of book etc.) (η) σελίδα. (in hotel) (ο) λακές

pageant /'pædʒənt/ n παρέλαση ή θέαμα με ιστορικές αμφιέσεις

paid /peɪd/ see PAY

pail /peɪl/ n (ο) κουβάς

pain /peɪn/ n (ο) πόνος. **~s** npl (οι) κόποι. **be in ~** πονώ. **~-killer** n (το) παυσίπονο. **~less** a ανώδυνος. **~ful** a οδυνηρός. (laborious) επίμοχθος

painstaking /'peɪnzteɪkɪŋ/ a επιμελής

paint /peɪnt/ n (η) μπογιά. **~s** npl (τα) χρώματα. • vt/i μπογιατίζω, χρωματίζω. (art) ζωγραφίζω. **~er** n (artist) (ο, η) ζωγράφος. (decorator) (ο) μπογιατζής. **~ing** n (decorating) (το) μπογιάτισμα. (art) (η) ζωγραφική. (picture) (ο) πίνακας

paintbrush /'peɪntbrʌʃ/ n (το) πινέλο (για βάψιμο)

pair /peə(r)/ n (το) ζευγάρι. (of people) (το) ζεύγος. **~ of trousers** το παντελόνι

Pakistan /ˌpaːkɪ'staːn/ n (το) Πακιστάν invar

pal /pæl/ n (fam) (ο) φιλαράκος

palace /'pælɪs/ n (το) παλάτι. (royal) (το) ανάκτορο

palat|e /'pælət/ n (ο) ουρανίσκος. (fig) (η) γεύση. **~able** a νόστιμος

pale /peɪl/ a χλωμός. (colour, light) ανοιχτός

Palestine /'pælɪstaɪn/ n (η) Παλαιστίνη

palette /'pælɪt/ n (η) παλέτα

pall /pɔːl/ n (fig) (το) σύννεφο vi it ~s (on me) το βαριέμαι

pallid /'pælɪd/ a ωχρός

palm /paːm/ n (of hand) (η) παλάμη. (tree) (η) φοινικιά. (symbol of victory) (η) δάφνη

palpable /'pælpəbl/ a απτός

palpitate /'pælpɪteɪt/ vi πάλλομαι. ~ion /-'teɪʃn/ n (ο) παλμός

paltry /'pɔːltrɪ/ a ασήμαντος

pamper /'pæmpə(r)/ vt παραχαϊδεύω

pamphlet /'pæmflɪt/ n (το) φυλλάδιο

pan /pæn/ n (η) κατσαρόλα. (for frying) (το) τηγάνι

panacea /pænə'sɪə/ n (η) πανάκεια

pancake /'pænkeɪk/ n (η) τηγανίτα

panda /'pændə/ n (το) πάντα

pandemonium /pændɪ'məʊnɪəm/ n (το) πανδαιμόνιο

pander /'pændə(r)/ vi ~ to υποθάλπω

pane /peɪn/ n (το) τζάμι

panel /'pænl/ n (το) πλαίσιο. (group of people) (το) πάνελ invar. instrument ~ (το) ταμπλό

pang /pæŋ/ n (η) σουβλιά. (of hunger) (το) τσίμπημα της πείνας. (of conscience) (η) τύψη

panic /'pænɪk/ n (ο) πανικός. • vi πανικοβάλλομαι. ~-stricken a πανικόβλητος

panorama /pænə'rɑːmə/ n (το) πανόραμα

pansy /'pænzɪ/ n (ο) πανσές

pant /pænt/ vi λαχανιάζω

panther /'pænθə(r)/ n (ο) πάνθηρας

pantomime /'pæntəmaɪm/ n (η) παντομίμα

pantry /'pæntrɪ/ n μικρό δωμάτιο ή μεγάλο ντουλάπι στην κουζίνα για τρόφιμα

pants /pænts/ npl (underwear) (το) σώβρακο. (trousers: Amer.) (το) παντελόνι

papal /'peɪpl/ a παπικός

paper /'peɪpə(r)/ n (το) χαρτί. (newspaper) (η) εφημερίδα. (exam) (τα) θέματα (εξετάσεως). (document) (το) χαρτί. • vt (room) βάζω χαρτί ταπετσαρίας στους τοίχους. ~-clip n (ο) συνδετήρας. ~-knife n (ο) χαρτοκόπτης

paperback /'peɪpəbæk/ n (το) χαρτόδετο βιβλίο

paperweight /'peɪpəweɪt/ n (το) πρες παπιέ invar

paperwork /'peɪpəwɜːk/ n (η) γραφική εργασία

par /pɑː(r)/ n (η) ισότητα. on a ~ with ισάξιος με

parable /'pærəbl/ n (η) παραβολή

parachute /'pærəʃuːt/ n (το) αλεξίπτωτο. • vi πέφτω με αλεξίπτωτο

parade /pə'reɪd/ n (η) παρέλαση. (display) (η) επίδειξη. • vi παρελαύνω. • vt επιδεικνύω

paradise /'pærədaɪs/ n (ο) παράδεισος

paradox /'pærədɒks/ n (η)
παραδοξολογία. **~ical**
/-'dɒksɪkl/ a παράδοξος

paraffin /'pærəfɪn/ n (η)
παραφίνη

paragraph /'pærəgrɑːf/ n (η)
παράγραφος

parallel /'pærəlel/ a
παράλληλος. • n (o)
παραλληλισμός. (line) (η)
παράλληλος. (comparison) (η)
σύγκριση

paralyse /'pærəlaɪz/ vt
παραλύω

paralysis /pə'ræləsɪs/ n (η)
παράλυση

paramedics /'pærəmedɪks/ n
(το) παραϊατρικό προσωπικό

paramount /'pærəmaʊnt/ a
ύψιστος

paranoi|a /pærə'nɔɪə/ n (η)
παράνοια. **~d** /'pærənɔɪd/ a
παρανοϊκός

paraphernalia /pærəfə'neɪlɪə/ n
(τα) σύνεργα

parasite /'pærəsaɪt/ n (το)
παράσιτο

parasol /'pærəsɒl/ n (η)
ομπρέλα (του ήλιου)

paratrooper /'pærətruːpə(r)/ n
(ο) αλεξιπτωτιστής

parcel /'pɑːsl/ n (το) πακέτο

parch /pɑːtʃ/ vt ξεραίνω. **be
~ed** στέγνωσε το στόμα μου
από τη δίψα

parchment /'pɑːtʃmənt/ n (η)
περγαμηνή

pardon /'pɑːdn/ n (η) συγγνώμη.
(jur) (η) χάρη. • vt **I beg your
~** με συγχωρείτε. **~?** με
συγχωρείτε; **~ me** συγγνώμη

parent /'peərənt/ n (o) γονέας.
~s npl (οι) γονείς. **~al**
/pə'rentl/ a γονικός

parenthesis /pə'renθəsɪs/ n (η)
παρένθεση

Paris /'pærɪs/ n (το) Παρίσι

parish /'pærɪʃ/ n (η) ενορία.
(municipal) (η) κοινότητα

park /pɑːk/ n (το) πάρκο. • vt/i
παρκάρω. **~ing** n (η)
στάθμευση, (το) παρκάρισμα.
~ing-lot n (Amer) ο χώρος
σταθμεύσεως. **~ing-meter** n
(το) παρκόμετρο

parliament /'pɑːləmənt/ n (η)
Βουλή

parody /'pærədɪ/ n (η)
παρωδία. • vt παρωδώ

parole /pə'rəʊl/ n αποφυλάκιση
κρατουμένου με όρο την καλή
συμπεριφορά

parrot /'pærət/ n (o) παπαγάλος

parry /'pærɪ/ vt αποκρούω

parsimonious /pɑːsɪ'məʊnɪəs/
a φιλάργυρος

parsley /'pɑːslɪ/ n (o) μαϊντανός

parsnip /'pɑːsnɪp/ n (το) δαυκί

parson /'pɑːsn/ n (o)
εφημέριος

part /pɑːt/ n (το) μέρος. (of
machine) (το) εξάρτημα.
(episode) το επεισόδιο. (role)
(ο) ρόλος. • a μερικός • adv εν
μέρει. • vt/i χωρίζω/ομαι. **in ~**
εν μέρει. **~-time** adv μερικώς.
~-time work μερική
απασχόληση. **~ with**
αποχωρίζομαι

partial /'pɑːʃl/ a μερικός. **be ~
to** μού αρέσει ιδιαίτερα. **~ly**
adv μερικώς

particip|ate /pɑːˈtɪsɪpeɪt/ vi συμμετέχω (**in**, σε). **~ant** n (ο) συμμέτοχος. **~ation** /-ˈreɪʃn/ n (η) συμμετοχή

participle /ˈpɑːtɪsɪpl/ n (η) μετοχή

particular /pəˈtɪkjʊlə(r)/ a ιδιαίτερος. (specific) συγκεκριμένος. (fussy) λεπτολόγος. **~s** npl (τα) ιδιαίτερα χαρακτηριστικά. **~ly** adv ιδιαίτερα

parting /ˈpɑːtɪŋ/ n (ο) χωρισμός. (in hair) (η) χωρίστρα

partition /pɑːˈtɪʃn/ n (pol) (ο) διχοτόμηση. (wall) (το) χώρισμα

partly /ˈpɑːtlɪ/ adv εν μέρει

partner /ˈpɑːtnə(r)/ n (ο) εταίρος. (business) (ο) συνέταιρος. (sport) (ο) συμπαίκτης, (η) συμπαίκτρια. **~ship** n (ο) συνεταιρισμός

partridge /ˈpɑːtrɪdʒ/ n (η) πέρδικα

party /ˈpɑːtɪ/ n (το) πάρτι. (group) (η) ομάδα. (pol) (το) κόμμα. (jur) (ο) αντίδικος

pass /pɑːs/ vt/i περνώ. (overtake) προσπερνώ. (law, bill) ψηφίζω. • n (το) πέρασμα. (geog) (το) στενό. (sport) (η) πάσα. (permit) (η) άδεια κυκλοφορίας. **get a ~ (in exam)** περνώ. **~ away** πεθαίνω. **~ out** (faint) λιποθυμώ. **~ over** παραλείπω. **~ through** διασχίζω. **~ing** a περαστικός. **to mention in ~ing** αναφέρω κατά τύχη

passable /ˈpɑːsəbl/ a (satisfactory) καλούτσικος. (road) διαβατός

passage /ˈpæsɪdʒ/ n (το) πέρασμα. (voyage) (το) ταξίδι. (corridor) (ο) διάδρομος. (in book) (το) απόσπασμα

passenger /ˈpæsɪndʒə(r)/ n (ο) επιβάτης, (η) επιβάτισσα

passer-by /pɑːsəˈbaɪ/ n (ο) διαβάτης, (η) διαβάτισσα

passion /ˈpæʃn/ n (το) πάθος. **~ate** a παράφορος

passive /ˈpæsɪv/ a παθητικός. • n (gram) (η) παθητική φωνή

passport /ˈpɑːspɔːt/ n (το) διαβατήριο

password /ˈpɑːswɜːd/ n (το) σύνθημα

past /pɑːst/ a περασμένος. • n (το) παρελθόν. • prep πέρα από. • adv go ~ προσπερνώ. **half ~ four** τέσσερις και τριάντα. **in the ~** στο παρελθόν

pasta /ˈpæstə/ n (τα) ζυμαρικά

paste /peɪst/ n (η) πάστα. (for food) (ο) πολτός. (adhesive) (η) κόλλα. • vt κολλώ

pastel /ˈpæstl/ n (το) παστέλ invar

pasteurize /ˈpæstʃəraɪz/ vt παστεριώνω

pastime /ˈpɑːstaɪm/ n (η) ευχάριστη απασχόληση

pastry /ˈpeɪstrɪ/ n (η) ζύμη. (sweet) (η) πάστα

pasture /ˈpɑːstʃə(r)/ n (ο) βοσκότοπος

pasty[1] /ˈpæstɪ/ n (η) κρεατόπιτα

pasty[2] /ˈpeɪstɪ/ a σαν ζυμάρι

pat /pæt/ *vt* χτυπώ ελαφρά. • *n*
(το) ελαφρό χτύπημα. (*of*
butter) (ο) βόλος. • *adv*
κατάλληλα. **off** ~ απ' έξω

patch /pætʃ/ *n* (το) μπάλωμα.
(*over eye*) (ο) επίδεσμος (στο
μάτι). (*area*) (το) κομμάτι. • *vt*
μπαλώνω. ~ **up** επιδιορθώνω.
(*a quarrel*) συμφιλιώνομαι

patent /'peitnt/ *a* καταφανής.
• *n* (το) δικαίωμα
ευρεσιτεχνίας, (η) πατέντα.
• *vt* πατεντάρω. ~ **leather** *n*
(το) λουστρίνι

paternal /pə'tɜ:nl/ *a* πατρικός

path /pɑ:θ/ *n* (το) μονοπάτι.
(*course*) (η) πορεία. (*of rocket*)
(η) τροχιά

pathetic /pə'θetik/ *a*
αξιολύπητος.

pathology /pə'θɒlədʒi/ *n* (η)
παθολογία

pathos /'peiθɒs/ *n* (το) πάθος

patience /'peiʃns/ *n* (η)
υπομονή

patient /'peiʃnt/ *a*
υπομονετικός. • *n* (ο) ασθενής

patio /'pætiəʊ/ *n* (το)
πλακόστρωτο

patriot /'pætriət/ *n* (ο)
πατριώτης, (η) πατριώτισσα.
~**ic** /-'ɒtik/ *a* πατριωτικός

patrol /pə'trəʊl/ *n* (η)
περιπολία. • *vt* περιπολώ

patron /'peitrən/ *n* (ο)
προστάτης. (*of charity*) (ο)
ευεργέτης, (η) ευεργέτις.
(*customer*) (ο) τακτικός
πελάτης

patron|age /'pætrənidʒ/ *n* (η)
προστασία. (*of shop etc.*) (η)
υποστήριξη. ~**ize** *vt* (*support*)

υποστηρίζω. (*condescend to*)
συμπεριφέρομαι
συγκαταβατικά σε

patter /'pætə(r)/ *n* (*comm*) (η)
γρήγορη πολυλογία. (ο) ελαφρός
χτύπος. • *vi* χτυπώ ελαφρά

pattern /'pætn/ *n* (*of dress*) (το)
πατρόν. (*model*) (το) πρότυπο.
(*example*) (το) παράδειγμα.
(*sample*) (το) δείγμα

pauper /'pɔ:pə(r)/ *n* (ο) άπορος

pause /pɔ:z/ *n* (η) παύση. • *vi*
παύω

pav|e /peiv/ *vt* στρώνω. ~**e**
the way for προετοιμάζω το
έδαφος για. ~**ing-stone** *n* (η)
πλάκα

pavement /'peivmənt/ *n* (το)
πεζοδρόμιο.

pavilion /pə'viliən/ *n* (το)
περίπτερο (σε έκθεση)

paw /pɔ:/ *n* (το) πόδι (ζώου).

pawn /pɔ:n/ *n* (το) πιόνι. • *vt*
βάζω ενέχυρο

pawnbroker /'pɔ:nbrəʊkə(r)/ *n*
(ο) ενεχυροδανειστής

pay /pei/ *vt*/*i* (*pt* **paid**)
πληρώνω. (*attention*) δίνω.
(*compliment*) κάνω. (*be*
profitable) αποδίδω. • *n* (η)
πληρωμή. ~ **back**
ξεπληρώνω. ~ **for sth**
πληρώνω κτ

payable /'peiəbl/ *a* πληρωτέος

payment /'peimənt/ *n* (η)
πληρωμή

payroll /'peirəʊl/ *n* (το)
μισθολόγιο

pea /pi:/ *n* (το) μπιζέλι

peace /pi:s/ *n* (η) ειρήνη. **have**
~ **of mind** έχω ήσυχο το
κεφάλι μου

peaceful /'pi:sfl/ *a* ειρηνικός

peacemaker /'pi:smeɪkə(r)/ *n* (ο) ειρηνοποιός

peach /pi:tʃ/ *n* (το) ροδάκινο. (*tree*) (η) ροδακινιά

peacock /'pi:kɒk/ *n* (το) παγόνι

peak /pi:k/ *n* (η) κορυφή. (*maximum*) (η) αιχμή. ~ **hours** *npl* (οι) ώρες αιχμής. ~**ed cap** *n* (το) μυτερό καπέλο

peal /pi:l/ *n* (η) κωδωνοκρουσία. (*of laughter*) (το) ξέσπασμα

peanut /'pi:nʌt/ *n* (το) φιστίκι (*αράπικο*)

pear /peə(r)/ *n* (το) αχλάδι, Cy. (το) απίδι

pearl /pɜ:l/ *n* (το) μαργαριτάρι

peasant /'peznt/ *n* (ο) χωριάτης, (η) χωριάτισσα

peat /pi:t/ *n* (η) τύρφη

pebble /'pebl/ *n* (το) βότσαλο

peck /pek/ *vt* τσιμπώ. (*kiss: fam*) φιλώ βιαστικά. ~ *n* (το) τσίμπημα

peckish /'pekiʃ/ *a* **be** ~ (*fam*) είμαι λίγο πεινασμένος

peculiar /pɪ'kju:lɪə(r)/ *a* παράξενος. (*special*) ιδιαίτερος. **be** ~ **to** είναι ιδιαίτερο χαρακτηριστικό (*with gen.*) ~**ity** /-'ærətɪ/ *n* (η) ιδιορρυθμία. (*feature*) (το) ιδιαίτερο χαρακτηριστικό

pedal /'pedl/ *n* (το) πεντάλ *invar*. • *vi* ποδηλατώ

pedantic /pɪ'dæntɪk/ *a* σχολαστικός

peddle /'pedl/ *vt* πουλώ στους δρόμους (*εμπορεύματα*)

pedestal /'pedɪstl/ *n* (το) βάθρο

pedestrian /pɪ'destrɪən/ *n* (ο) πεζός. • *a* (*dull*) πεζός, ανιαρός. ~ **crossing** *n* (η) διάβαση πεζών

pedigree /'pedɪgri:/ *n* (η) καταγωγή. (*of animal*) (η) ράτσα. • *a* (*animal*) καθαρόαιμος

peek /pi:k/ *vi & n* = **peep¹**

peel /pi:l/ *n* (η) φλούδα. • *vt/vi* ξεφλουδίζω/ομαι

peep¹ /pi:p/ *vi* κρυφοκοιτάζω. • *n* (το) κρυφοκοίταγμα

peep² /pi:p/ *vi* (*cheep*) τιτιβίζω *n* (το) τιτίβισμα

peer¹ /pɪə(r)/ *vi* ~ **at** κοιτάζω προσεκτικά, περιεργάζομαι

peer² /pɪə(r)/ *n* (ο) λόρδος

peg /peg/ *n* (το) παλούκι. (*for coats etc.*) (η) κρεμάστρα. (*for washing*) (το) μανταλάκι

pejorative /pɪ'dʒɒrətɪv/ *a* υποτιμητικός

pelican /'pelɪkən/ *n* (ο) πελεκάνος

pellet /'pelɪt/ *n* (η) μπαλίτσα. (*for gun*) (το) σκάγι

pelt¹ /pelt/ *n* (το) τομάρι

pelt² /pelt/ *vt* βομβαρδίζω *vi* **it's** ~**ing (down) with rain** βρέχει καταρρακτωδώς

pelvis /'pelvɪs/ *n* (η) λεκάνη

pen¹ /pen/ *n* (*enclosure*) (η) μάντρα. • *vt* (*pt* **penned**) κλείνω. ~ **in** μαντρώνω

pen² /pen/ *n* (η) πένα

penal /'pi:nl/ *a* ποινικός. ~**ize** *vt* τιμωρώ

penalty /'penltɪ/ *n* (η) τιμωρία. (*fine*) (η) ποινή. ~ **kick** *n* (*football*) (το) πέναλτι *invar*

penance /'penəns/ n (η)
μετάνοια

pence /pens/ see PENNY

pencil /'pensl/ n (το) μολύβι.
~-sharpener n (η) ξύστρα

pendant /'pendənt/ n
(jewellery) (το) παντατίφ invar

pending /'pendɪŋ/ a εκκρεμής.
• prep εν αναμονή

pendulum /'pendjʊləm/ n (το)
εκκρεμές

penetrat|e /'penɪtreɪt/ vt/i
διαπερνώ, διεισδύω. **~ing** a
διεισδυτικός. (sound)
διαπεραστικός

penguin /'peŋgwɪn/ n (ο)
πιγκουΐνος

penicillin /penɪ'sɪlɪn/ n (η)
πενικιλίνη

peninsula /pə'nɪnsjʊlə/ n (η)
χερσόνησος

penis /'pi:nɪs/ n (το) πέος

peniten|t /'penɪtənt/ a
μετανιωμένος. **~ce** n (η)
μετάνοια

penitentiary /penɪ'tenʃərɪ/ n
(Amer) (η) κρατική φυλακή

penknife /'pennaɪf/ n (ο)
σουγιάς

pennant /'penənt/ n (ο)
επισείων

penniless /'penɪlɪs/ a
απένταρος

penny /'penɪ/ n (pl pennies or
pence) (η) πένα (νόμισμα)

pension /'penʃn/ n (η)
σύνταξη. **~er** n (ο, η)
συνταξιούχος

pensive /'pensɪv/ a
συλλογισμένος

Pentecost /'pentɪkɒst/ n (η)
Πεντηκοστή

pent-up /pent'ʌp/ a
καταπνιγμένος

penultimate /pen'ʌltɪmət/ a
προτελευταίος

peony /'pɪənɪ/ n (η) παιωνία

people /'pi:pl/ npl (οι)
άνθρωποι, (ο) κόσμος.
(citizens) (ο) λαός. • n (nation,
race) (η) φυλή

pepper /'pepə(r)/ n (το) πιπέρι.
(vegetable) (η) πιπεριά

peppercorn /'pepəkɔ:n/ n (ο)
κόκκος πιπεριού

peppermint /'pepəmɪnt/ n (η)
μέντα

per /pɜ:(r)/ prep ανά. **~
annum** το έτος. **~ cent** τοις
εκατό

perceive /pə'si:v/ vt
αντιλαμβάνομαι. (notice)
διακρίνω

percentage /pə'sentɪdʒ/ n (το)
ποσοστό

percept|ion /pə'sepʃn/ n (η)
αντίληψη. **~ive** a
παρατηρητικός

perch /pɜ:tʃ/ n (η) κούρνια. • vi
κουρνιάζω

percolat|e /'pɜ:kəleɪt/ vt
φιλτράρω. • vi περνώ μέσα από
φίλτρο. **~or** n (η) καφετιέρα
με φίλτρο

percussion /pə'kʌʃn/ n (η)
κρούση

perennial /pə'renɪəl/ a αιώνιος.
(plant) πολυετής. • n (το)
πολυετές φυτό

perfect¹ /'pɜ:fɪkt/ a τέλειος.
~ly adv τέλεια

perfect² /pə'fekt/ vt
τελειοποιώ. **~ion** n /-ʃn/ n (η)
τελειότητα

perforate /'pɜːfəreɪt/ vt
διατρυπώ

perform /pə'fɔːm/ vt εκτελώ.
(theatr) παίζω. • vi εργάζομαι.
~ance n (η) εκτέλεση.
(theatr) (η) παράσταση. **~er** n
(theatr) (ο, η) ηθοποιός

perfume /'pɜːfjuːm/ n (το)
άρωμα

perhaps /pə'hæps/ adv ίσως,
πιθανόν

peril /'perəl/ n (ο) κίνδυνος.
~ous a επικίνδυνος

perimeter /pə'rɪmɪtə(r)/ n (η)
περίμετρος

period /'pɪərɪəd/ n (η)
περίοδος. (era) (η) εποχή.
(gram: Amer.) (η) τελεία. • a
της εποχής. **~ic** /-'ɒdɪk/ a
περιοδικός

periodical /pɪərɪ'ɒdɪkl/ n (το)
περιοδικό

peripher|y /pə'rɪfərɪ/ n (η)
περιφέρεια. **~al** a
περιφερειακός

perish /'perɪʃ/ vi χάνομαι. (rot)
φθείρομαι

perjur|e /'pɜːdʒə(r)/ vr **~e o.s.**
ψευδορκώ. **~y** n (η)
ψευδορκία

perk /pɜːk/ vt/i **~ up** ζωηρεύω.
~y a ζωηρός

perm /pɜːm/ n (η) περμανάντ

permanen|t /'pɜːmənənt/ a
μόνιμος. **~ce** n (η)
μονιμότητα. **~tly** adv μόνιμα

permeate /'pɜːmɪeɪt/ vt
διαπερνώ

permissible /pə'mɪsəbl/ a
επιτρεπτός

permission /pə'mɪʃn/ n (η)
άδεια

permissive /pə'mɪsɪv/ a
ανεκτικός

permit[1] /pə'mɪt/ vt επιτρέπω

permit[2] /'pɜːmɪt/ n (η) άδεια

perpendicular
/pɜːpən'dɪkjələ(r)/ a κάθετος

perpetrat|e /'pɜːpɪtreɪt/ vt
διαπράττω. **~or** n (ο) δράστης

perpetual /pə'petʃʊəl/ a
αιώνιος. **~ly** adv αιωνίως

perpetuate /pə'petʃʊeɪt/ vt
διαιωνίζω

perplex /pə'pleks/ vt σαστίζω.
~ed a σαστισμένος

persecut|e /'pɜːsɪkjuːt/ vt
καταδιώκω. **~ion** n /-'kjuːʃn/ n
(η) καταδίωξη

persever|e /pɜːsɪ'vɪə(r)/ vi
εμμένω. **~ance** n (η) εμμονή

persist /pə'sɪst/ vi εμμένω (in,
σε). **~ence** n (η) επιμονή.
~ent a έμμονος. (persevering)
επίμονος. **~ently** adv επίμονα

person /'pɜːsn/ n (το)
πρόσωπο, (το) άτομο

personal /'pɜːsənl/ a
προσωπικός. **~ly** adv
προσωπικά

personality /pɜːsə'nælətɪ/ n (η)
προσωπικότητα

personify /pə'sɒnɪfaɪ/ vt
προσωποποιώ

personnel /pɜːsə'nel/ n (το)
προσωπικό

perspective /pə'spektɪv/ n (η)
προοπτική

perspire /pəs'paɪə(r)/ vi ιδρώνω

persua|de /pə'sweɪd/ vt πείθω.
~sion n (η) πειθώ

persuasive /pə'sweɪsɪv/ a
πειστικός. **~ly** adv πειστικά

pert /pɜːt/ a αναιδής

pertinent /'pɜːtɪnənt/ a σχετικός, συναφής

perturb /pə'tɜːb/ vt ταράζω

pervade /pə'veɪd/ vt διεισδύω

perverse /pə'vɜːs/ a διεστραμμένος. (behaviour) παράλογος

pervert¹ /pə'vɜːt/ vt διαστρέφω. (distort) διαστρεβλώνω

pervert² /'pɜːvɜːt/ n (ο) διεστραμμένος

pessimist /'pesɪmɪst/ n (ο) απαισιόδοξος. **~m** /-zəm/ n (η) απαισιοδοξία. **~tic** /-'mɪstɪk/ a απαισιόδοξος

pest /pest/ n (ο) εχθρός (ζώου ή φυτού). (person) (ο) μπελάς

pester /'pestə(r)/ vt ενοχλώ

pesticide /'pestɪsaɪd/ n (το) φυτοφάρμακο

pet /pet/ n (το) ζώο (του σπιτιού). (favourite) (ο) αγαπημένος. • vt χαϊδεύω

petal /'petl/ n (το) πέταλο

peter /'piːtə(r)/ vi **~ out** χάνομαι, σβήνω

petition /pɪ'tɪʃn/ n (η) αίτηση

petrify /'petrɪfaɪ/ vt/i απολιθώνω/ομαι

petrol /'petrəl/ n (η) βενζίνη. **~ station** n (το) πρατήριο βενζίνης. **~ tank** n (το) ρεζερβουάρ

petroleum /pɪ'trəʊlɪəm/ n (το) πετρέλαιο

petticoat /'petɪkəʊt/ n (το) μεσοφόρι

petty /'petɪ/ a τιποτένιος. (mean) μικροπρεπής. **~ cash** n (τα) μετρητά (για μικροέξοδα)

petulant /'petjʊlənt/ a οξύθυμος

pew /pjuː/ n (το) στασίδι

phantom /'fæntəm/ n (το) φάντασμα

pharmacy /'faːməsɪ/ n (το) φαρμακείο. **~ist** n (ο, η) φαρμακοποιός

phase /feɪz/ n (η) φάση

Ph.D. abbr (Doctor of Philosophy) n (ο) διδάκτορας

pheasant /'feznt/ n (ο) φασιανός

phenomenon /fɪ'nɒmɪnən/ n (pl -ena) (το) φαινόμενο

philanthropist /fɪ'lænθrəpɪst/ n (ο) φιλάνθρωπος

philosophy /fɪ'lɒsəfɪ/ n (η) φιλοσοφία. **~er** n (ο, η) φιλόσοφος. **~ical** /-ə'sɒfɪkl/ a φιλοσοφικός

phlegm /flem/ n (το) φλέγμα

phobia /'fəʊbɪə/ n (η) φοβία

phone /fəʊn/ n (το) τηλέφωνο. • vt/i τηλεφωνώ. **~ back** παίρνω (στο τηλέφωνο). **~ card** n (η) τηλεκάρτα

phonetic /fə'netɪk/ a φωνητικός. **~s** n (η) φωνητική

phoney /'fəʊnɪ/ (fam) a ψεύτικος. • n (ο) κάλπης

phosphorus /'fɒsfərəs/ n (ο) φωσφόρος

photo /'fəʊtəʊ/ n (η) φωτογραφία

photocopy /'fəʊtəʊkɒpɪ/ n (το) φωτοαντίγραφο. • vt βγάζω φωτοαντίγραφο. **~ier** n (το) φωτοαντιγραφικό

photogenic /fəʊtəʊ'dʒenɪk/ a φωτογενής

photograph /'fəʊtəgrɑːf/ n (η) φωτογραφία. • vt φωτογραφίζω. **~er** /fə'tɒgrəfə(r)/ n (ο, η) φωτογράφος. **~ic** /-'græfɪk/ a φωτογραφικός. **~y** /fə'tɒgrəfɪ/ n (η) φωτογραφία

phrase /freɪz/ n (η) φράση. • vt εκφράζω. **~-book** n (το) βιβλιαράκι με φράσεις

physical /'fɪzɪkl/ a φυσικός. **~ly** adv σωματικά

physician /fɪ'zɪʃn/ n (ο, η) γιατρός

physicist /'fɪzɪsɪst/ n (ο, η) φυσικός

physics /'fɪzɪks/ n (η) φυσική

physiology /fɪzɪ'ɒlədʒɪ/ n (η) φυσιολογία

physiotherapy /fɪzɪəʊ'θerəpɪ/ n (η) φυσιοθεραπεία

physique /fɪ'ziːk/ n (η) σωματική διάπλαση

pian|o /pɪ'ænəʊ/ n (το) πιάνο. **~ist** /'pɪənɪst/ n (ο) πιανίστας, (η) πιανίστρια

pick /pɪk/ vt (choose) διαλέγω. (flowers etc.) μαζεύω. (lock) παραβιάζω. (nose) καθαρίζω, σκαλίζω. • n (best) (το) άνθος. (tool) n (η) ορειβατική σκαπάνη. **~ s.o.'s pocket** κλέβω κπ. **~ out** διαλέγω. (identify) αναγνωρίζω. **~ up** (learn) μαθαίνω (ευκαιριακά). (habit) αποκτώ. (passenger) παίρνω. **~-up** n (truck) (το) φορτηγάκι (ανοιχτό πίσω)

pickaxe /'pɪkæks/ n (η) αξίνα

picket /'pɪkɪt/ n (η) πικετοφορία. • vi περιφρουρώ απεργία

pickle /'pɪkl/ n (το) τουρσί

pickpocket /'pɪkpɒkɪt/ n (ο) πορτοφολάς

picnic /'pɪknɪk/ n (το) πικνίκ

picture /'pɪktʃə(r)/ n (η) εικόνα. (painting) (ο) πίνακας. (photograph) (η) φωτογραφία. • vt απεικονίζω. (imagine) φαντάζομαι

picturesque /pɪktʃə'resk/ a γραφικός

pie /paɪ/ n (η) πίτα

piece /piːs/ n (το) κομμάτι. (in game) (το) πιόνι. • vt **~ together** συνδυάζω. **a ~ of news** μια είδηση. **~-work** n (η) εργασία με το κομμάτι. **take to ~s** λύνω

piecemeal /'piːsmiːl/ adv κομματιαστά

pier /pɪə(r)/ n (η) αποβάθρα

pierc|e /pɪəs/ vt διαπερνώ. **~ing** a διαπεραστικός

piety /'paɪətɪ/ n (η) ευσέβεια

pig /pɪg/ n (το) γουρούνι. **~-headed** a ξεροκέφαλος

pigeon /'pɪdʒɪn/ n (το) περιστέρι. **~-hole** n (το) γραμματοθυρίδα

pigment /'pɪgmənt/ n (η) χρωστική ουσία

pigsty /'pɪgstaɪ/ n (το) χοιροστάσιο

pigtail /'pɪgteɪl/ n (η) κοτσίδα

pike /paɪk/ n invar (fish) (η) τούρνα

pilchard /'pɪltʃəd/ n (η) σαρδέλα

pile /paɪl/ n (η) στοίβα. • vt στοιβάζω. • vi **~ up** μαζεύομαι. **~-up** n (η) καραμπόλα

piles /pailz/ *npl* (οι) αιμορροΐδες

pilfer /'pilfə(r)/ *vt/i* κλέβω

pilgrim /'pilgrim/ *n* (ο) προσκυνητής, (η) προσκυνήτρια. **~age** *n* (το) προσκύνημα

pill /pil/ *n* (το) χάπι

pillar /'pilə(r)/ *n* (η) κολόνα

pillow /'piləʊ/ *n* (το) μαξιλάρι

pillowcase /'piləʊkeis/ *n* (η) μαξιλαροθήκη

pilot /'pailət/ *n* (aviat) (ο) πιλότος. (naut) (ο) πλοηγός. • *vt* πιλοτάρω

pimp /pimp/ *n* (ο) ρουφιάνος

pimple /'pimpl/ *n* (το) σπυράκι

pin /pin/ *n* (η) καρφίτσα. (mech) (η) περόνη. • *vt* καρφιτσώνω. (fix) στερεώνω. (hold down) καρφώνω. **~-point** *vt* εντοπίζω με ακρίβεια. **~s and needles** (το) μούδιασμα

pinafore /'pinəfɔ:(r)/ *n* (η) ποδιά. **~ dress** *n* (η) κάζακα

pincers /'pinsəz/ *npl* (η) τανάλια. (of crab) (η) δαγκάνα

pinch /pintʃ/ *n* *vt* τσιμπώ. • *vi* (shoe) σφίγγω. • *n* (η) τσιμπιά. (small amount) (η) πρέζα

pincushion /'pinkʊʃn/ *n* (το) μαξιλαράκι για καρφίτσες

pine /pain/ *n* (το) πεύκο. • *vi* **~ away** λιώνω. **~ for** μαραζώνω για

pineapple /'painæpl/ *n* (ο) ανανάς

ping-pong /'piŋpɒŋ/ *n* (το) πινγκ πονγκ *invar*

pink /piŋk/ *a* *n* ο ροζ *invar*

pinnacle /'pinəkl/ *n* (ο) κολοφώνας

pint /paint/ *n* (η) πίντα (= 568 ml)

pioneer /paiə'niə(r)/ *n* πρωτοπόρος

pious /'paiəs/ *a* ευσεβής

pip /pip/ *n* (seed) (το) κουκούτσι

pipe /paip/ *n* (ο) σωλήνας. (mus) (ο) αυλός. (for smoking) (η) πίπα. **~-dream** (η) χίμαιρα

pipeline /'paiplain/ *n* (ο) αγωγός. **in the ~** στο στάδιο της προετοιμασίας

piping /'paipiŋ/ *n* (οι) σωληνώσεις. **~ hot** ζεματιστός

piquant /'pi:kənt/ *a* πικάντικος

pique /pi:k/ *n* (η) πίκα

pirate /'paiərət/ *n* (ο) πειρατής

pirouette /piru'et/ *n* (η) πιρουέτα. • *vi* κάνω πιρουέτες

Pisces /'paisi:z/ *n* (οι) Ιχθύες

pistachio /pi'stæʃiəʊ/ *n* (το) φιστίκι Αιγίνης

pistol /'pistl/ *n* (το) πιστόλι

piston /'pistən/ *n* (το) έμβολο

pit /pit/ *n* (ο) λάκκος. (mine) (το) ορυχείο. (theatr) (ο) χώρος για την ορχήστρα. (of stomach) (η) κοιλότητα. • *vt* (mark) σημαδεύω με σημάδια. **~ o.s. against** τα βάζω με

pitch /pitʃ/ *vt* πετώ. (tent) στήνω. • *vi* πέφτω. • *n* (degree) (ο) βαθμός κλίσης. (of sound) (το) ύψος. (of voice) (ο) τόνος. (sport) (το) γήπεδο. (tar) (η) πίσσα. **~ed battle** *n* (η)

φοβερή μάχη. **~-black** *a*
μαύρος πίσσα

pitcher /'pɪtʃə(r)/ *n* (το) κανάτι

pitchfork /'pɪtʃfɔːk/ *n* (το)
δικράνι

pitfall /'pɪtfɔːl/ *n* (η) παγίδα

pith /pɪθ/ *n* (of orange, lemon)
(η) ψίχα. (fig) (η) ουσία

pithy /'pɪθɪ/ *a* με ουσία

piti|ful /'pɪtɪfl/ *a* αξιοθρήνητος.
~less *a* άσπλαχνος

pittance /'pɪtns/ *n* (η)
εξευτελιστική αμοιβή

pity /'pɪtɪ/ *n* (o) οίκτος. (regret)
(το) κρίμα. • *vt* λυπάμαι. **take
~ on** συμπονώ. **what a ~!** τι
κρίμα!

pivot /'pɪvət/ *n* (o) άξονας. • *vi*
περιστρέφομαι

pizza /'piːtsə/ *n* (η) πίτσα

placard /'plækɑːd/ *n* (το)
πλακάτ *invar*

placate /plə'keɪt/ *vt* εξευμενίζω

place /pleɪs/ *n* (o) τόπος.
(position, rank, seat) (η) θέση.
(in book) (η) σελίδα. (house)
(το) σπίτι. • *vt* τοποθετώ. (an
order) δίνω. (remember)
θυμάμαι. **all over the ~**
παντού. **be ~d** (in race)
έρχομαι πλασέ. **in the
first/second ~**
πρώτου/δεύτερον. **take ~**
λαμβάνω χώραν

placid /'plæsɪd/ *a* πράος

plagiar|ize /'pleɪdʒəraɪz/ *vt*
κάνω λογοκλοπή από. **~ism** *n*
(η) λογοκλοπία

plague /pleɪg/ *n* (η) πανούκλα

plaice /pleɪs/ *n invar* (το)
γλωσσάκι (ψάρι)

plain /pleɪn/ *a* σαφής. (simple)
απλός. (not pretty) όχι
όμορφος. (not patterned)
μονόχρωμος. • *adv* καθαρά. • *n*
(η) πεδιάδα. **~ly** *adv*
ξεκάθαρα

plaintiff /'pleɪntɪf/ *n* (η)
ενάγων, (η) ενάγουσα

plaintive /'pleɪntɪv/ *a*
παραπονετικός

plait /plæt/ *vt* πλέκω. • *n* (η)
πλεξίδα

plan /plæn/ *n* (το) σχέδιο. • *vt/i*
σχεδιάζω

plane /pleɪn/ *n* (tree) (το)
πλατάνι. (tool) (η) πλάνη.
(level) (το) επίπεδο. (aeroplane)
(το) αεροπλάνο. • *a* επίπεδος,
ίσιος

planet /'plænɪt/ *n* (o) πλανήτης.
~ary *a* πλανητικός

plank /plæŋk/ *n* (η) σανίδα

planning /'plænɪŋ/ *n* (o)
προγραμματισμός

plant /plɑːnt/ *n* (το) φυτό.
(factory) (το) εργοστάσιο. • *vt*
φυτεύω. (place in position)
τοποθετώ

plantation /plæn'teɪʃn/ *n* (η)
φυτεία

plaque /plɑːk/ *n* (η) πλακέτα

plasma /'plæzmə/ *n* (το)
πλάσμα

plaster /'plɑːstə(r)/ *n* (for walls)
(o) σοβάς. (adhesive) (το)
λευκοπλάστης, Cy. (η)
τσιρότο

plastic /'plæstɪk/ *a* πλαστικός.
• *n* (το) πλαστικό

Plasticine /'plæstɪsiːn/ *n* (P) (η)
πλαστελίνη, Cy. (η)
πλαστισίνη

plate 520 pluck

plate /pleɪt/ n (το) πιάτο. (of metal) (το) έλασμα. (in book) (η) εικόνα

plateau /'plætəʊ/ n (το) οροπέδιο

platform /'plætfɔ:m/ n (η) εξέδρα. (rail) (η) αποβάθρα

platinum /'plætɪnəm/ n (ο) λευκόχρυσος, (η) πλατίνα

platonic /plə'tɒnɪk/ a πλατωνικός

platoon /plə'tu:n/ n (η) διμοιρία

plausible /'plɔ:zəbl/ a εύλογος

play /pleɪ/ vt/i παίζω. • n (το) παιχνίδι. (theatr) (το) θεατρικό έργο. (free movement) (το) τζόγος. ~ around σαχλαμαρίζω. ~-group n (το) νηπιαγωγείο. ~ on words n (το) λογοπαίγνιο. ~er n (ο) παίκτης, (η) παίκτρια

playful /'pleɪfl/ a παιχνιδιάρικος

playground /'pleɪɡraʊnd/ n (η) αυλή (σχολείου)

playing /'pleɪɪŋ/ n ~-card n (το) τραπουλόχαρτο. ~-field n (το) γήπεδο

playmate /'pleɪmeɪt/ n (ο) συμπαίκτης, (η) συμπαίκτρια

plaything /'pleɪθɪŋ/ n (το) παιχνιδάκι

playwright /'pleɪraɪt/ n (ο, η) θεατρικός συγγραφέας

plea /pli:/ n (η) έκκληση. (excuse) (το) πρόσχημα

plead /pli:d/ vi ~ with s.o. κάνω έκκληση σε κπ, παρακαλώ κπ. • vt (as excuse) επικαλούμαι. ~ guilty/not

guilty ομολογώ/αρνούμαι ενοχή

pleasant /'pleznt/ a ευχάριστος

please /pli:z/ vt ευχαριστώ. • vi θέλω. • adv παρακαλώ. **do as you ~e** κάνε ό, τι θέλεις. **~e o.s.** κάνω το κέφι μου. **~ed** a ευχαριστημένος (**with**, με). **~ing** a ευχάριστος

pleasur|e /'pleʒə(r)/ n (η) ευχαρίστηση. **~able** a ευχάριστος

pleat /pli:t/ n (η) πιέτα

pledge /pledʒ/ n (το) ενέχυρο. (promise) (η) υπόσχεση. • vt υπόσχομαι

plentiful /'plentɪfl/ a άφθονος

plenty /'plentɪ/ n (η) αφθονία. **~ (of)** άφθονος

pliable /'plaɪəbl/ a εύπλαστος

pliers /'plaɪəz/ npl (η) πένσα

plight /plaɪt/ n (η) δύσκολη κατάσταση

plimsolls /'plɪmsəlz/ npl (τα) πάνινα παπούτσια

plinth /plɪnθ/ n (η) βάση

plod /plɒd/ vi περπατώ βαριά. **~der** n (ο) σταθερός δουλευτής

plot /plɒt/ n (η) συνωμοσία. (of novel etc.) (η) υπόθεση. (of land) (το) οικόπεδο. • vt/i συνωμοτώ

plough /plaʊ/ n (το) αλέτρι. • vt οργώνω

ploy /plɔɪ/ n (fam) (το) κόλπο

pluck /plʌk/ vt (eyebrows) βγάζω. (bird) μαδώ. • n (το) κουράγιο. **~ up courage** βρίσκω κουράγιο

plug /plʌg/ n (η) τάπα (νιπτήρα κλπ). (electr) (η) πρίζα. • vt βουλώνω. (advertise: fam) ρεκλαμάρω. **~ in** (electr) βάζω στην πρίζα

plum /plʌm/ n (fruit) (το) δαμάσκηνο

plumage /'plu:mɪdʒ/ n (το) φτέρωμα

plumb /plʌm/ a κάθετος. • n (το) βαρίδι. • adv ακριβώς. • vt σταθμίζω

plumb|er /'plʌmə(r)/ n (ο) υδραυλικός. **~ing** n (η) υδραυλική εγκατάσταση

plume /plu:m/ n (το) λοφίο

plump /plʌmp/ a παχουλός

plunder /'plʌndə(r)/ n (η) διαρπαγή. • vt διαρπάζω

plunge /plʌndʒ/ vt/i βυθίζω/ομαι. • n (η) βουτιά

plural /'plʊərəl/ a πληθυντικός. • n (ο) πληθυντικός

plus /plʌs/ prep συν. • a θετικός. • n (το) συν invar

plutonium /plu:'təʊnɪəm/ n (το) πλουτόνιο

ply /plaɪ/ n (of thread) (ο) κλώνος. (layer) (το) φύλλο. • vt (tool) δουλεύω. (trade) εξασκώ. • vi (ship) ταξιδεύω

plywood /'plaɪwʊd/ n (το) κοντραπλακέ invar

p.m. adv μ.μ.

pneumatic /nju:'mætɪk/ a (drill etc.) που λειτουργεί με αέρα

pneumonia /nju:'məʊnjə/ n (η) πνευμονία

poach /pəʊtʃ/ vt λαθροθηρώ. **~ed egg** αυγό ποσέ. **~er** n (ο) λαθροθήρας

pocket /'pɒkɪt/ n (η) τσέπη. (of air) (το) κενό. • vt τσεπώνω. **be out of ~** χάνω χρήματα. **~-book** n (το) σημειωματάριο. (purse: Amer) (το) τσαντάκι. **~ money** n (το) χαρτζιλίκι

pod /pɒd/ n (ο) λοβός

podgy /'pɒdʒɪ/ a κοντόχοντρος

poem /'pəʊɪm/ n (το) ποίημα

poet /'pəʊɪt/ n (η) ποιητής, (η) ποιήτρια. **~ic(al)** /-'etɪk(l)/ a ποιητικός

poetry /'pəʊɪtrɪ/ n (η) ποίηση

poignant /'pɔɪnjənt/ a δηκτικός

point /pɔɪnt/ n (το) σημείο. (sharp end) (η) αιχμή. (meaning) (το) νόημα. (electr) (η) υποδοχή, (η) πρίζα. **~s** (rail) (η) τροχιά. • vt/i δείχνω. **be on the ~ of doing** είμαι σχεδόν έτοιμος να κάνω. **~ at** or **to** δείχνω. **~-blank** a & adv εξ επαφής. **~ of view** (η) άποψη. **~ out** υποδεικνύω. **to the ~** συναφής. **up to a ~** έως ένα σημείο. **what is the ~?** ποιο σκοπό εξυπηρετεί;

pointed /'pɔɪntɪd/ a μυτερός

pointless /'pɔɪntlɪs/ a άσκοπος

poise /pɔɪz/ n (η) ισορροπία. (fig) (η) στάση. **~d** a ισορροπημένος. (ready) έτοιμος

poison /'pɔɪzn/ n (το) δηλητήριο. • vt δηλητηριάζω. **~ous** a δηλητηριώδης

poke /pəʊk/ vt σπρώχνω. (fire) σκαλίζω. (thrust) χώνω. (pry) χώνω. • n (το) σπρώξιμο. **~ around** σκαλίζω. **~ fun at** κοροϊδεύω

poker /'pəʊkə(r)/ n (for fire) (η)
τσιμπίδα. (cards) (το) πόκερ
invar

Poland /'pəʊlənd/ n (η)
Πολωνία

polar /'pəʊlə(r)/ a πολικός. **~
bear** n (η) πολική άρκτος

polarize /'pəʊləraiz/ vt πολώνω

pole /pəʊl/ n (το) κοντάρι.
(geog) (o) Πόλος. **~-star** n (o)
πολικός αστέρας

police /pə'li:s/ n (η) αστυνομία.
• vt αστυνομεύω. **~ force** n
(η) αστυνομική δύναμη. **~
station** n (το) αστυνομικό
τμήμα

police|man /pə'li:smən/ n (o)
αστυνομικός. **~woman** n (η)
αστυνομικίνα

policy /'pɒlɪsɪ/ n (η) πολιτική.
(insurance) (το) αβφαλιβτίριο

polio /'pəʊlɪəʊ/ n (η)
πολιομυελίτιδα

polish /'pɒlɪʃ/ n (το) γυάλισμα.
(substance) (το) γυαλιστικό.
(fig) (η) φινέτσα. • vt γυαλίζω.
~ off τελειώνω. (a plate)
καθαρίζω. **~ed** a
γυαλισμένος. (manner) λεπτός

Polish /'pəʊlɪʃ/ a πολωνικός.
• n (lang) (τα) πολωνικά

polite /pə'laɪt/ a ευγενικός

political /pə'lɪtɪkl/ a πολιτικός

politician /pɒlɪ'tɪʃn/ n (o, η)
πολιτικός

politics /'pɒlətɪks/ n (τα)
πολιτικά

polka /'pɒlkə/ n (η) πόλκα. **~
dots** (οι) βούλες

poll /pəʊl/ n (η) ψηφοφορία.
• vt ζητώ τη γνώμη (with gen.)
(receive votes) συγκεντρώνω

opinion ~ (η) δημοσκόπηση.
~ing-booth n (το) εκλογικό
παραβάν invar

pollen /'pɒlən/ n (η) γύρη

pollut|e /pə'lu:t/ vt ρυπαίνω.
~ion /-ʃn/ n (η) ρύπανση

polo /'pəʊləʊ/ n (το) πόλο

polyester /pɒlɪ'estə(r)/ n (o)
πολυεστέρας

polystyrene /pɒlɪ'staɪri:n/ n
(το) πολυστυρόλιο

polytechnic /pɒlɪ'teknɪk/ n (το)
πολυτεχνείο

polythene /'pɒlɪθi:n/ n (το)
πολυαιθυλένιο. **~ bag** n (η)
πλαστική σακούλα

pomegranate /'pɒmɪɡrænɪt/ n
(το) ρόδι

pomp /pɒmp/ n (η) επίδειξη

pompon /'pɒmpɒn/ n (το)
πομπόν invar

pompous /'pɒmpəs/ a
πομπώδης

pond /pɒnd/ n (η) λιμνούλα

ponder /'pɒndə(r)/ vt/i
συλλογίζομαι

pony /'pəʊnɪ/ n (το) πόνεϊ
invar. **~-tail** n (η) αλογοουρά

poodle /'pu:dl/ n (το) κανίς
invar

pool /pu:l/ n (η) λιμνούλα. (of
blood) (η) λίμνη. (for
swimming) (η) πισίνα. (fund)
(το) κοινό ταμείο. (game) (το)
μπιλιάρδο. **~s** npl (το) προ-πο
vt συνενώνω

poor /pʊə(r)/ a φτωχός.
(unfortunate) καημένος. (not
good) κακός. **~ly** adv
άσχημα • adv άσχημα

pop /pɒp/ n (noise) ξηρός ήχος.
~ (music) (η) μουσική ποπ.

• vt (balloon) τρυπώ. (put: fam) βάζω. • vi πετιέμαι. ~ **in** μπαίνω γρήγορα. ~ **out** πετάγομαι έξω

popcorn /'pɒpkɔːn/ n (το) καβουρντισμένο καλαμπόκι

pope /pəʊp/ n (ο) πάπας

poplar /'pɒplə(r)/ n (η) λεύκα

poppy /'pɒpɪ/ n (η) παπαρούνα

popular /'pɒpjʊlə(r)/ a δημοφιλής. ~**ity** /-'lærətɪ/ n (η) δημοτικότητα. ~**ize** vt εκλαϊκεύω

populat|e /'pɒpjʊleɪt/ vt οικίζω. ~**ion** /-'leɪʃn/ n (ο) πληθυσμός

porcelain /'pɔːsəlɪn/ n (η) πορσελάνη

porch /pɔːtʃ/ n (η) στεγασμένη είσοδος

porcupine /'pɔːkjʊpaɪn/ n (ο) ύστριγξ

pore /pɔː(r)/ n (ο) πόρος. • vi ~ **over** μελετώ προσεχτικά

pork /pɔːk/ n (το) χοιρινό κρέας

pornograph|y /pɔː'nɒgrəfɪ/ n (η) πορνογραφία. ~**ic** /-ə'græfɪk/ a πορνογραφικός

porous /'pɔːrəs/ a πορώδης

porpoise /'pɔːpəs/ n (η) φώκαινα

port /pɔːt/ n (το) λιμάνι. (wine) (το) πορτό. • a (left: naut) αριστερός. • n (η) αριστερή πλευρά (πλοίου)

portable /'pɔːtəbl/ a φορητός

porter /'pɔːtə(r)/ n (ο) θυρωρός. (for luggage) (ο) αχθοφόρος

portfolio /pɔːt'fəʊljəʊ/ n (το) χαρτοφυλάκιο

porthole /'pɔːthəʊl/ n (το) φινιστρίνι

portion /'pɔːʃn/ n (το) μερίδιο. (of food) (η) μερίδα

portrait /'pɔːtrɪt/ n (το) πορτρέτο

portray /pɔː'treɪ/ vt απεικονίζω. (describe) περιγράφω. ~**al** n (η) απεικόνιση, (η) περιγραφή

Portugal /'pɔːtjʊgl/ n (η) Πορτογαλία

pose /pəʊz/ n (η) πόζα. • vt (problem) δημιουργώ. (question) θέτω. • vi ποζάρω. ~ **as** παριστάνω

posh /pɒʃ/ a (fam) ανώτερης τάξης

position /pə'zɪʃn/ n (η) θέση. • vt τοποθετώ

positive /'pɒzətɪv/ a θετικός. (real) πραγματικός. (certain) κατηγορηματικός. • n (photo) (το) θετικό

possess /pə'zes/ vt κατέχω. ~**or** n (ο) κάτοχος

possession /pə'zeʃn/ n (η) κατοχή. ~**s** (τα) υπάρχοντα

possessive /pə'zesɪv/ a ζηλότυπος. (gram) κτητικός

possib|le /'pɒsəbl/ a δυνατός. ~**ility** /-'bɪlətɪ/ n (η) δυνατότητα, (η) πιθανότητα. ~**ly** adv πιθανόν

post /pəʊst/ n (pole) (ο) πάσσαλος. (place) (η) θέση. (mail) (το) ταχυδρομείο. • vt ταχυδρομώ. **by** ~ ταχυδρομικώς. **keep s.o.** ~**ed** κρατώ κπ ενήμερο. ~-**box** n (το) ταχυδρομικό κουτί. ~-**code** n (ο) ταχυδρομικός

κωδικός. **P~ Office, PO** n
(το) ταχυδρομείο

post- /pəʊst/ pref μετά-

postal /'pəʊstl/ a
ταχυδρομικός. **~ order** n (η)
ταχυδρομική επιταγή

postcard /'pəʊstkɑ:d/ n (η)
καρτ ποστάλ. invar

poster /'pəʊstə(r)/ n (η) αφίσα

posterity /pɒs'terətɪ/ n (οι)
μέλλουσες γενεές

postgraduate /pəʊst'grædjʊət/
n (ο) μεταπτυχιακός
σπουδαστής

posthumous /'pɒstjʊməs/ a
μεταθανάτιος

postman /'pəʊstmən/ n (ο)
ταχυδρόμος

postmark /'pəʊstmɑ:k/ n (η)
ταχυδρομική σφραγίδα

post-mortem /pəʊstmɔ:təm/ n
(η) νεκροψία

postpone /pəʊst'pəʊn/ vt
αναβάλλω

postscript /'pəʊstskrɪpt/ n (το)
υστερόγραφο

posture /'pɒstʃə(r)/ n (η)
στάση. • vi παίρνω πόζα

post-war /'pəʊstwɔ:(r)/ a
μεταπολεμικός

posy /'pəʊzɪ/ n (το)
μπουκετάκι

pot /pɒt/ n (jar) (το) δοχείο.
(for cooking) (η) χύτρα. (for
tea) (η) τσαγιέρα. (for coffee)
(η) καφετιέρα. (for plant) (η)
γλάστρα. • vt βάζω (φυτό) σε
γλάστρα. **~ plant** n (το) φυτό
σε γλάστρα

potassium /pə'tæsjəm/ n (το)
κάλιο

potato /pə'teɪtəʊ/ n (η) πατάτα

potent /'pəʊtnt/ a δραστικός

potential /pəʊ'tenʃl/ a
δυνητικός. • n (η)
δυνητικότητα. **~ly** adv
δυνητικά

pothole /'pɒthəʊl/ n (in road)
(η) λακκούβα. (in rock) (η)
τρύπα

potion /'pəʊʃn/ n (το) φίλτρο

potter /'pɒtə(r)/ n (ο)
αγγειοπλάστης. • vi
ασχολούμαι με μικροδουλειές

pottery /'pɒtərɪ/ n (η)
αγγειοπλαστική

potty /'pɒtɪ/ n (το) γιογιό (για
μωρά)

pouch /paʊtʃ/ n (η) σακούλα

poultry /'pəʊltrɪ/ n (τα)
πουλερικά

pounce /paʊns/ vi **~ on** πηδώ
πάνω σε. • n (το) πήδημα

pound /paʊnd/ n (weight) (η)
λίβρα (= 0.454 κ). (money) (η)
λίρα. • vt κοπανίζω. vi (heart)
χτυπώ δυνατά

pour /pɔ:(r)/ vt σερβίρω. • vi
κυλώ. it's **~ing down** κάνει
κατακλυσμό

pout /paʊt/ vi κατσουφιάζω. • n
(το) κατσούφιασμα

poverty /'pɒvətɪ/ n (η) φτώχια

powder /'paʊdə(r)/ n (η)
σκόνη. (cosmetic) (η) πούδρα.
• vt κονιοποιώ. (face)
πουδράρω

power /'paʊə(r)/ n (η) δύναμη.
(electr) (of engine) (η) ισχύς. in
~ στην εξουσία. **~ cut** n (η)
διακοπή στην παροχή
ρεύματος. **~ful** a ισχυρός.
~less a ανίσχυρος

practical /'præktɪkl/ a
πρακτικός. (*virtual*)
πραγματικός. **~ joke** (η)
φάρσα. **~ly** adv πρακτικά.
(*almost*) σχεδόν

practice /'præktɪs/ n (η)
πρακτική. (*exercise*) (η)
άσκηση. (*sport*) (η) εξάσκηση.
(*custom*) (η) συνήθεια. (*of
doctor*) (η) πελατεία

practise /'præktɪs/ vt/i
εξασκώ/ούμαι. (*sport*)
γυμνάζομαι. (*carry out*)
εφαρμόζω

practitioner /præk'tɪʃənə(r)/ n
(ο, η) επαγγελματίας. **general
~** n (ο, η) γιατρός παθολόγος

pragmatic /præg'mætɪk/ a
πραγματιστικός

praise /preɪz/ vt επαινώ. • n (ο)
έπαινος

pram /præm/ n (το) καροτσάκι
(για μωρά)

prance /prɑːns/ vi χοροπηδώ

prank /præŋk/ n (η) φάρσα

prattle /prætl/ vi φλυαρώ

prawn /prɔːn/ n (η) γαρίδα

pray /preɪ/ vt/i προσεύχομαι

prayer /preə(r)/ n (η) προσευχή

pre- /priː/ pref προ-

preach /priːtʃ/ vt/i κηρύσσω.
~er n (ο) ιεροκήρυκας

preamble /priː'æmbl/ n (το)
προοίμιο

prearrange /priːə'reɪndʒ/ vt
κανονίζω εκ των προτέρων

precarious /prɪ'keərɪəs/ a
επισφαλής

precaution /prɪ'kɔːʃn/ n (η)
προφύλαξη

preced|e /prɪ'siːd/ vt
προηγούμαι. **~ing** a
προηγούμενος

preceden|ce /'presɪdəns/ n (η)
προτεραιότητα. **~t** n (το)
προηγούμενο

precept /'priːsept/ n (ο)
κανόνας

precinct /'priːsɪŋkt/ n (ο)
περίβολος. (*district: Amer*) (η)
περιοχή

precious /'preʃəs/ a πολύτιμος

precipice /'presɪpɪs/ n (ο)
γκρεμός

precise /prɪ'saɪs/ a ακριβής.
~ly adv ακριβώς

preclude /prɪ'kluːd/ vt
αποκλείω

precocious /prɪ'kəʊʃəs/ a
πρόωρος

preconceived /priːkən'siːvd/ a
προκατειλημμένος

precursor /priː'kɜːsə(r)/ n (ο)
πρόδρομος

predator /'predətə(r)/ n (το)
αρπακτικό ζώο

predecessor /'priːdɪsesə(r)/ n
(ο) προκάτοχος

predicament /prɪ'dɪkəmənt/ n
(η) δύσκολη θέση

predict /prɪ'dɪkt/ vt προβλέπω.
~able a προβλέψιμος. **~ion**
/-ʃn/ n (η) πρόβλεψη

predomin|ate /prɪ'dɒmɪneɪt/ vi
επικρατώ. **~ant** a
επικρατέστερος. **~antly** adv
επικρατέστερα

pre-eminent /priː'emɪnənt/ a
διαπρεπής

pre-empt /priː'empt/ vt
προλαβαίνω

preen /priːn/ *vt* καθαρίζω τα φτερά. **~ o.s.** καμαρώνω

prefab /ˈpriːfæb/ *n* (*fam*) (το) λυόμενο σπίτι. **~ricated** /-ˈfæbrɪkeɪtɪd/ *a* προκατασκευασμένος

preface /ˈprefɪs/ *n* (ο) πρόλογος

prefect /ˈpriːfekt/ *n* (*schol*) (ο) επιμελητής, (η) επιμελήτρια. (*official*) (ο) νομάρχης

prefer /prɪˈfɜː(r)/ *vt* προτιμώ. **~able** /ˈprefrəbl/ *a* προτιμητέος

preferen|ce /ˈprefrəns/ *n* (η) προτίμηση. **~tial** /-əˈrenʃl/ *a* προνομιακός

prefix /ˈpriːfɪks/ *n* (το) πρόθεμα

pregnan|t /ˈpregnənt/ *a* έγκυος. **~cy** *n* (η) εγκυμοσύνη

prehistoric /ˌpriːhɪˈstɒrɪk/ *a* προϊστορικός

prejudice /ˈpredʒʊdɪs/ *n* (η) προκατάληψη. (*harm*) (η) ζημία. • *vt* προδιαθέτω. **~d** *a* προκατειλημμένος

preliminary /prɪˈlɪmɪnərɪ/ *a* προκαταρκτικός

prelude /ˈpreljuːd/ *n* (το) προοίμιο. (*mus*) (το) πρελούντιο

premature /ˈpremətjʊə(r)/ *a* πρόωρος

premeditated /ˌpriːˈmedɪteɪtɪd/ *a* (*crime*) εκ προμελέτης

premier /ˈpremɪə(r)/ *a* πρώτος. • *n* (*pol*) (ο) πρωθυπουργός

première /ˈpremɪə(r)/ *n* (η) πρεμιέρα

premises /ˈpremɪsɪz/ *npl* (το) ακίνητο. **on the ~** μέσα στο κτίριο

premium /ˈpriːmɪəm/ *n* (*insurance*) (το) ασφάλιστρο

premonition /ˌpriːməˈnɪʃn/ *n* (η) προαίσθηση

preoccupied /priːˈɒkjʊpaɪd/ *a* συλλογισμένος

preparation /ˌprepəˈreɪʃn/ *n* (η) προετοιμασία

preparatory /prɪˈpærətrɪ/ *a* προπαρασκευαστικός

prepare /prɪˈpeə(r)/ *vt/i* ετοιμάζω. **~d to** έτοιμος να

preposition /ˌprepəˈzɪʃn/ *n* (η) πρόθεση

preposterous /prɪˈpɒstərəs/ *a* τερατώδης

prerequisite /ˌpriːˈrekwɪzɪt/ *n* (η) προϋπόθεση

prerogative /prɪˈrɒɡətɪv/ *n* (το) προνόμιο

Presbyterian /ˌprezbɪˈtɪərɪən/ *a & n* πρεσβυτεριανός

prescri|be /prɪˈskraɪb/ *vt* καθορίζω. **~ption** /-ˈɪpʃn/ *n* (*med*) (η) συνταγή

presence /ˈprezns/ *n* (η) παρουσία

present[1] /ˈpreznt/ *a* παρών. • *n* (το) παρόν. **at ~** τώρα

present[2] /ˈpreznt/ *n* (το) δώρο

present[3] /prɪˈzent/ *vt* παρουσιάζω. (*film etc.*) ανεβάζω. **~able** *a* παρουσιάσιμος. **~ation** /ˌprezntˈeɪʃn/ *n* (η) παρουσίαση. **~er** *n* (ο) εκφωνητής, (η) εκφωνήτρια

presently /ˈprezntlɪ/ *adv* σε λίγο. (*now*) αμέσως

preservative /prɪˈzɜːvətɪv/ n
(το) συντηρητικό

preserve /prɪˈzɜːv/ vt συντηρώ.
(maintain, culin) διατηρώ. • n
(jam) είδος μαρμελάδας. (fig) (ο)
τομέας ειδικού ειδιαφέροντος

preside /prɪˈzaɪd/ vi προεδρεύω

president /ˈprezɪdənt/ n (ο, η)
πρόεδρος

press /pres/ vt πιέζω, πατώ.
(squeeze) στίβω. (urge) πιέζω.
(iron) σιδερώνω. • n (mech)
(το) πιεστήριο. (printing) (το)
τυπογραφείο. (newspapers)
(ο) τύπος. **~-stud** n (η)
σούστα

pressing /ˈpresɪŋ/ a πιεστικός

pressure /ˈpreʃə(r)/ n (η)
πίεση. • vt πιέζω. **~-cooker** n
(η) χύτρα ταχύτητας

pressurize /ˈpreʃəraɪz/ vt πιέζω

prestige /preˈstiːʒ/ n (το)
γόητρο

prestigious /preˈstɪdʒəs/ a που
δίνει γόητρο

presumably /prɪˈzjuːməblɪ/ adv
ενδεχομένως

presume /prɪˈzjuːm/ vt/i
υποθέτω **~e to** τολμώ
~ption /-ˈzʌmpʃn/ n (η)
υπόθεση. (cheek) (η) τόλμη

presumptuous /prɪˈzʌmptʃʊəs/
a τολμηρός

presuppose /priːsəˈpəʊz/ vt
προϋποθέτω

pretence /prɪˈtens/ n (η)
προσποίηση. (pretext) (το)
πρόσχημα

pretend /prɪˈtend/ vt/i
προσποιούμαι (**to do**, πως
κάνω)

pretentious /prɪˈtenʃəs/ a
επιδεικτικός

pretext /ˈpriːtekst/ n (η)
πρόφαση

pretty /ˈprɪtɪ/ a (-ier, -iest)
όμορφος. • adv αρκετά

prevail /prɪˈveɪl/ vi υπερισχύω.
(win) επικρατώ. **~ (up)on**
καταφέρνω

prevalent /ˈprevələnt/ a
διαδεδομένος

prevent /prɪˈvent/ vt εμποδίζω
(**from**, να). **~ion** /-ʃn/ n (η)
πρόληψη. **~ive** a
προληπτικός

preview /ˈpriːvjuː/ n (η)
ιδιωτική προβολή

previous /ˈpriːvɪəs/ a
προηγούμενος. **~ to** προτού
από. **~ly** adv προηγουμένως

pre-war /ˈpriːˈwɔː(r)/ a
προπολεμικός

prey /preɪ/ n (η) λεία. • vi **~ on**
κυνηγώ. (worry) βασανίζω

price /praɪs/ n (η) τιμή. • vt
ορίζω την τιμή. **~-list** n (ο)
τιμοκατάλογος. **~less** a
ανεκτίμητος

prick /prɪk/ vt/i τσιμπώ. • n (το)
τσίμπημα

prickl|e /ˈprɪkl/ n (το) αγκάθι.
(sensation) (το) μυρμήγκιασμα.
~y a αγκαθωτός. (person)
ευέξαπτος

pride /praɪd/ n (η) περηφάνια
vt **~ o.s. on** περηφανεύομαι
για

priest /priːst/ n (ο) ιερέας,
(fam) (ο) παπάς

prig /prɪg/ n (ο) σεμνότυφος

prim /prɪm/ a επιτηδευμένος

primar|y /'praɪmərɪ/ a
πρωταρχικός. (chief) κύριος.
~y school n (το) δημοτικό
(σχολείο). **~ily** adv κυρίως

prime /praɪm/ a πρώτος. (first-
rate) εκλεκτός. • vt (gun)
γεμίζω. (surface) ασπαρώνω.
(prepare) ετοιμάζω. **in one's
~** στο άνθος της ηλικίας. **P~
Minister** n (ο) πρωθυπουργός

primeval /praɪ'miːvl/ a
αρχέγονος

primitive /'prɪmɪtɪv/ a
πρωτόγονος

primrose /'prɪmrəʊz/ n (η)
πρίμουλα

prince /prɪns/ n (ο) πρίγκιπας

princess /prɪn'ses/ n (η)
πριγκίπισσα

principal /'prɪnsəpl/ a κύριος.
• n (schol) (ο) διευθυντής, (η)
διευθύντρια. **~ly** adv κυρίως

principle /'prɪnsəpl/ n (η)
αρχή. **in ~** κατ' αρχήν

print /prɪnt/ vt (εκ)τυπώνω.
(write) γράφω με κεφαλαία
γράμματα. • n (letters) (τα)
στοιχεία. (fabric) (το) εμπριμέ
invar. (picture) (η) γκραβούρα.
(photograph) (η) φωτογραφία.
(impression) (το) αποτύπωμα.
~ed matter (το) έντυπ
κλειστό

print|er /'prɪntə(r)/ n (person)
(ο, η) τυπογράφος. (machine)
(ο) εκτυπωτής. **~ing** n (η)
εκτύπωση

prior[1] /'praɪə(r)/ a
προηγούμενος. **~ to** πριν από

prior[2] /'praɪə(r)/ n (η)
ηγούμενος. **~y** n (το) κοινόβιο

priority /praɪ'ɒrɪtɪ/ n (η)
προτεραιότητα

prise /praɪz/ vt **~ open** ανοίγω
με δυσκολία

prism /'prɪzəm/ n (το) πρίσμα

prison /'prɪzn/ n (η) φυλακή.
~er n (ο) φυλακισμένος

pristine /'prɪstiːn/ a αρχικός.
(unspoilt) αγνός

privacy /'prɪvəsɪ/ n (το)
ιδιωτικό περιβάλλον

private /'praɪvɪt/ a ιδιωτικός.
(confidential) εμπιστευτικός.
• n (ο) απλός στρατιώτης. **in
~** ιδιαιτέρως. **~ly** adv
ιδιαιτέρως

privation /praɪ'veɪʃn/ n (η)
στέρηση

privilege /'prɪvəlɪdʒ/ n (το)
προνόμιο. **~d** a
προνομιούχος

prize /praɪz/ n (το) βραβείο. • a
(prize-winning) βραβευμένος.
(excellent) περίφημος. (idiot
etc.) μεγάλος. • vt θεωρώ
πολύτιμο. **~-giving** n (η)
απονομή βραβείων. **~-winner**
n (ο) βραβευθείς

pro /prəʊ/ n **the ~s and cons**
τα υπέρ και τα κατά

pro- /prəʊ/ pref προ-

probab|le /'prɒbəbl/ a πιθανός.
~ility /-'bɪlətɪ/ n (η)
πιθανότητα. **~ly** adv πιθανώς

probation /prə'beɪʃn/ n (η)
επίβλεψη. (jur) (η) επιτήρηση.
on ~ υπό δοκιμή

probe /prəʊb/ n (med) (η)
μήλη. (fig) (η) έρευνα. • vt
ερευνώ. • vi **~ into** διερευνώ

problem /'prɒbləm/ n (το)
πρόβλημα. **~atic** /-'mætɪk/ a
προβληματικός

procedure /prə'si:dʒə(r)/ n (η) διαδικασία

proceed /prə'si:d/ vi προχωρώ. **~ with** συνεχίζω (με)

proceedings /prə'si:dɪŋz/ npl (actions, events) (οι) ενέργειες. (report) (οι) συζητήσεις. (jur) (η) δικαστική ενέργεια

proceeds /'prəʊsi:dz/ npl (οι) εισπράξεις

process /'prəʊses/ n (η) διαδικασία. (jur) (η) κλήση. • vt επεξεργάζομαι. (photo) εμφανίζω

procession /prə'seʃn/ n (η) πομπή

proclaim /prə'kleɪm/ vt διακηρύσσω

procure /prə'kjʊə(r)/ vt προμηθεύομαι

prod /prɒd/ vt/i σκουντώ. (fig) παρακινώ. • n (το) σκούντημα, (η) παρακίνηση

prodigal /'prɒdɪgl/ a άσωτος

prodigious /prə'dɪdʒəs/ a τεράστιος

prodigy /'prɒdɪdʒɪ/ n (το) θαύμα

produce¹ /prə'dju:s/ vt παράγω. (bring out) παρουσιάζω. (show) δείχνω. (theatr) ανεβάζω. (cause) φέρνω. (manufacture) κατασκευάζω. **~er** n (ο) παραγωγός. **~tion** /-'dʌkʃn/ (η) παραγωγή. **~ line** n (η) γραμμή παραγωγής

produce² /'prɒdju:s/ n (το) προϊόν

product /'prɒdʌkt/ n (το) προϊόν

productiv|e /prə'dʌktɪv/ a παραγωγικός. **~ity** /prɒdʌk'tɪvətɪ/ n (η) παραγωγικότητα

profess /prə'fes/ vt ομολογώ. (pretend) προσποιούμαι

profession /prə'feʃn/ n (το) επάγγελμα. **~al** a επαγγελματικός. • n (ο, η) επαγγελματίας

professor /prə'fesə(r)/ n (ο) καθηγητής (πανεπιστημίου)

proficien|t /prə'fɪʃnt/ a επαρκής. **~cy** n (η) επάρκεια

profile /'prəʊfaɪl/ n (το) προφίλ invar. (character study) (η) σύντομη βιογραφία

profit /'prɒfɪt/ n (το) κέρδος. • vi κερδίζω. **~ from** επωφελούμαι από. **~able** a επικερδής

profound /prə'faʊnd/ a βαθύς

profuse /prə'fju:s/ a άφθονος

program /'prəʊgræm/ n (το) πρόγραμμα. • vt προγραμματίζω

programme /'prəʊgræm/ n (το) πρόγραμμα

progress¹ /'prəʊgres/ n (η) πρόοδος. **in ~** σε εξέλιξη. **make ~** κάνω πρόοδο

progress² /prə'gres/ vi προοδεύω

progressive /prə'gresɪv/ a προοδευτικός

prohibit /prə'hɪbɪt/ vt απαγορεύω (from, να). **~ive** /-bətɪv/ a απαγορευτικός

project¹ /prə'dʒekt/ vt προβάλλω. • vi (stick out) προεξέχω. **~ion** /-kʃn/ n

προεξοχή. (*forecast*) (η)
πρόβλεψη

project² /'prɒdʒekt/ n (το)
σχέδιο. (*technical*) (το) έργο

projectile /prə'dʒektaıl/ n (το)
βλήμα

projector /prə'dʒektə(r)/ n (ο)
προβολέας

proletariat /prəʊlı'teərıət/ n
(το) προλεταριάτο

proliferate /prə'lıfəreıt/ vi
πολλαπλασιάζομαι

prolific /prə'lıfık/ a γόνιμος

prologue /'prəʊlɒg/ n (ο)
πρόλογος

prolong /prə'lɒŋ/ vt παρατείνω

promenade /prɒmə'nɑːd/ n (ο)
περίπατος (σε δημόσιο χώρο)

prominent /'prɒmınənt/ a
(*important*) διακεκριμένος.
(*conspicuous*) περίβλεπτος.
(*projecting*) προεξέχων

promiscuous /prə'mıskjʊəs/ a
έκλυτος

promis|e /'prɒmıs/ n (η)
υπόσχεση. • vt/i υπόσχομαι.
~ing a με υποσχέσεις

promot|e /prə'məʊt/ vt (*person*)
προάγω. (*product*) προωθώ.
~ion /-'məʊʃn/ n (η)
προαγωγή, (η) προώθηση

prompt /prɒmpt/ a ταχύς.
(*punctual*) ακριβής. • adv
ακριβώς. • vt παρακινώ.
(*theatr*) υποβάλλω. ~ly adv
αμέσως

prone /prəʊn/ a πρηνής. **be ~
to** έχω την τάση να

prong /prɒŋ/ n (το) δόντι

pronoun /'prəʊnaʊn/ n (η)
αντωνυμία

pronounce /prə'naʊns/ vt
προφέρω. (*declare*) κηρύσσω

pronounced /prə'naʊnst/ a
έντονος. (*noticeable*) αισθητός

pronunciation /prənʌnsı'eıʃn/
n (η) προφορά

proof /pruːf/ n (η) απόδειξη.
(*typ*) (η) διόρθωση

prop /prɒp/ n (το) στήριγμα.
(*theatr*) (τα) έπιπλα στη σκηνή.
(*fig*) (ο) στυλοβάτης. • vt
στηρίζω. ~ **against** (*lean*)
ακουμπώ σε

propaganda /prɒpə'gændə/ n
(η) προπαγάνδα

propagate /'prɒpəgeıt/ vt/i
αναπαράγω

propel /prə'pel/ vt προωθώ

propeller /prə'pelə(r)/ n (η)
προπέλα

proper /'prɒpə(r)/ a σωστός.
(*suitable*) κατάλληλος. ~
name, ~ **noun** ns (το) κύριο
όνομα. ~**ly** adv όπως πρέπει

property /'prɒpətı/ n (η)
ιδιοκτησία. (*real estate*) (η)
ακίνητη περιουσία.
(*characteristic*) (η) ιδιότητα

prophecy /'prɒfəsı/ n (η)
προφητεία

prophet /'prɒfıt/ n (ο)
προφήτης

proportion /prə'pɔːʃn/ n (η)
αναλογία. **in/out of ~**
ανάλογος/δυσανάλογος. ~**al**
adj αναλογικός

proposal /prə'pəʊzl/ n (η)
πρόταση. (*of marriage*)
πρόταση γάμου

propose /prə'pəʊz/ vt
προτείνω. • vi ~**e to** κάνω

πρόταση γάμου σε. **~e to do** σκοπεύω να κάμω

proprietor /prə'praiətə(r)/ n (ο) ιδιοκτήτης, (η) ιδιοκτήτρια

propriety /prə'praiəti/ n (η) ευπρέπεια

prosaic /prə'zeik/ a πεζός

prose /prəuz/ n (ο) πεζός λόγος

prosecut|e /'prɒsikju:t/ vt διώκω. **~ion** /-'kju:ʃn/ n (η) δίωξη. **~or** n (ο) κατήγορος

prospect¹ /'prɒspekt/ n (η) προοπτική. (expectation) (η) προσδοκία

prospect² /prə'spekt/ vi ερευνώ για πολύτιμα μέταλλα

prospective /prə'spektiv/ a επίδοξος. (future) μελλοντικός

prospectus /prə'spektəs/ n (το) προσπέκτους invar, (το) ενημερωτικό δελτίο

prosper /'prɒspə(r)/ vi ευημερώ

prosper|ous /'prɒspərəs/ a ευημερώντας. **~ity** /-'sperəti/ n (η) ευημερία

prostitute /'prɒstitju:t/ n (η) πόρνη

prostrate /'prɒstreit/ a ξαπλωμένος μπρούμυτα

protagonist /prə'tægənist/ n (ο) πρωταγωνιστής, (η) πρωταγωνίστρια

protect /prə'tekt/ vt προστατεύω. **~ion** /-ʃn/ n (η) προστασία

protective /prə'tektiv/ a προστατευτικός

protégé /'prɒtiʒei/ n (ο) προστατευόμενος

protein /'prəuti:n/ n (η) πρωτεΐνη

protest¹ /'prəutest/ n (η) διαμαρτυρία

protest² /prə'test/ vt/i διαμαρτύρομαι. **~er** n (ο) διαμαρτυρόμενος

Protestant /'prɒtistənt/ a προτεσταντικός. • n (ο) προτεστάντης, (η) προτεστάντισσα

protocol /'prəutəkɒl/ n (το) πρωτόκολλο

prototype /'prəutətaip/ n (το) πρότυπο

protrude /prə'tru:d/ vi προεξέχω

proud /praud/ a περήφανος

prove /pru:v/ vt αποδεικνύω. • vi αποδεικνύομαι

proverb /'prɒvɜ:b/ n (η) παροιμία

provide /prə'vaid/ vt προμηθεύω. **~ for** προνοώ

provided /prə'vaidid/ conj **~ (that)** εφόσον

province /'prɒvins/ n (η) επαρχία. (fig) (η) αρμοδιότητα

provincial /prə'vinʃl/ a επαρχιακός

provision /prə'viʒn/ n (η) παροχή. **~s** (οι) προμήθειες

provisional /prə'viʒənl/ a προσωρινός

provo|ke /prə'vəuk/ vt προκαλώ. **~cation** /prɒvə'keiʃn/ n (η) πρόκληση. **~cative** /-'vɒkətiv/ a προκλητικός

prow /prau/ n (η) πλώρη

prowess /'prauis/ n (η)
ανδρεία

prowl /praul/ vi περιφέρομαι
αναζητώντας λεία. • n be on
the ~ περιφέρομαι ύποπτα.
~er n πρόσωπο που
περιφέρεται ύποπτα

proximity /prok'siməti/ n (η)
εγγύτητα

proxy /'proksi/ n (o)
πληρεξούσιος. by ~ δι'
αντιπροσώπου

prude /pru:d/ n (o) σεμνότυφος

prudent /'pru:dnt/ a συνετός

prune /pru:n/ n (το) ξερό
δαμάσκηνο. • vt κλαδεύω

pry /prai/ vi ~ into χώνω τη
μύτη μου σε

psalm /sa:m/ n (o) ψαλμός

pseudo- /'sju:dəu/ pref ψευδο-

pseudonym /'sju:dənim/ n (το)
ψευδώνυμο

psychiatr|y /sai'kaiətri/ n (η)
ψυχιατρική. ~ic /-ı'ætrik/ a
ψυχιατρικός. ~ist n (o, η)
ψυχίατρος

psychic /'saikik/ a ψυχικός

psychoanalys|e
/saikəu'ænəlaiz/ vt ψυχαναλύω.
~t /-ist/ n (o, η) ψυχαναλυτής

psycholog|y /sai'kolədʒi/ n (η)
ψυχολογία. ~ical /-ə'lodʒikl/
a ψυχολογικός. ~ist n (o, η)
ψυχολόγος

psychopath /'saikəupæθ/ n (o,
η) ψυχοπαθής

pub /pʌb/ n (το) παμπ invar

puberty /'pju:bəti/ n (η)
εφηβεία

pubic /'pju:bik/ a ηβικός

public /'pʌblik/ a δημόσιος. in
~ δημοσίως. ~ school n (το)
ιδιωτικό σχολείο μέσης
εκπαιδεύσεως. ~ transport n
(τα) δημόσια μεταφορικά
μέσα. ~ly adv δημόσια,
δημοσίως

publican /'pʌblikən/ n (o)
ταβερνιάρης

publication /pʌblı'keiʃn/ n (in
paper etc) (το) δημοσίευμα. (of
book) (η) έκδοση. (thing
published) (η) δημοσίευση

publicity /pʌb'lisəti/ n (η)
δημοσιότητα

publicize /'pʌblisaiz/ vt
δημοσιοποιώ

publish /'pʌbliʃ/ vt (in paper
etc) δημοσιεύω. (book) εκδίδω.
~er n (o) εκδότης, (η)
εκδότρια. ~ing n (profession)
(το) εκδοτικό επάγγελμα

pudding /'pudiŋ/ n (η)
πουτίγκα

puddle /'pʌdl/ n (η) λακκούβα

puerile /'pjuərail/ a
παιδαριώδης

puff /pʌf/ n (breath) (η) πνοή.
(of wind) (το) φύσημα. • vti
ξεφυσώ. (become inflated)
φουσκώνω. ~ pastry n (η)
ζύμη σφολιάτα. ~ed up a
(out of breath) λαχανιασμένος

puffy /'pʌfi/ a φουσκωμένος

pull /pul/ vti τραβώ. (extract)
βγάζω. ~ a muscle παθαίνω
νευροκαβαλίκεμα. • n (το)
τράβηγμα. (fig) (τα) μέσα. ~
down κατεβάζω. (building)
γκρεμίζω. ~ faces κάνω
μορφασμούς. ~ off (fig)
καταφέρνω. ~ o.s. together
ξαναβρίσκω τον αυτέλεγχο.

~ **out** (*extract*) βγάζω.
(*withdraw*) αποσύρω. ~ **s.o.'s
leg** αστειεύομαι. ~ **through**
επιζώ. ~ **up** τραβώ.
(*reprimand*) κατσαδιάζω. (*auto*)
σταματώ

pulley /'pʊlɪ/ n (η) τροχαλία
pullover /'pʊləʊvə(r)/ n (το)
πουλόβερ invar, Cy. (το) τρικό
pulp /pʌlp/ n (ο) πολτός
pulpit /'pʊlpɪt/ n (ο) άμβωνας
pulsate /pʌl'seɪt/ vi πάλλομαι
pulse /pʌls/ n (ο) σφυγμός
pulverize /'pʌlvəraɪz/ vt
κονιοποιώ
pummel /'pʌml/ vt
γρονθοκοπώ
pump /pʌmp/ n (η) αντλία.
(*shoe*) (η) γόβα. • vt/i
αντλώ/ούμαι
pumpkin /'pʌmpkɪn/ n (η)
κολοκύθα
pun /pʌn/ n (το) λογοπαίγνιο
punch /pʌntʃ/ vt χτυπώ με
γροθιά. (*perforate*) τρυπώ. (*a
hole*) βγάζω. • n (η) γροθιά.
(*vigour: fam*) (η) δύναμη.
(*device*) (το) τρυπητήρι
punctual /'pʌŋktʃʊəl/ a
ακριβής (στην ώρα)
punctuate /'pʌŋktʃʊeɪt/ vt
βάζω τα σημεία στίξεως.
(*interrupt*) διακόπτω κατά
διαστήματα. ~**ion** /-'eɪʃn/ n
(η) στίξη. ~**ion mark** n (το)
σημείο στίξεως
puncture /'pʌŋktʃə(r)/ n (το)
τρύπημα. • vt/i τρυπώ
pungent /'pʌndʒənt/ a δριμύς
punish /'pʌnɪʃ/ vt τιμωρώ.
~**able** a αξιόποινος. ~**ment**
n (η) τιμωρία

punitive /'pju:nɪtɪv/ a
τιμωρητικός
punnet /'pʌnɪt/ n (το) καλαθάκι
puny /'pju:nɪ/ a (*person*)
ασθενικός. (*fig*) ασήμαντος
pupil /'pju:pl/ n (ο) μαθητής,
(η) μαθήτρια. (*of eye*) (η) κόρη
puppet /'pʌpɪt/ n (η) μαριονέτα
pup(py) /'pʌp(ɪ)/ n (το) κουτάβι
purchase /'pɜ:tʃəs/ vt αγοράζω.
• n (η) αγορά. ~**r** n (ο)
αγοραστής, (η) αγοράστρια
pur|e /'pjʊə(r)/ a αγνός. ~**ity**
n (η) αγνότητα
purée /'pjʊəreɪ/ n (ο) πουρές
purge /pɜ:dʒ/ vt καθαρίζω.
(*pol*) εκκαθαρίζω. • n (η)
κάθαρση, (η) εκκαθάριση
purify /'pjʊərɪfaɪ/ vt καθαρίζω
puritan /'pjʊərɪtən/ n (ο)
πουριτανός
purple /'pɜ:pl/ a πορφυρός. • n
(το) πορφυρό (χρώμα)
purpose /'pɜ:pəs/ n (ο) σκοπός.
(*determination*) (η)
αποφασιστικότητα. **on** ~
σκόπιμα. ~**ful** a σκόπιμος
purr /pɜ:(r)/ vi γουργουρίζω
purse /pɜ:s/ n (το) τσαντάκι.
(*Amer*) (η) τσάντα. • vt
σουφρώνω (τα χείλη)
pursue /pə'sju:/ vt καταδιώκω.
~**r** n (ο) διώκτης, (η) διώκτρια
pursuit /pə'sju:t/ n (η)
καταδίωξη. (*fig*) (η) ασχολία
pus /pʌs/ n (το) πύο
push /pʊʃ/ vt/i σπρώχνω.
(*button*) πατώ, πιέζω. (*force*)
προωθώ. • n (το) σπρώξιμο.
(*effort*) (η) προσπάθεια. (*drive*)
(η) δραστηριότητα. **at a** ~

στην ανάγκη. **~ aside** vt
παραμερίζω. **~ back** vt
απωθώ. **~-chair** n (το)
παιδικό καροτσάκι. **~ up**
ανεβάζω. **~y** a (fam)
επιθετικός

puss /pʊs/ n (fam) (η) ψιψίνα

put /pʊt/ vt (pt **put**, pres p
putting) βάζω. (express)
εκφράζω. (say) λέω. (question)
υποβάλλω. (estimate)
υπολογίζω. **~ across**
μεταδίδω. **~ aside**
παραμερίζω. **~ away** βάζω
στη θέση του. **~ back**
(replace) βάζω πίσω στη θέση.
(postpone) αναβάλλω. (clock)
βάζω πίσω. **~ down** (write)
σημειώνω. (suppress)
καταστέλλω. (kill) θανατώνω.
~ forward προτείνω. **~ in**
(insert) βάζω. (submit)
υποβάλλω. **~ in for** κάνω
αίτηση για. **~ off** (postpone)
αναβάλλω. (distract) περισπώ.
(dissuade) αποτρέπω. **~ on**
(clothes) φορώ. (light) ανάβω.
~ out (hand) απλώνω.
(extinguish) σβήνω.
(inconvenience) ενοχλώ.
(disconcert) αναστατώνω. **~
up** (building) ανεγείρω. (price)
ανεβάζω. (guest) φιλοξενώ. **~
up with** ανέχομαι

putrid /'pju:trɪd/ a σάπιος

putty /'pʌtɪ/ n (o) στόκος

puzzl|e /'pʌzl/ n (o) γρίφος.
(game) (το) παιγνίδι
συναρμολόγησης. **~** vt
μπερδεύω. **~ed** a
απορημένος, αμήχανος. **~ing**
a δύσλυτος

pyjamas /pə'dʒɑ:məz/ npl (η)
πιτζάμα

pylon /'paɪlɒn/ n (o) πυλώνας

pyramid /'pɪrəmɪd/ n (η)
πυραμίδα

python /'paɪθn/ n (o) πύθωνας

Qq

quack /kwæk/ n (of duck) (η)
κραυγή της πάπιας. (doctor)
(o) κομπογιαννίτης

quad /kwɒd/ (fam) =
quadrangle, quadruplet

quadrangle /'kwɒdræŋgl/ n
(court) (η) (τετράγωνη)
αυλή

quadruple /'kwɒdru:pl/ a
τετραπλάσιος. • vt/i
τετραπλασιάζω

quadruplet /'kwɒdru:plɪt/ n (το)
τετράδυμο

quaint /kweɪnt/ a ιδιόρρυθμος.
(odd) περίεργος

quake /kweɪk/ vi τρέμω

Quaker /'kweɪkə(r)/ n (o)
κουάκερος

qualification /kwɒlɪfɪ'keɪʃn/ n
(το) προσόν. (ability) (η)
ικανότητα. (reservation) (η)
επιφύλαξη

qualif|y /'kwɒlɪfaɪ/ vt (modify)
περιορίζω. • vi αποκτώ τα
προσόντα. (satisfy conditions)
ικανοποιώ τους όρους. **~ied**
a διπλωματούχος. (limited)
περιορισμένος

quality /'kwɒləti/ n (η)
ποιότητα

qualm /kwa:m/ n ενδοιασμός

quandary /'kwɒndrɪ/ n **in a ~**
σε δίλημμα

quantity /'kwɒntəti/ n (η)
ποσότητα

quarantine /'kwɒrəntiːn/ n (η)
καραντίνα. **in ~** σε καραντίνα

quarrel /'kwɒrəl/ n (ο) καβγάς.
• vi καβγαδίζω. **~some** a
καβγατζής

quarry /'kwɒrɪ/ n (prey) (το)
θήραμα. (excavation) (το)
λατομείο

quarter /'kwɔːtə(r)/ n (το)
τέταρτο. (of year) (η) τριμηνία.
(district) (η) συνοικία. **~s** npl
(lodgings) (τα) διαμερίσματα.
(mil) (το) κατάλυμα. • vt
χωρίζω στα τέσσερα. (mil)
εξασφαλίζω κατάλυμα. **(a) ~
past two** δύο και τέταρτο. **(a)
~ to seven** εφτά παρά
τέταρτο. **~-final** n (ο)
προημιτελικός

quartet /kwɔː'tet/ n (το)
κουαρτέτο

quartz /kwɔːts/ n (ο) χαλαζίας

quash /kwɒʃ/ vt καταπνίγω

quasi- /'kweɪsaɪ/ pref δήθεν

quaver /'kweɪvə(r)/ vi τρέμω.
• n (mus) (το) όγδοο

quay /kiː/ n (η) προκυμαία

queasy /'kwiːzɪ/ a **feel ~** έχω
αναγούλες

queen /kwiːn/ n (η) βασίλισσα.
(cards) (η) ντάμα

queer /kwɪə(r)/ a αλλόκοτος.
(ill) αδιάθετος. (sl) τοιούτος

quell /kwel/ vt καταπνίγω

quench /kwentʃ/ vt σβήνω

query /'kwɪərɪ/ n (το) επώτημα.
• vt ρωτώ. (doubt) αμφισβητώ

quest /kwest/ n (η) αναζήτηση

question /'kwestʃən/ n (η)
ερώτηση. (for discussion) (το)
θέμα. • vt ρωτώ. (doubt)
αμφισβητώ. **it is out of the ~**
αποκλείεται. **~ mark** n (το)
ερωτηματικό

questionable /'kwestʃənəbl/ a
αμφισβητήσιμος

questionnaire /ˌkwestʃə'neə(r)/
n (το) ερωτηματολόγιο

queue /kjuː/ n (η) ουρά. • vi
στέκομαι στην ουρά

quibble /'kwɪbl/ vi φιλολογώ.
• n (το) φιλολόγημα

quick /kwɪk/ a γρήγορος. • adv
γρήγορα. **~-tempered** a
ευέξαπτος. **~-witted** a
οξύνους. **to the ~** βαθιά. **~ly**
adv γρήγορα

quicksand /'kwɪksænd/ n (η)
κινούμενη άμμος

quid /kwɪd/ n invar (sl) (η) λίρα

quiet /'kwaɪət/ a ήσυχος.
(calm) ήρεμος. (silent)
σιωπηλός. • n (η) ησυχία. **~ly**
adv ήσυχα, ήρεμα. **~ness** n
(η) ησυχία, (η) ηρεμία

quieten /'kwaɪətn/ vt/i
ησυχάζω

quill /kwɪl/ n (το) φτερό (για
γράψιμο)

quilt /kwɪlt/ n (το) πάπλωμα

quince /kwɪns/ n (το) κυδώνι

quintet /kwɪn'tet/ n (το)
κουιντέτο

quip /kwɪp/ n (το) πείραγμα.
• vt πειράζω

quirk /kwɜːk/ n (η)
εκκεντρικότητα

quit /kwɪt/ vt αφήνω, φεύγω από. (cease: Amer) σταματώ. • vi φεύγω

quite /kwaɪt/ adv (completely) εντελώς. (somewhat) μάλλον, αρκετά. (really) πραγματικά. **~ (so)!** ακριβώς! **~ a few** πολλοί

quits /kwɪts/ adv πάτσι

quiver /ˈkwɪvə(r)/ vi τρέμω

quiz /kwɪz/ n (η) ανάκριση. (game) (το) κουίζ invar. • vt κάνω ερωτήσεις σε

quota /ˈkwəʊtə/ n (ο) καθορισμένος αριθμός

quotation /kwəʊˈteɪʃn/ n (το) απόσπασμα. (price) (η) τιμή. **~ marks** npl (τα) εισαγωγικά

quote /kwəʊt/ vt παραθέτω. (price) δίνω. • n (το) απόσπασμα. (price) (η) τιμή

....

Rr

....

rabbi /ˈræbaɪ/ n (ο) ραβίνος

rabbit /ˈræbɪt/ n (το) κουνέλι

rabble /ˈræbl/ n (ο) όχλος

rabid /ˈræbɪd/ a (dog) λυσσασμένος. (fig) μανιατικός

rabies /ˈreɪbiːz/ n (η) λύσσα

race[1] /reɪs/ n (on foot) (ο) αγώνας δρόμου. (horses) (η) ιπποδρομία. (boats) (η) λεμβοδρομία. • vt (person) • vi (run) τρέχω. (engine) μαρσάρω. **~-track** n (η) πίστα. **racing** n (οι) αγώνες

ταχύτητας. **racing car** n (το) αγωνιστικό αυτοκίνητο

race[2] /reɪs/ n (η) φυλή

racecourse /ˈreɪskɔːs/ n (ο) ιππόδρομος

racehorse /ˈreɪshɔːs/ n (το) άλογο ιπποδρομιών

racial /ˈreɪʃl/ a φυλετικός. **~ism** /-ʃətɪzəm/ n = **racism**. **~ist** /-ʃəlɪst/ n & a = **racist**

racis|t /ˈreɪsɪst/ a ρατσιστικός. • n (ο) ρατσιστής, (η) ρατσίστρια. **~m** /-zəm/ n (ο) ρατσισμός

rack /ræk/ n (η) σχάρα. (for luggage) (το) ράφι. (for plates) (η) πιατοθήκη. • vt **~ one's brains** σπάζω το κεφάλι μου. **go to ~ and ruin** ρημάζω

racket /ˈrækɪt/ n (bat) (η) ρακέτα. (din) (ο) σαματάς. (swindle: sl) (η) κομπίνα.

radar /ˈreɪdɑː(r)/ n (το) ραντάρ invar

radiant /ˈreɪdɪənt/ a ακτινοβόλος

radiat|e /ˈreɪdɪeɪt/ vt/i ακτινοβολώ. **~ion** /-ˈeɪʃn/ n (η) ακτινοβολία. (radioactivity) (η) ραδιενέργεια

radiator /ˈreɪdɪeɪtə(r)/ n (το) καλοριφέρ invar. (of car) (το) ψυγείο

radical /ˈrædɪkl/ a ριζικός. • n (ο) ριζοσπάστης

radio /ˈreɪdɪəʊ/ n (το) ραδιόφωνο

radioactive /reɪdɪəʊˈæktɪv/ a ραδιενεργός. **~ity** /-ˈtɪvətɪ/ n (η) ραδιενέργεια

radish /ˈrædɪʃ/ n (το) ραπάνι

radius /ˈreɪdɪəs/ n (η) ακτίνα

raffle /ræfl/ n (το) λαχείο

raft /rɑ:ft/ n (η) σχεδία

rafter /ˈrɑ:ftə(r)/ n (το) δοκάρι

rag /ræg/ n (το) κουρέλι. (pej, newspaper) (η) φυλλάδα

rage /reɪdʒ/ n (η) οργή. (fashion) (η) μανία. • vi εξοργίζομαι. (storm, battle) μαίνομαι

ragged /ˈrægɪd/ a κουρελιασμένος. (outline, edge) τραχύς

raid /reɪd/ n (η) επιδρομή. • vt κάνω επιδρομή σε

rail /reɪl/ n (το) κιγκλίδωμα. (for train) (η) σιδηροτροχιά. **by ~** (η) σιδηροδρομικώς, με τρένο. • vi **~ against/at** τα βάζω με

railing /ˈreɪlɪŋ/ n (το) κιγκλίδωμα

railroad /ˈreɪlrəʊd/ n (Amer) = **railway**

railway /ˈreɪlweɪ/ n (ο) σιδηρόδρομος. **~ station** n (ο) σιδηροδρομικός σταθμός

rain /reɪn/ n (η) βροχή. • vi **it's ~ing** βρέχει.

rainbow /ˈreɪnbəʊ/ n (το) ουράνιο τόξο

raincoat /ˈreɪnkəʊt/ n (το) αδιάβροχο

rainfall /ˈreɪnfɔ:l/ n (η) βροχόπτωση

rainy /ˈreɪnɪ/ a βροχερός

raise /reɪz/ vt σηκώνω. (hat) βγάζω. (glass, voice) υψώνω. (breed) μεγαλώνω. (money etc.) μαζεύω. (question) εγείρω. • n (Amer) (η) αύξηση

raisin /ˈreɪzn/ n (η) σταφίδα

rake /reɪk/ n (η) τσουγκράνα. (man) παραλυμένος. • vt ισοπεδώνω (με τσουγκράνα). (search) ψάχνω

rally /ˈrælɪ/ vt/i ανασυντάσσω/ομαι. (recover) συνέρχομαι. • n (ο) συναγερμός (auto) (το) ράλι invar

ram /ræm/ n (το) κριάρι. • vt χώνω. (crash into) χτυπώ (βίαια)

ramble /ˈræmbl/ n (ο) περίπατος. • vi πηγαίνω σε μακρινούς περιπάτους. (in speech) μιλώ ασυνάρτητα. **~ing** a ασυνάρτητος

ramp /ræmp/ n (η) ράμπα

rampage¹ /ræmˈpeɪdʒ/ vi ορμώ με βίαιο και άτακτο τρόπο

rampage² /ˈræmpeɪdʒ/ n **go on the ~** = **rampage¹**

rampant /ˈræmpənt/ a (disease etc.) εξαπλωμένος

rampart /ˈræmpɑ:t/ n (η) έπαλξη

ran /ræn/ see RUN

ranch /rɑ:ntʃ/ n (το) ράντσο

rancid /ˈrænsɪd/ a ταγκός

rancour /ˈræŋkə(r)/ n (η) μνησικακία

random /ˈrændəm/ a τυχαίος. • n **at ~** στην τύχη

randy /ˈrændɪ/ a λάγνος

rang /ræŋ/ see RING

range /reɪndʒ/ n (distance) (η) απόσταση. (series) (η) σειρά. (of mountains) (η) οροσειρά. (comm) (η) γραμμή. (scale) (η) κλίμακα. (mus) (η) έκταση. (open area) (το) πεδίο. (cooker) (η) μεγάλη μαγειρική συσκευή.

(*missile*) (το) βεληνεκές. • *vi* εκτείνομαι. (*vary*) κυμαίνομαι

ranger /'reindʒə(r)/ *n* (ο) δασοφύλακας

rank /ræŋk/ *n* (ο) βαθμός. (*social position*) (η) θέση. **~s** (οι) απλοί στρατιώτες. • *a* πυκνός. (*smell*) δύσοσμος. (*fig*) τέλειος. • *vt/i* κατατάσσω/ομαι. (*place*) τοποθετώ/ούμαι. the **~ and file** (τα) απλά μέλη

ransack /'rænsæk/ *vt* κάνω άνω-κάτω. (*pillage*) λεηλατώ

ransom /'rænsəm/ *n* (τα) λύτρα. • *vt* ελευθερώνω έναντι λύτρων. **hold to ~** εκβιάζω

rant /rænt/ *vi* φωνάζω δυνατά

rap /ræp/ *n* (το) χτύπημα. • *vt/i* χτυπώ

rap|e /reip/ *vt* βιάζω. • *n* (ο) βιασμός. **~ist** *n* (ο) βιαστής

rapid /'ræpid/ *a* ταχύς. **~ly** *adv* γρήγορα

raptur|e /'ræptʃə(r)/ *n* (η) έκσταση. **~ous** *a* εκστατικός

rar|e /reə(r)/ *a* σπάνιος. (*culin*) ψημένος ελαφρά. **~ely** *adv* σπάνια. **~ity** *n* (η) σπανιότητα

rascal /'ra:skl/ *n* (ο) μασκαράς (παλιάνθρωπος)

rash /ræʃ/ *n* (το) εξάνθημα. • *a* απερίσκεπτος

raspberry /'ra:zbrɪ/ *n* (το) σμέουρο

rat /ræt/ *n* (ο) αρουραίος, (*fam*) (ο) (μεγάλος) ποντικός

rate /reit/ *n* (*proportion*) (η) αναλογία. (*degree*) (ο) βαθμός. (*speed*) (η) ταχύτητα. (*price*) (η) τιμή. (*comm*) (το) τέλος. • *vt* θεωρώ. (*value*) εκτιμώ. • *vi*

θεωρούμαι. at any **~** εν πάση περιπτώσει. at this **~** μ' αυτό το ρυθμό

rather /'ra:ðə(r)/ *adv* μάλλον. (*fairly*) κάπως. **I would ~ not** μάλλον όχι. **I would ~ wait** προτιμώ να περιμένω. **~ than** παρά

ratify /'rætifai/ *vt* επικυρώνω

rating /'reitiŋ/ *n* (η) κατάταξη. (*sailor*) (ο) απλός ναύτης. **~s** (*TV*) (η) ακροαματικότητα

ratio /'reiʃiəʊ/ *n* (η) αναλογία

ration /'ræʃn/ *n* (η) μερίδα με το δελτίο. • *vt* περιορίζω

rational /'ræʃnəl/ *a* λογικός

rationalize /'ræʃnəlaiz/ *vt* αιτιολογώ

rattle /'rætl/ *vi* κροταλίζω. • *vt* (*shake*) κουδουνίζω. (*fam*) ταράσσω. • *n* (*sound*) (το) κροτάλισμα. (*toy*) (η) κουδουνίστρα

rattlesnake /'rætlsneik/ *n* (ο) κροταλίας

raucous /'rɔːkəs/ *a* βραχνός

ravage /'rævidʒ/ *vt* ερημώνω

rave /reiv/ *vi* παραληρώ. (*in anger*) μαίνομαι

raven /'reivn/ *n* (το) κοράκι

ravenous /'rævənəs/ *a* λιμασμένος

ravine /rə'vi:n/ *n* (η) χαράδρα

raving /'reiviŋ/ *a* παραληρών

raw /rɔː/ *a* ωμός. (*not processed*) ακατέργαστος. (*wound*) ανοιχτός. (*inexperienced*) άπειρος. **~ materials** *npl* (οι) πρώτες ύλες

ray /rei/ *n* (η) ακτίνα. (*of hope*) (η) ακτίδα

raze /reiz/ *vt* ισοπεδώνω

razor /'reɪzə(r)/ n (το) ξυράφι.
~-blade n (η) λεπίδα ξυραφιού

re /ri:/ prep αναφορικά με

reach /ri:tʃ/ vt (extend) φτάνω. (arrive at) φτάνω σε. (contact) έρχομαι σ' επαφή με. • vi φτάνω. • n (το) άπλωμα. (of river) ανοιχτή έκταση ποταμού. **out of ~** απρόσιτος. **within ~** προσιτός σε. (close to) κοντά

react /rɪ'ækt/ vi αντιδρώ

reaction /rɪ'ækʃn/ n (η) αντίδραση. **~ary** a αντιδραστικός

reactor /rɪ'æktə(r)/ n (ο) αντιδραστήρας

read /ri:d/ vt/i (pt read /red/) διαβάζω. (study) σπουδάζω. (of instrument) δείχνω. • n (το) διάβασμα. **~able** a (legible) ευανάγνωστος. (enjoyable) ευχάριστος στο διάβασμα. **~ing** n (το) διάβασμα

reader /'ri:də(r)/ n (ο) αναγνώστης, (η) αναγνώστρια. (book) (το) αναγνωστικό

readily /'redɪlɪ/ adv πρόθυμα. (easily) εύκολα

readiness /'redɪnɪs/ n (η) προθυμία. **in ~** σε ετοιμότητα

readjust /ri:ə'dʒʌst/ vt/i αναπροσαρμόζω/ομαι

ready /'redɪ/ a έτοιμος. (quick) γρήγορος. **get ~** ετοιμάζομαι. **~-made** a έτοιμος

real /rɪəl/ a πραγματικός adv (Amer, fam) πολύ. **~ estate** n (το) ακίνητο

realist /rɪəlɪst/ n (ο) ρεαλιστής, (η) ρεαλίστρια.

~m /-zəm/ n (ο) ρεαλισμός.
~tic /-'lɪstɪk/ a ρεαλιστικός

reality /rɪ'ælɪtɪ/ n (η) πραγματικότητα

realize /'rɪəlaɪz/ vt αντιλαμβάνομαι. (fulfil, comm) πραγματοποιώ. **~ation** /-'zeɪʃn/ n (η) αντίληψη, (η) πραγματοποίηση

really /'rɪəlɪ/ adv πράγματι

realm /relm/ n (το) βασίλειο

reap /ri:p/ vt θερίζω

reappear /ri:ə'pɪə(r)/ vi επανεμφανίζομαι

rear /rɪə(r)/ n (το) πίσω μέρος. • a πίσω. • vt μεγαλώνω. (raise) σηκώνω. • vi **~ (up)** (horse) ανορθώνομαι στα πισινά πόδια

rearrange /ri:ə'reɪndʒ/ vt ξανατακτοποιώ

reason /'ri:zn/ n (ο) λόγος. (cause) (η) αιτία. • vi συλλογίζομαι. **within ~** μέσα σε λογικά όρια. **~ing** n (ο) συλλογισμός

reasonabl|e /'ri:znəbl/ a λογικός. **~y** adv λογικά. (fairly) δίκαια

reassur|e /ri:ə'ʃʊə(r)/ vt καθησυχάζω. **~ing** a καθησυχαστικός

rebate /'ri:beɪt/ n (η) έκπτωση

rebel[1] /'rebl/ n (ο) επαναστάτης, (η) επαναστάτρια. • a επαναστατημένος

rebel[2] /rɪ'bel/ vi επαναστατώ. **~lion** (η) εξέγερση. **~lious** a επαναστατικός

rebound[1] /rɪ'baʊnd/ vi αναπηδώ. (fig) επιστρέφω

rebound[2] /'ri:baʊnd/ *n* (η) αναπήδηση

rebuild /ri:'bɪld/ *vt* ξανακτίζω

rebuke /rɪ'bju:k/ *vt* επιπλήττω. • *n* (η) επίπληξη

recall /rɪ'kɔ:l/ *vt* ανακαλώ. (*remember*) θυμάμαι. • *n* (η) ανάκληση

recap /'ri:kæp/ *vt*/i ανακεφαλαιώνω

recede /rɪ'si:d/ *vi* υποχωρώ

receipt /rɪ'si:t/ *n* (η) παραλαβή. (*for money*) (η) απόδειξη. ~**s** (*comm*) (οι) εισπράξεις

receive /rɪ'si:v/ *vt* λαμβάνω, παίρνω. ~**r** /-ə(r)/ *n* (*of telephone*) (το) ακουστικό

recent /'ri:snt/ *a* πρόσφατος. ~**ly** *adv* πρόσφατα

receptacle /rɪ'septəkl/ *n* (το) δοχείο

reception /rɪ'sepʃn/ *n* (η) υποδοχή. (*welcome*) (το) καλωσόρισμα. (*party*) (η) δεξίωση. (*on radio etc.*) (η) λήψη. (*at hotel*) (η) υποδοχή, (η) ρεσεψιόν *invar*. ~**ist** *n* (o, η) υπάλληλος υποδοχής

receptive /rɪ'septɪv/ *a* επιδεκτικός

recess /rɪ'ses/ *n* (το) κοίλωμα. (*fig*) (η) διακοπή. (*holiday*) (οι) διακοπές. (*schol, Amer*) (το) διάλειμμα

recession /rɪ'seʃn/ *n* (η) ύφεση

recharge /ri:'tʃɑ:dʒ/ *vt* επαναφορτίζω

recipe /'resəpɪ/ *n* (η) συνταγή

recipient /rɪ'sɪpɪənt/ *n* (o) παραλήπτης

reciprocal /rɪ'sɪprəkl/ *a* αμοιβαίος

recital /rɪ'saɪtl/ *n* (η) αφήγηση. (*theatr*) (το) ρεσιτάλ *invar*

recite /rɪ'saɪt/ *vt* απαγγέλλω. (*list*) απαριθμώ

reckless /'reklɪs/ *a* παράτολμος

reckon /'rekən/ *vt*/i υπολογίζω. (*consider*) νομίζω. ~ **on** (*rely*) βασίζομαι σε. ~ **with** λογαριάζω

reclaim /rɪ'kleɪm/ *vt* ζητώ την επιστροφή. (*land*) εκχερσώνω

recline /rɪ'klaɪn/ *vi* πλαγιάζω

recognition /rekəg'nɪʃn/ *n* (η) αναγνώριση

recognize /'rekəgnaɪz/ *vt* αναγνωρίζω

recoil /rɪ'kɔɪl/ *vi* αναπηδώ. (*in fear*) οπισθοχωρώ

recollect /rekə'lekt/ *vt* θυμάμαι. ~**ion** /-ʃn/ *n* (η) ανάμνηση

recommend /rekə'mend/ *vt* συνιστώ. ~**ation** /-'deɪʃn/ *n* (η) σύσταση

recompense /'rekəmpens/ *vt* ανταμείβω. • *n* (η) ανταμοιβή

reconcile /'rekənsaɪl/ *vt* (*people*) συμφιλιώνω. (*facts*) συμβιβάζω. ~**iation** /-sɪlɪ'eɪʃn/ *n* (η) συμφιλίωση, (o) συμβιβασμός

reconnaissance /rɪ'kɒnɪsns/ *n* (η) αναγνώριση

reconsider /ri:kən'sɪdə(r)/ *vt* αναθεωρώ. • *vi* ξανασκέφτομαι

reconstruct /ri:kən'strʌkt/ *vt* ανοικοδομώ. (*events*) κάνω αναπαράσταση

record[1] /rɪ'kɔ:d/ *vt*/i καταγράφω. (*sound*) ηχογραφώ. (*on tape*) μαγνητοφωνώ. ~**ing** *n* (η) καταγραφή, (η) ηχογράφηση, (η) μαγνητοφώνηση

record[2] /'reko:d/ n (report) (τα) πρακτικά. (file) (το) αρχείο. (mus) (ο) δίσκος. (sport) (το) ρεκόρ invar. (criminal) (το) μητρώο. **~-player** n (το) πικ απ invar

recorder /rı'kɔ:də(r)/ n (ο) αρχειοφύλακας. (mus) (ο) αυλός

recount /rı'kaunt/ vt εξιστορώ

re-count[1] /ri:'kaunt/ vt ξαναμετρώ

re-count[2] /'ri:kaunt/ n (pol) (η) νέα καταμέτρηση (ιδ. ψήφων)

recourse /rı'kɔ:s/ n (η) προσφυγή

recover /rı'kʌvə(r)/ vt ξαναβρίσκω. • vi συνέρχομαι. (med) αναρρώνω. **~y** n (η) ανάκτηση. (of health) (η) ανάρρωση

recreation /rekrı'eıʃn/ n (η) ψυχαγωγία

recrimination /rıkrımı'neıʃn/ n (η) αντέγκληση

recruit /rı'kru:t/ n (ο) νεοσύλλεκτος. • vt στρατολογώ. **~ment** n (η) στρατολογία

rectangle /'rektæŋgl/ n (το) ορθογώνιο

rectify /'rektıfaı/ vt επανορθώνω

rector /'rektə(r)/ n (ο) εφημέριος. (of college) (ο) πρύτανης. **~y** n (το) πρεσβυτέριο

recuperate /rı'kju:pəreıt/ vi αναρρώνω

recur /rı'kɜ:(r)/ vi επανεμφανίζομαι

recurrent /rı'kʌrənt/ a επαναλαμβανόμενος

recycle /ri:'saıkl/ vt ανακυκλώνω

red /red/ a κόκκινος. • n (το) κόκκινο. **in the ~** (account) χρεωμένος. **R~ Cross** (ο) Ερυθρός Σταυρός. **~-handed** a επ' αυτοφώρω. **~-hot** a πυρακτωμένος. **~ tape** (η) γραφειοκρατία. **~ness** n (το) κοκκίνισμα

redden /'redn/ vt/i κοκκινίζω

redeem /rı'di:m/ vt λυτρώνω

redirect /ri:daıə'rekt/ vt (mail) στέλνω σε νέα διεύθυνση

redo /ri:'du:/ vt ξανακάνω

redress /rı'dres/ vt αποκαθιστώ. • n (η) αποκατάσταση

reduce /rı'dju:s/ vt μειώνω. • vi καταντώ. **~ed** a (in price) μειωμένος. **~tion** /-'dʌkʃn/ n (η) μείωση

redundan|t /rı'dʌndənt/ a περιττός. (worker) πλεονάζων. **~cy** n (ο) πλεονασμός, (η) απόλυση πλεονάζοντος προσωπικού

reed /ri:d/ n (το) καλάμι

reef /ri:f/ n (ο) ύφαλος

reek /ri:k/ vi βρωμώ

reel /ri:l/ n (το) καρούλι. • vi ζαλίζομαι. (stagger) τρικλίζω

refectory /rı'fektərı/ n (η) τραπεζαρία (σε κολέγιο ή μοναστήρι)

refer /rı'fɜ:(r)/ vt/i **~ to** αναφέρομαι σε. (concern) αφορώ. (for information) παραπέμπω σε. (consult) απευθύνομαι σε

referee /refə'ri:/ n (o) διαιτητής. • vt διαιτητεύω

reference /'refrəns/ n (mention) (η) αναφορά. (comm) (η) αρμοδιότητα. (in bibliography) (η) παραπομπή. **~s** (οι) συστάσεις

referendum /refə'rendəm/ n (το) δημοψήφισμα

refill¹ /ri:'fil/ vt αναπληρώνω. (pen etc.) ξαναγεμίζω

refill² /'ri:fil/ n (το) ανταλλακτικό

refine /ri'fain/ vt διυλίζω. (fig) εκλεπτύνω. **~d** a εκλεπτυσμένος. **~ment** n (η) λεπτότητα. **~ry** /-əri/ n (το) διυλιστήριο

reflect /ri'flekt/ vt αντανακλώ. • vi **~ (up)on** συλλογίζομαι. **~ion** /-kʃn/ n (η) αντανάκλαση. (image) (η) εικόνα. (thought) (η) σκέψη. **~or** n (o) αντανακλαστήρας

reflex /'ri:fleks/ a αντανακλαστικός. • n (το) αντανακλαστικό

reflexive /ri'fleksiv/ a (gram) αυτοπαθής

reform /ri'fɔ:m/ vt μεταρρυθμίζω. • vi διορθώνομαι. • n (η) μεταρρύθμιση

refrain /ri'frein/ vi **~ from sth/doing** αποφεύγω κτ/να κάνω

refresh /ri'freʃ/ vt δροσίζω. **~ing** a δροσιστικός. **~ments** npl (τα) αναψυκτικά

refrigerate /ri'fridʒəreit/ vt ψύχω. **~or** n (το) ψυγείο

refuel /ri:'fju:əl/ vt/i ανεφοδιάζω/ομαι

refuge /'refju:dʒ/ n (το) καταφύγιο

refugee /refjʊ'dʒi:/ n (o) πρόσφυγας

refund¹ /ri'fʌnd/ vt επιστρέφω

refund² /'ri:fʌnd/ n (η) επιστροφή χρημάτων

refuse¹ /ri'fju:z/ vt/i αρνούμαι. **~al** n (η) άρνηση

refuse² /'refju:s/ n (τα) απορρίμματα

refute /ri'fju:t/ vt αποκρούω

regain /ri'gein/ vt ανακτώ

regal /'ri:gl/ a βασιλικός

regard /ri'ga:d/ vt (consider) θεωρώ (as, ως). • n (η) εκτίμηση. **~s** npl (τα) χαιρετίσματα. as **~s**, **~ing** preps σχετικά με

regardless /ri'ga:dlis/ adv **~ of** άσχετα με

regime /rei'ʒi:m/ n (το) καθεστώς

regiment /'redʒimənt/ n (το) σύνταγμα

region /'ri:dʒən/ n (η) περιοχή. **~al** a της περιοχής

register /'redʒistə(r)/ n (το) μητρώο. • vt (record) καταγράφω. (vehicle) εγγράφω. (birth, death) δηλώνω. (enrol) εγγράφω. • vi (enrol) εγγράφομαι. **~ a letter** στέλνω συστημένο γράμμα. **~ry office** n (το) ληξιαρχείο. **~ration** /-'streiʃn/ n (η) εγγραφή. **~ration number** n (auto) (o) αριθμός κυκλοφορίας

registrar /redʒi'stra:(r)/ n (o) ληξίαρχος. (univ) (η) γραμματεία.

regret /rɪ'gret/ n (η) λύπη.
(*remorse*) (η) μεταμέλεια. • *vt*
λυπάμαι. (*repent*) μετανιώνω.
~fully *adv* με λύπη. **~table** *a*
ατυχής

regular /'regjʊlə(r)/ *a*
κανονικός. (*usual*)
συνηθισμένος. • *n* (*customer*)
(ο) τακτικός πελάτης. **~ity**
/-'lærəti/ n (η) τακτικότητα

regulat|e /'regjʊleit/ *vt*
ρυθμίζω. **~ion** /-'leiʃn/ n (η)
ρύθμιση. (*rule*) (ο) κανονισμός

rehabilitate /riːə'biliteit/ *vt*
επαναφέρω στην κοινωνία

rehears|e /rɪ'hɜːs/ *vt/i* κάνω
πρόβα. **~al** n (η) πρόβα

reign /rein/ n (η) βασιλεία. • *vi*
βασιλεύω

reimburse /riːɪm'bɜːs/ *vt*
αποζημιώνω

reindeer /'reindiə(r)/ n *invar* (ο)
τάρανδος

reinforce /riːɪn'fɔːs/ *vt*
ενισχύω. **~ment** n (η)
ενίσχυση

reins /reinz/ *npl* (τα) ηνία

reinstate /riːɪn'steit/ *vt*
αποκαθιστώ

reiterate /riː'itəreit/ *vt*
επαναλαμβάνω

reject[1] /rɪ'dʒekt/ *vt* αρνούμαι.
(*refuse to accept*) απορρίπτω.
~ion /-kʃn/ n (η) απόρριψη

reject[2] /'riːdʒekt/ n (το)
απόρριμμα

rejoice /rɪ'dʒɔis/ *vi* χαίρομαι

relapse /rɪ'læps/ n (η)
υποτροπή. • *vi* ξαναπέφτω

relate /rɪ'leit/ *vt* αφηγούμαι.
(*connect*) συσχετίζω. • *vi* **~ to**
(*refer to*) αναφέρομαι σε.

(*identify with*) σχετίζομαι με.
~d *a* (*ideas etc.*)
σχετιζόμενος. **be ~d to**
συγγενεύω με

relation /rɪ'leiʃn/ n (η)
αφήγηση. (*person*) (ο)
συγγενής. **~ship** n (η) σχέση.
(*kinship*) (η) συγγένεια

relative /'relətiv/ n (ο, η)
συγγενής. • *a* σχετικός

relax /rɪ'læks/ *vt/i* ηρεμώ. • *vt*
(*rules, grip etc.*) χαλαρώνω.
~ation /riːlæk'seiʃn/ n (η)
ξεκούραση. **~ed** *a* πιο
ήρεμος. **~ing** *a* που
ξεκουράζει

relay[1] /'riːlei/ n (*race*) (η)
σκυταλοδρομία

relay[2] /rɪ'lei/ *vt* αναμεταδίδω

release /rɪ'liːs/ *vt* ελευθερώνω.
(*film*) κυκλοφορώ. (*information
etc.*) ανακοινώνω. (*mech*)
απασφαλίζω. (*brake*) λύνω. • *n*
(η) απελευθέρωση. (η)
απασφάλιση. (*of prisoner*) (η)
απόλυση

relegate /'religeit/ *vt*
υποβιβάζω

relent /rɪ'lent/ *vi* ενδίδω.
~less *a* αμείλικτος

relevan|t /'reləvənt/ *a*
σχετικός. **~ce** n (η) σχέση

reliable /rɪ'laiəbl/ *a* αξιόπιστος

reliance /rɪ'laiəns/ n (η)
στήριξη. (*trust*) (η)
εμπιστοσύνη

relic /'relik/ n (το) λείψανο.
~s *npl* (τα) κειμήλια

relief /rɪ'liːf/ n (η) ανακούφιση.
(*assistance*) (η) βοήθεια.
(*replacement*) (η)
αντικατάσταση. (*outline*) (το)
ανάγλυφο

relieve /rɪ'li:v/ vt ανακουφίζω. (*take over from*) αντικαθιστώ. **~d** a ανακουφισμένος

religion /rɪ'lɪdʒən/ n (η) θρησκεία

religious /rɪ'lɪdʒəs/ a θρήσκος

relinquish /rɪ'lɪŋkwɪʃ/ vt εγκαταλείπω

relish /'relɪʃ/ n (η) απόλαυση. (*culin*) πικάντικη σάλτσα. • vt απολαμβάνω

reluctant /rɪ'lʌktənt/ a απρόθυμος (**to**, να). **~ly** adv απρόθυμα

rely /rɪ'laɪ/ vi **~ on** (*trust*) βασίζομαι σε. (*depend*) στηρίζομαι σε

remain /rɪ'meɪn/ vi παραμένω. **~ing** a υπόλοιπος. **~s** npl (τα) υπολείμματα. (*dead body*) (το) λείψανο

remand /rɪ'mɑ:nd/ vt **~ (in custody)** προφυλακίζω. • n be on **~** παραπέμπομαι

remark /rɪ'mɑ:k/ n (η) παρατήρηση. • vt παρατηρώ. • vi **~ (up)on** σχολιάζω. **~able** a αξιόλογος

remarry /ri:'mærɪ/ vi ξαναπαντρεύομαι

remedy /'remədɪ/ n (η) θεραπεία. • vt γιατρεύω

remember /rɪ'membə(r)/ vt/i θυμάμαι

remind /rɪ'maɪnd/ vt θυμίζω. **~er** n (η) υπενθύμιση

reminisce /remɪ'nɪs/ vi αναπολώ. **~nces** npl (οι) αναπολήσεις

remission /rɪ'mɪʃn/ n (η) ύφεση. (*jur*) (η) μείωση (ποινής)

remit /rɪ'mɪt/ vt (*money*) εμβάζω. **~tance** n (το) έμβασμα

remnant /'remnənt/ n (το) υπόλειμμα. (*of cloth*) (το) ρετάλι. (*trace*) (το) ίχνος

remorse /rɪ'mɔ:s/ n (η) τύψη

remote /rɪ'məʊt/ a μακρινός. (*slight*) ελάχιστος. **~ control** n (το) τηλεχειριστήριο. **~ly** adv ελάχιστα

remov|e /rɪ'mu:v/ vt μετακινώ. (*dismiss*) απολύω. (*get rid of*) αφαιρώ. (*stain*) βγάζω. **~al** n (η) μετακίνηση. (*from house*) (η) μετακόμιση

remunerate /rɪ'mju:nəreɪt/ vt αμείβω

render /'rendə(r)/ vt προσφέρω. (*fat*) λιώνω. (*translate*) αποδίδω

rendezvous /'rɒndɪvu:/ n (το) ραντεβού invar

renew /rɪ'nju:/ vt ανανεώνω. (*resume*) επαναλαμβάνω **~al** n (η) ανανέωση

renounce /rɪ'naʊns/ vt απαρνιέμαι. (*disown*) αποκηρύσσω

renovat|e /'renəveɪt/ vt ανακαινίζω. **~ion** n /-'veɪʃn/ n (η) ανακαίνιση

renown /rɪ'naʊn/ n (η) διασημότητα. **~ed** a διάσημος

rent /rent/ n (το) ενοίκιο, (το) νοίκι. • vt ενοικιάζω, νοικιάζω

reopen /ri:'əʊpən/ vt/i ξανανοίγω

reorganize /ri:'ɔ:gənaɪz/ vt αναδιοργανώνω

rep /rep/ n (comm (ο) πωλητής
(πλασιέ). (theatr) (ο) θίασος (με
ρεπερτόριο)

repair /rɪˈpeə(r)/ vt
επισκευάζω. • n (η) επισκευή

repartee /repɑːˈtiː/ n (η)
πνευματώδης απάντηση

repay /riːˈpeɪ/ vt ξεπληρώνω.
(reward) ανταποδίδω

repeal /rɪˈpiːl/ vt ακυρώνω. • n
(η) ακύρωση

repeat /rɪˈpiːt/ vt/i
επαναλαμβάνο/ομαι. • n (η)
επανάληψη. ~edly adv
επανειλημμένα

repel /rɪˈpel/ vt αποκρούω.
~lent a αποκρουστικός

repent /rɪˈpent/ vi μετανιώνω,
μετανοώ. ~ance n (η)
μετάνοια

repercussion /riːpəˈkʌʃn/ n (ο)
αντίκτυπος

repertoire /ˈrepətwɑː(r)/ n (το)
ρεπερτόριο

repertory /ˈrepətrɪ/ n (το)
ρεπερτόριο.

repetition /repɪˈtɪʃn/ n (η)
επανάληψη. ~ive /rɪˈpetətɪv/ a
επαναληπτικός. (dull)
πληκτικός

replace /rɪˈpleɪs/ vt ξαναβάζω.
(take the place of) αντικαθιστώ.
~ment n (η) αντικατάσταση.
(person) (ο) αντικαταστάτης

replica /ˈreplɪkə/ n (το)
αντίγραφο

reply /rɪˈplaɪ/ vt/i απαντώ. • n
(η) απάντηση

report /rɪˈpɔːt/ vt/i αναφέρω.
• vi (present oneself)
παρουσιάζομαι. • n (η)
αναφορά. (written) (η) έκθεση.

(newspaper) (το) ρεπορτάζ
invar, (η) ανταπόκριση.
(school) (ο) έλεγχος. (sound)
(ο) κρότος. ~er /rɪˈpɔːtə(r)/ n
(ο) ανταποκριτής

reprehensible /reprɪˈhensɪbl/ a
επίμεμπτος

represent /reprɪˈzent/ vt
αντιπροσωπεύω. ~ation
/-ˈteɪʃn/ n (η) αντιπροσώπευση

representative /reprɪˈzentətɪv/
a αντιπροσωπευτικός. • n (ο,
η) αντιπρόσωπος

repress /rɪˈpres/ vt
καταστέλλω. ~ion /-ʃn/ n (η)
καταστολή. ~ive a
κατασταλτικός

reprieve /rɪˈpriːv/ n (η)
αναστολή. (fig) (η) ανάπαυλα.
• vt δίνω χάρη σε. (fig) δίνω
αναστολή σε

reprimand /ˈreprɪmɑːnd/ vt
επιπλήττω. • n (η) επίπληξη

reprint /riːˈprɪnt/ vt ανατυπώνω

reprisal /rɪˈpraɪzl/ n (το)
αντίποινο

reproach /rɪˈprəʊtʃ/ vt
επιπλήττω. • n (η) επίπληξη

reproduce /riːprəˈdjuːs/ vt/i
αναπαράγω. ~tion /-ˈdʌkʃn/ n
(η) αναπαραγωγή

reptile /ˈreptaɪl/ n (το) ερπετό

republic /rɪˈpʌblɪk/ n (η)
δημοκρατία. ~an a
δημοκρατικός. • n (ο)
δημοκράτης

repugnant /rɪˈpʌgnənt/ a
απεχθής

repulse /rɪˈpʌls/ vt αποκρούω.
~ive a αποκρουστικός

reputable /ˈrepjʊtəbl/ a
ευυπόληπτος

reputation /repjʊ'teɪʃn/ n (η) υπόληψη. (name) (το) όνομα

repute /rɪ'pju:t/ n (η) υπόληψη. **~d** /-ɪd/ a θεωρούμενος. **~dly** /-ɪdlɪ/ adv σύμφωνα με ό, τι λέγεται

request /rɪ'kwest/ n (το) αίτημα. • vt ζητώ

require /rɪ'kwaɪə(r)/ vt (need) χρειάζομαι. (demand) απαιτώ. **~ment** n (η) απαίτηση

requisite /'rekwɪzɪt/ a απαραίτητο

requisition /rekwɪ'zɪʃn/ n (η) επίταξη. • vt επιτάσσω

rescue /'reskju:/ vt διασώζω. • n (η) διάσωση. **~r** /-ə(r)/ n (το) μέλος ομάδας διασώσεως

research /rɪ'sɜ:tʃ/ n (η) έρευνα. • vt ερευνώ. **~er** n (ο) ερευνητής, (η) ερευνήτρια

resembl|e /rɪ'zembl/ vt μοιάζω. **~ance** n (η) ομοιότητα

resent /rɪ'zent/ vt φέρω βαρέως. **~ful** a μνησίκακος. **~ment** n (η) μνησικακία

reservation /rezə'veɪʃn/ n (η) κράτηση. (doubt) (η) επιφύλαξη

reserve /rɪ'zɜ:v/ vt κρατώ. • n (το) απόθεμα. (self-restraint) (η) επιφύλαξη. (sport) (η) εφεδρεία. **nature ~** (η) προστατευμένη περιοχή. **~d** a κρατημένος. (reticent) επιφυλακτικός

reservoir /'rezəvwɑ:(r)/ n (η) δεξαμενή

reside /rɪ'zaɪd/ vi κατοικώ

residen|t /'rezɪdənt/ a (permanent) μόνιμος. (internal) εσωτερικός. • n (ο, η) κάτοικος. (in hotel) (ο) ξένος.

~ce n (in a country) (η) διαμονή. (house) (η) κατοικία

residential /rezɪ'denʃl/ a κατοικημένος.

residue /'rezɪdju:/ n (το) κατάλοιπο

resign /rɪ'zaɪn/ vt παραιτούμαι από. • vi παραιτούμαι. **~ o.s. to** υποτάσσομαι σε. **~ation** /rezɪg'neɪʃn/ n (η) υποταγή. (from job) (η) παραίτηση. **be ~ed to** το έχω πάρει απόφαση

resilient /rɪ'zɪlɪənt/ a ανθεκτικός

resin /'rezɪn/ n (η) ρητίνη

resist /rɪ'zɪst/ vt αντιστέκομαι σε. • vi αντιστέκομαι. **~ance** n (η) αντίσταση. **~ant** a ανθεκτικός

resolut|e /'rezəlu:t/ a αποφασιστικός. **~ion** /-'lu:ʃn/ n (η) αποφασιστικότητα. (decision) (η) απόφαση

resolve /rɪ'zɒlv/ vt λύνω. **~ to do** αποφασίζω να κάνω. • n (η) αποφασιστικότητα. **~d** a αποφασισμένος

resonant /'rezənənt/ a αντηχητικός

resort /rɪ'zɔ:t/ vi **~ to** καταφεύγω σε. • n (recourse) (η) καταφυγή. (place) (το) θέρετρο

resource /rɪ'sɔ:s/ n (ο) πόρος. **~ful** a πολυμήχανος

respect /rɪ'spekt/ n (ο) σεβασμός. (aspect) (η) άποψη. • vt σέβομαι

respectable /rɪ'spektəbl/ a αξιοπρεπής

respective /rɪ'spektɪv/ a αντίστοιχος

respiration /respə'reɪʃn/ *n* (η) αναπνοή

respite /'respaɪt/ *n* (η) ανάπαυλα

respond /rɪ'spɒnd/ *vi* ανταποκρίνομαι. (*react*) αντιδρώ

response /rɪ'spɒns/ *n* (η) ανταπόκριση. (*reaction*) (η) αντίδραση

responsib|le /rɪ'spɒnsəbl/ *a* υπεύθυνος. **~ility** /-'bɪlətɪ/ *n* (η) ευθύνη

responsive /rɪ'spɒnsɪv/ *a* που ανταποκρίνεται

rest /rest/ *vt/i* ξεκουράζω/ομαι. (*lean*) στηρίζομαι/ομαι. • *vi* (*remain*) μένω. • *n* (η) ξεκούραση. (*support*) (η) βάση. (*remainder*) (το) υπόλοιπο. (*people*) (οι) υπόλοιποι

restaurant /'restrɒnt/ *n* (το) εστιατόριο

restless /'restlɪs/ *a* ανήσυχος

restore /rɪ'stɔ:(r)/ *vt* επανορθώνω. (*building*) αναστηλώνω. (*put back*) αποκαθιστώ

restrain /rɪ'streɪn/ *vt* συγκρατώ. **~ o.s.** κρατιέμαι. **~t** *n* (η) συγκράτηση. (*moderation*) (το) μέτρο

restrict /rɪ'strɪkt/ *vt* περιορίζω. **~ion** /-ʃn/ *n* (ο) περιορισμός. **~ive** *a* περιοριστικός

result /rɪ'zʌlt/ *n* (το) αποτέλεσμα. • *vi* **from** απορρέω από. • **in** έχω σαν αποτέλεσμα

resume /rɪ'zju:m/ *vt/i* συνεχίζω

résumé /'rezjuːmeɪ/ *n* (η) περίληψη

resurrect /rezə'rekt/ *vt* ανασταίνω. **~ion** /-ʃn/ *n* (η) ανάσταση

resuscitat|e /rɪ'sʌsɪteɪt/ *vt* ξαναφέρνω στη ζωή. **~ion** /-'teɪʃn/ *n* (η) αναζωογόνηση

retail /'riːteɪl/ *n* (η) λιανική πώληση. • *a* λιανικός. • *adv* λιανικά. • *vt* πουλώ λιανικά

retain /rɪ'teɪn/ *vt* κρατώ. (*keep*) διατηρώ

retaliat|e /rɪ'tælɪeɪt/ *vi* κάνω αντίποινα. **~ion** /-'eɪʃn/ *n* (τα) αντίποινα

retarded /rɪ'tɑːdɪd/ *a* καθυστερημένος

retch /retʃ/ *vi* αναγουλιάζω

reticent /'retɪsnt/ *a* επιφυλακτικός

retina /'retɪnə/ *n* (ο) αμφιβληστροειδής χιτώνας

retire /rɪ'taɪə(r)/ *vi* αποχωρώ από ενεργό υπηρεσία. (*withdraw, go to bed*) αποσύρομαι. **~d** *a* συνταξιούχος. **~ment** *n* (η) αποχώρηση (από ενεργό υπηρεσία)

retiring /rɪ'taɪərɪŋ/ *a* ντροπαλός

retort /rɪ'tɔːt/ *vt/i* απαντώ (γρήγορα και αποφασιστικά)

retrace /riː'treɪs/ *vt* ανατρέχω

retract /rɪ'trækt/ *vt* αποσύρω. • *vi* αποσύρομαι

retreat /rɪ'triːt/ *vi* υποχωρώ. • *n* (η) υποχώρηση

retribution /retrɪ'bjuːʃn/ *n* (η) ανταπόδοση κακού

retrieve /rɪ'triːv/ *vt* επανακτώ. (*recover*) διασώζω

retrospect /'retrəspekt/ *n* **in ~** εκ των υστέρων

return /rɪ'tɜːn/ vi επιστρέφω.
(go home) ξαναγυρίζω. • vt
(give back) επιστρέφω. (comm)
αποφέρω. • n (η) επιστροφή.
(comm) (η) απόδοση. ~**s**
(comm) (τα) κέρδη. ~ **ticket** n
(το) εισιτήριο με επιστροφή

reunion /riː'juːnɪən/ n (η)
συγκέντρωση

reunite /riːjuː'naɪt/ vt
ξανασμίγω

rev /rev/ n (auto) (η) στροφή.
• vt/i ~ (**up**) φουλάρω

reveal /rɪ'viːl/ vt αποκαλύπτω.
~**ing** a αποκαλυπτικός

revel /'revl/ vi ~ **in**
απολαμβάνω. ~**ry** n (το)
γλεντοκόπι

revelation /revə'leɪʃn/ n (η)
αποκάλυψη

revenge /rɪ'vendʒ/ n (η)
εκδίκηση. • vt εκδικούμαι.
take ~ παίρνω εκδίκηση

revenue /'revənjuː/ n (το)
εισόδημα

revere /rɪ'vɪə(r)/ vt σέβομαι

reverend /'revərənd/ a
σεβάσμιος. **the R~ Jones** ο
Αιδεσιμότατος ζόνες

reverse /rɪ'vɜːs/ a
αντίστροφος. • n (η) αντίθεση.
(back) (η) ανάποδη. (auto) (η)
όπισθεν. • vt αντιστρέφω. (turn
inside out) γυρίζω από την
ανάποδη. • vi (auto) κάνω
όπισθεν. ~**al** n (η)
αντιστροφή

revert /rɪ'vɜːt/ vi ~ **to**
επανέρχομαι σε

review /rɪ'vjuː/ n (η)
ανασκόπηση. (mil) (η)
επιθεώρηση. (of book, play)
(η) κριτική. • vt (situation)

ανασκοπώ. (book, play) γράφω
κριτική για. ~**er** n (ο) κριτικός

revise /rɪ'vaɪz/ vt αναθεωρώ.
• vi (for exam) κάνω
επανάληψη. ~**ion** /-ɪʒn/ n (η)
αναθεώρηση, (η) επανάληψη

revitalize /riː'vaɪtəlaɪz/ vt
αναζωογονώ

revive /rɪ'vaɪv/ vt αναβιώνω.
• vi ξαναζωντανεύω. (person)
συνέρχομαι. ~**al** n (η)
αναβίωση. (of faith) (η)
αφύπνιση

revoke /rɪ'vəʊk/ vt αποσύρω

revolt /rɪ'vəʊlt/ vi επαναστατώ.
• vt εξεγείρω. • n (η) εξέγερση

revolting /rɪ'vəʊltɪŋ/ a
αποτροπιαστικός

revolution /revə'luːʃn/ n (η)
επανάσταση. ~**ary** a
επαναστατικός. • ο
επαναστάτης. ~**ize** vt αλλάζω
ριζικά

revolve /rɪ'vɒlv/ vi
περιστρέφομαι

revolver /rɪ'vɒlvə(r)/ n (το)
περίστροφο

revue /rɪ'vjuː/ n (η)
επιθεώρηση

revulsion /rɪ'vʌlʃn/ n (η) αηδία

reward /rɪ'wɔːd/ n (η)
ανταμοιβή. • vt ανταμείβω.
~**ing** a ευχάριστος και
ικανοποιητικός, που
ανταμείβει

rewrite /riː'raɪt/ vt ξαναγράφω

rhetoric /'retərɪk/ n (η)
ρητορεία. ~**al** /rɪ'tɒrɪkl/ a
ρητορικός

rheumatic /ruː'mætɪk/ a
ρευματικός. ~**sm**
/'ruː'mətɪzəm/ n (ο)
ρευματισμός

rhinoceros /raɪˈnɒsərəs/ n (ο) ρινόκερος

rhyme /raɪm/ n (η) ομοιοκαταληξία. *(poem)* (οι) στίχοι. • vi ομοιοκαταληκτώ

rhythm /ˈrɪðəm/ n (ο) ρυθμός. **~ic(al)** /ˈrɪðmɪk(l)/ a ρυθμικός

rib /rɪb/ n (το) πλευρό

ribbon /ˈrɪbən/ n (η) κορδέλα

rice /raɪs/ n (το) ρύζι

rich /rɪtʃ/ a πλούσιος. *(food)* λιπαρός. **~es** npl (τα) πλούτη. **~ly** adv πλούσια

ricochet /ˈrɪkəʃeɪ/ n αποστρακισμός. • vi αποστρακίζομαι

rid /rɪd/ vt απαλλάσσω (of, από). **get ~ of** ξεφορτώνομαι

riddance /ˈrɪdns/ n **good ~!** καλό ξεφόρτωμα

ridden /ˈrɪdn/ see RIDE

riddle /ˈrɪdl/ n (το) αίνιγμα. • vt **~ with** κάνω κόσκινο

ride /raɪd/ vi *(pt* rode, *pp* **ridden)** *(on horse, on bicycle)* καβαλικεύω. *(in car, bus)* πηγαίνω (με αυτοκίνητο/λεωφορείο). • vt *(horse)* πάω καβάλα. *(bicycle)* πηγαίνω με ποδήλατο. • n *(on horse)* (η) ιππασία. *(on bicycle* η ποδηλασία. *(in car)* (η) βόλτα. *(on bus, train etc.)* (το) ταξίδι. **~r** /-ə(r)/ n *(of horse)* (ο) ιππέας, (η) ιππεύτρια. *(in document)* (η) προσθήκη *(σε νομικό έγγραφο)*

ridge /rɪdʒ/ n (η) ράχη

ridicule /ˈrɪdɪkjuːl/ n (η) γελοιοποίηση. • vt γελοιοποιώ

ridiculous /rɪˈdɪkjʊləs/ a γελοίος

riding /ˈraɪdɪŋ/ n (η) ιππασία

rife /raɪf/ a διαδεδομένος. **~ with** γεμάτος από

rifle /ˈraɪfl/ n (το) τουφέκι. • vt *(search)* ψάχνω. *(rob)* αδειάζω. **~-range** n (το) σκοπευτήριο

rift /rɪft/ n (η) σχισμή. *(fig)* (η) ρήξη

rig /rɪg/ vt *(equip)* εξοπλίζω. • n *(for oil)* (η) πλατφόρμα *(αντλήσεως πετρελαίου)*

right /raɪt/ a *(correct)* σωστός. *(fair)* δίκαιος. *(not left)* δεξιός. *(suitable)* κατάλληλος. • n *(not evil)* (το) δίκαιο. *(not left)* (η) δεξιά. *(entitlement)* (το) δικαίωμα. • vt ισιώνω. *(fig)* επανορθώνω. • adv *(not left)* δεξιά. *(directly)* ίσια. *(exactly)* ακριβώς. *(completely)* εντελώς. **be (in the) ~** έχω δίκιο. **~ angle** n (η) ορθή γωνία. **~away** adv αμέσως. **~-hand man** n (το) δεξί χέρι. **~-handed** a (ο) δεξιόχειρας. **~ of way** n *(path)* (το) δικαίωμα διόδου. *(auto)* (η) προτεραιότητα. **~-wing** a *(pol)* δεξιός. **~ly** adv σωστά, δίκαια

righteous /ˈraɪtʃəs/ a ενάρετος. *(cause)* δίκαιος

rightful /ˈraɪtfl/ a δίκαιος. *(legal)* νόμιμος

rigid /ˈrɪdʒɪd/ a άκαμπτος

rigour /ˈrɪɡə(r)/ n (η) αυστηρότητα. **~orous** a αυστηρός

rim /rɪm/ n *(of cup)* (το) χείλος. *(of wheel)* (η) ζάντα

rind /raɪnd/ n (η) φλούδα

ring¹ /rɪŋ/ n (circle) (ο) δακτύλιος. (on finger) (το) δακτυλίδι. (boxing) (το) ρινγκ invar. (arena) (η) αρένα. (for circus) (η) πίστα. • vt περικυκλώνω. ~ **road** n (ο) δακτύλιος

ring² /rɪŋ/ vt/i (pt **rang**, pp **rung**) (bell) χτυπώ. (phone) τηλεφωνώ. • n (sound) (το) χτύπημα. (telephone call) (το) τηλεφώνημα. ~ **off** κλείνω το τηλέφωνο. ~ **up** τηλεφωνώ

ringleader /'rɪŋliːdə(r)/ n (ο) αρχηγός

rink /rɪŋk/ n (η) πίστα

rinse /rɪns/ vt ξεπλένω. • n (το) ξέπλυμα

riot /'raɪət/ n (η) στάση. (of colours) (το) όργιο. • vi στασιάζω. **run** ~ αποχαλινώνομαι. ~**er** n (ο) στασιαστής

rip /rɪp/ vt/i σκίζω. • n (το) σκίσιμο

ripe /raɪp/ a ώριμος

ripen /'raɪpən/ vt/i ωριμάζω

ripple /'rɪpl/ n (ο) κυματισμός. • vt/i κυματίζω (ελαφρά)

rise /raɪz/ vi (pt **rose**, pp **risen**) σηκώνομαι. (sun) ανατέλλω. (of river, prices) ανεβαίνω. (bread) φουσκώνω. • n (land) (το) ύψωμα. (increase) (η) άνοδος. (in pay) (η) αύξηση. (to power) (η) άνοδος. **give** ~ **to** προκαλώ

rising /'raɪzɪŋ/ n (revolt) (η) εξέγερση. • a (increasing) ανερχόμενος. (sun) ανατέλλων

risk /rɪsk/ n (ο) κίνδυνος. • vt διακινδυνεύω. **be at** ~ κινδυνεύω. ~**y** a επικίνδυνος

risqué /'riːskeɪ/ a τολμηρός

rite /raɪt/ n (η) τελετή. **last** ~**s** (τα) άχραντα μυστήρια

ritual /'rɪtʃʊəl/ a τελετουργικός. • n (η) τελετουργία

rival /'raɪvl/ a αντίπαλος. • n (ο) αντίζηλος. • vt αμιλλώμαι. ~**ry** n (η) άμιλλα

river /'rɪvə(r)/ n (το) ποτάμι, (ο) ποταμός

rivet /'rɪvɪt/ n (το) πιρτσίνι. • vt καθηλώνω. ~**ing** a που καθηλώνει την προσοχή

road /rəʊd/ n (ο) δρόμος. (in address) (η) οδός. ~**-map** n (ο) οδικός χάρτης. ~ **sign** n (οι) πινακίδες. ~**-works** npl (τα) οδικά έργα

roadside /'rəʊdsaɪd/ n (η) άκρη του δρόμου

roadway /'rəʊdweɪ/ n (το) οδόστρωμα

roam /rəʊm/ vi περιπλανιέμαι. • vt τριγυρίζω

roar /rɔː(r)/ n (ο) βρυχηθμός. (laughter) (το) ξεκάρδισμα. vi βρυχώμαι. ~ **with laughter** ξεκαρδίζομαι στα γέλια

roast /rəʊst/ vt ψήνω στο φούρνο. • n (το) ψητό (στο φούρνο). • a ψητός

rob /rɒb/ vt (pt **robbed**) κλέβω. (bank) ληστεύω. ~**ber** n (ο) ληστής. ~**bery** n (η) ληστεία

robe /rəʊb/ n (η) επίσημη στολή

robin /'rɒbɪn/ n (ο) κοκκινολαίμης (πουλί)

robot /'rɒbɒt/ n (το) ρομπότ
invar

robust /rəʊ'bʌst/ a ρωμαλέος

rock¹ /rɒk/ n (*substance*) (το)
πέτρωμα. (*boulder*) (ο) βράχος

rock² /rɒk/ *vt/i* (*sway*) σείω.
(*shake*) κουνώ. (*baby*) λικνίζω.
• n (*mus*) (η) ροκ (*μουσική*)
invar. **~ing-chair** n (η)
κουνιστή πολυθρόνα. **~ing-
horse** n (το) κουνιστό
αλογάκι

rockery /'rɒkərɪ/ n (ο)
βραχόκηπος

rocket /'rɒkɪt/ n (ο) πύραυλος

rocky /'rɒkɪ/ a βραχώδης

rod /rɒd/ n (η) ράβδος. (*for
fishing*) (το) καλάμι. (*wooden*)
(η) βέργα

rode /rəʊd/ *see* RIDE

rodent /'rəʊdnt/ n (το)
τρωκτικό

roe /rəʊ/ n (*of fish*) (το)
αβγοτάραχο. (*deer*) (το)
ζαρκάδι

rogue /rəʊg/ n (το) κάθαρμα

role /rəʊl/ n (ο) ρόλος

roll /rəʊl/ *vt/i* κυλώ. (*rock*)
κουνώ. (*pastry*) ανοίγω. • n (*of
drum*) (η) τυμπανοκρουσία.
(*bread*) (το) ψωμάκι. (*list*) (ο)
κατάλογος. **~ing-pin** n (ο)
πλάστης. **~ over**
ανατρέπομαι. **~ up** *vt* (*sleeves*)
ανασηκώνω

roller /'rəʊlə(r)/ n (ο)
κύλινδρος. (*wheel*) (ο) ροδάκι.
~ blind n (το) στορ *invar*. **~-
coaster** n (το) τρενάκι (*σε
λούνα παρκ*). **~-skate** n (το)
πατίνι

Roman /'rəʊmən/ a ρωμαϊκός.
• n (ο) Ρωμαίος, (η) Ρωμαία. **~**

Catholic a ρωμαιοκαθολικός.
• n (ο) ρωμαιοκαθολικός

romance /rəʊ'mæns/ n (το)
ρομάντζο. (*love affair*) (το)
ειδύλλιο

romantic /rəʊ'mæntɪk/ a
ρομαντικός

Rome /'rəʊm/ (η) Ρώμη

roof /ru:f/ n (η) οροφή. (*of
mouth*) (ο) ουρανίσκος. • *vt*
στεγάζω. **~-rack** n (η) σχάρα
(οροφής)

rook /rʊk/ n (*bird*) (το) κοράκι.
(*chess*) (ο) πύργος

room /ru:m/ n (το) δωμάτιο.
(*bedroom*) (το) κρεβατοκάμαρα.
(*large hall*) (η) αίθουσα. (*space*)
(ο) χώρος. **~ service** n (η)
υπηρεσία δωματίου. **~y** a
ευρύχωρος. (*clothes*) φαρδύς

roost /ru:st/ n (η) κούρνια. • *vi*
κουρνιάζω. • n (η) κόκορας

root /ru:t/ n (η) ρίζα. (*fig*) (η)
αιτία. • *vt/i* ριζώνω. • *vi* **~
about** ψάχνω. **~ for**
υποστηρίζω

rope /rəʊp/ n (το) σχοινί. • *vt*
δένω (με σχοινί). **know the
~s** ξέρω τα κόλπα

rosary /'rəʊzərɪ/ n (το) ροζάριο

rose¹ /rəʊz/ n (το)
τριανταφυλλο. (*nozzle*) (το)
ραντιστήρι. **~-bush** n (η)
τριανταφυλλιά

rose² /rəʊz/ *see* RISE

rosette /rəʊ'zet/ n (η) ροζέτα

rostrum /'rɒstrəm/ n (το) βήμα

rosy /'rəʊzɪ/ a ρόδινος

rot /rɒt/ *vt/i* σαπίζω. • n (το)
σάπισμα

rota /'rəʊtə/ n (ο) κατάλογος
ονομάτων

rotary /'rəʊtərɪ/ a περιστροφικός

rotat|e /rəʊ'teɪt/ vt/i περιστρέφω/ομαι. (*change round*) εναλλάσσω/ομαι. **~ion** /-ʃn/ n (η) περιστροφή

rotten /'rɒtn/ a σάπιος. (*fam*) άσχημος

rough /rʌf/ a (*surface*) τραχύς. (*ground*) ανώμαλος. (*sea*) φουρτουνιασμένος. (*person*) βάναυσος. (*bad*) δυσάρεστος. (*estimate*) κατά προσέγγιση. (*notes, sketch*) πρόχειρος. • adv βίαια. (*play*) σκληρά. • n (το) πρόχειρο. **~ly** adv βάναυσα. (*about*) περίπου

round /raʊnd/ a στρογγυλός. • n (*circle*) ο κύκλος. (*slice*) (η) φέτα. (*of visits, drinks*) ο γύρος. (*of competition*) ος γύρος. • prep & adv γύρω. • vt (*make round*) στρογγυλεύω. (*go round*) παίρνω (*στροφή*). **go** or **come ~ of** (*a friend etc.*) κάνω επίσκεψη. **~ of applause** (η) ομοβροντία. **~ off** ολοκληρώνω. **~-shouldered** a με κυρτούς ώμους. **~ trip** n (το) ταξίδι με επιστροφή. **~ up** (*bring together*) μαζεύω. (*price etc.*) στρογγυλεύω. **~ up** n (το) μάζεμα

roundabout /'raʊndəbaʊt/ n (*for traffic*) (ο) κυκλικός κόμβος. (*in playground*) (τα) περιστρεφόμενα αλογάκια. • a περιφραστικός

rous|e /raʊz/ vt ξυπνώ. (*incite*) εξεγείρω. **~ing** a έντονος

route /ru:t/ n (η) διαδρομή. (*naut, aviat*) (το) δρομολόγιο. (*of bus*) (η) γραμμή

routine /ru:'ti:n/ n (η) ρουτίνα. • a ρουτίνας

rove /rəʊv/ vt/i περιφέρω/ομαι

row¹ /rəʊ/ n (η) σειρά

row² /rəʊ/ vi κωπηλατώ. • vt τραβώ κουπί, κωπηλατώ. • n (η) κωπηλασία. **~ing** n (η) κωπηλασία. **~ing-boat**, (*Amer*) **~-boat** n (η) βάρκα κωπηλασίας

row³ /raʊ/ n (*noise*) (η) φασαρία. (*quarrel*) ο καβγάς

rowdy /'raʊdɪ/ a θορυβώδης

royal /'rɔɪəl/ a βασιλικός

royalty /'rɔɪəltɪ/ n (η) βασιλεία. (*payment*) (τα) συγγραφικά δικαιώματα

rub /rʌb/ vt τρίβω. • n (το) τρίψιμο. **~ it in** το κοπανώ. **~ off** βγαίνω. **~ out** σβήνω

rubber /'rʌbə(r)/ n (το) λάστιχο. (*eraser*) (η) γομολάστιχα. • a λαστιχένιος. **~ band** n (το) λαστιχάκι. **~ plant** n (ο) φίκος

rubbish /'rʌbɪʃ/ n (τα) σκουπίδια. (*junk*) (το) παλιόπραμα. (*fig*) (οι) ανοησίες. **~y** a άχρηστος

rubble /'rʌbl/ n (τα) μπάζα

ruby /'ru:bɪ/ n (το) ρουμπίνι

rucksack /'rʌksæk/ n (το) σακίδιο

rudder /'rʌdə(r)/ n (το) πηδάλιο

ruddy /'rʌdɪ/ a ροδοκόκκινος

rude /ru:d/ a αγενής. (*improper*) απρεπής. (*abrupt*) απότομος. **~ly** adv με αγένεια, απότομα. **~ness** n (η) αγένεια

rudimentary /ruːdɪˈmentrɪ/ a στοιχειώδης.

rudiments /ˈruːdɪmənts/ npl (το) στοιχείο

ruffian /ˈrʌfɪən/ n (το) κάθαρμα.

ruffle /ˈrʌfl/ vt πειράζω. (hair) ανακατεύω.

rug /rʌg/ n (το) χαλάκι

rugby /ˈrʌgbɪ/ n (το) ράγκμπι invar

rugged /ˈrʌgɪd/ a (landscape) βραχώδης. (features) τραχύς

ruin /ˈruːɪn/ n (η) καταστροφή. (building) (το) ερείπιο. • vt καταστρέφω, ερειπώνω

rule /ruːl/ n (ο) κανόνας. (custom) (η) συνήθεια. (government) (η) εξουσία. • vt (govern) κυβερνώ. (control) εξουσιάζω. (master) κυριαρχώ. • vi επικρατώ. ~ **out** αποκλείω. ~**d paper** n (το) χαρτί με ρίγες. ~**r** /-ə(r)/ n (sovereign) (ο) άρχοντας. (leader) (ο) αρχηγός. (measure) (ο) χάρακας. **ruling** /ˈruːlɪŋ/ n (η) απόφαση. • a (pol) κυβερνών

rum /rʌm/ n (το) ρούμι

rumble /ˈrʌmbl/ vi μπουμπουνίζω. (stomach) γουργουρίζω

rummage /ˈrʌmɪdʒ/ vi ψάχνω ανακατεύοντας

rumour /ˈruːmə(r)/ n (η) διάδοση. • vt **it is ~ed that** διαδίδεται ότι

rump /rʌmp/ n (τα) καπούλια. ~ **steak** n (το) κόντρα φιλέτο

run /rʌn/ vi (pt **ran**, pp **run**, pres p **running**) τρέχω. (flow) κυλώ. (pass) περνώ. (function) λειτουργώ. (melt) λιώνω. (extend) συνεχίζω. (last)

διαρκώ. (of bus etc.) έχω δρομολόγιο. (of play) έχω παραστάσεις. (of colours) απλώνω. (in election) βάζω υποψηφιότητα. • vt (manage) διαχειρίζομαι. (control) διευθύνω. (errand) κάνω. • n (το) τρέξιμο. (journey) ταξίδι. (outing) (η) βόλτα. (ladder) (ο) φευγάτος πόντος. (ski) (η) πίστα. (series) (η) σειρά. (cricket) (η) διαδρομή. **in the long ~** μακροπροθέσμως. **on the ~** σε φυγή. ~ **across** (friend) συναντώ τυχαία. ~ **away** το σκάω. ~ **down** (knock down) χτυπώ. (belittle) κακολογώ. ~-**down** (a person) εξαντλημένος. ~ **in** (vehicle) στρώνω. ~ **into** (hit) πέφτω πάνω σε. (meet) πέφτω πάνω σε. ~-**of-the-mill** a συνηθισμένος. ~ **out** (food, drink) τελειώνω. (lease, licence) λήγω. ~ **out of** μένω από. ~ **over** (vehicle) πατώ. ~ **up** (bill) συσσωρεύω

runaway /ˈrʌnəweɪ/ n (ο) δραπέτης. • a (animal) αφηνιασμένος

rung[1] /rʌŋ/ n (of ladder) (το) σκαλί

rung[2] /rʌŋ/ see RING

runner /ˈrʌnə(r)/ n (in race) (ο) δρομέας. ~-**up** n (ο) επιλαχών

running /ˈrʌnɪŋ/ n (το) τρέξιμο. • a (water) τρεχούμενος. ~ **commentary** n (η) σύγχρονη περιγραφή γεγονότος

runway /ˈrʌnweɪ/ n (ο) διάδρομος

rupture /ˈrʌptʃə(r)/ n (η) ρήξη. (med) (η) κήλη. • vt/i διαρρηγνύω/ομαι

rural /ˈrʊərəl/ a αγροτικός

ruse /ruːz/ n (το) κόλπο

rush[1] /rʌʃ/ n (plant) (το) βούρλο

rush[2] /rʌʃ/ vi ορμώ. • vt βιάζω. (mil) εφορμώ. • n (η) βία, (η) βιασύνη. (run) (το) τρέξιμο. **to be in a ~** βιάζομαι. **~-hour** n (η) ώρα αιχμής (της κυκλοφορίας)

rusk /rʌsk/ n (το) παξιμάδι

Russia /ˈrʌʃə/ n (η) Ρωσία. **~n** a ρωσικός. • n (ο) Ρώσσος, (η) Ρωσσίδα. (lang) (τα) ρωσσικά

rust /rʌst/ n (η) σκουριά. • vt/i σκουριάζω. **~-proof** a αντιδιαβρωτικός. **~y** a σκουριασμένος

rustle /ˈrʌsl/ vi θροΐζω. • vt μαζεύω. (steal: Amer) κλέβω

rut /rʌt/ n **in a ~** σε μονότονη ρουτίνα

ruthless /ˈruːθlɪs/ a ανελέητος

rye /raɪ/ n (η) σίκαλη

Ss

sabbath /ˈsæbəθ/ n (η) ημέρα αργίας των Εβραίων, (το) Σάββατο

sabbatical /səˈbætɪkl/ n (univ) (η) άδεια (για έρευνα ή μελέτη)

sabotage /ˈsæbətɑːʒ/ n (το) σαμποτάζ invar. • vt σαμποτάρω

sachet /ˈsæʃeɪ/ n (το) σακουλάκι

sack /sæk/ n (το) σακί. • vt (fam) διώχνω, απολύω. (plunder) λεηλατώ. **~ing** n (material) (το) καναβάτσο. (fam) (η) απόλυση

sacrament /ˈsækrəmənt/ n (το) μυστήριο

sacred /ˈseɪkrɪd/ a ιερός

sacrifice /ˈsækrɪfaɪs/ n (η) θυσία. • vt θυσιάζω

sacrilege /ˈsækrɪlɪdʒ/ n (η) ιεροσυλία

sad /sæd/ a λυπημένος. **~ly** adv λυπημένα. (unfortunately) δυστυχώς. **~ness** n (η) λύπη

sadden /ˈsædn/ vt/i λυπώ

saddle /ˈsædl/ n (η) σέλα. • vt σελώνω. **be ~d with** (fig) φορτώνομαι

sadis|t /ˈseɪdɪst/ n (ο) σαδιστής, (η) σαδίστρια. **~m** /-zəm/ n (ο) σαδισμός. **~tic** /səˈdɪstɪk/ a σαδιστικός

safari /səˈfɑːrɪ/ n (το) σαφάρι

safe /seɪf/ a ασφαλής. (out of danger) ακίνδυνος. (cautious) προσεκτικός. • n (το) χρηματοκιβώτιο. **~ and sound** σώος και αβλαβής. **~ly** adv με ασφάλεια

safeguard /ˈseɪfgɑːd/ n (η) εγγύηση. • vt διασφαλίζω

safety /ˈseɪftɪ/ n (η) ασφάλεια. **~-belt** n (η) ζώνη ασφαλείας. **~ pin** n (η) παραμάνα

sag /sæg/ vi κρεμώ. (give) βουλιάζω

sage /seɪdʒ/ n (herb) (το) φασκόμηλο. (man) (ο) σοφός

Sagittarius /sædʒɪˈteərɪəs/ n (ο) τοξότης

said /sed/ see SAY

sail /seɪl/ n (το) πανί. (trip) (το) ταξίδι (με πλοίο). • vi (leave) αποπλέω. (sport) κάνω ιστιοπλοΐα. (fig) αρμενίζω. • vt (boat) κυβερνώ. **~ing** n (sport) (η) ιστιοπλοΐα. **~ing-ship** n (το) ιστιοφόρο

sailor /'seɪlə(r)/ n (ο) ναύτης

saint /seɪnt/ n (ο) άγιος

sake /seɪk/ n for the **~** of για χάρη (with gen.)

salad /'sæləd/ n (η) σαλάτα. **~-dressing** n (το) λαδολέμονο

salary /'sælərɪ/ n (ο) μισθός

sale /seɪl/ n (η) πώληση. (at reduced prices) (το) ξεπούλημα. for **~** για πούλημα. (on signs) πωλείται

sales|man /'seɪlzmən/ n (ο) πωλητής. (in shop) (ο) υπάλληλος. (traveller) (ο) πλασιέ invar. **~woman** n (η) πωλήτρια. (in shop) (η) υπάλληλος

saliva /sə'laɪvə/ n (το) σάλιο

sallow /'sæləʊ/ a κιτρινιάρης

salmon /'sæmən/ n invar (ο) σολομός

salon /'sælɒn/ n (room) (το) σαλόνι. beauty **~** (το) ινστιτούτο καλλονής

saloon /sə'luːn/ n (on ship) (η) αίθουσα. (bar: Amer) (το) μπαρ invar. **~ (car)** (το) σαλούν invar

salt /sɔːlt/ n (το) αλάτι. • a αλμυρός. • vt αλατίζω. **~-cellar** n (η) αλατιέρα. **~y** a αλμυρός

salute /sə'luːt/ n (ο) χαιρετισμός. • vt/i χαιρετίζω

salvage /'sælvɪdʒ/ n (η) διάσωση. (of waste) (η) περισυλλογή. • vt διασώζω

salvation /sæl'veɪʃn/ n (η) σωτηρία

same /seɪm/ a ίδιος (as, με). • pron the **~** ο ίδιος. • adv the **~** τα ίδια. all the **~** παρόλα αυτά. at the **~** time ταυτοχρόνως

sample /'sɑːmpl/ n (το) δείγμα. • (food) vt δοκιμάζω

sanctimonious /sæŋktɪ'məʊnɪəs/ a ψευτοευλαβής

sanction /'sæŋkʃn/ n (η) επικύρωση. (penalty) (η) κύρωση. • vt επικυρώνω

sanctity /'sæŋktətɪ/ n (το) απαράβιαστο

sanctuary /'sæŋktʃʊərɪ/ n (το) καταφύγιο. (relig) (το) ιερό. (refuge) (το) άσυλο

sand /sænd/ n (η) άμμος. • vt τρίβω με γυαλόχαρτο

sandal /'sændl/ n (το) πέδιλο

sandpaper /'sændpeɪpə(r)/ n (το) γυαλόχαρτο

sandwich /'sænwɪdʒ/ n (το) σάντουιτς invar. • vt στριμώχνω

sandy /'sændɪ/ a αμμώδης

sane /seɪn/ a (person) υγιής (στο νου). (judgement, policy) λογικός

sang /sæŋ/ see SING

sanitary /'sænɪtrɪ/ a υγιεινός. (system etc.) υγειονομικός. **~ towel**, (Amer) **~ napkin** ns (η) σερβιέτα

sanitation /sænɪ'teɪʃn/ n (η) υγιεινή

sanity /'sænəti/ n (η)
πνευματική υγεία. (*sense*) (το)
λογικό

sank /sæŋk/ *see* SINK

sap /sæp/ n (*in plants*) (o)
χυμός. • *vt* εξασθενίζω

sapling /'sæpliŋ/ n (το)
δενδρύλλιο

sapphire /'sæfaɪə(r)/ n (το)
ζαφείρι

sarcas|m /'sɑ:kæzəm/ n (o)
σαρκασμός. **~tic** /-'kæstɪk/ a
σαρκαστικός

sardine /sɑ:'di:n/ n (η)
σαρδέλα

sash /sæʃ/ n (το) ζωστήρας

sat /sæt/ *see* SIT

satanic /sə'tænɪk/ a σατανικός

satchel /'sætʃl/ n (η) σάκα

satellite /'sætəlaɪt/ n (o)
δορυφόρος. • *a* δορυφορικός

satin /'sætɪn/ n (το) σατέν
invar. • *a* σατέν *invar*

satir|e /'sætaɪə(r)/ n (η) σάτιρα.
~ical /sə'tɪrɪkl/ a σατιρικός

satisfaction /sætɪs'fækʃn/ n (η)
ικανοποίηση

satisfactory /sætɪs'fæktəri/ a
ικανοποιητικός

satisfy /'sætɪsfaɪ/ *vt* ικανοποιώ.
(*convince*) πείθω. **~ing** a
ικανοποιητικός

saturate /'sætʃəreɪt/ *vt*
διαποτίζω

Saturday /'sætədɪ/ n (το)
Σάββατο

sauce /sɔ:s/ n (η) σάλτσα

saucepan /'sɔ:spən/ n (η)
κατσαρόλα

saucer /'sɔ:sə(r)/ n (το) πιατάκι

saucy /'sɔ:sɪ/ a αναιδής

sauna /'sɔ:nə/ n (το) σάουνα
invar

saunter /'sɔ:ntə(r)/ *vi*
σουλατσάρω

sausage /'sɒsɪdʒ/ n (το)
λουκάνικο

savage /'sævɪdʒ/ a
πρωτόγονος. (*fierce*) άγριος.
• *n* (o) άγριος. • *vt* επιτίθεμαι
άγρια σε

sav|e /seɪv/ *vt* σώζω. (*money,
time*) εξοικονομώ. (*prevent*)
αποφεύγω. (*keep*) φυλάω.
(*computing*) αποθηκεύω. • *n*
(*football*) (η) διάσωση της
εστίας. • *prep* εκτός. **~ing** n
(η) σωτηρία. **~ings** npl (οι)
οικονομίες

saviour /'seɪvɪə(r)/ n (o)
σωτήρας

savour /'seɪvə(r)/ n (η) γεύση.
• *vt* απολαμβάνω. **~y** a
αλμυρός. • *n* (τα) αλμυρά

saw¹ /sɔ:/ *see* SEE

saw² /sɔ:/ n (το) πριόνι. • *vt* (*pt
sawed, pp sawn*) πριονίζω

sawdust /'sɔ:dʌst/ n (τα)
πριονίδια

saxophone /'sæksəfəʊn/ n (το)
σαξόφωνο

say /seɪ/ *vt/i* (*pt said* /sed/) λέω.
• *n* **have a ~** έχω λόγο. (*in
decision*) παίρνω απόφαση

saying /'seɪɪŋ/ n (το) ρητό

scab /skæb/ n (το) κακάδι

scaffold /'skæfəʊld/ n (το)
ικρίωμα. **~ing** n (η)
σκαλωσιά

scald /skɔ:ld/ *vt* ζεματίζω. • *n*
(το) ζεμάτισμα

scale¹ /skeɪl/ n (*gen, mus*) (η)
κλίμακα. (*of fish*) (το) λέπι. • *vt*

κλιμακώνω. (*climb*) σκαρφαλώνω

scales /skeɪlz/ *npl* (*for weighing*) (η) ζυγαριά

scalp /skælp/ *n* (το) δέρμα της κεφαλής. • *vt* γδέρνω το δέρμα της κεφαλής

scalpel /ˈskælpəl/ *n* (το) νυστέρι

scamper /ˈskæmpə(r)/ *vi* τρέχω παιχνιδιάρικα

scan /skæn/ *vt* ερευνώ προσεκτικά. (*quickly*) ρίχνω μια ματιά σε. (*radar*) σαρώνω. • *vi* (*poetry*) έχω μέτρο. • *n* (*med*) (το) σπινθηρογράφημα

scandal /ˈskændl/ *n* (το) σκάνδαλο. (*gossip*) (το) κουτσομπολιό. **~ize** *vt* σκανδαλίζω. **~ous** *a* σκανδαλώδης

Scandinavia /ˈskændɪˈneɪvɪə/ *n* (η) Σκανδιναβία

scant /skænt/ *a* λιγοστός

scanty /ˈskænti/ *a* λιγοστός. (*clothing*) ανεπαρκής

scapegoat /ˈskeɪpɡəʊt/ *n* (ο) αποδιοπομπαίος τράγος

scar /skɑː(r)/ *n* (το) σημάδι. • *vt* αφήνω σημάδι σε

scarce /skeəs/ *a* σπάνιος

scarcely /ˈskeəsli/ *adv* μόλις

scare /skeə(r)/ *vt* τρομάζω. • *n* (ο) τρόμος. **be ~d** είμαι τρομαγμένος

scarecrow /ˈskeəkrəʊ/ *n* (το) σκιάχτρο

scarf /skɑːf/ *n* (*pl* **scarves**) (το) μαντίλι (*του λαιμού*). (*for winter*) (το) κασκόλ *invar*

scarlet /ˈskɑːlət/ *a* κατακόκκινος. **~ fever** *n* (η) οστρακιά

scathing /ˈskeɪðɪŋ/ *a* καυστικός

scatter /ˈskætə(r)/ *vt* σκορπίζω. (*disperse*) διαλύω. • *vi* (*disperse*) διαλύομαι. **~-brained** *a* ελαφρόμυαλος

scavenge /ˈskævɪndʒ/ *vi* ψάχνω σε σκουπίδια για κάτι χρήσιμο

scenario /sɪˈnɑːrɪəʊ/ *n* (το) σενάριο

scene /siːn/ *n* (η) σκηνή. (*sight*) (η) θέα. (*incident*) (το) επεισόδιο. **behind the ~s** στα παρασκήνια

scenery /ˈsiːnəri/ *n* (το) τοπίο. (*theatr*) (τα) σκηνικά

scenic /ˈsiːnɪk/ *a* σκηνικός

scent /sent/ *n* (η) μυρωδιά. (*trail*) (τα) ίχνη

sceptic /ˈskeptɪk/ *n* (ο) σκεπτικιστής, (η) σκεπτικίστρια. **~al** *a* σκεπτικιστικός

sceptre /ˈseptə(r)/ *n* (το) σκήπτρο

schedule /ˈʃedjuːl/ *n* (το) πρόγραμμα. • *vt* προγραμματίζω. **behind ~** καθυστερημένος. **on ~** στη ώρα του

scheme /skiːm/ *n* (το) σχέδιο. (*plot*) (η) μηχανορραφία. • *vi* μηχανορραφώ

schizophrenic /ˌskɪtsəʊˈfrenɪk/ *a* σχιζοφρενικός

scholar /ˈskɒlə(r)/ *n* (ο) λόγιος. **~ly** *a* λόγιος. **~ship** *n* (η) λογιότητα. (*grant*) (η) υποτροφία

school /sku:l/ n (το) σχολείο.
(*of univ*) (η) σχολή. • *a*
σχολικός. • *vt* μαθαίνω.
(*discipline*) γυμνάζω. **~boy** n
(ο) μαθητής. **~girl** n (η)
μαθήτρια. **~ing** n (η)
εκπαίδευση. **~master** n (ο)
δάσκαλος. (*secondary*) (ο)
καθηγητής. **~mistress** n (η)
δασκάλα. (*secondary*) (η)
καθηγήτρια

scien|ce /saɪəns/ n (η)
επιστήμη. **~ce fiction** (η)
επιστημονική φαντασία.
~tific /-'tɪfɪk/ *a*
επιστημονικός

scientist /'saɪəntɪst/ n (ο, η)
επιστήμονας

scissors /'sɪsəz/ npl (το) ψαλίδι

scoff /skɒf/ vi **~ at** κοροϊδεύω,
περιφρονώ. • *vt* (*eat: fam*)
καταβροχθίζω

scold /skəʊld/ vt μαλώνω

scoop /sku:p/ n (η) σέσουλα.
(*news*) (το) λαβράκι. • *vt* **~
out** βγάζω. **~ up** μαζεύω

scooter /'sku:tə(r)/ n (*for child*)
(το) πατίνι. (*motor cycle*) (το)
σκούτερ *invar*

scope /skəʊp/ n (το)
περιθώριο. (*opportunity*) (η)
ευκαιρία

scorch /skɔ:tʃ/ vt καψαλίζω.
~ing *a* (*fam*) καυτερός

score /skɔ:(r)/ n (*sport*) (το)
σκορ *invar*. (*mus*) (το)
παρτιτούρα. (*twenty*) (η)
εικοσάδα. • *vt* κερδίζω
(*πόντους*). (*success*) σημειώνω.
(*scratch*) χαράζω. • vi (*keep
score*) κρατώ σημείωση του
σκορ

scorn /skɔ:n/ n (η)
περιφρόνηση. • *vt* περιφρονώ

Scorpio /'skɔ:pɪəʊ/ n (ο)
σκορπιός

scorpion /'skɔ:pɪən/ n (ο)
σκορπιός

Scot /skɒt/ n (ο) Σκοτσέζος,
(η) Σκοτσέζα. **~s, ~tish** *a*
σκοτσέζικος

Scotch /skɒtʃ/ *a* σκοτσέζικος.
• *n* (το) ουίσκι *invar*

Scotland /'skɒtlənd/ n (η)
Σκοτία

scoundrel /'skaʊndrəl/ n (το)
τομάρι

scour /'skaʊə(r)/ vt (*clear*)
τρίβω να γυαλίσω. (*search*)
ψάχνω

scourge /skɜ:dʒ/ n (η) μάστιγα

scout /skaʊt/ n (ο) ανιχνευτής.
• *vi* **~ (for)** ψάχνω (για)

Scout /skaʊt/ n (ο) πρόσκοπος

scowl /skaʊl/ n (το)
κατσούφιασμα. • *vi*
κατσουφιάζω

scramble /'skræmbl/ vi
(*clamber*) σκαρφαλώνω. • *n*
(*struggle*) (ο) αγώνας. **~d
eggs** αβγά κυπατά

scrap /skræp/ n (το)
κομματάκι. (*fight: fam*) (ο)
καβγάς. **~s** npl (τα)
απομεινάρια. (*of food*) (τα)
αποφάγια. • *vt* πετώ (*σαν
άχρηστο*). **~-book** n (το)
λεύκωμα. **~ heap** n (ο) σωρός
απορριμμάτων. **~ metal** n (τα)
παλιοσιδερικά

scrape /skreɪp/ vt ξύνω. (*graze*)
γδέρνω. (*rub*) τρίβω. • *n* (το)
γδάρσιμο. (*fig*) (ο) μπελάς

scratch /skrætʃ/ *vt/i* ξύνω/ομαι.
(*with nails*) γρατσουνίζω/ομαι.
• *n* (το) γρατσούνισμα

scrawl /skrɔ:l/ *n* (τα)
ορνιθοσκαλίσματα. • *vt/i*
γράφω βιαστικά

scrawny /skrɔ:nɪ/ *a*
λιπόσαρκος

scream /skri:m/ *vt/i*
στριγκλίζω. • *n* (το)
στρίγκλισμα

screech /skri:tʃ/ *vi* τσιρίζω. • *n*
(το) τσίριγμα

screen /skri:n/ *n* (το) παραβάν
invar. (*cinema, TV*) (η) οθόνη.
• *vt* προφυλάσσω. (*film*)
προβάλλω. (*candidates*)
εξετάζω (για καταλληλότητα)

screw /skru:/ *n* (η) βίδα. • *vt*
βιδώνω. **~driver** *n* (το)
κατσαβίδι

scribble /skrɪbl/ *vt/i* γράφω
βιαστικά και δυσανάγνωστα

script /skrɪpt/ *n* (η) γραφή. (*of
film etc.*) (το) σενάριο

Scriptures /skrɪptʃəz/ *npl* the
~ η Αγία Γραφή

scroll /skrəʊl/ *n* (ο) ρόλος
περγαμηνής. **~bar** *n* (η)
γραμμή κύλισης. **~down** *vi*
ρολάρω προς τα κάτω

scrounge /skraʊndʒ/ *vt* (*fam*)
κάνω τράκα για. • *vi* κάνω
τράκα

scrub /skrʌb/ *n* (*land*) (ο)
θαμνότοπος. • *vt* τρίβω

scruff /skrʌf/ *n* the ~ of the
neck το σβέρκο

scruple /skru:pl/ *n* (ο)
ενδοιασμός

scrutin|y /skru:tɪnɪ/ *n* (η)
εξονυχιστική εξέταση. **~ize**
vt εξετάζω εξονυχιστικά

scuff /skʌf/ *vt* (*shoes*) γδέρνω

scuffle /skʌfl/ *n* (η) συμπλοκή

sculpt /skʌlpt/ *vt* σκαλίζω. • *vi*
κάνω γλυπτά. **~or** *n* (ο)
γλύπτης. **~ure** /-tʃə(r)/ *n* (η)
γλυπτική. • *vt/i* λαξεύω

scum /skʌm/ *n* (η) γλίτσα.
(*people: fam*) (το) απόβρασμα

scurrilous /skʌrɪləs/ *a* χυδαίος

scurry /skʌrɪ/ *vi* ~ away *or
off* φεύγω βιαστικά

scuttle /skʌtl/ *vt* (*ship*)
βουλιάζω. • *vi* ~ away
τρέπομαι σε φυγή

scythe /saɪð/ *n* (το) δρεπάνι

sea /si:/ *n* (η) θάλασσα. • *a*
θαλασσινός. **~ horse** *n* (ο)
ιππόκαμπος. **~ level** *n* (η)
επιφάνεια της θάλασσας. **~
lion** *n* είδος φώκιας. **~ shell** *n*
(το) κοχύλι

seabed /si:bed/ *n* (ο) πάτος
της θάλασσας

seafood /si:fu:d/ *n* (τα)
θαλασσινά

seagull /si:gʌl/ *n* (ο) γλάρος

seal /si:l/ *n* (*animal*) (η) φώκια.
(*stamp*) (η) σφραγίδα. (*wax*)
(η) βούλα. • *vt* σφραγίζω.
(*envelope*) κλείνω. **~ off** (*area*)
αποκλείω

seam /si:m/ *n* (η) ραφή. (*of
coal*) (η) φλέβα

seaman /si:mən/ *n* (ο)
ναυτικός

seaport /si:pɔ:t/ *n* (το) λιμάνι

search /sɜ:tʃ/ *vt/i* ερευνώ. • *n*
(η) αναζήτηση. (*official*) (η)
έρευνα. **~ for** αναζητώ. **~-**

party n (η) εξερευνητική ομάδα. **~ through** ψάχνω. **~ing** a ερευνητικός

searchlight /'sɜːtʃlaɪt/ n (ο) προβολέας

seashore /'siːʃɔː(r)/ n (η) παραλία

seasick /'siːsɪk/ a be **~** μ' έχει πιάσει η θάλασσα

seaside /'siːsaɪd/ n (η) παραλία

season /'siːzn/ n (η) εποχή. • vt (flavour) καρυκεύω. **~al** a εποχιακός. **~ing** n (το) καρύκευμα. **~ ticket** n (το) εισιτήριο διαρκείας

seat /siːt/ n (το) κάθισμα. (place) (η) έδρα. (of trousers) (ο) πισινός. (buttocks) (ο) πάτος. • vt (place) καθίζω. (have seats for) χωρώ. **~-belt** n (η) ζώνη ασφαλείας

seaweed /'siːwiːd/ n (το) φύκι

secateurs /'sekətɜːz/ npl (το) κλαδευτήρι

seclude /sɪ'kluːd/ vt απομονώνω. **~d** a απομονωμένος

second¹ /'sekənd/ a δεύτερος. • n (ο) δεύτερος. (time) (το) δευτερόλεπτο. **~s** (goods) είδη κατώτερης ποιότητας. • adv (in race etc.) δεύτερος. • vt (proposal) υποστηρίζω. **have ~s** (of meal: fam) σερβίρομαι και δεύτερη φορά. **~-best** a δεύτερος. **~-class** a δευτέρας κατηγορίας. **~-hand** a μεταχειρισμένος. • adv από δεύτερο χέρι. **~-rate** a δεύτερης κατηγορίας. **have ~ thoughts** ξανασκέφτομαι. **~ly** adv δεύτερον

second² /sɪ'kɒnd/ vt (transfer) αποσπώ

secondary /'sekəndrɪ/ a δευτερεύων. **~ school** n (το) σχολείο μέσης εκπαιδεύσεως

secrecy /'siːkrəsɪ/ n (η) μυστικότητα

secret /'siːkrɪt/ a μυστικός. • n (το) μυστικό. **~ly** adv μυστικά

secretary /'sekrətrɪ/ n (ο, η) γραμματέας

secretive /'siːkrətɪv/ a κρυψίνους

sect /sekt/ n (η) σέκτα

section /'sekʃn/ n (το) τμήμα

sector /'sektə(r)/ n (ο) τομέας

secular /'sekjʊlə(r)/ a κοσμικός

secure /sɪ'kjʊə(r)/ a ασφαλής. (fixed) στερεωμένος. • vt στερεώνω. (obtain) εξασφαλίζω

security /sɪ'kjʊərətɪ/ n (η) ασφάλεια. (for loan) (η) εγγύηση

sedate /sɪ'deɪt/ a ήρεμος. • vt δίνω καταπραϋντικά σε

sedative /'sedətɪv/ a καταπραϋντικός. • n (το) καταπραϋντικό

sediment /'sedɪmənt/ n (το) ίζημα

seduce /sɪ'djuːs/ vt αποπλανώ

seduct|ion /sɪ'dʌkʃn/ n (η) αποπλάνηση. **~ive** a αποπλανητικός

see¹ /siː/ vt/i (pt saw, pp seen) βλέπω. (notice) παρατηρώ. (understand) καταλαβαίνω. (escort) συνοδεύω. **~ about** or **to** φροντίζω. **~ off** ξεπροβοδίζω. **~ through**

(*task*) φέρω είς πέρας. (*person*) καταλαβαίνω τις προθέσεις (*κάποιου*). **~-through** a διαφανής

see² /si:/ n (η) επισκοπική έδρα

seed /si:d/ n (το) κουκούτσι. (*collectively*) (ο) σπόρος. (*fig*) (το) σπέρμα. **~ling** n (το) φιντάνι

seek /si:k/ vt (pt **sought**) επιζητώ. **~ out** αναζητώ

seem /si:m/ vi φαίνομαι. **~ingly** adv φαινομενικά

seemly /'si:mli/ a κόσμιος

seen /si:n/ see SEE

seep /si:p/ vi διαρρέω

see-saw /'si:sɔ:/ n (η) τραμπάλα

seethe /si:ð/ vi **~ with** είμαι γεμάτος από **~ with anger** βράζω από το θυμό

segment /'segmənt/ n (το) τμήμα. (*of orange*) (η) φέτα

segregate /'segrigeit/ vt διαχωρίζω. **~ion** /-'geiʃn/ n (η) διαχωρισμός

seize /si:z/ vt καταλαμβάνω. (*jur*) κατάσχω. **~ on** αρπάζω. **~ up** (*techn*) κολλώ

seizure /'si:ʒə(r)/ n (η) κατάσχεση. (*med*) (η) προσβολή

seldom /'seldəm/ adv σπάνια

select /sɪ'lekt/ vt διαλέγω, επιλέγω. a εκλεκτός. (*exclusive*) επίλεκτος. **~ion** /-ʃn/ n (η) επιλογή. **~ive** a επιλεκτικός

self /self/ n (ο) εαυτός

self- /self/ pref **~-addressed** a με τη διεύθυνσή μου. **~-**

assured a βέβαιος για τον εαυτό μου. **~-centred** a εγωκεντρικός. **~-confidence** n (η) αυτοπεποίθηση. **~-confident** a γεμάτος αυτοπεποίθηση. **~-conscious** a με αυτοσυνείδηση. **~-contained** a (*person*) κλειστός. (*flat*) αυτοτελής. **~-control** n (ο) αυτοέλεγχος. **~-defence** n (η) αυτοάμυνα. **~-employed** a αυτοαπασχολούμενος. **~-evident** a αυτονόητος. **~-indulgent** a τρυφηλός. **~-interest** n (η) ιδιοτέλεια. **~-made** a αυτοδημιούργητος. **~-respect** n (ο) αυτοσεβασμός. **~-righteous** a φαρισαϊκός. **~-sacrifice** n (η) αυτοθυσία. **~-satisfied** a αυτάρεσκος. **~-service** n (η) αυτοεξυπηρέτηση. **~-sufficient** a αυτάρκης

selfish /'selfiʃ/ a εγωιστής. **~ness** n (ο) εγωισμός

sell /sel/ vt/i (pt **sold**) πουλώ, πωλώ. **be sold out** εξαντλούμαι. **~er** n (ο) πωλητής, (η) πωλήτρια

Sellotape /'seləteip/ n (P) (η) κολλητική ταινία

semen /'si:mən/ n (το) σπέρμα

semester /sɪ'mestə(r)/ n (*Amer*) (το) εξάμηνο

semicircle /'semisɜ:kl/ n (το) ημικύκλιο

semicolon /semi'kəʊlən/ n (η) άνω τελεία

semi-detached /semidɪ'tætʃt/ a **~ house** το ένα σπίτι σε διπλοκατοικία

semifinal /semɪ'faɪnl/ n (o) ημιτελικός

seminar /'semɪnɑː(r)/ n (το) σεμινάριο

semitone /'semɪtəʊn/ n (το) ημιτόνιο

senat|e /'senɪt/ n (η) γερουσία. **~or** /-ətə(r)/ n (o) γερουσιαστής

send /send/ vt/i (pt **sent**) στέλνω. **~ away** διώχνω. **~ back** επιστρέφω. **~ for** (person) στέλνω να φωνάξω. (thing) στέλνω να πάρω. **~-off** n (το) ξεπροβόδισμα. **~er** n (o) αποστολέας

senile /'siːnaɪl/ a ξεμωραμένος

senior /'siːnɪə(r)/ a μεγαλύτερος (**to**, από). (in rank) ανώτερος. • n (o) τελειόφοιτος. **~ citizen** n (o, η) συνταξιούχος

sensation /sen'seɪʃn/ n (η) αίσθηση. **~al** a εντυπωσιακός

sense /sens/ n (η) αίσθηση. (common sense) (το) λογικό. (meaning) (η) έννοια. (sensation) (το) αίσθημα. (awareness) (η) επίγνωση. **~s** (οι) αισθήσεις. • vt διαισθάνομαι. **make ~** έχω νόημα. **~less** a ανόητος. (med) αναίσθητος

sensibility /sensə'bɪlətɪ/ n (η) αισθαντικότητα

sensible /'sensəbl/ a φρόνιμος. (practical) λογικός

sensitiv|e /'sensɪtɪv/ a ευαίσθητος. (touchy) εύθικτος. **~ity** /-'tɪvətɪ/ n (η) ευαισθησία, (η) ευθιξία

sensual /'senʃʊəl/ a φιληδονος

sensuous /'senʃʊəs/ a αισθησιακός

sent /sent/ see SEND

sentence /'sentəns/ n (η) πρόταση. (jur) (η) καταδίκη. (punishment) (η) ποινή. • vt **to** καταδικάζω σε

sentimental /sentɪ'mentl/ a συναισθηματικός. **~ity** n /-'tælətɪ/ (η) συναισθηματικότητα

sentry /'sentrɪ/ n (o) σκοπός

separate¹ /'sepərət/ a χωριστός. **~ly** adv χωριστά

separat|e² /'sepəreɪt/ vt/i χωρίζω. **~ion** /-'reɪʃn/ n (o) χωρισμός

September /sep'tembə(r)/ n (o) Σεπτέμβριος

septic /'septɪk/ a σηπτικός

sequel /'siːkwəl/ n (η) συνέχεια

sequence /'siːkwəns/ n (η) σειρά. (of film) (η) σκηνή

sequin /'siːkwɪn/ n (η) πούλια

seren|e /sɪ'riːn/ a γαλήνιος. **~ity** /-enətɪ/ n (η) γαλήνη

sergeant /'sɑːdʒənt/ n (o) λοχίας

serial /'sɪərɪəl/ n (story) (η) ιστορία σε συνέχεια. • a (number) αύξων

series /'sɪəriːz/ n (η) σειρά. (radio, TV) (το) σίριαλ invar

serious /'sɪərɪəs/ a σοβαρός. **~ly** adv σοβαρά. **~ness** n (η) σοβαρότητα

sermon /'sɜːmən/ n (το) κήρυγμα

serpent /'sɜːpənt/ n (o) όφις

serrated /sɪ'reɪtɪd/ a οδοντωτός

serum /'sɪərəm/ n (o) ορός

servant /'sɜ:vənt/ n (o)
υπηρέτης, (η) υπηρέτρια

serve /sɜ:v/ vt/i εξυπηρετώ. (in
the army etc.) υπηρετώ. (food)
σερβίρω. (sport) σερβίρω,
κάνω σερβίς. **it ~s you right**
καλά να πάθεις. **~ as**
χρησιμεύω σαν. **~r** n (o)
διακομιστής, (o) server

service /'sɜ:vɪs/ n (η)
εξυπηρέτηση. (maintenance)
(το) σέρβις. (sport) (το) σερβίς
invar. **~s** (mil) (οι) υπηρεσίες.
• vt (car etc.) κάνω σέρβις σε.
~ charge n (το) ποσοστό
υπηρεσίας

serviette /sɜ:vɪ'et/ n (η)
πετσέτα (φαγητού)

servile /'sɜ:vaɪl/ a
δουλοπρεπής

session /'seʃn/ n (η)
συνεδρίαση

set /set/ vt ρυθμίζω. (clock etc.)
βάζω. (limit etc.) ορίζω.
(example) δίνω. (task)
αναθέτω. • vi (sun) βασιλεύω,
δύω. (jelly) πήζω. • n (of cutlery
etc.) (το) σετ invar. (tennis) (το)
σετ invar. (TV, radio) (η)
συσκευή. (theatr) (το)
σκηνικό. (of people) (το)
κύκλος. (math) (το) σύνολο.
• a καθορισμένος, (ready)
έτοιμος. (meal) καθορισμένος.
~ back εμποδίζω. (cost: sl)
κοστίζω. **~-back** n (η)
αναποδιά. **~ fire to** βάζω
φωτιά σε. **~ free**
ελευθερώνω. **~ off** vi ξεκινώ.
• vt (make start) αρχίζω.
(bomb) πυροδοτώ. **~ out**
(leave) ξεκινώ. (declare)
εκθέτω. (arrange) τακτοποιώ.

~ up (start) αρχίζω. (organize)
οργανώνω. **~-up** n (η)
κατάσταση

settee /se'ti:/ n (o) καναπές

setting /'setɪŋ/ n (surroundings)
(το) περιβάλλον. (of jewel) (το)
δέσιμο. (of novel, play) (το)
σκηνικό

settle /'setl/ vt (dispute) λύνω.
(date) ορίζω. (nerves)
καταπραΰνω. (bill) πληρώνω.
• vi (come to rest) σταματώ.
(live) εγκαθίσταμαι. **~ down**
ησυχάζω. **~r** /-ə(r)/ n (o)
άποικος

settlement /'setlmənt/ n
(comm) (η) εξόφληση. (colony)
(o) συνοικισμός

seven /'sevn/ a & n επτά **~th** a
έβδομος. • n (το) έβδομο

seventeen /sevn'ti:n/ a & n
δεκαεπτά. **~th** a δέκατος
έβδομος. • n (το) δέκατο
έβδομο

seventy /'sevntɪ/ a & n
εβδομήντα

sever /'sevə(r)/ vt διακόπτω

several /'sevrəl/ a & pron
διάφοροι

sever|e /sɪ'vɪə(r)/ a αυστηρός.
(pain) οξύς. (illness) σοβαρός.
(winter) δριμύς. **~ely** adv
αυστηρά, σοβαρά. **~ity** /-
'verətɪ/ n (η) αυστηρότητα, (η)
σοβαρότητα

sew /səʊ/ vt/i ράβω. **~ing** n
(το) ράψιμο. **~ing-machine** n
(η) ραπτομηχανή

sewage /'sju:ɪdʒ/ n (τα) λύματα

sewer /'sju:ə(r)/ n (o) υπόνομος

sex /seks/ n (το) φύλο.
(intercourse) (το) σεξ invar. • a
σεξουαλικός. **~y** a σέξι invar

sexual /ˈsekʃʊəl/ a σεξουαλικός. **~ intercourse** n (o) έρωτας (το) σεξ invar

shabby /ˈʃæbɪ/ a φθαρμένος

shack /ʃæk/ n (το) καλύβι

shackle /ˈʃækl/ n **~s** (τα) δεσμά

shade /ʃeɪd/ n (η) σκιά. (of colour, meaning) (η) απόχρωση. (for lamp) (το) αμπαζούρ invar. • vt σκιάζω

shadow /ˈʃædəʊ/ n (η) σκιά, (o) ίσκιος. • vt (follow) παρακολουθώ. **~y** a σκιερός. (fig) θαμπός

shady /ˈʃeɪdɪ/ a σκιερός. (fig) ύποπτος

shaft /ʃɑːft/ n (το) κοντάρι. (mech) (o) άξονας. (of light) (η) ακτίδα. (of lift) (o) αγωγός. (of mine) (το) φρέαρ

shaggy /ˈʃægɪ/ a τριχωτός. (animal) μαλλιαρός

shake /ʃeɪk/ vt (pt **shook**, pp **shaken**) κουνώ. (bottle) ανακινώ. (shock) συγκλονίζω. • vi τρέμω. • n (το) κούνημα, (η) ανακίνηση. **~ hands with** κάνω χειραψία με. **~ one's head** κουνάω το κεφάλι μου

shaky /ˈʃeɪkɪ/ a τρεμάμενος. (table etc.) ασταθής

shall /ʃæl/ v aux **I ~ go** θα πάω. **we ~ see** θα δούμε

shallow /ˈʃæləʊ/ a ρηχός. (fig) κούφιος

sham /ʃæm/ n (η) ψευτιά. • a ψεύτικος

shambles /ˈʃæmblz/ npl **it was a ~** ήταν άνω κάτω

shame /ʃeɪm/ n (η) ντροπή. • vt ντροπιάζω. **what a ~!** τι κρίμα!

shampoo /ʃæmˈpuː/ n (το) σαμπουάν invar. • vt λούζω

shan't /ʃɑːnt/ = **shall not**

shape /ʃeɪp/ n (το) σχήμα. • vt δίνω σχήμα σε. • vi **~ (up)** παίρνω σχήμα. **take ~** παίρνω μορφή. **~less** a άμορφος

shapely /ˈʃeɪplɪ/ a καλοφτιαγμένος

share /ʃeə(r)/ n (το) μερίδιο. (comm) (η) μετοχή. • vt/i μοιράζω/ομαι

shareholder /ˈʃeəhəʊldə(r)/ n (o) μέτοχος

shark /ʃɑːk/ n (o) καρχαρίας

sharp /ʃɑːp/ a (knife etc.) κοφτερός. (pin etc.) μυτερός. (pain) σουβλερός. (sound) διαπεραστικός. (taste) αψύς. (harsh) απότομος. (clear) καθαρός. (person) οξύνους. • adv ακριβώς. • n (mus) (η) δίεση. **~ly** adv απότομα. **~ness** n (η) οξύτητα

sharpen /ˈʃɑːpn/ vt ακονίζω. (pencil) ξύνω. **~er** (η) ξύστρα

shatter /ˈʃætə(r)/ vt/i θρυμματίζω/ομαι. • vt (upset) συντρίβω. **~ed** a (exhausted) κατακουρασμένος

shave /ʃeɪv/ vt/i ξυρίζω/ομαι. • n (το) ξύρισμα. **~r** n (η) ηλεκτρική ξυριστική μηχανή

shaving /ˈʃeɪvɪŋ/ n (το) ξύρισμα. (of wood) (το) ξύσιμο. **~-brush** n (το) πινέλο του ξυρίσματος. **~-cream** n (η) κρέμα ξυρίσματος

shawl /ʃɔːl/ n (η) μαντίλα

she /ʃiː/ pron αυτή. • n (το) θηλυκό

sheaf /ʃi:f/ n (το) δεμάτι

shear /ʃɪə(r)/ vt κουρεύω

shears /ʃɪəz/ npl (η) ψαλίδα

sheath /ʃi:θ/ n (η) θήκη. (condom) (το) προφυλακτικό

shed /ʃed/ n (το) ξύλινο παράπηγμα. • vt ρίχνω. (tears) χύνω

sheep /ʃi:p/ n invar (το) πρόβατο. **~-dog** n (το) τσοπανόσκυλο

sheepish /ʃi:pɪʃ/ a αμήχανος

sheepskin /ʃi:pskɪn/ n (η) προβιά

sheer /ʃɪə(r)/ a καθαρός. (steep) κατακόρυφος. (fabric) διαφανής

sheet /ʃi:t/ n (το) σεντόνι. (of paper, glass) (το) φύλλο. (of ice) (το) στρώμα

sheikh /ʃeɪk/ n (ο) σεΐχης

shelf /ʃelf/ n (το) ράφι

shell /ʃel/ n (το) όστρακο. (of egg) (το) τσόφλι. (of tortoise) (το) καβούκι. (of building) (ο) σκελετός. (explosive) (η) οβίδα. • vt (peas) ξεφλουδίζω. (mil) βομβαρδίζω

shellfish /ʃelfɪʃ/ n invar (τα) οστρακοειδή

shelter /ʃeltə(r)/ n (το) καταφύγιο. • vt/i προφυλάγω/ομαι. • vt (protect) προστατεύω. (give lodging to) δίνω στέγη σε. **~ed** a (place) απάγκιος. (life) προφυλαγμένος

shelve /ʃelv/ vt (plan etc.) αναβάλλω επ' αόριστον

shepherd /ʃepəd/ n (ο) βοσκός. • vt οδηγώ (ομαδικά)

sheriff /ʃerɪf/ n (ο) σερίφης

sherry /ʃerɪ/ n (το) σέρι

shield /ʃi:ld/ n (η) ασπίδα. • vt προστατεύω

shift /ʃɪft/ vt/i μετατοπίζω/ομαι. (furniture, machine) μετακινώ/ούμαι. • vt (blame) μεταθέτω. • n (η) μετακίνηση. (work) (η) βάρδια

shifty /ʃɪftɪ/ a ύπουλος. (eyes) δολερός

shilling /ʃɪlɪŋ/ n (το) σελίνι

shin /ʃɪn/ n (το) καλάμι

shine /ʃaɪn/ vi (pt shone) λάμπω. • vt γυαλίζω. • n (η) γυαλάδα. **~ on** (torch) φωτίζω

shiny /ʃaɪnɪ/ a γυαλιστερός

ship /ʃɪp/ n (το) πλοίο. • vt μεταφέρω (εμπορεύματα). (send) στέλνω. (load) φορτώνω. **~ment** n (consignment) (η) αποστολή εμπορευμάτων. (loading) (η) φόρτωση. **~ping** n (η) ναυτιλία. (ships) (τα) πλοία

shipshape /ʃɪpʃeɪp/ a τακτοποιημένος

shipwreck /ʃɪprek/ n (το) ναυάγιο

shipyard /ʃɪpjɑ:d/ n (το) ναυπηγείο

shirk /ʃɜːk/ vt αποφεύγω

shirt /ʃɜːt/ n (το) πουκάμισο. (for woman) (η) μπλούζα

shiver /ʃɪvə(r)/ vi τουρτουρίζω. • n (το) τουρτούρισμα

shoal /ʃəʊl/ n (of fish) (το) κοπάδι

shock /ʃɒk/ n (το) σοκ invar. (earthquake) (η) δόνηση. (med) (ο) κλονισμός. (electric) **~** (η) ηλεκτροπληξία. • vt συγκλονίζω. **~ing** a

συγκλονιστικός. (*fam*)
απαίσιος

shoddy /'ʃɒdɪ/ *a* κακής
ποιότητας

shoe /ʃuː/ *n* (το) παπούτσι. (*of horse*) (το) πέταλο. • *vt* (*horse*) πεταλώνω. **~-shop** *n* (το) παπουτσίδικο, (το) υποδηματοποιείο

shoelace /'ʃuːleɪs/ *n* (το) κορδόνι (παπουτσιού)

shone /ʃɒn/ *see* SHINE

shook /ʃʊk/ *see* SHAKE

shoot /ʃuːt/ *vi* (*pt* shot) (*plant*) βλαστάνω. (*move quickly*) ορμώ. • *vt* πυροβολώ. (*hunt*) κυνηγώ. (*film*) γυρίζω. • *n* (*bot*) (ο) βλαστός. (*hunt*) (η) κυνηγετική εκδρομή. **~ down** ρίχνω. **~ up** (*grow*) ξεπετιέμαι. (*prices*) υψώνω απότομα.

shop /ʃɒp/ *n* (το) μαγαζί, (το) κατάστημα. • *vi* ψωνίζω. **~ assistant** *n* (ο, η) υπάλληλος (*σε μαγαζί*). **~-lifting** *n* (η) κλεψιά (*από μαγαζί*). **~ steward** *n* (ο) εκπρόσωπος συνδικάτου σε μια επιχείρηση. **~-window** (η) βιτρίνα. **talk ~** κουβεντιάζω για επαγγελματικά θέματα. **~per** *n* (ο) αγοραστής

shopkeeper /'ʃɒpkiːpə(r)/ *n* (ο) καταστηματάρχης

shopping /'ʃɒpɪŋ/ *n* (τα) ψώνια. **go ~** πάω για ψώνια. **~ bag** *n* (η) τσάντα για τα ψώνια. **~ centre** *n* (το) εμπορικό κέντρο

shore /ʃɔː(r)/ *n* (η) ακτή

short /ʃɔːt/ *a* βραχύς. (*brief*) σύντομος. (*person*) κοντός.

(*curt*) απότομος. • *adv*
απότομα. **be ~ of** μου λείπει.
~-change *vt* δίνω ελλιπή
ρέστα σε. **~ circuit** *n* (το)
βραχυκύκλωμα. **~ cut** *n* (ο)
συντομότερος δρόμος. **~-lived** *a* βραχύβιος. **~-sighted** *a* μυωπικός. **~ story** *n* (το)
διήγημα. **~-tempered** *a*
ευέξαπτος. **~ wave** *n* (το)
βραχύ κύμα

shortage /'ʃɔːtɪdʒ/ *n* (η)
έλλειψη

shortcoming /'ʃɔːtkʌmɪŋ/ *n*
(το) ελάττωμα

shorten /'ʃɔːtn/ *vt* μικραίνω.
(*dress*) κονταίνω

shorthand /'ʃɔːthænd/ *n* (η)
στενογραφία. **~ typist** (ο, η)
στενογράφος

shortly /'ʃɔːtlɪ/ *adv* σε λίγο

shorts /ʃɔːts/ *npl* (τα)
σορτσάκια

shot /ʃɒt/ *see* SHOOT. • *n* (ο)
πυροβολισμός. (*person*) (ο)
σκοπευτής (*photograph*) (η)
φωτογραφία. (*injection*) (η)
ένεση. **~-gun** *n* (το)
κυνηγετικό όπλο

should /ʃʊd, ʃəd/ *v aux* **I ~ go**
πρέπει να πάω. **I ~ like to** θα
ήθελα. **~ I tell her?** να της το
πω; **they ~ be there by now**
θα πρέπει να έχουν ήδη
φτάσει

shoulder /'ʃəʊldə(r)/ *n* (ο)
ώμος. • *vt* επωμίζομαι. **~-blade** *n* (η) ωμοπλάτη

shout /ʃaʊt/ *n* (η) κραυγή. • *vt/i*
κραυγάζω, φωνάζω

shove /ʃʌv/ *n* (το) σπρώξιμο.
• *vt/i* σπρώχνω/ομαι. • *vt* (*put: fam*) χώνω

shovel /'ʃʌvl/ n (το) φτυάρι

show /ʃəʊ/ vt (pt **showed**, pp **shown**) δείχνω. (put on display) εκθέτω. (film) παρουσιάζω. (lead) οδηγώ. • vi φαίνομαι. • n (exhibition) (η) έκθεση. (ostentation) (η) επίδειξη. (theatr) (η) παράσταση. **~-down** n (η) αναμέτρηση. **~ s.o. in** λέω σε κπ να περάσει. **~ off** vt επιδεικνύω. • vi κάνω επίδειξη. **~ out** συνοδεύω έως την έξοδο. **~-piece** n (το) πρότυπο. **~ up** vi εμφανίζομαι. • vt (unmask) ξεσκεπάζω

shower /'ʃaʊə(r)/ n (η) μπόρα. (of blows etc.) (η) βροχή. (for washing) (το) ντους invar. • vt **~ with** κατακλύζω με. • vt κάνω ντους. **~y** a βροχερός

shown /ʃəʊn/ see SHOW

showroom /'ʃəʊru:m/ n (η) έκθεση (αίθουσα)

shrank /ʃræŋk/ see SHRINK

shred /ʃred/ n (το) κομμάτι. • vt κομματιάζω

shrewd /ʃru:d/ a καπάτσος

shriek /ʃri:k/ n (η) στριγκλιά. • vt/i στριγκλίζω

shrill /ʃrɪl/ a στριγκός

shrimp /ʃrɪmp/ n (η) γαρίδα

shrine /ʃraɪn/ n (ο) ιερός τόπος

shrink /ʃrɪŋk/ vt/i (pt **shrank**, pp **shrunk**) ζαρώνω. (cloth) μπαίνω. (draw back) αποτραβιέμαι. **~ from** αποφεύγω

shrivel /'ʃrɪvl/ vt/i ζαρώνω

shroud /ʃraʊd/ n (το) σάβανο

Shrove /ʃrəʊv/ n **~ Tuesday** (η) τελευταία μέρα της αποκριάς (των δυτικών)

shrub /ʃrʌb/ n (ο) θάμνος

shrug /ʃrʌg/ vt **~ (one's shoulders)** σηκώνω τους ώμους. • n (το) σήκωμα των ώμων. **~ off** απορρίπτω με αδιαφορία

shrunk /ʃrʌŋk/ see SHRINK

shudder /'ʃʌdə(r)/ vi ανατριχιάζω. • n (η) ανατριχίλα

shuffle /'ʃʌfl/ vt (feet) σέρνω. (cards) ανακατεύω

shun /ʃʌn/ vt αποφεύγω

shush /ʃuʃ/ int σιωπή

shut /ʃʌt/ vt/i κλείνω. **~-down** n (το) κλείσιμο. **~ up** (fam) το βουλώνω. **~ up!** (fam) σκασμός!

shutter /'ʃʌtə(r)/ n (το) παντζούρι. (photo) (το) διάφραγμα

shuttle /'ʃʌtl/ n (η) σαΐτα. • vi πηγαινοέρχομαι. **~ service** n (η) συχνή και συνεχής συγκοινωνία μεταξύ δύο σημείων

shuttlecock /'ʃʌtlkɒk/ n (το) μπαλάκι με φτερά

shy /ʃaɪ/ a ντροπαλός. • vi (horse) κωλώνω. **~ness** n (η) ντροπαλότητα

sick /sɪk/ a άρρωστος. (humour) νοσηρός. (fed up: fam) αηδιασμένος. **be ~** (vomit) κάνω εμετό. **feel ~** μου έρχεται εμετός. **~-room** n (η) αίθουσα ασθενών

sicken /'sɪkən/ vt αηδιάζω. • vi αρρωσταίνω. **~ing** a (disgusting) αηδιαστικός

sickle /'sɪkl/ n (το) δρεπάνι

sickly /'sɪklɪ/ a αρρωστιάρης. *(taste etc.)* αηδιαστικός

sickness /'sɪknɪs/ n (η) αρρώστια. *(vomiting)* (ο) εμετός

side /saɪd/ n (η) πλευρά. *(of body)* (το) πλευρό. *(of river)* (η) όχθη. *(sport)* (η) ομάδα. *(fig)* (το) μέρος. • a πλαϊνός. • vi ~ **with** παίρνω το μέρος *(with gen.)*. **on the** ~ *(as a sideline)* επί πλέον. ~ **by** ~ πλάι πλάι. ~**board** n (ο) μπουφές. ~**boards**, ~**burns** npl (οι) φαβορίτες. ~**-effect** n (η) παρενέργεια. ~**-road** n (η) πάροδος. ~**-step** vt παρακάμπτω. ~**-track** vt εκτρέπω

sidelight /'saɪdlaɪt/ n (το) φως πορείας

sideline /'saɪdlaɪn/ n (η) δευτερεύουσα δραστηριότητα

sidewalk /'saɪdwɔːk/ n *(Amer)* (το) πεζοδρόμιο

sideways /'saɪdweɪz/ adv πλάγια. • a πλάγιος

sidle /'saɪdl/ vi ~ **up to** πλησιάζω δειλά

siege /siːdʒ/ n (η) πολιορκία

siesta /sɪ'estə/ n (ο) μεσημεριανός ύπνος

sieve /sɪv/ n (το) κόσκινο. • vt κοσκινίζω

sift /sɪft/ vt κοσκινίζω. • vi ~ **through** εξετάζω

sigh /saɪ/ n (ο) αναστεναγμός. • vi αναστενάζω

sight /saɪt/ n (η) όραση. *(spectacle)* (το) θέαμα. *(on gun)* (το) κλισιοσκόπιο. • vt βλέπω. **catch** ~ **of sth** κτ παίρνει το

μάτι μου. **be in** ~ φαίνομαι, είμαι ορατός. **out of** ~ αθέατος

sightseeing /'saɪtsiːɪŋ/ n (η) επίσκεψη στα αξιοθέατα

sign /saɪn/ n (το) σημάδι. *(notice)* (η) επιγραφή. • vt υπογράφω

signal /'sɪɡnəl/ n (το) σήμα. • vt δίνω σήμα σε

signature /'sɪɡnətʃə(r)/ n (η) υπογραφή

significan|t /sɪɡ'nɪfɪkənt/ a *(important)* σημαντικός. *(meaningful)* γεμάτος σημασία. ~**ce** n (η) σημασία. *(meaning)* (το) νόημα. ~**tly** adv σημαντικά

signify /'sɪɡnɪfaɪ/ vt σημαίνω. *(intimate)* εκφράζω

signpost /'saɪnpəʊst/ n (η) πινακίδα

silence /'saɪləns/ n (η) σιωπή. • vt κάνω να σωπάσει

silent /'saɪlənt/ a σιωπηλός. *(film)* βουβός

silhouette /ˌsɪluː'et/ n (η) σιλουέτα

silicon /'sɪlɪkən/ n (το) πυρίτιο

silk /sɪlk/ n (το) μετάξι. ~**en**, ~**y** adjs μεταξένιος

sill /sɪl/ n (το) περβάζι

silly /'sɪlɪ/ a ανόητος

silt /sɪlt/ n (η) ιλύς

silver /'sɪlvə(r)/ n (το) ασήμι. *(silverware)* (τα) ασημικά. • a ασημένιος. ~**-plated** a επάργυρος

similar /'sɪmɪlə(r)/ a παρόμοιος. ~**ity** /-ə'lærətɪ/ n (η) ομοιότητα

simile /'sɪmɪlɪ/ n (η)
παρομοίωση

simmer /'sɪmə(r)/ vt/i
σιγοβράζω

simpl|e /'sɪmpl/ a απλός.
(person) απλοϊκός. **~icity**
/-'plɪsetɪ/ n (η) απλότητα. **~y**
adv απλά. (absolutely) τελείως.
(merely) μόνο.

simplify /'sɪmplɪfaɪ/ vt
απλοποιώ

simulat|e /'sɪmjʊleɪt/ vt
απομιμούμαι. **~ion** /-'leɪʃn/ n
(η) απομίμηση

simultaneous /sɪml'teɪnɪəs/ a
ταυτόχρονος

sin /sɪn/ n (η) αμαρτία. • vi
αμαρτάνω

since /sɪns/ prep από. • adv από
τότε. • conj από τότε. (because)
μια και, αφού

sincer|e /sɪn'sɪə(r)/ a
ειλικρινής. **~ely** adv
ειλικρινά. **yours ~ely** με
τιμή /-'serətɪ/ n (η)
ειλικρίνεια

sinew /'sɪnjuː/ n (ο) τένοντας

sing /sɪŋ/ vt/i (pt **sang**, pp
sung) τραγουδώ. **~er**, (η)
τραγουδιστής, (η)
τραγουδίστρια

singe /sɪndʒ/ vt καψαλίζω

single /'sɪŋgl/ a μόνος, ένας.
(not double) μονός. (unmarried)
ελεύθερος. (room)
μονόκλινος. (bed) μονός n
(ticket) (το) εισιτήριο απλής
διαδρομής. (record) (το)
δισκάκι. **~s** (tennis) το μονό
παιγνίδι. • vt **~ out**
απομονώνω. (distinguish)
ξεχωρίζω. **~-handed** a & adv

μόνος. **~-minded** a με ένα
σκοπό

singlet /'sɪŋglɪt/ n (η) φανέλα

singular /'sɪŋgjʊlə(r)/ n (ο)
ενικός (αριθμός). • a
(uncommon) μοναδικός. (gram)
ενικός

sinister /'sɪnɪstə(r)/ a
απειλητικός

sink /sɪŋk/ vt/i (pt **sank**, pp
sunk) βυθίζω/ομαι. • vi
(ground) κατηφορίζω. • vt
(well) ανοίγω. (money) βάζω.
• n (ο) νεροχύτης. **~ in**
χωνεύω

sinner /'sɪnə(r)/ n (ο)
αμαρτωλός

sinus /'saɪnəs/ n (ο) κόλπος

sip /sɪp/ n (η) ρουφηξιά. • vt
πίνω αργά

siphon /'saɪfən/ n (το) σιφόνι.
• vt **~ off** αναρροφώ

sir /sɜː(r)/ n (ο) κύριος. **S~**
(title) σερ invar

siren /'saɪərən/ n (η) σειρήνα

sister /'sɪstə(r)/ n (η) αδερφή,
(η) αδελφή. (nurse, nun) (η)
αδελφή. **~-in-law** n (η)
κουνιάδα

sit /sɪt/ vt/i (pt **sat**, pres p
sitting) καθίζω/κάθομαι. • vi
(committee etc.) συνεδριάζω.
~ down κάθομαι. **~ for**
(exam) δίνω. (portrait) ποζάρω
για. **~ting** n (in restaurant)
(το) σερβίρισμα. **~ting-room**
n (το) καθιστικό

site /saɪt/ n (ο) χώρος.
(building) **~** (το) εργοτάξιο.
• vt εγκαθιστώ

situat|e /'sɪtʃʊeɪt/ vt τοποθετώ.
~ed a που βρίσκεται. **~ion**

/-'eιʃn/ n (place) (η) τοποθεσία.
(state) (η) κατάσταση. (job) (η)
θέση

six /sιks/ a & n έξι **~th** a
έκτος. • n (το) έκτο

sixteen /'sιk'stiːn/ a & n
δεκαέξι. **~th** a δέκατος
έκτος. • n (το) δέκατο έκτο

sixty /'sιkstι/ a & n εξήντα

size /saιz/ n (το) μέγεθος. (of
clothes) (το) νούμερο. (extent)
(η) διάσταση. • vt ταξινομώ
ανάλογα με μέγεθος. **~ up**
(fam) εκτιμώ. **~able** a αρκετά
μεγάλος

sizzle /'sιzl/ vi τσιτσιρίζω

skate /skeιt/ n (το) πατίνι. (ice-
skate) (το) παγοπέδιλο. • vi
πατινάρω. (on ice) παγοδρομώ.
~er n (ο, η) παγοδρόμος.
~ing n (το) πατινάζ invar, (η)
παγοδρομία. **~ing-rink** n (ice)
(το) παγοδρόμιο

skateboard /'skeιtbɔːd/ n (το)
σκέιτ μπορντ invar

skeleton /'skelιtn/ n (ο)
σκελετός

sketch /sketʃ/ n (το) σκίτσο.
(theatr) (το) σκετς invar. • vt
σκιτσάρω

skewer /'skjuə(r)/ n (η)
σούβλα. (small) (το) σουβλί

ski /skiː/ n (το) σκι invar. • vi
κάνω σκι. **go ~ing** πάω για
σκι. **~er** n (ο, η) σκιέρ invar.
~ing n (το) σκι invar

skid /skιd/ vi γλιστρώ. • n (η)
ολίσθηση

skilful /'skιlfl/ a επιδέξιος

skill /skιl/ n (η) δεξιοτεχνία.
~ed a επιδέξιος. (worker)
ειδικευμένος

skim /skιm/ vt ξαφρίζω. (milk)
αποβουτυρώνω. • vi **~
through** διαβάζω στα πεταχτά

skin /skιn/ n (το) δέρμα. • vt
γδέρνω. (fruit) ξεφλουδίζω.
~-diving n (το) υποβρύχιο
κολύμπι. **~-tight** a
εφαρμοστός

skinny /'skιnι/ a κοκαλιάρης

skip /skιp/ vi χοροπηδώ. • vt
παραλείπω n (το)
χοροπήδημα. **~ping-rope** n
(το) σχοινάκι

skirmish /'skɜːmιʃ/ n (η)
αψιμαχία

skirt /skɜːt/ n (η) φούστα. • vt
φέρνω γύρω. **~ing-board** n
(το) σοβατεπί

skull /skʌl/ n (το) κρανίο

skunk /skʌŋk/ n (η) μεφίτις

sky /skaι/ n (ο) ουρανός. **~-
blue** a ουρανής. • n (το)
ουρανί

skylight /'skaιlaιt/ n (ο)
φεγγίτης

skyscraper /'skaιskreιpə(r)/ n
(ο) ουρανοξύστης

slab /slæb/ n (η) πλάκα

slack /slæk/ a (not tight)
χαλαρός. (person) αμελής. • n
(of rope) (το) μπόσικο. • vi
(fam) τεμπελιάζω

slacken /'slækən/ vi ατονώ. • vt
χαλαρώνω. **~ off** λασκάρω

slacks /slæks/ npl (το)
παντελόνι (spor)

slam /slæm/ vt/i (door) κλείνω
απότομα. • n (η) βροντιά

slander /'slɑːndə(r)/ n (η)
συκοφαντία. • vt συκοφαντώ

slang /slæŋ/ n (η) αργκό invar

slant /slɑ:nt/ vt/i κλίνω. • n (slope) (η) κλίση. (point of view) (η) άποψη. **~ing** a πλάγιος

slap /slæp/ vt χαστουκίζω. • n (το) χαστούκι. • adv **~ in the middle** καταμεσίς

slapdash /'slæpdæʃ/ a πρόχειρος

slash /slæʃ/ vt (πετσο)κόβω. (prices etc.) περικόβω. • n (το) κόψιμο

slate /sleɪt/ n (η) πλάκα (σκεπής)

slaughter /'slɔ:tə(r)/ vt σφάζω. • n (η) σφαγή

slave /sleɪv/ n (ο) σκλάβος. • vi δουλεύω σαν σκλάβος. **~ry** /-ərɪ/ n (η) σκλαβιά, (η) δουλεία

sleazy /'sli:zɪ/ a (fam) κακόσημος

sledge /sledʒ/ n (το) έλκηθρο. **~-hammer** n (η) βαριά

sleek /sli:k/ a στιλπνός. (manner) λεπτός (στους τρόπους)

sleep /sli:p/ n (ο) ύπνος. • vi (pt slept) κοιμούμαι. **go to ~** αποκοιμιέμαι. **~er** n (person) (ο) κοιμώμενος. (sleeping-car) (το) βαγκόν λι invar. **~ing-bag** n (ο) υπνόσακος. **~ing-pill** n (το) υπνωτικό χάπι. **~-walk** vi υπνοβατώ

sleepy /'sli:pɪ/ a νυσταγμένος

sleet /sli:t/ n (το) χιονόνερο. • vi πέφτει χιονόνερο

sleeve /sli:v/ n (το) μανίκι. (for record) (η) θήκη

sleigh /sleɪ/ n (το) έλκηθρο

slender /'slendə(r)/ a λεπτός. (fig) λιγοστός

slept /slept/ see SLEEP

slice /slaɪs/ n (η) φέτα. (implement) (η) σπάτουλα τάρτας. • vt κόβω φέτες

slick /slɪk/ a λείος. (pej) επιτήδειος. • n (oil) **~** (η) πετρελαιοκηλίδα

slide /slaɪd/ vt/i (pt slid) γλιστρώ. • n (το) γλίστρημα. (in playground) (η) τσουλήθρα. (for hair) (το) πιαστράκι. (photo) (η) διαφάνεια

slight /slaɪt/ a ελαφρός. (slender) λεπτός. (frail) αδύνατος. • vt περιφρονώ. • n (η) περιφρόνηση. **~ly** adv ελαφρά

slim /slɪm/ a λεπτός. • vi αδυνατίζω

slime /slaɪm/ n (ο) γλοιός

sling /slɪŋ/ n (η) σφεντόνα. • vt (throw) εκσφενδονίζω. (hang) κρεμώ

slink /slɪŋk/ vi **~ away** or **off** φεύγω κρυφά

slip /slɪp/ vt/i γλιστρώ. (go) περνώ. • n (το) γλίστρημα. (mistake) (η) απροσεξία. (petticoat) (το) μεσοφόρι. (paper) (το) κομμάτι χαρτί. **~ of the tongue** (η) παραδρομή της γλώσσας. **~ on** (clothes) φορώ γρήγορα. **~ s.o.'s mind** μου διαφεύγει. **~ up** (fam) κάνω λάθος. **~-up** n (fam) (το) λάθος

slipper /'slɪpə(r)/ n (η) παντόφλα

slippery /'slɪpərɪ/ a ολισθηρός

slit /slɪt/ n (η) σχισμή. • vt σχίζω

slither /'slɪðə(r)/ vi γλιστρώ

sliver /'slɪvə(r)/ *n* (η) σχίζα

slobber /'slɒbə(r)/ *vi* μου τρέχουν τα σάλια

slog /slɒg/ *vt* (*hit*) χτυπώ δυνατά. • *vi* (*work*) μοχθώ. • *n* (η) σκληρή δουλειά

slogan /'sləʊgən/ *n* (το) σλόγκαν *invar*

slop /slɒp/ *vi* χύνω. • *vi* ξεχειλίζω. ~**s** *npl* (το) νερόπλυμα

slop|e /sləʊp/ *vi* (*lean*) κλίνω ~ **down**. κατηφορίζω. • *n* (η) κλίση (εδάφους). ~**ing** *a* κεκλιμένος

sloppy /'slɒpɪ/ *a* γεμάτος νερά. (*work*) τσαπατσούλικος. (*person*) τσαπατσούλης. (*sentimental*) σαχλός

slot /slɒt/ *n* (η) εγκοπή. • *vt* τοποθετώ (σε εγκοπή). ~**machine** *n* (ο) χρηματοδέκτης

slouch /slaʊtʃ/ *vi* καμπουριάζω

slovenly /'slʌvnlɪ/ *a* ατημέλητος

slow /sləʊ/ *a* αργός. • *adv* αργά. • *vt* ~ (**down/up**) επιβραδύνω. • *vi* κόβω ταχύτητα. **be** ~ αργώ. (*clock*) πηγαίνω πίσω

sludge /slʌdʒ/ *n* (ο) βούρκος

slug /slʌg/ *n* (ο) γυμνοσάλιαγκας

sluggish /'slʌgɪʃ/ *a* βραδύς

sluice /sluːs/ *n* (*gate*) (το) φράγμα. (*channel*) (ο) οχετός διαρροής

slum /slʌm/ *n* (η) τρώγλη. ~**s** (η) βρόμικη φτωχογειτονιά

slumber /'slʌmbə(r)/ *n* (ο) ήσυχος ύπνος

slump /slʌmp/ *n* (η) απότομη πτώση. (*in business*) (η)

οικονομική κρίση. • *vi* πέφτω απότομα

slur /slɜː(r)/ *vt/i* δεν αρθρώνω καθαρά. • *n* (η) μη καθαρή άρθρωση. (*discredit*) (το) στίγμα

slush /slʌʃ/ *n* (το) λασπονέρι. (*fig*) (η) σαχλαμάρα

slut /slʌt/ *n* (η) τσούλα

sly /slaɪ/ *a* (*crafty*) ύπουλος. (*secretive*) κρυφός

smack /smæk/ *n* (*taste, hint*) (η) γεύση. (*hit*) (το) χτύπημα. (*on face*) (το) χαστούκι. • *vt* δέρνω. • *vi* ~ **of** μυρίζω

small /smɔːl/ *a* μικρός. • *n* ~ **of the back** (το) στένωμα της πλάτης. ~ **ads** *npl* (οι) μικρές αγγελίες. ~ **change** *n* (τα) ψιλά. ~ **talk** *n* (η) ψιλοκουβέντα

smallpox /'smɔːlpɒks/ *n* (η) ευλογιά

smart /smɑːt/ *a* (*elegant*) κομψός. (*clever*) έξυπνος. • *vi* τσούζω. ~**ly** *adv* κομψά, έξυπνα, σβέλτα

smarten /'smɑːtn/ *vt/i* ~ **up** φρεσκάρω/ομαι. ~ (**o.s.**) **up** (*become smarter*) κομψεύομαι

smash /smæʃ/ *vt/i* (*crash*) κάνω/γίνομαι κομμάτια. • *vt* (*opponent*) συντρίβω. • *n* (*noise*) (το) χτύπημα. (*collision*) (η) σύγκρουση. (*ruin*) (η) συντριβή

smashing /'smæʃɪŋ/ *a* (*fam*) περίφημος

smattering /'smætərɪŋ/ *n* (το) πασάλειμμα

smear /smɪə(r)/ *vt* (*mark*) μουντζουρώνω. (*coat*)

πασαλείφω. • n (mark) (το) μουντζούρωμα. (med) (το) επίχρισμα

smell /smel/ n (η) οσμή, (η) μυρωδιά. (sense) (η) όσφρηση. • vt/i μυρίζω/ομαι. **~y** a δύσοσμος

smile /smail/ n (το) χαμόγελο. • vi χαμογελώ

smirk /smɜːk/ n (το) ανόητο χαμόγελο (αυταρέσκειας)

smock /smɒk/ n (η) μπλούζα

smog /smɒg/ n (το) νέφος

smoke /sməʊk/ n (ο) καπνός. • vt/i καπνίζω. **~d** a (culin) καπνιστός. **~less** a άκαπνος. **~r** /-ə(r)/ n (ο) καπνιστής, (η) καπνίστρια. **smoking** (το) κάπνισμα. **no smoking** απαγορεύεται το κάπνισμα

smoky a γεμάτος καπνούς

smooth /smuːð/ a ομαλός. (movement) ήσυχος. (sea) γαλήνιος. (liquid, paste) λείος. (manners) γαλίφης. • vt λειαίνω. **~ly** adv ομαλά

smother /'smʌðə(r)/ vt πνίγω

smoulder /'sməʊldə(r)/ vi σιγοκαίω

smudge /smʌdʒ/ n (η) μουντζαλιά. • vt/i μουντζαλώνω

smug /smʌg/ a αυτάρεσκος

smuggle /'smʌgl/ vt περνώ λαθραία. **~r** n (ο) λαθρέμπορος

smut /smʌt/ n (η) μουντζούρα. **~ty** a μουντζουρωμένος. (fig) πρόστυχος

snack /snæk/ n (το) σνακ invar

snag /snæg/ n (η) δυσκολία. (in cloth) (το) πιάσιμο

snail /sneil/ n (το) σαλιγκάρι

snake /sneik/ n (το) φίδι

snap /snæp/ vt/i (break) σπάζω. (say) αποπαίρνω. • n (sound) (ο) ξηρός κρότος. (photograph) (το) ενσταντανέ invar. • a ξαφνικός. **~ at** (bite) προσπαθώ να δαγκώσω. (speak) μιλώ απότομα

snappy /'snæpɪ/ a (lively) ζωηρός. (brusque) απότομος

snapshot /'snæpʃɒt/ n (το) ενσταντανέ invar

snare /sneə(r)/ n (η) παγίδα

snarl /snaːl/ vi γρυλίζω

snatch /snætʃ/ vt αρπάζω. (steal) βουτώ. • n (το) άρπαγμα. (short part) (το) κομματάκι. (theft) (το) κομματάκι

sneak /sniːk/ vi **~ in/out** μπαίνω/βγαίνω κρυφά. **~y** a ύπουλος

sneakers /'sniːkəz/ npl (τα) πάνινα παπούτσια

sneer /snɪə(r)/ vi μιλώ περιφρονητικά

sneeze /sniːz/ n (το) φτάρνισμα. • vi φταρνίζομαι

sniff /snɪf/ vi ρουφώ με τη μύτη. • n (η) ρουφηξιά

snigger /'snɪgə(r)/ n (το) κρυφό γέλιο. • vi κρυφογελώ

snip /snɪp/ vt ψαλιδίζω. • n (το) ψαλίδισμα

snippet /'snɪpɪt/ n (το) κομματάκι

snivel /'snɪvl/ vi κλαψουρίζω

snob /snɒb/ n (ο) σνομπ invar. **~bery** n (ο) σνομπισμός. **~bish** a σνομπ invar

snooker /'snuːkə(r)/ n είδος μπιλιάρδου με 22 μπίλιες

snooze /snuːz/ *n* (ο) υπνάκος. • *vi* τον παίρνω

snore /snɔː(r)/ *vi* ροχαλίζω. • *n* (το) ροχαλητό

snorkel /'snɔːkl/ *n* (ο) αναπνευστήρας

snort /snɔːt/ *n* (το) ρουθούνισμα. • *vi* ρουθουνίζω

snout /snaʊt/ *n* (η) μουσούδα

snow /snəʊ/ *n* (το) χιόνι. • *vi* χιονίζω

snowball /'snəʊbɔːl/ *n* (η) χιονόσφαιρα

snowboard /'snəʊbɔːd/ *n* (η) σανίδα σνόουμπορντ

snowdrop /'snəʊdrɒp/ *n* (ο) γάλανθος

snowfall /'snəʊfɔːl/ *n* (η) χιονόπτωση

snowflake /'snəʊfleɪk/ *n* (η) νιφάδα

snowman /'snəʊmæn/ *n* (ο) χιονάνθρωπος

snowstorm /'snəʊstɔːm/ *n* (η) χιονοθύελλα

snub /snʌb/ *vt* ταπεινώνω

snuff /snʌf/ *n* (ο) ταμπάκος

snug /snʌg/ *a* αναπαυτικός και ζεστός

so /səʊ/ *adv* τόσο. (*thus*) έτσι. • *conj* και έτσι. • *a & pron* τάδε. **and ~ forth** *or* **on** και ούτω καθεξής. **~-and-~** *n* (ο) τάδε. **~ as to** ούτως ώστε, για να. **~-called** *a* δήθεν. **~ far** μέχρι τώρα. **~ far as I know** εξόσον γνωρίζω. **~ long!** (*fam*) γεια! **~ long as** εφόσον. **~** *a* μέτριος. • *adv* έτσι κι έτσι. **~ that** *conj* έτσι ώστε

soak /səʊk/ *vt/i* μουσκεύω. (*of liquid*) διαβρέχω. • *n* (το) μούσκεμα. **~ in** διαποτίζω

soap /səʊp/ *n* (το) σαπούνι. • *vt* σαπουνίζω. **~ opera** *n* (η) σαπουνόπερα. **~ powder** *n* (η) σκόνη πλυσίματος. **~y** *a* με σαπουνάδα

soar /sɔː(r)/ *vi* ανέρχομαι

sob /sɒb/ *n* (ο) λυγμός. • *vi* κλαίω με λυγμούς

sober /'səʊbə(r)/ *a* σοβαρός. (*not drunk*) νηφάλιος. (*abstemious*) εγκρατής. (*colour, style*) μουντός. • *vt/i* **~ up** ξεμεθώ

soccer /'sɒkə(r)/ *n* (το) ποδόσφαιρο

sociable /'səʊʃəbl/ *a* κοινωνικός

social /'səʊʃl/ *a* κοινωνικός. **~ly** *adv* κοινωνικά. **~ security** *n* (η) κοινωνική ασφάλιση

socialis|t /'səʊʃəlist/ *a* σοσιαλιστικός. • *n* (ο) σοσιαλιστής, (η) σοσιαλίστρια. **~m** /-zəm/ *n* (ο) σοσιαλισμός

society /sə'saɪətɪ/ *n* (η) κοινωνία

sociolog|y /ˌsəʊsɪ'ɒlədʒɪ/ *n* (η) κοινωνιολογία. **~ist** *n* (ο, η) κοινωνιολόγος

sock /sɒk/ *n* (η) κάλτσα

socket /'sɒkɪt/ *n* (of eye) (η) κόγχη. (of joint) (το) κοίλωμα. (for plug) (η) υποδοχή. (for light-bulb) (το) ντουί *invar*

soda /'səʊdə/ *n* (η) σόδα

sodium /'səʊdɪəm/ *n* (το) νάτριο

sofa /'səʊfə/ n (ο) καναπές

soft /sɒft/ a μαλακός. (*sound*) ελαφρός. (*light, colour*) απαλός. (*silly*) χαζός. **~-boiled egg** n (το) αβγό μελάτο. **~ drink** n (το) αναψυκτικό. **~ spot** n (η) αδυναμία. **~ly** adv μαλακά, απαλά. **~ness** n (η) μαλακότητα, (η) απαλότητα

soften /'sɒfn/ vt/i μαλακώνω. (*tone down*) απαλύνω

software /'sɒftweə(r)/ n (το) λογισμικό, (το) σοφτγουέρ

soggy /'sɒgɪ/ a μουσκεμένος

soil /sɔɪl/ n (το) έδαφος. • vt/i λερώνω/ομαι

solace /'sɒləs/ n (η) παρηγοριά

solar /'səʊlə(r)/ a ηλιακός

sold /səʊld/ see SELL

solder /'sɒldə(r)/ n (το) συγκολλητικό. • vt συγκολλώ

soldier /'səʊldʒə(r)/ n (ο) στρατιώτης

sole /səʊl/ n (of foot) (το) πέλμα. (of shoe) (η) σόλα. (fish) (η) γλώσσα. • a αποκλειστικός

solemn /'sɒləm/ a σοβαρός

solicit /sə'lɪsɪt/ vt ζητώ. • vt/i (*prostitute*) ψωνίζω

solicitor /sə'lɪsɪtə(r)/ n δικηγόρος με ειδίκευση σε κατώτερα δικαστήρια

solid /'sɒlɪd/ a (*not hollow*) στερεός. (*gold*) ατόφιος. (*meal*) κανονικός. • n (το) στερεό

solidarity /sɒlɪ'dærətɪ/ n (η) αλληλεγγύη

solidify /sə'lɪdɪfaɪ/ vt/i στερεοποιώ/ούμαι

solitary /'sɒlɪtrɪ/ a μοναχικός

solitude /'sɒlɪtjuːd/ n (η) μοναξιά

solo /'səʊləʊ/ n (mus) (η) μονωδία. • a (mus) σόλο. invar. • **~ist** n (ο, η) σολίστ invar

solstice /'sɒlstɪs/ n (το) ηλιοστάσιο

solution /sə'luːʃn/ n (η) λύση. (*liquid*) (το) διάλυμα

solve /sɒlv/ vt λύνω

solvent /'sɒlvənt/ a (comm) φερέγγυος. • n (το) διαλυτικό

sombre /'sɒmbə(r)/ a ζοφερός

some /sʌm/ a (*quantity*) λίγος. (*number*) μερικοί. (*unspecified*) κάποιος. • pron άλλος. (*certain quantity*) ένα μέρος. (*a little*) λίγος. • adv περίπου

somebody /'sʌmbədɪ/ pron κάποιος. • n (ο) κάποιος

somehow /'sʌmhaʊ/ adv κάπως

someone /'sʌmwʌn/ pron & n = somebody

somersault /'sʌməsɔːlt/ n (η) τούμπα. • νί κάνω τούμπα

something /'sʌmθɪŋ/ pron κάτι

sometime /'sʌmtaɪm/ adv κάποτε

sometimes /'sʌmtaɪmz/ adv πότε πότε

somewhat /'sʌmwɒt/ adv κάπως

somewhere /'sʌmweə(r)/ adv κάπου

son /sʌn/ n (ο) γυιος. **~-in-law** n (ο) γαμπρός

song /sɒŋ/ n (το) τραγούδι. (of bird) (το) κελάηδημα

sonic /'sɒnɪk/ a ηχητικός

soon /suːn/ adv σύντομα. (*in a short time*) σε λίγο. **as ~ as** μόλις. **as ~ as possible** το συντομότερο δυνατόν. I

would ~**er** go θα προτιμούσα
να πάω

soot /sʊt/ n (η) καπνιά

soothe /su:ð/ vt ησυχάζω.
(relieve) ανακουφίζω. ~**ing** a
καθησυχαστικός,
ανακουφιστικός

sophisticated /sə'fistikeitid/ a
σοφιστικέ invar. (complex)
περίπλοκος

soporific /sɒpə'rifik/ a
υπνωτικός

soppy /'sɒpi/ a (fam) σαχλός

soprano /sə'prɑːnəʊ/ n (η)
σοπράνο invar

sordid /'sɔːdid/ a χυδαίος

sore /'sɔː(r)/ a πονεμένος.
(distressed) πειραγμένος.
(vexed) πικραμένος. • n (η)
πληγή. ~ **throat** n (ο)
πονόλαιμος

sorely /'sɔːli/ adv βαριά.
(greatly) πολύ

sorrow /'sɒrəʊ/ n (η) θλίψη.
~**ful** a θλιμμένος

sorry /'sɒri/ a λυπημένος.
(wretched) ελεεινός. **be** ~
(repent) μετανιώνω. **be** or **feel**
~ **for** (pity) λυπούμαι. ~!
συγνώμη!

sort /sɔːt/ n (το) είδος. • vt
ξεδιαλέγω. ~ **out** (separate)
ξεχωρίζω. (choose) διαλέγω.
(problem) διευθετώ

sought /sɔːt/ see SEEK

soul /səʊl/ n (η) ψυχή

sound[1] /saʊnd/ n (ο) ήχος.
• vt/i ηχώ. (seem) φαίνομαι

sound[2] /saʊnd/ a γερός.
(healthy) υγιής. (sensible)
φρόνιμος. (secure) ασφαλής.
~ **asleep** σε βαθύ ύπνο

soup /su:p/ n (η) σούπα

sour /'saʊə(r)/ a ξινός. (fruit)
στυφός. (not fresh) ξινισμένος.
(fig) στρυφνός

source /sɔːs/ n (η) πηγή

south /saʊθ/ n (ο) νότος. • a
νότιος. • adv προς το νότο.
S~ Africa/America ns (η)
Νότιος Αφρική/Αμερική. ~-
east n (η) νοτιοανατολική
περιοχή. ~**ward(s)** adv προς
το νότο. ~-**west** n (η)
νοτιοδυτική περιοχή

southern /'sʌðən/ a νότιος

souvenir /su:və'nɪə(r)/ n (το)
σουβενίρ invar

sovereign /'sɒvrɪn/ n (ο)
άρχοντας. • a κυρίαρχος

Soviet /'səʊvɪət/ a σοβιετικός

sow[1] /səʊ/ vt σπέρνω

sow[2] /saʊ/ n (η) γουρούνα

soya /'sɔɪə/ n ~ **bean** (η)
σόγια

spa /spɑː/ n (η) ιαματική πηγή

space /speɪs/ n (το) διάστημα.
(room) (ο) χώρος. • a
διαστημικός. • vt ~ **out**
αραιώνω. ~**craft** n invar,
~**ship** n (το) διαστημόπλοιο

spacious /'speɪʃəs/ a
ευρύχωρος

spade /speɪd/ n (το) φτυάρι.
~**s** (cards) (τα) μπαστούνια

spaghetti /spə'geti/ n (το)
σπαγέτο

Spa|**in** /speɪn/ n (η) Ισπανία.
~**nish** /'spænɪʃ/ a ισπανικός.
• n (lang) (τα) ισπανικά

span /spæn/ n (η) σπιθαμή. (of
time) (το) διάστημα. (of wings,
arch) (το) άνοιγμα. • vt περνώ
πάνω από

spank /spæŋk/ vt δέρνω

spanner /'spænə(r)/ n (το)
(γαλλικό) κλειδί

spare /speə(r)/ vt (show mercy
to) λυπούμαι. (do without)
περισσεύω. (afford to give)
διαθέτω. • a εφεδρικός.
(person) ξερακιανός. • n ~
(part) (το) ανταλλακτικό. ~
time n (ο) ελεύθερος χρόνος

spark /spa:k/ n (ο) σπινθήρας

sparkle /'spa:kl/ i
σπινθηροβολώ. ~**ing** a
σπινθηροβόλος. (wine)
αφρώδης

sparrow /'spærəυ/ n (το)
σπουργίτι

sparse /spa:s/ a αραιός

spartan /'spa:tn/ a λιτός

spasm /'spæzəm/ n (ο)
σπασμός. (of coughing etc.) (ο)
παροξυσμός

spasmodic /spæz'mɒdɪk/ a
σπασμωδικός

spastic /'spæstɪk/ n (ο)
σπαστικός. • a σπαστικός

spat /spæt/ see SPIT

spate /speɪt/ n (η) πλημμύρα

spatter /'spætə(r)/ vt/i
πιτσιλίζω/ομαι

spatula /'spætjυlə/ n (η)
σπάτουλα

speak /spi:k/ vt/i (pt **spoke**, pp
spoken) μιλώ

speaker /'spi:kə(r)/ n (in public)
(ο) ομιλητής, (η) ομιλήτρια.
(loudspeaker) (το) μεγάφωνο

spear /spɪə(r)/ n (το) δόρυ

spearhead /'spɪəhed/ n (η)
αιχμή

spearmint /'spɪəmɪnt/ n (ο)
δυόσμος

special /'speʃl/ a ειδικός. ~**ity**
/-ɪ'ælɪtɪ/ n (η) ειδικότητα. ~**ly**
adv ειδικά. (particularly)
ιδιαίτερα

specialist /'speʃəlɪst/ n (ο, η)
ειδικός

specialize /'speʃəlaɪz/ vt/i
ειδικεύω/ομαι (**in**, σε)

species /'spi:ʃi:z/ n (το) είδος

specific /spə'sɪfɪk/ a
συγκεκριμένος. ~**ally** adv
συγκεκριμένα

specify /'spesɪfaɪ/ vt
προδιαγράφω. ~**ication**
/-ɪ'keɪʃn/ n (η) προδιαγραφή.
(details) (το) χαρακτηριστικό

specimen /'spesɪmɪn/ n (το)
δείγμα

speck /spek/ n (η) κουκκίδα.
(particle) (το) μόριο

speckled /'spekld/ a
πιτσιλωτός

spectacle /'spektəkl/ n (το)
θέαμα. ~**s** npl (τα) γυαλιά

spectacular /spek'tækjυlə(r)/ a
θεαματικός

spectator /spek'teɪtə(r)/ n (ο)
θεατής

spectre /'spektə(r)/ n (το)
φάσμα

spectrum /'spektrəm/ n (το)
φάσμα

speculate /'spekjυleɪt/ vi
κερδοσκοπώ

speech /spi:tʃ/ n (faculty) (ο)
λόγος. (address) (η) ομιλία.
(manner of speaking) (η)
άρθρωση. ~**less** a άναυδος

speed /spi:d/ n (η) ταχύτητα.
(rapidity) (η) γρηγοράδα. • vi
(go fast) τρέχω. (go too fast)
οδηγώ με υπερβολική

ταχύτητα. **~ limit** n (το) όριο
ταχύτητος. **~ up** επιταχύνω

speedboat /'spi:dbəʊt/ n (η)
εξωλέμβιος (βενζινάκατος)

speedometer /spi:'dɒmɪtə(r)/ n
(το) ταχύμετρο

speedy /'spi:dɪ/ a ταχύς

spell /spel/ n (period) (η)
περίοδος. (magic) (τα) μάγια.
(attraction) (η) μαγεία. • vt/i
(write) ορθογραφώ. (say)
συλλαβίζω. (mean)
συνεπάγομαι. **~ing** n (η)
ορθογραφία

spellbound /'spelbaʊnd/ a
μαγεμένος

spend /spend/ vt (pt spent)
ξοδεύω. (devote time) διαθέτω.
(pass time) περνώ

spent /spent/ see SPEND

sperm /spɜːm/ n (το) σπέρμα

sphere /sfɪə(r)/ n (η) σφαίρα

sphinx /sfɪŋks/ n (η) σφίγγα

spic|e /spaɪs/ n (το) μπαχαρικό.
~y a πικάντικος

spider /'spaɪdə(r)/ n (η) αράχνη

spike /spaɪk/ n (το) καρφί

spill /spɪl/ vt/i χύνω/ομαι

spin /spɪn/ vt/i (turn)
στροβιλίζω/ομαι. • vt (wool,
web) γνέθω. (story)
παρατραβώ. • n (το)
στροβίλισμα. (short drive) (η)
βόλτα (με το αυτοκίνητο)

spinach /'spɪnɪdʒ/ n (το)
σπανάκι

spinal /'spaɪnl/ a σπονδυλικός.
~ cord n (ο) νωτιαίος μυελός

spine /spaɪn/ n (η) σπονδυλική
στήλη. (of book) (η) ράχη. (of
hedgehog, cactus) (το) αγκάθι

spinning /'spɪnɪŋ/ n (το)
γνέσιμο. **~-wheel** n (η) ανέμη

spinster /'spɪnstə(r)/ n (η)
γεροντοκόρη

spiral /'spaɪərəl/ a ελικοειδής.
• n (η) έλικα. • vi ανεβαίνω
ελικοειδώς. (prices) ανεβαίνω
συνεχώς. **~ staircase** n (η)
ελικοειδής σκάλα

spire /spaɪə(r)/ n (ο)
οβελίσκος (πάνω σε κτίριο)

spirit /'spɪrɪt/ n (το) πνεύμα.
(courage) (το) κουράγιο. **~s**
npl (drinks) (τα)
οινοπνευματώδη ποτά.
(morale) (το) ηθικό

spiritual /'spɪrɪtʃʊəl/ a
πνευματικός. **~ism** n (ο)
πνευματισμός

spit vt/i (pt spat or spit)
φτύνω. (rain) ψιχαλίζω. • n (το)
φτύμα. (for roasting) (η)
σούβλα

spite /spaɪt/ n (η) κακία. • vt
πεισματώνω. **in ~ of** παρά
(with acc). **~ful** a κακός

spittle /spɪtl/ n (το) σάλιο

splash /splæʃ/ vt/i πιτσιλίζω.
• n (το) πιτσίλισμα. (of colour)
(η) κηλίδα

spleen /spli:n/ n (η) σπλήνα

splendid /'splendɪd/ a λαμπρός

splendour /'splendə(r)/ n (το)
μεγαλείο

splint /splɪnt/ n (ο) νάρθηκας

splinter /'splɪntə(r)/ n (η)
αγκίδα. • vi σπάζω σε
κομματάκια

split /splɪt/ vt/i διασπώ/ομαι.
(tear) σκίζω/ομαι. (divide)
μοιράζω/ομαι. • n (tear) (το)
σκίσιμο. (division) (το) ρήγμα.

(quarrel) (η) ρήξη. *(pol)* (η) διάσπαση. **~ up** χωρίζω

splutter /'splʌtə(r)/ *vi* πετώ σάλια (ενώ μιλώ)

spoil /spoil/ *vt* χαλώ. *(indulge)* κακομαθαίνω. • *vi* χαλώ *n* **~(s)** (τα) λάφυρα. **~-sport** *n* αυτός που χαλάει το κέφι των άλλων

spoke /spəʊk/ *see* SPEAK. • *n (of wheel)* (η) αχτίνα

spokesman /'spəʊksmən/ *n* (ο) εκπρόσωπος

sponge /spʌndʒ/ *n* (το) σφουγγάρι. • *vt* σφουγγίζω

sponsor /'spɒnsə(r)/ *n* (ο) σπόνσορας. • *vt* επιχορηγώ

spontaneous /spɒn'teɪnjəs/ *a* αυθόρμητος

spool /spu:l/ *n* (το) μασούρι

spoon /spu:n/ *n* (το) κουτάλι. **~-feed** *vt* ταΐζω με το κουτάλι. *(fig)* τα δίνω όλα έτοιμα. **~ful** *n* (η) κουταλιά

sporadic /spə'rædɪk/ *a* σποραδικός

sport /spɔ:t/ *n* (το) σπορ *invar*, (το) άθλημα. *(fun)* (η) ψυχαγωγία. *(person)* (ο) καλός τύπος. • *vt* φορώ επιδεικτικά. **~s car** *n* (το) αυτοκίνητο σπορ

sports|man /'spɔ:tsmən/ *n* (ο) σπόρτσμαν *invar*. **~woman** *n* (η) σπορτσγούμαν *invar*

spot /spɒt/ *n (mark, stain)* (η) κηλίδα. *(pimple)* (το) σπυρί. *(place)* (το) μέρος. *(in pattern)* (η) βούλα. *(drop)* (η) σταγόνα. • *vt* λεκιάζω. *(notice)* διακρίνω. **on the ~** επί τόπου. **~less** *a* άσπιλος

spotlight /'spɒtlaɪt/ *n* (ο) προβολέας

spouse /spaʊz/ *n* (ο, η) σύζυγος

spout /spaʊt/ *n* (το) στόμιο. *(jet)* (ο) πίδακας. • *vi* εκτινάσσομαι

sprain /spreɪn/ • *n* (το) στραμπούλιγμα. • *vt* (το) στραμούλιγμα

sprawl /sprɔ:l/ *vi (person)* ξαπλώνω. *(town etc.)* απλώνομαι

spray /spreɪ/ *n* (το) σπρέι *invar*. *(device)* (το) ψεκαστήρι. • *vt* ψεκάζω

spread /spred/ *vt/i* απλώνω/ομαι. • *vt (arms, newspaper)* ανοίγω. *(jam etc.)* αλείφω. *(disease)* μεταδίδω. *(news)* διαδίδω *(distribute)* καλύπτω, απλώνω. • *n (of disease)* (η) μετάδοση. *(paste)* (η) πάστα για άλειμμα σε ψωμί. *(feast: fam)* (το) τσιμπούσι

spree /spri:/ *n* (το) γλέντι

sprig /sprɪg/ *n* (το) κλαδάκι

spring¹ /sprɪŋ/ *n (season)* (η) άνοιξη. • *a* ανοιξιάτικος

spring² /sprɪŋ/ *vi* αναπηδώ. *(issue)* πηγάζω. • *vt* **~ sth. on s.o.** αιφνιδιάζω κπ με κτ. • *n* (το) πήδημα. *(device)* (το) ελατήριο. *(elasticity)* (η) ελαστικότητα. *(water)* (η) πηγή. **~-board** *n* (ο) βατήρας

sprinkle /'sprɪŋkl/ *vt* ραντίζω. • *n* (το) ράντισμα

sprint /sprɪnt/ *n* (το) γρήγορο τρέξιμο για μικρή απόσταση. • *vi* σπριντάρω. **~er** *n* (ο, η) σπρίντερ *invar*

sprout /spraʊt/ vi βλαστάνω.
• n (το) βλαστάρι. **(Brussels)**
~s (τα) λαχανάκια Βρυξελών

spruce /spruːs/ a
περιποιημένος (στο ντύσιμο).
• n (tree) (το) έλατο

spur /spɜː(r)/ n (το) σπιρούνι.
(stimulus) (το) κέντρισμα. • vt
~ (on) παρακινώ. **on the ~
of the moment** με την
παρόρμηση της στιγμής

spurious /ˈspjʊərɪəs/ a
υποβολιμαίος

spurn /spɜːn/ vt απορρίπτω
περιφρονητικά

spurt /spɜːt/ vti/i αναβλύζω. • n
(η) ανάβλυση. (fig) (το)
φουλάρισμα

spy /spaɪ/ n (o, η) κατάσκοπος.
• vt διακρίνω. • vi **~ on**
κατασκοπεύω

squabble /ˈskwɒbl/ n (o)
τσακωμός. • vi τσακώνομαι

squad /skwɒd/ n (το)
απόσπασμα

squadron /ˈskwɒdrən/ n (mil)
(η) ίλη. (naut, aviat) (η) μοίρα

squalid /ˈskwɒlɪd/ a βρόμικος

squall /skwɔːl/ n (το) σκούξιμο.
(naut) (οι) ριπαίοι άνεμοι

squalor /ˈskwɒlə(r)/ n (η)
βρόμα

squander /ˈskwɒndə(r)/ vt
κατασπαταλώ

square /skweə(r)/ n (το)
τετράγωνο. (area) (η) πλατεία.
(for drawing) (o) κανόνας. • a
τετράγωνος. (honest) τίμιος.
(build) με τετράγωνους ώμους.
(sl) παλιών αντιλήψεων. • vt
τετραγωνίζω. (settle)
κανονίζω. (math) υψώνω στο
τετράγωνο. • vi (agree)

συμφωνώ. **be all ~** είμαστε
πάτσι. **~ meal** n (το) καλό
γεύμα. **~ root** n (η)
τετραγωνική ρίζα

squash /skwɒʃ/ vt συνθλίβω.
(suppress) καταπνίγω. • n (η)
σύνθλιψη. (sport) (το) σκουός
invar. (marrow: Amer) το
κολοκύθι. **orange ~** (η)
πορτοκαλάδα (συμπυκνωμένη)

squat /skwɒt/ vi κάθομαι στις
φτέρνες. (occupy illegally)
κάνω παράνομη κατοχή κτιρίου.
• a (dumpy) κοντόχοντρος

squawk /skwɔːk/ n (o)
κρωγμός. • vi κρώζω

squeak /skwiːk/ n (of door) (το)
τρίξιμο. • vi τρίζω

squeal /skwiːl/ n (το)
στρίγκλισμα. • vi στριγκλίζω

squeamish /ˈskwiːmɪʃ/ a (o)
σιχασιάρης

squeeze /skwiːz/ vt (lemon etc.)
στύβω. (hand) σφίγγω.
(extract) αποσπώ. • vi **~ in**
(crowd) στριμώχνομαι. • n (το)
σφίξιμο, (το) στίψιμο

squid /skwɪd/ n (το) καλαμάρι

squint /skwɪnt/ vi αλληθωρίζω.
(with half-closed eyes)
μισοκλείνω τα μάτια. • n (το)
αλληθώρισμα

squirm /skwɜːm/ vi
συστρέφομαι. (feel
embarrassed) νιώθω ντροπή

squirrel /ˈskwɪrəl/ n (το)
σκίουρος

squirt /skwɜːt/ vt/i
εκτοξεύω/ομαι. • n (η)
εκτόξευση (υγρού)

St abbr (saint)

stab /stæb/ vt μαχαιρώνω. • n
(η) μαχαιριά. (sensation) (η)

σουβλιά. (*attempt: fam*) (η)
προσπάθεια

stabilize /'steɪbəlaɪz/ *vt*
σταθεροποιώ

stable /steɪbl/ *a* σταθερός. *n* (ο)
στάβλος

stack /stæk/ *n* (η) θημωνιά. • *vt*
στοιβάζω

stadium /'steɪdɪəm/ *n* (το)
στάδιο (για αθλητικούς αγώνες)

staff /stɑ:f/ *n* (*stick*) (το) ραβδί.
(*employees*) (το) προσωπικό.
(*mil*) (το) επιτελείο. (*in school*)
(το) διδακτικό προσωπικό.
(*mus*) (το) πεντάγραμμο. • *vt*
διορίζω προσωπικό

stag /stæg/ *n* (το) αρσενικό
ελάφι

stage /steɪdʒ/ *n* (το) στάδιο.
(*theatr*) (η) σκηνή. (*phase*) (η)
φάση. • *vt* ανεβάζω (στη
θεατρική σκηνή). (*arrange*)
οργανώνω

stagger /'stægə(r)/ *vi* τρεκλίζω.
• *vt* (*shock*) συγκλονίζω.
(*holidays etc.*) κλιμακώνω. • *n*
(το) τρίκλισμα. **~ing** *a*
καταπληκτικός

stagnant /'stægnənt/ *a*
στάσιμος

stagnate /stæg'neɪt/ *vi*
λιμνάζω. (*fig*) μένω στάσιμος

staid /steɪd/ *a* μετρημένος

stain /steɪn/ *vt* λεκιάζω.
(*colour*) βάφω. • *n* (ο) λεκές.
(*colouring*) (η) κηλίδα. **~ed**
glass window *n* (το)
παράθυρο με υαλογραφία.
~less steeel *n* ανοξείδωτος
χάλυβας

stair /steə(r)/ *n* (το) σκαλί. **~s**
(η) σκάλα

stair|case /'steəkeɪs/ *n* (η)
σκάλα. **~way** *n* (η) σκάλα

stake /steɪk/ *n* (ο) παλούκι.
(*for execution*) (ο) πάσσαλος.
(*wager*) (το) στοίχημα. (*comm*)
(το) συμφέρον. • *vt* δένω σε
παλούκι. (*wager*) ποντάρω. **be**
at ~ διακυβεύομαι

stale /steɪl/ *a* μπαγιάτικος

stalemate /'steɪlmeɪt/ *n* (*chess*)
πατ *invar*. (*deadlock*) (το)
αδιέξοδο

stalk /stɔ:k/ *n* (ο) μίσχος. • *vt*
πλησιάζω αθέατος. • *vi*
περπατώ θυμωμένα

stall /stɔ:l/ *n* (*in market*) (το)
υπαίθριο κατάστημα. (*kiosk*)
(το) περίπτερο. (*for animal*)
(το) χώρισμα σταύλου. **~s** *pl*
(*theatr*) (η) πλατεία. *vt/i*
(*engine*) σβήνω. • *vi* (*play for*
time) προσπαθώ να κερδίσω
χρόνο

stallion /'stæljən/ *n* (ο)
αναβάτης (άλογο)

stalwart /'stɔ:lwət/ *n* (ο) πιστός
υποστηρικτής. • *a* πιστός,
σταθερός

stamina /'stæmɪnə/ *n* (η)
αντοχή

stammer /'stæmə(r)/ *vi*
τραυλίζω. • *n* (το) τραύλισμα

stamp /stæmp/ *vt* (*feet*) χτυπώ.
(*press*) σφραγίζω. (*impress*)
μαρκάρω. • *vi* χτυπώ τα πόδια
μου. • *n* (το) χτύπημα (των
ποδιών). (*instrument, fig*) (η)
σφραγίδα. (*mark*) (το) σημάδι.
(**postage**) **~** (το)
γραμματόσημο

stampede /stæm'pi:d/ *n* (η)
άτακτη φυγή

stance /stæns/ *n* (η) στάση

stand /stænd/ vi (pt **stood**)
στέκομαι. (rise) σηκώνομαι
(όρθιος). (be) βρίσκομαι. (stay)
παραμένω. • vt (place) βάζω.
(endure) υποφέρω. (buy) κερνώ.
• n (support) (η) βάση, (το)
σταντ invar. (rack) (το)
στήριγμα. (for goods) (ο) πά-
γκος. (for hats) (η) κρεμάστρα.
(stall) (το) περίπτερο. (sport)
(η) εξέδρα. **~ by** vi μένω
αμέτοχος. • vt (support)
συμπαραστέκομαι. **~-by** a
εφεδρικός. (aviat) σταντμπάι
invar. **~ down** αποσύρομαι.
~ for συμβολίζω. **~ in for**
αντικαθιστώ. **~ out**
ξεχωρίζω. **~ up** σηκώνομαι.
~ up for υπερασπίζομαι. **~
up to** αντιστέκομαι σε

standard /'stændəd/ n (το)
πρότυπο, (το) στάνταρ invar.
(level, quality) (το) επίπεδο.
(flag) (το) λάβαρο. • a
συνηθισμένος. **~ize** vt
τυποποιώ

standing /'stændɪŋ/ a όρθιος.
(permanent) μόνιμος. • n (η)
υπόληψη. (duration) (η)
διάρκεια

standpoint /'stændpɔɪnt/ n (η)
άποψη

standstill /'stændstɪl/ n (η)
ακινητοποίηση

staple /steɪpl/ n (ο)
συνδετήρας. • vt συνδέω με
συρραπτικό. a βασικός. **~r**
/-ə(r)/ n (το) συρραπτικό
(εργαλείο)

star /sta:/ n (το) άστρο, (το)
αστέρι. (asterisk) (ο)
αστερίσκος. (cinema, theatr)
(ο) αστέρας. • vi **~ in**
πρωταγωνιστώ σε

starboard /'sta:bəd/ n (η) δεξιά
πλευρά (πλοίου)

starch /sta:tʃ/ n (in food) (το)
άμυλο. (for clothes) (η) κόλλα.
~y a (food) αμυλώδης. (fig)
τυπικός

stare /steə(r)/ vi **~ (at)**
κοιτάζω επίμονα. • n (το)
επίμονο βλέμμα

starfish /'sta:fɪʃ/ n (ο) αστερίας

stark /sta:k/ a (landscape etc.)
έρημος. (contrast etc.) πλήρης.
(utter) καθαρός. • adv εντελώς

starlight /'sta:laɪt/ n (η)
αστροφεγγιά

starling /'sta:lɪŋ/ n (το) ψαρόνι

start /sta:t/ vt/i αρχίζω. • vi
(jump) τινάζομαι. (leave)
ξεκινώ. • n (η) αρχή.
(departure) (το) ξεκίνημα.
(sport) (η) αφετηρία. (jump)
(το) ανατίναγμα. **~er** n (auto)
(η) μίζα. (culin) (το) πρώτο
πιάτο

startle /'sta:tl/ vt ξαφνιάζω

starv|e /sta:v/ vi πεθαίνω από
την πείνα, λιμοκτονώ. **~ation**
/-'veɪʃn/ n (η) λιμοκτονία

state /steɪt/ n (η) κατάσταση.
(nation) το κράτος. **S~** (η)
πολιτεία. • vt δηλώνω. • a
(schol) δημόσιος. (with
ceremony) επίσημος

stately /'steɪtlɪ/ a αρχοντικός

statement /'steɪtmənt/ n (η)
ανακοίνωση. (account) (η)
δήλωση. (police) (η)
κατάθεση. **bank ~** n (η)
κατάσταση λογαριασμού

statesman /'steɪtsmən/ n (ο)
πολιτικός άνδρας

static /'stætɪk/ a στατικός. • n
(η) στατική

station /'steɪʃn/ n (rail, mil) (ο)
σταθμός. (police) (το) τμήμα.
(status) (η) θέση. • vt
τοποθετώ. **~-wagon** n (Amer)
(το) πεντάπορτο αυτοκίνητο

stationary /'steɪʃnərɪ/ a
ακίνητος

stationery /'steɪʃnə(r)ɪ/ n (η)
γραφική ύλη

stationer's (shop) n (το)
χαρτοπωλείο

statistics /stə'tɪstɪks/ n (η)
στατιστική

statue /'stætʃu:/ n (το) άγαλμα

stature /'stætʃə(r)/ n (το)
ανάστημα

status /'steɪtəs/ n (η)
κατάσταση, (το) στάτους invar

statute /'stætʃu:t/ n (ο)
νομοθέτημα

staunch /stɔ:nʃ/ ασφοσιωμένος

stay /steɪ/ vi μένω. (endure)
αντέχω. • n (η) παραμονή. (jur)
(η) αναβολή. **~ in** μένω στο
σπίτι. **~ up** ξενυχτώ

steadfast /'stedfɑ:st/ a
ακλόνητος

steady /'stedɪ/ a σταθερός.
(regular) τακτικός. (dependable)
συνεπής. • vt σταθεροποιώ

steak /steɪk/ n (η) μπριζόλα

steal /sti:l/ vt (pt **stole**, pp
stolen) κλέβω

stealth /stelθ/ n (η)
μυστικότητα. **by ~** κρυφά

steam /sti:m/ n (ο) ατμός.
(energy) (η) ενεργητικότητα.
• vt μαγειρεύω στον
ατμό. • vi βγάζω ατμό. **~
engine** n (η) ατμομηχανή. **~
up** (glass) θολώνω

steamer /'sti:mə(r)/ n (το)
ατμόπλοιο

steamroller /'sti:mrəʊlə(r)/ n
(ο) αδοστρωτήρας

steel /sti:l/ n (ο) χάλυβας, (το)
ατσάλι. • vi **~ o.s.** ατσαλώνω
την καρδιά μου

steep /sti:p/ vt μουσκεύω.
(soak) διαποτίζω. • a
απότομος. (price: fam)
υπερβολικός. **~ly** adv
απότομα. **~ness** n (το)
απότομο

steeple /'sti:pl/ n (ο)
οβελίσκος εκκλησίας

steer /stɪə(r)/ vt/i οδηγώ. **~
clear of** αποφεύγω. **~ing-
wheel** n (το) τιμόνι

stem /stem/ n (ο) μίσχος. (of
glass) (το) ποδαράκι. (of word)
(η) ρίζα. • vi **~ from**
προέρχομαι από. • vt
συγκρατώ. (fig) αναχαιτίζω

stench /stentʃ/ n (η) μπόχα

stencil /'stensl/ n (η) μεμβράνη
πολυγράφου, (το) στένσιλ

step /step/ vi βηματίζω. • vt **~
up** αυξάνω σταδιακά. • n (το)
βήμα. (stair) (το) σκαλοπάτι.
(measure) (το) μέτρο. **~-
ladder** n (η) σκάλα (φορητή)

step|brother /'stepbrʌðə(r)/ n
(ο) ετεροθαλής αδελφός.
~daughter n (η) προγονή.
~father n (ο) πατριός.
~mother n (η) μητριά.
~sister n (η) ετεροθαλής
αδελφή. **~son** n (ο) προγονός

stepping-stone /'stepɪŋstəʊn/
n (η) πέτρα σε νερό για
πέρασμα. (fig) (το) σκαλοπάτι

stereo /'sterɪəʊ/ n (η)
στερεοφωνική συσκευή

stereotype /'steriətaip/ n (η) στερεοτυπία

sterile /'sterail/ a αποστειρωμένος

sterilize /'sterilaiz/ vt αποστειρώνω

sterling /'stɜ:lɪŋ/ n (η) στερλίνα. • a άριστος

stern /stɜ:n/ a αυστηρός. • n (of boat) (η) πρύμνη. **~ly** adv αυστηρά

stethoscope /'steθəskəup/ n (το) στηθοσκόπιο

stew /stju:/ vt/i σιγοβράζω. • n (το) ραγού invar

steward /stjʊəd/ n (on ship) (ο) καμαρότος. (on aircraft) (ο) αεροσυνοδός. (at meeting, of club) (ο) επιμελητής. **~ess** /-'des/ n (η) αεροσυνοδός

stick¹ /stɪk/ n (το) ραβδί. (of chalk) (το) κομμάτι. (of celery etc.) (το) κλωνάρι

stick² /stɪk/ vt/i (pt **stuck**) μπήγω. (glue, adhere) κολλώ. (jam) κολλώ, πιάνω. (put: fam) βάζω. (endure: fam) αντέχω. **~ out** (protrude) προεξέχω. (be conspicuous) ξεχωρίζω. **~ to** εμμένω. **~ up for** (fam) παίρνω το μέρος (with gen). **~ing-plaster** n (ο) λευκοπλάστης

sticker /'stɪkə(r)/ n (το) αυτοκόλλητο

sticky /'stɪki/ a κολλώδης. (humid) που κολλάει

stiff /stɪf/ a άκαμπτος. (difficult) δύσκολος. (formal) ψυχρός. (drink) δυνατός. **I have a ~ neck** πιάστηκε ο λαιμός μου

stiffen /'stɪfn/ vt σκληραίνω. • vi πιάνομαι

stifle /'staɪfl/ vt πνίγω. • vi πνίγομαι

stigma /'stɪgmə/ n (το) στίγμα

stile /staɪl/ n (το) σκαλοπάτι σε φράχτη

still /stɪl/ a ακίνητος. (drink) μη αεριούχος. • n (η) ηρεμία. (photograph) (η) φωτογραφία adv ακόμη. (nevertheless) κι όμως. **~born** a θνησιγενής. **~ life** n (η) νεκρή φύση

stilted /'stɪltɪd/ a επιτηδευμένος

stilts /stɪlts/ npl (τα) ξυλοπόδαρα

stimula|te /'stɪmjʊleɪt/ vt διεγείρω. **~nt** n (το) διεγερτικό. **~tion** /-'leɪʃn/ (η) διέγερση

stimulus /'stɪmjʊləs/ n (το) ερέθισμα

sting /stɪŋ/ n (το) κέντρισμα. (organ) (το) κεντρί. • vt (pt **stung**) τσιμπώ. • vi τσούζω

stingy /'stɪndʒɪ/ a τσιγκούνης

stink /stɪŋk/ n (η) δυσωδία. • vi βρομώ

stint /stɪnt/ vi **~ (on)** φειδωλεύομαι. • n (work) (η) αναλογία

stipulate /'stɪpjʊleɪt/ vt ορίζω ρητά

stir /stɜ:(r)/ vt/i σαλεύω. (mix) ανακατεύω. (excite) κινώ. • n (η) συγκίνηση. (commotion) (η) ταραχή

stirrup /'stɪrəp/ n (ο) αναβολέας

stitch /stɪtʃ/ n (η) βελονιά. (in wound) (το) ράμμα. (pain) (η) σουβλιά. • vt ράβω

stock /stɒk/ n (το) απόθεμα. (*livestock*) (τα) ζωντανά. (*finance*) (οι) αξίες. (*culin*) (ο) ζωμός. • a συνηθισμένος. • vt εφοδιάζω. • vi ~ **up** αποθηκεύω. **S~ Exchange, ~ market,** ns (το) χρηματιστήριο Αξιών. take ~ **of** (*fig*) εκτιμώ (*μια κατάσταση*)

stockbroker /'stɒkbrəʊkə(r)/ n (ο) χρηματιστής

stocking /'stɒkɪŋ/ n (η) κάλτσα (*γυναικεία*)

stockpile /'stɒkpaɪl/ vt δημιουργώ αποθέματα (*with gen.*)

stocky /'stɒkɪ/ a κοντόχοντρος

stoic /'stəʊɪk/ n (ο) στωικός. **~al** a στωικός

stoke /stəʊk/ vt τροφοδοτώ

stole[1] /stəʊl/ n (η) σάρπα

stole[2] /stəʊl/ see STEAL

stolen /'stəʊlən/ see STEAL

stolid /'stɒlɪd/ a φλεγματικός

stomach /'stʌmək/ n (το) στομάχι. (*abdomen*) (η) κοιλιά. • vt χωνεύω. **~-ache** n (ο) στομαχόπονος

stone /stəʊn/ n (η) πέτρα. (*in fruit*) (το) κουκούτσι. (*jewellery*) (ο) λίθος. (*weight*) μέτρο βάρους ίσο προς 6,348 κιλά. • a πέτρινος. • vt λιθοβολώ. (*fruit*) ξεκουκουτσιάζω

stood /stʊd/ see STAND

stool /stuːl/ n (το) σκαμνί

stoop /stuːp/ vi σκύβω. (*fig*) ξεπέφτω. • n (το) σκύψιμο

stop /stɒp/ vt/i σταματώ. (*cease*) παύω. (*prevent*)

εμποδίζω. (*a leak etc.*) βουλώνω. • n (το) σταμάτημα. (*for bus etc.*) (η) στάση. (*mech*) (το) στοπ invar. **put a ~ to** βάζω τέλος σε. **~(-over)** n (η) διακοπή ταξιδίου. **~-watch** n (το) χρονόμετρο

stopgap /'stɒpgæp/ n (η) προσωρινή λύση

stopper /'stɒpə(r)/ n (το) πώμα

storage /'stɔːrɪdʒ/ n (η) αποθήκευση

store /stɔː(r)/ n (*stock*) (το) απόθεμα. (*shop*) (το) μαγαζί. (*warehouse*) (η) αποθήκη. • vt συγκεντρώνω. (*in warehouse*) αποθηκεύω. **~-room** n (η) αποθήκη

storey /'stɔːrɪ/ n (ο) όροφος

stork /stɔːk/ n (ο) πελαργός

storm /stɔːm/ n (η) καταιγίδα, (η) θύελλα. • vi μαίνομαι. • vt (*mil*) κάνω έφοδο σε. **~y** a θυελλώδης

story /'stɔːrɪ/ n (το) παραμύθι. (*news item*) (το) άρθρο. (*storey: Amer*) (ο) όροφος. **~-teller** n (ο) αφηγητής, (η) αφηγήτρια

stout /staʊt/ a (*fat*) ευτραφής. (*strong*) γερός. (*brave*) ρωμαλέος

stove /stəʊv/ n (η) κουζίνα (*συσκευή*)

stow /stəʊ/ vt ~ **(away)** στοιβάζω. • vi ~ **away** επιβιβάζομαι σε πλοίο λαθραία

stowaway /'stəʊəweɪ/ n (ο) λαθρεπιβάτης

straddle /'strædl/ vt καβαλικεύω

straight /streɪt/ a ίσιος. (*tidy*) τακτοποιημένος. (*frank*)

ευθύς. (drink) σκέτος. • adv
(direct) κατευθείαν. (without
delay) αμέσως. • n (η) ευθεία.
~ ahead ίσια. **~ away**
αμέσως

straighten /'streɪtn/ vt/i
ισιώνω. • vt (tidy) τακτοποιώ

straightforward /streɪt'fɔːwəd/
a ευθύς. (easy) απλός. **~ly** adv
απλά

strain /streɪn/ n (η) ένταβη.
(breed) (το) στέλεχος. (streak)
(η) τάση. • vt/i τεντώνω/ομαι.
• vt (tire) κουράζω. (injure)
στραμπουλίζω. (ears) τεντώνω.
(sieve) σουρώνω. (filter)
φιλτράρω **~ed** a τεταμένος,
βιασμένος. **~er** /-ə(r)/ n (το)
σουρωτήρι

strait /streɪt/ n (το) στενό. **~-
jacket** n (o) ζουρλομανδύας.
~-laced a πουριτανικός

strand /strænd/ n (το) νήμα.
• vt **be ~ed** μένω χωρίς
βοήθεια

strange /streɪndʒ/ a
παράξενος. (not known) ξένος.
(unaccustomed) ασυνήθιστος

stranger /'streɪndʒə(r)/ n (o)
ξένος

strangle /'stræŋgl/ vt
στραγγαλίζω. (fig) καταπνίγω

strap /stræp/ n (leather) (η)
λωρίδα. (of watch) (το)
λουράκι. (of garment) (η)
τιράντα. (on bus etc.) (η)
χειρολαβή. • vt δένω με λουρί

strata /'strɑːtə/ see STRATUM

stratagem /'strætədʒəm/ n (το)
στρατήγημα

strategic /strə'tiːdʒɪk/ a
στρατηγικός

strategy /'strætədʒɪ/ n (η)
στρατηγική

stratum /'strɑːtəm/ n (pl **strata**)
(το) στρώμα

straw /strɔː/ n (το) άχυρο. (for
drinking) (το) καλαμάκι

strawberry /'strɔːbrɪ/ n (η)
φράουλα

stray /streɪ/ vi ξεφεύγω.
(deviate) φεύγω (από το θέμα
(from, από). • a (animal)
αδέσποτος. • n (το) αδέσποτο
ζώο

streak /striːk/ n (η) γραμμή.
(element) (η) δόση. • vt
σχηματίζω γραμμές

stream /striːm/ n (το) ρυάκι.
(current) (το) ρεύμα. (of people)
(το) κύμα. • vi κυλώ vt (schol)
χωρίζω σε τμήματα

street /striːt/ n (o) δρόμος. (in
address) (η) οδός

streetcar /'striːtkɑː/ n (Amer)
(το) τραμ invar

strength /streŋθ/ n (η) δύναμη

strengthen /'streŋθn/ vt
ισχυροποιώ

strenuous /'strenjʊəs/ a
εντατικός

stress /stres/ n (emphasis) (η)
έμφαση. (accent) (o) τόνος.
(strain) (το) άγχος. • vt τονίζω

stretch /stretʃ/ vt/i (extend)
τεντώνω/ομαι. • vt (pull taut)
εκτείνω. (exaggerate)
μεγαλοποιώ. • n (το) τέντωμα.
(period) (η) χρονική περίοδος.
(of road) (η) έκταση

stretcher /'stretʃə(r)/ n (το)
φορείο

strew /struː/ vt σκορπίζω

strict /strıkt/ a αυστηρός. (*precise*) ακριβής

stride /straıd/ vi βαδίζω με μεγάλες δρασκελιές. • n (η) δρασκελιά

strident /'straıdnt/ a τραχύς

strife /straıf/ n (η) διαμάχη

strike /straık/ vt (*pt* **struck**) χτυπώ. (*match*) ανάβω. (*gold etc.*) ανακαλύπτω. • vi (*go on strike*) απεργώ. (*attack*) επιτίθεμαι. (*clock*) χτυπώ. • n (το) χτύπημα. (*of workers*) (η) απεργία. **~r** /-ǝ(r)/ n (ο, η) απεργός

striking /'straıkıŋ/ a (*noticeable*) δραματικός. (*attractive*) εντυπωσιακός

string /strıŋ/ n (ο) σπάγκος. (*mus*) (η) χορδή. (*of pearls*) (το) κολιέ *invar*. (*of lies*) (ο) ορμαθός. • vt (*guitar etc.*) περνώ χορδή σε. (*beads*) περνώ σε κλωστή

stringent /'strındʒǝnt/ a άκαμπτος

strip¹ /strıp/ vt βγάζω. (*tear away*) αφαιρώ. (*undress*) γδύνω. (*machine*) αποσυναρμολογώ. • vi γδύνομαι. **~-tease** n (το) στριπτίζ *invar*

strip² /strıp/ n (η) λωρίδα

stripe /straıp/ n (η) ράβδωση. (*mil*) (το) γαλόνι. **~d** a ριγέ *invar*

strive /straıv/ vi αγωνίζομαι

stroke¹ /strǝuk/ n (το) χτύπημα. (*in swimming*) (η) κίνηση. (*of pen etc.*) (η) πενιά. (*of clock*) (το) χτύπημα. (*med*) (το) εγκεφαλικό επεισόδιο

stroke² /strǝuk/ vt χαϊδεύω. • n (το) χάδι

stroll /strǝul/ vi σουλατσάρω. • n (το) σουλάτσο

strong /strɒŋ/ a δυνατός. **~-minded** a ισχυρογνώμων. **~-room** n (το) θησαυροφυλάκιο. **~ly** adv δυνατά. (*greatly*) έντονα

stronghold /'strɒŋhǝuld/ n (το) προπύργιο

struck /strʌk/ *see* STRIKE

structure /'strʌktʃǝ(r)/ n (η) δομή. (*building*) (το) οικοδόμημα

struggle /'strʌgl/ vi αγωνίζομαι. • n (ο) αγώνας

strut /strʌt/ n (*support*) (η) δοκός. (*walk*) (το) κορδωτό βάδισμα. • vi βαδίζω κορδωτά

stub /stʌb/ n (*of cigarette*) (το) αποτσίγαρο. (*counterfoil*) (το) στέλεχος. • vt (*toe*) χτυπώ. **~ out** σβήνω

stubble /'stʌbl/ n (*crops*) (οι) καλαμιές. (*beard*) (τα) αξύριστα γένια

stubborn /'stʌbǝn/ a πεισματάρης

stubby /'stʌbı/ a κοντόχοντρος

stuck /stʌk/ *see* STICK. • a (*jammed*) κολλημένος. (*in difficulties*) μπλεγμένος. **~-up** a (*fam*) φαντασμένος

stud /stʌd/ n (το) πλατυκέφαλο καρφί. (*for collar*) (το) διπλό κουμπί

student /'stju:dǝnt/ n (ο) φοιτητής, (η) φοιτήτρια

studio /'stju:dıǝu/ n (το) στούντιο *invar*

studious /'stju:djəs/ *a*
επιμελής. *(studied)*
εξεζητημένος

study /'stʌdı/ *n* (η) μελέτη.
(room) (το) γραφείο.
(investigation) (η) έρευνα. • *vt/i*
μελετώ. *(at university)*
σπουδάζω

stuff /stʌf/ *n* (το) υλικό.
(unspecified) (το) πράμα. • *vt*
(cram) χώνω. *(with padding)*
γεμίζω. *(culin)* παραγεμίζω.
(animal, bird) ταριχεύω

stuffy /'stʌfı/ *a* αποπνικτικός.
(old-fashioned) σκουριασμένος

stumble /'stʌmbl/ *vi* παραπατώ.
(falter) κομπιάζω. • *n* (το)
παραπάτημα

stump /stʌmp/ *n (of tree)* (το)
κούτσουρο. *(of cigar, pencil)*
(το) απομεινάρι

stun /stʌn/ *vt* ζαλίζω. *(astonish)*
καταπλήσσω. **~ning** *a*
καταπληκτικός

stung /stʌŋ/ *see* STING

stunt /stʌnt/ *vt* εμποδίζω την
ανάπτυξη. • *n (o)* άθλος που
απαιτεί θάρρος ή επιδεξιότητα

stupefy /'stju:pıfaı/ *vt*
αποβλακώνω

stupendous /stju:'pendəs/ *a*
τεράστιος, καταπληκτικός

stupid /'stju:pıd/ *a* ηλίθιος.
~ity /-'pıdətı/ *n* (η)
ηλιθιότητα. **~ly** *adv* ηλίθια

stupor /'stju:pə(r)/ *n* (η)
χαύνωση

sturdy /'stз:dı/ *a* γερός

stutter /'stʌtə(r)/ *vi* ψευδίζω. • *n*
(το) ψεύδισμα

sty¹ /staı/ *n* (το) χοιροστάσιο

sty², stye /staı/ *n (med)* (το)
κριθαράκι (στο μάτι)

style /staıl/ *n (το)* στιλ. *invar.*
(fashion) (η) μόδα. • *vt*
σχεδιάζω

stylish /'staılıʃ/ *a* σικ *invar*

stylus /'staıləs/ *n* (η) βελόνα

suave /swa:v/ *a (pej)*
σοφιστικέ *invar*

subconscious /sʌb'kɒnʃəs/ *a*
υποσυνείδητος. • *n* (το)
υποσυνείδητο

subdivide /sʌbdı'vaıd/ *vt*
υποδιαιρώ

subdue /səb'dju:/ *vt* υποτάσσω.
(make quieter) χαμηλώνω. **~d**
a ήσυχος, χαμηλός

subject¹ /'sʌbdʒıkt/ *a*
υποκείμενος. • *n* (το)
υποκείμενο. *(theme)* (το) θέμα.
(schol, univ) (το) μάθημα.
(citizen) (ο) υπήκοος. **~ to**
(liable to) υποκείμενος σε.
(depending on) υπό τον όρο

subject² /səb'dʒekt/ *vt*
υποβάλλω. *(submit)* υποτάσσω

subjective /səb'dʒektıv/ *a*
υποκειμενικός

subjunctive /səb'dʒʌŋktıv/ *n*
(η) υποτακτική

sublime /sə'blaım/ *a* θείος

submarine /sʌbmə'ri:n/ *n* (το)
υποβρύχιο

submerge /səb'mз:dʒ/ *vt/i*
βυθίζω/ομαι

submit /səb'mıt/ *vt/i*
υποτάσσω/ομμαι *(present)*
υποβάλλω. **~ssion** /-ʃn/ *n* (η)
υποταγή. *(presentation)* (η)
υποβολή. **~ssive** /-sıv/ *a*
υποτακτικός

subordinate¹ /sə'bɔ:dɪnət/ a
υφιστάμενος. • n (ο)
υφιστάμενος
subordinate² /sə'bɔ:dɪneɪt/ vt
υποτάσσω
subscribe /səb'skraɪb/ vi ~**be
to** (fund) συνεισφέρω.
(newspaper) είμαι
συνδρομητής. (agree)
επιδοκιμάζω. ~**ber** /-ə(r)/ (ο)
συνδρομητής. ~**ption** /-rɪpʃn/
n (η) συνδρομή
subsequent /'sʌbsɪkwənt/ a
μεταγενέστερος. ~**ly** adv στη
συνέχεια, ακολούθως
subside /səb'saɪd/ vi παθαίνω
καθίζηση. (storm) κοπάζω
subsidiary /səb'sɪdɪərɪ/ a
επικουρικός. • n (comm) (η)
θυγατρική εταιρία
subsidy /'sʌbsədɪ/ n (η)
επιχορήγηση. ~**ize** /-ɪdaɪz/ vt
επιχορηγώ
substance /'sʌbstəns/ n (η)
ουσία
substandard /sʌb'stændəd/ a
κατώτερος
substantial /səb'stænʃl/ a
ουσιαστικός. (meal)
χορταστικός. (considerable)
σημαντικός
substitute /'sʌbstɪtju:t/ n (το)
υποκατάστατο. • vt/i
υποκαθιστώ (for, με)
subtle /sʌtl/ a λεπτός
subtract /səb'trækt/ vt αφαιρώ
suburb /'sʌbɜ:b/ n (το)
προάστιο. ~**an** /sə'bɜ:bən/ a
προαστιακός
subversive /səb'vɜ:sɪv/ a
ανατρεπτικός
subway /'sʌbweɪ/ n (Amer) (ο)
υπόγειος σιδηρόδρομος

succeed /sək'si:d/ vi
επιτυγχάνω. • vt διαδέχομαι.
~ **in doing** κατορθώνω να
κάνω
success /sək'ses/ n (η)
επιτυχία. ~**ful** ε επιτυχής
succession /sək'seʃn/ n (η)
διαδοχή
successive /sək'sesɪv/ a
διαδοχικός
successor /sək'sesə(r)/ n (ο, η)
διάδοχος
succinct /sək'sɪŋkt/ a
περιληπτικός
succumb /sə'kʌm/ vi υποκύπτω
(**to**, σε)
such /sʌtʃ/ a τέτοιος. • pron
αυτός. (so much) τόσος. ~ **as**
όπως
suck /sʌk/ vt απορροφώ, πίνω.
(fruit) ρουφώ. (sweet, finger)
γλείφω
suckle /sʌkl/ vt θηλάζω
suction /'sʌkʃn/ n (η)
αναρρόφηση
sudden /sʌdn/ a ξαφνικός.
~**ly** adv ξαφνικά. ~**ness** n
(ο) αιφνιδιασμός
sue /sju:/ vt ενάγω
suede /sweɪd/ n (το) καστόρι
suffer /'sʌfə(r)/ vt/i υποφέρω.
(loss etc.) παθαίνω.
~**ing** n (τα) βάσανα
suffice /sə'faɪs/ vi επαρκώ
sufficient /sə'fɪʃnt/ a επαρκής.
(enough) αρκετός
suffocate /'sʌfəkeɪt/ vt πνίγω.
• vi ασφυκτιώ, πνίγομαι
sugar /'ʃʊgə(r)/ n (η) ζάχαρη.
• vt βάζω ζάχαρη (σε).
(sprinkle) ζαχαρώνω

suggest /sə'dʒest/ vt
εισηγούμαι, προτείνω. **~ion**
/-tʃən/ n (η) εισήγηση, (η)
πρόταση. (trace) (το) ίχνος

suicide /'sju:ιsaιd/ n (η)
αυτοκτονία. (person) (ο)
αυτόχειρας. **commit ~e**
αυτοκτονώ

suit /su:t/ n (man's) (το)
κοστούμι. (woman's) (το)
ταγέρ invar. (cards) (το)
χρώμα. (jur) (η) αγωγή. • vt
ικανοποιώ. (adapt)
προσαρμόζω. **it ~s you** σου
πάει. **~able** a κατάλληλος

suitcase /'su:tkeıs/ n (η)
βαλίτσα

suite /swi:t/ n (of furniture) (τα)
έπιπλα. (of rooms) (η) σουίτα
(σε ξενοδοχείο)

suitor /'su:tə(r)/ n (ο)
μνηστήρας

sulk /sʌlk/ vi κάνω μούτρα. **~y**
a μουτρωμένος

sullen /'sʌlən/ a σκυθρωπός

sulphur /'sʌlfə(r)/ n (το) θείο

sultan /'sʌltən/ n (ο) σουλτάνος

sultana /sɒl'tɑ:nə/ n (η)
σουλτανίνα (σταφίδα)

sultry /'sʌltrι/ a (weather)
πνιγερός

sum /sʌm/ n (amount) (το)
ποσό. (calculation) (το)
πρόβλημα, (η) αριθμητική. • vt
~ up (recapitulate)
ανακεφαλαιώνω. (assess)
κρίνω

summar|y /'sʌmərι/ n (η)
περίληψη. • a συνοπτικός.
~ize vt συνοψίζω

summer /'sʌmə(r)/ n (το)
καλοκαίρι. **~y** a
καλοκαιρινός

summit /'sʌmιt/ n (η) κορυφή

summon /'sʌmən/ vt καλώ.
(jur) κλητεύω

summons /'sʌmonz/ n (η)
πρόσκληση. (jur) (η) κλήση.
• vt κλητεύω

sumptuous /'sʌmptʃʊəs/ a
πολυτελέστατος

sun /sʌn/ n (ο) ήλιος. • vt **~**
o.s. λιάζομαι. **~-glasses** npl
(τα) γυαλιά του ήλιου. **~-tan**
n (το) μαύρισμα (στον ήλιο).
~-tan cream or **lotion** (το)
αντιηλιακό (κρέμα ή λοσιόν).
~-tanned a μαυρισμένος.
~ny a ηλιόλουστος

sunbathe /'sʌnbeιð/ vi κάνω
ηλιοθεραπεία

sunburn /'sʌnbɜ:n/ n (το)
ηλιακό έγκαυμα

Sunday /'sʌndι/ n (η) Κυριακή

sundr|y /'sʌndrι/ a διάφορος.
~ies npl (τα) διάφορα

sunflower /'sʌnflaʊə(r)/ n (το)
ηλιοτρόπιο

sung /sʌŋ/ see SING

sunk /sʌŋk/ see SINK

sunken /'sʌŋkən/ see SINK. • a
βυθισμένος

sun|light /'sʌnlaιt/ n (το)
ηλιακό φως. **~lit** a ηλιόφωτος

sunrise /'sʌnraιz/ n (η)
ανατολή του ήλιου

sunset /'sʌnset/ n (το)
ηλιοβασίλεμα

sunshade /'sʌnʃeιd/ n (η)
ομπρέλα του ήλιου

sunshine /'sʌnʃaιn/ n (η)
λιακάδα

sunstroke /'sʌnstrəʊk/ n (η)
ηλίαση

super /'su:pə(r)/ a υπέροχος

superb /suːˈpɜːb/ a έξοχος

superficial /suːpəˈfɪʃl/ a επιφανειακός

superfluous /suːˈpɜːfluəs/ a περιττός

superintendent /suːpərɪnˈtendənt/ n (ο) επιστάτης. (of police) (ο) επιθεωρητής

superior /suːˈpɪərɪə(r)/ a ανώτερος n (ο) ανώτερος. **~ity** /-ˈɒrɒtɪ/ n (η) ανωτερότητα

superlative /suːˈpɜːlətɪv/ a υπέρτατος. • n (ο) υπερθετικός (βαθμός)

superman /ˈsuːpəmæn/ n (ο) υπεράνθρωπος

supermarket /ˈsuːpəmɑːkɪt/ n (η) υπεραγορά, (το) σούπερ μάρκετ invar

supernatural /suːpəˈnætʃrəl/ a υπερφυσικός

superpower /ˈsuːpəpaʊə(r)/ n (η) υπερδύναμη

superstiti|on /suːpəˈstɪʃn/ n (η) δεισιδαιμονία. **~ous** a δεισιδαίμων

supervis|e /ˈsuːpəvaɪz/ vt εποπτεύω. **~ion** /-ˈvɪʒn/ n (η) εποπτεία. **~or** /-ə(r)/ n (ο) επόπτης, (η) επόπτρια

supper /ˈsʌpə(r)/ n (το) δείπνο

supple /ˈsʌpl/ a ευλύγιστος

supplement /ˈsʌplɪmənt/ n (το) συμπλήρωμα. • vt συμπληρώνω. **~ary** /-ˈmentrɪ/ a συμπληρωματικός

supplier /səˈplaɪə(r)/ n (ο) προμηθευτής

supply /səˈplaɪ/ vt εφοδιάζω. (a need) καλύπτω. **~ with** προμηθεύω με. • n (η) προμήθεια. (techn) (ο) εφοδιασμός

support /səˈpɔːt/ vt (hold up) στηρίζω. (strengthen) ενισχύω. (family etc.) συντηρώ. (tolerate) ανέχομαι. (sport) υποστηρίζω. • n (help, backing) (το) (υπο)στήριγμα. (keep) (η) συντήρηση. **~er** /-ə(r)/ n (sport) (ο) οπαδός. **~ive** a υποστηρικτικός

suppose /səˈpəʊz/ vt/i υποθέτω. (think) νομίζω. **~dly** adv δήθεν

suppress /səˈpres/ vt καταστέλλω. (hide) αποσιωπώ. **~ion** n (η) καταστολή, (η) αποσιώπηση

supreme /suːˈpriːm/ a ανώτατος

surcharge /ˈsɜːtʃɑːdʒ/ n (η) προσαύξηση. (tax) (η) επιβάρυνση

sure /ʃʊə(r)/ a βέβαιος. • adv βεβαίως. **make ~** βεβαιώνομαι. **~ly** adv ασφαλώς

surf /sɜːf/ n (ο) αφρός (των κυμάτων). **~er** n (ο, η) σερφίστας. **~ing** n (το) σέρφινγκ invar

surface /ˈsɜːfɪs/ n (η) επιφάνεια. • a επιφανειακός. • vi (emerge) βγαίνω στην επιφάνεια. • vt (road etc.) επιστρώνω

surfboard /ˈsɜːfbɔːd/ n (η) σανίδα (του σέρφινγκ)

surge /sɜ:dʒ/ vi ξεχύνομαι. (increase) υψώνομαι. • n (of feeling) (το) κύμα. (forward movement) (η) απότομη κίνηση. (increase) (το) κύμα

surgeon /'sɜ:dʒən/ n (ο, η) χειρούργος

surg|ery /'sɜ:dʒərɪ/ n (η) χειρουργική. (place) (το) ιατρείο. (time) (οι) ώρες ιατρείου. ~ical /-dʒɪkl/ a χειρουργικός

surly /'sɜ:lɪ/ a κατσούφης

surmount /sə'maʊnt/ vt υπερπηδώ

surname /'sɜ:neɪm/ n (το) επώνυμο, Cy. (το) όνομα

surpass /sə'pɑ:s/ vt ξεπερνώ

surplus /'sɜ:plɒs/ n (το) πλεόνασμα. • a πλεονάζων

surpris|e /sə'praɪz/ n (η) έκπληξη. • vt εκπλήττω. ~ed a έκπληκτος (at, από). ~ing a εκπληκτικός

surrealism /sə'rɪəlɪzəm/ n (ο) σουρεαλισμός

surrender /sə'rendə(r)/ vt/i παραδίδω/ομαι. • n (η) παράδοση

surround /sə'raʊnd/ vt περιτριγυρίζω. • n (το) πλαίσιο. **be ~ed by** or **with** με περιτριγυρίζω. ~ing a γύρω. ~ings npl (τα) περίβαλλον

surveillance /sɜ:'veɪləns/ n (η) παρακολούθηση

survey¹ /sə'veɪ/ vt επισκοπώ. (property) εξετάζω. (land) χωρομετρώ. ~or n (ο) χωρομέτρης

survey² /'sɜ:veɪ/ n (η) έρευνα. (report) (η) επισκόπηση. (general view) (η) ανασκόπηση

survival /sə'vaɪvl/ n (η) επιβίωση

surviv|e /sə'vaɪv/ vt/i επιβιώνω. ~or /-ə(r)/ n (ο) επιζήσας

susceptible /sə'septəbl/ a επιδεκτικός. ~ **to** ~ σε επιρρεπής σε

suspect¹ /sə'spekt/ vt υποπτεύομαι. (assume) υπογιάζομαι. (doubt) αμφιβάλλω για

suspect² /'sʌspekt/ n (ο) ύποπτος. • a ύποπτος

suspend /sə'spend/ vt κρεμώ. (stop) αναστέλλω. (employee) θέτω σε διαθεσιμότητα. (pupil) αποβάλλω προσωρινά

suspender /sə'spendə(r)/ n (η) ζαρτιέρα

suspense /sə'spens/ n (η) αβεβαιότητα. (in book etc.) (η) αγωνία

suspici|on /sə'spɪʃn/ n (η) υποψία. (trace) (το) ίχνος. ~ous a καχύποπτος. (causing suspicion) ύποπτος

sustain /sə'steɪn/ vt συντηρώ. (suffer) παθαίνω

sustenance /'sʌstɪnəns/ n (η) συντήρηση. (nourishment) (η) θρεπτική αξία

swab /swɒb/ n (η) σφουγγαρίστρα. (med) (το) ταμπόν invar

swallow /'swɒləʊ/ vt/i καταπίνω. • (bird) n (το) χελιδόνι

swam /swæm/ see SWIM

swamp /swɒmp/ n (το) έλος.
• vt πλημμυρίζω

swan /swɒn/ n (ο) κύκνος

swap /swɒp/ vt/i ανταλλάσσω.
• n (η) ανταλλαγή

swarm /swɔːm/ n (το) σμήνος.
• vi σχηματίζω σμήνος. (place)
είμαι γεμάτος

swarthy /ˈswɔːðɪ/ a μελαψός

swat /swɒt/ vt χτυπώ (απότομα)

sway /sweɪ/ vi κουνιέμαι.
(person) ταλαντεύομαι. • vt
(influence) επηρεάζω
αποφασιστικά. • n (η) επιρροή

swear /sweə(r)/ vt/i (pt swore,
pp sworn) ορκίζομαι. (curse)
βλαστημώ. ~ at βρίζω. ~-
word n (η) βλαστήμια

sweat /swet/ n (ο) ιδρώτας. • vi
ιδρώνω. ~y a ιδρωμένος

sweater /ˈswetə(r)/ n (το)
πουλόβερ invar, Cy. (το) τρικό

Swede /swiːd/ n (ο) Σουηδός,
(η) Σουηδέζα. ~n n (η)
Σουηδία

sweep /swiːp/ vt/i (pt swept)
σκουπίζω. (go swiftly) γλιστρώ
γρήγορα. (road) διαγράφω
καμπύλη. (fig) σαρώνω. • n (το)
σκούπισμα. (curve) n (η)
καμπύλη. ~ up σκουπίζω.
~ing a (changes etc.)
σαρωτικός. ~ing statement
(η) γενίκευση

sweet /swiːt/ a γλυκός.
(fragrant) μυρωδάτος.
(pleasant) ευχάριστος.
(endearing) χαριτωμένος. • n
(το) γλυκό. (toffee etc.) η
καραμέλα. (dish) το
επιδόρπιο. ~ corn n (το)
καλαμπόκι

sweeten /ˈswiːtn/ vt γλυκαίνω

sweetheart /ˈswiːthɑːt/ n (ο)
αγαπημένος, (η) αγαπημένη

swell /swel/ vt/i (pp swollen or
swelled) φουσκώνω,
πρήζω/ομαι. (increase)
εξογκώνω/ομαι. • n (of sea) (η)
φουσκοθαλασσιά. ~ing n (το)
πρήξιμο

swelter /ˈsweltə(r)/ vi λιώνω
από τη ζέστη. ~ing (heat) a
αποπνικτικός

swept /swept/ see SWEEP

swerve /swɜːv/ vi στρίβω
απότομα

swift /swɪft/ a γοργός. • n (bird)
(το) πετροχελίδονο. ~ly adv
γοργά, γρήγορα

swill /swɪl/ vt (rinse) ξεπλένω.
(drink) κατεβάζω (ποτό). • n
(for pigs) υγρή τροφή από
υπολείμματα για χοίρους

swim /swɪm/ vi (pt swam, pp
swum, pres p swimming)
κολυμπώ. (room, head)
στριφογυρίζω. • vt (swim
across) διασχίζω
κολυμπώντας. • n (το)
κολύμπι. ~mer n (ο)
κολυμβητής, (η) κολυμβήτρια.
~ming n (το) κολύμπι.
~ming-bath, ~ming-pool ns
(η) πισίνα. ~ming-costume
n (το) μαγιό. ~ming-trunks
npl (το) ανδρικό μαγιό

swindle /ˈswɪndl/ vt εξαπατώ.
• n (η) απάτη

swine /swaɪn/ npl (τα)
γουρούνια

swing /swɪŋ/ vi αιωρούμαι.
(hang) κρέμομαι. (turn)
γυρίζω. (sway) ταλαντεύομαι.

• vt κουνώ. • n (motion) (η)
αιώρηση. (child's) κούνια.
(mus) (ο) ρυθμός

swipe /swaɪp/ vt (hit: fam)
χτυπώ δυνατά. (take: fam)
σουφρώνω

swirl /swɜːl/ vt/i
στροβιλίζω/ομαι. • n (ο)
στρόβιλος

Swiss /swɪs/ a ελβετικός. • n
(ο) Ελβετός, (η) Ελβετίδα

switch /swɪtʃ/ n (electr) (ο)
διακόπτης. (change) (η)
αλλαγή. (exchange) (η)
ανταλλαγή. • vt (shift) γυρίζω.
(transfer) μεταφέρω. (change)
αλλάζω. (exchange)
ανταλλάσσω. ~ **off** (electr)
κλείνω. (light) σβήνω. ~ **on**
(electr) ανοίγω. (light, engine)
ανάβω

switchboard /ˈswɪtʃbɔːd/ n (το)
τηλεφωνικό κέντρο

Switzerland /ˈswɪtsələnd/ n (η)
Ελβετία

swivel /ˈswɪvl/ vi
στριφογυρίζω. • vt
περιστρέφω

swollen /ˈswəʊln/ see SWELL.
• a φουσκωμένος, πρησμένος

swoon /swuːn/ vi λιποθυμώ

swoop /swuːp/ vi εφορμώ

sword /sɔːd/ n (το) ξίφος

swore /swɔː(r)/ see SWEAR

sworn /swɔːn/ see SWEAR. • a
(enemy) άσπονδος

swot /swɒt/ vi (schol, fam)
σπάω στο διάβασμα. • n
(person: fam) (ο) σπασίκλας

swum /swʌm/ see SWIM

syllable /ˈsɪləbl/ n (η) συλλαβή

syllabus /ˈsɪləbəs/ n (η)
διδακτέα ύλη

symbol /ˈsɪmbl/ n (το)
σύμβολο. ~**ic(al)** /-ˈbɒlɪk(l)/ a
συμβολικός. ~**ism** n (ο)
συμβολισμός. ~**ize** vt
συμβολίζω

symmetr|y /ˈsɪmətrɪ/ n (η)
συμμετρία. ~**ical** /-ˈmetrɪkl/ a
συμμετρικός

sympathetic /sɪmpəˈθetɪk/ a
συμπαθητικός. (showing pity)
συμπονετικός

sympath|y /ˈsɪmpəθɪ/ n (η)
συμπάθεια. (condolences) (τα)
συλλυπητήρια. ~**ize** /-aɪz/ vi
~ **with** κατανοώ

symphony /ˈsɪmfənɪ/ n (η)
συμφωνία

symptom /ˈsɪmptəm/ n (το)
σύμπτωμα

synagogue /ˈsɪnəgɒg/ n (η)
συναγωγή

synchronize /ˈsɪŋkrənaɪz/ vt
συγχρονίζω

syndicate /ˈsɪndɪkət/ n (το)
συνδικάτο

syndrome /ˈsɪndrəʊm/ n (το)
σύνδρομο

synonym /ˈsɪnənɪm/ n (το)
συνώνυμο

synthesis /ˈsɪnθəsɪs/ n (η)
σύνθεση

synthetic /sɪnˈθetɪk/ a
συνθετικός

syringe /sɪˈrɪndʒ/ n (η) σύριγγα

syrup /ˈsɪrəp/ n (το) σιρόπι

system /ˈsɪstəm/ n (το)
σύστημα. (body) (ο)
οργανισμός. (order) (η)
οργάνωση. ~**atic** /-əˈmætɪk/ a
συστηματικός

tab   595   talcum

Tt

tab /tæb/ n (η) γλώσσα
(προεξοχή)

table /'teibl/ n (το) τραπέζι.
(list) (ο) πίνακας. **~-cloth** n
(το) τραπεζομάντιλο. **~
tennis** n (το) πινγκ πονγκ
invar, (η) επιτραπέζια
αντισφαίριση

tablespoon /'teiblspu:n/ n (το)
κουτάλι σερβιρίσματος

tablet /'tæblɪt/ n (η) πλάκα.
(pill) (το) χάπι

taboo /tə'bu:/ n (το) ταμπού
invar. • a ταμπού invar,
απαγορευμένος

tacit /'tæsɪt/ a σιωπηρός

taciturn /'tæsɪtɜ:n/ a
λιγομίλητος

tack /tæk/ n (nail) (η) πινέζα.
(stitch) (το) τρύπωμα. (naut) (η)
πορεία

tackle /'tækl/ n (equipment) (τα)
σύνεργα. • vt καταπιάνομαι με.
(football) ρίχνω (αντίπαλο)

tact /tækt/ n (το) τακτ invar, (η)
διακριτικότητα. **~ful** a
διακριτικός. **~less** a
αδιάκριτος

tactic|s /'tæktɪks/ npl (η)
τακτική. **~al** a τακτικός

tadpole /'tædpəʊl/ n (ο)
γυρίνος

tag /tæg/ n (label) (η) ετικέτα

tail /teil/ n (η) ουρά. **~s** npl
(tailcoat) (το) φράκο. (of coin)
(τα) γράμματα (αντ. κορόνα).
• vt (follow: fam)

παρακολουθώ. • vi **~ off**
σβήνω (για φωνή). **~-end** n
(το) τελευταίο μέρος

tailor /'teilə(r)/ n (ο) ράφτης,
(η) ράφτρα. **~-made** a
φτιαγμένος στα μέτρα

taint /teint/ vt μολύνω

take /teik/ vt/i (pt took, pp
taken) παίρνω. (carry)
μεταφέρω. (accompany)
πηγαίνω. (capture) πιάνω.
(endure) ανέχομαι. (swallow)
πίνω. (contain) περιέχω. (walk)
πηγαίνω. (bath) κάνω. (exam)
δίνω. (photograph) βγάζω. • n
(photo, cinema) (η) σκηνή. **~
after** μοιάζω (with gen.). **~
away** αφαιρώ. **~-away** n (το)
έτοιμο φαγητό (από
εστιατόριο). **~ back** (return)
παίρνω πίσω. **~ down**
κατεβάζω. (note) γράφω. **~ in**
(garment) στενεύω.
(understand) αντιλαμβάνομαι.
(deceive) ξεγελώ. **~ off**
(remove) αφαιρώ. (clothes)
βγάζω. (mimic) μιμούμαι.
(aviat) απογειώνομαι. **~-off** n
(aviat) (η) απογείωση. **~
(imitation) (η) απομίμηση. **~
on** (undertake) αναλαμβάνω.
(employee) προσλαμβάνω. **~
out** (remove) βγάζω. **~ over**
αναλαμβάνω. **~ part** παίρνω
μέρος (in, σε). **~ place**
συμβαίνω. **~ to** (like) το
ρίχνω σε. **~ up** πιάνω.
(hobby) αρχίζω να ασχολούμαι.
(occupy) εγκαθίσταμαι.
(garment) κονταίνω

takings /'teikiŋz/ npl (οι)
εισπράξεις

talcum /'tælkəm/ n **~
(powder)** (το) ταλκ invar

tale /teil/ n (η) αφήγηση

talent /'tælənt/ n (το) ταλέντο.
~ed a ταλαντούχος

talk /tɔ:k/ vt/i μιλώ. • n (η)
ομιλία. (lecture) (η) διάλεξη.
~ s.o. into doing πείθω κπ
να κάνει. **~ over** συζητώ.
~ative a ομιλητικός

tall /tɔ:l/ a ψηλός

tally /'tæli/ vi συμφωνώ

talon /'tælən/ n (το) νύχι
(αρπακτικού πουλιού)

tambourine /tæmbə'ri:n/ n (το)
ντέφι

tame /teim/ a (animal) ήμερος.
• vt δαμάζω

tamper /'tæmpə(r)/ vi **~ with**
(interfere) ανακατεύομαι σε.
(falsify) παραποιώ

tampon /'tæmpən/ n (το)
ταμπόν invar

tan /tæn/ vt/i (go brown)
μαυρίζω. **~** (hide) αργάζω. • n
(sun-tan) (το) μαύρισμα. • a
(colour) ανοιχτό καφέ

tang /tæŋ/ n (taste) (η)
χαρακτηριστική γεύση.
(smell) (η) δυνατή μυρωδιά

tangent /'tændʒənt/ n (η)
εφαπτομένη

tangerine /tændʒə'ri:n/ n (το)
μανταρίνι

tangible /'tændʒəbl/ a
χειροπιαστός

tangle /'tæŋgl/ vt/i
μπλέκω/ομαι. • n (το)
μπλέξιμο

tank /tæŋk/ n (water) (το)
ντεπόζιτο. (petrol) (το)
ρεζερβουάρ. (fish) (το)
ενυδρείο. (mil) (το) τανκ invar

tankard /'tæŋkəd/ n (το)
κύπελλο (για μπίρα)

tanker /'tæŋkə(r)/ n (ship) (το)
δεξαμενόπλοιο. (truck) (το)
βυτιοφόρο

tantamount /'tæntəmaunt/ a
~ to ισοδύναμος με

tantrum /'tæntrəm/ n (η)
έκρηξη οργής

tap¹ /tæp/ n (η) βρύση. • vt
(resources) αντλώ. (phone)
υποκλέπτω. **~ water** (το)
νερό της βρύσης

tap² /tæp/ vt/i χτυπώ (ελαφρά).
• n (το) ελαφρό χτύπημα. **~-**
dance n (οι) κλακέτες

tape /teip/ n (η) ταινία. • vt
(record) ηχογραφώ. **~-**
measure n (η) μεζούρα. **~-**
recorder n (το) μαγνητόφωνο

taper /'teipə(r)/ n (το) λεπτό
κερί. • vt/i λεπταίνω

tapestry /'tæpistri/ n (το)
ταπισερί

tar /tɑ:(r)/ n (η) πίσσα

target /'tɑ:git/ n (ο) στόχος

tariff /'tærif/ n (το) δασμολόγιο

Tarmac /'tɑ:mæk/ n (P) (η)
άσφαλτος

tarnish /'tɑ:niʃ/ vt/i μαυρίζω

tarpaulin /tɑ:'pɔ:lin/ n (ο)
μουσαμάς

tart /tɑ:t/ n (η) τάρτα. (woman:
sl) (η) τσούλα. • a απότομος

tartan /'tɑ:tn/ n (το)
σκοτσέζικο ύφασμα

tartar /'tɑ:tə(r)/ n (το) πουρί
(στα δόντια)

task /tɑ:sk/ n (duty) (το)
καθήκον. (work) (η) δουλειά

tassel /'tæsl/ n (η) φούντα

taste /teɪst/ n (*sense*) (η) γεύση.
(*discernment*) (το) γούστο.
(*small quantity*) (η) μπουκιά.
• vt δοκιμάζω. • vi ~ **of** έχω
γεύση (*with gen*). ~**fully** a με
γούστο. ~**fully** adv
καλαίσθητα. ~**less** a (*food*)
άγευστος. (*in bad taste*) χωρίς
γούστο

tasty /ˈteɪstɪ/ a εύγευστος

tat /tæt/ *see* TIT

tattered /ˈtætəd/ a
κουρελιασμένος

tatters /ˈtætəz/ npl (τα)
κουρέλια

tattoo /təˈtuː/ vt κάνω τατουάζ.
• n (το) τατουάζ invar. (*mil*) (η)
στρατιωτική επίδειξη

tatty /ˈtætɪ/ a φθαρμένος

taught /tɔːt/ *see* TEACH

taunt /tɔːnt/ vt προκαλώ με
χλευασμούς. • n (ο) χλευασμός

Taurus /ˈtɔːrəs/ n (ο) Ταύρος

taut /tɔːt/ a τεντωμένος

tax /tæks/ n (ο) φόρος. **income**
~ n (ο) φόρος εισοδήματος.
• vt φορολογώ. (*fig*) δοκιμάζω.
~**ation** /-ˈseɪʃn/ n (η)
φορολογία. ~**-free** a
αφορολόγητος. ~**ing** a (*fig*)
απαιτητικός. ~ **inspector** n
(ο) έφορος

taxi /ˈtæksɪ/ n (το) ταξί invar.
• vi (*aviat*) τροχοδρομώ. ~**-
driver** n (ο) ταξιτζής, (η)
ταξιτσού. ~ **rank**, (*Amer*) ~
stand ns (η) πιάτσα

taxpayer /ˈtækspeɪə(r)/ n (ο)
φορολογούμενος

tea /tiː/ n (το) τσάι. ~ **bag** n
(το) φακελάκι τσαγιού. ~
towel n (η) πετσέτα της
κουζίνας

teach /tiːtʃ/ vt (pt **taught**)
διδάσκω. • vi εργάζομαι ως
δάσκαλος, κάνω μαθήματα.
~**er** n (*primary*) (ο) δάσκαλος,
(η) δασκάλα. (*secondary*) (ο)
καθηγητής, (η) καθηγήτρια.
~**ing** n (η) διδασκαλία

teacup /ˈtiːkʌp/ n (το) φλιτζάνι
του τσαγιού

teak /tiːk/ n (η) τικ invar

team /tiːm/ n (η) ομάδα. (*of
animals*) (το) ζευγάρι. ~**-work**
n (η) ομαδική εργασία

teapot /ˈtiːpɒt/ n (η) τσαγιέρα

tear[1] /teə(r)/ vt/i (pt **tore**, pp
torn) σχίζομαι. (*snatch*)
τραβώ με βία. (*run*) ορμώ. ~
(το) σκίσιμο. ~ **up** κάνω
κομμάτια

tear[2] /tɪə(r)/ n (το) δάκρυ. **be in**
~**s** κλαίω. ~**ful** a
δακρυσμένος

tease /tiːz/ vt πειράζω. • n (το)
πειραχτήρι

teaspoon /ˈtiːspuːn/ n (το)
κουταλάκι του τσαγιού. ~**ful**
n (η) κουταλιά του τσαγιού

teat /tiːt/ n (η) ρώγα

technical /ˈteknɪkl/ a τεχνικός.
~**ity** n /-ˈkælətɪ/ n (η) τεχνική
λεπτομέρεια. ~**ly** adv τεχνικά

technician /tekˈnɪʃn/ n (ο)
τεχνικός

technique /tekˈniːk/ n (η)
τεχνική

technolog|y /tekˈnɒlədʒɪ/ n (η)
τεχνολογία. ~**ical** /-ˈlɒdʒɪkl/
a τεχνολογικός

teddy /ˈtedɪ/ n ~ **(bear)** (το)
αρκουδάκι (παιχνίδι για παιδιά)

tedious /ˈtiːdɪəs/ a ανιαρός

tedium /ˈtiːdɪəm/ n (η) ανία

teem /ti:m/ *vi* be **~ing** with (*swarming*) βρίθω. (*rain*) βρέχει καταρρακτωδώς

teenage /'ti:neɪdʒ/ *a* εφηβικός. **~r** /-ə(r)/ *n* (ο, η) έφηβος

teens /ti:nz/ *npl* in one's **~s** στην εφηβεία

teeter /'ti:tə(r)/ *vi* ταλαντεύομαι

teeth /ti:θ/ *see* TOOTH

teethe /ti:ð/ *vi* βγάζω δόντια

teetotaller /ti:'təʊtlə(r)/ *n* αυτός που δεν πίνει οινοπνευματώδη ποτά

telecommunications /telɪkəmju:nɪ'keɪʃnz/ *npl* (οι) τηλεπικοινωνίες

telegram /'telɪgræm/ *n* (το) τηλεγράφημα

telegraph /'telɪgra:f/ *n* (ο) τηλέγραφος. • *vt* τηλεγραφώ. **~ pole** *n* (το) τηλεγραφόξυλο

telepath|y /tɪ'lepəθɪ/ *n* (η) τηλεπάθεια. **~ic** /telɪ'pæθɪk/ *a* τηλεπαθητικός

telephone /'telɪfəʊn/ *n* (το) τηλέφωνο. • *vt* τηλεφωνώ. **box, ~ booth** *ns* (o) τηλεφωνικός θάλαμος. **~ call** *n* (η) κλήση. **~ directory** (o) τηλεφωνικός κατάλογος. **~ number** *n* (o) αριθμός τηλεφώνου

telephoto /telɪ'fəʊtəʊ/ *a* **~ lens** (o) τηλεφακός

telescope /'telɪskəʊp/ *n* (το) τηλεσκόπιο. • *vt/i* συμπτύσσω/ομαι

televise /'telɪvaɪz/ *vt* μεταδίδω τηλεοπτικά

television /'telɪvɪʒn/ *n* (η) τηλεόραση. **~ set** *n* (η) συσκευή τηλεοράσεως

teleworking /'telɪwɜ:kɪŋ/ *n* (η) τηλεργασία

telex /'teleks/ *n* (το) τέλεξ *invar.* • *vt* στέλνω με τέλεξ

tell /tel/ *vt* (*pt* told) λέγω. (*story*) διηγούμαι. (*distinguish*) ξεχωρίζω. • *vi* (*produce an effect*) φαίνομαι. **~ off** *vt* μαλώνω

teller /'telə(r)/ *n* (*in bank*) (o, η) ταμίας

temper /'tempə(r)/ *n* (*disposition*) (η) ψυχραιμία. (*mood*) (η) διάθεση. (*fit of anger*) (η) οργή. • *vt* μετριάζω

temperament /'tempərəmənt/ *n* (η) ιδιοσυγκρασία. **~al** /-'mentl/ *a* ιδιότροπος

temperate /'tempərət/ *a* εγκρατής. (*climate*) εύκρατος

temperature /'temprɪtʃə(r)/ *n* (η) θερμοκρασία. **have a ~** (*fam*) έχω πυρετό

tempest /'tempɪst/ *n* (η) θύελλα

temple /'templ/ *n* (*relig*) ναός. (*anat*) (o) κρόταφος

temporary /'tempərərɪ/ *a* προσωρινός. **~ily** *adv* προσωρινά

tempt /tempt/ *vt* βάζω σε πειρασμό. **~ation** /-'teɪʃn/ *n* (o) πειρασμός. **~ing** *a* δελεαστικός

ten /ten/ *a & n* δέκα

tenac|ious /tɪ'neɪʃəs/ *a* επίμονος. **~ity** /-'æsɪtɪ/ *n* (η) επιμονή

tenancy /'tenənsɪ/ *n* (η) μίσθωση

tenant /'tenənt/ *n* (o) μισθωτής

tend /tend/ vt φροντίζω. • vi ~ **to** τείνω να

tendency /'tendənsɪ/ n (η) τάση

tender /'tendə(r)/ a τρυφερός. (painful) που πονάει. • vt (resignation) υποβάλλω. • n (comm) (η) προσφορά. **legal** ~ n (το) νόμιμο νόμισμα **~ness** n (η) τρυφερότητα

tendon /'tendən/ n (ο) τένοντας

tenement /'tenəmənt/ n (η) πολυκατοικία

tenet /'tenɪt/ n (η) αρχή

tennis /'tenɪs/ n (το) τένις invar. **~-ball** n το μπαλάκι (του τένις). **~-court** n (το) γήπεδο (του τένις). **~-racket** n (η) ρακέτα

tenor /'tenə(r)/ n (ο) τενόρος

tense /tens/ n (gram) (ο) χρόνος. • a τεταμένος. • vt τεντώνω. • vi ~ **up** νιώθω υπερένταση

tension /'tenʃn/ n (of string) (το) τέντωμα. (emotional) (η) ένταση. (electr) (η) τάση

tent /tent/ n (η) σκηνή

tentacle /'tentəkl/ n (το) πλοκάμι

tentative /'tentətɪv/ a (provisional) προσωρινός. (hesitant) δοκιμαστικός

tenterhooks /'tentəhʊks/ npl **on** ~ σε αναμμένα κάρβουνα

tenth /tenθ/ a δέκατος. • n (το) δέκατο

tenuous /'tenjʊəs/ a λεπτός

tepid /'tepɪd/ a χλιαρός

term /tɜːm/ n (time) (η) περίοδος. (schol) (το) τρίμηνο. (word etc.) (ο) όρος. **~s** npl

(comm) (οι) όροι. **come to ~s with** συμβιβάζομαι με. **on good ~s** σε καλές σχέσεις

terminal /'tɜːmɪnl/ a τελικός. (med) θανατηφόρος. • n (rail) (το) τέρμα. (computer) (το) τερματικό. (electr) (ο) ακροδέκτης. (aviat) (το) τέρμιναλ invar

terminate /'tɜːmɪneɪt/ vt τερματίζω. • vi λήγω (**in**, σε)

terminology /tɜːmɪ'nɒlədʒɪ/ n (η) ορολογία

terminus /'tɜːmɪnəs/ n (το) τέρμα

terrace /'terəs/ n (η) ταράτσα

terrain /tə'reɪn/ n (το) έδαφος

terrestrial /tɪ'restrɪəl/ a γήινος

terribl|e /'terəbl/ a τρομερός. **~y** adv τρομερά. (very) πολύ

terrific /tə'rɪfɪk/ a τρομακτικός. (excellent) καταπληκτικός

terrify /'terɪfaɪ/ vt τρομοκρατώ. **~ing** a τρομακτικός

territorial /terɪ'tɔːrɪəl/ a εδαφικός

territory /'terɪtrɪ/ n (το) έδαφος

terror /'terə(r)/ n (ο) τρόμος

terroris|t /'terərɪst/ n (ο) τρομοκράτης. **~m** /-zəm/ n (η) τρομοκρατία

terrorize /'terəraɪz/ vt τρομοκρατώ

terse /tɜːs/ a λακωνικός

test /test/ n (η) δοκιμή. (exam) (το) διαγώνισμα. • vt δοκιμάζω. **~-tube** n (ο) δοκιμαστικός σωλήνας

testament /'testəmənt/ n (η) διαθήκη

testicle /'testɪkl/ n (ο) όρχις

testify /'testɪfaɪ/ vt/i μαρτυρώ

testimonial /testɪ'məʊnɪəl/ *n* (η) συστατική επιστολή

testimony /'testɪmənɪ/ *n* (η) μαρτυρία

tetanus /'tetənəs/ *n* (ο) τέτανος

tether /'teðə(r)/ *vt* δένω

text /tekst/ *n* (το) κείμενο. **~message** *n* (το) γραπτό μήνυμα. **~** *vt* στέλνω μήνυμα (SMS)

textbook /'tekstbʊk/ *n* (το) εγχειρίδιο

textile /'tekstaɪl/ *n* (το) ύφασμα

texture /'tekstʃə(r)/ *n* (η) υφή

Thames /temz/ *n* (ο) Τάμεσης

than /ðæn, ðən/ *conj* από

thank /θæŋk/ *vt* ευχαριστώ. **~s** *npl* (οι) ευχαριστίες. **~s!** ευχαριστώ. **~s to** χάρη σε. **~ you** ευχαριστώ

thankful /'θæŋkfl/ *a* ευγνώμων

that /ðæt, ðət/ *a & pron* (*pl* **those**) εκείνος. *a* τόσο. • *rel pron* που, ο οποίος. • *conj* ότι. **so ~** ώστε

thatch /θætʃ/ *n* (η) στέγη από άχυρο

thaw /θɔ:/ *vt/i* λιώνω. (*defrost*) ξεπαγώνω. • *n* (το) λιώσιμο

the /ðə, ði:/, *def art* ο, η, το

theatre /'θɪətə(r)/ *n* (το) θέατρο. **~ical** /-'ætrɪkl/ *a* θεατρικός

theft /θeft/ *n* (η) κλοπή

their /ðeə(r)/ *a* (δικός, δική, δικό) τους

theirs /ðeəz/ *poss pron* δικός/δική/δικό τους

them /ðem, ðəm/ *pron* αυτούς, αυτές, αυτά. (*after prep*) τους, τις, τα

theme /θi:m/ *n* (το) θέμα. **~park** *n* (το) θεματικό πάρκο

themselves /ðəm'selvz/ *pron* (αυτοί) οι ίδιοι. **they did not by ~** το έκαναν μόνοι τους

then /ðen/ *adv* τότε. (*next*) μετά. (*therefore*) έτσι. • *a & n* τότε

theology /θɪ'ɒlədʒɪ/ *n* (η) θεολογία

theoretical /θɪə'retɪkl/ *a* θεωρητικός

theor|y /'θɪərɪ/ *n* (η) θεωρία

therap|y /'θerəpɪ/ *n* (η) θεραπεία. **~eutic** /-'pju:tɪk/ *a* θεραπευτικός. **~ist** *n* (ο) θεραπευτής, (η) θεραπεύτρια

there /ðeə(r)/ *adv* εκεί. • *int* να. **~ is, ~ are** υπάρχει, υπάρχουν. **~abouts** *adv* πάνω κάτω. **~after** *adv* μετά απ' αυτό. **~by** *adv* μ' αυτό τον τρόπο

therefore /'ðeəfɔ:(r)/ *adv* επομένως, γι' αυτό

thermal /'θɜ:ml/ *a* θερμικός. (*clothing*) θερμαντικός

thermometer /θə'mɒmɪtə(r)/ *n* (το) θερμόμετρο

Thermos /'θɜ:məs/ *n* **~ (flask)** (P) (το) θερμός *invar*

thermostat /'θɜ:məstæt/ *n* (ο) θερμοστάτης

thesaurus /θɪ'sɔ:rəs/ *n* (το) αντιλεξικό

these /ði:z/ *see* THIS

thesis /'θi:sɪs/ *n* (η) διατριβή

they /ðeɪ/ *pron* αυτοί, αυτές, αυτά. (*unspecified*) όσοι, όσες, όσα. **~ say that** λένε ότι

thick /θɪk/ *a* παχύς. (*dense*) πυκνός. (*hoarse*) βραχνός. (*stupid: fam*) κουτός. • *adv =* **thickly**. • **n in the ~ of** στην

καρδιά (*with gen*). **~ly** *adv*
παχιά, πυκνά. **~-skinned** *a*
χοντρόπετσος

thicken /'θιkən/ *vt/i* πυκνώνω

thicket /'θιkιt/ *n* (η) λόχμη

thickset /θιk'set/ *a*
χοντροκαμωμένος

thief /θi:f/ *n* (ο) κλέφτης

thigh /θaι/ *n* (ο) μηρός

thimble /'θιmbl/ *n* (η)
δαχτυλήθρα

thin /θιn/ *a* λεπτός. (*person*)
αδύνατος, ισχνός. (*weak*)
αδύνατος. (*sparse*) αραιός.
• *adv* = **thinly**. • *vt/i* αραιώνω.
~ly *adv* αραιά

thing /θιŋ/ *n* (το) πράγμα. **~s**
(*belongings*) (τα) πράγματα

think /θιŋk/ *vt/i* (*pt* **thought**)
σκέπτομαι. (*deem*) νομίζω. **I ~
so** έτσι νομίζω. **~ about** *or*
of σκέφτομαι. **~ over**
ξανασκέφτομαι. **~ up** επινοώ

third /θɜ:d/ *a* τρίτος. • *n* (το)
τρίτον. **~-rate** *a* τρίτης
κατηγορίας

thirst /θɜ:st/ *n* (η) δίψα. **~y** *a*
διψασμένος. **be ~y** διψώ

thirteen /θɜ:'ti:n/ *a* δεκατρείς.
• *n* (το) δεκατρία. **~th** *a*
δέκατος τρίτος. • *n* (το) δέκατο
τρίτο

thirty /'θɜ:tι/ *a* & *n* τριάντα

this /ðιs/ *a* & *pron* (*pl* **these**)
αυτός, αυτή, αυτό

thistle /'θιsl/ *n* (το)
γαϊδουράγκαθο

thorn /θɔ:n/ *n* (το) αγκάθι

thorough /'θʌrə/ *a* πλήρης.
(*deep*) εξονυχιστικός. (*cleaning
etc.*) καλός. (*person*) επιμελής.
~ly *adv* καλά, εξονυχιστικά

thoroughbred /'θʌrəbred/ *n*
καθαρόαιμος

thoroughfare /'θʌrəfeə(r)/ *n* (η)
αρτηρία (*δρόμος*)

those /ðəuz/ *see* THAT

though /ðəu/ *conj* αν και. • *adv*
(*fam*) παρόλα αυτά

thought /θɔ:t/ *see* THINK. • *n* (η)
σκέψη. (*idea*) (η) ιδέα

thoughtful /'θɔ:tfl/ *a*
συλλογισμένος. (*considerate*)
που σκέφτεται τους άλλους

thoughtless /'θɔ:tlιs/ *a*
ασυλλόγιστος. (*inconsiderate*)
απερίσκεπτος

thousand /'θaυznd/ *a* χίλιοι.
• *n* (το) χίλια

thrash /θræʃ/ *vt* ξυλοκοπώ.
(*defeat*) κατατροπώνω

thread /θred/ *n* (η) κλωστή. (*of
screw*) (το) σπείρωμα. • *vt*
(*needle*) περνώ κλωστή σε

threadbare /'θredbeə(r)/ *a*
τριμμένος

threat /θret/ *n* (η) απειλή

threaten /'θretn/ *vt/i* απειλώ.
~ing *a* απειλητικός

three /θri:/ *a* τρεις. • *n* (το)
τρία. **~-dimensional** *a*
τρισδιάστατος. **~-quarters** *n*
(τα) τρία τέταρτα

thresh /θreʃ/ *vt* αλωνίζω

threshold /'θreʃhəuld/ *n* (το)
κατώφλι

threw /θru:/ *see* THROW

thrift /θrιft/ *n* (η) φειδώ. **~y** *a*
φειδωλός

thrill /θrιl/ *n* (το) ρίγος.
(*excitement*) (η) συγκίνηση.
• *vt/i* συγκινώ/ούμαι. **~ing** *a*
συναρπαστικός

thriller /'θrɪlə(r)/ n (το) θρίλερ *invar*

thrive /θraɪv/ vi ευημερώ. **~e on** ευδοκιμώ σε

throat /θrəʊt/ n (ο) λαιμός

throb /θrɒb/ vi χτυπώ. *(heart)* πάλλομαι. • n (ο) παλμός. *(of engine)* (το) μούγκρισμα

throes /θrəʊz/ npl (οι) ωδίνες. **in the ~ of** στη μέση *(μιας ταλαιπωρίας)*

throne /θrəʊn/ n (ο) θρόνος

throng /θrɒŋ/ n (η) συρροή

throttle /'θrɒtl/ vt στραγγαλίζω

through /θru:/ prep διαμέσου. *(during)* καθόλη τη διάρκεια. *(by means of)* μέσω. *(thanks to)* λόγω. • adv καθόλη τη διάρκεια. *(entirely)* πέρα ως πέρα. *(a train etc.)* κατευθείαν. **put s.o. ~** *(telec)* συνδέω κπ

throughout /θru:'aʊt/ prep σε όλο το διάστημα *(with gen.)*. • adv παντού

throw /θrəʊ/ vt *(pt threw, pp thrown)* ρίχνω, πετώ. • n (το) ρίξιμο. **~ away** πετώ **~ out** *(person)* πετώ έξω. *(thing)* πετώ, απορρίπτω. **~ up** *(vomit)* κάνω εμετό

thrush /θrʌʃ/ n (η) κίχλη, (η) τσίχλα

thrust /θrʌst/ vt σπρώχνω *(με δύναμη)*. *(push in)* μπήγω. • n (η) ώθηση

thud /θʌd/ n (ο) γδούπος

thug /θʌg/ n (ο) κακοποιός

thumb /θʌm/ n (ο) αντίχειρας. • vt *(book)* φυλλομετρώ. **~ a lift** κάνω οτοστόπ

thump /θʌmp/ vt γρονθοκοπώ. • vi χτυπώ δυνατά. • n (ο) υπόκωφος κρότος

thunder /'θʌndə(r)/ n (η) βροντή. • vi βροντώ

thunderbolt /'θʌndəbəʊlt/ n (ο) κεραυνός

thunderstorm /'θʌndəstɔ:m/ n (η) θύελλα με βροντές και κεραυνού

Thursday /'θɜ:zdɪ/ n (η) Πέμπτη

thus /ðʌs/ adv έτσι

thwart /θwɔ:t/ vt ανατρέπω

thyme /taɪm/ n (το) θυμάρι

thyroid /'θaɪrɔɪd/ n **~ (gland)** (ο) θυρεοειδής (αδένας)

tic /tɪk/ n (το) τικ *invar*

tick /tɪk/ n (το) τικ τακ *(ρολογιού)* invar. *(mark)* (το) σημάδι. *(insect)* (το) τσιμπούρι. • vi χτυπώ *(ρυθμικά)*. **~** σημειώνω με ένα χ

ticket /'tɪkɪt/ n (το) εισιτήριο. *(label)* (η) ετικέτα. **~ office** n (το) (η) θυρίδα εκδόσεως εισιτηρίων

tickle /'tɪkl/ vt γαργαλώ. • n (το) γαργάλισμα

ticklish /'tɪklɪʃ/ a που γαργαλιέται

tidal /'taɪdl/ a παλιρροιακός

tide /taɪd/ n (η) παλίρροια. *(of events)* (το) κύμα. **high/low ~** (η) πλυμμυρίδα/(η) άμπωτη

tid|y /'taɪdɪ/ a συγυρισμένος. *(amount: fam)* σεβαστός. • vt/i **~y (up)** συγυρίζω. **~iness** n (η) τάξη

tie /taɪ/ vt/i *(fasten)* προσδένω. *(a knot)* δένω. *(link)*

συνδέομαι. *(sport)* έρχομαι
ισόπαλος. • *n* (ο) δεσμός.
(necktie) (η) γραβάτα. *(sport)*
(η) ισοπαλία. *(restriction)* (το)
εμπόδιο

tier /tɪə(r)/ *n (in stadium)* (η)
κερκίδα. *(of cake)* (ο) όροφος

tiger /'taɪɡə(r)/ *n* (η) τίγρη

tight /taɪt/ *a (rope)* τεντωμένος.
(clothes) στενός. *(firm)*
σφιχτός. *(control)* αυστηρός.
• *adv (hold)* σφιχτά. *(shut)*
ερμητικά. **~-fisted** *a*
σφιχτοχέρης. **~ly** *adv* σφιχτά,
ερμητικά

tighten /'taɪtn/ *vt/i* συσφίγγω.
(a screw) σφίγγω. *(control)*
αυξάνω

tightrope /'taɪtrəʊp/ *n* (το)
τεντωμένο σχοινί

tights /taɪts/ *npl* (τα) καλσόν
invar

tile /taɪl/ *n* (το) πλακάκι. *(on
roof)* (το) κεραμίδι

till /tɪl/ *vt* οργώνω. • *prep & conj*
= **until**. • *n* (το) συρτάρι
ταμειακής μηχανής

tilt /tɪlt/ *vt/i* γέρνω

timber /'tɪmbə(r)/ *n* (η) ξυλεία.
(trees) (τα) δέντρα

time /taɪm/ *n* (ο) χρόνος.
(moment) (η) στιγμή. *(epoch)*
(η) εποχή. *(occasion)* (η) φορά.
(by clock) (η) ώρα. • *vt (choose
time)* καθορίζω το χρόνο.
(measure) ρυθμίζω. *(race)*
χρονομετρώ. **have a good ~**
περνώ καλά. **in ~** εγκαίρως.
(eventually) με τον καιρό. **on
~** στην ώρα. **three ~s four**
τρεις φορές το τέσσερα

timeless /'taɪmlɪs/ *a* άχρονος

timely /'taɪmlɪ/ *a* έγκαιρος

timetable /'taɪmteɪbl/ *n* (το)
χρονοδιάγραμμα

timid /'tɪmɪd/ *a* δειλός. *(fearful)*
φοβητσιάρης

timing /'taɪmɪŋ/ *n* (ο)
χρονισμός. *(sport)* (η)
χρονομέτρηση

tin /tɪn/ *n* (ο) κασσίτερος.
(container) (η) κονσέρβα. • *vt*
κονσερβοποιώ. **~ foil** *n* (το)
αλουμινόχαρτο. **~-opener** *n*
(το) ανοιχτήρι (κονσέρβας).
~ned *a* της κονσέρβας

tinge /tɪndʒ/ *vt* βάφω ελαφρά.
• *n* (ο) απόχρωση

tingle /'tɪŋɡl/ *vi* μυρμηγκιάζω.
• *n* (το) μυρμήγκιασμα

tinker /'tɪŋkə(r)/ *n* (ο)
γανωματής. • *vi* **~ (with)**
σκαλίζω *(μηχανήματα)*

tinkle /'tɪŋkl/ *vi/i* κουδουνίζω. • *n*
(το) κουδούνισμα

tinsel /'tɪnsl/ *n* (η)
χριστουγεννιάτικη γιρλάντα

tint /tɪnt/ *n* (η) απόχρωση. *(for
hair)* (το) χρώμα. • *vt* βάφω.
(glass) χρωματίζω

tiny /'taɪnɪ/ *a* μικροσκοπικός

tip /tɪp/ *vt/i (tilt)* γέρνω.
(overturn) ανατρέπω. *(pour)*
αδειάζω. *(reward)* δίνω
πουρμπουάρ σε. • *n (reward)*
(το) πουρμπουάρ *invar*. *(advice)*
(η) πληροφορία. *(end)* (η)
άκρη. *(for rubbish)* (η)
χωματερή

tipsy /'tɪpsɪ/ *a* ζαλισμένος (από
το ποτό)

tiptoe /'tɪptəʊ/ *n* **on ~** στις
μύτες των ποδιών

tiptop /'tɪptɒp/ *a (fam)* πρώτης
τάξης

tir|e /'taɪə(r)/ *vt/i* κουράζω/ομαι.
~ing *a* κουραστικός

tired /'taɪəd/ *a* κουρασμένος.
be ~ of έχω βαρεθεί

tiresome /'taɪəsəm/ *a*
ενοχλητικός

tissue /'tɪʃu:/ *n* (o) ιστός.
(*handkerchief*) (το)
χαρτομάντιλο. **~-paper** *n* (το)
μαλακό χαρτί

tit /tɪt/ *n* (το) πουλί (*bird*) (o)
~ for tat ένα σου κι ένα μου

titbit /'tɪtbɪt/ *n* (η) λιχουδιά

title /'taɪtl/ *n* (o) τίτλος

to /tu:/ *prep (towards)* σε. (*until*)
έως. (*with infinitive*) να. (*in
order to*) για να. **~-do** *n* (η)
φασαρία. **twenty ~ seven** (*by
clock*) επτά παρά είκοσι. **walk
~ and fro** πηγαινοέρχομαι

toad /təʊd/ *n* (o) φρύνος

toadstool /'təʊdstu:l/ *n* (το)
μανιτάρι

toast /təʊst/ *n* (η) φρυγανιά.
(*drink*) (η) πρόποση. • *vt*
φρυγανίζω. (*drink to*) πίνω
στην υγειά (*with gen*). **~er** *n*
(η) φρυγανιέρα

tobacco /tə'bækəʊ/ *n* (o)
καπνός. **~nist's** (*shop*) *n* (το)
καπνοπωλείο

toboggan /tə'bɒgən/ *n* (το)
τόμπογκαν *invar*

today /tə'deɪ/ *n* (το) σήμερα.
• *adv* σήμερα

toe /təʊ/ *n* (το) δάχτυλο του
ποδιού. • *vt* **~ the line**
συμμορφώνομαι

toenail /'təʊneɪl/ *n* (το) νύχι
του ποδιού

toffee /'tɒfɪ/ *n* είδος καραμέλας

together /tə'geðə(r)/ *adv* μαζί.
(*at same time*) ταυτοχρόνως

toil /tɔɪl/ *vi* μοχθώ. • *n* (o)
μόχθος

toilet /'tɔɪlɪt/ *n* (*lavatory*) (το)
αποχωρητήριο, (η) τουαλέτα.
~ bag *n* (το) τσαντάκι με είδη
τουαλέτας. **~ paper** *n* (το)
χαρτί υγείας. **~ roll** *n* (o)
ρόλος υγείας

toiletries /'tɔɪlɪtrɪz/ *npl* (τα)
είδη τουαλέτας

token /'təʊkən/ *n* (το) δείγμα.
(*voucher*) (το) δελτίο. (*coin*)
(το) κέρμα. • *a* συμβολικός

told /təʊld/ *see* TELL. • *a* **all ~**
συνολικώς

tolerable /'tɒlərəbl/ *a*
υποφερτός. (*not bad*) ανεκτός

toleran|t /'tɒlərənt/ *a*
ανεκτικός. **~ce** *n* (η)
ανεκτικότητα

tolerate /'tɒləreɪt/ *vt* ανέχομαι

toll /təʊl/ *vi* (*bell*) χτυπώ
πένθιμα. • *n* (τα) διόδια. **death
~** (o) αριθμός των θυμάτων

tom /tɒm/ *n* **~(-cat)** (o) γάτος

tomato /tə'mɑ:təʊ/ *n* (η)
ντομάτα

tomb /tu:m/ *n* (το) μνήμα

tomboy /'tɒmbɔɪ/ *n* (το)
αγοροκόριτσο

tombstone /'tu:mstəʊn/ *n* (η)
ταφόπετρα

tomorrow /tə'mɒrəʊ/ *n* (το)
αύριο. • *adv* αύριο. **the day
after ~** μεθαύριο

ton /tʌn/ *n* (o) τόνος (= 1016 κ).
metric ~ (o) μετρικός τόνος
(= 1000 κ). **~s of** (*fam*) πάρα
πολλά

tone /təʊn/ n (o) τόνος. (colour) (η) απόχρωση. • vt — **down** μετριάζω. • vi — **up** (muscles) δυναμώνω

tongs /tɒŋz/ npl (η) τσιμπίδα

tongue /tʌŋ/ n (η) γλώσσα. ~**in-cheek** adv ειρωνικά

tonic /'tɒnɪk/ n (το) τονωτικό. • a τονωτικός. ~ **water** n (το) τόνικ invar

tonight /tə'naɪt/ adv & n απόψε, (σήμερα) το βράδυ.

tonne /tʌn/ n (o) τόνος

tonsil /'tɒnsl/ n (η) αμυγδαλή. ~**litis** /-'laɪtɪs/ n (η) αμυγδαλίτιδα

too /tuː/ adv και. (also) επίσης. ~ **much** a πάρα πολύ

took /tʊk/ see TAKE

tool /tuːl/ n (το) εργαλείο. ~**box** n (το) κουτί για τα εργαλεία

toot /tuːt/ n (το) κορνάρισμα vi κορνάρω

tooth /tuːθ/ n (pl teeth) (το) δόντι. ~**ache** n (o) πονόδοντος. ~**brush** n (η) οδοντόβουρτσα. ~**paste** n (η) οδοντόπαστα. ~**pick** n (η) οδοντογλυφίδα

top /tɒp/ n (highest point) (η) κορυφή. (upper part) (το) πάνω μέρος. (upper surface) (η) άνω επιφάνεια. (toy) (η) σβούρα. (lid) (το) κάλυμμα. (of bottle) (το) καπάκι. (of tube) (το) πώμα. (of list) (η) αρχή. • a κορυφαίος. (in rank) ανώτατος. (best) καλύτερος. (maximum) μέγιστος. • vt είμαι πρώτος. (exceed) υπερβαίνω. ~ **hat** n (το) ημίψηλο. ~**-heavy** a

βαρύτερος στην κορυφή. ~ **secret** a αυστηρά απόρρητο. ~ **up** vt ανανεώνω τον χρόνο ομιλίας

topic /'tɒpɪk/ n (το) θέμα

topical /'tɒpɪkl/ a επίκαιρος

topple /'tɒpl/ vi ανατρέπομαι. • vt ανατρέπω

torch /tɔːtʃ/ n (o) φακός. (flaming) (o) πυρσός

tore /tɔː(r)/ see TEAR

torment¹ /'tɔːment/ n (το) μαρτύριο

torment² /tɔː'ment/ vt βασανίζω

torn /tɔːn/ see TEAR

tornado /tɔː'neɪdəʊ/ n (o) ανεμοστρόβιλος

torpedo /tɔː'piːdəʊ/ n (η) τορπίλη. • vt τορπιλίζω

torrent /'tɒrənt/ n (o) χείμαρρος. ~**ial** /tə'renʃl/ a καταρρακτώδης

torso /'tɔːsəʊ/ n (o) κορμός

tortoise /'tɔːtəs/ n (η) χελώνα

tortoiseshell /'tɔːtəsʃel/ n (η) ταρταρούγα

tortuous /'tɔːtʃʊəs/ a ελικοειδής. (mind) ύπουλος

torture /'tɔːtʃə(r)/ n (το) βασανιστήριο. • vt βασανίζω

toss /tɒs/ vt ρίχνω. (pancake) πετώ. ~ **and turn** (in bed) στριφογυρίζω. ~ **up** στρίβω νόμισμα

tot /tɒt/ n (o) μικρούλης. (of liquor) (το) ποτηράκι

total /'təʊtl/ a ολικός. (absolute) ολοκληρωτικός. • n (το) σύνολο. • vi ανέρχομαι. **in ~** συνολικά. ~**ly** adv τελείως

totter /'tɒtə(r)/ vi τρικλίζω

touch /tʌtʃ/ *vt* αγγίζω. (*reach*) φτάνω. (*move*) συγκινώ. • *vi* έρχομαι σε επαφή. • *n* (το) άγγιγμα. (*sense*) (η) αφή. (*contact*) (η) επαφή. **get in ~ with** έρχομαι σε επαφή με. **~ on** θίγω. **~ up** ρετουσάρω. **~ wood** χτυπώ ξύλο

touching /ˈtʌtʃɪŋ/ *a* συγκινητικός

touch-tone /ˈtʌtʃtəʊn/ *a* τονικός

touchy /ˈtʌtʃɪ/ *a* εύθικτος

tough /tʌf/ *a* σκληρός. (*strong*) γερός. (*difficult*) δύσκολος. • *n* (ο) κακοποιός

toughen /ˈtʌfn/ *vt* (*strengthen*) σκληραίνω. (*person*) σκληραγωγώ

toupee /ˈtuːpeɪ/ *n* (η) περούκα

tour /tʊə(r)/ *n* (ο) γύρος. (*sport etc.*) (η) τουρνέ *invar*. • *vt* περιοδεύω

tourism /ˈtʊərɪzəm/ *n* (ο) τουρισμός

tourist /ˈtʊərɪst/ *n* (ο) τουρίστας, (η) τουρίστρια. • *a* τουριστικός. **~ office** *n* (το) τουριστικό γραφείο

tournament /ˈtɔːnəmənt/ *n* (το) τουρνουά *invar*

tousle /ˈtaʊzl/ *vt* ανακατώνω

tow /təʊ/ *vt* ρυμουλκώ. • *n* (η) ρυμούλκηση. **~-path** *n* (το) μονοπάτι (δίπλα σε κανάλι). **~-rope** *n* (το) σχοινί ρυμούλκησης

toward(s) /təˈwɔːd(z)/ *prep* προς

towel /ˈtaʊəl/ *n* (η) πετσέτα

tower /ˈtaʊə(r)/ *n* (ο) πύργος. • *vi* **~ above** δεσπόζω

town /taʊn/ *n* (η) πόλη. **~ hall** *n* (το) δημαρχείο

toxic /ˈtɒksɪk/ *a* τοξικός

toxin /ˈtɒksɪn/ *n* (η) τοξίνη

toy /tɔɪ/ *n* (το) παιχνίδι. • *a* παιδικός. • *vi* **~ with** παίζω με

trace /treɪs/ *n* (το) ίχνος. • *vt* (*draw*) σχεδιάζω. (*with tracing-paper*) ξεσηκώνω. (*find*) ακολουθώ τα ίχνη

track /træk/ *n* (το) ίχνος. (*path*) (το) μονοπάτι. (*sport*) (ο) στίβος. (*of rocket etc.*) (η) τροχιά. (*rail*) (η) γραμμή. • *vt* ακολουθώ τα ίχνη (*with gen*). **keep ~ of** παρακολουθώ. **~ down** ανακαλύπτω. **~ suit** *n* (η) φόρμα (γυμναστικής)

tract /trækt/ *n* (land) (η) έκταση. (*pamphlet*) (το) φυλλάδιο

tractor /ˈtræktə(r)/ *n* (το) τρακτέρ *invar*

trade /treɪd/ *n* (το) εμπόριο. (*occupation*) (το) επάγγελμα. (*people*) (οι) έμποροι. • *vt/i* εμπορεύομαι. **~ mark** *n* (το) (εμπορικό) σήμα. **~ union** *n* (το) συνδικάτο. **~ wind** *n* (ο) αληγής άνεμος. **~r** /-ə(r)/ *n* (ο) έμπορος

tradition /trəˈdɪʃn/ *n* (η) παράδοση. **~al** *a* παραδοσιακός

traffic /ˈtræfɪk/ *n* (η) οδική κυκλοφορία. (*trading*) (η) διακίνηση. • *vt/i* διακινώ. **~ jam** *n* (το) μποτιλιάρισμα. **~ lights** *npl* (ο) σηματοδότης. **~ warden** *n* (ο, η) τροχονόμος

tragedy /ˈtrædʒədɪ/ *n* (η) τραγωδία

tragic /ˈtrædʒɪk/ *a* τραγικός

trail /treɪl/ *vi* σέρνομαι. (*lag*) παραμένω. (*plant*)

αναρριχιέμαι. • *vt* σέρνω.
(*follow*) παρακολουθώ. • *n* (η)
γραμμή. (*path*) (το) μονοπάτι

trailer /'treilə(r)/ *n* (το) τρέιλερ
invar. (*caravan: Amer*) (το)
τροχόσπιτο. (*film*) (οι) σκηνές
(*ταινίας*)

train /trein/ *n* (το) τρένο.
(*procession*) (η) ακολουθία. (*of
dress*) (η) ουρά. • *vt* (*instruct*)
εκπαιδεύω. (*sport*) προπονώ.
(*animal*) γυμνάζω. (*aim*)
στρέφω. • *vi* ασκούμαι. **~ed** *a*
διπλωματούχος. **~ee** *n* (ο)
εκπαιδευόμενος. **~er** *n* (ο)
προπονητής. (*of animals*) (ο)
εκπαιδευτής. (*shoes*)
(τα) παπούτσια (*αθλητικά*).
~ing *n* (η) προπόνηση, (η)
εκπαίδευση

traipse /treips/ *vi* περπατώ
κουρασμένα

trait /treit/ *n* (το)
χαρακτηριστικό

traitor /'treitə(r)/ *n* (ο)
προδότης, (η) προδότρια

tram /træm/ *n* (το) τραμ *invar*

tramp /træmp/ *vi* περπατώ
βαριά. • *n* (*vagrant*) (ο) αλήτης.
(*hike*) (ο) μακρινός περίπατος

trample /'træmpl/ *vt/i* **~ (on)**
ποδοπατώ

trampoline /'træmpəli:n/ *n* (το)
τραμπολίνο

trance /tra:ns/ *n* (η)
κατάσταση υπνώσεως

tranquil /'træŋkwil/ *a* ήρεμος

tranquillizer /'træŋkwilaizə(r)/
n (το) ηρεμιστικό

transact /træn'zækt/ *vt*
συναλλάσσομαι. **~ion** /-ʃn/ *n*
(η) συναλλαγή

transatlantic /trænzət'læntik/ *a*
υπερατλαντικός

transcend /træn'send/ *vt*
υπερβαίνω (*όρια ή προσδοκίες*)

transcribe /træns'kraib/ *vt*
αντιγράφω. (*recorded sound*)
μεταγράφω

transfer[1] /træns'fɜ:(r)/ *vt/i*
μεταφέρω/ομαι. (*job*)
μεταθέτω/ομαι. • *vt* (*property*)
μεταβιβάζω. (*drawing*)
ξεσηκώνω

transfer[2] /'trænsfɜ:(r)/ *n* (η)
μεταφορά. (*of job*) (η)
μετάθεση. (*of property*) (η)
μεταβίβαση. (*paper*) (η)
χαλκομανία

transform /træns'fɔ:m/ *vt*
μεταμορφώνω. **~ation**
/-ə'meiʃn/ *n* (η) μεταμόρφωση

transfusion /træns'fju:ʒn/ *n* (η)
μετάγγιση

transistor /træn'zistə(r)/ *n* (το)
τρανζίστορ *invar*

transit /'trænsit/ *n* (η)
διαμετακόμιση

transition /træn'ziʒn/ *n* (η)
μετάβαση

transitive /'trænsətiv/ *a*
μεταβατικός

translat|e /trænz'leit/ *vt*
μεταφράζω. **~ion** /-ʃn/ *n* (η)
μετάφραση. **~or** /-ə(r)/ *n* (ο)
μεταφραστής, (η)
μεταφράστρια

transmi|t /trænz'mit/ *vt*
μεταδίδω. **~ssion** /-ʃn/ *n* (η)
μετάδοση. **~tter** /-ə(r)/ *n* (ο)
αναμεταδότης

transparent /træns'pærənt/ *a*
διαφανής

transplant¹ /træns'pla:nt/ *vt* (*plant*) μεταφυτεύω. (*med*) μεταμοσχεύω

transplant² /'trænspla:nt/ *n* (η) μεταμόσχευση

transport¹ /træn'spɔ:t/ *vt* μεταφέρω

transport² /'trænspɔ:t/ *n* (το) μεταφορικό μέσο. **~ation** /-'teɪʃn/ *n* (η) μεταφορά

trap /træp/ *n* (η) παγίδα. • *vt* παγιδεύω. (*jam*) πιάνομαι

trapdoor /'træpdɔ:(r)/ *n* (η) καταπακτή

trapeze /trə'pi:z/ *n* (η) δοκός (στη γυμναστική)

trash /træʃ/ *n* (τα) σκουπίδια. (*nonsense*) (οι) σαχλαμάρες

trauma /'trɔ:mə/ *n* (το) τραύμα. **~tic** /-'mætιk/ *a* τραυματικός

travel /'trævl/ *vi* ταξιδεύω. • *vt* γυρίζω (μια χώρα). • *n* **~s** (τα) ταξίδια. **~ agency** *n* (το) ταξιδιωτικό πρακτορείο. **~sickness** *n* (η) ναυτία. **~ler** /-ə(r)/ *n* (ο) ταξιδιώτης, (η) ταξιδιώτισσα. **~ler's cheque** *n* (η) ταξιδιωτική επιταγή. **~ling** *n* (τα) ταξίδια. • *a* ταξιδιωτικός

travesty /'trævəstι/ *n* (η) διακωμώδηση

trawler /'trɔ:lə(r)/ *n* (η) τράτα

tray /treɪ/ *n* (ο) δίσκος. (*on desk*) *n* (η) επιστολοθήκη

treachery /'tretʃərι/ *n* (η) προδοσία

treacle /'tri:kl/ *n* (η) μελάσα

tread /tred/ *vi* (*pt* **trod**, *pp* **trodden**) περπατώ. • *vt* πατώ. • *n* (*step*) (το) σκαλοπάτι. (*of tyre*) (το) πέλμα (ελαστικού)

treason /'tri:zn/ *n* (η) προδοσία

treasure /'treʒə(r)/ *n* (ο) θησαυρός. • *vt* φυλάω σαν θησαυρό. **~r** /-ə(r)/ *n* (ο) ταμίας

treasury /'treʒərι/ *n* (το) θησαυροφυλάκιο. (*of organization*) (το) ταμείο

treat /tri:t/ *vt* μεταχειρίζομαι. (*consider*) φέρομαι. (*med*) υποβάλλω σε θεραπεία. • *n* (η) (ιδιαίτερη) ευχαρίστηση. (*present*) (το) κέρασμα. **~ s.o. to sth.** κερνώ κτ σε κπ

treatise /'tri:tιz/ *n* (η) πραγματεία

treatment /'tri:tmənt/ *n* (η) μεταχείριση. (*med*) (η) θεραπεία

treaty /'tri:tι/ *n* (η) συνθήκη

treble /'trebl/ *a* τριπλάσιος. • *vt/i* τριπλασιάζω/ομαι. • *n* (*mus*) (ο, η) υψίφωνος

tree /tri:/ *n* (το) δέντρο

trek /trek/ *n* (το) μακρινό και δύσκολο ταξίδι

trellis /'trelιs/ *n* (το) καφασωτό

tremble /'trembl/ *vi* τρέμω

tremendous /trι'mendəs/ *a* καταπληκτικός. (*huge*) τεράστιος. (*excellent*) άριστος

tremor /'tremə(r)/ *n* (το) τρεμούλιασμα. (*med*) (ο) τρόμος. (**earth**) **~** (η) δόνηση

trench /trentʃ/ *n* (το) χαντάκι. (*mil*) (το) χαράκωμα

trend /trend/ *n* (η) ροπή. (*fashion*) (η) μόδα

trespass /'trespəs/ *vi* **~ on** παραβιάζω

trial /'traɪəl/ n (η) δοκιμή. (jur) (η) δίκη. (ordeal) (η) δοκιμασία

triang|le /'traɪæŋgl/ n (το) τρίγωνο. **~ular** /-'æŋgjʊlə(r)/ a τριγωνικός

tribe /traɪb/ n (η) φυλή

tribulation /trɪbjʊ'leɪʃn/ n (το) βάσανο

tribunal /traɪ'bjuːnl/ n (το) (ειδικό) δικαστήριο

tributary /'trɪbjʊtrɪ/ n (ο) παραπόταμος

tribute /'trɪbjuːt/ n (ο) φόρος τιμής

trick /trɪk/ n (το) κόλπο. (stratagem) (το) τέχνασμα. (joke) (η) φάρσα. (at cards) (η) χαρτωσιά. • vt ξεγελώ

trickery /'trɪkərɪ/ n (η) απάτη

trickle /'trɪkl/ vt/i στάζω. • n (η) αργή ροή

tricky /'trɪkɪ/ a (problem) δύσκολος

tricycle /'traɪsɪkl/ n (το) τρίκυκλο

tried /traɪd/ see TRY

trifl|e /'traɪfl/ n (το) ασήμαντο πράγμα. (small amount) (η) ασήμαντη ποσότητα. **~ing** a ασήμαντος

trigger /'trɪgə(r)/ n (η) σκανδάλη

trigonometry /trɪgə'nɒmɪtrɪ/ n (η) τριγωνομετρία

trim /trɪm/ a περιποιημένος. (figure) λεπτός. • vt (cut) κόβω. (hedge) κλαδεύω. (hair) κόβω ελαφρά. • n (cut) (το) κόψιμο. (decoration) (η) διακόσμηση. **~mings** npl (decorations) (η) γαρνιτούρα

trinket /'trɪŋkɪt/ n (το) μπιχλιμπίδι

trio /'triːəʊ/ (το) τρίο invar

trip /trɪp/ vt κάνω (διακόπτη) να πέσει. • vi παραπατώ. • n (journey) (το) ταξίδι. (outing) (η) εκδρομή. (stumble) (το) παραπάτημα. **~ up** vi σκοντάφτω. • vt βάζω τρικλοποδιά.

tripe /traɪp/ n (ο) πατσάς. (nonsense: fam) (οι) μπούρδες

triple /'trɪpl/ a τριπλός. • vt/i τριπλασιάζω/ομαι

triplets /'trɪplɪts/ npl (τα) τρίδυμα

triplicate /'trɪplɪkət/ n **in ~** σε τριπλότυπο

tripod /'traɪpɒd/ n (το) τρίποδο

trite /traɪt/ a κοινότοπος

triumph /'traɪʌmf/ n (ο) θρίαμβος. • vi θριαμβεύω. **~ant** /-'ʌmfnt/ a θριαμβευτικός

trivial /'trɪvɪəl/ a ασήμαντος. **~ity** /-'ælɪtɪ/ n (η) ασημαντότητα

trod, trodden /trɒd, trɒdn/ see TREAD

trolley /'trɒlɪ/ n (το) καροτσάκι

trombone /trɒm'bəʊn/ n (το) τρομπόνι

troop /truːp/ n (η) (μεγάλη) ομάδα. **~s** (mil) (τα) στρατεύματα

trophy /'trəʊfɪ/ n (το) τρόπαιο

tropic /'trɒpɪk/ n (ο) τροπικός. **~al** a τροπικός

trot /trɒt/ n (ο) τροχασμός. • vi τροχάζω

trouble /'trʌbl/ n (ο) κόπος. (*inconvenience*) (η) ενόχληση. (*conflict*) (η) ταραχή. (*med*) (η) πάθηση. (*mech*) (η) βλάβη. • vt/i ανησυχώ. **be in ~** έχω μπελάδες. **be ~d about** ανησυχώ για. **take ~** μπαίνω στον κόπο. **~-maker** n (ο) ταραχοποιός. **~some** a ενοχλητικός

trough /trɒf/ n (η) γούρνα

troupe /tru:p/ n (ο) θίασος

trousers /'traʊzəz/ npl (το) παντελόνι

trout /traʊt/ n invar (η) πέστροφα

trowel /'traʊəl/ n (το) μυστρί

truant /'tru:ənt/ n (ο) σκασιάρχης

truce /tru:s/ n (η) εκεχειρία

truck /trʌk/ n (το) φορτηγό

trudge /trʌdʒ/ vi περπατώ με κόπο

true /tru:/ a αληθινός. (*genuine*) πραγματικός. (*loyal*) πιστός

truffle /'trʌfl/ n (η) τρούφα

truly /'tru:lɪ/ adv αληθινά. (*sincerely*) πραγματικά. **yours ~** με εκτίμηση

trump /trʌmp/ n (*card*) (το) ατού invar

trumpet /'trʌmpɪt/ n (η) σάλπιγγα. **~er** /-ə(r)/ n (ο) σαλπιγκτής

truncheon /'trʌntʃən/ n (το) γκλομπ invar

trundle /'trʌndl/ vt/i κυλώ βαριά

trunk /trʌŋk/ n (*of body, tree*) (ο) κορμός. (*box*) (το) μπαούλο. (*of elephant*) (η) προβοσκίδα. (*auto, Amer*) (ο) χώρος αποσκευών. **~s** (το) (ανδρικό) μαγιό invar. **~ call** n (η) υπεραστική κλήση

trust /trʌst/ n (η) εμπιστοσύνη. (*association*) (το) τραστ invar. • vt έχω εμπιστοσύνη σε. (*hope*) ελπίζω. • vi **~ in** εμπιστεύομαι σε. **~ed** a έμπιστος. **~ing** adj που έχει εμπιστοσύνη. **~worthy** adj άξιος εμπιστοσύνης

trustee /trʌ'sti:/ n επίτροπος

truth /tru:θ/ n (η) αλήθεια. **~ful** a φιλαλήθης

try /traɪ/ vt/i (pt **tried**) προσπαθώ. (*be a strain on*) δοκιμάζω/ομαι. (*jur*) δικάζω. • n (η) προσπάθεια. **~ on, ~ out** δοκιμάζω. **~ing** a (*annoying*) δύσκολος

T-shirt /'ti:ʃɜ:t/ n (το) μπλουζάκι

tub /tʌb/ n (το) βαρέλι

tubby /'tʌbɪ/ a σαν το βαρέλι

tube /tju:b/ n (ο) σωλήνας. (*for toothpaste, cream*) (το) σωληνάριο. (*rail*) (ο) υπόγειος σιδηρόδρομος. **inner ~** n (η) σαμπρέλα

tuber /'tju:bə(r)/ n (η) βολβώδης ρίζα

tuberculosis /tju:bɜ:kjʊ'ləʊsɪs/ n (η) φυματίωση

tuck /tʌk/ n (η) πτυχή. • vt (*put*) βάζω (μέσα). (*put away*) κρύβω. • vi **~ in** (*shirt*) βάζω μέσα (στο παντελόνι). (*sheet, blanket*) μαζεύω κάτω από το στρώμα

Tuesday /'tju:zd(e)ι/ *n* (η) Τρίτη

tuft /tʌft/ *n* (η) τούφα

tug /tʌg/ *vt/i* τραβώ. (*tow*) ρυμουλκώ. • *n* (*naut*) (το) ρυμουλκό. **~ of war** *n* (η) διελκυστίνδα

tuition /tju:'ιʃn/ *n* (η) διδασκαλία

tulip /'tju:lιp/ *n* (η) τουλίπα

tumble /'tʌmbl/ *vi* κουτρουβαλώ. • *n* (η) κουτρουβάλα

tumbler /'tʌmblə(r)/ *n* (το) ψηλό ποτήρι

tummy /'tʌmι/ *n* (*fam*) (η) κοιλιά

tumour /'tju:mə(r)/ *n* (ο) όγκος

tumult /'tju:mʌlt/ *n* (η) ταραχή

tuna /'tju:nə/ *n invar* (ο) τόνος (ψάρι)

tune /tju:n/ *n* (ο) σκοπός (*μουσικός*). • *vt* (*mus*) κουρδίζω. (*radio, TV, mech*) ρυθμίζω. • *vi* **~ in (to)** (*radio, TV*) πιάνω σταθμό. **be in ~/out of ~** τραγουδώ σωστά/παράφωνα

tunic /'tju:nιk/ *n* (το) χιτώνιο

tuning-fork /'tju:nιŋfɔ:k/ *n* (το) διαπασών *invar*

Tunisia /tju:'nιzιə/ *n* (η) Τυνησία

tunnel /'tʌnl/ *n* (η) σήραγγα. • *vi* ανοίγω σήραγγα

turban /'tɜ:bən/ *n* (το) τουρμπάνι

turbine /'tɜ:baιn/ *n* (η) τουρμπίνα

turbulent /'tɜ:bjʊlənt/ *a* ταραγμένος

turf /tɜ:f/ *n* (το) γκαζόν *invar*. (*piece*) (η) λωρίδα γκαζόν

Turk /tɜ:k/ *n* (ο) Τούρκος, (η) Τουρκάλα. **~ey** *n* (η) Τουρκία. **~ish** *a* τουρκικός. • *n* (*lang*) (τα) τούρκικα

turkey /'tɜ:kι/ *n* (η) γαλοπούλα

turmoil /'tɜ:mɔιl/ *n* (η) αναστάτωση. **in ~** άνω κάτω

turn /tɜ:n/ *vt/i* γυρίζω. (*change*) μετατρέπω. (*become*) γίνομαι. (*time, age*) περνώ. • *n* (το) γύρισμα. (*in road*) (η) καμπή. (*change*) (η) αλλαγή. (*in sequence*) (η) σειρά. (*service*) (η) πράξη. (*theatr*) (το) νούμερο. **~ against** στρέφω εναντίον. **~ away** *vi* αποστρέφω το πρόσωπο. • *vt* (*refuse*) αρνούμαι. (*send away*) διώχνω. **~ down** (*fold*) γυρίζω. (*reduce*) χαμηλώνω. (*reject*) απορρίπτω. **~ in** *vt* παραδίνω. • *vi* (*go to bed*) πλαγιάζω. **~ off** (*tap*) κλείνω. (*light, TV, etc.*) σβήνω. (*repel*) απωθώ. **~ on** (*tap*) ανοίγω. (*light etc.*) ανάβω. (*attack*) στρέφομαι εναντίον. (*attract: fam*) ελκύω. **~ out** *vt* (*light etc.*) σβήνω. (*produce*) παράγω. (*empty*) αδειάζω. • *vi* (*result*) αποδεικνύομαι. **~ round** στρέφομαι. **~ up** *vi* παρουσιάζομαι. • *vt* δυναμώνω

turning /'tɜ:nιŋ/ *n* (η) καμπή. **~-point** *n* (το) κρίσιμο σημείο

turnip /'tɜ:nιp/ *n* (το) γογγύλι

turnover /'tɜ:nəυvə(r)/ *n* (*comm*) (ο) τζίρος. (*of staff*) (η) εναλλαγή

turnstile /'tɜːnstaɪl/ n (η) περιστροφική είσοδος

turntable /'tɜːnteɪbl/ n (for record) (το) πλατό

turpentine /'tɜːpəntaɪn/ n (το) νέφτι

turquoise /'tɜːkwɔɪz/ a & n τουρκουάζ

turret /'tʌrɪt/ n (o) πυργίσκος

turtle /'tɜːtl/ n (η) νεροχελώνα

tusk /tʌsk/ n (o) χαυλιόδοντας

tussle /'tʌsl/ vi συμπλέκομαι

tutor /'tjuːtə(r)/ n (o) καθηγητής (ιδιαίτερου μαθήματος). (univ) μέλος του πανεπιστημιακού προσωπικού με ευθύνη την επίβλεψη σπουδών φοιτητών

TV /tiː'viː/ n (η) TV

tweezers /'twiːzəz/ npl (το) τσιμπιδάκι

twel|ve /twelv/ a & n δώδεκα. **~fth** a δωδέκατος. • n (το) δωδέκατο

twent|y /'twentɪ/ a & n είκοσι. **~ieth** a εικοστός. • n (το) εικοστό

twice /twaɪs/ adv δυο φορές

twig /twɪg/ n (το) κλαδάκι. • vt/i (fam) μπαίνω (στο νόημα)

twilight /'twaɪlaɪt/ n (το) λυκόφως

twin /twɪn/ a δίδυμος. • n (o) δίδυμος

twine /twaɪn/ n (το) στριμμένο νήμα

twinge /twɪndʒ/ n (η) σουβλιά

twinkle /'twɪŋkl/ vi τρεμοσβήνω

twirl /twɜːl/ vt/i στροβιλίζω/ομαι

twist /twɪst/ vt/i πλέκω. (wring) στρίβω. (wind) τυλίγω. (interweave) κλώθω. (distort) διαστρεβλώνω. (ankle) στραμπουλίζω. • n (curve) (η) καμπή. (of events) (η) στροφή

twitch /twɪtʃ/ vt/i τινάζω/ομαι. • n (tic) (η) σύσπαση (νευρική). (jerk) (το) τίναγμα

two /tuː/ a δύο, δυο invar. • n (το) δύο. **~-faced** a διπρόσωπος. **~-piece (suit)** n (το) κοστούμι. **~-way** a (traffic) διπλής κατευθύνσεως. (mirror) διπλής κατεύθυνσης

twosome /'tuːsəm/ n (το) ζευγάρι

tycoon /taɪ'kuːn/ n (o) μεγιστάνας

type /taɪp/ n (sort) (o) τύπος. (typ) (το) τυπογραφικό στοιχείο. • vt/i δακτυλογραφώ

typescript /'taɪpskrɪpt/ n (το) δακτυλογραφημένο κείμενο

typewriter /'taɪpraɪtə(r)/ n (η) γραφομηχανή

typhoid /'taɪfɔɪd/ n **~ (fever)** (o) τυφοειδής πυρετός

typhoon /taɪ'fuːn/ n (o) τυφώνας

typical /'tɪpɪkl/ a χαρακτηριστικός

typi|ng /'taɪpɪŋ/ n (η) δακτυλογραφία. **~st** n (η) δακτυλογράφος

tyranny /'tɪrənɪ/ n (η) τυραννία

tyrant /'taɪərənt/ n (o) τύραννος

tyre /'taɪə(r)/ n (το) λάστιχο, (το) ελαστικό

Uu

udder /'ʌdə(r)/ n (το) μαστάρι

ugl|y /'ʌglɪ/ a (-ier, -iest)
άσχημος. **~iness** n (η)
ασκήμια, (η) ασχημία

UK abbr (United Kingdom) ΗΒ

ulcer /'ʌlsə(r)/ n (το) έλκος

ulterior /ʌl'tɪərɪə(r)/ a
απώτερος

ultimate /'ʌltɪmət/ a ύστατος.
(definitive) οριστικός. **~ly** adv
σε τελευταία ανάλυση

ultimatum /ʌltɪ'meɪtəm/ n (το)
τελεσίγραφο

ultraviolet /ʌltrə'vaɪəlɪt/ a
υπεριώδης

umbilical /ʌm'bɪlɪkl/ a ~ **cord**
(ο) ομφάλιος λώρος

umbrella /ʌm'brelə/ n (η)
ομπρέλα

umpire /'ʌmpaɪə(r)/ n (ο)
διαιτητής (σε παιχνίδι τένις,
κρίκετ). • vt διαιτητεύω

umpteen /ʌmp'tiːn/ a (sl)
άπειρος. **~th** a (sl) πολλοστός

unable /ʌn'eɪbl/ a **be ~ to** δεν
μπορώ να

unaccustomed /ʌnə'kʌstəmd/
a ασυνήθιστος

unaided /ʌn'eɪdɪd/ a
αβοήθητος

unanimous /juː'nænɪməs/ a
ομόφωνος. **~ly** adv ομόφωνα

unattached /ʌnə'tætʃt/ a
αδέσμευτος

unattractive /ʌnə'træktɪv/ a μη
ελκυστικός

unavoidable /ʌnə'vɔɪdəbl/ a
αναπόφευκτος

unaware /ʌnə'weə(r)/ a **be ~
of** δε γνωρίζω. **~s** /-eəz/ adv
απροσδόκητα

unbalanced /ʌn'bælənst/ a
ανισόρροπος

unbearable /ʌn'beərəbl/ a
ανυπόφορος

unbeat|able /ʌn'biːtəbl/ a
ακατανίκητος. **~en** a
ανίκητος

unbelievable /ʌnbɪ'liːvəbl/ a
απίστευτος

unbreakable /ʌn'breɪkəbl/ a
άθραυστος

unburden /ʌn'bɜːdn/ vt ~ **o.s.**
ξαλαφρώνω

unbutton /ʌn'bʌtn/ vt
ξεκουμπώνω

uncalled-for /ʌn'kɔːldfɔː(r)/ a
αδικαιολόγητος

uncanny /ʌn'kænɪ/ a αφύσικος

unceasing /ʌn'siːsɪŋ/ a
ακατάπαυστος

uncertain /ʌn'sɜːtn/ a
αβέβαιος. **in no ~ terms**
χωρίς περιστροφές. **~ty** n (η)
αβεβαιότητα

unchang|ed /ʌn'tʃeɪndʒd/ a
αμετάβλητος. **~ing** a
αμετάβλητος

uncharitable /ʌn'tʃærɪtəbl/ a
ανηλεής

uncivilized /ʌn'sɪvɪlaɪzd/ a
απολίτιστος

uncle /'ʌŋkl/ n (ο) θείος

unclean /ʌn'kliːn/ a ακάθαρτος

unclear /ʌn'klɪə(r)/ a ασαφής

uncomfortable /ʌn'kʌmfətəbl/
a άβολος. (unpleasant)

δυσάρεστος. feel ~ δεν
αισθάνομαι άνετα

unconditional /ʌnkənˈdɪʃənl/ a
χωρίς όρους

unconscious /ʌnˈkɒnʃəs/ a
αναίσθητος. (unaware) χωρίς
συνείδηση. ~**ly** adv
ασυνείδητα

uncouth /ʌnˈkuːθ/ a άξεστος

uncover /ʌnˈkʌvə(r)/ vt
ξεσκεπάζω. (expose)
αποκαλύπτω

undecided /ʌndɪˈsaɪdɪd/ a
αναποφάσιστος

undeniable /ʌndɪˈnaɪəbl/ a
αναμφισβήτητος

under /ˈʌndə(r)/ prep κάτω από.
(less than) κάτω από, λιγότερο.
(subject to) υπό. • adv κάτω.
~**age** a ανήλικος. ~ **way** adv
σε εξέλιξη

underclothes /ˈʌndəkləʊðz/
npl (τα) εσώρουχα

undercoat /ˈʌndəkəʊt/ n (of
paint) (το) υπόστρωμα

undercover /ʌndəˈkʌvə(r)/ a
μυστικός

undercurrent /ˈʌndəkʌrənt/ n
(το) υποβρύχιο ρεύμα. (fig)
(το) συγκαλυμμένο ρεύμα

underdog /ˈʌndədɒg/ n (ο)
ηττημένος (σε αγώνα)

underdone /ʌndəˈdʌn/ a (meat)
μισοψημένος

underestimate /ʌndərˈestɪmeɪt/
vt υποτιμώ

underfed /ʌndəˈfed/ a
υποσιτισμένος

underfoot /ʌndəˈfʊt/ adv κάτω
από τα πόδια

undergo /ʌndəˈgəʊ/ vt (pt -
went, pp -**gone**) υφίσταμαι

undergraduate /ʌndəˈgrædʒʊət/ n (ο)
φοιτητής, (η) φοιτήτρια

underground¹ /ʌndəˈgraʊnd/
adv κάτω από τη γη. (in secret)
παράνομα

underground² /ˈʌndəgraʊnd/ a
υπόγειος. (secret) παράνομος.
• n (rail) (ο) υπόγειος
(σιδηρόδρομος)

undergrowth /ˈʌndəgrəʊθ/ n
(τα) χαμόκλαδα

underhand /ˈʌndəhænd/ a
ύπουλος

underline /ˈʌndəlaɪn/ vt
υπογραμμίζω

underling /ˈʌndəlɪŋ/ n (ο)
υποτακτικός

undermine /ʌndəˈmaɪn/ vt
υπονομεύω

underneath /ʌndəˈniːθ/ prep &
adv κάτω από

underpants /ˈʌndəpænts/ npl
(το) σώβρακο

underpass /ˈʌndəpɑːs/ n (η)
υπόγεια διάβαση

underprivileged
/ʌndəˈprɪvɪlɪdʒd/ a μη
προνομιούχος

underrate /ʌndəˈreɪt/ vt
υποτιμώ

understand /ʌndəˈstænd/ vt/i
(pt -**stood**) καταλαβαίνω.
(realize) αντιλαμβάνομαι.
~**able** a ευνόητος

understanding /ʌndəˈstændɪŋ/
a που δείχνει κατανόηση. • n
(η) κατανόηση. (agreement)
(η) συνεννόηση

understatement
/ʌndəˈsteɪtmənt/ n (η) μείωση
της σημασίας (ενός γεγονότος)

understudy /'ʌndəstʌdɪ/ n (o) αντικαταστάτης, (η) αντικαταστάτρια (ηθοποιού)

undertake /ʌndə'teɪk/ vt (pt **-took**, pp **-taken**) αναλαμβάνω. (engage in) επιχειρώ

undertaker /'ʌndəteɪkə(r)/ n (o) εργολάβος κηδειών

undertaking /ʌndə'teɪkɪŋ/ n (η) επιχείρηση. (promise) (η) υπόσχεση

underwater /ʌndə'wɔːtə(r)/ a υποβρύχιος. • adv υποβρυχίως

underwear /'ʌndəweə(r)/ n (τα) εσώρουχα

underweight /'ʌndəweɪt/ a που έχει βάρος κάτω από το κανονικό

undesirable /ʌndɪ'zaɪərəbl/ a ανεπιθύμητος

undo /ʌn'duː/ vt (pt **-did**, pp **-done**) λύνω. (ruin) καταστρέφω

undoubted /ʌn'daʊtɪd/ a αναμφίβολος. **~ly** adv αναμφίβολα

undress /ʌn'dres/ vt/i γδύνω/ομαι. **get ~ed** ξεντύνομαι

undul|e /ʌn'djuː/ a υπέρμετρος. **~ly** adv υπέρμετρα

undulat|e /'ʌndjʊleɪt/ vi κυματίζω. **~ing** a κυματιστός

unearth /ʌn'ɜːθ/ vt ξεθάβω. (fig) ξετρυπώνω

uneas|y /ʌn'iːzɪ/ a ανήσυχος. (worrying) στενοχωρημένος. **~ily** adv ανήσυχα

unemploy|ed /ʌnɪm'plɔɪd/ a άνεργος. (not in use) αχρησιμοποίητος. **~ment** n (η) ανεργία

unending /ʌn'endɪŋ/ a ατέλειωτος

unequivocal /ʌnɪ'kwɪvəkl/ a κατηγορηματικός

unerring /ʌn'ɜːrɪŋ/ a αλάθητος

uneven /ʌn'iːvn/ a ανώμαλος

unexpected /ʌnɪk'spektɪd/ a απροσδόκητος

unfailing /ʌn'feɪlɪŋ/ a ανεξάντλητος

unfair /ʌn'feə(r)/ a άδικος. **~ly** adv άδικα

unfaithful /ʌn'feɪθfl/ a άπιστος

unfasten /ʌn'faːsn/ vt λύνω

unfavourable /ʌn'feɪvərəbl/ a δυσμενής

unfeeling /ʌn'fiːlɪŋ/ a αναίσθητος

unfinished /ʌn'fɪnɪʃt/ a ατέλειωτος

unfit /ʌn'fɪt/ a ακατάλληλος. (med) αδιάθετος

unfold /ʌn'fəʊld/ vt ξεδιπλώνω. (reveal) ξετυλίγω. • vi (develop) ξετυλίγομαι. (view etc.) απλώνομαι

unforeseen /ʌnfɔː'siːn/ a απρόβλεπτος

unfortunate /ʌn'fɔːtʃʊnət/ a άτυχος. (regrettable) ατυχής. **~ly** adv δυστυχώς

unfriendly /ʌn'frendlɪ/ a εχθρικός

ungainly /ʌn'ɡeɪnlɪ/ a άχαρος

ungrateful /ʌn'ɡreɪtfl/ a αχάριστος

unhapp|y /ʌn'hæpɪ/ a δυστυχισμένος. (unfortunate) άτυχος. **~iness** n (η) δυστυχία

unharmed /ʌn'hɑːmd/ a
άθικτος

unhealthy /ʌn'helθɪ/ a (person)
φιλάσθενος. (insanitary)
ανθυγιεινός. (imagination)
νοσηρός

unheard-of /ʌn'hɜːdɒv/ a
ανήκουστος

unhurt /ʌn'hɜːt/ a αβλαβής

unicorn /'juːnɪkɔːn/ n (ο)
μονόκερως

uniform /'juːnɪfɔːm/ n (η)
στολή. • a ομοιόμορφος

unify /'juːnɪfaɪ/ vt ενοποιώ

unilateral /juːnɪ'lætrəl/ a
μονομερής

unimportant /ʌnɪm'pɔːtnt/ a
ασήμαντος

unintentional /ʌnɪn'tenʃənl/ a
ακούσιος

union /'juːnjən/ n (η) ένωση.
(trade union) (το) συνδικάτο,
(η) συνδικαλιστική οργάνωση

unique /juː'niːk/ a μοναδικός

unison /'juːnɪsn/ n in ~
ομόφωνα

unit /'juːnɪt/ n (η) μονάδα

unite /juː'naɪt/ vt/i ενώνω/ομαι.
U~d Kingdom n (το)
Ηνωμένο Βασίλειο (HB).
U~d Nations (Organization)
n (τα) Ηνωμένα Έθνη, (ο)
ΟΗΕ. **U~d States (of
America)** n (οι) Ηνωμένες
Πολιτείες (Αμερικής), (οι)
ΗΠΑ

unity /'juːnətɪ/ n (η) ενότητα.
(harmony) (η) αρμονία

universal /juːnɪ'vɜːsl/ a
παγκόσμιος

universe /'juːnɪvɜːs/ n (το)
σύμπαν

university /juːnɪ'vɜːsətɪ/ n (το)
πανεπιστήμιο

unjust /ʌn'dʒʌst/ a άδικος

unkind /ʌn'kaɪnd/ a σκληρός

unknown /ʌn'nəʊn/ a
άγνωστος

unlawful /ʌn'lɔːfl/ a παράνομος

unleaded /ʌn'ledɪd/ a (petrol)
αμόλυβδος

unleash /ʌn'liːʃ/ vt (fig)
αποδεσμεύω

unless /ʌn'les/ conj εκτός αν

unlike /ʌn'laɪk/ a ανόμοιος.
(not characteristic)
διαφορετικός. • prep αντίθετα
από

unlikely /ʌn'laɪklɪ/ a απίθανος

unlimited /ʌn'lɪmɪtɪd/ a
απεριόριστος

unload /ʌn'ləʊd/ vt
εκφορτώνω, ξεφορτώνω

unlock /ʌn'lɒk/ vt ξεκλειδώνω

unlucky /ʌn'lʌkɪ/ a άτυχος.
(number) γουρσούζικος

unmarried /ʌn'mærɪd/ a
ανύπαντρος

unmistakable /ʌnmɪ'steɪkəbl/ a
αλάνθαστος

unnatural /ʌn'nætʃrəl/ a
αφύσικος. (not normal)
ανώμαλος

unnecessarily /ʌn'nesəsrɪ/ a
άσκοπος. ~ily adv άσκοπα

unnoticed /ʌn'nəʊtɪst/ a
απαρατήρητος

unobtrusive /ʌnəb'truːsɪv/ a
διακριτικός

unofficial /ʌnə'fɪʃl/ a
ανεπίσημος

unorthodox /ʌn'ɔ:θədɒks/ a
ανορθόδοξος

unpack /ʌn'pæk/ vt (suitcase)
αδειάζω. (contents) βγάζω (από
τη συσκευασία)

unpleasant /ʌn'pleznt/ a
δυσάρεστος

unplug /ʌn'plʌg/ vt (electr)
βγάζω την πρίζα από.
(unblock) ξεβουλώνω

unpopular /ʌn'pɒpjʊlə(r)/ a μη
δημοφιλής

unprecedented
/ʌn'presidentid/ a χωρίς
προηγούμενο

unpredictable /ʌnprɪ'dɪktəbl/ a
απρόβλεπτος

unprepared /ʌnprɪ'peəd/ a
απροετοίμαστος

unprofessional /ʌnprə'feʃnəl/
a αντιεπαγγελματικός

unprofitable /ʌn'prɒfitəbl/ a
ασύμφορος

unqualified /ʌn'kwɒlifaid/ a
χωρίς προσόντα. (fig)
απόλυτος

unravel /ʌn'rævl/ vt ξεδιαλύνω.
(knitting etc.) ξηλώνω. (fig)
λύνω

unreal /ʌn'rɪəl/ a μη
πραγματικός

unreasonable /ʌn'ri:znəbl/ a
παράλογος

unrecognizable
/ʌnrekəg'naizəbl/ a αγνώριστος

unrelated /ʌnrɪ'leitid/ a (facts)
άσχετος. (person) μη
συγγενικός

unreliable /ʌnrɪ'laiəbl/ a
αναξιόπιστος

unrequited /ʌnrɪ'kwaitid/ a
αναταπόδοτος

unrest /ʌn'rest/ n (η)
αναταραχή

unroll /ʌn'rəʊl/ vt/i ξετυλίγω

unruly /ʌn'ru:li/ a απείθαρχος

unsafe /ʌn'seif/ a ανασφαλής

unsatisfactory
/ʌnsætis'fæktəri/ a μη
ικανοποιητικός

unsavoury /ʌn'seivəri/ a
άνοστος (στη γεύση). (fig)
δυσάρεστος

unscrew /ʌn'skru:/ vt
ξεβιδώνω

unscrupulous /ʌn'skru:pjʊləs/
a ασυνείδητος

unseemly /ʌn'si:mli/ a
απρεπής

unsettle /ʌn'setl/ vt ταράζω.
~d a (weather) ευμετάβλητος

unshaven /ʌn'ʃeivn/ a
αξύριστος

unsightly /ʌn'saitli/ a
αντιαισθητικός

unskilled /ʌn'skild/ a
ανειδίκευτος

unsociable /ʌn'səʊʃəbl/ a
ακοινώνητος

unspeakable /ʌn'spi:kəbl/ a
ανείπωτος

unstable /ʌn'steibl/ a ασταθής

unsteady /ʌn'stedi/ a ασταθής.
(hand) τρεμάμενος

unsuccessful /ʌnsək'sesfl/ a
ανεπιτυχής

unsuitable /ʌn'sju:təbl/ a
ακατάλληλος

unsure /ʌn'ʃʊə(r)/ a αβέβαιος

unsuspecting /ʌnsə'spektiŋ/ a
ανυποψίαστος

unthinkable /ʌn'θiŋkəbl/ a
αδιανόητος

untidy /ʌn'taɪdɪ/ a
ακατάστατος

untie /ʌn'taɪ/ vt λύνω

until /ʌn'tɪl/ prep & conj μέχρι,
έως. not ~ όχι πριν

untimely /ʌn'taɪmlɪ/ a άκαιρος.
(premature) πρόωρος

untold /ʌn'təʊld/ a
απερίγραπτος

untoward /ʌntə'wɔːd/ a
δυσάρεστος

untrue /ʌn'truː/ a αναληθής

unused¹ /ʌn'juːzd/ a (new)
καινούριος. (not used)
αχρησιμοποίητος

unused² /ʌn'juːst/ a ~ to
ασυνήθιστος σε

unusual /ʌn'juːʒʊəl/ a
ασυνήθιστος. ~ly adv
ασυνήθιστα

unwell /ʌn'wel/ a αδιάθετος

unwieldy /ʌn'wiːldɪ/ a άβολος

unwilling /ʌn'wɪlɪŋ/ a
απρόθυμος. be ~ to είμαι
απρόθυμος να. ~ly adv
απρόθυμα

unwind /ʌn'waɪnd/ vt
ξετυλίγω. • vi (relax: fam)
χαλαρώνω

unwitting /ʌn'wɪtɪŋ/ a
ασυναίσθητος. ~ly adv
ασυναίσθητα, αθέλητα

unwrap /ʌn'ræp/ vt ξετυλίγω

up /ʌp/ adv to get ~ (out of
bed) σηκώνομαι. (finished) to
be ~ τελειώνω. • prep πάνω. •
vt αυξάνω. be ~ to (do)
σκαρώνω. (plot) μαγειρεύω.
(one's turn) είναι η σειρά.
(task) εξαρτώμαι. (reach)
φτάνω. feel ~ to sth.
αισθάνομαι ικανός για κάτι.

go ~ ανεβαίνω. (price)
υψώνομαι. (level) αυξάνομαι.
be ~ against έχω να κάνω,
αντιμετωπίζω. ~-market a
ακριβός. ~s and downs npl
(τα) ανεβοκατεβάσματα. ~ to
μέχρι, ως. ~-to-date a
σύγχρονος. (news) τελευταίος

upbringing /'ʌpbrɪŋɪŋ/ n (η)
ανατροφή

update /ʌp'deɪt/ vt
εκσυγχρονίζω

upgrade /ʌp'greɪd/ vt
αναβαθμίζω

upheaval /ʌp'hiːvl/ n (η)
αναστάτωση

uphill /ʌp'hɪl/ a ανηφορικός.
(fig) δύσκολος. • adv go ~
ανηφορίζω

upholster /ʌp'həʊlstə(r)/ vt
ταπετσάρω. ~y n (η)
ταπετσαρία

upkeep /'ʌpkiːp/ n (η)
συντήρηση

upon /ə'pɒn/ prep πάνω. once
~ a time μια φορά κι έναν
καιρό

upper /'ʌpə(r)/ a ανώτερος. • n
(of shoe) (το) ψίδι. ~ class n
(η) ανώτερη τάξη. ~most a
ανώτερος

upright /'ʌpraɪt/ a όρθιος

uprising /'ʌpraɪzɪŋ/ n (η)
εξέγερση

uproar /'ʌprɔː(r)/ n (η)
οχλαγωγία

upset¹ /ʌp'set/ vt ανατρέπω.
(plan) χαλώ. (distress) ταράζω.
(make ill) χαλώ. • a
ταραγμένος

upset² /'ʌpset/ *n* (*distress*) (η) ταραχή. (*of stomach*) (η) διαταραχή

upshot /'ʌpʃɒt/ *n* (η) έκβαση

upside-down /ʌpsaɪd'daʊn/ *adv* ανάποδα. **turn ~** αναποδογυρίζω

upstairs¹ /ʌp'steəz/ *adv* πάνω, στον πάνω όροφο

upstairs² /'ʌpsteəz/ *a* πάνω

upstream /ʌp'striːm/ *adv* ενάντια στο ρεύμα (ποταμού)

uptake /'ʌpteɪk/ *n* (η) αντίληψη. **be quick on the ~** (*fam*) αρπάζω με το πρώτο

upward /'ʌpwəd/ *a* ανοδικός. • *adv* **~(s)** προς τα πάνω

uranium /jʊ'reɪnɪəm/ *n* (το) ουράνιο

urban /'ɜːbən/ *a* αστικός

urchin /'ɜːtʃɪn/ *n* (το) χαμίνι

urge /ɜːdʒ/ *vt* παροτρύνω (**to**, **να**). • *n* (η) παρόρμηση

urgen|t /'ɜːdʒənt/ *a* επείγων. **~cy** *n* (η) επείγουσα ανάγκη

urin|e /'jʊərɪn/ *n* (τα) ούρα (το) δημόσιο ουρητήριο. **~ate** *vi* ουρώ

urn /ɜːn/ *n* (η) υδρία

us /ʌs/ *pron* εμάς, μας. (*after prep*) μας

US *abbrev* (*United States*) (οι) ΗΠΑ

USA *abbr* (*United States of America*) ΗΠΑ

usage /'juːzɪdʒ/ *n* (η) χρήση

USB port /'juːesˈbiː pɔːt/ *n* (η) θύρα USB

use¹ /juːz/ *vt* χρησιμοποιώ. **~ up** εξαντλώ. **~r** /-ə(r)/ (ο) χρήστης

use² /juːs/ *n* (η) χρήση. **be of ~** χρησιμεύω. **in ~** εν χρήσει, σε χρήση. **it is no ~** είναι ανώφελο. **~less** άχρηστος

used¹ /juːzd/ *a* (*second-hand*) μεταχειρισμένος

used² /juːst/ *pt* **he ~ to say** συνήθιζε να λέει. • *a* **~ to sth/doing** συνηθισμένος σε κτ/να κάνω. **get ~ to** συνηθίζω

useful /'juːsfl/ *a* χρήσιμος

useless /'juːslɪs/ *a* ανώφελος. (*person*) άχρηστος

usher /'ʌʃə(r)/ *n* (ο) κλητήρας. **~ette** *n* (η) ταξιθέτρια

usual /'juːʒʊəl/ *a* συνηθισμένος. **as ~** ως συνήθως. **~ly** *adv* συνήθως

usurp /juː'zɜːp/ *vt* σφετερίζομαι

utensil /juː'tensl/ *n* (το) σκεύος

uterus /'juːtərəs/ *n* (η) μήτρα

utilitarian /juːtɪlɪˈteərɪən/ *a* ωφελιμιστικός

utility /juː'tɪlətɪ/ *n* (η) ωφέλεια. (**public**) ~ (η) επιχείρηση κοινής ωφελείας. **~ room** *n* (το) πλυσταριό

utilize /'juːtɪlaɪz/ *vt* κάνω χρήση (*with gen.*)

utmost /'ʌtməʊst/ *a* έσχατος. • *n* **do one's ~** κάνω τ' αδύνατα δυνατά

utter /'ʌtə(r)/ *vt* (*sound*) εκστομίζω. (*say*) λέγω. • *a* τέλειος. **~ly** *adv* τελείως

U-turn /'juːtɜːn/ *n* (η) αναστροφή (στροφή 180°)

Vv

vacan|cy /'veɪkənsɪ/ n (η) κενή θέση. (room) (το) ελεύθερο δωμάτιο. **~t** α κενός. (person) αφηρημένος. (stare) απλανής

vacate /və'keɪt/ vt εκκενώνω

vacation /və'keɪʃn/ n (οι) διακοπές

vaccinat|e /'væksɪneɪt/ vt εμβολιάζω. **~ion** /-'neɪʃn/ n (ο) εμβολιασμός

vaccine /'væksi:n/ n (το) εμβόλιο

vacuum /'vækjʊəm/ n (το) κενό. **~** vt/i καθαρίζω με ηλεκτρική σκούπα. **~ cleaner** n (η) ηλεκτρική σκούπα

vagina /və'dʒaɪnə/ n (ο) κόλπος (της γυναίκας)

vagrant /'veɪgrənt/ n (ο) αλήτης

vague /veɪg/ a αόριστος. (outline) ακαθόριστος. **~ly** adv αόριστα

vain /veɪn/ a ματαιόδοξος. (useless) μάταιος. **in ~** εις μάτην, του κάκου. **~ly** adv μάταια

valid /'vælɪd/ a έγκυρος. **~ate** vt επικυρώνω. **~ity** /və'lɪdɪtɪ/ n (η) ισχύς, (η) εγκυρότητα

valley /'vælɪ/ n (η) κοιλάδα

valour /'vælə(r)/ n (η) ανδρεία

valuable /'væljʊəbl/ a πολύτιμος. **~s** npl (τα) τιμαλφή

valuation /væljʊ'eɪʃn/ n (η) εκτίμηση (αξίας)

value /'vælju:/ n (η) αξία. (usefulness) (η) χρησιμότητα. **•** vt υπολογίζω την αξία. (cherish) εκτιμώ. **~ added tax (VAT)** n (ο) φόρος προστιθέμενης αξίας (ΦΠΑ). **~d** a (appreciated) εκτιμώμενος

valve /vælv/ n (η) βαλβίδα

vampire /'væmpaɪə(r)/ n (ο) βρικόλακας

van /væn/ n (το) φορτηγάκι

vandal /'vændl/ n (ο, η) βάνδαλος. **~ism** /-əlɪzəm/ n (ο) βανδαλισμός

vanilla /və'nɪlə/ n (η) βανίλια

vanish /'vænɪʃ/ vi εξαφανίζομαι

vanity /'vænɪtɪ/ n (η) ματαιοδοξία

vapour /'veɪpə(r)/ n (ο) ατμός

vari|able /'veərɪəbl/ a μεταβλητός. **~ation** /-'eɪʃn/ (η) παραλλαγή. **~ed** a ποικίλος

variant /'veərɪənt/ a διαφορετικός. **•** n (η) παραλλαγή

varicose /'værɪkəʊs/ a **~ veins** npl (οι) κιρσοί

variety /və'raɪətɪ/ n (η) ποικιλία. (assortment) πολύς και ανάμεικτος. **~ show** n (theatr) (το) βαριετέ invar

various /'veərɪəs/ a διάφορος. **~ly** adv ποικιλοτρόπως

varnish /'vɑːnɪʃ/ n (το) βερνίκι. **•** vt βερνικώνω

vary /'veərɪ/ vt/i ποικίλλω. **~ing** a ποικίλος

vase /vɑːz/ n (το) βάζο

vast /vɑːst/ a απέραντος

vat /væt/ n (ο) μεγάλος κάδος

VAT /ˌviːeɪˈtiː, væt/ abbr (value added tax) ΦΠΑ

vault /vɔːlt/ n (roof) (ο) θόλος. (in bank) (το) θησαυροφυλάκιο. (tomb) (ο) τάφος. • vt/i πηδώ

vaunt /vɔːnt/ vt καυχιέμαι

veal /viːl/ n (το) μοσχαρίσιο κρέας

veer /vɪə(r)/ vi γυρίζω

vegetable /ˈvedʒtəbl/ n (το) χορταρικό, (το) λαχανικό

vegetarian /ˌvedʒɪˈteərɪən/ n (ο, η) χορτοφάγος

vegetate /ˈvedʒɪteɪt/ vi φυτοζωώ

vegetation /ˌvedʒɪˈteɪʃn/ n (η) βλάστηση

vehement /ˈviːəmənt/ a έντονος

vehicle /ˈviːɪkl/ n (το) όχημα

veil /veɪl/ n (το) πέπλο. (for face) το βέλο. • vt καλύπτω

vein /veɪn/ n (η) φλέβα

velocity /vɪˈlɒsəti/ n (η) ταχύτητα

velvet /ˈvelvɪt/ n (το) βελούδο

vendetta /venˈdetə/ n (η) βεντέτα

vending-machine /ˈvendɪŋməʃiːn/ n (ο) αυτόματος πωλητής

vendor /ˈvendə(r)/ n (ο) πωλητής

veneer /vəˈnɪə(r)/ n (ο) καπλαμάς. (fig) (το) λούστρο

venerable /ˈvenərəbl/ a σεβάσμιος

venereal /vəˈnɪərɪəl/ a αφροδίσιος

venetian /vəˈniːʃn/ a ~ **blind** n (το) στορ invar, (το) στόρι

vengeance /ˈvendʒəns/ n (η) εκδίκηση

venison /ˈvenɪzn/ n (το) κρέας του ελαφιού

venom /ˈvenəm/ n (το) φαρμάκι. ~ous a φαρμακερός

vent /vent/ n (το) στόμιο. (in jacket etc.) (η) σχισμή (στο πίσω μέρος σακακιού). (techn) (ο) αεραγωγός. • vt αερίζω. **give ~ to one's anger** ξεθυμαίνω

ventilat|e /ˈventɪleɪt/ vt εξαερίζω. ~**ion** /-ˈleɪʃn/ n (ο) εξαερισμός. ~**or** /-ə(r)/ n (ο) εξαεριστήρας, (το) βεντιλατέρ invar

ventriloquist /venˈtrɪləkwɪst/ n (ο) εγγαστρίμυθος

venture /ˈventʃə(r)/ n (το) εγχείρημα. • vt διακινδυνεύω. • vi τολμώ

venue /ˈvenjuː/ n (ο) χώρος συναντήσεως

veranda /vəˈrændə/ n (η) βεράντα

verb /vɜːb/ n (το) ρήμα

verbal /ˈvɜːbl/ a προφορικός

verbatim /vɜːˈbeɪtɪm/ adv κατά λέξη

verdict /ˈvɜːdɪkt/ n (η) ετυμηγορία. (opinion) (η) απόφαση

verge /vɜːdʒ/ n (η) άκρη. (fig) (το) χείλος. • vi ~ **on** εγγίζω τα όρια. **be on the ~ of doing** είμαι έτοιμος να κάνω

verify /ˈverɪfaɪ/ vt επαληθεύω

veritable /ˈverɪtəbl/ a πραγματικός

vermin /ˈvɜːmɪn/ n (τα) έντομα και ζωύφια ενοχλητικά

vernacular /vəˈnækjʊlə(r)/ n (η) καθομιλουμένη (γλώσσα)

versatile /ˈvɜːsətaɪl/ a πολυμερής

verse /vɜːs/ n (stanza) (η) στροφή. (poetry) (η) ποίηση

version /ˈvɜːʃn/ n (η) εκδοχή

versus /ˈvɜːsəs/ prep κατά

vertebra /ˈvɜːtɪbrə/ n (ο) σπόνδυλος

vertical /ˈvɜːtɪkl/ a κάθετη. • n (η) κάθετος. **~ly** adv καθέτως

vertigo /ˈvɜːtɪgəʊ/ n (ο) ίλιγγος

very /ˈveri/ adv πολύ. • a ίδιος. **~ much** πολύ. **~ well** πολύ καλά

vessel /ˈvesl/ n (ship) (το) σκάφος. (receptacle) (το) δοχείο. (anat) (το) αγγείο

vest /vest/ n (η) φανέλα (εσωτερική). (Amer) (το) γιλέκο

vestige /ˈvestɪdʒ/ n (το) ίχνος

vestry /ˈvestri/ n (το) ιεροφυλάκιο

vet /vet/ n (ο, η) κτηνίατρος. • vt εξετάζω λεπτομερειακά

veteran /ˈvetərən/ n (ο) παλαίμαχος

veterinary /ˈvetrɪnri/ a κτηνιατρικός. **~y surgeon**, (Amer) **~ian** ns (ο, η) κτηνίατρος

veto /ˈviːtəʊ/ n (το) βέτο. • vt προβάλλω το βέτο

vex /veks/ vt εκνευρίζω. **~ed question** n (το) επίμαχο θέμα

via /ˈvaɪə/ prep μέσω

viable /ˈvaɪəbl/ a βιώσιμος. (practicable) εφικτός

viaduct /ˈvaɪədʌkt/ n (η) οδογέφυρα

vibrant /ˈvaɪbrənt/ a γεμάτος σφρίγος

vibrat|e /vaɪˈbreɪt/ vt/i δονώ/ούμαι. **~ion** /-ʃn/ n (η) δόνηση

vicar /ˈvɪkə(r)/ n (ο) εφημέριος

vice /vaɪs/ n (η) ανηθικότητα. (of character) (το) ελάττωμα. (techn) (η) μέγκενη

vice- /vaɪs/ pref υπο-, αντι-. **~-president** n (ο) αντιπρόεδρος

vice versa /vaɪsɪ ˈvɜːsə/ adv αντιστρόφως

vicinity /vɪˈsɪnəti/ n (η) γύρω περιοχή

vicious /ˈvɪʃəs/ a βίαιος και κακός

victim /ˈvɪktɪm/ n (το) θύμα. **~ize** vt καταστρέφω

victor /ˈvɪktə(r)/ n (ο) νικητής

Victorian /vɪkˈtɔːrɪən/ a βικτοριανός

victor|y /ˈvɪktəri/ n (η) νίκη. **~ious** /-ˈtɔːrɪəs/ a νικητήριος

video /ˈvɪdɪəʊ/ a βιντεο-. • n (το) βίντεο

videotape /ˈvɪdɪəʊteɪp/ n (η) βιντεοκασέτα. • vt μαγνητοσκοπώ

vie /vaɪ/ vi συναγωνίζομαι

view /vjuː/ n (η) θέα. (mental survey) (η) αντίληψη. (opinion) (η) άποψη. • vt βλέπω. (consider) εξετάζω. **with a ~ to** με σκοπό να. **~er** /-ə(r)/ n (ο) θεατής. (TV) (ο) τηλεθεατής

viewfinder /ˈvjuːfaɪndə(r)/ n (το) στόχαστρο

viewpoint /ˈvjuːpɔɪnt/ n (η) άποψη

vigil /ˈvɪdʒɪl/ n (η) αγρυπνία

vigilan|t /'vɪdʒɪlənt/ *a* be **~t** γρηγορώ. **~ce** /n (η) επαγρύπνηση

vig|our /'vɪgə(r)/ *n* (το) σθένος. **~orous** *a* σθεναρός

vile /vaɪl/ *a* αχρείος. (*bad*) απαίσιος

villa /'vɪlə/ *n* (η) βίλα

village /'vɪlɪdʒ/ *n* (το) χωριό. **~r** /-ə(r)/ *n* (ο) χωριάτης, (η) χωριάτισσα

villain /'vɪlən/ *n* (ο) παλιάνθρωπος. (*in story etc.*) (ο) κακός

vinaigrette /vɪnɪ'gret/ *n* **~ (sauce)** *n* (το) λαδόξιδο

vindicate /'vɪndɪkeɪt/ *vt* δικαιώνω

vindictive /vɪn'dɪktɪv/ *a* εκδικητικός

vine /vaɪn/ *n* (το) κλήμα

vinegar /'vɪnɪgə(r)/ *n* (το) ξίδι

vineyard /'vɪnjəd/ *n* (ο) αμπελώνας

vintage /'vɪntɪdʒ/ *n* (*year*) (η) χρονιά. • *a* (*wine*) καλής χρονιάς. (*car*) σπάνιος

viola /vɪ'əʊlə/ *n* (*mus*) (η) βιόλα

violate /'vaɪəleɪt/ *vt* παραβιάζω

violen|t /'vaɪələnt/ *a* βίαιος. **~ce** /n (η) βία. **~tly** *adv* βίαια

violet /'vaɪələt/ *n* (*colour*) (το) βιολετί. (*flower*) (η) βιολέτα. • *a* βιολετής

violin /vaɪə'lɪn/ *n* (το) βιολί

VIP /viːaɪ'piː/ *abbr* (*very important person*) (ο) επίσημος

viper /'vaɪpə(r)/ *n* (η) έχιδνα

virgin /'vɜːdʒɪn/ *n* (η) παρθένα. • *a* παρθένος. **~ity** /və'dʒɪnəti/ *n* (η) παρθενία

Virgo /'vɜːgəʊ/ *n* (η) παρθένος

virile /'vɪraɪl/ *a* αρρενωπός

virtual /'vɜːtʃʊəl/ *a* ουσιαστικός. **~ly** *adv* ουσιαστικά

virtu|e /'vɜːtʃuː/ *n* (η) αρετή. **by** or **in ~e of** λόγω (*with gen*). **~ous** *a* ενάρετος

virtuoso /vɜːtʃʊ'əʊzəʊ/ *n* (ο) βιρτουόζος

virulent /'vɪrʊlənt/ *a* λοιμογόνος

virus /'vaɪərəs/ *n* (ο) ιός

visa /'viːzə/ *n* (η) βίζα, (η) θεώρηση (*διαβατηρίου*)

vis-à-vis /viːzɑː'viː/ *adv* απέναντι. • *prep* όσον αφορά

viscount /'vaɪkaʊnt/ *n* (ο) υποκόμης

visib|le /'vɪzəbl/ *a* ορατός. **~ility** /-'bɪlətɪ/ *n* (η) ορατότητα. (*range of vision*) (το) οπτικό πεδίο. **~ly** *adv* φανερά

vision /'vɪʒn/ *n* (*sight*) (η) όραση. (*dream*) (το) όραμα

visionary /'vɪʒənrɪ/ *n* (ο) οραματιστής, (η) οραματίστρια

visit /'vɪzɪt/ *vt* επισκέπτομαι. (*inspect*) επιθεωρώ. • *vi* κάνω επίσκεψη. • *n* (η) επίσκεψη. **~or** (*guest*) (ο) επισκέπτης, (η) επισκέπτρια

visor /'vaɪzə(r)/ *n* (το) προσωπείο

visual /'vɪʒʊəl/ *a* οπτικός

visualize /'vɪʒʊəlaɪz/ *vt* φαντάζομαι

vital /'vaɪtl/ *a* ζωτικός

vitality /vaɪ'tælətɪ/ *n* (η) ζωτικότητα

vitamin /'vɪtəmɪn/ n (η)
βιταμίνη

vivacious /vɪ'veɪʃəs/ a ζωηρός

vivid /'vɪvɪd/ a ζωηρός

vivisection /vɪvɪ'sekʃn/ n (η)
ζωοτομία

vocabulary /və'kæbjʊlərɪ/ n
(το) λεξιλόγιο

vocal /'vəʊkl/ a φωνητικός.
(fig) που εκφράζεται έντονα.
~ **cords** npl (οι) φωνητικές
χορδές. ~**ist** n (ο)
τραγουδιστής, (η)
τραγουδίστρια

vocation /vəʊ'keɪʃn/ n (η)
κλίση. ~**al** a επαγγελματικός

vodka /'vɒdkə/ n (η) βότκα
invar.

vogue /vəʊg/ n (η) μόδα

voice /vɔɪs/ n (η) φωνή. • vt
εκφράζω

void /vɔɪd/ a κενός. (not valid)
άκυρος. • n (το) κενό

volatile /'vɒlətaɪl/ a πτητικός.
(person) άστατος

volcano /vɒl'keɪnəʊ/ n (το)
ηφαίστειο

volition /və'lɪʃn/ n (η)
βούληση. **of one's own** ~ με
τη θέλησή μου

volley /'vɒlɪ/ n (of blows) (η)
βροχή. (of gunfire) (η)
ομοβροντία

volt /vəʊlt/ n (το) βολτ invar.
~**age** n (η) τάση

voluble /'vɒljʊbl/ a ευφραδής

volume /'vɒljuːm/ n (ο) όγκος.
(book) (ο) τόμος. (of radio, TV)
(η) ένταση

voluntar|y /'vɒləntrɪ/ a
εκούσιος. (unpaid)
εθελοντικός. ~**ily** adv
εθελοντικά

volunteer /vɒlən'tɪə(r)/ n (ο)
εθελοντής, (η) εθελόντρια.
• vt/i προσφέρω/ομαι
(εθελοντικά)

voluptuous /və'lʌptjʊəs/ a
φιλήδονος

vomit /'vɒmɪt/ vi κάνω εμετό.
• n (ο) εμετός

vote /vəʊt/ n (η) ψηφοφορία.
(right) (η) ψήφος. • vt/i
ψηφίζω. ~**r** /-ə(r)/ n (ο, η)
ψηφοφόρος

vouch /vaʊtʃ/ vi ~ **for**
εγγυώμαι για

voucher /'vaʊtʃə(r)/ n (το)
δελτίο

vow /vaʊ/ n (ο) όρκος. • vi
ορκίζομαι

vowel /'vaʊəl/ n (το) φωνήεν

voyage /'vɔɪdʒ/ n (το)
θαλασσινό ταξίδι

vulgar /'vʌlgə(r)/ a χυδαίος

vulnerable /'vʌlnərəbl/ a
τρωτός

vulture /'vʌltʃə(r)/ n (ο) γύπας

Ww

wad /wɒd/ n (το) παραγέμισμα.
(bundle) (το) μάτσο

waddle /'wɒdl/ vi περπατώ
κουνιστά

wade /weɪd/ vt/i διασχίζω (νερό
ή ποτάμι)

wafer /'weɪfə(r)/ n (η)
γκοφρέτα. (relig) (η) όστια. ~**thin** a πολύ λεπτός

waffle /ˈwɒfl/ n (culin) είδος τηγανίτας. (fam) (η) πολυλογία. • vi (fam) πολυλογώ

waft /wɒft/ vt/i σκορπίζω/ομαι στον αέρα

wag /wæg/ vt/i κουνώ/κουνιέμαι

wage /weɪdʒ/ n ~s (το) μεροκάματο, (το) βδομαδιάτικο. ~-earner n (ο) μεροκαματιάρης. vt (campaign) κάνω. ~ war κάνω πόλεμο

wager /ˈweɪdʒə(r)/ n (το) στοίχημα. • vt στοιχηματίζω

waggle /ˈwægl/ vt/i σείω/σειέμαι

wagon /ˈwægən/ n (το) κάρο. (rail) (το) βαγόνι

wail /weɪl/ vi θρηνώ. • n (ο) θρήνος

waist /weɪst/ n (η) μέση

waistband /ˈweɪstbænd/ n (η) ζώνη (φούστας ή πανταλονιού)

waistcoat /ˈweɪstkəʊt/ n (το) γιλέκο

waistline /ˈweɪstlaɪn/ n (η) μέση

wait /weɪt/ vt/i περιμένω. (at table) σερβίρω. • n (η) αναμονή. **lie in ~ on** περιποιούμαι. ~**ing-list** n (ο) κατάλογος αναμονής. ~**ing-room** n (η) αίθουσα αναμονής

wait|er /ˈweɪtə(r)/ n (το) γκαρσόνι. ~**ress** n (η) σερβιτόρα

wake /weɪk/ vt/i (pt **woke** pp **woken**) ~ **(up)** ξυπνώ. • n (το) ξενύχτισμα νεκρού. (of ship) (τα) απόνερα

waken /ˈweɪkən/ vt/i ξυπνώ

Wales /weɪlz/ n (η) Ουαλία

walk /wɔːk/ vi περπατώ. (not ride) πηγαίνω με τα πόδια. (for pleasure) κάνω περίπατο. • vt (streets) γυρίζω (στους δρόμους). (distance) περπατώ. (dog) βγάζω περίπατο. • n (ο) περίπατος. (gait) (η) περπατησιά. (distance) (το) περπάτημα. ~**-out** n (η) στάση εργασίας. ~**-over** n (η) εύκολη νίκη

walkie-talkie /wɔːkɪˈtɔːkɪ/ n (ο) φορητός πομποδέκτης

walking /ˈwɔːkɪŋ/ n (το) περπάτημα. ~**-stick** n (το) μπαστούνι

wall /wɔːl/ n (ο) τοίχος. (of tunnel) (η) πλευρά. (of stomach) (το) τοίχωμα. (of city) (τα) τείχη

wallet /ˈwɒlɪt/ n (το) πορτοφόλι

wallow /ˈwɒləʊ/ vi κυλιέμαι

wallpaper /ˈwɔːlpeɪpə(r)/ n (η) ταπετσαρία (τοίχου)

walnut /ˈwɔːlnʌt/ n (το) καρύδι. (tree) (η) καρυδιά

walrus /ˈwɔːlrəs/ n (ο) θαλάσσιος ίππος

waltz /wɔːls/ n (το) βαλς invar. • vi χορεύω βαλς

wand /wɒnd/ n (το) ραβδί

wander /ˈwɒndə(r)/ vi περιφέρομαι. (fig) περιπλανιέμαι

wane /weɪn/ vi λιγοστεύω. • n (of moon) (η) χάση

want /wɒnt/ vt θέλω. (need) χρειάζομαι. • vi ~ **for** στερούμαι. • n (need) (η) ανάγκη. (lack) (η) έλλειψη

(*desire*) (η)επιθυμία. **for ~ of**
ελλείψει (*with gen.*)

wanton /'wɒntən/ a λάγνος

war /wɔː(r)/ n (ο) πόλεμος

ward /wɔːd/ n (*in hospital*) (ο)
θάλαμος. (*of town*) (η)
περιφέρεια. (*child*) (η)
κηδεμονία. • vt **~ off**
αποκρούω

warden /'wɔːdn/ n (ο)
επιστάτης, (η) επιστάτρια. (*of
park*) (ο) φύλακας

warder /'wɔːdə(r)/ n (ο)
δεσμοφύλακας

wardrobe /'wɔːdrəʊb/ n
(*furniture*) (η) ντουλάπα.
(*clothes*) (η) γκαρνταρόμπα,
(η) ιματιοθήκη

warehouse /'weəhaʊs/ n (η)
αποθήκη

wares /weəz/ npl (τα)
εμπορεύματα

warfare /'wɔːfeə(r)/ n (οι)
πολεμικές επιχειρήσεις

warlike /'wɔːlaɪk/ a πολεμικός

warm /wɔːm/ a ζεστός. (*hearty*)
θερμός. • vt/i **~ (up)**
ζεσταίνω/ομαι. (*fig*)
προετοιμάζομαι. **be ~**
ζεσταίνομαι. **it is ~** κάνει
ζέστη. **~ly** adv θερμά. **~th**
(η) ζεστασιά

warn /wɔːn/ vt προειδοποιώ.
~ing n (η) προειδοποίηση.
(*notice*) (η) αναγγελία

warp /wɔːp/ vt/i σκεβρώνω.
(*fig*) διαστρέφω

warrant /'wɒrənt/ n (η)
εξουσιοδότηση. (*for arrest*)
(το) ένταλμα. • vt εγγυώμαι

warranty /'wɒrəntɪ/ n (η)
εγγύηση

warrior /'wɒːrɪə(r)/ n (ο)
πολεμιστής

warship /'wɔːʃɪp/ n (το)
πολεμικό πλοίο

wart /wɔːt/ n (η) κρεατοελιά

wartime /'wɔːtaɪm/ n (η)
περίοδος πολέμου

warly /'weərɪ/ a επιφυλακτικός.
(*cautious*) προσεκτικός. **~ily**
adv επιφυλακτικά, προσεκτικά

was /wəz, wɒz/ *see* BE

wash /wɒʃ/ vt/i πλένω. • n (*of
clothes*) (η) πλύση. (*of ship*)
(τα) απόνερα. **~-basin** n (ο)
νιπτήρας. **~ out** ξεπλένω.
(*stain*) καθαρίζω. **~-out** n
(*fam*) (η) παταγώδης αποτυχία.
~-room n (*Amer*) (η)
τουαλέτα. **~ up** vt (*dishes*)
πλένω. (*sea*) εκβράζω. • vi
πλένω τα πιάτα

washer /'wɒʃə(r)/ n (η) ροδέλα

washing /'wɒʃɪŋ/ n (το)
πλύσιμο. (*clothes*) (η)
μπουγάδα. **~-machine** n (το)
πλυντήριο. **~-powder** n (η)
σκόνη πλυσίματος

wasp /wɒsp/ n (η) σφήκα

wastage /'weɪstɪdʒ/ n (η)
σπατάλη

waste /weɪst/ vt σπαταλώ. • vi
~ away αδυνατίζω. • a
άχρηστος. (*land*) έρημος. • n
(η) σπατάλη. (*rubbish*) (τα)
απορρίμματα. (*of time*) (το)
χάσιμο. **~ful** a πολυδάπανος.
(*person*) σπάταλος. **~ paper** n
(τα) άχρηστα χαρτιά. **~-
paper basket** n (ο) κάλαθος
των αχρήστων

wasteland /'weɪstlænd/ n (η)
έρημη χώρα

watch /wɒtʃ/ vt/i φυλάω. (keep an eye on) παρακολουθώ. (TV) βλέπω. (be careful) προσέχω. • n (η) παρακολούθηση. (period of duty) (η) βάρδια. (timepiece) (το) ρολόι (του χεριού). ~ **out** προσέχω. ~ **over** φυλάω. ~**ful** a άγρυπνος

watchmaker /'wɒtʃmeɪkə(r)/ n (ο) ρολογάς

watchman /'wɒtʃmən/ n (ο) φύλακας

water /'wɔːtə(r)/ n (το) νερό. • vt (plants etc.) ποτίζω. (dilute) νερώνω. • vi (eyes) τρέχω. ~-**colour** n (paint) (η) νερομπογιά. (painting) (η) υδατογραφία. ~ **lily** n (το) νούφαρο. ~ **melon** n (το) καρπούζι. ~-**mill** n (ο) νερόμυλος. ~-**skiing** n (το) θαλάσσιο σκι invar.

watercress /'wɔːtəkres/ n (το) νεροκάρδαμο

waterfall /'wɔːtəfɔːl/ n (ο) καταρράκτης

watering-can /'wɔːtərɪŋkæn/ n (το) ποτιστήρι

waterlogged /'wɔːtəlɒgd/ a πλημμυρισμένος

watermark /'wɔːtəmɑːk/ n (το) υδατογράφημα

waterproof /'wɔːtəpruːf/ a αδιάβροχος

waterworks /'wɔːtəwɜːks/ n (οι) υδρευτικές εγκαταστάσεις

watery /'wɔːtərɪ/ a νερουλός. (colour) ξεπλυμένος. (eyes) που τρέχουν

watt /wɒt/ n (το) βατ invar

wav|e /weɪv/ n (το) κύμα. (of hand) (το) κούνημα. (in hair)

(ο) κυματισμός. • vt κουνώ. (hair) κατσαρώνω. • vi (greeting) χαιρετώ κουνώντας το χέρι. (signal) γνέφω. (flag) κυματίζω. ~**y** a κυματιστός. (hair) σπαστός

wavelength /'weɪvleŋθ/ n (το) μήκος κύματος

waver /'weɪvə(r)/ vi ταλαντεύομαι. (hesitate) αμφιταλαντεύομαι. (courage etc.) κλονίζομαι

wax /wæks/ n (το) κερί. • vt κερώνω. • vi (moon) γεμίζω. ~**en**, ~**y** adjs κέρινος

way /weɪ/ n (road, path) (ο) δρόμος. (distance) (η) απόσταση. (direction) (η) κατεύθυνση. (manner) (ο) τρόπος. (means) (το) μέσο. be in the ~ εμποδίζω. by the ~ εδώ που τα λέμε. on the ~ (coming) στο δρόμο. out of the ~ απόμερος. ~ **in** n (η) είσοδος. ~ **out** n (η) έξοδος. ~-**out** a (fam) εξωφρενικός

waylay /weɪ'leɪ/ vt παραφυλάω

wayward /'weɪwəd/ a ιδιότροπος

WC abbr (water-closet) n αποχωρητήρια

we /wiː/ pron εμείς

weak /wiːk/ a αδύνατος. (drink) ελαφρός. ~**en** vt αδυνατίζω. • vi εξασθενώ. ~**ness** n (η) αδυναμία

weakling /'wiːklɪŋ/ n (ο) αδύνατος χαρακτήρας

wealth /welθ/ n (ο) πλούτος. (plenty) (η) αφθονία. ~**y** a πλούσιος

wean /wiːn/ vt αποκόβω

weapon /'wepən/ n (το) όπλο

wear /weə(r)/ vt (pt **wore** pp **worn**) φορώ. (damage) φθείρω. • vi (last) αντέχω. • n (damage) (η) φθορά. (clothing) (το) φόρεμα. (opposition etc.) λυγίζω. **~ and tear** (η) φθορά χρήσεως. **~ down** λιώνω. (opposition etc.) λυγίζω. **~ off** περνώ. **~ out** λιώνω. (tire) εξαντλώ

wearly /'wɪərɪ/ a κουρασμένος. • vt κουράζω. • vi κουράζομαι. **~iness** n (η) κούραση

weasel /'wi:zl/ n (η) νυφίτσα

weather /'weðə(r)/ n (o) καιρός. • a του καιρού. • vt (wood) ξεραίνω στον αέρα. (survive) ξεπερνώ. **~ forecast** n (το) δελτίο καιρού

weathercock /'weðəkɒk/ n (o) ανεμοδείκτης

weave /wi:v/ vt (pt **wove** pp **woven**) υφαίνω. (basket etc.) φτιάχνω. • vi (move) προχωρώ με ελιγμούς

web /web/ n (το) πλέγμα. (of spider) (ο) ιστός. **the Web** (computer) (ο) παγκόσμιος ιστός. **~bed** a (foot) μεμβρανώδης

website /'websaɪt/ n (η) ιστοσελίδα

wed /wed/ vt/i παντρεύω/ομαι

wedding /'wedɪŋ/ n (o) γάμος. **~ cake** n (η) γαμήλια τούρτα. **~ day** n (η) μέρα του γάμου. **~ dress** n (το) νυφικό. **~ ring** n (η) βέρα

wedge /wedʒ/ n (η) φέτα τριγωνικού σχήματος. (space filler) n (η) σφήνα. (fix) στερεώνω με σφήνα

Wednesday /'wenzdɪ/ n (η) Τετάρτη

wee /wi:/ a (fam) μικρούλης

weed /wi:d/ n (το) ζιζάνιο, (το) αγριόχορτο. (person) (o) ψιλόλιγνος. • vt ξεχορταριάζω

week /wi:k/ n (η) εβδομάδα. **~day** n (η) καθημερινή. **~end** n (το) σαββατοκύριακο. **~ly** a εβδομαδιαίος. • adv τη βδομάδα

weep /wi:p/ vi (pt **wept**) κλαίω. (sore) τρέχω. • n (το) κλάμα. **~ing willow** n (η) κλαίουσα ιτιά

weigh /weɪ/ vt/i ζυγίζω. **~ anchor** σηκώνω την άγκυρα. **~ down** λυγίζω. (fig) τσακίζω

weight /weɪt/ n (το) βάρος. **~lifting** n (η) άρση βαρών. **~less** a αβαρής. **~y** a βαρύς. (important) βαρυσήμαντος

weir /wɪə(r)/ n (το) φράγμα

weird /wɪəd/ a παράξενος, αλλόκοτος

welcome /'welkəm/ a ευπρόσδεκτος. • n (το) καλωσόρισμα. • vt καλωσορίζω. (appreciate) χαίρομαι. • int καλωσορίσατε. **you're ~!** (after thank you) παρακαλώ

weld /weld/ vt συγκολλώ

welfare /'welfeə(r)/ n (η) ευημερία. (aid) (η) πρόνοια. **W~ State** n (το) κράτος προνοίας

well¹ /wel/ n (το) πηγάδι. (of staircase) (το) κλιμακοστάσιο

well² /wel/ adv (**better**, **best**) καλά. • a καλός. • int λοιπόν. **as ~** και, επίσης. **as ~ as** όπως και. **~-behaved** a φρόνιμος. **~-being** n (η)

ευημερία. **~-bred** a
καλοαναθρεμμένος. **~ done** a
(culin) καλοψημένος. **~
done!** μπράβο! **~-known** a
γνωστός. **~-meaning** a
καλοπροαίρετος. **~ off** a
εύπορος. **~-read** a
διαβασμένος. **~-to-do** a
ευκατάστατος. **~-wisher** n (ο)
καλοθελητής, (η)
καλοθελήτρα

wellington /'welɪŋtən/ n **~
(boot)** (η) αδιάβροχη
λαστιχένια μπότα

Welsh /welʃ/ a ο ουαλικός. • n
(lang) (τα) ουαλικά

wend /wend/ vt **~ one's way**
τραβώ προς

went /went/ see GO

wept /wept/ see WEEP

were /wɜ:(r), wə(r)/ see BE

west /west/ n (η) δύση. **the
W~** οι δυτικές χώρες. • a
δυτικός. • adv δυτικά. **the W~
Indies** (οι) Δυτικές Ινδίες.
~erly a (wind) δυτικός. **~ern**
a δυτικός n (film) (το)
γουέστερν invar. **~ward(s)**
adv δυτικά

wet /wet/ a βρεγμένος. (rainy)
βροχερός. • vt βρέχω. **get ~**
βρέχομαι. **~ suit** n (η) στολή
καταδύσεως

whack /wæk/ vt (fam) χτυπώ
(δυνατά)

whale /weɪl/ n (η) φάλαινα

wharf /wɔ:f/ n (η) αποβάθρα

what /wɒt/ a τι. (any that) ό,τι
όσος. • pron τι. • int τι. **~ for?**
για ποιο λόγο;

whatever /wɒt'evə(r)/ a
ο,τιδήποτε. • pron ό, τι. **~
happens** ό,τι κι αν γίνει

whatsoever /wɒtsəʊ'evə(r)/ a
& pron = whatever

wheat /wi:t/ n (το) σιτάρι

wheel /wi:l/ n (ο) τροχός.
(steering-)~ (το) τιμόνι. • vt
κυλώ. • vi **~ (round)**
(στρίφο)γυρίζω

wheelbarrow /'wi:lbærəʊ/ n
(το) καροτσάκι (για μεταφορές)

wheelchair /'wi:ltʃeə(r)/ n (το)
αναπηρικό καροτσάκι

wheeze /wi:z/ vi ασθμαίνω

when /wen/ adv πότε; • conj
όταν. (although) ενώ. • pron
που

whenever /wen'evə(r)/ adv
οποτεδήποτε. (every time that)
κάθε φορά. • conj οπότε, κάθε
φορά που

where /weə(r)/ adv πού; • conj
(in which place) εκεί που, όπου.
• pron που. **~by** adv με το
οποίο. **~upon** adv οπότε

whereabouts /'weərəbaʊts/
adv πού κοντά; • n (το) μέρος
που βρίσκεται

whereas /weər'æz/ conj επειδή.
(in contrast) ενώ

wherever /weər'evə(r)/ adv (in
whatever place) οπουδήποτε.
• conj όπου

whether /'weðə(r)/ conj αν

which /wɪtʃ/ a & pron ποιος.
• rel pron ο οποίος. (object) (το)
οποίο, που

whichever /wɪtʃ'evə(r)/ a &
pron οποιοδήποτε. (person)
οποιοσδήποτε

whiff /wɪf/ n (η) μυρωδιά

while /waɪl/ n (το) χρονικό
διάστημα. • conj (when) ενώ.
(although) αν και (as long as)

όσο. • vt **~ away one's time** περνώ τον καιρό μου. **be worth one's ~** αξίζει τον κόπο

whilst /waɪlst/ conj = **while**

whim /wɪm/ n (το) καπρίτσιο

whimper /'wɪmpə(r)/ vi κλαψουρίζω παραπονεμένα

whimsical /'wɪmzɪkl/ a ιδιότροπος

whine /waɪn/ vi κλαψουρίζω

whip /wɪp/ n (το) μαστίγιο. • vt μαστιγώνω. (culin) χτυπώ. (seize) αρπάζω. **~ped cream** n (η) κρέμα σαντιγί. **~ up** (incite) διεγείρω

whirl /wɜːl/ vt/i στροβιλίζω/ομαι

whirlpool /'wɜːlpuːl/ n (η) ρουφήχτρα

whirlwind /'wɜːlwɪnd/ n (ο) ανεμοστρόβιλος

whirr /wɜː(r)/ vi βομβώ

whisk /wɪsk/ vt (culin) χτυπώ. • n (culin) (το) χτυπητήρι

whisker /'wɪskə(r)/ n (η) φαβορίτα. **~s** (of animal) (το) μουστάκι

whisky /'wɪskɪ/ n (το) ουίσκι invar

whisper /'wɪspə(r)/ vt/i ψιθυρίζω. • n (το) ψιθύρισμα. (rumour) (η) διάδοση

whistle /'wɪsl/ n (το) σφύριγμα. (instrument) (η) σφυρίχτρα. • vt σφυρίζω

white /waɪt/ a άσπρος, λευκός. • n (το) άσπρο. (person) (ο) λευκός. (of egg) (το) ασπράδι. **go ~** χλομιάζω. **~ coffee** n (ο) καφές με γάλα. **~-collar worker** n (ο, η) υπάλληλος

γραφείου. **~ lie** n (το) αθώο ψέμα. **~ wine** n (το) άσπρο κρασί. **~n** vt/i ασπρίζω

whitewash /'waɪtwɒʃ/ n (το) ασβέστωμα, (το) άσπρισμα. • vt ασβεστώνω, ασπρίζω. (fig) αποκρύβω

Whitsun /'wɪtsn/ n (η) Πεντηκοστή

whittle /'wɪtl/ vt **~ (away)** φθείρω σταδιακά. **~ (down)** περιορίζω

whiz /wɪz/ vi περνώ σαν αστραπή

who /huː/ pron ποιος. (particular person) ο οποίος, που

whoever /huː'evə(r)/ pron οποιοσδήποτε

whole /həʊl/ a ολόκληρος. (not broken) ακέραιος. • n (το) σύνολο. **as a ~** σαν σύνολο. **on the ~** γενικά. **~-hearted** a ολόψυχος

wholemeal /'həʊlmiːl/ a σιταρένιος

wholesale /'həʊlseɪl/ n (το) χονδρεμπόριο. • a χονδρικός. (fig) γενικός. • adv χονδρικώς. (fig) γενικά

wholesome /'həʊlsəm/ a ωφέλιμος

wholly /'həʊlɪ/ adv τελείως

whom /huːm/ pron τον οποίον. (interrogative) ποιον

whooping cough /'huːpɪŋkɒf/ n (ο) κοκίτης

whore /hɔː(r)/ n (η) πόρνη

whose /huːz/ pron ποιος, τίνος. (rel) του οποίου. • a ποιου

why /waɪ/ adv γιατί. (interrogative) γιατί. (on account of) γιατί, που. • int μπα

wick /wɪk/ n (το) φιτίλι

wicked /'wɪkɪd/ a κακός. (evil) μοχθηρός. (mischievous) πονηρός

wicker /'wɪkə(r)/ n (το) κλαδί ιτιάς ή λυγαριάς. • a ψάθινος

wide /waɪd/ a πλατύς. (fully opened) ευρύς. (far from target) μακρινός. • adv πλατιά, μακριά. **far and ~** παντού. **open** a ανοίγω καλά. **~ awake** a τελείως ξύπνιος. **~ open** a ορθάνοιχτος. **~ly** adv (extensively) ευρύτατα. (generally) ευρέως. (considerably) πολύ. **~n** vt πλαταίνω, διευρύνω. • vi ανοίγω, φαρδαίνω

widespread /'waɪdspred/ a διαδεδομένος

widow /'wɪdəʊ/ n (η) χήρα. **~er** n (ο) χήρος

width /wɪdθ/ n (το) πλάτος. (of material) (το) φάρδος

wield /wi:ld/ vt χειρίζομαι. (power) ασκώ

wife /waɪf/ n (η) σύζυγος, (η) γυναίκα

wig /wɪg/ n (η) περούκα

wiggle /'wɪgl/ vt/i κουνώ/κουνιέμαι

wild /waɪld/ a άγριος. (enraged) έξαλλος. (tempestuous) θυελλώδης. (with joy) τρελός. (idea) εξωφρενικός. (random) στην τύχη. • adv άγρια, έξαλλα. **~s** npl (η) ερημιά. **~ly** adv άγρια. (fig) έξαλλα, τρελά

wilderness /'wɪldənɪs/ n (η) ερημιά

wildlife /'waɪldlaɪf/ n (τα) άγρια ζώα και φυτά

wilful /'wɪlfʊl/ a θεληματικός. (self-willed) πεισματάρης

will¹ /wɪl/ v aux θα. **he ~ be** θα είναι. **~ you close the door, please?** κλείσε την πόρτα, παρακαλώ

will² /wɪl/ n (η) θέληση. (document) (η) διαθήκη. • vt εύχομαι. **against one's/s.o.'s ~** με το ζόρι. **~-power** n (η) θέληση

willing /'wɪlɪŋ/ a πρόθυμος. **~ly** adv πρόθυμα

willow /'wɪləʊ/ n (η) ιτιά

wilt /wɪlt/ vi μαραίνομαι

wily /'waɪlɪ/ a πανούργος

win /wɪn/ vt/i (pt won) νικώ. (fame etc.) κερδίζω. • n (η) νίκη. **~ back** ανακτώ. **~ over** παίρνω με το μέρος μου. **~ner** /-ə(r)/ n (η) νικήτρια. **~ning** a νικητήριος. (smile etc.) αφοπλιστικός **~ning-post** n (το) τέρμα. **~nings** npl (τα) κέρδη

wince /wɪns/ vi τραβιέμαι (από πόνο)

winch /wɪntʃ/ n (το) βαρούλκο. • vt σηκώνω με βαρούλκο

wind¹ /wɪnd/ n (ο) αέρας, (ο) άνεμος. (in stomach) (τα) αέρια. (fig) (η) μυρωδιά. • vt λαχανιάζω. (smell) μυρίζομαι. **get ~ of** παίρνω μυρωδιά. **~-break** n (ο) ανεμοφράκτης. **~ farm** n (το) αιολικό πάρκο. **~ instrument** n (το) πνευστό όργανο. **~-swept** a ανεμοδαρμένος. **~y** a ανεμοδαρμένος. **it's ~** φυσάει

wind² /waɪnd/ vt (pt **wound**) (wrap around) τυλίγω. (move by turning) γυρίζω. (clock etc.) κουρδίζω. • vi (road) ελίσσομαι. **~ up** (close) κλείνω. (end up) καταλήγω. **~ing** a ελικοειδής

windfall /'wɪndfɔːl/ n (ο) πεσμένο φρούτο. (fig) (το) κελεπούρι

windmill /'wɪndmɪl/ n (ο) ανεμόμυλος

window /'wɪndəʊ/ n (το) παράθυρο. (in shop) (η) βιτρίνα. (in bank etc.) (η) θυρίδα. **~-box** n (η) ζαρντινιέρα. **~-cleaner** n (ο) καθαριστής παραθύρων. **~-shopping** (το) χάζεμα στις βιτρίνες. **~-sill** n (το) περβάζι

windpipe /'wɪndpaɪp/ n (η) τραχεία

windscreen /'wɪndskriːn/ (Amer **windshield** /'wɪndʃiːld/) n (το) παρμπρίζ invar. **wiper** n (ο) καθαριστήρας (του παρμπρίζ)

windsurfer /'wɪndsɜːfə(r)/ n (ο) σερφίστας. **~ing** n (το) γουιντσέρφινγκ invar

wine /waɪn/ n (το) κρασί. **~ list** n (ο) κατάλογος (των κρασιών). **~-tasting** n (η) γευσιγνωσία

wineglass /'waɪnglɑːs/ n (το) ποτήρι του κρασιού

wing /wɪŋ/ n (η) φτερούγα. (auto) (το) φτερό. **~s** (theatr) (τα) παρασκήνια

wink /wɪŋk/ vi κλείνω το μάτι. (light etc.) τρεμοσβήνω. • n (το) κλείσιμο του ματιού

winter /'wɪntə(r)/ n (ο) χειμώνας. • vi ξεχειμωνιάζω

wipe /waɪp/ vt σκουπίζω (με πετσέτα). (dry) σφουγγίζω. • n (το) σκούπισμα, (το) σφούγγισμα

wire /'waɪə(r)/ n (το) σύρμα

wireless /'waɪəlɪs/ n (ο) ασύρματος

wiry /'waɪərɪ/ a (hair) σαν σύρμα. (person) λεπτός αλλά δυνατός

wisdom /'wɪzdəm/ n (η) σοφία. **~ tooth** n (ο) φρονιμίτης

wise /waɪz/ a φρόνιμος. (scholarly) σοφός

wish /wɪʃ/ n (η) επιθυμία. (greeting) (η) ευχή. • vt εύχομαι. **~ for** επιθυμώ. **~ s.o. well** θέλω το καλό κάποιου. **I ~ you were here** μακάρι να ήσουν εδώ. **~ to do** θέλω να κάνω. **with best ~es** με τις καλύτερες μου ευχές

wishful /'wɪʃfl/ a **~ thinking** (ο) ευσεβής πόθος

wisp /wɪsp/ n (of hair) (το) τσουλούφι. (of smoke) (το) τολύπη

wisteria /wɪs'tɪərɪə/ n (η) γλυσίνα

wistful /'wɪstfl/ a μελαγχολικός

wit /wɪt/ n (humour) (το) πνεύμα. (intelligence) (η) νοημοσύνη. (person) (ο) πνευματώδης (άνθρωπος)

witch /wɪtʃ/ n (η) μάγισσα. **~craft** n (τα) μάγια. **~doctor** n (ο) μάγος

with /wɪð/ *prep* μαζί με.
(*having*) με. (*cause*) από. **be ~
it** (*fam*) είμαι της μόδας

withdraw /wɪð'drɔ:/ *vt*
ανακαλώ. (*money*) αποσύρω.
• *vi* αποσύρομαι. **~al** *n* (η)
αποχώρηση. (*med*) (η)
στέρηση. **~n** (*person*)
αποτραβηγμένος

wither /'wɪðə(r)/ *vi* μαραίνομαι

withhold /wɪð'həʊld/ *vt*
κατακρατώ

within /wɪð'ɪn/ *prep* μέσα σε.
• *adv* μέσα

without /wɪð'aʊt/ *prep* χωρίς

withstand /wɪð'stænd/ *vt*
αντέχω

witness /'wɪtnɪs/ *n* (ο, η)
μάρτυρας. (*proof*) (η)
μαρτυρία. • *vt* (*be present at*)
παρίσταμαι. (*signature*)
βεβαιώ. **~-box**, (*Amer*) **~-
stand** *ns* (το) αναλόγιο
μαρτύρων

witticism /'wɪtɪsɪzəm/ *n* (το)
ευφυολόγημα

witty /'wɪtɪ/ *a* πνευματώδης

wives /waɪvz/ *see* WIFE

wizard /'wɪzəd/ *n* (ο) μάγος

wizened /'wɪznd/ *a* ζαρωμένος

wobble /'wɒbl/ *vi*
ταλαντεύομαι

woe /wəʊ/ *n* (η) συμφορά

woke, woken /wəʊk, 'wəʊkən/
see WAKE

wolf /wʊlf/ *n* (ο) λύκος

woman /'wʊmən/ *n* (*pl*
women) (η) γυναίκα

womb /wu:m/ *n* (η) μήτρα

women /'wɪmɪn/ *npl see* WOMAN

won /wʌn/ *see* WIN

wonder /'wʌndə(r)/ *n* (ο)
θαυμασμός. (*bewilderment*) (η)
απορία. • *vi* διερωτάμαι.
(*reflect*) απορώ. **~ at** θαυμάζω.
it's no ~ δεν είναι
εκπληκτικό

wonderful /'wʌndəfl/ *a*
θαυμάσιος

won't /wəʊnt/ = **will not**

woo /wu:/ *vt* επιδιώκω το γάμο
με μια γυναίκα

wood /wʊd/ *n* (το) ξύλο. (*for
burning*) (τα) ξύλα. **~s** (*area*)
(το) δάσος. **~en** *a* ξύλινος

woodland /'wʊdlənd/ *n* (η)
δασωμένη περιοχή

woodpecker /'wʊdpekə(r)/ *n*
(ο) δρυοκολάπτης (*πουλί*)

woodwind /'wʊdwɪnd/ *n* (το)
πνευστό όργανο (*μουσικό*)

woodwork /'wʊdwɜ:k/ *n* (η)
ξυλουργική

woodworm /'wʊdwɜ:m/ *n* (το)
σαράκι

wool /wʊl/ *n* (το) μαλλί. **~len**
a μάλλινος. **~ly** *a* μάλλινος.
(*fig*) συγκεχυμένος

word /wɜ:d/ *n* (η) λέξη. (*news*)
(το) μήνυμα. (*promise*) (ο)
λόγος. • *vt* διατυπώνω. **by ~
of mouth** προφορικά. **have a
~ with** μιλώ με. **~-perfect** *a*
κατά λέξη. **~ processor** *n* (ο)
επεξεργαστής κειμένου.
~ing *n* (η) διατύπωση. **~y** *a*
περιττολόγος

wore /wɔ:(r)/ *see* WEAR

work /wɜ:k/ *n* (η) δουλειά. (*art,
mus, book*) (η) απασχόληση.
~s (*building*) (τα) έργα. (*mech*)
(ο) μηχανισμός. • *vt/i* δουλεύω,
εργάζομαι. (*machine*)

λειτουργώ. (*have effect*)
ενεργώ. (*student*) μελετώ. **~
out** (*solve*) λύνω. (*plan*)
εξελίσσομαι. (*succeed*) πάω
καλά. **~-out** n (η) εξάσκηση.
~ up εξάπτω. **~ed up** a
οργισμένος

worker /'wɜːkə(r)/ n (ο) εργάτης

workforce /'wɜːkfɔːs/ n (το)
εργατικό δυναμικό

working /'wɜːkɪŋ/ a (*day*)
εργάσιμος. (*clothes*) της
δουλειάς. (*model*)
λειτουργικός. • n (mech) (η)
λειτουργία. **in ~ order** που
λειτουργεί ικανοποιητικά. **~
class** n (η) εργατική τάξη. **~-
class** a της εργατικής τάξης

workman /'wɜːkmən/ n (ο)
τεχνίτης. **~ship** n (η) τέχνη
(εργάτη)

workshop /'wɜːkʃɒp/ n (mech)
(το) συνεργείο. (*room*) (το)
εργαστήριο

world /wɜːld/ n (ο) κόσμος. • a
παγκόσμιος. **out of this ~**
εξαίσιος. **~-wide** a
παγκόσμιος. • adv παγκοσμίως
~ly a εγκόσμιος. (fig) υλικός

worm /wɜːm/ n (το) σκουλήκι

worn /wɔːn/ see WEAR. • a
φθαρμένος. **~-out** a (*thing*)
φθαρμένος. (*person*)
εξαντλημένος

worr|y /'wʌrɪ/ vt ενοχλώ. • vt/i
στενοχωρώ/ιέμαι. • n (η)
στενοχώρια. **~ied** a
στενοχωρημένος. **~ying** a
ενοχλητικός

worse /wɜːs/ a χειρότερος. •
adv χειρότερα. • n (το)
χειρότερο. **~n** vt/i
χειροτερεύω

worship /'wɜːʃɪp/ n (η)
λατρεία. (*title*) (η) εντιμότητα.
• vt λατρεύω. • vi προσκυνώ.
~per n (ο) πιστός

worst /wɜːst/ a χειρότερος. •
adv χειρότερα. • n (το)
χειρότερο

worth /wɜːθ/ n (η) αξία. • a **be
~** αξίζω. **it was ~ my while**
άξιζε τον κόπο. **~less** a
ανάξιος

worthwhile /'wɜːθwaɪl/ a
αξιόλογος. (*cause*) που αξίζει
τον κόπο

worthy /'wɜːðɪ/ a αντάξιος.
(*motive*) άξιος

would /wʊd/ v aux θα. **he ~
come if he could** θα ερχόταν
αν μπορούσε. **he ~ come
every day** (*used to*) ερχόταν
κάθε μέρα. **~ you like a cup
of tea?** θέλεις ένα φλιτζάνι
τσάι; **~-be** a δήθεν

wound¹ /wuːnd/ n (η) πληγή.
• vt πληγώνω

wound² /waʊnd/ see WIND

wove, woven /wəʊv, ˈwəʊvn/
see WEAVE

wow /waʊ/ int πω πω!

wrangle /'ræŋgl/ vi λογομαχώ

wrap /ræp/ vt τυλίγω. • n
(*shawl*) (η) σάρπα. **~per** /-ə(r)/
n (το) περιτύλιγμα. **~ping
paper** n (το) χαρτί
περιτυλίγματος

wrath /rɒθ/ n (η) οργή

wreak /riːk/ vt επιβάλλω **~
havoc** προκαλώ μεγάλη
καταστροφή

wreath /riːθ/ n (το) στεφάνι

wreck /rek/ n (*of ship*) (το)
ναυάγιο. (*remains*) (το)

συντρίμμι. *(person)* (το)
ερείπιο *vt* καταστρέφω
εντελώς. **~age** *n* (τα) ερείπια

wren /ren/ *n* (το) τρυποκάρυδο

wrench /rentʃ/ *vt* τραβώ βίαια.
(wrist etc.) στραμπουλίζω. • *n*
(το) απότομο τράβηγμα. *(tool)*
(η) καστάνια

wrestl|e /'resl/ *vi* παλεύω *(with,*
με*)*. **~er** /-ə(r)/ *n* (ο)
παλαιστής, (η) παλαίστρια.
~ing *n* (η) πάλη

wretch /retʃ/ *n* (ο) φουκαράς.
(rascal) (ο) αχρείος. **~ed** /-ɪd/
a άθλιος. *(very bad)* κακός.
(annoying) αξιολύπητος

wriggle /'rɪgl/ *vi* στριφογυρίζω.
• *n* (το) στριφογύρισμα

wring /rɪŋ/ *vt* στρίβω

wrinkle /'rɪŋkl/ *n* (η) ζάρα. *(on
skin)* (η) ρυτίδα. • *vt/i* ζαρώνω,
ρυτιδώνω

wrist /rɪst/ *n* (ο) καρπός *(του
χεριού)*. **~-watch** *n* (το) ρολόι
του χεριού

writ /rɪt/ *n* (το) δικόγραφο

write /raɪt/ *vt/i (pt* **wrote**, *pp*
written) γράφω. **~ back**
απαντώ *(γραπτώς)*. **~ down**
γράφω, σημειώνω. **~r** /-ə(r)/ *n*
(author) (ο, η) συγγραφέας

writhe /raɪð/ *vi* σφαδάζω

writing /'raɪtɪŋ/ *n* (η) γραφή.
(handwriting) (το) γράψιμο. **~-
paper** *n* (το) χαρτί γραψίματος

written /'rɪtn/ *see* WRITE

wrong /rɒŋ/ *a (mistaken)*
λανθασμένος. *(unjust)* άδικος.
(bad) κακός. *(clock)* λάθος.
• *adv* λάθος. *(badly)* κακά. • *n*
(injustice) (η) αδικία. *(evil)* (η)
αδικία. • *vt* αδικώ. **be ~**

(person) έχω άδικο. *(be
mistaken)* κάνω λάθος. **go ~**
(err) κάνω λάθος. *(plan)*
πηγαίνω στραβά. *(car etc.)*
χαλώ. **what's ~ (with you)?**
τι έχεις;

wrote /rəʊt/ *see* WRITE

wrought /rɔːt/ *a* **~ iron** (ο)
σφυρήλατος σίδηρος

wry /raɪ/ *a* στραβός. *(smile)*
βεβιασμένος

Xx

Xerox /'zɪərɒks/ *n (P)* (το)
φωτοαντιγραφικό, (το)
φωτοαντίγραφο. • *vt* βγάζω
φωτοαντίγραφο

Xmas /'krɪsməs/ *n* (τα)
Χριστούγεννα

X-ray /'eksreɪ/ *n (photograph)*
(η) ακτινογραφία. **~s** *npl* (οι)
ακτίνες Χ. • *vt* ακτινογραφώ

Yy

yacht /jɒt/ *n* (το) γιοτ *invar*, (η)
θαλαμηγός. **~ing** *n* (η)
ιστιοπλοΐα με θαλαμηγό

yank /jæŋk/ *vt (fam)* τραβώ
απότομα

Yank(ee) /'jæŋk(ɪ)/ *n (fam)*
γιάνκης

yap /jæp/ *vi* γαυγίζω

yard¹ /ja:d/ n (measure) (η) υάρδα (= 0.9144 μ)

yard² /ja:d/ n (η) αυλή

yarn /ja:n/ n (το) νήμα. (tale: fam) (το) παραμύθι

yawn /jɔ:n/ vi χασμουριέμαι. • n (το) χασμουρητό

year /jɪə(r)/ n (ο) χρόνος. (financial) (το) έτος. **~ly** a ετήσιος adv ετησίως

yearn /jɜ:n/ vi λαχταρώ

yeast /ji:st/ n (η) μαγιά

yell /jel/ vi ξεφωνίζω. • n (το) ξεφωνητό

yellow /'jeləʊ/ a κίτρινος. • n (το) κίτρινο

yelp /jelp/ vi ουρλιάζω

yes /jes/ adv ναι. • n (το) ναι

yesterday /'jestədeɪ/ adv χτες, χθες. • n (το) χτες. **the day before ~** προχτές

yet /jet/ adv ακόμη. • conj αλλά. (nevertheless) κι όμως

yew /ju:/ n (η) τάξος

Yiddish /'jɪdɪʃ/ n (τα) γίντις

yield /ji:ld/ vt αποδίδω. • vi ενδίδω. • n (η) σοδειά. (comm) (το) κέρδος

yoghurt /'jɒgət/ n (το) γιαούρτι

yoke /jəʊk/ n (ο) ζυγός. (of garment) (ο) γιακάς

yolk /jəʊk/ n (ο) κρόκος

you /ju:/ pron εσύ. (pl) (formal) εσείς. (object) σε. (pl) σας. (after prep) σένα. (pl) σας

young /jʌŋ/ a νέος. • npl (of animals) (τα) μικρά. **the ~** (people) οι νέοι

youngster /'jʌŋstə(r)/ n (ο) νεαρός

your /jɔ:(r)/ a δικός σου. (formal) δικός σας

yours /jɔ:z/ poss pron σου. (formal) σας

yourself /jɔ:'self/ pron ο ίδιος. (emphatic) εσύ ο ίδιος. (formal) εσείς ο ίδιος

yourselves /jɔ:'selvz/ pron οι ίδιοι. (emphatic) εσείς οι ίδιοι

youth /ju:θ/ n (η) νεότητα, (η) νιότη. (boy) (ο) νεαρός. (young people) (η) νεολαία. **~ hostel** n (ο) ξενώνας νεότητας. **~ful** a νεανικός

Yugoslav /'ju:gəʊsla:v/ a γιουγκοσλαβικός. • n (ο) Γιουγκοσλάβος, (η) Γιουγκοσλάβα. **~ia** /-'sla:vɪə/ n (η) Γιουγκοσλαβία

Zz

zany /'zeɪnɪ/ a αστείος

zeal /zi:l/ n (ο) ζήλος. **~ous** /'zeləs/ a γεμάτος ζήλο

zealot /'zelət/ n (ο) ζηλωτής

zebra /'zi:brə/ n (η) ζέβρα. **~ crossing** n (η) διάβαση πεζών

zenith /'zenɪθ/ n (το) ζενίθ invar

zero /'zɪərəʊ/ n (το) μηδέν

zest /zest/ n (το) κέφι. (peel) (η) φλούδα

zigzag /'zɪgzæg/ n (το) ζιγκ-ζαγκ invar. • vi προχωρώ με κίνηση ζιγκ-ζαγκ

zinc /zɪŋk/ n (ο) ψευδάργυρος

zip /zɪp/ n (το) σφύριγμα. **~-fastener, ~per** (το)

φερμουάρ *invar*. • *vt* ~ **(up)**
κλείνω με φερμουάρ
zodiac /'zəʊdiæk/ *n* (o)
ζωδιακός κύκλος
zone /zəʊn/ *n* (η) ζώνη
zoo /zu:/ *n* (o) ζωολογικός
κήπος

zoolog|y /zəʊ'ɒlədʒi/ *n* (η)
ζωολογία. ~**ist** *n* (o, η)
ζωολόγος
zoom /zu:m/ *vi* κινούμαι με
ταχύτητα. (*photo*) ζουμάρω.
~ **lens** *n* (o) φακός ζουμ
invar

Greek verb tables

Examples of the plain categories of regular Greek verbs are given below.

The following forms of verbs will be omitted since they are formed on the basis of other tenses given. Purpose (simple and continuous) is expressed by using the same form of the verb used to form the future tenses (simple and continuous) and substituting **θα** (future tense) with **να** (purpose).

The future continuous in both the active and passive voice is formed with **θα** + the same form of the verb used in the present tense (active and passive voice, respectively). The past perfect is formed using the past tense of the auxiliary verb **έχω**, ie **είχα, είχες, είχε** etc, + the same form of the main verb used to form the present perfect.

The appearance of certain forms within brackets indicates that they are not widely used.

Regular verbs:

1. Ending in -ω like δένω

Active voice

Present: δένω, ~εις, ~ει, ~ουμε, ~ετε, ~ουν
Imperfect: έδενα, ~ες, ~ε, δέναμε, δένατε, ~αν
Past simple: έδεσα, ~σες, ~σε, δέσαμε, δέσατε, ~σαν

Future simple: θα δέσω, ~σεις, ~σει, ~σουμε, ~σετε, ~σουν
Imperative simple: δέσε, δέσετε
Imperative contin.: δένε, δένετε
Present perfect: έχω δέσει, έχεις δέσει, etc
Participle: δένοντας

Passive voice

Present: δένομαι, ~εσαι, ~εται, δενόμαστε, ~στε, ~ονται
Imperfect: δενόμουν, ~όσουν, ~όταν, ~όμαστε, ~όσαστε, δένονταν
Past simple: δέθηκα, ~θηκες, ~θηκε, δεθήκαμε, δεθήκατε, ~θηκαν
Future simple: θα δεθώ, ~θείς, ~θεί, ~θούμε, ~θείτε, ~θούν
Imperative simple: δέσου, δεθείτε
Imperative contin.: (δένου), (δένεστε)
Present perfect: έχω δεθεί, έχεις δεθεί, etc
Participle: δεμένος

2a. Ending in -ώ like αγαπώ

Active voice

Present: αγαπώ, ~άς, ~ά, ~ούμε, ~άτε, ~ούν
Imperfect: αγαπούσα, ~ούσες, ~ούσε, ~ούσαμε, ~ούσατε, ~ούσαν

Past simple: αγάπησα, ~ησες, ~ησε, ~ήσαμε, ~ήσατε, ~ησαν

Future simple: θα αγαπήσω, ~ήσεις, ~ήσει, ~ήσουμε, ~ήσετε, ~ήσουν

Imperative simple: αγάπησε, αγαπήστε

Imperative contin.: αγάπα, αγαπάτε

Present perfect: έχω αγαπήσει, έχεις αγαπήσει, etc

Participle: αγαπώντας

Passive voice

Present: αγαπιέμαι, ~ιέσαι, ~ιέται, ~ιόμαστε, ~ιέστε, ~ιούνται

Imperfect: αγαπιόμουν, ~ιόσουν, ~ιόταν, ~ιόμαστε, ~ιόσαστε, ~ιόνταν

Past simple: αγαπήθηκα, ~ήθηκες, ~ήθηκε, ~ηθήκαμε, ~ηθήκατε, ~ήθηκαν

Future simple: θα αγαπηθώ, ~ηθείς, ~ηθεί, ~ηθούμε, ~ηθείτε, ~ηθούν

Imperative simple: αγαπήσου, αγαπηθείτε

Imperative contin.: -

Present perfect: έχω αγαπηθεί, έχεις αγαπηθεί, etc

Participle: αγαπημένος

~ούσε, ~ούσαμε, ~ούσατε, ~ούσαν

Past simple: ωφέλησα, ~ησες, ~ησε, ~ήσαμε, ~ήσατε, ~ησαν

Future simple: θα ωφελήσω, ~ήσεις, ~ήσει, ~ήσουμε, ~ήσετε, ~ήσουν

Imperative simple: ωφέλησε, ωφελήστε

Imperative contin.: - ωφελείτε

Present perfect: έχω ωφελήσει, έχεις ωφελήσει, etc

Participle: ωφελώντας

Passive voice

Present: ωφελούμαι, ~είσαι, ~είται, ~ούμαστε, ~είστε, ~ούνται

Imperfect: ωφελούμουν, ~ούσουν, ~ούταν, ~ούμαστε, ~ούσαστε, ~ούνται

Past simple: ωφελήθηκα, ~ήθηκες, ~ήθηκε, ~ηθήκαμε, ~ήθηκαν

Future simple: θα ωφεληθώ, ~ηθείς, ~ηθεί, ~ηθούμε, ~ηθείτε, ~ηθούν

Imperative simple: ωφελήσου, ωφεληθείτε

Imperative contin.: -

Present perfect: έχω ωφεληθεί, έχεις ωφεληθεί, etc

Participle: ωφελημένος

2b. Ending in **-ώ** like **ωφελώ**

Active voice

Present: ωφελώ, ~είς, ~εί, ~ούμε, ~είτε, ~ούν

Imperfect: ωφελούσα, ~ούσες,

3. Ending in **ίζω** like **δροσίζω**

Active voice

Present: δροσίζω, ~ίζεις, ~ίζει, ~ίζουμε, ~ίζετε, ~ίζουν

Imperfect: δρόσιζα, ∼ιζες, ∼ιζε, ∼ίζαμε, ∼ίζατε, ∼ζαν

Past simple: δρόσισα, ∼ισες, ∼ισε, ∼ίσαμε, ∼σίσατε, ∼ισαν

Future simple: θα δροσίσω, ∼ίσεις, ∼ίσει, ∼ίσουμε, ∼ίσετε, ∼ίσουν

Imperative simple: δρόσισε, δροσίστε

Imperative contin.: δρόσιζε, δροσίζετε

Present perfect: έχω δροσίσει, έχεις δροσίσει, etc

Participle: δροσίζοντας

Passive voice

Present: δροσίζομαι, ∼ίζεσαι, ∼ίζεται, ∼ιζόμαστε, ∼ίζεστε, ∼ίζονται

Imperfect: δροσιζόμουν, ∼ιζόσουν, ∼ιζόταν, ∼ιζόμαστε, ∼ιζόσαστε, ∼ίζονταν

Past simple: δροσίστηκα, ∼ίστηκες, ∼ίστηκε, ∼ιστήκαμε, ∼ιστήκατε, ∼ίστηκαν

Future simple: θα δροσιστώ, ∼ιστείς, ∼ιστεί, ∼ιστούμε, ∼ιστείτε, ∼ιστούν

Imperative simple: δροσίσου, δροσιστείτε

Imperative contin.: δροσίζου, δροσίζεστε

Present perfect: έχω δροσιστεί, έχεις δροσιστεί, etc

Participle: δροσισμένος

Auxiliary verbs

είμαι

Present: είμαι, ∼σαι, ∼ναι, ∼μαστε, ∼στε, ∼ναι

Imperfect: ήμουν, ∼σουν, ∼ταν, ∼μαστε, ∼σαστε, ∼ταν

Past simple: –

Future simple: –

Imperative simple: –

Imperative contin.: –

Participle: όντας

έχω

Present: έχω, ∼εις, ∼ει, ∼ουμε, ∼ετε, ∼ουν

Imperfect: είχα, ∼ες, ∼ε, ∼αμε, ∼ατε, ∼αν

Past simple: –

Future simple: –

Imperative simple: –

Imperative contin.: έχε, έχετε

Participle: έχοντας

Irregular verbs

The irregular verbs included in the list below are those judged to be the most commonly encountered. They are listed in alphabetical order.

With the exception of the imperative, only the first person singular of the various tenses is given. The endings of other persons both in the singular and plural are formed in a similar way as those of the regular verbs.

The expression of purpose, the future continuous and the past perfect are formed on the same basis as the equivalent tenses for the regular verbs given above and are not included in the tenses given below. The principal tenses are given for the active and passive voices.

αφήνω

Active voice

Present: αφήνω
Imperfect: άφηνα
Past simple: άφησα
Future simple: θα αφήσω
Imperative simple: άφησε, αφήστε
Imperative contin.: άφηνε, αφήνετε
Present perfect: έχω αφήσει
Participle: αφήνοντας

Passive voice

Present: αφήνομαι
Imperfect: αφηνόμουν
Past simple: αφέθηκα
Future simple: θα αφεθώ
Imperative simple: αφήνου, αφήνεστε
Imperative contin.: αφέσου, αφεθείτε
Present perfect: έχω αφεθεί
Participle: αφημένος

βάζω

Active voice

Present: βάζω
Imperfect: έβαζα
Past simple: έβαλα
Future simple: θα βάλω
Imperative simple: βάλε, βάλτε
Imperative contin.: βάζε, βάζετε
Present perfect: έχω βάλει
Participle: βάζοντας

Passive voice

Present: –
Imperfect: –
Past simple: βάλθηκα
Future simple: θα βαλθώ
Imperative simple: βάλσου, βαλθείτε
Imperative contin.: –
Present perfect: έχω βαλθεί
Participle: βαλμένος

βγαίνω

Active voice

Present: βγαίνω
Imperfect: έβγαινα
Past simple: βγήκα
Future simple: θα βγω
Imperative simple: βγες, βγέστε
Imperative contin.: βγαίνε, βγαίνετε
Present perfect: έχω βγει
Participle: βγαίνοντας

Passive voice

None apart from
Participle: βγαλμένος

βλέπω

Active voice

Present: βλέπω
Imperfect: έβλεπα
Past simple: είδα
Future simple: θα δω
Imperative simple: δες, δέστε
Imperative contin.: βλέπε, βλέπετε
Present perfect: έχω δει
Participle: βλέποντας

Passive voice

Present: βλέπομαι
Imperfect: βλεπόμουν

Past simple: ειδώθηκα
Future simple: θα ιδωθώ
Imperative simple: –
Imperative contin.: –
Present perfect: έχω ιδωθεί
Participle: ιδωμένος

βρίσκω

Active voice

Present: βρίσκω
Imperfect: έβρισκα
Past simple: βρήκα
Future simple: θα βρω
Imperative simple: βρες, βρέστε
Imperative contin.: βρίσκε, βρίσκετε
Present perfect: έχω βρει
Participle: βρίσκοντας

Passive voice

Present: βρίσκομαι
Imperfect: βρισκόμουν
Past simple: βρέθηκα
Future simple: θα βρεθώ
Imperative simple: –
Imperative contin.: –
Present perfect: έχω βρεθεί
Participle: –

γίνομαι

Active voice

None

Passive voice

Present: γίνομαι
Imperfect: γινόμουν
Past simple: έγινα
Future simple: θα γίνω
Imperative simple: γίνε, γίνετε
Imperative contin.: γίνου, γίνεστε
Present perfect: έχω γίνει

Participle: γινόμενος

δίνω

Active voice

Present: δίνω
Imperfect: έδινα
Past simple: έδωσα
Future simple: θα δώσω
Imperative simple: δώσε, δώστε
Imperative contin.: δίνε, δίνετε
Present perfect: έχω δώσει
Participle: δίνοντας

Passive voice

Present: δίνομαι
Imperfect: δινόμουν
Past simple: δόθηκα
Future simple: θα δοθώ
Imperative simple: δόσου, δοθείτε
Imperative contin.: δίνου, δίνεστε
Present perfect: έχω δοθεί
Participle: δοσμένος

διψώ

Active voice

Present: διψώ
Imperfect: διψούσα
Past simple: δίψασα
Future simple: θα διψώ
Imperative simple: δίψα, διψάστε
Imperative contin.: –
Present perfect: έχω διψάσει
Participle: διψώντας

Passive voice

None

έρχομαι

Active voice

None

Passive voice

Present: έρχομαι
Imperfect: ερχόμουν
Past simple: ήρθα
Future simple: θα έρθω
Imperative simple: έλα, ελάτε
Imperative contin.: –
Present perfect: έχω έρθει
Participle: ερχόμενος

κάθομαι

Active voice

None

Passive voice

Present: κάθομαι
Imperfect: καθόμουν
Past simple: κάθισα
Future simple: θα καθίσω
Imperative simple: κάθισε, καθίστε
Imperative contin.: κάθου, κάθεστε
Present perfect: έχω καθίσει
Participle: καθισμένος

κοιμούμαι/κοιμάμαι

Active voice

None

Passive voice

Present: κοιμούμαι/κοιμάμαι
Imperfect: κοιμόμουν
Past simple: κοιμήθηκα
Future simple: θα κοιμηθώ

Imperative simple: κοιμήσου, κοιμηθείτε
Imperative contin.: –
Present perfect: έχω κοιμηθεί
Participle: κοιμισμένος

λέ(γ)ω

Active voice

Present: λέ(γ)ω
Imperfect: έλεγα
Past simple: είπα
Future simple: θα λέω
Imperative simple: πες, πέστε
Imperative contin.: λέγε, λέγετε
Present perfect: έχω πει
Participle: λέγοντας

Passive voice

Present: λέγομαι
Imperfect: λεγόμουν
Past simple: ειπώθηκα
Future simple: θα ειπωθώ
Imperative simple: –
Imperative contin.: –
Present perfect: έχω ειπωθεί
Participle: ειπωμένος

μπαίνω

Active voice

Similar to those of the verb: βγαίνω

Passive voice

Only participle: μπασμένος

πηγαίνω

Active voice

Present: πηγαίνω

Imperfect: πήγαινα
Past simple: πήγα
Future simple: θα πάω
Imperative simple: –
Imperative contin.: πήγαινε,
  πηγαίνετε
Present perfect: έχω πάει
Participle: πηγαίνοντας

Passive voice

None

πίνω

Active voice

Present: πίνω
Imperfect: έπινα
Past simple: ήπια
Future simple: θα πιω
Imperative simple: πιες, πιέστε
Imperative contin.: πίνε, πίνετε
Present perfect: έχω πιει
Participle: πίνοντας

Passive voice

Present: πίνομαι
Imperfect: πινόμουν
Past simple: πιώθηκα
Future simple: θα πιωθώ
Imperative simple: –
Imperative contin.: –
Present perfect: έχω πιωθεί
Participle: πιωμένος

στέλνω

Active voice

Present: στέλνω
Imperfect: έστελνα
Past simple: έστειλα

Future simple: θα στείλω
Imperative simple: στείλε, στείλτε
Imperative contin.: στέλνε, στέλνετε
Present perfect: έχω στείλει
Participle: στέλνοντας

Passive voice

Present: στέλνομαι
Imperfect: στελνόμουν
Past simple: στάλθηκα
Future simple: θα σταλώ
Imperative simple: –
Imperative contin.: –
Present perfect: έχω σταλθεί
Participle: σταλμένος

τρώγω

Active voice

Present: τρώγω
Imperfect: έτρωγα
Past simple: έφαγα
Future simple: θα φάω
Imperative simple: φάε, φάγετε
Imperative contin.: τρώε, τρώγετε
Present perfect: έχω φάει
Participle: τρώγοντας

Passive voice

Present: τρώγομαι
Imperfect: τρωγόμουν
Past simple: φαγώθηκα
Future simple: θα φαγωθώ
Imperative simple: φαγώσου,
  φαγωθείτε
Imperative contin.: –
Present perfect: έχω φαγωθεί
Participle: φαγωμένος

φεύγω

Active voice

Present: φεύγω
Imperfect: έφευγα
Past simple: έφυγα
Future simple: θα φύγω
Imperative simple: φύγε, φύγετε
Imperative contin.: φεύγε, φεύγετε

Present perfect: έχω φύγει
Participle: φεύγοντας

Passive voice

None

φοβάμαι

Passive voice

Like κοιμάμαι

Greek nouns

Below are outlined examples of some of the most common endings of regular nouns—masculine, feminine and neuter.

Masculine nouns

Ending in **-ος, -ης, -ας**

Singular

Nominative:	ο άγγελ-ος	ο νικητ-ής	ο αγών-ας
Genitive:	του αγγέλ-ου	του νικητ-ή	του αγών-α
Accusative:	τον άγγελ-ο	το νικητ-ή	τον αγών-α
Vocative:	άγγελ-ε	νικητ-ή	αγών-α

Plural

Nominative:	οι άγγελ-οι	οι νικητ-ές	οι αγών-ες
Genitive:	των αγγέλ-ων	των νικητ-ών	των αγών-ων
Accusative:	τους αγγέλ-ους	τους νικητ-ές	τους αγών-ες
Vocative:	οι άγγελ-οι	νικητ-ές	αγών-ες

Feminine nouns

Ending in **-η, -α**

Singular

Nominative:	η νίκ-η	η ώρ-α
Genitive:	της νίκ-ης	της ώρ-ας
Accusative:	τη νίκ-η	την ώρ-α
Vocative:	νίκ-η	ώρ-α

Plural

Nominative:	οι νίκ-ες	οι ώρ-ες
Genitive:	των νικ-ών	των ωρ-ών
Accusative:	τις νίκ-ες	τις ώρ-ες
Vocative:	νίκ-ες	ώρ-ες

Neuter nouns

Ending in **-o, ι**

Singular

Nominative:	το παιδ-ί	το βουν-ό
Genitive:	του παιδ-ιού	του βουν-ού
Accusative:	το παιδ-ί	το βουν-ό
Vocative:	παιδ-ί	βουν-ό

Plural

Nominative:	τα παιδ-ιά	τα βουν-ά
Genitive:	των παιδ-ιών	των βουν-ών
Accusative:	τα παιδ-ιά	τα βουν-ά
Vocative:	παιδ-ιά	βουν-ά

Ανώμαλα ρήματα της αγγλικής

Απαρέμφατο	Αόριστος	Παθητική μετοχή	Απαρέμφατο	Αόριστος	Παθητική μετοχή
be	was	been	**drive**	drove	driven
bear	bore	borne	**eat**	ate	eaten
beat	beat	beaten	**fall**	fell	fallen
become	became	become	**feed**	fed	fed
begin	began	begun	**feel**	felt	felt
bend	bent	bent	**fight**	fought	fought
bet	bet, betted	bet, betted	**find**	found	found
bid	bade, bid	bidden, bid	**flee**	fled	fled
bind	bound	bound	**fly**	flew	flown
bite	bit	bitten	**freeze**	froze	frozen
bleed	bled	bled	**get**	got	got, gotten US
blow	blew	blown	**give**	gave	given
break	broke	broken	**go**	went	gone
breed	bred	bred	**grow**	grew	grown
bring	brought	brought	**hang**	hung, hanged (vt)	hung, hanged
build	built	built			
burn	burnt, burned	burnt, burned	**have**	had	had
burst	burst	burst	**hear**	heard	heard
buy	bought	bought	**hide**	hid	hidden
catch	caught	caught	**hit**	hit	hit
choose	chose	chosen	**hold**	held	held
cling	clung	clung	**hurt**	hurt	hurt
come	came	come	**keep**	kept	kept
cost	cost, costed (vt)	cost, costed	**kneel**	knelt	knelt
			know	knew	known
cut	cut	cut	**lay**	laid	laid
deal	dealt	dealt	**lead**	led	led
dig	dug	dug	**lean**	leaned, leant	leaned, leant
do	did	done			
draw	drew	drawn	**learn**	learnt, learned	learnt, learned
dream	dreamt, dreamed	dreamt, dreamed	**leave**	left	left
			lend	lent	lent
drink	drank	drunk	**let**	let	let
			lie	lay	lain

Απαρέμφατο	Αόριστος	Παθητική μετοχή	Απαρέμφατο	Αόριστος	Παθητική μετοχή
lose	lost	lost	**spend**	spent	spent
make	made	made	**spit**	spat	spat
mean	meant	meant	**spoil**	spoilt, spoiled	spoilt, spoiled
meet	met	met			
pay	paid	paid	**spread**	spread	spread
put	put	put	**spring**	sprang	sprung
read	read	read	**stand**	stood	stood
ride	rode	ridden	**steal**	stole	stolen
ring	rang	rung	**stick**	stuck	stuck
rise	rose	risen	**sting**	stung	stung
run	ran	run	**stride**	strode	stridden
say	said	said	**strike**	struck	struck
see	saw	seen	**swear**	swore	sworn
seek	sought	sought	**sweep**	swept	swept
sell	sold	sold	**swell**	swelled	swollen, swelled
send	sent	sent			
set	set	set	**swim**	swam	swum
sew	sewed	sewn, sewed	**swing**	swung	swung
shake	shook	shaken	**take**	took	taken
shine	shone	shone	**teach**	taught	taught
shoe	shod	shod	**tear**	tore	torn
shoot	shot	shot	**tell**	told	told
show	showed	shown	**think**	thought	thought
shut	shut	shut	**throw**	threw	thrown
sing	sang	sung	**thrust**	thrust	thrust
sink	sank	sunk	**tread**	trod	trodden
sit	sat	sat	**understand**	understood	understood
sleep	slept	slept	**wake**	woke	woken
sling	slung	slung	**wear**	wore	worn
smell	smelt, smelled	smelt, smelled	**win**	won	won
			write	wrote	written
speak	spoke	spoken			
spell	spelled, spelt	spelled, spelt			

APHRODISIACS

This edition first published in 1994 by Hamlyn, an imprint of Reed Consumer Books Ltd, Michelin House, 81 Fulham Road, London SW3 6RB and Auckland, Melbourne, Singapore and Toronto.

Design and typesetting by Grahame Dudley Associates.

Acknowledgements: The majority of illustrations reproduced by kind permission of The Klinger Collection and Il Collezionista. The paintings of oysters and onions courtesy of Fine Art Photographs (London). Herb artwork © Webster Fine Art (USA) and the artist.

ISBN 0 600 58366 X

Produced by Mandarin Offset
Printed and bound in Hong Kong

WARNING: Even commonly used herbs and spices can be harmful if consumed in abnormally large quantities.
This book has been compiled from a wide variety of traditional sources and anecdotal material and the information it contains is not intended to take the place of treatment by a qualified practitioner. No guarantee of any kind is given as to the effectiveness or the safety of any substance or practice described or included in the book.

Aphrodisiacs

HAMLYN

INTRODUCTION

An aphrodisiac – something which arouses or increases sexual desire – can be many different things. There are of course numerous foods, recipes and drinks reputed to inflame lust; but there are also sexual techniques and postures, erotic literature and art, and practices which come from ancient magical beliefs – all of which are aphrodisiacs.

Every age, and every human culture, has had its own methods of increasing sexual excitement ranging from the simple to the highly sophisticated. The best way of dealing with this vast subject is to consult the individuals who have written about aphrodisiacs down the ages, adding their own experiences to the folk traditions and science of their times.

They would make quite an interesting party these sex experts, if they could be gathered together in one room as they are here in one book. Who would be leaving with whom is also an interesting subject for conjecture. Would Elephantis seduce the old mystic Vatsyayana by whispering in his ear that she knew a sexual position he had not dreamed of? Would Cleopatra's party trick entice Ovid (she did have quite a way with Romans)? Could Casanova's recipe for seduction work with Sei Shonagon, author of the first Pillow Book?

Most interesting of all, of course, is the question whose aphrodisiac would prove the most effective. But that is something you and your lover will have to discover by yourselves.

Albertus Magnus (circa 1193-1280), the scientist and theologian also known as 'Doctor Universalis', believed that RED WINE and PARTRIDGE BRAIN combined to produce a powerful aphrodisiac. The herb CORIANDER could also, he thought, be used as a stimulant but only if the leaves were picked in the last quarter of the moon.

Apicius (14-37 AD), the notorious Roman epicure,
spent a vast fortune satisfying his physical appetites.
His favourite aphrodisiac was a hot drink made
with ONION WATER, PINE KERNELS, CRESS and
PEPPER.

Apuleius (2nd century AD), the philosopher and author of the 'Golden Ass', used an aphrodisiac recipe to seduce the rich Roman widow Pudentilla whom he eventually married. Although her relations accused Apuleius of sorcery, the magical dish he prepared sounds very similar to the delicious FISH SOUP from Marseilles, bouillabaisse.

Pietro Aretino (1492-1557), the Italian satirist and satyr, will always be remembered for his famous 'Postures'. These sixteen engravings of SEXUAL POSITIONS which excited the European imagination for centuries are now lost; but the 'Sonnetti Lussuriosi' which Aretino wrote to accompany them are still as inflammatory as when he wrote them.

Avicenna (980-1037 AD), the great Arab physician, prescribed HONEY mixed with GINGER and a little PEPPER as a sexual stimulant. Sometimes he substituted the spicy CUBEB berry – which the Chinese regard as an aphrodisiac – for the ground pepper.

Anthelme Brillat-Savarin (1755-1826), author of the monumental work on gastronomy 'Physiology du Goût,' believed that FISH is a powerful sexual excitant. He tells the story of Saladin testing the celibacy of holy men first with a diet of meat, which failed, and then with a diet of fish which soon had the pious dervishes chasing the Sultan's concubines.

*Giovanni Giocomo Casanova, Chevalier de
Seingalt (1725-1798), was perhaps the most famous
seducer in history. This lover of more than 132
women (of whom twenty-four were in pairs!) once
seduced two nuns simultaneously with the powerful
combination of OYSTERS and CHAMPAGNE. Not
satisfied with the legendary powers of oysters alone,
or the delightful intoxication of champagne,
Casanova overheated the room to encourage
undressing. He also began a game of exchanging
oysters mouth to mouth, then dropping the slippery
molluscs between their breasts, then in their corsets...*

MOUVEMENS DE
CURIOSITÉ.

Another of Casanova's aphrodisiac ploys was to show sexually explicit pictures and engravings to women. The EROTIC ART excited them and gently guided their thoughts in the desired direction. On one occasion the arch-seducer used a set of Aretino's 'Postures' to achieve his lascivious ends.

Catherine de Medicis (1519-1589), queen of France, is reputed to have had a passion for ARTICHOKES – vegetables which are said to have aphrodisiac qualities. Paris street vendors used to shout:

Artichokes! Artichokes!
Heat the body and the spirit.
Heat the genitals.
Catherine de Medicis liked artichokes!

Cleopatra (69-30 BC) possessed sexual skills which were legendary throughout the Ancient World. The most powerful weapon in her formidable erotic armoury was FELLATIO, which was no doubt the downfall of both Mark Antony and Julius Caesar before him. The Queen of Egypt also understood the aphrodisiac effect of PERFUME: her own was Damascene Rose, which scented her bath, her clothes , and even the billowing sails of the royal barge.

Nicolas Culpeper (1616-1654), the great English herbalist, implied that the deliciously fragrant herb BASIL while it is an aphrodisiac for women, may have the opposite effect on men. He said that 'it helps the deficiency of Venus in one kind. So it spoils all her actions in another. I dare write no more of it.'

27

Dioscorides (1st century BC), the physician to Antony and Cleopatra, wrote a herbal describing the properties of some 600 plants. He believed that CARAWAY SEEDS were a strong sexual stimulant and recommended their use in cooking as an aphrodisiac.

Marie, Comtesse du Barry (1743-1793), mistress of
Louis XV, encouraged the greatest cooks in France
to create aphrodisiac recipes to warm the King's
ardour. The erotic dishes which Le Bien-Aimé
consumed, included a soup of SHRIMPS in chicken
stock spiced with DILL; roast capon stuffed with a
purée of CHESTNUTS, and an omelette flavoured
with fresh GINGER.

...erard (1545-1612), the London botanist and
...n whose herbal published in 1597 is world
...s, thought that CARROTS were helpful in
...natters'. Greek and Arab authorities also
...nended carrots for *improving sexual desire*
...rformance.

Elephantis was the Greek girl – perhaps legendary, perhaps not – who was credited by some Classical authorities as the first to write about the aphrodisiac effects of different SEXUAL POSTURES: 'Taking pictures from the licentious treatises of Elephantis, Lalagé presents them an offering to the stiff-standing god, and begs you prove if she performs agreeably the pictured postures.' Priapeia III.

Rivalling Elephantis as first to promote the pleasures of sexual postures were two other Greek women: Astyanassa, maid of Helen the wife of Menelaus, and the famous courtesan Cyrené known as 'Dodecamechanos' because she was skilled in exciting her patrons with twelve different positions.

Galen (2nd century AD), intellectual Roman empe believed that HONEY ta aphrodisiac. As a Greek, honey from Mount Hym still available today.

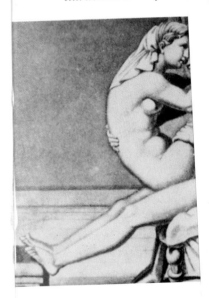

John *surge* *famo* *'love* *recom* *and p*

32

3.

Henry IV (1553-1610), King of France, always drank a thimbleful of ARMAGNAC to prepare himself for lovemaking. Armagnac is probably France's oldest brandy, traditionally made from the violet - scented Folle Blanche grape and distilled in a way that is inefficient but which leaves rich, ripe flavours in the finished spirit.

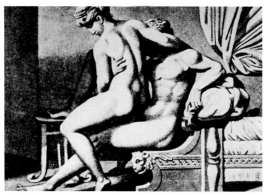

Hippocrates (circa 460-377 BC), the 'Father of Medicine' born on the Greek island of Cos, prescribed SAGE for increasing the sexual appetite in women. He also believed that the herb improved fertility, and recommended its use when plague had decimated the population of a city.

Horace (65-8 BC), the Roman poet, referred to the
widespread use of BONE MARROW in the
treatment of sexual and other health problems. It
does not seem to have cured his tendency to
watering eyes, or Virgil's shortness of breath: when
the Emperor Augustus sat between the two poets he
said 'Ego sum inter suspiria et lacrymas – I am
between sighs and tears'.

*J.K. Huysmans (1848-1907), the French novelist,
believed passionately that the most powerful
aphrodisiacs are olfactory. His writing is drenched in
perfume, but he maintained that NATURAL
SCENTS are the strongest excitants. Huysmans
preferred a woman's 'spice boxes' to be filtered
through clothes: 'the appeal of the balsam of their
arms is then less insolent, less cynical, than at the
ball when they are more naked, but it more easily
uncages the animal in man.'*

Juvenal (1st century AD), the last great Roman poet, wrote fiery satires about the dissipations and excesses of the age of Nero. From one of these humorous salvos we learn that 'shameless and lascivious women' used OYSTERS as an aphrodisiac: 'Take head or tail, to her 'tis much the same, who at midnight on plump oysters sups!'

Ninon de Lenclos (1620-1705), friend of Moliere and of Queen Christina of Sweden, is reputed to have had 5000 lovers during the course of a long life. She said: 'Love looks as if it is always the same thing, over and over again, but in fact it is perfectly new and different each time, which is just what makes it so delightful.' We still have her recipe for an aphrodisiac soup: combine PURÉED PEAS with a consommé; add a drop of lemon juice and a small glass of fino sherry. Just before serving add champagne and top it with whipped cream.

Martial (1st century AD), the poet born in Spain and obliged to return there when his savage epigrams no longer found favour in Rome, often chose sex as his subject. From references to 'lustful rocket' in his writing, we know that the salad vegetable was widely regarded as an aphrodisiac. Traditionally, ROCKET was planted around shrines dedicated to the phallic god Priapus.

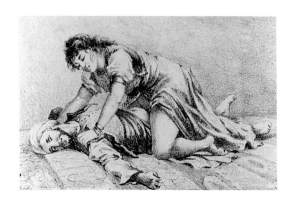

Sheikh Nefzawi (16th century), author of 'The
Perfumed Garden', recommended various
aphrodisiac foods and recipes in his notorious sex
manual. He confirms that ASPARAGUS – valued by
Egyptians, Greeks and Romans as a sexual
stimulant – is an ideal food for lovers. ALMONDS
and PINE KERNELS mixed in HONEY can be taken
before making love. Men in particular are said to
benefit from this concoction : heat honey and
ONION JUICE until the water evaporates, and mix
the residue with a paste made from ground CHICK
PEAS. Take as necessary.

Ovid (43 BC-17 AD), the celebrated Roman poet,
wrote the West's most famous sex manual, 'Ars
Amatoria' – 'The Art of Love'. Ovid deals with all
aspects of human sexuality, his writing often illu-
minated by clear references to personal experience.
This is what he has to say about EDIBLE
STIMULANTS:

Eat the white shallots sent from Megara
Or garden herbs that aphrodisiacs are,
Or eggs, or honey on Hymettus flowing,
Or nuts upon the sharp-leaved pine trees growing.

Pliny (23-79 AD), the indefatigable Roman scholar who perished while making copious notes on the eruption of Vesuvius had, until that unhappy event, something to say about everything. In common with Egyptian, Greek and even Chinese authorities he asserted that GARLIC is a strong aphrodisiac in any form, but is best taken with chopped CORIANDER leaves in white wine.

Jeanne, Marquise de Pompadour (1721-1764), the
beloved mistress of Louis XV, was tireless in her
search for aphrodisiacs with which to excite the
King. Intensely flavoured CELERY SOUP was a
favourite dish as were delicious desserts, and hot
chocolate. Her sweet dishes were all combinations
of CHOCOLATE, VANILLA and CREAM. Vanilla,
incidentally, is the diminutive of vagina, but 'what's
in a name?' the Pompadour's maiden name was
Poisson.

Sei Shonagon (14th century), the Japanese noblewoman who wrote the first pillow book, lists various aphrodisiacs. A little GINSENG root in warm sake is recommended, as is fried OCTOPUS with SESAME SEEDS. HONEY is also aphrodisiac, but it is best 'licked from a wife's vulva by her hungry husband.'

William Shakespeare (1564-1616), among his other
awesome talents, had an astonishing knowledge of
contemporary folklore. In his last play 'A Winter's
Tale,' we learn that LAVENDER, SAVORY,
MARJORAM and MINT were all believed to be
sexual stimulants. His irrepressible creation Falstaff
had different ideas: 'in an arbour we will eat a last
pippin of my own grafting with a dish of
CARAWAYS... and then to bed!'

Vatsyayana (circa 4th century AD) was the Hindu sage who wrote the world's most famous sex manual, 'Kama Sutra'. As important as the book is – and as truly aphrodisiac in its teachings on posture and practices designed to increase sexual pleasure – the appendix concerned with SPELLS, and POTIONS is not entirely convincing: ' If a man mixes the powder of the milk hedge plant, and the kantaka plant with the excrement of a monkey... and throws this mixture on a woman, she will not love anbody else afterwards'.

Wang Shih-Cheng (16th century AD) was the
author of China's most famous erotic novel, 'Chin
P'ing Mei,' which translates as 'Metal Vase
Plum Blossom' a Taoist sexual metaphor for the
female and male genitals. There is a tradition that
the pages of the original manuscript were poisoned
by the author and given to Yen Shih-Fan, the Prime

Minister, in the hope that he would become so
absorbed in the erotic text that he would also absorb
the deadly poison. Even if that were the author's
sinister ultimate intention, he certainly achieved the
aim he shares with all writers of EROTIC
FICTION – to create a work which is an
aphrodisiac.